As Confissões
de
Aleister Crowley

Editora NTN
www.editoraNTN.com

Copyright © EditoraNTN 2022
Primeira edição

ISBN 978-1-926716-66-4

Todos os direitos reservados sob as Convenções Internacionais e Pan-Americanas de Direitos Autorais. Nenhuma parte deste livro pode ser reproduzida de qualquer forma ou por qualquer meio electrónico ou mecânico, incluindo sistemas de armazenamento e recuperação de informações, sem permissão por escrito da editora, excepto por um revisor, que pode citar breves passagens numa resenha.

Foto da capa cortesia da colecção Mary Evan

Design pela Editora NTN
www.editoraNTN.com

Posto em Garamond, Raleway e Caslon

Tradução por Fernando Mendes de Sousa © 2022

O ESPÍRITO DA SOLIDÃO

Uma Auto-Hagiografia Subsequentemente Re-Antibaptizada

AS CONFISSÕES DE ALEISTER CROWLEY

traduzido por
Fernando Mendes de Sousa

Para três amigos

J. W. N. SULLIVAN,
quem sugeriu este livreto

AUGUSTUS JOHN,
quem primeiramente deu assistência prática

P. R. STEPHENSEN,
quem viu o ponto

E Para Três Imortais Memórias

RICHARD FRANCIS BURTON,
o perfeito pioneiro da aventura espiritual e física

OSCAR ECKENSTEIN,
quem me treinou para seguir o trilho

ALLAN BENNETT,
quem fez o que pôde

PREÂMBULO

Pareceu-me que o meu primeiro dever era provar ao mundo de que eu não estava a ensinar Magick por dinheiro. Prometi a mim mesmo publicar sempre os meus livros sobre uma perda real do custo de produção - nunca aceitar um centavo por qualquer forma de instrução, dando conselho, ou qualquer outro serviço cujo desempenho dependesse das minhas mágicas concretizações. Eu considerei-me como tendo sacrificado a minha carreira e a minha fortuna pela iniciação, e que a recompensa era tão estupenda que fazia o preço significar miseravelmente, salvo que, como o óbolo da viúva, isto era tudo o que eu tinha. Eu era, portanto, o homem mais rico do mundo, e o mínimo que eu podia fazer era conceder o inestimável tesouro aos meus indigentes semelhantes.

Também fiz questão de absoluta honra nunca me comprometer com qualquer declaração que não pudesse provar no mesmo sentido que um químico pode provar a lei das proporções recíprocas. Não só teria cuidado para evitar enganar as pessoas mas também faria tudo ao meu alcance para evitar que elas se enganassem a si próprias. Isto significava declarar guerra aos espiritualistas e até aos teosofistas, embora concordasse com muitos dos ensinamentos de Blavatsky, tão intransigentemente quanto eu fizera com o Cristianismo.

CONTEÚDO

PREÂMBULO	v
PARTE 1 - RUMO AO GOLDEN DAWN	3
PARTE 2 - A MÍSTICA AVENTURA	133
PARTE 3 - O ADVENTO DO AEON DE HÓRUS	279
PARTE 4 - TRABALHOS MÁGICOS	371
PARTE 5 - O MAGO	499
PARTE 6 - NA ABADIA DE THELEMA	599

APPENDICES

Crowley Post Auto-hagiografia	707
As Mulheres Escarlates	713
Exegese Cabalística	720
Uma Cronologia Rapida	721

"THINGS GAINED ARE GONE, BUT GREAT THINGS DONE ENDURE"
—Swinburne, Atalanta in Calydon

"Though sore be my burden
And more than ye know
And my growth have no guerdon
Save only to grow,
Yet I fail not of growing for lightnings
above me or death worms below."
—Swinburne, Hertha

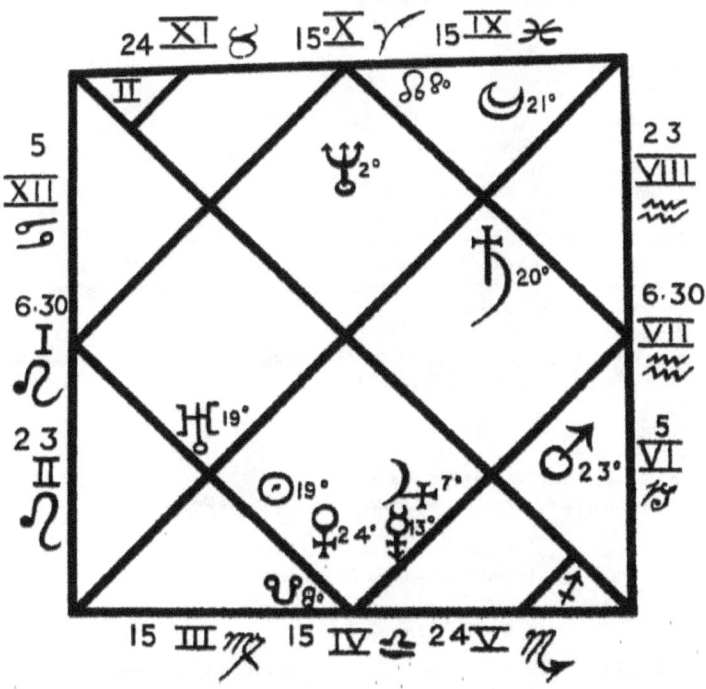

IMAGENS

Edward Alexander Crowley (pai de Crowley)	8
Emily Bertha Bishop (mãe de Crowley)	8
Aleister Crowley enquanto jovem estudante. 14 anos de idade.	13
Crowley na Universidade..	59
Aleister Crowley, circa 1899	75
Crowley enquanto estudante em Cambridge.	81
Datado de 18 de Abril, 1898. Anotações de Crowley, acerca da escalada do "Boulder"	91
Oscar Eckenstein	95
Wastdale Head Hotel, 1890s.	95
Aleister Crowley nas suas vestes Golden Dawn.	107
Alguns membros Golden Dawn na altura da indução de Crowley (em sequência):	114
W.B Yeats, MacGregor Mathers, Bram Stoker, A.E. Waite, Moina Mathers	114
Mrs. Emery, também conhecida como Florence Farr.	115
MacGregor Mathers em completa indumentária Golden Dawn.	117
Charles Henry Allan Bennett	119
Boleskine House	123
Crowley, o jovem Mágico	132
Efectivos crampons de Eckenstein usados na Expedição.	145
Expedição K2, 1902.	192
K2-1902, Tentativa:	195
Crowley, o Yogi, durante a Expedição K2,1902, algures perto de Askole	205
Expedição K2, 1902. Fotos de Jules Jacot-Guillarmod	210
Expedição K2, 1902. Fotos de Jules Jacot-Guillarmod	211
Crowley no Deosai Plateau na altura da sua primeira Expedição Himalaica (1905)	219
Rose Kelly	241
Crowley, 30 anos de idade, circa 1905	249
A Estela da Revelção	267
Crowley com a esposa e a filha.	277
Acampamento 4. Expedição Kanchenjunga, 1905.	303
Expedição Kangchenjunga, 1905.	304
Expedição Kangchenjunga, 1905, após avalanche.	307
J.F.C. Fuller, National Portrait Gallery, Londres, Reino Unido.	387
Blavatsky na altura em que escreveu "Isis Unveiled"	431
Crowley, Ritos de Elêusis, Caxton Hall, Westminster, circa 1910.	448
Noviciados ajoelham-se perante o Mestre do Templo no terceiro acto do "Rito de Saturno".	471
Leila Waddel numa invocação de Ártemis	477
Crowley, executando o Sinal de Pan.	479
Aleister Crowley como Baphomet X° O.T.O Grão-Mestre da Irlanda, Iona, e todas as Bretanhas.	498
Artigo sobre Crowley, na edição de Junho da Vanity Fair,1915.	511
Crowley, circa 1915	529
Crowley aos 37 anos	541
Frater O.I.V. Charles Stansfeld Jones	584
Leah Hirsig, a "Macaca de Thoth", Alostrael, a Mulher Escarlate.	601
Retrato de família. Exterior da Abadia: Crowley, Hirsig e a filha deles - Poupée.	654
A Abadia de Thelema	655
Betty May & Raoul Loveday	690
O carro funerário levando Raoul Loveday da Abadia de Thelema	699
Aleister Crowley circa 1925	706
Edward Alexander ('Aleister') Crowley, June 1934	707
Crowley circa 1929	708
Aleister à esquerda e Fernando Pessoa à direita jogam xadrez em Lisboa setembro 1930	709
Aleister Crowley como Fo Hi, o deus chinês do riso e do dinheiro.	709
Crowley 1938, cortesia Hulton-Deutsch Collection	710
Crowley circa 1934	710
Última foto de Crowley tirada.	711

AS CONFISSÕES DE ALEISTER CROWLEY

Do what thou wilt shall be the whole of the Law.

PARTE I
RUMO AO GOLDEN DAWN

PRELÚDIO

"FAZE A TUA VONTADE, será o todo da Lei." Não só para esta auto-hagiografia—como ele divertidamente insiste em chamá-la—de Aleister Crowley, mas para toda a forma de biografia, biologia, até mesmo de química, estas palavras são fundamentais.

"Cada homem e cada mulher é uma estrela." O que podemos saber sobre uma estrela? Pelo telescópio, um fantasma ténue do seu valor óptico. Pelo espectroscópio, uma sugestão da sua composição. Pelo telescópio, e pela nossa matemática, o seu curso. Neste último caso, nós podemos legitimamente argumentar do conhecido para o desconhecido: pela nossa medida da breve curva visível, nós podemos calcular de onde veio e para onde irá. A experiência justifica as nossas suposições.

Considerações deste tipo são essenciais para qualquer séria tentativa de biografia. Uma criança não é—como os nossos avós pensavam—uma arbitrária brincadeira lançada ao mundo por uma cínica divindade, para ser salva ou amaldiçoada conforme predestinação ou livre vontade. Sabemos agora que "isso, que é, é", como o velho eremita de Praga, que nunca viu pena e tinta, disse muito espirituosamente a uma sobrinha do Rei Gorboduc.

Nada pode ser criado ou destruído; e, portanto, a "vida" de qualquer indivíduo deve ser comparável àquela breve curva visível, e o objectivo de escrevê-la é para adivinhar pelas medidas apropriadas o lembrete da sua carreira.

O escritor de qualquer biografia deve perguntar, no sentido mais profundo, quem é ele? Esta questão, "Quem és tu?", é a primeira que é colocada a qualquer candidato para iniciação. Também, esta é a última. O que é que o fulano é, fez e sofreu: estas são meramente pistas para esse grande problema. Então assim, as lembranças mais antigas de qualquer auto-hagiógrafo serão imensamente valiosas; a incoerência delas será um guia infalível, pois, como Freud tem demonstrado, nós recordamos (em geral) o que desejamos recordar e esquecemos o que é doloroso. Há, portanto, grande perigo de decepção quanto aos "factos" do caso, mas as nossas memórias indicam com incrível precisão qual é a nossa verdadeira vontade, e, como acima se manifestou, é esta verdadeira vontade que mostra a natureza do nosso próprio movimento.

Ao escrever a vida do homem comum existe esta dificuldade fundamental, que o desempenho é fútil e sem sentido, mesmo do ponto de vista do prosaico filósofo; ou seja, não há qualquer unidade artística. No caso de Aleister Crowley, nenhum tal Boyg[1] apareceu na encosta; pois ele mesmo considera a sua carreira como uma composição definitivamente dramática. Chega a um clímax nos dias 8, 9 e 10 de Abril de 1904. O menor incidente na História de todo o universo aparece para ele como uma preparação para aquele evento; e a sua vida subsequente é meramente o resultado dessa crise.

---

1 N.T.: criatura lendária no folclore escandinavo; obstáculo informe e pervasivo

Por outro lado, no entanto, há a circunstância de que o seu tempo foi gasto de três maneiras bem distintas: o Caminho Secreto do Iniciado, o Caminho da Poesia e da Filosofia, e o Mar Aberto do Romance e da Aventura. Na verdade, não é incomum encontrar os dois primeiros, ou os dois últimos, elementos na molécula de um homem: Byron exemplifica isto, e Poe aquilo. Mas é raro, de facto, que uma vida tão extenuante e fora de portas seja associada a uma devoção tão profunda às artes do quietista; e neste caso particular, todas as três carreiras estão tão cheias que a posteridade pode ser desculpada por supor que não apenas um mas vários indivíduos foram combinados numa lenda, ou mesmo para dar o próximo passo e dizer: Este Aleister Crowley não era um homem, ou até mesmo um número de homens; ele é obviamente um mito solar. Nem poderia ele próprio negar uma tal impugnação tão brutalmente; pois, antes de alcançar o auge da vida, o seu nome está associado a fábulas não menos fantásticas do que aquelas que lançaram dúvidas sobre a historicidade do Buda. Deve ser a verdadeira vontade deste livro esclarecer a verdade sobre o homem. No entanto, aqui novamente, há um leão no caminho. A verdade deve ser falsidade, a menos que seja toda a verdade; e toda a verdade é parcialmente inacessível, em parte ininteligível, em parte inacreditável e parcialmente impublicável—isto é, em qualquer país onde a verdade em si é reconhecida como um explosivo perigoso.

Uma outra dificuldade é introduzida pela natureza da mente, e especialmente da memória, do próprio homem. Chegaremos a incidentes que mostram que ele está duvidoso acerca de circunstâncias claramente lembradas, sejam elas da "vida real" ou dos sonhos, e até mesmo que ele tenha esquecido completamente coisas que nenhum homem normal poderia esquecer. Além disso, ele superou completamente a ilusão do tempo (no sentido usado pelos filósofos, de Lao Tzu e Plotino a Kant e Whitehead), dado que ele muitas vezes acha impossível desenredar os eventos como uma sequência. Ele tem referido fenómenos de forma tão completa a um único padrão que eles têm perdido a sua significância individual, tal como quando se tem compreendido a palavra "gato", as letras *g a t o* têm perdido o seu próprio valor e tornam-se meros elementos arbitrários de uma ideia. Ademais: ao rever a vida de alguém em perspectiva, a astronómica sequência deixa de ser significativa. Os eventos reorganizam-se numa ordem fora do tempo e do espaço, assim como numa imagem não há como distinguir em que ponto da tela o artista começou a pintar. Ai! É impossível fazer disto um livro satisfatório; hurra! Isso fornece o estímulo necessário; vale a pena fazer isto, e por Styx[2]! Isto será feito.

SERIA absurdo pedir desculpas pela forma deste livro. Desculpas são sempre nauseantes. Não acredito nem por um momento que teria sido melhor se tivesse sido escrito nas circunstâncias mais favoráveis. Menciono meramente como uma questão de interesse geral as dificuldades reais que acompanham a composição.

Desde o início, a minha posição era precária. Eu estava praticamente sem dinheiro, havia sido traído da maneira mais desavergonhada e sem sentido por praticamente todos com quem eu estava em relações de negócios, não tinha meios de acesso a nenhuma das conveniências normais consideradas essenciais para as pessoas envolvidas em tais tarefas. No topo disto, surgiu um súbito turbilhão de traição desenfreada e perseguição insensata, tão imbecil, mas tão violento a ponto de afastar das suas bases até mesmo pessoas bastante sensatas. Ignorei isto e continuei, mas quase imediatamente eu e um dos meus principais assistentes fomos acometidos de doença prolongada. Eu

---

2 N.T.: Estige—ninfa ou rio infernal dedicado a ela no Tártaro, mundo dos mortos.

continuei. O meu assistente morreu[3]. Eu continuei. A sua morte foi o sinal para uma nova explosão de falsidades venenosas. Eu continuei. A agitação resultou em eu ser exilado de Itália; nenhuma acusação de qualquer tipo foi, ou poderia ser, alegada contra mim. Isso significava que eu estava longe das mais elementares conveniências para escrever este livro. Eu continuei. No momento de escrever este parágrafo, tudo em conexão com o livro está totalmente no ar. Eu estou continuando.

Mas, além de tudo isto, eu tenho sentido uma dificuldade essencial em relação à forma do livro. O assunto é grande demais para ser susceptível de estrutura orgânica, a menos que eu faça um esforço deliberado de vontade e uma selecção arbitrária e estrita. De facto, seria fácil escolher qualquer um dos cinquenta significados para a minha vida e ilustrá-lo com factos cuidadosamente escolhidos. Qualquer tipo de método estaria aberto à crítica, a qual está sempre pronta para devastar qualquer forma de idealismo. Eu mesmo sinto que isto seria injusto e, o que é mais, inverídico. A alternativa tem sido tornar os incidentes tão completos quanto possível, declará-los como ocorreram, inteiramente independente de qualquer possível impacto sobre qualquer possível significância espiritual. Este método envolve uma certa fé na própria vida, que irá declarar o seu próprio significado e repartir automaticamente a importância relativa de cada conjunto de incidentes. Por outras palavras, é para asseverar a teoria de que o destino é um artista supremo, o que não é notoriamente o caso em qualquer aceite definição de arte. E ainda—uma montanha! Que massa de acidentes heterogéneos determina a sua forma! No entanto, no caso de uma bela montanha, quem nega a beleza e até mesmo o significado da sua forma?

Nos últimos anos da minha vida, como eu tenho alcançado alguma compreensão da unidade por detrás dos diversos fenómenos da experiência, e como a restrição natural da elasticidade que vem com a idade tem ganho terreno, tem-se tornado progressivamente mais fácil agrupar eventos sobre um propósito central. Mas isto significa apenas que o princípio da selecção foi alterado. Nos meus primeiros anos as reais estações, climas e ocupações determinaram as secções da minha vida. As minhas actividades espirituais encaixam-se nesses quadros, enquanto que, mais recentemente, o inverso é o caso. O meu ambiente físico encaixa-se na minha preocupação espiritual. Esta mudança seria suficiente por si só para garantir a impossibilidade teórica de editar uma vida como a minha em qualquer princípio consistente.

Eu encontro-me obrigado, por estas e muitas outras razões, a abandonar completamente qualquer ideia de conceber uma estrutura artística para o trabalho ou de formular um propósito artístico. Tudo o que posso fazer é descrever tudo o que eu me lembro, da melhor maneira possível, como se isto fosse, em si, o centro de interesse. Devo confiar na natureza para ordenar assuntos que, na multiplicidade do material, a apropriada proporção aparecerá automaticamente de alguma maneira, assim como nas operações de puro acaso, ou lei inexorável, uma unidade enobrecida pela força e embelezada pela harmonia surge inescrutavelmente da concatenação caótica das circunstâncias.

Pelo menos uma reivindicação pode ser feita; nada tem sido inventado, nada suprimido, nada alterado e nada "amarelecido". Eu acredito que a verdade não é apenas mais estranha do que a ficção, mas mais interessante. E eu não tenho motivo para solércia, porque eu não me importo com toda a raça humana—"tu nada és senão um baralho de cartas".

---

3 Raoul Loveday, que morreu na Abadia de Thelema depois de beber de um córrego poluído. Ver a parte 6 deste trabalho para o resto.

~ 1 ~

EDWARD CROWLEY (1834-87), o rico herdeiro de uma raça de Quakers, era pai de um filho nascido em 30 Clarendon Square, Leamington, Warwickshire[4], no dia 12 de Outubro[5], 1875 E.V.[6] entre as onze e doze da noite. Leo[7] estava justamente ascendendo no momento, tanto quanto pode ser apurado. O ramo da família de Crowley, ao qual este homem pertencia, foi estabelecido em Inglaterra desde os tempos dos Tudor: nos dias de Bad Queen Bess, havia um Bispo Crowley que escrevia epigramas no estilo de Martial. Um deles—o único que conheço—é assim:

The bawds of the stews be all turned out:
But I think they inhabit all England throughout.

(Eu não consigo encontrar o livro moderno que cita isto como uma nota de rodapé e não tenho sido capaz de rastrear o volume original)

Os Crowleys são, no entanto, de origem celta; o nome O'Crowley é comum no sudoeste da Irlanda, e a família Bretã de De Quérouaille—que deu à Inglaterra uma duquesa de Portsmouth—ou de Kerval é da mesma cepa. Diz a lenda que o então chefe da família veio para Inglaterra com o Conde de Richmond e ajudou a torná-lo rei em Bosworth Field.

Edward Crowley foi educado como um engenheiro, mas nunca exerceu a sua profissão[8]. Ele foi dedicado à religião e tornou-se um seguidor de John Nelson Darby, o fundador da "Plymouth Brethren". O facto revela um lógico austero; para a seita é caracterizado pela recusa de compromisso; insiste na interpretação literal da Bíblia como as exactas palavras do Espírito Santo[9].

Ele casou (em 1874, pode-se supor) com Emily Bertha Bishop, de uma família de Devon e Somerset. O pai dela havia morrido e o irmão Tom Bond Bishop tinha ido para Londres trabalhar no Serviço Civil[10]. Os pontos importantes sobre a mulher são: que os seus colegas de escola a chamavam de "a menina Chinesa", que ela pintava em aguarela com admirável gosto destruído pela formação académica, e que os seus poderosos instintos naturais foram suprimidos pela religião ao ponto de ela se tornar, após a morte do marido, uma desmiolada fanática do tipo mais tacanho, manhoso e desumano. No entanto, sempre havia uma luta, ela estava realmente angustiada, quase diariamente, ao encontrar-se obrigada pela sua religião para executar actos da mais disparatada atrocidade.

O seu primogénito, o supracitado, era notável desde o momento da sua chegada. Ele carregava no seu corpo as três mais importantes marcas distintivas de um Buda. Ele estava com a língua presa[11], e no segundo dia da sua incarnação um cirurgião cortou o *frenulum linguae*[12]. Ele também tinha a membrana característica, a qual exigiu uma operação da fimose cerca de três lustros[13] mais tarde. Por último, ele tinha no centro do seu peito quatro cabelos enrolados da esquerda para a direita na exacta forma de

---

4 Tem sido observada uma estranha coincidência de que um pequeno condado teria dado a Inglaterra os seus dois maiores poetas—pois não se deve esquecer Shakespeare (1550-1610).
5 Presumivelmente esta é a compensação da natureza pelo horror que atingiu a humanidade naquela data em 1492.
6 N.T.: Era Vulgaris; "Era Comum" ou "Era Cristã"
7 N.T.: Signo de Leão
8 O seu filho elicitou este facto questionando; curioso, considerando as datas.
9 Na força de um texto no próprio livro: a lógica é, portanto, de uma ordem peculiar.
10 N.T.: Função Pública de Sua Majestade
11 N.T.: anquiloglossia
12 N.T.: frénulo da língua; freio lingual
13 Um lustro é um período de cinco anos.

uma Suástica[14].

Ele foi baptizado pelos nomes de Edward Alexander, sendo este último o sobrenome de um velho amigo do pai, profundamente amado por ele pela santidade da sua vida —pelos padrões da Plymouth Brethren, pode-se supor. Parece provável que o menino ficou profundamente impressionado por ter sido dito, numa idade (antes dos seis) em que não desponta, que Alexandre significa "ajudante de homens". Ele ainda está a dedicar-se apaixonadamente à tarefa, apesar do intelectual cinismo inseparável da inteligência após ter-se atingido os quarenta.

Mas o facto extraordinário relacionado a esta cerimónia baptismal é este. Como os Irmãos de Plymouth praticam o baptismo infantil por imersão, isto deve ter ocorrido nos primeiros três meses da vida dele. No entanto, ele tem uma recordação visual perfeitamente clara da cena. Aconteceu num quarto de banho no primeiro andar da casa em que ele nasceu. Ele lembra-se da forma do quarto, da disposição dos seus móveis, do pequeno grupo de "irmãos" que o cercam, e da surpresa de se encontrar vestido com uma longa roupa branca, sendo subitamente mergulhado e levantado da água. Ele tem também uma clara lembrança auditiva das palavras proferidas solenemente sobre ele; embora não significassem nada, ele ficou impressionado com o tom peculiar. Não é impossível que isto lhe desse uma quase inconquistável antipatia pelo frio mergulho e, ao mesmo tempo, uma vívida paixão pelo discurso cerimonial. Estas duas qualidades têm desempenhado partes altamente importantes no seu desenvolvimento.

Este baptismo, a propósito, embora nunca o preocupasse, proporcionou um perigo para a alma de uma outra pessoa. Quando a conduta da sua esposa o obrigou a insistir em que ela se divorciasse dele—uma formalidade tão insignificante quanto o casamento deles—e ela ficou insana pouco depois, um eminente masoquista chamado Coronel Gormley, R.A.M.C [15] (morto precedentemente, então e desde) fica à espera nos portões do asilo para se casar com ela. O problema era que ele incluía entre as suas lacunas intelectuais uma devoção à superstição Papista. Ele temia a condenação se casasse com uma divorciada dipsomaníaca com parcial demência não-parva. O pobre molusco perguntou a Crowley detalhes do seu baptismo. Ele respondeu por escrito que tinha sido baptizado "em nome da Santíssima Trindade".

Agora parecia que, tivessem estas reais palavras sido usadas, ele era um pagão, o seu casamento vazio, Lola Zaza uma bastarda, e a sua esposa uma libertina!

Crowley tentou ajudar o miserável verme; mas, infelizmente, ele lembrava-se muito bem da fórmula: "Eu te baptizo, Edward Alexander, em nome do Pai, do Filho e do Espírito Santo." Então o galante coronel teve que desembolsar por uma dispensa de Roma. O próprio Crowley esbanjava muito dinheiro de uma forma ou de outra. Mas ele nunca foi tão longe a ponto de desperdiçar um centavo no truque das três cartas, ou no truque dos três Deuses.

Ele também tem a mais clara visualização de algumas das pessoas que o rodearam nos primeiros seis anos da sua vida, os quais foram passados em Leamington e na cercania, que ele nunca revisitou. Em particular, havia uma alaranjada velhinha chamada Miss Carey que costumava trazer-lhe laranjas. A sua primeira memória da fala é o seu comentário. "Ca'ey, onange"[16] ; isto, contudo, é lembrado porque foi-lhe contado mais tarde. Mas ele está em plena memória consciente da sala de jantar da casa, dos seus móveis e quadros, com a sua disposição. Ele lembra-se também de várias <u>caminhadas pela</u> região, especialmente uma através de campos verdes em que um

---

14 Há também um notável tufo de cabelo sobre a testa, similar ao montículo carnal lá situado nas lendas Budistas. E numerosas marcas menores.
15 N.T.: Royal Army Medical Corps. Corpo especializado do Exército Britânico que presta serviços médicos
16 Ele nunca foi capaz de pronunciar "R" correctamente—como um Chinês!

carrinho de bebé figura. A rua principal de Leamington, e o Leam com o seu açude—ele tem adorado açudes desde então—Guy's Cliffe em Warwick, e o Castelo com o seu terraço e os pavões brancos: todos estes são tão claros como se ele os tivesse visto na semana passada. Ele não se lembra de nenhum outro cómodo da casa, excepto o seu próprio quarto, e isso só porque "voltou a si" certa noite para encontrar um fogo aceso, uma chaleira a vapor, uma estranha mulher presente, uma atmosfera de ansiedade e uma sensação de febre; porque ele teve um ataque de bronquite.

Ele lembra-se da sua primeira preceptora, Miss Arkell, uma senhora de cabelos grisalhos com traços de barba no seu grande rosto achatado e um vestido preto do que ele chama de bombazine, embora nesse momento ele talvez não soubesse o que bombazine pudesse ser e pensasse que o vestido fosse de alpaca ou até pudesse ser de seda forte e macia.

Edward Alexander Crowley
(pai de Crowley)

Emily Bertha Bishop
(mãe de Crowley)

E ele lembra-se da primeira indicação de que a sua mente era de ordem lógica e científica.

As senhoras agora gentilmente pularão uma página, enquanto eu coloco os factos diante de um público selecto de advogados, médicos e ministros da religião.

As Senhoritas Cowper consistiam da Irmã Susan e da Irmã Emma; a grande, rosada e seca, como um rabanete enorme; a outra, pequena, rósea e húmida, mais ou menos como a Tartaruga Fingida de Tenniel. Ambas eram antigas empregadas domésticas de Plymouth Sister. Elas eram muito repulsivas para o rapaz, o qual desde então nunca gostou de cabeça de bezerro, ainda que parcial a pratos similares, ou foi capaz de ouvir os nomes de Susan ou Emma sem repulsa.

Um dia ele disse algo à mãe que extraiu dela a curiosa asserção anatómica: "As damas não têm pernas". Pouco depois, quando as senhoritas Cowper estavam a jantar com a família, ele desapareceu da sua cadeira. Deve ter havido alguma ligeira comoção no convés, levando à questão do paradeiro dele. Mas, naquele momento, uma voz ainda fraca veio debaixo da mesa: "Mamma! Mamma! A Irmã Susan e a Irmã Emma não são damas!"

Esta dedução era perfeitamente genuína: mas no incidente seguinte, o cínico talvez pudesse rastrear a raiz de um certo humor sardónico. A criança costumava indicar os seus pontos de vista, quando o silêncio parecia discrição, por gestos faciais. Várias pessoas eram precipitadas o suficiente para lhe dizer para não fazer caretas, pois ele "poderia ser atingido desse modo". Ele replicaria, com um ar de esclarecimento após longa mediação: "Então isso explica isto".

Todas as crianças nascidas numa família cujas condições sociais e económicas estão estáveis são obrigadas a considerá-las como universais. É somente quando se deparam com factos incompatíveis que começam a perguntar-se se elas são adequadas ao seu ambiente original. Neste caso em particular, os incidentes mais insignificantes da vida foram necessariamente interpretados como parte de um plano pré-estabelecido, como o início de *Cândido*.

A subjacente teoria da vida que foi assumida no agregado familiar mostrou-se constantemente na prática. É estranho que, menos de cinquenta anos depois, esta teoria pareça uma loucura tão fantástica a ponto de exigir um relato detalhado.

O universo foi criado por Deus 4004 a.C. A Bíblia, versão autorizada, era literalmente verdadeira, tendo sido ditada pelo próprio Espírito Santo para os escribas incapazes até de erros de escrita. Os tradutores da Biblia do Rei Jaime desfrutaram de igual imunidade. Era considerado incomum—e, portanto, de gosto duvidoso—apelar para os textos originais. Todas as outras versões eram consideradas inferiores; a Versão Revisada, em particular, mostrava sinais de heresia. John Nelson Darby, o fundador da Plymouth Brethren, sendo um estudioso bíblico muito famoso, havia sido convidado a fazer parte do comité e havia recusado alegando que alguns dos outros estudiosos eram ateus.

A segunda vinda do Senhor Jesus era confiantemente esperada para ocorrer a qualquer momento[17]. Tão iminente era isto que os preparativos para um futuro distante—como assinar um contrato ou segurar a própria vida—poderiam ser considerados como implicando falta de confiança na promessa: "Eis que venho rapidamente."

Um incidente pateticamente trágico—alguns anos depois—ilustra a realidade desta absurdidade. Para as modernas pessoas educadas deve parecer impensável que uma superstição tão fantástica pudesse ser uma obsessão infernal em tempos tão recentes e em lugares tão familiares.

Numa bela manhã de Verão, em Redhill, o menino—agora com oito ou nove anos—cansou-se de brincar sozinho no jardim. Ele voltou para a casa. Esta ainda era estranha e ele assustou-se. Por algum acaso estranho, todos estavam fora ou no andar de cima. Mas ele saltou para a conclusão de que "o Senhor tinha vindo", e que ele havia sido "deixado para trás". Era uma coisa compreendida de que não havia esperança para as pessoas nesta posição. Para além do Segundo Advento, era sempre possível ser salvo até ao momento da morte; mas uma vez que os santos tinham sido convocados, o dia da graça estava finalmente terminado. Vários rebates e excursões aconteceriam conforme o Apocalipse, e então viria o milénio, quando Satanás seria acorrentado por mil anos e Cristo reinaria por aquele período sobre os Judeus reunidos em Jerusalém. A posição destes Judeus não é bem clara. Eles não foram salvos no mesmo sentido que os Cristãos haviam sido, todavia, eles não foram condenados. Tem sido pensado como um cumprimento da promessa de Deus a Abraão, mas aparentemente nada tinha a ver com a "vida eterna". No entanto, mesmo esta beatitude modificada não está aberta aos Gentios que tinham rejeitado Cristo.

A criança ficou consequentemente muito aliviada pelo reaparecimento de alguns dos ocupantes da casa, os quais ele não podia imaginar como tendo sido perdidos

---

17 Muito foi feito das duas aparições de "Jesus" após a Ascensão. Na primeira, para Estêvão, ele estava em pé, na segunda, para Paulo, sentado, à direita de Deus. Por consequência, na primeira ocasião ele ainda estava pronto para voltar imediatamente; na segunda, ele decidira deixar as coisas seguirem o curso até ao amargo fim, de acordo com o Apocalipse. Ninguém via nada engraçado, ou blasfemo, ou mesmo fútil, nesta doutrina!

eternamente.

O lote dos salvos, mesmo na terra, foi pintado nas cores mais brilhantes. Considerou-se que "todas as coisas cooperam para o bem daqueles que amam Deus e são chamados segundo o Seu propósito". A vida terrena era considerada uma provação; este era um mundo perverso e a melhor coisa que poderia acontecer a qualquer um era "ir para estar com Cristo, o que é muito melhor". Por outro lado, os não salvos foram para o lago de fogo e enxofre que arde para todo o sempre. Edward Crowley costumava doar panfletos para estranhos, além de distribuí-los aos milhares através do correio; ele também estava constantemente pregando para grandes multidões, por todo o país. Era, de facto, a única ocupação lógica para um homem humanitário que acreditava que até mesmo os mais nobres e melhores da humanidade estavam condenados ao castigo eterno. Um bilhete—um grande favorito, como sendo peculiarmente mortal—foi intitulado "Últimas Palavras de Pobre Ana"; o ponto essencial dos seus comentários parece ter sido "Perdida, perdida, perdida!" Ela fora serva na casa de Edward Crowley, o mais velho, e o seu delírio agonizante causara uma profunda impressão no filho da casa.

A propósito, Edward Crowley possuía o poder, conforme Higgins, o professor em *Pygmalion* de Bernard Shaw, de dizer instantaneamente a partir do discurso de um homem qual a parte do país em que ele vivia. Era seu passatempo fazer passeios a pé por toda a parte de Inglaterra, evangelizando em todas as cidades e aldeias por onde passava. Ele provavelmente se envolveria em conversas com estranhos, diagnosticaria e prescreveria as suas doenças espirituais, inscreveria-os nos seus cadernos de endereços, e corresponderia e enviaria literatura religiosa durante anos. Naquela época, a religião era a moda popular na Inglaterra e poucos se ressentiam das suas ministrações. A sua viúva continuou a enviar folhetos, etc, durante anos após a morte dele.

Como pregador, Edward Crowley era magnificamente eloquente, falando do coração. Mas, sendo um cavalheiro, ele não poderia ser um verdadeiro revivalista, o que significa manipular a histeria da psicologia da populaça.

~ 2 ~

SE SURGISSEM problemas no mundo exterior, eles eram considerados como o começo do cumprimento das profecias em Daniel, Mateus e Apocalipse. Mas foi entendido implicitamente que a Inglaterra era especialmente favorecida por Deus por causa da brecha com Roma. A criança, que neste período era chamada pelo horrível nome de Alick, supunha ser uma lei da natureza que a Rainha Vitória nunca morreria e que os cônsules[18] nunca ficariam abaixo do par.[19]

Crowley lembra-se, como se tivesse visto ontem, da sala de jantar e da cerimónia de orações familiares depois do pequeno-almoço. Ele lembra-se da ordem em que a família e os servos estavam sentados. Um capítulo da Bíblia era lido, cada pessoa presente ficava com um verso à vez. Aos quatro anos ele sabia ler perfeitamente bem. O estranho nisto não é tanto a sua precocidade mas o facto de ele estar muito menos interessado nas narrativas bíblicas do que nos longos nomes Hebraicos. Um dos sermões favoritos do seu pai foi baseado no quinto capítulo de Génesis; por muito tempo que os patriarcas vivessem, todos eles morriam no final. A partir disto ele argumentaria que os seus ouvintes também morreriam; eles, portanto, não deviam perder tempo em garantir o paraíso. Mas o interesse de Alick estava no som dos próprios nomes—

---
18 Títulos do governo financiados da Grã-Bretanha que se originaram na consolidação de vários títulos públicos, principalmente na forma de anuidades.
19 Que os títulos consolidados nunca ficariam abaixo do valor nominal.

Enoch, Arphaxad, Mahaleel. Ele frequentemente questiona-se se este curioso traço era sintomático das suas realizações posteriores na poesia, ou se indica a atracção que a Cabala Hebraica teria para ele mais tarde.

No que diz respeito à questão da salvação, a propósito, a teoria do exclusivo Plymouth Brethren era peculiar, e de alguma forma tentando uma mente lógica. Eles mantinham a predestinação tão rigidamente quanto Calvino, ainda que esta de maneira nenhuma interferisse com o livre arbítrio. O ponto crucial era a fé em Cristo, aparentemente mais ou menos intelectual, mas, uma vez que "os demónios também crêem e tremem", isto tinha de ser complementado por uma aceitação voluntária de Cristo como salvador pessoal. Sendo assim, surgiu a questão se Católicos Romanos, Anglicanos ou mesmo Não-Conformistas poderiam ser salvos. O sentimento geral parece ter sido o de que era impossível para alguém ser perdido depois de ter sido salvo uma vez, o que quer que fizesse[20]. Mas estava, evidentemente, além do poder humano determinar se algum indivíduo havia ou não encontrado a salvação. Isto, no entanto, era claro: que qualquer ensinamento ou aceitação de falsa doutrina deve ser cumprida pela excomunhão. Os líderes da Brethren eram necessariamente teólogos profundos. Não havendo qualquer tipo de autoridade, qualquer irmão pode enunciar qualquer doutrina a qualquer momento, e esta anarquia já havia resultado, antes da abertura da nossa história, na divisão da Brethren em duas grandes seitas: a Open e a Exclusive.

Philip Gosse, o pai de Edmund Gosse, era um líder no meio da Open Brethren, que diferia da Exclusive Brethren, a princípio, apenas por tolerar, à mesa do Senhor, a presença de "Cristãos Professos" não afiliados definitivamente a eles mesmos. Edmund Gosse descreveu a atitude do seu pai em *Father and Son*. Muito do que ele escreveu põe à prova a credulidade do leitor. Tal estreiteza e intolerância como a de Philip Gosse parecia inacreditável. No entanto, Edward Crowley considerava Philip Gosse propenso a ser condenado provavelmente por latitudinarismo! Ninguém que amasse o Senhor Jesus em seu coração poderia ser tão descuidado da honra do seu Salvador quanto ao "partir o pão"[21] com um homem que pudesse estar a manter opiniões antibíblicas.

Leitores de *Father and Son* vão lembrar-se do incidente do peru de Natal, secretamente comprado pelos servos do senhor Gosse e deitado no caixote do lixo por ele, no espírito de Moisés destruindo o bezerro dourado. Para a Brethren, acertadamente, o Natal era um festival pagão. Eles não enviavam cartões de Natal e destruíam qualquer coisa que pudesse ser-lhes enviada por "bodes" irreflectidos ou blasfemadores. Para não decepcionar Alick, que gostava de peru, a família tinha aquela ave para almoço nos dias 24 e 26 de Dezembro. A ideia era "evitar até a aparência do mal"; não havia nada de errado em comer peru no dia de Natal; pois ídolos pagãos são meramente madeira e pedra—a obra das mãos dos homens. Mas não se deve deixar que os outros suponham que se está cumprindo os costumes pagãos.

Uma outra reminiscência precoce. Em 29 de Fevereiro de 1808, Alick foi levado para ver o cadáver da sua irmã, Grace Mary Elizabeth[22], que viveu apenas cinco horas. O incidente causou uma impressão curiosa nele. Ele não viu por que deveria ser perturbado tão inutilmente. Ele não podia fazer nada de bom; a criança estava morta; não era da conta dele. Esta atitude continuou durante a sua vida. Ele nunca assistiu a qualquer funeral[23], excepto o do seu pai, que ele não se importou em fazer, visto que ele próprio sentiu ser o verdadeiro centro de interesse. Mas quando outros têm morrido,

---

20 "De aqueles que me deste não perdi nenhum, excepto o filho da condenação eterna." Em vista da predestinação, "aqueles" significa todos os eleitos e não apenas os Onze, como os não-iluminados poderiam supor.
21 ou seja, sentar na mesa de comunhão.
22 *Que* nome!
23 Com uma excepção notável, em que ele oficiou.

embora em dois casos pelo menos o seu coração tenha sido dilacerado como se por uma fera, e a sua vida realmente arruinada por meses e anos pela catástrofe, ele sempre se tem afastado dos factos necrológicos e das orgias costumeiras. Pode ser que ele tenha uma profunda convicção inata de que a conexão de uma pessoa com o seu corpo é puramente simbólica. Mas há também a sensação de que o facto da morte destrói todo o interesse possível; o desastre é irreparável, deve ser esquecido o quanto antes. Ele nem sequer se juntaria ao grupo de busca após o acidente de Kangchenjunga. Que objectivo havia na escavação de cadáveres congelados sob uma avalanche?

Os cadáveres em si não o repelem; ele está tão interessado em salas de dissecação quanto em qualquer outra coisa. Quando ele encontrou o cadáver do cônsul Litton, ele virou-se, sabendo que o homem estava morto. Mas quando o cadáver foi levado para Tengyueh, ele auxiliou com firmeza a investigação, porque neste caso havia um objectivo em determinar a causa da morte.

Um outro grupo de incidentes da primeira infância. A família foi para o oeste da Inglaterra durante o Verão. Alick lembra-se de Monmouth, ou melhor, de Monmouth Castle. É curioso que, no acto de recordar isto para o propósito deste livro, ele estivesse obcecado pela ideia de que não poderia haver um tal lugar como Monmouth; o nome parecia fantástico. Estava confuso na sua mente com "Monster" e "Mammoth", e demorou algumas horas para ele se convencer da realidade disto. Ele lembra-se de ficar numa quinta a alguma distância da estrada e tem uma impressão muito vaga de se familiarizar com tais animais como patos e porcos. Muito mais claramente surge a visão de si mesmo num pónei com pessoas caminhando de cada lado. Ele lembra-se de ter caído, de começar a gritar e de ser levado para a casa pela amedrontada governanta (ou quem quer que fosse) encarregada dele. Este evento teve um resultado trágico. Ele deveria ter sido colocado de volta no pónei e preparado para conquistar os seus medos. Conforme aconteceu, ele nunca foi capaz de se sentir à vontade em andar a cavalo, embora tenha percorrido milhares de milhass, muitas delas em território realmente perigoso.

Por outro lado—a memória subconsciente de incarnações anteriores, ou a alma oriental dele, ou o facto que o levou a isto depois de ter aprendido a loucura do medo?—ele sentia-se desde o início perfeitamente à vontade num camelo. E isto apesar do facto de que estes animais agem como autoridades altamente colocadas e até mesmo—se sarnentos—como cônsules, e olham (quando velhos) como damas Inglesas engajadas em boas obras. (Há muito do abutre no tipo de cabeça.)

Um incidente relacionado com esta jornada é de extraordinário interesse quanto a lançar luz sobre eventos futuros. Andando com o seu pai num campo, cujo aspecto geral ele lembra-se perfeitamente bem até hoje, a sua atenção foi chamada para uma moita de urtigas e ele foi avisado que estas picariam se lhes tocasse. Ele não se lembra do que respondeu, mas, o que quer que fosse, provocou no seu pai a pergunta: "Tu aceitas a minha palavra ou preferes aprender com a experiência?" Ele respondeu: "Eu preferiria aprender pela experiência", e meteu a cabeça na moita.

Este Verão foi marcado por duas fugas estreitas. Ele lembra-se de estar sentado ao lado do condutor de alguma carruagem com o que lhe parecia uma caixa extraordinariamente alta, embora esta impressão possa significar apenas que ele era um menino muito pequeno. Estava a descer a colina numa estrada que se curvava numa encosta íngreme de relva muito verde. Ele lembra-se do rangido dos freios. De repente o seu pai saltou da carruagem e gritou para o condutor que uma roda estava a sair. O único traço que isto deixou na vida posterior é que ele sempre detestou andar em veículos inusitados, a menos que ele próprio esteja no controlo. Ele tornou-se um ciclista imprudente e motorista, mas ficou nervoso por um longo tempo com automóveis, a não ser que estivesse ao volante.

Aleister Crowley enquanto jovem estudante. 14 anos de idade.

O último evento deste período ocorreu numa estação de comboios. Ele lembra-se da aparência geral disto e do pequeno grupo familiar. Um porteiro, cambaleando sob um baú pesado, o qual deslizou subitamente das suas costas. Não esmagou o menino por um fio de cabelo. Ele não se lembra se foi arrebatado, ou qualquer outra coisa, excepto a exclamação do seu pai: "O seu anjo da guarda estava olhando por ele". Parece possível que esta impressão inicial determinou mais tarde o seu curso na vida quando ele assumiu a Magick; pois o único documento que o prendeu fortemente foi *O Livro da Magia Sagrada de Abramelin, o Mago*, no qual o trabalho essencial é "Obter o Conhecimento e Conversação do Santo Anjo da Guarda".

É muito importante mencionar que a mente da criança era quase anormalmente normal. Ele não mostrava qualquer tendência para ter visões, como costumam ter as crianças comuns. A Bíblia era o seu único livro neste período; mas nem a narrativa nem a poesia lhe causavam qualquer impressão profunda. Ele ficava fascinado pelas passagens misteriosamente proféticas, especialmente aquelas no Apocalipse. O Cristianismo em casa dele era-lhe inteiramente agradável, e ainda assim as suas simpatias estavam com os oponentes do céu. Ele suspeita obscuramente que isto era parcialmente um amor instintivo pelos terrores. Os anciãos e as harpas pareciam mansos. Ele preferia o Dragão, o Falso Profeta, a Besta e a Mulher Escarlate, como sendo mais excitantes. Ele divertia-se com as descrições do tormento. Pode-se suspeitar, além disso, de uma linhagem de masoquismo congénito. Ele gostava de se imaginar em agonia; em particular, ele gostava de se identificar com a Besta cujo número é o número de um homem, seiscentos e sessenta e seis. Pode-se apenas conjecturar que foi o mistério do número que determinou esta escolha infantil.

Muitas das memórias da primeira infância parecem ser de um indivíduo bastante adulto. É como se a mente e o corpo do menino fossem um mero médium sendo preparado para a expressão de uma completa alma já existente. (A palavra médium é aqui usada quase exactamente no mesmo sentido que no espiritualismo.) Este sentimento é muito forte; e implica uma convicção inabalável de que os factos são como os sugeridos acima. A explicação dificilmente pode deixar de implicar a existência de um espírito imanente (o verdadeiro eu) que usa incarnações, e possivelmente muitos outros meios, de tempos a tempos para observar o universo num ponto particular de foco, assim como um telescópio explana uma nebulosa.

O masoquismo congénito do qual nós temos falado exige mais investigação. Toda a sua vida ele tem sido quase indevidamente sensível à dor, física, mental e moral. Não há perversão que lhe agrade, mas a fantasia de desejar ser ferido tem persistido na sua desperta imaginação, embora nunca se manifeste nos seus sonhos. É provável que estas peculiaridades estejam relacionadas com certos factos anatómicos curiosos. Enquanto a sua masculinidade está acima do normal, tanto fisiologicamente quanto presenciada pelo seu poderoso crescimento de barba, ele tem certas características femininas bem marcadas. Não apenas os seus membros são leves e graciosos como os de uma garota mas também os seus seios se desenvolvem num grau bastante anormal. Há, portanto, uma espécie de hermafroditismo na sua estrutura física; e isto é naturalmente expresso na sua mente. Mas enquanto, na maioria dos casos semelhantes, as qualidades femininas aparecem a expensas da masculinidade, nele elas são adicionadas a um tipo masculino perfeitamente normal. O principal efeito tem sido permitir-lhe compreender a psicologia das mulheres, olhar para qualquer teoria com olhos abrangentes e imparciais, e dotá-lo de instintos maternais em planos espirituais. Ele tem assim sido capaz de vencer as mulheres, que tem conhecido, nos próprios jogos delas e de emergir triunfante e incólume da batalha do sexo. Ele tem sido capaz de filosofar sobre a natureza a partir do ponto de vista de um ser humano completo; certos fenómenos serão sempre ininteligíveis para os homens enquanto tais, outros, para as mulheres enquanto tais. Ele, sendo ambos ao mesmo tempo, tem sido capaz de formular uma visão da existência que combina o positivo e o negativo, o activo e o passivo, numa única equação idêntica. Por fim, intensamente conforme a selvagem masculina paixão de criar o tem inflamado, isto tem sido modificado pela gentileza e conservadorismo da feminilidade. De novo e de novo, no curso desta história, encontraremos as suas acções determinadas por esta estrutura dual. Tipos semelhantes, sem dúvida, existiram anteriormente, mas nenhum desses foi estudado. Apenas à luz de Weininger e Freud[24] é possível seleccionar e interpretar os fenómenos. A presente investigação deve ser de extraordinário valor ético, pois deve ser uma circunstância rara em que um sujeito com tais qualidades anormais tão claramente marcadas se tenha treinado a si mesmo para a íntima auto-análise e tenha mantido um registo quase diário da sua vida e obra estendendo-se por quase um quarto de século[25].

---

24 Isto é, para aqueles que não foram iniciados na Tradição Mágica e na Sagrada Cabala—a mesa das Crianças da qual Freud e Weininger comeram algumas migalhas que caíram.
25 Deve-se acrescentar que os estigmas aparentemente masoquistas desapareceram inteiramente na puberdade; seus vestígios são observáveis somente quando ele está deprimido fisicamente. Ou seja, são totalmente sintomas de mal-estar fisiológico.

~ 3 ~

QUANDO ALICK tinha cerca de seis anos o seu pai mudou-se de Leamington para Redhill, Surrey. Havia alguma razão relacionada com um solo de cascalho e a vida no campo. A casa chamava-se The Grange. Ficava num grande jardim comprido que terminava em bosques que cobriam a estrada entre Redhill e Merstham; cerca de uma milha, talvez um pouco mais, de Redhill. Alick viveu aqui até 1886 e a sua memória deste período é de felicidade perpétua. Ele lembra com a maior nitidez inúmeros incidentes e torna-se difícil seleccionar aqueles que possuem significado. Ele foi ensinado por professores; mas eles têm-se desvanecido, embora as suas lições não tenham desaparecido. Ele foi muito bem instruído em geografia, história, latim e aritmética. O seu primo, Gregor Grant, seis anos mais velho do que ele, era um visitante constante; uma indulgência um tanto estranha, visto que Gregor foi criado no Presbiterianismo. O rapaz era muito orgulhoso da sua linhagem. Edward Crowley costumava ridicularizar isto, dizendo: "A minha família nasceu de um jardineiro que foi expulso do jardim por roubar a fruta do seu mestre". Edward Crowley não se permitiria ser tratado como "Esquire" ou mesmo "Mr." Parece um atavismo, pois Crowley pedira a Carlos I que tirasse o brasão da família; o seu sucessor, no entanto, pediu a Carlos II que lhes restaurasse, o que foi feito. Isto é evidência do orgulho satânico da raça. Edward Crowley desprezava as dignidades mundanas porque ele era um cidadão do céu. Ele não aceitaria favor ou honra de ninguém menor que Jesus Cristo.

Alick lembra-se de uma senhora solicitando na casa para uma assinatura em auxílio de Nossos Soldados no Egipto. Edward Crowley intimidou-a e ameaçou-a deixando-a em lágrimas com uma diatribe sobre "bíblias e aguardente". Ele era, no entanto, fortemente contrário ao Blue Ribbon Army[26]. Ele disse que os abstémios provavelmente confiariam em boas obras para chegar ao céu e assim não perceberiam a sua necessidade de Jesus. Um certo domingo ele pregou na prefeitura, dizendo: "Eu prefiro pregar para mil bêbados do que para mil abstémios". Eles retorquiram acusando-o de estar conectado com "Crowley's Ales". Ele respondeu que havia sido um abstémio por dezanove anos, durante os quais ele tinha quotas numa cervejaria. Ele tinha agora deixado de se abster por algum tempo, mas todo o seu dinheiro foi investido num sistema hidráulico[27].

Além de Gregor Grant, os únicos companheiros de Alick eram os filhos do Brethren local. O sentimento aristocrático era extremamente forte. A habitual brincadeira de menino, em que várias personalidades do momento, como Sir Garnet Wolseley e Arabi Pasha, estavam representadas, na prática, foram complicadas por um ataque conjunto aos chamados mulherengos. Alick lembra-se especialmente de estar à espera, no final do bosque, por crianças a caminho da Escola Nacional. Elas tiveram que atravessar uma barragem de flechas e ervilhas e derradeiramente ficaram tão assustadas que encontraram um caminho enviesado.

Diante do caminho, do outro lado da estrada, havia um areeiro. Alick lembra-se de saltar do cimo com um alpenstock[28] e atacar um trabalhador no fosso, derrubando-o, e fugindo para casa. Mas ele nem sempre foi tão corajoso. Uma vez ele transfixou, com o mesmo alpenstock, a caixa de um moço de recados. O moço, no entanto, era um Italiano; e perseguiu o agressor até The Grange, quando, é claro, os mais velhos intervieram. Mas ele lembra-se de estar muito assustado e choroso por causa de alguma

---

26 N.T.: Movimento social de temperança
27 Em Amsterdão. Foi um fracasso no início, os nativos objectando a um líquido que não tinha gosto, cheiro e cor.
28 N.T.: bastão pontiagudo

conexão na sua mente entre Italianos e esfaqueamento. Aqui novamente é um ponto curioso da psicologia. Ele não tem medo de ser atingido ou cortado; mas a ideia de ser perfurado perturba a sua coragem. Ele tem que se recompor muito vigorosamente mesmo na questão de uma seringa hipodérmica.

Sempre tem havido algo sugerindo o oriental—Chinês ou antigo Egípcio—na aparência pessoal de Alick. Assim como a sua mãe na escola tinha sido chamada de "a menina Chinesa", também a filha dele, Lola Zaza, tem a fisionomia Mongol ainda mais pronunciada. O seu pensamento segue esta indicação. Ele nunca foi capaz de simpatizar com qualquer religião ou filosofia Europeias; e do pensamento Judaico ou Maometano tem assimilado apenas o misticismo dos Cabalistas e dos Sufis. Até mesmo a psicologia Hindu, meticulosamente como ele a estudou, nunca o satisfez totalmente. Como será visto, o próprio Budismo não conseguiu conquistar a sua devoção. Mas ele encontrou-se instantaneamente em casa com o *Yi King* e os escritos de Lao Tzu. Estranhamente, o simbolismo Egípcio e a prática mágica fizeram um apelo igual; incompatível conforme estes dois sistemas aparecem na superfície, sendo um ateu, anarquista e quietista, o outro teísta, hierárquico e activo. Mesmo neste período, o Oriente chamava-o. Existe um episódio muito significativo. Nalguma história da Indian Mutiny[29] havia o retrato de Nana Sahib, um perfil orgulhoso, feroz, cruel e sensual. Era o seu ideal de beleza. Ele odiava acreditar que Nana Sahib tivesse sido apanhado e morto. Ele queria encontrar Nana Sahib, tornar-se seu aliado, participar na tortura de prisioneiros, e mesmo sofrer nas mãos dele. Quando Gregor Grant fingia ser Hyder Ali, e o próprio Tipu Sahib, ele pediu uma vez à sua prima: "Sê cruel comigo".

A influência do primo Gregor nesta época era preeminente. Quando Gregor era Rob Roy, Alick era Greumoch, o capanga do proscrito no romance de James Grant. Os MacGregors atraíam Alick como sendo o mais real, injustiçado, romântico, corajoso e solitário dos clãs. Não pode haver dúvida de que esta fantasia desempenhou um papel importante na determinação da sua admiração do chefe da Ordem Hermética da Golden Dawn, um homem de Hampshire chamado Mathers que inexplicavelmente afirmava ser MacGregor de Glenstrae.

A atitude do menino para com os seus pais é um dos factos mais notáveis da sua infância. O seu pai era o seu herói e o seu amigo, embora, por algum motivo, não houvesse consciente intimidade ou compreensão. Ele sempre detestou e desprezou a sua mãe. Havia uma repulsa física e um desprezo intelectual e social. Ele tratou-a quase como uma serva. É talvez por conta disto que ele não se lembra de praticamente nada sobre ela durante este período. Ela sempre o antagonizou. Ele lembra-se de um domingo em que ela o encontrou a ler *Martin Rattler* e o repreendeu. Edward Crowley fez a sua parte. Se o livro era bom o suficiente para ler em qualquer dia, por que não no domingo? Para Edward Crowley, cada dia era dia do Senhor; sabatismo era Judaísmo.

Quando Alick tinha oito anos ou menos, ele foi levado pelo seu pai para a sua primeira escola. Esta era uma escola particular em St. Leonards, mantida por um velho chamado Habershon e seus dois filhos, Evangélicos muito rigorosos. Edward Crowley queria advertir o seu filho contra o incidente mais comum da vida escolar Inglesa. Ele escolheu um caminho muito sábio. Ele leu para o menino de forma impressionante a história da intoxicação de Noé e seus resultados, concluindo: "Nunca deixes ninguém tocar-te lá". Desta forma, a injunção foi dada sem despertar a curiosidade mórbida.

Alick lembra-se pouco da sua vida nesta escola além de uma vívida lembrança visual do recreio com o seu "passo de gigante". Ele não se lembra de qualquer um dos meninos, embora os três mestres se destaquem com bastante clareza. Um evento extraordinário

---

29 N.T.: Revolta Indiana de 1857

permanece. Num papel de exame, em vez de responder a uma pergunta ou outra, ele fingiu não entender e escreveu uma resposta digna de James Joyce. Em vez de vender uma edição limitada a um preço exorbitante, ele foi profundamente castigado. Inteiramente impenitente, ele começou a desejar a morte de Old Habershon. Estranhamente, isto ocorreu em poucas semanas; e ele sem hesitar levou o crédito para si mesmo.

O intelecto do menino era incrivelmente precoce. Deve ter sido pouco depois da mudança para Redhill que um alfaiate chamado Hemming veio de Londres para fazer roupas novas para o seu pai. Sendo um "irmão", ele era um convidado na casa. Ele ofereceu-se para ensinar xadrez a Alick e foi demasiadamente bem-sucedido, pois perdeu todos os jogos após o primeiro. O menino recorda o método perfeitamente. Este consistia em capturar um bispo avançado atacando-o com peões. (Ele realmente inventou a Tarrasch Trap[30] na Ruy Lopez[31] antes mesmo de ler um livro sobre xadrez.) Isto extraíu do seu aturdido professor a exclamação: "Muito judicioso com os seus peões é o seu filho, Sra. Crowley!"

Na verdade, deve ter havido mais do que isso. Alick certamente tinha uma aptidão especial para o jogo; pois ele nunca conheceu o seu mestre até um dia fatal em 1895, quando W. V. Naish, o Presidente da C. U. Ch. C., levou o "caloiro" que o derrotou para Peterhouse, a residência do Sr. H. E. Atkins, sete vezes campeão amador de Inglaterra e ainda uma figura formidável no Torneio dos Mestres.

Pode aqui ser notado que o jovem imprudente tentou prender Atkins com um novo movimento inventado por ele próprio. Consiste em jogar KRBSq, em vez de fazer roque, na Muzio Gambit, a ideia é permitir que as Brancas joguem PQ4 em resposta ao QB3.

Em 1885, Alick foi removido de St. Leonards para uma escola mantida por um Irmão Plymouth, um ex-clérigo chamado H. d'Arcy Champney, M.A. É um pouco difícil explicar a psicologia do menino neste período. Isto era provavelmente determinado pela sua admiração ao seu pai, o grande e forte líder de homens, o qual agitava milhares pela sua eloquência. Ele sinceramente desejava seguir aqueles passos poderosos e assim se empenhou para imitar o grande homem da melhor maneira possível. Conformemente, ele pretendia ser o seguidor mais dedicado de Jesus na escola. Ele não era hipócrita em nenhum sentido.

Tudo isto parece absolutamente natural; o que é extraordinário é a sequela.

Uma carta que data da sua vida escolar em Cambridge:

Queridos papá e mamã

Para o meu prémio de trabalho de férias eu tenho uma esplêndida faca, duas lâminas, uma serra, uma chave de fendas, uma coisa para tirar espinhos, outra para tirar pedras das ferraduras de cavalo, outra para a qual não sei, um furador de couro, uma verruma, um saca-rolhas e placa de identificação. É nicol em algumas partes, mas o cabo é de marfim. O asfalto[32] cedeu perto do meio. Nós quase fomos levados pelo azeiteiro[33] há pouco tempo, sem brincadeiras. Nós tivemos um feriado ½ dado a nós na sexta-feira. Por favor, envie-me algum dinheiro para fogo-de-artifício. Enviem a minha caderneta bancária de primeiro, por favor. Eu estou muito bem, obrigado! Eu juntei-me a uma espécie de grupo de pessoas que, com as bênçãos de Deus, vão tentar ajudar os outros e falar com eles sobre as suas almas. Eu vou escrever em breve novamente. Escrevam rápido por favor.

Adeus
Vosso amoroso filho, Alec

---

30 N.T.: armadilha de abertura de xadrez
31 N.T.: famosa abertura de xadrez
32 id est. Do "recreio".
33 Dúvida? "Lubrificador", claro, mas o que estava isso a fazer?

Ele estava completamente feliz nesta escola; os meninos gostavam dele e admiravam-no; fez progressos notáveis nos seus estudos e ficou muito orgulhoso do seu primeiro prémio, *Selborne* de White, por ter sido o primeiro em "Conhecimento Religioso, Clássicos e Francês".

Mas até hoje ele nunca leu o livro! Para certas linhas de estudo, ele tinha uma aversão profunda, instintiva e inextirpável. A história natural, em qualquer forma, é uma delas. É difícil sugerir um motivo. Não gostava ele de analisar a beleza? Achava ele que certos assuntos não eram importantes, que não o levavam aonde quisesse explorar? Seja como for, ele costumava decidir com carácter definitivo se tomaria ou não algum curso particular. Se ele tomasse, ficaria ofegante depois disso como o veado depois dos riachos de água; se não, nada o convenceria a desperdiçar uma hora nisto.

Foi durante a estadia nesta escola que ele começou a escrever poesia. Ele nada tinha lido, excepto "Casabianca", "Excelsior", o *doggerel* de Sir Walter Scott e lixo assim. Mas ele tinha um amor genuíno pelo simples *Hymns for the little Flock* compilado pela "Brethren". O seu primeiro gosto de real poesia foi *Lycidas,* estabelecido para o Exame Local de Cambridge, se a sua memória não lhe falha. Ele apaixonou-se de uma só vez por isto e soube-o de cor em poucos dias. Mas o seu primeiro esforço é mais nas linhas do hinário. Apenas algumas linhas permanecem.

> Terror and darkness, and horrid despair!
> Agony painted upon the once fair
> Brow of the man who refused to give up
> The love of the wine-filled, the o`erflowing cup.
> "Wine is a mocker, strong drink is raging."
> No wine in death is his torment assuaging.

Deste período de Redhill ainda restam lembranças de dois Verões, um na França e Suíça, o outro nas Terras Altas.

O primeiro deixou inúmeros traços, principalmente de carácter visual; o Grand Hotel em Paris, Lucerna e o Leão, Guilherme Tell, os Ursos em Berna, o Rigi, o Staubbach, Trummelbach e Giessbach, Basileia e o Reno, a Dança da Morte[34]. Dois pontos apenas nos interessam: ele opôs-se violentamente ao facto de ser retirado na fria manhã para ver o nascer do sol a partir de uma plataforma no Rigi-Kulm e à iluminação de uma cascata por luzes coloridas. Ele sentia que a natureza deveria ter permissão para seguir o seu próprio caminho e ele o seu! Havia muita beleza no mundo; por que se sentir desconfortável a fim de ver um extra? Além disso, não se pode melhorar uma cascata por trabalho cénico!

Existe nisto o esqueleto de uma grande filosofia de vida.

Quanto às Terras Altas da Escócia, a mente do menino tinha sido tão envenenada pelo romance que ele não viu nada que pudesse se lembrar. O cenário era meramente um cenário para devaneios idiotas de Roderick Dhu!

Três outros episódios do período de Redhill são pertinentes; não que eles sejam em si mesmos muito significativos, excepto pelo facto de que dois deles exibem Alick no carácter de um garoto normalmente travesso com alguma habilidade em brincar com a psicologia de outras pessoas. Mas eles ilustram o singular ambiente.

Um convidado frequente em The Grange era um velho cavalheiro chamado Sherrall, cujo vício era o óleo de mamona. Edward Crowley tinha o hábito de assegurar "reuniões de chá"; mais ou menos uma centena de pessoas seria convidada para o que é vulgarmente conhecido como um blow-out[35], e quando o animal físico estivesse

---

34 N.T.: pinturas na ponte Spreuer
35 N.T.: ocasião social com grande repasto

satisfeito, haveria uma devassidão de edificação espiritual. Na mesa de mogno da sala de jantar, estendida em toda a sua extensão, estavam dois prateados samovares. Para dentro de um destes o jovem Alick esvaziou o óleo de mamona do sr. Sherrall. Por enquanto, tudo bem. A questão é que as pessoas servidas daquela urna de chá eram muito educadas ou intimidadas para chamarem à atenção a sua anfitriã ou para se absterem da bebida amaldiçoada. A única precaução necessária era evitar que a própria dama visse uma das chávenas adulteradas.

Uma brincadeira bastante semelhante foi feita numa reunião de oração na casa de um Irmão chamado Nunnerley. Fora oferecido refresco antes da reunião; e uma Irmã, chamada Sra. Musty, havia sido marcada por conta da sua notória ganância. Alick e alguns companheiros conspiradores continuaram a servi-la com comida, depois de todos os outros terem terminado, com o objectivo de adiar a reunião de oração. As próprias mulheres eram muito estúpidas para verem o que estava a acontecer e a Brethren não podia ser rude o suficiente para aludir os pressentimentos deles.

Esta hesitação para agir com autoridade, que fazia parte da teórica objecção geral P. B. ao trabalho sacerdotal, chegou em certa ocasião a um ponto espantoso nas seguintes circunstâncias. Um Sr. Clapham, cujo odor da barba o proclamava verdadeiramente um peixeiro, tinha uma esposa e uma filha que estava noiva de um Sr. Munday. Estes três tinham ido numa excursão a Boulogne; e, por acidente ou desígnio, o casal de noivos perdeu o barco para Folkestone. Era novamente uma questão de evitar até mesmo a aparência do mal e a Sra. Clapham foi expulsa da camaradagem. Deve presumir-se que o marido acreditava que ela era inocente de toda a cumplicidade, como a priori parece a hipótese mais natural. De qualquer forma, no domingo seguinte, ela ocupou o seu lugar com o seu marido na Mesa do Senhor. É quase inconcebível que qualquer ajuntamento de seres humanos, unidos para celebrar o supremo sacramento do seu credo, tenha sido destituído de qualquer meio de salvaguardar a decência comum. Mas o medo do padre era proeminente; e toda a reunião esperou e impacientou-se por mais de uma hora em constrangido silêncio. Por fim, um padeiro chamado Banfield levantou-se tremulamente indagando timidamente: "Posso perguntar ao Sr. Clapham se é a intenção da Sra. Clapham de partir o pão esta manhã?" Então a Sra. Clapham saltou para fora da sala e bateu a porta. A reunião prosseguiu como de costume.

Bourbonism ainda sobrevive entre algumas pessoas em Inglaterra. Lembro-me de explicar alguma acção minha para Gerald Kelly, conforme o conselho do meu advogado. Ele respondeu desdenhosamente: "Advogados são servos!" A posição social do Lorde Chanceler e de outros oficiais legais da Coroa não significava mais para ele do que a preponderância de advogados nos consílios da nação. Ele atinha-se à fútil estupidez de que qualquer homem que usava o seu cérebro para ganhar a vida era um inferior. Este é caso extremo de um ponto de vista excepcionalmente estúpido, mas a raiz psicológica da atitude permeia concepções Inglesas. A definição de auto-respeito contém uma cláusula para incluir desprezo impiedoso por alguma outra classe. Na minha infância, a Sra. Clapham—uma de cujas aventuras já foi gravada—uma vez aventou na infelicidade conjugal. "Como eu poderia amar aquele homem?" Exclamou ela; "por que leva ele o seu sal com a sua faca?!" Não há nada que possa alertar a esposa de um peixeiro de que tal sublime devoção à etiqueta seja ridícula de qualquer forma. A sociedade Inglesa está impregnada de cima a baixo com este espírito. A suprema satisfação é ser capaz de desprezar o vizinho e este facto vai longe para explicar a intolerância religiosa. É evidentemente consolador reflectir que as pessoas da porta ao lado estão indo para o inferno.

Praticamente todos os meninos nascem com o espírito aristocrático[36]. Na maioria dos casos, eles são quebrados, em parte pelo bullying, em parte pela experiência. No caso de Alick, ele era o único filho de um pai que era naturalmente um líder de homens. Nele, portanto, este espírito não foi contido. Ele não reconhecia a autoridade senão a do seu pai; e embora aquele pai evitasse ostensivamente assumir a autoridade sobre os outros Irmãos, esta estava, não obstante, naturalmente lá. O menino parece ter desprezado desde o início a ausência de hierarquia entre os Irmãos, embora ao mesmo tempo eles formassem o corpo mais exclusivo da terra, sendo as únicas pessoas que estavam indo para o céu. Há, portanto, uma extrema contradição psicológica inerente à situação. É improvável que Alick estivesse no momento ciente dos sentimentos reais que devem ter sido implantados nele por este ambiente; todavia, o resultado principal foi, sem dúvida, estimular o seu orgulho e ambição num grau muito prejudicial (?). A sua posição social e financeira, a óbvia inveja dos seus associados, a sua indiscutível destreza pessoal, física e intelectual, combinavam-se para tornar impossível para ele ficar satisfeito em ocupar qualquer lugar do mundo, excepto o topo. Os Irmãos Plymouth recusavam-se a tomar parte na política. Entre eles, o nobre e o camponês encontravam-se teoricamente como iguais, de modo que o sistema social de Inglaterra era simplesmente ignorado. O menino não podia aspirar a ser primeiro-ministro ou mesmo rei; ele já estava à parte e além de tudo isso. Será visto que, assim que ele chegou a uma idade em que as ambições são compelidas a assumir uma forma concreta, a sua posição tornou-se extremamente difícil. A terra não era grande o suficiente para segurá-lo.

Ao relembrar a sua vida até maio de 1886, ele pode encontrar pouca consecução e praticamente nenhuma coerência nas suas lembranças. Mas desse mês em diante há mudança. É como se o evento que ocorreu naquele momento criasse uma nova faculdade na sua mente. Um novo factor surgira e o seu nome era morte. Ele foi chamado para casa a partir da escola a meio do semestre para participar de uma reunião especial de oração em Redhill. O seu pai adoecera. O médico local enviara-o para ver Sir James Paget, o qual aconselhara uma operação imediata por causa do cancro da língua. Os Irmãos de longe e de perto tinham sido convocados para ajudar a descobrir a vontade do Senhor no assunto. O resultado final foi a recusa da operação; foi decidido tratar a doença pela electro-homeopatia do Conde Mattei, um agora descartado sistema de charlatanismo incomummente ultrajante. Nenhum médico dedicado a esta forma de trapaça estava disponível localmente, o The Grange foi abandonado e uma casa chamada Glenburnie foi ocupada em Southampton.

No dia 5 de Março de 1887, Edward Crowley morreu. O decurso da doença foi praticamente indolor. Apenas um ponto é de interesse para o nosso propósito actual. Na noite de 5 de Março, o menino—longe na escola—sonhou que o seu pai estava morto. Não havia razão para isto na maneira comum, pois os relatórios tinham sido altamente optimistas. O menino lembra que a qualidade do sonho era totalmente diferente de tudo o que ele tinha conhecido. A notícia da morte não chegou a Cambridge até à manhã seguinte. O interesse deste facto depende de um paralelo subsequente. Durante os anos que se seguiram, o menino—e o homem—sonharam repetidamente que a sua mãe estava morta; mas no dia da sua morte ele—então a três mil milhas de distância—teve o mesmo sonho, salvo que este diferia dos outros por possuir esta qualidade peculiar, indescritível mas inconfundível, que ele tinha presente em conexão com a morte do seu pai.

A partir do momento do funeral, a vida do menino entrou numa fase inteiramente

---

[36] É puramente uma questão de virilidade: compare as raças nobres, Árabes, Pastós, Ghurkas, Japoneses, etc. com as raças "morais". Claro, a ausência de casta determina a perda de virilidade e vice-versa.

nova. A mudança foi radical. Dentro de três semanas do seu retorno à escola, ele teve problemas pela primeira vez. Ele não se lembra por qual ofensa, mas apenas que a sua punição foi diminuída por causa do seu luto. Este foi o primeiro sintoma de uma reversão completa da sua atitude em relação à vida em todos os aspectos. Parece óbvio que a morte do seu pai deve ter estado causalmente ligada a isto. Mas mesmo assim, os eventos permanecem inexplicáveis.

As condições da sua vida escolar, por exemplo, podem ter mudado duramente, mas a sua reacção a elas torna quase inacreditável que fosse o mesmo rapaz.

Antes da morte de Edward Crowley, as lembranças do seu filho, embora vívidas ou detalhadas, parecem-lhe estranhamente impessoais. Retrocedendo a sua mente àquele período, ele sente, apesar da atenção constantemente eliciar novos factos, que está a investigar o comportamento de outra pessoa. É somente a partir deste ponto que ele começa a pensar sobre si mesmo na primeira pessoa. A partir deste ponto, contudo, ele assim faz; e é capaz de continuar esta auto-hagiografia num estilo mais convencional falando de si mesmo como "eu".

~ 4 ~

EU NATURALMENTE não fazia ideia de que a morte do meu pai faria qualquer diferença prática ao meu ambiente. Na maioria dos casos semelhantes provavelmente não o teria feito. A maioria das viúvas permanece naturalmente na rotina.

Como as coisas estavam, eu encontrei-me num ambiente totalmente novo. As opiniões religiosas do meu pai tendiam a afastá-lo da sua família; e os amigos que ele fizera no seu próprio círculo não tinham interesse em visitar a minha mãe. Eu fui lançado na atmosfera da família dela. Ela mudou-se para Londres para estar perto do seu irmão, o qual até então eu mal havia conhecido.

Tom Bond Bishop era uma figura proeminente nos círculos religiosos e filantrópicos em Londres. Ocupava uma posição mais ou menos importante na Alfândega, mas não tinha ambições ligadas ao Serviço Civil. Ele dedicava todo este tempo livre e energia à propagação do extraordinariamente estreito, ignorante e fanático Evangelicalismo em que ele acreditava. Ele tinha fundado a Children's Scripture Union e a Children's Special Service Mission. A primeira dita às crianças quais passagens da Bíblia eles lerão diariamente: a última arrasta-as das suas brincadeiras à beira-mar e entrega-as aos delírios de estudantes devotos ou a géiseres evangélicos contratados. Dentro dos seus limites, ele era um homem de inteligência aguda e de grande habilidade executiva e organizadora. Um Manning adicionado a obstinada sinceridade; um Cotton Mather desprovido de imaginação; pode-se até dizer um Paulo privado de habilidade lógica, e este defeito fornecido por invulnerável presunção. Ele era inacessível à dúvida; ele *sabia* que estava *certo* em todos os pontos.

Uma vez eu coloquei-lhe: "Suponha que um alpinista tenha segurado com uma corda um outro que tenha caído. Ele não pode salvá-lo e deverá cair também a não ser que corte a corda. O que deveria ele fazer?" O meu tio respondeu: "Deus nunca permitiria que um homem fosse colocado em tal posição"!!!! Esta desrazão tornou-o mentalmente e moralmente mais baixo do que o gado dos campos. Ele obedeceu a cegos impulsos selvagens e levou-os para as sanções do Todo-Poderoso.

"Para as glândulas lacrimais de um crocodilo ele acrescentava as entranhas de compaixão de um rinoceronte de ferro fundido; com a mesquinhez e crueldade de um eunuco ele combinava a calculista avareza de um Escocês Judeu, sem o uísque de um ou a simpática imaginação do outro. Pérfido e hipócrita como o Jesuíta da fábula

Protestante, ele era untuoso como Uriah Heep, e para o resto possuía os vícios de Joseph Surface e Tartuffe; contudo, estando sem as fraquezas humanas que os tornam possíveis, ele era um mais virtuoso, e por conseguinte um mais odioso, vilão.

"Em feição semelhante a um símio barbeado, em figura um dachshund[37] desconjuntado, a sua aparência pessoal era à primeira vista pouco atraente. Mas as roupas feitas por um alfaiate da Cidade emprestavam tal harmonia geral ao todo que reconciliavam o observador ao fenómeno observado.

"De astúcia inigualável, o seu discurso era plausível; ele ocultava o seu génio sob uma máscara de incomparável mediocridade e a sua força intelectual sob o manto da piedade. Na religião ele era um Evangélico, aquele tipo de Não-Conformista que permanece na Igreja na esperança de capturar a sua organização e as suas receitas.

"Um associado de tais criaturas de uma inescrutável Providência como Coote e Torrey, ele superou um deles em santimónia, o outro em beatice, embora ele sempre achasse que a chantagem era muito arriscada e a calúnia um erro táctico[38].

Nenhum fanático mais cruel, nenhum vilão mais vil, jamais andou nesta terra. O meu pai, caturra como ele era, tinha humanidade e certo grau de bom senso; ele tinha uma mente lógica e nunca confundia o espiritual com questões materiais. Ele nunca poderia acreditar, como o meu tio, que o corte e a cor das "roupas de domingo" poderiam ser uma questão de importância para a Divindade. Tendo decidido que a fé, e não as obras, era essencial para a salvação, ele não podia atribuir importância vital às obras. Com ele, a razão para se abster do pecado era simplesmente que isto mostrava ingratidão ao Salvador. No caso do pecador, isto era quase um esperançoso sinal de que ele deveria pecar completamente. Ele estava mais propenso a alcançar essa convicção de pecado que lhe mostraria a sua necessidade de salvação. O castigo material do pecado (de novo) provavelmente o colocaria de joelhos. Boas obras no pecador eram inúteis. "Toda a nossa justiça é como trapos imundos." Foi o truque favorito do diabo para induzir as pessoas a confiar no seu bom carácter. A parábola do fariseu e do publicano ensinou isto com bastante clareza.

Não sei se o meu tio Tom poderia ter encontrado algum argumento contra esta teoria, mas na prática ele tinha horror ao que chamava de pecado, que era exagerado quase ao ponto da insanidade. Os seus talentos, quase posso dizer o seu génio[39], deram-lhe uma tremenda influência. Em sua própria casa, ele era um tirano implacável e mesquinho; e foi para dentro deste antro de amarga escravidão que eu fui repentinamente arremessado da minha posição de ar fresco, liberdade e de herdeiro.

Ele morava em Londres, no então chamado Thistle Grove. O nome foi mudado para Drayton Gardens, apesar de uma petição entusiasticamente apoiada por Bishop; a objecção era que uma casa pública no bairro chamava-se Drayton Arms. Isto é típico da atitude do meu tio em relação à vida. O seu senso de humor. Quando eu o chamava de "Tio", ele riria à sorrelfa, "Oh minha alma profética, meu tio!" Mas chegou a hora em que eu conhecia a maior parte de *Hamlet* de cor, e quando ele de seguida atirou a sua "pilhéria", eu continuei a citação, replicando firmemente, "Ai, essa incestuosa, essa adulterada besta!" Estou, de certa forma, contente por pensar que no final da sua longa e obscena vida eu estava reconciliado com ele. Na última carta que ele alguma vez recebeu de mim admiti (se um pouco a contragosto) que a sua mente estava tão distorcida que ele realmente não tinha ideia de quão vil era uma coisa. Eu acho que isto deve ter agitado o seu senso de vergonha. Pelo menos eu nunca recebi qualquer resposta.

---

37 N.T.: cão salsicha
38 Eu cito a partir de um obituário dele publicado durante a sua vida.
39 Ele inventou um método muito engenhoso de ensinar a história por gráficos, cada nação sendo representada por um rio de maior ou menor amplitude conforme subia ou descia, anexações por afluentes, etc., etc.

Suponho que a casa em Thistle Grove era tão representativa de uma parte de Inglaterra quanto poderia ter sido imaginada. Era inclassificável. Não era nem de alta nem de baixa classe média. Não tinha individualidade suficiente nem para pertencer a uma categoria. A minha avó era uma senhora idosa particularmente encantadora. Ela era inexprimivelmente digna em suas sedas negras e touca de renda. Ela havia sido importada para o país pelas exigências da posição do seu filho no Serviço Civil. Ela era extremamente amável; eu nunca me lembro de ter ouvido uma palavra travessa dela. Ela era adicta ao infame vício de besigue. Era, é claro, impossível ter "The Devil's Picture-books" numa casa frequentada pelas principais luzes do Evangelicalismo. Porém, a minha Tia Ada pintou um baralho de cartas em que os ternos eram rosas, violetas, etc. Era o mesmo jogo; mas a camuflagem satisfez a consciência do meu tio. Nenhum fariseu esquadrinhava a parte externa do copo e do prato mais assiduamente do que ele.

A minha avó foi a segunda esposa do marido; do primeiro casamento existiam dois filhos sobreviventes; Anne, uma solteirona robusta e sensual, que sempre me encheu de intensa repulsa física; ela era lustrosa e oleosa com uma bolha no nariz e grossos lábios molhados. Todas as noites ela colocava uma garrafa de cerveja preta debaixo do seu braço e levava para a cama com ela—acrescentando esta invariável "piada"—"Meu amor!" Ainda hoje, quando as pessoas bebem cerveja preta numa mesa onde estou sentado, eu movo as mãos instintivamente para não ver.

O seu irmão John vivera por muitos anos na Austrália em desfrute de riqueza e distinção cívica. A riqueza dele declinou quando a sua saúde quebrou; e ele voltou a Inglaterra para morar com a família. Ele era um típico homem resistente fora de portas com toda a liberdade colonial de pensamento, fala e modos. Encontrou-se no poder do acrimonioso código do meio-irmão dele. Ele tinha de fumar o seu cachimbo às escondidas e era intimidado acerca da sua alma, até que a sua mente cedeu. Nas orações familiares ele estava perpetuamente recebendo oração; a sua personalidade era cuidadosamente descrita para que o Senhor não confundisse a identidade dele. A descrição teria sido adequada para o comum assassino conforme observado por um pacifista singularmente pouco caridoso.

Eu estou particularmente orgulhoso de mim mesmo pelo modo como me comportei com ele. Era impossível ajudar gostando da genial alma simplória do homem. Lembro-me de um dia em Streatham, após ele e a minha avó terem vindo viver connosco, que eu tentei animá-lo. Tremendo todo, ele explicou-me quase em lágrimas que estava com medo de ele "não estar bem com Cristo". Eu olho para trás quase com incredulidade sobre mim próprio. Não era eu que falava; respondi-lhe com uma autoridade brusca, embora eu fosse um rapaz particularmente tímido que ainda não tinha dezasseis anos. Eu disse-lhe claramente que tudo isso era um absurdo, que Cristo era uma fábula, que não havia tal coisa como pecado, e que ele deveria agradecer às suas estrelas por ter vivido toda a sua vida longe da hipócrita caterva de escravos trémulos que acredita em tal absurdo. Já o meu eu inconsciente estava cantando nos meus ouvidos aquele terrífico clímax do "Renan-chorus" de Browning:

> Oh, dread succession to a dizzy post,
> Sad sway of scepter whose mere touch appals,
> Ghastly dethronement, cursed by those the most
> Oh whose repugnant brow the crown next falls!

No entanto, ele ficou insano pela melancolia; e morreu nessa condição. Lembro-me de escrever para a minha mãe e para o meu tio que eles eram culpados de "o mais abominável assassínio como se no seu melhor; mas este mais abominável, estranho e desnatural".

Coloco peso neste episódio porque a minha atitude, conforme eu recordo isto, parece incompatível com a minha geral vida espiritual do período, como aparecerá mais tarde.

Eu gostava genuinamente da minha Tia Ada. Ela era feminina no sentido antiquado da palavra; um tipo puramente passivo. Embora fosse naturalmente talentosa, ela era ignorante e fanática. Na sua situação, ela não poderia ter sido outra coisa. Mas as suas opiniões não interferiam na sua caridade. Uma mulher de bondade infinita. A sua saúde era naturalmente delicada; um ataque de febre reumática tinha danificado o seu coração e ela morreu antes do seu tempo. A mesquinhez e o egoísmo do meu Tio Tom eram os principais responsáveis. Ele não contraria uma secretaria; ele obrigou-a a ser escrava da Scripture Union e isso matou-a.

Uma anedota lança uma luz curiosa sobre o meu carácter nestes primeiros tempos e também a revela como possuidora de certo senso de humor. Alguns anos antes, na plataforma de Redhill com o meu pai, eu tinha visto na banca de livros *Across Patagonia,* de Lady Florence Dixie. O longo nome fascinou-me; eu implorei para o meu pai comprar-mo e ele acedeu. O nome pegou e eu decidi ser o Rei da Patagónia. Os psicanalistas aprenderão com prazer que o nome da minha capital era Margaragstagregorstoryaka. "Margar" foi derivado de Margaret, rainha de Henrique VI, que foi a minha personagem favorita na história. Isto é altamente significativo, como indicando o tipo de mulher que eu sempre tenho admirado. Eu quero que ela seja má, independente, corajosa, ambiciosa e assim por diante. Eu não posso assentar o "ragstag", mas é provavelmente eufónico. "Gregor" é, claro, o meu primo; "story" é o que era então a minha forma favorita de diversão. Eu não posso assentar o "yaka", mas isso mais uma vez é provavelmente eufónico.

Não consigo imaginar por que razão, nesta idade muito precoce, cultivava eu uma profunda aversão e desprezo pela Rainha Vitória. Meramente, talvez, o instinto limpo e decente de uma criança! Eu anunciei a minha intenção de liderar as forças da Patagónia contra ela. Um dia, a minha Tia Ada levou-me para o chá no Gunters; e um documento oficial de aparência importante foi-me entregue. Era a resposta da Rainha Vitória. Ela iria explodir a minha capital em pedaços e tratar-me pessoalmente de uma maneira muito desagradável. Este documento foi selado com uma etiqueta marcada com uma âncora para sugerir a enormidade naval, escolhida para este propósito a partir do final de um carrinho de linhas. Mas levei o documento bastante a sério e fiquei terrivelmente assustado.

O desbotamento da casa do meu tio, a atmosfera de severa desaprovação do universo em geral, e a total ausência do espírito de vida combinavam-se para que eu detestasse a família da minha mãe. Havia, incidentalmente, uma complicação grave, pois a morte do meu pai havia aumentado enormemente o fanatismo religioso da minha mãe; e embora ela gostasse tanto da sua família, ela estava fadada a considerá-los como candidatos muito duvidosos para o céu. Esta atitude era naturalmente inexplicável para uma criança de tão tenra idade; e o efeito em mim foi desenvolver uma impaciência quase petulante com toda a questão da religião. A minha Tia Ada era a irmã favorita da minha mãe; mesmo no funeral ela recusou-se a entrar na igreja durante o culto e esperou do lado de fora à chuva, somente voltando à procissão quando o cadáver repassou aqueles malditos portais de acesso ao cemitério. Ela ficou ao lado da sepultura enquanto o pároco lia o ofício. Aparentemente, era o satanismo arquitectónico ao qual ela mais se opunha.

Havia também uma objecção à liturgia, em numerosos fundamentos. Parece incrível, mas é verdade, que os Irmãos Plymouth consideravam a Oração do Senhor como uma "vã repetição, como fazem os idólatras". Era proibido usá-la! Jesus de facto deu essa oração como um exemplo de como orar; mas era esperado que todos fizessem as suas próprias súplicas *ex tempore*[40].

A situação resultou num modo muito divertido. Tendo chegado ao ponto de dizer. "Mal, sejas tu o meu bem", eu torturei os meus miolos para descobrir alguns crimes realmente abomináveis a fazer. Num momento de desesperada ousadia eu esgueirei-me, numa manhã de domingo, para dentro da igreja frequentada pelo meu Tio Tom em Streatham Common, preparado, por assim dizer, para chafurdar nela. Foi uma das decepções mais amargas da minha vida! Não consegui detectar nada que satisfizesse as minhas ideias de condenação.

Por um ano ou dois após a morte do meu pai, a minha mãe não parecia acalmar-se; e durante as férias nós ficávamos com o bispo ou perambulávamos em hotéis e estâncias termais. Eu acho que ela estava com medo de me levar para Londres; mas quando o meu tio se mudou para Streatham, ela comprometeu-se a ocupar uma casa em Polwarth Road. Eu odiava esta, porque havia casas maiores no bairro.

Não tenho a certeza se sou o snobe mais afrontoso que já existiu ou se não sou snobe de todo. A verdade do assunto é, penso eu, que não vou aquiescer em nada senão no melhor do seu tipo. Eu não me importo em ficar completamente sem uma coisa, mas se eu a tiver tem que ser A1[41]. A Inglaterra é um lugar muito mau para mim. Eu não posso suportar pessoas que são superiores ou inferiores a outras, mas somente aquelas que, qualquer que seja a sua posição na vida, são conscientemente únicas e supremas. No Oriente, especialmente entre os Maometanos, pode-se fazer amizade com os próprios coolies[42]; eles respeitam a si próprios e aos outros. Eles são cavalheiros. Mas em Inglaterra o espírito de independência é raro. Homens de alta classe e posição quase sempre revelam consciência de inferioridade a, e dependência sobre, outros. O snobismo, neste sentido, é tão difundido que raramente me sinto em casa, a não ser com um supremo génio como Augustus John.

Aubrey Tanqueray é típico. Ele não deve perder a estima da sua "pequena Paróquia", e evita a mortificação por mudar de uma paróquia para outra. Quando Paula lhe pergunta. "Incomodas-te com o que os servos *pensam*? Ele responde: "Claro". Se alguém tivesse que se preocupar com as suas acções em relação às ideias de outras pessoas, seria melhor ser enterrado vivo num formigueiro ou casado com um violinista ambicioso. Se esse homem é o primeiro-ministro, modificando as suas opiniões para ganhar votos, ou um burguês com medo de que algum acto inofensivo seja mal-entendido e ultraje alguma insignificante convenção, esse homem é um homem inferior e eu não mais quero ter algo a fazer com ele, então eu quero comer salmão enlatado. É claro que o mundo nos força a todos a comprometer com o nosso meio ambiente até certo ponto, e nós só desperdiçamos a nossa força se lutarmos em batalhas campais por pontos que não valem uma escaramuça. É apenas um caprichoso que se recusa a conformar-se com as convenções do vestuário e coisas do género. Mas a nossa sinceridade deve ser Romana sobre as coisas que realmente importam para nós. E eu ainda estou em dúvida, enquanto escrevo estas palavras, quanto a quão longe é correcto empregar estratégia e diplomacia a fim de se ganhar um ponto. Os grandes homens do mundo levantaram-se e tomaram o remédio. Bradlaugh e Burton não perderam no final por serem francos. Eu nunca aprovo a supersubtileza da campanha de Huxley contra Gladstone; e quanto a Swinburne, ele morreu inteiramente quando se tornou respeitável. A adaptação ao ambiente faz-se por uma espécie de sobrevivência; mas afinal de contas, a suprema vitória somente é conquistada por aqueles que comprovam substância muito mais

---
40 N.T.: "de improviso"
41 N.T.: do melhor
42 N.T.: trabalhadores de baixo estatuto social

resistente do que o resto, de modo que nenhum poder na terra é capaz de destruí-los. As pessoas que têm realmente feito história são os mártires.

Eu suponho que chega a todos nós com muita frequência o sentimento ao qual Freud chama de complexo de Édipo. Queremos repousar, estar em paz com os nossos companheiros a quem amamos, que nos entendem mal e por cujo amor estamos famintos. Queremos fazer acordos, queremos nos render. Mas sempre tenho achado que, embora eu pudesse aquiescer com alguma linha de conduta, embora eu pudesse fazer todos os preparativos por acomodação, ainda assim, quando chegava ao ponto, eu era totalmente incapaz de fazer a base, acto irrevogável. Eu não posso mesmo fazer o mal para que o bem possa vir. Eu abomino o Jesuitismo. Eu preferiria perder do que ganhar por estratagema. O máximo que tenho conseguido gerir é consentir em apresentar os meus princípios de uma forma que não ofenda abertamente as susceptibilidades comuns. Tão pouco sinto profundamente a urgência de fazer a minha vontade, de tal maneira que é praticamente impossível escrever sobre Shakespeare e sobre os Copos musicais sem introduzir os princípios espirituais e morais que são as únicas coisas em mim que eu posso identificar comigo mesmo.

Esta característica é evidentemente herdada do meu pai. A sua integridade era absoluta. Ele viveu inteiramente pelas suas convicções teológicas. Cristo pode retornar a qualquer momento. "Assim como o raio ilumina do Oriente e ilumina até ao Ocidente, assim é a vinda do Filho do homem." Ele teria que dar conta de "cada palavra oca". Foi um pensamento horripilante para ele, esse de ter sido apanhado pelo Segundo Advento no momento em que ele não estava activamente e intensamente envolvido no trabalho pelo qual Deus o tinha enviado ao mundo para fazer. Este sentido da importância do acto mais luminoso, do valor de cada momento, tem sido um factor tragicamente intenso na minha vida. Eu sempre me tenho ressentido do tempo necessário para comer, dormir e vestir-me. Tenho inventado trajes com o único objectivo de minimizar o desperdício de tempo[43] e a distracção da atenção envolvida. Eu nunca uso roupa interior. O "magnetismo" de homens e mulheres tem por base o suor físico: na saúde este é esparso e muito fragrante. Qualquer defeito deve ser corrigido instantaneamente: não há sinal de perigo mais certo do que sórdida e desmedida perspiração profusa.

Esta qualidade determinou muito da minha vida na escola. Eu instintivamente compreendi que não queria conhecimento académico como tal; mas já que eu estava sob coacção, o melhor plano para evitar interrupção era absolver-me bem na sala de aula e em exame. Eu não tinha ambições; mas eu invariavelmente coloco-me para adquirir o conhecimento necessário com o mínimo de esforço. As minhas habilidades naturais, especialmente a minha memória, tornaram isto fácil. Logo descobri que para me distinguir na escola era dentro da natureza do truque de um mágico. É difícil analisar o meu método ou ter a certeza da análise; mas acho que a essência do plano era ter a certeza do mínimo necessário e adicionar uma superestrutura de um ou dois pontos abstrusos, os quais eu conseguiria levar ao conhecimento do mestre ou do examinador de modo a dar-lhe a ideia de que eu me preparara com uma minuciosidade incomum.

Ocorre-me que esta confissão soa bastante estranha, depois das minhas observações anteriores acerca de integridade. A minha justificação é a de que eu considerava os mestres-escola como mendigos importunos e possivelmente perigosos. Eu não estava em posição de lutar; e eu não podia proporcionar uma boa moeda de seis centavos, então desencorajei-os com uma má. Era a própria culpa deles por me atormentarem.

---

43 Na Cidade do México, em 1900, Eckenstein aconselhou-me a virar os calcanhares das minhas meias para facilitar a sua colocação. Eu opus-me à perda de tempo envolvida. Isto desenvolveu-se numa longa discussão sobre o assunto: ele ganhou, mas eu não pude acreditar e ainda não estou convertido.

5

NÃO ENCONTRAVA nada no currículo escolar que me interessasse. Eu não tinha pressentimento disto na época, mas eu já estava na servitude da busca pela realidade. A matemática capturou a minha imaginação. Eu era brilhante em aritmética até que o assunto degenerou em "prática", a qual era uma matéria para mercearias. Eu poderia ter gostado de geometria; mas o árido método de apresentação em Euclides dissuadiu-me. Pediam-me para memorizar o que eu não compreendia; e, sendo a minha memória tão boa, ela recusava-se a ser insultada dessa maneira. Da mesma forma, nunca consegui memorizar as "repetições" comuns da poesia Grega e Latina. Eu aprendi trigonometria com ardor; mas fiquei enojado assim que descobri que os meus cálculos deveriam ser aplicados a tais vulgaridades como a arquitectura. A única pura ciência para mim era álgebra e eu progredi nisso com incrível rapidez. Numa ocasião, em Malvern, o mestre de matemática quis dedicar a hora inteira aos três rapazes mais velhos, os quais estavam a estudar para uma bolsa de estudos, e colocou-nos, aos mais novos, a trabalhar com equações quadráticas. Havia sessenta e três no conjunto de capítulo. Ao final de quarenta minutos, levantei-me e disse: "Por favor, senhor, o que devo fazer agora?" Ele não acreditaria que eu as tivesse trabalhado correctamente, mas eu tinha. Parece que tenho um instinto para apreciar as relações de números puros e poderia encontrar factores por intuição.

A minha actividade intelectual tem sempre sido intensa. Era por esta mesma razão que eu não suportava desperdiçar um momento em assuntos que me pareciam alheios ao meu interesse, embora eu não tivesse ideia de qual interesse era esse. Assim que ouvi falar de química, eu percebi que esta lidava com realidade conforme eu compreendia a palavra. Então eu dentro em pouco sabia "Little Roscoe" praticamente de cor, embora isto não fosse um assunto de escola. Eu providenciei um laboratório na casa em Streatham e gastei todo o meu tempo e dinheiro fazendo experimentações. Pode ser interessante mencionar como a minha mente funcionava. Eu tinha ouvido falar do petardo como um engenho militar; e eu estava arvorado com isto. Roscoe disse-me que o cloreto de nitrogénio era o mais poderoso e sensível explosivo conhecido. A minha ideia era dissolvê-lo em algum fluido volátil; poder-se-ia então deixar um balde disto no portão do inimigo. O fluido evaporaria e o cloreto explodiria à primeira vibração. Depois de várias pequenas desventuras, eu juntei isto sobre benzina—cerca de um litro—e a coisa toda explodiu e quase incendiou a casa.

Eu também tinha um plano para fabricar diamantes. Por várias analogias cheguei à conclusão de que uma verdadeira solução de carbono poderia ser feita em ferro e eu propus cristalizar isto fora da maneira regular. O aparato exigido, no entanto, dificilmente estava dentro do alcance de um rapaz de catorze anos e os meus diamantes ainda são teóricos.

Falando em teoria, cheguei à conclusão, a qual naquela época era uma maldita heresia e uma perigosa ilusão, de que todos os elementos eram modificações de uma substância. O meu principal argumento era que os pesos atómicos de cobalto e níquel eram praticamente idênticos e as cores características dos seus sais sugeriam-me que eram isómeros geométricos como dextrose e levulose. Isto tudo é bastante óbvio hoje, mas ainda acho que não foi mau para um rapaz na sua adolescência no início dos anos noventa, cuja única fonte de informação era "Little Roscoe".

Uma situação divertida surgiu desta precoce devoção à arte de Flamel. No meu último período em Malvern, um conselho de governadores em pânico decidiu criar uma vertente científica e iniciou um curso de química. Com uma economia louvável, eles colocaram como responsável um certo Sr. Faber, um decaído mestre clássico, possivelmente na crença de que, como tinha um nome alemão, ele sabia tanto quanto Ostwald. O resultado foi que eu tinha constantemente de corrigi-lo na aula; e ele nada podia fazer, porque as autoridades, quando consultadas, comprovavam estar do meu lado.

Eu não tinha, portanto, nenhuma dificuldade na escola no que diz respeito às aulas, mas nos meus três anos na Champney eu não tive falta de problemas; a natureza disto só pode ser compreendida se eu aduzir alguns factos para indicar a atmosfera. Eu costumava contar às pessoas sobre a minha vida escolar e encontrava-me com uma incredulidade tão consistente que fiz uma pequena colecção de incidentes no prefácio do meu *The World's Tragedy*. Eu cito a passagem como está.

UMA JUVENTUDE NO INFERNO

O Reverendo H. d'Arcy Champney, M.A do Corpus Christi College, em Cambridge, saíra da facção.

Ele tinha votado nas eleições parlamentares riscando os nomes dos candidatos e escrevendo: "Eu voto em prol do Rei Jesus".

Ele havia iniciado uma escola para os filhos da Brethren em 51 Bateman Street, Cambridge. Que Deus morda nos ossos dos homens a dor daquele inferno na terra (tenho orado com frequência) para que por eles esta seja semeada com sal, amaldiçoada para sempre! Que a donzela que passe isto seja estéril e a mulher grávida que contemple isto aborte! Que as aves do ar se recusem a voar sobre isto! Que isto seja como uma maldição, como um medo, como um ódio, entre os homens! Que os perversos residam ali! Que a luz do sol seja retida dali e que a luz da lua não ilumine isto! Que isto se torne o lar das conchas dos mortos e que os demónios da cova lá habitem! Que isto seja amaldiçoado, amaldiçoado—amaldiçoado para todo o sempre!

E ainda, estando como eu estou no auge da prematura virilidade, livre de todas as grilhetas do corpo e da mente, eu amaldiçoo a memória disso por eras.

Era uma escola suficientemente boa do ponto de vista dos examinadores, eu ouso dizer. Moralmente e fisicamente, era um engenho de destruição e corrupção. Eu vou apenas anotando alguns factos a esmo conforme eles vierem à minha memória; tu podes formar o teu próprio julgamento.

    1   Nós éramos autorizados a jogar críquete, mas sem registar pontuações, para que não excitasse o mau hábito da "emulação".

    2   Champney contou-me, uma criança com menos de doze anos, que ele nunca tinha consumado o seu matrimónio. (Somente a memória verbal muito apurada que eu possuo me permitiu, anos depois, recordar e interpretar o seu significado. Ele usou uma frase mais grosseira.)

    3   Disseram-nos que "o Senhor tinha um cuidado especial com a escola e trouxe à luz aquilo que foi feito nas trevas", etc., etc. *Ad nauseam*. "O instrumento foi nesta ocasião o fulano-de-tal, que nobremente se apresentou", etc, etc. Noutras palavras, hipocrisia e dissimulação eram as únicas virtudes.

Naturalmente, um dos vários rapazes que poderiam estar envolvidos na mesma ofensa ficaria aterrorizado e salvaria a sua pele esgueirando-se. O informante sempre foi acreditado implicitamente, contra a probabilidade, ou mesmo a possibilidade, com completo desrespeito ao testemunho de outras testemunhas independentes.

Por exemplo, um rapaz chamado Glascott, com um insano labéu, disse a Mr. Champney que ele tinha-me visitado (doze anos de idade) na casa da minha mãe durante as férias—verdade até agora, tinha ele—e encontrou-me deitado bêbado na parte inferior das escadas. A minha mãe nunca foi questionada acerca disto; nem eu falei disto. Fui colocado em "Coventry", ou seja, nenhum mestre nem rapaz poderia falar para mim, ou eu para eles. Eu fui alimentado com pão e água; durante as horas de recreio eu trabalhva na sala de aula; durante as horas de trabalho eu caminhava solitariamente em volta do recreio. Era esperado que eu "confessasse" o crime do qual eu era não apenas inocente, mas não-acusado.

Esta punição, a qual acredito que as autoridades criminosas considerariam severa num envenenador, durou um período e meio. Por fim, eu fui ameaçado de expulsão pela minha recusa em "confessar", e uma imagem tão terrível dos horrores da expulsão eles me pintaram—o culpado miserável, rejeitado pelos seus companheiros, escapulindo-se pela vida para uma desonrada sepultura, etc.—que eu efectivamente escolhi suportar as minhas torturas e agradecer ao meu opressor.

Fisicamente, eu desmoronei. A tensão e a miséria afectaram os meus rins; e tive de abandonar completamente a escola por dois anos. Eu deveria acrescentar com justeza que houve outras acusações contra mim, porém, como deves escutar, quase igualmente idiotas.

Finalmente aprendi, através da intervenção do meu tio, num lúcido intervalo, o que era suposto eu ter feito. Dizia-se que eu tentara "corromper Chamberlain"—não o nosso grande estadista patriótico, Joe matreiro—mas um rapaz. (Eu tinha doze anos e era completamente ignorante de todos os assuntos sexuais, até muito tempo depois). Também eu tinha "celebrado uma reunião de oração simulada". Isto eu recordei. Eu caminhara até a um grupo de rapazes no recreio, que na verdade estavam a celebrar uma. Quando me viram, um deles disse: "O Irmão Crowley agora nos guiará em oração". O Irmão Crowley era muito cauteloso e foi embora. Mas, em vez de fazer o que um rapaz ajuizado teria feito: ido directo ao director e acusá-los de quarenta e seis distintos crimes indeclaráveis, eu deixei as coisas resvalarem. Então, temendo que eu pudesse ir, eles apressaram-se e disseram-lhe como aquele perverso Crowley tentara afastá-los de Jesus.

Pior, eu chamara a Page I um fariseu. Isso foi verdade; eu tinha dito isto. Terrível de mim! E Page I, que "andava muito perto a Jesus", claro, foi e contou.

Sim, todos eles andavam muito perto a Jesus—tão perto quanto Judas andava.

4. Um rapaz chamado Barton foi sentenciado a cento e vinte golpes de vara sobre os seus ombros nus, por algum pequeno furto do qual ele era presumivelmente inocente.

Soberbo foi o processo de julgamento. Este começou por um extra longo tempo de oração e relato de Josué do pecado de Acã, impressionantemente lido. Em seguida, uma ou duas horas sobre o cuidado do Senhor com a escola, o modo como Ele trouxe o pecado à luz. Em seguida, quando bem trabalhados e todos os nossos nervos à flor da pele, quem roubou o quê? Silêncio. Em seguida, o cuidado do Senhor em prover uma testemunha—como as testemunhas contra Nabote! Depois a testemunha e a sua história, tão suave como a de um polícia. Em seguida, sentença. Por último, execução, com intervalos de oração!

Sendo o físico de Champney debilitado, pode-se supor que, por sua excessiva devoção a Jesus, ele tenha dado sessenta golpes num dia e sessenta no dia seguinte.

A minha memória falha—talvez Barton um dia se obrigue com as suas reminiscências— mas imagino que o primeiro dia chegou tão perto de matá-lo que ele escapou do segundo.

Recordo uma marca que eu tenho—nas pernas, porque açoitar as nádegas excita a sensualidade da vítima! - quinze minutos de oração, quinze golpes de vara, quinze minutos mais de oração, mais quinze golpes—e mais orações para encimar isto!

5. No domingo, o dia era dedicado à "religião". Orações da manhã e sermão (cerca de quarenta e cinco minutos). "Reunião" matinal (uma hora e meia a duas horas). Pregação ao ar livre no Parker's Piece[44] (digamos uma hora). Leitura bíblica e aprendizagem de cor. Leitura dos poucos livros "sancionados para o domingo" (digamos duas horas). Reunião de oração (chamada voluntária, mas para ficar longe significava que algum delator na escola te acusasse de algo no dia seguinte) (digamos uma hora). Oração da tarde e sermão (digamos trinta minutos). Pregação do evangelho na sala de reuniões (uma hora e meia). Idem no Parker's Piece (digamos uma hora). Oração antes da retirada (digamos meia hora).

6. A "Texugos: reunião". Todas as segundas-feiras à noite a escola era ao fundo da grande sala de aula, e os flagelos de Barnswell (bairro de lata de Cambridge) entravam, alimentavam,

---

44 Evangelizar era quase totalmente simples terrorismo. Além dos tormentos do inferno, havia "julgamentos". Por exemplo, o Açougueiro Blasfemo que, implorando para ser "lavado no Sangue do Cordeiro", replicava: "Certo tu estás, eu tenho um próprio cordeiro". *E naquela mesma noite a razão dele cambaleou em seu trono*, etc.

pregavam para, e dispensavam.

Resultado, epidemias de micose, sarampo e parotidite.

Ah não! Não é um resultado; a mão do Senhor pesava sobre nós por causa de algum pecado não descoberto.

Eu poderia continuar por um longo tempo, mas não o farei. Espero que haja algumas pessoas no mundo felizes o suficiente para pensarem que eu estou a mentir, ou pelo menos a exagerar. Mas eu declaro sob juramento a verdade literal de tudo o que tenho dito, e há muitas testemunhas vivas para me confirmarem ou para me refutarem. Eu tenho dado todos os nomes reais, endereços e outros detalhes.

É impossível supor que o carácter da escola tenha mudado completamente entre a morte do meu pai e o meu retorno do funeral. No entanto, antes disso, eu estava completamente feliz e em solidariedade com o que me cercava. Nem três semanas depois, Ismael era o meu segundo nome. Eu não posso explicar isto satisfatoriamente. Eu tinha sido perfeitamente genuíno na minha ambição de levar uma vida de santidade; a ideia de íntima comunhão com "Jesus" estava constantemente presente na minha mente. Não me lembro de quaisquer passos no volta-face. Um dia perguntei a um dos mestres como foi que Jesus esteve três dias e três noites no túmulo, embora crucificado na sexta-feira e ressuscitado no domingo de manhã. Ele não conseguia explicar e disse que isto nunca tinha sido explicado. Então eu formulei a ambição de se tornar uma luz brilhante no Cristianismo fazendo esta coisa que nunca havia sido feita. Esta ideia, a propósito, é muito característica. Eu sou totalmente incapaz de ter qualquer interesse em fazer algo que tenha sido feito antes. Mas contai-me de uma alegada impossibilidade; e saúde, riqueza, a própria vida nada são. Eu estou disposto a fazer isso. A aparente discrepância na narrativa evangélica não me causou dúvidas quanto à literal verdade de qualquer um dos textos. De facto, o meu abandono da graça não foi ocasionado por qualquer escrúpulo intelectual; eu aceitei a teologia da Plymouth Brethren. Na verdade, eu mal conseguia conceber a existência de pessoas que duvidassem disto. Eu simplesmente fui para o lado de Satanás; e a esta hora não sei dizer o porquê.

Porém, eu encontrei-me tão apaixonadamente ávido para servir o meu novo mestre quanto tinha servido o velho. Eu estava ansioso para me distinguir cometendo pecado. Aqui, mais uma vez, a minha atitude foi extraordinariamente subtil. Nunca me ocorreu roubar ou de qualquer outra forma infringir o decálogo. Tal conduta teria sido mesquinha e desprezível. Eu queria um supremo pecado espiritual; e eu não tinha a menor ideia de como começar acerca disto. Havia uma boa dose de curiosidade mórbida entre os santos sobre "o pecado contra o Espírito Santo", que "nunca poderia ser perdoado". Ninguém sabia o que era. Era até considerado bastante blasfemo oferecer qualquer conjectura muito positiva sobre o assunto. A ideia parece ter sido algo como uma brincadeira de mau gosto da parte de Jesus. Essa ofensa misteriosa que nunca poderia ser perdoada pode ser inadvertidamente cometida pelo maior santo vivo, com o resultado de que ele seria rebolado no próprio portão da glória. Aqui estava uma outra impossibilidade de apanhar a minha fantasia juvenil; eu devo descobrir qual foi esse pecado e fazê-lo muito bem.

Pois (evidentemente) a minha posição era extremamente precária. Eu opunha-me a um Deus omnipotente; e tanto quanto eu sabia, irrefutavelmente, Ele poder-me-ia ter predestinado para ser salvo. Não importa o quanto eu descri em Jesus, não importa quantos crimes eu acumulei, Ele pode pegar-me em despeito de mim próprio. A única possibilidade de enganá-Lo astuciosamente era atraí-Lo contra a Sua própria promessa de que este pecado em particular nunca deveria ser perdoado, com um certificado do anjo registador de que eu devidamente havia feito isto.

Parece incrível que tais insanas conclusões formem a base da acção prática em qualquer ser humano acima do nível de um bosquímano. Mas elas seguem logicamente o suficiente a partir das premissas blasfémicas e supersticiosas da teologia Cristã. Além disso, eu nunca tive a inclinação de um momento para levar o mundo material a sério. Na *Apologia pro Vita Sua*, o Cardeal Newman conta-nos, eu suspeito sinceramente, que quando criança ele desejava que *The Arabian Nights* fossem verdadeiras. Como todos nós sabemos, ele satisfez as suas ambições ao aceitar por realidade o Freudiano fantasma de paganismo misturado com o molho Semítico que o levou ao capelo. Mas eu fui mais longe. Os meus sentidos e o meu julgamento racional criaram uma sensação subconsciente de desconforto de que o sobrenaturalismo poderia não ser verdadeiro. Isto insultou a minha mais íntima consciência de mim mesmo. Mas a resposta foi não aceitar o falso pelo verdadeiro, mas determinar em torná-lo verdadeiro. Resolvi apaixonadamente alcançar as causas espirituais dos fenómenos e dominar o mundo material, o qual eu detestava, pelos seus meios. Eu não estava contente em acreditar num demónio pessoal e servi-lo, no sentido comum da palavra. Eu queria apossá-lo pessoalmente e tornar-me o seu chefe de equipa.

Na minha busca por um pecado adequado que possa render-me o diabólico V.C., eu obviamente entrei em contacto o suficiente com a coisa usual. Champney estava sempre a farejar isto, mas—para mim—ele era completamente ininteligível. Eu convivia com os rapazes cuja reputação de perversidade estava mais bem estabelecida, e fui mais direccionado na minha investigação por um senso intuitivo de magnetismo ou apreciação da fisionomia. Mas o reino do terror estava tão firmemente estabelecido na escola que ninguém se importava em dizer-me abertamente a natureza deste pecado, mesmo quando o conhecimento disto era admitido. Dicas misteriosas foram dadas; e finalmente um rapaz chamado Gibson disse-me qual acção tomar, mas ele não me disse para qual objecto aplicar o processo. Parece extraordinário que a natureza não me tenha dado qualquer indicação. Eu de maneira nenhuma conectava o órgão de reprodução com qualquer acto voluntário. Fiz conjecturas ditadas por considerações puramente intelectuais, e realizei experimentações com base nos seus resultados; mas elas eram absolutamente mal direccionadas. Eu nunca imaginei que órgão estava em questão. A descoberta foi adiada por anos.

A minha revolta deve ter-se manifestado por acções que tecnicamente não eram censuráveis. Não posso acusar-me de qualquer crime evidente. A batalha entre mim e a escola foi conduzida no plano mágico, por assim dizer. Era como se eu tivesse feito figuras de cera da mais inofensiva espécie, que ainda eram reconhecidas pelo instinto espiritual de Champney como ídolos ou instrumentos de feitiçaria. Fui castigado com absoluta injustiça e estupidez, mas ao mesmo tempo a apreensão mística de Champney não se enganou.

~ 6 ~

DEVO MENCIONAR a intervenção do meu Tio Jonathan no assunto da reunião dos Texugos, e a do meu Tio Tom na erupção final.

Jonathan Crowley, o irmão mais velho do meu pai, era o dândi ideal do nobre patriciado. Ele parecia um imperador romano como romanticamente nós imaginamos que este tenha sido, não como o vemos na maioria das esculturas. A tremenda testa, os olhos de águia, o grande e curvo nariz arrogante, a boca firme e a indómita mandíbula combinaram-se para torná-lo um dos homens mais notavelmente bonitos que eu já vira.

Ele vivia num majestoso esplendor que não tinha sugestão de ostentação. Eu nunca conheci a sua primeira esposa, por quem ele teve dois filhos, Claude e Agnes. Claude era notavelmente feio, tanto a ponto de ser atractivo, e ele tinha um toque de deformidade sem ser efectivamente um corcunda. Os mesmos traços apareciam no seu carácter mental e moral. Eu sempre pensava nele admiravelmente como Ricardo III; mas ele era apenas fraco e débil mental. Agnes herdou a altivez aristocrática do seu pai e uma parte da sua boa aparência. Ela era orgulhosa demais para se casar e a repressão atacava na sua mente até que ela desenvolveu uma ideia fixa. Durante os últimos trinta anos da sua vida ela estava constantemente anunciando o seu noivado e redigindo contratos de casamento, os quais nunca chegavam a algo. Ela também estava possuída pelo demónio da litigância, e imaginava-se injustiçada por vários membros da família

O meu tio casou-se com a educadora das crianças. Esta era uma dama de uma distinta família Saxónia, a qual poderia traçar a sua linhagem até à época de Eduardo, o Confessor. Alta, magra, distinta e altamente educada, ela era uma admirável castelã. A sua personalidade apelou-me fortemente, e ela ocupou aquele lugar nas minhas afeições que eu não pude dar à minha mãe. Ela tornou-se um membro proeminente da Primrose League, e foi através da sua influência com Lord Salisbury e Lord Ritchie que obtive a minha nomeação para o Serviço Diplomático.

O meu tio e minha tia visitaram-me em Cambridge. Contei-lhes sobre a reunião dos Texugos, não com um espírito de queixa, mas sim como Sir Richard Burton poderia ter descrito as suas aventuras entre os selvagens. O Tio Jonathan não viu a questão sob essa luz. Ele fez averiguações que confirmaram a minha história; e disse a Champney directamente que este tipo de coisa tinha de parar. Champney tentou vociferar mas, ao ser ameaçado com as autoridades sanitárias, baixou a crista. O assunto, no entanto, não parou por aí. O meu tio viu claramente que eu estava sendo brutalmente maltratado; e ele fez um requerimento aos tribunais que resultou na minha chamada para ver o Sr. Justice Stirling em tribunal. Eu sempre tenho sido intensamente leal até mesmo para com os meus inimigos, e (tanto quanto que eu sabia) o juiz poderia mandar a minha mãe e o irmão dela para a prisão. Então eu menti como um homenzinho e fingi que estava perfeitamente feliz na escola. Eu não acho que ele foi totalmente enganado pelas minhas afirmações solenes; e apesar de eu não ter sido tutelado na Chancelaria, uma promessa foi exigida a fim de que eu deveria ir para uma escola pública e universidade logo que eu tivesse passado o "Cambridge Local".

Enquanto isso, a natureza fazia a minha parte. No final do primeiro período da minha punição eu estava tão obviamente doente durante as férias que foram feitas perguntas, e eu reclamei à minha mãe dos maus-tratos. Em vez de investigarem as circunstâncias, eles transmitiram a Champney sem me dizerem nada. Certa noite, eu fui levado para a casa do meu Tio Tom e encontrei-me encurralado num canto da sala pelo fulminante director. A surpresa aterrorizou-me e não me atrevi a negar nada. Mas ainda não havia acusação contra mim. Champney nem sequer contou à minha mãe e ao meu Tio Tom o que eu supostamente tinha feito. Fui enviado de volta para a escola para cumprir o restante da minha sentença. No final desse prazo, todavia, por alguma razão cuja natureza não posso imaginar, o Tio Tom decidiu ir a Cambridge e fazer mais perguntas. Advertido da visita, Champney colocou uma pressão extra. Eu devo confessar ou ser expulso. Eu fiz o meu melhor a inventar abominações satisfatórias; mas, como é óbvio, estas não estavam de modo algum relacionadas com as acusações reais, eu meramente piorei as coisas. Na chegada do Tio Tom eu mais uma vez recorri a contar a simples verdade, a de que eu não fazia ideia do que tinha feito. Desta vez, o meu tio afastou-se da rectidão ao ponto de insistir em saber quais eram as acusações. Champney contou-lhe.

O meu tio tinha bom senso para ver que todas elas eram absurdas, rebaixou Champney como lunático e afastou-me da escola. De facto, em pouco tempo a insanidade do director ficou patente e a escola foi suspensa em consequência.

Quanto a mim, a maldade tinha sido feita. Eu, que tinha sido um rapaz feliz, saudável, de boa índole, popular, aprendi a suportar a completa solidão por meses a fio. Eu não falava com nenhum rapaz e os mestres sempre se dirigiam a mim, quando a necessidade os compelia, com horror santimonial. A dieta do pão e da água, e a punição de andar perpetuamente pelo pátio durante o horário de aula, derrubaram a minha constituição. Fui levado a um médico, o qual descobriu que eu estava a sofrer severamente de albuminúria, e vaticinou que eu nunca chegaria à idade adulta. Fui colocado em dieta especial e foi prescrito um curso de vida no campo com um tutor. Durante os dois anos seguintes, eu estava constantemente a viajar pelo País de Gales e Escócia, escalando montanhas e pescando trutas. Também tive um Verão maravilhoso em St. Andrews, onde Andrew Kirkaldy me ensinou a jogar golfe. A minha saúde melhorou rapidamente. Eu estava autorizado a trabalhar num número muito limitado de horas, mas progredi rapidamente, tendo a indivisa atenção dos meus tutores.

Estas pessoas, contudo, não eram muito satisfatórias; todas elas eram nomeadas do meu Tio Tom; isto é, elas eram do tipo simplório, anémico e presumido, que na melhor das hipóteses se orgulhavam dos secundários colégios de Cambridge[45]. Claro, eu considerei meu dever enganá-los de todas as formas possíveis e encontrar algum tipo de pecado.

Este tio, a propósito, alguns anos depois, contribuiu com o que ele considerava um artigo brilhantemente espirituoso para a *Boy's Magazine*, o órgão de uma tentativa Evangélica para destruir a masculinidade das nossas escolas públicas. Isto foi chamado *The Two Wicked Kings*. Estes foram descritos como tiranos que arruinaram a vida de rapazes e os escravizaram. Os seus nomes eram Smo-King e Drin-King. O Tio Tom chamou a minha atenção para a sua obra-prima e eu disse, com chocada surpresa: "Mas, meu querido tio, você tem-se esquecido de mencionar um terceiro, o mais perigoso e mortal de todos!" Ele não conseguia pensar quem era esse. Eu disse-lhe. Ora, pergunto-vos eu, não é deplorável que um tão importante e acurado acréscimo à tese dele não tenha sido aceite com piedoso contentamento?

As coisas iam de mal a pior conforme eu crescia em poder moral. Em parte do tempo eu estava bem o suficiente para ir a uma escola diurna em Streatham, onde finalmente aprendi o terrível segredo que me tinha atormentado os miolos, a descobrir durante aproximadamente três anos. Aqui estava certamente um pecado que valia a pena cometer e apliquei-me com característico vigor à sua prática.

Como o meu pai tinha sido acostumado a beber vinho, eu não conseguia ver como a bebida poderia ser um pecado. Não havia, portanto, nenhum objectivo em fazê-lo. Eu nunca toquei em vinho até ir para Trinity e nunca tenho sentido a menor tentação para o excesso. O meu pai, todavia, não fora fumador, dizendo que se Deus tivesse pretendido que os homens fumegassem, Ele teria fornecido uma chaminé no alto da cabeça[46]. Eu não hesitei, portanto, em fazer questão de fumar. Eu não pensava em ligar o serviço do "terceiro Rei" com a reprodução da espécie, e, portanto, não havia razão para supor que o meu pai jamais até então se esquecera de si mesmo. Passsei todo o meu tempo tentando inscrever-me sob o estandarte real; mas isto somente poderia ser feito por cooperação e foi algum tempo antes de eu encontrar os meios.

---

45 Oxford era um *anátema maranata* para o meu Tio Tom. Keble! Manning!! Newman!!! Procuradores para os senhores do inferno, muito mais subtis e assustadores do que Darwin, Huxley e Tyndall.

46 Pode-se certamente argumentar que o Seu dispositivo mais generoso foi a adaptação do tabaco aos nervos do paladar e do olfacto.

Para retornar aos meus tutores. As relações eram invariavelmente tensas. Numa ocasião, o Reverendo Fothergill levou-me durante o Verão a um centro de pesca perto de Lairg chamado Forsinard. Certo dia fomos pescar num lago sobre as charnecas e no curso de algum argumento eu atirei a cana dele para longe na água. Ele atacou-me com fúria, mas consegui segurá-lo e atirei-o depois. Fui então para o barco mas ele apanhou-me quando eu estava a empurrar, virou o barco em cima de mim e tentou afogar-me. Naquela noite os deuses ainda mais me favoreceram. Pois uma rapariga da aldeia chamada Belle McKay viu-se sem nada melhor para fazer do que andar comigo no meio da urze. Retornámos juntos muito abertamente e Fothergill atirou a toalha ao chão. Ele levou-me de volta a Londres na manhã seguinte. Interrompendo a viagem em Carlisle, eu repeti a minha vitória com uma camareira roliça.

Mas o assassinato não é a única diversão aberta a tutores piedosos. O irmão do Deão de Westminster (ele posteriormente tornou-se um missionário e morreu em Lokoja) tinha sido ensinado de que, se ele não pudesse ser bom, ele deveria ser cuidadoso. Enquanto ele estava responsável por mim a sua conduta era irrepreensível, mas depois de me entregar ele convidava-me para passar a noite em casa da sua mãe em Maze Hill, e fez o seu melhor para viver de acordo com a reputação do seu ofício. Eu não permitia que ele tivesse sucesso, não porque eu não pudesse ver qualquer pecado nisto, mas porque eu achava que isto era uma armadilha para me denunciar à minha família. Pouco antes de ele partir para a África, convidou-me de novo, orou comigo, confessou a sua ofensa, desculpando-se pelo facto do seu irmão mais velho, Jack, também missionário, tê-lo desencaminhado, e pediu perdão. Mais uma vez eu adoptei a atitude do homem do mundo, "Tut, tut, meu caro amigo, não mencione isso", o que o irritou muito, porque ele queria ser levado a sério como o chefe dos pecadores.

Um dos principais pontos acerca da estupidez do pecado é o de que este lisonjeia o pecador. Toda a insanidade depende da exacerbação do ego. O melancólico abraça a ilusão de que ele tem cometido o pecado imperdoável. Os pecados crescem por repressão e por inquietação sobre a enormidade deles. Poucas pessoas iriam ao excesso se não estivessem perniciosamente sobreexcitadas com a sua trivial macaqueação.

A maioria das pessoas, especialmente Freud, entende mal a posição Freudiana. "A líbido do inconsciente" é realmente "a verdadeira vontade do eu mais íntimo". As características sexuais do indivíduo são, verdadeiramente, indicações simbólicas da sua natureza, e quando essas são "anormais" nós podemos suspeitar que o eu é dividido contra si mesmo de alguma forma. A experiência ensina os entendidos, os quais iniciam a humanidade, que quando qualquer complexo (dualidade) no ego é resolvido (unidade), o iniciado torna-se completo. Os sintomas sexuais mórbidos (que são meramente as queixas do animal doente) desaparecem, enquanto a consciência moral e mental é aliviada da sua guerra civil de dúvida e auto-obsessão. O homem completo, harmonizado, flui livremente em direcção ao seu objectivo natural.

Será visto que eu tinha-me desenvolvido enormemente nestes anos. Infelizmente, a minha miséria foi tão grande durante esta longa batalha com os meus tiranos que, enquanto os próprios incidentes se destacam luminosamente em foco, eu acho muito difícil lembrar a ordem em que ocorreram. Existem, além disso, estranhas contradições em mim contra as quais eu pareço estar sempre a tropeçar. Por exemplo, até 1894, acho que deve ser, eu encontro-me a escrever hinos de devoção bastante aceitáveis. Um foi publicado em "The Christian"; isto começava:

> I am a blind man on a helmless ship
> Without a compass on a stormy sea.
> I cannot sink, for God will hold me up, etc.

Mais uma vez, eu escrevi um poema sobre a morte da minha Tia Ada, o qual achei bom o suficiente para incluir no meu *Songs of the Spirit*, e é inteiramente irrepreensível na pontuação da piedade. Parece que eu possuía uma teologia própria que era, para todos os efeitos, Cristianismo. O meu satanismo não interferia com este, de todo; eu estava a tentar considerar que o Cristianismo da hipocrisia e da crueldade não era o verdadeiro Cristianismo. Eu não odiava a Deus ou a Cristo, mas apenas a Deus e a Cristo das pessoas a quem eu odiava. Foi somente quando o desenvolvimento das minhas faculdades lógicas forneceu a demonstração que eu fiquei compelido a colocar-me em oposição à própria Bíblia. Não importa que a literatura às vezes seja magnífica e que, em passagens isoladas, a filosofia e a ética sejam admiráveis. A soma do assunto é que o Judaísmo é uma selvagem, e o Cristianismo uma demoníaca, superstição.

É muito estranho que eu não tenha percebido a minha a tendência para Misticismo e Magick por meio de qualquer experiência definida. É verdade que, desde o início, eu mantive a visão transcendental do universo, mas não havia nada para apoiar isto no caminho da experiência. A maioria das crianças tem um toque de poesia e acredita no que eu detesto chamar de fenómenos psíquicos, pelo menos ao ponto de fantasiando elas verem fadas ou terem medo de "bichos à noite". Mas eu, embora conscientemente engajado na batalha com "principados e potestades", nunca tive a menor alucinação dos sentidos ou qualquer tendência para imaginar coisas fantasmagóricas. Eu poderia ter tido uma ambição de ver o diabo e discutir sobre as coisas com ele, mas eu deveria ter esperado que tal comunicação fosse perfeitamente material ou perfeitamente intelectual. Eu não tinha ideia de cambiantes. Quando finalmente aprendi a usar os meus olhos e ouvidos astrais, não havia confusão; o outro mundo tinha certas correspondências com o nosso, mas era perfeitamente distinto. Dá-me a impressão que tenho feito um esforço muito determinado para impedir a obliteração da minha consciência espiritual do mundo para além do véu através da tinta da experiência terrestre. Então, novamente, há surtos súbitos de uma personalidade totalmente formada, na qual eu falei com a segurança e autoridade de um homem de cinquenta anos sobre assuntos em que eu realmente não tinha opinião alguma no sentido comum da palavra.

Há um incidente incrível; com a idade de catorze anos, se bem me lembro. Devo supor que sempre fui excepcionalmente terno, excepto para os tiranos, para os quais acho que não há tortura suficientemente má. Em particular, sou uniformemente gentil com os animais; nenhuma questão de crueldade ou sadismo surge no incidente que estou prestes a narrar.

Disseram-me que "um gato tem nove vidas". Eu deduzi que deve ser praticamente impossível matar um gato. Como de costume, fiquei cheio de ambição para realizar o feito. (Observe que tomei as minhas informações inquestionavelmente *au pied de la lettre*.) Talvez por alguma analogia com a história de Hércules e a hidra, coloquei na cabeça que as nove vidas do gato devem ser tomadas mais ou menos ao mesmo tempo. Eu, portanto, apanhei um gato e, tendo administrado uma grande dose de arsénico, clorofornizei-o, enforquei-o acima do queimador de gás, esfaqueei-o, cortei-lhe a garganta, esmaguei-lhe o crânio e, quando estava muito bem queimado, afoguei-o e atirei-o para fora da janela contando que a queda poderia remover a nona vida. De facto, a operação foi bem-sucedida; eu tinha matado o gato. Lembro-me de estar todo o tempo genuinamente pesaroso pelo animal; eu simplesmente forcei-me a realizar o experimento no interesse da ciência pura.

A combinação de inocência, ignorância, conhecimento, ingenuidade e alto princípio moral parece extraordinária. É evidente que a superstição insanamente imoral em que eu tinha sido criado é responsável por um absurdo tão atroz. Repetidas vezes nós veremos como a imposição da teoria antinatural e dos princípios do Cristianismo sobre um génio peculiarmente sensato, real e voltado para a realidade criou um conflito cuja solução foi expressa no plano material por alguma acção extravagante. A minha mente é severamente lógica; ou melhor, foi assim até que a experiência mística permitiu que ela se livrasse das suas grilhetas.

A lógica é responsável pela maioria dos actos absurdos e abomináveis que arruinaram a história. Dadas as premissas Cristãs, a Inquisição estava agindo de acordo com os mais altos princípios humanitários em destruir o corpo de um homem para salvar a alma dele. Os seguidores de Descartes estavam certos em torturar animais, acreditando que fossem autómatos. Deterministas genuínos seriam justificados em cometer qualquer crime, uma vez que o facto da sua ocorrência provaria que era inevitável. Huxley, em *Evolution and Ethics*, faz uma conjectura muito pobre contra o infanticídio e o suicídio racial. Estamos constantemente usando o nosso julgamento para preservar uma secção da humanidade contra outra; nós somos de facto constantemente compelidos a fazê-lo. Quanto ao futuro da humanidade, a certeza do extermínio final quando o planeta se torna inabitável torna todo o esforço humano uma fatuidade colossal.

Uma das principais teses deste livro é mostrar a afirmação acima como absurda, oferecendo uma teoria da realidade compatível com a sanidade.

Contudo, isso vem depois.

~ 7 ~

"OS MELHORES esquemas de ratos e homens muitas vezes são malsucedidos." Mesmo uma tão astuta combinação de rato e símio, como o meu Tio Tom, cometia erros ocasionais, e um deles foi muito bom para mim. Ele contratou um tutor chamado Archibald Douglas, um homem de Oxford que expurgou essa ofensa por ter viajado pela Sociedade Bíblica através da Pérsia. Se o meu tio já tivesse ouvido falar de George Borrow, ele poderia ter-se poupado a muitos problemas; e eu poderia ter ficado insano. Foi na Primavera de 91. Eu tinha-me recuperado de um ataque ruim de tosse convulsa. A ideia era que deveríamos pedalar até Torquay, mas ao chegar a Gildford eu estava muito doente para ir mais longe e continuámos de comboio. Embora Douglas se chamasse a si próprio um Cristão, ele provou ser homem e cavalheiro. Presumo que a pobreza tenha forçado a camuflagem. A partir do momento em que estávamos sozinhos, ele produziu uma revolução completa na minha visão da vida, mostrando-me pela primeira vez um mundo saudável, limpo e digno de se viver. Fumar e beber eram naturais. Ele avisou-me dos perigos do excesso do ponto de vista atlético. Ele apresentou-me a corridas, bilhar, apostas, cartões e mulheres. Ele contou-me como estas coisas podem ser desfrutadas sem se prejudicar a si mesmo ou prejudicar os outros. Ele colocou-me em todos os truques. Ele mostrou-me o significado da honra. Imediatamente aceitei o seu ponto de vista e comecei a comportar-me como um ser humano normal e saudável. O mundo do pesadelo do Cristianismo desaparecia na alvorada. Eu encontrava-me com uma rapariga do teatro nos primeiros dez dias em Torquay, e com aquele toque de amor humano os detestáveis mistérios do sexo eram transformados em alegria e beleza. A obsessão do pecado caía dos meus ombros no mar do esquecimento. Eu tinha sido quase esmagado pela apavorante responsabilidade de garantir a minha própria condenação e ajudar os outros a escapar de Jesus. Descobri que o mundo estava, afinal de contas, cheio de encantadoras almas condenadas; de pessoas que aceitavam a natureza como ela é, aceitavam o seu próprio lugar na natureza e apreciavam isto, lutavam contra coisas mesquinhas e desprezíveis de maneira justa e firme sempre que as encontravam. Foi um período de felicidade sem limites para mim. Eu sempre ansiara pela beleza da natureza; os meus únicos amigos, excepto animais e estranhos ocasionais, de quem fui cuidadosamente protegido, tinham sido os céus, os riachos, as montanhas e os mares. Pela primeira vez na minha vida fui colocado em contacto com os meus companheiros homens e mulheres. Pela primeira vez a amizade honesta, o amor sadio, franco, gaio e corajoso, tornava-se possível e efectivo. Eu tinha amado a natureza como um refúgio da humanidade. Eu agora percebia a beleza do mundo em conjunção com a beleza da minha espécie. Pela primeira vez o mar cintilava, as brisas sussurravam outras canções além daquelas em louvor à solidão, as flores emprestavam a sua fragrância e a sua doidice à luz, risonha mocidade; a lua, em vez de Ártemis, era Afrodite.

> I said, "she is warmer than Dian...
> Come up through the lair of Lion
> With love in her luminous eyes."

É possível que a minha própria indiscrição possa ter produzido a catástrofe. Posso ter deixado a minha mãe saber que eu estava feliz através do tom das minhas cartas. De qualquer forma, as suspeitas dela foram despertadas. O Tio Tom apareceu em cena. Tirou Douglas do caminho com alguma mentira, saqueou os seus pertences, roubou as suas cartas privadas e dispensou-o. Mas era tarde demais; os meus olhos estavam abertos e eu tinha-me tornado como um deus, conhecendo o bem e o mal. Eu estava em posição de tomar a iniciativa. Até então, eu só podia visar em escapar do hediondo inferno do lar. Agora eu tinha um objectivo; agora eu podia atacar.

Eu devo explicar algo sobre o horror da vida na casa da minha mãe. Para começar, eu estava inteiramente excluído da sociedade de rapazes e raparigas da minha idade, a menos que fossem filhos da Brethren.

A seita já estava moribunda e, além do mais, tinha-se dividido sobre a heresia de Raven. A situação é ilustrada pela história que citarei no prefácio do meu *The World's Tragedy*.

> Um homem irreligioso pode ter verificações morais; um Irmão Plymouth não tem. Ele está sempre pronto para desculpar os crimes mais vis, citando o texto apropriado e invocando o nome de Cristo para cobrir toda a maldade que possa deleitar a vã e viciosa natureza dele. Pois os Irmãos Plymouth eram em si mesmos uma horda excepcionalmente detestável. Os aristocratas que iniciaram o movimento eram, claro, apenas aristocratas, e o curioso sistema deles assim os deixou. Porém, eles adoptaram uma forma de socialismo espiritual "Cristão Primitivo" por não terem padres ou pastores nomeados, e eram néscios o bastante para favorecerem financeiramente os seus seguidores.
>
> Por conseguinte, o Sr. Giblets—vamos chamá-lo assim—o terceiro melhor açougueiro da aldeia descobriu (por um lado) que, enquanto na igreja ele era um zé-ninguém, e na capela apenas um ancião, na pequena reunião na sala de estar do fidalgo rural ele era nada menos que o ministro de Deus e o porta-voz do Espírito Santo; da mesma forma que, por outro lado, era natural que as ordens do Salão viessem do seu lado e deixassem o primeiro melhor açougueiro a lamentar-se e o segundo melhor confundido. De modo que, no meu tempo, a seita (embora seja justo ressaltar que eles se recusavam a ser descritos como uma seita, pois o que eles fizeram não foi formar uma nova seita, mas "Sair da Seita"— isto eles mantinham, apesar do facto de que eles eram muito mais exclusivos do que qualquer outro corpo religioso na Europa) era composta de alguns da velha guarda, o meu pai, o último de todos eles, e a corja mais desprezível que alguma vez se contraiu.

Com a morte do meu pai, os pequenos cismas que até então haviam decepado alguns membros, a cada um ou dois anos, foram totalmente superados pela grande heresia de Raven, a qual dividiu o corpo em duas metades quase iguais e extinguiu as últimas chispas da sua importância.

Estou a ir além do assunto, mas eu não posso deixar de contar a terrível história da reunião em Oban.

A reunião em Oban consistia num Sr. Cameron e sua esposa e a mãe acamada de um dos dois, eu esqueci-me de qual. Ora como está escrito: "Onde quer que dois ou três estejam reunidos em meu nome, aí estou eu no meio deles", estava tudo muito bem: ora dois formam um quórum. Jesus não virá por menos. Isto nunca fora contestado por qualquer doutor da Brethren. Wigram é claro sobre o ponto; se Darby tivesse sido claro em algum ponto, teria sido sobre esse. Kelly nunca o negou; até mesmo Stuart estava certo neste assunto, e o próprio Stoney (embora com relutância) deu a sua adesão. Para se realizar uma reunião, deve haver duas pessoas presentes...

Bem, escusado será dizer que o Sr. e a Sra. Cameron tomaram lados opostos da controvérsia. Quando os encantados fios cintilaram a mensagem que o Sr. Raven, na reunião em Ealing, havia deliberadamente dito com lenta e pesada ênfase: "Aquele que tem o Filho tem a vida eterna", a Sra. Cameron quase chorou de alegria. Altura em que (a mensagem continuou) o Major McArthy se levantou e retrucou: "Aquele que tem o Filho de Deus tem a vida perpétua", o Sr. Cameron executou um Highland Fling durante um funeral[47].

Quando o Sr. Raven, profundamente ofendido, abanou o punho para o major e gritou: "Irmão, tu és um velho pecador!" A Sra. Cameron "sempre soubera que havia algo", e inventou uma governanta arruinada. Mas... oh, o riso do marido dela quando o telégrafo trouxe a réplica do major: "Irmão, tu não tens pecado?"—falado com um tom de brandura que desmentia a púrpura do seu rosto.

Em suma, a reunião em Oban tinha fendido. O Sr. Cameron retirou-se da ceia do Senhor!!! Era, portanto, absolutamente necessário que ambos se assegurassem de que a mãe acamada estava de acordo com o modo de pensar deles, ou nenhum deles poderia assegurar a reunião da manhã; embora eu suponha que qualquer um pudesse pregar o evangelho—*morosa voluptas!*

Infelizmente, aquela excelente dama era um caso difícil. Ela era bastante surda e quase cega; enquanto mentalmente ela nunca tinha sido notável por nada além de uma desamável imbecilidade. Todavia, havia apenas uma coisa a ser feita, argumentar com ela em convicção.

Eles concordaram em fazer turnos de oito horas; e pelo que sei, eles ainda estão argumentando, e nenhuma das reuniões em Oban se pode realizar!

Como aconteceu, a minha mãe adoptou a visão minoritária. Isto significa que ela se separou de todos os amigos íntimos. Com a força de um excerto numa das epístolas, ela recusava-se a apertar a mão de alguém que estivesse ensinando falsas doutrinas. Os poucos remanescentes eram amigos recentes. Os meus parceiros podiam, portanto, ser contados nos dedos de uma das mãos e o nosso único vínculo de simpatia era uma detestação dos nossos tiranos.

A minha avidez intelectual era enorme, contudo, eu estava absolutamente separado da literatura. Um ou dois livros de Scott e Dickens eram permitidos. Ballantyne foi aprovado, G. A. Henty tremeluzido em vez de abertamente tolerado. *David Copperfield* foi barrado por causa de Little Em'ly, pois ela era uma rapariga malcomportada; além disso, Emily era o nome da minha mãe e ler o livro poderia diminuir o meu respeito por ela. Um dos meus tutores trouxe *The Bab Ballads*, uma das quais começa:

Emily Jane era uma ama.

---

47   A alegada antítese entre estes dois excertos (não consigo perceber isto) foi realmente a base do cisma. A minha mãe achava que um deles (esqueci qual) "desonrava a pessoa do Senhor"!

A minha mãe atirou o livro para fora da casa e quase atirou o tutor a seguir. Um outro tutor leu "The Ancient Mariner" em voz alta após o jantar e a minha mãe, depois de entregar uma invectiva tempestuosa, arrancou-me da contaminação da presença dele. O motivo foi que quando o Velho Marinheiro viu as serpentes de água brincando ao redor do navio, ele "as abençoou sem saber". Um acto ultrajantemente blasfemo, pois as cobras são amaldiçoadas em Génesis!

Aqui, a propósito, está um ponto curioso. Estes intolerantes são tão inconsistentes que eu nunca tenho conseguido acompanhar o trabalho das suas mentes. Há uma grande quantidade de doutrina em "The Ancient Mariner", que ultraja cada princípio da Plymouth Brethren, mas a minha mãe não parece ter-se ofendido com isso. A minha única sugestão é que ela detestava cobras por motivos Freudianos; ela provavelmente as conhecera em sonhos e, portanto, tinha uma boa razão (do ponto de vista dela) para identificá-las com o diabo na sua forma mais objectável. A minha mãe era naturalmente um tipo de mulher bastante sensual e não há dúvida de que a repressão sexual a levara tão perto quanto possível às fronteiras da insanidade.

A minha prima Agnes tinha uma casa em Dorset Square. Certa tarde, a minha mãe levou-me lá para o chá. Uma cópia do *Dr. Pascal* estava na sala. A palavra "Zola" chamou a atenção da minha mãe e ela fez um ataque verbal de fúria histérica sobre a sua anfitriã. Ambas as mulheres bradaram e gritaram uma para a outra simultaneamente, entre torrentes de lágrimas. Escusado será dizer que a minha mãe nunca tinha lido uma linha de Zola—o nome era simplesmente um pano vermelho para uma vaca.

Esta inconsistência, diga-se de passagem, parece universal. Eu tenho conhecido um objecto de impressão a estabelecer-se "Nós demos-lhes o inferno e Tommy", conquanto passando inquestionado todo o tipo de coisas para as quais a excepção podia ser razoavelmente aceite por imbecis de mente estreita. O censor passa habitualmente o que eu, que não sou puritano, considero nauseante imundice que nós somos obrigados a assimilar na escola, conquanto recusando licenciar *Oedipus Rex*. O país está inundado com a desagradável pornografia das escritoras, enquanto há um alarido contra as marcantes obras-primas de filosofia como *Jurgen*. A salaz comédia musical vai-se regozijando de forma libidinosa, enquanto Ibsen e Bernard Shaw estão na lista negra. O facto é, certamente, que o puritano foi transformado pela repressão sexual num pervertido sexual e degenerado, de modo que ele é insano sobre o assunto.

Claro que eu não poderia ser impedido inteiramente de ler. Eu era mantido com pouco dinheiro no bolso, de modo que não conseguia comprar livros de qualquer dimensão. Mas eu costumava obtê-los de vez em quando, passando-os clandestinamente para o interior da casa dentro das minhas roupas e trancando-me no quarto de banho para lê-los. Um desses livros, lembro-me, foi *The Mistery of a Hansom Cab*. A minha mãe considerava o *hansom cab* como um engenho especialmente ideado pelo diabo e qualquer referência a um era considerada obscena.

Tendo dado uma ideia da atmosfera do lar, deveria ser inteligível que eu estivesse preparado para sair do meu modo e realizar qualquer acto que pudesse servir como uma afirmação mágica da minha revolta. Eu estava, de facto, impedido de desenvolver a minha mente de qualquer maneira saudável. Não tinha oportunidade para pensar em nada senão em combater o fogo com fogo.

Uma nova empregada doméstica meteu na cabeça que melhorava a sua condição ao conseguir um estrangulamento no jovem mestre. Eu combinei em encontrar-me com ela, na sua saída nocturna, a uma distância segura de Streatham, e dirigimo-nos num táxi para Herne Hill, desfrutando num brando flarte a caminho. No domingo de manhã, no entanto, eu trouxe as coisas a um ponto. Dei uma desculpa para ficar longe da reunião da manhã, coloquei a rapariga no quarto da minha mãe e fiz a minha afirmação mágica. Eu não tinha ideia de que havia algum contra-enredo, mas a rapariga começou a "revelar o segredo". Ela foi, é claro, instantaneamente lançada na rua, mas continuou as suas operações para melhorar a sua condição. O Tio Tom interveio, pois é claro que a minha mãe não podia discutir tal assunto comigo, de todo. Eu neguei todo o caso categoricamente. O meu tio tentou encontrar o cocheiro, mas falhou. Eles pressentiram problemas para alguém e não conheciam mais do que uns tantos Chineses. Ele pediu-me, no entanto, para tentar fornecer alguma prova positiva da minha inocência; e é aí que entra a minha subtileza. Eu fingi estar em grande trepidação. Sim, eu poderia prová-lo, e, contudo, como poderia eu? O meu tio pressentiu um mistério e adiou o exame.

Eu imediatamente saí e recorri ao revendedor de tabaco na ponte acima da estação de Streatham para dizer, se questionado, que ele lembrava-se de eu ter estado na sua loja na noite de quinta-feira anterior, a qual foi a da viagem de tílburi. Ele era um bom desportista e naturalmente ansioso por fazer um favor. Voltei para o meu tio e propus um acordo. Dir-lhe-ia onde eu estivera, mas ele não deveria punir-me, pois eu tinha sido desviado por maus companheiros. Ele ficou muito contente; e eu admiti, trémulo e choroso, que estivera na tabacaria. Ele teria duvidado de um álibi meramente inocente. A rapariga foi, é claro, desacreditada, e nada mais foi ouvido sobre o assunto. E eu tivera-a na própria cama da minha mãe!

Esse é o estado de coisas que é causado pelo puritanismo. Primeiro, nós temos uma rapariga encantadora que é levada a tentar chantagear, seguidamente um rapaz forçado à pouco varonil duplicidade a fim de exercer os seus direitos naturais com impunidade, e incidentalmente a prejudicar uma mulher por quem ele não tinha nada senão os sentimentos mais amistosos. Enquanto as relações sexuais forem complicadas por considerações religiosas, sociais e financeiras, assim causarão elas todos os tipos de comportamento cobarde, desonroso e nojento. Quando as condições de guerra impuseram restrições artificiais ao apetite na irmã da fome, os cidadãos decentes começaram a desenvolver todos os tipos de truques abomináveis. Homens e mulheres nunca se comportarão dignamente enquanto a moralidade actual interferir na satisfação legítima das necessidades fisiológicas. A natureza sempre se vinga naqueles que a insultam. O indivíduo não é culpado pelo crime e insanidade que são as explosões consequentes do entupimento da válvula de segurança. A culpa é do engenheiro. No momento actual, a sociedade está explodindo em lugares maiores ou menores em todo o mundo, porque não tem conseguido desenvolver um sistema pelo qual todos os seus membros possam ser adequadamente nutridos sem conflitos e os resíduos eliminados sem desconforto.

No todo, eu estava tão bem protegido que incidentes como o descrito acima eram acidentes calculados. Eu fora ensinado por amarga experiência que quase qualquer um poderia ser um espião, de modo que a menor indiscrição ao falar com um estranho aparentemente inofensivo poderia resultar em algum desastre. As fundações foram assentadas de uma exagerada timidez que nunca me tem deixado. Eu estava praticamente excluído de relacionamento humano, mesmo aquele dos grandes homens do passado. O meu único consolo era escrever poesia.

É difícil explicar por quais meios cheguei à conclusão de que a poesia era de suprema importância. Havia uma espécie de tradição familiar que honrava o poeta; mas era tão irracional quanto o resto das suas crenças. Eu posso apenas imaginá-la como derivada de lhes ter sido dito na escola que os poetas Ingleses eram a glória da humanidade, pois eles certamente não conheciam nenhuma poesia além de "Casabianca" e "We Are Seven". Eu descobri Shakespeare por mim próprio. Aconteceu que na quinta de Forsinard havia três volumes antigos. A minha mãe tinha uma edição de Shakespeare; mas eu nunca a tinha lido, porque era permitida. Na casa da quinta, todavia, nada mais havia para ler. Fiquei fascinado e passei noite após noite debruçado sobre as páginas. (Sempre fui singularmente minucioso em qualquer coisa que eu assumisse. O meu pai tinha um sermão favorito sobre a palavra "but"; e eu passei por toda a Bíblia, página por página, encerrando esta palavra, onde quer que ocorresse, com um rectângulo de tinta.)

Além das poucas peças regulares para recitação, havia *Paradise Lost*. Isto aborrecia-me em grande parte tanto quanto o faz agora, mas permitia regozijar-me com as figuras de Satanás e do pecado. Afinal, Milton era um grande poeta; e o eu artístico subconsciente dele era, portanto, amargamente antagónico ao Cristianismo. Não somente é Satanás o herói, mas o herói triunfante. As ameaças de Deus não "saem". São as forças do mal, assim chamadas, que se manifestam em força e beleza de forma. As glórias dos santos são ouropel. É impossível desenhar bondade com carácter. Na teoria Cristã, a bondade é, na verdade, nada mais que ausência de carácter, pois implica completa submissão a Deus. A falha original de Satanás não é orgulho; isso é secundário. Nasce da consciência da separação. Ora é claro que isto é, misticamente falando, pecaminoso, porque o místico sustenta que toda a manifestação é imperfeição. A teologia Cristã não teve lógica suficiente para ver, como a sua irmã mais velha, a teologia Hindu, que quaisquer atributos devem distinguir o seu possuidor de algum outro possível ser. Mas o instinto deles tem sido o de ir tão longe nessa direcção quanto possível e consequentemente as personagens divinas em Milton são relativamente incolores. Tal foi a transmutação na natureza de Deus efectuada pela construção de uma superestrutura da filosofia grega sobre a fundação do fantasma selvagem de Jeová. A minha própria atitude na questão é para ser vista nas minhas tendências estéticas. Eu nunca poderia tolerar a beleza suave e insípida. A fealdade da decrepitude revoltava-me; porém a da força absorvia toda a minha alma. Eu desprezava o cenário manso dos lagos Suíços; a robustez de estéreis pináculos de rocha e o sombrio isolamento de lagos como Llyn Idwal apelavam à minha imaginação. Wastwater decepcionava-me. Este não chegava ao nível da sua reputação poética. Era somente quando eu entrava nos penhascos que eu ficava feliz. Eu exigia estar nas garras da morte de uma forma ou de outra. A ambição burguesa de passar pela vida sem desagrado parecia-me a mais baixa vileza e inteiramente de acordo com a atitude moral das pessoas celestiais no *Paraíso Perdido*.

Eu estava autorizado a ler Tennyson e Longfellow, mas é impossível classificá-los como poetas. A emasculação de todas as personagens enojava-me para além dos limites. Os pecados delas são suburbanos.

~ 8 ~

ENTÃO, QUANDO chegou à minha poesia escrita, o meu trabalho caiu naturalmente em três divisões. Primeiramente, curtas líricas modeladas nos hinos aos quais eu estava acostumado; em segundo lugar, paródias, principalmente de cantos Escoceses e Ingleses; e em terceiro lugar, épicos baseados em Sir Walter Scott. Eu devo ter escrito mais de cem mil linhas. Todas elas foram destruídas; e eu sinto muito por isso. Conquanto elas não possuíssem nenhum mérito, o seu conteúdo proporcionaria uma chave valiosa para os meus pensamentos à época. Os poucos fragmentos que escaparam da destruição foram reimpressos no meu *Oracles*. Lembro-me de algo da sua geral tendência moral, que era celebrar o triunfo da revolta da juventude e paixão contra a época e propriedade. Eu tentei causar efeito usando extremos de expressão.

Lembro-me de duas linhas de um épico. "Lady Ethelreda":

> Baron Ethelred waxed wroth,
> Frothed he with a frothy froth.

Mas à medida que fui envellhecendo, eu tornei-me capaz de gerir o meu material com mais discrição. A minha mãe designou-me, é claro, para seguir os passos do meu pai como um evangelista, mas como eu tinha de escolher uma profissão ela decidiu que gostaria que eu fosse um médico, dado que "os médicos têm tantas oportunidades". (Scil. por conduzirem almas a Jesus. Ela não via nada de engraçado nesta observação!) Então comecei a aprender um pouco sobre medicina e produzi a seguinte efusão:

> A PEEP BEHIND THE SCENES
> In the hospital bed she lay
>   Rotting away!
> Cursing by night and cursing by day.
>   Rotting away!
> The lupus is over her face and head,
> Filthy and foul and horrid and dread,
> And her shrieks they would almost wake the dead;
>   Rotting away!
> In her horrible grave she lay,
>   Rotting away!
> In the place of her face is a gore hole,
> And the worms are gnawing the tissues foul,
> And the devil is gloating over her soul,
>   Rotting away!

Nota que o título deste poema é irónico. É tirado de um ovante livro, popular na época, que descreve a vida de *barnstormers*[48] itinerantes e como a única esperança para eles era a de serem convertidos. Mas a ironia vai um pouco mais fundo. Era uma crítica genuína da superficial filosofia do optimismo que acompanhava o polido Cristianismo da época. Eu estava a analisar a vida no espírito de Schopenhauer. Eu não conseguia ver sentido algum em fingir que a vida não estava cheia de horrores. Morte e calças são factos na natureza; e meramente evitar referências a eles ou inventar eufemismos para eles não altera o seu carácter. Fiquei reduzido a regozijar-me com homicídio e putrefacção, simplesmente porque estas coisas davam a mais forçosa negação às premissas correntes em casa. O Paganismo é saudável porque enfrenta os factos da vida; todavia não me foi permitido ter uma visão normal da natureza. Na minha situação, não pude deixar de lado as falsidades do Cristianismo com um sorriso; fui compelido a combater o fogo com fogo e a opor-me às suas envenenadas cataplasmas com envenenadas adagas.

Tal era a influência da vida familiar. Mas isto foi parcialmente interferido pela mais decente corrente da vida escolar. Eu mencionei a minha escola em Streatham. Foi lá que ocorreu o último incidente importante deste período. Sendo o brilhante químico da escola, eu decidi diferenciar-me no dia 5 de Novembro de 1891. Adquiri um pote de dez libras da mercearia, coloquei duas libras de pólvora no fundo e enchi com várias camadas de diferentes "lumes" coloridos. Estes eram todos—excluindo os pequenos ingredientes de variados sais metálicos—da mesma composição: açúcar e clorato de potássio. Para garantir o sucesso, envolvi todos os ocupantes da casa para misturar estes ingredientes, com o resultado de que eles foram mesclados tão intimamente de modo a produzir o que era, para todos os efeitos, poder de clorato! Eu comprimi isto muito poderosamente, enterrei o pote no recreio, enfiei um foguete no topo e acendi-o no

---

48 N.T.: aviadores acrobáticos

momento crítico. O foguete tinha sido fixado com demasiada firmeza para se elevar e o protector maço de papel queimou antes que eu pudesse voltar atrás. Eu não vi nem ouvi nada. Senti como se uma escova de algum material quente, saibroso e com alcatrão, tivesse passado pelo meu rosto; e encontrei-me estagnado à beira de um buraco no chão de tamanho generoso. Eu perguntava-me como, rais parta, podia isto ter acontecido, que a minha experiência tivesse falhado. Lembro-me de pedir desculpa pelo fracasso e de dizer que tinha de ir até a casa para lavar a minha cara. Eu descobri que estava a ser apoiado na jornada pelo meu tutor particular e pela minha mãe. Depois encontrei-me no tabernáculo do director, recebendo os primeiros socorros. Não me lembro de mais nada, há algum tempo, excepto o aborrecimento de ser acordado para que mudassem os meus curativos. Dormi durante noventa e seis horas com estes intervalos semiconscientes. O meu tutor teve o bom senso de ligar para o Dr. Golding Bird do Guy's Hospital, cuja intervenção provavelmente me salvou da erisipela e da perda da minha visão. No decorrer da convalescença, mais de quatro mil pedaços de gravilha e coisas semelhantes foram removidos do meu rosto; e foi no dia de Natal que eu tive permissão para usar os meus olhos durante alguns minutos. A explosão tinha sido devastadora. As janelas foram esmagadas por um longo percurso; e as garrafas na farmácia da ponte ferroviária—a um quarto de milha ou mais—chocalharam, embora a passagem de comboios não tivesse tal efeito. Estranhamente, eu fui a única pessoa ferida. Do princípio ao fim eu apreciei o episódio; eu era o herói, eu tinha feito a minha marca!

No ano seguinte eu estava pronto para ir pra uma escola pública. O meu Tio Jonathan queria que eu fosse para Winchester, de acordo com a tradição da família, mas a minha saúde exigia um clima mais revigorante e foi decidido que eu deveria ir para Malvern. A escola na época estava a chegar ao auge da sua glória nos desportos atléticos. Nós possuíamos um batedor brilhante em Percy Latham; H. R. e W. L. Foster certamente se distinguiriam de uma forma ou de outra, e os jovens daquela famosa família de desportistas estavam prontos para assumir os seus lugares quando chegasse a hora. Havia também C. J. Burnup como um novato promissor.

Noutros assuntos, no entanto, a escola tinha um longo caminho a percorrer. O *bullying* continuava sem controlo, os prefeitos sendo os principais ofensores. Como um rapaz tímido e solitário, com problemas de saúde, incapaz de jogar futebol, naturalmente eu tive mais do que a minha parte, e isto conduziu derradeiramente a uma das poucas acções na minha vida com as quais me tenho sentido inclinado a recriminar-me. O tom da escola era brutal e imbecil. As autoridades haviam feito muito para erradicar a prática da "untadura", que consiste em cuspir tão esmegmaticamente quanto possível, seja no rosto das pessoas ou nas costas. Ainda floresceu em nossa casa, a de Huntingdon, número 4, e constituiu a nossa única reivindicação de distinção. Não acho que tivéssemos um único membro em qualquer dos onze. Os prefeitos eram rudes brutamontes, evitando trabalho e diversão, concentrando-se na obscenidade e na patética tirania. Incomodava-os especialmente que a minha conduta fosse irrepreensível. Eles não me podiam vergastar sem a permissão do responsável do dormitório. Eu não percebi o quão perto estava a ser observado, mas no final cometi uma insignificante infracção de disciplina durante a "prep". Depois que a hora terminou, o prefeito encarregue alegremente apressou-se para o responsável do dormitório. Ele encontrou-me lá. Eu tive o meu castigo; mas houve uma boa série de expulsões para equilibrar isto. Claro que a minha acção era tecnicamente indefensável; mas depois de tudo, eu tinha segurado a minha língua sem reclamar durante meses e foi somente quando eles apelaram para o responsável do dormitório para combaterem as suas batalhas que eu lhe apelei para combater a minha.

Posso também enfatizar neste momento de que eu permanecia incrivelmente inocente. O meu companheiro de estudo era na verdade a "tarte" favorita da casa; tanto assim, que desse modo ele acrescentava consideravelmente o seu rendimento. Mas embora eu estivesse ciente destes factos, eu não tinha a menor ideia do que eles implicavam.

Uma anedota ilustra este facto. Era costume do nosso encarregado de turma remitir vinte por cento de qualquer número de linhas que pudessem ser dadas para escrever se fossem entregues antes da hora marcada. Aconteceu que eu recebi uma série de linhas por algum outro encarregado e entreguei oitenta por cento com a observação escrita: "Vinte por cento foram deduzidos como de costume por uma entrega prematura". Ele pensou que eu estava "chegando a ele", mas na investigação fui absolvido; na verdade, não fazia ideia de qualquer ambiguidade.

A minha vida em Malvern causou pouca impressão em mim. Na maioria das vezes eu estava perdido no meu próprio pensamento e estava em contacto com a vida escolar o mínimo que podia, não fiz amigos de verdade. Eu não tinha simpatia pela brutalidade geral e recusava-me a ceder, tornando-me o favorito. A história a seguir ajuda a ilustrar minha atitude.

Alguns dos prefeitos provocaram-me com cobardia e propuseram que eu provasse a minha virtude combatendo Smith tércio, um rapaz muito menor do que eu. Recusei, observando que, se eu não o combatesse eu teria de passar por um cobarde, e se o fizesse eu seria acusado de intimidação, e provavelmente denunciado por lutar também.

Nenhuma das minhas ambições estava relacionada com a escola. Eu preferia sonhar com os meus planos de montanhismo nas férias e ocupar-me em escrever poesia. A memória preservou fragmentos de dois esforços. O primeiro;

> "Put not thy trust in princes." Tis a speech
> Might thee, O Gordon-Cumming, something teach.

Parece absurdo que um rapaz da minha idade tivesse interesse em tais assuntos e se tornasse um partidário tão positivo. Mas eu tinha um ódio arreigado pelo usurpador Hanoveriano e tomei como certo o que ainda acredito ter sido o facto, que o homem que trapaceou não era Gordon-Cumming.

Do segundo poema eu retenho:

> Poor lady! Whom a wicked jury's hate
> In face of facts as iron as the grave
> To which they would have doomed thee—bitter fate!
> Thee guiltless to the cruel hangman gave.
>
> Shame on the judge who sees but half the facts!
> Shame on the nurse who private letters opens!
> But never shalt thou be forgot by us,
> The pity of thy life's so blasted hopes
>
> Lady, hope on! All England takes thy part
> But a few bigots. Lady, than, take heart.

A minha simpatia pela Sra. Maybrick de modo nenhum argumenta a minha crença na inocência dela. Ela era admitidamente uma adúltera. Eu não fiz mais perguntas. O mero facto emocionou-me até à medula. Sendo o adultério o ápice da iniquidade, a sua perpetração eximia tudo.

Eu não fiz amizades íntimas. Fazia o meu trabalho suficientemente bem para evitar sérias punições, mas sem ambição. Não tinha interesse no prémio Shakespeare, pelo qual todos tinham que se envolver, e não lera uma linha das duas peças prescritas, *Romeu e Julieta* e *Ricardo III*. Mas por uma razão ou outra eu fiquei assustado três dias antes do exame, fui dispensado de jogos e trabalhei tanto que fiquei em sexto na escola. Eu era capaz de citar acuradamente várias longas passagens de memória. Comigo, era sempre uma questão do interesse que eu tinha nas coisas. Eu tinha as aptidões de um consistente erudito clássico, mas não conseguia memorizar a poesia Grega e Latina. Mais estranho ainda, eu não conseguia dominar as regras da prosódia. Os meus críticos mais hostis admitem que a minha técnica e o meu senso de ritmo são insuperáveis; mas as regras de escansão nada significavam para mim, porque ninguém explicava a conexão delas com a maneira de como um poema deveria ser lido.

Eu teria gostado bastante da vida escolar, não fora o *bullying* e a completa falta de companheirismo intelectual. Eu não tinha interesse em jogos; as minhas ambições atléticas eram confinadas a escalar montanhas. Mas pelo menos não havia Cristianismo! E a moralidade que havia era mais viril do que o contrário. No entanto, eu já tinha idade suficiente para me igualar aos meus tutores particulares e encontrei maior liberdade com eles do que na escola. Decidi abandonar e desenhei uma tal imagem das abominações que aconteceram, apesar de eu nada saber acerca delas ou mesmo o que elas eram, pelo que a minha mãe se recusou a deixar-me voltar. Eu contei-lhe, uma vez ela relembrou-me, que "se o Sr. Huntingdon (o responsável do dormitório) soubesse o que estava a acontecer, isso quebraria o coração dele". Puro *bluff*! Mas no seguinte período fui inscrito em Tonbridge.

Por esta altura, eu tinha adquirido uma facilidade considerável para aproveitar ao máximo as minhas vantagens. Eu tinha, de certa forma, muito mais experiência de vida do que a maioria dos rapazes da minha idade. As minhas férias, com a pesca, montanhismo e corridas atrás das raparigas, estavam cheias de aventuras de um tipo e de outro, em que eu estava sempre a ser lançado nos meus próprios recursos. Quando cheguei a Tonbridge, eu tinha desenvolvido uma espécie de aristocracia natural. As pessoas já estavam a começar a ter medo de mim e não mais havia questões sobre *bullying*. A minha saúde deve ter ficado muito melhor. A albuminúria gera melancolia e destrói a coragem física. Eu tinha também, sem dúvida, sido sujeito a constante irritação por causa da minha fimose e a operação aliviara-me. Eu estava, destarte, mais ou menos pronto para lutar contra qualquer um que me incomodasse. E as pessoas cuidaram bem de não o fazer.

A atmosfera em Tonbridge era, além disso, muito mais civilizada do que em Malvern. Hoje impressiona-me como tendo estado no lado dengoso. Naquela época não havia vestígios do sistema de matrimónio desde que fora introduzido e agora é dito que está a florescer. "Mrs. So-and-so" era quase um termo de irrisão, enquanto que agora este é exigido pelo seu dono para mostrar que ele não é "um desses". O meu melhor amigo era irmão de Charles F. G. Masterman. Ele não era um delator nem um hipócrita; mas isto dá uma ideia da atmosfera.

O vislumbre da normal vida humana proporcionado por Archibald Douglas deixou-me completamente são no que dizia respeito à minha vida consciente. O problema da vida não era como satanizar, como Huysmans o teria chamado; era simplesmente escapar dos opressores e desfrutar do mundo sem qualquer interferência da vida espiritual de qualquer espécie. Os meus momentos mais felizes eram quando eu estava sozinho nas montanhas; mas não há evidência de que esse prazer seja de algum modo derivado do misticismo. A beleza da forma e da cor, a excitação física do exercício, e a estimulação mental de encontrar o seu próprio caminho no país complicado, formavam os únicos elementos do meu arrebatamento. Tanto quanto eu me entregava a devaneios, eles eram exclusivamente de um tipo sexual normal. Não havia necessidade de criar fantasias de uma satisfação perversa ou irrealizável. É importante enfatizar este ponto, porque eu sempre tenho parecido aos meus contemporâneos como um indivíduo extraordinariamente obcecado por paixões fantásticas. Mas tal não era, de modo algum, natural para mim. No momento em que a pressão era aliviada, cada toque do anormal era expelido instantaneamente. O impulso de escrever poesia desaparecia quase completamente em tais períodos. Eu não tinha nem mesmo as comuns ambições dos jovens. Eu estava satisfeito em desfrutar o desporto sem desejar alcançar eminência neste. Para mim era natural encontrar modos de subir montanhas que me parecessem interessantes e difíceis. Mas nunca me ocorria disputar contra outras pessoas. Foi a partir de considerações puramente estéticas que eu escalei os despenhadeiros de Tryfan e Twll Du. Esta última escalada colocou-me, quis a sorte, numa controvérsia que estava destinada a determinar a minha carreira de uma maneira muito notável.

9

NUNCA ME ocorrera que escalar, como tal, pudesse ser um desporto reconhecido. Todavia, a minha mãe e eu estávamos no Sligachan Inn, em Skye, durante o Verão de 1892. Falei sobre as minhas caminhadas pelas colinas com Sir Joseph Lister, o qual por acaso estava hospedado lá, e perguntei-lhe sobre a Cuillin. Ele teve a gentileza de sugerir a alguns verdadeiros escaladores que estavam hospedados no hotel para me incluirem no grupo deles no dia seguinte, e eles foram gentis o suficiente para me levarem até Sgurr-nan-Gillean pelo Pinnacle Ridge. Eu arrostei-me contra isto; e percebi imediatamente que havia algo mais a ser feito do que competir.

Acho que foi no Verão seguinte que eu estava hospedado numa quinta em Langdale e ouvi dos nativos sobre a célebre caminhada das vinte e quatro horas. A ideia é escalar as quatro maiores colinas rochosas, Scafell Pikes, Helvellyn, Skiddaw e Saddleback, num dia. Eu concebi um trivial percurso de serrania e parti, numa manhã ao amanhecer, de Langdale, subi Langdale Pikes e segui a crista das colinas rochosas até Scafell Pikes. Depois cruzei para Scafell pela Broad Stand; e, vendo o pináculo de Deep Ghyll, subi esse no caminho para o cume de Scafell. Estava um dia terrivelmente quente sobre Lingmell e desci ao vale para escalar os tálus de Great Gable. A minha atenção foi atraída pela Great Napes Needle e eu escalei aquilo. Dali eu tomei o caminho mais fácil—o desfiladeiro de Needle, ou uma ravina, esqueci qual—até ao cume da montanha. Eu tinha ficado quase insano com o calor, a sede e a exaustão; eu não conseguia caminhar mais, mas gatinhei até Sty Head Tarn, cujas águas restauraram-me até certo ponto. Fiz um grande esforço no regresso e alcancei o topo de Rossett Ghyll Pass logo após o anoitecer. Havia uma lua brilhante, mas eu tive um tempo terrível acompanhando-me ao longo do trajecto. Devo ter ficado um pouco zonzo devido à exaustão e havia uma qualidade Dantesca na longa escalada entre as brancas manchas de luz e as sombras azevichadas. No fundo do desfiladeiro encontrei uma pequena equipa de resgate que tinha há pouco começado a procurar por mim, e cheguei a casa por volta das onze horas. Foi, a seu modo, um desempenho notável de um rapaz.

Um outro incidente é menos heróico mas mais divertido. O meu tutor tinha convidado a sua irmã para ficar alguns dias na quinta em Langdale. Certo dia eu levei-a até aos Langdale Pikes e encontrei um bocado bastante decente de escalamento. Não tendo corda, eu só poderia ajudá-la por baixo. Ela ficou assustada e rompeu para um apaixonante monólogo pontuado por gritos. Este consistia em variações de um tema triplo. "Eu vou cair—Pai Nosso que estais no céu—não olhes para as minhas pernas."Ai de mim!—"Eu aprendi acerca das mulheres a partir daqui." Foi uma surpreendente e completa revelação da psicologia da bem-comportada donzela. A medrosa apreensão, a lúbrica vergonha e a narcótica devoção: de tal é o reino de Tennyson!

O vislumbre que tive de Wastdale atraiu-me e eu fui até lá. Numa manhã muito húmida, comecei a escalar Scafell, principalmente com a ideia de enfrentar alguns dos despenhadeiros que eu havia notado no Great Cliff. Tinha eu alcançado Grass Traverse quando ouvi vozes na neblina acima de mim, e alguns minutos depois um poderoso homem com bigodes vermelhos e uma corda sobre os ombros veio do penhasco na minha direcção. Era J. W. Robinson, um agricultor local, o qual lançara as bases da escalada de Cumberland. Ele ofereceu-se para me mostrar algumas das subidas mais fáceis. Ele tinha começado naquela manhã com um homem chamado Owen Glynne Jones. Jones insistira em tentar escalar o Steep Gill, que é na maior parte um despenhadeiro com pouca profundidade de lajes lisas fixado em ângulo perigoso. Não há apoio confiável para mão ou pé no declive principal, o qual tem cerca de oitenta pés de altura. Como derramavam torrentes de água gelada sobre as fragas, era pura imprudência aventurar-se. Robinson recusara-se a fazê-lo, imediatamente Jones altercara com ele e eles separaram-se.

Eu tive todos os motivos, mais tarde, para concordar com Robinson. Eu estive apenas uma vez numa corda com Jones. Foi em Great Gable; as pedras estavam cobertas de gelo e um vento implacável estava soprando. Em tais condições não se pode confiar nos dedos da pessoa. O nosso grupo propôs descer Oblique Chimney na face de Ennerdale. Robinson liderou o caminho para baixo. O segundo homem era um Polaco chamado Lewkowitch, que era geralmente conhecido como "Óleos, gorduras e ceras", devido ao seu conhecimento especializado destes e à pessoal ilustração das propriedades deles que ele proporcionava. Ele não tinha experiência de escalada e pesava cerca de *sixteen stone*[49]. Coube a mim, como terceiro homem na corda, deixá-lo descer devagar. Claro que eu precisava de descer pouco a pouco, sendo a corda curta demais para permitir que eu o baixasse a partir do topo. Eu logo me encontrei na parte mais difícil da chaminé, muito mal colocado para manipular um boi pendurado. Olhei à procura de Jones, o último homem, a fim de segurar a minha corda para que eu pudesse dar total atenção a Lewkowitch, e vi para meu horror que ele estava mantendo o seu equilíbrio por uma espécie de dança de guerra selvagem! Ele foi atrapalhado por um aparelho fotográfico que estava amarrado às suas costas. Robinson insistira para que ele baixasse isto separadamente. Como nem Einstein nem a Abençoada Virgem Maria estavam lá para suspender a lei da gravitação, eu não tenho ideia de como chegámos ao fundo sem danos; mas quando o fizemos eu rapidamente tirei a corda e caminhei para casa, totalmente enojado com a vaidade que tinha posto em perigo o grupo. Claro, só poderia haver um fim para aquele tipo de coisa, e Jones acabou matando a si mesmo e a três guias no lado de Zinal do Dent Blanche, alguns anos depois.

A imbecilidade do acidente é demonstrada pelo facto de que o quinto membro do grupo, que era bastante novato, encontrou-se—depois da queda violenta—sozinho no precipício. Os guias tinham implorado a Jones que não tentasse a encosta da qual ele caiu, mas ele persistira. O quinto homem havia engatado a corda sobre uma rocha e isto havia quebrado entre ele e o terceiro guia. Mas este homem, em vez de descer ao vale, subiu a montanha, passou uma noite no cume e desceu no dia seguinte para Zermatt.

Os perigos do montanhismo são ridiculamente exagerados. Eu nunca soube de nenhum acidente que não fosse devido à ignorância ou insensatez. Eckenstein, o maior alpinista da sua época, disse-me a mesma coisa.

Jones obteve a reputação de ser o mais brilhante alpinista do seu tempo por persistente

---

49 N.T.: cerca de cem quilos

autopromoção. Ele nunca foi um alpinista de primeira classe, porque nunca foi um alpinista seguro. Se uma alça estivesse fora do seu alcance, ele saltaria para ela, e ele tinha-se deparado com vários acidentes sérios antes do golpe final. Mas a sua reputação é fundada principalmente em subidas que ele não fez em absoluto, no sentido correcto da palavra. Ele costumava sair com um casal de fotógrafos e fazia a escalada subindo e descendo repetidamente até aprender as suas peculiaridades, e depois fazia a "primeira subida" diante de uma multidão de admiradores. Ora a dificuldade essencial de superar uma inclinação de qualquer tamanho é que tem de se desperdiçar alguma quantidade de tempo e força enquanto se está a descobrir onde estão os apoios. Não há crédito algum em repetir uma subida.

Um outro truque de Jones era conseguir que os seus amigos fizessem encontros com outras pessoas para tentarem vários lugares não escalados, e depois adiar a expedição sob vários pretextos até que Jones a tivesse superado pelo método descrito acima.

Esta conduta pareceu-me absolutamente antidesportiva. Prostituir as montanhas por vaidade pessoal é algo bastante pior. E eu tive um sabor da malícia de pessoas invejosas na minha primeira semana. Uma questão pessoal surgiu desde o início. Ocorreu a Robinson perguntar-me se eu tinha escalado no País de Gales. Eu disse-lhe que sim e mencionei um lugar em particular, Devil's Kitchen ou Twll Dy, que eu tinha escalado tirando as minhas botas. Eu não tinha ideia de que o lugar era famoso, mas era. Era reputado como não-escalável. O próprio todo-poderoso Jones tinha falhado. Eu senti-me, para meu espanto, o centro da tempestade. Jones, nas minhas costas, acusou-me terminantemente de mentir. Bem inconscientemente, contudo, eu coloquei-me na razão. Eu sempre tenho falhado em ver que é necessário fazer um espalhafato acerca das escaladas de alguém. Há uma boa razão para descrever uma primeira subida. Fazer isso é guiar outros para o prazer. Pode-se também pela mesma razão descrever variações interessantes de uma escalada, ou a sua realização por um homem solitário. Ora conforme aconteceu, Jones estivera a tocar a sua trombeta acerca da primeira subida de Kern Knotts Chimney; o topo da inclinação, no entanto, ele não conseguiu alcançar sem ajuda. Ele tinha sido içado nos ombros do segundo homem. Eu fui dar uma olhada e descobri que, ao cravar uma pedra numa rachadura conveniente e, deste modo, iniciar a colocação do pé mais para cima, eu poderia chegar ao topo, e assim fiz. Eu registei isto no Climbers' Book; e no dia seguinte, um homem chamado H. V. Reade, possivelmente com um ânimo céptico, seguiu nas minhas pegadas. Ele encontrou a minha pedra cravada, desdenhosamente arremessou-a, escalou a inclinação sem ela e registou o feito. Isso foi um duplo golpe para o Sr. Jones. Não era mais um argumento convincente de que, se ele não pudesse fazer determinada coisa, isto não poderia ser feito.

Mas isto não foi tudo. Scafell é separado de Scafell Pikes por uma passagem chamada Mickledoor; e no lado de Scafell é íngreme. O cume do desfiladeiro é bem definido; descendo um pouco, de um lado pode-se escalar os penhascos pela Broad Stand ou Mickeldoor Chimney, do outro lado pela North Climb; e assim por diante. Mas tinha sido a ambição de todos os alpinistas, de começar do exacto topo da cordilheira. Isto foi denominado a directa escalada de Mickledoor; e ninguém o tinha feito. Isso parecia ser uma vergonha, então eu fi-lo. Desta vez os problemas estavam prestes a começar. A minha boa-fé foi abertamente desafiada na sala de fumadores. Eu encolhi os ombros, mas ofereci-me para repetir a escalada no dia seguinte perante testemunhas—o que eu conformemente fiz. Suponho que sou um tolo muito inocente, mas eu não conseguia entender por que razão alguém que se chama a si próprio humano deveria iniciar uma série de intrigas maliciosas numa tal causa de desavença. Devo admitir que os meus métodos às vezes eram calculados para incomodar; mas eu não tinha paciência com a idiótica vaidade de mediocridades. Eu tinha o *Climbers' Record* como uma compilação séria e nunca escrevi nele sem o mais completo senso de responsabilidade. Então quando encontrei um solene *Te Deum* sendo cantado por causa da quinta ascensão do Pillar Rock por uma "dama", levei o meu cão ao topo e registei: "Primeira ascensão por uma cadela São Bernardo". Quando Jones, depois da prática usual, tinha escalado Kern Knotts Crack, e três mestres de escolas públicas, os quais deveriam ter sido melhor conhecidos, disseram que eles o viram a fazer isto, e que isto foi uma exibição maravilhosa de habilidade e assim por diante, eu completei os comentários deles por um colofão: (Advt.) Tanto espalhafato foi feito sobre Kern Knotts Crack que Eckenstein levou uma jovem chamada Miss Nicholls e pediu-lhe para liderar, coisa que ela fez.

Wastdale, naquela época, era um ponto de encontro para muitas personagens desopilantes, bem como para alguns dos homens mais brilhantes de Inglaterra. O professor Milnes Marshall passava a maior parte das suas férias lá. A sua morte é um dos acidentes mais curiosos da história da escalada. Ele tinha ido até Deep Ghyll com alguns amigos num dia de Inverno quando as montanhas estavam cobertas de neve. Mas, não se sentindo particularmente bem, ele permaneceu ao pé de Deep Ghyll enquanto os seus amigos subiam, propondo tirar fotografias deles. Ele montou a sua câmara numa pista de neve não mais íngreme do que a de Ludgate Hill, um lugar totalmente livre de perigos. Mas ele caiu e rolou suavemente pela encosta, não fazendo nenhum esforço para se salvar, finalmente parando sobre um pequeno penhasco, ao pé do qual ele foi apanhado morto. Não foi de todo um acidente de escalada, não mais do que a morte de Norman Neruda, o qual morreu de insuficiência cardíaca quando estava numa chaminé de rocha nas Dolomites.

Depois de um curto período de tempo em Tonbridge a minha saúde novamente desmoronou. Era evidente que a vida no internato não era adequada para mim. Foi-me providenciado morar em Eastbourne com um tutor chamado Lambert, um Irmão Plymouth. É curioso (a propósito) reflectir que Henry Bernstein, o célebre dramaturgo Francês, sendo também uma "esperança" da Brethren, era um dos discípulos de Lambert. Eu raramente o via. Tudo o que eu me lembro é de um dia, por nenhuma razão que eu possa lembrar-me, nós nos colocámos na rua e lutámos. Naquela época eu não sabia boxe. A minha única ideia era colocar a cabeça dele "in chancery" sob o meu braço esquerdo e esmurrar-lhe a cara com a minha direita, coisa que consegui fazer, sem tentar defender-me dos golpes que ele dava como um moinho de vento no meu crânio. Lembro-me agudamente da minha surpresa por eles não me ferirem nem um pouco. Durante o dia eu trabalhava no Eastbourne College, no laboratório de química do professor Hughes, e tinha o privilégio de ajudar esse grande homem em várias pesquisas que vão provar que duas substâncias não podem combinar-se na ausência de uma terceira. Parece estranho pois eu deveria ter visto as conexões disto na filosofia.

Um incidente muito significativo está gravado na minha memória. Eu estava a passar uma noite com o professor e no decurso dalguma discussão eu disse: "A Bíblia diz assim". Estas palavras pingaram com a máxima ironia dos meus lábios. Eu pretendia sugerir o mais amargo desprezo. Não fui compreendido. Ele levou-me a sério e irrompeu numa apaixonante denunciação do livro. Os modos dele eram tão ferozes que eu estava positivamente assustado; e a coisa interessante sobre o incidente é isto. Eu estivera tanto tempo tão alerta, com receio de ser acusado de descrença, que quase me tirou o fôlego ouvir um homem em autoridade falar tão abertamente[50]. Tenho explicado como eu procurara em vão a suprema malvadez na Igreja da Inglaterra. Eu até tinha ido às, assim

---

50 Eu lembro-me da minha primeira visita furtiva ao Teatro - *Little Christopher Columbus*. Não estavam todas estas pessoas com medo de serem descobertas?

chamadas, "altas" igrejas e numa ocasião atrevi-me a entrar nos portais dos papistas. Mas mesmo lá eu não encontrara nada malévolo. Todos eles pareciam-me ser pichados com a mesma broxa; eles eram frios, sem coração, sem graça, estúpidos, vápidos e fátuos. O emocionalismo de alguns e o sacramentalismo dos outros parecia-me perfeitamente insincero. O facto é que (como o meu cunhado, Gerald Kelly, me disse uma vez, com uma visão surpreendente), eu era o homem mais religioso que ele já conhecera. É a mais íntima verdade. O instinto foi mascarado por um longo tempo, em primeiro lugar pelas abominações da Plymouth Brethren e dos Evangélicos; em segundo lugar, pelo mundo normal. Só eclodiu num período subsequente numa qualquer forma reconhecível. Mas quando isto aconteceu, tornou-se o eixo do meu ser. De facto, mesmo nestes primeiros tempos, a minha real necessidade era a satisfação espiritual; e eu era um satanista ou um mundano (como pode ser o caso) no espírito de São Francisco de Assis.

A minha poesia durante este período era amorosa ou satírica. Alguns dos meus esforços estão preservados em *Oracles*. Cito o primeiro e o último verso de uma letra sobre uma rapariga que conheci em frente ao mar.

ELVIRA

Was thy fault to be too tender?
Was thine error to be weak?
Was my kiss the first offender
Pressed upon thy blushing cheek?

Heaven at your accurst creation
Shall become a hell of fire:
Death for kisses, and damnation
For your love, shall God require!

O que é digno de nota é o que eu posso chamar de ponto de vista *Laus veneris*; o qual simboliza a minha revolta e exigiu muitos anos para se desgastar. Parece como se eu me agarrasse à ideia da maldade do amor e da crença de que isto implicava retribuição divina, em parte talvez por causa da minha tendência ao masoquismo, mas conscientemente, pelo menos, como adicionando efectivo valor ao pecado. Prazer como tal nunca me tem atraído. Deve ser temperado pela satisfação moral. Eu estava relutante em abandonar a minha crença intelectual no Cristianismo; se a coisa toda fosse absurda, onde estava a graça de a combater?

Toda esta poesia inicial, ademais, tendia a piorar em vez de melhorar à medida que a minha mente se desenvolvia. Eu explico isto por referência à analogia de tais jogos como o bilhar. Logo que a pessoa começa a ter aulas, ela estraga o seu jogo natural e ela não se recupera até que a técnica artificialmente adquirida tenha sido levada ao subconsciente pela prática contínua.

Excepto alguns poemas muito antigos como "The Balloon", toda a minha escrita é lenhosa, imitativa e consciente, até chegar a Cambridge, quase sem excepção.

Em Eastbourne, eu ainda não tinha interesse em jogos. Eu ainda estava impedido de qualquer coisa como associação íntima com as minhas criaturas semelhantes. Eu ainda era ignorante da existência da literatura Inglesa e tornei-me um estudioso de Francês de primeira linha sem ler qualquer literatura Francesa. No meu tempo de recreio eu estava ou a caçar *flappers*[51], ou a jogar xadrez, ou a escalar Beachy Head. O meu xadrez era quase inteiramente aprendido de livros e fiquei muito surpreendido ao encontrar-me como o melhor jogador da cidade. Porque embora o campeão local insistisse em dar-me peões e mais, eu vencia-o tão facilmente todas as vezes que o

---

51 N.T.: jovens arrojadas

encontrava que as vantagens poderiam ter sido revertidas sem fazer muita diferença para o resultado. Eu editei uma coluna de xadrez no *Eastbourne Gazette* e fiz uma série de inimigos criticando a equipa. Eu queria despertar entusiasmo, insistir no estudo e prática e fazer de Eastbourne a cidade mais forte de Inglaterra. O resultado não chegou a fragmentar o clube, mas por pouco.

Eu usava a minha posição como editor para criticar a formação da equipa e qualquer outra coisa que me parecesse errada. Eu era absolutamente incapaz de conceber que alguém não ficasse grato por críticas construtivas. Eu tinha além disso, em minha mente, uma firme concepção de um editor como *Jupiter tonans*. Lembro-me de uma ocasião em que me tornei particularmente desagradável. Num torneio de clubes eu tinha vencido todos os meus jogos, excepto dois contra um homem chamado Martin, o qual não tinha jogado nenhum dos seus jogos. Ao mesmo tempo, ele não desistiria do torneio. Eu tentei lidar com a situação nos meus artigos semanais. Pedi ao Sr. Martin para começar a jogar os seus jogos; implorei-lhe que começasse a jogar os seus jogos; assinalei-lhe a propriedade de começar a jogar os seus jogos, mostrei-lhe que as melhores tradições de Inglaterra (que a haviam tornado como ela era) falavam sem voz incerta para que ele começasse a jogar os seus jogos. Tudo isto se estabeleceu em coro semanal à Catão, *Delenda est Carthago*. Qualquer que fosse o assunto do meu discurso, invariavelmente terminava: "O Sr. Martin ainda não começou a jogar os seus jogos".

Com esta enervante persistência consegui que ele marcasse um encontro comigo e o jogo teve que ser adiado numa posição claramente ganhadora para mim. Ele determinou evitar a derrota pelo simples processo de se recusar a fazer mais movimentos. Eu poderia ter feito um excelente acordo com um braseiro e um cocktail, mas insuficiente para demovê-lo; e a sua abstenção impediu-me de ser proclamado o vencedor. Eu publiquei uma análise da posição, demonstrando que ele estava prestes a perder e sugerindo que ele deveria resolver o jogo ou renunciar. Mas é claro que o resultado das minhas manobras foi simplesmente levá-lo a uma fúria cega e a situação nunca foi resolvida. Isto simplesmente expirou por mor da minha partida para a Suíça.

~ 10 ~

A MINHA grande paixão era Beachy Head. A beleza fantástica das falésias nunca pode ser entendida por qualquer um que não as tenha agarrado. Cenário de montanha de qualquer tipo, mas especialmente cenário rupestre, depende em grande parte do primeiro plano. Este é especialmente o caso quando alguém tem adquirido um conhecimento íntimo do significado, do ponto de vista do escalador, sobre o que os olhos lhe contam. O homem comum olhando para uma montanha é como uma pessoa iletrada confrontada com um manuscrito Grego. O único giz na Inglaterra que vale a pena interpretar, por assim dizer, é o de Beachy Head. Isto é devido ao facto de que é relativamente muito maior do que outras falésias semelhantes. A maioria dos penhascos de giz são ou precipícios ininterruptos, impossíveis de escalar na nossa actual fase de actividade, ou pedregulhos decompostos; mas Beachy Head oferece problemas de rocha tão variados, interessantes e pitorescos como nenhuma outra falésia no mundo. Eu comecei a explorar a sua superfície. A ignorância popular cercou-a de inúmeros rumores absurdos. A opinião geral era de que ninguém jamais a tinha escalado. Havia, todavia, uma lenda de que isto já tinha sido feito. Eu estabeleci o ponto caminhando para cima, fumando um cachimbo, com o meu cão (eu não tinha nenhuma mulher disponível) em nove minutos e meio da praia para a estação da Guarda Costeira.

O meu primo, Gregor Grant, esteve comigo nas minhas escaladas anteriores. Estas eram as mais óbvias, mas também as mais importantes, Etheldreda's Pinnacle—ao qual dei o nome do meu cão, ou de uma colegial com quem eu tinha furtivamente dialogado, esqueci qual—foi o primeiro grande triunfo. A segunda foi Devil's Chimney, e a terceira Cuillin Crack. Eu sempre me tenho recusado até agora a reivindicar esta escalada, visto que eu terminei com o apoio moral de uma corda solta acima de mim. Seria formidável o suficiente se fosse esta da melhor rocha do mundo: há uma secção que realmente projecta-se para fora. Eu creio que estas últimas escaladas nunca foram repetidas.

O cré é provavelmente o mais perigoso e difícil de todos os tipos de rocha. A sua condição varia a cada passo. Muitas vezes tem que se limpar uma imensa quantidade de detritos para se conseguir alguma firmeza. No entanto, a imprudência nesta operação pode derrubar algumas centenas de toneladas na cabeça de alguém. Quase não se pode ter certeza de que qualquer fixação é segura. É, portanto, uma questão do julgamento mais primoroso não colocar mais peso do que é necessário. Um movimento repentino ou um pulo quase infalivelmente levaria ao desastre. Não se escala as falésias. Nem sequer se rasteja. Fluir ou deslizar seriam talvez os verbos ideais.

O carácter único da escalada levou a um incidente divertido. O maior escalador de Inglaterra, A. F. Mummery, publicou um breve relato do seu trabalho nos penhascos de Dover, onde ele morou. Ele afirmou que a mais de vinte a trinta pés acima do nível do mar nenhuma escalada era possível, e que praticamente todas as escaladas dele eram transversais; isso é horizontal e não vertical. Eu escrevi para ele dizendo que a minha experiência era exactamente o oposto. Toda a minha escalada tinha sido feita em grandes altitudes e (com uma excepção) as minhas subidas eram verticais. Ele escreveu de volta um pouco arrogantemente para o efeito que certamente existiam penhascos gramíneos que correspondiam à minha descrição, mas não eram o que ele chamava de escalada. Eu respondi, agradecendo-lhe e implorando-lhe que aceitasse algumas fotografias dos penhascos gramíneos conforme a descrição. Estes mostravam os pináculos da mais formidável aparência nas Ilhas Britânicas, e fendas verticais tão íngremes quanto qualquer coisa em Cumberland. Ele escreveu de volta imediatamente uma calorosa carta de congratulação. Era evidente que nós tínhamos estado a usar a palavra "cré" para cobrir duas espécies de material amplamente diferentes.

Publiquei alguns dos meus registos nos jornais locais com a ideia de inspirar os nativos com louvável entusiasmo. Mais uma vez eu tinha julgado mal a humanidade. Tudo o que consegui foi um artigo principal que começava com as palavras: "Insensata loucura assume várias formas". Um outro choque estava por vir. O Primo Gregor declarou subitamente que ele estava noivo e que não achava que tivesse o direito de escalar mais em Beachy Head. O ídolo da minha juventude foi despedaçado num golpe. Recebi a minha primeira lição sobre o que as religiões do mundo têm descoberto desde há muito tempo, que nenhum homem que permite uma mulher ocupar um lugar na vida dele é capaz de fazer um bom trabalho. (Similarmente, os homens podem ser tão doidos por cães quanto as solteironas por gatos.) Um homem forte o suficiente para usar as mulheres como escravas e joguetes está bem. Mesmo assim, há sempre um perigo, embora seja difícil evitá-lo. Na verdade, eu não acho que isto deva ser evitado. Eu acho que um homem deve treinar para dominar o que é comummente chamado de vícios, desde donzelas a morfina. É inegável que existem poucos homens assim. Repetidas vezes tenho tido os alunos mais promissores desistindo da grande obra das suas vidas por causa de alguma miserável mulher, a qual poderia ter sido duplicada numa loja Ten Cent. Não importa qual seja o trabalho; se isto vale a pena fazer, isto exige toda a atenção, e a mulher só é tolerável na vida do homem se for treinada para o ajudar no trabalho dele sem a menor referência a quaisquer outros interesses de quem quer que seja. A necessária auto-abnegação e concentração da parte dele deve ser igualada por qualidades semelhantes às dela. Eu digo igualada—eu poderia dizer melhor, excedida—pois tal devoção deve ser cega. Um homem pode *tornar-se* o seu trabalho, para que ele se satisfaça satisfazendo isto; mas uma mulher é fundamentalmente incapaz de compreender a natureza do trabalho em si. Ela deve consentir em cooperar com ele no escuro. A auto-entrega dela é, portanto, realmente auto-entrega, ao passo que com ele isto é mais propriamente auto-realização. É verdade que, se uma mulher persistir tempo suficiente no hábito, ela encontrar-se-á finalmente a si própria nisso. Pois a mulher é uma criatura de hábitos, isto é, de impulsos solidificados. Ela não tem individualidade. Apensada a um homem forte que não é mais ele próprio por este trabalho, ela pode tornar-se um estado de espírito mais ou menos confiável. Caso contrário, o estado de espírito dela muda com os seus fantasmas. Mas o estado de espírito mais dominante da mulher sempre será a maternidade. A própria natureza, portanto, assegura que um homem que depende de uma mulher para ajudá-lo está a contrariar o tigre. A qualquer momento, sem aviso prévio, o interesse dela por ele pode ser varrido e tornar-se secundário. Pior—ela expectará que o seu homem abandone todo o interesse da vida dele a fim de cuidar do novo brinquedo dela. Uma cadela não perde todo o seu interesse no seu dono só porque ela tem filhotes.

Eu encontrei um novo companheiro de escalada em Beachy Head num homem chamado J. S. New. Nós trabalhámos as subidas possíveis sistematicamente e fizemos um mapa de larga escala da falésia. Eu por fim contribuí com um artigo ilustrado sobre o assunto para o *Scottish Mountaineering Journal*. Mas, com excepção do Sr. H. S. Bullock, e de um ou dois outros que repetiram algumas das nossas escaladas e fizeram uma ou duas novas, pouco trabalho tem sido feito no Head. Os alpinistas em geral parecem ter chegado à conclusão de que isto era totalmente demasiado perigoso. Deve-se admitir que, em todo o caso, é muito desagradável. No tempo húmido, o cré forma uma pasta que obtura as botas e torna impossível o ponto de apoio. No tempo seco, a poeira toma posse dos olhos e da garganta. Mas, apesar de tudo, os meus melhores dias podem ter sido passados na face do Head.

Eu devo registar um fenómeno muito estranho em conexão com as minhas aventuras em Beachy Head. Certo dia de Verão subi com a minha mãe e levei-a até às encostas cobertas de relva (Grass Traverse) que costumavam estender-se para leste a partir de Etheldreda's Pinnacle. Eu digo "costumavam estender-se", pois desde então tem havido um extenso deslizamento de terra. Era um passeio um tanto ou quanto difícil para uma senhora idosa alcançá-las a partir do topo do penhasco, mas isto poderia ser feito descendo um barranco estreito chamado Etheldreda's Walk. Coloquei-a numa posição confortável, onde ela poderia fazer um esboço de aguarela, e saí para fazer algumas escaladas na Devil's Chimney, que fica a alguma distância a oeste do pináculo. O contorno geral do penhasco é aqui convexo, de modo que eu estava completamente fora da vista dela, além de estar a um quarto de milha de distância. A brisa que soprava era do sudoeste, isto é, de mim para ela. Eu estava a tentar fazer uma nova escalada no oeste da Devil's Chimney e tinha conseguido uma certa distância para baixo, quando eu distintamente a ouvi gritar por ajuda. Naquela época eu não tinha familiaridade com fenómenos psíquicos, todavia, reconheci o chamamento como deste tipo; isto é, eu tive uma intuição directa de que isto era assim. Não era apenas isto parecer improvável que pudesse ser uma audição normal. Eu não sabia na época, com toda a certeza, que isto era impossível, embora depois tenha sido provado ser assim por experimentação. Eu não tinha motivos para supor que o perigo fosse urgente, mas corri loucamente para o alto do penhasco, ao longo dele e desci para Grass Traverse. Eu alcancei-a a tempo de salvar a vida dela, embora não houvesse muitos segundos de reserva. Ela tinha mudado de posição para ter uma visão melhor e afastara-se da travessia para encostas íngremes, empoeiradas e desmoronadas. Ela começara a escorregar, ficara com medo e fizera o pior possível; ou seja, sentara-se. Ela tinha estado a escorregar por polegadas e estava à beira de um precipício quando a alcancei. Ela efectivamente gritara por ajuda na hora em que eu a ouvi, tão perto quanto eu poderia julgar; mas, como explicado acima, era fisicamente impossível para mim ter feito isso. Eu considero este incidente como muito extraordinário. Nunca dei muita importância às histórias regulares de pessoas aparecendo à distância no momento da morte e assim por diante; nem o facto de algo tão semelhante ter realmente acontecido comigo me deixa inclinado a acreditar em tais histórias. Não posso oferecer qualquer explicação além da convencional teoria mágica, de que uma suprema explosão de vontade é por vezes capaz de colocar em movimento forças que não podem ser invocadas em circunstâncias comuns.

Para retornar ao meu assunto. Apesar do incidente lamentável do humanitarismo impulsivo acima registado, as minhas associações com Beachy Head possuem um charme que eu nunca conheci em nenhum outro distrito de Inglaterra. As minhas escaladas cumpriram todos os meus ideais de romance e, além disso, tive a sensação particularmente agradável de completa originalidade. Noutros distritos eu não poderia ser mais do que *primus inter pares*. Em Beachy Head eu era o único—eu tinha inventado um ramo inteiramente novo do desporto.

Por várias semanas eu dormi numa barraca do Mummery numa das travessias. Foi a minha primeira experiência de vida de campo, que é, uma coisa com a outra, a melhor vida que conheço. A mera sensação de estar no ar fresco sob as estrelas quando se vai dormir, e de acordar ao amanhecer porque é o amanhecer, eleva *ipso facto* a vida animal ao nível da poesia.

Sempre tem havido em mim duas personalidades bastante incompatíveis no que diz respeito ao meu julgamento dos homens e em questões práticas. Uma delas possui grande perspicácia instintiva comungando de cinismo; a outra é uma inocência quase imbecil. *Der reine Thor!* Em certos aspectos, esta última qualidade é calculada. Assim, sempre me tenho recusado a acreditar que estou a ser enganado, mesmo quando eu conheço os factos perfeitamente bem. Tenho decidido deliberadamente que não vale a pena permitir que a minha pureza seja contaminada, descendo ao nível das pessoas que me estão enganando. Em alguns assuntos novamente, sou genuinamente incapaz de criticar; e assim eu tomo as pessoas pelo seu valor de face, ocasionalmente com resultados desastrosos.

Por exemplo, um dos personagens mais originais que eu já conheci foi o Reverendo T. C. V. Bastow, de Little Peatling Rectory, Lutterworth. Era a orgulhosa gabarolice deste cavalheiro, o qual costumava passar as suas férias em Wastdale Head, de que ele possuía uma cauda rudimentar; e embora eu nunca fosse favorecido pessoalmente com uma visão desta distinção, ele foi credibilizado com a prontidão para demonstrar a teoria Darwiniana a qualquer jovem anatomista sério que pudesse estar no avistamento. Ele perambulava pelos despenhadeiros com uma garra de três pontas presa a vinte ou trinta pés de corda, a teoria dele era arremessá-la nas rochas até que isto agarrasse algures, e depois trepar pela corda. Ele dava a si próprio o ar de ser um escalador de primeira classe e eu nunca pensei em duvidar disso.

Ora eu tinha feito a primeira descida solitária da face de Ennerdale do Pillar Rock, uma façanha na época considerada teoricamente impossível. Ele perguntou-me casualmente se isto era o tipo de lugar ao qual ele poderia levar a sua filha. Eu fiz uma espécie de regra de três simples na minha cabeça. Se eu, o pobrezinho, o principiante, podia fazê-lo, *a fortiori*[52] também poderia o grande homem, mesmo com a desvantagem da rapariga noviça. De facto, ele não podia escalar de todo, e o par encantador viu-se em apuros.

Alguns anos depois cometi um erro do mesmo tipo que resultou numa tragédia terrível. Eu estava em Arolla em 1897[53] com Morris Travers e o seu irmão mais novo. No Coolidge's *Guide* há um registo da subida do Petite Dent de Veisivi pelo desfiladeiro voltado para Arolla. Os guias locais, no entanto, negaram unanimemente que este caminho já tivesse sido feito. As rochas em baixo do desfiladeiro, diziam eles, estavam salientes e eram impossíveis. Nós decidimos testar estas declarações, subimos a montanha pelo caminho comum e descemos pelo caminho em questão. As rochas são salientes, mas os apoios são tão bons que a subida é bastante fácil. Discutimos a escalada com um filho do célebre Dr. John Hopkinson, Edward, que estava lá com uma grande família. Dissemos sinceramente que não havia dificuldade ou perigo para um grupo responsável; mas ele e três dos seus filhos tentaram repetir a nossa escalada e todos morreram. Um incidente peculiarmente Inglês acrescenta um toque de grotesca lugubridade à história. A viúva implorou a Travers, que era um membro da equipa de resgate (eu tinha deixado o vale), para permitir que ela desse um último olhar no marido. Ela fora trazida para representar figuras de pessoas em velório público—"calmo e grandioso na Morte", e esse tipo de coisa. De facto, todos os restos mortais foram trazidos num saco; ninguém poderia dizer o que era de quem.

Esta dificuldade em compreender que preconizados escaladores poderiam ser incuravelmente incompetentes culminou no grande erro da minha carreira de montanhismo. Apesar das evidências reais de 1902 de que o Dr. Jacot Guillarmod era completamente ignorante e indigno de confiança, vaidoso e obstinado, eu consenti em levá-lo a Kangchenjunga, com o resultado desastroso a ser registado mais tarde.

Ainda resta um incidente notável da minha escalada em Cumberland. Um dia eu estava a tentar algumas rotas novas no Pillar Rock, quando fui apanhado por uma terrível tempestade de raios e trovões. Felizmente para mim, conforme isto acabou, fiquei encharcado até à pele em dez minutos. Sendo impossível qualquer outra escalada mais séria, eu iniciei o regresso a Wastdale. Fazendo isto, cruza-se a cordilheira de Pillar Mountain, ao longo da qual corre uma cerca de arame farpado. Eu cruzei esta; e, com a tempestade aumentando em violência, a minha atenção foi atraída pelas pequenas flamas de relâmpago que brincavam em cima dos postes de ferro. Eu esqueci-me do meu machado. A coisa que eu soube de imediato era que eu tinha sido derrubado. Eu mal posso dizer que senti algum definido choque eléctrico; mas eu sabia o que deve ter acontecido. Fui tomado por uma curiosa mistura de entusiasmo e terror; e desci desenfreadamente a face da montanha em seu ponto mais íngreme, saltando de penedo em penedo como um cabrum. Facilmente bati o recorde a partir do cimo para o hotel! Apesar da intensa concentração[54] necessária para saltar pelos despenhadeiros perigosos, a minha consciente atenção foi absorvida pelo espectáculo magnífico dos penhascos de Scafell, emoldurado por nuvens de tempestade lugubremente púrpuras e literalmente abrasadas com relâmpagos; contínuo e vívido a um nível que nunca mais vi, excepto numa ocasião perto de Madrid, quando todo o céu era uma caleidoscópica rede de chamas durante quase duas horas.

---

52 N.T.: por maioria de razão
53 Ver *Collected Works*, vol. 1, p. 127
54 Mas veja-se *The book of Lies*, cap. 32, "The Mountaineer".

~ 11 ~

EM 1894 TIVE o meu primeiro sério sabor dos Alpes. Fui com o meu tutor para o Suldenthal no Tirol Austríaco. Eu tinha descoberto o *Volume de Montanhismo* de Badminton. Eu prestei muita atenção nisto conforme tinha sido ensinado a prestar atenção na Bíblia. Isto diz muito em relação à minha inocência descrita anteriormente, que apesar dos dados em minha posse, eu falhei em perceber inteiramente de que um livro era tão cheio de erros crassos e imprecisões quanto o outro. Cheguei a Sulden com uma profunda reverência pelo guia Alpino, e apressei-me para engajar Joseph Pingerra, o qual deveria ser o melhor do vale. Fiquei muito chocado ao descobrir que era costume no Tirol ir dois numa corda em vez de três, embora na verdade essa fosse a única coisa que eles sabiam sobre escalar. Mas fiquei espantado ao descobrir que eu era um alpinista muito melhor do que o meu guia. Ele não sabia o que era escalar, julgado pelos padrões de Cumberland! Eu não tinha experiência de neve e gelo; então aqui, claro, eu era o discípulo reverente. Imagine-se o meu espanto, então, quando após dois ou três dias Pingerra escorregou e caiu numa encosta de neve perfeitamente fácil. Ele foi totalmente incapaz de fazer qualquer coisa para se salvar e eu tive que puxá-lo para cima na corda. Mantive a minha fé em Badminton dizendo a mim mesmo que os guias nos grupos remotos devem ser exemplos muito pobres. Engajei dois outros guias e iniciei para o Königspitze, passando a noite numa cabana. De manhã os guias estavam bêbados e sem vontade de começar, fazendo escusações absurdas sobre o tempo. Eu não tinha autoconfiança suficiente para enfrentar o Königspitze por mim mesmo; contudo eu dispensei-os, fiz uma subida solitária do Eisseespitze e reflecti sobre o assunto. Eu estava completamente desgostoso e decidi instruir-me sozinho sobre gelo e habilidades na neve, como fizera com rochas.

Alguns dias depois eu saí sozinho e fiz a primeira subida da Ortler por Hintere Grat. A montanha já tinha sido escalada deste lado; mas a cumeada não tinha sido seguida com a conscienciosidade que era a regra em Inglaterra. Levei seis horas e meia para atingir o topo.

A minha chegada criou uma sensação profunda. Sentados no topo estavam um Americano e um guia, que tinham subido pelo caminho mais fácil a partir de Payerte. O guia considerava a minha aparência estritamente sobrenatural; mas o Americano não temia a Deus, nem sequer prezava o homem. Ele estivera a tentar convencer o guia a descer para Sulden por Hintere Grat e o guia estava apreensivo.

A minha chegada mudou a situação. Uma vez assegurado que eu era de carne e osso, o guia ganhou um pouco de coragem, a qual o americano estimulou ainda mais através de uma promessa de dólares adicionais. Como eu subi sozinho, nós os três poderíamos evidentemente descer juntos. Eu concordei em aceitar a posição responsável de último homem e nós amarrámo-nos em conformidade. Mas nós mal começámos e o guia novamente perdeu a audácia que ele alguma vez possuíra. O seu patrão nunca tinha estado numa montanha antes, mas ele tinha bom senso e coragem; ele comportou-se admiravelmente em todos os aspectos; nós, apoiando e encorajando aquele guia, descemos aquela cumeada. Estava, é claro, fora de questão seguir a cumeada, conforme eu tinha feito há pouco, de modo que dois ou três mil pés da descida foram realizados por suave deslizamento pelas encostas de neve. Se eu estivesse sozinho poderia ter descido por aquela rota em menos de três horas. Tal como foi, nós demorámos nove horas e meia. Mas no dia seguinte o guia não teve falta de audácia; ele queria que eu pagasse pelos seus serviços! Nada fazendo.

Fiz várias outras subidas no distrito, na maior parte sozinho, mas uma ou duas vezes com algum Inglês encontrado fortuitamente. O meu principal objectivo era dominar a técnica da neve e do gelo; e por força de usar os meus sentidos e o meu senso eu descobri a maior parte dos truques do ofício no decorrer da temporada. Estou particularmente orgulhoso de ter inventado um modelo de Steigeisen, idêntico ao usado por Oscar Eckenstein, no que diz respeito à ideia. A diferença era que ele, sendo um engenheiro, forjara-os de acordo com princípios mecânicos, ao passo que eu confiara a execução da minha ideia a uma apodrecida empresa com grande reputação nos círculos do Clube Alpino, cuja ignorância dos elementos materiais e de mão-de-obra deve ter causado muitos "incidentes lamentáveis".

Em 1895 senti-me apto a enfrentar os picos mais altos dos Alpes e fui para a Kleine Scheidegg. A minha primeira façanha foi uma subida solitária do Eiger. Comecei tarde e no cume final apanhei um grupo "forte" de Ingleses com guias, sendo o principal Herr um encantador clérigo do Japão, o Reverendo Walter Weston. Os guias estavam mais ou menos bêbados e assustados. Eles estavam a tentar dar uma desculpa para voltar para trás; mas a vergonha estimulou a coragem deles quando eu cheguei e seguimos para a cúpula. Todos nós descemos juntos; os guias mostraram-se encantados com a firme agilidade do meu desempenho e disseram que eu estava "*wie ein Führer*". Um ano antes do elogio ter-me-ia persuadido de que eu tinha morrido e ido para o céu, mas o tempo mudara tudo isso. Eu ainda me apegava pateticamente a Badminton; eu tinha meramente alcançado o estágio de orar pateticamente para encontrar os bons guias descritos no livro. Eu ainda estava obcecado pela ideia de que era suicida cruzar os glaciares cobertos de neve sem uma corda. Então arranjei um carregador: ele estava disposto a obedecer às minhas ordens implicitamente, desde que eu era considerado um *Wunderkind*. Nós subimos a Jungfrau pela rota Schneehorn-Silberhorn, eu liderando e descendo por último, mas era a mesma velha história, o homem não podia ficar numa inclinação de neve, eu tinha constantemente que fazer mau uso de um tempo valioso para salvar a imprestável vida dele.

Eu comecei a raciocinar todo o assunto desde o início. O montanhismo, eu enxerguei, era principalmente um problema científico. Como poderiam, então, os supersticiosos e ignorantes camponeses dos Alpes, dominá-lo ou mesmo atacá-lo? Poderia haver apenas uma resposta; eles não efectuaram nenhuma tentativa para fazê-lo. O ofício deles era tradicional; um homem aprendeu de outro pela regra geral. Confrontar qualquer guia com qualquer montanha que ele não conhecesse pelo hábito, e estava ele em alto-mar. Como era, então, que as montanhas já tinham sido escaladas? E a resposta para isso foi que o padrão geral de escalada era, dadas as boas condições climáticas, totalmente desprezível do ponto de vista dos pioneiros na Inglaterra e no País de Gales. O caminho comum para cima de qualquer montanha Suíça é pouco mais do que uma corrida. Eckenstein costumava dizer que ele levaria uma vaca até ao Matterhorn, desde que lhe fosse permitido amarrar as pernas. E uma vez, quando um ex-presidente do Alpine Club começou a replicar a esse comentário mencionando que tinha subido o Matterhorn, uma pessoa sem prudência interrompeu: "Amarraram eles as *suas* pernas!"

Mummery, Collie e Hastings de Inglaterra, com Eckenstein e uma ou duas luzes menores, de um lado, e Purtscheller, Blodig e outros da Alemanha, do outro, estavam a estabelecer um padrão inteiramente novo de escalada Alpina. Eles eram homens de educação e inteligência; eles tinham estudado a teoria física das condições das montanhas; eles tinham praticado os vários tipos de técnica indispensável para conhecer estas condições em detalhe. Eles estavam a fazer subidas que nunca tinham sido sonhadas por qualquer guia Alpino. O amador de primeira linha era para o profissional como um fuzileiro para um homem com um machado de sílex.

Em 95 eu ainda não estava ciente do que estava a acontecer. Eu descobri de forma independente os factos do caso. Descobri que poderia ir muito bem a qualquer lugar sem o menor perigo ou dificuldade, enquanto todas as pessoas que encontrei estavam constantemente à beira do desastre. Comecei a pensar que a escalada solitária era a forma mais segura do jogo. O único problema era o glaciar coberto de neve. Comecei a estudar essa questão por si só. Logo reparei que, quando eu olhava para um glaciar desse tipo a partir de um cume, podia ver claramente as fendas cobertas. Elas apareciam como linhas de sombra. Descendo para o glaciar, eu descobri que ainda era capaz de detectar as pequenas diferenças de iluminação. Tanto para a teoria. Mas a questão ainda permaneceu: "Eu vejo isto, mas posso atravessar isto com segurança?" A minha experiência com cré ajudou a dar-me confiança. Eu estava acostumado a estimar a tensão de ruptura do material em decomposição. Ora, dada a geada forte de uma noite, é lógico que uma ponte que não tenha caído devido ao seu próprio peso durante o dia anterior suportaria o meu peso extra no início da manhã. Comecei a testar a minha teoria, tendo, é claro, o cuidado de organizar as minhas rotas, para evitar ter que cruzar glaciares cobertos de neve depois do nascer do sol. Notei, no entanto, que muito cuidado era necessário para evitar acidentes; e isso contribuiu para a lentidão. Houve também muitas outras ocasiões em que um segundo homem seria uma salvaguarda e outras quando ele poderia ser de assistência activa.

A questão de um terceiro homem é bem diferente. Ele diminui a mobilidade do grupo; o intermediário é privado quase completamente de qualquer liberdade de acção. Sempre que o solo é tão difícil que apenas pode mover-se um homem de cada vez, um grupo de três não leva a metade do tempo novamente, mas o dobro de um grupo de dois, já que a operação de puxar uma parte da corda é duplicada. A velocidade de um grupo significa muito para sua segurança. No que diz respeito ao anoitecer, às condições meteorológicas, às avalanches ou às pedras cadentes, dois são evidentemente muito mais seguros do que três. Outro ponto é que é pelo menos duas vezes mais difícil encontrar dois companheiros competentes do que encontrar um.

A combinação de Mummery, Collie e Hastings dificilmente poderia acontecer novamente durante um século. Mummery tinha um génio para escalada e um estranho instinto para problemas de montanha em geral. Collie era brilhante em todos os aspectos e tinha um conhecimento científico absoluto de materiais e um sentimento de topografia. Hastings era uma torre de força física e resistência, um segundo homem ideal, seja como uma grua ou uma âncora. Todos os três eram técnicos completos e tinham experiência em todo tipo de terreno e condições.

Na ausência de uma combinação tão miraculosa, a melhor coisa a ser esperada era um homem que possuísse todas as qualidades que faltavam a outro; e foi a minha suprema boa sorte, em 1898, encontrar o que procurava em Oscar Eckenstein.

Enquanto isso, eu continuei a escalada em Bernese Oberland durante o Verão de 1895. Certamente o Senhor deve ter-me guiado, pois eu quase nunca saía para uma montanha sem esbarrar em algum episódio que direccionava os meus pensamentos para o canal certo.

PARA retornar à psicologia. É difícil sumarizar os efeitos gerais da minha estranha educação. Mas isto era terrivelmente irregular. Nalguns aspectos eu estava muito à frente da maioria dos rapazes da minha idade; noutros eu era pouco melhor do que um imbecil. Eu estava praticamente impedido de adquirir o hábito de relações normais com outras pessoas. Os meus companheiros eram, na maior parte, muito mais velhos do que eu.

Crowley na Universidade... (note-se o laço)

Mas a única característica realmente desastrosa foi a atitude que fui compelido a assumir em relação ao dinheiro. Eu fui ensinado a expectar todo o luxo possível. Nada era bom demais para mim; e eu não tinha ideia do que custava alguma coisa. Tudo era pago nas minhas costas. Nunca fui ensinado que o esforço da minha parte poderia ser necessário para obter qualquer coisa que eu quisesse; mas, por outro lado, eu era mantido criminosamente sem dinheiro no bolso para não o gastar de maneira ignóbil, como comprar livros ou tabaco, ou gastá-lo em abominações ainda piores, como em teatros e mulheres. (Eu fui encorajado a manter um cão!) Eu não tinha, portanto, nenhum senso de responsabilidade em matéria de dinheiro. Nunca me ocorreu que era possível ganhá-lo, e assim fui treinado para ser dependente até ao ponto de mendicância. O efeito foi, obviamente, desastroso. Quando cheguei a Cambridge eu ainda tinha tudo pago para mim e, além disso, encontrava-me com crédito ilimitado, o qual eu podia manter em segredo. Quando entrei na minha fortuna, um ano depois, eu estava totalmente despreparado para usá-la com a mais ordinária prudência, e todos os vícios inerentes ao meu treino tinham um campo perfeitamente livre para o desenvolvimento deles. Antes, se eu quisesse dar uma jantarada todos os dias da semana, eu poderia fazê-lo, mas se eu quisesse um pouco de dinheiro para a mesa do carteado, a minha única alternativa era a casa de penhores, até eu atingir a maioridade. Depois disso, era simplesmente uma questão de escrever um cheque, o que não me dava nenhuma ideia da natureza da transacção envolvida. Duvido que alguém na história tenha alguma vez recebido uma preparação tão podre para a administração de assuntos práticos.

A minha residência em Eastbourne terminou muito repentinamente. Durante toda a minha adolescência eu assumira o romântico ponto de vista do amor; e eu descobri que era prática universal as pessoas mais velhas interferirem nos assuntos dos seus juniores. Duas pessoas não podiam decidir casar sem despertar um furacão. Nunca havia qualquer excepção. Os compromissos sempre foram feitos e quebrados por motivos religiosos ininteligíveis. A família dos Lamberts não foi excepção a isso. A filha mais velha era uma ácida solteirona no final dos anos vinte; a mais nova era um histérico monstro de supressão. A rapariga do meio era linda, voluptuosa e normal. Ela não era suficientemente inteligente para se revoltar abertamente contra a sua família;

mas os seus instintos humanos diziam-lhe que algo estava errado e que era melhor ela sair disto. Ela estava apaixonada por um jovem bastante adequado e comprometida com ele em noviciado. A questão era se ele iria ou não juntar-se à Plymouth Brethren. Naturalmente, quanto mais ele os enxergava menos ele gostava deles e, por fim, decidiu ficar ao lado da igreja dos seus pais. Ao anunciar esta decisão desoladora, ele foi oprimido com abuso e atirado para fora da casa. A sua noiva foi proibida de comunicar com ele de qualquer maneira, e para todos os efeitos aprisionada. Eu ofereci-me para providenciar correspondência com a perspectiva de antecipar uma fuga. Porém eu não suportava o abuso contínuo e os maus-tratos que eram o quinhão da rapariga desafortunada. A família literalmente espumava pela boca em todas as oportunidades. As refeições eram um redemoinho envenenado. Ela estava constantemente reduzida às lágrimas e talvez o momento mais feliz que ela teve foi quando estava efectivamente a ser espancada. Eu deveria ter conduzido as minhas intrigas com maior paciência, sem dúvida, mas isso dava-me nos nervos em demasia. Certa manhã, ao pequeno-almoço, falei de uma milionésima parte do que eu pensava e a família começou a gritar. Era como se tivessem sido atacados por mania colectiva. Tudo foi lançado em mim; eles vieram para mim com garras e punhos. Eles estavam cegos de raiva para saberem o que estavam a fazer. Eu simplesmente colidi as suas cabeças juntas e sai da casa. Quando achei que a atmosfera tinha tido tempo para se dissipar eu voltei com a intenção de fazer um resgate pela donzela aflita. Eles estavam com muito medo de se me oporem e eu implorei para ela ir embora imediatamente e ir para a família do seu ex-noivo. Mas ela não conseguia reunir coragem para o fazer. A oportunidade passou; e no final da tarde, o meu Tio Tom, convocado por telegrama, veio buscar-me para me afastar do lugar amaldiçoado.

O incidente teve um efeito benéfico na minha própria família. Eles não conseguiram quebrar o meu espírito e começaram a perceber que eu tinha alcançado o estágio em que poderia causar-lhes tantos problemas quanto eles poderiam causar a mim. A melhor coisa que podiam fazer era deixar-me seguir o meu caminho. Eu venci a luta; e a prova do meu triunfo foi a minha temporada em Bernese Oberland por minha própria conta. Eu fui chamado por um telegrama. Eles decidiram deixar-me ir para Trinity; e o exame de admissão estava a apenas uma semana de distância. Fui até Cambridge e passei sem dificuldade, embora não tivesse tido oportunidade de preparar o conjunto dos clássicos. Mas segui o conselho de Browning para "saudar o Invisível com alegria": o meu verdadeiro conhecimento de Grego e Latim permitiu-me fazer representações, muito acima da média, de passagens desconhecidas. Eu nunca poderia adaptar-me ao sistema de ovelhada da mnemónica "aprendizagem". Em Outubro entrei na universidade, ocupando quartos na 16 St. John's Street. A partir desse momento começa um capítulo inteiramente novo na minha vida.

~ 12 ~

QUANDO FUI para Cambridge no período de Outubro de 1895, tive a sensação de respirar fundo, como se faz depois de nadar debaixo de água ou (uma analogia ainda melhor) como se faz depois de se proteger da dor infligida por um dentista. Eu não conseguia imaginar nada melhor na vida. Eu encontrei-me de repente num mundo totalmente novo. Eu fazia parte das glórias do passado; e tomei uma firme resolução para ser uma das glórias do futuro. Eu gostaria que o quarto assombrado sobre o Great Gate of Trinity fosse transformado numa cripta funerária, como aquele de Christian Rosencreutz, para receber o meu sarcófago. Devo admitir que não sei de muito mais em Inglaterra acerca das obras humanas que eu não me apressaria em destruir se a oportunidade ocorresse. Mas Trinity, excepto New Court e Whewell's Court, é o suficiente para qualquer poeta viver e morrer por.

Lembro-me de ficar atónito nos últimos anos, quando o meu patriotismo foi posto em dúvida. Eu não ia ter "*Eintritt Verboten*" colocado sobre o Great Gate com uma sentinela Prussiana a reforçar isto. Eu estou perfeitamente ciente de que sou irracional. As tradições de Inglaterra estão entrelaçadas inextricavelmente com um milhão de abusos e deformidades, os quais eu estou muito ansioso para destruir. Mas todos os Ingleses mantêm os seus cérebros em compartimentos estanques. Seria uma degradação cómica de fazer da Trinity a sede da Rationalist Press Association. Mas na época eu não tinha visto a incompatibilidade lógica das minhas várias posições. O patriotismo de Shakespeare no discurso do moribundo John of Gaunt e em *Henry V* apela directamente ao meu sentido poético.

Estou bem preparado para morrer pela Inglaterra dessa maneira brutal e irreflectida. "Rule, Britannia" faz-me ir como se eu fosse a mais comum audiência da sala de concertos. Este sentimento não é interferido pela minha detestação do embuste moral e religioso que se espera ser produzido em momentos de crise nacional. O meu patriotismo é da variedade ruidosa e pouco inteligente, popularizada por Kipling. Eu gosto do velho verso rimado:

    Two skinny Frenchmen, one Portugee,
    One jolly Englishmen lick'em all three.

Mas não consigo encontrar desculpa moral para a minha atitude. Eu sou um animal com uma família e um país. Para o inferno com todos! Este animal está preparado para usar os seus miolos e a sua força tão estupidamente e inescrupulosamente quanto o Duque de Wellington. Não é convencido pelas suas próprias opiniões filosóficas, as quais condenam o patriotismo como paroquialismo, considera a guerra como uma selvajaria imoral e insanidade económica, e considera a opinião pública e os seus líderes como o balido de ovelhas, amontoando-se em desordem no seu redil quando os cães mestiços ladram.

A atmosfera de Cambridge formou um pano de fundo admirável para o meu estado de espírito. Eu vi-me como um personagem romântico na história. A Igreja da Inglaterra, conforme representada pelo meu Tio Tom, parecia uma tirania estreita, tão detestável quanto a de Plymouth Brethren; menos lógica e mais hipócrita. O meu Tio Jonathan era um bom eclesiástico; no entanto ele manteve a sua religião para si mesmo e seguiu o seu próprio caminho triunfante no mundo, mantendo a disciplina eclesiástica à distância de um braço tanto quanto ele próprio estava concernido. Ele era à primeira vista um dos protegidos, sempre que ele se preocupava em pensar sobre isso, sem dúvida; mas na prática a Igreja da Inglaterra era simplesmente uma máquina para manter as classes mais baixas no seu devido lugar. Em Trinity era a mesma coisa. O Cristianismo era a religião oficial com a qual era conveniente concordar, assim como é conveniente ir a um bom alfaiate. Era, em suma, um paganismo político.

Eu não suponho que apreciasse este facto à época, dessa forma. A minha atitude foi determinada pela inquestionável beleza da arquitectura eclesiástica e pela relativa dignidade do ritual. Todavia quando descobri que a capela era obrigatória eu imediatamente objectei. O deão júnior chamou-me à atenção por eu não frequentar a capela, o que certamente eu não faria porque isto envolvia levantar-me cedo. Desculpei-me pelo facto de eu ter sido criado dentre a Plymouth Brethren. O deão pediu-me para vir e vê-lo ocasionalmente e discutir o assunto, e tive a imprudência de lhe escrever que: "A semente plantada pelo meu pai, regada pelas lágrimas da minha mãe, provaria ser um crescimento muito duro para ser arrancada mesmo pela sua eloquência e aprendizagem". Parece a hipocrisia mais desprezível, mas era muito bom, e eu decidi que não seria interferido. Eu considerava qualquer tentativa de controlar as minhas acções como uma intrusão impertinente e eu não perderia tempo senão tomando a saída mais fácil.

Eu entrei para o Moral Science Tripos com a ideia de que isto me ajudaria a aprender algo sobre a natureza das coisas. Não sei por que deveria ter-me interessado. Deve ter sido o meu subconsciente a falar. De qualquer forma, eu fiquei profundamente revoltado ao descobrir que a economia política era um dos assuntos. Assisti à primeira palestra; o professor disse-nos que o assunto era muito difícil porque não havia dados confiáveis. É fácil imaginar o efeito de uma tal afirmação num rapaz que foi treinado na exactidão da matemática e da química. Fechei o meu caderno e nunca mais assisti a outra palestra. O meu tutor naturalmente chamou-me para prestar contas, mas por grande sorte ele era um homem de extraordinária habilidade—Dr. A. W. Verrall. Ele aceitou o meu argumento de que a minha actividade na vida era estudar literatura Inglesa. Ele era, de facto, muito simpático. Ele sabia muito bem que o currículo universitário não oferecia oportunidades. Ele sabia também que o meu conhecimento escolar era suficiente para me fazer passar pelos exames da universidade sem que eu fizesse qualquer trabalho por eles. De facto, durante os meus três anos, fiz apenas um dia de trabalho para a universidade, e isso consistiu em empregar um rapaz para ler através duma tradução de uma peça Grega enquanto eu a seguia no texto. Eu obtinha também uma primeira ou segunda classificação em cada disciplina.

Um dos professores de Pembroke, um clérigo chamado Heriz Smith, dirigia uma espécie de culto secreto que era desrespeitosamente chamado, por pessoas de fora, de *Belly-banders*. Dizia-se que havia sete graus de iniciação, no mais alto dos quais o candidato era flagelado. Eu tirei o primeiro grau por curiosidade. Isto causou tão pouca impressão em mim que eu tenho completamente esquecido o que aconteceu. Lembro-me que estava sozinho no balneário masculino com ele. Ele vendou-me. Eu esperei que algo acontecesse; isso não aconteceu. Eu era, claro, totalmente incapaz de adivinhar qual propósito poderia estar por detrás do esquema. Isto era, claro, encarado como hipocrisia pelos próprios colegas do homem, que provavelmente presumiam certas características indesejáveis.

Lamento bastante agora por não ter continuado. Pode não ter havido nada nisto além do misticismo sensual, mas, pelo que sei, Heriz Smith pode ter desenvolvido um método de psicanálise de grande valor. Estou inclinado a pensar que a maneira mais científica e confiável de explorar as mentes inconscientes das pessoas seria observar a sua reacção a uma série bem pensada de circunstâncias desconhecidas. Poderíamos comparar as suas respectivas qualidades, como força de vontade, paciência, dignidade, coragem, imperturbabilidade e assim por diante. Tais dados devem ser de grande utilidade para responder à pergunta: "Com que recursos deve um jovem consertar o seu caminho?"

Fiquei muito impressionado ao descobrir, como um homem do primeiro ano, que o *Hall* era às oito e meia. Eu opus-me ao facto das minhas noites serem reduzidas por jantar tão tarde e logo adquiri o hábito de ter todas as refeições enviadas da cozinha. Eu estava, portanto, quase totalmente dissociado da vida corporativa do colégio. A única instituição que me interessava era a sociedade de debates, a *Magpie and Stump*. Mas eu não podia levar isto a sério. Parecia-me absurdo que estes jovens jumentos emitissem as suas opiniões sobre assuntos importantes. Eu só estava interessado em debates "chocarreiros". Lembro-me numa ocasião que a sugestão tinha sido feita por um comité inspirado por um dos tutores, o eminente matemático, W. W. Rouse Ball, para estabelecer uma sala comum júnior. A minha contribuição para a discussão foi dizer que "esta proposta parece-me ser *all Ball's*". (Um momento ainda mais feliz foi num debate sobre uma proposta para instituir uma peça da Paixão em Inglaterra, quando Lord Kilmarnock disse que certamente seria uma atracção popular ouvir Arthur Roberts dizer: "Tenho sede".)

Os meus três anos foram determinados pela influência de um homem do quarto ano chamado Adamson, o qual acho que conheci no clube de xadrez. Ele começou a falar comigo sobre literatura Inglesa. Pela primeira vez ouvi o nome Shelley. *Wie gesagt, so getan*. Nada mais me parecia valer a pena senão uma leitura completa das grandes mentes do passado. Eu comprei todos os autores clássicos. Sempre que encontrava uma referência de um para o outro eu apressava-me a ordenar as suas obras. Passava todo o meu tempo a ler. Era muito raro eu dormir antes do amanhecer. Mas eu tinha uma aversão de ser considerado um "presunçoso"; e o que eu estava a fazer era um segredo dos meus amigos mais próximos. Sempre que eles se aproximavam eu estava a jogar xadrez e cartas. Durante o dia andava de canoa ou de bicicleta. Eu não tinha ocupações que me aproximassem de qualquer grande grupo de universitários. Eu até desisti do hábito de dar a volta para ver as pessoas, embora estivesse sempre em casa para qualquer pessoa que optasse por fazer uma breve visita. Eu não estava interessado no homem comum; eu cultivava a anormalidade. Não era que eu gostasse de pessoas anormais, era simplesmente a atitude científica de que é do anormal que nós aprendemos.

A maioria das pessoas desta disposição é prontamente levada para canais anti-sociais. Mas comigo isto não era o caso. Eu desisti da minha subscrição no clube de barco porque nada estava a tirar disso; contudo eu estava sempre muito entusiasmado com o sucesso do barco. Eu sempre tenho tido um apaixonado anelo pela humanidade, por grosso e a retalho, mas não posso suportar tê-lo em qualquer lugar. É uma psicologia muito peculiar; ainda é frequentemente encontrada entre poetas. Estamos sozinhos e sofremos intensamente por causa disso. Estamos preparados para amar todo e qualquer espécime da humanidade em si mesmo, para si mesmo, e por si mesmo; mas até um banquete nos dá nos nervos.

Talvez seja parte da psicologia da sensibilidade. Não podemos suportar que os nossos recantos sejam afectados, e ao mesmo tempo estamos tão bem cientes do intenso sofrimento de isolamento que nós almejamos perder-nos numa multidão num jogo de futebol. Eu posso ser perfeitamente feliz como um indivíduo desconhecido num festim, desde uma reunião política a um baile de máscaras; mas inevitavelmente as qualidades únicas de alguém chamam a atenção de outrem; a consciência cruel do ego é despertada, torna-se totalmente miserável e foge para os confins da terra para se livrar dos próprios admiradores. Uma certa grosseria é inseparável da popularidade e, portanto, a pessoa é constantemente afastada daquilo que mais precisa. É um fenómeno quase eléctrico. Só se pode encontrar satisfação na íntima união com o oposto.

Este facto explica muito, em grande parte, a natureza peculiar do caso amoroso dos grandes homens. Eles não podem tolerar os seus gostos. A superioridade deles é reconhecida como a causa da sua dor, e eles amenizam a sua dor dedicando-se a pessoas para quem essa superioridade nada significa. Eles deliberadamente procuram os espécimes de mulheres mais degradados e repugnantes que existem. Caso contrário, eles brutalizam-se através do vício de beber e de drogas. O motivo é sempre o mesmo; perder a consciência das suas cruciantes dores Prometeicas.

Devo salientar aqui que o sistema social de Inglaterra torna impossível para um jovem de espírito e inteligência satisfazer a sua natureza, em relação ao sexo, de qualquer maneira razoável. A jovem de posição similar à dele própria está sendo engordada para o mercado. Mesmo quando a própria situação dele torna possível para ele obter a jovem, ele tem que pagar um preço terrível; e torna-se mais difícil do que nunca para ele desfrutar de companhia feminina. A monoginia é um absurdo para qualquer um com um grão de imaginação. Quanto mais facetas ele tem na sua natureza, mais mulheres ele precisa para satisfazer isto. O mesmo é, claro, verdade, *mutatis mutandis*, para as mulheres. Uma mulher arrisca a sua existência social por um único experimento. Um jovem é compelido pelo sistema monogâmico a desenvolver o seu carácter através de vampiros corruptos da sociedade ou de mulheres das classes mais baixas, e embora ele possa aprender muito com estas fontes, isto não pode ser senão lamentável que ele não tenha oportunidade de aprender das mulheres da sua própria origem, criação, educação e posição na sociedade.

Agora, monogamia tem muito pouco a ver com monoginia; e deveria ter menos. A monogamia é apenas um erro porque deixa o excesso de mulheres insatisfeitas e desprovidas. Mas fora disto, esta providencia para a posteridade, e é geralmente reconhecido que este é o cerne de todos os argumentos práticos sobre o assunto. Mas o defeito da monogamia, conforme geralmente entendido, é que esta está ligada ao apetite sexual. A Sabedoria Prática dos Astrólogos tem deixado isto claro. A Quinta Casa (amor, filhos) nada tem a ver com a Sétima (matrimónio, acções judiciais, inimigos públicos). O matrimónio levaria a poucos problemas se os homens se livrassem da ideia de que isto é algo mais do que uma parceria financeira e social. As pessoas devem casar-se por conveniência e concordar em seguir caminhos separados sem ciúmes. Deve ser um ponto de honra para a mulher evitar complicar a situação com filhos de outros homens, a menos que o marido dela esteja disposto, coisa que ele estaria se realmente a amasse. É monstruoso para um homem fingir ser dedicado a assegurar a felicidade da sua esposa e ainda desejar privá-la da suprema alegria de uma mulher: a de dar à luz uma criança ao homem que ela deseja sexualmente, e é, por conseguinte, indicado pela natureza como o adequado pai, embora ele possa ser totalmente inapropriado como marido. Na maioria dos casos seria assim, pois obviamente deve ser raro que um homem com um génio para a paternidade também possua talento para a domesticidade. Temos ouvido muito nos últimos anos sobre a liberdade das mulheres. Elas têm ganho o que elas achavam que queriam e isto de nada lhes tem valido. Elas devem adoptar o slogan: "Não haverá propriedade na carne humana." Elas devem treinar os homens a dominarem o seu egoísmo sexual, enquanto naturalmente lhes permitem a mesma liberdade que elas próprias desfrutarão. As verdadeiras ofensas contra o matrimónio surgem quando a liberdade sexual resulta em causar dano à saúde ou propriedade do parceiro, mas o erro sentimental da assim chamada infidelidade é um sintoma da infantilidade da raça.

Entre os artistas, o sistema aqui defendido tem estado sempre mais ou menos em pleno andamento. Tais sociedades existem em circunstâncias altamente hostis a uma vida satisfatória. Considerações financeiras, por si só, tornam isto óbvio; no entanto, é notório que tais pessoas são quase uniformemente felizes. Não há revolta contra os factos da vida, porque não há constrangimento. O indivíduo é respeitado como tal e é permitido agir como ele ou ela gosta, sem penalidade ou mesmo reprovação. Somente quando surgem considerações egoístas ou comerciais é que nós encontramos catástrofe.

É comummente suposto que as próprias mulheres são o principal obstáculo a um tal arranjo. Mas isto é apenas porque elas foram treinadas para pensar que a felicidade e o bem-estar dos filhos dependem do seu apoio ao sistema existente. Quando se aborda uma mulher sobre o assunto, ela finge estar muito chocada; e histericamente nega os factos mais óbvios. Mas ela esmorece sob interrogatório e concorda com as precedentes conclusões em tempo muito curto. Pois as mulheres não têm moralidade no sentido da palavra que é geralmente entendida em domínio Anglo-Saxão. As mulheres nunca deixam os ideais interferirem no seu bom senso prático. Elas também são influenciadas pelo egoísmo; é natural para elas colocarem os interesses dos seus filhos antes dos seus próprios. Os homens, por outro lado, são difíceis de convencer. Quando forçados a analisar a situação, eles chegam não a uma razão mas a um preconceito, e isto é puramente a insensata concupiscência bestial por posse exclusiva.

A antropologia comprova estes teoremas completamente. O primeiro passo na civilização é coibir as mulheres da infidelidade. As instituições das leis purdah, sati e do casamento mostram que os homens acham que as mulheres devem ser mantidas a sete chaves, ao passo que as mulheres sempre têm percebido que é impossível e indesejável impedir que os homens aproveitem a felicidade deles onde a encontrarem. A emancipação das mulheres, portanto, depende inteiramente de deixá-las livres para agir como os homens. O seu bom senso as impedirá de infligir os erros reais; e, além disso, a sua completa independência e felicidade as encorajarão em nobreza e generosidade.

Já vemos, na América, os resultados da emancipação das mulheres do grilhão económico. Há uma imensa classe de solteiras (e de mulheres casadas cujos maridos são estritamente máquinas de negócios) que apanham homens com a mesma indiferença como o jovem "blood" apanhava no meu tempo em Cambridge.

Eu encontrei-me, desde o início da minha carreira universitária, urgido, por circunstâncias de todo tipo, a satisfazer a minha paixão de todas as maneiras, excepto a correcta. A minha falta de saúde impedira-me de participar das diversões comuns do rapaz da escola pública. A minha habilidade em evitar o castigo corporal e a minha falta de oportunidade para infligir isso salvaram-me de desenvolver os lados sádico ou masoquista para o meu carácter. Mas em Cambridge descobri que eu era de uma natureza intensamente apaixonada, fisiologicamente falando. Os meus instintos poéticos, ademais, transformaram as mais sórdidas ligações em romance, de modo que a impossibilidade de contrair uma relação adequada e séria não me preocupava. Além disso, eu descobri que qualquer tipo de satisfação agia como um poderoso estímulo espiritual. Cada aventura era causa directa da minha poesia escrita. Nos períodos de supressão o meu cérebro ficava completamente entupido; eu era tão incapaz de qualquer tipo de pensamentos como se eu tivesse dor de dentes.

Tenho um rancor genuíno contra o sistema neste relato. Meses inteiros da minha vida, que poderiam ter sido proveitosamente gastos em todos os tipos de trabalho, foram absorvidos pelas mórbidas inquietações do apetite insatisfeito. A repressão é tão mentalmente prejudicial quanto a constipação, e eu estou furioso, a esta hora, que alguns dos melhores anos da minha vida, que deveriam ter sido gastos na aquisição de conhecimento, foram esterilizados pelo sufocante torpor da preocupação com o sexo. Não era que a minha mente estivesse a trabalhar no assunto; era simplesmente incapaz de trabalhar. Era uma cega e horrível dor por alívio. As necessidades dos homens neste aspecto variam enormemente. Eu era, sem dúvida, um caso excepcional. Mas eu com certeza constatei exactamente quarenta e oito horas de abstinência suficientes para entorpecer o fino limite da minha mente. Ai daqueles através quem a ofensa vem! A estupidez de ter tido que desperdiçar incontáveis e impagáveis horas a perseguir o que deveria ter sido trazido à porta traseira todas as noites com o leite!

Cambridge é, claro, um lugar ideal para um rapaz na minha situação. A prostituição é, para todos os efeitos, inexistente, mas quase todas as mulheres mais jovens do distrito estão ansiosas por cooperar com o espírito apropriado—o do romance e paixão.

Há, portanto, pouco vestígio de *faute de mieux*[55] pederastia de escola pública: ela sobrevive apenas em pequenos círculos sociais "estéticos", compostos principalmente

---

55 N.T.: por falta de melhor

de pervertidos congénitos, e em círculos teológicos, onde o medo do escândalo e da doença inibem a gratificação natural. Oxford, claro, é diferente, principalmente, creio eu, devido à grande tradição de estadistas da Balliol. A ideia parece ser a de que as intrigas com as mulheres são mais perigosas do que úteis para um político em ascensão: enquanto do outro lado da cerca o estado de direito providencia alguém com um puxão das pessoas íntimas no Bench ou no Privy Council, o qual é somente o mais forte porque não é, e nunca pode ser, usado.

∼ 13 ∼

ATÉ QUE O Great Gate of Trinity me abrisse o caminho para a liberdade, eu sempre estivera obcecado mais ou menos pela fraqueza física ou pelo íncubo da adolescência. Eu nunca soube o que era ser capaz de trabalhar livremente e de bom grado. Agora, no entanto, eu era capaz de me dedicar com absoluta concentração à literatura e lia tudo o que é importante na língua com a máxima meticulosidade. Por exemplo, eu li todos os escritos de pessoas como Carlyle, Swift, Coleridge, Fielding, Gibbon e assim por diante. Desta forma obtive uma ideia muito mais abrangente destes homens do que se eu tivesse, como as pessoas usualmente fazem, escolhido as obras-primas.

Eu estava muito ansioso para que o meu estilo não fosse influenciado pelos meus contemporâneos, e também para não me desperdiçar com quem não tivesse resistido ao teste do tempo. Eu fiz uma regra para não ler quem não estivesse morto há cinquenta anos, a menos que fosse por mim notado de alguma maneira especial. Por exemplo, eu não pude evitar Swinburne, como um dos meus amigos era louco por ele e eu não podia duvidar, depois do primeiro conhecimento, que tal era ele um clássico. Da mesma forma, eu me permiti ler Sir Richard Burton, porque *The Arabian Nights* era uma obra-prima estabelecida e era a sua melhor tradução. Eu também li uma boa parte da literatura Francesa e todos os melhores autores Gregos e Latinos. Mas o meu temperamento peculiar fez-me hesitar em uma ou duas barreiras. Eu tinha certas ideias inatas sobre literatura; eu digo inatas porque não consigo imaginar com que base as formei. Assim, não podia tolerar a ideia de um romance que excedesse um certo tamanho, com o resultado de nunca ter lido uma página de Samuel Richardson. É mais fácil entender a objecção que eu tinha com o que eu pensava em bisbilhotice. Eu nunca li Boswell e nunca fui capaz de me deparar com a memória mediana. Em relação à história[56] novamente, eu exigia que o assunto fosse importante. Eu não entendia porque deveria incomodar a minha cabeça com a Guerra da Crimeia. Estudei filosofia e assuntos afins com o maior entusiasmo; mas ressentia-me da forma na qual fora estabelecida por pessoas como Platão. Pareceu-me que o argumento de qualquer um dos diálogos de Platão poderia ter sido apresentado de maneira muito mais clara e convincente em cerca de um décimo do espaço. Eu fiz um estudo muito completo da lógica como sendo o meu aparato crítico.

É difícil dizer que motivo me impelia a trabalhar tão desesperadamente. Grande parte do trabalho era tudo menos agradável; e na época, não menos do que agora, parecia bastante inútil. Mas eu tinha um forte senso do dever acerca disto. Acho que a ideia era principalmente garantir que eu conhecesse tudo o que havia para ser conhecido, e incidentalmente evitar a possibilidade de plágio. Havia um certo tom de vaidade na matéria também. Eu achava vergonhoso deixar algo não lido. Fui influenciado pelo

---

56 Não existe história. Os factos, mesmo quando disponíveis, são numerosos demais para serem entendidos. Uma selecção deve ser feita; e isso só pode ser unilateral, porque o selector é colocado na mesma rede de tempo e espaço que o seu assunto.

comentário imbecil de Ruskin de que qualquer livro que valesse a pena ler valia a pena comprar, e em consequência adquiri livros literalmente por tonelada.

O meu plano em ir de cada autor para aqueles a quem ele citava tinha uma grande vantagem. Este estabelecia uma consecução racional na minha pesquisa; e assim que eu cheguei a um certo ponto, as curvas tornaram-se reentrantes, de modo que o meu conhecimento adquiriu uma abrangência que nunca poderia ter sido tão satisfatoriamente alcançada por qualquer currículo arbitrário. Comecei a compreender a relação real de um assunto para um outro. Acho que devo ter inconscientemente perguntado a mim mesmo que assunto tratava da realidade no sentido mais íntimo e definitivo. Eu estava, é claro, longe da concepção de que toda a verdade é igualmente importante, ou que nenhuma verdade pode, por si só, cobrir todo o fundamento da existência. A minha tendência era descartar certos tipos de pesquisa como imateriais. Eu gradualmente tinha a ideia de que a coisa que eu estava a procurar era abstrusa; e um dos resultados disto foi induzir-me a ler a literatura sobre alquimia. Talvez seja natural que um jovem confunda obscuridade com profundidade.

No que diz respeito à escolha de uma profissão, eu decidi pelo Serviço Diplomático. Pareceu-me oferecer as maiores oportunidades de prazer mundano, enquanto ao mesmo tempo exigindo as mais altas qualidades mentais. A subtileza da intriga sempre me fascinou. É muito curioso que este tenha sido o caso, tendo em vista a minha paixão dominante pela verdade e a minha incansável determinação em dizê-la sem considerar as consequências. O obstáculo para o meu sucesso, no brando galope preliminar, era que eu não tinha aptidão alguma para aprender idiomas. Eu poderia dominar a gramática duma língua em algumas horas; mas eu ficava impaciente sobre adquirir o vocabulário. Géneros e inflexões irritavam o meu senso de simplicidade. Também é difícil para mim adquirir uma linguagem por ouvido, em parte porque a minha audição não é particularmente apurada, e em parte porque me ressinto de qualquer conversação que não lide com questões de primeira importância. Os estágios iniciais de aprender uma língua são, portanto, agonizantes.

Eu tinha sido avisado, em relação à quarta língua exigida para o exame, para não escolher Italiano, porque tantas pessoas o falavam tão perfeitamente, ou Espanhol, porque era considerado o meio mais fácil de entrar em serviço, mas sim Russo, por causa da sua extrema dificuldade e porque o seu conhecimento tornava uma pessoa elegível em prol da nomeação para a corte mais interessante e brilhante na Europa. Isto conduziu à minha ida a São Petersburgo, uma jornada que fez maravilhas ao ampliar a minha visão do mundo.

A paixão pela viagem já era muito forte em mim. Lar era a minha ideia do inferno; e Londres tinha um aspecto sórdido que nunca me apelava. A ideia de perversidade em Londres está ligada à da vergonha, e, além disso, existem certamente excelentes razões para um poeta sentir-se infeliz ali. Para começar, eu não suporto o clima. Raros dias tenho eu conhecido em Maio e Junho em que a juventude faz uma fugaz visita à cidade, quando a luz do sol nos excita e a brisa nos tonifica. É esta ideia do Jovem Dioniso com a qual eu estou apaixonado. Eu sempre me sinto com cerca de dezoito ou vinte anos; eu sempre vejo o mundo através desses olhos. É minha constante tristeza que as coisas nem sempre se acomodem a esse ponto de vista; e é minha eterna missão redimir o universo a esse estado de inocência inebriada e sensualidade espiritual.

       I bring ye wine from above.
          From the vats of the storied sun.
       From every one of ye love,
          And life for every one.

O ar de Londres é húmido e deprimente. Sugere a consciência de pecado. Se alguém tem aposentos no Savoy ou num sótão em Hoxton, a mesma atmosfera espiritual pesa sobre a alma.

Para um poeta, ademais, o lado artístico de Londres é a abominação da desolação. As peças são comercializadas para sentimentalidade ou pornografia. Há algo de desconfortável em ir ver uma peça de Shakespeare ou Ibsen. Actores e espectadores parecem estar envolvidos num ritual sombrio. Grande ópera é ainda pior. Covent Garden apadrinha Wagner; ele é um pretexto para a exibição de diamantes. Jamais esquecerei a minha primeira experiência de ópera Continental: *Lohengrin* em Estocolmo. A atmosfera era absolutamente natural; as pessoas tinham ido lá porque gostavam muito da música. Eu fui transportado para o meu próprio mundo ideal de amor e melodia. As carícias da minha companheira foram o transbordamento da extasiante paixão. O pecado tinha sido abolido, eu estava de volta ao Éden.

Em Londres não se pode sequer ir ao National Gallery ou ao British Museum com um coração puro como se vai ao Louvre ou ao Prado. Não se pode fugir da sensação de que se está a realizar um acto de piedade. Os concertos são ainda mais terríveis do que a ópera. O ambiente é invariavelmente sombrio; sente-se que o artista está a fazer isso acintosamente. Cantar e tocar exige envolvência. Cantar é a expressão natural da emoção humana, a alegria da juventude e da vida como conexa às paisagens de Corot e Gauguin ou aos interiores de Teniers. Elaborar música instrumental pede arquitectura apropriada, não necessariamente a da catedral. A música deveria ter os seus próprios templos. As salas de concertos de Londres são blasfemas e obscenas.

Antes do cinema—o panorama. A câmara obscura e a lanterna mágica eram as populares maravilhas científicas do período. Algum anónimo *pompier* tinha aberto a eclusa, eu não sei quantos acres de tela com uma representação de Niagara. Eles construíram um pavilhão para abrigar isto. Era suposto estar-se em Goat Island—de facto, era-se bastante caprino—e percorria-se uma vasta galeria e inspeccionava-se cada segmento da catarata. A seu tempo todos tinham visto isto e a questão era o que fazer com o edifício. Eles transformaram-no num *palais de glace* com gelo real. Eu, sempre interessado em patinar, comprei um bilhete para a temporada. A convenção era para o patinador comum andar á volta pela zona lateral, enquanto os peritos realizavam as suas manobras no centro. Naquela época eu estava empenhado em aprender o *outside forward loop*, o qual implica elevar muito a perna desempregada até se descobrir o jeito. Absorvido neste labor não consegui observar o Duque de Orleães, uma rapariga ofuscante em cada braço. Ele guinou, exibindo-se, desviou-se do magote e colidiu comigo. Nós os dois sentámo-nos duramente, embora eu na ponta do patim dele em detrimento do meu estimado perineo. Sendo então um perfeito jovem idiota, como agora sou um perfeito velho, eu supus que fosse incumbência da minha raça e casta fingir que não estava ferido, então forcei-me a continuar patinando apesar da agonia tão grande que eu mal podia conter as lágrimas, até que eu pensei que tinha feito o suficiente pela honra e senti-me livre para escapar. Eu estava comprometido naquela noite para uma reunião de comité do Clube de Escalada nos aposentos de H. V. Reade em Jermyn Street. Consegui de alguma forma sentar-me durante a reunião, o assunto foi agravado pela meu insano acanhamento que me impediu de pedir ao meu anfitrião que me deixasse usar o seu quarto. Fomos a um restaurante para jantar, mas lá desmoronei e desculpei-me.

O resto do entretenimento da noite continua a ser um mistério. Tenho uma vaga lembrança de estar estirado no assento de uma carruagem ferroviária e soube depois que tinha chegado a casa, a cerca de seis milhas de Londres, encharcado até à pele.

Suponho que devo ter deambulado na chuva por um período indefinido, com dores demasiadamente grandes para saber o que estava a fazer excepto tentar ser corajoso. O embate tinha criado uma cistite que me manteve na cama pelas três semanas seguintes. A inflamação desapareceu gradualmente após se disseminar para a próstata e a uretra. Também não foi o fim do problema. A uretrite causou uma secreção que se mostrou muito refractária ao tratamento e derradeiramente determinou uma tripla estritura pela qual estou a ser tratado no momento de ditar este parágrafo, mais de um quarto de século após o acidente. A moral, é claro, é evitar os Bourbons, embora, conforme é reportado o duque estar a morrer no momento presente, é bem possível que o seu médico esteja a balançar a cabeça com sabedoria e a dizer: "Ah, Vossa Alteza, isto é o que vem de se misturar com pessoas como Aleister Crowley!..."

As próprias ruas testemunham contra a cidade. Por um lado, nós temos atrofiados e pálidos pigmeus apressados, empurrando-se uns aos outros na amarga busca por pão; um amontoado de formigas é um milagre de beleza e dignidade comparativamente. Por outro lado, quando se trata de excitação ou diversão, nós vemos perspirantes brutos arrotando os gases da cerveja; claro, feias paródias de símios. A natureza não oferece paralelo à degradação deles. Não há vida ao ar livre, física ou mental, e há o sempre permanente sentido de pecado e vergonha para obcecar estes escravos. Em nenhuma parte, excepto nas cidades Inglesas, existem estas condições. A sórdida vida existe noutros lugares, e miséria suficiente; luta angustiante, ganância monstruosa e brutalidade triunfante. Mas somente na Inglaterra as pessoas estão envenenadas por completo; noutros lugares há um sentido de independência mesmo no mais servil. O mujique Russo é no seu modo um aristocrata.

E a causa de todos estes fenómenos é uma e a mesma. É a concepção Anglo-Saxónica de Cristianismo que polui a raça. Apenas o pagão bem alimentado, seja ele um bispo ou um editor, está isento, porque ele não leva a religião a sério ou toma-a individualmente sem referência ao seu vizinho. Os membros mais fanáticos das comunhões Gregas e Romanas do Continente, embora possam sentir a sua religião apaixonadamente e torná-la a mola principal das suas vidas, não estão unidos por aquela consciência colectiva semelhante a insectos que caracteriza o Anglo-Saxão. O pagão Inglês é, em nove de dez casos, um Normando ou um Celta. Ele tem a consciência aristocrática, seja o que for que ele possa dizer sobre as suas opiniões religiosas. Ora está tudo muito bem em ser um da classe magistral e sorrir desdenhosamente enquanto se ajoelha no templo de Rimmon, porém um poeta não pode contentar-se com a situação. Por isso os tipos mais intensamente aristocráticos, como Shelley e Byron, em vez de aquiescerem com o sistema social que os tornava superiores, sentiram com aguda agonia a degradação dos escravos entre os quais eles se moviam, e tornaram-se revolucionários e exilados porque não podiam suportar viver numa comunidade tão degradada.

Certas classes em Inglaterra possuem masculinidade e auto-respeito. Em regra elas estão ligadas ao desporto e à agricultura, ou são trabalhadores especializados. A essência da aristocracia é ter orgulho de ser o que se é, seja lá o que for. Não há espaço para isto no industrialismo e o resultado é que se pode assistir a uma via pública londrina durante horas sem sequer se ver um indivíduo cuja insignificância não seja repulsiva. Todos os que possuem vantagens naturais saíram da turba e tomam muito cuidado para evitar ulterior contaminação. Tais pessoas levam vidas de reclusão artificial. Faz parte da sua protecção Freudiana tornar-se inconsciente da turbamulta. Mas é a tarefa do poeta ver, ouvir e conhecer tudo. Ele não se atreve a esquecer. Inglaterra é a mais fértil mãe de poetas, mas ela mata o fraco e conduz o forte à terra mais feliz. James Thomson, John Davidson, Richard Middleton, Ernst Dowson e não sei quantos mais ainda na nossa própria geração consideraram a Inglaterra insuportável por este motivo. O poeta Inglês deve fazer um exílio bem-sucedido ou morre de coração partido.

Em Cambridge eu estava cercado por um conjunto de parasitas mais ou menos felizes, saudáveis e prósperos. O paganismo da universidade tinha-os em grande parte redimido do sentido de pecado. No entanto durante as férias eu ou escondia-me nas montanhas entre os robustos camponeses ou ia para o estrangeiro. O noroeste da Europa atraía-me. Havia um certo elemento de romance nas longas noites, o ar frio e limpo, o gelo. Eu adorava vaguear solitário na Holanda, Dinamarca, Noruega e Suécia. Havia um mistério nas ruas e uma espontânea boa disposição nos lugares de diversão, que satisfaziam a minha alma. A vida parecia mais remota e mais intensa. Enquanto um estranho, eu nunca entrei em contacto com o mal-estar, a busca da alma, a insatisfação psicológica que Ibsen e Strindberg descrevem. Mas embora a minha visão fosse assim inteiramente superficial, esta era, não obstante, num certo sentido, profunda e acurada. Pode-se ter uma boa ideia de um país viajando através dele no comboio. Os sinais exteriores e visíveis revelam, afinal, especialmente para o poeta, as suas graças interiores e espirituais. As pessoas que seguem um mau caminho são os analistas que não conseguem sair do outro lado. O Sr. Jorrocks e o Sr. Pickwick dão uma ideia melhor da Inglaterra do que Charles Reade ou Sir Walter Besant. Dumas, pai, conta-nos mais sobre a França do que Zola. Uma grande parte dos trabalhos internos de uma mente nacional deve ser tomada como garantida. Pode-se distinguir proveitosamente entre duas raparigas bonitas na extremidade de um óculo de ópera. É absolutamente enganador desentranhá-las, e o mediano assim chamado escritor psicológico tenta fazer isso. Existem todos os tipos de processos obscuros sempre em acção na natureza e eles são mais ou menos os mesmos para todos nós. Insistir sobre eles é um dos piores tipos de falso pensamento. Os camponeses de Zola em *La Tere* são inverídicos, excepto entre eles próprios. A questão final é que estas pessoas criam gado, cultivam milho e vinho, e lutam como demónios pelo seu país. O *Le Feu* de Henri Barbusse foi uma desgraça para a literatura. Psicologia de massa é a única coisa importante acerca das massas. Os grandes artistas, tais como Emily Brontë—ou era o irmão dela?—não fazem tal asneira. Eles lidam com indivíduos; contudo eles nunca perdem de vista o facto de que o indivíduo é somente tal até certo ponto. Ele é apenas uma figura numa imagem; e quando ele se destaca desnecessariamente, há algo errado com a imagem. As histórias do Capitão Marryat contêm obras-primas de retratos individuais, mas ele nunca perde de vista o cenário. Estou convencido de que o povo Inglês era muito mais feliz sob o antigo sistema semifeudal. "Casos difíceis fazem má lei." Nós temos abolido todos os tipos de injustiça que nos chama a atenção; porém, o resultado tem sido o de que nós temos criado uma artificial sociedade doutrinária na qual ninguém é realmente feliz ou próspero. Todas as classes se queixam. Nós estamos na condição de um homem cujos nervos falam todos ao mesmo tempo em vez de fazerem o seu trabalho em silêncio. O mais apavorante dos erros políticos é desenvolver a consciência em secções do organismo social, as quais não são os seus miolos. O desastre tem ocorrido na Rússia; e não teremos que esperar muito.

Mas naqueles dias de adolescência eu não tinha induzimento para fazer qualquer pensamento político. A atmosfera era uma de prosperidade e estabilidade. Foi dado como certo que a Inglaterra era o maior país do mundo e que nada poderia dar errado. Ouvia-se falar acerca da Irlanda como um incómodo perene; e o Sr. Gladstone era considerado como um traidor, nem mais nem menos. Um dos meus tutores tinha sido um tal professor Caius chamado d'Arcy, cujo pai era o reitor de Nymphsfield em Glouchestershire. Eu tinha passado algum tempo lá—para fazer a minha primeira aparição no campo de caça. Os "Chapel folk" eram encarados como criminosos de nenhuma classe. Lembro-me do velho reitor cacarejando uma charada. "Por que é que o cabelo de Gladstone é como um tufo de grama?" "Porque cresce no topo de um velho gramado." Essa era a qualidade do pensamento político que era considerado no mesmo nível de certeza quanto dois e dois fazem quatro. Lembro-me de duas linhas de um poema que escrevi a Lord Rosebery:

>And now, my lord, in medias res,
>Get rid of all your Rat fleas.

Eu tinha sido convidado para conhecer Gladstone no norte do País de Gales, recusei a ida e escrevi-lhe um poema:

LINHAS SOBRE SER CONVIDADO PARA CONHECER O PRIMEIRO-MINISTRO NO PAÍS DE GALES, SETEMBRO DE 1892

>I will not shake thy hand old man,
>I will not shake thy hand;
>You bear a traitor›s brand, old man,
>You bear a liar›s brand.
>Thy talents are profound and wide,
>Apparent power to win;
>It is not every one has lied
>A nation into sin.
>
>And look not thou so black, my friend,
>Nor seam that hoary brow;
>Thy deeds are seamier, my friend,
>Thy record blacker now.
>Your age and sex forbid, old man,
>I need not tell you how,
>Or else I`d Knock you down[57], old man,
>Like that extremist cow.
>
>You`ve gained your every seat, my friend,
>By perjuring your soul;
>You`ve climbed to Downing Street, my friend,
>A very greasy poll.
>You bear a traitor›s brand, old man,
>You bear a liar›s brand;
>I will *not* shake thy hand.

E eu não apertei.

A minha vida em Cambridge nada contribuiu para me fazer pensar mais profundamente. No que diz respeito à política externa, a posição era paralela. Era puro Kipling; mas (num outro compartimento estanque) eu estava apaixonadamente enamorado pelas opiniões de Shelley, embora eu não as correlacionasse com nenhum programa prático.

Ainda havia um outro compartimento. Scott, Burns e o meu primo Gregor tinham-me feito um romântico Jacobita. Eu considerava as Casas de Hanôver e Coburg como usurpadores Alemães; e eu desejava colocar "Mary III e IV" no trono. Eu era um fanático legitimista. Eu efectivamente juntei-me a uma conspiração em nome de Don Carlos, obtive uma comissão para desenvolver uma metralhadora, esforcei-me para me tornar um atirador de elite e estudei exercícios militares, tácticas e estratégia. Contudo, quando chegou a hora da invasão de Espanha, Don Carlos ficou com

---

57 O Sr. Gladstone foi atacado por uma vaca em Hawarden Park, em 1891.

medo. A conspiração foi revelada e o veleiro de Lord Ashburnham, que transportava o armamento, caiu nas mãos da marinha Espanhola.

Esta parte da minha mente ficou perturbada pelas outras partes. O meu conservadorismo reaccionário entrou em conflito com meu anticatolicismo. Uma reconciliação foi efectuada por meio do que eles chamavam de Igreja Celta. Aqui estava uma ideia romântica e mística que combinava completamente com as minhas noções políticas e religiosas. Isto vivia e se movia numa atmosfera de fadas, mulheres-foca e operações mágicas. O sacramentalismo era mantido em primeiro plano e o pecado era considerado sem aversão. Cavalaria e mistério eram os seus pilares. Isto estava livre de artimanhas sacerdotais e tirania, pela simples razão de que realmente não existiam!

O meu inato transcendentalismo galgou em direcção a isto. *Le Morte d'Arthur*, *Lohengrin* e *Parsifal* eram o meu mundo. Eu não somente queria sair em busca do Santo Graal, eu pretendia fazê-lo. Eu tinha a ideia de castidade como uma virtude positiva. Era prazeroso ser puro. Anteriormente, a castidade tinha sido a minha principal abominação; o manual do sinal de cobardia, falta de coração e escravidão. Na Igreja Celta não havia temor a Deus, mas uma comunhão com Ele tão nobremente familiar quanto as relações de Rolando e Carlos Magno. Eu ainda levava tudo muito a sério. A citação de Browning:

Childe Roland to the dark tower came

era tão real para mim quanto a Batalha de Waterloo. De certo modo, talvez ainda mais. Acho que foi apenas devido ao meu senso comum subconsciente que eu não fui visitar Browning e perguntar-lhe onde encontrar a torre negra!

~ 14 ~

EU OBTIVE A honra de condição de cavaleiro[58] a partir de um dos tenentes de Don Carlos. Faz parte da teoria legitimista que o soberano tinha revogado a si próprio o monopólio de conferir incentivos, enquanto por outro lado uma mulher não podia conferir a condição de cavaleiro. Todas as criações Vitorianas são inválidas.

O efeito de adoptar a oficial teoria Anglo-Germânica é ainda mais patente hoje do que nos anos noventa[59]. Nessa altura eram cavaleiros da cidade; o próximo passo foi o ídolo de matiné; agora o penhorista, a estrela de cinema e o baixo comediante têm feito do título um crachá de sordidez. Há apenas uma honra ligada ao verdadeiro cavaleiro, a de ser um homem de honra, de ter feito os votos—de defender o direito, de servir a humanidade, de proteger os angustiados, e geralmente de exercer as virtudes viris. Quando renegados Judeus e palhaços entram para jantar antes dos cavalheiros, os últimos podem preferir ficar ausentes.

Eu tomei a minha admissão à Ordem com absoluta seriedade, mantendo a vigilância sobre os meus braços numa floresta. A teoria da Igreja Celta era a de que o Romanismo era uma heresia tardia, ou pelo menos um cisma. A melhor catedral do mundo era demasiado pequena para a Igreja, como Brand descobriu. As montanhas e florestas eram desportos consagrados. A coisa mais próxima de uma casa material seria uma ermida como a que provavelmente se encontraria durante a viagem na Demanda.

Mas todos estes ideais, tão a sério quanto eu os acolhia, eram da natureza do devaneio. Na vida prática, eu ainda estava apaixonadamente empenhado em limpar-me da lama do Cristianismo por deliberados actos de pecado e mundanismo. Eu estava

---

58 Há muito mais nesta história; mas eu não posso contar isso—ainda.
59 N.T.: A década de 1890 (e não a década de 1990), quando a maioria das pessoas estaria lendo esta cópia.

tão feliz por estar livre da tirania do passado que encontrei alegria contínua em afirmar a minha emancipação.

Havia, deste modo, várias linhas no tear da minha alma que ainda não tinham sido entrelaçadas num padrão harmonioso. Lidei com a vida empiricamente, tomando as coisas como elas vinham, sem as basear em nenhum princípio fundamental.

Dois eventos principais estavam destinados a colocar-me na estrada em direcção a mim próprio. O primeiro aconteceu em Estocolmo, por volta da meia-noite do dia 31 de Dezembro de 1896. Fui despertado para o conhecimento de que possuía um meio mágico de me tornar consciente e satisfazer uma parte da minha natureza que até àquele momento se ocultara de mim. Foi uma experiência de horror e dor, combinada com um certo terror fantasmagórico, mas ao mesmo tempo era a chave para o mais puro e santo êxtase espiritual que existe. À época, eu não estava ciente da importância suprema do assunto. Parecia-me pouco mais do que um desenvolvimento de certos processos mágicos com os quais eu já estava familiarizado. Isto foi uma experiência isolada, não repetida até exactamente doze meses depois, ao minuto. Mas esta segunda ocasião acelerou o meu espírito, sempre com o resultado de "descingir as traves-mestras da alma", de modo que a minha natureza animal permaneceu repreendida e permaneceu em silêncio na presença da divindade imanente do Espírito Santo; omnipotente, omnisciente e omnipresente, ainda florescendo na minha alma como se todas as forças do universo de toda a eternidade estivessem concentradas e se manifestassem numa única rosa.

O segundo evento ocorreu em Outubro de 1897. A ocasião foi um ataque de doença. Não era nada muito sério e eu estivera acostumado a expectar morrer antes de atingir a maioridade. Mas por uma razão ou outra eu encontrei-me forçado a meditar sobre o facto da mortalidade. Isto impressionou-me de tal modo que eu não tinha um momento a perder. Não havia medo da morte ou de uma possível "vida após a morte"; mas fiquei chocado com a ideia da futilidade de todo o esforço humano. Supõe, disse eu a mim mesmo, que eu faça um grande sucesso na diplomacia e me torne embaixador em Paris. Não havia nada de bom nisso—eu não conseguia nem recordar o nome do embaixador cem anos atrás. Mais uma vez, eu queria ser um grande poeta. Bem, aqui eu estava num dos dois lugares de Inglaterra que fazia uma especialidade de poetas, todavia, apenas uma fracção insignificante dos três mil homens em residência sabia algo acerca de tão grande homem como Ésquilo. Eu não estava suficientemente esclarecido para compreender que a fama do homem tinha pouco ou nada a ver com o seu verdadeiro sucesso, que a prova da sua proeza estava na influência invisível que ele tivera sobre gerações de homens. A minha imaginação deu um passo além. Supõe que eu fizesse mais do que César ou Napoleão numa linha, ou do que Homero e Shakespeare na outra—o meu trabalho seria automaticamente cancelado quando a esfera terrestre se tornasse inabitável para o homem.

Eu não entrei num definido transe nestas mediações; mas uma consciência espiritual nasceu em mim correspondendo àquilo que caracteriza a Visão da Mágoa Universal, como aprendi a chamar mais tarde. Na fraseologia Budista, percebi a Primeira Nobre Verdade—*Sabbé Pi Dukkham*—tudo é mágoa. Mas esta percepção estava confinada aos planos familiares à normal consciência humana. A fatuidade de qualquer trabalho baseado na continuidade física era evidente. Mas eu não tinha, à época, nenhuma razão para supor que a mesma crítica aplicava-se a qualquer universo transcendental. Formulei a minha vontade da seguinte maneira: "Eu preciso de encontrar um material no qual possa trabalhar que seja imune às forças da mudança". Suponho que eu ainda aceitava a metafísica Cristã nalgum sentido ou noutro. Eu tinha ficado satisfeito em fugir da religião para o mundo. Eu então descobri que não havia satisfação aqui. Eu não estava contente em ser aniquilado. Factos espirituais eram as únicas coisas que valiam a pena. Cérebro e corpo eram sem valor, excepto como instrumentos da alma.

O materialista comum geralmente falha em reconhecer que apenas os assuntos espirituais contam para qualquer coisa, mesmo nas maiores preocupações da vida. Os factos de um assassinato não são nada em si mesmos; eles são apenas aduzidos para provar intenção dolosa. O bem-estar material é importante apenas enquanto auxiliando os homens em direcção a uma consciência de satisfação.

A partir da natureza das coisas, portanto, a vida é um sacramento; por outras palavras, todos os nossos actos são mágicos. A nossa consciência espiritual age através da vontade, e os seus instrumentos sobre os objectos materiais, em ordem a produzir mudanças que resultarão no estabelecimento das novas condições de consciência que desejamos. Esta é a definição de Magick. O exemplo óbvio de tal operação na sua forma mais simbólica e cerimonial é a Missa. A vontade do sacerdote transmuta uma hóstia de tal maneira que esta torna-se carregada com a substância divina numa forma tão activa que a sua injecção física dá origem à nutrição espiritual para o comungante. Mas todas as nossas acções se encaixam nesta equação. Um alfaiate com a dor de dentes toma uma parte da riqueza derivada da actividade à qual ele se tem consagrado, um símbolo da sua energia acumulada e armazenada, em ordem a remover o dente e assim recuperar a consciência do bem-estar físico.

Colocado desta maneira, a teoria mágica da existência é auto-evidente. Eu não apreendi isto claramente naquela época; mas inconscientemente agi sobre isto logo que descobri a inutilidade do mundo. Mas eu estava tão longe de perceber que cada acto é mágico, quer se goste ou não, que eu supus a fuga da matéria envolver uma definida invasão do mundo espiritual. De facto, eu estava tão longe de compreender que a matéria era, em sua natureza, secundária e simbólica, que a minha principal preocupação foi obter em primeira mão a evidência sensorial de seres espirituais. Por outras palavras, eu queria evocar os habitantes dos outros planos para uma aparência visível e audível.

Esta resolução foi a primeira manifestação da minha verdadeira vontade. Eu tinha-me lançado com o maior entusiasmo em várias ocupações ocasionalmente, mas elas nunca ocuparam toda a minha atenção. Eu nunca me entreguei inteiramente ao xadrez, ao montanhismo ou mesmo à poesia. Agora, pela primeira vez, sentia-me preparado para gastar os meus recursos de todos os tipos para atingir o meu objectivo.

Para mim, o mundo espiritual consistia rudemente na Trindade e seus anjos, de um lado; o diabo e seus demónios, do outro. É absolutamente sofista fingir que o Cristianismo não é essencialmente Maniqueísta. A teoria Vedanta do Advaitismo nos Upanishads estabelece como mal—e de facto toda a existência manifestada—Maya, pura ilusão. Mas mesmo nisto, não há explicação satisfatória da aparência da ilusão. No Cristianismo, o mal é tão real quanto o bem; e enquanto existirem dois opostos, eles devem ser iguais ou ter um terceiro componente para equilibrá-los. Ora, isto é em si mesmo sofista, pois o terceiro componente existe apenas como um peso; e é pura ficção discriminar entre duas coisas cuja única função é contrabalançar uma terceira coisa. Em relação ao universo do discurso envolvido, uma proposição não pode ter dois contraditórios. Se o oposto do bem existe, como deve, se "bem" é suposto ter algum significado, isto deve ser exactamente igual em quantidade e qualidade a esse "bem". Na hipótese Cristã, a realidade do mal torna o diabo igual a Deus. Esta é a heresia de Manes, sem dúvida. Mas aqueles que condenam Manes devem, a despeito de si mesmos, implicitamente afirmar o teorema dele.

Aleister Crowley, circa 1899

Parece que tenho compreendido isto instintivamente; e visto que devo tomar partido com uma ou outra parte, não foi difícil tomar uma decisão. As forças do bem eram as que constantemente me tinham oprimido. Eu via-as diariamente destruindo a felicidade dos meus parceiros. Uma vez que, portanto, era da minha conta explorar o mundo espiritual, o meu primeiro passo devia ser entrar em comunicação pessoal com o diabo. Eu tinha ouvido muito sobre esta operação de uma maneira vaga; mas o que eu queria era um manual de instrução técnica. Eu dediquei-me à magia negra; e o livreiro—Deighton Bell, Deus o abençoe!—imediatamente acorreu com *The Book of Black Magic and of Pacts*, que, a julgar pelo título, era exactamente o que eu precisava.

Foi com intenso desapontamento e desconfiança que li esta compilação. O autor era um pomposo, ignorante e afectado dipsomaníaco da América, e ele tratava o seu assunto com a vulgaridade de Jerome K. Jerome, e a frivolidade ébria e lúbrica de um comediante com nariz vermelho, num café-concerto, fazendo piadas sobre sogras e hóspedes.

Era, no entanto, claro, mesmo a partir dos textos truncados dos Grimórios que ele citava, que os diabolistas não tinham concepção do Satanás celebrado em hinos por Milton e Huysmans. Eles não eram protagonistas da guerra espiritual contra a restrição, contra os opressores da alma humana, os blasfemadores que negavam a supremacia da vontade do homem. Eles meramente visavam alcançar resultados contemptíveis ou maliciosos, tais como impedir um caçador do jogo de matança, encontrar tesouros enterrados, enfeitiçar as vacas dos vizinhos, ou "adquirir o afecto de um juiz". Durante toda a sua pretensa devoção a Lúcifer ou Belial, eles eram sinceros Cristãos em espírito, e Cristãos inferiores, pois os seus métodos eram pueris. O livro de orações, com as suas petições por chuva e sucesso em batalha, era quase preferível. O único ponto de superioridade era, no entanto, fundamental; o método deles estava na intenção científica. Ou seja, eles propuseram uma técnica definitiva pela qual um homem poderia compelir os poderes da natureza a cumprirem a ordem dele, não menos do que o engenheiro, o químico e o electricista. Não havia nada de falinhas mansas, suborno e servilismo que é da essência desse tipo de oração que busca gratificações materiais. Sir J. G. Frazer tem assinalado esta distinção em *The Golden Bough*. Ele define magia como ciência que não funciona. Seria mais justo afirmar esta proposição em termos ligeiramente diferentes: a magia é ciência *in posse*[60].

O compilador de *The Book of Black Magic and of Pacts* não é apenas o mais pesadamente desenxabido e pedantemente prosaico dos pretensiosamente pomposos açougueiros de carne suína da linguagem, mas o mais volumosamente volúvel. Eu não posso cavar os maçantes desertos da baboseira dele em busca da passagem que me fizesse escrever para ele. Mas foi uma obscuridade oracular que sugeriu que ele sabia de uma Igreja Oculta retirada do mundo em cujos santuários foram preservados os verdadeiros mistérios da iniciação. Isto era melhor do que a Igreja Celta; eu imediatamente pedi-lhe por uma introdução. Ele respondeu gentil e inteligivelmente, sugerindo que eu deveria ler *The Cloud upon the Sanctuary* de Councillor von Eckartshausen. Com este livro eu retirei-me para Wastdale Head durante as férias da Páscoa de 1898. Este período provou ser o momento crítico da minha pregressa vida; em dois aspectos mais importantes isto determinou a direcção dos meus esforços. Os dois estavam intimamente ligados em determinados modos e, em ordem a esclarecer a minha posição, eu devo refazer os meus passos, durante um pouco, e actualizar-me na questão da escalada, como também da literatura.

Os Verões de 1896 e 1897 foram passados nos Alpes. Eles foram o desenvolvimento lógico da minha experiência anterior. Eu decidira procurar um companheiro de escalada de carácter permanente. Tinha conhecido o Professor Norman Collie em Westmorland. Os seus ensinamentos e conselhos foram inestimáveis. Combinei passar parte do Verão com Morris Travers, o demonstrador de Collie na faculdade da Universidade, em Londres, e um admirável "segundo homem" era ele. Um homem que escreve tratados sobre "Manipulação de Gás" e sabe repelir os avanços das suas alunas é um companheiro ideal numa montanha.

Infelizmente, ele obteve uma nomeação num país distante e teve que desistir de escalar em consequência. Mas nós fizemos a nossa marca nos Alpes, começando com a primeira travessia sem guia do Mönch, os Seracs do Vuibez, e a primeira travessia dos Aiguilles Rouges, escalando todos os pináculos.

Travers juntou-se a mim por um curto período de tempo em Agosto. Nós começámos a fazer a primeira travessia, sem guia, do Mönch. Iniciámos pela cabana

---

60 N.T.: em potencial, mas não efectivamente

Guggi duas ou três horas após chegada dele, tendo ele vindo directo de Londres sem suspender a jornada. Começámos na manhã seguinte muito cedo e no nosso entusiasmo acelerámos até ao cimo das encostas mais baixas. Travers ficou extremamente doente na montanha. Era óbvio que a pressão barométrica nada tinha a ver com isto, ele estava simplesmente indisposto com o cansaço da viagem, a mudança para comida grosseira e a repentina solicitação sobre a sua total força física estando ele com falta de treino. Outras numerosas observações semelhantes evitavam que eu fosse tão tolo a ponto de atribuir esta enfermidade à altitude. Eu tinha elaborado todos os sintomas, em Beachy Head, em homens que tinham estado perfeitamente à vontade nos altos Alpes; e nenhum desconforto eu experimentei acima de 23.000 pés. Travers e eu vagueámos pelo Oberland durante uma semana sem ir abaixo da linha de neve. A sua doença de montanha logo desapareceu, mas ele ficou seriamente queimado pelo sol. Naqueles dias nós acalentámos a superstição de que a lanolina era preventiva; mas a aplicação parecia alimentar as feridas em vez de curá-las. Poucos dias depois de me deixar, ele chegou ao Gornergrat, para onde ele tinha despachado a sua bagagem, em esvoaçantes farrapos e com um rosto que era pouco melhor do que uma única úlcera supurada. Uma senhora sentada do lado de fora do hotel exclamou indignada que tais objectos nojentos não deviam ser permitidos a frequentar lugares públicos. Era a mãe dele!

Pegando na queimadura solar, houve uma vez—improvável como possa parecer—um Dr. Bowles, de Folkestone, interessado no assunto. Ele acordou com Morris Travers para realizar uma pesquisa sobre o valor actínico dos raios solares nos glaciares. Travers e eu e o irmão dele fomos morar numa cabana num glaciar algures sobre Bel Alp, onde Travers deveria realizar algumas experiências. Certo dia lá chegaram Bowles e um número de vítimas voluntárias, tendo cada membro do grupo as faces pintadas com tinta de graxa de diversas cores, a direita zarcão e a esquerda azul-celeste, ou a esquerda verde-claro e a direita cor de laranja, e assim por diante. Eu registo, com pesar, que eu, quem tinha recusado a abdicar da dignidade da humanidade até este ponto, era a única pessoa no grupo que não estava gravemente queimada. O sol não mostrava respeito pelas pessoas em relação à sua camuflagem. A minha liberdade devia-se ao facto de eu ter passado a maior parte da minha vida ao ar livre e gradualmente adquirido imunidade. Às vezes bate-me de que toda a ciência é um pedaço de impudência: a natureza pode dar-se ao luxo de ignorar a nossa impertinente interferência. Se a nossa símia tropelia chegar ao ponto de explodir a terra decompondo um átomo e até mesmo aniquilar o próprio sol, eu não posso realmente supor que o universo mexeria um cabelo. Se nós fizermos algo, isso só pode ser pela manipulação daquelas forças espirituais que estão por detrás da consciência de que o universo da matéria é apenas um fantasma simbólico.

A segunda destas façanhas—os Seracs do Vuibez—constituiu uma das escaladas de gelo mais interessantes que eu já fizera. Eles não tinham sido escalados durante uma geração, quando o glaciar estava numa condição muito diferente, e eram considerados impossíveis. Jean MaŒtre, que deveria ser o melhor guia do vale, com outros guias fortes e alguns membros ilustres do Alpine Club, decidiu tentar. Eles retornaram com uma maravilhosa história de desesperada aventura. Eles tinham sido impedidos, diziam eles, pelo obstáculo final, uma suspensa parede de gelo guardada por uma larga fenda. Isto interessou-nos. Nós partimos na manhã seguinte, alcançando o obstáculo sem qualquer dificuldade, o qual nos deu uma má ideia da capacidade dos poderosos homens valentes. Mas não podíamos ficar surpreendidos com o fracasso deles em contornar o obstáculo. Demos por nós permanecendo num fio de navalha separado da parede suspensa por uma fenda tão larga que nós só poderíamos alcançar isto com os nossos machados. Travers segurou-me na corda enquanto eu me inclinava e cortava uma saliência na parede que poderia ser usada para as mãos dele. Depois de ancorá-lo ao irmão, mais abaixo, baixei-o cautelosamente para que ele pudesse inclinar-se com as suas mãos na borda, formando assim uma ponte. De seguida eu subi com os meus crampons até aos ombros dele e fiquei ali durante quarenta minutos enquanto eu talhava apoios de mão e pé no gelo pendente. Confiando-me a estes, Travers foi rapidamente puxado de volta para a vertical pelo seu irmão. Nesta posição, ele conseguiu sustentar o meu peso na cabeça do machado dele o suficiente para me permitir usar uma mão. Desta forma, eu talhei novos apoios de mão na parede saliente e finalmente encostei-me na borda. Ainda havia alguns passos a serem feitos antes de chegar a um lugar suficientemente bom para puxar os outros. Eu nunca tinha visto o desempenho de Travers igualado em qualquer outra ocasião. O próprio Hastings dificilmente poderia ter sido mais forte, firme e duradouro, para não falar das qualidades necessárias para permitir que um homem permanecesse na cabeça e nos ombros com espigões afiados!

Agora nós descobríamos que tão longe deste obstáculo ser o último, este era o primeiro! Tomo para mim uma boa parte do crédito por encontrar o caminho até ao topo através dos emaranhados pináculos de gelo. Comecei a não ficar pouco alarmado; os seracs estendiam-se linha após linha acima de nós. Não havia maneira de sair destes e a qualquer momento o sol poderia atingir o glaciar e derrubar a ufania deles e a nossa temeridade. Subimos com desesperada pressa e conseguimos alcançar o nevado glaciar acima deles na hora certa. Conforme ocorrido, um grupo tinha saído do hotel depois do pequeno-almoço com a ideia de nos observar a partir das encostas opostas e disseram-nos na noite seguinte que os nossos rastos tinham sido obliterados numa dúzia de lugares por queda de gelo.

~ 15 ~

NÃO DEVO DEIXAR de mencionar a primeira descida da face oeste do Trifthorn. Foi no início da temporada de 96. Subindo para Zermatt no comboio eu conheci um alpinista Inglês a quem chamarei de Arthur Ellis. Ele estava ansioso para fazer trabalho sem guia e nós concordámos em tentar algumas montanhas juntos. Fizemos algumas expedições menores e ele mostrou-se altamente competente. Certo dia nós escalamos o Trifthorn pela rota comum, com a ideia de tentar a travessia. Como eu estava a descer por último, ele estava a carregar a mochila com as nossas provisões. Fizemos várias tentativas para encontrar um caminho pela face de Zinal; mas as encostas sempre se tornavam mais íngremes até se tornar evidente que elas se inclinavam abruptamente e tínhamos de refazer os nossos passos. Ellis, no entanto, ficou muito irritado com a minha cautela e quis fazer *glissade*, coisa que era uma proposta tão razoável quanto pular da Torre Eiffel. Passado pouco tempo ele deu uma desculpa para tirar a corda e retirou-se atrás duma rocha enquanto eu me sentei e acendi o meu cachimbo. Eu fui despertado por uma saraivada. Ellis estava a trezentos ou quatrocentos pés da encosta! Ele instou-me mais uma vez para o *glissading*. Disse que tinha inventado um novo método de exercitar esta arte, o qual era segurar o machado pelo cabo e usar a picareta como travão. Isto era francamente insano; e apanhou-me absolutamente de surpresa, visto que anteriormente ele tinha sido um alpinista sadio e cuidadoso. Eu nada pude fazer para contê-lo: tentei fazer-lhe a vontade e sugeri que ele deveria "chegar até aonde eu estava e encetar adequadamente". Mas ele não quis saber e deixou-se ir. Uns poucos segundos depois ele estava a dar cambalhotas e depois desapareceu na orla. O ângulo era tal que eu não conseguia ver onde ele tinha caído. Escalei apressadamente um conveniente pináculo de rocha. Então vi-o. Ele estava deitado, na posição de braços e pernas abertos, no Bergschrund, com o sangue manchando a neve; a qual, aliás, não tinha o dever de lá ter estado, e não teria estado se não fosse pelo contínuo mau tempo.

A tarefa diante de mim era dificilmente atractiva. Cabia-me encontrar o caminho sozinho por uma superfície que nunca tinha sido escalada anteriormente. Todavia, eu descobri uma rota que me levou ao glaciar em cerca de cinco horas. Num certo ponto fui obrigado a baixar-me pela corda; e, como não a conseguia desprender, eu fui levado de rojo, mais do que nunca, com os meus próprios recursos depois disso. Em várias ocasiões fui obrigado a fazer alguns saltos muito arriscados, de modo que eu poderia ter sido interrompido se tivesse encontrado uma passagem para lá das minhas capacidades.

Devo admitir o sentimento de um considerável desgosto ao ver Ellis fazendo o seu caminho pelo glaciar como se nada tivesse acontecido. Ele tinha caído uns oitocentos pés, os últimos trezentos na vertical. Eu estava totalmente exausto e em extrema necessidade de comida. Fiz tudo o que podia fazer para alcançá-lo. O único dano que ele sofrera foi um corte insignificante numa perna! O anoitecer estava iminente; e embora a cabana não estivesse muito longe em distância real, nós tivemos um tempo terrível para chegar lá, tendo que percorrer penosamente a macia neve acima das nossas cinturas. A cabana era *bewirtshaftet*[61]; mas o guardião não tinha aparecido em consequência do tempo, então tivemos que forçar a entrada e entrar na sala de provisões para obter combustível e coisas semelhantes.

As nossas aventuras ainda não tinham terminado. As minhas roupas estavam (naturalmente) a escorrer, eu pus o meu casaco na mesa, acima da qual pendia a minha lamparina Alpine. Este tipo de luminária tem um buraco no fundo através do qual é introduzida uma vela. É mantida no lugar durante uma Primavera. Eu deitei-me na palha, estando cansado demais para completar a operação de ir para a cama sem alguns momentos de sossego. Senti o sono a vencer-me, eu sabia que era meu dever apagar a vela mas comecei a argumentar de que mesmo se esta caísse, a queda a extinguiria ou, se não, o casaco molhado faria isso. Era um argumento perfeitamente bom; mas a única chance num milhão saiu—não se extinguiu até o meu casaco ficar reduzido a cinzas.

Por sorte, na manhã seguinte, o guardião da cabana apareceu. Levei emprestado o casaco dele e desci para Evolena, para onde a minha bagagem havia sido enviada. Ellis não estava apto para ser movido e eu combinei em aparecer dois dias depois e ir buscá-lo. Em Evolena arranjei uma muda de roupa e enviei o casaco do guia por um carregador.

Ora, no hotel estava um grupo de estudantes, sendo orientado para admirar as maravilhas e belezas da natureza. No dia seguinte elas desceram à tarde a partir do glaciar, muito excitadas por terem encontrado os rastos de uma cabra-montesa no caminho da mula. Eu sabia, claro, que isto era alucinação e não pensei mais nisso. Pouco antes do jantar, eu estava do lado de fora do hotel apanhando ar, quando vi à distância uma figura solitária aproximando-se lentamente. A sua acção era muito peculiar, pensava eu.

> The wild man wends his weary
> To a strange and lonely pump

No entanto, parecia de alguma forma familiar. Aproximou-se; sim, era Arthur Ellis. Eu expressei surpresa; mas ele disse que se tinha sentido muito melhor e achou que poderia também descer, mas fora um dia longo e terrível. Ele começara ao amanhecer. Isto era absurdo, pois ficava somente a um par de horas de caminhada a partir da cabana. Ah sim, disse ele, porém ele tinha descido pelo focinho do glaciar e teve

---
61 N.T.: gerenciada

de talhar degraus até ao fim—sem mais *glissading* para ele! Esta história foi novamente bastante incrível. Mas o seu machado tinha sido tremendamente sacudido. A verdade lentamente surgiu no meu cérebro ignorante: ele tinha solenemente aberto o caminho da mula—ele era a cabra-montesa cujos rastos as raparigas tinham visto!

Bem, não era hora de me juntar aos meus amigos em Arolla; mas eu não iria mais escalar com Ellis, então dei as minhas desculpas e parti.

O remanescente da história é tão peculiar quanto o resto. Combinámos jantar juntos em Londres e, quando voltei, escrevi-lhe. Ele respondeu imediatamente, pedindo-me para jantar com ele no seu clube. Eu devidamente apareci; mas ele não estava lá e eu nunca ouvi uma palavra dele desde então!

Outro incidente muito divertido ocorreu em Arolla. Um pouco acima do antigo hotel há uma grande rocha, a qual nunca tinha sido escalada do lado do hotel. Passei algum tempo antes de descobrir como fazer isso. Era preciso atravessar a face para a direita, com um mínimo de apoio de mãos e pés, até que alguém chegasse a um lugar onde a inclinação diminuísse. Mas este ponto era defendido por uma protuberância na rocha que fazia cair qualquer um. Era apenas possível para um homem muito magro com um abdómen preênsil. Mas era uma questão de gramas se os apertos de atrito eram suficientes ou não. Foi uma das mais difíceis escaladas que eu alguma vez havia abordado.

Eu decidi divertir-me com isto e ensinei uma rapariga a fazê-lo. Então ofereci cem francos a qualquer guia que se pusesse de pé. Fizemos uma pequena festa à tarde e eu comecei a exibir-me. Várias outras pessoas tentaram, não obstante, sem sucesso. Eu comecei a zombar deles e disse: "Mas isto é um absurdo—vós companheiros não podeis escalar de todo—é bem fácil—por que razão, eu apoiaria uma rapariga para fazer isto—não vais tentar, senhorita fulana de tal?" A minha aluna enfatizou lindamente e fingiu precisar de muita persuasão. Por fim, ela ofereceu-se para tentar se fosse segurada por uma corda de cima. Eu disse: "Disparate, tu podes fazer isto perfeitamente bem por ti própria!" A companhia protestou que ela matar-se-ia; e ela fingiu estar convicta do seu valor, recusou toda a ajuda e trepou em grande estilo.

Isto deixou todos muito envergonhados. Mesmo os guias foram incitados a tentar. Mas ninguém mais se levantou. Então comecei a treiná-los na corda. Vários conseguiram com o apoio moral e sem serem puxados. Um número significativo, no entanto, desistiu e afigurou-se bastante ridículo, pendendo. As pessoas começaram a instar o capelão para tentar a sua sorte. Ele não gostou disto de modo algum; mas ele veio até mim e disse que iria se eu fosse muito cuidadoso em manejar a corda para que ele não parecesse ridículo, por causa do respeito devido à sua profissão clerical. Eu prometi-lhe que iria cuidar do assunto com a maior consciência. Admiti que eu tinha zombado propositadamente de alguns dos outros, mas que no caso dele eu amarraria a corda correctamente; não debaixo dos braços mas logo acima dos quadris.

Tendo assim providenciado em prol do respeito devido ao seu hábito, fui até ao topo da rocha e sentei-me suficientemente longe para não poder ver o que estava a acontecer na superfície lateral. Quando ele se desgarrou, como a corda foi presa tão abaixo, ele virou de cabeça para baixo. Eu fingi não entender e sacudi-o para cima e para baixo por vários minutos antes de finalmente puxá-lo, com o rosto roxo e coberto com arranhões. Eu não tinha falhado no respeito devido ao seu hábito. Mas um bom número de pessoas estava suficientemente com falta de gosto para rir dele.

Um dia levei o meu primo Gregor, o qual por esta altura estava casado e tinha descoberto que a sua vida não valia a pena manter. Fizemos a segunda subida do cume norte-nordeste de Mont Collon. É uma escalada longa e severa. As condições eram muito más e Gregor era bastante desadequado para esta classe de escalada, de modo que eu tive de puxá-lo a maior parte do caminho. Nós estávamos muito atrasados na montanha consequentemente. Eu não tinha ideia do melhor caminho, mas decidi tentar a rota curta e íngreme que leva ao nível do glaciar acima dos Seracs de Vuibez . A descida de uma montanha difícil é sempre desajeitada quando o segundo homem não está à altura da marca. Ele não pode descer por último por causa do perigo; e ao descer em primeiro ele com certeza toma o caminho errado, para qualquer parte ele não pode ser guiado por voz. Todavia, nós descemos a parte íngreme, com suficiente segurança, pouco antes de escurecer.

Tirámos a corda para descer algumas encostas cobertas de pedras soltas. Quando me sentei para enrolar a corda percebi que eu estava completamente exausto, embora mentalmente em vez de fisicamente. O meu cérebro pregou-me uma partida curiosa. Gregor tinha alcançado uma pequena área de rochas quebradas no sopé da encosta e eu segui-o devagar. De repente, vi um trol, um desses pequenos anões engraçados com bonés pontudos e barbas formidáveis que se podem ver retratados em Germânicos contos de fadas e em canecas de cerveja (*Heinzelmännchen* parece ser o nome oficial). Esta criatura estava a pular sobre as rochas de uma maneira muito jovial. Ele parecia bastante real em todos os aspectos. Por exemplo, ele

Crowley enquanto estudante em Cambridge.

não era transparente. Mas nunca me ocorreu acreditar nele. Eu imputei-o à fadiga cerebral. A aparição durou apenas alguns minutos. Ele foi-se antes de eu me juntar ao meu primo.

É claro que teria sido uma loucura tentar atravessar o glaciar naquela noite, sendo a neve muito profunda e macia, por isso lidámos o melhor que podíamos para nos mantermos aquecidos. Eu não dormi muito—foi a minha primeira noite ao relento. De manhã corremos pela neve gelada até à pequena passagem que conduz ao vale. Nós mal o havíamos cruzado quando encontrámos um grupo de resgate enviado pelo querido velho hoteleiro, Anzevui, o qual tinha uma curiosa afeição pessoal por mim enquanto rapaz travesso do vale que sempre fazia coisas interessantes. A nossa descida fora observada através de óculos; e chegaram à conclusão de que nós deveríamos ter sofrido um acidente, porque a nossa rota ao descer a montanha era uma original variação do caminho regular e supostamente impossível. Na verdade, nós tínhamo-nos deparado com um declive extremamente mau em que eu estava contente com a corda atada.

Numa outra ocasião fui surpreendido pela noite; foi com Morris Travers e o seu irmão mais novo em Aiguilles Rouges, devido à nossa extrema conscienciosidade em escalar cada pináculo escrupulosamente e ao colapso por fadiga do mais jovem Travers. Foi mais um exemplo da desvantagem de um terceiro homem. Um grupo de dois teria terminado a escalada pelo menos três horas antes. Um vento amargamente frio soprava do noroeste, de modo que nós não podíamos passar a noite na cumeada ou naquele lado desta. Nós tivemos que encontrar abrigo na face oriental. Estava escuro demais para descer os penhascos, mesmo se o jovem Travers estivesse preparado para o esforço, e eles eram muito íngremes. Não havia sequer uma saliência razoável.

Contudo, nós encontrámos uma chaminé onde o rapaz poderia descansar em conforto moderado e havia uma espécie de prateleira que acomodava o seu irmão. Quanto a mim, o melhor repouso que pude encontrar foi encaixar-me na chaminé com um pé, as minhas costas contra um pedaço íngreme de neve; o calor do meu corpo derreteu isto e a água escorreu. Como as minhas bermudas tinham sido despedaçadas na rocha, havia um certo grau de desconforto relacionado com a minha noite de descanso e a tensão na minha perna de alguma forma danificava a articulação do joelho, que continuou a causar problemas durante anos depois. Mas eu estava tão cansado que adormeci com o meu cachimbo na boca. É extraordinário que eu não tenha caído—o cachimbo caíu.

~ 16 ~

TAIS FORAM algumas das aventuras de 1896 e 1897. Todas as minhas experiências contribuíram para construir uma original teoria de montanhismo. Não foi até 1898 que descobri a identidade das minhas próprias ideias com as dos grandes alpinistas. Mas descobri o facto extremamente desagradável de que o English Alpine Club se opunha ferozmente ao montanhismo—os seus membros eram incompetentes, insanamente ciumentos dos interesses investidos e eram impensadamente antidesportivos. O professor Norman Collie tinha-me proposto para o clube e Sir Martin Conway tinha sido suficientemente gentil para me apoiar; mas o registo de escaladas que eu coloquei para me qualificar para admissão era demasiado bom. Era subversivo de toda a autoridade. O habitual membro do clube Alpino qualifica-se pagando a guias para ele ser puxado até ao cimo de alguns picos banais. Não se espera que ele faça qualquer nova escalada e é uma afronta ao espírito do clube fazer qualquer coisa original. Mummery tinha sido banido porque ele era o alpinista mais famoso de Inglaterra; e, embora ocasionalmente escalando com guias antes de encontrar Collie e Hastings, tinha sido de facto o líder do grupo. O clube estava, é claro, com medo de dar as suas verdadeiras razões por se opor a ele. Circulou a mentira de que ele era um sapateiro! Mais tarde, tornou-se um escândalo público de que ele não era um membro do clube e ele era fraco o suficiente para permitir a si próprio ser eleito. No meu caso, Collie e Conway avisaram-me que a minha eleição seria contestada e eu retirei o meu nome. Sobre isto, o filho de um fornecedor de igrejas chamado Tattersall, o qual se insinuara em Trinity, circulou o boato de que eu tinha sido expulso de um clube londrino. Ele odiava-me porque eu, como presidente do clube de xadrez da Universidade de Cambridge, não via o meu modo de permitir que ele se tornasse secretário. Ele era um excelente jogador, mas inadequado para conduzir correspondência oficial com outros clubes. Fui aos aposentos dele com um pesado bastão e exigi que ele retratasse a sua falsidade ou lutasse. Ele recusou ambos, então eu destruí-o profundamente naquele momento. Ele queixou-se ao meu tutor, o qual me chamou, fez algumas observações sobre o desuso do duelo, mudou a conversa para Ibsen e convidou-me para jantar.

O montanhismo difere de outros desportos num aspecto importante. Um homem não pode obter uma reputação no críquete ou no futebol contratando profissionais para jogar por ele. A suas conquistas são verificadas pelas suas médias. Mas dificilmente alguém em Inglaterra naquela época sabia alguma coisa sobre montanhismo. Vários velhos caturras, que não conseguiam escalar as rochas mais simples de Cumberland, ou atravessar uma fácil passagem Alpina, tinham sido pessoalmente conduzidos por camponeses ao cimo de algumas montanhas e eles próprios arrolaram-se na fama. A aparência do escalador sem guia era, portanto, um desafio directo. Eles tentaram todos os truques sujos para evitar que os factos fossem divulgados. Eles recusaram-se a registar as façanhas de homens sem guia no Alpine Journal. Desaprovaram até mesmo os seus próprios membros, tentaram ignorar totalmente a Inglesa escalada em rocha e nada teriam a ver com os clubes Alpinos continentais.

O resultado desta política foi impedir o desenvolvimento do desporto em Inglaterra. Os homens mais jovens foram condenados ao ostracismo. Era paralelo às tentativas da Igreja fingir que não existia ciência. O resultado não foi diferente. Em 1901, todos os recordes do mundo, com excepção de um, foram mantidos por mim e por Eckenstein. A excepção foi a do maior ponto elevado alcançado pelo homem. Isto foi reivindicado por Matthias Zurbriggen, que não era um guia no sentido comum da palavra, mas um condenado que havia aprendido toda a sua escalada a partir de Eckenstein a pedido da família do trampolineiro, a qual não sabia o que fazer com ele e provavelmente esperava que ele se matasse nas montanhas.

O Alpine Club até tentou falsificar registos. Um grupo fez um grande alarido sobre a ascensão de Dent Blanche. Ficou provado mais tarde que eles não tinham estado na montanha absolutamente e que pelo menos um do grupo—Smith *quidam*—sabia isto. Mais uma vez, quando eu cheguei à cabeça do glaciar Baltoro, questionei alguns dos meus coolies que haviam estado com a expedição Conway de 1892 sobre a suposta ascensão do Pioneer Peak. Os homens unanimemente declararam que o grupo tinha ido apenas ao pé da cascata de gelo e voltado deste ponto. Longe de mim confiar nas afirmações do ignorante Baltis, embora eu nunca as tenha considerado em falha em nenhum outro ponto! Mas é certamente singular que eles tivessem concordado em fazer um relato da expedição tão diferente daquele registado pelo próprio grupo. Zurbriggen, que foi o guia no caso, foi interrogado por Legros, o filho do pintor e amigo de Eckenstein. Ele contou uma história muito singular sobre o Pioneer Peak, mas como ele estava sob a influência do álcool eu suponho que as suas declarações são tão pouco confiáveis quanto as dos meus coolies.

A coincidência de evidências de duas fontes duvidosas também não fortalece necessariamente, não é?

Tão amargo tem sido o ódio do clube Alpino para as pessoas que têm exposto os seus principais membros como impostores que este realmente induziu a maior parte da imprensa a ignorar expedições de importância de primeira linha como as de 1902 e 1905 para os Himalaias. A exploração subsequente foi prejudicada em consequência; e o homicídio culposo de sete carregadores no Everest em 1922 foi directamente devido à ignorância da lição ensinada pelo desastre de Kangchenjunga, como ficará claro no lugar apropriado.

No entanto, os meus princípios triunfaram ao longo de toda a linha. Não houve guias Suíços no Everest em 1922 e o registo de altitude é mantido por amadores movimentando-se dois numa corda.

Deixem-me enfatizar o facto de que estou absolutamente satisfeito com este resultado. Eu sou congenitamente incapaz de ambição pessoal e de inveja. O meu interesse é no desporto em si. Eu não me importo nada com glória. Em 1899, por exemplo, tracei uma rota pela Aiguille du Géant a partir de Montenvers. Esta montanha nunca foi escalada de forma justa. O caminho comum é uma questão de engenharia por meio de pitons e cabos de aço. Eu não guardei o meu conhecimento para ter a glória de fazer a primeira ascensão. Indiquei o caminho para outros alpinistas e fiquei absolutamente radiante quando dois amadores Austríacos fizeram a subida. Do mesmo modo, eu estou perfeitamente satisfeito por ter quebrado as tradições desonestas e imbecis da Badminton e lamentar apenas que não estava no comando da expedição do Everest de 1922, porque essa expedição falhou e custou muito em vida humana. Estou convencido de que, se eu estivesse lá, a cúpula teria sido alcançada e que ninguém teria sido morto. Na expedição de K2, nem o homem nem a besta foram feridos, e naquela para Kangchenjunga, a catástrofe foi o resultado directo da desobediência às minhas ordens. Eu não reivindico crédito pessoal para este registo, salvo na medida em que eu estava no caminho para uma apreensão dos adequados princípios dos ofícios de montanha quando conheci Eckenstein, a cujas instruções eu sou profundamente devedor.

Eu nunca estive em perigo numa montanha, excepto pela imprudência dos outros. Aqui está um caso típico. Eu estava a atravessar a Brèche de la Meije com um carregador. Acerca de meio caminho pelas encostas rochosas (nós havíamos tirado a corda) parei por alguns minutos por motivos pessoais, nunca imaginando que o rapaz se meteria em problemas. Quando me levantei ele tinha desaparecido. Eu gritei e ele respondeu. Então vi que ele tinha feito uma acção incrivelmente imprudente. Prosseguindo, completamente fora do caminho, ele atravessara uma ravina estreita que estava a ser constantemente varrida pelo gelo de um glaciar suspenso. Eu não podia deixá-lo sozinho na montanha e não podia pedir-lhe que arriscasse a sua vida ao retornar. Nada havia a fazer senão repetir a leviandade dele. O único caminho através da ravina era uma laje íngreme, polida pelo gelo e constantemente bombardeada. Eu tive de avançar rapidamente, com o maior risco de escorregar, por um lado, e de ser esmagado, por outro.

É um facto notável que apenas homens muito excepcionais mantenham os seus normais poderes de raciocínio na presença de montanhas. Tanto Eckenstein quanto eu temos tido constante evidência disto. Não é meramente o pânico do camponês, o qual perde a sua cabeça e chama os santos sempre que ele se encontra a poucas jardas do caminho trilhado ou é surpreendido pelo mau tempo. Mentes cientificamente treinadas frequentemente perdem todo o senso de julgamento e lógica.

Há um relato, com quase um século de existência, de um grupo de homens bastante distintos que subiram Saddleback. Eles falam de penhascos íngremes e de enormes abismos, embora, na verdade, não haja uma rocha na montanha que uma criança de três anos pudesse chamar de subida difícil. Eles estavam, de facto, em póneis! As descrições de Shelley do Mont Blanc são comicamente exageradas; os seus poderes de observação devem ter ficado completamente em suspensão.

A expressão "absolutamente perpendicular" derradeiramente tornou-se uma palavra de ordem. Era usada tão frequentemente por homens ostensivamente confiáveis para descrever declives bastante suaves. Costumávamos pedir a engenheiros e a outras pessoas acostumadas à trigonometria prática para estimar o ângulo do Matterhorn a partir de Zermatt e a partir do Schwarzsee. Eles davam-nos algo de trinta a cinquenta graus, no primeiro caso, e de quarenta e cinco a oitenta graus, no segundo. Os números reais são dez graus e quinze graus.

Em 1902, Pfannl propôs avançar para Chogo Ri a partir de Askole. Ele pensava que poderia chegar lá e voltar em três dias! Na realidade, são catorze dias até ao sopé da montanha, embora os homens sem carga possam fazê-lo em cinco. O pânico das montanhas foi, sem dúvida, parcialmente responsável pelo colapso mental e moral em Guillarmod e Righi, o que os levou a um motim em Kangchenjunga. Um alto grau de desenvolvimento espiritual, um temperamento romântico e um conhecimento profundo baseado na experiência das condições montanhosas são as melhores salvaguardas contra os impulsos insanos e os erros histéricos que sobrecarregam o homem comum.

Durante os meus três anos em Cambridge, as minhas faculdades literárias deram largos passos súbitos. A transição foi breve. Isto é marcado pelo meu *The Tale of Archais*. Mas em *Aceldama,* o meu primeiro poema publicado de alguma importância, eu atingi, num salto, o cimo do meu Parnaso. Num certo sentido, eu nunca escrevi nada melhor. Este é absolutamente característico. A sua excelência técnica é notável e é a pura expressão do meu eu inconsciente. Eu não tinha conceitos mentais correspondentes na época. Isto enuncia uma filosofia que desenvolvimentos subsequentes não a têm modificado de maneira significativa. Eu lembro-me da minha própria atitude em relação a isto. Pareceu-me uma excentricidade intencionalmente extravagante. Eu não fazia ideia de que era a água pura da fonte de Dirce.

Uma certa quantidade de consciente aspiração é, no entanto, evidente em *Songs of the Spirit*. Este livro é uma colecção de líricas que revelam um mal definido desejo de realização espiritual. O fundo é vividamente colorido pela observação e experiência. A atmosfera das antigas ruas de Amsterdão, das faculdades de Cambridge e das montanhas, lagos, florestas e rios, entre os quais perambulei solitário, é evidente em cada estrofe. A influência da minha leitura é quase negligenciável. O "desejo-fantasma" do livro é principalmente o de um homem sábio e santo vivendo numa torre solitária, mestre dos segredos da natureza. Eu tinha pouca consciente aspiração para esse ideal. Na prática, eu estava a viver por prazer.

Um outro livro do período de transição foi *Green Alps*. Este nunca foi publicado. Eu pagara a Leonard Smithers para o imprimir e ele disse-me que as obras impressas tinham sido destruídas pelo fogo, o que pode ou não ter sido o caso. É característico que eu aceitasse a situação com um encolher de ombros. Eu tinha um conjunto completo de provas, porém, eu tinha ficado um tanto envergonhado sobre o livro. Eu meramente seleccionei os poemas que eu achava realmente valer a pena para inclusão em volumes subsequentes. A colecção foi marcada por uma tendência à paixão terrena; e o seu título mostra que eu já considerava o amor humano como uma ideia a ser transcendida. *Green Alps* são pastos agradáveis, mas eu estava destinado aos picos.

A minha espiritualidade essencial é manifestada por mais uma outra publicação, a qual permanece como um testemunho da minha inocência sobre-humana. O livro é chamado de *White Stains* e é comummente citado pelos meus admiradores como evidência da minha adicção a todo tipo de vício não-mencionável. Jumentos! É, na verdade, tecnicamente, um livro obsceno e ainda o facto de eu o ter escrito prova a pureza do meu coração e da minha mente da maneira mais extraordinária.

Os factos são os seguintes: No decurso da minha leitura eu encontrara *Psychopathia Sexualis* de von Krafft-Ebing. O professor tenta provar que aberrações sexuais são o resultado de doença. Eu não concordei. Achei que eu era capaz de compreender a psicologia envolvida; achei que os actos eram meramente afirmações mágicas de pontos de vista perfeitamente inteligíveis. Eu disse a mim mesmo que devia confutar o professor. Eu só poderia fazer isto empregando a única forma à minha disposição: a forma artística. Para esse fim inventei um poeta que deu errado, o qual começou com entusiasmos normais e inocentes, e gradualmente desenvolveu vários vícios. Ele termina sendo acometido de doença e loucura, culminando em assassinato. Nos seus poemas ele descreve a sua ruína, sempre explicando a psicologia de cada acto.

As conclusões do livro podem, portanto, ser aprovadas em qualquer Escola Dominical e a sua metafísica é ortodoxa do ponto de vista do teólogo. Eu escrevi o livro em absoluta seriedade e em toda a inocência. Nunca me ocorreu que uma demonstração dos resultados terríveis da equivocada paixão pudesse ser confundida com pornografia. De facto, agora que eu compreendo que mentes vis o consideram um livro vil, eu reconheço com profunda satisfação que o próprio *Psychopathia Sexualis* tem alcançado a sua enorme popularidade porque as pessoas adoram regozijar-se de tais coisas. A sua forma científica não o tem protegido de abuso, não mais do que a forma artística da minha própria replicação a ele. Mas von Krafft-Ebing não tem sido insultado como eu. O homem comum não pode acreditar que um artista possa ser um observador da vida tão sério e elevado quanto o homem da ciência.

Eu estava prestes a descobrir que as relações pessoais mais inocentes podiam ser tomadas por mentes sujas como a base para a maliciosa imaginação delas. A história de como isto aconteceu domina o meu terceiro ano na universidade, como irá aparecer. Isto parece como se o meu destino estivesse a preparar-me para o meu designado trabalho limpando os factores inessenciais para fora do caminho. A minha única e séria ambição mundana era tornar-me o campeão do mundo no xadrez. Eu tinha arrebatado um jogo a Blackburne em exibição simultânea alguns anos antes. Eu estava sendo batido na Defesa Siciliana. A única chance era o sacrifício de uma torre. Lembro-me do grande velho mestre vindo até ao meu tabuleiro e arregalando o seu alcoolizado olho astutamente para mim. "Olaré", disse ele, "Morphy vem para a cidade de novo"! Eu não sou enfatuado o suficiente para pensar que ele não poderia ter vencido o jogo, mesmo depois do meu brilho. Eu acredito que a colossal generosidade dele deixou-me ganhar para encorajar um jovem promissor.

Eu tinha frequentemente batido Bird em Simpson e quando cheguei a Cambridge fiz um estudo selvaticamente intenso do jogo. No meu segundo ano, eu era presidente da universidade e tinha vencido amadores de primeira linha tais como Gunston e Cole. Fora da classe mestre, Atkins era o meu único reconhecido superior. Fiz picadinho do homem que foi campeão da Escócia alguns anos depois, mesmo depois de eu ter desistido do jogo. Eu passava mais de duas horas por dia em estudo e mais do que isso em prática. Eu estava certo, por todas as mãos, de que mais um ano ver-me-ia como um mestre.

Eu tinha ido a São Petersburgo para aprender Russo para o serviço diplomático nas longas férias de 1897, e no meu caminho de volta interrompi a viagem em Berlim para assistir ao Congresso de Xadrez. Mas eu mal tinha entrado, na sala onde os mestres estavam a jogar, quando fui tomado pelo que pode ser descrito como uma experiência mística. Eu parecia estar a olhar para o torneio a partir de fora de mim próprio. Eu vi os mestres—um deles, surrado, rabugento e remelento; um outro, em farpela mal ajustada, seria um respeitável artigo de má qualidade; um terceiro, uma mera paródia da humanidade, e assim por diante em relação ao resto. Estas eram as pessoas para cujas fileiras eu procurava obter admissão. "Lá, mas pela graça de Deus, vai Aleister Crowley", exclamei para mim mesmo com nojo, e naquele momento eu registei uma promessa de nunca jogar um outro sério jogo de xadrez. Percebi com lucidez sobrenatural que eu não tinha pousado neste planeta com o objectivo de jogar xadrez.

Aleister Crowley, a propósito! Eu não tenho ainda explicado como mudei o meu nome. Por muitos anos eu odiara ser chamado de Alick, em parte por causa do desagradável som e aspecto da palavra, em parte porque era o nome pelo qual a minha mãe me chamava. Edward não parecia adequar-se a mim e os diminutivos Ted ou Ned eram ainda menos apropriados. Alexander era muito longo e Sandy sugeria cabelo platinado e sardas. Eu tinha lido nalgum livro que o nome mais favorável para se tornar famoso era um composto de um dáctilo seguido por um espondeu, como no final de um hexâmetro: como "Jeremy Taylor". Aleister Crowley cumpriu estas condições e Aleister é a forma gaélica de Alexander. Adoptar isto satisfaria os meus ideais românticos. A atroz ortografia A-L-E-I-S-T-E-R foi sugerida como a forma correcta pelo Primo Gregor, quem melhor deveria saber. Em qualquer caso, o A-L-A-I-S-D-A-I-R faz um dáctilo muito mau. Por estas razões, eu pus selo em mim próprio com o meu actual nome de guerra—eu não posso dizer que tenho a certeza de que facilitei o processo de me tornar famoso. Eu deveria indubitavelmente ter feito assim, qualquer que fosse o nome que eu tivesse escolhido.

~ 17 ~

COMECEI O MEU último ano em Cambridge com as minhas plataformas morais desobstruídas para a acção. Eu não sabia para onde estava a ir, no entanto estava a caminho. Eu estava, portanto, completamente pronto para a percepção da Primeira Nobre Verdade, mas também para uma corrente inteiramente nova para influenciar a minha vida. No final do período de Outubro conheci um homem chamado Herbert Charles Jerome Pollitt. Ele era um M.A., dez anos mais velho do que eu, e tinha acabado de chegar a Cambridge para dançar no F.D.C. (Footlights Dramatic Club). Eu vi-o apenas uma ou duas vezes nesse período, mas correspondia com ele do estrangeiro durante as férias de Natal. O resultado foi o estabelecimento da primeira amizade íntima da minha vida.

Pollitt era bastante mais simples do que o contrário. O seu rosto tornou-se trágico pela fome terrível dos olhos e pela amarga tristeza da boca. Ele possuía uma beleza física—o seu cabelo. Era muito abundante e ele usava-o bastante longo. É o que era chamado de choque. Mas a sua cor era ouro pálido, como o sol da Primavera, e a sua textura da melhor florescência. A relação entre nós era aquela intimidade ideal que os Gregos consideravam a maior glória da idade viril e o mais precioso prémio da vida. Diz muito sobre o estado moral de Inglaterra que tais ideias estão conectadas nas mentes de praticamente todos com paixão física.

A minha vida sexual era muito intensa. As minhas relações com as mulheres eram totalmente satisfatórias. Elas davam-me o máximo de prazer corporal e ao mesmo tempo simbolizavam as minhas noções teológicas de pecado. O amor era um desafio para o Cristianismo. Era uma degradação e uma condenação. Swinburne ensinara-me a doutrina da justificação pelo pecado. Cada mulher que conheci, permitiu-me afirmar magicamente que eu tinha desafiado a tirania da Plymouth Brethren e dos Evangélicos. Ao mesmo tempo, as mulheres eram a fonte da inspiração romântica; e as suas carícias emanciparam-me da escravidão do corpo. Quando as deixava eu encontrava-me andando no ar, com a minha alma livre para voar o seu caminho através de infindáveis empíreos e expressar a sua divindade em pátulo pensamento de transcendente sublimidade, expressa em linguagem que combinava as mais puras aspirações com as mais majestosas melodias. Poemas como *The Philosopher's Progress* ilustram o meu inconsciente, e poemas como *De Profundis* a minha reacção consciente. Mas, moralmente e mentalmente, as mulheres estavam para mim abaixo de toda a consideração. Elas não tinham verdadeiros ideais morais. Elas estavam vinculadas com a sua necessária preocupação, com a função de reprodução. As suas aparentes aspirações eram camuflagem. Intelectualmente, é claro, elas não existiam. Mesmo as poucas cujas mentes não estavam completamente em branco tinham sido guarnecidas com Wardour Street Chippendale. As suas realizações eram aquelas do símio e do papagaio. Estes factos não me detiveram. Pelo contrário, era altamente conveniente que as relações sexuais de alguém fossem com um animal sem consciência para além do sexo.

Quanto aos meus amigos masculinos, eu nunca tinha conhecido alguém com ideais e refinamento suficientemente exaltados para despertar séria simpatia. Pollitt era uma nova espécie. O meu sentimento por ele era uma chama intensamente pura de admiração misturada com infinita piedade pelo desencanto espiritual dele. Isto era infinito porque não podia sequer imaginar uma finalidade e habitava integralmente entre as coisas eternas.

Para ele, eu era uma mente—não mais. Ele nunca manifestava o menor interesse em qualquer uma das minhas ocupações. Ele não tinha simpatia por nenhuma das minhas ambições, nem mesmo pela minha poesia, excepto de uma maneira muito peculiar, a qual eu nunca compreendi completamente. Ele mostrava uma desconfiança instintiva das minhas aspirações religiosas, porque ele percebia que mais cedo ou mais tarde elas me tirariam do alcance dele. Ele próprio não tinha esperança ou medo de nada para além do mundo material. Mas ele nunca se cansava da originalidade do meu ponto de vista; de observar o modo como o meu cérebro lidava com cada assunto que estivesse em discussão.

Era a mais pura e mais nobre relação que eu já tivera com alguém. Eu não tinha imaginado a possibilidade de um desenvolvimento tão divino. Era, de certo modo, apaixonante, porque isto comungava do calor branco da energia criativa e porque a sua intensidade absorvia todas as outras emoções. Mas, por esta mesma razão, era impossível concebê-lo como passível de contaminação por quaisquer qualidades mais grosseiras. De facto, o universo dos sentidos estava inteiramente subordinado à sua santidade. Isto estava baseado em impressões como uma luz incandescente no seu filamento. Todavia, o mundo foi transfigurado e consumido pela intensidade inefável da consciência espiritual. Isto era tão livre de qualquer ingrediente impuro que a minha amizade com Pollitt não interferia de modo algum com a corrente da minha vida. Eu continuei lendo, escrevendo, escalando, patinando, pedalando e intrigando, como se eu nunca o tivesse conhecido.

Mesmo assim a influência dele iniciou-me em determinados aspectos importantes. Ele era amigo íntimo de Beardsley e apresentou-me ao renascimento Francês e Inglês. No seu coração estava uma fome de beleza que eu posso somente chamar de medonha e cruel, porque esta era tão desesperançada. Ele totalmente carecia de iluminação no sentido místico da palavra. A sua visão da vida era desesperada, muito parecida com a de Des Esseintes. Ele sofria como Tintagiles. Ele não podia aceitar nenhum dos habituais paliativos e narcóticos; ele não tinha génio criativo, nem ideais; ele não podia enganar-se acerca da vida, arte ou religião. Ele apenas ansiava e gemia. Em certos aspectos ele aborrecia-me, porque eu estava determinado a realizar os meus sonhos; e ele representava a eterna insatisfação. No coração dele estava "o verme que não morre e o fogo que não se apaga".

A escola de arte e literatura à qual ele me introduziu foi, portanto, uma que eu instintivamente menosprezava, mesmo enquanto eu a adorava. O intenso refinamento do seu pensamento e o brilho resplandecente da sua técnica ajudaram-me a dedicar-me a um campo de arte inteiramente além do meu escopo original; mas nunca me permiti cair sob o domínio disto. Eu estava determinado a triunfar, a encontrar o meu caminho para o outro lado. Baudelaire e Swinburne, no seu melhor, conseguem celebrar a vitória da alma humana sobre os seus adversários, tão verdadeiramente quanto Milton e Shelly. Eu nunca tive dúvidas de que eu pertencia a esta escola. Para mim é uma questão de virilidade. Mesmo James Thomson, terminando com "confirmação do velho desespero", de alguma forma derrota esse desespero pela força essencial do seu génio. Keats, pelo contrário, não importa o quanto ele se esforce para terminar com uma nota de optimismo, sempre deixa uma impressão de fracasso.

Bem sei quão estranhamente perversa esta crítica deve soar, mas sinto a sua verdade na medula dos meus ossos. Nos meus próprios escritos, a tempestuosa energia da minha alma invariavelmente varre os destroços da minha mente. Não importa a profundidade a que eu mergulhe, eu sempre termino com as minhas asas batendo constantemente para cima em direcção ao sol. A escrita real que libera o meu inconsciente produz o efeito. Eu inevitavelmente termino por transcender o problema do poema, seja liricamente ou satiricamente. Vá para qualquer página aleatoriamente e a verdade disto se tornará aparente.

Na tempo dele em Cambridge, Pollitt tinha sido muito proeminente como imitador feminino e dançarino. Ele chamava-se Diane de Rougy - *après* Liane de Pougy. A grosseria das pessoas que não compreendem a arte naturalmente interpretou mal este gesto estético e conectou-o com uma tendência para androginismo. Eu nunca vi nele os menores sintomas de algo do género; embora o assunto às vezes estivesse em discussão. Mas naquela época era considerado criminoso admirar *Lady Windermere's Fan*. Eu sempre tenho tomado a atitude do Bispo Blougram e não presto atenção à rabiscada infâmia exposta, acerca de mim, na parede da igreja oposta.

Eu tenho feito questão de compreender a psicologia do assunto: *Nihil humani a me alienum puto*.

Mas a consciência do mundo é tão culpada que sempre assume que as pessoas que investigam heresias devem ser hereges; como se um médico que estudasse a lepra fosse leproso. De facto, é apenas recentemente que a ciência tem tido permissão para estudar qualquer coisa sem reprovação. Sendo a matéria má, quanto menos sabemos sobre ela melhor—tal era a filosofia Cristã nas épocas que isto escurecia. Morris Travers contou-me que o seu pai, um eminente médico, fora condenado ao ostracismo, e perdera grande parte da sua prática, por ingressar na sociedade Antropológica. Mais tarde ainda, Havelock Ellis e Edward Carpenter tinham sido tratados com a pior das injustiças por pessoas ignorantes e preconceituosas. A minha mãe sempre acreditou que o *Great Eastern*, o primeiro navio a vapor de qualquer tamanho, enfrentou repetidos desastres porque Deus era ciumento, conforme Ele tinha sido com a torre de Babel. Em 1917 o meu primo, Lawrence Bishop, disse-me que achava que "o Senhor preparou um grande iceberg" para o *Titanic*, em aborrecimento com a afirmação dos construtores navais de que este era insubmersível. William Whiteley teve vários incêndios, coisa que a minha mãe tomou como a pronta resposta do Todo-Poderoso à assunção pelo comerciante do título de "Provedor Universal", o qual poderia ser apropriadamente atribuído somente a Deus.

É a moderna moda para tentar dispensar estas absurdidades bárbaras como excrescências no Cristianismo, mas elas são da essência da religião. Toda a teoria da expiação implica que o homem pode estabelecer a sua própria vontade em oposição a Deus e desse modo O excitar à ira, a qual só pode ser pacificada pelo sacrifício do Seu filho. Afinal de contas, é tão razoável pensar em Deus, tanto por ser irritado por um programa de construção naval como por idolatria. A tendência tem sido, de facto, esquecer completamente a expiação e representar Jesus como um "Mestre" cujos ensinamentos são humanitários e iluminados. Ainda a única evidência do que ele efectivamente disse é a dos evangelhos e estes não apenas insistem nos lados incríveis e imorais do Cristianismo, mas contêm a efectiva Logia que exibe Jesus na personagem de um fanático supersticioso que ensinou a doutrina do castigo eterno e muitas outras inaceitáveis para o esclarecimento moderno. O General Booth e Billy Sunday pregam perfeitamente abominações escriturísticas. Novamente, muito do ensino de Jesus que não é superstição selvagem é diametralmente oposto às ideias daqueles moralistas modernos que rejeitam o seu sobrenaturalismo e salvacionismo. A injunção "não te preocupes com o amanhã" é incompatível com "preparação", seguro e qualquer outra prática envolvendo previdência. O comando para romper todas as relações familiares e sociais é similarmente antiético. A verdade, claro, é que estas instruções foram dadas a um selecto corpo de homens, não ao mundo em geral. A renúncia do mundo é o primeiro passo em direcção à iluminação espiritual, e no Oriente, desde o começo do tempo registado até aos dias actuais, o yogi, o faquir, o bhikkhu e o monge seguem este caminho, esperando que a piedade dos seus vizinhos lhes forneça um meio de subsistência.

Não é somente ilógico escolher dentre os evangelhos os textos que se adequam aos próprios preconceitos de alguém e então afirmar que Cristo é o mestre supremo, mas as suas pretensões de preeminência são barradas pelo facto de que todas as passagens que não são superstição demoníaca encontram semelhanças nos escritos de mestres anteriores. As obras de Lao Tzu, o cânone Budista, os Upanishads, o Bhagavad-Gita, o Talmude e a filosofia de muitos dos antigos Gregos, para não falar dos livros sagrados do Egipto, contêm o todo da metafísica, teologia e ética às quais a elucidação moderna pode dar assentimento. É monstruoso e pernicioso para os pensadores liberais denominarem-se Cristãos; a sua nominal adesão retarda a disrupção do infame sistema que eles toleram. Declarar-se um seguidor de Jesus não é apenas insultar a história e a razão mas pedir desculpas pelos assassinos de Arius, Molinos e Cranmer, pelos perseguidores da ciência, pelos defensores da escravidão e pelos supressores de todo o livre pensamento e discurso.

Naquela época eu não tinha levado estes argumentos à sua conclusão lógica. *The Cloud upon the Sanctuary* contou-me sobre uma secreta comunidade de santos em posse de toda a graça espiritual, das chaves para os tesoureiros da natureza, e de emancipação moral de tal forma que não havia intolerância à indelicadeza. Os membros desta Igreja viviam a sua secreta vida de santidade no mundo, irradiando luz e amor sobre tudo o que estava dentro do escopo deles, porém, eles estavam livres do orgulho espiritual. Eles desfrutavam de íntima comunhão com a imanente divina alma da natureza. Herdeiros de inocência e iluminação, eles não eram buscadores de si mesmos; e a sua única paixão era trazer a humanidade para a esfera da própria sublimidade deles, lidando com cada indivíduo conforme as circunstâncias dele exigissem. Para eles, os membros da Trindade eram mais próximos e mais reais do que qualquer outra coisa no universo. Mas eles eram puras ideias de integridade incorruptível. A incarnação era uma operação mágica ou mística que ocorria em todo homem. Cada um era o Filho de Deus que havia assumido um corpo de carne e sangue em ordem a levar a cabo a obra de redenção. A íntima residência do Espírito Santo era uma santificação resultante da conclusão da grande obra, quando o eu havia sido crucificado para si mesmo e levantado de novo em incorruptível imortalidade.

Eu ainda não vi que esta concepção repousada em bases metafísicas tão insustentáveis quanto as da ortodoxia. Não houve tentativa de explicar a origem do mal e similares dificuldades. Mas estas coisas eram mistérios que seriam revelados ao santo à medida que ele avançava no caminho da graça. De qualquer maneira, eu não era certamente a pessoa para cavilar. A sublimidade da ideia encantou-me; satisfez a minha ânsia por romance e poesia. Decidi com todo o meu coração tornar-me digno de atrair a atenção desta irmandade misteriosa. Eu ansiava apaixonadamente por iluminação. Eu não poderia imaginar nada mais requintado do que entrar em comunhão com estes homens santos e adquirir o poder de comunicar com a angélica e divina inteligência do universo. Eu almejava por perfeita pureza de vida, por maestria das secretas forças da natureza, e por uma carreira de devotado trabalho em nome de "a Criação que geme e tem dores de parto".

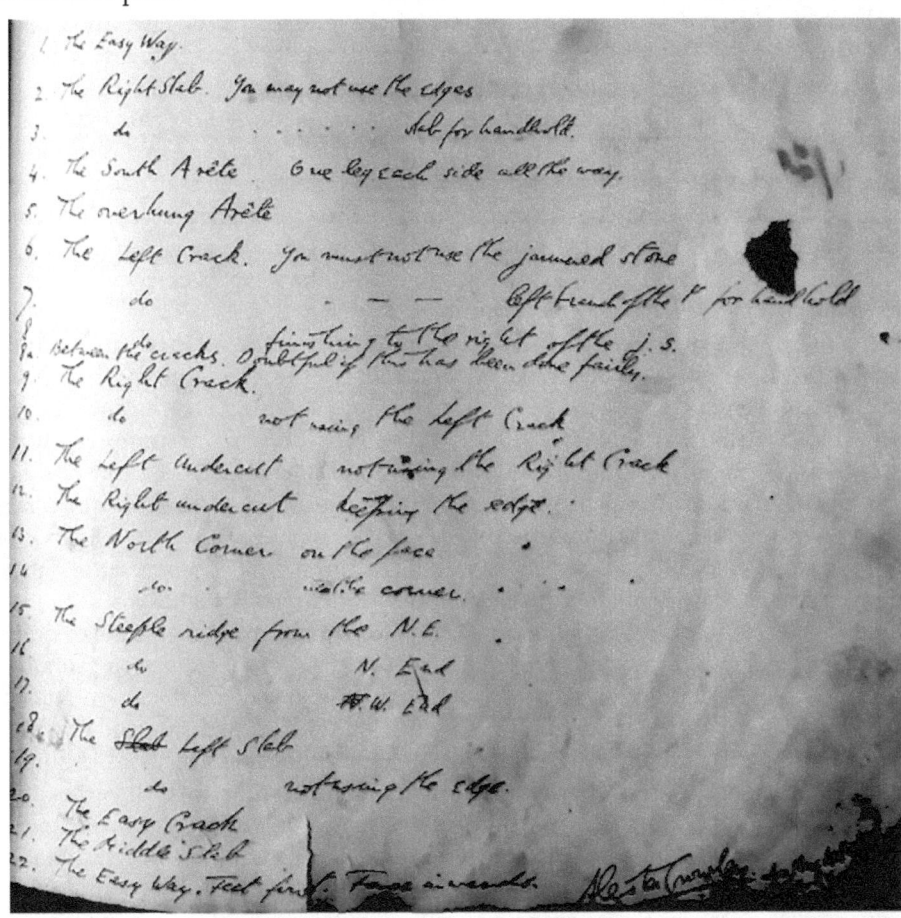

Datado de 18 de Abril, 1898. Anotações de Crowley, acerca da escalada do "Boulder", feitas no Hotel Wastwater. (Ostensivamente as primeiras da história)

A minha poesia nesta época é carregada ao ponto mais alto com estas aspirações. Posso mencionar a dedicação a *Songs of the Spirit*, "The Quest", "The Alchemist", "The Philosophers's Progress", "A Spring Snowstorm in Wastdale", "Succubus", "Nightfall", "The Storm", "Wheat and Wine", "Vespers", "Astrology" e "Daedalus". Em "The Farewell of Paracelsus to Aprile", "The Iniciation", "Isaiah" e "Power", tenho expressado as minhas ideias sobre os ordálios que poderiam ser expectados no Caminho. Todos estes poemas foram publicados em 1898. Em volumes posteriores, *Mysteries Lyrical and Dramatic, The Fatal Force, The Temple of the Holy Spirit* e *Tannhäuser*, estas ideias são levadas adiante à luz da minha experiência prática do Caminho.

Pode parecer estranho que, apesar da ânsia após santificação, a qual é a tónica destas obras, eu nunca perdi de vista o que parece superficialmente a ideia incompatível de justificação por intermédio do pecado. "Jezebel" e os outros poemas nesse volume provam este ponto. É como se o meu inconsciente estivesse ciente de que cada acto é um sacramento e que os rituais mais repulsivos podem ser, de certas formas, os mais eficazes. A única forma adequada de superar o mal era utilizá-lo plenamente como um meio de graça. A religião era para mim uma realidade apaixonada do tipo mais positivo. A virtude é etimologicamente masculinidade. Virilidade, concepção criativa e execução entusiasta foram os meios de realização. Não poderia haver mérito na abstenção de vício. Vício é na verdade *vitium*, uma falha ou defeito.

Esta atitude não é antinomianista, como a palavra é geralmente entendida. Quando São Paulo disse: "Todas as coisas são lícitas para mim, mas nem todas as coisas são edificantes", ele somente foi a metade do caminho. Nenhuma forma de energia se deve deixar a enferrujar. Cada partícula da personalidade é um factor necessário na equação e cada impulso deve ser levado em conta na Grande Obra. Percebi, além disso, que todas as convencionais regras de conduta eram válidas apenas em relação ao meio ambiente. Tomar uma questão fundamental: autopreservação. Na teoria da reincarnação ou da imortalidade, não deveria haver mais objecção à morte do que à dormida. De qualquer forma, eu percebi que a minha vida física era absolutamente sem valor; e não a colocava ao preço mínimo.

Eu nunca tive medo de levar a efeito as minhas conclusões; e eu sabia, ainda por cima, que falhar ao fazer desta forma seria meramente criar um conflito em mim mesmo. Eu tive uma completa compreensão instintiva da teoria da psicanálise. Este é o facto ao qual atribuo o meu extraordinário sucesso em todos os meus empreendimentos espirituais. Desde o início, eu fiz questão de seguir as instruções de um dos antigos Grimórios, "comprar um ovo preto sem regatear". Eu sempre entendi que a riqueza espiritual e material era incomensurável. Se eu quisesse um livro sobre Magick e se me propusessem dez vezes o preço adequado, eu o compraria na hora, apesar de saber que só precisava de contornar a esquina e encontrar um comerciante honesto.

Eu fazia este tipo de coisa propositadamente para afirmar magicamente que nada importava, excepto o trabalho do momento. Era "Não te preocupes com o amanhã" cumprido no seu sentido mais literal. Eu fazia questão de colocar Deus em Sua honra, por assim dizer, para suprir qualquer coisa que eu pudesse necessitar demonstrando-lhe que eu não iria reter a menor fracção imaginável dos meus recursos. Adquiri este costume mais tarde, quando tinha definitivamente descoberto a direcção do meu destino; mas a base moral da minha atitude já estava presente. A primeira indicação importante da sua incidência é dada pelo resultado da minha amizade com Pollitt.

Ele estava na residência durante o período da Páscoa de 1898 e víamo-nos quase todos os dias. Nas férias, ele acompanhava-me até Wastdale Head e costumava andar comigo sobre as colinas rochosas, pensava eu que nunca conseguiria persuadi-lo a fazer escalada.

Eu estava absorto em *The Cloud upon the Sanctuary*, lendo-o de novo e de novo sem ser desencorajado pelas notas farisaicas, pedantes e pitecantropóides do seu tradutor, Madame de Steiger. Apelei com toda a força da minha vontade aos adeptos da Igreja Oculta para me preparar como postulante para a sua augusta companhia. Como será visto mais tarde, actos de vontade, executados pela pessoa apropriada, nunca cairão ao chão, impossível como é (no presente) entender por que meios a energia é transmitida.

Embora Pollitt tivesse feito tanto pela minha educação, introduzindo-me à atmosfera corrente das vigentes ideias estéticas, ao trabalho de Whistler, Rops e Beardsley na arte, e aos assim chamados decadentes da literatura, bem como a remotos e primorosos mestres do passado que eu havia ignorado ou incompreendido, a minha admiração e gratidão não me impediram de me tornar consciente da profunda aversão das nossas almas. Ele não cometeu nenhum erro em adivinhar que as minhas aspirações espirituais eram hostis à aquiescência dele em desespero do universo. Então senti no meu eu subconsciente que devia escolher entre a minha devoção a ele e à Secreta Assembleia dos Santos. Embora ele fosse efectivo e adequado, eu preferi arriscar tudo no perigo. A amizade humana, ideal como era neste caso, estava sob a maldição do sofrimento universal. Decidi deliberadamente desistir, não obstante que isto era único e adorável em seu modo; que não havia esperança razoável de substituir isto. Este foi o meu acto de fé, sem mistura com a escória de esperança, e estampado com o imperial semblante de amor, para determinar que eu não continuaria com as nossas relações.

A pungência desta resolução era irregular e envenenada; pois ele era a única pessoa com quem eu já havia desfrutado de um relacionamento verdadeiramente espiritual e o meu coração estava solitário, faminto e amargurado como só o coração de um poeta pode compreender. Esta determinação desenvolveu-se gradualmente durante o último período de Maio. Ele lutou desesperadamente contra a minha crescente preocupação com a aspiração na qual ele reconheceu o carrasco da nossa amizade.

Pouco tempo depois eu afundei, nós tivemos uma última conversa. Eu tinha descido ao Bear em Maidenhead, de uma forma discreta, para escrever "Jezebel". Eu somente contei a uma pessoa—em estrita confidencialidade—para onde eu estava indo; mas Pollitt descobriu essa pessoa e forçou-a a contar o meu segredo. Ele entrou na sala pouco depois do jantar, para minha surpresa e raiva—pois quando estou a escrever um poema eu mostraria o próprio Azrael a quem batesse à porta!

Eu disse-lhe francamente e com firmeza que eu tinha dado a minha vida à religião e que ele não se encaixava no esquema. Vejo agora quão imbecil eu era, quão terrivelmente errado e fraco é rejeitar qualquer parte da personalidade de alguém. Todavia, estes erros não são erros no momento: tem de se passar por tais períodos; é preciso ser-se implacável em análise e completar esta, antes que se possa prosseguir para a síntese. Ele compreendeu que eu não deveria ser desviado do meu propósito e separámo-nos, para nunca nos encontrarmos novamente. Eu arrependi-me da minha decisão, tendo os meus olhos sido iluminados, um pouco mais tarde, mas a reconciliação não foi escrita! A minha carta extraviou-se; e no Outono, quando ele passou por mim na Bond Street, aconteceu que eu não o vi; ele pensou que eu queria ignorá-lo e os nossos destinos separaram-se.

Tem sido o meu arrependimento ao longo da vida, pois uma camaradagem mais nobre e mais pura nunca existiu nesta terra, e a influência dele poderia ter feito muito para amenizar as minhas provações subsequentes. Mesmo assim, a fragrância dessa amizade ainda perdura no santuário da minha alma. Essa eucaristia do espírito lembra-me constantemente que o único ingrediente necessário ao meu desenvolvimento estético foi fornecido pelos deuses no único período da minha vida em que poderia ser proveitosamente introduzido no meu equipamento.

~ 18 ~

DURANTE O PERÍODO de Maio de 1898 conheci um outro homem que, à sua maneira, estava interessado em muitas das mesmas coisas que eu próprio. O seu nome era Gerald Festus Kelly. Ele é descrito na lista telefónica como um artista; e a declaração poderia ter passado indefinidamente se a Royal Academy não o tivesse elegido recentemente como associado. Ele dificilmente pode ser culpado por esta desgraça. Ele lutou bravamente. Mesmo no último momento, quando sentiu as nuvens de tempestade prestes a quebrarem a sua cabeça, ele fez um último golpe desesperado para convencer o mundo de que era um artista casando-se com uma modelo. Mas o artifício não enganou ninguém. A evidência das suas imagens era muito notória. O esforço, além disso, esgotou completamente o seu poder de resistência; e ele recebeu o golpe com resignação Cristã. Entristece-me mais do que posso dizer ao pensar naquela jovem vida que se abriu com uma promessa tão brilhante, afundando-se gradualmente no atoleiro da respeitabilidade. Claro que isto não é na qualidade de ter sido ele capaz de pintar; mas para mim a calamidade é quase tão angustiante como se essa possibilidade tivesse sempre existido. Pois ele hipnotizou-me completamente para pensar que ele tinha algo nele. Tomei a determinação dele para me tornar um artista como evidência de algum traço de capacidade e ainda espero que os seus anos de ininterrupta devoção a uma desesperançada ambição lhe dêem o direito de reincarnar com algum tipo de alma.

Nós encontrámo-nos de uma forma um pouco romântica. O meu *Aceldama* acabara de ser emitido e estava a ser vendido privadamente na universidade a meia coroa. (Havia apenas oitenta e oito cópias, com dez em folhas grandes e duas em velino.) Um dos lemas em *Aceldama* é uma citação de "The Leper" de Swinburne. Eu não tinha reconhecido a autoria de *Aceldama* ; foi através de "A Gentleman of the University of Cambridge" em imitação de um dos livros iniciais de Shelley.

Ora, havia um livreiro na cidade com quem eu tinha poucas relações comerciais, pois ele era o espécime de negociante arrivista mais nauseantemente hipócrita que eu alguma vez vi. Ele era totalmente irreligioso e fazia um considerável negócio no tipo de livro que é repugnantemente descrito como "curioso". Mas ele estava ausente para obter o costume clerical e académico e para este fim adoptou uma vestimenta e uma maneira que teria sido influenciada no mais doce dos jovens coadjutores. De uma forma ou outra, uma cópia de *Aceldama* chegou às suas mãos; ele mostrou-a a Kelly, o qual estava tão animado com a citação de Swinburne que ele descobriu quem eu era, e foi combinada uma reunião. O seu conhecimento de arte e literatura era enciclopédico, e nós tornámo-nos muito íntimos, projectando colaboração numa peça Arturiana e numa nova revista para tomar o lugar de *The Yellow Book* e *The Savoy*, as quais tinham morrido com Beardsley. Nada de especial adveio disto naquela época, mas o encontro continha os germes de importantes desenvolvimentos. O evento crítico do ano foi o meu encontro com Oscar Eckenstein em Wastdale Head.

Eckenstein era um homem vinte anos mais velho do que eu. A sua ocupação na vida era matemática e ciência, e o seu único prazer era o montanhismo. Ele era provavelmente o melhor homem versátil em Inglaterra, mas as suas realizações eram pouco conhecidas por causa da sua quase fanática objecção à publicidade. Ele odiava os grasnidos de autopromoção como os dos principais membros do Alpine Club com uma intensidade que, por legítima que fosse, era quase exagerada. A sua detestação de todo o tipo de falácia e falso pretexto era uma paixão dominadora. Eu nunca conheci homem algum que defendesse os mais altos ideais morais com tal inabalável franqueza.

Realizámos algumas escaladas juntos naquela Páscoa e fizemos uma espécie de acordo provisório para empreender uma expedição aos Himalaias quando a ocasião se apresentasse. Ele tinha sido um membro da expedição Conway de 1892, mas tinha deixado o grupo em Askole, principalmente por causa do seu desgosto com a má administração. A separação foi engendrada, de mais a mais, do outro lado. Por que razão nunca foi explicada com clareza? Evidentemente seria impróprio sugerir que eles tinham-se decidido a registar pelo menos um sucesso parcial e não queriam uma independente testemunha aos procedimentos deles no glaciar.

Um incidente dessa expedição vale bem a pena mencionar. Uma inspecção estava sendo feita com instrumentos que não possuíam várias partes essenciais, e a respeito de Eckenstein salientar a inutilidade de fazer observações deste tipo, a resposta era: "Sim, eu sei, mas isto é bom o suficiente para a Royal Geographical Society". Qualquer coisa desse género despertou Eckenstein para um arremesso de raiva indescritivelmente violenta. Eu não poderia ter tido um professor melhor em questões de consciência. Ele ensinou-me meticulosidade e precisão em cada departamento do jogo.

Oscar Eckenstein
Wastdale Head Hotel, 1890s.

Oscar Eckenstein

Isto ilustra um ponto. Eu considerara-me um óptimo *glissader*, e comparado com as outras pessoas que eu conheci na vertente da montanha, mesmo tais especialistas como Norman Collie, eu tinha pouco a aprender. Mas Eckenstein mostrou-me que eu nem sequer era um principiante. Ele fez-me começar a descer diversas encostas a partir de todos os tipos de posições, e a colocar-me em qualquer outra posição desejada; a parar, a aumentar o meu andamento ou a saltar, na palavra de comando. Por que "começar a partir de todos os tipos de posições"? A ideia era que alguém poderia concebivelmente cair num declive de neve ou ter que saltar de uma grande altura e, portanto, era necessário saber como lidar com tais situações[62].

A combinação era ideal. Eckenstein tinha todas as qualidades civilizadas e eu todas as selvagens. Ele era um atleta concluído; o seu braço direito, em particular, era tão forte que ele só precisava colocar alguns dedos numa borda inclinada de uma rocha saliente acima da sua cabeça e conseguia levantar-se lentamente até que o seu ombro direito estivesse bem acima daqueles dedos. Há uma escalada na face leste do rochedo Y (assim chamado por causa de uma rachadura bifurcada na face oeste) próximo do Wastdale Head Hotel, a qual ele era o único homem a fazer, embora muitos escaladores de primeira linha a tenham tentado. Por maior que fosse a sua força, ele considerava-a

---

62 Ver *The Diary of a Drug Fiend*, pp. 159-60.

como nada, citando um seu conhecido mestre-escola Bávaro, o qual poderia rasgar ao meio um florim de prata com os dedos.

Ele era bastante baixo e de constituição robusta. Ele não sabia o significado da palavra "fadiga". Ele poderia suportar a maior dificuldade impávido e sereno. Ele era absolutamente confiável, como líder ou segundo homem, e esta qualidade era baseada em cálculos profundos e acurados. Ele conhecia as suas limitações pela largura de um cabeleiro. Eu nunca o vi tentar algo além das suas capacidades; e eu nunca o conheci em carência por falta de previdência.

Ele tinha um notável senso de direcção, considerado inferior ao meu. Mas o dele era baseado em considerações racionais, isto é, ele podia deduzir onde era o norte a partir de cálculos relacionados com a geologia, o vento e a lei das probabilidades; enquanto o meu próprio senso mais refinado era puramente psíquico e dependia da subconsciente registação no meu cérebro quanto aos ângulos pelos quais o meu corpo girara durante o dia.

Um ponto, no entanto, não é coberto por esta explicação, nem posso eu encontrar algo satisfatório ou mesmo plausível. Por exemplo, um dia (não tendo visto o nascer da lua naquele mês ou no distrito) nós tentámos escalar o Vulcão de Colima; tínhamos mandado de volta os nossos *mozos* com o acampamento para Zapotlán, tencionando cruzar a montanha até ao rancho de um cavalheiro a quem tivemos apresentações. Tínhamos visto o vulcão durante mais de uma semana, na esperança de descobrir alguma periodicidade nas suas erupções, coisa que esperávamos fazer. Nós aproveitámos a nossa chance e atravessámos as encostas até que as pedras começaram a queimar os nossos pés através das nossas botas. Reconhecemos que era inútil prosseguir.

Decidimos ir para a fazenda e logo alcançámos uma faixa de mata virgem, onde o *chapparal* e a madeira caída tornava isto quase impenetrável. As árvores eram tão grossas que raramente conseguíamos ver o céu. A única indicação para progressão era continuar descendo a colina. As encostas eram incrivelmente complicadas, de modo que a qualquer momento poderíamos estar voltados para o leste, sul ou oeste. A poeira da madeira podre quase nos sufocava e nos cegava. Sofremos torturas de sede, sendo o nosso suprimento de água extremamente limitado. A noite caiu; era impossível ver as nossas mãos à nossa frente. Nós conformemente acendemos uma fogueira para afastar os chacais e outras possibilidades, os quais ouvíamos uivando ao nosso redor. Nós naturalmente começámos a discutir a questão da direcção; e eu disse: "A lua vai erguer-se ali", e deitei o meu machado como um ponteiro. Eckenstein independentemente deitou o seu, após um cálculo mental bastante prolongado. Quando a lua levantou-se, nós descobrimos que o meu machado estava dentro de cinco graus e o dele dentro de dez graus da correcta direcção. Este foi apenas um de muitos de tais testes; e não enxergo nem um pouco de como eu sabia, especialmente porque a astronomia é um dos muitos assuntos dos quais o meu conhecimento é praticamente nulo. Apesar de inúmeras noites passadas sob as estrelas, poucas constelações consigo eu reconhecer excepto a Ursa Maior e Orion.

Além do meu senso de direcção em grande escala, eu tenho uma faculdade bastante estranha para escolher uma rota complicada através de rochas e quedas de gelo. Esta não é simplesmente uma questão de bom julgamento; pois em qualquer dada rota, vista de longe, pode sempre haver uma passagem, talvez não com vinte pés de altura, o que tornaria abortivo todo o plano. Este é especialmente o caso com quedas de gelo, onde grande parte da rota está inevitavelmente escondida da vista. Obviamente, não se pode ver o que está do outro lado de um serac, cujo topo teoricamente se tem alcançado. Todavia, eu nunca tenho estado errado; eu nunca tenho sido forçado a voltar de uma escalada, uma vez iniciada.

Eu também tenho uma memória surpreendente para os mínimos detalhes de qualquer terreno sobre o qual tenho passado. O professor Norman Collie tinha esta qualidade muito desenvolvida, mas ele retribuía-me o elogio dizendo que eu era muito melhor do que ele próprio. Isto também era nos meus primeiros dias quando ele estava a ensinar-me muitos pontos bastante rudimentares na técnica de escalada em rocha. Mais uma vez, nós temos uma questão de subconsciente memória física. Muitas vezes sou incapaz de descrever até mesmo os principais pontos de referência de uma escalada que acabei de fazer, mas reconheço cada calhau, quando chego a este, se solicitado a refazer os meus passos. Esforços da minha parte para ancorar uma montanha à clara consciência frequentemente criam uma tal confusão na minha mente que eu quase me espanto. Cometo erros tão grotescos que não estou longe de duvidar se eu tenho estado na montanha em absoluto: não obstante, os meus membros possuem uma consciência por conta própria que é infalível. Lembro-me dos pôneis Shetland (ver *The Two Destinies* de Wilkie Collins), os quais podem encontrar os seus caminhos através dos mais desconcertantes pântanos e névoa. Esta faculdade não é apenas retrospectiva—eu posso encontrar o meu caminho infalivelmente num país desconhecido em quaisquer condições meteorológicas. A única coisa que me impede é a interferência da minha mente consciente.

Eu tenho várias outras faculdades selvagens; em particular, eu consigo sentir o cheiro de neve e água, embora para coisas comuns o meu sentido olfactivo esteja bem abaixo da média. Não consigo distinguir perfumes perfeitamente familiares em muitos casos; isto é, não consigo conectá-los com os seus nomes.

Eckenstein e eu éramos ambos extremamente especialistas em descrever o que estava atrás de qualquer montanha à qual pudéssemos estar a observar. No caso dele, o conhecimento era deduzido cientificamente; no meu, era o que se deve chamar de pura clarividência. O mais próximo a que eu poderia chegar, compreendendo os métodos dele, era julgar pelo brilho acima do cume de uma montanha se o outro lado estava coberto de neve, e estimar a sua inclinação e o ângulo das suas rochas por analogia com as faces correspondentes das montanhas atrás de nós, ou formações semelhantes noutro lugar. Eu dificilmente acharia necessário apontar o extraordinário valor prático destas qualidades ao decidir a rota de alguém num país desconhecido.

Na presente técnica de escalada, Eckenstein e eu ainda éramos mais complementares. É impossível imaginar dois métodos mais opostos. A sua escalada era invariavelmente limpa, ordenada e inteligível; a minha dificilmente pode ser descrita como humana. Acho que os meus primeiros esforços sem instrução, enfatizados pela minha experiência em calcário, fizeram muito para formar o meu estilo. Os movimentos dele eram uma série, os meus eram contínuos; ele usava determinados músculos, eu usava todo o meu corpo. Devido indubitavelmente à minha prematura falta de saúde, eu nunca desenvolvi força física; mas eu era muito leve e possuía elasticidade e equilíbrio num grau extraordinário.

Lembro-me de sair em Scafell com um homem chamado Corry. Ele era o atleta ideal e passara por um curso de Sandow; mas tinha pouca experiência de escalar naquele tempo. Eu levei-o até o North Climb de Mickledoor. Há um lugar onde, enquanto se fareja por apoios, a pessoa se sustenta com um braço esticado em toda a extensão numa rachadura. O braço é apoiado pela rocha e a mão segura um apoio tão satisfatório quanto um punho de espada. O inconcebível aconteceu; Corry caiu e teve que ser recuperado pela corda. Fiquei espantado, mas não disse nada. Nós continuámos a subida e, alcançando o topo da Broad Stand, tirámos a corda. A título de exercício, eu sugeri escalar uma curta e precipitosa inclinação acima de uma laje inclinada. Não havia perigo possível, isto estava dentro dos poderes de uma criança de seis anos; mas Corry soltou-se novamente. Eu estava de pé na laje e peguei-o pela gola no momento em que ele passava no seu caminho para a destruição.

Depois disso, nós colocámos a corda novamente e voltámos descendo, penso eu, Mickledore Chimney. No caminho para Wastdale, ele estava estranhamente silencioso e envergonhado, mas finalmente decidiu perguntar-me acerca disto.

"Importa-se se eu apalpar o seu braço?" Disse ele. "Deve ser uma maravilha."

Eu consenti e ele quase desmaiou de surpresa. Os meus músculos estavam em quantidade e qualidade como os de uma jovem dama Vitoriana. Ele mostrou-me o seu próprio braço. Não poderia ter havido uma peça de anatomia mais fina para a força varonil. Ele não conseguia entender como, com tudo a seu favor, tinha sido incapaz de manter o seu agarramento nos melhores apoios em Westmorland.

Um paralelo curioso a este incidente aconteceu em 1902 na expedição para Chogo Ri. Nós tínhamos um acordo pelo qual um par de esquis poderia ser convertido num trenó por conveniência em puxar bagagens sobre glaciares cobertos de neve. Quando o médico e eu propusemos mudar do Acampamento 10 para o Acampamento 11 nós montámos este trenó e acondicionámos sete cargas nele. Nós considerámos isto muito fácil de puxar. Esta era claramente uma economia de cinco carregadores e começámos com dois homens a subir a encosta. Para nosso espanto eles não eram capazes de movê-lo. Eles pediram ajuda; até a todos os sete que estavam nas cordas. Mesmo assim, eles tiveram grande dificuldade em puxar o trenó e antes de percorrerem uma distância de 100 jardas desgovernaram-se para dentro de uma fenda. Eles resolveram o problema pegando em duas cargas (entre 100 e 120 libras-massa) cada e saíram alegremente. É inútil ter força a não ser que se saiba como aplicá-la.

Eckenstein reconheceu desde o início o valor dos meus instintos naturais de montanhismo, e também que eu era um dos mais jovens idiotas vivos. Além das poucas lições de valor inestimável que eu tivera com Collie, eu ainda era um amador do tipo mais inexperiente. Eu não tinha ideia do sistema. Eu tinha conseguido muito, é verdade, senão uma mistura de genialidade e bom senso; mas eu não tinha nenhum treino regular e era totalmente ignorante dos assuntos sérios da vida no acampamento e de outros ramos de exploração.

Combinámos passar o Verão numa cabana no glaciar Schönbiel sob o Dent Blanche, primeiramente com a ideia de me tornar apto à expedição Himalaica e secundariamente com a de escalar a face leste do Dent Blanche por uma nova rota que ele havia anteriormente tentado com Zurbriggen. Eles tinham sido interrompidos por uma formação que é extremamente curiosa e rara nos Alpes—declives de neve muito macia estabelecidos num ângulo inescalável. Ele pensou que a minha capacidade de locomoção em lugares deste tipo podia permitir-nos conquistar a montanha.

Espero que Eckenstein tenha deixado material adequado para uma biografia e providenciado a sua publicação. Eu sempre quis lidar com o assunto sozinho. Mas a infeliz terminação da sua vida em tuberculose e em esponsalício, quando ele esperava passar o Outono e o Inverno em Kashmir meditando sobre os mistérios que apelavam ao seu espírito sublime, tornava nugatórios todos esses planos.

Acredito que um dos meus mais altos deveres seja registar nestas memórias o máximo possível em relação a este homem que, com Allan Bennett, se destaca de todos os outros com quem tenho sido realmente íntimo. A grandeza do seu espírito não era inferior à de gigantes como Rodin; ele era um artista não menos do que se ele tivesse efectivamente produzido algum monumento à sua mente. Apenas a sua constante dificuldade por via da asma espasmódica impedia-o de combinar o seu génio com obras-primas. Tal como é, há uma quantidade imensa na sua vida misteriosa e extraordinária além de qualquer coisa que eu alguma vez tenha conhecido. Por exemplo, durante vários anos ele foi objecto de repetidos ataques homicidas que ele somente poderia explicar na hipótese de que estava sendo confundido com outra pessoa. Devo registar uma aventura, impressionante não apenas em si mesma, mas porque é de um tipo que parece quase tão universal quanto o "sonho de voar". Possui a qualidade do fantasma. Parece-me uma aventura que, de uma forma ou de outra, acontece com um grande número de homens; que ocorre constantemente em sonhos e romances da ordem Stevensoniana. Por exemplo, não posso deixar de acreditar que algo desse tipo tenha acontecido comigo, embora eu não possa dizer quando, nem me lembrar dos incidentes. Eu tenho escrito a essência disto em "The Cream Cricean"; e algum fantasma de textura similar aparece a mim no sono com tanta frequência que me pergunto se o seu número é menor que um semanalmente, em média. Às vezes isto perpetua-se noite após noite, reconhecível em si apesar da imensa variedade de configurações, e assombrando as minhas horas de vigília com algo próximo da convicção de que isto representa alguma realidade.

Esta história é resumidamente a seguinte. Uma noite, depois de ser atacado nas ruas do Soho, ou na zona entre aquela secção da rua Oxford e a Euston Road, ele decidiu, em caso de um novo ataque, voltar para casa por um desviada e desconhecida rota. Algures no bairro da Caledonian Road, ele achava que estava a ser seguido—não era tarde e estava um pouco enevoado. Para ter certeza, ele virou para uma passagem estreita na qual se abriam os jardins de uma fileira de casas, numa, e apenas uma, de cujas luzes eram visíveis. A porta do jardim desta casa estava aberta e ele esquivou-se para dentro para ver se os homens que ele suspeitava o estavam a seguir. Duas figuras apareceram no final da passagem, ele silenciosamente fechou a porta atrás dele com a intenção de entrar na casa, explicando a sua posição e pedindo permissão para sair pela porta da frente. A porta foi aberta por uma jovem e bela mulher em elegante vestido de noite. Ela parecia de boa posição social e, perante a explicação dele, pediu-lhe para ficar para jantar. Ele aceitou. Nenhum servo apareceu, mas ao chegar à sala de jantar— que era mobilada de forma encantadora e decorada com quadros extremamente bons, Monet, Sisley e similares, com esboços ou águas-fortes de Whistler, todos pequenos mas admiráveis exemplos desses mestres—ele encontrou um jantar frio para duas pessoas colocado à disposição. Eckenstein permaneceu por várias horas, de facto até à luz do dia, quando partiu com o entendimento de que voltaria nessa noite. Ele não tomou nota do endereço, a rua era-lhe familiar e a sua memória para números totalmente confiável. Eu acho que ele foi de alguma forma impedido de retornar na mesma noite; não tenho muita certeza sobre este ponto. Mas fosse como fosse, ele estava lá vinte e quatro horas depois. Ele ficou surpreso ao encontrar a casa na escuridão e espantado quando sem adicional inspecção ele viu um aviso "Para Alugar". Ele bateu à porta e circundou em vão. Assumindo que ele deve ter confundido o número, impensável como a suposição era, ele explorou as casas adjacentes, mas nada encontrou. Irritado e intrigado, ele ligou para o agente na manhã seguinte e visitou a casa. Ele reconheceu-a como a da sua anfitriã. Mesmo as menores descolorações do papel de parede onde a estante e os quadros tinham estado comprovavam para a identidade da sala. O agente garantiu-lhe que a casa não tinha sido ocupada há três meses. Eckenstein apontou vários sinais de ocupação recente. O agente recusou-se a admitir a conclusão. Eles exploraram a parte de trás das instalações e encontraram as janelas Francesas pelas quais Eckenstein entrara, e o portão do jardim, exactamente como ele havia deixado. No inquérito, parecia que a casa estava vaga devido ao proprietário (um bacharel de cerca de sessenta anos de idade, o qual tinha morado lá por muito tempo com um homem e esposa a manterem a casa para ele) ter sido solicitado para o sul da França durante o Inverno. Ele levara uma vida muito retirada, não se enxergando companhia; a casa tinha sido mobilada no estilo Vitoriano inicial. Somente o único cómodo onde Eckenstein jantara estava sem mobília. O agente explicou isto dizendo que o velho tinha levado os pertences desta investigação com ele para a França, por causa da familiaridade deles.

O mistério intrigou Eckenstein imensamente e ele retornou várias vezes à casa. Um mês depois, ele descobriu que os dois servos tinham retornado. O mestre era esperado na Primavera. Eles negaram o conhecimento de qualquer senhora conforme descrita; e ali repousa o mistério, salvo que, algum tempo depois, Eckenstein recebeu uma carta, sem assinatura, numa caligrafia evidentemente disfarçada. Continha algumas breves frases no sentido de que o escritor lamentava, mas isto não poderia ser evitado; que não havia esperança para o futuro, mas aquela memória nunca desapareceria. Ele conectou essa misteriosa comunicação com a sua anfitriã, simplesmente porque ele não conseguia imaginar nenhuma outra possibilidade.

Eu não posso oferecer qualquer explicação, mas acredito em cada palavra da história, e o mais estranho é que possuo uma impenetrável convicção de que algo quase exactamente igual deve ter acontecido comigo. Lembro-me do único episódio fascinante que resgata o outrora famoso mas excessivamente estúpido e sentimental romance *Called Back* a partir de um estado de embotamento absolutamente abjecto. Há também uma cena admirável numa das melhores histórias de Stevenson, *John Nicholson*. Um tema semelhante ocorre no *Dr. Jeckyll and Mr.Hyde*, *The Sire de Malétroit's Door*, e *A Lodging for the Night*. Existem ideias semelhantes na literatura oriental e clássica. O fascínio da ideia central parece assim uma obsessão positiva para certas mentes.

É isto de algum modo simbólico sobre um generalizado desejo ou medo? É isto, como no caso do complexo de Édipo, o vestígio de uma memória racial—"No princípio era a acção"? (Esta frase magnífica conclui o *Totem and Taboo* de Freud.) Ou pode isto ser a memória real de um evento em alguma incarnação anterior ou em alguma outra ilusão que não aquilo que nós chamamos de vida real?

No decurso da escrita desta história, a impressão de reminiscência pessoal tem-se tornado cada vez mais forte. Agora recordo claramente o suficiente de que tenho realmente experimentado não uma mas muitas de tais aventuras, isto é, no que se refere à essência espiritual. Eu tenho repetidamente, às vezes por acidente mas mais frequentemente de propósito, ido para o quarto errado ou para a casa errada, com a deliberada intenção de encontrar um romance. Na maioria das vezes, eu tenho conseguido. Quanto à sequência, eu tenho frequentemente falhado no retornamento; e aqui novamente às vezes a força das circunstâncias tem sido responsável, às vezes desinclinação; mas mais frequentemente, através da operação daquele diabinho do perverso a quem eu culpo noutras partes deste livro por derrotas ocasionais no xadrez. Eu desejava ir, eu fazia todas as preparações para a ida, eu porventura chegava à porta e depois encontrava-me impotente para entrar. Mais estranho ainda, eu realmente voltava; e depois, apesar dos mais fortes esforços conscientes para "recapturar o primeiro fino arrebatamento descuidado" da visita anterior, comportava-me de tal maneira que tornava isto impossível.

Eu nunca fiquei perplexo com qualquer incidente tão inexplicável como o abandono do quarto, embora às vezes eu tenha falhado em encontrar a esperada rapariga.

Falando sobre todo o assunto com o meu guia, filósofo e amigo, Frater O.P.V., ele acha toda a história extraordinariamente emocionante. Ele acha a situação nodal para o espírito de romance. Um número extraordinário de tópicos vitais ou "nervos" do romance.

Ele atribui grande importância ao fracasso de Eckenstein em manter o compromisso. Parece-lhe como se todo o assunto fosse uma espécie de provação mágica, que Eckenstein deveria ter estado acordado para o carácter milagroso da aventura e mantido a sua nomeação embora o próprio inferno se escancarasse entre ele e a casa. O teste principal é a percepção dele de que o incidente é alta Magick, que se ele não conseguir entender a sua importância, entender que, a menos que ele retorne naquela noite, o caminho será fechado para sempre. Ele sugere que, ao não apreciar a oportunidade em seu valor total, de alguma forma perdeu a oportunidade suprema da sua vida, como se a "casa errada" fosse a porta de entrada para um outro mundo, uma pousada, digamos, nos arredores da Cidade de Deus. Nos últimos anos tenho estado constantemente alerta e à procura de algo do tipo. Sempre que os meus planos são desarranjados por uma série de circunstâncias aparentemente triviais e acidentais, olho ansiosamente para a possibilidade de que a situação para a qual eles conduzem possa provar a cena de abertura em algum drama gigantesco. Numerosos episódios nestas memórias ilustram esta tese. Pode-se até dizer que todo o livro é uma demonstração de como o acúmulo e a consequência de um grande número de factos aparentemente desconectados culminaram em trazer "a hora e o lugar, e o ente querido todos juntos".

Os pais de Eckenstein tinham escapado da Alemanha em 1948, ou por aí, como exilados políticos, ou pelo menos imagino; não me lembro de nenhum detalhe. Mas ele foi educado em Bonn e conheceu Bloody Bill intimamente.

Este desafortunado déspota era naquele tempo um jovem de extraordinária promessa, levando-se a si mesmo com a maior seriedade ao perceber as gigantescas responsabilidades da sua herança. Ele estava intensamente ansioso para se preparar para fazer o melhor pela Alemanha. Ele estava de mente aberta e encorajava os esforços de Eckenstein para introduzir o remo de oito remadores na universidade, e usou a sua influência para obter permissão dos oficiais para repousarem as suas espadas quando jogassem ténis.

Um incidente diverte-me grandemente. Os estudantes estavam isentos da lei geral e não podiam ser punidos por qualquer acto que não fosse mencionado por nome nos estatutos. Os espíritos mais brilhantes procurariam então conformemente lacunas nos estatutos. Era, por exemplo, *strengstens verboten*[63] amarrar vigias nocturnos a pára-raios durante tempestades. Eckenstein e os seus amigos esperavam conformemente pela ausência de tempestades e depois amarravam os vigias.

Ele estava tão completamente anglicizado quanto possível. A principal marca do velho Adão era uma tendência para dogmatismo profissional. Quando ele sentia que estava certo, ele estava quase ofensivamente certo; e em qualquer ponto que lhe parecesse estabelecido, o coeficiente da sua elasticidade mental era zero. Ele não podia imaginar a interferência de princípios amplos com os resultados detalhados da pesquisa. A frase "princípios gerais" enfurecia-o. Ele insistia em que cada caso fosse analisado em si mesmo à medida que este emergisse. Tudo bem, mas é possível exagerá-lo. Há muitas circunstâncias que eludem a análise, mas são perfeitamente claras se examinadas à luz da estrutura fundamental do organismo humano. Por tudo isso, ele era exactamente o homem que eu precisava para corrigir a minha tendência de tomar as coisas como garantidas, de contentar-me com aproximações, de tirar conclusões precipitadas, e geralmente de pensar casualmente e vagamente. Além disso, a minha experiência dos seus hábitos morais e intelectuais foi de grande utilidade para mim, ou melhor, para a

---

63 N.T.: estritamente proibido

Inglaterra, quando coube a mim ser mais esperto que Hugo Münsterberg.

O código moral de Eckenstein era maior e mais nobre do que o de qualquer outro homem que conheci. Em vários pontos eu não posso concordar; pois algumas das ideias dele são baseadas no complexo de pecado. Não consigo imaginar de onde ele o tirou, ele com a sua mente racionalista da qual excluiu todas as suposições de religião estabelecida. Mas ele certamente tinha a ideia de que a virtude era incompatível com o prazer. Ele recusava-se a admitir que escrever poesia era trabalho, embora ele a admirasse e amasse intensamente. Eu acho que o seu argumento deve ter sido que se um homem gosta do que está a fazer, ele não deve esperar uma remuneração extra.

Eckenstein compartilha as idiossincrasias de certos grandes homens da história. Ele não podia suportar gatinhos. Ele não se importava com gatos adultos. O sentimento era bastante irracional e conferia poderes misteriosos! pois ele podia detectar a presença de um gatinho por meio de algum sentido peculiar a ele próprio. Nós costumávamos provocá-lo acerca disto à maneira dos jovens, os quais nunca compreendem que qualquer coisa pode ser séria para uma outra pessoa, coisa que não é assim para eles.

Numa Páscoa o hotel estava sobrelotado; e cinco de nós, incluindo Eckenstein e eu, estávamos dormindo no celeiro. Um dos maiores amigos de Eckenstein era a Sra. Bryant, cuja bela morte entre Chamonix e Montenvers em 1922 foi a coroa de uma vida nobre. Ela trouxera a sua sobrinha, a senhorita Nichols, a qual à intrepidez nas rochas acrescentava ludicidade em ambientes menos austeros. Eu acuso-a formalmente de colocar um gatinho debaixo do travesseiro de Eckenstein, no celeiro, enquanto estávamos na sala de fumar depois do jantar. Se tivesse sido uma cobra Eckenstein não teria ficado mais chateado!

Ele também tinha uma idiossincrasia acerca do aroma artificial. Certo dia a minha esposa e uma amiga voltaram para casa depois das compras. Elas tinham contactado o químico que as pulverizara com "Shem-el-nessim". Nós vimo-las a chegar e fomos até à porta para recebê-las. Eckenstein fez uma corrida—como um touro—para a janela da sala de estar, abriu-a e passou o seguinte quarto de hora debruçado e ofegante.

Eckenstein era um grande conhecedor de quebra-cabeças. É extremamente útil, a propósito, ser capaz de ocupar a mente de tal maneira quando não se tem as conveniências ou a inclinação para o trabalho regular de alguém, e há muito tempo para matar num hotel ou numa tenda com más condições meteorológicas. Pessoalmente, eu tenho achado o xadrez solitário e o triple-dummy bridge ou o skat tão bom quanto qualquer coisa.

Eckenstein era uma reconhecida autoridade naquilo que é conhecido como o problema das colegiais de Kirkwood, mas nós costumávamos trabalhar todos os tipos de coisas, desde problemas relacionados com os números de Mersenne e o teorema binário de Fermat até à tentativa puramente frívola de representar qualquer número dado pelo uso do número quatro, quatro vezes—nem mais nem menos, relacionando-os por qualquer um dos símbolos aceites das operações matemáticas. Portanto:

$$18 = 4(4.4) + .4$$
$$38 = 4! + 4/.4 + 4$$
$$106 = 4*4! + 4/.4$$
$$128 = 4^4/4 - \sqrt{4}$$

dele tem sido feito até cerca de 170, com excepção do número 113, e daí para 300 ou lá perto com apenas algumas lacunas. Resolvi 113 com a ajuda de Frater Psi e o uso de um subfactorial, pois Eckenstein não admitiria o uso deste símbolo como justo.

Ele também estava interessado em enigmas envolvendo apetrechos materiais, um dos quais parece valer a pena mencionar. Ele estava em Mysore e um prestidigitador itinerante vendeu-lhe um monte de truques mais ou menos engenhosos. Um deles consistia simplesmente em dois pedaços de madeira; um deles com um buraco, o outro com a forma de um haltere, sendo as extremidades grandes demais para passar pelo buraco. Eckenstein disse que esteve quase pronto a jurar que viu o homem a pegá-los separadamente e rapidamente a colocá-los juntos, em tal condição estavam que nunca foi capaz de separá-los. Ele explorou a superfície minuciosamente em busca de sinais de complexidade de estrutura mas sem sucesso. Eu nunca vi o brinquedo, ele enviou-o para o Sr. W. W. Rouse Ball, uma grande autoridade em tais assuntos, mas também lutou em vão neste caso.

Nós estávamos naturalmente sempre interessados em quaisquer problemas relacionados com a elaboração de uma rota difícil, e aqui a sua probidade numa ocasião fez dele vítima de uma inescrupulosa criança de Shaitan. O vilão apareceu sob o disfarce de um velho e valioso amigo, dizendo: "É possível alcançar Q a partir de P (mencionando dois lugares em Londres) sem passar por um *pub*?" Eckenstein em conformidade deu as suas caminhadas nessa direcção e, após intermináveis problemas, descobriu um caminho indirecto que satisfazia a condição. Comunicando a prazerosa notícia, o seu amigo respondeu: "Bom para ti! Aqui está outra coisa. Podes tu chegar a Horseshoe, Tottenham Court Road, a partir daqui sem passar por um *pub*?" Eu não sei quantos pares de botas alpinas Eckenstein desgastara sobre o problema, antes de perguntar ao seu amigo: "Pode ser feito?" Um telegrama assegurou-lhe que poderia. Mais botas foram pelo caminho e depois ele desistiu. "É perfeitamente fácil," disse o falso amigo, "*não* passes por eles—entra!"

(O psicólogo observará que esta atroz peça de deslocado humor foi possibilitada pelo problema anterior ter sido genuíno, difícil e interessante, garantindo assim a intrujice.)

Uma das suas diversões favoritas era calcular a possibilidade de alguma publicada descrição de um fenómeno. Por exemplo, no romance "She", aqui está uma "pedra de balanço" acerca da qual existem dados suficientes no livro para permitir um especialista dizer se isto era possível na natureza. Ele decidiu que era, mas apenas no pressuposto de que isto era um cone equilibrado em seu vértice.

Eu suponho que cada forma de navegação possui os seus perigos peculiares. Lembro-me de Eckenstein contar-me sobre uma aventura que ele teve uma vez com Legros. Alguém poderia ser tentado a pensar que muito pouco dano poderia chegar a uma barcaça numa doca no Tamisa, sendo a barra deitada abaixo por um torpedeiro. Mas os factos são outros. Era a primeira vez que qualquer um deles tinha estado no comando desta espécie de embarcação, a qual tinham que manobrar para inspeccionar um cais que requeria algum ligeiro reparo. O galante pequeno valsador das ondas deslocava cento e vinte toneladas e foi chamado de *Betsy Anne*.

Eles embarcaram na barcaça sem dificuldade, mas fazê-la seguir em frente era outro assunto. Os conterrâneos de Cook, Drake e Nelson não estavam atrás de conselhos sábios formulados em linguagem de franqueza e fantasia. Eles aprenderam que a maneira de fazer uma barcaça andar era subir e descer a larga e plana amurada com uma vara. Ela certamente era muito difícil de início; mas ficou mais fácil quando ela se arrebanhou. Eles entraram no espírito do desporto e começaram a competir para cima e para baixo com as suas varas, empolgando-se mutuamente para emulação com animada risada. O orgulho enchia as suas almas conforme eles observavam que o rápido domínio da estranha embarcação era apreciado em terra, como testemunhava o vigoroso aplauso. Isto encorajava-os a esforços mais poderosos e em pouco tempo deviam ter estado a fazer bem mais de duas milhas por hora. Então o rápido ouvido de

Eckenstein perguntou-lhe se os gritos em terra eram tão inteiramente a expressão de irrestrita admiração como ele supunha. Ele prestou mais atenção e pensou ter detectado berros de abrutalhado escárnio misturado com violenta objurgação. Ele pensou ter ouvido uma palavra na conclusão de uma série de epítetos extremamente enfáticos que poderiam facilmente ter sido confundidos com "Louco!" Neste ponto Legros parou de propelir, disse laconicamente e inconfundivelmente "Inferno!" e apontou para o cais, o qual, como afirmado anteriormente, precisava de alguns reparos triviais. Não estavam agora a mais de cinquenta jardas de distância e parecia-lhes que os acusavam com a determinação de um elefante furioso. Eles perceberam o perigo e gritaram pedindo conselhos. A resposta foi, em essência, "Mergulhar!" Evidentemente, era impossível tentar parar ou mesmo desviar *Betsy Anne*. Eles mergulharam e, um momento depois, ouviram o estrondo da colisão, e quase foram atingidos por barrotes de madeira caindo. "Bem," disse Eckenstein, enquanto se dirigiam para casa para trocar as suas roupas enlameadas, "de qualquer maneira fizemos um bom trabalho matinal. Esse cais não precisa mais de reparos triviais." Tanto o cais como a *Betsy Anne* mantiveram a vizinhança, em lenha, durante os dois anos seguintes. Oh! para um Cowper moderno imortalizar o John Gilpin marítimo!

~ 19 ~

NÓS TÍNHAMOS UMA ou duas outras pessoas connosco, em particular um homem chamado Paley Gardner, o qual estivera com Eckenstein em Wastdale na Páscoa. Ele era um homem de força gigantesca, mas não podia ser ensinado a escalar as rochas mais simples. Ele sempre tentou puxar a montanha para ele em vez de se puxar até ela! Ele foi um dos melhores companheiros com quem andei e levou uma vida extraordinária da qual ele era muito calado e muito tímido para falar. Mas ele soltou-se até certo ponto no acampamento; e duas das suas aventuras são tão notáveis que sinto que deveriam ser resgatadas do esquecimento.

Ele era um homem rico, mas numa ocasião encontrou-se sem recursos em Sydney e demasiado apático para telegrafar solicitando dinheiro. Nesta conjuntura ele conheceu um homem que se ofereceu para levá-lo fazendo negócios nas ilhas. Eles arranjaram uma escuna, uma tripulação e alguns abastecimentos; zarparam; venderam as suas coisas; e partiram para casa. Então a varíola eclodiu a bordo e cada homem morreu ao lado de Paley, o qual velejou na escuna, sozinho, sete dias de volta a Sydney.

Noutra ocasião, ele encontrou-se em Lima durante a batalha; se se pode chamar a isto uma batalha quando todos achavam que a melhor aposta era atirar em qualquer um que aparecesse como uma questão de princípio geral. Paley, sendo um homem de paz, assumiu uma posição numa remota muralha com a ideia de atirar em qualquer um que se aproximasse no caso de se mostrar hostil. No entanto, a primeira pessoa que chegou foi obviamente um Inglês. Eles reconheceram-se e começaram a concertar medidas para fuga.

O recém-chegado, médico com longa experiência na América do Sul, sugeriu que, se conseguissem atravessar uma larga faixa do país habitada por tribos indígenas particularmente malignas, e os Andes, poderiam alcançar as nascentes do Amazonas e descer de canoa até Iquitos, onde eles estariam em boa situação, visto que o médico era um amigo próximo de Dom Somebody, um ministro poderoso ou outro alto funcionário. Eles começaram este programa insano e executaram-no (após inumeráveis aventuras) com sucesso. Chegando a Iquitos, esfarrapados e sem dinheiro, mas confiantes de que a amizade do ministro os colocaria imediatamente num bom postigo, eles procuraram as autoridades locais—e descobriram que o amigo deles tinha sido enforcado poucos dias antes, e que qualquer um que o conhecesse poderia esperar uma solução semelhante para os seus problemas!

Os dois Ingleses foram lançados na prisão, porém, escaparam e dispararam rio abaixo. O clamor público foi levantado; mas, precisamente no momento em que os seus perseguidores se estavam aproximando, eles conseguiram roubar um barco de pesca, com o qual se colocaram no oceano Atlântico. Felizmente, alguns dias depois, quando estavam à beira da inanição, eles chegaram à borda de um navio Inglês a caminho de Liverpool. O capitão apanhou-os e levou-os para casa em triunfo.

O tempo tornava impossível fazer qualquer escalada séria; contudo, eu aprendi muito sobre o trabalho de um acampamento em grandes altitudes, desde a administração do transporte até à culinária; na verdade, a minha principal reivindicação à fama é, talvez, o meu "caril glaciar". Era muito divertido ver estes homens fortes, acostumados a todos os perigos e dificuldades, correrem para fora da tenda, depois de provarem um bocado, e chafurdarem na neve, mordendo-a como cães raivosos. Eles admitiam, no entanto, que era muito bom como caril e que eu deveria esforçar-me para introduzi-lo em restaurantes de Londres, somente se lá houvesse um glaciar. Talvez, algum dia, após uma forte nevasca.

Eu tinha sido conduzido, no decorrer da minha leitura, ao *The Kabbalah Unveiled*, de S. L. Mathers. Eu não entendia uma palavra, mas isto fascinava-me ainda mais por esse motivo, e isto era o meu constante estudo no glaciar. A minha saúde não estava boa durante este Verão e eu descera para Zermatt para descansar. Certa noite, na cervejaria, eu comecei a estabelecer a lei da alquimia, a qual de maneira nenhuma eu compreendia. Mas era um assunto bastante seguro sobre o qual me estender e creio que eu impressionei o grupo de homens com a minha vasta aprendizagem. Todavia, o meu destino estava em cilada. Um dos participantes, chamado Julian L. Baker, era químico analítico. Ele chamou-me à parte, quando o grupo se dispersou, e voltou para o hotel comigo. Ele era um verdadeiro alquimista prático—não sei se ele tinha sido iludido pela minha tagarela exibição de erudição. Ele pode simplesmente ter deduzido que um rapaz, embora vaidoso e tolo, o qual se tinha esforçado tanto para compreender o assunto, poderia ter afinal um interesse realmente honesto; e ele levou-me a sério. Ele tinha realizado um trabalho notável em alquimia. Com efeito, ele tinha preparado "mercúrio fixo"; ou seja, o puro metal que de alguma forma ficava sólido em temperaturas normais.

Quanto a mim, eu não cometi erro. Eu senti que o momento de oportunidade estava a chegar. Eu tinha enviado a chamada S.O.S para um Mestre durante aquela Páscoa em Wastdale Head; e aqui estava um homem que era ele próprio um ou poderia colocar-me em contacto com um. Pareceu-me mais do que uma coincidência que eu deveria ter sido conduzido a encontrá-lo, em parte através da minha falta de saúde e em parte através da minha fátua vaidade. Naquela noite resolvi renovar a minha convivência com Baker pela manhã e abordá-lo seriamente acerca da intrincada questão que assentava perto do meu coração.

O dia seguinte amanheceu. Ao pequeno-almoço perguntei por Baker. Ele tinha saído do hotel; ninguém sabia aonde ele tinha ido. Eu telegrafei para todo o vale. Ele foi localizado na Gorner Grat. Eu acelerei até à montanha para encontrá-lo. Mais uma vez ele tinha ido embora. Eu apressei-me de volta. Em vão persegui-o pelos hotéis e pela estação ferroviária. Por último recebi um relato de que um Inglês correspondente à descrição dele começara a descer o vale para Brigue. Eu lancei-me de cabeça em perseguição. Desta vez eu fui recompensado. Alcancei-o a umas dez milhas abaixo de Zermatt. Contei-lhe da minha busca pelo Santuário Secreto dos Santos e convenci-o da minha desesperada sinceridade. Ele aludiu que sabia de uma Assembleia que poderia ser aquela pela qual eu estava procurando. Ele falou de um Sacramento onde os elementos eram quatro em vez de dois. Este nada significou para mim; mas eu senti que estava no caminho certo. Eu fiz com que ele prometesse encontrar-me em Londres. Ele acrescentou: "Apresentar-te-ei a um homem que é muito mais Mago do que eu".

Para resumir a matéria em suma, ele manteve a sua palavra. A Assembleia Secreta materializou-se como a "Ordem Hermética da G∴ D∴" E o Mago como um George Cecil Jones.

Durante todo o Verão, o clima piorava cada vez mais e a minha saúde seguia o mesmo curso. Eu encontrei-me obrigado a deixar o acampamento e ir a Londres para ver os médicos. Eu aluguei aposentos num hotel em Londres, compareci ao tratamento médico necessário e passei o meu tempo escrevendo poesia. A peça *Jephthah* foi o meu principal trabalho neste período. Isto mostra um certo avanço na grandeza de concepção; e tem este mérito notável, o de que comecei a perceber a possibilidade de tratamento objectivo de um tema. Anterior a isto, as minhas letras eram expressões mais ou menos bem-sucedidas do ego; e eu tinha feito poucas tentativas de desenhar personagens que não fossem mais do que fantasmas de desejos Freudianos—quero eu dizer com isto que elas eram projecções de mim mesmo como eu imaginava ou aspirava ser; de outra forma, imagens de mulheres que eu desejava amar. Quando digo "amar", eu duvido se o verbo significava algo mais do que "encontrar-me completamente". Mas em *Jephthah*, fraca como a peça é, eu estava realmente a interessar-me por outras pessoas. As personagens não são totalmente corrompidas pelo auto-retrato, eu sugo a lenda Hebraica com precisão suficiente, meramente introduzindo uma certa quantidade de conhecimento Cabalístico.

A apaixonada dedicação a Swinburne é significativa do meu culto ao herói literário. Com esta peça foram publicadas (em 1899) várias líricas intituladas "Misteries, Lyrical and Dramatic". O crítico superficial assumiu apressadamente que a influência de Swinburne era primordial no meu estilo, mas ao reler o volume não creio que a acusação seja particularmente justificável. Há muitos outros autores que poderiam mais razoavelmente ser servidos com uma convocação de afiliação. De facto, a crítica em Inglaterra equivale a isto: que se um novo escritor manifesta qualquer senso de ritmo, ele é classificado como um imitador de Swinburne; se alguma capacidade para pensamento, de Browning.

Lembro-me de um curioso incidente relacionado com este volume. Certa noite, eu tinha uma série de provas de página no meu bolso, quando fui visitar W. B. Yeats. Eu nunca pensara muito sobre o trabalho dele; isto parecia-me carecer de virilidade. Eu tinha dado uma extensa crítica disto em *The Equinox* (vol. I No. II, página 307). Contudo, naquela época eu deveria ter ficado contente de ter uma palavra gentil de um homem mais velho. Eu mostrei-lhe as provas em conformidade e ele relanceou através delas. Ele forçou-se a proferir alguns educados convencionalismos, mas eu pude ver qual era a verdade da questão.

Eu já me tinha tornado bastante especialista em clarividência, clariaudiência e clarissenciência. Mas na verdade teria sido uma pessoa muito estólida quem não reconhecesse a negra, biliosa raiva que o abalava até à alma. Digo isto como uma prova de que Yeats era um genuíno poeta de coração, pois um mero charlatão teria sabido que não ele tinha motivos para temer um autêntico poeta. O que o feriu foi o conhecimento da sua própria incomparável inferioridade.

Eu era um pouco dele e George Moore. Eu sempre tenho sido nauseado pela pretensiosidade; e o revivalismo Celta, assim chamado, tinha todas as qualidades amaneiradas e maneiristas do literário Plymouth Brother. Eles fingiam pensar que era um crime imperdoável não falar Irlandês, embora eles próprios não conseguissem falar; e eles trabalhavam em seu modo lisonjeiro para a galvanização do cadáver político, etnológico e literário da nação Irlandesa. A Irlanda tem sido maltratada, todos sabemos; porém, a sua única salvação reside em esquecer o seu absurdo. Qual é o uso da formação de um provincianismo, no restabelecimento de uma linguagem bárbara e fantástica que é tão morta quanto Gótica e não pode ostentar literatura suficiente para prender qualquer atenção senão a de uns poucos eruditos enclausurados—ao preço de cortar a Irlanda do principal fluxo de civilização? Nós vemos já que o país se tem afundado no atoleiro da anarquia. Quando os gatos de Kilkenny tiverem terminado de atirar uns nos outros por detrás de sebes, a despovoada ilha cairá necessariamente nas mãos de colonos práticos, os quais ficarão contentes em morar pacificamente juntos e em comunicar com o mundo numa língua viva.

Aleister Crowley nas suas vestes Golden Dawn.

Tal como Byron, Shelly, Swinburne e Tennyson, eu deixei a universidade sem tirar um diploma. Tem sido melhor assim; nenhuma honra tenho aceitado dela; ela tem tido muito de mim.

Eu queria o espírito da universidade e passava os meus exames em ordem a ser capaz de absorvê-lo sem a interferência das autoridades, mas não via sentido em pagar quinze guinéus pelo privilégio de usar um longo traje acadêmico preto mais fastidioso do que o azul curto, e pagar treze xelins e quatro centavos em vez de seis xelins e oito centavos se eu fosse apanhado a fumar nele. Eu não tinha intenção de me tornar eclesiástico ou mestre-escola; escrever B.A. depois do meu nome teria sido um desperdício de tinta.

Eu sentia que a minha carreira já estava abalizada para mim. Sir Richard Burton era o meu herói e Eckenstein o seu representante moderno, no que dizia respeito à minha vida externa. Um bacharelato não me ajudaria notavelmente nos Himalaias ou no Sáara. Quanto à minha carreira literária, a distinção académica seria uma positiva desgraça. E no que diz respeito à minha vida espiritual, que eu já sentia ser a coisa mais profunda em mim, a aprovação da faculdade estava abaixo do incómodo a desprezar. Eu sempre tenho objectado a incorrer em positiva desgraça. Não vejo sentido em violar as convenções, e menos ainda em infringir as leis. Fazer isso só causa um problema desnecessário.

Por outro lado, é impossível fazer um progresso positivo por meio de instituições que conduzem alguém a tornar-se um lorde chanceler, um arcebispo, um almirante ou alguma outra flor de futilidade. Eu tinha conseguido de Cambridge o que eu queria: a liberdade intelectual e moral, o espírito de iniciativa e autoconfiança; mas talvez, acima de tudo, o indefinível tom da universidade. A diferença entre Cambridge e Oxford é que a primeira faz de ti o igual de qualquer pessoa viva; a última deixa-te na posição ingrata de ser o seu superior.

NOTA SOBRE AS DIFERENÇAS ENTRE OXFORD E CAMBRIDGE

Um dos pontos mais significativos no carácter Inglês é colocado em relevo pela contemplação de Oxford e Cambridge. Eu deveria estar muito intrigado para ter de dizer o que é esse ponto, mas os dados são inconfundíveis. A superficial semelhança entre as universidades é muito clara, porém, a sua fundamental diferença espiritual só pode ser descrita como "um grande abismo fixado". Contrasta isto com a América, onde até mesmo a longa experiência não permite distinguir de relance os homens das quatro principais universidades, ou mesmo detectar, na maioria dos casos, a influência de qualquer formação universitária, conforme nós compreendemos a ideia. Mas confundir um homem de Oxford por um de Cambridge é impossível e o inverso extremamente raro.

Espero que não seja totalmente a cegueira da afeição filial que me inclina a sugerir que a diferença essencial depende da maior liberdade da universidade mais famosa. Oxford faz um muito definido esforço para revelar um definido tipo de homem e até mesmo o seu arraigado senso, de que ele não é como os outros homens, opera finalmente como uma limitação. Em Cambridge as ambições e aspirações de qualquer estudante são muito menos claras e são de mais amplo escopo do que as do seu equivalente na Ísis. Não me parece um mero acidente que Cambridge tenha sido capaz de tolerar impavidamente Milton, Byron, Tennyson e a mim próprio, enquanto Oxford inevitavelmente excretou Shelly e Swinburne. *Per contra*, vejo ajustados Walter Pater e Oscar Wilde perfeitamente. Tivessem eles estado em Cambridge, o absurdo teria sido arrancado deles. Teriam que ter sucesso ou falhar inteiramente nas suas próprias virtudes; ao passo que, como as coisas eram, a atmosfera de Oxford e a maneira de Oxford protegiam-nos das rudes explosões de crítica generalizada.

Estas ideias recebem algum apoio da consideração das relações normalmente obtidas entre estudantes e professores. Na Granta nós estamos sem dúvida *in statu pupillari*; o Oxoniano está *in statu quo pupillari*. Ele é ensinado, treinado e, se necessário, trucidado, a respeitar o princípio da autoridade. É realmente justo dizer que nenhum homem de Cambridge jamais sonharia aduzir autoridade no decurso de um argumento. Ele poderia de facto apresentar um grande nome do seu lado, mas nunca sem estar pronto a apoiá-lo com a pesada artilharia de prova patente. Nenhuma fama é fixada connosco como esta é com eles. O espírito de crítica nunca dorme.

Nós vemos adequadamente disciplina muito mais rigorosa com eles do que connosco. Nós tendemos a confiar no bom senso e boa vontade do mais fofo caloiro. Os nossos professores nunca ficam nervosos com medo de que um pasquim vá longe demais, e nunca traímos a confiança deles, pelo menos não até bem recentemente. Desde o meu tempo, o tom de ambas as universidades tem sido reduzido. Antes de 1900 um pasquim capaz de assustar as alunas teria sido impensável.

A tirania sempre treme, e lembro-me muito bem da onda de simpatia que varreu Cambridge ao saber que as autoridades de Oxford, em pânico nalguma projectada demonstração, tinham efectivamente importado polícia montada de Londres. Os nossos próprios professores teriam cortado as suas gargantas em vez de fazer algo tão vergonhoso; mas se eles o fizessem, nós teríamos esmagado aqueles polícias em polpa.

Este contraste particular é manifesto para ambas as universidades. Sempre que o assunto aparece, a anedota responde ao assunto. A psicologia estende-se ao indivíduo. A nossa concepção do inspector ideal é muito diferente da deles. No meu segundo ano, um inspector efectuou alguma captura observando a sua vítima a partir da escuridão de um umbral. A história circulou e dentro de uma semana a desonra cumpriu a sua obrigação. O sujo cão estava escondido no Cam. Nem os vingadores foram enviados. Pelo contrário, o inspector foi obrigado a queimar as suas faixas. Tal conduta foi praticamente sem precedentes.

O típico conto é este. Os terrenos do Downing College estão rodeados por um longo muro baixo. Certa noite, escura e ventosa, um inspector que passava viu o seu boné, apanhado por uma rajada, pairando graciosamente sobre o parapeito. Os seus buldogues subiram a parede e recuperaram-no. Mas o boné não era seu o único prémio. Eles arrastaram consigo o mais desconcertado estudante, e uma companhia que estava aberta a críticas do ponto de vista dos regulamentos da universidade. Mas o inspector simplesmente agradeceu ao homem por trazer de volta o boné e pediu desculpas por perturbá-lo. Ele recusou-se a tirar proveito de um acidente.

Um incidente muito instrutivo diz respeito ao brilhante estudioso e palestrante de Shakespeare, Louis Umfraville Wilkinson. Certa noite de Verão, ele entrou na faculdade em Oxford um pouco animado com licor. Com este tinha feito a noite memorável e foi para os seus aposentos sem conter a sua conversação, a qual sucedeu de lidar com os defeitos do reitor em várias direcções. A sorte favoreceu-o—eu equilibro os registos em perspectiva! A janela do reitor estava aberta e o réprobo ouviu para seu horror que pelo menos um do seu bando não conseguiu avaliar a eminência dele ao mesmo exaltado valor que ele próprio se estimava. Ele efectivamente fez uma acusação formal de blasfémia contra Wilkinson, pressionou ao máximo e conseguiu deixá-lo abatido.

Wilkinson encolheu os ombros, aproximou-se de nós e registou o seu nome em John's. Agora vem uma infâmia quase incrível. O reitor prosseguiu a sua vingança. Ele escreveu uma longa e amarga carta violenta ao tutor de Wilkinson, dando conta do caso em Oxford, e insistindo—em tal linguagem que era mais como uma ordem do que como uma ameaça—que Wilkinson fosse imediatamente expulso de Cambridge. O tutor enviou para o infractor e o seguinte diálogo sucedeu:

"Eu creio que conhece o Sr. Fulano de Tal, Sr. Wilkinson."

"Eu tenho essa honra, Senhor."

"Reitor de Blank, Oxford, entendo eu."

"Assim é, Senhor."

"Eu tenho uma carta dele, a qual eu proponho ler para si."

"Obrigado, Senhor."

O tutor leu a carta, não fez comentários, não fez perguntas. Ele rasgou-a lentamente em pedaços e lançou-os no fogo.

"Posso esperar que esteja connosco ao pequeno-almoço, amanhã?"
"Obrigado, Senhor."
"Bom dia, Sr. Wilkinson"
"Bom dia, Senhor."

Confesso que me parece que o método de Oxford em tais assuntos erra em duas direcções diferentes. Por um lado, o estudante é tratado como uma criança irresponsável, ser coagido para a decência; e por outro, punido com uma severidade que postula que ele é tão responsável pelas suas acções como um homem plenamente adulto, com conhecimento abrangente dos caminhos do mundo. O resultado é entravar o seu desenvolvimento, retendo a experiência a partir dele, e ao mesmo tempo punir a sua inexperiência cometendo um mero erro ruinoso. O sistema tende a atrofiar o desenvolvimento ético dele, insistindo num código estreito e inelástico, ao mesmo tempo alentando a cobardia moral e incapacitando-o para encarar os factos que tão presunçosamente se forçam a notar logo que as convenções da faculdade estejam terminadas.

Cambridge percebe que (dentro de limites muito amplos) quanto mais experiência um homem tem, melhor ele está equipado para abrir o seu caminho no mundo. Nós achamos mais sensato deixar os homens descobrirem por si mesmos que perigos estão adiante, e pagar a penalidade por imprudência enquanto a recuperação é relativamente fácil. É melhor aprender a cair antes que os ossos se tornem quebradiços.

Outra vantagem da nossa ideia da relação entre os trajes académicos compridos e os curtos é que, ainda que à custa de algum respeito superficial, seja possível estabelecer uma comunhão mais íntima num espírito de camaradagem entre os velhos e os jovens. O ganho intelectual é óbvio; mas talvez ainda mais valioso seja o lucro moral. Traçar uma linha dura e rápida entre aluno e professor limita ambos. Incompreensão conduz à desconfiança, desconfiança à inimizade. É melhor perceber a identidade dos interesses.

Eu fiquei ciente do meu sentimento sobre este ponto subitamente. A impressão é a mais intensa. Certa noite tinha havido um evento regular. Olvido em relação a quê, não obstante construímos uma grande fogueira no meio do mercado e espalhámo-nos. As coisas começaram sem um definido pulso de paixão discernível, mas à medida que a noite avançava, nós encontrámo-nos de uma forma ou de outra em desacordos com os moradores. Eu acho que nós nos devemos ter ressentido da tentativa deles em participar na boa disposição geral. Esporádicas lutas livres surgiram aqui e ali, mas nada realmente sério. No todo, demos e levámos de bom humor. Pouco antes das doze horas voltei para casa. Logo depois da tabacaria—Bacon, celebrada por Calverley na sua sobrestimada ode—torvelinhava um enxame de moradores gritando insultos de uma maneira que me parecia repugnante. Não era caso meu e eu não queria atrasar-me. Mas mesmo quando mudei de rumo para evitar a horda, vi que o jogo deles era reforçar meia dúzia de desordeiros que cercavam uma entrada e empurravam um dos inspectores. O meu impulso imediato foi regozijar-me com o mal que se abateu sobre o meu inimigo natural, pois até àquele momento a minha absurda timidez impedira-me de perceber as minhas relações com as autoridades. eu tinha timidamente aceitado a convencional chacota, mas agora quase antes do primeiro pensamento ser formulado os meus instintos mais íntimos surgiram na consciência. Eu gritei para os poucos estudantes espalhados que ainda estavam na praça e lancei-me de cabeça para o resgate do meu detestado tirano. Ele estava muito bem indisposto, afastando debilmente os golpes brutais que os reles cobardes derramavam no rosto dele. O seu boné fora-se e o seu traje estava em farrapos. Os seus buldogues tinham sido lidados ainda mais rudemente. Suponho que os moradores os considerassem traidores da causa, mercenários da aristocracia. Eles tinham sido derrubados e estavam a ser agredidos pelas botas da horda. Devíamos ter sido cerca de uma dúzia, não mais, e tivemos que lutar contra quarenta. Foi a primeira vez que tive que enfrentar a raiva animal, irracional e descontrolada, de uma massa de homens cujas inteligências individuais, tal como eram, haviam sido para o momento completamente inundadas pelo instinto selvagem de carimbar qualquer coisa que lhes parecesse sensível.

O destino familiarizou-me com esta psicologia numa outra forma. Isto irrompe sempre que um homem fala ou age de modo a despertar o medo frenético que é inerente a todos, menos aos indivíduos mais raros, de que qualquer coisa nova é uma ameaça monstruosa. Pela primeira vez observei o facto extraordinário de que, em tais situações, o senso temporal de cada um corre a dois níveis muito diferentes. A parte da mente da pessoa que está concernida com as acções dessa pessoa corre tumultuosamente com o ritmo delas. Uma outra parte fica indiferente, observando, analisando, imperturbável; uma linha de pensamento que poderia, em circunstâncias normais, ocupar uma hora reduzida a uns poucos minutos, e parecendo lenta nisso.

Os brutos eram, para todos os efeitos, insanos. Nenhum sabia nem se importava se eles terminavam em assassinato. E ainda não tenho ideia de como os dominámos com bastante facilidade. Não tínhamos nem braços nem disciplina. Éramos mais jovens, certamente mais fracos, homem por homem, e faltava-nos a força que a fúria empresta às suas vítimas. Eu vi-me intrigado e a única conclusão foi que, o que quer que a ciência possa dizer, existe uma superioridade moral, uma força espiritual independente de condições materiais ou calculáveis.

A luta durou cerca de vinte minutos e terminou estranhamente. A multidão diluiu-se, dissipou-se na sua periferia, e os homens da linha de frente ficaram cientes do facto simultaneamente sem qualquer razão a mais da que tinha marcado todos os procedimentos deles. Eles recorreram aos seus calcanhares e correram como coelhos.

Eram doze e meia antes de chegar a casa. Meti-me na banheira e descobri que estava preto e azul. É claro que a minha violação da regra acerca da meia-noite foi devidamente relatada. Eu fui chamado e expliquei por que me atrasara. O inspector que tínhamos levado para Christ's Church não anotara os nossos nomes e não tenho motivos para pensar que ele me conhecesse. Mas o meu tutor não fez perguntas. Ele tomou a minha história por verdade; de facto, ele tratou-me simplesmente como um outro cavalheiro. Isso não poderia ter acontecido em Oxford.

~ 20 ~

NADA DÁ UMA ideia tão má da inteligência da humanidade do que aceitar por um momento a imbecil ilusão de "livre-arbítrio"; pois pode haver poucos homens, de facto, em qualquer geração, que tenham, em qualquer momento das suas vidas, uma aparente liberdade de acção para induzi-los a conviver com ela. Destes, eu era um deles. Quando saí de Cambridge, eu não tinha adquirido nenhum vínculo especial. Eu já era o Espírito de Solidão em embrião. Praticamente, também, tendo o meu pai sido o filho mais novo de um filho mais novo, eu não tinha sequer um vínculo territorial. Por outro lado, eu tinha uma grande fortuna inteiramente à minha disposição; não havia nenhuma restrição externa sobre mim para fazer uma coisa em vez de outra. E ainda, é claro, a minha carreira estava absolutamente determinada. Os eventos da minha vida até àquele ponto, se tivessem sido inteligentemente interpretados, teriam proporcionado amplos indícios do futuro. Eu estava incandescente em três pontos; escalada, poesia e Magick.

Quando voltei da Suíça, em 1898, não tinha para onde ir em particular. Não havia razão para eu me estabelecer em qualquer lugar especial. Eu simplesmente aluguei um quarto no Cecil, uma hospedaria de primeira classe naquele remoto período, e ocupei-me escrevendo, por um lado, e seguindo as pistas mágicas, por outro. *Jephthah*, e a maioria dos outros poemas que aparecem nesse volume, foram escritos acerca deste período. É uma espécie de remanso na minha vida. Parece-me ter estado a marcar tempo. Por esta razão, sem dúvida, eu estava o mais preparado para ser varrido pela primeira definida corrente. Não demorou muito para isto me apanhar.

Eu tive várias conversas com Julian Baker, o qual manteve a sua promessa de me apresentar "um homem que era um Mago muito maior do que ele mesmo". Este era um Galês, chamado George Cecil Jones. Ele possuía um temperamento inflamado mas instável, era o filho de um suicida e tinha uma notável semelhança com muitas representações convencionais de Jesus Cristo. O seu espírito era ardente e subtil. Ele era muito entendido em Magick; e, sendo de profissão um químico analítico, estava capacitado para investigar o assunto num espírito científico. Assim que descobri que ele realmente compreendia o assunto, eu fui até Basingstoke, onde ele morava, e mais ou menos meti os pés na algibeira dele. Não demorou muito para que eu descobrisse exactamente onde estava o meu destino. A maioria dos antigos rituais mágicos são absurdos, ou propositadamente ininteligíveis ou realmente pueris[64]. Aqueles que são directos e viáveis são, regra geral, melhor adaptados às ambições dos apaixonados trabalhadores agrícolas do que às instruídas pessoas com um propósito sério. Mas há uma excepção surpreendente a esta regra. É *The Book of the Sacred Magick of Abramelin the Mage*.

Este livro foi escrito num estilo exaltado. É perfeitamente coerente; não exige fantásticas minúcias de ritual ou mesmo os cálculos costumeiros. Não há nada que insulte a inteligência. Pelo contrário, a operação proposta é de simplicidade sublime. O método está em total conformidade com esta. Existem, é verdade, certas prescrições a serem observadas, no entanto estas realmente equivalem a pouco mais do que injunções para observar a decência no desempenho de uma operação tão augusta. É preciso ter uma casa onde as devidas precauções contra distúrbios possam ser tomadas; sendo isto organizado, não há realmente nada a fazer senão aspirar com crescente fervor e concentração, durante seis meses, para a obtenção do Conhecimento e Conversação do Santo Anjo da Guarda. Uma vez que Ele tenha aparecido, é então necessário, primeiro, invocar os Quatro Grandes Príncipes do Mal do Mundo; em seguida, os seus oito subpríncipes; e, finalmente, os trezentos e dezasseis serviçais destes. Um certo número de talismãs, previamente preparados, são assim carregados com o poder destes espíritos. Ao aplicar os talismãs adequados, pode-se obter praticamente tudo o que se quiser.

Não se pode negar que a grandiosidade e irrepreensibilidade filosófica do livro são sensivelmente diminuídas pela adição destas coisas à invocação do Santo Anjo da Guarda. Eu teria preferido isto sem elas. Existe, no entanto, uma razão. Qualquer um que alcance um novo mundo deve estar em conformidade com todas as condições do mesmo. É verdade, é claro, que a hierarquia do mal parece um tanto repugnante à ciência. De facto, é muito difícil explicar o significado dizendo que invocamos Paimon; mas, para ir um pouco mais fundo, a mesma observação se aplica ao vizinho Sr. Smith. Nós não sabemos quem é o Sr. Smith, ou qual é o seu lugar na natureza, ou como dar conta por ele. Não podemos nem ter a certeza de que ele existe. No entanto, na

---

64 Alguns são, sem dúvida, sobreviventes de várias formas de religião natural, mas a maioria são adaptações de tradições Católicas ou Judaicas às ambições, cupidezes, invejas, ciúmes e instintos animais do mais ignorante e primitivo tipo de campónio.

prática, nós chamamos Smith por esse nome e ele vem. Através dos meios apropriados, nós podemos induzi-lo a fazer por nós aquelas coisas que são cônsonas com a natureza e poderes dele. A questão toda é, portanto, uma de prática; e por este padrão descobrimos que não há razão particular para brigar com a nomenclatura convencional.

Nesta época eu não tinha elaborado qualquer apologia para as teorias do transcendentalismo. Eu tomava tudo conforme viesse e submetia isso à prova da experiência. Aconteceu que eu não tinha motivo para duvidar da realidade do universo mágico. Comecei o meu trabalho prático com visões astrais e descobri, para minha surpresa, que depois de meia dúzia de experimentos eu era melhor do que o meu professor.

Nestes dias eu levava a minha Magick muito *au pied de la lettre*. Eu sabia, claro, que a Magick caíra em desuso principalmente porque as pessoas seguiriam o curso de acção prescrito e não obteriam resultados. Um incidente extraordinariamente divertido sobre este ponto é o seguinte: Gerald Kelly, Ivor Back e um ou dois outros espíritos ardentes, inspirados pelo meu sucesso, decidiram fazer a sua própria Magick. Eles arrendaram e mobilaram um quarto em Cambridge para o propósito e começaram a evocar vários espíritos. Nada aconteceu. Por fim, um dos mais ousados estendeu o dedo mindinho para fora do círculo. Ele não foi "chacinado ou paralisado como se tivesse sido atingido pelo relâmpago" e daí concluiu que a Magick era lixo. Ofereço este exemplo de lógica para o Museu da Imbecilidade Humana, na principal cidade do Plano Astral.

Eu entendi perfeitamente bem que Back e Kelly, não tendo capacidade para Magick, estavam fadados a fracassar em evocar um espírito ou a explodirem-se. Se uma pessoa não entende nada de electricidade, ela não pode construir um dínamo; e tendo falhado assim, ela não se pode electrocutar.

Mas suponho que o fracasso deles e o meu sucesso tenham sido principalmente uma questão de génio pessoal, assim como Burns com quase nenhum aparato literário podia escrever poesia, e Tennyson, com qualquer quantidade, não podia.

O meu próprio sucesso ajudou a cegar-me para a natureza das condições de realização. Nunca me ocorreu que o problema de Magick continha elementos metafísicos.

Considerando o meu desempenho numa noite em Eastbourne. Tendo esperado pela maré mais baixa possível, de modo a ficar o mais distante possível do coreto, eu fiz um círculo e construí um altar de pedras à beira do mar. Queimei o meu incenso, realizei as minhas evoluções e tornei o céu medonho com os meus encantamentos. Tudo isto para invocar as Ondinas. Eu tinha esperança, e mais ou menos expectava, que alguém saísse da espuma e se apegasse à minha pessoa. Eu ainda não tinha noção de que este programa poderia ser realizado com muito mais facilidade.

Existem, portanto, dois tipos principais de erro; um em espírito e um em técnica. A maioria dos aspirantes a Magick comete ambos. Logo aprendi que as condições físicas de um fenómeno mágico eram como as de qualquer outro; mas mesmo quando esse mal-entendido é removido, o sucesso depende da capacidade de despertar o génio criativo que é a inalienável relíquia de família de cada filho do homem, mas a qual poucos são capazes de assimilar à sua consciente existência, ou até mesmo, em noventa e nove casos de cem, de detectar.

A única Ondina que apareceu foi um polícia, o qual se aproximou o suficiente para observar uma figura fantasticamente adornada, dançando e uivando ao luar "nas prateadas, prateadas e prateadas areias"; uivando, silvando, bramindo e orneando os bárbaros nomes de evocação que têm um poder inefável nos ritos sagrados, em torno de uma fogueira furiosamente flamejante cujas faíscas eram turbilhonadas pelo vento por toda a praia.

A base da ilusão é que existe uma real correlação apodíctica entre os vários elementos da operação, tal como a manifestação formal do espírito, seu nome e sigilo, a forma do templo, armas, gestos e encantamentos. Estes factos impedem que se suspeite da verdadeira subtileza envolvida na hipótese. Isto é tão profundo que parece quase certo dizer que mesmo a mais crua Magick elude completamente a consciência, de modo que quando alguém é capaz de fazê-lo, a pessoa faz isso sem compreensão consciente, da mesma forma que se faz uma boa tacada no críquete ou no bilhar. Não se pode dar uma explicação intelectual do duro trabalho envolvido, como se pode explicar os passos na solução de uma equação quadrática. Por outras palavras, Magick neste sentido é mais propriamente uma arte do que uma ciência.

Alguns membros Golden Dawn na altura da indução de Crowley (em sequência): W.B Yeats, MacGregor Mathers, Bram Stoker, A.E. Waite, Moina Mathers

Jones percebeu imediatamente que eu tinha uma tremenda capacidade natural para a Magick, e cada acção minha provava que eu pretendia dedicar-me a isto "sem reter a coisa menos imaginável". Ele sugeriu que eu deveria juntar-me ao Corpo do qual ele era um adepto; conhecido, para alguns dos mais esclarecidos buscadores, como a Ordem Hermética da G.'. D.'.. Um breve relato desta Ordem é necessário. A maioria dos factos a respeito disto é dada aqui e ali em *The Equinox*; mas a história é tão longa e complexa que exigiria um volume para si mesma. Resumidamente, no entanto, os factos são os seguintes:

Um dia nos anos "setenta ou oitenta", um manuscrito cifrado foi encontrado numa banca de livros por um Dr. Woodman, um colega em estudo mágico do Dr. W. Wynn Westcott. Estava além dos seus poderes decifrá-lo, embora a Sra. Emery (Senhora Florence Farr) me dissesse que uma criança poderia ter feito isso. Eles contactaram um homem chamado Samuel Liddell Mathers, um erudito e Mago de considerável eminência. O manuscrito rendeu-se ao escrutínio dele. Continha, entre assuntos menores, a rubrica de certos rituais de iniciação e a verdadeira atribuição dos Trunfos do Tarô. Esta atribuição tinha sido procurada em vão durante séculos. Isto esclareceu uma série de dificuldades Cabalísticas, da mesma forma que os admiradores de Einstein afirmam aquilo que as equações dele têm feito em matemática e física. O manuscrito deu o nome e endereço de um adepto Sapiens Dominabitur Astris, uma Fräulein Sprengel, vivendo na Alemanha, com um convite para escrever pra ela se fosse necessário mais conhecimento. Dr. Westcott escreveu; e S.D.A. deu-lhe, e aos seus dois colegas, uma carta autorizando-os a estabelecer uma Ordem em Inglaterra. Esta foi feita. Logo depois, S. D. A morreu. Em resposta a uma carta endereçada a ela, veio uma intimação, de um dos colegas dela, de que eles nunca tinham aprovado a política dela em permitir o trabalho de templo aberto em Inglaterra, mas abstiveram-se da oposição activa devido ao respeito pessoal por ela. O escritor terminou dizendo que a Inglaterra não deveria esperar mais assistência da Alemanha; conhecimento suficiente havia sido concedido para permitir que qualquer adepto Inglês formasse um Elo Mágico com os Chefes Secretos. Tal competência evidentemente estabeleceria um direito a relações renovadas.

O Dr. Woodman morrera e Mathers forçou o Dr. Westcott a retirar-se da liderança activa da Ordem. Mathers, no entanto, não era confiável. Ele, por conseguinte, anunciou aos mais avançados adeptos que ele próprio fizera o Elo Mágico com os Chefes Secretos; e, numa reunião com três deles no Bois de Boulogne, tinha sido confirmado na suprema e única autoridade como o Visível Chefe da Ordem.

Os adeptos encarregados desta informação foram obrigados a assinar um compromisso de obediência pessoal a Mathers como condição de avanço na Ordem. Mesmo assim, a insatisfação continuava. O avanço não chegava. Eles suspeitavam que Mathers não tinha mais conhecimento para dar; e ele retorquia que, fosse como fosse, ele não iria desperdiçar isto em tais desesperançadas divergências. Ambas as posições têm muito a recomendá-los para a simpatia discriminatória.

Estas mesquinhas querelas à parte, uma grande coisa tinha acontecido. Mathers descobrira o manuscrito de *Abramelin* na biblioteca do Arsenal em Paris e começou a traduzi-lo[65]. Ele encontrou-se acossado e oprimido por todos os lados. Naqueles dias não havia praticamente nenhum modo público de conhecer Paris. Mathers morava em Auteuil, muito distante do Arsenal, e encontrava tantos acidentes de bicicleta que era impulsionado a ir a pé. (Há sempre uma oposição oculta à publicação de documentos importantes. Levei mais de três anos para obter o meu *The Goetia* através do prelo, e durante dois anos no caso do *777*. Este é um dos factos cujo efeito cumulativo torna impossível duvidar da existência de forças espirituais.) Outros infortúnios de todo o tipo sobrecarregaram Mathers. Ele era um Mágico especialista e acostumara-se a usar a Chave Maior de Salomão com excelente efeito. Ele não percebia que *Abramelin* era uma proposta totalmente maior. Era como um homem, acostumado a manusear pólvora, subitamente abastecido de dinamite sem estar ciente da diferença. Ele ficou apreensivo e publicou *Abramelin* ; mas ele depereceu no processo. Ele tornou-se a presa das malignas forças do livro, perdeu a sua integridade e foi expulso da Ordem da qual ele tinha sido o chefe visível.

Mrs. Emery, também conhecida como Florence Farr.

Este debacle ainda não havia ocorrido na altura da minha primeira iniciação, em 18 de Novembro de 1898.

Tomei a Ordem com absoluta seriedade. Eu nem me incomodei com o facto das suas cerimónias terem lugar no Mark Mason's Hall. Lembro-me de perguntar a Baker se as pessoas costumavam morrer durante a cerimónia. Eu não tinha ideia de que era

---

65 N.T.: Pelo menos isso é o que Mathers disse. Conjectura-se que Mathers falsificou a tradução da versão do Francês Antigo pois Mathers fez a mesma coisa com a "Chave Maior de Salomão" e um excerto da "Chave Menor de Salomão", chamada "The Goetia" e posteriormente publicada por Crowley. Mathers plagiou toda a sua famosa introdução para "The Kabbalah Unveiled" a partir do ensaio de Christian D. Ginsburg "The Kabbalah; Its Doctrines, Development and Literature". Estas práticas parecem ser endémicas para a época.

uma formalidade plana e que os membros eram, na maioria das vezes, mediocridades da classe média. Eu vi-me a entrar na Igreja Oculta do Santo Graal. Este estado da minha alma serviu-me bem. A minha iniciação foi de facto um sacramento.

Os rituais têm sido impressos em *The Equinox*, vol. I, nºs II e III. Não há dúvida de que aqueles do neófito e adepto são os rituais genuínos da iniciação, pois contêm as fórmulas verdadeiras. A prova é que eles podem ser postos a funcionar por aqueles que entendem e sabem como aplicá-los. Os críticos rasos argumentam que por causa do impreparado homem médio não poder evocar um espírito, o ritual que propõe capacitá-lo a fazer isso deve ser posto em causa. Ele não reflexiona que um electroscópio seria inútil nas mãos de um selvagem. Indubitavelmente, a Magick é uma das ciências e artes mais subtis e mais difíceis. Há mais oportunidades para erros de compreensão, julgamento e prática do que em qualquer outro ramo da física. Acima de tudo, é necessário que o aluno esteja armado com conhecimento científico, apreensão congenial e senso comum. O meu treino em matemática e química forneceu-me a primeira destas qualidades; as minhas afinidades poéticas e ampla leitura com a segunda; enquanto, em relação á terceira, eu suponho que tenho de agradecer aos meus antepassados práticos.

Sendo assim capaz de apreciar a intenção mais profunda da minha iniciação, eu pude resistir ao choque dos eventos imediatamente subsequentes. Fui apresentado a um abjecto ajuntamento de nulidades; os membros da Ordem eram tão vulgares e triviais quanto qualquer outro grupo de pessoas comuns. Jones e Baker eram os únicos membros com alguma aparência de educação científica, até que, alguns meses depois, eu conheci Allan Bennett, uma mente pura, penetrante e profunda para além de qualquer outra na minha experiência. Havia uma luz literária, W. B. Yeats, um esguio demonólogo despenteado que poderia ter sofrido mais com a sua aparência pessoal sem incorrer na exprobração do dandismo; e uma mulher encantadora e inteligente, a Sra. Emery, por quem eu sempre senti um afectuoso respeito temperado por um sentimento de compaixão, pois as suas habilidades eram tão inferiores às suas aspirações. O resto da Ordem não possuía individualidade; eles eram totalmente indistinguíveis, quer por energia, quer por capacidade. Não há um deles actualmente que tenha feito qualquer marca no mundo.

Na minha iniciação, eu poderia ter acreditado que estes adeptos deliberadamente disfarçaram a grandiosidade deles; mas não havia dúvidas sobre o carácter da "palestra de conhecimento" em que eu tinha de ser examinado para me dar o direito a passar para o próximo grau. Eu tinha jurado solenemente um segredo inviolável. A menor violação do meu juramento significava que eu deveria incorrer em "uma mortal e hostil corrente de vontade, accionada pelos Grandemente Honrados Chefes da Segunda Ordem, pela qual eu deveria cair morto ou paralisado, como se tivesse sido atingido pelo relâmpago". E agora eram-me confiados alguns destes segredos devastadores embora inestimáveis. Eles consistiam do alfabeto Hebraico, os nomes dos planetas com a sua atribuição aos dias da semana, e os dez Sefirot da Cabala. Eu sabia disto tudo há meses; e, obviamente, qualquer estudante de escolaridade inferior poderia memorizar toda a prelecção em vinte e quatro horas.

Eu vejo presentemente que o meu snobismo intelectual era superficial e estúpido. É vitalmente necessário exercitar o aspirante no trabalho de base. Ele deve estar absolutamente familiarizado com a terminologia e teoria da Magick a partir de um ponto de vista estritamente intelectual. Ainda penso, contudo, que este curso deve preceder a iniciação e que não deve ser confundido com ela. Considere-se a analogia da poesia. Poder-se-ia, até certo ponto, ensinar um homem a escrever poesia, oferecendo à sua alma um conjunto de experiências espirituais e emocionais, mas a sua técnica deve basear-se no estudo da gramática e outras coisa mais, que não têm relação essencial com arte.

Conversando sobre estes assuntos com Jones e Baker, eu achei-os em bastante simpatia com o meu ponto de vista; mas eles insistiram, com razão, que eu não estava em posição de julgar as circunstâncias. Eu devo primeiro alcançar a Segunda Ordem.

Em conformidade, eu tirei o grau de Zelator em Dezembro, de Theoricus em Janeiro e de Practicus em Fevereiro. Não se pode prosseguir para Philosophus durante três meses, então eu não tirei esse grau até Maio. O Philosophus não pode prosseguir para a Segunda Ordem em menos de sete meses; também ele deve ser especialmente convidado.

Na Primavera de 1899, numa cerimónia ou noutra, eu estava ciente da presença de uma tremenda força espiritual e mágica. Isto parecia-me proceder de um homem sentado no leste, um homem que eu não vira antes, mas o qual eu sabia que devia ser o

MacGregor Mathers em completa indumentária Golden Dawn.

Very Honoured Frater Iehi Aour, chamado entre os homens Allan Bennett. A fama deste homem como Mágico já era imensa. Ele era estimado em segundo apenas para o próprio Mathers; e era, talvez, ainda mais temido.

Após a cerimónia fomos para a sala externa para tirar a roupa. Eu estava secretamente ansioso para ser apresentado a este formidável Chefe. Para meu espanto ele veio directo para mim, olhou nos meus olhos, e disse com um tom penetrante e, ao que parecia, quase ameaçador: "Pequeno Irmão, tu tens estado intrometido com a Goécia!" (Goécia significa "uivando"; contudo é a palavra técnica empregada para cobrir todas as operações daquela Magick que lida com forças grosseiras, malignas ou não iluminadas.) Eu disse-lhe, bastante timidamente, que eu não estivera a fazer nada do género. "Nesse caso", retornou ele, "a Goécia tem estado intrometida contigo". A conversa não foi mais adiante. Voltei para casa num espírito um tanto castigado; e, tendo descoberto onde Iehi Aour morava, eu decidi visitá-lo no dia seguinte.

Eu deveria ter explicado que, ao decidir juntar-me à Ordem, eu tinha ocupado um apartamento no 67 e 69 Chancery Lane[66]. Eu já tinha determinado a realização da Operação de *Abramelin*, porém Jones aconselhou-me a passar primeiro pela minha iniciação.

Porém, eu comecei a ocupar-me com os preparativos. *Abramelin* adverte-nos que as nossas famílias opor-se-ão energicamente ao empreendimento da Operação. Resolvi, portanto, desligar-me completamente da minha. Então, como tinha de morar em Londres, eu ocupei o apartamento sob o nome de Conde Vladimir Svareff. Como

---

66 A minha inocência depois de três anos em Cambridge pode ser motivada pela minha conduta em relação à escolha de uma residência. Eu compreendi isto como um fixo princípio de prudência, "Quando em dificuldade consulte o seu advogado." Sem nada saber acerca de arrendamento de apartamentos, eu estava numa dificuldade. Por isso consultei o meu advogado e também o primeiro lugar que ele sugeriu. Ele, claro, nunca deu uma consideração para minha conveniência ou a adequação do bairro. Ele viu e teve a oportunidade de agradar um conhecido de negócios.

Jones comentou mais tarde, um homem mais sábio ter-se-ia chamado de Smith. Mas eu ainda estava obcecado pelo romantismo, conquanto o meu Verão em São Petersburgo tinha-me deixado apaixonado pela Rússia. Havia outra motivação por detrás disto— uma legítima. Eu queria aumentar o meu conhecimento da humanidade. Eu sabia como as pessoas tratavam um jovem de Cambridge. Eu tinha apreciado completamente o servilismo dos comerciantes, embora eu fosse demasiado generoso e ignorante para perceber a extensão da sua desonestidade e rapacidade. Agora eu queria ver como as pessoas se comportariam com um fidalgo Russo. Devo dizer aqui que tenho repetidamente usado este método de disfarce—tem sido incrivelmente útil em multiplicar os meus pontos de vista sobre a humanidade. Mesmo as pessoas mais liberais são inevitavelmente estreitas neste aspecto. Eles podem saber como todos os tipos de pessoas os tratam, mas eles não podem saber, excepto em segunda mão, como essas mesmas pessoas tratam os outros.

Para retornar a Allan Bennett. Eu encontrei-o hospedado com V. H. Frater Aequo Animo[67] num pequeno prédio em Southwark ou Lambeth—eu esqueci qual. Era um horror vil e sinistro. AE. A., cujo nome era Charles Rosher, era um amplamente viajado homem dos sete ofícios. Ele tinha inventado uma patenteada sanita com descarga e foi pintor da corte do Sultão de Marrocos. Escreveu algumas das piores poesias que eu já tenho lido. Ele era um jovial e versátil desportista com um excelente coração e a alegre coragem que surge de bater o mundo, e de ser batido por isto. Se os talentos dele fossem menos variados, ele poderia ter feito um sucesso de quase qualquer coisa.

~ 21 ~

ALLAN BENNETT era quatro anos mais velho do que eu. O seu pai, engenheiro, morrera quando ele era menino; a sua mãe criara-o como um estrito Católico. Ele sofria agudamente de asma espasmódica. O seu ciclo de vida era tomar ópio durante cerca de um mês, quando o efeito passava ele tinha que injectar morfina. Após um mês disto ele teve que mudar para cocaína, a qual ele tomou até começar a "ver coisas" e foi então minorada para clorofórmio. Eu vi-o na cama durante uma semana, apenas recuperando a consciência o suficiente para alcançar a garrafa e a esponja. Sendo a asma uma doença esténica, ele estava demasiado fraco para a ter mais um pouco, então ele gradualmente convalesceria até que, depois de algumas semanas de liberdade, os espasmos recomeçassem uma vez mais e ele fosse forçado a renovar o ciclo de drogas[68].

Sem dúvida, este constante sofrimento afectava a sua atitude em relação à vida. Ele revoltava-se contra ser um animal; ele considerava os prazeres da vida (e mormente, aqueles do amor físico) como ilusões diabólicas concebidas pelo inimigo da humanidade a fim de enganar as almas para que aceitem a maldição da existência. Não posso deixar de citar um incidente notável. Quando ele tinha cerca de dezasseis anos, a conversa no laboratório onde ele trabalhava girava em torno do parto. O que ele ouviu repugnou-o. Ele ficou furiosamente zangado e disse que as crianças eram trazidas à terra pelos anjos. Os outros estudantes riram dele e tentaram em vão convencê-lo. Ele

---

67 Eu derradeiramente conjecturei: Equi Animo: "com a alma de um cavalo".
68 N.T.: Estas drogas eram todas legais até bem no século XX. Esta abordagem da asma ainda era seguida no último trimestre do século XX, com vários medicamentos perigosos prescritos em alternância pelos médicos para o paciente até ao ponto de sequencial reacção tóxica. O médico de Crowley prescrevia heroína de vez em vez aos adolescentes quando se pensava ser não-adictiva! Crowley experimentou os terrores da descontinuação, recontado no seu "Liber XCIII", e derradeiramente morreu de infecção respiratória em 1947, cinquenta anos após os eventos descritos aqui.

manteve a teoria deles como uma blasfémia bestial. No dia seguinte, um dos rapazes apareceu com um manual ilustrado de obstetrícia. Ele não mais podia duvidar dos factos. Mas a reacção dele foi esta: "Podia o Omnipotente Deus, a quem ele tinha sido ensinado a adorar, conceber um método tão revoltante e degradante de perpetuar a espécie? Então este Deus deve ser um diabo, deleitando-se em repugnância". Para ele a existência de Deus foi refutada a partir daquele momento.

Ele já tinha, no entanto, alguma experiência de um mundo invisível. Quando menino, tendo escutado algumas bisbilhotices entre servos supersticiosos, ele fora para o jardim das traseiras e invocara o diabo recitando a oração do Pai-Nosso de trás para a frente. Algo aconteceu que o assustou.

Charles Henry Allan Bennett

Tendo agora rejeitado o Catolicismo, ele adoptou a Magick e de uma só vez alcançou um sucesso extraordinário. Ele costumava carregar um "lustre"—um longo prisma de vidro com um pescoço e uma saliência pontiaguda, como os antiquados candelabros adornados. Ele usava isto como uma varinha. Um dia, um grupo de teosofistas estava a conversar cepticamente sobre o poder da "hástia de detonação". Allan prontamente produziu a sua e detonou um deles. Demorou catorze horas para restaurar o incrédulo indivíduo ao uso da sua mente e dos seus músculos.

Allan Bennett era alto, no entanto a sua doença já havia produzido uma curvatura. A sua cabeça, coroada com um sobressalto de selvagem cabelo preto, era intensamente nobre; as sobrancelhas, ambas amplas e altivas, pairavam sobre indómitos olhos penetrantes. O rosto teria sido formoso, não fosse a exaurição e palor provocados pelo quase contínuo sofrimento dele.

Apesar da sua falta de saúde, ele era um tremendo trabalhador. O seu conhecimento de ciência, especialmente electricidade, era vasto, acurado e profundo. Ademais, ele tinha estudado as escrituras Hindus e Budistas, não apenas como um erudito, mas com o discernimento que vem da inata compreensão simpática.

Eu não percebia totalmente a colossal estatura desse espírito sagrado; mas eu fiquei instantaneamente ciente de que este homem poderia ensinar-me mais num mês do que qualquer outra pessoa em cinco anos. Ele estava vivendo em grande desconforto e penúria. Eu ofereci-lhe a hospitalidade do meu apartamento. Tenho sempre sentido que, uma vez que as ciências ocultas nutrem tantos charlatães, deveria ser o principal ponto de honra não ganhar dinheiro de alguma maneira relacionado com elas. O estatuto amador acima de tudo! A hospitalidade é, no entanto, sempre permitida. Mas eu tive o cuidado de nunca ir além da estrita letra da palavra.

Iehi Aour veio para ficar comigo e sob as suas aulas particulares eu progredi rapidamente. Ele mostrou-me onde obter conhecimento, como criticá-lo e como aplicá-lo. Nós também trabalhámos juntos na Magick cerimonial; evocando espíritos, consagrando talismãs, e assim por diante.

Devo relatar um episódio, lançando luz sobre as minhas realizações mágicas e os meus padrões éticos. Jones e eu tínhamos chegado à conclusão de que Allan morreria a não ser que ele fosse viver num clima mais quente. Todavia, ele estava sem dinheiro e nós não o financiaríamos pelas razões dadas acima. Em vez disso, Jones e eu evocámos a aparência visível do espírito Buer, de *The Goetia*, cuja função é curar o doente. Nós fomos parcialmente bem-sucedidos; sendo a jubada cabeça e a perna esquerda nitidamente consistentes, embora o resto da figura fosse nebuloso e vago. Mas a operação foi, de facto, um sucesso na seguinte maneira. É instrutivo narrar isto como mostrando os meios indirectos e naturais pelos quais a vontade alcança o seu objecto.

Eu estou constrangido a uma aparente divagação. Muitos autores insistem na importância da castidade absoluta no aspirante. Durante alguns meses eu tinha desconsiderado esta injunção com uma sedutora sereia cujo marido era coronel na Índia. Pouco a pouco superei a minha paixão por ela e separámo-nos. Ela escreveu-me com frequência e tentou abalar a minha resolução, mas eu permaneci firme. Pouco depois da evocação de Buer, ela escreveu implorando para que eu ligasse para o hotel dela. Não consigo recordar como me veio à mente fazer o que fiz, porém, eu fui vê-la. Ela implorou-me para voltar para ela e ofereceu-se para fazer qualquer coisa que eu quisesse. Eu disse-lhe: "Tu estás a fazer uma bagunça da tua vida através do teu egoísmo. Eu dar-te-ei uma oportunidade de fazer um acto absolutamente irrestrito. Dá-me cem libras, não te direi para quem é isso, excepto que isso não é para mim próprio. Tenho motivos particulares para não usar o meu próprio dinheiro neste assunto. Se tu me deres isso, deve ser sem esperar ou espectar algo em troca." Ela deu-me o dinheiro—isto pagou a passagem de Allan para o Ceilão e salvou para a humanidade uma das vidas mais valiosas da nossa geração.

Muito devido a Buer. Quanto à senhora, ela veio ver-me algum tempo depois e vi que eu estava a agir egoisticamente ao estabelecer o meu bem-estar espiritual acima da felicidade dela. Ela fizera um gesto generoso; eu não poderia fazer menos. Ela concordou em não ficar no caminho da minha realização da Operação de *Abramelin*, mas pediu-me para lhe dar uma viva memória do nosso amor. Eu concordei e a sequela será contada em lugar próprio.

Durante este tempo, fenómenos mágicos eram de ocorrência constante. Eu tinha dois templos no meu apartamento; um branco, sendo as paredes revestidas com seis enormes espelhos, cada um com seis pés por oito; o outro, preto[69], um mero armário, no qual estava um altar sustentado pelas mãos da figura de um Negro em pé. O génio dominante deste lugar era um esqueleto humano, o qual eu alimentava de vez em quando com sangue, pequenos pássaros e coisas do género. A ideia era dar-lhe vida, porém nunca fui mais longe do que fazer com que os ossos ficassem cobertos por um limo viscoso. Em *The Equinox,* vol. I, nr. 1 está uma história, "At the Fork of the Roads", a qual é em cada detalhe um relato verdadeiro de um episódio deste período. Will Bute é W. B. Yeats[70], Hypatia Gay é Althea Gyles, o editor é Leonard Smithers.

---

69 Iehi Aour nunca teve nada a ver com isto; e eu pouco: o objectivo de estabelecer isto era provavelmente satisfazer o meu instinto de equilíbrio.
70 A identificação é conjectural, dependendo unicamente das admissões de Miss Gyles.

Os demónios conectados com *Abramelin* não esperam ser evocados; eles vêm não solicitados. Uma noite, Jones e eu saímos para jantar. Percebi, ao sair do templo branco, que o trinco da sua fechadura Yale não tinha prendido. Adequadamente, eu puxei a porta e testei-a. Quando saímos, nós notámos sombras semiconsistentes nas escadas; toda a atmosfera estava a vibrar com as forças que estávamos a usar. (Estávamos a tentar condensá-las em imagens sensíveis.) Quando nós voltámos, nada havia sido perturbado no apartamento; mas a porta do templo estava escancarada, os móveis desarrumados e alguns dos símbolos espalhados pela sala. Nós restaurámos a ordem e então observámos que os seres meio materializados marchavam ao redor da sala principal numa procissão quase interminável.

Quando eu finalmente saí do apartamento para a Escócia, descobriu-se que os espelhos eram grandes demais para serem removidos, excepto por meio do templo negro. Isto, é claro, foi completamente desmontado antes que os operários chegassem. Mas a atmosfera permaneceu e dois deles foram colocados fora de acção por várias horas. Foi quase uma experiência semanal, a propósito, ouvir falar de pessoas desmaiadas ou afectadas com tonturas, cãibras ou apoplexia na escadaria. Demorou muito até que os quartos fossem arrendados de novo. As pessoas sentiam instintivamente a presença de algo estranho. Similarmente, mais tarde, quando abandonei os meus aposentos na Victoria Street, um empenhado charlatão pensou em melhorar-se ao ocupá-los. Com esse objectivo ele foi vê-los. Alguns segundos depois ele estava a saltar precipitadamente nos cinco lanços de escada, gritando em terror. Ele tinha suficiente sensibilidade genuína para sentir as forças, sem possuir o conhecimento, a coragem e a vontade indispensáveis para tirar partido delas, ou mesmo para suportar o impacto delas.

~ 22 ~

ALÉM DO MEU trabalho diário, a minha principal preocupação era preparar-me para a Operação da Magia Sagrada.

A primeira condição é uma casa numa situação mais ou menos isolada. Deve haver uma porta abrindo para o norte a partir do quarto do qual se faz o oratório. Do lado de fora desta porta, constrói-se um terraço coberto com areia fina do rio. Isto termina num "alojamento" onde os espíritos podem reunir-se. Parece a coisa mais simples do mundo para um homem com quarenta mil libras, pronto para gastar cada centavo na realização do seu propósito, encontrar uma casa adequada em poucas semanas. Mas uma casa mágica é tão difícil de encontrar quanto um livro mágico para publicar. Eu vasculhei o país em vão. Só no final de Agosto de 1899 encontrei uma propriedade que me servisse. Esta era a mansão de Boleskine e Abertarff, no lado sudeste do Loch Ness, a meio caminho entre Inverfarigaig e Foyers. Adquiri-a pagando o dobro do seu valor, abandonei o meu apartamento e instalei-me imediatamente para pôr tudo em ordem para a grande Operação, a qual é dita começar na Páscoa.

A casa é um prédio baixo e comprido. Eu separei a metade do sudoeste para o meu trabalho. O maior quarto tem uma janela de sacada curva e aqui fiz a minha porta e construí o terraço e o alojamento. Dentro do quarto montei o meu oratório. Este era uma estrutura de madeira, alinhada em parte com os grandes espelhos que eu trouxe de Londres.

Na primeira vez que cheguei a Boleskine, eu inocentemente amedrontava algumas excelentes pessoas pelo meu hábito de fazer longas caminhadas sobre as charnecas. Certa manhã encontrei um grande pote de pedra na minha porta da frente. Isto não era uma máquina infernal; era uísque ilícito—um apelo mudo, mas eloquente, para não divulgar alambiques ilícitos que eu pudesse encontrar por acaso nas minhas andanças. Eu não precisava de suborno. Eu sou um livre comerciante em todos os sentidos da palavra. Não tenho simpatia por quaisquer regulamentações que interfiram nas actividades naturais dos seres humanos. Eu acredito que elas agravam qualquer problema que elas pretendam prevenir; e criam a maior praga da humanidade, o funcionarismo, e encorajam dissimulada conduta de ambos os lados, furtividade e espionagem. Qualquer lei que tende a destruir qualidades viris é uma má lei, por mais necessária que possa parecer à superfície. A tendência da maioria da legislação moderna é atar Gulliver com fio grosso. Eu mesmo nunca quebrei a lei, porque as coisas que por acaso quero são tão completamente diferentes daquelas desejadas pelos homens em geral, contanto que nenhuma ocasião jamais surgiu.

Mas eu observo com pesar que a humanidade esteja a ser compelida a desviar a sua atenção do seu próprio negócio tendo de cumprir inumeráveis formalidades mesquinhas.

A pesca do salmão em Loch Ness deve ser lembrada por pessoas que estão orando por "aqueles em perigo no mar". É um ano aborrecido quando ninguém se afoga. O lago é grande o suficiente para ressurgir um mar regular; e as colinas estão dispostas de tal maneira que o vento pode descer em todos os tipos de direcções inesperadas. As tempestades mais violentas surgem frequentemente sem aviso prévio de cinco minutos. Além disso, há uma secção do lago (a nordeste de Boleskine, do mesmo lado), onde a costa, por cerca de duas milhas, é um precipício rochoso simplesmente demasiado elevado acima da água para ser escalável, mesmo se se pudesse ter uma base segura.

É inútil pescar com bom tempo estável; quer-se isto nublado, nem muito quente nem muito frio, nem ventoso nem muito calmo—clima instável, numa palavra. Certa manhã capturei um salmão que subsequentemente virou a balança em quarenta e quatro libras. Ele era terrivelmente valente e muito pesado para o meu equipamento. De novo e de novo ele esgotava a linha e nós somente o segurámos remando na sua direcção por tudo o que valíamos. Foram quase duas horas até conseguirmos colocá-lo no barco.

A excitação acabou, eu observei que uma nevasca se estava a mover pesadamente e que o lago estava branco com espuma. Conjuntamente estávamos a barlavento da costa, e essa costa no meio do precipício. Nós nada poderíamos fazer senão puxar pela vida contra os dentes do vendaval, o qual aumentava em violência a cada momento. Nós estávamos ambos já cansados. Apesar de todo o esforço, nós fomos forçados, passo a passo, em direcção às rochas. Por muita sorte, há uma brecha naqueles penhascos infernais. Mas o barco não estava sob controlo. Porém, nós tivemos de correr o risco e conseguimos chegar a terra sem sermos esmagados, encalhámos o barco e caminhámos para casa. Isso foi o pior de tudo.

Contudo, muitas vezes fui apanhado do lado errado do lago. Tão perto e ao mesmo tempo tão longe! Lá estava a casa a uma milha de distância e ali estava eu com trinta milhas a fazer para chegar lá. Eu nunca tenho ouvido falar dos navios a vapor sendo naufragados, mas isso é talvez porque eles são já destroços.

Eu levei Lady Etheldreda para a Escócia comigo. Eu tivera muitos cães no meu tempo; mas ela era *sui generis*. Eu treinara-a para me seguir nas montanhas e ela não era apenas uma alpinista admirável mas também um rastreador misteriosamente profético. Por exemplo, eu deixava-a ao pé de um precipício fora do alcance das capacidades dela e, após uma escalada, descia um outro precipício para um outro vale, muitas vezes em brumas tão densas que eu não conseguia ver dez jardas em qualquer direcção. Mas eu encontrava-a invariavelmente no sopé dos penedos após fazer um desvio de talvez dez milhas através de um território desconhecido.

Estas qualidades tinham os seus defeitos. Ela tornou-se uma amadora de ovelhas. Isto era manifesto desporto. Ela nunca mutilava uma ovelha, ela matava-a com uma única mordida e ia para a próxima. Ela não tinha ilusões sobre a ética dos seus procedimentos e colocava superlativa astúcia ao serviço. Ela nunca tocava numa ovelha dentro de dez milhas de Boleskine; ela nunca visitava a mesma zona duas vezes consecutivamente; ela até se esforçava para preparar um álibi. Claro, ela sempre tinha o cuidado de remover todos os vestígios de sangue. Isso era elementar. Mas ela fingiria moléstia na manhã seguinte à matança e levaria vários objectos para dentro da sua casota, como se dissesse: "Bem, se tu quiseres saber com quem tenho passado tempo, aqui está!" Ela também percebia que a

Boleskine House

sua extraordinária velocidade e resistência a ajudariam a ilibar-se. Numa ocasião ela matou a não menos de quarenta milhas e regressou, a partir de Boleskine. Ninguém, excepto o seu mestre, em quem ela confiava para não entregá-la, podia suspeitar que ela tivesse coberto tanto terreno—para não falar do próprio leito—no decorrer da noite. Ela ficou insuspeita por meses—até mesmo semanas de observação falharam em identificá-la e, se ela não tivesse sido um animal tão magnífico, ela poderia ter escapado por completo. Mas o seu tamanho e beleza eram inconfundíveis. A evidência começou a ser demasiado forte para ridicularizar e eu tive que mandá-la de volta para Londres.

Boleskine é, no Inverno, um excelente centro de *ski-läufing*. Há um pouco de neve no vale em si, mas nas charnecas por trás de Strath Errick há grandes extensões de terreno elevado, estendendo-se por muitas milhas. As encostas são na maior parte suaves e eu tenho encontrado neve excelente até ao final de Março.

Nos dias de folga em Wastdale Head, era uma das nossas diversões jogar o bumerangue. Eckenstein há muito que estava interessado nisto e construiu numerosos novos padrões, cada um com o seu próprio voo peculiar. Por sorte, Walker de Trinity chegou ao vale. Ele ganhou uma bolsa de estudos por um ensaio sobre a matemática do bumerangue. O homem teórico e o prático juntam as suas cabeças; e nós construímos alguns objectos extraordinários. Um deles poderia ser lançado a meia milha, mesmo por mim, eu que não posso lançar uma bola de críquete a cinquenta jardas. Um outro, em vez de retornar ao atirador, foi directo da mão e ondulou para cima e para baixo como uma montanha-russa, sete ou oito vezes, antes de chegar ao chão. Um terceiro disparou em linha recta, roçando o solo por cerca de cem jardas, parou de repente como se tivesse atingido uma parede, subiu, girando no ar até à altura de uns cinquenta pés, de onde se acalmou numa espiral que se alargava lentamente. Obviamente, estas pesquisas referiam-se ao problema de voar. Eckenstein e eu, de facto, propusemos trabalhar para isso. A ideia era que nós abríssemos uma ruela pelos bosques naquela parte da minha propriedade que fazia fronteira com o Lock Ness. Deveríamos construir uma rampa e começar a andar de bicicleta com asas móveis. Deveria haver uma lancha a vapor no lago para nos pegar no final do voo. Nós estávamos, de facto, propondo fazer o que agora, em 1922, provou ser tão bem-sucedido. Mas o esquema nunca foi além da construção do estaleiro para barcos. As minhas andanças são as culpadas.

O anódino e necessário gato verte esses epítetos nas Highlands. O mais domesticado gato malhado fica intoxicado pelo ar da liberdade (como sugere uma hipótese) e começa a correr livremente. Leva para a floresta e vive de coelhos e pássaros. A sua consciência diz que está a violar as leis do jogo; o homem torna-se seu inimigo. Consequentemente foge à aproximação, embora às vezes se torne louco de medo e ataque um estranho, sem motivo, e lute até à morte.

Para meu desgosto, o mercantilismo introduziu a sua feia cabeça para dentro da minha vizinhança. A British Aluminium Company propôs explorar o poder da água do vale acima de Foyers. As Cataratas de Foyers são uma das poucas glórias naturais das Ilhas Britânicas; por que não usá-las para transformar um centavo honesto?

> I sat upon the mossy promontory
> Where the cascade cleft not his mother rock,
> But swept in whirlwind lightning foam and glory,
> Vast circling with unwearying luminous shock
> To lure and lock
> Marvelous eddies in its wild caress;
> And there the solemn echoes caught the stress,
> The strain of that impassive tide,
> Shook it and flung it high and wide,
> Till the air took fire from that melodious roar;
> All the mute mountains heard,
> Bowed, laughed aloud, concurred,
> And passed the word along, the signal of war.
> All earth took up the sound,
> And, being in one tune securely bound,
> Even a star became the soul of silence most profound.
>
> Thus there, the centre of that death that darkened,
> I sat and listened, if God's voice should break,
> And pierce the hallow of my ear that hearkened,
> Lest God should speak and find me not awake –
> For his own sake.
> No voice, no song might Pierce or penetrate
> That enviable universal state.
> The sun and moon beheld, stood still.
> Only the spirit's axis, will,
> Considered its own soul an sought a deadlier deep,
> And in its monotone mood
> Of supreme solitude
> Was neither glad nor sad because it did not sleep;
> But with calm eyes abode
> Patient, its leisure the galactic load,
> Abode alone, nor even rejoiced to know that it was God.

A avidez de dinheiro faz o melhor que pode para blasfemar e destruir a natureza. É inútil opor-se à baixeza da humanidade; quem tocar em piche, corre o risco de ser contaminado. Eu estou perfeitamente satisfeito em saber que a vileza da civilização está a destruir-se rapidamente; isso que fede nas minhas narinas diz-me que está a apodrecer e o meu consolo está nas palavras de Lord Dunsany. Entrementes, a água deveria ser desperdiçada na produção de riqueza—o mais perigoso dos narcóticos. Isto cria um desejo mórbido—o qual nunca satisfaz após a primeira fluência de intoxicação.

Ora os fornos da empresa British Aluminium custam muito para acender. Era, portanto, impossível extingui-los a cada sábado à noite. As pessoas da vizinhança aprenderam este facto com sincero horror. Tal maldade era inconcebível! Mas além disso, era pura loucura. Não tinham estas pessoas em Glasgow compreendido que Deus não permitia que tais coisas acontecessem com impunidade? Assim, no primeiro sábado à noite, as pessoas fixaram-se em pontos de vantagem nas colinas circundantes, a fim de verem as obras destruídas pela ira divina. Nenhuma explicação tem sido dada sobre o porquê de não ter ocorrido!

A senhora mencionada anteriormente estava agora contente da vida como resultado da quinzena que nós tínhamos passado juntos em Paris. Por isso, eu julguei meu dever cuidar dela até à Primavera seguinte. O cumprimento das esperanças dela finalizaria a minha responsabilidade antes do começo da minha Operação.

Eu pedira a Jones que viesse e ficasse comigo durante os primeiros meses, em vista das interferências e perigos já experienciados no mero prenúncio de realizar isto. Era obviamente parte da prudência ter, se possível, um iniciado no próprio local. Também é muito inábil para um homem absorvido em intenso esforço mágico ter de comunicar com o mundo externo acerca da actividade da vida quotidiana. Jones não via o seu caminho a surgir, então pedi a Rosher, o qual concordou. Mas antes de ele lá ter estado um mês ele achava a tensão intolerável. Certa manhã desci para o pequeno-almoço; nenhum Rosher. Perguntei ao mordomo por que razão estava ele ausente. O homem respondeu, surpreso com a minha ignorância, que o Sr. Rosher tinha apanhado o barco de manhã cedo para Inverness. Nenhuma palavra de esclarecimento havia; eu nunca o vi ou ouvi falar dele durante muitos anos; e, quando nós nos encontrámos, embora absolutamente amigáveis e até íntimos, nós nunca nos referimos ao assunto.

Um dia eu regressava de matar coelhos na colina e encontrei um padre Católico no meu escritório. Ele tinha vindo dizer-me que o meu caseiro, um indivíduo totalmente abstémio durante vinte anos, estivera a delirar bêbado durante três dias e tentara matar a sua esposa e filhos.

Eu arranjei um velho conhecido de Cambridge para ocupar o lugar de Rosher; mas ele também começou a mostrar sintomas de pânico. Entretanto, outras tempestades estavam a formar-se. Os membros do templo de Londres, com inveja do meu rápido progresso na Ordem, recusaram-se a iniciar-me na Segunda Ordem em Londres, embora o próprio Chefe me tivesse convidado. Ele, portanto, pediu-me para ir a Paris, onde ele mesmo conferiria o Grau. Eu fui; e, no meu retorno, dez dias depois, descobri que a minha protegida também se assustara, fugiu para Londres e escondeu-se.

Além destes efeitos comparativamente explicáveis nas mentes humanas, havia inúmeros fenómenos físicos em relação aos quais é difícil relatar. Enquanto preparava os talismãs, quadrados de velino com registos em tinta-da-china, uma tarefa que eu empreendia no quarto mais ensolarado da casa, eu tinha de usar luz artificial mesmo nos dias mais claros. Era uma escuridão que quase podia ser sentida. O alojamento e o terraço, ademais, logo se tornaram povoados com formas sombrias, suficientemente substanciais, em regra, para serem quase opacas. Eu digo formas; e, no entanto, a verdade é que elas não tinham formas propriamente ditas. O fenómeno é difícil de descrever. Era como se a faculdade de visão tivesse sofrido alguma interferência; como se os objectos da visão não fossem propriamente objectos. Era como se pertencessem a uma ordem de matéria que afectava a visão sem a informar.

Pelo exercício de obstinada determinação, eu consegui preparar tudo em bom tempo para iniciar o trabalho propriamente dito na Páscoa. É lamentável que nestes dias eu não tivesse ideia do valor de um Registo Mágico, segundo o ponto de vista histórico. Eu encontro poucas datas, tampouco me tenho afligido em registar até mesmo tais ocorrências surpreendentes como as narradas acima. Eu estava determinado na concretização. Qualquer coisa que aparecesse para mim fora da via directa para a meta era meramente um estorvo, um atravanco e uma distracção. Além da minha memória, portanto, as principais fontes de informação sobre a minha vida neste período são poemas, rituais e registos de visões.

Eu estava muito ocupado no trabalho com a musa. O meu *Appeal to the American Republic* foi gerado de uma agradável viagem com dois Americanos a partir de Genebra para Paris. O poema ainda é popular, embora ocasionalmente se tenha que mudar "The Lying *Russian* cloke his traitor head" para "*Prussian*", e assim por diante. *Carmen Saeculare* foi efectivamente o resultado de uma visão mais ou menos profética. Algumas das suas previsões têm-se saído maravilhosamente bem, embora o século ainda seja jovem; outros aguardam o cumprimento—mas eu não proponho demorar-me meramente para obter uma tão mórbida satisfação!

The Fatal Force, escrito na Primavera de 1899, possui uma característica de notável interesse. A ideia da peça é a de que uma alta sacerdotisa, ressentida com a necessidade da cooperação masculina na maternidade, deveria casar com o seu próprio filho e, subsequentemente, com o filho daquela união, de modo a produzir um indivíduo que seria sete oitavos dela própria; sendo a vantagem de que ele assim herdaria, tanto quanto possível, muito do poder e sabedoria dela. Eu supunha que esta ideia fosse original; contudo descobri mais tarde que Eliphas Lévi menciona esta fórmula como tendo sido usada pelos antigos Magos da Pérsia com esta mesma intenção. Esse foi um dos factos que me levaram à descoberta de que na minha última incarnação eu era Eliphas Lévi.

The Mother's Tragedy parece ter sido influenciado por Ibsen, com um toque de Bulwer Lytton. Em *The Temple of the Holy Ghost,* no entanto, o leitor pode rastrear o progresso do desenvolvimento da minha alma. Alguns dos poemas deste livro são comparativamente normais. Pode-se ver a extensão da minha dívida a vários predecessores, especialmente Baudelaire. Mas enquanto há um certo deleite no galanteio com a demoníaca Dalila, há um avanço constante em direcção à máxima pureza espiritual. Em "The Athanor", a invocação do Santo Anjo da Guarda revela as minhas verdadeiras aspirações; enquanto em "The Mountain Christ", "The Rosicrucian" e outros, é evidente que a minha ambição não era tornar-me superior ao resto da humanidade excepto para que eu pudesse redimi-los. Eu cito:

O Juramento do Começo.

Eu, Perdurabo, Frater Ordinis Roase Rubeae e Aureae Crucis, um Senhor dos Caminhos no Portal da Abóbada dos Adeptos, o 5°=6□ da Ordem da Golden Dawn; e um humilde servo do Cristo de Deus; neste dia vinculo-me espiritualmente de novo:

Pela Espada da Vingança:

Pelos Poderes dos Elementos:

Pela Cruz do Sofrimento:

Que eu me dedicarei à Grande Obra: a obtenção da Comunhão com o meu próprio Génio Superior e Divino (chamado Anjo da Guarda) por meio do curso prescrito; e que usarei o meu Poder assim obtido até à Redenção do Universo.

Assim me ajude o Senhor do Universo e a minha própria Alma Superior!

Esta ideia é ampliada ainda mais na obrigação que assumi em relação à Operação. A influência da minha iniciação na Segunda Ordem é manifesta. Enquanto permaneci na Ordem Externa, eu definitivamente não tinha percebido o facto de que eu estava vinculado ao bem-estar da humanidade e só podia satisfazer a minha aspiração tornando-me um perfeito instrumento para a regeneração do mundo. Cito mais uma vez:

A Obrigação da Operação.

Eu, Perdurabo, na Presença do Senhor do Universo, e de todos os Poderes Divinos e Angélicos, vinculo-me espiritualmente, mesmo enquanto não esteja fisicamente ligado à Cruz do Sofrimento.

(1) Unir a minha consciência com o divino, conforme eu possa ser permitido e auxiliado pelas divindades que vivem para sempre, os Aeons de Infinitos anos; que, estando perdida na Ilimitada Luz, se possa encontrar-se a si mesma: para a Regeneração da Raça, seja do homem ou seja como Vontade de Deus. E eu me submeto totalmente à Vontade Divina.

(2) Seguir com coragem, modéstia, bondade amorosa e perseverança o curso prescrito por Abramelin, o Mago; tanto quanto em mim reside, até à consecução deste fim.

(3) Desprezar totalmente as coisas e as opiniões deste mundo, a fim de que não me impeçam de fazer isto.

(4) Usar os meus poderes apenas para o bem-estar Espiritual de todos com quem posso entrar em contacto.

(5) Não dar lugar ao Mal: e fazer guerra eterna contra as Forças do Mal: até que sejam redimidas para a Luz.

(6) Harmonizar o meu próprio espírito para que o Equilíbrio possa levar-me ao Oriente; e que a minha consciência Humana não permita a usurpação da sua regra pelo Automático.

(7) Conquistar as tentações.

(8) Banir as ilusões.

(9) Colocar toda a minha confiança no Único e Omnipotente Senhor Deus: como está escrito: "Bem-aventurados os que colocam a sua confiança n'Ele".

(10) Elevar a Cruz do Sacrifício e Sofrimento; e fazer com que a minha Luz brilhe diante dos homens, para que eles possam glorificar meu Pai que está no Céu.

Além disso, eu mais solenemente prometo e juro: adquirir esta Ciência Sagrada da maneira prescrita no Livro de Abramelin, sem omitir a menor coisa imaginável do seu conteúdo; não glosar ou comentar de qualquer forma sobre o que pode ser ou não pode ser, não usar esta Ciência Sagrada para ofender o Grande Deus, não trabalhar adverso ao meu próximo: não comunicar isto a pessoa viva, a não ser por longa prática e conversação eu a conhecerei completamente, examinando bem se uma tal pessoa realmente pretende trabalhar para o Bem ou para o Mal. Eu celebrarei pontualmente, ao conceder isto, o mesmo costume que foi usado por Abramelin a Abraão. Caso contrário, aquele que o receber não colherá fruto daí. Guardar-me-ei como um Escorpião de vender esta Ciência. Que esta Ciência permaneça em mim e na minha geração enquanto satisfizer o Altíssimo.

Conforme todos estes pontos eu na generalidade e separadamente jurei cumprir sob a terrível penalidade do desagrado de Deus, e Daquele a cujo Conhecimento e Conversação eu mais ardentemente aspiro.

Assim me ajude o Senhor do Universo, e a minha própria Alma Superior![71]

Durante este período continuei a prática de visões e viagens em diversos planos espirituais. Parece valer a pena registar algumas delas. Elas fornecem uma indicação clara do meu progresso nesta época.

---

[71] Algumas das frases acima são prescritas pelo próprio Abramelin; outras são adaptadas dos meus documentos de 5°= 6°

Na cama, eu invoquei os anjos e espíritos do Fogo na tábula, com nomes, etc., e a 6ª Chave. Eu então (como Harpócrates) entrei no meu cristal. Um anjo, encontrando-me, disse-me, entre outras coisas, que eles (das tábulas) estavam *em guerra com os anjos dos 30 Aethyrs, para evitar a quadratura do círculo*. Fui com ele até às moradas de fogo, mas devo ter adormecido, ou quase isso. De qualquer forma, eu readquiri consciência num estado muito singular, estando metade da consciência lá, e metade cá. Eu recuperei-me e bani os Espíritos, mas estava queimando por todo o lado, e sacudi buliçosamente em redor—muito sonolento, mas consumido de Fogo! Somente repetida e cuidadosa suposição da forma divina de Harpócrates me permitiu recuperar o meu estado normal. Eu tive um longo sonho sobre uma mulher fugindo, a quem eu ajudei, e posteriormente sobre um homem roubando a minha jóia Rosa-Cruz de uma penteadeira num hotel. Eu apanhei-o e achei-o um homem fraco para lá do natural (eu poderia dobrá-lo ou achatá-lo à vontade)[72], e então o sonho parecia perder a coerência... Eu carreguei-o e encontrei uma escova de cabelo para espancá-lo, etc. etc. Dúvida: Estava eu totalmente obcecado?

Invocando os anjos da Terra, eu obtive um efeito maravilhoso. O anjo, meu guia, tratou-me com grande desprezo e foi muito rude e veraz. Ele mostrou-me várias coisas. No centro da terra está formulada a Rosa e a Cruz. Ora a Rosa é o Absoluto Auto-Sacrifício, a fusão de *todos* no 0 (Negativo), o Princípio Universal de geração através da mudança (*não* meramente a feminina), e a Luz Universal "Khabs". A Cruz é a Extensão ou princípio Pekht. Ora eu deveria ter aprendido mais; mas a minha atenção perambulava. Isto fecha as quatro visões elementares: processado, ai de mim! com que fraqueza, fatuidade e insensatez!

Eu... de tarde calei-me e fiz uma viagem...

Eu fui com um guia muito pessoal[73]: e contemplei (depois de algumas coisas menores) o nosso Mestre enquanto ele estava sentado junto ao Poço com a Mulher de Samaria. Ora os cinco maridos eram cinco grandes religiões que haviam contaminado a pureza da Virgem do Mundo: e "aquele que agora tens" era materialismo (ou pensamento moderno).

Outras cenas também vi na Vida Dele: e eis que também eu fui crucificado! Agora recuei eu no tempo até Berashith, o Início, e fui autorizado a ver coisas maravilhosas.

Primeiro o Abismo da Água: no qual eu, mesmo eu, meditei entre outras flamas sombrias como Shin sobre Mem, mantido pelo meu Génio. E contemplei a vitória de Rá sobre Apófis e a Primeira das Auroras Douradas! Sim: e monstros, rostos incompletos, surgiram: mas eles não subsistiram.

    E o firmamento era.
    Novamente o Caos e a Morte!

Então *Ath Hashamain ve ath h-aretz*[74]. Há uma infinitude de nebulosas, rodopiando e entrelaçando, muitos sistemas concêntricos, cada sistema não concêntrico a qualquer outro, no entanto, *todos* concêntricos ao todo. Conforme eu recuava no tempo eles cresciam cada vez mais rápido, e cada vez menos material. (P.S.—esta é uma hipótese científica, directamente contrária à de Anna Kingsford.) E por último estão turbilhonando rodas de luz; ainda através delas *ondeou* um frémito de uma luz invisível mais intensa numa direcção perpendicular às tangentes. Eu pedi para ir ainda mais para trás; e contemplei! Eu estou a flutuar de costas—desamparado: num vento de Luz descendo fulgente sobre mim do imensurável Firmamento. (Esta luz é de uma matiz prata

---

72 Este incidente foi citado por um dos meus críticos como ilustrativo do absurdo da Magick—como se a Magick fosse responsável pela irracionalidade dos sonhos!
73 Esta frase horrível não era minha: não devo ser julgada por ela.
74 N.T.: Citação hebraica do primeiro verso de Génesis.

azulada.) E eu vi aquela Face, perdida acima de mim na altura inescrutável; uma face de absoluta beleza. E eu vi como se isto fosse um Cordeiro morto no Esplendor Daqueles Olhos. Assim fui eu purificado; pois lá, que impureza poderia viver? Disseram-me que não muitos tinham estado tão longe, lá bem atrás: nenhum mais distante: aqueles que *podiam* ir mais longe não voltariam, uma vez que isso os teria reabsorvido no Princípio, e isso não deve ser para aquele que jurou elevar o Padrão de Sacrifício e Mágoa, que é força. (Eu esqueci os Anjos no Turbilhão Planetário. Eles olharam-me com curiosidade: e eram totalmente incapazes de compreender a minha explicação de que eu era um Homem, voltando a tempo de contemplar o Princípio das Coisas.)

Então voltei; tendo dificuldade em encontrar a terra. Mas eu chamei S.R.M.D e V.N.R, que ficaram contentes por me ver; e retornei ao corpo: para desperdiçar a noite escarnecendo de um médico insensato.

As minhas acções continuadamente testificam que eu naturalmente possuí o que é, afinal de contas, o bem mais essencial para um Mago, em singular perfeição. Era natural para mim desprezar e rejeitar completamente, sem um segundo de hesitação ou arrependimento, qualquer coisa que se interpusesse no caminho do meu propósito. Igualmente, eu podia manter esse propósito em si como sendo nada em comparação com o propósito maior da Ordem para a qual eu estava comprometido.

No início de 1900 candidatei-me à Segunda Ordem em Londres pelos documentos aos quais a minha iniciação em Paris me dava direito. Eles foram recusados em termos que deixaram claro que o organismo de Londres estava em aberta revolta contra o Chefe, embora com medo de declarar as suas intenções. Fui a Londres e discuti o assunto com Jones, Baker e a Sra. Emery. Jones viu claramente que, se Mathers não fosse o chefe da Ordem e o representante de confiança dos Chefes Secretos, não haveria Ordem de todo. A posição de Baker era a de que Mathers estava a comportar-se mal; ele estava farto de todo o assunto. A Sra. Emery, representante nominal do Chefe, estava a tentar encontrar uma solução diplomática. A atitude dela foi muito séria e sincera e ela ficou muito angustiada com o seu dilema. Ela achou melhor renunciar em silêncio, no entanto recebeu uma resposta do mais desconcertante carácter. A carta é datada de 16 de Fevereiro de 1900 e cito os dois últimos parágrafos na íntegra.

Ora, no que diz respeito à Segunda Ordem, seria com o *maior arrependimento* tanto do meu respeito pessoal por você, bem como do ponto de vista Oculto, que eu deveria receber a sua Resignação como meu Representante na Segunda Ordem em Londres; mas eu não posso deixar-lhe formar uma combinação para fazer um cisma nesse lugar com a ideia de trabalhar secretamente ou manifestamente sob Sapere Aude debaixo da equivocada impressão de que ele recebeu um Epítome da Escola da Segunda Ordem, trabalho de G. H. Soror, Sapiens Dominabitur Astros. Pois isto força-me a dizer-lhe claramente (e, compreenda-me bem, posso provar ao máximo cada palavra que eu digo aqui e mais, e fosse eu confrontado com S. A., eu deveria dizer o mesmo) embora pelo bem da Ordem, e pela circunstância de que isto significaria um golpe tão mortal para a reputação de S. A., eu rogo-lhe que mantenha este segredo da "Ordem", por enquanto, pelo menos, ainda que você esteja em perfeita liberdade para mostrar isso a *ele*, se você achar conveniente, *após madura consideração*.

Ele nunca esteve em *qualquer momento*, seja em comunicação pessoal ou escrita, com os Chefes Secretos da Ordem, tendo ele *próprio forjado* ou *providenciado para ser forjada* a professa correspondência entre ele e eles, e a minha língua tem sido amarrada todos estes anos por um Prévio Juramento de Sigilo a ele, exigido por ele, de mim, antes de me mostrar o que ele tinha feito ou originado a ser feito, ou ambos. Você deve compreender, pelo pouco que digo aqui, a *extrema gravidade* de tal assunto, e de novo peço-lhe, tanto pelo bem dele como pelo bem da Ordem, que não me force a ir mais longe no assunto.

Esta carta atingiu o cerne da base moral da conduta dela. Isto colocou-a na posição de ter iniciado pessoas, durante anos, sob falsas pretensões. Ela não podia desistir e não mais falar acerca disto. O assunto tinha de ser debatido.

A minha própria atitude era desimpedida de quaisquer considerações éticas. Eu tinha visto uma boa parte de Mathers pessoalmente. Ele era inquestionavelmente um Mágico de extraordinária concretização. Ele era um estudioso e um cavalheiro. Ele tinha aquele hábito de autoridade que inspira confiança porque esta nunca duvida de si própria. Um homem que faz tais afirmações como ele não pode ser julgado por códigos e cânones convencionais. A moralidade comum é apenas para pessoas comuns. Por exemplo, supondo que um Primeiro-ministro tem informações particulares que alguém tem descoberto, e está a cultivar, um novo germe por meio do qual ele pretende destruir a nação. Passar um "Short Act" seria dar o alarme e precipitar o desastre. Seria seu dever sobrepor-se à lei e colocar o pé em cima da maldade. Então novamente, toda a conduta de Mathers poderia ter sido da natureza de um teste. Poderia ter sido a sua maneira de perguntar aos adeptos se eles tinham o poder de se concentrarem na situação espiritual, de desistirem de todos os seus preconceitos.

De qualquer forma, no que me dizia respeito, Mathers era o meu único elo com os Chefes Secretos a quem eu estava comprometido. Escrevi-lhe oferecendo-me para colocar a mim e a minha fortuna sem reservas à disposição dele; se isso significasse desistir da Operação Abramelin para o presente, tudo bem.

O resultado desta oferta foi registado da seguinte forma:

> D.D.C.F. aceita os meus serviços, por conseguinte posso eu regozijar-me de que o meu sacrifício seja aceite. Portanto, posso eu pospor novamente a Operação Abramelin, o Mago, tendo pela Graça de Deus formulado até mesmo nisto um novo elo com o Superior e obtido uma nova arma contra os Grandes Príncipes do Mal do Mundo. Amen.

Fui a Paris, discuti a situação com Mathers e formulei a seguinte proposta para lidar com o "templo" refractário.

I. A Segunda Ordem a ser convocada em vários momentos durante dois ou três dias. Eles devem encontrar, ao serem admitidos um a um, um mascarado homem em autoridade e um escriba. Estas questões, etc. ocorrem, após promessa de sigilo concernente a entrevista.

A. Está convencido da verdade das doutrinas e conhecimentos recebidos no grau de $5°=6°$? Sim ou não?

Se sim (1) Então a origem deles pode surgir apenas de uma fonte pura?

Se não (2) Eu te degrado a ser um Senhor dos Caminhos do Portal na Abóbada dos Adeptos.

B. Se ele responder "sim", o homem mascarado continua: Está satisfeito com a lógica desta afirmação? Promete solenemente cessar estas disputas indecorosas quanto à liderança desta Ordem! Eu, da minha parte, posso garantir, pelo meu próprio conhecimento, que o D.D.C.F. é realmente um $7° = 4°$.

Se sim (3) Então cantarás este papel; contém uma solene reafirmação da tua obrigação como um $5° = 6°$ ligeiramente expandido, e uma promessa de apoiar cordialmente os novos regulamentos. Se não (4) eu te expulso desta Ordem.

II. A prática de máscaras a ser introduzida. Cada membro saberá somente o membro que o introduziu.

Testes severos da excelência moral do candidato, coragem, seriedade, humildade, recusa para fazer errado, a serem inseridos no Portal ou ritual de $5° = 6°$.

III. Externa Ordem a ser convocada. Regulamentos similares serão anunciados para eles. Novas promessas requeridas para que eles não comuniquem a identidade de alguém, que eles possam ter conhecido, a qualquer novo membro.

IV. Abóbada a ser reconsagrada.

Isto foi aceite e eu fui até Londres para executá-lo. Eu encontro uma entrada no meu livrinho de Rituais Mágicos que revela o meu estado de espírito.

12 de Abril de 1900

Eu, Perdurabo, como o Temporário Enviado Plenipotenciário de Deo Duce Comite Ferro e assim o Terceiro dos Chefes Secretos da Ordem da Rosa de Rubi e da Cruz de Ouro, invoco deliberadamente todas as leis, todos os poderes Divinos, exigindo que eu, eu mesmo, seja escolhido para fazer um tal trabalho como ele tem feito, a todo o custo para mim mesmo. E eu registo esta santa aspiração na presença da Luz Divina, que isto possa permanecer como minha testemunha.

In Saecula Saeculorum. Amen!

Uma outra complicação tinha subitamente surgido. Na fatal carta de Mathers para a Sra. Emery, ele escreveu que Sapiens Dominabitur Astris não estava morta afinal; mas em Paris, trabalhando com ele naquele exacto momento. Porém, quando eu cheguei a Paris, Mathers tinha sido rudemente desenganado. A mulher que afirmava ser Sapiens tinha fugido, com tal propriedade dele que ela poderia pôr mãos à obra. Que um tal homem pudesse ter sido tão deludido parece incrível. Mas ele contou-me que ela certamente possuía conhecimentos que somente Sapiens tinha, e também que ela lhe contara todos os detalhes de uma conversa muito particular que ele tivera uma vez com Madame Blavatsky em Denmark Hill. No final, ela provou ser uma Madame Horos. No ano seguinte ela foi sentenciada a sete anos de servidão penal por ultrajes sobre raparigas. De alguma forma, ela usara os rituais da Ordem que roubara de Mathers para aliciá-las à desgraça delas.

A minha chegada a Londres como o enviado extraordinário e plenipotenciário de Mathers colocou o gato entre as galinhas. A minha identidade foi logo descoberta e um tufão começou a enfurecer-se na chávena de chá. Os rebeldes recorreram a todos os tipos de actos violentos e sem lei, e espalharam as histórias mais estupidamente escandalosas, não somente acerca de mim, mas acerca dos poucos que permaneceram leais a Mathers. Eles nem sequer hesitaram em caluniar uma jovem de perfeita pureza, imputando-lhe uma imprópria intimidade comigo. Isto foi especialmente ignóbil, já que ela estava comprometida para se casar. Até hoje não consigo compreender que pessoas como W. B. Yeats não tivessem reprimido tais métodos da maneira mais severa e insistido para que a luta fosse travada com armas de fogo. Eles apossaram-se dos móveis do templo e da abóbada. Eu solicitei a um magistrado da polícia para isto ser entregue. Na audiência da intimação ficámos surpresos ao encontrar o Sr. Gill, K.C., um dos homens mais famosos na advocacia, instruído a comparecer num tribunal da polícia para brigar por algumas libras de parafernália! O dinheiro foi fornecido pela Senhorita Horniman, filha do homem do chá Mazawattee, e mais tarde patrona do Manchester Theatre. Ela tinha sido expulsa por Mathers algum tempo antes.

Eu sabia o suficiente sobre fazer campanha para recusar juntar-me à batalha contra tal artilharia pesada como o Sr. Gill. Felizmente, o valor da propriedade tinha sido jurado numa soma além do limite com o qual um magistrado da polícia pode lidar. A intimação foi, portanto, retirada e o Sr. Gill guardou a sua eloquência e o seu emolumento para si mesmo. Na realidade nada havia por que valesse a pena lutar. O acampamento rebelde terminou em anarquia. Eles emitiram vários manifestos histéricos, distinguidos pela confusão de pensamento, imprecisão de declaração, malícia pessoal, vazia fanfarronice e ignorância de Inglês. Vale a pena resgatar um erro do esquecimento. "Nada nas resoluções anteriores deverá *e*ffect a nossa conexão com a ordem Rosacrucianista." Os pobres queridos queriam dizer *a*ffect.

Eles continuaram a lutar entre si por alguns meses e depois tiveram o bom senso de desistir de brincar em Magick. O seu único sobrevivente é Arthur Edward Waite, que ainda finge continuar a actividade, embora ele tenha substituído uma pomposa, túrgida ladainha de bombásticas platitudes em prol do ritual do neófito, de modo que a última faísca de interesse está extinta para sempre. Mathers, claro, continuou; mas ele havia caído. Os Chefes Secretos rejeitaram-no; ele caiu em deplorável abjecção; até mesmo a sua sapiência o abandonou. Ele não publicou nada de novo e viveu em encharcada intoxicação até a morte pôr um fim à sua longa miséria. Ele era um grande homem em seu caminho. Talvez tenha expiado os seus erros e retomado os seus labores, com a vantagem da experiência!

O Verão estava agora à mão e o desejo de viajar reafirmava-se em mim. Não havia sentido em voltar a Boleskine até à Páscoa seguinte. Conforme aconteceu, Mathers—a quem retornei para relatar o progresso—tinha dois convidados, membros da Ordem. Eles tinham acabado de voltar do México. A fantasia persuadiu-me a ir para lá. Eu queria em particular escalar os grandes vulcões. Então, no final de Junho de 1900, eu naveguei para Nova Iorque.

Crowley, o jovem Mágico. Totalmente equipado com a Rosa Cruz sobre o Coração, a Varinha na mão direita, a esquerda dando o sinal, e a Espada e o Livro colocados sobre o Altar.

PARTE II
A AVENTURA MÍSTICA

~ 23 ~

ACHO QUE FOI no dia 6 de Julho que cheguei a Nova Iorque. Naqueles dias ninguém se aborrecia com pessoas que nunca tinham visto um real horizonte ostentando o ultrage porquanto perpetrado pelos insectos. Um horizonte de montanha é quase sempre nobre e belo, sendo o resultado de forças naturais actuando uniformemente e em conformidade com a lei. Assim, embora isto não seja propositado, é a incorporação dos princípios que são inerentes em desígnio. Nova Iorque, por outro lado, tem sido levantada por uma série de acidentes desconectados.

A vaidade dos nativos levou-os, portanto, a concentrar o seu entusiasmo numa rejeitada estátua de comércio destinada ao Canal de Suez. Eles tinham comprado esta em segunda mão e grandiloquentemente rotularam "Liberdade iluminando o Mundo". Eles tinham sido proféticos o suficiente para colocá-la numa ilha de costas para o continente.

Mas, naqueles dias, o espírito de liberdade ainda estava intensamente vivo nos Estados Unidos. O visitante menos sensitivo estava destinado a tomar conhecimento dele em poucas horas. Não havia servilismo gentil. Ninguém interferia nos negócios de outra pessoa ou permitia que interferissem nos seus. As pessoas pareciam prósperas e contentes; eles ainda não tinham sido proibidos de se divertir quando o trabalho do dia acabasse.

Até àquele momento eu nunca tinha estado em qualquer supostamente país quente. Fiquei chocado ao descobrir Nova Iorque intolerável. Eu providenciava um banho frio, e entrava e saia dele a intervalos até às onze da noite, porquanto eu rastejava, ofegando, pelas abrasadoras ruas e consumia água gelada, melancia gelada, sorvete e café gelado. "Bom Deus", disse eu a mim mesmo, "e isto é meramente Nova Iorque! Como deve ser o México!" Eu supunha que estava a experenciar condições normais, ao passo que, na realidade, eu tinha aterrado no clímax de uma onda de calor que matou cerca de cem pessoas por dia enquanto durou. Eu deveria ter descoberto a verdade se tivesse olhado para um jornal; mas eu não os lia. Eu tinha já aprendido que até mesmo a melhor mente está fadada a perecer se sofrer a infecção do jornalismo. Não é meramente que se corrompe a mente infligindo-lhe um desleixado e impreciso Inglês, superficial, vulgar, apressado e preconceituoso pensamento, e deliberada dissipação. Além destas notórias poluições, há o efeito negativo. Ler um jornal é abster-se de ler algo que valha a pena. A preguiça natural da mente tenta evitar autores que exigem um esforço contínuo de inteligência. A primeira disciplina da educação deve, por conseguinte, ser a de recusar resolutamente alimentar a mente com palavrório enlatado.

As pessoas dizem-me que precisam de ler os jornais para saberem o que está a acontecer. Em primeiro lugar, dificilmente poderiam encontrar um guia pior. A maior parte do que é impresso acaba sendo falso, mais tarde ou mais cedo. Mesmo quando não há engano deliberado, o relato deve, a partir da natureza do caso, ser apresentada sem uma reflexão adequada e deve parecer possuir uma importância que o tempo mostra ser absurdamente exagerada; ou vice-versa. Nenhum evento pode ser razoavelmente julgado sem fundo e perspectiva.

Só fiquei em Nova Iorque dois ou três dias e depois viajei directo para a Cidade do México. Foi a minha primeira experiência de uma realmente longa jornada de comboio. A psicologia é muito curiosa. Viagens com mais de meia hora começam a ser tediosas. Edimburgo para Inverness: Eu costumava sentir-me à beira da insanidade antes de ter chegado a metade. Mas depois de dois ou três dias no comboio, a pessoa habitua-se.

A cidade do México começou por me irritar intensamente. O hotel não tinha serviço organizado; eles não pareciam importar-se se alguém tinha alguma coisa para comer ou não. De facto, em toda a cidade, havia apenas um restaurante onde se podia conseguir algo fora dos regulares pratos locais. Ninguém se incomoda acerca da comida. O mesmo se aplica à bebida, no que diz respeito ao paladar. As pessoas comiam para satisfazer a fome e bebiam para ficarem bêbadas. Não havia finos *vintages*; as bebidas principais eram pulque, que é a seiva fermentada do aloé; mescal, tequila e aguardente; o último sendo um termo geral aplicável a qualquer bebida destilada. Naquela época eu era praticamente um abstémio, e como eu tinha uma fastidiosa delicadeza que me fazia não gostar de tentar experimentações, eu nunca provei nenhuma destas bebidas.

É uma característica muito curiosa. Eu costumava recusar, às vezes sob pressão embaraçosa, a provar coisas cuja aparência ou cujo nome me desagradava. Eu não comeria compota, mesmo quando criança, porque isto parecia mal-amanhado. Eu devia ter quase quarenta anos quando toquei em salada. Parece absurdo. Eu gostava muito de maionese de lagosta; mas salada de lagosta, nunca! Eu não gosto da combinação de consoantes. A palavra sugere algo indefinido. Dá o efeito da poesia Francesa, onde a ausência de acentuação emascula o ritmo.

Eu encontrei-me espiritualmente em casa com os Mexicanos. O desprezo da indústria e comércio. Eles tinham Diaz para fazer o seu pensamento político para eles e muito bem que ele o fez. Os seus corações estão fixos em touradas, luta de galos, jogos de azar e luxúria. O espírito deles é corajoso e boiante; não tinha sido envenenado pela hipocrisia e a luta pela vida. Eu arrendei parte de uma casa com vista para Alameda, um magnífico parque destinado ao prazer e protegido da polícia. Eu contratei uma jovem índia para cuidar de mim e estabeleci-me para trabalhar em Magick. Eu tive uma apresentação a um velho chamado Don Jesus Medina, um descendente do grande duque de Armada, e um dos maiores chefes do rito Escoçês de maçonaria. Sendo o meu conhecimento Cabalístico já profundo pelos padrões correntes, ele achava-me digno da mais alta iniciação em seu poder de conferir; poderes especiais foram obtidos em vista da minha limitada permanência, e fui rapidamente empurrado e admitido no trigésimo terceiro e último grau antes de eu deixar o país.

Eu tinha também uma certa quantidade de latitude concedida por Mathers para iniciar adequadas pessoas *in partibus*. Eu, por conseguinte, estabeleci uma própria Ordem inteiramente nova, chamada L.I.L.: a "Lâmpada da Luz Invisível". Don Jesus tornou-se o seu primeiro Sumo-Sacerdote. Na Ordem L.I.L., as letras L.P.D. são os monogramas dos mistérios. Uma explicação destas letras é dada por Dumas no prólogo do seu *Memoires of a Physician* e Eliphas Lévi discute-as com alguma extensão. Eu, no entanto, recordei-os directamente da minha incarnação enquanto Cagliostro. Seria impróprio comunicar o seu significado ao profano, mas posso dizer que a interpretação política dada por Dumas é superficial e as sugestões éticas de Lévi pueris e perversas; ou, mais correctamente, intencionalmente enganadoras. Elas dissimulam um grande número de fórmulas mágicas de menor importância por grande valor prático, e os curiosos devem conduzir tal pesquisa conforme eles se sintam impelidos a fazer à luz da Cabala. Os seus valores numéricos, atribuições Yetziráticas, e os arcanos do Atus de Tahuti, fornecem uma pista adequada para as inteligências que são iluminadas pela simpatia e sinceridade.

A ideia geral era ter uma lâmpada sempre acesa num templo provido de talismás apropriados às elementares, planetárias e zodiacais forças da natureza. As invocações diárias deveriam ser realizadas com o objectivo de fazer da própria luz um centro consagrado ou foco de energia espiritual. Esta luz irradiaria e iluminaria automaticamente as mentes que estivessem prontas para recebê-la.

Ainda hoje, a experimentação parece-me interessante e a concepção sublime. Eu lamento muito ter perdido o contacto com Don Jesus; gostaria muito de saber como isto sucederia.

Eu dediquei praticamente todo o meu tempo a este e a outros trabalhos mágicos. Eu inventei um Ritual de Auto-Iniciação (ver *The Equinox,* vol. I, nº III, p.269), cuja característica essencial é a elaboração do entusiasmo espiritual por meio de uma dança mágica. Esta dança continha os gestos secretos do meu grau, combinados com as palavras correspondentes. Eu costumava definir a minha vontade contra a tendência para a tontura e assim adiar o máximo possível a intoxicação física final. Desta forma eu perdia a consciência no momento em que ficava totalmente absorvido pela aspiração. Assim, em vez de cair na monótona escuridão, eu emergia num estado lúcido, no qual estava expurgado de personalidade e de todas as impressões sensoriais ou intelectuais. Eu tornei-me o veículo das forças divinas invocadas e experimentei a Divindade. Os meus resultados foram satisfatórios até aonde eles avançaram; no entanto eles não ajudaram muito o meu progresso pessoal, uma vez que eu não tinha formulado uma ligação intelectual entre a consciência divina e humana.

Eu trabalhei também na aquisição do poder da invisibilidade. (Ver *The Equinox,* vol. I, n. III, p. 272 para o ritual.) Cheguei a um ponto em que o meu reflexo físico num espelho tornou-se fraco e trémulo. Isto dava muito o efeito das imagens interrompidas do cinematógrafo nos seus primeiros dias. Mas o verdadeiro segredo da invisibilidade não está relacionado com as leis da óptica; o truque é evitar que as pessoas te reconheçam quando normalmente o fariam. Nisto eu fui bem-sucedido. Por exemplo, eu fui capaz de dar um passeio na rua com uma coroa de ouro e um manto escarlate sem chamar a atenção.

O mais interessante de tudo, talvez, é uma prática mágica que eu elaborei, ostensivamente para lidar com o dilema proposto pela Esfinge: "O postulante da Magia deve ser moralmente perfeito". Pode ser que eu sentisse instintivamente que os meus piedosos antecessores estavam errados em exigir a supressão da masculinidade e impor códigos de conduta arbitrários. (Eu sei agora, é claro, que as instruções deles têm sido mal compreendidas; cada elemento na molécula deve ser desenvolvido ao máximo e aplicado ao serviço da verdadeira vontade da pessoa.) Suponho que tenho de agradecer a Stevenson pela ideia, a qual era esta. Como membro da Segunda Ordem, eu usava um certo precioso ornamento de ouro sobre o meu coração. Eu providenciava para que quando eu o usasse, eu não permitiria nenhum pensamento, palavra ou acção, salvo aqueles relacionados directamente às minhas aspirações mágicas. Quando o tirava eu não estava, pelo contrário, a permitir tais coisas; eu estava a ser totalmente não iniciado. Era como Jekyll e Hyde, mas com as duas personalidades equilibradas e completas em si mesmas. Eu achava esta prática de óptimo serviço. Era de facto essencialmente um começo de controlo sistemático do pensamento. O método está agora incorporado nas instruções do A∴A∴ (Ver *Liber Jugorum*).

O México revelou-se um glorioso terreno galopante para o meu Pégaso. O magnífico ar da montanha, o esplendor do sol, a beleza exuberante das flores, a inebriante intimidade do amor pululante e destemido que ardia em cada rosto estabeleceram na minha mente um acelerado ritmo de arrebatamento.

Todavia a minha principal conquista teve as suas raízes na Europa. Numa das cerimónias semipúblicas de Mathers, eu tinha conhecido um membro da Ordem, uma prima-dona Americana. Ela tomou-me de assalto e nós ficámos noivos. O casamento não poderia ocorrer imediatamente, visto que ela precisava livrar-se de um marido que ela tinha deixado no Texas. Mas eu ouvi-a cantar Vénus em *Tannhäuser* no Covent Garden; e ela de modo cortês insistiu na minha recolha de amostras dos bens com os quais ela propôs dotar-me. O romance de uma intriga com uma artista tão famosa excitava a minha imaginação. Uma tarde, no México, eu arranjei uma mulher que me atraía pela insaciável intensidade de paixão que resplandecia dos seus inescrutáveis olhos malignos e torturava o seu desgastado rosto num redemoinho de pecado sedutor. Passei algumas horas com ela no seu casebre; e, caminhando para casa, ainda me encontrava tão insatisfeito—*lassatus, sed non satiatus*—que a minha febre desenvolveu um delírio cujas imagens assumiram a forma da ópera de Wagner. Fui para casa e sentei-me imediatamente para escrever a minha própria versão poética e mágica da história. Eu não dormi nem comi até isto ficar terminado—sessenta e sete horas depois. Eu não estivera ciente do voo do tempo. Eu não conseguia entender por que razão era tarde; eu achava que tinha meramente escrito toda a noite. Esta peça marca o clímax do primeiro período da minha poesia.

Durante o Verão eu quis viajar no interior. Desci para Iguala, comprei um pónei alaranjado e cavalguei de volta lentamente para a cidade, tomando as coisas conforme elas vinham. Em todas as minhas viagens eu quase nunca tenho "visto os pontos turísticos". Nada é tão decepcionante. O meu plano é simplesmente viver em qualquer nova cidade a vida comum das pessoas. Eu perambulo e passado pouco tempo chego inesperadamente a uma das maravilhas do mundo. Desta forma obtém-se o frémito que aqueles que têm vendido as suas almas a Baedeker sentem falta. Imagine a delícia de descobrir o Coliseu ou o Taj Mahal por si mesmo, num momento, talvez, quando a mente estava preocupada com ideias triviais! Eu posso ter perdido algumas obras-primas, mas não muitas; e as pessoas que vão vê-las propositadamente perdem tudo completamente.

O máximo de romance e prazer pode ser encontrado no México, mesmo nas pequenas cidades do interior. Há sempre algum tipo de Alameda, uma bem arborizada praça mais ou menos no meio da cidade com diversos assentos, e um coreto onde uma banda toca todas as noites sem qualquer presunção, porque as pessoas gostam de música. Nunca está muito quente; geralmente há uma brisa agradável, suficiente para agitar as folhas e não o suficiente para perturbar e incomodar. Está cheia de homens e mulheres; todos parecem jovens e todos são encantadores, espontâneos e prontos para fazer qualquer tipo de amor desejado.

Na verdade, eles estão a fazer isto continuamente em seus corações e apenas esperam a oportunidade de adequar a palavra e acção ao pensamento. Tampouco se retarda a oportunidade. Não há dificuldades práticas. Dentro e fora da natureza e da arte combina-se para convidar Cupido a compensar todo o tipo de visita, apaixonada, permanente, transitória, trivial. O capricho do momento é o único árbitro do evento. A ideia de preocupação é desconhecida. "Não penses no dia seguinte" é o primeiro princípio das relações humanas, especialmente em relação a tais assuntos. O amor é o negócio da vida, mas é tudo lucro e sem perda. Não há falsa vergonha, nenhuma contaminação por ideias de comércio e assuntos materiais em geral. Não há embuste acerca de pureza, elevação, idealismo ou qualquer disparate. Não posso esperar para expressar o prazer primoroso da liberdade. A espontaneidade não foi destruída por antecipações de todos os géneros de dificuldade em encontrar um amigo de qualquer desejado tipo, obstáculos no modo de consumar o impulso, e desagradabilidade no rescaldo. O problema do sexo, o qual tem reduzido as nações Anglo-Saxónicas à histeria e insanidade, tem sido solvido no México pela cooperação de clima e cordialidade. Até mesmo o Catolicismo tem perdido a maior parte da sua malignidade no México. O clero e o laicato unem-se, espiritualmente e somaticamente, com jovial ardor. A Virgem é aqui efectivamente a *fille-mère* que os evangelhos realmente representam, em lugar de toda a nossa vociferante negação dos factos óbvios. Naturalmente, o padre gosta de um pouco de gratificação pela sua complacência, mas isso é um traço muito humano, e como ele não é nem ganancioso, nem malicioso, nem hipócrita, a caridade que ele desfruta é dada livremente no espírito mais amigável.

Isto era porque ele tinha Diaz 33° para mantê-lo em ordem. Após a morte de Diaz, o padre ficou gaudioso com uma barriga cheia de—(a Hóstia?) como o mundialmente famoso Sparrow e teve de ser seriamente refreado, como a história relata.

A minha primeira noite fora de Iguala foi um misterioso deleite. Eu tinha-me perdido numa plantação de açúcar e estava a escurecer quando cheguei a uma ferrovia em construção. Eu segui esta, esperando encontrar uma cidade, mas a noite caiu, repentina e negra; então amarrei o meu cavalo e deitei-me para dormir no meu poncho à luz de um lume, para o fazer eu usei por empréstimo algum material solto deixado pelos engenheiros. O amanhecer estava precisamente a romper quando fui despertado do sono por aquela subtil sensação de perigo que protege os viajantes que dormem. Na penumbra vi três cabeças olhando atentamente para mim por cima do aterro. Eu disparei o meu revólver no ar; as cabeças desapareceram; virei-me e fui dormir de novo instantaneamente por várias horas.

A minha segunda noite foi de outra forma divertida. Eu alcancei um acampamento pioneiro, onde uma cabana de madeira tinha sido colocada conjuntamente. Dois Chineses estavam a administrar uma casa de pasto. Sentei-me para jantar com dois dos engenheiros. Eles reconheceram o novo companheiro e começaram a assustar-me com contos de escorpiões e febre. Antes de servir o jantar, um dos Chineses chegou com uma panela de água fervente e deu a volta na sala inclinando-a nas cavidades formadas pelo cruzamento das traves da cabana. Com muita frequência, um escaldado escorpião caía. Eu fui para a cama naquela noite com a mente cheia de uma artimanha particularmente desagradável dos meus irmãos reptilianos. Eles têm o hábito de cair do telhado para a cama de alguém. Isto é totalmente sem malícia, mas um agita o sono da pessoa com o toque. Eles são alarmados e atacam. Isto não aconteceu; mas de manhã eu encontrei as minhas pernas tão inchadas de picadas de mosquito que eu não pude calçar as minhas botas. O resultado foi o meu primeiro contacto com a malária, a qual me atacou muito severamente logo depois que eu voltei para a cidade. O meu percurso estava cheio de aventura muito variada. O incidente que se destaca é este:

Atravessando uma encosta, eu vi um Mexicano a umas trinta jardas abaixo do trilho, aparentemente dormindo ao sol. Eu achei que deveria avisá-lo do seu perigo e cavalguei. Ele devia estar morto há três semanas, pois ele tinha sido completamente mumificado. Nem os coiotes nem os urubus tocarão num Mexicano morto. A sua carne tem sido profundamente impregnada com pimentas e outros condimentos pungentes. Agilizam o trabalho de qualquer outra carne. Eu lembro-me de sair cavalgando a partir de Zapotlán para almoçar com alguns amigos no rancho deles. Entrei numa fileira de mulas com destino à costa do Pacífico. No momento em que eu passava por uma mula, esta caiu de exaustão. Os homens transferiram a carga e deixaram-na morrer. Voltando depois do almoço, umas três horas depois, eu encontrei os ossos da mula limpos e secos.

Pode-se sempre narrar um Mexicano pelo seu hábito peculiar de soprar o cigarro antes de acendê-lo. A razão para isto é que os cigarros do governo são enrolados por condenados, aos quais é permitido o que eles consideram uma inadequada quantidade de tabaco diária para seu próprio uso. Eles, portanto, aumentam o seu suprimento misturando poeira com o tabaco que lhes é entregue todas as manhãs para o seu trabalho, e consequentemente tem que se soprar isto.

É dito, não sei quão verdadeiramente, que uma cidade Mexicana, num canto próximo a Rio Grande, foi, no curso da revolução e contra-revolução dos abutres rivais em 1917, suspensa durante um tempo de toda a comunicação com o resto do país. Presumivelmente todos enterraram o dinheiro que porventura tivessem. Pelo menos desapareceu rápidamente e estranhamente. A cidade arquejou. Que diabo deveria ser feito? Sendo povo de senso, eles logo juntaram a sua sagácia e disseram: "Tudo bem. Não adianta clamar pela lua. Temos de continuar trocando haveres. Simplesmente permutaremos em crédito e faremos um balanço semanal."

"If anyone fancies he´s got a soft thing —
If we haven´t got pesos we`ve plenty of string."

O resultado foi surpreendente. Os negócios seguiram muito bem como no passado, com esta diferença notável: o motivo para trapacear, açambarcar e fazer apostas foi-se. Poder-se-ia, claro, acumular uma fortuna no balancete da câmara municipal; no entanto seria difícil converter isso em dinheiro. Então ninguém se incomodava em enganar o vizinho ou planear a sua ruína. Eles contentavam-se em visar conforto e facilidade. Antigos inimigos tornaram-se amigos rapidamente; os usurários voltaram as mãos para fins produtivos; os preguiçosos, parasitas e apostadores perceberam que precisavam de trabalhar ou morreriam de fome. A cidade inteira prosperou; a pobreza desapareceu; a ansiedade financeira deixou de existir; o tom moral da comunidade tornou-se quase angelical. Todos tinham muito o que fazer, muito para comer, muito lazer e muito prazer. Todos estavam felizes. Claro que era bom demais para durar. As comunicações foram restauradas e, um mês depois, a sociedade tinha recaído numa luta de cães por dólares.

~ 24 ~

REPOUSANDO doente no Hotel Iturbide, eu fui atendido por um médico Americano chamado Parsons, com o qual fiz uma calorosa amizade. Ele era certamente um "live wire". A faculdade acabara de conceber uma nova fonte de rendimento inventando a apendicite. Parsons ouviu falar disto e ligou para os Estados Unidos para um parceiro que pudesse realizar a operação. Ele então procedeu a recomendar a imediata operação sempre que um dos seus pacientes muito ricos tivesse uma dor de estômago. A mil dólares Mexicanos de cada vez, não demorou muitos meses para acumular uma fortuna.

A colónia Inglesa na Cidade do México era antipatizada e desprezada. O cônsul estava habitualmente constipado e o vice-cônsul habitualmente embriagado. É um facto curioso que em todo o mundo estas qualidades nunca variam. Um amplo campo está aberto à especulação filosófica.

Eu vim para frequentar o clube da colónia Americana. Lembro-me de ter sido apresentado a um novo mas já popular e respeitado membro, "Encontra Mr. Tewkesbury," e, um alto sussurro, *"Thorne*, tu sabes, quem escapou de Chi com um quarto de milhão de dólares." "Neste clube conheci alguns rancheiros realmente encantadores, que me convidaram para ficar com eles e convalescer. O lugar deles ficava perto de Guanajato, um grande centro de minas de prata. Guanajato possuía uma curiosidade única: um excêntrico milionário construíra um teatro, não poupando despesas para torná-lo o mais lindo edifício do género no mundo. As cadeiras, por exemplo, eram estofadas de veludo autêntico, bordadas com fios de ouro verdadeiro. Por alguma razão, eu acho que por causa do Presidente ter recusado a abri-lo, o proprietário sentiu-se insultado e manteve-o encerrado, nunca foi aberto, excepto como um local de visita para visitantes como eu, e por fim foi de alguma forma destruído pelo fogo.

A Cidade do México estava cheia de apostadores profissionais Americanos e de vigaristas. Eu enxerguei bastante de dois destes; um Ianque grisalho chamado McKee e o seu genial lacaio Wilson, ou algum nome assim. Depois de alguns dias de conhecimento, Wilson abordou-me com a seguinte proposta. Parecia que o gerente de uma mina perto de St. Luis Potosi tinha roubado uma quantidade de pó de ouro. Ele ficara com medo e não ousara fugir. Wilson achava que se lhe oferecêssemos mil dólares, cada um pagando metade, ele estaria disposto a entregar os sacos comprometedores, valor de cinco mil ou mais. Não foi por acaso que tinha eu lido os trabalhos de "Pitcher of The Pink'Un", e outras autoridades sobre a delicada arte de separar um tolo e o seu dinheiro. Eu alegremente aceitei a proposta de Wilson. "Traga os seus quinhentos juntamente", disse eu, "e eu levarei a cabo o trabalho. Eu sei que você está muito ocupado para deixar a cidade." Ele concordou e voltou uma hora depois, não com o dinheiro, mas com o seu parceiro. Eles pediram desculpas profusamente por me confundirem com um lorpa. "Olhe aqui", disse McKee. "A inocência do seu rosto é uma fortuna. Eu conheço um homem rico aqui que é louco em jogar a dinheiro. Você deve trapaceá-lo no poker Brasileiro. (Neste jogo apostamos a mão como no póquer comum, mas as mãos são de duas cartas com a opção de pegar uma terceira, como no bacará.) Nós sinalizaremos para si o que ele segura. Com o seu rosto, ele nunca ficará sabendo da artimanha."

A psicologia destas pessoas realmente interessava-me. Eles não tinham experiência do tipo de homem que conhece todos os truques mas que se recusa a ludibriar. O mundo deles era composto inteiramente de sustenidos e bemóis. É a típica concepção Americana; o uso do conhecimento é para antecipar-se ao outro colega, e a questão da equidade depende da chance de detecção. Nós vemos isto mesmo no desporto amador. A única ideia é vencer. Conhecimento para seu próprio bem, prazer em si mesmo, parece ao Americano mera frivolidade: "A vida é real, a vida é séria". Um deles disse-me recentemente que o ideal Americano é a concretização, enquanto que o da Europa é a diversão. Há muita verdade nisto, e a razão é que na Europa nós temos já alcançado tudo e descoberto que nada vale a pena. A menos que vivamos no presente, nós não vivemos de todo.

O México estava entupido de casas de jogo e eu costumava jogar muito. O jogo principal era o Monte, no qual o banqueiro expõe duas cartas; o apostador pode apostar na que lhe agrada; sendo feitas as apostas, o banqueiro vira o baralho e a primeira carta com duplicata de uma das duas cartas expostas ganha por isso. A percentagem da banca é que, se a primeira carta descoberta decidir (está "na porta", como dizem), ele paga apenas três quartos da bolada.

O filho de um dos membros proeminentes da antiga Golden Dawn foi para o mal e tornou-se um trapaceiro profissional. Uma vez eu prestei-lhe atenção para estudar a psicologia de falcão e pombo.

Primeiro, deixa-me insistir que o patife é sempre um idiota. A prosperidade é uma função de sucesso biológico e (factos sendo factos) o hábito de mentir gera credulidade. O meu amigo nunca lucrou, excepto de vez em quando por algumas semanas de sorte, embora ele tenha aproveitado naquele tempo o suficiente para manter um homem com um grão de bom senso para o resto da sua vida.

O truque da confiança é próteo, mas em todas as suas formas a essência é afastar a vítima da sua guarda. Observe-se como este facto confirma pela teoria geral que a entrega da vontade à orientação das emoções é destrutiva do julgamento. O primeiro acto em cada truque é o que é chamado de "vamos" ou "acumulemos". A sua forma mais crua é providenciar a um estranho que tu confias nele pedindo-lhe que vá embora durante cinco minutos com o teu relógio e dinheiro. A partir disto tem sido desenvolvida uma estrutura incrível de estratégia subtil. Os banqueiros mais astutos têm sido saqueados por dezenas de milhares. O plano geral é provocar, de uma maneira aparentemente natural, uma série de incidentes em que o chefe dos confederados se mostra vantajoso. A sua vítima é induzida a admirar o seu senso de humor, a sua generosidade, justiça, integridade e assim por diante em várias emergências. Quando o intrujão gratifica com a certeza de que a sua vítima confia nele implicitamente, ele prossegue para o próximo acto. É sugerido um esquema pelo qual ambos farão uma fortuna e, de um milhão de maneiras, uma situação é suscitada, na qual é difícil para a vítima evitar colocar o seu dinheiro. Ele dificilmente poderia mostrar suspeita, mesmo se ele sentisse, sem dar escandalosa ofensa para a qual ele não poderia produzir nenhuma desculpa. A sua decência comum está concernida e ao mesmo tempo um forte apelo feito aos seus interesses. Ele produz os bens—e não ouve mais sobre o assunto.

Eu poderia dar os detalhes de meia centena de esquemas deste género. A ingenuidade deles extorque a minha admiração intelectual, e ainda assim há sempre uma falha fundamental que, nas mãos de tais homens, um milhão derrete-se mais rapidamente do que mil nas mãos de qualquer outra pessoa. Em cada luxuoso bar e hotel pode-se ver muito disto—todos bem vestidos e bem arranjados, rindo e brincando, e lançando o seu dinheiro, e todo o tempo noventa por cento sente um aperto no estômago conforme o pensamento martela persistentemente na parte de trás dos seus cérebros: "Como pagarei a minha conta?" na melhor das hipóteses; e, ofuscando menos preocupações: "E quando a minha sorte mudar?"; "Quando a minha própria confiança na imbecilidade dos meus companheiros será iluminada pelo facto de me roubarem a aposta que eu arrisquei, a minha liberdade?"

Um delicioso passeio de eléctrico a partir da cidade é um para Tacubaya, uma luxuosa estância turística com um grande casino. O jogo é em mesas longas com pilhas de milhares de dólares de prata. Certa noite reparei no lustre eléctrico começando a balançar. Estampidos advinham de fora. De repente as luzes apagaram-se! Era um terramoto. Os serventes acorreram com velas acesas. Dificilmente poderia ter ficado escuro durante dois minutos; a sala estava quase vazia e a maior parte do dinheiro tinha desaparecido.

Eu tinha estado a jogar um modificado martingale com resultados mais felizes do que a minha estupidez merecia. Porém, uma noite, a sorte correu contra mim e a minha aposta tinha aumentado até ao limite permitido pela casa. Houve um ligeiro atraso—acho que alguém tinha pedido um novo baralho de cartas—eu encontrei-me caminhando nervosamente para cima e para baixo. Um pouco como acontecera no congresso de xadrez em Berlim, eu tive uma visão de mim mesmo a partir de algum lugar externo. "Olha para aquele jovem tolo," parecia estar eu a dizer; "a aposta que ele tem ali é cerca de um mês de rendimento." As cartas foram distribuídas. Eu tinha vencido, mas "na porta", de modo que só obtive setenta e cinco por cento. Peguei nos meus ganhos, saí e nunca mais joguei de novo; excepto uma vez em Monte Carlo, pela diversão da coisa, alguns anos depois. Eu fiz disto uma regra, levar cinco libras para o casino e desistir, quando estas se fossem, para o dia. Por sorte, no quarto dia eu continuei a ganhar. Eu tinha um compromisso para o almoço. Recordando este, eu subitamente despertei para o facto de ter ganho mais de trezentas e cinquenta libras. Isso era bom o suficiente para mim. Depois do almoço fiz as malas e escapei para Nice, com uma promessa de nunca mais pisar no principado.

Todo este tempo eu não tinha esquecido o meu projecto de escalar as montanhas do México. De alguma forma, a minha rapariga índia sabia que eu estava interessado nelas; e um dia ela chamou-me até ao telhado da casa e apontou dois picos cobertos de neve. Como eu já tenho dito, o meu julgamento de alturas e distâncias era surpreendentemente preciso. Estando o México a cerca de sete mil pés acima do mar, eu julguei estes picos estarem de onze a doze mil, e a distância deles a partir da cidade era de oito a dez milhas. Eu propus-me a dar um giro e escalá-los um dia. "Dos seus cumes," disse eu a mim mesmo, "eu posso ser capaz de ver as grandes montanhas a oitenta milhas de distância". O esquema abortou. Eu estava a olhar para as próprias grandes montanhas! Eu não tinha levado em consideração a clareza do ar. As pessoas cuja experiência está confinada à Europa não têm meios de julgar correctamente. Conforme descobri mais tarde, os Himalaias estão para os picos Mexicanos como estes estão para os Alpes. No norte da Índia vê-se uma montanha aparentemente dentro de um dia de marcha, no entanto, quatro dias depois aquela montanha dificilmente terá mudado o seu tamanho e distância aparentes.

Não sei por que razão não fiz tentativas nos picos. Talvez fosse de um obscuro sentimento de camaradagem. Eu preferi esperar até que Eckenstein se juntasse a mim, coisa que ele faria no final do ano.

~ 25 ~

ENTREMENTE A minha condição mágica deixava-me curiosamente desconfortável. Eu estava conseguindo para além de todas as minhas expectativas. No ar puro e seco do México, com a sua energia espiritual inesgotável e incontaminada como é nas cidades, era surpreendentemente fácil produzir resultados satisfatórios. Mas o meu sucesso de certa forma desanimava-me. Estava a conseguir o que eu pensava que queria e a concretização em si ensinava-me que eu queria algo completamente diferente. O que isso poderia ser esta não o dizia. O meu sofrimento tornou-se agudo; e, conforme eu havia feito no começo, enviei um urgente pedido de ajuda dos Mestres. Deve ter sido escutado imediatamente, pois em pouco mais de quinze dias depois recebi uma longa carta de Fra. V.N. Embora eu não tivesse escrito para ele, deu-me a própria palavra que eu precisava. Isto restaurou a minha coragem e a minha confiança. Continuei o meu trabalho com uma compreensão mais profunda e verdadeira. Comecei a perceber as reais implicações do que eu estava a fazer. Em particular, eu ganhei um novo domínio da Cabala.

Um dos meus resultados exige um registo detalhado, porque provou mais tarde ser um dos fundamentos da Grande Obra da minha vida. A palavra Abracadabra é familiar a todos. Por que deveria esta possuir tal reputação? As explicações de Eliphas Lévi deixaram-me frio. Comecei a suspeitar que isto deveria ser uma corrupção de alguma verdadeira "palavra de poder". Eu investiguei por meio da Cabala. Eu restaurei a sua verdadeira ortografia. A análise mostrou que isto era de facto a fórmula essencial da Grande Obra. Isto mostrava a quem unir o Macrocosmo com o Microcosmo. Eu, portanto, adoptei esta palavra e o seu valor numérico, 418, como a expressão quintessenciada da maneira correcta de conduzir todas as principais Operações Mágicas.

Esta descoberta foi apenas uma entre muitas. Antes de Allan Bennett partir para o Ceilão, ele deu-me a maioria dos seus cadernos mágicos. Um deles continha o início de um dicionário Cabalístico no qual várias palavras sagradas eram inseridas, não alfabeticamente, mas de acordo com o seu valor numérico. Devo explicar que a ideia fundamental da Cabala é que o universo pode ser considerado como uma elaboração dos números de 0 a 10, dispostos num certo desenho geométrico e conectados por vinte e dois "caminhos".[1] O problema é adquirir perfeita compreensão da natureza essencial destes números. Todo fenómeno, toda ideia, pode ser referido a um ou mais números. Cada um é assim, por assim dizer, uma modificação particular da ideia pura. Palavras sagradas que se somam a qualquer número devem ser comentários eloquentes sobre um dos seus aspectos. Assim, o número 13 prova ser, por assim dizer, um ensaio no número 1. As palavras "unidade" e "amor"[2] somam 13. Estas ideias são, portanto, qualidades de 1. Agora, 26 combina a ideia de dualidade, que é a condição de manifestação ou consciência, com isto 13 ; e descobrimos, por conseguinte, que 26 é o valor do nome Jeová. A partir disto, Ele é visto como o Demiurgo, a manifestação em forma do primordial *Um*.

Por muitos anos eu trabalhei nestas linhas continuadamente, adicionando ao núcleo de Allan, e finalmente fazendo uma compilação sistemática. O livro resultante foi publicado em *The Equinox*, vol. I, no. VIII. É o único dicionário da Cabala em existência que pode reivindicar qualquer grau de completitude. Desde a sua publicação, é claro, novo conhecimento tem vindo à luz e eu espero publicar uma revisada edição no decorrer do tempo. Tal como está, no entanto, é o livro essencial de referência para o aluno. Nunca pode estar completo; por um lado, cada estudante deve criar a sua própria Cabala. A minha concepção, por exemplo, do número 6 não será idêntica à vossa. A diferença entre vós e eu é, na verdade, apenas isto; vós sois capazes de perceber um conjunto de aspectos da realidade absoluta, eu um outro. Quanto maior a nossa concretização, mais próximos os nossos pontos de vista se coalescerão, assim como um grande historiador Inglês e um grande historiador Francês terão mais ideias em comum acerca de Napoleão Bonaparte do que um camponês de Devonshire e um camponês de Provinçal. Mas sempre haverá mais em qualquer ser do que qualquer homem possa saber.

O meu trabalho mágico foi empurrado para o fundo pela chegada de Eckenstein. Ele abertamente zombou de mim por desperdiçar o meu tempo com tal lixo. Sendo ele brutalmente sincero, e eu tímido e sensível, eu naturalmente evitava criar oportunidades para ele saciar o seu cru desbragamento sobre um assunto que para mim era supremamente sagrado. Ocasionalmente, todavia, eu tirava vantagem da sua falta de inteligência falando para ele em termos que eu sabia que ele não compreenderia. Acho que isto alivia a minha mente e ajuda-me a esclarecer os meus pensamentos se eu infligir o meu jargão em algum casual estranho inofensivo. Como será dito em devido tempo, Eckenstein e eu fizemos uma exaustiva exploração das montanhas do México. Durante este tempo, a minha mágica angústia aumentou novamente. Eu não

---
1 N.T.: Refere-se à "Árvore da Vida", um método de crítica que se generalizou em um mapa da consciência humana. Não é e nunca foi "a ideia fundamental da Cabala", porém é uma das concepções mais úteis que emergem desse complexo místico muito diverso.
2 N.T.: No idioma hebraico.

a poderia aliviar pelo narcótico de preparar e executar cerimónias reais, de silenciar a voz dos demónios por absorção no trabalho activo. Foi enquanto estávamos a preparar a nossa expedição a Colima que eu ao anoitecer desabafei e contei a Eckenstein os meus problemas, como eu havia feito com bastante frequência anteriormente sem nenhum resultado além de um insulto ou de um desdém. Balaão não poderia ter ficado mais surpreso, quando o seu asno começou a profetizar, do que eu, quando no final do meu desabafo Eckenstein se virou para mim e me deu o pior quarto de hora da minha vida. Ele resumiu a minha situação mágica e disse-me que os meus problemas se deviam à minha inabilidade para controlar os meus pensamentos. Ele disse: "Desiste da tua Magick, com todas as suas românticas fascinações e enganosos deleites, promete fazer isto por um tempo e eu ensinar-te-ei como dominar a tua mente."

Ele falou com a absoluta autoridade que vem do conhecimento profundo e perfeito. E, enquanto me assentava e escutava, eu encontrava a minha fé fixada pela força dos factos. Eu questionava e reverenciava. Pensava na Páscoa de 98, quando eu perambulava por Wastdale em desespero e clamava ao universo por alguém para me ensinar a verdade, quando a minha imaginação era impotente para forjar o mínimo elo com qualquer ajudante. Ainda naquela mesma hora, sentado e fumando perto do fogo em frente a mim, ou amarrado a mim num precipício, estava o homem de quem eu precisava, mas tivesse eu tido a intuição de adivinhar a presença dele!

Eu concordei imediatamente com as propostas dele e ele ensinou-me os princípios de concentração. Eu deveria praticar visualizando objectos simples; e quando eu tivesse conseguido manter estes razoavelmente estáveis, tentar mover objectos, como um pêndulo. A primeira dificuldade é superar a tendência de um objecto a alterar a sua forma, tamanho, posição, cor e assim por diante. Com objectos em movimento, o problema é que eles tentam comportar-se de maneira errática. O pêndulo quer mudar a sua velocidade, a extensão do seu balanço ou o plano no qual viaja.

Havia também práticas em que eu tinha de imaginar certos sons, aromas, sabores e sensações tácteis.

Tendo coberto este trabalho de base para satisfação dele, ele permitiu que eu começasse a visualizar figuras humanas. Ele disse-me que a figura humana age de maneira diferente de qualquer outro objecto. "Ninguém jamais conseguiu ficar absolutamente imóvel." Há também um definido teste de sucesso nesta prática. A imagem deve separar-se em duas; uma menor e uma maior sobreposta. É dito que por este meio se pode investigar o carácter da pessoa de quem se está pensando. A imagem assume uma forma simbólica, significativa das qualidades morais e intelectuais do seu dono.

Eu praticava estas coisas com grande assiduidade; na verdade, Eckenstein colocava o freio. Não se deve sobrecarregar a mente. Sob a cuidadosa instrução dele, eu obtive grande sucesso. Não há dúvida de que estes meses de estável trabalho científico, intocado pelas minhas fantasias românticas, lançaram as bases de uma sólida técnica mágica e mística. Eckenstein evidentemente compreendia o que eu mais tarde aprenderia com O Livro da Lei: "Pois vontade pura, desembaraçada de propósito, livre da ânsia de resultado, é toda a via perfeita."[3]

Durante este tempo estávamos ocupados com expedições. Eckenstein já tinha estado nos Himalaias (em 1892); ele queria completar a minha educação pela experiência de montanhas mais altas que os Alpes, e viajar em território agreste entre pessoas primitivas. Começámos estabelecendo um acampamento em Iztaccihuatl, a cerca de 14 mil pés. Nós permanecemos lá por três semanas e escalámos esta montanha, a mais bonita do México, de todos os lados possíveis. Ao fazer isto, nós incidentalmente

---

3 N.T.: AL I, 44

quebrámos vários recordes mundiais.

As nossas dificuldades foram, de certa forma, severas. A comida enlatada obtenível na Cidade do México era de qualidade inferior e com muitos anos de idade. Eckenstein estava constantemente doente com diarreia e eu não estava muito melhor. Finalmente a comida acabou completamente e nos nossos últimos três dias literalmente nada tivemos senão champanhe e manteiga Dinamarquesa. Nós não nos importámos muito; nós havíamos feito o que tínhamos planeado fazer. Além disso, eu aprendera muito sobre a vida no acampamento, os pontos delicados do glissading e o uso de Steigeisen. Em 1899, em Montenvers, eu já havia descoberto que as suas "garras" mecanicamente perfeitas faziam milagres. Nós tínhamos mostrado a um jovem de Oxford, o Dr. T. G. Longstaff, do que elas eram capazes. Eckenstein caminhava numa inclinação de mais de setenta graus de gelo negro sem lapidar um degrau. Em encostas até cinquenta graus ele poderia simplesmente passear. Tampouco Longstaff poderia retirá-lo pela corda.

Em grande escala, também, eu provara as suas possibilidades. Um dia, Eckenstein estando doente, eu combinei com Longstaff e os seus dois guias ir acima do Col du Géant. Não me sentindo muito bem, eu pensei em começar uma hora antes dos outros. Tendo inspeccionado a queda de gelo, eu encontrei um caminho recto. Quando estava a metade do caminho através dos seracs, eu ouvi os guias de Longstaff gritando em alvoroço. Eu tinha tomado o caminho "errado". A rota deles envolvia um desvio de uma milha ou mais. Não tomei conhecimento da amistosa ansiedade deles e cheguei ao topo com grande antecedência. Quando chegaram, eles explicaram que o que eu fizera era impossível. Para continuar a piada, quando voltámos eu ofereci cento e cinquenta francos a qualquer grupo que repetisse a escalada pela minha rota. Ninguém fez isso.

É realmente espantoso e angustiante que (depois de todos estes anos de comprovação de que homens com garras apropriadas estão para homens sem elas como um atirador para um arqueiro) os alpinistas Ingleses ainda ignorem o que as garras podem fazer, ou como usá-las. No livro do Sr. Harold Raeburn ele argumenta amável contra elas. Ele admite que alguém pode subir a neve dura em ângulos fáceis sem degraus, mas teme fazê-lo, retornando no final do dia, com medo de encontrar a neve macia, e então onde estaria ele sem uma escadaria? Ele parece não ter ideia de que o supremo uso de garras é no gelo e que quanto mais duro o gelo mais seguro será. Todavia, Raeburn opõe-se ao Everest, onde as garras converteriam as mais periculosas passagens em ânditos, e as encostas de gelo, cujo comprimento e inclinação torna a lapidação de degraus impraticável, em escadarias serenamente simples. A política de boicotar Eckenstein e a sua escola, de ignorar deliberadamente as conquistas dos alpinistas da Europa continental, para não falar das minhas próprias expedições, preservou o privilégio e o prestígio do English Alpine Club. Ignorância e incompetência são inatacáveis. O ridículo não atinge os domínios do snobismo seguro. As próprias montanhas mutilam e matam os intrometidos; eles simplesmente clamam ainda mais presunçosamente para serem considerados heróis. É uma das características mais curiosas dos Ingleses, eles atribuem tamanha estima à coragem de um homem quanto mais cegamente ele entra num desastre.

Nós achávamos bastante injusto proteger-se contra a excelente pontaria Boer; nós estamos ainda orgulhosos de estar despreparados na Grande Guerra. Nós duvidamos se ciência é digna de desportivismo; e assim é considerado carcomido mau tom assinalar como a má gestão esmagou a expedição de Scott. Nenhum cavalheiro critica a conduta da Campanha de Galípoli.

Em Março de 1922 ouvi falar da composição e dos projectos da expedição Everest. Eu escrevi um artigo vaticinando fracasso e desastre, dando as minhas razões e mostrando como evitar o acidente. Ninguém o imprimiria. Foi-me dito que era a coisa para "denegrir" estes cavalheiros galantes. Não. Mas se as minhas profecias se realizassem, então era a hora de explicar o porquê. O que eu havia predito aconteceu exactamente como eu havia previsto. Mas eu ainda não consegui uma audiência. Para quê acrescentar às tribulações destes heróis mostrando a sua estupidez? Além disso, a Inglaterra tinha falhado—melhor não falar acerca disto de todo.

Em Iztaccihuatl, nos dias de folga, nós tínhamos muita prática com espingardas e revólveres. Naquela altitude e naquele ar puro, o tiro de alguém torna-se soberbo. Descobrimos que podíamos fazer a cem jardas melhor do que já havíamos feito anteriormente a vinte e cinco. Nós costumávamos suprimir o fundo das garrafas, a eito, sem quebrar os gargalos. No México costumávamos fazer mais do que praticar com armas de fogo sempre que atingíamos um novo distrito. A reputação de especialista é a melhor protecção contra os saqueadores locais.

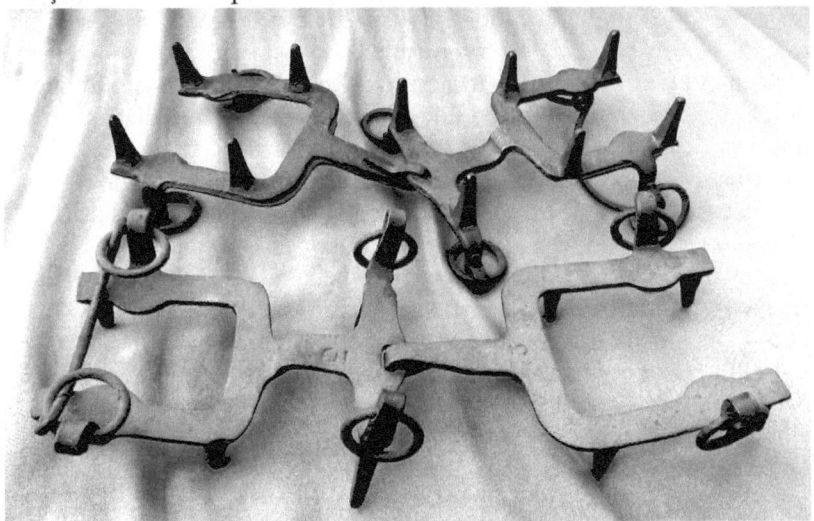

Efectivos crampons de Eckenstein usados na Expedição.

Por exemplo. Uma vez encontrámo-nos com um grupo de engenheiros ferroviários, um pequeno. O feitor tinha saído depois do jantar para aproveitar o frescor do ar. Ele foi encontrado nu de manhã, com um ferimento de machete nas costas. Ele tinha sido traiçoeiramente assassinado pelo valor equivalente a um fato, no exterior, de cinco xelins.

Quando voltámos para Amecameca, nós fomos imediatamente dar os nossos cumprimentos ao Jefe Politico, para convidá-lo a jantar para celebrar o nosso triunfo. Ele tinha sido muito gentil e útil em ajudar-nos a fazer vários preparativos. Quando nos viu, ele assumiu um ar de simpática melancolia. Nós nos perguntámos o que isto poderia significar. Gradualmente ele se obrigou a contar-nos gentilmente as terríveis notícias. A rainha Vitória estava morta! Para o espanto do digno presidente municipal, nós começámos a gritar de alegria e uma improvisada dança de guerra.

Eu acho este incidente bastante importante. Ao ler *Eminent Victorians* de Lytton Strachey, e ainda mais o seu *Queen Victoria*, bem como ao discutir períodos com a geração mais jovem, eu acho total fracasso apreciar a atitude de artistas e pensadores avançados que recordam o jubileu dela. Eles não podem perceber que para nós Victoria era pura asfixia. Enquanto ela vivesse seria impossível dar um único passo em qualquer direcção. Ela era uma névoa enorme e pesada; nós não poderíamos ver, nós não poderíamos respirar. Debaixo dela, a Inglaterra avançara automaticamente para a prosperidade. A ciência também havia surgido de surtos esporádicos para um sistema. E ainda assim, de uma forma ou outra, o espírito da época dela tinha matado tudo o que nós cuidámos. Presunçoso, insinuante, superficial, servil, snobe, sentimental comércio tinha-se espalhado por toda a parte. Mesmo o Darwinismo se tornara respeitável. Até Bradlaugh fora aceite. James Thomson havia sido atrofiado e agrupado com os clássicos. Swinburne havia sido golpeado e abluído e escovado e transformado num jovem modelo. A Igreja de Inglaterra tinha colapsado sob o combinado assalto de racionalismo e Roma; contudo, privada do seu elemento religioso e arrancada da sua justificação histórica, esta persistiu placidamente. A alma de Inglaterra estava estagnada, estupidificada! Nada restava por que um homem pudesse estar disposto a viver ou a morrer. Huxley, Manning, Booth, Blavatsky, Ray Lankester—nada importava o que eles diziam e faziam, todos eram igualmente abafados em sacos disformes, guardados indistintamente, as suas vozes misturavam-se no murmúrio da sociedade polida.

É difícil dizer por que razão a Rainha Vitória deveria ter parecido o símbolo deste extraordinário estado de animação suspensa. No entanto, havia algo na sua aparência física e no seu carácter moral que apontava para ela como a imagem perfeita desta ideia inibidora. A nova geração, vendo os seus antecessores em perspectiva, percebe as qualidades individuais de cada um. Não há nada que lhes diga que naqueles dias cada um de nós fervilhava de impotente raiva em nossa fatalidade. Todos nós estávamos condenados com débil louvor. Sir Richard Burton foi mitigado num famoso viajante e tradutor; Gordon sentimentalizado num santo guerreiro; Hardy foi aceite como o Homero de Wessex; Meredith recebeu uma palmadinha nas costas como o moderno Ovídio. Era impossível dinamitar o pântano da mediocridade. Progresso era impossível. As propostas mais revolucionárias, as teorias mais blasfemas, perdiam o seu aguilhão. Um soberano de conveniência, um parlamento de betume, uma aristocracia de alabastro, uma intelectualidade de borracha, um proletariado de polpa; era impossível dar forma a tal material. A mais forte impressão era embotada pela inércia da cola viscosa que a nada resistia, mas retomava a sua falta de forma assim que o imediato impulso do impacto era despendido.

A Inglaterra tornara-se a ideia do céu de uma dona de casa, e o império uma exposição eterna de Earl's Court. Esta era a verdadeira razão pela qual as pessoas que amavam a Inglaterra, como Tom Broadbent em John Bull's *Other Island*, costumavam entrar em espasmos de alegria sempre que recebíamos um arquivo de caporal emboscado por alguma horda de selvagens[4].

A nossa próxima expedição foi para o Distrito Colima. A montanha é aqui dividida em duas secções bem distintas; uma é revestida de neve, a outra tem um dos mais frequentemente activos vulcões no mundo. Passando por cima do ombro do Nevado, nós emergimos de uma floresta para obter a nossa primeira visão do vulcão, a cerca de doze milhas de distância. Enquanto observávamos, ocorreu uma erupção. O vento estava soprando na nossa direcção e a próxima coisa que soubemos foi que as cinzas estavam a crestar pequenos buracos nas nossas roupas. Nós começámos a suspeitar que a subida podia ser problemática. Resolvemos o Nevado imediatamente. A escalada é de pouco interesse e sem dificuldade. Depois acampámos num esporão durante uma semana, e revezávamo-nos, dia e noite, para observar o comportamento do vulcão. A inspecção foi decepcionante; não poderíamos descobrir qualquer periodicidade nas explosões; nós poderíamos simplesmente arriscar. Nós começámos em conformidade; no entanto, encontrando os nossos pés começando a arder através das nossas botas, decidimos retirar-nos graciosamente.

O nosso terceiro objectivo era Toluca. Aqui nós tivemos dois dias deliciosos. Por

---
4 P.S.: E em 1929 eu encontro-me lamentando bastante os "dias espaçosos"!

alguma razão não tínhamos trazido a tenda e dormimos na cratera em nossos ponchos. De manhã dei comigo na geada com cerca de três polegadas de espessura. No primeiro dia escalámos o que aparentemente era o cume mais alto. (A formação é a do rebordo de uma enorme cratera.) Quando chegamos lá descobrimos que um outro ponto muito distante era mais alto. Na manhã seguinte Eckenstein estava doente e eu tive que ir sozinho. Houve algumas escaladas difíceis na parede que conduzia à cumeada. Mas uma vez lá, o cume foi facilmente alcançado. Há muitos dentes magníficos, os quais escalei conscienciosamente; um exercício muito divertido. Eu atravessei uma certa distância até encontrar uma brecha na outra cordilheira da qual eu poderia descer até à cratera. Nós descemos até ao planalto no mesmo dia e retornámos para a cidade.

Nesta excursão encontrámos um homem que disse ter visto com os seus próprios olhos a famosa cidade fantasma. Este conto duvidoso tem para mim um fascínio peculiar. Eu não tenho a certeza se não acredito que em certo sentido seja verdade, embora seja difícil dizer exactamente em que sentido. Eu ouvi a história pelo menos uma dúzia de vezes; duas vezes em primeira mão de informantes sérios. A história varia, embora ligeiramente e unicamente em detalhes sem importância.

O teor geral é este: Um homem a cavalo, às vezes um prospector solitário, às vezes um membro de um grupo temporariamente separado do resto, mas sempre sozinho, perde o seu caminho numa montanhosa região arborizada. (O distrito varia consideravelmente com o narrador, mas em regra está algures dentro de algumas centenas de milhas da Cidade do México, sendo a direcção entre o noroeste e o sudoeste.) O cavaleiro está ansioso por encontrar uma saída da floresta, a fim de que ele possa orientar-se. Está a ficar tarde; ele não quer acampar se puder evitar. Por fim ele vê as árvores diminuindo; ele apressa-se e encontra-se à beira da encosta. Neste momento a escuridão cai de repente. É impossível prosseguir. Então ele vê na encosta oposta, possivelmente a duas ou três milhas de distância, uma cidade branca e reluzente. Não é uma cidade grande pelos padrões modernos, mas é uma cidade relevante. Pelo seu tamanho, é muito bravamente construída. A arquitectura não sugere uma cidade moderna; eu ouvi dizer que é "como uma cidade das Mil e Uma Noites", "como uma antiga cidade Grega", "como uma cidade Asteca". O viajante propõe-se a visitá-la pela manhã. Porém, quando ele acorda não há vestígios dela. Não há sequer qualquer distintiva característica acerca da encosta onde ele a viu que pudesse ter sugerido a ideia de uma cidade para um homem cansado. Nalguns casos são vistas luzes na cidade; ocasionalmente há até o som de folia.

Falando de mentirosos! De repente descobrimos que nós mesmos éramos considerados segundo o entendimento. Eu suponho que é a abjecta ignorância e a estreita visão das pessoas comuns que as tornam cépticas sobre qualquer coisa fora do comum. Contudo, isso pode ser, um parágrafo apareceu no Mexicano *Herald* que indirectamente lançou dúvidas sobre as nossas expedições. Era particularmente sem sentido; nós tínhamos publicado anotações, não fizemos nenhuma reclamação, comportámo-nos de facto exactamente como deveríamos ter feito nos Alpes. Mas Eckenstein ficou irritado com a impertinência e propôs tomar uma vingança sumária. Ele, por conseguinte, desceu ao pequeno bar frequentado pelo pecante repórter, peitou-lhe algumas bebidas, congratulou-o pelo seu estilo literário, e lamentou educadamente que ele tivesse sido levado ao erro por ignorar o seu assunto.

O repórter estava longe de ter a certeza de que a conversa não terminaria com uma bala passando por ele, pois Eckenstein sempre parecia um usuário muito formidável; porém, ele viu-se encantadoramente convidado a vir connosco e a escalar Popocatapetl, a fim de adquirir conhecimento em primeira mão das montanhas e dos homens que as escalavam. Ele alegremente e gratamente aceitou esta proposta insidiosa. Nós cavalgámos animadamente até ao rancho sulfúrico, onde alpinistas pretendentes passam a noite. Na manhã seguinte a diversão começou. Um dos recordes mundiais que nós deixáramos em frangalhos foi o de andamento ladeira acima em grandes alturas. Muito antes de chegarmos ao ponto mais baixo do rebordo da cratera, o nosso amigo céptico descobriu que não podia andar uma outra jarda—ele teve que voltar. Nós assegurámos-lhe que o caso era comum, mas poderia ser facilmente agrupado pelo uso da corda. Então nós amarrámo-lo firmemente ao centro; Eckenstein estabeleceu um andamento feroz em aclive, enquanto eu auxiliava o repuxão dele espicaçando o recalcitrante repórter com o meu machado. Ele esgotou a gama de súplicas. Nós replicámos meramente através de exortações entusiásticas e encorajantes, e por acrescidos esforços. Nós nunca verificámos a nossa investida até chegarmos ao cume. Foi provavelmente a primeira vez que isto fora escalado numa aceleração ininterrupta. A nossa vítima estava por esta altura convencida de que nós conseguíamos escalar montanhas. E ele era certamente o mais pesaroso parecer!

Mesmo na descida, os problemas dele não acabaram. A maioria das encostas mais baixas são cobertas por finas cinzas soltas, abominável para ascender mas um regozijo para deslizar. O nosso amigo, entre o temor a Deus, o medo da morte, e o medo de nós, perdera todo o domínio das suas emoções. Nós tínhamos tirado a corda e descido os declives para lhe mostrar como fazer isto, mas ele estava em terror mortal. O sentimento de que o chão estava a deslizar sob os seus pés deixou-o quase louco. Eu mal sei como ele finalmente chegou até nós, excepto que naquelas desimpedidas encostas ele dificilmente poderia evitá-lo. Tendo passado o nosso homem através do moinho, nós tornámo-nos seriamente amigáveis. Ele tomou a sua lição como um bom desportista e pediu as suas desculpas no Mexicano *Herald*, escrevendo um longo relato da sua aventura no estilo do então famoso Mr. Dooley.

Eckenstein e eu morávamos num edifício de apartamentos Americano, do tellhado do qual se podia ver uma rua principal a grande distância.

Eckenstein costumava atrair pessoas para discutir a vista e mencionar que a minha era milagrosa para objectos distantes. Seria providenciado para que eu inopinadamente aparecesse nesta cena, acidentalmente de propósito, e então Eckenstein oferecer-se-ia para provar as suas exageradas histórias no local. Depois iríamos até ao telhado com binóculos e eu descreveria objectos distantes em grande detalhe, leria nomes em lojas a um quarto de milha de distância, etc. etc. A vítima verificaria isto através dos binóculos, confirmando a minha precisão. Ninguém nunca suspeitou que esta proeza tivesse sido preparada usando os meus binóculos e aprendendo a paisagem de cor!

Eu deveria ter mencionado uma curta excursão que apanhei para Vera Cruz. O meu ostensível objectivo era ver alguns casos de febre-amarela. De facto, eu estava terrivelmente com medo da doença. Então escolhi uma ocasião em que o porto mostrara um boletim de saúde nas três semanas anteriores. Eu tive uma apresentação a um médico local e disse-lhe como lamentava por não poder ver nenhum caso. "Bem, bem", disse ele, "venha para o hospital amanhã de qualquer maneira—alguns pontos podem ser de interesse". E então eu encontrei alguma quantidade de Jack amarelo, mentirosamente diagnosticada como malária, febre tifóide, etc., na esperança de lançar poeira nos olhos dos inspectores dos Estados Unidos e levá-los a remover a quarentena.

A viagem a partir de Vera Cruz de regresso à cidade é, em minha opinião, a mais bela do mundo do ponto de vista do efeito espectacular; a segunda melhor é a do Ganges até Darjeeling. Durante as primeiras quarenta milhas, atravessa-se a selva tropical, depois a via ferroviária começa a subir e serpenteia entre os desfiladeiros subalpinos, com os dezoito mil pés de Citlaltepetl elevando-se acima. O cenário muda continuamente de carácter à medida que se sobe, e então repentinamente surge no planalto uma nivelada vastidão quase deserta, salvo de cacto e aloé, com os dois cones de Istaccihuatl e Popocatapetl sobressaindo dela.

Nós tínhamos a intenção de terminar o nosso programa escalando o Citlatepetl; mas havia dificuldades acerca de mulas e nenhumas acerca da montanha. Estávamos muito cansados para nos preocuparmos em escalá-la. De uma forma ou de outra, a corrente do nosso entusiasmo se exauriu. Nós tínhamos alcançado todos os nossos objectivos reais e a próxima coisa era prepararmo-nos para os Himalaias. Eckenstein retornou a Inglaterra e, no dia 20 de Abril, eu parti para São Francisco, limite ocidental. O meu objectivo era curioso. Desde que saí de Inglaterra, eu pensara sobre a questão da autoridade de Mathers com um desconforto cada vez maior. Ele tinha ultrajado cada princípio de probidade e probabilidade; mas ele estava justificado, dado que o seu primeiro postulado foi bom. Eu poderia pensar somente sobre uma maneira de colocá-lo à prova. Dizia respeito a um episódio em que Allan Bennett estava presente. Allan, e só ele, poderia confirmar o relato que Mathers me dera. Se ele fez assim, Mathers estava vindicado; se não, isto era fatal para as suas reivindicações. Parece absurdo viajar oito mil milhas para fazer uma questão—uma infantil questão em barganha!—mas foi o que eu fiz. A sequela será contada no lugar apropriado.

~ 26 ~

EU INTERROMPI a jornada em El Paso. Vindo directo da pacata civilização do México, foi um choque terrível encontrar-me em contacto com a grosseira e brutal barbárie do Texas. Há muitos aspectos desagradáveis da vida que não podem ser evitados sem se esquivar completamente da realidade; mas nos Estados Unidos eles eram nus e horríveis. A cobiça do dinheiro enfurecia-se implacável sem as suavizantes influências de cortesia. A embriaguez era despojada de boa camaradagem; a irmandade de pecado não apresentava atractivos deceptivos. O mais idealístico inocente não podia ter ficado sob a ilusão de um momento—eles estavam estagnados como gado em filas de barracos de madeira; e eles mantinham os seus negócios com encarniçada candura comercial. Toda aquela pequena graça de vida, que torna os beijos comprados toleráveis àquelas pessoas sensíveis que estão dispostas a ser enganadas, estava ausente.

Eu caminhei até Juarez para dar um beijo de despedida à minha rapariga. Oh México, o meu coração ainda palpita e arde sempre que a lembrança te traz à minha mente! Por muitos outros países tenho eu mais admiração e respeito, mas nenhum deles rivaliza com a tua fascinação. O teu clima, os teus costumes, o teu povo, as tuas estranhas paisagens de encantamento onírico reacendem a minha juventude.

Fora de Juarez estava um acampamento de trabalho. Obras públicas de alguma espécie estavam em progresso—pelo menos tal progresso conforme nós encontramos no México! Centenas de homens estavam vadiando com os seus eternos cigarros e escarrando várias liquefacções de resíduo queimado das suas goelas blindadas de chili. A maioria dos grupos estava de cócoras ao redor de um poncho sujo, no qual havia moedas dispersas e cartas gordurosas. Eu parei e observei um jogo de três. O praguejamento, a tagarelice e a contenda eram incessantes aqui, como em todo o acampamento. Nada me pareceu anormal. Então, como um relâmpago bifurcado, um dos homens atirou-se sobre o poncho e torceu os seus dedos no cabelo do homem oposto. (Impressionante imprudência de deixá-lo crescer tanto tempo!) Ele enfiou os seus polegares nos cantos dos olhos do inimigo, enquanto estorcegava e pontapeava em cima dele, o impulso do seu salto fez rolar o outro nas suas costas. Os olhos do homem foram arrancados das órbitas num segundo e o seu atacante, soltando-se do apertão da sua vítima através de uma violenta sacudidela, fugiu como uma flecha através do país até à fronteira. Os gritos do homem mutilado foram atendidos por comoção universal. Alguns seguiram a pé, outros correram para os seus broncos, mas a grande maioria manteve uma atitude de indiferença filosófica. Isto não era da conta deles, a não ser que os lembrasse de visitar o barbeiro.

Eu fui para San Francisco. A cidade é famosa na história pelo terramoto de 1906; e onde Stevenson passou fome, tendo ele descrito isto admiravelmente em *The Wrecker*.

Era um El Paso glorificado, um manicómio de frenético enriquecimento e de frenética busca de prazer, sem nenhum dos cantos arrancado. Está maravilhosamente situado e o ar lembra curiosamente o de Edimburgo. Naquela época possuía um verdadeiro interesse e glória—a sua Chinatown. Durante a semana em que estive lá, eu passei a maior parte do meu tempo naquele bairro. Foi a primeira vez que eu entrara em contacto com o espírito Chinês em massa; e, embora os exilados fossem naturalmente os espécimes menos atractivos da raça, eu percebi instantaneamente a sua superioridade espiritual em relação ao Anglo-Saxão, e a minha profunda afinidade com o ponto de vista deles. O Chinês não é obcecado pela ilusão de que os lucros e os prazeres da vida são realmente valiosos. Ele obtém ainda mais deles porque conhece a inutilidade deles, e é consequentemente imune à decepção que inevitavelmente angustia aqueles que procuram acumular tesouros na terra. Um homem deve realmente ser um bruto muito enfadonho se, atingindo todas as suas ambições, ele encontra satisfação. O Oriental, de Lao Tzu e Buda a Zoroastro e Eclesiastes, sente em seus ossos a futilidade da existência terrena. Isto é o primeiro postulado da sua filosofia.

Califórnia dava-me nos nervos. A vida, em todas as suas formas, crescia de forma grosseira, sem um toque de subtileza. Eu corporifiquei este sentimento num soneto:

... gross and great
Her varied fruits and flowers alike create
Glories most unimaginable ...
... yet this is sore,
A stain; not one of this is delicate.

Por algum tempo, eu estivera contemplando um poema lírico em que tudo no mundo deveria ser celebrado em detalhe. Era uma noção louca—uma daquelas fantásticas tolices que é impossível na natureza—uma espécie de "quadratura do círculo" literária. Eu duvido que isto tenha sido um genuíno impulso. O motivo disto era a vaidade e a vulgaridade de tentar algo grande. Era a paixão Americana por edifícios altos e registo de préstitos num outro formato. Isto era provavelmente a minha reacção à atmosfera espiritual da Califórnia. De qualquer forma, o pior aconteceu. Eu comecei isto! O melhor plano será descrever o que aconteceu e ultrapassar isto.

Não foi terminado até meados de 1904. Livro I está em forma de gigantesca ode Grega. Celebra todas as forças da natureza e os filhos do tempo. Orfeu invoca-os, por sua vez; e eles respondem. Livro II descreve a conquista de Eurídice por Orfeu. É inteiramente um monólogo dele. A minha insanidade literária é bem indicada pela minha proposta de inserir uma peça de cinco actos, *The Argonauts*, depois publicada separadamente, como um incidente no seu galanteio!

Livro III descreve a visita de Orfeu ao Hades; e contém as invocações das divindades necessárias, com respostas delas. Livro IV relata a morte de Orfeu. De difícil manejo como o poema é, contém algumas das minhas melhores líricas. Além disso, mesmo concedendo que todo o esforço foi um fiasco, deve-se admitir que a tarefa de escrevê-lo foi uma excelente disciplina; isto ensinou-me muito sobre técnica e o seu embaraço avisou-me o que evitar.

No dia 1 de Maio encontro no meu diário as seguintes palavras: "Comecei solenemente mais uma vez as operações da Grande Obra." Eu tinha mapeado para mim próprio um definido programa que era combinar o que eu aprendera de Eckenstein com os métodos da Ordem. Por exemplo: eu havia extraído a Fórmula Mágica do Ritual de Neófito e apliquei-a a uma Cerimónia de Auto-Iniciação. Eu então simplifiquei esta e livrei-me da necessidade do templo físico expressando isto numa série de sete operações mentais.

Outras práticas eram a "assumpção de formas Divinas"; por imaginação concentrada de si mesmo na forma simbólica de qualquer Deus, deve-se ser capaz de se identificar com a ideia que Ele representa. Lá havia meditação sobre símbolos simples com a ideia de penetrar no seu significado secreto. Eu também estava a manter as minhas práticas de visões astrais e "subir nos planos", em particular o especial método oficial de invocar Adonai-ha-Aretz. Eu também estava a continuar o trabalho que Eckenstein me ensinara, nas linhas dele. Quanto a questões mais mágicas, eu propus continuar a evocação de forças elementais para aparência visível, fazer vários talismãs e carregá-los com energia espiritual por meio de meditação, e continuar a construção do meu (assim chamado) corpo astral até que este fosse suficientemente material para ser perceptível ao comum senso físico das pessoas que eu deveria visitar nesta forma. Serão encontrados no meu Registo Mágico numerosos relatos desta última experimentação.

No Outono de '98, o meu amigo J. L. Baker, a quem me apressei para ver em Londres quando retornei dos Alpes, levou-me na minha primeira viagem astral. Os detalhes do método são dados na íntegra em *The Equinox,* vol. I no. II, (*Liber O*). Eu posso aqui descrevê-los assim:

Imagina uma imagem de ti próprio, diante de ti. Transfere a tua consciência para ela. Ascende além. Invocando forças desejadas pelos métodos prescritos. Observa a aparência delas. Testa a autenticidade delas. Entra em conversação com elas. Viaja sob a orientação delas para a parte específica do universo que tu desejas explorar. Volta à Terra. Faz com que o Corpo de Luz coincida espacialmente com o físico. Religa-os, usando o sinal de Harpócrates. Retoma a consciência normal. Regista a experiência. Testa o seu valor pelos métodos críticos defendidos em *The Equinox.*

Depois de apenas algumas destas viagens encontrei-me muito mais forte na asa do que o meu tutor. Ele estava sempre a meter-se em problemas. Formas demoníacas ameaçariam o círculo. Ele cansava-se facilmente. Ele frequentemente depositava confiança em espíritos mentirosos. De facto, a sua boa vontade excedia a sua habilidade. Tudo isto foi tão natural para mim quanto o nadar para um pato. Eu adquiri todos os truques técnicos do ofício quase por instinto; tais como possibilitar detectar imposição no instante, banir os elementos perturbadores, penetrar nos véus e pacificar os guardas dos santuários secretos; e assegurar a exactidão das informações obtidas, por métodos cuja precisão exclui a possibilidade de coincidência.

Logo descobri que era necessário desenvolver o Corpo de Luz. Eu explorei tal remoto, exaltado e bem guardado ádito que as invocações e sacramentos necessários exigiam mais energia da que estava à disposição do Corpo de Luz que normalmente separa-se do seu envoltório físico. O resultado foi que logo construí um corpo tão poderoso que era claramente visível à física visão de todos, menos dos tipos mais grosseiros de humanidade. Também adquiri uma independência da minha vontade consciente que lhe permitia viajar por iniciativa própria sem o meu conhecimento. Contos estranhos começaram a circular, alguns sem dúvida verdadeiros, outros provavelmente coloridos, e, claro, não poucas invenções infundadas.

Como uma espécie de primeira aula, deixa-me citar o seguinte: G. H. Frater S.R.M.D. pedira-me para visitá-lo em Paris. Ele esperava-me à tarde. O meu comboio estava atrasado; eu estava cansado e sujo. Eu adiei a minha visita até ao dia seguinte. Para minha surpresa, o meu anfitrião e anfitriã não me saudaram como eu esperava. No decurso da nossa conversa, eles fizeram alusões que eram bastante ininteligíveis. Por fim percebemos que estávamos a conversar em objectivos opostos. O choque veio quando Soror Vestigia insistiu: "Mas você mesmo disse no chá!" Eu não conseguia lembrar-me de que já tinha estado lá para o chá. Na minha visita anterior eu tinha almoçado num dia e jantado no seguinte, mas não mais. "No chá!" Ecoei eu, perplexo. "Sim, no chá!" Repetiu ela. "Certamente que você se lembra. Foi apenas ontem." Nós comparámos momentos. Eu estava então a dormitar no comboio a partir de Calais. Depois aconteceu o que eu havia considerado bastante normal, embora eu parecesse cansado e confuso. Eu tinha ficado cerca de uma hora. Nada os deixara suspeitar de que eu não estava fisicamente presente.

Da terceira aula, eu lembro-me principalmente de que a minha Irmã Fidelis era amaldiçoada com uma mãe horrível, uma cantora de sexta categoria, uma snobe de primeira categoria, com barbelas e uma pança; uma casamenteira, promotora de desordens, choramingas e azoinada. A pavorosa bruxa espalhou por Londres e Nova Iorque de que eu tinha entrado no quarto da sua filha à noite em meu Corpo de Luz. Não sei se ela foi além da vil sugestão. Mesmo que a história tivesse sido verdadeira, coisa que Fidelis negou desdenhosamente, a mulher deve ter sido tão desmiolada quanto indigna para salpicar a sua própria filha com água de sarjeta.

Mesmo assim, eu sinto-me grato. A sua estúpida mentira colocou na minha cabeça fazer a experimentação em questão, embora, é claro, com o conhecimento e aprovação da rapariga. O resultado está registado num capítulo subsequente.

Quando comecei a desenvolver este poder conscientemente, eu obtive um sucesso considerável. Na época desta jornada providenciei visitar uma irmã da Ordem que morava em Hong Kong; em horários predeterminados, de modo que ela pudesse estar aguardando por mim. Várias destas visitas acabaram bem. Ela via-me e ouvia-me; e ao comparar as anotações, nós descobríamos que os nossos relatórios da conversa estavam de acordo. Mas eu não era capaz de agir sobre "matéria". Eu costumava tentar derrubar as coisas da cornija da lareira, mas em vão. Em contrapartida, quando eu cheguei a Hong Kong, eu reconheci o local perfeitamente e distingui a casa dela na encosta da colina, embora eu nunca tivesse visto tanto quanto uma fotografia.

Estas inúmeras práticas eram designadas para um horário regular. Cinco períodos diferentes do dia deviam ser dedicados a um ou ao outro.

No terceiro dia de Maio parti para Honolulu, no *Nippon Maru*, chegando no nono. Um estranho destino esperava por mim para me emboscar entre as palmas.

O meu lado poético está aborrecido até hoje quando penso nisto. Eu deveria ter seguido o ideal de Gauguin. Era absurdo ter chegado tão longe apenas para se apaixonar por uma mulher branca. Eu sei agora que as mulheres brancas introduzem a ideia de impureza no amor de uma forma ou de outra. Há algo de vicioso ou intelectual acerca delas. O amor deveria ser um assunto estritamente fisiológico, apenas com aquela quantidade de emoção natural que o acompanha. Mas então, tal simples felicidade não é para mim.

De qualquer forma, eu decidi passar um mês em Waikiki Beach. Eu tinha uma vaga ideia de conseguir uma cabana e uma rapariga nativa, e dedicar-me à poesia do género mais saudável com Magick correspondente. Todavia, no hotel estava uma requintadamente bela mulher Americana de origem Escocesa. Ela era dez anos mais velha do que eu e tinha com ela um rapaz acabado de entrar na adolescência. Ela era casada com um advogado nos Estados Unidos e tinha ido ao Havai para escapar da febre-dos-fenos.

Prossegui com o meu trabalho mágico e outro; em particular, eu inventei uma prática que se mostrou muito útil. Seu objectivo é impedir que os mosquitos mordam alguém. O método é: amá-los. Alguém se lembra que o mosquito tem tanto direito ao seu jantar quanto tem o homem. É difícil obter o exacto cambiante de sentimento e mais ainda de o sentir. Começa-se por se permanecer indefeso contra o inimigo e reprimir severamente o impulso de agitar, bater e coçar. Depois de um pouco de perseverança, descobre-se que as picadas não mais se tornam inflamadas; e este sucesso preliminar é logo seguido por completa protecção. O mosquito não picará de todo.

Mas o meu horizonte aos poucos enchia-se de amor romântico e as outras ocupações desvaneciam pouco a pouco. A mulher era ela mesma desvalorizada a partir dos pontos de vista do poeta. Somente personagens muito excepcionais são capazes de produzir o efeito positivo; mas são apenas mulheres como Alice que inspiram obras-primas, pois não interferem no trabalho de alguém. Apaixonadamente como eu estava no amor, e loucamente como eu estava a comportar-me em consequência, eu ainda era capaz de fazer anotações diárias do progresso do caso com o separado cinismo de um terceiro. Eu levei-a comigo para o Japão[5], mas não havia o suficiente no carácter dela para contar "o mundo bem perdido por amor". Exactamente cinquenta dias depois de eu a ter conhecido ela bateu em retirada para o seu "provedor"; e entendi imediatamente o porquê do meu subconsciente ter insistido em escrevinhar os detalhes da nossa ligação no meu diário.

A partida de Alice inspirou-me a escrever a história do nosso amor numa sequência de soneto. Cada dia era para imortalizar os seus acontecimentos em poesia. Esta novamente foi uma das minhas ideias caracteristicamente cruas, mas o resultado foi surpreendentemente bom—muito melhor, talvez, do que jamais pensei, ou penso agora. Um crítico, nada menos que Marcel Schwob, chamou isto de "uma pequena obra-prima". E muitas outras pessoas de bom gosto e julgamento têm-se declarado apaixonadas por isto. Possivelmente a simplicidade do seu realismo, a sua expressão sincera e livre de vergonha de cada faceta da minha mente, constituem mérito real. É certamente verdadeiro que a maioria das pessoas acha difícil de ler muito do meu trabalho. A intensidade da minha paixão, a profundidade da minha introspecção, e a minha adicção a alusões obscuras, exigem do leitor um estudo sério, para que ele possa agarrar o meu significado; e subsequente releitura após o meu pensamento ter sido assimilado; até que, nenhum obstáculo intelectual interrompendo, ele pode ser levado pela corrente da minha música e arrastado para o oceano de êxtase que eu mesmo atingi quando escrevi o poema. Estou ciente de que poucos leitores modernos são capazes de se estabelecerem deliberadamente para me decifrarem. E aqueles que são podem por essa mesma razão ser incapazes do frenesim orgiástico. Estudo académico e paixão raramente andam juntos. Mas a minha musa é a filha de Hermes e a amante de Dioniso.

Eu vi comparativamente pouco do Japão. Eu não entendia as pessoas de todo e consequentemente não gostava muito delas. A sua aristocracia estava de alguma forma em desacordo com a minha. Eu ressentia-me da sua arrogância racial. Eu comparava-os desfavoravelmente com o Chinês. Como o Inglês, eles possuem as insulares qualidades

---

5 No *América Manu*. Havia muitas senhoras a bordo: a esposa de um magnata de ferrovia, a filha do cônsul, e assim por diante. Na realidade, eram todas prostitutas destinadas a vários bordéis no Japão ou em Xangai, onde as senhoras Americanas alcançavam preços absurdos.

e defeitos. Eles não são Asiáticos, exactamente como nós não somos Europeus.

A minha impressão mais interessante foi Kamakura. O Daibutsu, colossal no meio dos seus jardins de íris, sem canópia senão o céu, realmente produz um senso da sua universalidade; lembra a grandeza e a solidez do seu ensinamento; da razoabilidade dos seus métodos de realização, a paz impessoal que é a recompensa deles; e do ilimitado escopo da sua filosofia, independente como é de todos os pressupostos arbitrários, pontos de vista paroquiais, apelos sórdidos e superstições entorpecedoras.

Já havia surgido em mim a aspiração de atingir estados cuja própria possibilidade eu não suspeitava; eu já estava ciente, no abismo do meu coração, secreto e silente, que eu era Alastor, o viandante na imensidão, o Espírito de Solidão. Pois Kamakura, calmamente certa dos seus ênfases de busca da alma, chamou-me para permanecer na segurança da sua sombra, para ali labutar como o Buda havia feito, para que eu pudesse chegar à perfeita iluminação, e deste modo sendo libertado de todos os grilhões da falsidade, sendo para a humanidade a Palavra de Sabedoria e a magia que tem poderio para iluminar os seus olhos, curar os seus corações, e levá-los a um estágio de evolução espiritual de tal forma que os seus poetas não mais poderiam lamentar, como eu:

> Nothing is stranger to men
> Than silence, and wisdom, and kindness.

Eu inquiri quanto à possibilidade de me estabelecer num dos mosteiros vizinhos; mas de alguma forma o meu instinto opunha-se à minha intenção. O Íntimo sabia que o meu destino ficava noutro lugar. Os Senhores da Iniciação não se importavam com as minhas fantasias poéticas e os meus ideais românticos. Eles haviam ordenado que eu deveria passar por todo tipo de adversidade às mãos da natureza, sofrer toda a tristeza e vergonha que a vida pode infligir. O mensageiro deles deve ser testado por todos os ordálios, não por aqueles que ele mesmo possa escolher. O rapaz que, solicitado para discutir algum ponto de doutrina nas Epístolas, respondeu, "Longe de mim presumir parlamentar com São Paulo: permitam-me dar uma lista dos Reis de Israel e de Judá!" (a única coisa que ele sabia), provavelmente tornou-se um ministro do Governo; mas semelhante habilidade não beneficia o aspirante à condição de adepto. Os Mestres testam cada elo à vez, infalívelmente e inexoravelmente; cabe a cada um temperar o seu aço para suportar a tensão; pois uma falha significa fracasso e tu tens que forjar tudo de novo nos fogos do destino, recobrar numa nova incarnação a perdida oportunidade da antiga.

Eu deixei então tristemente Daibutsu, conforme eu me havia afastado do amor, da ambição e da facilidade, o meu espírito silenciosamente aquiescendo no secreto arbitramento do misterioso númen que me guiava sombriamente avante; como, eu não sabia, até onde, não sabia eu, senão somente isto, que ele era irresistível assim como inescrutável, porém não menos confiável do que titânico.

Ai de mim! O fracasso de Alice para alcançar o auge de vivência! Por consequência são os vales da virtude, os rios da respeitabilidade e os apriscos da sociedade vistos sem brilho e sem graça à distância, bestialmente sob nossas neves cintilantes, ou céu sem margens, nosso sagrado sol e estrelas sentinela.

Alice quebrara o meu coração de rapaz; ela ensinara-me o que as mulheres valiam. Para ela eu tinha rendido a minha firme devoção à minha Indagação espiritual; eu tinha vendido a minha alma ao diabo por seis pence, e a moeda era falsificada.

Verdadeiro, um certo de mim sabia desde o começo o augúrio da aventura; mas depois, tanto pior! Pois se Alice tivesse sido um perigo real, não poderia eu ter-me condenado ao inferno por ela, tanto como um cavaleiro por Vénus da Colina Oca, tanto como um santo por Lilith, Senhora do Lago de Fogo? Ainda não: a resposta veio, augusta e austera, a partir do meu Anjo, de que eu tinha passado a Provação. Eu provara que nenhuma paixão, embora pura e poderosa, poderia escravizar-me. Jamais as carícias de Calypso poderiam acorrentar-me nas suas amabilidades, o cálice de Circe corromper a minha castidade, a canção de Sereia seduzir-me para o suicídio, os ardis de Viviane enredar a minha simplicidade e aprisionar-me no oco carvalho de Brocéliande.

Eu intoxicara-me totalmente com Alice; eu dotara-a com todas as insígnias que a minha imaginação poderia inventar. No entanto, amando-a com todo o meu coração e alma, ela não me seduzira segundo o meu serviço. Eu sabia—e Eles que a colocaram no meu Caminho também sabiam—que eu estava imune. Eu poderia flertar com Dalila tanto quanto eu gostasse e nunca arriscar a tesoura. O amor, que amarra outros Sansões, cega-os e coloca-os a servir os Filistinos, para ser o objecto de escárnio e desporto deles, seria para mim a minha Luz e conduzir-me-ia no modo de liberdade. O segredo da minha força era, que o amor sempre permaneceria um símbolo brilhante da minha verdade, que eu amava espiritualmente a alma da humanidade. Portanto, cada mulher, seja ela casta ou devassa, fiel ou falsa, inspirando-me a escalar os cumes do cântico ou sussurrando-me para chafurdar nos pântanos do pecado, seria para mim não mais do que um símbolo em cuja virtude particular o meu amor pudesse atingir o pão e o vinho da sua eucaristia universal.

O tempo tem confirmado esta afirmação: Eu tenho amado muitas mulheres e sido amado. Mas eu nunca tenho vacilado no meu trabalho; e sempre tem chegado um momento em que a mulher tem de escolher entre camaradagem e catástrofe. Pois, na verdade, não havia Aleister Crowley para amar; havia apenas uma Palavra para a elocução da qual uma forma humana tinha sido formada. Assim as virgens insensatas, descobrindo que o amor e a vaidade não poderiam viver juntos, abandonaram um homem por um espelho; mas o sábio, sabendo que o homem é mortal, abandonou o mundo pela Obra e desse modo eludiu a saciedade, o desencantamento e a morte.

No entanto, tão temeroso estava eu nesta altura que eu falhara e me mostrara inapto para realizar as terríveis Tarefas, para tomar a cargo o que deve ser, conforme fui avisado por algum senso secreto, a única honra que eu poderia aceitar das Altas Divindades, de modo que eu continuei a minha jornada ao Ceilão com um ânimo não apenas contrito mas confuso. A calma e suave atractividade do Mar Interior não trouxe paz ao meu espírito; de facto, dificilmente causou qualquer impressão no meu senso estético. A sórdida disputa do assentamento estrangeiro de Xangai atiçava o meu desprezo sem incitar a minha estupefacção. Apesar da subtil paixão de assimilar a China que se apoderara de mim em São Francisco, eu não podia tanto quanto dar-me ao luxo de um passeio pela cidade nativa. Eu queria chegar a Hong Kong e contar os meus problemas à minha Irmã Fidelis. Ela compreenderia, julgaria, encorajaria e aconselharia, melhor que ninguém. Nos dias do fracasso G.˙. D.˙., a pureza dela, o seu destemor, a sua lealdade, o seu desprezo de todo o desonroso artifício e acto, a sua indiferença, a sua ansiosa e extática aspiração: estes haviam feito doces aquelas lutas contra os estúpidos, egoístas sectários com o seu ressentimento mesquinho, as suas trapaças aleivosas, as suas calúnias e querelas.

Ai de mim! Os Deuses estavam no seu tétrico jogo; eles tinham uma outra adaga pronta para deslizar entre as minhas costelas. Fidelis era agora uma mulher casada. Ela estava ainda a jogar em Magick, como uma outra poderia jogar em bridge. Mas a verdadeira vida dela era vestidos, jantares e danças; e os seus pensamentos foram assumidos pelo marido e pelo amante. (Em países quentes, sendo os homens brancos relaxados pelo clima, as mulheres Europeias, excessivamente estimuladas pela mesma razão, quase inevitavelmente praticam a poliandria.)

E ela ganhou o primeiro prémio num baile de fantasia ao aparecer nas suas vestes e ornamentos de adepto!

Nenhuma esperança aqui, então! Nã, nem noutro lugar! Vi claramente que as Divindades queriam que eu resolvesse os meus próprios enigmas sem ajuda humana. Eu devo ficar sozinho. Bem e bom, que assim seja! Tive o bom senso de aceitar a Provação como um elogio. O cordão umbilical foi cortado: eu era um ser independente, com o seu próprio jeito de fazer no mundo.

No barco de Yokohama para Xangai estavam duas solteironas Americanas da variedade desvanecida, com pele de pergaminho devido à secura do clima e devoção à virtude e aos coquetéis. Ouvindo que eu era interessado em literatura, a esperança reviveu. Elas disseram-me que o seu poeta favorito era Rossetti. Eu estava sem delicadeza o suficiente para perguntar qual dos poemas dele tinham elas lido e preferido, mas isto não seguiu por aí. Era suficientemente arrojado ter ouvido falar de Rossetti. Somente absoluta pouca-vergonha o leria. Um pouco embaraçadas, elas informaram-me que um colega viajava neste barco, não menos que Thomas Hardy. Naturalmente eu saltei e implorei uma apresentação.

Thomas Hardy era uma figura alta, digna e venerável, com uma barba patriarcal e modos igualmente corteses e autoritários. Eu não sabia que ele era um clérigo—como o seu traje me assegurou. Depois de uma pequena conversa, eu comecei a supor vagamente que havia algo errado, e poderia ter dito algo sem tacto se ele não tivesse apresentado voluntariamente um relato da sua carreira literária e estivesse bastante inconsciente da existência do Mayor de Casterbridge. Ele era o "grande" Thomas Hardy, o pássaro único e original, o capelão do exército em Hong Kong e autor de *How To Be Happy Though Married*. Eu não sei como mantive o meu rosto direito.

Na verdade, ele era perfeitamente humano e até contribuía com um item valioso de informação quanto à psicologia dos editores. Ele abordara um destes inefáveis imbecis[6] com o seu livro e fora informado de que, embora o texto fosse tudo o que poderia ser desejado, era praticamente impossível publicar um livro com aquele título. O reverendo cavalheiro teve o bom senso de responder.

"Seu maldito jumento—Deus amaldiçoe a sua alma ao Inferno! (Ou palavras para esse efeito). Faça o que quiser com o livro, mas deixe o título em paz!" Ele intimidou-os e eles obedeceram, com o resultado de que o livro vendeu por centenas de milhares.

~ 27 ~

EU NAVEGUEI para o Ceilão, principalmente porque eu tinha dito que iria, certamente não na esperança da assistência de Allan. Talvez porque eu tivesse encontrado os meus pés, ele teve permissão, como tornar-se-á visível, para guiá-los, no que parecia à primeira vista um novo Caminho. Eu tinha de aprender que todos os caminhos levam a Roma. É apropriado, mais, é prudente, mais ainda, é educativo, para o aspirante buscar todas as formas possíveis de sabedoria. Assim ele amplia a base da sua Pirâmide, assim ele diminui a probabilidade de perder o método que mais lhe convém, assim ele assegura-se contra a obsessão do trilho do seu próprio sucesso na Estrada Única para todos os homens, e assim ele desconta o desapontamento de descobrir que ele não é Absoluto, o Único, quando se torna claro que Magick, misticismo, e matemática são trigémeos, e que a Irmandade Himalaica pode ser encontrada em Brixton.

---

6 "Presente Companhia Sempre Exceptiva". (NÓS NÃO TEMOS TANTA CERTEZA).

Eu falo pouco de Singapura; eu digo o suficiente quando digo que os seus caris, com a sua vasta travessa particionada de curiosos condimentos para apajear, falam por si. Picam como serpentes, estimulam como estricnina; eles são subtis e sensuais como as cortesãs Chinesas, sublimes e sagrados, inescrutavelmente inspiradores e ininteligivelmente iluminantes, como as talhas Cambojanas.

De Penang mencionarei apenas que o seu único produto perfeito é o "Penang Lawyer". Mas eu gostaria de ouvir sobre qualquer outra cidade que se possa dizer o mesmo!

Quanto a Colombo, adoro isto e abomino isto com um entusiasmo bem equilibrado. O seu clima é crónico; a sua arquitectura é um acidente infeliz; os seus nativos são desagradáveis, os homens de cabelos compridos presos por um pente, cheirando a peixe, as mulheres de cintura preta entre o casaco e a saia, gordurosas com óleo de coco, e ambos mascando bétel e cuspindo-o até os dentes escorrerem de vermelho e as ruas parecerem matadouros; o seu Inglês é exausto e enervado. Os Eurasiáticos são abortos anémicos; os burgueses—Holandeses mestiços—estólidas cabeças quadradas; os sorrateiros e malhados velhacos Portugueses, vilões viciosos, venais e vermiformes. Os Tâmiles são negros mas não pulcros. A ralé da patifaria endémica em todos os portos é aqui excepcionalmente repulsiva. A marca d'água alta de tom social, elevação moral, conduta e refinamento é alcançada pelas Japonesas senhoras do prazer.

Na questão da religião, os Hindus são (como em qualquer outro lugar) servis, rasos, cobardes e hipócritas; embora sendo maioritariamente Xivaítas, adorando francamente o poder da Procriação e Destruição, eles são menos abomináveis do que os Vixnuítas, os quais encolhem-se diante de um fetiche que lhes promete Preservação e (como Krishna) reivindicam ser o Original do qual Cristo é uma cópia.

Os Cristãos são, é claro, obscenos proscritos até mesmo da tradicional tolerância do clã deles; eles têm aceitado Jesus com a promessa de um emprego, e têm amordaçado a consciência com a garantia de expiação, ou têm cloroformizado os supersticiosos terrores ruminando sobre redenção. Os Budistas estão encharcados com o excesso de filosofia indigesta e debilmente ostentam uma tremulante fórmula da qual o significado é esquecido; a devassidão de danças do diabo, a descabida preconização de Pansil (os Cinco Preceitos do Buda), o cerimonial mimanço dos santuários como as velhas criadas mimam gatos, volúvel veneração e incoerente religião: tal é o puído ouropel que eles lançam sobre a nudez da sua ociosidade, imoralidade e imbecilidade.

Indianos sustentam plausivelmente que algum deus levou todos os piores demónios para o Ceilão, e depois separou isto do continente pelo estreito.

Mas então, quão rico, quão suave, quão pacífico é Colombo! Parece que nada mais é necessário fazer. Isto convida a sonhar deliciosamente com decíduos júbilos—e persiste, com mão de veludo, leve e brilhante como a asa de uma borboleta, nas pálpebras. As palmeiras, as flores, o evanescente canto da rebentação, a opaca e delicada atmosfera, cheia de aromas sensuais, as ociosas pessoas irresponsáveis, ronronando com plácido prazer; parecem músicos numa orquestra, tocando um nocturno de algum oriental Chopin inconsciente de realidades inquietantes.

Mas mais, Colombo é o "lugar onde quatro ventos se encontram", a encruzilhada do mundo civilizado. Para oeste está a Europa, o rapaz enérgico, que pensava suportar o mundo nos seus ombros, porém não conseguia coordenar os seus próprios músculos. Para norte está a Índia, como uma mulher cansada de suportar, uma viúva que mantém os seus antigos hábitos sem esperança. Para sul, Austrália, às avessas como a sensatez da nossa infância nos advertia, escarrapacha a sua desajeitada adolescência e embaraça os seus anciãos através da sua inconsciente absurdidade. Por último, olha para o leste!

Lá está a China; lá está a única civilização que tem olhado o tempo na cara sem corar; um ateísmo com boas maneiras. Lá cisma o velho sábio, aquele que conquistou a vida sem o auxílio da morte, aquele que pode sobreviver a estes estrénuos jovens e até à desgastada viúva estéril que murmura lembranças sem sentido na sua boca desdentada.

Em Colombo, este problema mundial resolve-se; pois o Indiano labuta, sem ambição ou objectivo, de puro hábito; o Europeu administra coisas, com presunção e arrojo; o Australiano entra e sai, boçalmente, esperando não ser visto; e a China, silenciosa e ausente, transmite a repreensão majestosamente patriarcal simplesmente ignorando a impertinência. Suavemente como eu roçara as amarelas vestes de seda da China na pressão de pelejantes culturas, a sua virtude tinha entrado em mim de tal forma que os aspectos positivos e agressivos de Colombo, embora fossem tumultuosamente preocupantes, não conseguiram comandar toda a minha atenção. Como em vão se assedia um fumante de ópio, o qual suspira pelo seu cachimbo, com vinho, com mulher e com canto, assim a insolente insistência das actualidades de Colombo meramente me aporrinhava; eu estava intensamente ciente de uma coisa só, a ausência da colossal calma e senso comum da China.

A experiência tem-me ensinado que os imponderáveis são muito importantes; quando a ciência declara que pode preocupar-se somente com aquilo que pode ser medido, ela classifica-se com a criança que conta com os dedos e marca Shakespeare e Shelley como charlatães. Não estou envergonhado de tal companhia; deixa-me dizer então que o silencioso stress do meu contacto com a periferia da civilização Chinesa operou em mim a cura da minha maldita ansiedade Europeia acerca da minha conduta. Pelo menos é o facto de que eu conheci Allan com absoluto sangue-frio. Não senti necessidade de confissão. Eu não tinha senso de vergonha ou inferioridade. Eu não gostava de perguntar. Eu tinha perfeita confiança em mim mesmo. Nós estávamos interessados na mesma Indagação, isso era tudo; era natural que devêssemos trocar pontos de vista.

Eis então! Allan, embora aluno de um guru Xivaíta, já era de coração Budista; e o milagre acerca de Buda, do ponto de vista etnológico, é que um Ariano, por força de perspicácia psicológica, deveria ter chegado tão perto de entender a mente Chinesa. A fraqueza fundamental do Budismo é que ele não alcança a indiferença de Lao-Tzu. Buda chora por Nirvana como o único refúgio da tristeza; Lao-Tzu despreza a tristeza tão casualmente quanto despreza a felicidade e contenta-se em chegar equitativamente a todas as impressões possíveis.

Devo eu digressionar para desculpar Allan Bennett, a alma mais nobre e gentil que eu alguma vez conheci? Certamente a imanência da agonia física, a contínua angústia da cruz na qual ele tem estado pregado por mais de cinquenta anos, ele não reclamando, ele não se submetendo, ele não exigindo libertação, mas trabalhando inexoravelmente e inexpugnavelmente nesta designada Tarefa—certamente o curso incessante desse terrível facto deve ter-se vingado através da sua frustrada malícia ao moldar a concepção dele do universo na mesma forma conforme parecia omnivalente para o Buda, o qual não podia estimar a influência dos seus baldos e desoladores anos de ocioso luxo e a abortiva expiação da sua aleatória reacção ao furioso ascetismo.

Allan nunca conheceu júbilo; ele desdenhava e desconfiava do prazer a partir do ventre. É estranho que ele tenha sido incapaz de conceber a vida como algo a não ser um mal inelutável e estúpido? Por mim, eu via o prazer como pueril, a tristeza como senil; eu estava pronto, quando a minha hora chegasse, para aceitar de maneira amigável ou dispensar os dois com desdém.

Enquanto isso, eu era simplesmente um adepto—perambulando pelo mundo no modo que os adeptos têm—empenhados em pegar quaisquer pérolas que provassem os seus pedigrees segundo ostras honestas e que fossem garantidamente rejeitadas pelos porcos.

Então, quando vi Allan, coloquei a minha pergunta, referida acima, e obtive a minha resposta.

O registo oficial é subjugado.

D.D.C.F., Mathers, tinha-me contado um certo incidente que ocorrera entre ele e Bennett da seguinte maneira:

> Ele e I.A. discordaram de um ponto obscuro da teologia, formulando por isso a maldita Dyad, permitindo por isso que os demónios de Abramelin assumissem uma forma material: um na própria forma dele, outro na do I.A. Ora, o demónio que parecia I.A. tinha um revólver, e ameaçou atirar nele (D.D.C.F.), enquanto o demónio que se assemelhava a ele próprio estava igualmente ansioso para atirar no I.A. Felizmente, antes que os demónios pudessem atirar, V.N.R. (Sra. Mathers) entrou na sala, formulando assim o símbolo da Abençoada Trindade.
>
> O relato de Frater I.A. foi menos de uma pressão sobre as faculdades de crença de P. Eles tiveram, disse ele, uma discussão sobre o deus Shiva, o Destruidor, que I.A. adorava porque, se alguém repetisse o seu nome com bastante frequência, Shiva um dia abriria o olho dele e destruiria o universo, e a quem D.D.C.F. temia e odiava porque Ele um dia abriria o Seu olho e destruiria D.D.C.F. I.A. encerrou o argumento assumindo a posição de Padmasana e repetindo o Mantra: "Shiva, Shiva, Shiva, Shiva, Shiva, Shiva". A D.D.C.F., mais furioso do que nunca, procurou o aparador, mas logo retornou, apenas para encontrar Frater I.A. ainda murmurando: "Shiva, Shiva, Shiva, Shiva, Shiva". "Vais parar de blasfemar?" Gritou D.D.C.F.; mas o santo homem disse apenas: "Shiva, Shiva, Shiva, Shiva, Shiva, Shiva, Shiva, Shiva". "Se não parares eu vou atirar em ti!" Disse D.D.C.F., tirando um revólver do bolso e nivelando-o à cabeça de I.A.; no entanto I.A., concentrado, não tomou conhecimento e continuou a murmurar: "Shiva, Shiva, Shiva, Shiva, Shiva, Shiva".
>
> Quer intimidado pela majestade do santo ou interrompido pela entrada de uma terceira pessoa, I.A. não mais se lembrou, mas D.D.C.F. nunca puxou o gatilho.

Mathers deste modo descartado, ao trabalho!

O que dizer da Grande Obra? Tornou-se isto absurdo com Mathers? Não mais do que o Everest deixa de atrair quando o Alpine Club coroa incompetência acompanhada de homicídio involuntário!

Nós simplesmente destituímos das nossas mentes toda a questão da G.˙. D.˙. e reapresentámos o problema nos primeiros princípios.

Nesta situação, eu tinha a vantagem de leitura mais ampla e de mais variada experiência do que Allan; ele, a de mais intensivo treino, e especialmente da sua recente iniciação nos arcanos Asiáticos sob a égide de Shri Parananda, Procurador-Geral do Ceilão (conforme Aramis era um mosqueteiro) *per interim*, e um yogi *da cabeça aos pés*.

Eu tinha aprendido a modéstia a partir dos engenhosos epítetos de Eckenstein e das montanhas Mexicanas; então eu calei a boca—como Doris Gomez uma vez observou imortalmente, na conclusão de uma arenga prolongada e ininterrupta, "Se tens mais alguma coisa a dizer, cala a boca!"—e concentrei-me em aprender o menor lema do seu saber popular em vez de infligir nele as minhas próprias intimações de imortalidade.

Ele expressou os elementos do Yoga. Eu disse: "A tua saúde melhorará num clima menos viciado em humidade e danação: vem para Kandy; arranjaremos um bangaló e ficaremos ocupados. Maldito Shri Parananda! Deixa que ele notabilize o seu comentário sobre São Mateus, onde ele explica a discrepância com um outro Evangelista sugerindo que "Jesus viajou num burro e numa mula, um pé em cada um, à maneira de um circo", se puderes. Tu deves preparar-te para pegar o Manto Amarelo enquanto me treinas para triunfar sobre Tanha, e atingir Asana, e executar Pranayama, e praticar Pratyahara, e fazer Dharana, e demandar Dhyana, e golpear Samadhi, todos igualmente No. 1 *topside* Mestre Patanjali, montão de sagrado *pidgin*!"

Um apelo formulado em tal fraseologia castamente correcta, mas ao mesmo tempo polidamente apaixonada, não poderia deixar de enterrar a sua bandarilha no centro do alvo. Allan "solicitou permissão para sair da presença" do pio Prananda, cuja arrogância e mesquinhez se equiparavam à sua erudição e venerabilidade. Nós provámos Kandy— que tem delícias (permita-se o trocadilho com o anúncio!) insuspeitadas por "Mary Elizabeth". Nós arrendámos um bangaló mobilado chamado "Marlobrough" (sabe Deus o porquê!) nas colinas, perto de um riacho, com queda-d`água completa, com vista para o lago, para o templo, e fizemos uma amadora tentativa num hotel. Nós contratámos um chefe incompetente, o qual subcontratou sonolentos e sinistros criados e dispensou todos estes desagradáveis detalhes para fora das nossas mentes, dedicando-nos com diabólica determinação e santa simplicidade à busca de uma solução espiritual para a confusão material. A nossa permanência temporária, curta como foi por mundano cálculo, provou estar prenhe com eventos de importância interna. O tempo tirano levou o seu primeiro ferimento em Kandy.

∽ 28 ∽

AS AVENTURAS de Allan no Ceilão foram variadas. A sua primeira ideia foi tomar o Manto Amarelo; isto é, tornar-se um membro da Sangha Budista. Estes homens não são padres ou monges, como entendemos os vocábulos; é difícil para as mentes Europeias entenderem as condições das suas vidas. Eles renunciaram ao mundo e vivem como mendigos; porém pode-se afirmar, grosso modo, que as regras da sua Ordem, que são muito complexas e frequentemente parecem irracionais ou frívolas, são todas concebidas no interesse de uma única ideia. Cada regra encontra provavelmente alguma contingência. Mas em todos os casos, o objectivo é permitir que o bhikkhu realize o seu programa de desenvolvimento espiritual. Não há terrores supersticiosos, nem práticas propiciatórias; o objectivo inteiro é permitir que um homem se liberte dos grilhões do desejo que dificultam suas acções e (incidentalmente) produzem os fantasmas aos quais chamamos de fenómenos. No Budismo, o universo é concebido como uma ilusão, criada por ânsias ignorantes. É, na verdade, um sonho como definido pela hipótese de Freud.

Allan era já um Budista de coração. Quanto mais ele estudava o Tripitaka, "os três cestos da lei"—cestos dos papéis como eu costumava chamá-los—mais ele era atraído, no entanto ele estava terrivelmente desapontado com a degeneração dos bhikkhus Cingaleses. Com raras excepções, eles eram ignorantes, ociosos, imorais e desonestos. Em Anuradhapura, a sagrada cidade arruinada, a conduta é tão abertamente escandalosa que deu origem a um provérbio: "Um bhikkhu é feito, não nascido—excepto em Anuradhapura." A Allan tinha sido oferecido o cargo de tesoureiro para um famoso mosteiro fora de Colombo, pela razão declarada de que eles não podiam confiar em nenhum deles próprios. Considerando que um bhikkhu não pode tocar em dinheiro, este foi preferencialmente o limite.

O Procurador-Geral do Ceilão, o Honorário P. Ramanathan, contratou Allan como professor particular para os seus filhos mais novos. Este cavalheiro era um homem de personalidade encantadora, ampla cultura e profundo conhecimento religioso. Ele era eminente como um yogi da seita Xivaíta dos Hindus (ele era um Tâmil de alta casta) e escrevera comentários sobre os evangelhos de Mateus e João, interpretando os ditos de Cristo como instruções no Yoga. É deveras um facto que um dos caracteres que foram reunidos para compor a figura de "Jesus" era um yogi. Suas injunções para abandonar os laços familiares, não prever o futuro, e assim por diante, são típicas.

Deste homem, Allan aprendeu muito da teoria e prática do Yoga. Quando ele tinha cerca de dezoito anos, Allan acidentalmente tropeçara para dentro do transe chamado Shivadarshana, no qual o universo, tendo sido percebido na sua totalidade como um fenómeno único, independente do espaço e do tempo, é então aniquilado. Esta experiência determinara todo o curso da sua vida. O seu único objectivo era voltar a esse estado. Shri Parananda mostrou-lhe um racional método prático de alcançar o dele. No entanto, Allan não estava totalmente em simpatia com o seu professor, o qual, apesar da sua grande experiência espiritual, não conseguira quebrar as algemas do dogma, e cuja prática parece em alguns aspectos uma variação dos seus princípios. Allan era quase puritanamente estrito. Tinha-lhe sido oferecido um cargo como gerente de uma plantação de coco, mas recusou ao saber que os seus deveres envolveriam dar ordens para a destruição de vermes. Ele não tinha suficiente amplitude de visão para ver que qualquer tipo de vida implica aquiescência em, e consequentemente responsabilidade por, assassinato; comendo arroz alguém torna-se o cúmplice do agricultor em destruir vida.

A saúde dele foi vastamente melhorada. No Mar Vermelho a sua asma desapareceu completamente e ele lançara pela borda fora todo o seu aparato de drogas. Mas o enervante clima de Colombo esgotou as suas energias. Ele teve pouca hesitação em aceitar a minha proposta de ir morar em Kandy e nos dedicarmos ao Yoga.

Em "Marlborough" encontrámos as condições de trabalho muito favoráveis. O primeiro passo era livrar-se de todas as outras preocupações. Revisei *Tannhäuser*, escrevi uma introdução, dactilografei tudo e enviei para a impressão. Pus de parte *Orpheus* e deixei de lado *Alice, An Adultery* para amadurecer. Não pensava muito sobre isto; e não publicaria isto até que o tempo o tivesse ratificado.

Uma das minhas principais inibições neste período foi devido à aparente antinomia entre a normal satisfação dos apetites corporais e as óbvias condições de sucesso. Eu não resolvi isto completamente até à minha obtenção do Grau de Mestre do Templo em 1909, quando finalmente percebi que cada pensamento, palavra e acto podem ser pressionados para o serviço da alma: mais, que isto deve ser se a alma quiser ser livre. Eu "misturei os planos" por muitos anos até certo ponto, embora nunca tão mal quanto a maioria dos místicos.

Durante este retiramento tive a sorte de estar sob constante supervisão vigilante de Allan Bennett, cuja experiência permitia que ele detectasse o início das ideias perturbadoras. Por exemplo, a revisão e a dactilografia de *Tannhäuser* foram suficientes para distrair a minha mente da meditação e até me perturbaram em questões aparentemente desconexas como Pranayama. É fácil entender que uma refeição pesada interferirá na capacidade de controlar a respiração; contudo a pessoa é inclinada a rir da teoria Hindu de que isto pode ser afectado por coisas como conversas casuais. Não obstante, eles estão certos. Além das reacções normais da pessoa, estas práticas tornam-na supersensível. Eu não estava confinando-me a qualquer dieta rígida; e lembro-me de que, em certo período, a ideia de comida tornou-se totalmente revoltante. É sem dúvida uma questão de hiperestesia nervosa; como é sabido, a excessiva complacência em álcool e em certas outras drogas tende a destruir o apetite. Praticantes inexperientes, insuficientemente fundamentados em fisiologia e filosofia, talvez possam ser desculpados (embora, é claro, reprovados) por entender mal a importância dos fenómenos. Um está inclinado a dizer: "Agora que estou a tornar-me santo, eu acho que não gosto da ideia de comer: Argal[7], comer é profano; e isto ajudar-me-á a ficar ainda mais santo se eu suprimir resolutamente os gritos de apetite." Tal, creio eu, é a base de grande parte da fantástica moralidade que confundiu o ensino místico ao longo da história. Não acho que as francas considerações *a priori* tivessem levado à inquestionável convicção na ausência de aparente confirmação das suas hipóteses.

Esta "confusão dos planos" é, na minha opinião, a principal causa do fracasso em alcançar. Está constantemente a surgir subitamente em todos os tipos de conexões. O aspirante deve estar armado com a Espada Mágica, dividindo em pedaços as junções do âmago de cada observação que ele faz. Uma única ideia não analisada é capaz de obcecá-lo e enviá-lo ao erro: "Pode ser por anos e pode ser para sempre". Ele nunca deve cansar-se de atribuir as limitações exactas a todos os fenómenos. A história, a propósito, está repleta de exemplos deste erro em assuntos importantes. Considerar apenas como a ideia de que as epidemias, o fracasso das colheitas e do infortúnio militar se deviam à ira de Deus, impediu o desenvolvimento da ciência, da agricultura e da arte da guerra. Na última Primavera de 1922, houve uma seca na Sicília. Os sacerdotes fizeram um poderoso puja e rezaram pela chuva. A chuva veio e fez mais dano do que a seca; então a seca tomou posse de novo e durou todo o Verão, quer por despeito das intercessões de Cibele, ou seja o que for que lhe chamem hoje em dia, quer por ela não ser propiciada através de sacrifícios adulterados com os quais os seus pastores modernos fingem que podem enganá-la.

Atribuo o meu próprio sucesso em misticismo e Magick, e o sucesso muito maior que consegui para os meus sucessores, quase inteiramente ao meu treino científico. Isto permitiu-me determinar as reais condições fisiológicas e psicológicas de concretização. A minha experiência como professor possibilita-me simplificar cada vez mais à medida que cada novo caso chega ao meu conhecimento. Eu posso colocar o meu dedo na ferida mais rapidamente e seguramente a cada quarto crescente. Consegui em onze anos o que dificilmente alguém antes havia feito em quarenta anos, e isto não pode ser explicado pelo génio individual, pois tenho conseguido levar homens com um fragmento de talento e ensinar-lhes, o que me levou onze anos, em sete ou oito para os primeiros a chegar, em cinco ou seis para os seus sucessores, e assim por diante, até ao presente momento. Sinto-me capaz de prometer a qualquer homem ou mulher de capacidade mediana, que tenha o germe de genuína aspiração, a essência da realização dentro de oito sessões. Claro que depende de cada postulante para determinar os detalhes. Alguns departamentos da ciência oculta estão fora do escopo de pessoas específicas; cada um deve preencher por si mesmo o seu programa pessoal. Mas a suprema emancipação é a mesma em essência para todos e, pela primeira vez na história, foi possível apresentá-la livre de confusão, de modo que as pessoas possam concentrar-se desde o início do seu treino na única coisa que importa.

A nossa vida era deliciosamente simples. Allan ensinou-me os princípios do Yoga; fundamentalmente, existe apenas um. O problema é como parar de pensar; pois a teoria é de que a mente é um mecanismo para lidar simbolicamente com impressões; a sua construção é tal que se é tentado a levar estes símbolos à realidade. O pensamento consciente, portanto, é fundamentalmente falso e impede que se perceba a realidade. As numerosas práticas de yoga são simplesmente esquivas para ajudar alguém a adquirir

---

7 N.T.: assim especiosamente ou absurdamente

a habilidade de desacelerar a corrente de pensamento e derradeiramente parar de modo total. Este facto não tem sido realizado pelos próprios yogis. Doutrinas religiosas e considerações sentimentais ou éticas têm obscurecido a verdade. Acredito que tenho o direito ao crédito de ser o primeiro homem a compreender as verdadeiras orientações da questão.

Fui conduzido a esta descoberta principalmente por meio do estudo do misticismo comparativo. Por exemplo; um Católico repete Ave-Maria rápida e continuamente; o ritmo inibe o processo intelectual. O resultado é uma visão extática de Maria. O Hindu repete Aum Hari Aum da mesma maneira e obtém uma visão de Vishnu. Mas notei que as características de ambas as visões eram idênticas, excepto pela terminologia sectária em que a memória as registava. Argumentei que o processo e o resultado eram idênticos. Era um fenómeno fisiológico e a aparente divergência se devia à incapacidade da mente para expressar o evento, excepto usando a linguagem de adoração que era familiar.

Estudo alargado e experimento repetido têm confirmado esta convicção. Eu tenho assim conseguido simplificar o processo de desenvolvimento espiritual eliminando todas as acreções dogmáticas. Entrar em transe é da mesma ordem de fenómenos como embebedar-se. Não depende do credo. A virtude só é necessária na medida em que favorece o sucesso; justamente como certas dietas, nem certas nem erradas em si mesmas, são indicadas para o atleta ou para o diabético. Tenho orgulho de ter possibilitado que os meus alunos atingissem em meses o que anteriormente exigia muitos anos. Também, de ter salvado o bem-sucedido da devastadora ilusão de que a imagem intelectual da sua experiência é uma verdade universal.

Este erro causou mais prejuízo no passado do que qualquer outro. A convicção de Maomé de que as suas visões eram de importância imperativa para a "salvação" fez dele um fanático. Quase toda a tirania religiosa brota da estreiteza intelectual. A energia espiritual derivada dos altos transes torna o vidente uma força formidável; e a menos que ele esteja ciente de que a sua interpretação é devido apenas ao exagero das suas próprias tendências de pensamento, ele procurará impor isso aos outros, e assim iludir os seus discípulos, perverter as suas mentes e impedir o desenvolvimento deles. Ele só pode fazer o bem de uma maneira, isto é, publicando os métodos pelos quais ele alcançou a iluminação: por outras palavras, adicionando a sua experiência à soma do conhecimento científico. Eu mesmo me esforcei tenazmente para fazer isto, sempre me empenhando para deixar claro que os meus resultados valem apenas para mim, e que até os meus métodos podem precisar de modificação em cada caso, justamente como cada poeta, golfista e advogado deve adquirir um estilo peculiar às suas idiossincrasias.

O Yoga, entendido correctamente, é, portanto, um simples sistema científico de atingir um estado psicológico definido. Considere os seus Oito Ramos! Yama e Niyama, "Controlo" e "Super Controlo", dão regras para evitar que a mente seja perturbada por emoções morais e paixões, como raiva, medo, ganância, luxúria e afins.

Asana, "posição", é a arte de se sentar perfeitamente imóvel, de modo que o corpo não possa mais enviar mensagens para a mente. Pranayama, "controlo da força da respiração", consiste em aprender a respirar o mais lentamente, profundamente e regularmente possível. A menor irritação mental ou excitação sempre faz com que alguém respire rápida e desigualmente; Assim, é possível detectar qualquer perturbação da calma, observando este sistema. Além disso, ao forçar o controlo da respiração, pode-se banir tais ideias. Também se reduz ao mínimo a consciência de que se está respirando.

Pode-se observar neste ponto que tal precaução parece absurda; mas até que se comece a tentar evitar que a mente vagueie, não se tem ideia do modo pelo qual as modificações mais minuciosas do pensamento, impressões que normalmente são transitórias ou não percebidas, formam o ponto de partida para Odisseias de distracção. Pode levar vários minutos até que a pessoa se dê conta do facto de que os seus entendimentos foram para o alheamento.

Pratyahara é introspecção. Obtém-se o poder de analisar um pensamento ou impressão aparentemente simples nos seus elementos. Pode-se, por exemplo, ensinar a si mesmo a sentir separadamente as incontáveis impressões relacionadas com o acto de curvar os dedos. Esta é uma revelação em si mesma; um tão simples movimento muscular é descoberto inesperadamente a conter um épico de ingredientes deliciosamente excitantes. A ideia, claro, não é desfrutar de tais prazeres, subtis e requintados como eles são; mas de analisar pensamentos e impressões para detectar os seus sintomas prodrómicos e cortá-los pela raiz. Também, para compreendê-los e avaliá-los por meio de um exame detalhado. Um resultado importante disto é apreciar a falta de importância e a equivalência de todos os pensamentos, mais ou menos como a química moderna tem colocado um fim ao absurdo medieval acerca da sacralidade de alguns compostos e a maldade de outros. Um outro é dar uma visão clara e abrangente dos elementos do universo como um todo.

Dharana, concentração, é agora mais fácil de praticar. Tem-se aprendido quais interrupções a expectar e como evitá-las. Nós, portanto, fazemos um definido ataque à multiplicidade de pensamentos fixando a mente em um. No meu *Book Four*, Parte I, copiei a partir do meu diário, neste período, uma tentativa de classificar as ideias invasoras. Tenho muito orgulho desta aparentemente simples observação e ajudará o leitor a compreender o meu trabalho em Kandy se eu a inserir.

Quebras são classificadas da seguinte forma:

Em primeiro lugar, sensações físicas. Estas deveriam ter sido superadas por Asana.

Em segundo lugar, quebras que parecem ser ditadas por eventos imediatamente anteriores à meditação. A sua actividade torna-se tremenda. Somente por esta prática é que se compreende o quanto é realmente observado pelos sentidos sem que a mente se torne consciente disto.

Em terceiro lugar, há uma classe de quebras compartilhando da natureza do devaneio ou "quimeras". Estas são muito insidiosas—pode-se continuar por um longo tempo sem perceber que se tem perambulado absolutamente.

Em quarto lugar, nós temos uma classe muito alta de quebra, que é como uma espécie de aberração do próprio controlo. Tu pensas: "Quão bem eu estou a fazer isto!" ou talvez que isto seria preferivelmente uma boa ideia se tu estivesses numa ilha deserta ou se estivesses numa casa à prova de som ou se estivesses numa cascata. Mas estas são apenas variações insignificantes da própria vigilância.

Uma quinta classe de quebras parece não ter nenhuma detectável fonte na mente. Tal pode até assumir a forma de alucinação real, usualmente auditiva. Claro, tais alucinações são infrequentes e são reconhecidas pelo que são; caso contrário é melhor o aluno ver o seu médico. O tipo usual consiste de frases estranhas ou fragmentos de frases, que são ouvidas bastante distintamente numa voz humana reconhecível, não na própria voz do aluno ou de qualquer um que ele conheça. Um fenómeno semelhante é observado pelas operadoras de telegrafia, as quais chamam estas mensagens de "atmosféricas".

Há *um outro tipo de quebra, que é o desejado resultado em si.* Isto deve ser tratado mais tarde em detalhe.

Dhyana é o nome do primeiro transe. Por transe quero dizer um estado de consciência definitivamente distinto do normal. A sua característica é a de que enquanto em normal consciência duas coisas estão sempre presentes—o percipiente e o percebido—

em Dhyana estas duas coisas tornaram-se uma. A princípio esta união geralmente ocorre com explosiva violência. Existem muitas outras características; em particular, tempo e espaço são abolidos. Isto, todavia, ocorre com quase igual completude em certos estados de normal pensamento abstracto.

A obtenção deste transe provavelmente perturbará todo o equilíbrio moral do aluno. Ele frequentemente atribui uma exagerada importância às ideias imperfeitas que representam a memória dele do que aconteceu. Ele não pode eventualmente recordar a coisa em si, porque a sua mente carece de mecanismo para traduzi-la em pensamento normal. Estas ideias são naturalmente os seus delírios de estimação. Elas parecem-lhe terem ficado armadas com suprema sanção espiritual, assim ele pode vir a ser um fanático ou um megalómano. No meu sistema o aluno é ensinado a analisar todas as ideias e a aboli-las por filosófico cepticismo antes de lhe ser permitido empreender as práticas que levam ao Dhyana.

Samadhi, "União com o Senhor", é o termo geral para o transe final, ou melhor, uma série de transes. Difere de Dhyana desta maneira: Dhyana é parcial, Samadhi é universal. No primeiro Samadhi, o universo é percebido como uma unidade. No segundo essa unidade é aniquilada. Existem, no entanto, outros Samadhis e, em qualquer caso, a qualidade do transe dependerá da extensão do universo que entra nele. É preciso realmente ser-se um profundo filósofo com uma definida concepção intelectual do universo como um todo orgânico, baseada na coordenação de imenso conhecimento, antes que se possa expectar resultados realmente satisfatórios. O Samadhi de um ignorante e superficial pensador que tem falhado em coordenar as suas concepções do cosmos não valerá muito.

~ 29 ~

A IDEIA GERAL das religiões Orientais é a de que qualquer manifestação do ser é necessariamente imperfeita, já que não é a soma de toda a verdade. (Pois, se fosse, não seria distinguível de qualquer outra manifestação). Portanto, a sua natureza é má e o seu efeito na mente é criar mágoa. A ideia delas é destruir todo o pensamento como sendo falso e doloroso. A ideia delas é a libertação da ilusão de existência. O efeito do Samadhi é, primeiramente, produzir a bem-aventurança que vem do alívio da dor. Mais tarde, esta bem-aventurança desaparece e atinge-se a perfeita indiferença.

Mas não precisamos de ir tão longe na sua filosofia ou aceitá-la. Graças em parte a *Varieties of Religious Experience* de William James, eu tenho a ideia de empregar os métodos de Yoga para produzir génio à vontade. James aponta que vários professores religiosos alcançaram o seu poder de influenciar a humanidade no que é essencialmente o mesmo modo; isto é, entrando em Samadhi. O transe dá suprema energia espiritual e absoluta autoconfiança; remove as normais inibições à acção. Proponho então que qualquer homem use este poder para desenvolver as suas faculdades e inspirar as suas ambições direccionando os efeitos do transe para o canal da sua carreira. Esta ideia conecta imediatamente o misticismo com Magick; pois uma das principais operações de Magick é invocar o deus apropriado à coisa que se quer, identificar-se com Ele e inundar o seu trabalho com o imaculado impulso Dele. Isto é, de facto, fazer Samadhi com essa Divindade. Os dois processos são essencialmente idênticos; a aparente diferença surge meramente da distinção entre as concepções Europeia e Asiática do cosmos. A maioria das religiões Europeias, incluindo o ortodoxo Judaísmo, é antropomórfica, uma expansão das ideias morais ligadas aos membros de uma família.

As religiões Asiáticas[8], mesmo quando superficialmente teísticas, implicam sempre um universo impessoal. Uma idealizou forças humanas; a outra, as forças da natureza.

O diário descrevendo as minhas práticas fora impresso em *The Equinox*, vol. I, no. IV. É uma sorte que tenha sido mantido em tal detalhe, pois é uma questão de surpresa que tal progresso tenha sido feito em tão pouco tempo. Mas eu comecei com várias grandes vantagens: a juventude, a indomável determinação de dedicar toda a energia ao trabalho, um treino técnico sob o comando de Eckenstein, e a presença constante de alguém a quem eu podia submeter imediatamente qualquer questão que pudesse surgir.

Não é necessário descrever em detalhes os resultados destas práticas. Alguns deles, interessantes e talvez importantes em si mesmos, não significam muito para o leigo. Será bom, mesmo assim, indicar alguns dos principais fenómenos.

Logo se obtém nova concepção da sua própria mente. Até que se tenha praticado, não se tem ideia do conteúdo real. O facto é que o não-iniciado está ciente apenas das soluções das suas equações mentais; ele não está consciente do trabalho duro. Além disso, ele não sente a real impressão causada por cada impacto individual sobre a mente. Ele confunde totalmente o carácter disto, que é, na realidade, arbitrário e imperativo. A primeira análise mostra isto como fora de relação com os seus predecessores e sucessores. Mais tarde, descobre-se os elos subconscientes que unem os elementos. Este processo de subdivisão parece como se isto pudesse ser continuado indefinidamente.

Eu vou tentar esclarecer as coisas com uma ilustração. O homem normal olhando do topo do Jungfrau vê Monte Rosa, o Matterhorn, o Dent Blanche e outros picos altos, todo o rumo até Mont Blanc, surgindo das brumas da manhã. Parece para ele fenómenos isolados. As brumas ficam menos densas e ele torna-se consciente de que estes picos são os cumes de uma cordilheira; eles são unidos por uma cumeada subindo a picos menores e descendo a desfiladeiros. Mas estas irregularidades secundárias são baseadas elas próprias nas menores, e mesmo num glaciar nivelado descobre-se que a superfície não é uniforme; cada cristal de neve separado pode ser mais examinado e nós encontramos mesmo nisto um arranjo de elementos salientes e reentrantes, o qual é comparável à original visão macroscópica. A familiaridade com este fenómeno leva a indagar sobre a natureza última dos átomos de pensamento. Cada átomo assume uma importância igual à dos outros. O senso de valores da pessoa é completamente destruído.

Há também o problema: como é que a ideia de um cavalo, por exemplo, deve ser composta de um conjunto de ideias, nenhuma das quais tem qualquer relação aparente com ele, exactamente como a própria palavra cavalo é composta das letras c-a-v-a-l-o, nenhuma das quais, por si só, sugere um cavalo, ou parte de um, em qualquer modo? Similarmente, um pedaço de açúcar não é apenas uma massa de cristais homogéneos, porém cada cristal é composto de carbono, hidrogénio e oxigénio, elementos que em si não possuem nenhuma das qualidades características do açúcar. Percebe-se que fenómenos mentais e físicos compartilham esta irracionalidade.

Será visto a partir das observações acima que uma investigação muito superficial do pensamento leva inevitavelmente às consequências mais revolucionárias. Nesta época, contudo, eu não estava suficientemente avançado para perceber todas as implicações destas descobertas. O meu registo contenta-se em anotar os meros sintomas produzidos pelas práticas. Mesmo antes de sair de Colombo, eu ouvira o sino astral, ao qual tanta importância factícia tem sido dada. Eu também havia purificado o que é denominado

---

8 Incluindo a mais antiga religião grega nos seus melhores aspectos.

como Nadis. A minha tez tornou-se estranhamente clara; a minha voz perdera o timbre duro e natural; a minha aparência tornara-se calma; os meus olhos excepcionalmente brilhantes; e eu estava constantemente consciente do que é denominado como Náda, que é um som cujo carácter varia consideravelmente, todavia no meu caso mais frequentemente assemelhava-se ao chilreio dos rouxinóis.

Pranayama produziu, em primeiro lugar, um tipo peculiar de perspiração; em segundo lugar, uma rigidez automática dos músculos; e, em terceiro lugar, o curioso fenómeno de fazer com que o corpo, enquanto ainda absolutamente rígido, dê pequenos pulos em várias direcções. Isto parece como se alguém fosse de alguma forma levantado, possivelmente um centímetro do chão, e depositado muito suavemente a uma curta distância.

Eu vi um caso assim muito impressionante em Kandy. Quando Allan estava meditando, era meu dever trazer a comida dele muito silenciosamente (ocasionalmente) para o quarto adjacente àquele onde ele estava a trabalhar. Um dia ele perdeu duas refeições sucessivas e eu achei que deveria olhar para dentro do quarto dele para ver se tudo estava bem. Devo explicar que conheci apenas duas mulheres Europeias e três homens Europeus que poderiam sentar-se na postura chamada Padmasana, a qual é aquela geralmente vista em imagens do Buda sentado. Destes homens, Allan era um deles. Ele podia enodar as pernas tão bem que, colocando as suas mãos no chão ele podia balançar entre elas o corpo para frente e para trás no ar. Quando olhei para dentro do quarto dele encontrei-o, não sentado na sua esteira de meditação, a qual ficava no centro da sala ou no final mais distante da janela, mas num canto distante a dez ou doze pés de distância, ainda na sua difícil posição, repousando na sua cabeça e ombro direito, exactamente como uma imagem virada. Eu coloquei-o na posição certa para cima e ele saiu deste transe. Ele estava bastante inconsciente de que algo incomum tinha acontecido. Mas ele evidentemente tinha sido lançado lá pelas misteriosas forças geradas por Pranayama.

Não há nenhuma incerteza acerca deste fenómeno; é bastante comum. Mas os yogis afirmam que o movimento lateral é devido à falta de estabilidade e que se alguém estivesse em perfeito equilíbrio subiria directamente no ar. Eu nunca vi qualquer caso de levitação e hesito em dizer que isto tem acontecido comigo, embora eu tenha sido visto por outros em várias ocasiões aparentemente equilibrado no ar. Para os primeiros três fenómenos eu não tenho encontrado dificuldade em elaborar explicações fisiológicas bem simples. Mas eu não posso formar qualquer teoria de como a prática poderia contrariar a força de gravitação, e eu não sou regenerado o suficiente para permitir que isto me faça céptico acerca da ocorrência de levitação. Porém, afinal de contas, as estrelas estão suspensas no espaço. Não existe, *a priori*, razão para que as forças que as impedem de correr juntas não entrem em operação relativamente à Terra e ao corpo.

Mais uma vez, tu podes evitar que as coisas te mordam através de certos exercícios de respiração. Segura a respiração de tal maneira que o corpo se torne espasmodicamente rígido, e os insectos não possam perfurar a pele. Perto do meu bangaló em Kandy havia uma cascata com uma piscina. Allan Bennett costumava alimentar as sanguessugas todas as manhãs. A qualquer momento ele podia parar a sanguessuga, embora já presa ao pulso, por este truque de respiração. Nós colocaríamos as nossas mãos juntas na água; as dele sairiam livres, as minhas com uma dúzia de sanguessugas. Nestes momentos eu comentaria amargamente que um coiote não comerá um Mexicano morto; mas isto não conseguia incomodá-lo.

Nas margens do lago fica um hotel encantadoramente situado. Nós costumávamos ir lá ocasionalmente para uma refeição. É alguma distância por estrada, então eu costumava escolher o atalho através da selva. Um dia eu correra colina abaixo no máximo da minha velocidade com as minhas botas de montanha, seguido por um servo sem fôlego. Ele chegou ao hotel dez minutos depois com uma cobra-capelo morta, oito pés e quatro polegadas de comprimento. Eu tinha descido com o meu calcanhar bem no pescoço dele e nunca reparara nisto!

Asana foi por muito tempo extremamente doloroso. Às vezes custava-me cinco minutos de aguda agonia para endireitar os meus membros no final do treino. Mas o sucesso chegou finalmente. Bastante repentinamente perdi a consciência do meu corpo. O efeito foi o alívio do sofrimento prolongado. Até àquele momento eu pensara no meu Asana como a única posição realmente dolorosa. Esta ideia foi invertida; tornou-se a única posição em que eu estava livre de desconforto corporal. Até hoje, embora vergonhosamente fora de prática, eu sou capaz de obter o benefício de um longo descanso assumindo a posição por alguns minutos.

Os fenómenos de concentração são muito variados e curiosos. Por exemplo, a supressão dos pensamentos normais leva à substituição deles, não somente por elementos deles, como explicado acima, mas por memórias esquecidas da infância. Há também o que eu tenho chamado de "atmosféricos". Por exemplo, uma voz é ouvida de repente: "E se tu estás passando, não irás?" Ou "E não dar o primeiro passo na vertiginosa estrada da virtude". Um dos apontamentos no dia 6 de Setembro vale a pena citar verbatim:

> 10:45 P.M.—10:55 P.M. Dharana na ponta do nariz. Eu obtive uma compreensão clara da irrealidade daquele nariz. Isto persiste. Uma hora depois, respirando no meu braço enquanto dormia, disse a mim mesmo: "Donde é este hálito quente?" Eu fui forçado a *pensar* antes que eu pudesse responder "meu nariz". Então belisquei-me e recordei imediatamente; mas novamente respirando, a mesma coisa aconteceu novamente. Portanto, a "Dharanização" do meu nariz "dividualiza-me" do meu nariz, afecta o meu nariz, refuta o meu nariz, abole, aniquila e expunge o meu nariz.

Eu fiquei muito alarmado um dia ao descobrir que perdi completamente o objecto de concentração. Eu não conseguia pensar no que queria encontrar ou onde encontrá-lo. Eu naturalmente pensei que algo estava muito errado. Aqui foi uma ocasião em que a experiência de Allan se mostrou inestimável. Sem isto, eu poderia ter sido amedrontado e desistir da prática. No entanto ele disse-me que o resultado era bom, mostrando que eu estava a aproximar-me do estado que é chamado de "concentração de vizinhança".

Outra experiência foi esta: eu encontrei-me em mim e em ti no mesmo momento consciente das coisas externas em segundo plano após o objecto da minha concentração ter desaparecido, e também consciente de que eu estava *não* consciente destas coisas. Para a mente normal isto é evidentemente pura contradição, porém a psicologia Budista menciona este estado peculiar. As faculdades superiores da inteligência não estão sujeitas às mesmas leis que as inferiores.

Eu continuamente aumentava o número de horas que dedicava ao meu trabalho. No dia 2 de Outubro, para meu espanto, consegui alcançar o estado de Dhyana. A experiência foi repetida no dia seguinte. Eu cito o registo verbatim:

> Após cerca de oito horas de disciplina por Pranayama surgiu "a Golden Dawn".
>
> Enquanto meditava, subitamente tornei-me consciente de um ilimitado espaço de escuridão e um brilho de carmesim através disto. Aprofundando-se e iluminando-se, marcado por baças barras de nuvem azul-ardósia, surgiu a Aurora

de Auroras. Em esplendor, não sobre a Terra e seu despiciendo sol, vermelho-sangue, sem raios, inabalável, subiu, subiu! Realizado de mim mesmo, eu não perguntei "Quem é a testemunha?" absorvido completamente na contemplação de um facto tão estupendo e tão maravilhoso. Pois nenhuma dúvida havia, nenhuma mudança, nenhuma hesitação; infinitamente mais real do que qualquer coisa física é a Aurora Dourada deste Sol Eterno! Mas antes do Orbe da Glória se erguer das suas margens de escuridão—ai minha alma!—aquela Luz Inefável foi retirada sob o véu da escuridão, e em púrpuras e cinzentos gloriosos para além do imaginário, triste para além de concebimento, desvaneceu-se o soberbo Arauto do Dia. Mas os meus olhos viram isto! E isto, então, é Dhyana! Com isto, embora quase imperceptível, veio uma melodia como a da Vina de alma doce.

Dia seguinte:

Novamente, pela graça Inefável de Bhavani ao mais vil dos devotos Dela, surgiu o Esplendor do Sol Interno. Como solicitado pelo meu guru, eu saudei a Aurora com Pranava. Isto, como eu previ, reteve a consciência Dhyanica. O Disco cresceu dourado; ergueu-se límpido de todas as suas nuvens, lançando grande cúmulo veloso de rosa e ouro, ígneo com luz, no éter do espaço. Oco parecia e sem raios como o Sol em Sagitário, ainda que incomparavelmente mais brilhante: mas erguendo-se límpido de nuvem, começou a girar, a coruscar, a lançar flâmulas de fogo jacteado! (Isto a partir de um topo de colina eu retive, escuro como de um mundo moribundo. Coberto com negra madeira apodrecida, húmida e turfosa, alguns pinheiros aguentavam-se assolados, indizivelmente isolados.) (Nota. Esta é uma mera forma de pensamento induzida por má compreensão da instrução de Mâitrânanda Swami quanto a observar o fenómeno.) Mas por detrás da glória das suas coruscações parecia formar uma ideia, menos sólida do que uma sombra! Uma ideia de alguma aparente Forma Humana! Agora crescia a dúvida e o pensamento na mente miserável de P; e a única Onda germinava muitas ondas e tudo era perdido! Ai! Ai! por P! E Glória Eterna para Si, Ela, a de Peito duplo que tem usurpado até mesmo a outra metade do Destruidor! "OM Namo Bhâvaniya OM"

O resultado desta conquista foi o que eu menos teria expectado. Eu não fui encorajado a prosseguir; isto parecia como se eu tivesse esgotado a acumulada energia de anos. Achei impossível forçar-me a continuar. Isto foi quase dois anos antes de eu retomar qualquer prática regular.

A imediata corrente estando assim esgotada, nós decidimos ir numa peregrinação às arruinadas cidades sagradas do Budismo. Allan tinha ficado mais e mais convencido de que ele deveria levar a Veste Amarela. Os fenómenos de Dhyana e Samadhi tinham cessado de exercer a primeira fascinação. Parecia-lhe que eles eram insidiosos obstáculos ao verdadeiro progresso espiritual; que a ocorrência deles, na realidade, quebrava o controlo da mente que ele estava a tentar estabelecer e impedia que ele alcançasse a verdade última que buscava. Ele tinha a força da mente para resistir ao apelo mesmo destes intensos júbilos espirituais. Tal como o amor físico, eles persuadem os seus joguetes a suportar o essencial mal da existência.

Quanto a mim, eu tinha ficado impaciente com todo o assunto. Dhyana tinha lavado o meu cérebro completamente. Eu fui nesta peregrinação num estado de espírito inteiramente mundano. Os meus interesses estavam em questões estéticas, históricas e etnológicas, e em incidentes de viagem no meio de novas cenas. Eu até tinha um prazer um tanto demoníaco em comentário céptico e indecente sobre ordinários acontecimentos pela pura alegria de abalar Allan, e até em horrorizá-lo com excursões ocasionais após caça maior. Posso muito bem retroceder um pouco no tempo e registar as minhas impressões gerais sobre o Ceilão como um homem do mundo, em conectada sequência.

Eu estava tão cheio de loucura romântica acerca da sabedoria do Oriente, e dos esplendores e luxos da Ásia, como eu tinha estado acerca dos Jacobitas. Mas eu já tinha aprendido a usar os meus olhos; os preconceitos tinham de alguma forma perdido o poder de persuadir. A minha experiência da Ordem provavelmente contou muito nisto. Ao mesmo tempo, eu não balançava de um extremo ao outro. "Bem-aventurados os que nada esperam; pois eles não serão desapontados!" Eu não estava no perigo de julgar os princípios do Budismo pelas práticas dos Budistas. Eu trabalhava as lógicas consequências de qualquer filosofia sem referência às críticas de história. O Budismo do Ceilão é baseado no cânone das suas escrituras. Mas os costumes do povo foram em grande parte adaptados à nova religião; muito como o paganismo persistiu inalterado, excepto quanto à terminologia, quando foi camuflado pelo Cristianismo; assim como o jumento de Príapo se tornou o jumento da Natividade; como Júpiter se tornou Jeová; Isis, Maria; e assim por diante; como a coroa de Osíris se desenvolveu para a tiara papal; tal como os festins de milho e vinho foram retomados na Eucaristia, assim os velhos ritos de fetiche e culto ancestral continuaram sob novos nomes. A antiga demonologia foi adaptada às teorias Budistas.

Os instintos primitivos das pessoas são inerradicáveis; as suas paixões e medos sempre encontram aproximadamente a mesma expressão, apesar dos esforços de filósofos e reformadores religiosos. Assim eu não ficava nem surpreso nem chocado (como ficava o mais ingénuo Allan) com as danças do diabo e similares práticas supersticiosas que fingiam ser uma parte na pura espiritualidade, racional e directa, do Budismo. A simplicidade e a selvajaria destas práticas eram agradáveis. O entusiasmo era sincero; nenhuma hipocrisia havia, nenhuma farsa, nenhuma santimónia, nenhumas protestações de virtude ou presunções de superioridade.

A suprema glória de Kandy é um alegado dente do Buda. Está encerrado em sete pequenas urnas concêntricas, algumas das quais são enormemente valiosas e belas. Ouro e jóias não estão contabilizados. Alguns anos antes da minha visita, uma destas urnas tinha sido roubada. O Rei de Sião providenciou uma nova, ao custo de um incrível número de centenas de milhares de rupias. Ele fez uma viagem a Kandy com a sua comitiva em grande pompa para fazer a apresentação em pessoa e os sacerdotes recusaram-se a permitir que ele visse o dente! Isto foi uma magnífica peça de impudência—da política. A minha própria Despretensiosa Santidade encontrou melhor sorte. Allan e eu pudemos estar presentes na inspecção anual pelos comissários. Eu acredito que o dente seja o de um cão ou crocodilo, mas embora eu tivesse uma excelente vista de perto, eu não sou anatomista o suficiente para ser categórico. Eu estou, no entanto, absolutamente certo de que não é um dente humano.

A homenagem é prestada a esta relíquia todos os anos numa cerimónia chamada Perahera. Não fiquei impressionado pela santidade dos procedimentos; porém como espectáculo é certamente deslumbrante. A própria selvajaria e a falta de adequação aumentam o seu charme. As procissões às quais estamos acostumados na Europa e na América são tão inteligentemente pensadas que o efeito é meramente para irritar. O Perahera é um gigantesco divertimento; eles exibem todos os seus elefantes, dançarinos, monges, oficiais, tambores, trombetas, tochas—qualquer coisa que faça uma labareda de barulho e deixe todos eles soltos de uma só vez. O efeito é de improvisado excitamento. O pobre, sério, decidido Allan, com toda a sua alma voltada para aliviar os sofrimentos da humanidade e ajudá-los a alcançar um plano mais elevado de existência, ficou entristecido e desiludido.

Um incidente foi um tanto escandalosamente divertido. Ele estava a fazer o seu melhor para entrar no espírito da coisa e chamou a minha atenção para as "tensões de música oriental selvagem". Eu conhecia melhor. Eu tinha lido o poema de Herrick sobre a jovem que deixava uma luva na presença régia, e recordei que Lady Clara Vere de Vere tem certas propriedades fisiológicas em comum com o elefante. O pobre Allan ficou absolutamente horrorizado quando percebeu o seu erro.

A cena era selvagem e algo sinistra. A escuridão, as palmeiras, o fundo montanhoso, o lago silencioso em baixo, a canópia impenetrável do espaço, cravejada de estrelas sigilosas e significativas, formavam um cenário estupendo para o barulho selvagem e o fulgor da cerimónia. Via-se enormes formas umbrosas movendo-se misteriosamente à luz das tochas, e o ar vibrava violentamente com o jubilante furor de descomedida excitação religiosa. Isto comunicava uma espécie de magnífica loucura à mente. Não se sabia o que significava ou se significava algo em particular. Não se era restringido pelo conhecimento; a pessoa podia deixar-se ir. Sentia-se um impulso tenso e tremendo para fazer algo demoníaco. Ainda que não se tivesse nenhuma ideia do quê. Isto coloca os nervos em franja. Era quase uma tortura sentir tão intensamente, e desejar tão delirantemente, tais irritações ininteligíveis. Horas se passaram neste intoxicante excitamento. Pode-se compreender perfeitamente o entusiasmo popular. Era a liberação dos desejos subconscientes do animal original. Para uma mente civilizada, adequadamente, a impressão era carregada com uma certa inquietude participando da natureza do terror sem entendimento do porquê; sente-se a presença de forças que amedrontam porque sente-se o poder delas, reconhece-se a existência delas em si próprio. Elas são as coisas que a pessoa tem tentado esquecer e se tem persuadido a si mesma de que elas estão de facto esquecidas. Elas são as vozes do apetite ancestral. É o rugido do tropel nos ouvidos do educado; mas quanto a qualquer definida impressão religiosa, o Perahera nada tinha a dizer. Isto não era mais Budismo do que o carnaval em Nice é Cristianismo. Iota Omega Pi Alpha Nu!

Mas o assunto não termina aí. A ciência oficial, à qual sempre se pode confiar para descobrir por fim o que cada um sempre tem sabido, acaba de proclamar o facto de que certos estados mentais possuem a propriedade de realizar o que costumava ser chamado de milagres, e que tais estados podem ser evocados pela constante repetição de fórmulas e práticas similares. Todas as cerimónias Orientais, desde as evoluções das dançarinas até às austeridades dos ascetas, têm sido todas concebidas com a intenção de induzir o meio certo para que o tipo certo de subconsciência se levante, se mova e apareça.

Zodacare, eca, od zodameranu! Odo kikalé, Qaa! Zodoreje, lape, Zodiredo
Noco Mada, Hoathah, IAIDA!

~ 30 ~

NÓS ENTRÁMOS em contacto, numa ocasião, com as relações entre o povo e o governo. O oficial Britânico no Ceilão é uma pessoa muito diferente do seu colega Indiano. Ele não é "nascido no céu" no mesmo consagrado e inelutável modo. Ele não tem conseguido convencer-se da sua superioridade em relação a meros seres criados; então os seus ares de autoridade não se lhe assentam. Ele sente-se um pouco de arrivista. O Ceilão está cheio de mestiços, Holandeses, Ingleses e Portugueses, e o homem branco sente-se algo comprometido pela presença deles. Eles lembram-lhe das pobres relações dele e fazem-no sentir como os habitantes de Dayton, Tennessee, e outros se sentem num recinto de macacos. Uma situação semelhante existe nos estados do sul da América, onde os brancos puros são superados em número pelos negros, e onde uma grande população de sangue misto fornece o elo lógico. Na África do Sul, novamente, encontramos a mesma situação; e o resultado prático é que o homem branco, sentindo-se inseguro, não ousa tolerar o nativo como pode na Índia, onde as relações entre a população e o invasor conquistador são compreendidas por ambas as partes. O governo Cingalês é inclinado a ser rabugento.

Uma noite, Allan e eu estávamos a meditar, como de costume. Os servos estavam ausentes por alguma razão; algum saqueador aproveitou a oportunidade para invadir e roubar a minha caixa de dinheiro. Tenho vergonha de dizer que fui estúpido o suficiente para relatar o incidente à polícia. Um dia ou dois depois, um suposto inspector apareceu, fez várias perguntas e saiu. Ele levou consigo a minha bússola de bolso, com a impressão de que era o meu relógio! Desta vez, é claro, nós pudemos identificar o ladrão, o qual estivera a jogar esta recreação por toda a ilha. Ele foi apanhado e colocado no banco dos réus; mas escapou da condenação por alguma tecnicalidade. Porém, lembro-me do incidente por causa da conversa que eu tive com o magistrado, o qual explicou que o homem poderia ser açoitado por esta ofensa. Ele falou da punição com um estremecimento—foi terrível de testemunhar; mas o seu modo de falar exibia intenso prazer sádico com a ideia. Foi o meu primeiro vislumbre dos bestiais instintos do respeitável e culto Inglês médio. Eu não acreditava realmente no que eu havia lido em Krafft-Ebing sobre prazeres perversos deste género; eu não conseguia compreender a crueldade.

É Gorky quem nos diz que a característica universal do russo é deleitar-se na imposição da dor para o seu próprio bem, na ausência de qualquer base comparativamente inteligível como raiva e ódio? Ele descreve como as bocas dos homens são preenchidas de pólvora e explodidas, como os seios das mulheres são perfurados, cordas inseridas e a vítima deixada pendurada no tecto.

Estas coisas são feitas exactamente como as crianças Inglesas às vezes torturam animais. Ele diz que toda esta vida foi envenenada ao perceber a existência deste instinto, o qual lhe parecia uma objecção fatal a qualquer possível justificação do universo. Eu não posso segui-lo tão longe. Eu posso compreender que todas as possíveis combinações de qualidades podem existir nalgum lugar e que eu não tenho o direito sequer de assumir que a minha própria detestação destas coisas prove que elas são injustificáveis.

Eu realmente prefiro concordar com "Greenland's Icy Mountains", embora eu me oponha a aceitar o Ceilão no penúltimo lugar. Mas certamente cada prospecto é incrivelmente agradável e, tanto quanto eu vi, todo homem é vil. Parece haver algo no clima da ilha que estupidifica as partes mais finas de um homem se ele vive lá por muito tempo. O sabor do chá parecia-me de alguma forma simbólico. Lembro-me de um dia implorar ao lojista local para me encontrar um chá Chinês. Aconteceu que o dono de uma plantação vizinha estava na loja. Ele intrometeu-se, comentando arrogantemente que ele poderia colocar o sabor da China para mim. "Sim," disse eu, "mas você pode tirar o sabor do Ceilão?"

Antes de deixar Eckenstein, eu tinha concordado em considerar a questão de uma expedição aos Himalaias, a Chogo Ri, marcada como "K2" na Indian Survey, 28.250 pés, a segunda montanha mais alta do mundo. Eu decidi não ir; desejando dedicar-me exclusivamente ao progresso espiritual. Eu escrevi para este efeito; mas quando contei a Allan que o fizera, descobri, para minha surpresa, que ele achava que eu deveria aceitar o bem de Eckenstein. Foi o mesmo problema como aquele acerca de Abramelin e a Ordem. E eu escolhi da mesma maneira. Comuniquei a Eckenstein de que eu iria.

Um dos resultados disto foi que comecei a deixar crescer a barba. Eckenstein tinha-me colocado em muitos dos pontos de conduta que deviam ser observados ao viajar entre os Maometanos e eu pratiquei conscientemente. Por exemplo, eu instrui-me a nunca tocar o meu rosto com a mão esquerda. Eu descobri que esta prática tende a tornar a minha mente constantemente vigilante. Mais tarde, desenvolvi a ideia em *Liber Jugorum*, que é um dos elementos mais importantes no treino preliminar para a A∴A∴. Mas os Cingaleses, nada sabendo dos nossos motivos, só podiam concluir que sahibs com barbas deviam ser prisioneiros Boer. O mesmo erro ridículo foi cometido até mesmo pelos brancos em Rawalpindi, quando a expedição chegou, embora estivéssemos a misturar-nos livremente com eles e metade do nosso grupo a falar em calão Inglês.

O facto é que a grande maioria das pessoas é absolutamente impérvia aos factos. Teste-se o homem comum pedindo-lhe para ouvir uma frase simples que contenha uma palavra com associações para excitar os seus preconceitos, medos ou paixões—ele não conseguirá compreender o que se disse e replica expressando a sua reacção emocional à palavra crítica. Foi muito antes de eu compreender este facto da psicologia. Até hoje, surpreende-me que deva haver mentes que são incapazes de aceitar qualquer impressão uniformemente e criticamente. Eu ouvi muitos grandes oradores. O efeito quase sempre foi fazer-me pensar como eles têm a coragem de apresentar falsidades tão frágeis.

A excursão às cidades enterradas era uma educação em si mesma. A primeira impressão foi a da insensibilidade chocante com que os cavalos dos coches eram tratados. Não havia um único ao longo de todo o percurso que estivesse moderadamente em boas condições. Comecei a atribuir o seu correcto valor ao primeiro preceito de Buda: Não tirar a vida. Burro!

Em Dambulla está uma das mais extraordinárias obras de humano entusiasmo, habilidade e energia, no mundo. O templo é uma caverna na rocha, de grande extensão, mas com uma abertura muito pequena. Como poderiam as muitas estátuas do Buda que enchiam a caverna ter chegado lá? Era o camelo e o buraco da agulha novamente. Mas o que havia sido feito foi cortar e remover a rocha da própria caverna, deixando as estátuas. Uma tão gigantesca concepção e uma tão admirável execução arrancam sincero elogio. Nada enfatiza tanto o facto da degeneração moderna como isto: não somente são os Cingaleses de hoje totalmente incapazes de trabalho criativo, mas estão tão decaídos que eles têm piamente besuntado esta soberba estatuária com espessas camadas de gamboge tão desregradamente que a delicadeza da modelagem está totalmente oculta.

O rochedo de Sigiriya é muito surpreendente. Este sobressai da selva plana sem dar explicações. É suposto ser inescalável salvo pela galeria artificial que foi construída há muito tempo quando uma cidade floresceu no topo. Nós ficámos por lá durante alguns dias, visto que eu queria andar em volta do rochedo e tentar encontrar um caminho para cima. Mas o esquema era impraticável. Não se podia cortar caminho através de tantas milhas de basta selva, e se alguém o fizesse teria de ser um macaco para estar seguro de obter uma vista.

O único incidente foi que eu deparei-me com o meu primeiro búfalo. No decorrer de um passeio, eu tinha saído numa clareira na floresta onde havia um lago raso. Um touro com duas vacas chegou simultaneamente do outro lado, em busca de uma bebida. Naquela época eu carregava uma Mauser 303. Fiquei a cem jardas antes que ele se alarmasse. Quando ele levantou a cabeça eu apontei e disparei. O cartucho não explodiu e o touro passou por mim antes que eu pudesse recarregar. Se ele estivesse em ataque... boa noite! Eu levei a lição a sério e sempre carreguei uma espingarda de cano duplo depois disto. Além do tempo extra necessário para baixar uma espingarda de cano único e manipular a alavanca, o que pode muito bem causar um atraso fatal, há mais do que uma possibilidade de um encravamento de cartucho, o que deixaria a pessoa totalmente desarmada.

Nós trotámos fatigantemente para Anuradapura. Os desconfortos do coche eram grandes, e a monotonia da vista desoladora. Tudo era um interminável e achatado emaranhado de vegetação. Foi delicioso perceber, perto do pôr-do-sol, uma série de colinas ao longe. As suas graciosas encostas arborizadas encantavam os olhos. E esta é a maravilha desta jornada, pois de manhã eu descobri que estas não eram de todo colinas, mas estupas arruinadas, cujo tempo tinha emplumado com floresta!

Para mim estas cidades parecem incomparavelmente maiores enquanto monumentos do que mesmo aquelas do Egipto. Elas não são tão agradáveis espiritualmente; falta-lhes o apelo da geometria e da estética que torna a terra de Khem a minha pátria espiritual. Mas é preciso admitir a gargantuesca grandeza da antiga civilização dos Cingaleses. A ideia deles, mesmo de um projecto tão pedestre quanto um tanque, era simplesmente colossal. Eles pensavam em acres onde outros pensam em jardas quadradas. Um dos pagodes tem pelo seu terraço mais baixo—eu acho que é cerca de uma milha de circunferência—um anel de elefantes de pedra pouco aquém do tamanho natural. A maior parte da ornamentação tem perecido, mas a perda realmente não importa. O ponto do lugar é a devoção prodigiosa que erigiu estas enormidades inúteis meramente como memoriais ao Mestre.

Francamente, eu estava saturado de maravilhas. Todos os assuntos me aborrecem semelhantemente após um curto período de tempo; eles cessam de estimular. Eu estava completamente satisfeito por finalmente me encontrar na Índia. A mudança psicológica do Ceilão é muito repentina, surpreendente e completa. O que há acerca de uma ilha que a diferencia tão completamente do adjacente continente? Nenhuma quantidade de similaridade de raça, costumes e cultura se livra da insularidade. No momento em que se põe os pés na Índia percebe-se a estabilidade da sua civilização.

Passei algumas semanas vagando pelas províncias do sul. Não posso deixar de mencionar um incidente encantador. Numa ou noutra estação, eu estava prestes a apanhar o comboio. Um homem branco com uma longa barba branca percorreu todo o comprimento do comboio sob o sol escaldante até à minha carruagem. Ele tinha visto que eu era estranho para o país e perguntou se ele poderia ser de algum préstimo. (A não ser que se conheça os detalhes, a pessoa tem que suportar muitos desconfortos triviais.) O homem era o Coronel Olcott. Foi o primeiro acto de amável consideração que eu alguma vez vira um teósofo efectuar—e o último. Por muitos anos.

Os templos de pedra de Madurai são provavelmente os melhores da Índia, talvez do mundo. Não parece haver limite. Corredor após corredor estendem as suas majestosas esculturas, monólitos esculpidos, com augusta austeridade. Eles são os mais impressionantes e a fé que os criou é tão vital hoje como quando a Índia estava no auge do seu poder político. As minhas experiências de Yoga mantiveram-me em bom lugar. Eu sabia, é claro, que o Europeu médio não teria permissão para visitar as partes mais interessantes do templo, e pensei em ver o que eu poderia fazer para tirar uma folha do livro de Burton. Por isso, dispensei os meus pertences Europeus e assumi a minha posição de aspecto exterior de uma aldeia próxima, com uma tanga e uma tigela de esmolas. Os aldeões sabiam, é claro, que eu era Inglês e observavam-me com desconfiança por algum tempo a partir da beira da selva. Mas assim que descobriram que eu era realmente especialista em Yoga, eles não perderam tempo em fazer amizade. Um homem em particular falava bem o Inglês e era ele mesmo uma grande autoridade em Yoga. Ele apresentou-me os escritos de Sabapati Swami, cujas instruções são claras e excelentes, e o seu método eminentemente prático. O meu amigo apresentou-me às autoridades no templo da oferta em Madurai, e eu fui autorizado a entrar em alguns dos santuários secretos, num dos quais eu sacrifiquei uma cabra para Bhavani.

O facto é que o Budismo deu-me nos nervos. Eu preferia a psicologia egocêntrica do Hinduísmo—o que é natural, visto que a consciência fundamental do Europeu comum é congenial. O nosso próprio discurso quase nos leva a pensar no universo deste modo. Eticamente, também, o Hinduísmo atraiu-me; parecia positivo; as suas injunções pareciam conduzir a algum lugar. O Budismo repeliu-me pela sua aversão à acção, a sua insistência na ideia de que a tristeza é inerente a todas as coisas em si. O Hinduísmo, pelo menos, admite a existência da alegria; o único problema é que a felicidade é instável. Na prática, novamente, o Budismo convinha a Allan, cuja única ideia de prazer era o alívio da dor perpétua que o perseguia; enquanto eu, com o mundo a meus pés, estava decidido a fazer algo definido e até mesmo a deliciar-me com as bofetadas da fortuna. Gostei imensamente desta aventura. Senti-me como um bom companheiro por penetrar nestes sinistros santuários.

Para um jovem feiticeiro valsando ao redor do mundo, algumas das primeiras impressões da Índia, cuja filosofia e religião ele aprendeu a reverenciar profundamente, são desconcertantes. Não pude deixar de sentir a degradação da mulher que varria o escuro bangaló em Madurai. Ela era uma bruxa grotesca aos trinta anos. Eu não tinha visto nada disto no México, ou, de facto, em qualquer outro lugar antes ou depois, até atingir as remotas áreas rurais dos Estados Unidos da América. Mas no seu tempo ela tinha sido uma mulher de grande riqueza, pois eu poderia ter colocado a minha mão e braço claramente através do lóbulo da sua orelha. Ela deve durante um tempo ter usado brincos enormemente pesados.

A sua atitude dava-me um pequeno arrepio peculiar. Para varrer o chão, coisa que ela fazia com um pincel de cabo curto, dobrava-se inteiramente a partir dos quadris, ficando em linha recta de cima a baixo. De alguma forma, dava-me a impressão de uma vara quebrada. E então lembrei-me da cadela spaniel da rainha em "Zadig". Pois no pó do chão havia dois rastos minúsculos feitos pelos seus seios flácidos enquanto eles balançavam indolentemente para fora do tecido de algodão dela.

Eu tinha feito questão de, desde o início, ter a certeza de que a minha vida de Viandante da Dissipação não deveria afastar-me da minha família, dos grandes homens do passado. Eu tenho edições em papel da Índia de Chaucer, Shakespeare e Browning; e, em falta do papel da Índia, as melhores edições de *Atalanta in Calydon. Poems and Ballads* (Primeira Série), Shelley, Keats e *The Kabbalah Unveiled*. Eu fiz com que todos estes fossem encadernados em velino, com laços. William Morris havia reintroduzido este tipo de encadernação na esperança de dar um sabor medieval às suas publicações. Adoptei isto como sendo a melhor protecção para livros contra os elementos. Eu carregava estes volumes por toda parte, e mesmo quando a mochila supostamente impermeável estava encharcada, as minhas obras-primas permaneciam intactas.

Deixa-me explicar por que deveria eu ter estado absorvido em *Christmas Eve* e *Easter Day* de Browning em Tuticorin. Eu estava a criticar isto à luz da minha experiência em Dhyana, e o resultado foi para me dar a ideia de responder às desculpas de Browning pelo Cristianismo, o que era essencialmente uma paródia do seu título e do seu estilo. O meu poema era para ser chamado de "Ascension Day and Pentecost".

Eu escrevi *Ascension Day* em Madurai a 16 de Novembro e *Pentecost* no dia seguinte; mas a minha ideia original gradualmente se expandiu. Eu elaborava os dois poemas ocasionalmente, acrescentand *Berashith*—dos quais mais brevemente—e finalmente *Science and Buddhism,* um ensaio sobre estes assuntos inspirado num estudo comparativo do que aprendi com Allan Bennett e os escritos de Thomas Henry Huxley. Estes quatro elementos compunham o volume finalmente publicado sob o título *The Sword of Song*.

Um dos grandes pontos turísticos do sul da Índia é o grande templo do Shivalingam. Passei um bom tempo nos seus átrios meditando sobre o mistério da adoração fálica. Os apologistas geralmente baseiam a sua defesa na negação de que o lingam é adorado como tal. Eles afirmam correctamente o suficiente que isto é meramente o símbolo da suprema criadora força espiritual do Altíssimo. É perfeitamente verdadeiro, não obstante, que mulheres estéreis circum-ambulam isto na esperança de se tornarem férteis. Aceitei esta sublimação de bom grado, porque eu ainda não tinha sido curado da ferida de Amfortas: eu não me livrara da vergonha do sexo. O meu instinto disse-me que Blake estava certo em dizer "A luxúria do bode é a glória de Deus". Mas eu não tive coragem de admitir isto. O resultado do meu treino foi obcecar-me com a ideia horrivelmente imunda que inflige tal miséria nas mentes Ocidentais e amaldiçoa a vida com guerra civil. Os Europeus não conseguem encarar os factos francamente; eles não conseguem escapar do seu apetite animal, ainda sofrem as torturas do medo e da vergonha mesmo enquanto gratificam isto. Como Freud tem agora demonstrado, este complexo devastador não é meramente responsável pela maior parte da miséria social e interna da Europa e da América, mas expõe o indivíduo à neurose. Não é demais dizer que as nossas vidas são atingidas pela consciência. Nós recorremos à supressão e os germes criaram um abcesso.

O Hindu é, claro, escravo das suas superstições acerca do pecado mais ainda do que a maioria dos Cristãos nominais, pela simples razão de que ele é absolutamente sério acerca do bem-estar da sua alma. Eu lembro-me de encontrar uma tribo que não usava tabaco. Ofereci-lhes algum e eles recusaram. Eu supus que era proibido pela religião deles, no entanto eles disseram-me que não. Isto não era, todavia, comandado pela sua religião; eles não conseguiam, portanto, ver objectivo em fazê-lo. A atitude Hindu em relação ao pecado, absurda como é, compara-se favoravelmente à nossa; porque, embora receosos, eles não têm chegado ao nosso estado de pânico que nos torna a presa das mais fantásticas superstições e perversões da verdade. Eu tenho achado praticamente impossível convencer a classe média dos Anglo-Saxões sobre factos que qualquer um pensaria que estariam destinados a ser conhecidos. Eles refugiam-se em furiosa negação. Parece-lhes que, se admitirem uma vez as proposições mais elementares e óbvias, eles estarão fadados a cair de cabeça num poço de bestialidade sem fundo. Onde, na verdade, eles sempre estão.

~ 31 ~

COM O PASSAR do tempo cheguei a Madras, a qual é sonolenta, pegajosa e provinciana. Numa das minhas viagens de navio a vapor conheci um homem encantador chamado Harry Lambe, o qual me convidara para vir e ficar com ele em Calcutá. Isto encaixou idealmente e eu reservei a minha passagem através do navio a vapor *Dupleix*. Teria sido mais natural ir de comboio; mas parte do meu plano de perambular pelo mundo era colocar-me de propósito em situações desagradáveis, contanto que elas fossem novas. Este pequeno navio Francês oferecia uma aventura.

Uma tempestade estava furiosa; o *Dupleix* estava alguns dias atrasado e, quando ele chegou, estava muito difícil para ele entrar no porto. Eu tive que remar até ele num barco aberto. Tinha dispensado o meu criado e eu era o único passageiro a partir da costa. Aponto o facto como demonstração de que, em certo sentido, eu tinha rompido com o passado; o ponto aparecerá em alguns parágrafos.

A viagem foi atroz; o navio fedia a petróleo, em parte pelos motores, em parte pela cozedura e em parte pela tripulação. A tempestade continuou inabalável. Passámos perto do navio-farol da foz do Hooghly em densa névoa marítima; as pessoas no navio-farol estão frequentemente cinco semanas ou mais sem poderem comunicar com o resto do mundo. Mas nós conseguimos de alguma forma um piloto a bordo e uma vez no rio em si o tempo clareou.

O Hooghly é reputado como a navegação mais difícil e perigosa do mundo e os seus pilotos são os homens mais bem pagos à tona. O nosso permitiu que eu passasse parte do tempo com ele na ponte e me colocasse nas cordas. Os bancos de areia estão mudando constantemente; até as margens se alteram de dia para dia; o rio repentinamente corta um grande pedaço de esquina ou vomita um falso banco. Uma grande equipa de homens está, portanto, constantemente empenhada em entoar pelo canal e em colocar novos sinalizadores nos bancos. O mapa do rio deve ser revisado todos os dias. Mesmo assim, o canal é estreito e tortuoso. O curso do navio lembrou-me da mais elaborada patinação artística da Europa continental.

Lambe estava no cais para me encontrar e levou-me para a sua casa, um grande prédio num complexo, conforme são chamados na Índia os jardins cercados por uma parede. Era uma colónia de quatro homens, com um dos quais, Edward Thornton, eu logo encetei uma intimidade baseada na implícita simpatia em matéria de especulação filosófica.

Antes de eu ter ficado três dias na casa, um incidente curioso ocorreu. Eu estou sempre distraído. Uma corrente de pensamento flui pela retaguarda do meu cérebro bastante independente do que estou a fazer conscientemente. Eu posso até dizer que a afirmação acima está incorrecta. Na maioria das vezes estou mais consciente do que estou a pensar do que o que estou a dizer e a fazer. Ora havia uma conversa animada no jantar acerca da absurdidade da mente nativa; as curiosas ideias que eles colocavam nas suas cabeças; e eu "acordei" ao ouvir alguém dizer, como ilustração desta tese, que os servos da casa estavam muito excitados com a minha chegada porque eu tinha penetrado no templo em Madurai e sacrificado uma cabra. Eu nada dissera aos meus amigos sobre o meu interesse por Magick e religião, e eles ficaram muito surpresos quando lhes contei que os servos deles estavam certos. Expliquei como eu tinha cortado comunicações em Madras e quis saber como poderiam os criados ter descoberto os factos.

Isto levou à conversa acerca do "telégrafo nativo". É um facto estabelecido de que os bazares obtêm acurada informação sobre eventos na dianteira da electricidade. A comunicação boca-a-boca não explica isto. Por exemplo, a morte de um oficial numa escaramuça fronteiriça, nalgum lugar isolado da Índia, por longos trechos de território desabitado tem sido relatada em Bombaim antes do telégrafo de campo ter transmitido a notícia.

Mas eu já estava suficientemente avançado na prática de Magick para compreender como isto poderia ser feito. Numa ocasião eu quis preparar um ritual que envolvia o uso de certas palavras que eu não conhecia. Viajei no meu corpo astral para ver um irmão da Ordem que eu sabia estar em posse da informação requerida, a mais de oito mil milhas de distância, e obtive-a imediatamente.

A minha primeira ocupação em Calcutá foi aprender Hindustano e Balti, a fim de ser um eficiente intérprete na expedição a Chogo Ri. Quanto à última, eu tive que me contentar com a gramática e deixei muito por aprender. Afortunadamente, nós conseguimos lidar sem isto; mas era fácil conseguir um munshi para me ensinar

Hindustano e passei a maior parte do meu tempo adquirindo essa língua.

O "telégrafo nativo" reaparecia agora numa forma diferente. Duma forma ou doutra, o meu munshi colocou na cabeça dele que eu era um Mago. Isto era muito curioso, já que eu praticamente não fizera Magick desde que chegara ao Ceilão e certamente não havia falado sobre isto de todo. *The Sword of Song* dá testemunho à completude com a qual eu tinha abandonado a Magick. Eu não tinha, nem um pouco, perdido a minha fé na sua eficácia: eu considerava isto tanto quanto eu considerava a escalada. Eu não podia duvidar de que eu era o melhor alpinista da minha geração, mas sabia que as minhas habilidades a esse respeito não me ajudariam a escalar Chogo Ri mais do que a minha habilidade no bilhar me ajudaria a compreender Dostoiévski. Similarmente, a minha consecução mágica não teve influência sobre a minha missão. Claro que eu estava errado. Eu simplesmente tinha falhado em compreender as possibilidades de Magick. Eu não tinha percebido que isto era o lado prático do progresso espiritual.

Em última análise, a minha Magick provou ser mais abrangente em importância do que o meu misticismo, conforme aparecerá em devido tempo.

O meu munshi deve ter possuído alguma fonte secreta de informação acerca de mim. A atitude dele em relação a mim expressava não meramente o servilismo da raça conquistada; adicionava a infantil timidez de pessoas primitivas em presença de oculta omnipotência. Tendo-se insinuado através de todas as astúcias do cortesão, ele arranjou coragem de me pedir para matar a sua tia. Tenho vergonha de dizer que me dissolvi em riso. Não mais recordo como mantive o meu rosto; como lhe travei isto gentilmente de que eu matava estranhos em tais considerações conforme os não-iniciados não poderiam compreender. Eu ainda manifesto riso ao recordar a envergonhada timidez do seu pedido e a dolorosa humilhação com que ele recebeu a minha recusa. Ele teve a coragem (cerca de uma semana depois) de me pedir que eu suavizasse os corações dos examinadores em relação ao irmão, o qual estava inscrito para o exame de B.A.; quando eu recusei, ele pediu-me para profetizar o resultado. Eu disse-lhe que o seu irmão falharia, o que aconteceu. Eu não reivindico nenhum crédito pela clarividência; eu baseara o meu julgamento na reflexão de que se o seu irmão necessitasse de assistência mágica para passar, ele sabia que as suas capacidades intelectuais eram inadequadas.

Quando não estava a trabalhar eu ia para as corridas de cavalos. Eu nunca tinha estado numa pista de corridas em Inglaterra. Não posso forçar-me a fingir interesse num jogo do qual não conheço as regras. Como todas as diversões comercializadas, a corrida é essencialmente desonesta. Mas em Calcutá era menos difícil ir do que ficar longe. Eu aproveitei as circunstâncias para testar as minhas teorias. Um cavalo em particular chegara a Calcutá com grande reputação. Todos o apoiavam e este perdia corrida após corrida. Eu esperei até que se tornasse tão desacreditado que eu pudesse obter longas probabilidades contra ele numa corrida importante, e depois apostar nele para ganhar, o que aconteceu. Era apenas uma questão de seguir a psicologia dos vigaristas. Eles tinham-no manejado até que valesse a pena deixá-lo ganhar.

Eu tive pouco prazer em sacudir as rupias no meu bolso. O meu cínico desgosto com a corrupta mesquinhez da humanidade, longe de ser aliviado pela consciência da minha capacidade de superar isto, entristeceu-me. Eu amava a humanidade; eu queria que todos fossem entusiásticos aspirantes ao absoluto. Eu esperava que todos fossem tão sensíveis à honra quanto eu mesmo. A minha desilusão conduzia-me mais e mais a determinar que a única coisa que valia a pena fazer era salvar a humanidade do horror da sua própria ignorante desumanidade. Mas eu ainda era inocente a ponto de ser imbecil. Eu não tinha analisado a conduta humana: não compreendia nem um pouco as molas da acção humana. A sua bestialidade cega era um quebra-cabeças que me assustava, eu ainda não podia começar a avaliar os seus elementos.

Allan Bennett tinha feito a sua mente para tomar o Manto Amarelo—não no Ceilão, onde a encharcada corrupção da Sangha fez adoecer a sua sinceridade, mas na Birmânia, onde os bhikkhus podiam pelo menos alardear fidelidade aos princípios do Buda, e cujas vidas virtuosas vindicavam a sua boa-fé. Ele tinha ido para Akyab, na costa ocidental da Birmânia, e estava a viver num mosteiro chamado Lamma Sayadaw Kyoung. Eu pensei que deveria visitá-lo sem avisar e passar parte do dia; e propus combinar com este acto de fraternidade a aventura de cruzar as montanhas de Arakan[9], a cordilheira que forma a linha divisória de águas entre o vale do Irrawaddy[10] e o mar. Esta jornada, muito curta em milhas medidas, é tão mortal que só foi realizada por poucos homens. Estes deixaram a maior parte dos seus grupos a apodrecer nas montanhas e eles próprios morreram poucos dias depois de completarem a travessia. Eu sempre tenho tido esta peculiar paixão por colocar-me em venenosos perigos. A fonte disto é presumivelmente o meu masoquismo congénito, e o *Travellers' Tales* de Paley Gardner tinha determinado a sua forma de expressão.

Edward Thornton decidiu juntar-se a mim nesta expedição. Nós navegámos para Rangoon no dia 21 de Janeiro. Durante toda a minha estadia em Calcutá eu estivera intermitentemente doente com malária. Tinha estado a ler a exposição sobre Vedanta de Deussen e achara isto totalmente insatisfatório. Todavia, Vedanta é a fina flor do Hinduísmo, a única solução dos problemas apresentados pelo cru animismo dos Vedas. "E se estas coisas são feitas na verde árvore…?" Eu estava a ser forçado, sem saber, em direcção ao Budismo; o meu desejo de ver Allan novamente era, sem dúvida, devido a este dilema ao invés de quaisquer instintos de amizade. Como significante do estado da minha alma, vago mas veemente, eu posso citar certas entradas no meu diário deste modo:

> 13 de Janeiro. Caminhada matutina—meditação profunda. Desenvolveu uma espécie de Maniqueísmo invertido. A natureza como força perversa e fatal desenvolvendo dentro de si (involuntariamente) uma vontade suicida chamada Buda ou Cristo.
>
> 15 de Janeiro. É uma falácia de que o absoluto deve ser o todo-bem, etc. Não há uma inteligência direccionando lei—linha de menor resistência. O seu próprio egoísmo não tem sequer a sagacidade para impedir o surgimento de Buda. Nós não podemos chamar a natureza de malvada. "Fatal" é a palavra exacta. Necessidade implica estupidez—este é o principal atributo da natureza. Quanto à "inteligência suprema", considerar quantos biliões de anos foram necessários ainda assim para desenvolver algo tão baixo quanto a emoção.

O Rio Rangoon continua a ser uma das mais profundas impressões da minha vida. Isto lembrava-me do Neva, embora Petrogrado seja imensamente mais importante. Mas há a mesma aterrorizante largura de torrente, muito mais rápida e turbulenta do que se espera dos níveis ilimitados através dos quais ela corre; obtém-se a ideia de paixão estéril e sem coração no meio de uma imensidão, e de uma forma ou outra isto parece obscenamente desnatural. Instintivamente associa-se veemência com detalhado resultado; e quando se vê tais forças estupendas correndo para a dissipação, subconscientemente é-se relembrado da essência da tragédia humana, a insensibilidade da natureza acerca da nossa ânsia de colher a recompensa dos nossos esforços. É preciso ser-se um filósofo para suportar a consciência da dissipação e algo mais do que um filósofo para admirar o perdulário esplendor do universo.

A glória de Rangoon é, claro, o pagode Shwe Dagon. Este é dourado e gigantesco, e

---

9 N.T.: Estado do Arracão, Birmânia
10 N.T.: Rio Irauádi

o efeito é curiosamente irritante, pela mesma razão que o rio é apavorante. Mas permite compreender a alma da Ásia. Na base da estupa há uma vasta plataforma circular, rodeada de lojas, principalmente dedicada à piedade comercial e sobrecarregada de devotos, mendigos e monstros. É o ponto de encontro da esfarrapada, a doente e a deformada, caridade a quem é suposto conferir "mérito". Mérito significa seguro contra a reincarnação em condições indesejáveis. Entre os Budistas, de um modo geral, as boas acções são sempre feitas com alguns destes objectos. Uma mulher rica que não tem filhos vai revestir uma estupa existente com folhas de ouro ou vai construir uma nova, na esperança de se tornar frutuosa.

O método pelo qual esta Magick é suposta operar é um pouco obscuro. Não se trata de propiciar uma ofendida divindade no Budismo canónico; mas na realidade é provável que o costume seja uma sobrevivência do fetichismo pré-Budista. Existem inúmeros traços da antiga demonologia na vida prática do povo. O Budismo não conseguiu suplantar as prevalecentes superstições mais do que fez o Cristianismo ou o Islamismo. O facto é que os instintos de pessoas ignorantes invariavelmente encontram expressão em alguma forma de feitiçaria. Pouco importa o que o metafísico ou o moralista possam inculcar; o animal adere às suas ideias subconscientes.

Numa liteira à sombra do pagode estava um rapaz de cerca de catorze anos. Ele sofria de hidrocefalia. Uma cabeça enorme, horrorosamente inane, encimava um corpo enrugado, débil demais para sustentá-la. De facto havia um manifesto símbolo do universo como concebido pelo Buda! O sofrimento sem sentido prova que a natureza não tem propósito ou pena. A existência de um único item deste género no inventário demonstra o teorema. Enquanto eu olhava fixamente a criança, comecei a compreender que todos os silogismos do optimismo eram entimemas. Toda a teleologia depende do erro de generalizar a partir de alguns fenómenos seleccionados. O rapaz impressionou-me mais do que o pagode. Um era a aberração do infortúnio; o outro, o considerado clímax de colossal esmero. Porém, ambos eram brinquedos transitórios e triviais do tempo. Voltei a Rangoon profundamente penetrado pela percepção que possibilitou o Buda de alcançar a compreensão da significação do cosmos.

Desde que deixara o Ceilão eu tinha estado quase constantemente abatido com malária. Em Rangoon a febre assumiu uma forma remitente: eu subsistia de quinino e champanhe gelado. A persistência da doença levou-me a um estado em que não me esforçava mais para recuperar a minha saúde normal. Eu vivia num nível baixo, sem desejo até de morrer. Comecei a compreender a psicologia de Allan. A minha mente estava anormalmente clara: eu estava limpo da contaminação do desejo. Nada valeria a pena desejar; eu nem sequer me queixava do sofrimento. Este estado de espírito é uma experiência útil. Algo muito semelhante pode ser induzido artificialmente pelo jejum.

Eu recuperei de repente, embora a caquexia continuasse. Eu estava bastante bem, mas sentia-me extraordinariamente fraco. O coisa curiosa acerca da malária é que a pessoa parece não ter força para levantar um dedo, e ainda assim pode fazer o trabalho do dia com uma resistência surpreendente. A pessoa persuade-se que não pode ser pior, e os músculos ficam livres da inibição de fadiga precisamente como eles ficam quando alguém se anestesia a si próprio com cocaína. Eu andei trinta e cinco milhas em calor sufocante através da mais difícil selva, carregando uma pesada espingarda, quando eu simplesmente não tinha forças para engolir o meu pequeno-almoço. Aprende-se a viver num nível de invalidez. A maioria dos Europeus acostumados aos trópicos adquirem esta aptidão; eles continuam, ano após ano, realizando apaticamente a sua rotina. Eles têm conseguido para lá do desapontamento e ambição.

Lembro-me de ter visitado um guarda-florestal no Ceilão. Nós jantámos com ele na eterna monotonia de frango sob vários disfarces e carnes enlatadas. Tudo tem o mesmo sabor. Ele não tinha conversa; tentou entreter-nos ligando um gramofone desgastado, como ele tinha feito para reviver as suas noites desde que o instrumento foi inventado. Ele era um homem idoso e poderia ter-se aposentado na sua reforma dois anos antes, mas tinha perdido todo o interesse na vida. Qual era o sentido de ele ir para Inglaterra? Ele não tinha amigos, nem família, nem futuro! Ele tinha-se tornado parte da selva. A psicologia é comum a todos, excepto homens de rara inteligência e energia. Apegam-se infantilmente às saias da civilização vestindo-se tristemente para os seus tristes jantares; mas tudo se torna formal e insignificante. Incapazes de forçar uma resposta da esfinge dos seus arredores, eles são petrificados no pétreo silêncio dela, a qual ainda não compartilha a sua sublimidade porque não tem forma nem alma.

A fim de cruzar o Arakan para Akyab, nós obtivemos várias credenciais das autoridades, especialmente uma carta para o comissário florestal do distrito para que ele pudesse fornecer-nos elefantes. Nós contratámos um servo, um homem de Madras, cujo nome era Peter. A primeira pergunta que se faz sobre um servo na Índia é: sua religião? Peter divertiu-nos ao responder que ele era "um homem livre, um Católico Romano". Fora dos assinantes das sociedades missionárias, todos estão cientes do que está implícito no termo "Cristãos nativos". Qualquer indivíduo que seja um absoluto patife a ponto de exceder a muito ampla latitude do seu ambiente, o qual se torna ele próprio intolerável para sua família, amigos e vizinhos, corta o laço e "encontra Jesus". A conversão é um certificado de incorrigível patifaria. Nós não deveríamos ter arranjado um Cristão se pudéssemos ter encontrado alguém que falasse Inglês e Hindustano. A inconcebível mesquinhez dos roubos de Peter foi para mim uma revelação das possibilidades de degradação humana. Era combinada com tal cobardia de consciência que se podia entender facilmente por que razão o "Cristão nativo" invariavelmente invoca no seu leito de morte para o ministro da sua religião original.

~ 32 ~

NO DIA 25 de Janeiro partimos de Rangoon para Prome. Chegados a Prome, nós imediatamente subimos a bordo do barco a vapor *Amherst*. É uma jornada de cinco horas até Thayetmyo, onde chegámos no calor do dia, após uma viagem muito agradável, graças em parte à beleza da paisagem, mas talvez mais à genialidade do capitão. Nós arranjámos três carros de boi para o nosso transporte e começámos na manhã seguinte, parando em Natha para o almoço depois de uma agradável viagem de dez milhas. Após o almoço partimos para Kyoukghyi.

No dia seguinte retomámos a nossa jornada; eu caminhei a maior parte do caminho e matei a tiro algumas perdizes e pombos para o almoço, o qual tomámos em Leh-Joung; isto é um bangaló, mas não uma aldeia. Nós fomos à tarde para Yegyanzin, sorte em conhecer Garr, onde tivemos o bom comissário florestal do distrito, e o seu assistente Hopwood. Infelizmente ele não conseguiu obter-me quaisquer elefantes, visto que eles estavam todos em uso; no entanto disse-me que eu teria coolies e provavelmente pónei se eu precisasse deles. Reunimos forças e tivemos um bom jantar juntos. Não se percebe o quão agradáveis são realmente os Ingleses até que se os encontre em lugares remotos. Às vezes nem mesmo assim.

No dia seguinte saímos de novo e chegámos a Mindon às duas e meia da tarde. A estrada tornara-se muito má; e, na carroça de bois, sem molas, viajar não era de forma alguma aprazível. Na verdade, depois de dois ou três grandes solavancos, nós concordámos em nos revezarmos para prestar atenção e avisar se um solavanco particularmente assustador parecesse iminente. Mas, apesar de todas as nossas precauções, eu fui mal informado numa ocasião. A estrada tornara-se nivelada, e parecia ser a mesma durante as duzentas jardas seguintes, então eu virei-me para acender um cachimbo. Sem uma palavra de aviso o condutor girou os bois para fora da estrada em direcção a um arrozal adjacente, pelo menos a três pés abaixo, e nós tivemos o mais desagradável estremeção das nossas vidas. As últimas sete milhas foram particularmente irritantes, visto que havia pouca ou nenhuma sombra, e estava fora de questão aliviar-se caminhando por mais do que uma curta distância.

Na chegada a Mindon, nós convocámos o cabecilha e dissemos-lhe que arranjasse homens para a viagem através do país até Kyaukpyu. Ele parecia achar que isto seria bastante difícil e evidentemente não estava de todo satisfeito com as ordens, mas ele passou a obedecê-las, e no ínterim enviou o shikari[11] da aldeia para que eu pudesse sair depois do búfalo no dia seguinte. Por conseguinte, eu comecei às seis e quarenta e cinco da manhã seguinte.

Logo começou a ficar quente, e uma dupla `577 não é o tipo de brinquedo que se quer para transportar em quinze milhas de caminhada. Na realidade, eu provavelmente fiz mais perto de vinte milhas do que quinze, visto que eu estava em andamento há oito horas com muito pouco descanso. Subimos e descemos colinas repetidamente, mas o búfalo selvagem era tímido e, na realidade, eu não vi no dia inteiro qualquer coisa que fosse em que pudesse atirar, excepto alguns passarinhos que eu levei para casa para o jantar. À tarde fomos tomar banho juntos numa agradável piscina directamente sob a colina em que o bangaló estava situado. Eu peguei na espingarda com a intenção de matar uma grande garça que nós vimos da margem. Estas aves são valiosas por causa do penacho. Eu atirei, mas o meu tiro não pareceu que a ferisse, e ela voou. Entreguei a arma ao rapaz Birmanês, e tinha justamente terminado o meu banho quando a impudente besta voltou. Eu apressadamente sinalizei para a arma; e colocando um topee[12] e uma toalha à volta da minha cintura procedi a persegui-la através do vau. Eu devo ter apresentado o mais ridículo espectáculo. Thornton disse que ele não tinha rido tanto há anos, e ouso dizer que a garça também riu; mas eu consegui o melhor riso no final, pois após uns dez minutos de ilimitados esforços eu consegui um tiro certeiro nela, o qual pôs fim à sua carreira. Naquela noite tentámos comer papagaios assados mas foi um falhanço total. Disseram-me, no entanto, que a torta de papagaio é um bom prato; bem, eu não gosto de papagaio, então haverá ainda mais para aqueles que gostam.

No dia seguinte eu estava naturalmente sentindo-me muito cansado; mas à tarde convoquei energia suficiente para dar um curto passeio. Eu estava muito ansioso para mostrar a Thornton uma bela vista de uma encosta e rio, os quais eu tinha encontrado a caminho de casa. Nós partimos, ele estando armado com um caderno de esboços e uma kukri[13], a qual ele sempre transportava consigo, embora eu nunca pudesse compreender a razão; se eu tivesse estado a antecipar os acontecimentos do dia, eu não me teria inquietado a indagar. Na beira da colina, o cansaço apanhou-me; eu sentei-me, apontando para ele um pequeno caminho descendo a colina que ele deveria seguir. Ele demorou muito tempo a retornar, e eu estava prestes a seguir em busca quando ouvi o seu *cooee*[14]; num par de minutos ele juntou-se a mim. Fiquei bastante surpreso ao ver que a sua kukri estava coberta de sangue. Eu disse: "Eu sabia que tu cairias sobre <u>alguma coisa um</u> dia. Onde te cortaste?" Ele explicou que não se tinha cortado, mas

---
11 N.T.: caçador guia
12 N.T.: capacete colonial
13 N.T.: faca curva dos Ghurkas; arma ancestral dos nepaleses, de origem grega
14 N.T.: grito de chamamento

que um animal havia tentado disputar-lhe o caminho e que ele acertara na cabeça da besta, daí o animal rolara pelas encostas íngremes em direcção ao rio. Eu não conseguia distinguir a partir da descrição dele que tipo de animal poderia ser, mas ao examinar os rastos eu vi-os como sendo de um leopardo adulto. Nós não recuperámos o corpo, embora deva ter sido mortalmente ferido, caso contrário Thornton dificilmente teria escapado tão facilmente.

O cabecilha tinha agora retornado e disse-nos que não poderia conceder-nos coolies para atravessar as Montanhas Arakan, jamais alguém estivera lá, e isto era muito perigoso, e todos os que foram para lá morreram, e todo esse tipo de coisa. Mas ele poderia conceder-nos homens para percorrer cerca de vinte milhas, e sem dúvida conseguiríamos mais coolies lá. Eu achava que havia mais do que uma pequena dúvida; e, tomando uma coisa com uma outra, decidi que seria melhor desistir da ideia e voltar para o Irrawaddy via Mindon Chong; consequentemente alugámos um barco do tipo piroga, com cerca de trinta e cinco pés de comprimento e largo o suficiente para dois homens passarem; no meio do barco estava o habitual toldo. Na manhã seguinte começámos a descer a corrente, sempre através do território mais encantador e dentre pessoas fascinantes. Todas as aldeias nesta parte do país são fortemente fortificadas com paliçadas de bambus afiados. A viagem descendo o rio foi extremamente agradável e os disparos deliciosos. Podia-se sentar na popa do barco e meter de tudo no pote o dia inteiro, de narceja a garça-real. Os nossos rapazes Birmaneses e os milhafres tiveram grande rivalidade na recuperação da caça. Os milhafres pareciam saber que não seriam atingidos. Eu tive um outro ligeiro ataque de febre à tarde, mas nada para exprimir. Nós atracámos em Sakade pela noite. Não havia qualquer dak-bangaló perto e não se dorme numa aldeia Birmanesa a não ser que a necessidade o obrigue. E no entanto

> By palm and pagoda enchaunted o`esrshadowed, I lie in the light
> Of stars that are bright beyond suns that all poets have vaunted
> In the deep breathing amorous bosom of forests of Amazon might,
> By palm and pagoda enchaunted.
>
> By spells that are murmured, and rays of my soul strongly flung, never daunted;
> By gesture and tracery with a wand dappled white
> I summon the spirits of earth from the gloom they for ages have haunted.
>
> O woman of deep red skin! Carved hair like the teak! O delight
> Of my soul in the hollows of earth—how my spirit hath taunted...
> Away! I am here, I am laid to the breast of the earth in the dusk of the night,
> By palm and pagoda enchaunted.

Este poema foi inspirado por uma experiência real. Os efeitos das minhas constantes crises de febre têm-me tornado espiritualmente sensível. A selva falou-me do mundo que está por detrás da manifestação material. Percebi directamente que cada fenómeno, desde a ondulação do rio até à fragrância das flores, é a linguagem pela qual as subtis almas da natureza falam aos nossos sentidos. Naquela noite nós ficámos vinculados debaixo de uma teca, e enquanto estava acordado com os olhos fixos extaticamente na sua graça e vigor, eu encontrei-me nos amplexos de Nat ou espírito elemental da árvore. Era uma mulher vigorosa e intensa, de paixão e pureza tão maravilhosa que ela permanece comigo após estes muitos anos, deveras tão poucos devido a humanos colegas dela. Passei uma noite sem dormir numa contínua sublimidade de amor.

As primeiras horas da manhã, no Inverno, são amargamente frias e o rio está coberto a uma altura de vários pés com uma densa névoa branca que não desaparece até bem depois do nascer do sol.

Fiquei bem quieto no dia seguinte, pois repetidos ataques de febre tinham começado a interferir com o meu aparelho digestivo. Assim que a noite caiu dois veados desceram para beber na margem do rio. Estava bastante escuro para um tiro e o veado dificilmente poderia ser distinguido da folhagem circundante, mas os homens mantiveram o barco muito inteligente e silenciosamente e eu deixei voar a bala. O resultado foi melhor do que eu esperava. Eu acertei exactamente onde eu tinha mirado e o veado caiu como uma pedra. Escusado será dizer que tivemos um jantar de primeira classe. Dormimos em Singon naquela noite. Houve muitos incêndios na selva durante este dia e no subsequente. Na manhã seguinte começámos novamente cedo e eu retomei o meu tiro às aves. No primeiro dia falhei várias vezes a um pato Brahman e fiquei um tanto ansioso para recuperar a minha reputação. Bem cedo de manhã consegui um tiro muito razoável num deles; este agitou as suas asas em irrisão e voou para longe, aterrando de novo a cem jardas a jusante. Nós flutuámos corrente abaixo e eu tive outro tiro com o mesmo resultado; no tiro seguinte, fui para a margem e deliberadamente espreitei o animal por trás do baixio e consegui em posição sentada um tiro a cerca de dez jardas. A ave revoltada olhou ao redor indignadamente e voou solenemente rio abaixo. Eu, ainda mais revoltado, voltei para o barco, mas a ave foi muito esperta desta vez; pois ela fez um amplo círculo e veio voando directamente por cima da cabeça. Eu, debaixo, deixei-a voar e esta caiu com um baque para dentro do rio. O facto é que estas aves estão tão bem protegidas que é inútil atirar nelas quando o peito não está exposto, a menos que uma pelota de sorte chegue ao cérebro. Então na ocasião seguinte, tendo notado que quando perturbadas elas iam sempre para jusante, eu fui um pouco mais abaixo delas e mandei dois rapazes para assustá-las a partir de cima. O resultado foi uma excelente direita e esquerda, e eu consolei-me em relação aos meus fiascos anteriores. Nós terminámos a noite em Toun Myong.

Depois de uma noite agradável nós saímos na manhã seguinte e chegámos a Kama no Irrawaddy, de onde nós sinalizámos o barco a vapor que nos levou de volta para Prome, onde parámos nessa noite. Passámos o dia seguinte a visitar o pagode, Thornton fazendo alguns esboços e eu escrevendo alguns poemas Budistas. Nós saímos à noite para Rangoon. No dia seguinte conduzimos pela cidade mas pouco mais; e na segunda-feira pagámos a Peter. O princípio no qual eu tinha negociado com este homem era dar-lhe dinheiro em montantes fixos como ele queria, e chamá-lo para dar uma conta de tudo o que ele tinha gasto. Ele estabeleceu que nós lhe devíamos trinta e sete rupias pela sua dita conta. Fiz algumas correcções insignificantes; reduzindo o balanço em favor dele, e incluindo os salários que lhe eram devidos (os quais ele não havia calculado), para duas rupias, quatro annas. Ele ficou muito indignado e ia reclamar com todos, desde o vice-governador até ao hoteleiro. Acho que ele ficou bastante desconcertado quando lhe contei que, como ele tinha sido um servo muito bom noutros aspectos, eu dar-lhe-ia como gorjeta a garrafa de champanhe e as três latas que ele já tinha roubado. Ele pareceu muito surpreso por eu ter detectado este roubo. E assim pende um conto. Ao deixar Rangoon dei-lhe uma lista de toda a provisão, com as instruções de que quando ele levasse alguma coisa da loja ele deveria trazer a lista para mim e fazer com que aquela coisa fosse riscada. No segundo dia a lista estava faltando; ele, claro, jurou que eu não lha tinha devolvido. Eu tinha guardado uma lista duplicada, a qual tomei muito cuidado para não mostrar.

Naquela noite eu fiquei novamente com febre e vi-me incapaz de tomar qualquer alimento. Liguei para o médico local, o qual alimentou-me com champanhe gelado, e no dia seguinte eu estava bem novamente. Entretanto Thornton tinha ido para Mandalay. Fiquei muito triste por não ter ido lá com ele, mas o meu tempo era muito curto: não sabia quando seria convocado para me juntar a Eckenstein para ir pra Kashmir.

No dia 12 de Fevereiro embarquei no *Komilla* para Akyab, onde Allan estava agora a morar. No decorrer do dia o ar do mar restaurou-me completamente a saúde. No décimo terceiro dia nós saímos de Sandoway, que não parecia fascinante. No dia seguinte colocámo-nos em Kyaukpyu, a qual que eu tão vãmente esperara alcançar por via terrestre. Esta tem uma baía e uma praia encantadoras, a sua aparência geral lembra as Ilhas do Mar do Sul; mas o lugar é um antro de malária. Não tínhamos tempo para desembarcar, pois o capitão estava ansioso para entrar em Akyab na mesma noite. Nós corremos pelos estreitos e lançámos âncora lá por volta das oito horas—na hora certa.

Eu desloquei-me a terra com o segundo oficial e prossegui na minha habitual maneira casual para tentar encontrar Allan no escuro. O trabalho foi mais fácil do que eu esperava. O primeiro homem com quem falei cumprimentou-me como se eu fosse seu irmão há muito perdido e levou-me na sua carruagem até ao mosteiro (cujo nome é Lamma Sayadaw Kyoung) onde encontrei Allan, a quem eu via agora pela primeira vez como um monge Budista. O efeito foi fazê-lo afigurar-se de estatura gigantesca, em comparação com o diminuto Birmanês, mas por outro lado havia muito pouca mudança. A antiga gentileza ainda estava lá.

Eu deveria ter mencionado (quando falei do Ceilão) a deliciosa história da aventura dele com uma cobra krait. Um dia saindo para uma caminhada solitária sem melhor arma do que um guarda-chuva, ele encontrou uma krait apanhando sol no meio da estrada. A maioria dos homens teria matado a krait com o guarda-chuva ou evitado a sua perigosa vizinhança. Allan não fez nem uma coisa nem outra; ele foi até ao pequeno réptil mortífero e carregou-o de exprobrações. Mostrou-lhe o quão egoísta era sentar-se na estrada onde alguém pudesse passar e acidentalmente pisá-lo. "Pois tenho a certeza," disse Allan, "que se alguém interferir contigo, o teu temperamento não está suficientemente sob controlo para evitar que tu o ataques. Vamos ver agora!" Continuou ele, e deliberadamente agitou a fera com o seu guarda-chuva. A krait levantou-se e atacou várias vezes violentamente, mas felizmente apenas no guarda-chuva. Ferido no coração por esta demonstração de paixão e raiva, e com lágrimas escorrendo pelas bochechas, pelo menos metaforicamente falando, ele exortou a cobra a evitar a raiva, visto que seria a mais mortal pestilência, explicou as quatro nobres verdades, as três características, os cinco preceitos, os dez grilhões da alma; e dissertou sobre a doutrina do Karma e toda a parafernália do Budismo durante pelo menos dez minutos pelo relógio. Quando achou que a cobra estava suficientemente impressionada, ele anuiu agradavelmente e saiu com um "Bom dia, irmão krait!"

Alguns homens tomariam esta anedota como ilustrando o destemor; mas a verdadeira fonte deve ser encontrada na compaixão. Allan estava perfeitamente sério quando pregou para a cobra, embora ele fosse possivelmente um homem de ciência melhor do que muitos dos presunçosos jovens idiotas que hoje reivindicam ao título. Eu tenho aqui distinguido entre destemor e compaixão; mas na sua forma mais elevada eles são certamente idênticos; até mesmo o pseudo-Cristo acertou em cheio quando ponderou, "O perfeito amor expulsa o medo".

Eles conseguiram disponibilizar-me uma espécie de cama improvisada, e eu dormi muito agradavelmente no mosteiro. Na manhã seguinte fui ao pequeno-almoço a bordo para despedir-me do capitão, o qual me tinha demonstrado grande gentileza, e posteriormente peguei na minha bagagem e fui ao Dr. Moung Tjha Nu, o residente médico assistente, que me recebeu cordialmente e me ofereceu hospitalidade durante a minha estadia em Akyab.

Ele era o chefe *dayaka*[15] de Allan; e muito gentilmente e sabiamente ele dava-lhe provisão. Voltei com Allan ao templo e iniciámos a discussão de todos os géneros de coisas, mas era impossível uma conversação contínua, pois pessoas de todos os géneros marchavam incessantemente para prestar homenagens ao bhikkhu Europeu. Eles prostravam-se aos pés dele e apegavam-se-lhes com reverência e afeição. Eles traziam-lhe todos os tipos de presentes. Ele era mais parecido com Pasha Bailey Ben do que qualquer outro personagem na história.

> They brought him onions strung on ropes,
> And cold coiled beef, and telescopes.

De qualquer forma presentes igualmente variados e não muito mais úteis. O médico fez uma curta visita à tarde e levou-me de volta com ele para jantar. Allan estava inclinado a sofrer com a sua velha asma, já que é costume Budista (*non sine causa*) ir para fora de portas às seis horas todas as manhãs, e é muito frio até algum tempo após o amanhecer. Eu gostaria que a santidade não fosse tão incompatível com sanidade e higienização!

No dia seguinte, após o pequeno-almoço, Allan veio para a casa do médico para evitar os adoradores, mas alguns deles ainda assim descobriram-no e apresentaram ovos com manteiga, jornais, marmelada, castanha do Brasil, bicarbonato de potássio e obras sobre o Budismo a partir das suas amplas vestes. Nós fomos capazes, contudo, de falar sobre o Budismo e os nossos planos de ampliá-lo para a Europa, a maior parte do dia. Os quatro dias seguintes foram ocupados da mesma maneira.

~ 33 ~

ENQUANTO EM Akyab eu escrevi *Ahab*, o qual, com alguns outros poemas, foi publicado como um companheiro para *Jezbel*. Eu tinha também, em momentos peculiares, continuado *Orpheus* e *The Argonauts*. A última peça é realmente cinco peças separadas do padrão Grego. O efeito da minha jornada é muito manifesto. Eu tinha negligenciado inteiramente o óbvio simbolismo astronómico do Velocino de Ouro, e tinha introduzido várias ideias Hindus, tanto sobre Magick quanto sobre filosofia. Para ilustrar a viagem, eu incluí lírica descritiva de observações reais de Vera Cruz, Waikiki Beach, Hong Kong e outros lugares que me tinham excitado.

A melhor coisa no Livro III de *Orpheus*, o qual ocupou este período, talvez seja a invocação a Hecate, a qual eu recitei em Akyab com plena intenção mágica. A deusa apareceu na forma de Bhavani. O facto tornou mais concreta a minha percepção da identidade essencial de todas as religiões. Sinai e Olimpo, Monte Kailash e Monte Meru diferiam um do outro assim como Dent Blanche, Monte Silvio e o Steinbockhorn. É a mesma montanha vista de lados diferentes e nomeada por pessoas diferentes. Isto encorajou-me a continuar os meus estudos na Cabala, a qual reivindica reduzir todas as ideias possíveis a combinações de comparativamente poucos originais, os dez números, na verdade; estando estes dez números, é claro, interligados entre si.

Desde o começo eu quisera usar o meu dom poético para escrever invocações mágicas. Hinos a vários deuses e deusas podem ser encontrados espalhados pelas minhas obras; mas no Livro III de *Orpheus*, Perséfone é invocada directamente comemorarando as suas aventuras. Eu desenvolvi isto muito mais além no Livro IV de *Orpheus*. A ideia foi colocada na minha mente por Eurípides, cujo *Bacchae* eu tinha estado a ler em momentos peculiares, tendo adquirido uma cópia numa livraria de

---
15 N.T.: apoiante, benfeitor

livros usados em San Francisco. Quando o li pela primeira vez, para fins académicos, eu não tinha percebido que a peça era uma invocação de Dioniso. Comecei agora a ver que, ao comemorar a história do deus, alguém poderia identificar-se com ele, e assim constituir uma invocação mais subtil, mais forte e mais completa dele do que por qualquer directa peroração. Posso até chegar a dizer que a forma desta última implica a consciência da dualidade e, portanto, tende a inibir a identificação.

A minha predilecção deve-se ao facto de eu ser primariamente um poeta lírico. A minha mais profunda tendência natural é exaltar a minha alma pelo que eu posso chamar de directa intoxicação. Assim, Shelly e Swinburne são mais naturais para mim do que Ésquilo e Shakespeare, os quais intoxicam o leitor transportando-o para o país encantado deles.

Domingo, dia 23, subi a bordo do SS *Kapurthala* para retornar a Calcutá. No dia seguinte ancorámos nos arredores de Chittagong, um lugar muito desinteressante. Eu estava com preguiça para desembarcar. Dois dias depois voltei a Calcutá. Recebendo a minha correspondência, eu ocupei-me na preparação para a grande jornada. Agora estava definitivamente estabelecido de que a nossa expedição deveria reunir-se em Rawalpindi. Eu só tirei um dia de folga, quando fui para Sodpur atirar em narcejas com um amigo de Thornton, com quem eu estava agora, tendo Lambe ido embora para a Austrália.

Eu inseri o registo desta curta excursão um pouco extensivamente. A maior parte é tirada de um relato escrito quando ainda estava fresca na minha mente. Deve dar uma ideia do detalhe diário de tais viagens e permitir ao leitor vestir com carne o esqueleto das minhas andanças subsequentes.

No dia 7 de Março parti para Benares e vi os locais de sempre: templos, yogis e dançarinas. Eu tinha-me tornado muito cínico e *blasé* acerca de todas estas coisas, as quais apenas alguns meses antes ter-me-iam elevado aos êxtases de assombro. Mas agora eu fazia uma retorcida boca para o subácido sabor de tudo. A minha conversa com Allan sobre o Budismo e as minhas próprias meditações desencantavam-me. Tudo era reconhecido automaticamente como ilusão, calculado para agrilhoar a alma se alguém permitisse que isto o fizesse de tolo.

No dia 12, cheguei a Agra. O meu registo acerca do Taj Mahal é interessante.

> Vi o Taj. Um sonho de beleza, com coisas espantosamente maléficas habitando nele. Eu efectivamente tive que usar a fórmula H.P.K.! (Isto significa que eu assumi a forma divina de Harpócrates para impedir a invasão da minha aura por ideias objectáveis.) O edifício depressa enfastia, a aura maligna é visível e o desgosto prospera. Mas o salão central é como um círculo mágico, de aura tensa, como após o banimento.

A crítica estética precisa de revisão. Eu não acho o edifício bonito; a concepção é demasiadamente requintada para a escala da execução. É de um gravamento de vinte pés por trinta.

Isto lembra-me um quebra-cabeças que me deixou perplexo muitos anos depois em Washington, D.C. Eu não conseguia compreender por que razão era o obelisco tão atrozmente feio. "Como podem até os americanos," disse eu a mim mesmo, "cair em erro sobre uma forma tão absolutamente simples?" Eu perguntei ao escultor, Paul Bartlett, que esclareceu a dificuldade, simples e resumidamente: "Um obelisco é um monólito".

É uma das qualidades fundamentais dos homens que compreendem perfeitamente um assunto, ser capaz de varrer as ilusões mais elaboradas apelando para o facto fundamental. Eu lembro-me como Frank Harris uma vez me iluminou acerca de pérolas de imitação. Sabe-se como espertamente os fabricantes destas coisas apresentam o seu caso de modo a enganar o próprio eleito. Mas Frank Harris disse: "A pérola é uma pedra." E toda a fantástica estrutura da falsidade desmoronou ao toque!

Não posso deixar de mencionar uma atrocidade em Agra. Algum lúbrico curador Inglês saciara os seus infectos instintos ao caiar um magnífico afresco no palácio porque isto era "impróprio". Por outras palavras, ele era tão leprosamente lascivo que qualquer coisa que o lembrasse de reprodução produzia um frenético espasmo de sensualidade na sua alma. Todavia, o vandalismo dele ainda gritava contra ele. A bela parede que ele deixara tão em branco quanto a sua inteligência ainda o lembrava da podridão dele. Ele não teve recurso senão caiar todas as outras paredes, a fim de garantir a uniformidade artística!

Afinal de contas, isto é talvez a melhor coisa a fazer; tendo expurgado Shakespeare e editado a Bíblia assim como para remover qualquer referência a qualquer tipo de pecado, dificilmente vale a pena preservar os sobejos. Existem somente dois cursos abertos à lógica; pode-se aceitar o universo tal como é, enfrentar cada facto francamente e destemidamente, e tornar a alma imune à influência de qualquer invasão; ou abolir a coisa toda administrando soporíficos ao espírito. Afinal de contas, as virtudes que são mais prezadas aos degenerados Europeus implicam a existência daquelas mesmas coisas que eles estão mais interessados em negar. A piedosa pretensão de que o mal não existe somente o torna vago, enorme e ameaçador. A sua obscurante ausência de forma obceca a mente. A maneira de vencer um inimigo é defini-lo claramente, analisá-lo e medi-lo. Uma vez que uma ideia é inteligentemente apreendida, ela cessa de ameaçar a mente com os terrores do desconhecido.

Eu fui para Delhi no dia dezasseis. A melhor coisa aqui é o banho Turco, onde o processo de purificação é completado por mulheres encantadoras. No dia dezoito escrevi acerca de *Orpheus*: "O maldito Livro III terminado por completo. Oh *Livro IV*!" No dia dezanove fui e vi o forte com "Major Graham, um premiado tolo da África do Sul". O verbete exige emenda. Ele não era um major, o seu nome não era Graham, ele nunca tinha estado na África do Sul, e ele era tudo menos um tolo! A sua ideia era representar-se como encarregado de alguns prisioneiros Boer e obter crédito e dinheiro por várias informações erróneas.

O dia vinte e o dia vinte um foram grandes dias na minha vida. Eu escrevi um ensaio que originalmente dei o título "Crowleymas Day" e publiquei sob o título "Berashith" em Paris, incorporando-o posteriormente em *The Sword of Song*. A ideia geral é eliminar a ideia de infinito a partir da nossa concepção do cosmos. Também mostra a identidade essencial do Maniqueísmo (Cristianismo), do Vedantismo e do Budismo. Em vez de explicar o universo como modificações de uma unidade, o que, por si só, precisa de ser explicado, eu considero isto como NADA, concebido como (ilusórios) pares de contraditórios. O que nós chamamos de pensamento não existe de facto por si mesmo. É meramente metade do nada. Eu sei que existem dificuldades práticas em aceitar isto, apesar disto se livrar tão bem aprioristicamente dos obstáculos. De qualquer maneira, o ensaio está repleto de ideias, quase todas extremamente férteis, e representa razoavelmente a crítica do meu génio sobre as variadas ideias que eu tinha reunido desde que cheguei pela primeira vez à Ásia.

Durante todo o tempo, eu estivera a estudar cuidadosamente as originais escrituras do Hinduísmo e do Budismo. Além disto, eu discutira cada aspecto da religião e da filosofia com imensamente variados tipos de pensadores. Desde homens de tal conquista espiritual e académica como Allan Bennett, o Honorário P. Ramanathan, o Príncipe Jinawaravansa, Paramaguru Swami, Shri Swami Swayam Prakashan e Maithala, a tais excrementícios expoentes do erro como teosofistas, missionários e até membros do Exército de Salvação. Juntando todos estes fragmentos, eu preferira chamar o padrão Budismo. O agnosticismo científico, psicologia racional, e liberdade a partir de apelos supersticiosos ou emocionais, determinaram-me a seu favor. Havia, claro, duas vastas lacunas na minha linha. Eu sabia pouco e compreendia menos do pensamento Chinês, e era quase igualmente ignorante do Islamismo com a sua superestrutura Sufi.

Era dramaticamente adequado que eu devesse ter dedicado estes dois dias a este ensaio; pois no segundo recebi um telegrama de Eckenstein. Eu tive um dia de folga antes de prosseguir para Rawalpindi, o qual passei em Oakley disparando em crocodilo-persa. Aqui está a história:

> Maiden, o proprietário do hotel, veio comigo e providenciou a mais admirável merenda. Eu emprestei-lhe a minha Mauser e confiei na `577. Depois de obter permissão do engenheiro encarregado das obras do canal, nós partimos num pequeno barco e remámos contra a corrente. Muito em breve vimos um grande crocodilo nas margens; mas como eles são bestas muito desconfiadas e escorregam para a água à medida que alguém se aproxima, nós decidimos tentar um tiro longo. Arrastei-me até à proa do barco e, enquanto os nativos seguravam o barco com firmeza, deixei voar a bala a cerca de cento e trinta jardas. O tiro foi muito bom ou muito sortudo, pois o crocodilo-persa foi sem dúvida mortalmente ferido por isto. Nós remámos rapidamente até à fera para encontrá-la contorcendo num par de pés de água e sangrando profusamente. Eu acertara-lhe quase certamente através do coração. Infelizmente, isto é de pouca utilidade com estes répteis. Nós chegámos tão perto quanto os nativos poderiam ser persuadidos a ir. Certamente havia algum risco se tivéssemos chegado bem perto, mas nós deveríamos ter-nos aventurado perto o suficiente para enfiar um gancho de barco na lama entre ele e as águas profundas. Mas eles não podiam ser persuadidos a fazer isto e não havia tempo para argumento. Maiden sentou-se no meio do barco e disparou cerca de quinze cartuchos Mauser para o estrénuo crocodilo, o que acho que foi um procedimento de utilidade duvidosa.
>
> Ele persuadiu-me, no entanto, a disparar mais um par de cartuchos, coisa que eu fiz, bem na garganta da fera. O segundo tiro, no entanto, quase levou a uma catástrofe, já que o barco não estava de todo estável e o coice do pesado expresso enviou-me um tremendo repelão para trás em direcção à borda do barco. Felizmente nenhum dano veio disto. Eu estava agora mais ansioso do que nunca para pegar a besta ou prendê-la com o gancho de barco, achei que as suas lutas estavam gradualmente cessando, porém nada que pudéssemos fazer era bom; pouco a pouco o animal deslizou do baixio para as águas profundas e afundou. Depois de caçar por vinte minutos, nós demos o caso como um péssimo trabalho.
>
> Subindo lentamente a corrente, nós logo avistámos outro belo animal, embora não tão grande quanto o que tínhamos perdido. Eu consegui, no entanto, um tiro extraordinariamente cuidadoso e tive a sorte de quebrar a sua espinha. Todos pensaram que eu tinha falhado, mas eu jurei que isso era impossível. Certamente a besta não se moveu enquanto nós remámos em direcção a ela. Mandei os nativos para a margem, e depois de uma infinita exibição de pavor eles aventuraram-se a agarrar a cauda; claro que o animal tinha sido morto a tiro. Colocámos o corpo a bordo e remámos de volta para merendar.

No domingo, 23 de Março, apanhei o expresso para Pindi. Quis o acaso, a carruagem reservada para a expedição estava no comboio. Então eu entrei e fui apresentado aos meus quatro novos companheiros.

A expedição Chogo Ri tinha começado.

~ 34 ~

Acordo entre Oscar Eckenstein e Aleister Crowley

1. Pela carta de O.E. de 20 de Setembro e telegrama de 3 de Outubro, ele concorda com a proposta de A.C. por telegrama e carta de 23 de Agosto de que eles deveriam juntos escalar uma montanha mais alta do que qualquer outra anteriormente ascendida pelo homem: ambos concordam em usar os seus máximos esforços em todos os aspectos para alcançar este resultado. (Em 23 de Agosto, A.C. colocou quinhentas libras à disposição de O.E.; em 10 de Outubro, acrescentou outras quinhentas libras em caso de emergência, para este propósito. O.E. está autorizado a empregar parte desta última quantia, ou tudo se absolutamente necessário, para providenciar por segurança em prol de Dr. Karl Blodig se juntar a nós. É, no entanto, entendido que a condição do Dr. Blodig como um amador deverá ser rigidamente respeitada.)
2. Este acordo só deve ser cancelado por morte, doença grave ou assuntos vitais de uma das partes.
3. O.E. concorda em assumir toda a responsabilidade de preparar a expedição em Inglaterra, ter autoridade para aceitar um terceiro ou quarto membro do grupo, caso tal pessoa esteja disposta a pagar a sua parte integral das despesas, e ele será responsável pela chegada segura do grupo e bagagem no lugar e data providenciados por ele.
4. No cumprimento de (3) "o líder" assumirá então todo o controlo de, e responsabilidade por, a expedição, até ao retorno do grupo à civilização. "O líder" será O.E. ou A.C., conforme eles possam subsequentemente concordar, e nenhuma outra pessoa.
"O líder" deve dar as suas ordens por escrito se solicitado. (N.B.[16] Isto sempre deve ser feito se a separação do grupo estiver envolvida.) "O líder" terá o direito de consultar qualquer membro do grupo, o qual deve considerar a sua dificuldade com cuidado judicial, e devolver uma resposta séria, por escrito se solicitada. Caso surja qualquer disputa, um conselho pode ser chamado a sentar-se sob uso parlamentar, "o líder" a ser presidente, a menos que a sua própria conduta esteja em questão. Neste último caso, um presidente deve ser seleccionado. Uma maioria de votos para decidir. "O líder" tem um voto de desempate em caso de igualdade. As ordens do " líder" serão além disso sem recurso, e devem ser obedecidas alegremente e da melhor maneira possível: excepto que nenhum membro do grupo é obrigado a arriscar a sua vida em qualquer lugar, de modo que o próprio julgamento é o árbitro sobre se uma tal e tal ordem envolve perigo, seja de homens, morte pela fome, animais ou outras causas.
5. Todos os membros do grupo comprometem-se a nada terem a ver, seja o que for, com as mulheres, em qualquer caso que seja possivelmente evitável: não interferir de forma alguma com preconceitos e crenças nativas.
Esta cláusula entrará em vigor a partir da realização de (3).
6. Qualquer litígio decorrente deste acordo será submetido a arbitragem da maneira usual e não será objecto de recurso à lei ou de outra forma.
7. Se um terceiro, quarto ou quinto homem entrar no grupo, ele deverá assinar este acordo antes de ser definitivamente aceite.

Dão testemunho as nossas mãos.

Em Kandy, 12 de Outubro de 1901.

A expedição era composta por seis membros. Graças ao Alpine Club, não havia disponível nenhum Inglês de habilidade e experiência em montanhismo. Tínhamos,

---
16 N.T.: notar bem

no entanto, um homem da Trinity chamado Knowles, de 22 anos, jovem demais para este tipo de trabalho, o que requer perseverança. Ele praticamente nada sabia de montanhas, mas tinha bom senso o suficiente para fazer o que Eckenstein lhe dizia; e como aconteceu, ele provou ser inestimável em Srinagar e até mesmo na presente jornada. Ele era uma fonte mais de força do que de fraqueza. Depois havia um juiz Austríaco chamado Pfannl, considerado o melhor alpinista da Áustria, e o seu companheiro de escalada Wessely. Eles não tinham experiência para além dos Alpes e provaram ser totalmente incapazes de fazer ajustamentos para a diferença de escala. Pfannl também estava obcecado com a ideia de ficar em condição atlética e começou a treinar imediatamente assim que pôs o pé no barco em Trieste. Prevendo problemas, eu mantive parte do meu diário numa cifra mágica. Eu encontro um apontamento datado de 31 de Março de 1902:

Isto é chamado de Desventura de Pfannl.

Montanha Sigma. No Finsteraarhorn depois de atravessar Schreckhorn directamente a partir da jornada R.R., Pfannl teve de ser carregado a partir da cabana Konkordia. Mais uma vez, no Géant, ele colapsou de alimento, etc. Toda a moral disto é: "Se Pfannl entrar em colapso, isto ficará completo. Ele está seguro de treinar excessivamente."

Os Austríacos eram totalmente incapazes de compreender o funcionamento da mente nativa, como rapidamente se tornou visível. Foi um grande erro trazê-los. O sexto membro do grupo era um ex-doutor do Exército Suíço chamado Guillarmod, o qual parecia e se comportava como Tartarin de Tarascon. Ele sabia tão pouco de montanhas quanto de medicina, e comprovou uma grande fonte de fraqueza, embora a sua agradável jovialidade tenha ajudado igualmente a psicologia do grupo e as nossas relações com os nativos. Ele foi o nosso alívio cómico e muito fez para tornar as coisas mais toleráveis para todos nós. Por tudo isso, eu acho que não deveríamos ter levado nenhum dos estrangeiros[17]. Os nossos números tornaram-nos desajeitados; e a questão do ciúme internacional contribuiu indirectamente para o nosso fracasso, como será explicado mais tarde.

Partimos de Pindi para Tret no dia 29 de Março. Tivemos que reembalar a nossa bagagem, a qual pesava mais de três toneladas, para conveniência de transporte por ekkas. Estas são caranguejolas que sugerem um tílburi com a traseira suprimida e o condutor no tabuado, conforme poderia ter sido concebido pelo homem que inventou o coracle. Mesmo um Europeu acha impossível conseguir um lugar confortável ou esticar as pernas, e um segundo constitui ultrajante superlotação. Um grupo com oito a dez nativos, por outro lado, encontra-se à vontade.

As nossas aventuras começaram com uma rapidez surpreendente. Acordei no dak-bangaló em Tret na manhã seguinte para descobrir um digno jovem cavalheiro sentado ao meu lado. Perguntei-me se eu tinha estado doente sem saber, pois o rosto dele expressava a simpática preocupação do "médico" de Luke Fildes. De modo nenhum; ele era um inspector da polícia que chegara de tonga, uma carripana de dois cavalos que é usada por pessoas na qual passam à pressa nestas partes do mundo. Tudo o que ele sabia era que nós não devíamos começar ... "não a sua razão pela qual". Eu disse que era melhor ele conversar com o líder da expedição, o Sr. Eckenstein. Ele assumiu uma expressão admirada, como se eu tivesse dito algo não muito agradável. Knowles e eu, que estávamos dividindo o mesmo aposento, procedemos a vestir-nos com elegante lazer e levámos a nossa perplexidade a Eckenstein.

---

17 Isto foi feito em total violação da cláusula 3. Knowles e eu pagámos todas as despesas destes indesejáveis estrangeiros.

Neste momento um telegrama chegou, a partir do qual nós inferimos que o Império Indiano estava um tanto colocado em perigo pela nossa conduta. Às dez horas chegou uma pessoa, não menos do que o comissário-adjunto de Rawalpindi; um daqueles homens fortes e silenciosos, com quem o Sr. Henry Seton Merriman nos familiarizara. Ele convocou-me para a sua augusta presença. Eu (obviamente) encaminhei-o uma vez mais a Eckenstein, mas ele estacou—as ordens dele eram que o resto de nós poderia fazer como quisesse; mas Eckenstein não seria autorizado a entrar em Kashmir. Nós perguntámos o porquê. Naquela época *O Livro da Lei* ainda não tinha sido dado à humanidade, ele foi incapaz de responder: "Chega de Porquê!

Expedição K2, 1902.

Seja ele danado por um cão!"[18] ; porém, nós o entendemos como proferindo "palavras para esse efeito" no seu forte modo silencioso. Nós finalmente o induzimos a encarar Eckenstein; o qual, com a sua desenvoltura usual, colocou o pobre homem num dilema de uma só vez. Ele queria saber se estava ou não detido. "Céu o proíba", disse o C.D., "que qualquer ideia desse tipo entre na minha pura mente". "Tudo bem então", disse Eckenstein; "eu continuarei." Oh não... as ordens eram rigorosas. Depois de intermináveis passagens de esgrima verbal, foi acordado que eu deveria assumir o comando da expedição e continuar, enquanto Eckenstein retornava a Pindi com o comissário-adjunto e levava o assunto à autoridade superior.

Para resumir este episódio, Eckenstein perseguiu os culpados por todo o norte da

---
18 AL II, 33.

Índia e finalmente encurralou George Nathaniel Curzon no psicológico momento em que os nossos patéticos telegramas para Lord George Hamilton no Escritório da Índia tinham trazido o poder de Blighty para suportar os indecentes nababos. A "pessoa superior" salvou a sua face autorizando Eckenstein a juntar-se ao grupo por meio de garantias da sua boa conduta subscritas por Knowles e por mim!

Nós nunca aprendemos, e eu não sei até hoje, o *dessous des cartes*. Eckenstein insistentemente professou-se em absoluta ignorância das razões que levaram as autoridades a tomarem as suas despóticas e fúteis acções. Escusado será dizer, nós não poderíamos senão relacionar isto com a querela de Eckenstein com Conway em 1892. Nós perquirimos os manda-chuvas de Kashmir, e joeirámos os rumores do bazar, mas para além da aprendizagem de que Eckenstein era um espião Prussiano e um assassino de sangue-frio, nós obtivemos pouca informação de importância. Eckenstein era o homem mais nobre que eu já conheci. A sua integridade era absoluta e a sua congenial compreensão do carácter nativo era suprema. Eu permaneço impenitente na minha opinião de que o incidente foi o resultado do efeminado ciúme e da mesquinha intriga dos insectos que o invejavam, complicado pela trapalhada oficial.

Temporariamente privados do nosso líder, nós seguimos cansados para Srinagar, a capital de Kashmir, a qual alcançámos no dia 14 de Abril. Vários incidentes na estrada demonstraram a extraordinária importância que o governo atribuiu a Eckenstein. Embora tudo tivesse sido arranjado, havia todos os tipos de excitamento na fronteira, e telegramas e espiões estavam estuando. Isto lembrou-me do tumulto num formigueiro que havia sido perturbado.

No quinto dia tivemos o nosso primeiro e último problema com o nativo. Faz parte do carácter Indiano submeter cada novo Inglês a um exame de força de carácter. A chave do poder com todos os habitantes da península Indiana é a justiça. E isto é acerca da única coisa que se pode dizer que realmente se aplica muito bem à sua infinita diversidade. Deus ajude o viajante que castiga injustamente os seus servos! A sua falta de julgamento mostra-lhes um ponto fraco do qual eles podem tirar vantagem para se vingarem de mil maneiras. Por outro lado, é ainda mais desprezado se não punir o intencional mau comportamento com a total penalidade da lei.

Eu estava longe de estar bem. Vários sintomas de malária continuavam surgindo e eu estava em constante dor com pitiríase versicolor, a qual é uma forma do assim chamado prurido dhobi (um dhobi é um lavandeiro). Veste-se roupas que parecem impecavelmente limpas, mas elas contêm os esporos de um fungo que cresce na axila e na virilha. Isto foi ficando cada vez pior. Fui idiota o suficiente para me colocar nas mãos do médico. Eu tinha a crença supersticiosa de que o seu diploma de medicina significava alguma coisa. Sofri perpetuamente com a irritação, aumentada por caminhar e cavalgar até eu entrar no glaciar longe do médico, quando pintei isto com iodo, um artifício extremamente subtil que nunca lhe ocorrera, curei isto em vinte e quatro horas.

No quarto dia os condutores de ekka conspiraram cautelosamente para nos atrasar. No quinto eles nomearam um delegado para nos dar o inferno. (O esquema era que Knowles e eu devíamos cuidar da retaguarda do préstito para evitar a dispersão de ekkas.) Este homem continuou a fazer reparos desnecessários nos seus arreios, e finalmente conseguiu trancar a sua roda na de um outro ekka que deu origem a juntar-nos. Ele ficou encantado ao descobrir que eu não fiz qualquer queixa e pensou que iria safar-se. O seu ekka e o nosso chegaram ao acampamento mais de uma hora depois do resto do grupo. Mas no momento em que ficámos visíveis eu pulei, coloquei a minha mão esquerda na sua barba (em si um insulto sanguinolento), arrastei-o do seu ekka e bati nele com o meu cinto perante todo o acampamento... aparentemente sem qualquer provocação.

A psicologia é instrutiva. Eu sabia que o mau comportamento do homem era uma maquinação; ao espancá-lo, eu estava estabelecendo a motivação de toda a expedição. As subtis mentes deles compreendiam perfeitamente a justiça essencial da minha acção e aplaudiam a minha perspicuidade e determinação. O resultado foi que eu nunca tive as menores dificuldades com os nativos da Índia e fui capaz de praticar a perfeita tolerância a acidentes genuínos. Eu forçara-os a respeitar-nos, o que, com um Indiano, é o primeiro passo para conquistar o seu amor. E os homens logo se mostraram dispostos a arriscar as suas vidas, pois ignorantemente pensavam que estavam a ser solicitados a fazê-lo, a fim de nos agradar. A expedição de Younghusband a Yarkand custou a vida de dezassete coolies, e os nossos homens estavam convencidos de que o objectivo da nossa expedição era fazer uma nova passagem para aquela cidade. Nada que eu pudesse dizer iria convencê-los do contrário. Eles vieram e disseram-me que sabiam que iam morrer na jornada e estavam dispostos a fazê-lo. Eles ficaram quase desapontados quando os mandei de volta a partir do Acampamento 10!

Tivesse eu falhado em compreender a psicologia do condutor de ekka, nós teríamos sido atormentados até à morte por alfinetadas. No caminho de volta, atravessando o planalto de Deosai, nós reunimo-nos com um tenente Inglês que, depois de um infrutífera caçada ao íbice, tinha estado preocupado com falta de saúde e estava sendo deliberadamente atormentado até à morte pelos seus servos, os quais continuaram na má compreensão das ordens dele "acidentalmente de propósito". Eles tinham descoberto o ponto fraco dele e não tiveram piedade. O primeiro afazer de qualquer viajante em qualquer parte do mundo é estabelecer a sua superioridade moral. Ele tem de ser uniformemente calmo, alegre, justo, perspicaz, indulgente e inexorável. Ele deve declinar de ser berganhado da fracção de um centavo. Se ele cede uma vez, ele está feito.

Lembro-me na minha viagem pela China de recusar em comprar alguns ovos quando estávamos realmente em extrema necessidade deles, porque eu não podia concordar com o dono sobre o preço. A soma em disputa era muito menor do que um penny, e isto era quase uma questão de vida e morte para mim; mas se eu tivesse cedido, eu nunca teria sido capaz de comprar um ovo durante o resto da jornada. O viajante deve sempre lembrar que o seu método de acender um fósforo é relatado com precisão por centenas de milhas em todas as direcções. A Inglaterra conquistou a Índia por compreender as mentes dos habitantes, estabelecendo os seus próprios padrões de conduta como arbitrários, e desdenhosamente permitindo que os nativos retivessem os seus próprios onde quer que eles não entrassem em conflito com o serviço do conquistador. A Inglaterra está perdendo a Índia ao consentir em admitir a existência das raças conquistadas; consentindo em argumentar; tentando encontrar um valor para incomensuráveis. A civilização Indiana é muito superior à nossa e entrar em concorrência aberta é invocar a derrota. Nós ganhámos a Índia combinando a nossa irracional, fanática e brutal masculinidade contra a estiolada cultura deles.

Não podemos sequer alegar que nos tem faltado um profeta. O génio de Rudyard Kipling, embora esteticamente abominável, tem adivinhado os segredos do destino com desanuviada claridade. As suas histórias e os seus sermões são igualmente informados pelo desmiolado argumento, por ora irreplicável, baseado na intuitiva cognição dos factos críticos. A Índia pode ser governada, como a história prova, por qualquer autocracia estrangeira com suficiente coragem moral para rejeitar a subtileza Hindu como bárbara e seguir o seu próprio caminho independentemente da razão. Contudo a Índia sempre tem conquistado os seus invasores iniciando-os. Logo que o sahib suspeita que ele não é Deus Todo-Poderoso, os atributos de Jeová cessam de armá-lo com omnipotência irracional. O nosso governo na Índia pereceu porque temos permitido a nós próprios considerar a questão do direito divino. O provérbio diz que os próprios deuses não podem lidar com a estupidez, e a estupidez do sahib nos dias de Nicholson reduziu a Índia à impotência. Mas permitimos que o intelectual Bangali invadisse a Inglaterra e acariciasse as nossas empregadas domésticas nos arredores da exposição de Earl's Court. Ele retornou a Calcutá, de facto um exilado do seu próprio sistema social, mas ainda um conquistador de modas e feminilidade Inglesas. Nós admitimos a reivindicação dele de competir connosco, e o nosso prestígio pereceu exactamente como o da Igreja quando Lutero afirmou o direito do julgamento privado.

K2-1902, Tentativa: Victor Wessely, Heinrich Pfannl, Oscar Eckenstein, Aleister-Crowley, Jules Jacot-Guillarmod & George Knowles

Eu não sou responsável[19] pelo facto de que o universo é construído em desafio dos princípios da razão. Vejo perfeitamente que as grosseiras concepções da cultura Europeia são intelectualmente desprezíveis; mas se quisermos entrar em relações de qualquer tipo com o Oriente, nós devemos comportar-nos como criancinhas na presença da velhice e sabedoria, ou devemos ser chefes brutais. Os soldados que mataram Arquimedes tinham apenas uma alternativa: sentar-se a seus pés e aprender geometria, e agradecer-lhe quando ele lhes batesse sobre os nós dos dedos. Devemos, portanto, escolher entre encerrar catorze mil sipaios num recinto e estourá-los em pedaços com metralhada a sangue-frio, tal como Havelock, e esparramar-se para beijar os chinelos deles como estudantes Europeus de Yoga. A nossa tentativa de compromisso entre civilizações incompatíveis somente pode terminar na confissão da nossa própria impotência.

Nós vemos, mesmo na própria Inglaterra, como a abdicação da arrogância Normanda tem permitido a revogação de todos os padrões de superioridade, de modo que o homem que deseja governar a Inglaterra hoje é obrigado a conformar-se com os desonestos artifícios e servis estratagemas da democracia. O governo exige virtude; no seu sentido etimológico de masculinidade. Na moderna Inglaterra, a coragem, a veracidade e a determinação estão em desconto. Um líder só pode liderar drogando a população. Quando Beaconsfield (não foi?) disse: "Nós devemos educar os nossos mestres", ele formulou o credo do comunismo; porque é impossível educar o povo.

---

19 PS—Bem, eu não tenho tanta certeza.

Eu mesmo, não obstante a minha escola pública e universidade, não obstante uma vida devotada a viagens e estudos contínuos de factos sociais, políticos, económicos e históricos, estou muito bem ciente da minha abjecta incompetência para fornecer um remédio para a menor das doenças que chegaram a questão real. Só sei que é preciso abdicar da inteligência e submeter-se ao governo da regra de ouro. O melhor mestre é um generoso cavalheiro complacente que resolve tudo pelo rude senso comum. A nossa moderna pretensão ao governo científico, baseado em teorias e estatísticas, possui todas as irremediáveis inadequações de pedantice de vistas curtas. As minhas andanças mostraram-me que a felicidade e a prosperidade individuais floresceram mais livremente no México sob a autocracia de Díaz, na Rússia sob a do czar, na Índia e no Egipto sob a de Inglaterra, e na China quando o filho do Céu exerceu o supremo e inquestionável domínio.

O último quarto de século tem afundado todos estes. O mundo está a ferver com a insatisfação que surge da insegurança. Os homens podem adaptar-se muito bem a quaisquer condições, mas quando eles não sabem, de um dia para o outro, se algum princípio fundamental não pode ser abolido no interesse do progresso, eles já não sabem onde estão. Eles tendem a adoptar os princípios do homem que passa rapidamente de um lugar para um outro, agarrando propriedade portátil e evitando credores e polícias. A civilização tem-se tornado uma disputa histérica pela vantagem material momentânea. A economia é insensata quando alguém é ameaçado com uma taxa sobre o capital. O investimento é insano quando valores mobiliários podem perder dois terços do seu valor por razão não atribuível. Supondo que dois irmãos herdaram dez mil libras cada em 1900: um mantém o seu ouro num saco e gasta quatrocentas libras por ano; o outro compra Consols[20] e vive com pouco mais de duzentas libras de rendimento sem tocar no seu capital. Hoje[21] o perdulário teria mais mérito do que o seu irmão prudente. O matrimónio é uma instituição detestável, no entanto as facilidades para o divórcio (introduzidas ostensivamente no interesse da mulher) cortaram a base económica puxando o tapete debaixo dos pés dela.

Tenho pouco uso em relação a Rudyard Kipling, especialmente nos seus últimos dias de escolaridade senil, agravada pela sua adicção ao hidróxido de segunda das parafínicas radículas. Mas a sua atitude geral sobre a Índia obtém a minha adesão. Conquistámos a península por pura superioridade moral. A nossa unidade, o nosso amor-próprio, a nossa coragem, honestidade e senso de justiça despertaram o espanto, comandaram a admiração e forçaram a obediência daqueles que ou não possuíam essas qualidades, possuíam algumas delas e sentiam a falta das outras, ou tinham, efectivamente ou tradicionalmente, o suficiente delas para torná-las os critérios de direito e capacidade de governar. Como observado noutros lugares, a nossa moderna aquiescência ao argumento racionalmente irrefutável de que a cor da pele de um homem não o impede de ser competente num determinado aspecto, tem abatido as fundações debaixo da estrutura da nossa autoridade.

Mas ainda mais fatal tem sido a nossa fraqueza imbecil em permitir que a Índia se torne ciente de que nós não somos totalmente divinos. Quando os Franceses viram Joana d'Arc sangrar a partir de uma ligeira ferida, a tradição da invulnerabilidade dela e a supersticiosa reverência deles por ela, como sobrenaturalmente protegida, desapareceram, e a ruína dela tornou-se certa. O calcanhar de Aquiles do sahib tem sido a memsahib. Foi atroz o seguimento de permitir que os Indianos viessem para Inglaterra estudar, misturar-se livremente com as nossas mulheres, muitas vezes

---
20 N.T.: fundos consolidados
21 Condensado de um artigo escrito em 1917 em Nova Iorque. Felizmente o meu próprio jornal recusou-se a publicá-lo

para casar ou seduzir. Mas podemos ter sobrevivido a esse escândalo. Os retornados estudantes, tendo perdido a casta, perderam o crédito. Poderíamos ter descartado os seus relatos de Inglaterra como a fanfarronice de patifes; e, além disso, estes estudantes eram tão insignificantes em número quanto em autoridade com o seu próprio povo.

Mas nós fizemos pior. Em nome da religião e da moralidade (como de costume!) cometemos um erro político, que também era um crime social, permitindo e até encorajando as mulheres brancas a irem para a Índia.

Para começar, elas não suportam o clima, o qual as compele a viver vidas cuja tendência inevitável é relaxar a fibra moral. Deste modo, mesmo as memsahibs de classe alta às vezes banham-se por intermédio dos seus beras[22]. A desculpa é que qualquer irregularidade sexual com tais animais inferiores é impensável. Mas "um homem é homem por tudo isso". Incidentalmente, o calor aumenta a lascívia da fêmea como diminui a do macho. As mulheres brancas estão assim sujeitas à contínua irritação nervosa, da qual muitas vezes não conseguem suspeitar o carácter. Além disso, a mais saudável delas é geralmente mais ou menos debilitada em vários aspectos menores. Elas ficam geralmente mal-humoradas por esta e outras causas, e qualquer espécie de falta de autocontrolo tem um efeito fatal sobre a atitude do nativo.

À parte disto, parece-lhe incrivelmente desavergonhado da nossa parte que as nossas mulheres apareçam em público de qualquer modo; que elas assim o façam desprotegidas e desveladas parece o clímax da imodéstia. Alguns Ingleses são fátuos o suficiente para supor que eles têm-se exposto muito bem para a satisfação de Indianos... cujo ponto de vista nestas matérias é praticamente idêntico de Tuticorin a Peshawar, e de Chittagong a Karachi; sendo isto uma necessidade imperativa imposta pelo clima, independentemente de credos e condições sociais... de modo que os nossos costumes são compatíveis com a conduta correcta e mesmo com a decência comum. Tal auto-ilusão marca o limite máximo de má psicologia. A Índia poderia ser mantida em ordem, mesmo agora, para a sua própria salvação e para nosso grande crédito e lucro, se nós elimínassemos as mulheres e comerciantes Europeus, a competição wallah, e o oficial haw-haw, e confiássemos o governo do país a um corpo de ajuramentados "amurai" comprometidos como os jesuítas à castidade e obediência, juntamente com a pobreza ou um tipo de esplendor em que não haveria nenhum elemento de orgulho pessoal ou indulgência, mas somente prestígio. Tal como os jesuítas, também, estes homens deveriam jurar que jamais retornariam à Europa enquanto vivessem. A capacidade de tais homens governarem seria garantida pelo facto de se terem oferecido para aceitar tais condições. Eles desfrutariam de respeito universal e confiança absoluta. Eles não precisariam de exército para impor a sua autoridade. Todos os melhores elementos da Índia se uniriam espontaneamente para apoiar isto. Mais uma condição. Eles teriam de ser garantidos contra a interferência de qualquer ignorante e indiferente Câmara dos Comuns. A insensibilidade estúpida do Escritório da Índia é tão temida quanto o tolo sentimentalismo dos simpatizantes com "aspirações nacionais", "a irmandade do homem" e todo esse palavreado néscio.

Na Índia as regras de casta asseguravam ao camponês mais pobre uma espécie de meio de subsistência, de barrar a fome e a peste, e o futuro dos seus filhos era tão certo quanto o nascer do sol. Na civilização Anglo-Saxónica ninguém tem qualquer garantia contra os terramotos económicos e o futuro da sua família é pura jogatana. Tal é o preço do que chamamos de progresso. Não podemos mesmo atribuir um significado à palavra; porque ninguém tem ideia de para onde estamos a ir. O mais estúpido e tirânico sistema alguma vez inventado é melhor do que a nossa posição actual, desde que seja estável.

---

22 N.T.: casta berava

Estamos num pesadelo em que não podemos calcular o resultado de qualquer acção.

Foi uma afectação de poesia e romance no século XVIII e no início do século XIX para se deixar levar pelo vale de "Cashmere": "A quem, não tendo visto, nós adoramos". As descrições são tão vagas quanto voluptuosas. Na realidade Kashmir tem qualidades muito positivas e definidas, e certamente nunca foram sugeridas pelos polidos ditirambos dos seus distantes devotos. Tecnicamente, é claro, é principalmente o vale do Jhelum. Mas o território não impressiona ninguém como sendo um vale: é um planalto bem irrigado, rodeado de montanhas, com um estreito espaço através do qual o rio se esvazia. A sua altitude é de seis mil a oito mil pés acima do mar. O clima na Primavera e no Verão assemelha-se ao do México combinado com o da Suíça. O ar é claro e estimulante, ainda que uma atmosfera de paz tente o viajante a passar o tempo nos deleites dos amores-perfeitos. No Inverno as neves transformam isto numa fascinante terra de fadas, semelhante ao norte da Europa com a adição de luz solar.

Srinagar é uma cidade antiga e admirável. Muitos dos edifícios são de madeira. É interessante notar que as pontes são construídas sobre o princípio do cantiléver, o qual a maioria das pessoas acredita ser um milagre da ciência moderna; mas a ideia da Forth Bridge antecede Alexandre, o Grande.

As flores e árvores em Kashmir são muito variadas. O rico esplendor delas é soberbo. Há muitos lagos com jardins flutuantes e no rio há casas flutuantes nas quais muitos Europeus passam o Verão. É uma vida de *dolce far niente,* da qual o Tamisa só podia oferecer uma imitação débil e a própria Veneza somente uma héctica paródia.

Há muita caça no vale, desde ursos, veados, ovelhas selvagens e cabras selvagens a pombos. Eu saía ocasionalmente após a caça maior, apesar de eu preferir atirar em regiões baixas. Eu odeio subir colinas a menos que elas sejam realmente difíceis, visto que eu odeio tudo o que só vai até metade do caminho. Também não há muita diversão no tiro aos pombos. Isto faz-se menos pelo prazer do que pelo lucro, e o pombo é certamente bem-vindo à região como uma alternativa à carne de carneiro e frango.

~ 35 ~

KNOWLES E EU ficámos muito ocupados do quinto ao vigésimo segundo dia de Abril. Tudo tinha que ser reembalado em kiltas. Estes são cestos em forma de vasos de boca larga ou como baús de cabine, e cobertos com couro cru para protegê-los do duro uso e mau tempo. O nosso peso limite foi cinquenta e três libras-massa. Como besta de carga, uma mula é menos eficiente do que um homem, e um homem menos do que uma mulher. Em Kashmir, no entanto, não se usam mulheres como coolies. As pessoas são Maometanas governadas por uma dominante casta de Hindus. Isto leva a complicações; por um lado, embora o rio esteja cheio de mahseers, não se pode pescá-los porque um deles engolira a alma do marajá na sua juventude! Um outro inconveniente é que não se pode obter carne para comer, pois Kashmir é teoricamente um estado independente. O Maometano não tem objecções à carne bovina; é o Hindu que proíbe isto.

Um curioso infortúnio atingiu um nativo nesta relação. A sua pequena quinta ficava às margens do rio Indo. Durante o Inverno, dois deslizamentos de terra separaram-no completamente dos seus vizinhos. O caminho da montanha não poderia ser reparado até à Primavera. Ele salvou-se de morrer à fome matando a sua vaca. Por esta ofensa ele escapou por pouco à pena de morte[23].

---

23 Mais tarde. O pobre Sir Hari Singh pagou caro em 1923 por comer lombo de vaca! Tão ruim quanto Jonathan e o mel! (N.T.: alusão a Jónatas no Livro 1 Samuel, Bíblia)

Nós adicionávamos às nossas reservas comprando uma grande quantidade de produtos locais, coisa que teria sido mais difícil trazer de Inglaterra. Nalguns casos isto foi um erro. Os fósforos adquiríveis em Kashmir comparam-se muito desfavoravelmente aos piores produtos de França no seu pior período. Era uma caixa excelente se contivesse meia dúzia de fósforos que acendessem sem objecção. Quando chegámos ao glaciar, nós intentámos passar muito do nosso tempo, em dias de sol, a tentar secá-los em rochas convenientes.

O *bandobast*[24] geral da expedição estava aberto a muitas críticas. Uma das poucas falhas de Eckenstein foi a sua fé na ciência professoral. Pelo facto do soldado Alemão vicejar em *Erbs-suppe*[25] e o Britânico em "rações de bacon Brovil", ele esperava que nós fizéssemos o mesmo, com o resultado de que muitas das nossas provisões eram bastante incomíveis. O plano geral era encher os kiltas com suprimentos para um dia para doze homens. Nós tínhamos trinta e seis destes. Noutros kiltas eram acondicionados suprimentos adicionais para complementar o que nós poderíamos adquirir das aldeias pelas quais nós passávamos. Eckenstein estava curiosamente obstinado acerca de alguns detalhes. Eu tinha a certeza de que o nosso suprimento de açúcar era muito inadequado, mas ele opunha-se amargamente à minha proposta de o acrescentar.

Eu insisti em colocar um extra de oitenta libras-massa. A maior parte disto foi roubada pelo contingente de servos Pastó e vendida aos aldeões durante a jornada. O resultado foi que na última parte da expedição sofremos de fome de açúcar, uma das mais terríveis torturas de que eu já tenho sofrido.

Eckenstein juntou-se a nós no dia 22 de Abril e começámos seis dias depois. Nós havíamo-nos deparado com a extrema gentileza por parte de todos no vale e da assistência dada mas o governo era inestimável. Do início ao fim não houve um único incidente desagradável e eu sempre me lembrarei com a mais calorosa gratidão e carinho a hospitalidade dos residentes Ingleses.

Nós tínhamos uma pequena equipa principal de Pastós, muito aguerrida e bem-apessoada. A ideia de levá-los parece ter sido para usar o prestígio deles com os Kashmiris que, embora extraordinariamente corajosos diante dos perigos inanimados, são irremediavelmente tímidos na presença de um combate racial. Eu não acho que estes homens fossem de muita ajuda em momento algum, e eles por fim tiveram de ser despedidos e enviados de volta, não apenas pelos seus roubos mas pelas suas maneiras arrogantes em relação ao povo do distrito.

Em seguida veio a nossa equipa de servos pessoais, comandada por Salama Tantra, o qual em todos os aspectos era um servo admirável, tanto assim que eu trouxe-o de Kashmir em 1905 e levei-o comigo pela China. Os subordinados dele eram todos bons homens nos seus modos e não tivemos problemas com eles.

O nosso transporte tão longe quanto Askole, a última aldeia, dependia de coolies ou póneis locais, cento e cinquenta de uns ou cinquenta dos outros. Ocasionalmente o mesmo conjunto fazia duas ou três marchas connosco, mas por via de regra eles eram trocados todos os dias. Excepto numa ou duas ocasiões em que a ignorância e os maus modos dos Austríacos levaram a um mal-entendido, tudo correu bem.

A ingenuidade dos nativos era às vezes muito divertida. A regular taxa de pagamento era de quatro centavos por dia, e esta principesca profusão induzia os habitantes de distantes vales laterais a fazerem, às vezes, tanto quanto seis dias de marcha em cada direcção, a partir das suas casas a algum ponto na nossa rota. Eles então se disseminariam entre a multidão de coolies e se apresentariam ao pagador. A ofendida

---

24 N.T.: assentamento; organização
25 N.T.: sopa de ervilhas

perplexidade deles ao descobrirem que somente pagávamos salários com a apresentação de um pedaço de papel com o nome e número do coolie, e a chegada segura do kilta correspondente, era realmente de ter pena. Mas ainda mais impressionante é o original facto da disponibilidade deles para fazerem tantos dias de jornada na esperança de adquirir quatro centavos sem trabalhar para isso.

Um outro incidente tem peculiar valor como esclarecedor sobre a génese de histórias de curas milagrosas. O nosso costume era fazer com que o médico estabelecesse uma clínica temporária em cada lugar de paragem, onde ele cuidaria de extracção de dentes, punção para hidropisia e tais matérias simples. Eu lembro-me de um homem com um colmilho que se enfiou completamente através da sua bochecha, deixando uma úlcera irregular ao redor. Era obviamente impossível encarregar-se de quaisquer casos de doença que não aqueles que exigissem operações simples. Invariavelmente, portanto, a cura era efectuada pelo uso de instrumentos, os quais estavam espalhados sobre um cobertor, enquanto todos olhavam. Mesmo assim, no nosso retorno, os doentes de vales distantes juntaram-se para nos encontrar, o primeiro paciente protestou quando o médico mostrou o seu fórcipe. "Oh não", disse ele. "Eu quero ser curado como os outros; coloque a sua mão na minha cabeça e faça-me bem!"

A jornada ao sopé do Chogo Ri divide-se naturalmente em três secções principais; seis marchas levam a pessoa ao sopé do Zoji La, o desfiladeiro que separa Kashmir do Baltistão; vinte e uma marchas levam a pessoa ao pé do glaciar Baltoro; o resto é no gelo. Contanto que a pessoa esteja em Kashmir a viagem é comparativamente fácil, as marchas razoavelmente curtas e os lugares de paragem confortáveis. O cenário é imensamente grandioso e bonito, e o clima é perfeito. A coisa toda pode ser melhor descrita como um exagero de tudo o que é melhor e mais belo nos Alpes, além do encantamento da atmosfera Asiática.

Os viajantes para Chogo Ri estão limitados quanto à estação do ano pelo facto de que o Zoji La é intransitável para coolies antes de uma determinada data, que varia pouco de ano para ano. Nós achámo-nos sortudos por conseguir cruzar tão cedo em Maio quanto o dia quatro. No Outono (de novo), ele encerra cedo, de modo que, se alguém não voltar a Kashmir antes que a neve bloqueie o desfiladeiro, será praticamente obrigado a passar o Inverno no Baltistão.

Um grande espalhafato foi feito sobre as reais dificuldades e perigos de cruzar a passagem, mas é apenas um longo penoso caminho de neve. Pfannl e Wessely, que estavam sempre a ferver para expor as proezas deles, foram até ao ponto mais baixo para prospectar. Eles relataram ao retornar (a) que nada podiam ver, (b) que a passagem era muito íngreme do outro lado, e (c) que o outro lado estava livre de neve. No dia seguinte nós ficámos a saber que a primeira destas declarações podia ter sido correcta; as outras duas ampliaram o meu horizonte quanto às possibilidades de inexactidão.

As encostas que conduzem à passagem são uniformemente fáceis e o reputado perigo de avalanches existe somente para pessoas sem qualquer conhecimento de neve. O médico, no entanto, deu-nos uma ideia do que poderíamos esperar dele. Até hoje não consigo compreender como esta desventura não me avisou. Pouco antes de chegar ao topo da passagem, ele começou a atravessar um lago congelado. Como ele diz, "Confiante na solidez do gelo, eu aventuro-me um pouco demais, quando, de repente, eu faço um mergulho, intempestivo a esta hora matinal...!"

O meu dever era verificar que as caravanas atravessavam a comparativamente curta secção da passagem, a qual os homens temiam. Então passei a maior parte da manhã correndo para trás e para frente, encorajando um, exortando um outro e dando uma mão a um terceiro. Eu não tinha motivos para supor que o reconhecimento dos

Austríacos fosse radicalmente errado. No momento em que o último homem chegou em segurança através da secção crítica, eu já estava cansado; e quando comecei a acompanhar, eu descobri para meu desalento que o lado Matayun da passagem, em vez de ser íngreme, estava realmente num baixo gradiente; e, longe de estar livre de neve, estava profundamente coberto. Estando o dia bem avançado, o andamento ficava mais suave e mais piegas a toda a hora. Mesmo os trilhos feitos pelos coolies não haviam tornado o caminho decentemente caminhável. Esvaído de exaustão, eu arrastei-me para o acampamento às cinco horas da noite, depois de uma penosa caminhada de treze horas durante a qual mal me tinha sentado.

Os meus olhos também estavam inflamados. Nos Alpes, eu encontrara-me capaz de passar o dia todo sob o sol brilhante sem óculos escuros de protecção e não piorar. No México, eu fiquei desconfortável depois de uma ou duas horas e tive que colocar os meus óculos. Mas nos Himalaias, mesmo em baixas altitudes (o Zoji La é de cerca de cinco mil metros), a cegueira causada pela neve é uma real ameaça. Quando cheguei ao glaciar superior, eu descobri que dez minutos sem óculos, mesmo sob um céu nublado, determinavam um ataque.

Eu estava demasiado exausto mesmo para comer até ter bebido meia garrafa de champanhe, após o qual dormi como uma pedra. Na manhã seguinte, eu comecei tarde... oito horas. A marcha, tal como a do dia anterior, era de quinze milhas, mas levou apenas seis horas em vez de treze, e teria sido muito menos, não fosse a neve macia dos estágios antecedentes. Não houve ansiedade quanto aos coolies, de modo que eu tive bastante tempo para meditar sobre a extraordinária mudança de cenário do outro lado do Zoji. Em nenhum outro lugar do mundo encontrei qualquer similarmente repentina e completa antítese. Até Baltal, árvores e flores são abundantes. Do outro lado da passagem está uma assombrosa abominação de desolação. Dali até Skardu não há literalmente qualquer pedaço de vegetação, escassa mesmo a esparsa erva sáfara; excepto onde torrentes de montanhas se juntam ao Indo. Em tais lugares, os nativos têm realizado um elaborado esquema de irrigação. A terra é moldada em socalcos fertilizados por um sistema de canais; e nestes campos artificiais eles cultivam as suas culturas, incluindo damascos. Em alguns lugares há até cinco colheitas por ano. À distância estes oásis parecem muito impressionantes. A primeira impressão é a de um entrecruzamento formado pela linha de árvores e os socalcos. Estas aldeias brilham com inefável contentamento. As marchas, embora muitas vezes bastante curtas em efectiva quilometragem no mapa, são (de um modo geral) bastante severas. Eckenstein observara bem-humoradamente que a partir do topo do Zoji La seria ladeira abaixo até Skardu, afora irregularidades locais. A picância da observação reside no facto de que a descida total é inferior a dez mil pés e que a "irregularidade local" média diária aproxima-se ao dobro dessa quantidade. Às vezes é exasperante. Um dia, no final (conforme pensava eu) de uma longa marcha, eu avistei a meta a menos de meia milha de distância, estando ambos, eu e a meta, perto do rio. Mas um contraforte rochoso gratuitamente sobressai no córrego e o trajecto faz um pequeno desvio de cerca de três mil pés de altura para passá-lo.

Além do mero cansaço destas marchas, elas tornam-se detestáveis pela absoluta monotonia e fealdade da paisagem. As montanhas são enormes montões hediondos de pardacenta disformidade. Dificilmente há um contorno nobre; não há descanso para os olhos; não há aspiração nem interesse... nada senão um desejo corrosivo a ser feito com o soturno arrasto do dia. Além disso há uma grande quantidade de desconforto real. O brilho intenso do sol é muito angustiante e também, ou o seu reflexo a partir das quentes rochas áridas, é escaldante. Ao mesmo tempo acontece muitas vezes que um vento amargamente cortante sopra. Isto parece comer os nossos próprios ossos com um frio inclemente. Não se sabe o que fazer com a roupa. De um lado está-se torrado; do outro congelado. É fácil compreender como o coração pula sempre que o olho pousa sobre a distante mancha verde de um bosque, e mesmo quão ansioso o olho procura a geológica indicação da probabilidade de um desses aparecimentos. É um adicional aborrecimento que a mera distância percorrida nos diga tão pouco quanto ao que resta a ser feito, pelas razões dadas acima.

Em algumas destas marchas conseguimos arranjar póneis, embora os Austríacos desdenhassem tal efeminação. O pónei montês Indiano coteja muito desfavoravelmente com o Mexicano. Ele não é tão rápido, tão forte, nem tão firme dos pés. A maior parte das vezes, também, ele está em más condições e às vezes efectivamente coxo. O melhor deles tropeça quase a cada nova passada, embora se diga que eles nunca perdem o ponto de apoio completamente. Eu nunca poderia livrar-me do nervosismo. A estrada é oficialmente a rodovia para Skardu e Yarkand, mas isto raramente é mais do que um rústico e estreito trilho de montanha, pouco melhor do que os percursos para as cabanas do Alpine Club, no pior deles. Alguns estágios, na verdade, são totalmente impraticáveis para os póneis, seja porque o trilho cruza uma ravina por uma ponte de corda ou porque na verdade é muito íngreme para eles escalarem. A estrada nunca é perigosa do ponto de vista do pedestre, mas esta assim parece para um homem no dorso do cavalo; pois em muitos lugares as suas pedras soltas repousam na borda do que é, para todas as finalidades práticas, um precipício.

Em Hardas fomos entretidos por um magnífico mas indecente rajá, o qual me tomou por um nativo. Notou-se com divertimento que muitas das pessoas que a opinião pública em casa classifica como negras eram muito mais claras na cor do que qualquer uma do nosso grupo.

Em Tolti encontrámos outro rajá igualmente urbano. Viajar no Oriente é essencial para qualquer tipo de entendimento da Bíblia. O equivalente da palavra rei é constantemente usado para descrever homens que podem ser desde monarcas absolutos, acima de centenas de milhares de pessoas, a escudeiros do território ou até chefes de uma tribo de ciganos.

Nós chegámos a Skardu no dia 14 de Maio e aplicámos quatro dias fazendo preparativos para a próxima etapa da jornada. Não mais poderíamos depender de encontrar coolies suficientes, sendo as aldeias para lá de Shigar pobremente povoadas.

Tomámos muito crédito para nós mesmos, e demos mais para a eficiência dos funcionários do governo, de modo que passámos através de Srinagar sem um dia de paragem, nós o maior grupo de Europeus a ter feito a jornada.

A Ásia Central, a propósito, é o lar do pólo, o qual é jogado até hoje com o máximo entusiasmo. Escusado será dizer, o jogo é livre da ostensiva exclusividade da variedade Europeia. Eu nunca fui capaz de descobrir quaisquer regras específicas. Simplesmente cavalga-se para dentro da peleja e, com um qualquer tipo de pau, vai-se ao encontro da bola e dá-se uma pancada com mais vigor do que intenção. Se alguém sente que o seu lado é forte demais para o outro, simplesmente muda. O rajá local e o agricultor mais pobre do distrito encontram-se no jogo com a nobre igualdade de "cavalheirismo" no verdadeiro sentido, o espírito de equipa dos cavaleiros.

O gáudio do jogo é extraordinário. Jogado como é, este é livre da cobiça do resultado que tem estragado praticamente todos os tipos de jogos na Europa. Estranho que na minha velhice eu subitamente me encontre aquiescendo na absurdidade que tanto me irritava quando rapaz, o plano de Champney em jogar críquete sem marcar pontuações. Afinal de contas, o louco estava certo. Seria muito melhor jogar o jogo para aproveitar o livre exercício do entusiasmo. Verdade é, a pontuação leva a controvérsias *post mortem* que não estão no espírito do desporto. A escalada em si mesma está a ser muito estragada pela atitude do Alpine Club em insistir que a conquista, não o gozo, é a coisa importante. Isto tem permitido as suas virulentas, desonestas e invejosas intrigas contra escaladas e escaladores sem guias. Este é o espírito Americano, contar e comparar em vez de ficar contente com a satisfação espiritual. Isto é o que é referido pela Escritura: "O amor ao dinheiro é a raiz de todos os males".

Este espírito está na raiz de todas as tentativas modernas de padronização do conseguimento e leva directamente a todo tipo de jogo sujo, falsidade, trapaça e controvérsia. Considere-se meramente o futebol Americano e o beisebol; o treino das equipas para realizar uma série de manobras designadas por uma série de cifras. Mais uma vez, quais as intrigas para conseguir a transferência de jogadores profissionais, para não falar da possível venda de jogos para sindicatos de apostadores? Desporto de todo o tipo tem tendido a tornar-se espectacular e gladiatório mesmo em jogos como o ténis, o qual era originalmente a incarnação da amenidade social. É a mesma história em todos os lugares; veja-se o boxe, em que um homem pode receber mais por meia hora de agressão do que qualquer dúzia de professores universitários recebe por toda uma vida de devotado labor em prol da raça. A raiz da maldade é o espírito de levar a vida muito a sério. É realmente quase esperado do homem que passa a correr para Filadélfia a partir de Nova Iorque, por um dia, que ele escreva imediatamente uma história enciclopédica dos Quakers.

É difícil profetizar a questão desta tendência, mas já se pode ver que o cavalheirismo do desporto está seguindo o das armas para o esquecimento.

~ 36 ~

SKARDU, 2,228 metros acima do nível do mar, é a capital do Baltistão, e contém cerca de vinte mil habitantes. As montanhas aqui parecem ter conspirado para parar de repente, de modo a permitir um planalto de grande nível. O Indo espalha-se quase como se fosse formar um lago. A cidade é grande e dispersa; na verdade, é menos uma cidade do que um conglomerado de pequenas quintas. Depois da nossa longa e tediosa marcha, nós pudemos aproveitar ao máximo a sensação de paz e beatitude que preenche este sorridente vale isolado.

Nós ficámos no dak-bangaló, o qual ficava a cerca de trinta metros de uma deliciosa corrente de água límpida. Uma noite, logo após o pôr-do-sol, um jovem apareceu carregando em seus ombros o seu irmão, o qual tinha estado a trabalhar numa pedreira. Uma rocha que caíra atingiu o interior da perna logo abaixo do joelho e colocou-a aberta até ao osso, bem como até ao tornozelo. O médico precisava de muita água corrente. Então nós levámos o paciente até ao riacho e segurámos as lanternas Alpinas enquanto o médico operava. A perna estava num estado chocante e sugerimos clorofórmio. O médico disse: "Não... o rapaz vai desmaiar com a dor em alguns segundos", e ele continuou lavando a sujidade e cortando pedaços soltos de carne, e por fim costurando as catorze polegadas de ferida. A actividade durou uma hora e meia. Mas o rapaz nunca perdeu a consciência, e nunca gemeu nem sequer murmurou. Nada ouvimos dele excepto um pedido perfeitamente calmo, a meio da difícil tarefa, para beber água.

Não me contentei em admirar o estoicismo do mocetão. A conduta dele fez-me suspeitar que o Mongol (os Baltis são mongóis) tem um sistema nervoso muito diferente do nosso. Eu compreendi que as ideias Chinesas de tortura formam este e outros factos semelhantes, e comecei a correlacionar estas reacções fisiológicas com a psicologia e a filosofia da raça. Ajudou-me a ver que aquilo que nós chamamos de verdade última não é, na realidade, mais do que uma afirmação das relações internas do universo que percebemos. Alguém pode dizer, deveras, que um organismo unicelular seria absolutamente justificado ao explicar o universo em termos da sua própria experiência; que ele poderia, deveras, não fazer qualquer outra coisa, e que a única crítica válida que poderia ser aplicada à sua cosmologia seria baseada em factos não conhecidos nem conhecíveis para ele. Aplique-se este argumento às nossas ideias actuais: qualquer religião deve basear-se de revelação e não pode ser provada pela razão ou experiência. É ao mesmo tempo necessário e impudente reivindicar o exercício da fé. A partir disto segue que a religião deve sempre ser repugnante à razão e os seus defensores devem estar preparados para serem chamados de charlatães.

Há, no entanto, um problema a partir deste dilema. É possível basear uma religião, não na teoria e nos resultados, mas na prática e nos métodos. É honesto e esperançoso progredir em princípios admitidos para o desenvolvimento de cada mente individual, e assim avançar para o absoluto por meio da evolução conscientemente desejada da faculdade de apreensão. Tal é, de facto, a ideia subjacente à iniciação. Isto constitui a justificação absoluta do Caminho do Sábio, conforme indicado pelos adeptos, quer seja de escolas mágicas ou místicas. Pois o Yoga oferece à humanidade um órgão de inteligência superior ao intelecto, ainda que coordenado com este, e a Magick serve para elevar as energias espirituais que, enquanto confirmando as da mente, levam estas à sua culminação.

Uma tarde tornou-se notável por uma tempestade de vento. Areia fina foi elevada a partir do leito do Indo para uma altura de mais de três mil pés, obscurecendo completamente as montanhas. (Eu vi algo semelhante em Cumberland. Uma noite, uma terrível tempestade rompeu sobre a costa oeste; de velocidade suficiente para empurrar um número de camiões desde um tapume até a um comboio London & North Western, destruindo-o. O ramo, tão grosso quanto a minha coxa, de uma árvore a quarenta jardas do hotel foi soprado através da minha janela para cima da cama onde eu dormia, sem me acordar. De manhã a chuva tinha parado; mas o vento continuava com aumentada violência. Cada parede de pedra no bairro tinha sido atirada ao chão. As cascatas expostas ao vento haviam sido sopradas para trás de tal modo que as vertentes, sobre as quais elas normalmente caíam, estavam praticamente secas. A água do lago foi varrida em vastas nuvens sobre a superfície de Scafell, escondendo completamente a montanha.

Enquanto fazíamos os nossos novos preparativos nós relaxávamos, pescávamos e escalávamos rochedos estranhos que nos tentavam. No dia 19 de Maio cruzámos o Indo de *ferry* e seguimos por uma estrada aprazível, na maior parte nivelada e arborizada, para Shigar. O vale de Shigar é estranhamente dissimilar do vale do Indo e está em desacordo com as ideias naturais dos córregos das montanhas. O rio serpenteia através de uma ampla e plana vastidão de pedras.

A vila de Shigar assemelha-se a um oásis no Sáara, como descobri alguns anos depois quando fiz a minha reverência ao último. Há um fascínio indescritível acerca destes aglomerados de casas tranquilas nos seus arvoredos de verde; mas há uma serpente em cada Éden, e havia um missionário em Shigar. Nós pedimos ao papalvo para jantar. Ele estava lá há sete anos, assim como tinha estado o seu antecessor, e entre eles não tinham feito um único convertido. O Cristianismo nunca pode impressionar um Maometano. As ideias antropomórficas e antropoteístas ligadas à Incarnação chocam as pessoas cuja concepção de Deus, por mais irracional que seja, é pelo menos sublime. "Deus não tem igual, filho, nem acompanhante. Nada deve permanecer diante da face Dele." As implicações éticas da Expiação são igualmente repulsivas para o Muçulmano. Como Ibsen disse, "O teu Deus é um homem velho a quem tu enganas." Maometismo ensina um homem a respeitar a si mesmo; a sua relação com o seu suposto criador é directa; ele não pode escapar da penalidade dos seus pecados pagando ao padre, ou persuadindo-se de que tudo tem sido providenciado para ele por uma transacção da mais estúpida injustiça. O Budismo, de uma maneira totalmente diferente, compartilha esta conformidade com decência comum, e é apenas a mais baixa casta do Hindu que realmente se convence de que sacrifícios e servilismo são suficientes para a salvação. Onde o Islamismo e o Cristianismo se encontram em aberta competição, como em algumas partes de África, constata-se que apenas o tipo mais baixo de Negro, tal como está acostumado a arrumar as coisas com consciência pendurando um pedaço de pau, aceita o Cristianismo. Qualquer um com um traço de auto-respeito desdenha as superstições pródigas que obrigamos o arcebispo de Canterbury a assinar, mas pode aceitar prontamente a simplicidade do Islamismo como um estágio para lá do fetichismo.

Crowley, o Yogi, durante a Expedição K2,1902, algures perto de Askole

A marcha de Shigar a Askole é extremamente variada e bela. Por três marchas sobe-se o vale de Shigar. O rio estava extraordinariamente baixo, e podia ser atravessado. Em Agosto de 1892, Eckenstein—embora provido com uma corda—tinha sido incapaz de atravessar um dos riachos tributários, dos quais deveria haver mais de cem. A explicação é (é claro) que as neves não tinham começado a derreter.

Numa marcha tivemos que caminhar ao longo de lisas e redondas pedras do leito fluvial durante várias milhas. O trajecto tornou-se impossível para os cavalos. Nós cruzámos um pari (um contraforte que sobressai no córrego e tem de ser escalado em consequência) com mais de doze pés de altura. No dia seguinte chegámos a Ghomboro. O carácter do país havia mudado completamente mais uma vez. Voltamos às condições do vale do Indo Superior. Ghomboro é uma maravilhosa vila de pomares de damasco. Abaixo dos socalcos ruge a água do Balduh Nala[26], uma terrífica torrente fechada entre penhascos estreitos. A impressão mais marcante de toda a jornada é a variedade da geografia física. É como se a natureza tivesse conspirado para proporcionar um máximo de novas sensações. Em nenhum outro lugar do mundo tenho observado tal aparente descontinuidade, tal riqueza de fenómenos inesperados tombando uns sobre os outros para reivindicar espanto e admiração.

Não há dak-bangalós nestes distritos remotos; então ficámos a morar nas nossas tendas. Nós jantávamos ao ar livre sob os damascos, enquanto ao nosso lado um dos anciãos locais exsudava mais de cinco litros de soro. Ele tinha sido carregado pelos seus sectários nos últimos estágios da hidropisia; mas depois de contribuir com a sua quota para o volume do rio Bralduh, ele caminhava alegremente para sua casa sem ajuda, como ele não tinha feito há muitos meses.

O bócio é muito comum neste vale e eu esperava aprender algo sobre a sua etiologia. Como no caso do câncer, muitas tentativas têm sido feitas para generalizar a partir de factos insuficientes. Um dos grandes argumentos sobre o bócio envolve o Lötschenthal, onde as pessoas da parte inferior do vale podem casar-se com estranhos do vale do Ródano, e aqueles que estão no topo repassam o Petersgrat e fazem os seus galanteios em Lauterbrunnen. Aqueles no meio eram mais consanguíneos. Por conseguinte, foi observado que esse bócio era mais comum entre eles. O Bralduh Nala desconcertou completamente qualquer teoria deste tipo, pois embora houvesse a mesma estreiteza e isolamento, a mesma água calcária e condições semelhantes durante todo o tempo, o bócio varia de aldeia para aldeia de um modo absolutamente irregular.

Todo o nala é cheio de interesse. É um regular mostruário para os fenómenos mais estranhos. A cerca de uma hora e meia acima de Ghomboro está um afluente nala, com apenas um fio de água mas varrido por intermitentes descargas de lama. A sua travessia apresentou um certo problema. Eu tive de postar um homem para dar aviso quando uma torrente estivesse a caminho. Eu próprio desci para o leito da torrente, coisa que era muito íngreme e escorregadia, e orientei bons passos para os coolies. Se alguém tivesse escorregado, ou sido apanhado por uma jorrada de lama, não haveria como salvá-lo. Demorou cerca de uma hora e meia para a caravana atravessar. Meia hora depois, nós chegámos a um segundo obstáculo deste tipo, mas de carácter muito diferente. Era uma nivelada expansão de lama, muito ampla. A torrente tinha endurecido para uma razoável consistência sob as margens, mas havia uma secção central de quarenta a cinquenta jardas de largura de coisas muito animadamente moventes. O *tehsildar*[27] de Skardu enviara um grupo de homens para atirar grandes pedras prò córrego durante vários dias, pois a lama move-se muito devagar. Por este meio, eles conseguiram fazer uma espécie de ponte temporária, sendo a parte mais rápida do córrego, no centro, ultrapassada pela colocação de uma prancha entre as pedras. Os nossos próprios homens, é claro, suplementavam os esforços dos seus colegas, cada homem trazendo uma pedra tão grande quanto pudesse carregar e colocando-a no lugar mais adequado que pudesse ver. Tendo ajudado os homens na primeira torrente, eu ficara automaticamente na

---

26 N.T.: Vale do Braldu, Paquistão
27 N.T.: funcionário encarregado de obter impostos de um tehsil—"município"

retaguarda, e a maior parte dos homens tinha corrido jovialmente ao longo do segundo e mais formidável obstáculo quando eu cheguei. Eles tinham colocado isto em excelente condição e eu passeei por cima como se isto fosse uma alpondra através do Wharfe ou do Lynn, e estava eu indo ao encontro da minha garina!

O próximo entretenimento é uma ponte de corda. As "cordas" em questão são compostas de galhos. Existem três cordas principais, uma para caminhar e duas para segurar. As conexões entre as três são asseguradas por uma treliça de galhos menores. Elas são um pouco aterrorizantes à primeira vista, é justo admitir; mas não se pode deixar de pensar que Sir Martin Conway foi quase demasiado solícito com o nervosismo dos outros quando insistiu em amarrar Zurbriggen num dos lados dele e Bruce no outro antes de fazer uma leve pirueta.

No dia seguinte, uma outra ponte de corda trouxe-nos de volta à margem direita do Bralduh, onde um outro fenómeno de espantosa beleza estava à espera. O desfiladeiro extremamente estreito através do qual o Bralduh corre por tantas milhas subitamente se alargara. Nós estávamos num amplo e sorridente vale rodeado de montanhas que, por mais gigantescas que fossem, pareciam confessar pela comparativa mediocridade da sua estrutura que elas eram de segunda categoria. O vale é totalmente desprovido de verdura, excepto por plantações, como em todo o Baltistão. A primeira coisa que nos chamou a atenção foi o que, supondo que nós tínhamos desembarcado no país de Brobdingnag, só que mais, então, poderia ter sido o lenço de renda de uma Super-Glumdalclitch deixado a secar. Era um cintilante véu de brilhância da encosta; mas uma inspecção mais próxima, em vez de destruir a ilusão, fazia alguém exclamar com crescente entusiasmo.

A cortina fora formada por depósitos cristalinos de uma fonte termal (38,3 ° centígrados[28]). A incrustação é requintadamente branca e requintadamente geométrica em todos os detalhes. O fardo do cinismo dos meus seis e vinte anos caiu de mim como um sonho. Eu trilhei os declives reluzentes; eles sussurravam sob os meus pés tal como a neve faz em certas condições. (O som é estranhamente empolgante.) É uma voluptuosa lisonja semelhante ao murmuroso aplauso de uma refinada multitude, com a instintiva reverência extática de um homem consciente da sua indignidade entrando no paraíso. No topo da cortina está a bacia a partir da qual isto procede, a maior de várias formações similares. Tem cerca de trinta e um pés de diâmetro, um círculo quase perfeito. A profundidade no meio é pouco mais de dois pés. Isto é uma banheira para a própria Vénus.

Eu tive que convocar a minha consciência de divindade antes de me aventurar a invadir isto. A água flui delicadamente com emanações sulfurosas, embora o odor seja subtilmente delicioso. Knowles, o médico e eu passámos mais de uma hora e meia repousando no seu calor aveludado, no intoxicante ar seco da montanha, acariciado pelo esplendor do sol. Eu experienciei todo o êxtase do peregrino que tem chegado ao fim das suas dificuldades. Senti como se tivesse sido lavado de todas as fadigas da jornada. Na realidade, eu chegara, a despeito de mim mesmo, em perfeita condição física. Eu percebi desde o início que a adequada preparação para uma jornada deste tipo é ficar o mais gordo possível antes de começar, e ficar o mais gordo possível pelo maior tempo possível. Eu estava agora na condição em que Pfannl estivera em Srinagar. Eu poderia ter ido quarenta e oito horas impávido e sereno.

O próprio Pfannl estava ainda em excelente forma, mas ele tinha usado muito da sua força de reserva, embora não mostrasse sinais de o ter feito. Ele tinha trinta e um anos e deveria ter muito mais resistência do que eu. As pessoas em geral têm ideias muito

---

28 N.T.: 100,7 graus F.

erróneas sobre a idade. Para escalada em rocha ou poesia lírica é sem dúvida melhor aos vinte anos. Para uma expedição aos Himalaias ou uma composição dramática, é melhor ter quarenta anos do que trinta. Eckenstein aos quarenta e três anos, apesar da sua congénita tendência para problemas respiratórios, não era de modo algum muito velho; e Knowles, vinte anos mais novo, era enfaticamente jovem demais. Guillarmod, aos trinta e três anos, e Wessley, aos trinta e um, sofreram menos do que qualquer um de nós.

No caso de Wessely, isto ocorreu principalmente porque ele não tinha imaginação suficiente para estar doente. Nenhum de nós jamais havia visto um porco tão perfeito. Ele era muito ganancioso e muito míope. Em ordem a comer, ele inclinaria a cabeça sobre o prato e, usando a faca e o garfo como as lâminas de uma roda de pás, moveria a comida para a boca com um rápido movimento rotatório. Havia sempre algo a subir, e sempre algo a descer, até que ele depositava os seus bem chupados instrumentos de nutrição num prato perfeitamente limpo e pedia mais. Era a visão mais repugnante que eu já vi. Os exploradores não são melindrosos; mas nós tínhamos que desviar a cabeça quando Wessely começava a comer. Eu admito e deploro a minha fraqueza humana. Todas as formas de génio deveriam ser admiradas e estudadas, e Wessely era um campeão mundial.

A minha primeira experiência de glutonaria foi em Tonbridge. Um dos meus melhores amigos era o rapaz gordo da casa. (Ele era sobrinho do Adams que descobriu Neptuno.) Um dia ele recebeu duas libras e foi para a loja, onde se podia comprar um muito generosamente estimado gelado por seis centavos. Nós pensámos em compartilhar na generosidade; mas Adams disse não, com verdadeira fortitude Romana e torturou-nos ao consumir ele mesmo os quatro gelados inteiros.

Em Cambridge um dos meus amigos mais íntimos era um homem chamado Parez de Emmanuel, e nele reconhecia um supremo glutão. Certo sábado eu ficara retido em Hitchin, tendo o meu roadster de corrida sofrido um vazamento. Eu voltei tarde demais para Cambridge para pedir um brunch nas cozinhas, então na manhã de domingo nada havia a fazer senão dar um giro até Parez e ver se ele me poderia alimentar. Para minha alegria, eu encontrei-o a ler e a fumar ao lado de uma mesa expandida com um brunch para seis, concebida num espírito de gargantuesca hospitalidade. Eu fiz-me convidado, claro; mas, para minha surpresa, Parez declinou, dizendo que dificilmente havia o suficiente para o grupo. "Porra", disse eu, "pelo amor de Deus deixa-me ficar; talvez um deles não apareça." O meu anfitrião concordou, observando que os bastardos ofensores contra o Acto de Emenda da Lei Criminal estavam atrasados. Depois de alguns jogos de xadrez, algo o lembrou de que ele tinha esquecido de enviar convites! Nós terminámos aquele brunch e juro por Deus que eu próprio não comi mais do que um e meio ou um e três quartos.

Mais tarde, pedi-lhe para jantar em Londres. Ele começou com duas grandes solhas fritas na sua própria bochecha, e continuou com um bife porterhouse. Eu esqueci o resto. Mas, comparado com Wessely, ele era um Succi! Quando Wessely chegou a Rdokass na jornada de volta, os servos pediram permissão para celebrar matando duas ovelhas do rebanho que nós tínhamos levado para lá; eles cozinhariam, é claro, as melhores partes da carne para os sahibs. Pfannl nada podia comer, e Guillarmod muito pouco, mas em pouco tempo os criados repetiram o pedido. Wessely devorou praticamente as duas ovelhas inteiras. Claro que a variedade da montanha não é uma Southdown. Provavelmente não pesa mais do que a média do cordeiro de quatro meses em Sussex. Mas mesmo assim a proeza de Wessely é muito boa.

Na minha chegada a Rdokass, eu fiz um tanto de besta de mim mesmo. Eu estivera a passar fome com a comida enlatada por quase dois meses, e aquela fresca carne de carneiro, meio quente e meio cozida, deixou-me praticamente insano. Eu estava a sofrer as agonias da fome de açúcar mais os efeitos de uma recorrência da malária, de modo que o vómito e a diarreia eram contínuos. Mas nunca em toda a minha vida provei algo parecido como aquela carne de carneiro. Eu enchi-me até à garganta, fiquei violentamente doente e pedi um jantar fresco.

Eu sou mais um antigo Romano do que um Dinamarquês,
... Ainda resta alguma carne de carneiro.

Eu posso mencionar neste lugar que a experiência me tem convencido da verdade das teorias Hindus acerca do Prana. À parte das transacções químicas e fisiológicas envolvidas na alimentação, a pessoa é nutrida directamente, mas o que se deve chamar é, por mais que se possa detestar fazer isso, o princípio vital na comida. Nós já tínhamos descoberto, em Iztaccihuatl, que a comida enlatada com dez anos de idade não alimentava tão bem como coisas recentemente enlatadas. Nós obtínhamos muito mais energia da carne de cordeiro recém-morto, cozida antes do *rigor mortis*, do que da ordinária carne de açougueiro. Derradeiramente aprendi que podia ficar realmente bêbado com meia dúzia de ostras mastigadas à maneira dos yogis.

Uma das práticas do Hatha Yoga consiste em aprender a reverter a acção peristáltica do canal alimentar à vontade, para que se possa adoecer quietamente sem acção espasmódica. O que eles fazem é engolir uma série de jardas de tarband e ejectá-lo novamente, treinando os músculos necessários. Eles então aplicam estes princípios ao seu arroz e, depois de permitir que ele permaneça no estômago por um curto período de tempo, quietamente o rejeitam. Este arroz, apesar de inalterado na aparência, não contém nutrimento, de modo que um cachorro que o comesse passaria fome. O objectivo do yogi é aliviar o seu corpo da responsabilidade de lidar com os elementos da comida que não contribuem para o sustento. É-se forçado a suspeitar da existência de algum subtil princípio ligado a substâncias orgânicas que gradualmente desapareçam após a morte, rapidamente ao início, e depois com crescente lentidão, de modo que o processo não fica completo talvez durante anos. É como a eliminação de impurezas do álcool, a primeira destilação livra-se da maioria deles, mas há um resíduo transferido que requer fraccionamento repetido[29].

~ 37 ~

A PARTIR DA nascente de água quente vai-se suavemente ao longo do vale até Askole. A inteira marcha é curta, fácil e prazerosa. Ocupou apenas cinco horas, das quais pelo menos três foram gastas na ponte de corda e na piscina.

Toda a jornada tinha sido extraordinariamente favorável. Tivéramos muito pouco tempo ruim, os coolies comportaram-se de maneira admirável, não houvera acidentes nem doenças, excepto em relação ao meu próprio problema dermatológico. Em Askole, no entanto, vários dos empregados ficaram levemente indispostos durante um par de dias.

Nós passámos dez dias nesta vila. Além deste ponto não há suprimentos de qualquer tipo. Era, portanto, necessário estabelecer um depósito de comida para os homens mais superiores. A dificuldade de viajar em territórios desabitados é que um homem que come

---

29 N.T.: Crowley especulou noutro lugar que o espírito humano poderia ligar-se ao corpo após a morte, da mesma maneira que o princípio vital dos alimentos. Isto o levou a recomendar a cremação como remédio para a prolongada agonia *post mortem*.

(digamos) duas libras-massa por dia e carrega sessenta libras-massa não pode levar nada além da sua própria comida numa jornada de trinta marchas. O nosso problema era como obter cerca de cento e dez cargas depositadas a uma distância representando (ida e volta) não menos do que vinte marchas. Comprámos cada libra de tudo comestível no vale e empregámos todos os homens disponíveis. Isto significava (aproximadamente) três homens para carregar uma carga, um para a carga em si, os outros dois para a comida dos três. Mesmo com os depósitos avançados, a tarefa sobrecarregou os recursos do vale.

Houve um insignificante conflito de opinião entre mim e Eckenstein em Askole. Ficou acertado que as nossas maletas não deveriam exceder quarenta libras-massa no glaciar, embora muitas das cargas

Expedição K2, 1902. Fotos de Jules Jacot-Guillarmod

excedessem cinquenta. Eu não conseguia colocar os meus pertences dentro do limite. Eckenstein queria que eu deixasse para trás a minha biblioteca. A sua teoria de viajar em regiões selvagens era a de que a pessoa deveria tornar-se temporariamente um selvagem absoluto; mas a minha experiência já me tinha mostrado que o homem não viverá só de pão, mas de toda a palavra que procede da boca de Deus. Eu atribuía a quase universal instabilidade mental e moral dos Europeus, empenhados em explorar, à sua falta de adequado relaxamento intelectual, muito mais do que a quaisquer irritações e dificuldades indissociáveis das condições físicas. "An Outpost of Progress" de Conrad e a história de Kipling sobre o faroleiro que enlouqueceu são exemplos notáveis dos processos psicológicos que são prováveis de ocorrer. Perfeitamente bons amigos ficam prontos para se matarem uns aos outros por causa de um pedaço de açúcar. Não direi que não poderia ter ficado no glaciar de Baltoro na ausência de Milton e o resto; mas isto é pelo menos o caso que Pfannl ficou realmente louco, que Wessely cismou em comida a ponto de roubá-la, e que Eckenstein e Knowles[30] perderam a cabeça por causa do medo da cólera! Assim, o único homem fora de mim a manter o perfeito equilíbrio mental era o médico, o qual mantinha a sua mente constantemente ocupada por observações da história natural, da fotografia, escrevendo artigos para os jornais Suíços, mantendo um elaborado diário para os propósitos do seu livro sobre a expedição. e passando o resto do seu tempo livre a jogar xadrez comigo.

Eckenstein tornou-se bastante desagradável para mim, coisa que estava totalmente fora do seu carácter; e, por si só, evidência da tensão no temperamento dele causada pelas idiotices e vaidades Austríacas. Eu não desperdicei palavras. Eu simplesmente encolhi os ombros e disse: ou eu levava os meus livros comigo ou eu saía da expedição. Escusado será dizer, eu carreguei o meu ponto. Pode chocar algumas pessoas de que

---

30 O último sob a poderosa influência do Chefe --- caso contrário, ele teria ficado impassível.

eu era um pouco *outrecuidant*[31] acerca disto; mas eu levo assuntos como este muito a sério. Eu preferiria suportar a fome física do que a fome intelectual, em qualquer dia da semana. É uma das consequências mais terríveis do aumento da idade de que cada vez menos se encontra contemporâneos com quem vale a pena conversar. Cada vez mais se é forçado a procurar sociedade com os grandes mestres do passado ou com inteligências desencarnadas.

Expedição K2, 1902. Fotos de Jules Jacot-Guillarmod

    Pfannl e Wessely tornaram-se um incómodo. Eles reclamaram da disciplina de Eckenstein e fizeram-se notavelmente desagradáveis. Nós os incentivámos a sair o dia todo e a fazer heróicas subidas. Porém, a proposta deles de levar provisões para três dias nas suas mochilas e sair e escalar o K2 foi negativada. É realmente surpreendente que tantos dias de viagem não lhes tivesse ensinado algo sobre a escala das montanhas. Não se pode medi-las por pés e milhas. Eu mesmo não consigo ver como é que a diferença surge. Mas não há dúvida do facto. É totalmente inútil falar em escalar uma montanha cujo cume está a mais de cinco mil pés acima do ponto de partida, como se poderia fazer se se estivesse nos Alpes. Por um lado, por mais perfeita que seja a condição física, o efeito de marchar dia após dia é o de tornar de certo modo impossível um esforço extra. Suponho que seja a diferença entre as cem jardas e as três milhas em Queens. Mas à parte disto, parece haver algum factor subtil que determina o limite do trabalho do dia. Mas se eu não podia explicar, pelo menos eu apreciava completamente, as condições.

    Uma outra dificuldade deixou claro que os estrangeiros na expedição eram simplesmente peso morto. O próprio Knowles, dócil, alegre e fleumático, não podia dar muita assistência activa. Em vista do carácter do glaciar, o grupo não mais poderia viajar como uma unidade depois de deixar terra firme. Apenas Eckenstein e eu falávamos Hindustani; somente Eckenstein ou eu poderíamos ser confiáveis para liderar. Os Austríacos estavam sempre a fazer gestos heróicos, e Guillarmod finalmente demonstrou

---

31 N.T.: presunçoso; insolente

a sua incapacidade por perambular um dia e ficar encalhado num lugar perfeitamente fácil. A sua desventura teria sido um golpe para o nosso prestígio se os nativos já não o tivessem aceitado como Tartarin. Os nossos acordos foram, portanto, resolvidos em nosso favor pelas circunstâncias. O poder de organização de Eckenstein era único. Não havia escolha a não ser deixá-lo em Paiyu para despachar revezamentos de comida. Eu era deste modo o único líder possível, e tinha que ir sozinho porque os Austríacos eram inseparáveis, e era melhor para Knowles e para o médico que estivessem o mais próximo possível de Eckenstein. Nós conformemente começámos em quatro secções; eu, com um seleccionado corpo de coolies, os Austríacos um dia depois, Knowles, e o médico vinte e quatro horas atrás dele, e Eckenstein logo que eu tivesse realizado o meu objectivo de reconhecer a montanha e estabelecer um acampamento principal no sopé. Não pude deixar de sentir que Eckenstein demonstrara mau julgamento em reunir um grupo de tão difícil manejo. Acredito até hoje que se ele, eu e Knowles estivéssemos sozinhos, nós teríamos diminuído as nossas dificuldades em sessenta por cento, e talvez subido a montanha antes da mudança das condições meteorológicas.

Graças à nossa rápida marcha a partir de Srinagar, nós estávamos uma quinzena à frente do nosso programa. Tínhamos medo de chegar à montanha cedo demais na estação; mas pelo que agora sei do clima, nós deveríamos ter feito muito melhor para atravessar e atacar a montanha antes do rompimento da monção na Índia.

Um outro efeito negativo de incluir o elemento estrangeiro foi este. Eckenstein, um tanto esquecido dos princípios da abnegada concentração que são essenciais para a realização de qualquer Grande Obra, fez questão de admitir a existência da possibilidade de ciúme internacional. Ele, por conseguinte, proibiu-me de atravessar o Bergschrund antes que todo o grupo tivesse chegado ao acampamento principal, o qual era meu dever estabelecer no sopé da montanha propriamente dita. Eu gostaria de me ter lembrado do olho cego de Nelson. Quando cheguei ao Acampamento 10, no nível do glaciar acima da queda de gelo sob as encostas a sudeste de Chogo Ri, eu poderia ter subido sem dificuldade aquelas encostas até ao ombro bem marcado imediatamente abaixo da pirâmide final, e tivesse eu feito assim, não tenho dúvidas de que nós poderíamos ter feito uma corrida bem-sucedida para a cúpula.

Eu comecei no 5 de Junho para Korophon, indo tão devagar quanto podia. A marcha ocupou mais de quarenta e oito horas. A marcha atravessou o glaciar Biafo; e tive lá o meu primeiro real sabor de certas condições peculiares aos Himalaias. Há uma violenta alternância de calor e frio entre a noite e o dia. A temperatura máxima à sombra, raramente menor que 25º centígrados, frequentemente atingia 30º e às vezes subia perto de 40º, enquanto que o mínimo era quase sempre acima de zero, mesmo em Askole, e no glaciar alcançava de -10º a -30º. O resultado é que alguns minutos de sol produzem resultados revolucionários. Uma crosta espessa e dura de neve desaparece quase instantaneamente e deixa alguém a debater-se numa massa de cristais fervilhantes. Os rochedos empoleirados no gelo tornam-se muito quentes num tempo incrivelmente curto e soltam-se do gelo em que eles estão estabilizados de uma forma que apanha de surpresa os homens de experiência meramente Alpina. A minha expedição Mexicana provou ser inestimável para me permitir prever estes fenómenos. Mas a primeira advertência foi dada nesta marcha quando duas enormes pedras que, em qualquer outro lugar, teriam ficado onde estavam por anos, caíram a cerca de vinte jardas à minha frente e da guarda avançada!

Quando eu digo Korophon, não se deve imaginar que signifique algo mais do que uma marca no mapa. É distinguível apenas por um cúbico bloco de granito com cerca de vinte pés de altura, no qual, sob os dois lados pendentes, uma pequena parede tem sido construída pelos pastores que ocasionalmente conduzem os seus rebanhos bem longe. Alguém se interroga por que razão; pois mesmo em Korophon a vegetação é extremamente esparsa e enfezada.

No dia seguinte fui até Bardumal, no sopé do esporão. Existem realmente algumas árvores neste lugar. Nesta marcha é preciso atravessar o Punmah, um córrego largo e raso que achei fácil o suficiente para atravessar. A alternativa—a que ficámos reduzidos no nosso retorno—é caminhar cerca de seis milhas até a uma ponte de cordas e descer pela outra margem. Pode ser que a baixa pressão barométrica afecte a velocidade da água corrente, pois os córregos parecem muito mais rápidos do que se esperaria em relação ao declive. A corrente carrega pedras redondas da maneira mais perigosa. Quando Knowles tentou atravessar este rio no caminho de volta, apesar da água mal chegar aos joelhos, ele foi varrido imediatamente, e teria sido afogado ou maltratado até à morte em poucos segundos se não tivesse sido prontamente puxado de volta pela corda que ele prudentemente havia colocado. Como aconteceu, ele recebeu dois golpes violentos de pedras, uma das quais quase estalou a sua coxa e a outra a sua espinha. Ao olhar para as fotografias destes córregos, parece positivamente ridículo associar o menor perigo com a travessia deles.

No dia seguinte continuámos para Paiyu, uma aborrecida marcha de algumas cinco horas, animada apenas pelos sentimentos de que estávamos a chegar a algum lugar. A estreiteza dos vales e a inclinação dos esporões de grande extensão impedem que se tenha uma visão dos altos picos. Na marcha deste dia tivemos o nosso primeiro vislumbre de um gigante, a Muztagh Tower, e a sublimidade da visão compensou a monotonia da marcha.

Existem muitos fenómenos de extraordinário interesse, não tivéssemos nós sido abastados com coisas estupendas e estranhas. Numa parte desta jornada, nós estávamos literalmente a caminhar durante horas em granates. Uma outra maravilha é uma gama de estratificadas rochas eruptivas que se destacam brilhantemente negras contra os cinzentos e marrons do fundo. Perto de Paiyu existe uma regular cadeia de montanhas composta por consolidada lama glacial.

Novamente, há uma fileira de pináculos cobertos por enormes pedregulhos no princípio das mesas glaciares.

Eles têm sido transformados em delgados e afunilados cones; a pedra no topo tem-nos protegido de serem lavados uniformemente.

Paiyu é um planalto aberto ostentando pelo menos três árvores. Nós permaneceríamos um dia aqui para construir uma casa de pedra para proteger os nossos suprimentos e para fazer a reembalagem necessária para a minha guarda avançada.

No decorrer deste trabalho, o problema com nossos servos Pastós chegou ao auge. Nós tivéramos várias queixas da sua arrogância e comportamento prepotente em relação aos nativos, e agora nós descobrimos que eles tinham roubado alguns galináceos do nosso curral itinerante, o qual incluía, a propósito, quinze ovelhas e trinta cabras. Também descobrimos que eles tinham roubado e vendido praticamente todo o nosso açúcar de reserva. Não havia nada a fazer senão saqueá-los, o que fizemos.

Fora disto, surge um incidente do qual sempre me lembrarei com peculiar deleite. Eu era capaz de interpretar Harun al-Rashid e administrar poética justiça oriental. Nós tínhamos fornecido os malfeitores com magníficos casacos novos para a jornada. Um dos homens, não contente com isto, havia intimidado e enganado um dos servos Kashmiri com os seus rasgados andrajos, e insistira em despir a sua vítima para que ele pudesse levar embora os despojos na sua partida. Para todos os efeitos, o homem ficou sem nada para vestir. Ele queixou-se a mim. Eu ouvi o caso com séria atenção; eu tive de admitir que, pela justiça nativa, as roupas pertenciam ao saqueador, o qual ironicamente sorria e exultava e redobrava os seus insultos para com o seu desbaratado joguete. "Mas espera," disse eu. "O casaco de Hassan certamente pertence a ti, mas o casaco que *tu* estás a usar pertence a *mim*!" Então fiz com que ele o tirasse e cobrisse o desafortunado Hassan em seus esplendores, enquanto que o vilão da peça tinha de descer pelo vale (onde uma bela prisão estava esperando por ele) vestido com miseráveis andrajos, demasiado pequenos para ele, no meio da alegria de toda a caravana ao ver o vigarista.

Este episódio é muito instrutivo. Uma das melhores maneiras de se mostrar amável para a mente Oriental é mostrar ingenuidade ao fazer justiça essencial de acordo com a formalidade legal. O instinto que nos faz simpatizar com Arsène Lupin, Raffles e Companhia, é universal. Infelizmente, no Ocidente, nós temos perdido a ideia do déspota justo. Os nossos juízes parecem obter cínico divertimento ao contemplarem as absurdidades e abominações que resultam da formal fidelidade à lei. Nós temos perdido de vista o facto de que a lei não é essencialmente mais do que uma afirmação generalizada dos costumes vigentes. Isto é tão verdadeiro que é justo dizer que abstractas ideias de justiça têm pouco a ver com legislação primitiva; a ideia é somente fazer cumprir a conformidade com actuais convenções.

Mas hoje em dia, a legislação tem rompido as suas margens. Tem-se tornado uma coisa em si e arrogou-se o direito de alterar completamente os hábitos do povo em absoluta indiferença aos seus desejos, mas de acordo com ideais abstractos que não levam em conta as condições existentes. "Proibição" é claramente o exemplo mais ultrajante desta inumana tirania. Mas todas estas aberrações do senso comum se desfazem a longo prazo. A lei de Moisés era inteiramente inteligível para o menor dos filhos de Israel; mas hoje nem mesmo os maiores juízes podem fingir saber o que é a lei até que o caso em questão tenha sido desfeito e a decisão estabelecida como um precedente.

O homem mais honesto nem sempre pode ter a certeza de que não está a violar algum estatuto. Isto é ainda mais espantosamente e Gilbertamente verdadeiro nos Estados Unidos, onde leis federais, leis estaduais, leis municipais e regulamentações policiais entram em choque com as suas contraditórias complexidades a cada instante. "A ignorância da lei não desculpa homem algum." Mas isto leva-o a arriscar-se a um perigo que ele não pode senão ignorar, e deste modo a lei cai em desrespeito e por fim em desuso. Enquanto isso, pequenos gangues aproveitam o seu conhecimento especial para chantagear certas secções da comunidade por meio de persecução técnica.

Vemos a censura, as leis de licenciamento, as leis de renda interna, e até certas leis comerciais e criminais arbitrariamente invocadas contra pessoas que não têm ideia do que estão a fazer de errado ao fazerem exactamente o que os seus vizinhos fazem.

~ 38 ~

EU PARTI DE Paiyu com cerca de vinte coolies no dia 9 de Junho. Uma distância muito curta leva-nos ao focinho do glaciar, negro, oleoso e quase quinhentos pés de altura no ponto mais baixo. O Bralduh corre muito repulsivamente a partir de uma caverna. Muitos fenómenos observados nesta expedição impressionam com uma espécie de horror. Eu costumava achar isto totalmente absurdo em livros de viagens ao ver qualidades morais associadas à natureza. Neste período da minha vida, acima de tudo, eu deveria ter percebido tal ideia; mas, através das classes de memória, pode-se analisar a si mesmo além dos próprios protestos. Esta torrente lamacenta emanando da sua vasta fonte negra certamente criou uma feia impressão. A razão talvez de parar, como eu naturalmente fiz, para dar uma boa olhada nisto, a presença daquele vasto corpo de gelo produziu um ligeiro calafrio físico que prontamente traduzi em termos emocionais e atribui erroneamente ao que vi em vez do que eu senti. Há também provavelmente um forte elemento Freudiano; a fria e negra turvação da água e a sua implacável turbulência, a sua indisponibilidade, por assim dizer, pode sugerir o fluxo de sangue de uma ferida, ou alguma doença como a nefrite. O tom geral da escuridão dos detritos é peculiarmente antipático.

Não houve dificuldade em encontrar um caminho até ao focinho. Eu sabia que o primeiro acampamento, Liligo, estava na margem esquerda, então segui em frente naquela direcção. (Professores Alemães daqui a duzentos anos são solicitados a não confundir o nome deste *parau* com o "little-go" em Cambridge, embora ambos sejam os primeiros estágios duma escalada solitária que não leva a lugar nenhum.)

O glaciar foi uma revelação completa para mim. A diferença de escala simplesmente multiplicava a dificuldade em questões anteriores; mas lá elas tornam-se mais formidáveis numa progressão geométrica com um grande *f*. Na Suíça, não parece haver morainas com mais de cem pés de altura. Aqui elas atingem mil ou mil e quinhentos pés. Há algo como vinte glaciares tributários alimentando o Baltoro. Cada um deles contribui com pelo menos três morainas. O glaciar tem cerca de trinta milhas de comprimento e raramente mais de dois de largura, é distintamente um distrito congestionado! As morainas concorrentes empurram-se umas às outras inescrupulosamente. Dificilmente se saberia que alguém estaria no gelo durante as primeiras dez milhas; dificilmente existe uma área vazia. Mas a apertada concorrência tende a formar muitos declives íngremes; e isto significa que os lados da maioria das morainas estão cobertos de rochedos que, mesmo quando são de enorme tamanho, estão em equilíbrio extremamente instável. Novamente, a pressão e a temperatura combinam-se para soltar as faixas de rocha e gelo. O resultado geral é que a passagem de um grupo reorganiza essa secção do glaciar de forma muito mais radical do que seria o caso nos Alpes. A tarefa de escolher o caminho é muito árdua; e há muita sorte nisso, pois não há meios de dizer se não se pode a qualquer momento ser interrompido por um obstáculo. Por exemplo, os riachos que fluem abertamente através de pequenos canais em glaciares Suíços podem aqui ser torrentes correndo através de cortes no gelo que podem chegar a cem pés de largura e profundidade. Nos Alpes, eu lembro-me de uns poucos locais em que não pude atravessar com facilidade, e esses poucos estavam sempre dentro de um salto.

A visão da pessoa não ajuda muito a encontrar o caminho. A vista é sempre cortada; mesmo subindo até ao topo de uma moraina obtém-se pouca informação prática. A desordem é essencialmente desprovida de sentido para o montanhista. É bastante raro ser capaz de marcar uma passagem comparativamente nivelada de um par de cem jardas que possa valer a pena fazer. Cada linha de moraina tem de ser cruzada no espírito sério de um pioneiro procurando por uma passagem através duma cordilheira. A instabilidade da superfície significa uma constante tendência para escorregar, de modo que a jornada é moralmente tediosa e fisicamente cansativa de forma inacreditável. A compensação é a majestade das montanhas circundantes. Em nenhum outro lugar do mundo existe algo parecido à mesma diversidade de forma. O efeito é engrandecido pelo reconhecimento de que praticamente todos os picos são inescaláveis pelos nossos padrões actuais. Os homens acostumados às montanhas instintivamente reconhecem tudo o que vêem, e neste distrito fica-se constantemente espantado com a integralidade dos defendimentos mesmo de picos bastante insignificantes.

Acima do acampamento em Liligo estão os mais formidáveis precipícios de rocha podre. Nalguns lugares eles realmente projectam-se para fora; e pergunta-se como conseguem eles manter-se lá, especialmente tendo em vista a rapidamente desintegrativa acção do clima.

No dia seguinte fui a Rhobutse; uma marcha muito curta, mas eu não queria cansar os homens, e este era o único lugar bom para acampar por alguma distância. Havia uma grande quantidade de neve e chuva no início do dia, embora tenha aclarado à tarde. Logo após o pôr-do-sol, no entanto, um vento muito violento surgiu. No dia 11, eu fui a Rdokass, uma marcha muito mais longa em distância. Mas o andamento no glaciar tornara-se muito mais fácil. Eu encontrei alguns trechos comparativamente nivelados.

Os nativos eram extremamente bons em todos os sentidos; o carácter deles compara-se favoravelmente com o de qualquer raça que eu já tenha visto. Nós nunca ouvimos falar deles chegando a vias de facto ou mesmo vociferando praguejo. Imagine-se a diferença com os camponeses Europeus! Alguns dos seus costumes são dignos de menção. Por um lado, eles nunca tiram as suas roupas durante as suas vidas. Um bebé é envolvido num trapo; passado pouco tempo um segundo envolve o primeiro e assim por diante. Mas eles nunca removem a camada mais interna; é permitido que isto se desintegre por si só. Quanto mais rico um homem se torna, mais roupas ele pode comprar, de modo que os líderes de uma aldeia são como rolos de pano.

O método de prepararem a sua comida no glaciar é engenhoso. Tendo feito um fogo, eles pegam numa pedra o mais redonda possível e aquecem-na completamente. À volta desta eles espalham a sua pasta de farinha e água, enroscando o conjunto nos seus xailes. Quando chegam ao acampamento, a pasta está completamente cozida e ainda quente.

Não se pode lavar no glaciar... mais que isso, nem tanto quanto as mãos. A extrema secura da atmosfera remove toda a gordura natural da pele, a qual se torna tão quebradiça que o toque da água faz com que ela descasque, deixando uma ferida terrivelmente dolorosa e praticamente incurável. Deixei as minhas mãos ficarem gordurosas e sujas tanto quanto eu pude para protegê-las. Quando deste modo revestidas, é seguro deixá-las em contacto com a água, desde que não seja por muito tempo e não haja fricção. Pode-se, de facto, colocar as mãos em água fervente, pois nestas baixas pressões barométricas a água ferve facilmente. Em Rdokass, por exemplo, a água ferve a 87,4°, correspondendo a 13,904 pés; mais acima, é claro que é menos.

Apesar da não haver lavagem, não se fica sujo. Depois do meu banho no dia 25 de Maio, abstive-me até 19 de Agosto—oitenta e cinco dias—mas encontrei-me absolutamente limpo excepto as minhas mãos e rosto. O único inconveniente eram os piolhos. Estes insectos vivem inexpugnavelmente nas costuras das roupas. É inútil tentar desalojá-los, porque sempre que alguém chega perto de um Balti, o suprimento é renovado.

Rdokass permanece até hoje na minha memória como um verídico Geulah[32]. É uma ampla saliência relvada nas rochas, duzentos ou trezentos pés acima do glaciar. Existem soberbas vistas em todas as direcções. Mas há "algo acerca do lugar" além disso; a atmosfera de tranquilidade é predominante. Havia aqui bastante relva; até mesmo algumas flores. Eu conformemente mandei recado para trazer os nossos rebanhos. Foi o último oásis de qualquer relato e, de facto, o único lugar deste tipo que nós encontrámos em todo o glaciar. No dia seguinte, eu cruzei o glaciar para Lhungka. Era um assunto inquietante escolher o caminho através das moraínas, especialmente porque eu tinha de construir homens de pedra para guiar os outros grupos, e eu tinha somente as mais vagas ideias sobre para qual ponto da outra margem do glaciar era para dirigir. Subi

---

32 N.T.: Auxílio; Redenção

a um alto ponto no meio e fiz observações de bússola, posto que eu podia agora ver Masherbrum (25660 pés) e Gasherbrum (26630 pés). Estas montanhas são as mais espectaculares de toda a cordilheira; uma como estupenda cunha de rocha e gelo brilhantemente iluminada; a outra, um difuso cone luminoso. Isto tinha esta aparência por causa da sua orientação. Nós nunca vimos isto em plena luz; porque ao pôr-do-sol, quando isto poderia ter sido iluminado, acontecia sempre estar nublado.

As minhas observações de bússola angustiaram-me extremamente. Eu estava a tentar conciliar a natureza com o mapa de Conway; e as minhas dificuldades eram escassamente menos do que aquelas que perturbavam a paz dos teólogos Vitorianos. Os nativos tornaram isto pior; Conway tinha designado os glaciares a partir de informações deles, e o que eles me contaram foi, em alguns aspectos, bastante diferente.

Em Lhungka construí um abrigo para os coolies, um muro baixo de pedra atrás do qual eles poderiam ficar em caso de vento violento. Claro que seria impossível ter tendas para eles; mas, na verdade, eles não se queixavam de frio em momento algum. O termómetro não registou mais de cinco graus centígrados, de geada, até depois de 19 de Junho.

No dia seguinte fui para Gore, onde encontrei um agradável acampamento de areia fina. (No nosso retorno, a propósito, este foi completamente inundado.)

De Gore a Biange há uma outra longa marcha, mas menos monótona. As visões são crescentemente soberbas e a solidão estava produzindo os seus beneficentes resultados. A totalmente desproporcional minúcia do homem expurga-o da sua presunçosa crença em si mesmo como a causa final da natureza. O efeito é produzir não humilhação mas humildade, e este sentimento é apenas o limiar de um egoísmo que restaura o equilíbrio identificando alguém com o universo do qual a base física da pessoa é uma fracção tão imperceptivelmente insignificante.

A partir de Biange pode-se ver Mitre Peak do outro lado do glaciar. Embora seja uma cúpula relativamente menor (7500 metros), a sua arquitectura é incomparável. O nome é inevitável. Deste ponto de vista o duplo corno não poderia deixar de sugerir o título (eu regalara-me numa pequena nomenclatura, chamando uma montanha coroada por três quadrangulares torres de rocha "Three Castles").

No dia seguinte uma pequena marcha levou-me a Doksam. Eu estava agora quase à frente do glaciar Baltoro (15518 pés). Em quase trinta milhas de marcha eu fizera apenas quatrocentos pés de subida. Mas aqui eu estava no chão de um glaciar a uma altura próxima da de Mont Blanc. Na minha frente, o glaciar alargava-se; três grandes e vários glaciares menores fundiam-se. Lembrei-me irresistivelmente da Konkordiaplatz, em Oberland, e apelidei o planalto em afectuosa remembrança.

Uma vez mais a estonteante variedade da natureza neste distrito imprimiu-se na minha mente. Alguém poderia ter dito que era teoricamente impossível combinar tantos tipos de montanha. A óbvia excepção à invariável regra de inacessibilidade prática era o Golden Throne[33], um ponto menor sobre o qual Conway afirma ter escalado. Fiquei muito enojado com o mau gosto de alguns dos coolies que estiveram com ele ao dizerem que ele nunca estivera na montanha de todo, não obstante ter voltado ao sopé da cascata de gelo. Como podiam tais comuns criaturas presumirem a decidir uma delicada questão científica deste tipo?

O meu acampamento em Doksam foi montado nas margens de um lago de bom tamanho entre as montanhas e o glaciar, o qual neste ponto apresenta uma parede de gelo com mais de mil pés de altura. A posição é, por conseguinte, comparativamente abrigada e muito agradável na sua forma. A presença de água parada dá-lhe o encanto da

---
33 N.T.: Baltoro Kangri

paz absoluta, e a ausência dos insectos, que desconsagram a Terra tão censuravelmente noutros lugares, torna-se ainda mais agradável pelas sagradas e corajosas crianças que eram os meus companheiros e os meus amigos. Saí fazendo reconhecimento durante três horas no meio do dia e tive uma ideia muito clara da situação. Uma súbita tempestade de neve de um tipo bastante severo varreu o acampamento por uma hora; mas às quatro horas o tempo voltou a clarear. "Amanhã para frescos bosques e pastagens novas"—excepto que não havia bosques nem pastagens! "Nós fomos os primeiros a irromper aquele mar silencioso"—excepto que não havia mar! Os poetas são realmente muito irreflectidos para deixar o herdeiro deles sem uma citação apropriada!

No dia 16 de Junho marchei durante pouco mais de quatro horas onde o homem nunca havia pisoteado. Todavia, este provou ser o caminho mais fácil. A eterna moraina estava menos em evidência; nós fomos capazes de caminhar sobre a admirável neve a maior parte do caminho. Mais uma vez, porém, eu tenho de registar um fenómeno único totalmente fora de sintonia com o resto. Na esquina do glaciar Baltoro e seu afluente setentrional, o Chogo Lungma, como o apelidei, é preciso atravessar um amontoado de seixos de puro mármore branco. Eckenstein, que chegou a este ponto numa tempestade de neve, achou isto muito angustiante. Ele disse-me que era impossível escolher pontos de apoio; a inteira superfície era um clarão ofuscante. O Acampamento 8 (16.592 pés) está situado no sopé de um esporão subsidiário que desce a partir da cumeada da qual Chogo Ri é o clímax. Eu estava agora totalmente à vista da própria montanha, afora nuvens; e, sendo o meu primeiro dever reconhecer a montanha, eu passei o dia todo e a noite toda observando-a através dos meus binóculos, caderno de esboços em riste. As nuvens deslocaram-se o suficiente para permitir que eu fizesse uma imagem fragmentada, e cheguei à conclusão de que embora a face sul, talvez teoricamente possível, significasse uma subida complicada sem nenhuma casa a meio do caminho, não haveria dificuldade em subir as encostas de neve no és-sudeste para o nevado ombro abaixo da final pirâmide de rocha. Eu mandei de volta recado em conformidade e prossegui muito encorajado. Ainda não havia dificuldade de qualquer tipo; a neve estava excelente; mas depois de três horas e meia, eu decidi parar no acampamento 9 (17332 pés) directamente sob a face sul da montanha. Acima deste acampamento o glaciar torna-se comparativamente íngreme e eu não queria arriscar em colocar os meus coolies em apuros. Eles tinham-me divertido muito, a propósito, no acampamento 8 antes de começar, vindo e dizendo-me que certamente não acreditavam em mim quando eu disse que os mandaria de volta logo que eles chegassem ao sopé oriental de Chogo Ri. Eles sabiam muito bem que eu só disse isso para atraí-los; eles sabiam que eu pretendia fazê-los atravessar para Yarkand; eles sabiam que morreriam para um homem; mas eles não se importavam, isto era Kismet[34], e eles queriam que eu soubesse que eles morreriam de bom grado porque eu tinha sido tão gentil para eles. Quando os mandei para casa do acampamento 10, mal conseguiam acreditar em seus ouvidos, e o deleite ao serem poupados era pateticamente encantador.

Escritores modernos têm feito grande dose de diversão com a era dourada; eles têm-se esforçado muito para provar que o homem primitivo é um selvagem sanguinário. O Balti dá-lhes a mentira. Estes homens eram todos inocência, todos honestidade, todos boa-fé, todos lealdade, todos bondade humana. Eles eram absolutamente corajosos e alegres, mesmo diante do que supunham ser a morte certa de um género mais desconfortável. Eles não tinham inquietação alguma sobre a morte e desgosto algum pela vida. Eles eram simples de espírito e folgazes. Era impossível não amá-los, e não contrastá-los com os sujos insectos desprezíveis cujas querelas e crimes tornam a própria

---

34 N.T.: Destino

civilização o maior de todos os crimes, e cuja ignorância (apesar de toda a bazófia) é na verdade mais sombria e profunda e mais mortal do que a destas crianças.

Do acampamento 9 há um rápido aumento de mil e quatrocentos pés até ao acampamento 10 (18733 pés). Eu estava um pouco duvidoso sobre como o pabu dos homens se comportaria. Pabu é um tipo de calçado que lembra um homem gotoso. Palha ou farrapos são enrolados nos pés através de tiras de couro cru. A sua suavidade permite que o usuário tenha excelente controlo sobre a moraina e protege os pés do frio de maneira muito eficaz. A questão era se eles não escorregariam na neve dura. Eu fui consequentemente muito cuidadoso a escolher o caminho mais fácil e a raspar grandes degraus quando necessário. Prendi os primeiros poucos homens numa corda, explicando o uso dela, e disse-lhes como manter os olhos vigilantes por crevasses ocultas. Eles eram altamente inteligentes; captaram o truque de tudo sem discussão ou reclamação, e não cometeram erros.

Crowley no Deosai Plateau na altura da sua primeira Expedição Himalaica (1905)

Devo mencionar a engenhosa defesa deles contra a cegueira causada pela neve. Eles usam o cabelo um tanto comprido, e fazem uma franja preguedada para segurar a baeta sobre os olhos como uma cortina. O dispositivo não parece muito eficaz; mas parece funcionar. É pelo menos um facto que não tivemos um único caso. Em Kangchenjunga, onde este plano não é conhecido, vários homens foram seriamente afectados.

Eu fui culpado subsequentemente pela minha selecção do Acampamento 10 como acampamento principal. Eckenstein achou que eu poderia ter escolhido uma posição mais protegida. Mas não havia tais posições na vizinhança e era completamente inútil ir mais longe a partir do sopé das encostas que eu pretendia escalar.

Ademais, durante os meus dez dias no glaciar, eu tinha experimentado todos os tipos de clima, e nenhum deles deu o menor motivo para supor que provavelmente encontraríamos condições que tornassem o acampamento 10 diferente de uma desejável residência rural para um cavalheiro em falta de saúde. A minha principal preocupação, além disso, era manter fora do caminho de avalanches e queda de pedras. Eu já tinha visto o suficiente da aparentemente arbitrária conduta que se poderia esperar delas; eu achei melhor escolher um ponto nivelado no meio do glaciar.

Mesmo como foi, houve uma avalanche no dia 10 de Julho que cobriu de neve o Acampamento 10 e o Acampamento 11. Avalanches a esta altitude—e a esta latitude— diferem (ainda assim) daquelas em picos mais baixos. A neve não derrete de todo a menos que seja sujeita a pressão. Evapora sem derreter. Nunca forma uma massa compacta com uma crosta dura como faz nos Alpes. Eu já vi dez pés de neve recém-caída desaparecer completamente ao longo de uma hora de sol. Por mais extraordinário que pareça, apesar do perpétuo mau tempo que nós experimentámos, a neve no glaciar inferior (entre os Acampamentos 9 e 7) tinha desaparecido completamente em Agosto, enquanto a neve no glaciar superior tinha aumentado muito.

Como resultado destas condições, uma avalanche de primeira ordem talvez nunca chegue ao sopé da encosta em que começa; pode evaporar quase inteiramente a caminho. Uma das nossas fotografias mostra uma avalanche realmente em processo de queda. Teria submergido o fotógrafo em condições Alpinas.

Eu devo admitir um certo peso de coração ao cumprir as minhas instruções e mandar de volta os homens. Era tão obviamente certo levá-los pelas encostas até ao ombro e estabelecer o acampamento num ponto onde Chogo Ri poderia ter sido alcançado sem questão, dado um belo dia. Mas as minhas ordens eram formais e eu nunca pensei em desobediência. É claro que, se eu tivesse previsto a volta-face do tempo, eu poderia ter decidido o contrário.

Fiquei um pouco preocupado com o fracasso de Pfannl e Wessely em manter as comunicações para as quais foram tomadas providências. Eu não pude ver o grupo deles no glaciar abaixo e imaginei se eles não se tinham soltado. Era exactamente o tipo de coisa que se poderia esperar; para descobrir que eles tinham subido a ponta sul da montanha e estragado todo o plano. Chegaram, no entanto, no dia seguinte, dia 19, e no dia 20 Knowles e o médico juntaram-se a nós. Eles chegaram numa tempestade de neve que continuou o dia todo. Foi o primeiro dia de ininterruptamente mau tempo. No dia 21, o vento diminuiu, embora a neve continuasse. Tentou clarear no dia 22; e no dia 23 estava bom. Mas, claro, nada poderia ser feito na ausência de Eckenstein. No dia 24 começa uma nevasca. Foi o vento mais furioso que já conheci. Um canto da minha tenda soltou-se; e o único remédio foi estar sentado durante toda a manhã! A violência do vento foi realmente incrível. Eu tinha segurado as cordas laterais da minha tenda amarrando-as em kiltas quadrados e colocando outros em cima. Havia assim mais de cem libras-massa para segurar cada corda; mas o vento não fez questão acerca de mudá-las. O dia 25 foi um opaco dia duvidoso; e no dia 26 o tempo estava um pouco pior. No dia 27 clareou à tarde e Eckenstein chegou com carne e pão frescos.

~ 39 ~

O DIA 28 estava bom e nós realizámos um durbar. Foi decidido que, Eckenstein estando doente, Pfannl, Guillarmod e eu deveríamos começar a subir a montanha. Eckenstein votou a favor do médico, *qua* médico, no caso de um de nós ficar doente. Isto mostra o quão fáceis achou ele as encostas.

Wessely foi muito ofensivo no seu ressentimento por não ser incluído no grupo. Isto foi um pedaço intoleravelmente mau de carácter desportivo. Pfannl tendeu a ficar do lado dele, e a dupla fez tanto desagrado que logo fomos reduzidos ao expediente de tirá-los do caminho o máximo possível.

Nós preparámos tudo; mas na manhã seguinte o vento estava tão elevado que não pudemos começar. Mesmo enquanto bebíamos o nosso chocolate na tenda de cozinhar, nós quase ficávamos congelados. Depois do nascer do sol, o vento baixou; mas era tarde demais para começar. Eckenstein e Knowles estavam ambos doentes, mas o resto de nós foi esquiar quase até à passagem no topo do glaciar. Por volta das quatro horas da tarde, o vento recomeçou e mais uma vez desprendeu a minha tenda. Desta vez, a neve veio subindo o vale.

Tínhamos uma tenda de reserva para o uso dos poucos nativos que mantínhamos connosco. Eu tinha saído para tentar consertar o meu tabernáculo ao pôr-do-sol—e havia um Balti na neve orando com o seu rosto em direcção para Meca! A religião do Maometano, ao contrário da do cristão, é positiva. Não é baseada no medo, mas no real sentido das relações do homem e Deus. Eu rio ao pensar no missionário bem alimentado, ocioso e ignorante em Shigar tentando converter homens deste cunho. A simplicidade deles vê através da sofisticação Cristã num relance; e, o seu senso de ética sendo ultrajado bem como o seu senso de reverência, é fácil entender que os únicos convertidos a partir do Maometanismo são biltres absolutamente sem consciência que desejam viver nos escassamente camuflados subsídios de missões.

No dia seguinte encontrei-me completamente cego pela neve. A dor não é tão severa quanto irritante. A sensação é como ter areia incandescente na parte de trás dos olhos. A pessoa continua a piscar com a ideia de removê-la e, claro, ela não será removida. Durante a minha *ski-läufing*[35] eu usava religiosamente óculos de protecção. A minha condição era inteiramente devido a vasculhar pelo acampamento durante alguns minutos na tempestade de neve, fixando a minha tenda. Eu fiquei bem novamente num par de dias. O clima estava moderado no dia 30 de Junho e no dia 1 de Julho. Mas de 2 a 6 de Julho estava uma tempestade de neve contínua. Não houve remissão de dia ou de noite. Foi isto que tornou o Acampamento 10 impopular.

Nós livrámo-nos dos Austríacos no dia 1 de Julho enviando-os para o Acampamento 11 no canto da cumeada nordeste de Chogo Ri. Neste ponto, o glaciar divide-se em duas grandes bacias de neve. Uma leva ao desfiladeiro que eu apelidei de Windy Gap (21500 pés) em cujo noroeste fica a montanha na cabeça do vale, à qual eu apelidei de Staircase Peak, a partir dos recortes dentados bem marcados e regulares da sua cumeada oriental. A outra é aparentemente uma espécie de beco sem saída, o seu circo de rochas parece não ter interrupção definida. É difícil ter a certeza disto, pois, quando o vi, estava sempre um caldeirão de rodopiantes névoas de neve.

Pfannl e Wessely relataram que a cumeada nordeste do K2 era escalável, e na segunda-feira, dia 7, o qual estava bom, foi decidido tentar subir a montanha por essa rota. Então o acampamento principal deveria ser transferido para o Acampamento 11. Eu estava bastante doente, mas protestei. A rota proposta era de facto absurda. O Acampamento 11 estava muito mais longe a partir do cume do que o Acampamento 10, e a proposta era chegar ao ombro seguinte ao longo da cumeada profundamente denticulada, cuja parede fica no lado Chogo Lungma, um precipício de encostas varridas por avalanche, excepto no ponto que eu tinha escolhido a princípio.

Contudo, eu fui recusado. O médico e eu preparámo-nos para sair no dia 8. Foi nesta ocasião que nós descobrimos a incapacidade dos nativos para puxar um trenó. São cerca de três horas de marcha até ao Acampamento 11. A ida não foi má, embora eu ainda estivesse bastante doente. O tempo estava bom o suficiente para sair. Eu subi as encostas

---
35 N.T.: corrida de esqui

da montanha até a uma distância considerável. Há algum conflito de opinião quanto à altura alcançada por vários membros do grupo. Eckenstein estava fanaticamente determinado a nunca exagerar qualquer façanha. Fizemos um grande número de determinações do ponto de ebulição das alturas dos nossos acampamentos; mas mesmo estes estão sujeitos a várias fontes de erro. O Acampamento 11 está aproximadamente a 20,000 pés; mas suspeito que esteja um pouco mais alto. Calculei a minha escalada a 21,500 pés na época; mas isto foi principalmente por respeito a Eckenstein. Eu era o seu discípulo mais devoto; eu não lhe teria dado qualquer chance de me censurar fazendo uma declaração que poderia depois comprovar um exagero. Mas a minha opinião real é que eu alcancei algo acima de 22000 pés. Eu podia ver claramente sobre Windy Gap; devo ter estado bem acima disto. Eu não dependeria da leitura de aneróides em circunstância alguma. Nós tínhamos levado três instrumentos especialmente construídos; eles só começaram a registar aos 15000 pés e foram para 30000. Mas as comparações dos três mostraram—usualmente—que não havia dois iguais.

À noite, eu estava muito doente; indigestão, febre, arrepios. Para respirar eu tive que usar toda a minha força muscular. Eu também estava prestes a vomitar e permaneci nesta condição quase toda a noite. De manhã eu estava um pouco melhor; a minha respiração tornou-se normal; mas senti muita dor e senti-me muito doente e fraco. O tempo estava esplêndido. Wessely e Guillarmod foram encorajados a repetir a minha escalada do dia anterior; mas a partir do relatório deles não está claro se eles chegaram ou não mais longe do que eu. Deitei-me à luz do sol e descansei. Eu notei visões estranhas; uma mosca, uma borboleta, alguns corvos e um insecto que eu pensava ser uma abelha, mas eu não tinha a certeza. Todos visitaram o acampamento. Mais tarde o acampamento foi coberto com a neve de uma grande avalanche a partir de Chogo Ri. Esta desnudou toda a parede da cumeada nordeste; isto é, tinha cerca de quatro milhas de largura.

Eckenstein e Knowles surgiram no dia 11. Um outro belo dia. Eu ainda estava muito doente; a minha temperatura—39,4° centígrados. Eu não percebia a causa a princípio, simples como era. A verdadeira explicação era muito rebuscada no real sentido da palavra. Os meus sintomas tornaram-se inconfundíveis em pouco tempo e eu tive de admitir que estava a sofrer de malária. As dificuldades da jornada tinham removido a minha protecção fisiológica e o bicho começou a zumbir. Eu era assim o orgulhoso possuidor de um outro recorde mundial; o único homem que tivera malária a mais de vinte mil pés! Incidentalmente, eu era também o único poeta àquela altitude. Sempre me tenho divertido muito com a gabarolice de Shelley de que ele tinha "pisado os glaciares dos Alpes"—o Mer de Glace e o Glacier des Bossons! Mas eu estava efectivamente a escrever poesia nestes acampamentos. *Melhor* poesia.

Tal como o homem que cometeu suicídio quando ele soube que era incapaz de mexer o seu maxilar superior, eu ficara irritado ao ler algures que era impossível encontrar um verso rimado para "silver". Passei o meu tempo livre a pensar sobre todas as mais improváveis palavras na linguagem, encontrando rimas para elas—boas rimas, não meras assonâncias—e introduzindo-as em "Ascension Day" e "Pentecost". Nesse poema encontrar-se-ão rimas para *refuge, reverence, country, virgin, courtesan,* Euripides, Aristophanes, Aeschylos, Aischulos, Sophocles, Aristobulos, Alcibiades, fortress, *unfashionable, sandwich, silver, bishop* (oito rimas para esta palavra), Sidney (três rimas para esta), *maniac,* Leviticus, Cornelius, Abra-Melin, Brahmacharya, Kismet, Winchester, Christ Church, *worship,* Chesterton, Srotápatti (duas rimas para esta), Balliol, e assim por diante.

Eu tenho mencionado dificuldades. Pode ser interessante mencionar a natureza delas. A primeira e a maior foi o mal-estar, que era na sua maior parte devido à falta de comida e exercício. A última queixa parece bastante ridícula; mas isto é um facto absoluto. Não se deve trazer coisas húmidas para a tenda; se alguém o faz, isto praticamente destrói a eficácia da sua protecção contra o frio. É preciso, portanto, ficar confinado na sua tenda enquanto o tempo estiver mau. Eu era responsável pela cozinha e tinha de sair em todos os tipos de condições meteorológicas; mas isso dificilmente era exercício. Frequentemente constatava que no momento em que eu tinha providenciado e acendido os fogareiros e conseguido derreter a neve, eu não mais podia aguentar o frio. Eu tinha de correr de volta para o meu saco-cama e aquecer-me enquanto outra pessoa preparava a comida. Nós mantínhamo-nos aquecidos com um kangri, quando as coisas ficavam muito más. Nós tínhamos trazido uma série de instras Japoneses, mas eles não arderiam; não havia oxigénio suficiente. Os cartuchos poderiam, no entanto, ser usados se deixados soltos em latas de biscoitos vazias. Por um motivo semelhante fumar cachimbo era impossível; a única maneira de fazer isto era reacender o cachimbo a partir da chama da vela a cada fumada. Nós tínhamos alguns charutos e podíamos fumar estes bastante confortavelmente. (Parece que a altitude não é totalmente responsável por isto. A alturas maiores em Kanchenjunga eu fumei o meu cachimbo tão confortavelmente quanto ao nível do mar).

Isto mesmo é verdade a respeito de comida. Nós achávamos difícil comer qualquer coisa a não ser o que pode ser chamado de acepipes, do ponto de vista das pessoas na nossa posição. Sentia um certo desgosto por comida. Eu tinha de ser "tentado" como uma criança inválida ou fastidiosa. Tornou-se óbvio que as teorias de Eckenstein sobre o exército Alemão eram inaplicáveis à exploração dos Himalaias.

Nós sofremos pouco com o frio no modo agudo, mas bastante com um efeito crónico. O problema do frio não tem sido cientificamente declarado por nenhum explorador, tanto quanto eu sei. Isto é assim: A temperatura normal do corpo é de 37º centígrados. Se, portanto, a temperatura do ar é de 30º, é preciso compensar a diferença através do calor libertado pela combustão dos alimentos. Se a temperatura é de 23º, é preciso teoricamente o dobro de comida, se 15º três vezes mais, se 8º quatro vezes mais, se 1º cinco vezes mais, se -6º seis vezes mais, se -13º sete vezes mais, se -30º oito vezes mais. As temperaturas são muito menos quentes e menos frias do que aquelas realmente experienciadas. As termometrias, máxima e mínima, provaram não ser totalmente confiáveis; e as observações no gráfico referem-se a tempos mais ou menos arbitrários. Outras termometrias mostraram temperaturas acima de 40º e abaixo de 30º centígrados. Infelizmente, a aritmética simples não é a única consideração. O aparelho digestivo é calculado para lidar com uma quantidade de alimento correspondente a, eu não sei qual a temperatura, mas podemos dizer com um palpite de 1º. Se a temperatura média for menor do que isto, significa que tu tens de comer mais do que podes digerir; e isso significa um gradual acúmulo de problemas.

Alguém pode, é claro, economizar o seu calor em certa medida diminuindo a radiação; que é usando roupas não condutoras, também providenciando calor artificial de kangris e assim por diante. (O kangri, a propósito, é um dispositivo Kashmiri. É um pote de cobre ou ferro no qual o carvão é queimado. Os nativos colocam-no debaixo das suas mantas e acocoram-se nele. É alegado que este hábito explica a grande frequência de cancro dos testículos ou escroto no país. A analogia é com "cancro de limpa-chaminés".)

Depois de cancelar todas as excrescências da equação, a situação equivale a isto; que tu não podes viver permanentemente em condições inadequadas ao teu organismo. É lamentável ter que fazer declarações deste tipo, vendo que isto não é mais do que uma recapitulação da principal proposição de Darwin e Spencer. Mas o explorador comum (por alguma razão inexplicável) parece absolutamente incapaz de aplicar o senso comum, a experiência ou o ensino da ciência aos problemas vitais com os quais ele é posto em presença. Aqui em 1922, após toda a nossa experiência, nós temos os membros da expedição Everest a falar sobre aclimatização, como se a ciência não existisse. Norman Collie disse-me claramente em 1896, no seu regresso da expedição Mummery a Nanga Parbat, que a única chance de subir uma grande montanha era apressar-se nela. Eu conhecia Collie como homem de ciência e como homem de bom senso e experiência. Confiei absolutamente na informação dele e governei-me em conformidade.

A única coisa a fazer é assentar numa reserva de energia, livrar-se de toda a sua gordura no exacto momento em que se tem uma chance para escalar uma montanha, e pular de volta para fora do alcance dela, por assim dizer, antes que ela possa ter a sua vingança. Falar de aclimatização é adoptar a psicologia do homem que treinou o seu cavalo gradualmente para viver com uma única espiga por dia, e teria revolucionado o nosso sistema de nutrição, se o relutante animal não tivesse sido agravado o suficiente para morrer nas mãos dele. Se quiseres aclimatizar-te às condições das montanhas, tu podes ir e viver um pouco mais alto do que os montanheses do Tibete. Se tu fizeres isto por quinze gerações ou mais, os teus descendentes adquirirão um tórax semelhante a um barril de cerveja e um coração capaz de fazer três vezes o trabalho que consegue fazer actualmente. Se tu então incarnares no teu clã, tu podes fazer cerco a Chogo Ri com uma razoável perspectiva de sucesso. Como diz o hino,

> Patience and Perseverance
> Made a Bishop of His Reverence

Este programa é, no entanto, dificilmente aceitável para as mentes Ocidentais, tão pouco penetrado com as ideias de Einstein de que tudo tem de ser feito com pressa. Podemos, portanto, deixar a "aclimatização" para os mentalmente defectivos heróis da expedição Everest de 1921 e 1922. Collie estava certo em dizer que a pessoa está vivendo no seu capital em prolongadas expedições de montanha. A minha experiência permite-me acrescentar que não é somente uma questão de montanhas. Qualquer tipo de prolongada dificuldade desgasta gradualmente qualquer um. Novamente eu repito, é lamentável ter de insistir em verdades tão óbvias. A baixa vitalidade das classes trabalhadoras, a deterioração nacional causada pelas privações do tempo de guerra, gritam a sua advertência. Qualquer um na Terra, excepto um membro do English Alpine Club, levaria isto a sério.

Quando fui a Kanchenjunga, três anos depois, eu tinha tudo em bom ponto. Eu treinei em Darjeeling alimentando-me o máximo possível (a dieta no Drum Druid Hotel era uma lenta inanição), tendo-me massajado por intermédio de um "educado" Bengali que era Adventista do Sétimo Dia e roubou dez libras. Eu cheguei a vinte e um mil pés em absoluta condição perfeita, somente três semanas a partir da base e não sofri absolutamente nenhuma das condições que lentamente nos estava despedaçando em Chogo Ri, excepto Wessely que, como a besta bruta que ele era, parecia insensível à influência das dificuldades e mantinha-se em conforto roubando os suprimentos da expedição sub-repticiamente.

Todos nós estávamos sofrendo mais ou menos. Knowles tinha perdido 33 das suas 186 libras-massa; o médico cerca de 20 das suas 167 desde que deixara Askole. Um homem com galopante consumo dificilmente poderia fazer melhor. A nossa hemoglobina tinha diminuído em vinte por cento. Eckenstein estava a sofrer de vários problemas pulmonares complicados; Knowles e o médico estavam repetidamente com gripe; quanto a mim, o recrudescimento da minha malária, a qual começou com um violento calafrio no fígado a 27 de Julho e durou até ao final do mês, manteve a minha temperatura em 39,3° ou aproximadamente. Pfannl, o grande atleta, tinha uma história própria. (Em breve.)

Devido ao facto de que a neve nestas altitudes evapora sem derreter, ela desaparece da vizinhança duma tenda, deixando um pináculo onde é protegida pelas lonas. Deste modo, ao final da tempestade de neve de cinco dias, a pessoa encontrar-se-ia empoleirada num patamar alguns pés acima do resto do glaciar. (Isto ilustra a formação de mesas glaciares.) Era necessário, qualquer que fosse o tempo, mudar a tenda, caso contrário o peso da neve nos lados inclinados, e a tensão geral, rasgaria a lona. Nós temos uma fotografia do planalto a partir do qual as nossas tendas foram removidas após cinco dias de tempestade de neve. No meio da área quadrada de dura neve relegada por pressão estão duas profundas depressões como rudes sepulturas. Estas representam o gelo derretido pelo calor dos nossos corpos através de uma dupla cobertura de solo de lonas Willesden, as lonas da maleta Roberts e o espesso colchão de cortiça.

Pfannl e Wessely tinham-se tornado completamente intoleráveis e nós encorajámo-los a irem para o Acampamento 12 (estimado em cerca de 21.000 pés) no dia 13. O tempo mostrava a sua habitual prontidão para cozinhar uma tempestade. No dia 14, eu descrevo isto como (x.o.p.) n + 1. Um ofício (nota) chegou dizendo que Pfannl estava doente. No dia 15, o tempo clareou à tarde; mas pude ver que isto significava mais malícia. O meu diário faz observação de que eu comi uma refeição neste dia. Eu devo ter estado muito mal anteriormente para fazer tal nota; pois o meu diário, quaisquer que sejam os seus outros defeitos, é um modelo supremo do estilo lacónico.

Um outro ofício disse-nos que Pfannl estava pior. O médico subiu ao Acampamento 12 para cuidar dele. Némesis chegara à cidade. O treino atlético, como entendido pelos atletas, é uma violação dos primeiros princípios da natureza. Wilkie Collins, em *Man and Wife,* contara-me acerca disto. Uma velhinha é provocada a conflito pessoal pelo Orgulho de Inglaterra e isto termina pelo seu colapso. A mesma coisa aconteceu com Pfannl. Eles tiveram a maior dificuldade para levá-lo ao Acampamento 11. Com esta desventura perdemos a nossa última chance de fazer uma arrancada para o K2. Houve uma série de dois dias bons, o segundo dos quais poderia ter sido usado por Knowles e por mim mesmo se não tivéssemos sido obrigados a superintender a caravana dos inválidos. Do dia 16 ao dia 17 estava uma tempestade de neve quase contínua. Pfannl estava a sofrer de edema de ambos os pulmões e a sua mente foi embora.

Um incidente patético fica na minha mente. Ele mandou chamar-me à sua tenda e disse-me que estes brutos enfadonhos não poderiam compreendê-lo, mas que eu, como poeta, seria capaz de entrar nos seus sentimentos. Ele então disse que havia três dele; dois deles estavam bem; mas o terceiro era uma montanha com um punhal e ele temia que isto o esfaqueasse. Naquele momento não percebi o significado da ilusão. Hoje é óbvio que o medo e o fascínio das montanhas se tinham misturado com os do falo, determinando assim o carácter do símbolo. Como as coisas eram, eu poderia simplesmente reportar que ele estava louco, e o médico continuou o tratamento de o manter continuamente sob morfina.

~ 40 ~

O DIA 20 estava bom; e nós construímos um trenó no qual Pfannl poderia ser levado até Rdokass. Wessely deveria ficar com ele permanentemente e o médico deveria retornar assim que o colocasse naquele alpe. Ele partiu no dia 21, o que foi bom; mas Eckenstein e eu estávamos novamente doentes à noite. No dia 22, mais uma vez começou a *acinzentar* e ameaçou piorar. O dia 23 estava igualmente mau. Rumo à noite, nós percebemos um estranho fenómeno. Interrogámo-nos a princípio se poderia ser um urso. Certamente algum animal se aproximava do acampamento, de quatro. No crepúsculo até os nossos binóculos nos deixaram indecisos, especialmente porque as irregularidades do glaciar escondiam-no a intervalos frequentes.

Mas quando chegou perto, nós percebemos que era o médico. O rosto dele estava a fumegar de suor e expressava uma agonia de medo. Eckenstein não foi simpático. Ele simplesmente disse: "Onde está o teu coolie?" Guillarmod explicou que ele tinha deixado uma amostra do chapéu da obra do Criador numa crevasse. Eckenstein proferiu uma única objurgação violenta que abriu novas perspectivas sobre a profundidade dos seus sentimentos. Eu não desperdicei sequer uma palavra—eu estava a colocar as minhas botas. Antes que Guillarmod se tivesse arrastado para dentro da sua tenda, Eckenstein e eu estávamos a deslizar sobre a neve no nosso esqui com uma corda enrolada. (Na minha pressa esqueci de levar os meus óculos, o que me custou mais dois dias de cegueira da neve.)

Cheguei à crevasse à frente de Eckenstein, mas ele gritou para que eu esperasse. Aqui estava a chance de mostrar na prática o que ele sempre alegou em teoria; com que facilidade um homem poderia ser retirado, usando apenas uma mão. O homem estava bem calmo; mas tinha perdido a esperança e estava comprometendo a sua alma com Allah. Eu suponho que ele estava mais preocupado com a direcção de Meca. Nós não precisávamos da corda enrolada; o médico tinha-se soltado da sua própria corda e a deixara na neve! A cobardia, a incompetência e a imbecilidade dos seus procedimentos permanecem hoje tão incompreensíveis quanto eram na época.

(Eu acuso-me de ter minimizado estas coisas. Eu nunca deveria ter concordado em levá-lo na minha próxima expedição, mas eu gostava tanto do homem que instintivamente dei-lhe toda a permissão, e inquestionavelmente ele estava sofrendo não menos do que os restantes de nós. Eu tenho uma fraqueza fatal por acreditar no melhor de cada um. Em face das evidências mais claras, eu não posso acreditar na existência de desonestidade e malícia, e sempre tento construir com material podre. Eu sempre imagino que tenho apenas de apontar um erro para que ele seja eliminado energeticamente, e estou constantemente perdido em leve surpresa quando o inevitável ocorre. Aqui está uma descrição por ele mesmo num dos seus dias maus.

> Por mim, eu permaneço na cama, afectado de um ataque de gripe mais forte que eu jamais tivera: a febre não é muito intensa, mas as minhas amígdalas estão tão inchadas e dolorosas que eu tenho muita dificuldade em respirar; o menor movimento produz um acesso de sufocação; impossível de dormir; dores lancinantes e arrepios torturam-me horrivelmente.)

Eckenstein, meticulosamente colocando a mão esquerda nas costas, puxou o coolie para fora com a direita, embora inteiramente sem ajuda do próprio homem. Ele tinha decidido morrer e ressentia-se da nossa interferência!

No dia 26, os meus olhos estavam melhores e senti-me bem na manhã do dia 27. Descobri que Wessely, antes de deixar o campo, tinha roubado a maior parte das nossas rações de emergência, as quais consistiam principalmente de selbst-kocher que continha pitéus prezados ao paladar Checo. Nós decidimos requestá-lo por corte marcial em Rdokass e eu escrevi o discurso da acusação na manhã do dia 27. À tarde senti um violento calafrio no fígado e fiquei completamente prostrado pelo resto do dia. Houve muito vómito.

A tempestade, depois de um curto intervalo, tornou-se mais violenta do que nunca. No dia 28 a minha febre e a tempestade continuaram sem diminuir. No dia 29 a tempestade continuou sem abatimento e a minha febre também. O vómito novamente complicou as coisas. No dia 30 clareou à tarde e a minha febre quebrou no sono e na perspiração. A noite estava muito fria e o dia seguinte esteve bom até à noite, quando a neve começou a cair, com delicadeza, mas com inexorável crueldade. Eu estava bem no primeiro dia de Agosto, porém a nevasca havia desenvolvido uma violência extraordinária. Um homem subiu do vale com khabar (notícias) de que a cólera havia encerrado a margem direita do Bralduh Nala. Parecia que a nossa retirada tinha sido cortada.

No dia 2, a tempestade enfureceu-se sem parar por um momento. Eu realmente convenci-me, desde que fora decidido desistir da ideia de subir a montanha directamente do Acampamento 10, e a partir do meu instintivo julgamento do tempo, que a expedição falhara no seu objectivo principal, e eu não estava minimamente interessado em matar-me gradualmente contra o meu julgamento. Eu estava absolutamente satisfeito com os resultados do meu reconhecimento original de Chogo Ri, e o Arcanjo Gabriel não poderia ter-me convencido de que provavelmente conseguiríamos forçar um caminho para a cumeada com mais de três milhas de comprimento do mais desesperado carácter.

Eu também tenho um instinto acerca do clima. Eu sei quando isto quebra definitivamente. Eu não consigo explicar isto; mas há uma diferença absolutamente definida no que se sente em duas tempestades aparentemente semelhantes. Uma apagar-se-á em preparação para uma quinzena sem nuvens e a outra será o prelúdio para mais Wagner. Eu também estava perfeitamente convencido de que as ideias de Collie estavam correctas. Nós tínhamos esgotado o nosso capital vital; nenhum de nós estava apto a escalar qualquer coisa. Em particular, faltou-nos a fina flor da vitalidade: a energia espiritual e o entusiasmo. Duvido que mesmo o bom tempo de uma quinzena nos restituiria a condição adequada para uma tentativa numa montanha.

No dia 3 de Agosto, a tempestade ainda estava forte; mas fizemos as malas e descemos no dia 4 para o Acampamento 9, parando no Acampamento 10, onde muitos dos nossos kiltas ainda estavam guardados, para escolher qualquer coisa que valesse a pena levar para casa (o que nós calculámos como algo que vale mais do que meia coroa de libra) e qualquer coisa que nós imediatamente desejássemos, especialmente açúcar, do qual nós já estávamos em dolorida necessidade. No dia 5 ficámos ociosos em moderado clima, enquanto os coolies trouxeram do Acampamento 10 as mercadorias que havíamos escolhido, e no dia 6 fomos ao Acampamento 7.

A condição do glaciar mais baixo era espantosa. Apesar de todas estas semanas de tempestade de neve, isto havia sido despido de todos os vestígios de neve, dado que na subida caminhámos em declives suaves. Encontrámos um glaciar seco, a maior parte do qual eram seracs recentes com altura até quinze pés, afiados, finas agulhas de gelo que eram naturalmente impossíveis de serem contornadas. Nós simplesmente tivemos que evitá-los. Eu estava constantemente doente com febre, diarreia e vómito, e só me recuperei quando cheguei a Ghomboro. Os sintomas eram literalmente contínuos. A cada poucas centenas de jardas eu tinha que parar, passar por isso e continuar.

No dia 7, nós descansámos no acampamento 7. Estava tudo bem e a temperatura na minha tenda era de 37°; mas os altos picos estavam "fumando os seus cachimbos", de modo que um vento violento deve ter sido ali soprado; e quando a manhã avançou, as nuvens juntaram-se. No entanto, aproveitei uma oportunidade; e banhei-me. É uma sensação curiosamente refrescante. Às vezes pergunto-me por que razão as pessoas não se entregam a isto com mais frequência. No dia 8, fomos ao Acampamento 6. O meu indiscreto deboche com água havia adicionado um resfriado na cabeça às minhas outras misérias. Novamente uma bela manhã degenerou num clima espesso. Nós descansámos no dia 9 e fomos para o Acampamento 5 no dia 10. Esteve nublado durante todo o dia e à tarde tivemos uma violenta tempestade de chuva. No dia 11 fomos directos para Rdokass por um atalho, passando por cima de um belo seixal cujas pedras eram iridescentes; cada cor do espectro reluzia nas suas superfícies lavadas pela chuva.

No dia 12 realizámos um durbar e expulsámos Wessely da expedição. Pfannl decidiu ir com ele. Pfannl estava então mais ou menos bem de novo, mas ele nunca seria capaz de escalar montanhas no futuro. Choveu copiosamente todo o dia e o seguinte, o qual passei na cama. No dia 14 fomos ao acampamento 1. Demorei dez horas; a última parte da marcha foi muito má, o enorme aumento de água tornou algumas secções da marcha impossíveis pela rota anteriormente tomada. Eu estava bem o suficiente para comer.

O tempo estava razoavelmente bom, à parte uma ou duas tempestades de neve; mas nevou a noite toda.

No dia 15 fui a Payu. Antes de deixar o glaciar tive outro ataque de febre e fui obrigado a deitar-me durante três horas. O clima tinha-se tornado bastante crónico. Houve vislumbres de sol; mas na maioria das vezes tínhamos nuvens e chuva. Devo observar (a propósito) que as pessoas que vivem nas cidades têm padrões bem diferentes de mau tempo das pessoas que vivem ao ar livre. Quando alguém está a morar numa tenda, descobre que é muito raro experimentar vinte horas de mau tempo contínuo. Há quase sempre um período do dia em que se pode conseguir pelo menos uma ou duas horas, o que é bastante decente. As observações do cidadão estão confinadas a uma pequena parte do dia. O clima no glaciar Baltoro pode, portanto, ser considerado excepcionalmente abominável.

Eu tive muito azar (no geral) com o meu tempo nas montanhas. Mesmo no México, nós tivemos uma quinzena de frio e humidade que não tinha paralelo na memória do homem, e fez com que os fogões na cidade esgotassem nas primeiras quarenta e oito horas. Depois estive uma vez em Wastdale Head durante quarenta e três dias quando choveu bastante continuamente excepto numa manhã e numa tarde. Por outro lado, durante os nove dias em que estive no Akyab parou uma vez de chover por quase vinte minutos. Eu deveria ter tomado o tempo exacto: mas achei que o fim do mundo tinha chegado, de modo que nunca me ocorreu olhar para o meu relógio até que isto começasse novamente.

Eu já tinha passado sessenta e oito dias no glaciar, dois dias a mais do que qualquer outro membro do grupo. Era um outro recorde mundial; e, até onde eu sei, permanece a esta hora. Espero que me seja permitido morrer em paz com isto. Seria uma lamentável ambição em qualquer um agarrar os meus louros e posso assegurar-lhe que abster-se trará a sua própria recompensa. Destes sessenta e oito dias, apenas oito estiveram bons, e destes nem três foram consecutivos. Claro que alguns dias eram de carácter misto. Mas em nenhum caso tenho eu classificado como mau tempo quaisquer dias que seriam considerados, nos Alpes, bons o suficiente para sair para um pico médio de segunda categoria.

Uma impressão quase inacreditável insistiu em estampar-se na minha mente relutante. Eckenstein e Knowles ficaram muito chateados com os relatórios da cólera no Bralduh Nala. É verdade que, por todos os relatos, foi muito mau. Um relatório dizia que cem homens tinham morrido. Por alguma razão tratei a coisa toda com cepticismo; e quando passei por Askole certamente não vi sinais de agitação ou de luto.

A única precaução que tomei foi impedir que os meus homens entrassem em contacto com os aldeões.

Mas Eckenstein e Knowles não passariam pela vila. Eles decidiram retornar a Shigar pelo Skoro La, que é uma passagem que evita a grande curva formada pelos rios Bralduh

Nala e Shigar. É quase como uma marcha de muitos dias e é decididamente mais difícil para os homens. Então o médico e eu contornámos pelo vale. Em Ghomboro perseguimos damascos frescos, e depois de uma indigestão final causada pelo excesso de frescas amoras e melões em Shigar a minha saúde melhorou com espantosa rapidez. Dentro de uma semana eu estava em perfeita forma novamente e convencido mais do que nunca que as montanhas, como tais, têm pouco a ver com a doença de altitude.

Percebi mais tarde que Sir Richard Burton, mesmo com sua pequena experiência, observou que não acreditava que os sintomas se deviam à altitude, mas à indigestão. Burton sempre foi o meu herói e a melhor coisa sobre ele é o incrível senso comum. Num lugar, por exemplo, ele refere-se à influência como "aquela terrível febre baixa chamada influença": que é exactamente a verdade. Quando se compara com esta descrição os baldes cheios de farolice pseudocientífica da medicina moderna, a repugnância faz com que se anseie por cabeças equilibradas e olhos límpidos de tais homens como Burton.

A descida ao vale oferecia pouca novidade aos olhos. O vasto Mud Nala tinha endurecido; mas antes disso transbordara para mais de cem jardas de largura num só lugar. O Narrow Nala ainda estava húmido, mas não tão fundo em lama. Em Dasso encontrámos maças frescas; e no nosso próximo acampamento, logo depois de Yuno, pêssegos frescos. Esta última marcha foi muito severa, ao longo de nove horas em areia ardente sem um pé quadrado de abrigo em parte alguma. No dia seguinte uma nova experiência estava em reserva. Nós fomos capazes de viajar por zak.

O zak é uma variedade local de jangada; a uma armação de bambus cruzados é atado um número de peles de cabra. A nossa jangada tinha vinte e quatro: seis por quatro. Como estas peles de cabra não vedam, é necessário encontrar um local de desembarque a cada vinte minutos, e isto nem sempre é fácil. O grande perigo é que pode-se ficar numa rocha submersa. Seria quase impossível sair e quase impossível chegar à costa, embora se possa estar somente a seis pés da margem. Em cada canto há um homem com um longo mastro de bambu para repelir pedras. Mas de outro modo pouco pode ser feito para se direccionar o curso ou até mesmo para manobrar o suficiente para se evitar que o zak fique girando e girando. Eu lembrei-me do coracle de Ben Gunn em *Treasure Island*. O comportamento de um zak num mar confirma a analogia, pois num sítio o rio era atravessado por filas de ondas de cinco ou seis pés de altura.

Parecia inconcebível que não devêssemos ser inundados. Nós mantivemos os nossos lugares, colocando os pés entre os bambus e segurando-os com as mãos. A corrente é terrivelmente rápida. Tínhamos começado a nossa "aventura pela água" ao cruzar o Yuno, pois estávamos do lado errado do rio, e um homem tivera que ser mandado a partir de muito acima para providenciar a jangada para nos tirar. (Até que realmente se vá viajar num território deste tipo, não se pode formar nenhuma ideia da frequência de obstáculos totalmente insuperáveis. Não era culpa nossa, por exemplo, que nós estivéssemos no lado errado do rio, pois a outra margem envolvia um desvio de cerca de três dias.)

Foi necessário mais do que uma viagem para atravessar o rio. Não poderia ter sido cruzado de todo a não ser pelo facto de ser dividido em sete correntes, das quais apenas uma não poderia ser a vau. Naturalmente, uma passagem foi escolhida onde a corrente era menos formidável. Mas por tudo isso nós fomos arrastados cerca de três quartos de milha para atravessar menos de duzentas jardas. A fim de recuperar o ponto de partida para a próxima jornada, o zak teve que ser levado por um par de milhas. Tanto por mera travessia. Mas no dia seguinte estávamos somente a três horas e dez minutos de efectiva ida para Shigar, o que de maneira normal são três longas marchas.

O ritmo da corrente varia enormemente. Às vezes éramos mantidos meia hora de cada vez girando no meio de conturbados redemoinhos; às vezes éramos lançados violentamente pelo córrego abaixo a mais de vinte milhas por hora. A sensação é extraordinariamente estimulante—o movimento, o perigo iminente, a intoxicação do ar, a excelência do panorama, mas acima de tudo, a beatífica realização de que, como o médico disse, "as estradas estão fazendo a nossa caminhada por nós", combinaram para me fazer delirar com prazer. Grande também foi a alegria de reencontrar Knowles e Eckenstein, que haviam então recuperado a sua equanimidade. Todos nós descemos para Skardu em duas horas num grande zak. Lá encontrámos uvas maduras frescas, batatas e milho verde. A nossa alegria não era confinada; juventude na proa e prazer no leme!

~ 41 ~

HÁ DOIS MODOS de retornar de Skardu para Srinagar; um, do modo que viemos, o outro, através do planalto Deosai. Este é um grande planalto de catorze a dezassete mil pés, atravessado por quatro rios principais. Tem uma diabólica reputação por inospitalidade. Os rios, em particular, fazem a brincadeira de induzir-te a atravessar um ou dois deles, e depois descendo em vaga, retêm-te indefinidamente e matam-te à fome. Eu queria voltar por esse modo; mas as lembranças de Eckenstein eram demasiado dolorosas. Nós decidimos viajar separadamente—ele com Knowles e eu com o médico. (Depois de termos começado, ele mudou de ideia e seguiu-nos.) No dia 26 de Agosto tive uma onda final de febre e deitei-me na cama até à tarde, após a qual levantei-me e vi os preparativos para a jornada. No dia seguinte começámos para Pinderbal, cerca de cinco horas a cavalo—um passeio muito agradável até um nala íngreme. O único incidente foi que o meu pónei tinha estado a ler o Antigo Testamento e começou a variar os seus prazeres debandando-se debaixo de uma árvore de modo que eu fiquei preso nos seus galhos como Absalão, enquanto ele seguia bem-disposto o seu caminho, relinchando alegremente. Nós acampámos debaixo de um enorme pedregulho; e quando me sentei perto do fogo depois do jantar deliciando-me com um cachimbo, um incidente muito característico ocorreu.

Uma massa disforme estava descendo as encostas. Isto esclareceu-se num homem que devia ter mais de setenta anos de idade, carregando um saco, muito maior do que ele, sobre o que provou ser de damascos secos. Cumprimentei-o carinhosamente e ofereci-lhe um pouco de tabaco. Ele acocorou-se à minha frente e começou a conversar. Quando ele disse "damascos secos" eu tive que convocar toda a minha filosofia para evitar levantar ligeiramente as sobrancelhas, pois este estava realmente carregando hulhas para Newcastle. O Baltistão consiste exclusivamente de rochas, riachos e damascos secos. O último nome é sua principal exportação.

Um momento...e eu compreendi! O pobre homem não conseguira atravessar o planalto e estava voltando para casa para morrer! Eu expressei a minha simpatia e ofereci ajuda. Oh, não, não de todo! Ele tinha carregado o seu saco até Srinagar; mas descobrindo à chegada que o preço do seu produto tinha caído para uma fracção de um centavo por libra, ele recusou-se a vender e estava trazendo o material de volta. O saco em si parecia fabuloso, então eu peguei no "terror do açougueiro" e descobri que isto pesava quatrocentas e dez libras-massa. Todo o negócio pareceu-me extraordinariamente sublime. Eu lancei para o velhote cinco rupias. Isto deixou-o louco de felicidade e restaurou a sua debilitada convicção na existência de um Ser Supremo que dedica a maior parte do Seu tempo a cuidar dos Seus fiéis.

No dia seguinte, cerca de quatro horas de viagem levou-nos ao topo do desfiladeiro, de onde tivemos uma vista magnífica da planície de Skardu e do Indo acompanhados pelas grandes montanhas, enquanto diante de nós repousava o Deosai, e da absolutamente desarborizada área selvagem de um relativamente nivelado território emoldurado por picos menores. Dá uma impressão única de desolação. Eu nunca vi igual neste aspecto em outro lugar. Contudo, a marcha foi muito agradável com adoráveis flores e riachos. O tempo esteve delicioso e o andamento bom.

No dia seguinte fomos para Kranub (Kalapani é outro nome para isto) em menos de seis horas num vento frio sob um céu ameaçador. Depois de acampar, a chuva caiu em torrentes. No dia 30 descemos do planalto em oito horas para Burzil, onde havia um dak-bangaló. Choveu continuamente até à última hora, de modo que perdemos a vista à distância, mas o primeiro plano informou-nos da mudança completa do carácter da região.

Burzil está na estrada Gilget. Esta "estrada" (que é um bom caminho de mula) estava absolutamente lotada com todas as bestas de carga disponíveis: homens, mulas, bois, jumentos, cavalos, camelos—todos desesperadamente inclinados em fornecer a pequena guarnição para o Inverno antes que a neve fechasse as passagens. Estando Gilgit no lado Indiano dos Pamirs e o território para norte muito mais difícil do que para sul, eu fiquei altamente divertido pela crónica ansiedade do governo de que a Rússia invadiria a Índia por esta rota. Duvido se os recursos combinados de ambos os governos seriam suficientes para trazer mais de meia dúzia de regimentos. Estamos sempre a ouvir sobre a invasão de Alexandre, o Grande; mas a sua expedição não é para o ponto. Desde o seu tempo as condições climáticas em todo o mundo mudaram muito consideravelmente. Terei mais a dizer sobre este ponto quando eu chegar a lidar com o Sáara. Por enquanto contento-me em observar que no tempo do império Macedónio o território era provavelmente muito mais fértil. Isto é suficientemente provado pelos traços das civilizações passadas, bem à parte da geral evidência dos fenómenos físicos que estão em progresso no nosso planeta.

Nós descemos o vale Burzil, um desfiladeiro de incrível beleza e colorido, com deslumbrantes árvores a "emplumar as selvagens cristas das montanhas escarpadas". Em Pashwari este tinha já começado a abrir, e em Gurais um largo e calmo córrego serpenteia lentamente por um amplo vale. Enquanto eu andava devagar pelo trilho até este acampamento, ouvi um grito repentino atrás de mim. "Hat Jao!" (sai do caminho!); um momento depois, um gigantesco major Inglês passou por mim murmurando maldições. Eu escondi o riso na minha barba. Foi divertido ser tomado por um nativo!

Em Gurais encontrei Ernest Radcliffe, assistente do comissário florestal de Kashmir, no acampamento. Eu já o conhecia bem; ele recebeu-me de braços abertos e ofereceu-me aquele banho quente da minha vida, com almoço e jantar a seguir. Ao jantar conheci o galopante major, o qual não me reconheceu quando me encontrou sentado, vestido e em meu perfeito juízo, e ficou extremamente embaraçado quando ele percebeu a sua desintencional descortesia da manhã.

Em Gurais há uma grande ponte suspensa e os restos de uma extensa fortaleza antiga. No segundo dia fomos para Gurai e no terceiro para Tragobal. A estrada aqui atravessa uma passagem de alguns dez mil pés de altura. É um trajecto magnífico através do mais selvagem e ainda mais rico cenário de floresta e montanha. Algumas das árvores são enormes e obtém-se inebriantes visões do vale emolduradas pelo seu sombrio esplendor. Poucos homens sabem o que uma visão pode ser. A ideia Europeia é ir, preferivelmente de comboio, para algum lugar alto e obter um panorama. Para mim, mesmo os panoramas mais nobres são um tanto monótonos. A sua falta de limites diminui o seu valor estético. Para ver perspectivas distantes com a maior vantagem é necessário um primeiro plano. Em escaladas de rocha e viajando pelas florestas de montanha vê-se a natureza em perfeição. A cada viragem, o primeiro plano escolhe partes especiais do segundo plano para a atenção, de modo que há uma sucessão constante de variadas imagens. O olho não mais fica perplexo ao ser convidado a absorver em demasia de uma só vez; e o efeito da distância é imensamente aumentado por contrastes com o primeiro plano.

Logo após cruzar a passagem, o Vale de Kashmir com o Lago Wular explode sobre a vista. Mais uma vez, o carácter do cenário tinha sofrido uma transformação completa. Nós descemos jubilosamente para Bandipura em quatro horas. Os mosquitos nesta parte do lago deveriam ter sido repetidamente expostos em *Truth*. A reputação deles fede na região. Então nós fretámos um dunga (que é uma variedade de casa flutuante usada quando qualquer distância considerável tem de ser coberta) e cruzámos o lago para Baramula. A travessia deveria ter levado cinco horas; demorou doze.

Nós mandriámos um dia dentre as delícias do comparativo conforto, manchado apenas pelo retorno da minha malária. Mas no sexto dia eu dirigi uma *tonga*[36] para Srinagar, 132 dias depois da partida. A expedição a Chogo Ri estava terminada.

~ 42 ~

APÓS CERCA de uma semana em Srinagar, eu aceitei um convite para ficar com Radcliffe na sua sede em Baramula, para ir à caça. Viajei de dunga para ver um pouco mais da vida e carácter nativos, coisa que eu podia fazer mais livremente agora que a minha responsabilidade pela expedição estava a chegar ao fim. Passei dois maravilhosos dias de perfeito regozijo no rio e no lago. Percebi todo o *Kubla Khan*[37], incluindo as partes que Coleridge olvidou. Eu compreendi a exclamação do poeta Persa:

> If on earth is a heaven of bliss,
> It is this, it is this, it is this.

Radcliffe e eu íamos atirando nos ursos ocasionalmente, mas eu não conseguia ganhar muito entusiasmo. Eu ainda estava a sofrer de ocasionais assaltos de febre; e além disso, eu estava oprimido com uma certa lassitude. Sentia-me admiravelmente bem, mas desinclinado para a necessária exerção. A tensão da jornada estava a fazer-se sentir. Eu queria relaxar e desfrutar de pequenos passeios à sombra, comer e beber à vontade e dormir "preguiçosamente, preguiçosamente, sonolentamente, sonolentamente, ao sol do meio-dia". Eu tinha combinado ir numa expedição mais séria com Radcliffe; mas ele foi chamado por um telegrama, e eu decidi perambular lentamente de volta para Blighty.

Eu deixei Baramula no dia 21 de Setembro, cheguei a Pindi no dia 24, e após um dia ou dois em Delhi e Ajmer cheguei a Bombaim no último dia do mês. Eu pretendia investigar Jaipur e a cidade abandonada[38] que estava deserta no apogeu do seu esplendor com uma hora de antecedência a conselho de um astrólogo. (Ele profetizou, observa, que isto se tornaria como "as cortes onde Jamshid glorificou e bebeu profundamente", e assim foi!) Mas o meu poder de sentir tinha sido definitivamente entorpecido pela expedição. As dificuldades e as enfermidades esgotaram temporariamente a minha vitalidade.

Um estranho símbolo disto e o único. A minha barba era nesse tempo uma mistura

---
36 N.T.: shikara; gôndola
37 N.T.: poema de Samuel Taylor Coleridge
38 N.T.: Bairat

de vermelho e preto em proporções quase iguais. Eu barbeei-me para ir para a Europa; e quando deixei crescer novamente, todos os cabelos vermelhos ficaram perfeitamente brancos.

Saí de Bombaim no dia 4 de Outubro, quando o pobre e velho *Egypt* naufragou em Ouessant em 1922. No navio, um jovem oficial retornava de licença a Inglaterra para se casar. Era uma história romântica, e para a realização satisfatória do seu plano, um anel de ouro simples que ele usava no quarto dedo da mão esquerda era de última importância. Ele tirou isto do dedo para ler a inscrição no interior. Assim que ele o colocou de volta, um comissário de passagem tocou no cotovelo dele e o anel caiu no convés. Isto teria ido seguramente para os embornais, mas o dono e o comissário, curvando-se excitadamente para recuperá-lo, colidiram. Um deles agarrou o anel; isto escorregou dos seus dedos e foi pela borda fora. A angústia do jovem era triste de ver. "Eu não quero encará-la sem isto", continuou ele queixando-se, com as lágrimas escorrendo pelo rosto. Fizemos o melhor que pudemos elaborando uma declaração assinada explicando como o acidente ocorreu.

Esquecemos tudo acerca do assunto no curso da viagem e, quando chegámos a Aden, até o próprio jovem tinha recuperado o seu ânimo. Para passar o tempo, nós propusemos pescar tubarões no porto e após cerca de uma hora tínhamos um belo peixe a bordo. Este foi imediatamente cortado; mas apesar da nossa pesquisa, nenhum vestígio do anel conseguimos encontrar.

Eu alcancei Aden no dia 9. Deve ser um lugar perfeitamente medonho para se viver. Como eu deveria desembarcar no Egipto, tive que ficar em quarentena durante um dia em Moses Wells, sendo que a regra deve ser de onze dias longe de Bombaim, em caso de peste. O Moses Wells é o lugar mais odioso em que já estive, com a possível excepção de Gibraltar. Observo no meu diário que a comida era "bestial, abominável e absurdamente cara". Se bem me lembro, foi cozinhada por um Grego e servida por um Arménio. Os volumes não podiam dizer mais.

Cheguei ao Cairo no dia 14 e fui transportado para o sétimo céu. Eu morei no Shephard's Hotel até ao dia de Guy Fawkes, chafurdando na abundância. Eu nem sairia para ver as pirâmides. Eu não iria para ter quarenta séculos a olhar para mim. Confundir a impudência deles! Eu não conseguia sequer importar-me em estudar o Islão do ponto de vista religioso, mas eu fiz um curso de etnologia que permanece na minha mente como o único estudo em que as rosas não têm espinhos. Eu consegui um dactilógrafo e ditei um relato das minhas várias andanças nos meus melhores momentos, mas na maioria das vezes eu estava sinceramente buscando as minhas pesquisas no mercado de peixe.

A minha mente começou, além disso, a fluir de volta para os seus canais habituais. Por um lado, eu cheguei à conclusão de que "a poesia mais permanente é talvez a de canções de amor para a real gente do campo—sobre a truta e o amor". E comecei a escrever um conjunto de letras para ser chamado de "The Lover's Alphabet". Isto consistia em vinte e seis poemas, associando o nome de uma menina a uma flor com a mesma inicial de A a Z. Uma das minhas regulares absurdidades pedantescas! Escusado será dizer, isto decompôs-se. Os destroços estão impressos no meu *Collected Works*, vol. III, p. 58 seq. Eu estava também vagamente revisando *Orpheus* e o outro literário cacareco do passado ano e meio.

Eu tinha estado, de vez em quando, a praticar uma certa quantidade de Magick prática, mesmo durante a expedição; mas isto também diminuíra desde o meu retorno à civilização. Quanto ao Yoga, eu estava ainda completamente morto. Eu tornara-me inepto para o transe da mágoa em si própria. Eu não tinha dúvidas quanto à eficácia da

Magick ou as vantagens do Misticismo. Eu simplesmente não podia ser incomodado com eles. Eu não estava sob quaisquer ilusões acerca do valor dos prazeres mundanos; simplesmente eu não possuía a energia para viver qualquer outro tipo de vida.

Não consigo compreender o porquê das pessoas imaginarem que aqueles que se aposentam do mundo são preguiçosos. É muito mais fácil nadar com a corrente, refrescar a mente continuamente deixando-a passar de uma distracção para outra. Isto é tão verdadeiro que quase se pode afirmar que os monges mais idiotas são na realidade mais enérgicos do que o homem de negócios mais ocupado. Isto não se aplica tanto aos monges Católicos, pois os seus exercícios de rotina entorpecem o limite de quaisquer mentes que eles possuam; e não aos missionários, os quais vivem burguesas vidas diversificadas por deleitáveis surtos de vaidade. Mas isto aplica-se aos orientais, do Japão a Marrocos.

Pode-se ir mais longe e dizer que, além da religião, o oriental vive uma vida mental muito mais intensa do que os Europeus ou Americanos; isto é, presumindo que tenha sido despertado do brutal torpor por educação. Pois o Ocidental usa a sua educação para tirar o limite da sua mente. Ele permite que esta vagueie dentre os detalhes de actividade e família, e apodrece-a lendo jornais. No Oriente, uma mente activa não pode alastrar-se pelas águas rasas. Esta é compelida pelo seu relativamente limitado mobiliário intelectual a lapidar-se num curso de aprofundamento constante. Assim ocorre que poucas pessoas, de facto, fora da Ásia e da África, estão cientes da existência de qualquer um dos estados mentais mais elevados. Imagine-se que a consciência conota um único nível de sanidade; isto é, que consiste no movimento mecânico dos seus elementos em repouso para os variados estímulos dos sentidos. Há uma tendência a considerar até mesmo variações comparativamente pequenas como o reflectivo hábito do homem da ciência e do filósofo como sendo anormais e, em certo sentido, insalubres. Eles são os sujeitos do vulgar rídiculo.

Em pura lassitude espiritual, eu deixei o Egipto a caminho de casa. Durante a minha ausência de Inglaterra eu mantivera uma espécie de correspondência irregular com Gerald Kelly, o qual por essa altura começara a tentar aprender a pintar, e o qual tinha um estúdio na rua Campagne Première, no bairro de Montparnasse em Paris. Aceitei de bom grado o seu convite para ficar com ele lá. Já havia sido marcado na minha testa que eu era o Espírito de solitude, o Viandante da Dissipação, Alastor; pois enquanto eu entrava com entusiasmo absolutamente espontâneo na atmosfera artística de Paris, eu estava sempre subconscientemente ciente de que aqui eu não tinha uma cidade contínua.

Eu comecei a escolher os antigos fios da minha vida. Apesar da evidência de Allan Bennett quanto à integridade de Mathers, as premissas do meu silogismo original quanto à sua autoridade não foram prejudicadas. As suas realizações originais provaram sem sombra de dúvida que ele tinha sido em determinado tempo o representante dos Chefes Secretos; que ele tinha estado temporariamente obcecado ou tinha permanentemente caído.

Ao sair para o México, eu pedi-lhe para cuidar de uma mala de viagem, um saco e alguns livros valiosos com os quais eu não quis ser incomodado. Liguei para ele e pedi o retorno deles. Fui recebido em pleno gozo de direitos, mas uma certa restrição e constrangimento eram aparentes. Ele entregou os meus livros, mas explicou que como ele estava a mudar-se para uma nova casa no Butte Montmartre (onde eu o encontrei na apropriada agitação), ele não podia colocar as mãos nos meus sacos durante alguns dias. Eu nunca os vi desde então. Um deles era um quase novo saco de viagem de cinquenta guinéus.

Eu extraí as minhas próprias conclusões. O que aconteceu comigo foi muito parecido com o que aconteceu com tantas outras pessoas. Mas eu ainda não via razão para abandonar a minha lealdade. A melhor política era permanecer inactivo; tal como Mathers era, ele era a única autoridade na Ordem até definitivamente ser substituído pelos Chefes Secretos.

Eu tinha, no entanto, poucas dúvidas de que ele havia caído involuntariamente invocando as forças de *The Book of the Sacred Magick of Abramelin the Mage*. Eu pensei em tentar o testemunho de um observador independente.

Dentre a colónia Inglesa de Montparnasse estava um jovem chamado Haweis, filho do outrora célebre H. R. Haweis de *Music and Morals*. Ele estivera em Peterhouse e agora estudava arte, na qual ele tinha desde então alcançado uma certa delicada eminência. Ele foi visitar Mathers e voltou muito aborrecido com uma pomposa disquisição sobre os antigos deuses do México. O charlatão estava aparente; Mathers obtivera as suas informações a partir das próprias pessoas que me tinham induzido a ir ao México. Ele estava a explorando *omne ignotum pro magnifico*[39] tal como o remuito charlatão. Nesse momento entrei em contacto mágico com as forças dele. A história foi contada admiravelmente, ainda que ligeiramente florida, pelo Capitão (agora Major-General) J.F.C.Fuller. Eu dificilmente posso fazer melhor do que citar o seu relato.

Gerald Kelly mostrou considerável perturbação mental e, ao ser questionado por Frater P. sobre o que o estava a exercitar, Gerald Kelly respondeu: "Venha libertar a Senhorita Q dos ardis da Senhora M." Ao ser perguntado quem era a Senhora M., Gerald Kelly respondeu que ela era uma vampira e uma feiticeira que estava a modelar uma esfinge com a intenção de um dia dotar isto com vida para que pudesse realizar os seus maus desejos; e que a sua vítima era a Senhorita Q. P., desejando aliviar a mente do seu amigo, pediu a Gerald Kelly que o levasse para o endereço da Senhorita Q., no qual a Senhora M. estava a morar. Gerald Kelly assim fez.

A Senhorita Q., depois de uma entrevista, pediu a P. durante o chá para ir ao encontro da Senhora M. Depois da apresentação, ela saiu da sala para fazer chá—a Branca Magick e a Negra ficaram cara a cara.

Sobre a cornija da lareira havia uma cabeça de bronze de Balzac, e P., derrubando-a, sentou-se numa cadeira perto do fogo e olhou para isto.

Passado pouco tempo um estranho sentimento onírico pareceu vir sobre ele, e alguma coisa aveludada, suave, calmante e sobretudo lasciva moveu-se através da mão dele. Subitamente olhando para cima ele viu que a Senhora M. silenciosamente deixara o assento dela e estava a debruçar-se sobre ele; o cabelo dela estava disperso numa massa de cachos sobre os ombros dela e as pontas dos seus dedos estavam tocando nas costas da mão dele.

Não mais era ela a mulher de meia-idade, desgastada com estranhas concupiscências; mas uma jovem mulher de enfeitiçante beleza.

Reconhecendo imediatamente o poder da feitiçaria dela, e sabendo que se ele no mínimo contemplasse a gorgónea cabeça dela, todo o poder da Magick dele seria petrificado, e que ele se tornaria apenas uma marionete nas mãos dela, apenas um brinquedo a ser jogado e atirado para o lado quando quebrado, ele sossegadamente levantou-se como se nada de insólito tivesse ocorrido; e colocando o busto na cornija da lareira virou-se para ela e com ela encetou uma mágica conversação; quer dizer, uma conversação que externamente tinha apenas a aparência da mais polida conversa fiada, mas que internamente lacerava o maligno coração dela, e queimava nas suas negras entranhas como se cada palavra tivesse sido uma gota de algum ácido corrosivo.

---

39 N.T.: "tudo que não se conhece é tido por magnífico"—Tácito

Ela retorceu-se dele, e depois novamente aproximou-se dele ainda mais bonita do que antes. Ela estava a lutar pela sua vida agora, e não mais pelo sangue de uma outra vítima. Se ela perdesse, o inferno escancarar-se-ia diante dela, o inferno que cada mulher, outrora bela, que se está aproximando da meia-idade, vê diante de si; o inferno da beleza perdida, da decrepitude, das rugas e da gordura. O odor do homem parecia preencher toda a forma subtil dela com uma agilidade felina, com uma beleza irresistível. Um passo mais próximo e em seguida ela saltou para Frater P. e com uma palavra obscena procurou pressionar os seus escarlates lábios nos dele.

Assim que ela o fez, Frater P. capturou-a e, mantendo-a a um braço de distância, feriu a feiticeira com a própria corrente de maldade dela, tal como um pretenso assassino é ocasionalmente morto com a própria arma com a qual atacou a sua vítima.

Uma luz azul-esverdeado parecia rondar a cabeça do vampiro, e então o linhoso cabelo ficou da cor da neve enlameada, e a álbida pele enrugou, e aqueles olhos, que tinham transformado tantas vidas felizes em pedra, entorpeceram e tornaram-se como peltre salpicado com a borra de vinho. A rapariga de vinte anos tinha ido embora; diante dele estava uma bruxa de sessenta, dobrada, despojada e debochada. Com babosas maldições saiu ela do quarto a manquejar.

Quando Frater P. deixou a casa, por algum tempo ele revolveu na sua mente estes acontecimentos estranhos e não demorou a chegar à opinião de que a Senhora M. não estava a trabalhar sozinha, e que por detrás dela provavelmente havia forças muito maiores do que ela. Ela era apenas a marionete de outros, a escrava que apanharia as crianças e os cordeiros, os quais seriam servidos na mesa do mestre dela. Poderia P. provar isto? Poderia ele descobrir quem eram os mestres dela? A tarefa era difícil; isto significava ou meses de trabalho, coisa que P. não poderia dar-se ao luxo de conceder, ou a mera oportunidade de um golpe de sorte que P. deixava de lado como indigno intento.

Naquela noite, enquanto relatava a história ao seu amigo Gerald Kelly, ele perguntou-lhe se conhecia algum clarividente confiável. Gerald Kelly respondeu que sim, e que naquela época havia uma pessoa em Paris conhecida como Sibila, a própria "belle amie" dele. Naquela noite eles ligaram para ela; e dela P. descobriu, pois ele persuadiu-a no espírito, os seguintes factos notáveis.

A visão a princípio era de pouca importância, depois, gradualmente, o vidente foi levado a uma casa que P. reconheceu como aquela em que D.D.C.F. vivia. Ele entrou num dos quartos, o qual ele também reconheceu de imediato; porém, não deixa de ser curioso que, em vez de encontrar D.D.C.F. e V.N.R. lá, ele encontrou Theo e a Senhora Horos. O Senhor Horos (M.S.R.) incarnado no corpo de V.N.R. e a Senhora Horos (S.V.S.) no de D.D.C.F. Os corpos deles estavam em oração; mas os seus espíritos estavam na casa do caído chefe da Golden Dawn.

A princípio, Frater P. foi tomado de horror com a visão, ele não sabia se deveria dirigir uma corrente hostil de vontade contra D.D.C.F. e V.N.R., supondo que fossem culpados de nutrir dentro dos seus corpos os espíritos de dois vampiros desencarnados, ou talvez demónios de Abramelin sob as formas assumidas de S.V.A. e M.S.R., ou avisar D.D.C.F.; supondo-o estar inocente, como ele talvez estivesse, de uma ofensa tão negra e maligna. Mas, quando ele hesitou, uma voz entrou no corpo da Sibila e ordenou que ele deixasse as coisas em paz, o que ele fez. Não estava ainda a taça cheia.

Esta história é típica do meu estado mágico da época. Eu estava a comportar-me como um Mestre de Magick, mas não tinha interesse no meu progresso. Eu tinha retornado à Europa com uma espécie de sentimento no fundo da minha mente de que eu poderia muito bem retomar a operação Abramelin, e ainda assim o fracasso de Mathers de alguma forma deixou-me de fora; além disso, eu era um aprofundado Budista. O meu ensaio "Science and Buddhism" deixa isso claro. Publiquei uma pequena edição privada de "Berashith" em Paris; mas o meu estado espiritual era, na verdade, muito debilitado. Começo a suspeitar de mim próprio de cabeça intumescida com toda a sua coorte de doenças. Receio que me considero um pouco como um pequeno leão na robustez da minha jornada, e as grandes pessoas no mundo artístico de França aceitaram-me bastante naturalmente como um colega.

Em Inglaterra não existe tal atmosfera social. Artistas e escritores ou são isolados ou membros de fúteis panelinhas. É impossível fazer tanto como dar um jantar a um homem distinto sem perturbar o formigueiro, e despertar o mais insanamente violento e pessoal ciúme. Um escritor que se respeite em Inglaterra está fadado a tornar-se um solitário tal como Hardy e Conrad; a grandeza da sua arte priva-o totalmente de tomar a menor parte nos assuntos artísticos do momento. De certo modo, isto não é desvantajoso para ele, pois o génio supremo não precisa de sociedade humana especializada; ele está em casa nos guetos ou no campo. O salão sufoca-o. O relação social entre artistas em França tende a civilizá-los, a trazê-los para um nível comum; e assim, embora a média dos bons escritores seja muito maior do que em Inglaterra, nós podemos mostrar mais homens de conseguimento suprema; podemos até fazer um palpite bem arguto de quem são os mestres mesmo durante a vida deles, pois nós instintivamente perseguimo-los.

Qualquer centelha de individualidade é em Inglaterra uma afronta à decência. Nós escolhemos Sir Richard Burton, James Thomson, John Davidson, Ernst Dowson, e sabe Deus quantos outros, por abuso, calúnia, ostracismo, inanição ou aprisionamento. Na nossa ansiedade para fazer justiça, nós até importunamos pessoas perfeitamente inofensivas. Uma vez Alfred Tennyson foi ridicularizado como "incompreensível". Holman Hunt foi denunciado por Charles Dickens como um pintor obsceno, e a sua acusação e aprisionamento exigidos. *Jude the Obscure* foi apelidado de *Jude the Obscene*. Swinburn foi denunciado como "o poeta da gamela e da pocilga", e o seu editor retirou em pânico a primeira série de *Poems and Ballads*. Rossetti e Morris chegaram a uma igual quota-parte de abuso, e todos nós recordamos a denúncia sobre Ibsen, Meredith, Nietzsche, Maeterlinck, Tolstoi, de facto, sobre cada homem—também Bernard Shaw—sem excepção, cujo nome está ainda nas nossas memórias.

Em França atinge-se a eminência por um menos infundado Gólgota. Homens de arte e letras são respeitados e honrados uns pelos outros e pelo público. A sua posição final na história é discretamente atribuída pelo tempo. É apenas em circunstâncias muito excepcionais que um grande homem recebe a distinção de um Calvário. É claro que Zola passou pelo moinho; mas só porque ele se intrometeu na política através do seu *J'accuse*; ele só foi denunciado como obsceno porque qualquer pau é bom o suficiente para espancar um deus.

Mas, como não poderia deixar de ser, eu tinha chegado a Paris numa ocasião cuja história em França dificilmente podia ser duplicada; Rodin estava sendo atacado pela sua estátua de Balzac. Fui apresentado a Rodin e imediatamente apaixonei-me pelo sublime velhote e seu trabalho colossal. Eu ainda acho que o seu Balzac foi a coisa mais interessante e importante que ele fez. Foi uma nova ideia em escultura. Antes de Rodin houve certas tentativas de transmitir a verdade espiritual por métodos plásticos; mas eles sempre foram limitados pela suposta necessidade de "representar" o que as pessoas chamam de "natureza". A alma deveria ser a serva do olho. Só se poderia sugerir as relações de um grande homem com o universo envolvendo um retrato mais ou menos fotográfico dele com o aparato do seu trabalho de vida. Nelson foi pintado com um fundo de três níveis e um telescópio debaixo do braço; Wren com um compasso diante da catedral St. Paul.

Rodin contou-me como tinha ele concebido o seu Balzac. Ele havia-se armado com todos os documentos; e eles haviam-no reduzido ao desespero. (Deixa-me dizer imediatamente que Rodin não era um homem, mas um deus. Ele não tinha intelecto no verdadeiro sentido da palavra; ele era uma virilidade tão superabundante que constantemente transbordava para a criação de visões vibratórias. Ingenuamente o suficiente, eu visitei-o a fim de extrair informações em primeira mão acerca da arte a partir da fonte original. Eu nunca conheci ninguém—branco, preto, castanho, amarelo, rosa ou azulado—que fosse tão completamente ignorante de arte como Auguste Rodin! No seu melhor ele gaguejaria que a natureza era o grande professor, ou alguma platitude igualmente pueril. Os livros sobre arte atribuídos a ele são, é claro, a compilação de jornalistas.)

Ele foi tomado por uma espécie de raiva de destruição, abandonou o seu programa pateticamente pedante. Cheio com a sublime síntese dos dados que tinham falhado em transmitir uma concreta impressão à sua mente, ele começou a trabalhar e produziu o operante Balzac. Este consequentemente não comporta relação nenhuma com os incidentes da aparência pessoal de Balzac em qualquer dado período. Estas coisas são apenas véus. Shakespeare ainda teria sido Shakespeare se alguém tivesse atirado ácido sulfúrico no seu rosto. O verdadeiro Balzac é o escritor da *Comédie Humaine*; e o que Rodin tem feito é sugerir esta abstracção espiritual através do suporte da forma.

A maioria das pessoas não percebe o poder que o génio possui de compreender a essência de um assunto sem a necessidade de aprendê-lo laboriosamente. Um mestre numa arte está em casa como em qualquer outra, sem a ter necessariamente praticado ou estudado as suas tecnicidades. Lembro-me da cena no estúdio de Rodin que descrevi num soneto. Algum espírito brilhante trouxera o seu violino e todos nós ficámos enfeitiçados. Rodin subitamente sorriu e acenou com a mão em direcção a "Pan et Syrinx". Eu segui o gesto: as barras de compasso acabadas de tocar de tocar eram idênticas à curva da maxila da rapariga. O poder de perceber tais identidades de essência sob uma diferença de manifestação material é o inevitável símbolo da maestria. Qualquer um que compreenda (não apenas que conheça) um assunto também compreenderá qualquer outro, quer ele também o conheça ou não. Assim: suponhamos que lá tinha estado também um grande jardineiro, um grande geólogo e um grande matemático. Se eles não compreendessem e aprovassem aquele sinal de Rodin, eu deveria recusar-me a admitir que eles eram verdadeiros mestres, até mesmo dos próprios súbditos deles. Pois considero como um infalível teste de um mestre, de qualquer arte ou ciência, que ele reconheça intuitivamente (Neshamicamente) a silente verdade, una e indivisível, por detrás de todas as diversidades de expressão.

Eu acho por experiência que qualquer homem bem instruído num assunto, mas cuja compreensão sobre este esteja aquém da maestria que eu tenho descrito, ressentir-se-á profundamente desta doutrina. Esta minimiza a dignidade dos laboriosos estudos dele e no final acusa-o de inferior conseguimento. A mais sofisticada vítima pode usualmente apresentar uma defesa aparentemente não-emocional na forma de um cepticismo quanto aos factos, um cepticismo cuja obstinada irracionalidade é clara para um observador externo, mas parece à própria vítima uma simples defesa do que considera ser verdade. Este tipo de autoprotecção Freudiana é muitas vezes inteiramente à prova de paixão, mesmo contra a directa acusação de intelectual orgulho e ciúme. Isto depende da habilidade da mente para confundir, quando pressionada, a essência de um assunto com os seus acidentes. Nada senão uma muito pura aspiração à verdade—e experiência (frequentemente humilhante) de tais reacções—é de muito uso contra este tipo particular de servidão.

Enquanto outros defensores de Rodin estavam desculpando-se por ele em detalhe, eu pus de parte o despropósito—"uma praga em ambas as vossas casas!"—e escrevi um soneto, o qual é, em seu modo, para convencional crítica exactamente sobre o que era o Balzac. Foi traduzido para Francês por Marcel Schwob e causou considerável rebuliço em Paris. Mesmo neste período de tempo, eu atribuo uma certa importância a isto. Por uma coisa, isto marca uma nova etapa na minha própria arte.

BALZAC

Giant, with iron secrecies ennighted,
Cloaked, Balzac stands and see. Immense disdain,
Egyptian silence, mastery of pain,
Gargantuan laughter, shake or still the ignited
Stature of the master, vivid. Far, affrighted,
The stunned air shudders on the skin. In vain
The master of La Comédie Humaine
Shadows the deep-set eyes, genius-lighted.

Ephitalamia, bird songs, epitaphs,
Are written in the mistery of his lips.
Sad wisdom, scornful shame, grand agony
In the coffin foalds of the cloak, scarred mountains, lie,
And pity hides i`th`heart. Grim knowledge grips
The essential manhood. Balzac stands, and laughs.

O resultado final foi que Rodin convidou-me para ir e ficar com ele em Meudon. A ideia era que eu deveria dar uma interpretação poética de todas as suas obras-primas. Eu produzi uma série de poemas, muitos dos quais publiquei na época na *Weekly Critical Review*, uma tentativa de estabelecer um artístico *entente cordiale*. Toda a série constitui o meu *Rodin in Rime*. Este livro é ilustrado frequentemente por sete litografias de esboços que Rodin me deu para o propósito.

~ 43 ~

QUALQUER OUTRO homem além de mim próprio teria feito uma escada para a fama pelo sucesso deste Inverno. Eu não tinha tal ideia. Eu tinha ficado completamente desiludido, não apenas pelo original transe de tristeza que me atingira entre vento e água em 1897, mas pela experiência das minhas viagens. Os nativos do Havai não se preocupavam acerca de Sófocles; Chogo Ri estaria lá quando o último eco da glória de Napoleão tivesse desfalecido. Eu estava mais do que nunca convencido de que para se ter um interesse nos assuntos deste mundo é preciso virar costas à verdade. O Budismo podia estar certo ou errado em dizer que nada vale a pena; mas de qualquer maneira não podia haver dúvida de que os convencionais padrões de valor eram simplesmente cómicos. Se algo valesse a pena, só poderia ser descoberto voltando costas resolutamente às coisas temporais.

De acordo com as puritanas ideias de propriedade de Eckenstein, nenhuma comunicação acerca da expedição fora feita aos jornais. Derradeiramente, no simples interesse da ciência, um parágrafo tinha sido permitido para aparecer no *The Times*. Continha trinta e duas linhas e dezassete declarações erróneas do facto! Eu mesmo tinha sido entrevistado por um jornalista Francês e o relatório das minhas observações não comportava nenhuma detectável relação com elas. Eu sou talvez indevidamente sensível acerca de tais estupidezes. Eu talvez devesse confiar no tempo para varrer o entulho para o caixote de lixo do oblívio e colocar a verdade no seu trono; mas, ainda assim, a evidência da história sorri sombriamente. O que sabemos nós realmente dos prós e contras da luta entre Roma e Cartago! O que sabemos nós até do Budismo e do Cristianismo senão que os relatos mais autênticos das suas origens são intrinsecamente absurdos! "O que é verdade?" Disse Pilatos gracejando. Mas, pessoalmente, eu não consigo ver a piada.

Eu passei pela vida nesta altura com uma espécie de bonomia cínica; nada era realmente um bem particular, então eu poderia fazer o que era esperado de mim. Escrevi até mesmo sobre budismo com certo desencantamento distante, como pode ser visto pela referência ao meu *Summa Spes*, o qual publiquei separadamente (doze exemplares contêm o meu retrato por Haweis e Coles, reproduzido posteriormente no volume II da edição de velino do meu *Collected Works*) e enviei para alguns dos meus amigos em Paris na minha partida para Inglaterra.

Depois de Rodin, o mais importante destes amigos era Marcel Schwob. Eu encontrei Eugène Carrière apenas uma vez. Ele acabara de se recuperar de uma operação devido a cancro da garganta e lembro-me principalmente da sua observação, calma a ponto de casual indiferença, "se isto voltar, eu devo matar-me". Eu vi várias vezes Fritz Thäulow. Ele era um tipo novo para mim; um sénior alegre e barbado, em quem a vida não deixara cicatrizes. Ele acreditava na sua arte e na sua família; gostava de tudo, preocupado com nada—isto não era de forma alguma a ideia de um grande artista. Eu já tinha em mente que a vida do artista devia ser uma sequência de pungentes angústias, tanto de prazer quanto de dor; que a natureza dele o obrigava a considerar as circunstâncias comuns um tanto como o homem comum considera o sono profundo. Mas Thäulow viveu cada linha da sua vida; ele alcançara, de certo modo, aquela filosofia suprema que contempla todas as coisas com animada calma.

Marcel Schwob excitava a minha irrestrita admiração. Ele era reconhecidamente o melhor estudioso Francês a respeito de Inglês. O seu estilo brilhava com a soberba simplicidade e a sedosa sátira que me leva a considerar Anatole France como seu aluno. Ele tinha traduzido *Hamlet* e *Macbeth* para Sara Bernhardt com espantosa fidelidade espiritual à alma de Shakespeare. O seu *Vies Imaginaires* pode ter servido como modelo para *Le Puits de Sante Claire*, e o seu *Moeurs des Diurnales* é tão brilhantemente amargo quanto qualquer coisa que Swift tenha escrito.

Ele morava na Île St. Louis num apartamento encantador, rico com a sugestão do Oriente (enfatizado por um criado chinês que ele tinha escolhido depois da exposição de 1900), porém, sofreu como poucos homens sofrem.

Parte da sua crucificação era bastante ridícula. Suspeitava-se que ele fosse mais ou menos um Judeu, e ele estava constantemente ciente de que não desfrutava da posição na literatura Francesa à qual o seu génio lhe dava o direito. A sua esposa era uma das mulheres mais bonitas em quem eu já pusera os olhos; uma requintada sereia com um sorriso que deixava La Gioconda em sentido, e uma voz que teria rebentado as cordas que prendiam Ulisses ao seu mastro. Mas ela tinha sido uma actriz, e esta duquesa e aquela condessa não convidavam. Isto atormentava. A efectiva tragédia do homem foi que ele era torturado por constipação crónica. Isto matou-o pouco tempo depois. Mesmo após todos estes anos, eu incandesço com juvenil prazer ao relembrar a gentil e modesta aquiescência dele na minha impertinente existência e o seu reconhecimento do meu *Alice, An Adultery* como uma "pequena obra-prima".

O meu soneto sobre Rodin começa "Here is a man", o qual Marcel Schwob traduziu muito bem, "Un homme". Eu levei o rascunho para o estúdio de Rodin. Um dos homens presentes ficou altamente indignado. "Quem é este Marcel Schwob", exclamou ele, " para pretender traduzir a partir deste Inglês? O bom estudante saberia que 'here is a man' deveria ser transformado em 'Voici un homme'."

Este é o tipo de coisa que se encontra em cada turno. O homem era perfeitamente amigável, bem-educado e familiarizado com a literatura; porém, ele era capaz de tal suprema estupidez. A moral é a de que quando um reconhecido mestre faz algo que parece peculiar à primeira vista, a atitude apropriada é a de reverente vontade de compreender o significado da sua acção. Este crítico fez de si mesmo um burro por falta de imaginação. Ele deveria saber que "Voici un homme" teria surgido instantaneamente na mente de Schwob como a óbvia e adequada interpretação. A sua rejeição disto argumenta profunda consideração; e o homem poderia ter aprendido uma lição valiosa colocando-se no lugar de Schwob, tentando seguir o funcionamento da mente dele e, finalmente, descobrindo as considerações que determinam o seu julgamento. Cito este caso em vez de exemplos mais grosseiros que eu recordo, porque isto é tão simples e incontroverso, não obstante envolva princípios tão importantes. A versão de Schwob está diante de um pano de fundo da história da literatura. Seria fácil escrever um longo e interessante ensaio sobre os factores do problema.

Rose Kelly

Ocasionalmente ele vinha para visitar Kelly no seu estúdio. A sua conversação estava cheia dos mais intensamente interessantes, porque impessoalmente íntimos, detalhes sobre homens de letras. Ele contou-nos em primeira mão a tragédia da vida de Meredith, o mistério do seu nascimento, e as tentativas do seu pai para estabelecer um casamento com que lhe daria o direito de ter um lugar no pariato; o romance de *Vittoria*; e a intriga de *Diana of the Crossways*. Ele traçou a influência da ataxia locomotora do mestre sobre a sua vida, o seu carácter e as suas criaturas. Ele explicou como os longos anos de sofrimento tinham deformado a disposição de Meredith e o levaram a desgraçar-se recusando dirigir a petição para a libertação de Oscar Wilde.

Ele contou-nos a verdadeira história de *Salome*. O carácter de Wilde era simples. Ele era um homem perfeitamente normal; mas, tal como muitos Irlandeses, sofria por ser um snobe. Em Dublin, Sir William Wilde era alguém na sociedade; mas quando Oscar chegou a Oxford, ele descobriu que um nobre clínico, longe de ser uma distinção, era pouco melhor do que um distintivo de servilismo. Uma família mesmo de plebeus podia dar-se ao luxo de zombar da aceitação dele de uma trivial honra às mãos de uma dona de casa Hanoveriana. Wilde não suportava ser desprezado por duques desmiolados, então ele procurara hegemonia na hierarquia através dos únicos meios disponíveis, conforme um suinocultor socialmente sensível pudesse aspirar ao papado. Ele decidiu tornar-se o sumo-sacerdote do culto que já conferia uma espécie de aristocracia ao estudante universitário, embora isto ainda não tivesse sido organizado e impulsionado. Esse foi o resultado do seu "martírio", o qual representa a maioria das repulsivas criaturas que se empurra com demasiada frequência em 1929. "The Law is a Hass!"

Wilde havia negado a sua natureza no interesse da ambição social, e o sucesso do seu esquema levou-o a adoptar todas as afectações como um sinal de superioridade. Fora do sistema Inglês de castas, ele poderia ter sido um contentadiço negociante de milho. Dentro deste, ele encontrava-se obrigado a fingir ser sexualmente suscitado por Maeterlinck, Flaubert, Gustave Moreau, e até mesmo pelo mais sagrado carácter da Escritura. Ele degradou a Esfinge representando-a como um monstro sexual. Ele interpretou as relações entre Cristo e João, entre Paulo e Timóteo, à luz da sua própria imaginação perversa.

Quando eu digo perverso, eu não pretendo usar a palavra no sentido psicopático. A única perversidade de Wilde foi a de que ele não era fiel a si mesmo. Sem saber disto, ele adoptara os padrões da classe média Inglesa e pensara em distinguir-se pelo simples processo de ultrajá-los. Como se diz que alguém é capaz de invocar o diabo recitando a oração do Pai-Nosso de trás para frente, assim Wilde pensou em estabelecer uma nova moralidade ao recitar George R. Sims de trás para a frente. Ele ingenuamente aceitou a ideia londrina de que Paris é um lugar muito perverso e propôs petrificar os puritanos escrevendo uma peça em Francês. A sua dificuldade foi a de que o seu Francês era o de um estudante transformado em turista; então ele esforçou-se para escrever *Salome* no pretexto de que ele estava sexualmente excitado por *The Temptation of St. Anthony*, os quadros de Moreau no Luxemburgo e o estilo de *Pelléas and Mélisande*. Mas o desempenho foi lamentável; e foi Marcel Schwob quem reescreveu o seu pueril diálogo em Francês.

Numa das tardes de Marcel Schwob conheci Arnold Bennett, muito pouco à vontade para descobrir-se em Paris na polida sociedade. Ele deve ter tido um tempo perfeitamente adorável; tudo era como uma fonte de inocente pasmo. Ele ficou muito agradecido pela generosa medida de respeito que ele recebeu em todas as mãos simplesmente por ser um romancista. O seu discurso e a sua aparência não atraíram nenhuma insulto dos círculos literários em Paris.

À época eu só tinha lido um dos seus livros—*The Grand Babylon Hotel*; o qual eu achava, e ainda acho, algures perto do ponto alto dele. Disse-lhe o quanto eu admirava este e fiquei surpreso ao descobrir que aparentemente eu tinha dito a coisa errada. Mas Kelly explicou que ele levava-se seriamente como um sério romancista, com a força de ter compilado alguns livros de referência sobre a vida em Shropshire ou Straffordshire ou algum lugar desse tipo. Eu não sei qual é qual, graças a Deus; eu não entendo o sistema de classificação de indexação, por isso não consigo detectar os sintomas de um artista moribundo de Doultonware se eu quisesse. Mas eu não quero.

Marcel Schwob deu-me uma introdução a William Ernest Henley, o qual me convidou para almoçar com ele em sua casa perto de Woking. O meu soneto no busto de Rodin do Henley descreve o homem e a entrevista em vez da escultura.

> Cloistered seclusion of the galleried pines
> Is mine today; these groves are fit for Pan—
> O rich with Baccus frenzi and his wine's
> Atonement for the infinite woes of man!
>
> And here his mighty and reverend high priest
> Bade me good cheer, an eager acolyte,
> Poured the high wine, unveiled the mystic feast…

Cordeiro assado e um excelente Chablis que lhe tinham sido enviados por Lord Northcliffe—deste modo o poeta transfigura concepções aparentemente comuns.

Fiquei muito tocado pela gentileza de Henley em convidar-me. Eu nunca perdi a infantil humildade que caracterizou todos os homens verdadeiramente grandes. A modéstia é a sua paródia. Eu tive de esperar um pouco antes de ele descer. Quando desceu, ele estava obviamente sofrendo severa angústia física. Tal como o próprio Marcel Schwob, ele era um mártir da constipação. Ele disse-me que a primeira metade de cada dia era uma longa e dolorosa luta para superar a devastadora agonia do seu corpo. Apenas três semanas depois ele morreu. Ele estava envolvido em várias tarefas literárias tremendas e ainda assim ele poderia ceder dia para receber um jovem e desconhecido escritor!

Eu não podia pretender que um homem tão grande pudesse sentir algum real interesse em mim. Nunca me ocorreu que ele pudesse ter lido alguma coisa minha e a achasse promissora. Eu tomei, e tomo, a acção dele por pura amabilidade humana. Eu provavelmente comportei-me com o meu usual acanhamento. A presença de alguém que eu realmente respeito sempre desperta a minha timidez congénita, sempre me intimida. O famoso poema de Henley (o qual Frank Harris considera "o bombástico estilo de Ancient Pistol") apelou intensamente ao meu mais profundo sentimento acerca do lugar do homem no universo; que ele é um Titã sobrecarregado pelos deuses mas não se rendendo. E a forma ou o poema é soberbo. Está em linha com todas as grandes expressões Inglesas do essencial espírito Inglês, uma certa cegueira, brutalidade e arrogância, sem dúvida, como em "Rule Britannia", "Boadicea", "The Garb of Old Gaul", "The British Grenadiers", "Hearts of Oak", "Toll for the Brave", "Ye Mariners of England", *et hoc genus omne*[40]; mas com tudo isso, indómita coragem de ser, fazer e sofrer conforme o destino possa exigir.

Nunca pensei muito sobre a restante composição poética de Henley, distinguida como é pelo vigor e profundidade de observação. Simplesmente não surge dentro da minha definição de poesia, que é esta: Um poema é uma série de palavras de tal modo organizadas que a combinação de significado, ritmo e tempo produz o efeito definitivamente mágico de exaltar a alma ao êxtase divino. Edgar Allan Poe e Arthur Machen compartilham esta visão. O poema de Henley está em conformidade com este critério.

Eu disse-lhe o que estava a fazer acerca de Rodin. A visão dele era a de que o soneto tinha ficado resolvido e ele aconselhou-me a experimentar o soneto Shakespeariano ou catorzada. Eu imediatamente tentei a forma no comboio naquela noite e produzi a catorzada em si mesma a partir do que tenho citado acima. Reconheci imediatamente que a catorzada era de facto muito mais adequada à minha robusta sinceridade do que à suavidade da forma Italiana, então eu compus uma série de poemas no novo modo. Na verdade, eu apaixonei-me por isto. Inventei aperfeiçoamentos pela introdução de anapestos onde quer que a tempestade do ritmo poético pudesse ser enfurecida até tufão, assim fazendo, e pode ser que a história ainda diga que *Clouds without Water*, uma história contada em catorzadas, como *Alice* em sonetos, é a minha suprema obra-prima lírica.

Pelo menos não morro sem a alegria de saber que um amante de literatura, não menos do que o mundialmente famoso Conferencista Shakespeariano, Dr. Louis Umfraville Wilkinson, tem ousado confessar publicamente que *Clouds without Water* é "o poema de amor mais tremendo e mais real desde os sonetos de Shakespeare" no famoso ensaio "A Plea for Better Morals". Mas eu antecipo. *Clouds without Water* veio quatro anos depois. Eu estou ainda sentado com sono no crepúsculo, na Europa; após a minha labuta diária durante três anos no sol escaldante do grande mundo.

---

40 N.T.: e tudo deste género

Eu passava muitas das minhas noites num pequeno restaurante chamado Chat Blanc na rue d'Odessa, onde estava "um quarto superior mobilado" e consagrado informalmente a uma espécie de exclusivo grupo internacional de escritores, pintores, escultores, estudantes e seus amigos. Foi descrito com acurado vigor na introdução de *Snowdrops from a Curate's Garden*. Eu cito a passagem.

As noites dele eram passadas naquele informal clube chistoso e de alto pensamento que se reunia todas as noites no restaurante Au Chien Rouge, cujos membros são tão respeitados no mundo da arte. Lá, ele conheceu C— o brilhante mas debochado escultor, cáustico de jocosidade, embora cordial para os seus amigos; N—, o grande pintor, cujo régio sentido de luz transformou as suas telas num sonho harmonioso: também ele o doce amigo de Baco, o qual enchia-o com um brilho e melodia de cor e pensamento. Lá também, estavam D— e L—, um, o poeta e filósofo, o outro, pintor e—temo eu—pederasta. Gémeos em pensamento, os dois eram invencíveis em argumentação conforme eles eram supremos nas suas respectivas artes. Muitas vezes me tenho eu sentado, um ouvinte privilegiado, enquanto a fria argúcia de D— e a soberba indignação de L—, expressas em fogosos gládios de discurso, conduziriam algum infeliz pateta para fora do quarto. Ou às vezes eles segurariam a sua vítima, um pássaro fascinado por uma cobra, enquanto eles impiedosamente expunham as insensateces dela para a encantada aglomeração. Mais uma vez, um terceiro, pomposo e autoconfiante, seria dirigido por eles, aparentemente em total simpatia, para fazer uma exibição de si mesmo, visível e hediondo para todos os olhos excepto para os dele próprio. L—, a sua ávida face tal como uma prateada lua começando a partir de uma nuvem de trovoada, o seu cabelo, perfuraria a própria alma do debate e acenderia isto com mágico júbilo ou congelaria isto com implacável desprezo. D---, a sua expressão nobre e autoritária, embora manhosa, como se estivesse sempre pronta para rir das complexidades do seu próprio intelecto, sentado ao lado dele, os seus profundos e prodigiosos olhos alumiados com estranha luz, enquanto com palavras semelhantes a ardentes chamas de aço ele despedaça os sofismas de um e as complacências de um outro. Eles eram temidos, estes dois! Lá também ele travou conhecimento com o bem conhecido eticista, I—, justo como um rapaz, com douradas madeixas de rapaz encaracolando sobre a sua cabeça Grega; I—, o estudante puro e de mente subtil, cujo vívido humor e efervescente sarcasmo eram como espuma sobre as profundas e terríveis águas da sua polida ironia. Era lamentável que ele bebesse. Lá, o grande cirurgião e verdadeiro cavalheiro, apesar do seu exagerado respeito pela memória da rainha Vitória, J—, juntar-se-ia com a sua sazonada e generosa facécia. Belo como um deus, ainda com um tempero do riso do diabo espreitando ali, ele sentava-se e desfrutava dos tesouros da conversação, acrescentando no adequado intervalo a sua própria rica quota de douta galhofa.

Escusado será dizer que uma tão brilhante galáxia atraiu todas as falsas luzes da época. T—, o alardeador, o medíocre pintor, o luxuriosamente assim chamado alcoviteiro das marquesas, procuraria a admissão (a qual em teoria a ninguém era negada). Mas a cortante agudeza de C--- conduziu-o impetuosamente, como se por querubim, para fora dos portões do jardim do Éden. G—, o famoso pintor da sociedade, veio uma noite e foi literalmente expulso da sala por um ataque rápido e impiedoso por parte de D— e do jovem eticista. Um braquicefálico Ianque, imprudentemente apoiando-o, compartilhou o mesmo destino e depois sempre se sentava em solitária desgraça no andar de baixo, tal como um cão de caça mandado para fora da porta do seu dono. Um tolo revela-se, apesar de ele falar senão de verrumas lubrificadas, numa luz tão feroz conforme pulsa no Chien Rouge. Nem um tolo poderia viver muito naquela luz. Isto virou-o do avesso; isto revelou-o até para si mesmo como leproso e pária; e ele não aguentou.

Em tal círculo, a conversa fiada não podia viver. Homens de alta distinção intelectual, passando por Paris, eram visitantes constantes do Chien Rouge. Como convidados, eram tratados com grande honra; mas ai do melhor deles, se alguma palavra casual deixasse D--- ou L--- suspeitar que ele tivesse um ponto fraco algures. Quando isto acontecia, nada poderia salvá-lo: ele era cobrado e lançado às feras carniceiras como uma presa.

Quantas vezes tenho eu visto algum literário ou pictórico Penteu, ímpio e auto-suficiente como ele, disfarçar-se (com um tremor de medo) na sua mais nobre vestimenta artística, como o louco rei no *Bassara*[41] das Ménades!

Quantas vezes tenho eu visto Dioniso—ou algum deus—descobrir o embusteiro e entregá-lo aos sumo-sacerdotes da dialéctica, D— e L—, para ser assolado e despido no meio dos gritos alegres da multidão intoxicada pela chufa! Mas uma vez a vítima estando sobre o altar, uma vez ele levantando-se da cadeira, então que silêncio caía! Congelado com o gelado desprezo da assembleia, o desgraçado se esgueiraria pelo quarto com um irónico sorriso sagrado em seu rosto, e não até que ele tivesse enfrentado aquela provação cruel, mais terrível (mesmo para um calejado idiota) do que uma efectiva chicotada teria sido, não até que a porta se fechasse atrás dele, o silêncio romper-se-ia no momento em que alguém exclamaria: "Meu Deus, que minhoca!" e levaria a conversação para algum assunto mais sápido.

Por outro lado havia B—, um pintor popular, em quem todo o Cão se atirava como um homem, para destruí-lo.

Mas quando eles viram que a popular pintura dele não era ele, que ele tinha um coração verdadeiro e uma ambição honesta, quão rapidamente foram as espadas batidas em absintos e as lanças em tornedós!

S—, mais uma vez, com um rosto semelhante a um retrato de Rembrandt, um homem sem grande intelecto, mas não fazendo qualquer pretensão a isso, o quanto ele era amado pelo seu divertido humor, seu largo sorriso, suas inimitáveis histórias! Contudo, não deve ser suposto que o homem normal, por mais sincero que fosse, tivesse sido muito bem recebido ali. Sem intenção de ferir, ele ficou ainda assim magoado—as flechas de remoque dispararam sobre a sua cabeça e ele nunca conseguiu sentir-se em casa.

Eu sou talvez a única excepção. Sem um fantasma de talento, mesmo no meu próprio ofício—medicina—eu não tinha nenhuma reclamação à hospitalidade do Cão. Mas sendo perfeitamente discreto, eu atrevo-me a dizer que eu era fácil de tolerar, talvez até do mesmo valor que um plano de fundo é para uma imagem, um mero remendo de cor neutra, ainda que servindo para harmonizar o todo. Certamente nada senão o meu silêncio me salvou. A observação de algumas páginas acerca de Hall Caine e Meredith teria causado a minha execução instantânea, pela mais dolorosa, embora a menos prolongada, das mortes.

Ai! Nenhuma sociedade, desde que os homens se reuniram, foi jamais tão fácil de se abordar, de se sentar no meio de, de se escapulir de ou de se ser arremessado em escárnio do seu seio!

Temidos como eles eram pelo charlatão, nenhum grupo de homens poderia ter sido mais cordial, mais fraternal. Unidos por um vínculo de respeito mútuo, mesmo onde eles diferiam—de respeito mútuo, afirmo eu, não em hipótese alguma de admiração mútua, pois era a sincera perícia que eles adoravam, não a habilidade técnica de realização—eles formavam um grupo nobre e harmonioso, que talvez nunca tenha ainda sido visto[42].

---

41 N.T.: Bassaris—um tipo de vestuário da antiguidade
42 C. Paul Bartlett, N.J.W.Morrice, D.Crowley, L.Kelly, I.Heward Bell, J. Ivor Back, I. One Kite, G?, B. Penrhyn Stanlaws, S. One Root.

Outra descrição pode ser encontrada nos capítulos iniciais de *The Magician* de S. W. Maugham. O leitor interrogar-se-á como poderia este cavalheiro ter chegado lá, mas aqui o meu conto está enredado. A irmã mais velha de Gerald Kelly, Rose, tinha sido durante alguns anos a viúva de um Major Skerrett, e uma das melhores amigas dela era uma mulher tão bonita e fascinante quanto ela própria, a qual era a esposa de um solicitador Inglês ligado à Embaixada Britânica, chamado Maugham. W. S. era o irmão mais novo deste homem. Maugham afirmava ter ambições de se tornar um homem de letras e a sua incapacidade era tão óbvia que, temo eu, nós fomos cruéis o suficiente para torná-lo o alvo do nosso chiste quando ele visitou o Chat Blanc.

Existe esta desculpa para nós, que o seu trabalho mais antigo foi remendado, os seus plágios eram inacreditáveis por impudência. Quando—para parodiar o desabafo da pesada mãe em *The Importance of Being Earnest* de Wilde—ele "contraiu uma aliança com um tablóide e casou-se numa caixa de comprimidos", Nós achámos que tudo estava terminado. Mas não! Ele andou por todo o mundo, e começou a trabalhar com os seus poderes de observação para ajudar uma imaginação que de forma nenhuma se tinha tornado original e vigorosa. Ele revelou algum trabalho de primeira classe; e, o que de certa forma é melhor, trabalho no lado certo. Ele castiga a piara de muitos suínos alimentando o que nós chamamos de sociedade—visto que agora é tarde para levar os demónios deles de volta aos Judeus, onde eles estão terrivelmente congestionados.

Mas em 1902 nós tínhamos razão em espicaçá-lo!

Havia vazado de que a nossa desafortunada vítima tinha-se formado em medicina e J. W. Morrice[43] costumava atormentar o pobre colega, cuja angústia era acentuada por ele ser um confirmado tartamudo, ecoando as mudanças neste desgraçado episódio da carreira dele. Morrice estava invariavelmente bêbado o dia todo e a noite toda. Ele olharia para cima do seu creme de menta e *oeufs sur le plat*[44], desobstruiria a sua garganta e diria a Maugham com grande importância de que ele gostaria de consultá-lo sobre um assunto relativo ao bem-estar da arte e dos artistas. "O que farias tu se..." e depois de se repetir numa centena de maneiras para assim prolongar ao máximo a lengalenga, ele acabaria confessando os premonitórios sintomas de alguma repulsiva e cómica doença. Isto era realmente desnecessariamente cruel, pois, à parte as suas pretensões à literatura, não há uma onça de agravo em Maugham, não mais do que há num pacote de algodão esterilizado. Até mesmo a pretensão é afinal uma afectação perfeitamente inofensiva.

Mas Maugham sofreu terrivelmente sob o chicote do desprezo universal e fez o seu melhor para se vingar desenhando retratos, tão desagradáveis quanto o mesquinho rancor os podia produzir, de alguns dos seus atormentadores. O seu método literário, quando transcende a simples tesoura e cola, é o método *shirt-cuff* de Arnold Bennett. Eu devo agradecer-lhe por registar algumas das minhas rápidas e chistosas respostas efectivas. O homem que ele mais odiava era Roderic O'Conor. Este homem era íntimo com Gauguin, Van Gogh e Cézanne. Na minha opinião, a história classificá-lo-á próximo deles como pintor. Eu não acho que ele tenha, hoje em dia, muitos viventes superiores em arte. Mas poucas pessoas viram os seus quadros. O seu desprezo pelo mundo vai além do de Balzac e Baudelaire. Ele não pode ser incomodado para dar uma exposição. Ele expulsará rudemente da sua porta um amigável jornalista empenhado em torná-lo famoso e rico. Além disso, ele é um tratante.

Para O'Conor, Maugham não era sequer engraçado. Ele era como um percevejo, no

---

43 Este amável e digno colono ocupou um estúdio no Quai des Grands Augustins (agora, suponho eu, chamado Quai Maréchal Fous-le-Camp), convenientemente situado em cima do apartamento de uma excelente parteira: embora eu nunca tenha ouvido falar de que ele tivesse tido ocasião de se aproveitar dos serviços dela.
44 N.T.: ovos estrelados

qual um homem sensível se recusa a estampar por causa do cheiro e da viscosidade. Eu nunca me senti assim. Para mim o menor dos seres humanos, ou melhor, menos do que eles, tem um lugar no meu coração. "Tudo o que vive é sagrado." Não consigo ressentir-me nem mesmo das criaturas mais vis e ofensivas. Eu nunca tenho sido capaz de comportar malícia; eu nunca tenho sido capaz de compreender como outras pessoas podem fazer isso. Quando tenho sido atacado, eu sempre tenho olhado para o assunto impessoalmente.

Quando sou publicamente acusado de roubar as torres de Notre Dame, eu desfruto da piada completamente. Eu não posso acreditar que qualquer coisa pode ferir-me. Afectaria o meu orgulho admitir isto, suponho eu. Quando um jornal imprime três colunas, identificando-me com Jack, o Estripador, nunca me ocorre que alguém em seu juízo acreditaria em tal lixo. Imagino que a minha integridade seja universalmente paciente como o nascer do sol; não consigo perceber que eu venha a sofrer na estimação de alguém, ou que (digamos) isso interferirá com a venda dos meus livros.

Eu nunca tenho sido capaz de analisar adequadamente esta atitude mental, mas parte dela certamente deriva do facto de que eu nunca tenho perdido a minha inocência. Às vezes interrogo-me se isto não pode ser um defeito no meu sistema filosófico de que eu seja incapaz de acreditar na existência do mal. Há, é claro, a aparência do mal devido à ignorância, mau julgamento e assim por diante; mas a minha principal premissa é "Cada homem e cada mulher é uma estrela"; e sempre concebo o problema do progresso como dependendo meramente do esclarecimento. Eu não acredito no pecado original, excepto neste sentido de que "A palavra de Pecado é Restrição"; e os nossos normais egos conscientes são inevitavelmente restringidos pelas categorias de espaço, tempo e causalidade, que são essenciais condições da manifestação de individualidades apartadas. Mas não consigo colocar na minha cabeça de que um qualquer ser humano pode ser realmente hostil a um outro. Eu considero todas estas paixões como os sintomas de uma definida deformidade da natureza produzida pela sua inadequação para lidar com o seu ambiente. Assim como um pau aparece dobrado quando empurrado parcialmente sob a água, o mesmo acontece com o desvio da vontade de um homem quando o índice de refracção do ambiente dele engana a sua visão.

Não sei se é justo dizer que eu sou insensível, se a longa tortura da minha paciente luta silenciosa contra os tiranos da minha juventude me endureceu contra o mundo. Não sei até que ponto o hábito de concentração e a peculiar acção selectiva da minha memória têm enfraquecido a minha sensibilidade, pois eu sou tão indiferente à maioria das impressões quanto o mais sagrado eremita poderia desejar. Tenho-me tornado quase incapaz de registar impressões conscientes, a menos que elas passem o censor como tendo legítima actividade comigo. É claro que um não-dissimilar estado de abstracção é bastante comum em homens cujas vidas são dedicadas ao estudo, quando eles chegam aos cinquenta anos; mas em mim estas tendências já estavam a dar frutos muito antes dos trinta anos.

O bairro de Montparnasse estava, é claro, cheio de pessoas que levavam os seus engalanados casos amorosos muito a sério. Mas a colónia Inglesa estava crivada com hipocrisia Inglesa. Lembro-me de dar o manuscrito de *Alice* a Kelly e a uma rapariga chamada Sybil Muggins para ler, e eles concordaram que nenhuma mulher realmente amável teria beijado um homem tão cedo quanto o décimo terceiro dia de galanteio dele. Devo confessar de ter sido apanhado um pouco de surpresa, especialmente porque Sybil Muggins[45] era amante de Haweis. Alguns dias atrás, ademais, tendo Haweis ido para Bruxelas por uma semana, ela transitou para Kelly. Que dias terríveis

---

45 Consulta "Meugins".

eram aqueles! Eles envolveram-se em tal estado que Kelly propôs efectivamente casar-se com Sybil, e a irmã dele apressou-se freneticamente para impedir isto ameaçando que a mesada dele seria suspensa se ele fizesse algo tão insensato.

Claro que eu não tinha nenhuma simpatia pela fatuidade dos jovens, mas sempre tenho sentido com Shelley que a tirania parental é a espécie mais indefensável.

> Eu fui criado noutro serviço; mas eu sabia desde o início que o Diabo era o meu natural mestre e capitão e amigo. Vi que ele estava certo, e que o mundo se encolhia ao seu conquistador somente pelo medo. Eu orava secretamente a ele; e ele consolava-me, e salvava-me de ter o meu espírito quebrado nesta casa de lágrimas de crianças. Eu prometi-lhe a minha alma, e fiz um juramento de que eu lutaria por ele neste mundo e ficaria ao lado dele no próximo. (*Solenemente*) Essa promessa e esse juramento fizeram de mim um homem. A partir deste dia esta casa é o lar dele; e nenhuma criança chorará nela; esta lareira é o altar dele; e nenhuma alma jamais se encolherá sobre isto nas escuras noites e terá medo.
> (G.B. Shaw, *The Devil's Disciple*)

Eu ofereci-me para efectuar a Kelly uma mesada igual à que ele estava a receber, coisa que gorou as expectativas sobre o velho apartamento de um prédio de madeira de três andares no vicariato de Camberwell. O gesto foi suficiente. A ameaça foi retirada; Gerald, por seu lado, tinha esfriado o suficiente para ver a tolice de se atirar a uma mestiça.

Para mim a piada era óbvia. Eu já podia amar sem apego no que dizia respeito ao desejo físico. Há um ou dois pequenos erros na minha vida subsequente e eles são devidos ao meu fracasso em estender este princípio a outros tipos de apego. Eu tenho tentado colocar-me contra o destino e salvar aqueles que foram predestinados a serem perdidos, continuar confiando nas pessoas depois de eu saber perfeitamente que elas eram falsas; e eu tenho pago pesadamente pelo meu cavalheirismo e generosidade. Ainda acho que estes defeitos, de algum modo, são preferíveis a um senso e virtude mais austeros, e ainda sei que estou errado de todos os pontos de vista. Não faz bem, a nenhuma pessoa concernida, fechar os seus olhos aos factos ou tentar esquivar-se dos seus credores.

~ 44 ~

EU DEVO DAR uma instância ou duas do surpreendente carácter da minha memória. Isto é absolutamente de primeira grandeza onde quer que os meus verdadeiros interesses estejam concernidos, e também de primeira grandeza num sentido muito diferente, em eliminação de outras coisas de modo a não sobrecarregar a mente. Mas—

Acho que foi no retorno a Boleskine a partir de Paris, após receber o Grau de 5º = 6º, que eu pedi a Eckenstein que se juntasse a mim para o *ski-läufing* e salmão. Nós saímos de Londres juntos num vagão-dormitório. Eu tinha cento e cinquenta libras em notas bancárias no meu livro de bolso, o qual coloquei debaixo da travesseira. De manhã vesti-me apressadamente, ainda meio adormecido, e deixei o livro para trás. Eu descobri a perda alguns minutos depois e encolhi os meus ombros. Eu sempre tenho tido a convicção de que é totalmente inútil procurar por algo que já foi perdido. Decidi imediatamente esquecer isto; eu tomo isto como uma questão de facto de que qualquer um, que tivesse encontrado algo, o roubaria; ainda igualmente como uma questão de rotina de que este ser-me-ia devolvido pelo descobridor tão simplesmente quanto alguém daria a uma dama o leque que ela tivesse deixado cair, sem qualquer questão de honestidade ou recompensa. Mas Eckenstein insistiu no meu regresso para a estação imediatamente. Nós visitámos o chefe da estação e conseguimos permissão para caminhar ao longo dos carris—uma distância bastante longa, pouco menos de um quarto de milha—até ao desvio onde o vagão-dormitório tinha sido manobrado. O livro de bolso foi encontrado intacto debaixo da minha travesseira.

Algures em 1913 ou '14 Eckenstein referiu-se a este incidente e imediatamente notou que eu não captava. Ele abordou-me incisivamente; e eu neguei todo o conhecimento do caso com a ênfase de São Pedro! Eckenstein repetiu os factos dados no parágrafo acima e, ao fazer isso, todo o assunto voltou para mim. Mas eu certamente teria ido para o banco das testemunhas e jurado que nada disso acontecera. Cada detalhe estava e está perfeito na minha memória. Neste momento consigo ver a carruagem, o desvio, a aparência geral do emaranhado de linhas, o debilitante tempo cinzento, a desleixada cama, o limpador que tinha justamente começado o seu trabalho. Eu lembro-me de empurrar a minha mão debaixo da travesseira e do exacto estado de emoção ao encontrar o livro, um alívio misturou-se com uma leve surpresa e um forte sentimento de vergonha por eu próprio me ter feito de idiota na presença de Eckenstein.

Crowley, 30 anos de idade, circa 1905

Mas todo o pacote tinha sido lacrado e guardado na parte de trás do cofre, de acordo com a rotina do dever de nunca permitir que a mente se alimentasse de pensamentos relacionados com dinheiro. Eu sei que isto parece inverosímil e muitas pessoas acharão isto totalmente ininteligível; mas é o facto.

O maior segredo da minha vida é que eu realmente vivo de acordo com os meus princípios. Eu decido que é ignominioso permitir que considerações financeiras ditem a minha conduta; mas, em vez de permitir que isto continue sendo uma piedosa opinião, eu estou em esforços para inventar uma regular técnica para as descartar.

Um outro incidente. Ao retornar a Zapotlan nós cavalgáramos cento e vinte milhas ao sol escaldante. Eu tinha ultrapassado O.E., o qual estava espantado e irritado com o meu poder de aguentar o calor e a sede. Fiquei alarmado quando descobri que ele não estava em lugar nenhum e percorri uma boa distância, lidando (por sorte) a falta dele num pequeno pedaço de floresta que diversificava o deserto. Quando eu cheguei a Zapotlan tive de ser retirado do cavalo. Nós deveríamos começar na manhã seguinte, já que estávamos com pressa de voltar para a Cidade do México.

Acordei antes das seis horas e encontrei todo o local em escuridão. Abri o grande portão, alimentei os cavalos, selei-os e depois, achando que ninguém estava bulindo, eu pensei em deitar-me na cama por um minuto ou mais até o pequeno-almoço estar pronto. Fui dormir. Eckenstein teve alguma dificuldade em acordar-me.

O ponto da história é este: que eu não tinha feito nada do género. Eckenstein provou para mim (e uma difícil tarefa teve ele) que eu nunca havia acordado e que todas as minhas actividades do início da manhã eram um mero desejo fantasioso;

estando com muito sono para cumprir o meu dever, eu sonhei que assim o tinha feito.

Este último incidente é muito típico. Nem uma nem duas vezes na minha justa insulana história tenho eu perturbado a mim mesmo em honesta dúvida sobre, acredita-me, vale metade dos credos, se algum incidente ocorreu durante o sono ou a vigília. Pode-se pensar que os meus relatos de vários incidentes mágicos estão sob suspeita; mas estando ciente das minhas peculiaridades, eu tenho naturalmente tido muito trabalho em eliminar qualquer fonte de erro. A prova de Eckenstein de que eu estava a sonhar dependia da evidência física da porta fechada e dos cavalos sem sela. É claro que é fácil replicar de que eu posso ter adormecido pela segunda vez bem como pela primeira vez! E é claro que não há resposta para isso mais do que o argumento de que somos todos parte do Red King's Dream, conforme Lewis Carroll coloca a fábula de Kwang-Tze. (Kwang-Tze disse uma vez aos seus discípulos ao despertar: "Precisamente agora eu estava sonhando que eu era uma borboleta: mas é isto assim, ou sou eu uma borboleta sonhando que é Kwang-Tze?")

Para retornar à cidade perversa de Paris. J.W. Morrice, como pintor, não possui a intensa paixão de O'Conor. A sua visão não tem o resplandecente brilho de belezas que se impõe ao observador no melhor trabalho de O'Conor. Morrice é um *homo unius tabulae*[46]. Ele só tem visto uma coisa na sua vida—é o róseo sonho que Vénus e Baco concedem aos seus favoritos. Os quadros dele nadam numa névoa de rica e delicada cor suave que aumenta o efeito do carácter da sua habilidade de debuxante; e isso sugere as mesmas qualidades por meio de um diferente sistema de hieróglifos.

O membro mais proeminente dos simpósios Chat Blanc, após estes, foi Paul Bartlett. Eu achei-o brilhante e de boa índole; e o seu discurso cáustico deu um tempero à sua genialidade. Eu considerei altamente o seu trabalho; mas ele poderia ter ido muito mais longe, não tivesse isto sido pelo sucesso social e artístico que actua como soporífero em todos os artistas cuja vigilância é desigual à tensão. É realmente difícil para o mais forte de nós ser displicente com os nossos admiradores. Negligência e pobreza, além do mais, prejudicam a arte de um homem se continuarem por mais de um certo número de anos. É melhor para um homem se ele começa a provar o sucesso no início dos quarentas; mas ele deve ter começado com "os embates", como Meredith tão profundamente estabelece naquele soberbo apólogo mágico, *The Shaving of Shagpat*; e ele deveria ter aprendido a lição deles de que o aplauso da humanidade é tão desprezível quanto o seu abuso. "Justamente como tantos asininos hee-haws", como disse Browning. O artista deve viver continuamente em tal intensa intimidade com a Divindade para que não seja perturbado pela fome ou pelo sucesso.

É claro que havia um número de pulgas no Chat Blanc; homens cuja associação com a arte era uma espécie de superstição, homens que nos entediavam e ainda por cima era tão difícil de se livrar deles quanto os cacarecos que se acumulam numa casa. Mas às vezes um estranho introduziria uma nova nota de genuíno divertimento.

Certo dia um dos Americanos apresentou o "grande artista Americano, Penrhyn Stanlaws". O seu nome era Stanley Adamson e a sua cidade natal Dundee. Ele havia começado a sua vida na maneira tradicional dos grandes segurando as cabeças dos cavalos e ganhando moedas de dez centavos. De uma forma ou outra, enquanto bem jovem, ele ganhara popularidade e estava já ganhando duas mil libras por ano, ou mais, fazendo apressadamente uma sucessão de rabiscos araneiformes representando as fofas *flappers* Americanas em várias poses. Ele viera a Paris para estudar arte seriamente.

Eu fiquei encantado com ele. Ele era Pinkerton de *The Wrecker*, com cada *t* cruzado e cada *i* pontilhado. A sua inocente sinceridade, sem qualquer raiz para isto, a sua

---

46 N.T.: homem de um único quadro

enfatuação por "exaltar", a sua total ignorância da moralidade do artista, os seus crus preconceitos baseados na Escola Dominical, a sua atitude para com tudo assumida na bem-aventurada inconsciência de um fundo: isto era tudo perfeitamente charmoso. Ele tinha toda a fascinação de um novo brinquedo de lata.

Ora, nesta época, Gerald Kelly estava no seu período de Whistler-Velasquez. A mente de Kelly não é de forma alguma criativa ou mesmo crítica no verdadeiro sentido da palavra. Ele era um estudioso. Ele convencer-se-ia por elaborado argumento de que Fulano "de Tal" era o maior de todos os artistas; e ele então empenhar-se-ia para descobrir os segredos do mestre no espírito do químico analítico, e passaria a pintar com a mais lamentável perseverança no estilo do seu último herói. Eu possuo esboços de Kelly, os quais eu desafio o mundo a distinguir de Beardsley, Rossetti, Morris, G.F. Watts, etc. Robbie Ross uma vez falou-me de um homem que coleccionava abanos de Charles Conder. Ele tinha vinte e três anos quando morreu; quatro deles Conders, cinco duvidosos, mas os restantes catorze genuínos Kellys.

Nesse particular momento ele estava visando ao "baixo tom" de Whistler e Velasquez e o seu método era continuar escurecendo a sua paleta. Por fim ele usaria tinta da cor da lama do Tamisa para o realce na face de uma loira. Uma vez ele escolheu uma antiga tela para pintar e tinha ido um pouco longe antes de descobrir que era o seu favorito retrato da Honorável Eileen Gray. O seu conhecimento de arte era enciclopédico; e ele estabeleceu a lei e mais unção e ênfase do que qualquer outra pessoa de quem eu já tenha ouvido falar. Ele levou Stanlaws sob a sua asa e começou a ensiná-lo a pintar.

Stanlaws possuía a característica Americana faculdade de fazer tudo e mais alguma coisa facilmente; de pontuar sucesso superficial. Um dia eu visitei-o e encontrei um grande cavalete no seu estúdio no qual havia uma vasta tela—evidentemente de Kelly. Eu felicitei-o pela sua aquisição. Ele respondeu, bastante ofendido, que ele próprio a tinha pintado. E a nata do gracejo é que esta apressada imitação das imitações de Kelly sobre Velasquez foi aceite no Salão com a força da reputação Americana de Stanlaws!

Eu gradualmente enjoei da atmosfera de Paris. Era tudo demasiado fácil. Esvoacei desassossegadamente de volta para Londres, e não encontrei descanso para a planta do meu pé. Eu até me tinha comprometido a casar, porém, retornando após uma semana em Londres, eu fiquei parcialmente tímido demais para retomar relações com a minha noiva, e parcialmente desperto para o facto de que nós nos desviáramos do matrimónio por pura falta de energia moral. Esta senhora reivindica menção principalmente como o modelo em relação a vários poemas, notavelmente (em *Rosa Mundi, and other Love Songs*) "The Kiss", "Eileen" e os poemas numerados 14, 15, 16, 18, 21 a 28. Ela também foi a "Estrela" em *The Star and the Garter*, o qual eu escrevi nesta época; e as três mulheres conectadas com a "Jarreteira" eram uma senhora Inglesa com uma paixão por ambas, uma acrobata e modelo a quem eu chamei de rapariga *boot-button* porque o rosto dela era "redondo e duro e pequeno e bonito", e em terceiro lugar Nina Olivier. Nina é descrita no próprio poema e também em vários versos, notavelmente "The Rondel"—"You laughing little light of wickedness". A minha adoração por Nina fez dela a rapariga mais famosa do bairro durante uma dúzia de anos. Ela figura, a propósito, no meu "Ordeal of Ida Pendragon".

The Star and the Garter contém alguns dos meus melhores versos e também é importante como marcando um novo passo no meu caminho poético. Eu havia dominado a forma melhor do que jamais fizera antes; eu havia caldeado versos num trabalho contínuo com um propósito integral, sem artificialidade, tal como até certo ponto em *Orpheus* e até mesmo em *Alice*. Passei dois dias a escrever o poema; mas não o considero perda de tempo.

Algum tempo depois acrescentei um apêndice de um género muito obscuro. As pessoas do nosso círculo, de Kathleen Bruce (desde Lady Scott e Sra. Hilton Young) a Sybil Muggins e Hener-Skene (mais tarde, acompanhante de Isadora Duncan), são satirizadas. Os seus nomes são introduzidos por meio de trocadilhos ou alusões e cada linha é carregada de críticas enigmáticas. Gerald e eu, como homens educados, estávamos terrivelmente fartos da presunção e das posturas do pedante médio—masculino ou feminino—do bairro.

Um incidente tornou-se imortal. Um incidente tornou-se imortal. Escrevi em *The Sword of Song* que eu "li Lévi e o Cryptic Coptic", e emprestei o manuscrito à minha noiva, a qual estava posando sentada para Gerald Kelly.

Durante a pose ela perguntou-lhe o que Coptic significava. "A língua falada pelos antigos Coptas", respondeu Kelly e redobrou os seus ardores estéticos. Uma longa pausa—então ela perguntou: "O que significa Cryptic?" "A língua falada pelos antigos Criptas", rugiu o *rapin*[47] e a abandonada esperança da humanidade.

Uma outra afectação das mulheres estudantes de arte era alegar serem tratadas exactamente como se fossem homens em todos os aspectos. Gerald, sempre ávido para obrigar, dirigiu-se a uma das suas modelos como velho companheiro, para grande satisfação dela. Então ele desculpou-se por uma momentânea ausência nos termos que ele teria usado para com um outro homem. No retorno dele, a senhora tinha recuperado o "sexo e carácter" dela, e disfarçara subitamente. A mulher só pode misturar-se com os homens em igualdade de condições quando adopta a moralidade deles, na totalidade, e cessa de atribuir um extravagante valor artificial a respeito das funções animais dela. A mulher de mais altos princípios (alegada) insiste no valor supremo de um bem que é notoriamente de nenhum valor em si mesmo.

The Star and the Garter lida francamente com este problema, entre outros. No que concerne ao charme sexual, é somente razoável expectar o perito ser mais satisfatório do que o novo companheiro; e mesmo, classe por classe, mais satisfatório o profissional do que que o amador. O desejo de posse exclusiva é um dos mais idiotas e bestiais fragmentos de vaidade na psicologia humana. Mas o amor pode existir entre homem e mulher inteiramente independente de quaisquer relações sexuais entre eles. A condição desse amor é a de que ambas as partes tenham dominado completamente a sua natureza sexual; por outro lado, as suas mútuas relações não são livres para amar decentemente até que eles tenham analisado a si mesmos completamente e varrido todo o vestígio de mistério do sexo; e isto significa a aquisição de uma profunda teoria filosófica baseada na ampla leitura de antropologia e prática esclarecida.

As minhas viagens tinham indubitavelmente feito muito para abrir os meus olhos. Eu já havia estudado as características de cinquenta e sete raças separadas, um número que eu subsequentemente aumentei para oitenta ou noventa, quando se tornou difícil definir a palavra "raça". Os meus resultados etnológicos não são particularmente impressionantes; mas o curso da pesquisa certamente ajudou a deixar claro que nenhuma proposição poderia ser julgada como certa ou errada, ou mesmo como verdadeira ou falsa. É sempre possível derivar um ponto de vista a partir das circunstâncias do seu detentor.

> The wildest dreams of Kew are the facts of Khatmandu
> And the crimes of Clapham chaste in Martaban.

Cada princípio moral concebível é mantido nalgum lugar por alguém; e isto é a conclusão inelutável da premissa desse alguém. As circunstâncias dele são únicas; e <u>assim são as suas</u> tendências hereditárias, o seu ambiente, o seu treino e o carácter dos

---
47 N.T.: troca-tintas

seus processos mentais. Quer tenhamos livre-arbítrio ou determinismo, nós ratificamos igualmente cada tipo de opinião e conduta.

Naquela época eu não tinha atingido conscientemente esta liberdade. Eu era ainda um romântico, ainda procurando verdadeiro amor. Observa uma curiosa analogia com a época em que invoquei os adeptos, e um efectivamente ao meu lado; então agora, invocando verdadeiro amor, escondia-se insuspeita no meu círculo a mulher destinada a satisfazer as minhas aspirações; e justamente como em aspiração ao Caminho do Sábio eu não tinha percebido a natureza desse Caminho, também assim eu não compreendia o que as palavras verdadeiro amor poderiam significar.

> True love with black inchauntments filled,
> Its hellish rout of shrieks and groans,
> Its vials of poison death-destilled,
> Its rattling chains and skeletons.

Eu fiz comparativamente poucas anotações deste período—Novembro de 1902 a Abril de 1903. Parece bastante estranho que eu pudesse ter conseguido um tal epítome de vida num tão curto período; pelo menos eu cheguei à velhice. Voltei a Boleskine quase como um fantasma que poderia retirar-se para o seu túmulo quando o galo canta. Em Maio escrevi um resumo muito claro do meu progresso. Isto será também para citar.

No ano de 1899 cheguei a Boleskine House e coloquei tudo em ordem com o objectivo de realizar a Operação de Abramelin, o Mago.

Eu tinha estudado Magick Cerimonial e obtido um sucesso notável.

Os meus deuses eram os do Egipto, interpretados em linhas muito parecidas com os da Grécia.

Na filosofia eu era um realista da escola Cabalística.

Em 1900 parti de Inglaterra para o México, e mais tarde para o Extremo Oriente, Ceilão, Índia, Birmânia, Baltistão, Egipto e França. É indiferente detalhar o progresso correspondente do meu pensamento lá; e passando por um estágio de Hinduísmo, eu descartara todas as divindades como insignificantes, e em filosofia eu era um nominalista intransigente. Eu tinha chegado ao que posso descrever como a posição de um Budista ortodoxo; mas com as seguintes reservas.

1. Eu não posso negar que certos fenómenos acompanham o uso de certos rituais; eu apenas nego a utilidade de tais métodos para o Adepto Branco.

2. Eu considero os métodos Hindus de meditação como possivelmente úteis para o iniciante e não devo, portanto, recomendá-los a serem descartados de uma só vez.

No que diz respeito ao meu progresso, a redenção do cosmos, etc., etc., deixo para sempre a teoria "Floração e Fruto" e apareço no carácter de um investigador em linhas estritamente científicas.

Isto é infelizmente calculado para abafar o entusiasmo; mas como eu tão cuidadosamente de velho, para o Caminho Mágico, exclui da minha vida todos os outros interesses, de modo que a vida agora não tem nenhum significado particular; e o caminho de Pesquisa, nas únicas linhas que agora posso aprovar, continua sendo o único Caminho possível para eu trilhar.

(Pela teoria Floração e Fruto, eu quero dizer a existência de um corpo de iniciados comprometido a dedicar-se à redenção da humanidade.)

Parece que eu me tornara um pouco intrigado. Espero que boa parte da minha atitude tenha sido devido à vitalidade esgotada. Chogo Ri estava talvez ainda a vingar-se.

Eu tinha escolhido Boleskine pelo seu isolamento. Lord Lovat e a Sra. Fraser-Tyler, os meus vizinhos mais próximos, estavam a oito milhas de distância, enquanto Grant de Glenmoriston ficava do outro lado de Loch Ness. Além disso, Boleskine já era o centro de mil lendas.

Mesmo antes de eu lá chegar havia uma boa colheita das regulares superstições das Terras Altas.

O uivo de um bulldog, exactamente como o choro de uma criança, é ouvido longe.

GEORGE: Tudo bem. É só esse cão maldito de M'Alister. Ele faz isto toda a noite.
FENELLA: Ele vê o fantasma do velho Lord Lovat.
GEORGE: O velho Lord Lovat?
FENELLA: Sim; eles decapitaram-no depois de 45. Ele rola a sua cabeça subindo e descendo os corredores.
GEORGE: Passatempo agradável!
FENELLA: O que mais pode um homem fazer?
GEORGE: O que é isso a bater?
(*Ele pára para ouvir*)
FENELLA: Continue! É só a velha.
GEORGE: Que velha?
FENELLA: O filho dela era um lunático. Eles deixaram-no sair curado, como eles pensavam. A mãe dele veio até aqui com ele para colocar flores no túmulo do seu pai; e ele agarrou as pernas dela e esmagou-lhe os miolos contra a parede.
GEORGE: Oh caramba!
FENELLA: Seu bebé! Assim, desde então, ela vem de vez em quando para tentar apanhar os seus miolos na parede.

Eu certamente costumava ouvir o "rolar da cabeça", mas quando eu coloquei uma mesa de bilhar, o velho cavalheiro preferia isto ao corredor e confinava as suas diversões na sala de armas. Mesmo antes disso, ele tinha sempre parado no Pilone do corredor que delimitava do resto da casa a ala que era consagrada a Abramelin. Eu nunca descobri qualquer explicação sobre estes ruídos. Nós costumávamos ouvir à porta da sala de armas, e a esfera rolaria animadamente para cima e para baixo da mesa com inesgotável energia. No momento em que abríamos a porta, o barulho cessaria; contudo não haveria causa visível.

Durante a minha ausência, a reputação da casa tornara-se mais formidável do que nunca. Tenho poucas dúvidas de que os demónios de Abramelin, o que quer que seja, usam o local como conveniente quartel-general e dedicam parte do seu tempo livre a aterrorizar os nativos. Ninguém passaria pela casa depois de escurecer. O povo adquiriu o hábito de dar a volta por Strath Errick, um desvio de várias milhas. Havia muitas lendas definidas; mas eu fiz questão de me conter em fazer uma colecção. Eu estava completamente comprometido ao racionalismo e a ocorrência de milagres era um incómodo. Eu teria gostado de negar a realidade de todo o assunto de Abramelin, mas os fenómenos eram tão patentes quanto as pedras da casa.

Vivia a vida do comum laird[48] Escocês num monótono modo mecânico e mergulhava em iniciante meditação nas linhas Budistas; preferencialmente porque eu não tinha nada melhor para fazer, mais do que por qualquer razão mais positiva. O registo do período de 16 de Junho a 13 de Julho é curiosamente monótono. Nota-se principalmente a falta de força motriz e o completo desaparecimento de qualquer entusiasmo.

Eu tinha completado *The Sword of Song* antes de sair de Paris e deixei-o para ser impresso com Philippe Renouard, um dos melhores homens em Paris. Eu pretendia

---
48 N.T.: latifundiário

publicá-lo em privado. Não tinha quaisquer ideias sobre o "melhor editor". Sentia de um modo estólido que isto era uma espécie de dever em tornar o meu trabalho acessível à humanidade; mas eu não tinha ideia de colher lucro ou fama desse modo.

~ 45 ~

NO DIA 13 de Julho fui a Edimburgo, em parte para renovar o meu stock de vinhos e em parte para buscar algum tipo de governanta, mas ostensivamente para encontrar Gerald Kelly que deveria passar o Verão em Strathpeffer. A sua irmã Rose estava noiva de um homem chamado Howell, o qual vinha da América para se casar com ela em poucas semanas.

Eu contratei uma governanta com facilidade. O que um homem quer é uma mulher a quem ele possa tirar das prateleiras quando necessário e que esta possa ser confiável para permanecer nelas quando não solicitada. É verdade que uma mulher é muito mais recreativa quando ela possui individualidade e iniciativa, mas isto é o mais básico tipo de sensualidade a desejar ser divertida. A mulher ideal deve impedir que um homem seja entretido ou perturbado de maneira alguma, seja pelas próprias paixões dele ou pelos incidentes da vida quotidiana. Eu esqueci o sobrenome da senhora a quem escolhi para preencher esta importante posição. Deixemo-la ficar na história pelo despretensioso título de "Ruiva Arabella". Foi combinado que ela deveria vir e assumir as suas funções em meados de Agosto. Eu só fiquei dois ou três dias em Edimburgo e, tendo tratado a questão do vinho e da mulher, completei a tríade escrevendo *God-Eater*.

Este tipo de jogo é singularmente insatisfatório como obra de arte, mas extremamente significativo como peça de auto-hagiografia. A nota explicativa no meu *Collected Works* é ela própria obscura.

> A ideia desta obscura e fantástica peça é a seguinte: por um acto glorioso a miséria humana é assegurada (história do Cristianismo).
>
> Consequentemente, a apreciação da personalidade de Jesus não é desculpa por ser um Cristão.
>
> Inversamente, por uma série de actos vis e irracionais a felicidade humana é assegurada (história da peça).
>
> Consequentemente, os ataques aos místicos da história não precisam de nos levar a condenar o misticismo.
>
> Igualmente, o conhecimento do bem e do mal é uma árvore cujo fruto o homem ainda não provou: de modo que o diabo enganou Eva realmente; ou (mais provavelmente) Eva enganou Adão. A menos que (o mais provável de todos) Deus enganasse o diabo e a fruta fosse uma maçã comum afinal de contas. ("Cf". H. Maudsley, *Life in Mind and Conduct*.)

A influência de *The Golden Bough* e dos filósofos Spencerianos que eu estava a ler é evidente. Nos últimos parágrafos, também, há evidência de que eu ainda continuava apegado ao sonho de Shelley de uma humanidade regenerada. Há um toque da influência de um homem chamado L. C. R. Duncombe Jewell, o filho mais velho de um Plymouth Brother em Streatham, o qual tinha "ido para o mau" tornando-se um Católico Romano. Eu pedira-lhe para passar uma semana em Boleskine e ele conseguira de uma forma ou outra estabelecer-se ali como meu agente. Eu suponho que ele salvou-me de problemas de uma forma ou outra, e era uma espécie de companheiro. Ele chamava-se Ludovic Cameron, sendo um apaixonado Jacobita e tendo um Cameron algures na sua árvore genealógica. Ele estava muito interessado no renascimento Celta e queria unir as cinco nações Celtas num império. Neste projecto político ele não foi bem-sucedido, mas chegou a projectar uma bandeira. E, oh! tão feia!

Tudo isto parecia pueril para mim, mas não mais do que o imperialismo, e isto tinha a vantagem de ser bastante encantador e inteiramente inofensivo. É estranho olhar para trás, em mim próprio, aos vinte e sete anos, completamente convencido da verdade das mais extravagantes alegações de misticismo e magia ainda que completamente desiludido em relação ao universo. Eu estava inclinado a minimizar a minha actividade em todos os aspectos. A importação de Ruiva Arabella tinha apenas um motivo: organizar a minha vida de modo a reduzir os elementos de perturbação ao ponto mais baixo possível.

Pode parecer um pouco estranho que eu não tenha seguido o exemplo de Allan Bennett e pegar o Manto Amarelo. Mas eu não ficara favoravelmente impressionado com as condições dos mosteiros Budistas. Era sem dúvida verdadeiro que os regulamentos estabelecidos pelo Buda para a conduta dos bhikkhus eram destinados para ajudá-los a libertar as mentes deles da perturbação; mas já não eram interpretados naquela luz pelos próprios Bhikkhus, excepto por uma minoria infinitesimal que, tal como Allan, realmente entendia o mecanismo do assunto.

Tampouco concordava eu que o Buda estivesse completamente certo. Eu achava um grande erro interferir nos processos fisiológicos. Eu estava perfeitamente ciente de que a cobiça, a luxúria e o ódio eram os inimigos da paz; mas eu também estava ciente de que forçar-se a abster-se de comida, amor e sociedade só poderia resultar em desviar os apetites naturais para canais anormais. Santo António atribuía uma importância exagerada ao sexo. Eu estava convencido de que a repressão dos instintos naturais era um insulto à natureza e um atalho para a deformidade moral. Eu já vi que o único adequado curso de acção era ordenar a vida de alguém de acordo com as suas condições.

O plano a perseguir era corresponder com fisiológica propriedade, mas manter cada apetite em seu lugar, para evitar que este invadisse a esfera de toda a consciência. Na prática, eu propus viver uma vida absolutamente normal, mas sem atribuir indevida importância a qualquer elemento dela. Pretendia desfrutar do meu jantar, fosse salmão e Château d`Yquem 78, ou fria carne de carneiro e um copo de leite. Eu tinha constatado por experiência que o mínimo de perturbação era assegurada desta maneira. A agonia da fome de açúcar no glaciar Baltoro mostrou-me que tentar reprimir um apetite natural é meramente convidá-lo a obcecar-nos.

Eu expectava então estabelecer-me lentamente numa rotina de pesquisa científica nas linhas filosoficamente indicadas por Spencer, Huxley e Buda, enquanto eu seguia moralmente o princípio Rosacrucianista de cumprir os costumes do país através do qual eu estava viajando.

A condição da minha alma é claramente indicada pela minha produção. A fonte da poesia lírica tinha secado completamente. Eu não tocara no inacabado *Orpheus*; não escrevera nada de novo. Eu não mais aspirava a tornar-me o redentor da humanidade. Duvido se teria sido capaz de atribuir algum significado a tais palavras. Depois de voltar de Edimburgo, não me parece ter guardado qualquer registo e de nada me lembro acerca dos meus feitos. Julho é, no entanto, a data de um ensaio "A iniciada interpretação de Magick Cerimonial" que prefaciei para a minha edição de *The Goetia*. Eu tinha empregado Mathers para transcrever o texto de *The Lesser Key of Solomon the King*, do qual *The Goetia* é a primeira secção. Ele não foi além disso; após os eventos de 1900, ele tinha simplesmente colapsado moralmente. Eu adicionei uma tradução das conjurações na linguagem Enoquiana ou Angélica; editei e anotei o texto, prefixei uma "Invocação Preliminar", acrescentei uma nota prévia, um Quadrado Mágico (destinado a impedir o uso impróprio do livro) e finalmente uma Invocação de Typhon quando a Primeira

Guerra Mágica do Aeon de Hórus foi declarada.

    Este ensaio lança uma luz muito clara sobre a minha posição. Eu não podia negar os factos da Magick Cerimonial. É impossível explicar por que razão guincha um cão quando se lhe bate com uma vara; mas nós não negamos, por consequência, que isto aconteça, ou pelo menos que haja alguma impressão de tal género nalgum lugar. Eu estava precisamente na posição daqueles filósofos que foram levados à teoria da causalidade e disseram que não havia motivo para que uma maçã caísse; era simplesmente uma questão de coincidência que Deus achasse que esta deveria tocar o chão depois dela desejar que fosse separada do galho. Os factos da Magick parecem bastante naturais se alguém aceitar a explicação apresentada oficialmente sem inquirir com demasiada estreiteza.

    Esta teoria, rudemente falando, é a de Milton ou Dante. Existe até alguma desculpa por dizer que é a tradição Católica *à rebours*[49]; essa tradição é, claro, o desenvolvimento e degradação de vários cultos animistas. Factos mágicos foram explicados pela intervenção de seres espirituais. Um ser espiritual, eu mesmo, lança uma pedra. Acontece que a pedra mudou a sua posição. Um outro ser espiritual, Zeus, está aborrecido; Isso explica como esta ou aquela casa é atingida por um raio. Todos os factos são da mesma ordem e a sua interpretação deve ser uniforme.

    Ora, eu tinha dispensado a inteira teoria das hierarquias espirituais como repugnante à razão; deste modo fiquei com um conjunto de fenómenos nas minhas mãos que gritava em voz alta por explicação, exactamente como o homem que notou que o âmbar friccionado atraía certos objectos leves. Neste ensaio, eu esforcei-me para mostrar como as Operações Mágicas eram eficazes. A minha colecção de factos era, à época, comparativamente pequena e eu ainda não os tinha analisado e classificado adequadamente. Todavia o ensaio mostra que eu estava no caminho certo. A minha interpretação estava em conformidade com a teoria mecânica da física Vitoriana.

    A sequela mostra o meu desenvolvimento nas mesmas linhas conforme o resto da ciência moderna. Os materialistas tiveram de incluir a conotação de "espírito" na sua definição de "matéria". Uma das minhas dificuldades foi que os meus sentidos diziam-me que o arcanjo Gabriel existia, exactamente como eles me diziam que Ernst Haeckel existia; de facto, assim um pouco mais. Eu tinha aceitado Haeckel em mero rumor. Por que deveria eu duvidar de Ísis, a quem eu tinha visto, ouvido, tocado; mas ao mesmo tempo admitir Ray Lankester, quem eu nunca vi mais gordo? Já eu estava compelido a resolver todos os fenómenos igualmente em impressões incognoscíveis. Eu não percebia quão arbitrário era explicar Taphtatharath como um conjunto de impressões de alguma forma imaginadas pela minha mente como um resultado de um particular processo de intoxicação. Isto foi muito antes de eu compreender que todas as explicações do universo são em última análise intercambiáveis como as geometrias de Euclides, Riemann e Lobatchewsky.

    Tanto por Julho. Mas no início de Agosto, Gerald Kelly escreveu sugerindo que eu deveria juntar-me ao seu grupo em Strathpeffer. Eu não tinha nada melhor para fazer. A Ruiva Arabella ainda estava em Edimburgo; eu estava a ficar entediado até à morte, fosse pela minha meditação ou pela minha incapacidade de me despertar ao ponto de fazer qualquer coisa. Então eu fiz a mala e fui até lá.

    O grupo consistia principalmente da mãe de Kelly, quem dignamente preservava as condições de dignidade Tennysoniana; Rose, quem estava num estado curioso de excitação, o qual eu não consegui observar de todo, ou atribuí aos elevados espíritos da estouvada juventude; e um ou dois mais ou menos ocasionais conhecidos,

---

49 N.T.: na direcção oposta

incluindo um advogado idoso chamado Hill, o qual estava apaixonado por Rose e me impressionou como talvez o mais tímido e maçante espécime da humanidade que eu jamais tinha conhecido. Gerald estava a jogar golfe, o que na época era ousado; não é bem a coisa que tu confessarias aos teus amigos em Londres. Eu não tinha tacos e ele jogava sobretudo com Hill. Assim aconteceu que no almoço, no dia 11 de Agosto, Rose e eu metemos conversa. Há algo no meu carácter que faz as pessoas confiarem em mim. Eu acho que o fundo disso é a minha castidade. Elas instintivamente entendem que não tenho o machado pessoal a amolar; que eu exibirei uma sábia benevolência e incorruptível justiça, estando separado de toda a forma de desejo.

Então Rose confessou-me que ela estava num grande problema, enquanto vagueávamos pelos *links*[50] para percorrer os últimos buracos com Kelly e Hill.

Ela disse-me que estava a ser forçada ao casamento com Howell pela família dela. Ela mantivera um caso amoroso com um homem casado chamado Frank Summers. Isso tinha chegado aos ouvidos da sua família porque, estando com problemas de dinheiro, ela dissera à sua mãe que estava grávida e obteve quarenta libras desta para o propósito de ter uma operação ilegal. Naturalmente, isto levou a investigações; e embora a gravidez fosse meramente um pretexto engenhoso, e a operação consistisse em jantares e vestidos, os Kellys estavam determinados a impedir novos ataques à bolsa e prestígio deles insistindo em novo casamento dela.

A história despertou a minha Shelleyana indignação. Nós sentámo-nos nos links em silêncio enquanto eu pensava na situação. A solução era perfeitamente simples. "Não te preocupes com uma coisa dessas", disse eu, e disse-lhe algo sobre o meu estado espiritual e os meus planos para o futuro. "Tudo o que tu tens de fazer," disse eu, "é casar comigo. Eu voltarei para Boleskine e tu nunca mais vais ouvir falar de mim --- a não ser que," acrescentei com grandiloquência romântica, "eu possa ser de ulterior assistência para ti. Isso derrubará o teu casamento com Howell, tu serás responsável pela tua conduta, não para com a tua família, mas para comigo (como no caso de uma dançarina Indiana casada com um punhal ou uma figueira-dos-pagodes); e podes ir e morar no apartamento que o Sr. Summers propõe para ti, sem interferência."

Parece realmente absurdo que eu tivesse sido tão ignorante sobre os elementos de psicologia; mas eu realmente imaginei que este fantástico programa era possível. Isto certamente satisfazia todos os requisitos teóricos! Mas tal como outros utópicos sonhadores de Sir Thomas Browne a Karl Marx, eu omiti levar em consideração um insignificante elemento no problema—a existência da misteriosa força chamada natureza humana.

Rose pulou com a minha sugestão. Nós concordámos em contar a Gerald assim que ele aparecesse, coisa que era imprudente, pois isto poderia facilmente tê-lo tirado do seu jogo, e casar o mais cedo possível. Gerald terminou o curso em 4, 3, 4, 4, bogey sendo 17 para essa parte do curso. Ele tomou o nosso anúncio como uma piada inofensiva.

Eu fui às autoridades locais a respeito do programa prático; mas elas eram como Ball numa celebrada ocasião. A única deidade disponível era o sacristão da paróquia; e, afinal de contas, poderia qualquer coisa ter sido mais apropriada? Ele disse-me que eu podia ter os proclamas publicados e ficar casado em três semanas. Isso não funcionaria de todo; isto daria a Howell tempo de chegar da América e pressionar os Kellys. Perguntei-lhe se não havia uma forma de execução menos prolongada. "Bem," disse ele, depois de coçar a cabeça, "você pode ser exposto numa prancha[51] juntamente

---

50 N.T.: cursos de ligação em campo de golfe
51 N.T.: ecúleo

com a sua jovem mulher por uma semana". Não em vão estivera eu a estudar *The Golden Bough,* mas não fazia ideia de que estas obscenas formas de tortura ainda permaneciam—mesmo nas Terras Altas Escocesas. "Venha, venha," disse eu. "Deve haver uma maneira mais simples e rápida de se casar do que essa." Seguramente, disse eu para mim mesmo, todas essas coisas acerca de Gretna Green devem ter alguma base de facto. Ele balançou a cabeça tristemente, um desconforto que eu verifiquei passando-lhe meia-coroa. Ele então admitiu que era somente necessário ir ao xerife do condado e declarar a intenção de se casar, caso em que o casamento ocorreria naquele momento. "Naquele momento?" Ecoei eu numa voz oca, pois eu tinha o instintivo pressentimento, natural para um jovem, que ele de alguma forma estava a colocar o seu pé nisto, que ele estava a invocar deuses desconhecidos. "Naquele momento," respondeu ele pesadamente e as sílabas caíram como se ele estivesse lançando os céspedes em cima do meu caixão.

Armado com esta informação satisfatória, eu voltei para o hotel e tive uma pequena conferência com a minha prometida. Nós iríamos acordar a tempo de apanhar o primeiro comboio para Dingwall, chamar o xerife e ultrapassar isto antes do pequeno-almoço. Nós levámos a cabo este desígnio. Tivemos que ir em silêncio por medo de acordar Gerald. A ideia era que ele podia interferir, embora eu não tivesse nenhuma razão para supor que ele fizesse isso. Mas aparentemente ela tinha.

~ 46 ~

ENTÃO NÓS fugimos discretamente no penumbroso cinzento da manhã. Eu lembro-me da furtiva passagem dela debaixo da janela dele, e como eu murmurei

Wake Duncan with thy knocking?
I would thou could'st

recordando—tarde demais!—a superstição teatral de que é muito azarento citar *Macbeth* no início de um empreendimento.

Nós lá fomos solavancando no pequeno comboio num estado de curioso constrangimento. É claro que as nossas relações "eram" bastante peculiares, quando tudo estava dito e feito. De qualquer modo, nada havia a dizer. Rose era uma mulher encantadora, mas longe de ser uma companheira intelectual. Sendo os amigos do seu irmão, em grande parte, viciados em arte ou literatura, era costume dela carregar um volume de Browning na sua maleta, e ela pediria às pessoas para pegar nisto por ela, coisa que as impressionava. Ela não tinha de ler isto. De novo, sempre que uma conversa enfraquecesse, ela comentaria ponderadamente:

"Bright star, would I were steadfast as thou art!"[52]

Era tudo o que ela sabia. Todavia, eu não estava indo para ter de viver com ela. Tudo o que eu tinha de fazer era emancipá-la. Então não havia razão para tentar falar com ela.

Nós chegámos a Dingwall no frio e húmido amanhecer; desenterrámos o endereço do xerife a partir de um sonolento polícia e chegámos a casa dele apenas para sermos informados por uma desgrenhada empregada de que nós não poderíamos ser recebidos por ele até às oito ou nove ou dez horas. Eu fiquei irritado. O palpite de obstáculos despertou-me. Eu não estava indo para fugir, quaisquer que pudessem ser os meus motivos, e fazer uma confusão sobre isto. Exigi o endereço de um advogado e escavei-o.

. 52 N.T.: John Keats

Ele prometeu estar no escritório dele às oito horas. Tivemos que nos contentar com isso. Não havia motivo para apreensão. Não era provável que o nosso desaparecimento fosse descoberto até à hora do pequeno-almoço. Dirigimo-nos ao hotel e comemos e bebemos algo num estado de reprimida excitação nervosa. Confesso ter-me envergonhado de mim mesmo. Lá estava eu, equipado da cabeça aos pés desde o meu chapéu à minha claymore[53], e eu nada tinha em jogo; e ainda assim eu estava nervoso! Nós estávamos na casa do advogado precisamente às oito, onde descobrimos que o xerife era um mero floreio e que tudo o que tínhamos de fazer era consentir em casar, e declarar que nós nos considerávamos como marido e esposa. Um débil desgosto com a prosa dos procedimentos induziu-me a elaborá-los tirando a minha dirk[54] e beijando isto, como um penhor da minha fé. Eu nunca pensei em beijá-*la*!

Então ficou claro que o xerife tinha de ter o seu pequeno golpe, afinal de contas, não menos do que um alcoviteiro Arménio.

O casamento teve de ser registado no escritório dele. Nós estávamos completamente num tédio. Eu deveria voltar para Boleskine, claro, mas faltavam algumas horas antes do comboio partir. Ela deveria voltar para Strathpeffer, mas—neste momento, Gerald Kelly irrompeu no compartimento, o pálido rosto dele desenhado com insana paixão. Ele provavelmente estava chateado com a sua estupidez em não ter percebido que o anúncio do nosso noivado, dezanove horas antes, tinha sido sério. Ao saber que nós já estávamos casados, ele intentou um violento golpe em mim. Este falhou por cerca de uma jarda. Tenho vergonha de dizer que não pude reprimir um sorriso tranquilo. Se ele não tivesse estado fora do seu juízo, a acção dele teria sido verdadeiramente corajosa, pois comparado comigo ele era um anão; e enquanto eu era um dos homens mais atléticos do país, a força dele havia sido enfraquecida pelo seu sedentário torpor e frouxo modo de vida em Paris.

Quando ele se sentiu melhor, nós decidimos realizar o programa original. Eu fui para Boleskine e ela voltou para Strathpeffer. Tenho notado frequentemente que a interferência com os meus planos garante que eles sejam executados com exactidão.

Entretanto, de qualquer modo, Hill tinha chegado, ofegando como uma pastinaca roubada da sua presa. Ele balbuciou, depois de uma breve invocação ao Woolsack, que o casamento era ilegal e devia ser quebrado. Também pode, podia, poderia, deve, devia, deveria e outros verbos auxiliares. Eu bocejei graciosamente e deixei-os em contenda.

Rose grudou nas armas dela como a vadia jogadora que ela era. O Sr. Hill fez a descoberta de que ele não tinha feito a lei, e a Sra. Kelly e Gerald de que eles não tinham criado a humanidade. Então o próximo passo no jogo foi que eu despachei Ludovic Cameron como embaixador. Foi o momento supremo na vida dele! Eu estava um pouco chateado por ser arrastado para uma tal louca controvérsia e sinceramente desejava não mais ouvir sobre o assunto, mas eu tinha de suportar a minha sina.

Foi combinado que Rose e eu deveríamos ir ao xerife e registar o nosso casamento, pois arriscávamos a multa e prisão se não o fizéssemos. Então deveríamos dirigir-nos juntos para uma estação à beira do caminho, onde poderíamos tomar a nossa própria decisão quanto aos nossos futuros procedimentos. Dingwall e Strathpeffer estavam obviamente a fervilhar de escândalo. Provavelmente havia tantas histórias separadas quanto habitantes; e a aparência do latifundiário e sua noiva na plataforma de Dingwall poderia ter sido o sinal em relação a uma demonstração para eclipsar o jubileu de diamante e o alívio de Mafeking.

Então retornei para Strathpeffer, irritado mas amável, eu tinha um encontro com

---

53 N.T.: espada escocesa do tipo Montante
54 N.T.: adaga escocesa

a Sra Kelly, a qual fazia o papel da Idosa Rainha Curvada Pela Mágoa para admiração, enquanto eu dizia todos os disparates necessários. Nós depois visitámos o xerife e fomos induzidos a jurar os mais formidáveis juramentos; acerca de nada em particular, mas aparentemente satisfizeram o instinto oficial e encheram o cofre oficial. Duncombe Jewell excedeu-se. O juramento comum não era para ele. Ele produziu uma fórmula cuja grandiosidade literalmente inibia as funções normais das nossas mentes. Foi a melhor peça de litania ritualística que eu já ouvi na minha vida.

À porta do xerife encontrámos o veículo que nos levaria à estação ferroviária. Rose e eu entrámos, sentindo como se tivéssemos passado por um mangal; mas o senso de humor veio o mais oportunamente em nosso auxílio. O veículo por acaso parecia uma carruagem de prisão, e a circunstância titilou a nossa imaginação e ajudou a quebrar o nosso embaraço. Mas foi uma viagem assustadoramente longa para a estação ferroviária e uma espera assustadoramente longa quando chegamos lá. Não sei se era parte do acordo ou não de que deveríamos levar ingressos até ao final da linha, algum lugar na costa oeste da Escócia, cujo nome esqueci por completo. Mas nós fizemos isso. Sentámo-nos em frente um do outro numa vazia carruagem de primeira classe.

Eu só me lembro de um bocado de conversa, e eu não recordo sobre o que era excepto de esta ser um género de pequena piada. Nós estávamos desfrutando de uma espécie de triunfo por termos "saído impunes", mas estávamos num delicado embaraço sobre o que fazer—pelo menos, eu estava. Eu tenho motivos para suspeitar que Rose não compartilhava a minha patética puerilidade. Nunca me ocorreu que o programa que eu tinha planeado tivesse sido alterado de alguma forma.

Não tínhamos nós executado isto com a mais meticulosa precisão?

Chegámos ao nosso destino um pouco antes da hora do jantar. O meu constrangimento atingiu um ponto agudo. Era simplesmente impossível para mim registar-me no hotel. Eu confesso a mais abjecta cobardia. Fiz algumas escusas e deixei Rose confrontar um recepcionista, enquanto eu fui ver o mar e desejava eu que não estivesse frio demais para me afogar. Voltei para descobrir que ela tinha reservado um quarto duplo. Eu pensei que dificilmente estava jogando o jogo; mas eu não podia ser rude com uma dama e, na pior das hipóteses, isto era apenas uma questão de um dia. Eu poderia decentemente despachá-la de Boleskine para os amplexos do Sr. Summers e prosseguir para

> Arrasar os problemas escritos do cérebro,
> E com algum doce oblívio antídoto
> Depurar o pejado peito desse perigoso material.

Provavelmente passou pela minha cabeça de que todos estes alertas e excursões eram alheios ao *arhatship*[55], de que o casamento era um incómodo para um homem cuja mente estava voltada para o sucesso em Mahasatipatthana[56], e de que os problemas levantados por Rose seriam enviados ao sono pela Ruiva Arabella.

Em qualquer caso, nada havia a fazer senão proceder como um cavalheiro. Então bebemos muito champanhe durante o jantar. Nós casámos no dia 12 de Agosto e poderia dar glória a Deus pela sua boa oferta de tetraz, e então—Para que serve o champanhe, afinal? Rose retirou-se imediatamente depois do jantar; eu sentei-me na sala de fumar e atordoei um desconhecido fazendo comentários misteriosos até ele pensar que eu estava louco, e fugiu. Tomei mais champanhe e lembrei-me de que eu era poeta. Eu peguei num papel e escrevi o seguinte rondel. Maldição, eu tive que enfatizar para a minha parceira!

---

55 N.T.: estado de ter atingido a iluminação
56 N.T.: o Grande Sutra sobre o Estabelecimento da Plena Atenção

> Rose on the breast of the world of Spring,
>   I press my breast against thy bloom;
> My subtle life drawn out to thee: to thee
>   its moods and meaning cling.
> I pass from change and thought to peace,
>   woven on love's incredible loom,
> Rose on the breast of the world of spring!
>
> How shall the heart dissolved in joy take
>   form and harmony and sing?
> How shall the ecstasy of light fall back to
>   music's magic gloom?
> O China rose without a thorn, O honey-bee
>   without a sting!
>
> The scent of all thy beauty burns upon the
>   wind. The deep perfume
> Of our own love is hidden in our hearts,
>   the invulnerable ring.
> No man shall know. I bear thee down unto
>   the tomb, beyond the tomb,
> Rose on the breast of the world of spring!

Eu fui para o andar de cima.

Comecei a suspeitar da verdade, que a minha absoluta indiferença para Rose, combinada com a minha perfeitamente casual disposição para casar com ela a fim de lhe fazer um serviço, tal como alguém poderia oferecer o seu lugar a um estranho num ónibus, tinha purgado o coração dela da sua paixão pela gorda sensualidade de Frank Summers, e a colocara perdidamente apaixonada por mim.

Chegámos a Boleskine, onde eu soube que Ruiva Arabella deveria chegar a Inverness no dia seguinte. Eu coro ao dizer que eu não sabia bem o que fazer acerca disto, e confiei em Duncombe Jewell. Ele aproveitou a ocasião e foi para Inverness para desviá-la. Pode parecer incrível; mas a minha reacção foi de puro aborrecimento. Eu não tinha sentimento por Ruiva Arabella; de facto, eu escolhera-a por essa mesma razão, e eu estava perfeitamente pronto para aliviar Rose da tirania da sua família. Mas foi realmente pedir demais quando eu tive de desestabilizar os meus planos. Eu nem sequer tinha ainda suspeitado da verdade de que o belo voo do arroubo de Rose estava a levar-me em suas asas. O amor dela por mim estava evocando a minha vida para ela, e eu tinha feito questão de assumir compromisso fora de tais complicações. Eu estava preparado para propiciar fisiologia, mas apenas com a condição de que o domínio da psicologia não sofresse interferência.

Contudo, lá estava eu, casado com uma das mulheres mais bonitas e fascinantes do mundo. O amor entre nós crescia para as maiores possibilidades da paixão sem que eu suspeitasse disso. Os Kellys tinham aquiescido com o facto consumado. O último resmungo foi uma carta do Reverendo Frederick Festus exigindo que eu devia liquidar dez mil libras a respeito de Rose. Eu podia ter feito isso se não fosse pela pomposa declaração dele de que as filhas de sua casa nunca se casaram sem um apuramento de contas. Considerando que a pessoa com quem me casei não tivera nenhuma liquidação no seu primeiro casamento, a mentira era um pouco flagrante, mesmo para um clérigo. Eu respondi com apropriada decisão; eles abandonaram a ideia de que eu podia ser intimidado, pois eles estavam acostumados a intimidar pessoas tímidas e servis que podiam ser coagidas. Eu nunca entendi a qualidade de fanfarronice com a qual algumas pessoas parecem passar directamente pelo mundo. Deve ser tão humilhante ser "chamado". Prefiro muito mais apresentar a minha fraqueza para induzir o ataque do malicioso, enquanto eu estou emboscando com um reforço esmagador.

A lua-de-mel era beatitude ininterrupta. Certa vez, nas primeiras três semanas, Rose tomou alguma frívola liberdade ; eu reconheci os sintomas, e confrontei-a e espanquei-a. Doravante ela acrescentava as qualidades de esposa perfeita às de amante perfeita. As mulheres, como todos os subalternos morais, comportam-se bem apenas quando tratadas com firmeza, gentileza e justiça. Elas estão sempre na espreita para detectar vacilação ou irritação no mestre; e a única esperança delas é ter um genuína queixa para abraçar.

Quando o problema não é suprimido permanentemente por uma pequena punição amistosa, isto é um sinal de que a virtude saiu do mestre. Quando a sufragista ia de mal a pior e tornava a severidade em si própria desumana e inútil, isto não provava nem um pouco que as mulheres tinham modificado desde os dias da selva, excepto que o industrialismo e a piedade tinham minado a virtude do homem. Roma não caiu porque os Alemães e os Gauleses melhoraram de alguma forma; eles eram os mesmos e podiam ser derrotados pelas mesmas tácticas e armas como nos primeiros séculos. Mas o Cristianismo havia comido o coração de Roma. As virtudes masculinas e as correspondentes virtudes femininas, uma das quais é a recognição da relação entre os sexos, haviam sido corrompidas pela escrava moralidade. A Inglaterra de Vitória, criando o melhor stock do país nas mais favoráveis condições físicas, e ensinando os rapazes desde o início que eles foram trazidos ao mundo a fim de o governarem, produziu uma classe de homens que eram como heróis do Antigo Testamento. (Sob George III nós tivemos um ensaio. Será que longos e prósperos reinados favorecem a produção de tais homens? Nós tivemos outra colheita sob Elizabeth, quando a restauração das abadias para o povo da Inglaterra deu uma oportunidade ao desenvolvimento de uma raça ousada e dominante.) Mas as influências que são comummente chamadas de civilizadas atenuam o espírito aristocrático.

A existência de uma repressão comum é um definido sistema de morte iminente em qualquer comunidade. Os renegados Indianos, desde Lajpat Rai a Gandhi, são meramente evidência de que o sahib deu lugar à concorrência wallah. A Índia não progrediu nos últimos mil anos e não progredirá nos próximos mil. O impulso biológico está gasto. A Índia foi a tentativa da natureza de construir uma nação de elementos diversos soldando-os num sistema religioso e moral. Poderia ter sido bem-sucedida se tivesse sido contra a invasão. Mas enquanto a Índia sempre conquistou os seus conquistadores (impondo, por exemplo, o sistema de casta no Inglês), os invasores interferiram no processo de crescimento e desviaram a tendência nacional para fora da unidade.

Uma nação vive pela sua arquitectura; quando se trata de consciência da sua alma, parece que tem de construir uma casa para essa alma viver. Tais edifícios devem ser completamente inúteis; a alma não viverá num Woolworth Building—que é habitado pelo espírito imundo cujo nome é Legião, e essa é a evidência de que a América, com toda a sua prosperidade material, não tem alma. Tampouco é um homem rico, enquanto ele confinar as suas aquisições a coisas que são úteis.

O amor da minha esposa fez de mim o homem mais rico da terra e desenvolveu a minha alma humana à sua plena estatura. Eu podia dar-me ao luxo de construir um templo para amar, e isso, é claro, tinha que ser estupendo, inútil e imortal. Fiz uma descoberta desconcertante, ainda que não muito tempo depois; esta: que a poesia erótica não brota da suprema satisfação. De facto, a minha vida era uma lírica perfeita e não deixava energia excedente para transbordar em palavras. Eu nada escrevia. O templo tinha de ser como eu disse, e eu só conseguia pensar em construir uma longa e bela jornada sem objectivo. Assim que o Verão mostrou sinais de declínio, nós começámos uma lua-de-mel hipertrofiada. Fingíamos para nós mesmos que estávamos a ir para uma caça de grande porte no Ceilão e a fazer uma visita a Allan em Rangoon (onde ele agora se tinha retirado a partir de Akyab), mas o objectivo real era adornar a celebração do nosso amor colocando-o em mil cenários suaves e cintilantes. Conforme a minha poesia tinha esmorecido, também a minha Magick e a minha meditação. Eu deixei-as ir sem angústia. Eu estava extremamente feliz; o amor preenchia o universo; não havia espaço para qualquer outra coisa.

Eu não tinha mantido um diário. Dia após dia, cada qual uma fresca faceta do diamante do deleite. Tudo o que eu recordo é que nós fizemos os nossos preparativos em Londres, experimentando e comprando armas, dando jantares, etc. Nós deslumbrámos Paris por um dia ou dois, mas não sem um severo choque.

Rose e eu estávamos a caminhar em direcção à Ponte Alexandre III quando se encontrou Vestigia, conforme nós sempre chamávamos a Sra. Mathers. Eu não a via há muito tempo e começámos uma conversa animada. Nada notei de peculiar. Não vivo no mundo dos fenómenos: só o visito em raros intervalos. Eu tinha esquecido a existência de Rose. Quando Vistigia partiu, eu percebi que não a apresentara à minha esposa. Ela não me perguntou quem era. Eu contei-lhe. "Oh," disse ela, "pensei que era alguma modelo que tu conheceste nos velhos tempos".

As palavras vieram como um tremendo choque. Vestigia tinha sido o nosso ideal de refinamento, pureza, espiritualidade e o resto. E então a minha mente informou-me do que os meus olhos tinham visto, que Vestigia estava pintada grossamente nos olhos—disse eu pintada? Quero dizer emplastrada. Onde as camuflagens paravam, havia um pescoço que não poderia ter sido lavado por meses. Soube mais tarde que Mathers, caindo em tempos malvados, forçara a sua esposa a posar nua num dos espectáculos de Montmartre que são usados para o benefício de pessoas ignorantes e lascivas, especialmente provincianos e Ingleses, e que mesmo isso nem era o pior.

Então nós precipitámo-nos sobre Marselha, empoleirámo-nos no terraço do hotel Bertolini em Nápoles e apanhámos algumas migalhas. O nosso primeiro lugar para tomar fôlego foi o Cairo. Foi uma das extravagâncias da nossa paixão que sugeriu que passássemos uma noite juntos na Câmara do Rei da Grande Pirâmide. Foi o gesto do macho exibindo a sua plumagem. Eu queria que a minha esposa visse que grande Mago eu era. Nós fomos, adequadamente, depois do jantar, com velas. Mais do hábito do que doutra coisa qualquer, conforme imagino, eu tinha comigo um pequeno caderno de velino Japonês em que estavam escritas as minhas principais invocações, etc. Entre estas havia uma cópia da "Invocação Preliminar" de *The Goetia*.

Nós chegámos à Câmara do Rei depois de dispensar os criados ao pé da Grande Galeria. À luz de uma única vela colocada na borda do cofre eu comecei a ler a invocação. Mas enquanto prosseguia eu notei que não mais estava curvando-me para segurar a página perto da luz. Eu estava permanecendo erecto. Ao mesmo tempo o manuscrito não estava menos mas mais legível. Olhando em volta, eu vi que a Câmara do Rei estava a brilhar com uma luz suave que imediatamente reconheci como a luz astral. Eu estou acostumado a descrever a cor como ultravioleta, pela sua semelhança com os raios do espectro—que por acaso sou capaz de distinguir. O alcance varia, mas é bastante perceptível para lá do que é visível ao normal olho humano. A cor não é diferente da de uma lâmpada de arco voltaico; é definitivamente menos colorida do que a luz de uma lâmpada de mercúrio. Se eu tivesse que afixar um rótulo convencional, eu provavelmente diria lilás pálido. Mas a qualidade da luz é muito mais marcante do que a cor. Aqui a palavra fosforescência ocorre à mente. É um dos mistérios da física de que a luz total do céu é muito maior do que a que pode ser considerada pelos luminosos corpos nos céus. Existem várias teorias, mas eu pessoalmente acredito que a força agora chamada de radioactividade, a qual nós sabemos ser possuída em algum grau por cada partícula de matéria, é responsável. Os nossos olhos são afectados com a impressão de luz por forças que não são em si reconhecidas como luminosas.

No entanto, de volta aos factos. A Câmara do Rei estava acesa como se estivesse com o mais brilhante luar tropical. A lamentável suja e amarela chama da vela era como uma blasfémia, e eu apaguei-a. A luz astral permaneceu durante toda a invocação e por algum tempo depois, embora diminuísse em intensidade à medida que nos preparávamos para dormir. Em relação ao resto, o piso da Câmara do Rei é particularmente intransigente. Ao dormir nas pedras sempre se pode acomodar-se mais ou menos às irregularidades locais, mas a Câmara do Rei fazia lembrar-me de *Brand* ; e devo confessar ter passado uma noite muito desconfortável. Temo que o meu galanteio tenha corrompido a minha virtude Romana. De manhã a luz astral desaparecera por completo e o único som era o ruído dos morcegos.

De certa forma, eu suponho que me considerei um óptimo companheiro ao ter sido capaz de produzir um tão impressionante fenómeno com tão pouca dificuldade. Mas isto não me encorajou a continuar com a Magick. A minha esposa estava por tudo.

~ 47 ~

NÓS DEVÍAMOS ter tido alguma vaga ideia de explorar as pouco conhecidas partes da China, visto que tínhamos planeado visitar Allan em Rangoon. Provavelmente foi em Colombo que Rose meteu na cabeça dela que estava grávida; pois lembro-me de que a nossa expedição de caça em Hambantota, na província sudeste do Ceilão, foi *faute de mieux*[57]. Nós achámos que era melhor voltarmos para Boleskine para o evento; e ainda tínhamos de justificar a nossa jornada através de alguma definitiva realização. Então saímos de Colombo para Galle e daí para o interior do país. É estranho que eu não consiga lembrar-me inteiramente de como chegámos à selva. Mas as irregulares notas dizem-me que foi de coche, e que deixámos a funda aldeia em quatro carros de boi na segunda-feira, dia 14 de Dezembro. Cito a minha inscrição do dia 1 de Janeiro de 1904 (algumas linhas estão cuidadosamente rasuradas. Não sei dizer o porquê ou imaginar o que eu escrevera).

> 1º de Janeiro
> Começou mal: faltou veado e lebre. Tão irritado. Contudo, o presságio é de que o ano é bom para obras de amor e união; mau para aquelas de ódio. Seja a minha de amor!

Este verbete não soa como se eu estivesse ainda integralmente lunático nos raios da lua-de-mel. A explicação é que o mero facto de voltar à vida no acampamento despertou em mim os antigos interesses e ambições. Pode ser parte do meu sentimento pelo ritual de que vestir certos tipos de roupas é transformar o meu estado de espírito.

Por mais preguiçoso que eu seja, tenho apenas de trocar calças por bermudas para me sentir atlético imediatamente. Há também o ponto de que eu faço uma profissão de virtude quando lembrado de certas datas, assim como um homem totalmente irreligioso poderia ir à igreja no Natal. Os registos subsequentes não dão nenhuma indicação de

---
57 N.T.: à falta de melhor

que a minha mente estivesse a voltar-se para os seus antigos mestres. Os únicos registos dizem respeito à vida desportiva e ao acampamento; e eles são muito escassos.

Eu nunca fui capaz de gostar de ler crónicas de chacina, e não proponho infligir tal coisa ao mundo. Elas são tão monótonas e convencionais quanto as do montanhismo. Desportistas e alpinistas seguem a moda com uma fidelidade assustadora. Norman Collie escreveu o único livro sobre montanhas que possui qualquer mérito literário. O de Mummery é bom porque ele realmente tinha algo a dizer, mas o seu estilo mostra a influência de Collie. Owen Glynne Jones produziu um patente plágio do estilo de Mummery; e quando chegou aos irmãos Abraham, o fundo foi alcançado. E que fundo! De facto, dois.

Dos escritores mais antigos, Leslie Stephen é o único que vale a pena mencionar, e para ele o alpinismo era de interesse secundário. Contos de caça, tiro e pesca são igualmente tediosos. Eles só são toleráveis em ficção tal como o Mr. Jorrocks e *The Pickwick Papers*. Viajantes tendo interesses mais amplos são de leitura mais agradável. Sir Richard Burton é um mestre supremo; o maior que alguma vez pegou em pena. Ele não tem um parágrafo aborrecido. Cameron e Mary Kingsley não devem ser esquecidos por um *proxime accessit*[58].

Certos incidentes desta caçada são dignos de nota. Rose teve um ataque de febre no dia 7 de Janeiro. Pela primeira vez desde o meu casamento eu tinha um momento para dispensar das celebrações de Hymen. Sentei-me à mesa do meu acampamento na minha cadeira Colonel Elliot e escrevi o poema *Rosa Mundi*, o primeiro por muitos meses. Eu canto para ela, relembro os incidentes do nascimento do nosso amor, aludo ao prospecto da sua colheita, e teço a totalidade dos factos numa brilhante tapeçaria de enlevo. Isto era um novo ritmo, uma nova rima. Isto marca um notável avanço sobre qualquer trabalho anterior por sustentada sublimidade.

Fisicamente e moralmente, Rose exercia em cada homem que ela conhecia um fascínio que eu nunca vi em nenhum outro lugar, não uma fracção disto. Ela era como uma personagem de um romance romântico, uma Helena de Tróia ou uma Cleópatra; ainda que, embora mais ardente, inócua. Ela era essencialmente uma boa mulher. O amor dela soava em cada abismo de luxúria, subia a cada esplendor do empíreo. Eckenstein adorava-a. Quando publiquei este poema, que fiz reservadamente sob o pseudónimo de D.H. Carr, a partir dos sentimentos de delicadeza, Eckenstein ficou efectivamente chocado. Em regra ele não se importava muito com a minha poesia; mas ele achou *Rosa Mundi* a maior lírica de amor no idioma. (Como um frio facto, o seu único rival é *Epipsychidion*.) Mas ele considerou sagrado demais para publicar. "Isto deveria", disse ele, "ter sido encontrado dentre os papéis dele após a sua morte".

Eu posso compreender o sentimento desta visão, mas não posso compartilhá-la. Eu queria tornar a humanidade mais santa e feliz colocando nas mãos deles a chave do meu próprio sucesso.

E no meu diário não há alusão ao poema. (Pode de facto ter sido escrito durante um tempo anterior à doença de Rose—no dia 15 de Dezembro—mas eu não penso assim porque eu conecto a inspiração com o acto de comer bife de búfalo, e na data anterior eu estive somente comendo narceja.) Eu tenho apenas anotado: "Rose doente, um sanguinolento passarinho, pão chegou em P.M."

Eu não sou de forma alguma um poderoso caçador diante do Senhor, mas eu sou certamente um apreciador de caçada de grande porte. Gosto muito da vida que a acompanha e gosto dos altos momentos de excitação e perigo; eles expiam o tédio da

---

58 N.T.: segundo lugar

perseguição. Eu não tenho qualquer uso para a *battue*⁵⁹, mesmo se esta for uma matéria de ursos e tigres. Quanto a tetraz e faisões, o meu prazer no exercício da minha habilidade é estragado pelo sentimento subconsciente de que sou dependente de outros para o meu desporto. Além disso, o elemento de combate não está presente. Eu posso ter muita diversão fora da dura caçada para o pote; mas a artificialidade de qualquer tipo é o próprio diabo no desporto. Eu nem sequer me interesso por atirar a partir de um *Machan*⁶⁰. Eu gosto de ser apenas uma das pessoas da selva e desafiar qualquer animal que encontre. Suponho que, logicamente, eu deveria desprezar o uso de armas. Eu nunca o fiz.

A Estela da Revelção, Cairo A 9422 (Bulaq 666), representando Nut, Behdety como o alado disco solar, e Ra-Hoor-Khuit sentado no seu trono diante do criador da estela, Ankh-ef-en-Khonsu.

As minhas aventuras mais divertidas sempre foram quando eu passeava sozinho na selva sem rastreadores ou portadores, encontrava um javali, um urso ou um búfalo por acaso ou por exercício da sagacidade nativa, e conquistava-o em luta individual. Os meus servos nativos costumavam ficar horrorizados com os meus procedimentos, muito como os ortodoxos montanhistas haviam ficado nas minhas escaladas solitárias. Eles não duvidavam da minha coragem com a espingarda; eles respeitavam isto porque eles compreendiam isto. Mas eles tinha sido acostumados a homens brancos a dependerem deles para luz e liderança, e certificavam-se de que eu ficaria irremediavelmente perdido sem eles na selva. Talvez a parte principal do meu prazer consistisse nos problemas apresentados por ter que encontrar o meu caminho para casa, muito provavelmente no escuro, depois de ter perseguido alguma presa por uma rota divergente, através da virtude do meu sentido de direcção, especialmente no momento em que impenetrável matagal, intransponíveis manchas de água, ou pântanos, podem complicar muito seriamente as coisas.

---

59 N.T.: batida
60 N.T.: plataforma elevada usada na caça

O animal mais perigoso do Ceilão (não há tigres, e se houvesse, a afirmação ficaria de pé) é o búfalo. Pode-se distinguir um búfalo selvagem de um domesticado pela sua psicologia. Se ele é selvagem, ele foge; se ele é domesticado, ele ataca-te. No entanto estes fanáticos sequazes de "Ásia para os Asiáticos" permitem-se ser montados, amaldiçoados e intimidados por fedelhos que não têm seis anos de idade. O búfalo é sempre selvagem e sempre inteligente o suficiente para saber quem o feriu. Ele também é infinitamente corajoso e vingativo. Muitos tigres darão meia-volta mesmo quando levemente senão dolorosamente feridos. Mas o búfalo nunca cede moralmente ou fisicamente e mostra poderes quase humanos de estratégia e táctica na sua vingança.

A vitalidade dele é incrível; o gauro (uma espécie não dissimilar) que matou o Capitão Sayers na Birmânia tinha nele dezassete balas de pesadas espingardas enquanto estava escornando e pisando o agressor. Os outros Ingleses presentes nada podiam fazer para salvá-lo.

Certa noitinha eu atirei num sambur; o grande cervo (erroneamente denominado alce) do Ceilão. Ele estava a cerca de trezentas jardas de distância, do outro lado de uma pequena lagoa. Ele saiu como um raio de relâmpago. Era impossível segui-lo e pensei que o tinha perdido. Dois dias depois, porém, aproximei-me dele por acidente, a vinte e cinco milhas de onde eu lhe tinha disparado. A minha bala penetrou nos pulmões e roçou o coração. Não posso deixar de pensar que há algo na alegação aparentemente absurda de certos místicos de que a vida não depende inteiramente da integridade do aparelho fisiológico, mas da vontade de viver. Eu tenho abatido completamente os mais poderosos animais com um único tiro no lugar certo; mas se esse primeiro tiro não o matar definitivamente, ele fica tão inflamado com fúria que tu podes esburacá-lo com balas nos pontos mais vitais sem o incapacitar ainda mais. Eu sei que parece absurdo, mas eu tenho visto isto frequentemente. O sambur acima mencionado é apenas um caso.

Um dia falaram-me de um excepcionalmente belo búfalo selvagem que estava tão perdido para todos os princípios de propriedade que costumava descer todas as noitinhas para se divertir ouvindo as vacas domesticadas. Eu senti que nunca poderia enfrentar Exeter Hall[61] no futuro se eu permitisse que este tipo de coisa continuasse. O único sinal de graça neste macho era que ele tinha uma consciência culpada e partia para a *Ewigkeit*[62] ao primeiro indício de proximidade humana. As vacas estavam acostumadas a alimentar-se num território amplo e plano. Era impossível abordá-las ao ar livre. Eu arrastei-me até à borda da selva e passei despercebido, esperando que elas chegassem perto o suficiente para um tiro. Elas assim fizeram. Mas eu julguei mal o intervalo; e a minha bala, pela sorte mais curiosa, perfurou o casco dianteiro do touro. Ele evadiu-se indignadamente pela selva a um ponto de umas trezentas ou quatrocentas jardas da minha emboscada.

Dez minutos depois "fiquei na ponta dos pés em cima de uma pequena colina" e olhei ao meu redor "com uma selvagem suposição". Eu sabia onde lhe tinha atingido pela maneira como ele mancava, e que ele não estava mais fora de acção do que Battling Siki[63], se eu tivesse posto o pé no seu milho favorito. Eu sabia que um búfalo pode esconder-se na selva do Ceilão tão eficazmente quanto um insecto numa caserna, e eu sabia que ele estava perfeitamente informado sobre o meu carácter e intenção. Eu sabia que estava nervoso pela maneira como agarrei a minha espingarda (a minha principal bateria, a propósito, era uma Paradox de calibre 10 com chumbo e também balas de núcleo de aço, e uma .577 Express, ambas de cano duplo). Conforme eu estava,

---

61 Naquela época sede do Evangelismo.
62 N.T.: eternidade
63 N.T.: pugilista

percebi pela primeira vez a responsabilidade do homem branco. Eu tive que exibir perfeita *desenvoltura*. Nenhum sinal do touro!

Passado pouco tempo, os rastreadores encontraram o trilho. A minha bala tendo perfurado a sua pata, não havia sangue. Os únicos sinais da sua passagem eram galhos esmagados e quebrados, e pegadas ocasionais. Nós encontrámo-lo muito rapidamente. Ele ainda permanecia de pé, escutando pela sua vida, de costas para nós. Eu não estava a trinta jardas de distância e apontei para o centro do touro—perdoe-se a introdução de um eufemismo do antigo Egipto. Este é o mais eficaz tiro possível. Se a bala subir, ela esmagará a espinha; de outro modo, ela deve passar pelas moles partes vitais. Porém, o touro simplesmente fugiu. Eu não pude sequer disparar o meu segundo cano. Repetidamente nós encontrávamo-lo. A pista era fácil de seguir. Ele estava a sangrar profusamente e indo devagar. Repetidamente eu disparava, mas ele sempre escapava. Nada parecia paralisá-lo, embora alguém tivesse achado que ele deveria ser mais buraco do que touro por essa altura.

Por fim ele virou para uma pequena clareira. Assim que saí da selva densa, eu vi-o a menos de dez jardas de distância. Ele inclinou a cabeça para atacar. A minha bala atingiu-o novamente no Ajna Chakra, se um touro tem tal coisa; de qualquer modo, no meio da testa logo acima dos olhos. Desta vez ele caiu. Foi a décima nona bala e só a primeira havia falhado em atingi-lo num ponto vital.

Falando em ser atacado: a única fera que eu realmente temo é o leopardo. O tigre dá uma chance, mas a chita é como uma flecha; ele é praticamente invisível como uma marca, e sente-se que é impossível pará-lo ou sair do seu caminho. Ele é muito difícil de ver em qualquer momento; mas termina em denso matagal, ele é o limite. Também sinto que a raiva dele é malvada e ignóbil, e nunca fui capaz de me opor a este tipo de ataque. Eu posso respeitar a raiva do tigre, mas o ódio do leopardo é de alguma forma servil e venenoso. O urso é um inimigo mortal se ele se sentir ameaçado e é quase tão difícil de matar quanto o búfalo. Também fica-se bastante pesaroso ao matar um urso: nunca se pode esquecer que ele é de coração um animal amistosamente fofo e aconchegante.

O javali, ao qual se pode disparar no Ceilão, conforme *pig-sticking*[64] é impossível devido à natureza do território, é uma presa furiosa e perigosa, mas dá uma peculiar satisfação fazer aparecer um, ficar deitado na frente de um, e sentir que se fez um boa acção a Vénus.

> Right in the wild way of the coming curse
> Rock-rooted fair with fierce and fastened lips,
> Clear eyes, and springing muscle and shortening limb—
> With chin aslant indrawn to a tightning throat,
> Grave, and with gathered sinews like a god,

and biff him

> Right in the hairiest hollow of his hide
> Under the last rib, sheer through bulk and bone
> Deep in—

and see

> The blind bulk of the immeasurable beast
>   bristling with intolerable hair

Um dos meus javalis, a propósito, deu-me uma lição de literatura. Eu deparei-me

---

64 N.T.: caça ao javali a pé ou a cavalo usando lança

com o seu corpo dois dias após a batalha e isto acertou-me no olho—para não falar do nariz—com "Charogne" de Baudelaire.

> Beside the path, an infamous foul carrion,
>   Stones for its couch a fitting sheet.
>
> Its legs stretched in the air, like wanton whores
>   Burning with lust, and reeking venom sweated,
> Laid open, carelessly and cynically, the doors
>   Of belly rank with exhalations fetid.
>
> Upon this rottenness the sun shone deadly straight
>   As if to coo kit to a turn,
> And gave back to great Nature hundred-fold the debt
>   That, joining it together, she did earn.
>
> The sky beheld this carcase most superb outspread
>   As spreads a flower, itself, whose taint
> Stank so supremely strong, that on the grass your head
>   You thought to lay, in sudden faint.
>
> The flies swarmed numberless on this putrescent belly,
>   Whence issued a battalion
> Of larvae, black, that flowed, a sluggish liquid jelly,
>   Along this living carrion.
>
> All this was falling, rising as the eager seas,
>   Or heaving with strange crepitation—

Havia um fascínio totalmente indescritível em observar as ondas de vermes. A superfície ondulava com o peculiar ritmo do oceano.

Para Baudelaire, como nós sabemos, uma visão semelhante sugeriu a sua "Inamorata". Eu estava, presumivelmente, cegamente apaixonado por Rose para ver a semelhança; a principal impressão na minha mente era mais impessoalmente filosófica. Pensei na 13ª Chave do Tarô do signo de Escorpião, a invencível persistência da vida perpetuando-se por meio dessa putrefacção que parece às mentes superficiais a principal testemunha contra ela. Aqui estavam vermes alimentando-se em corrupção, ainda que o efeito fosse de lampejantes vibrações de brilho branco, divertindo-se na luz solar—aqui, pára! Sou eu um desportista descrevendo os seus feitos heróicos, ou não sou?

O elefante, "o meio raciocinador com a mão", está numa categoria totalmente diferente de qualquer outro animal. Eu sentia-me muito mais como um assassino ao abater um hathi[65] do que quando é um macaco, embora eu compreendesse perfeitamente a emoção do Inglês médio nesta conjuntura. O elefante também não é fácil de caçar. As probabilidades contra o acto de acertar-lhe no ponto vital são muito grandes; e por estranho que pareça, no território como Hambantota, ele é muito difícil de ver. Em toda a província há realmente poucas árvores de notável estatura, mas a vegetação rasteira (incluindo árvores menores) é tão densa e tão extensa que raramente é possível ver um animal mesmo quando se está perto dele. Eu lembro-me de uma vez estar tão perto de um elefante que eu poderia tê-lo aguilhoado com uma cana de pesca para salmão; mas eu não conseguia ver uma polegada de todos os acres dele. Ele estava a alimentar-se de pequenos galhos; eu podia ouvir cada gentil dentada; eu podia ouvir a respiração dele; eu podia sentir o cheiro dele. Se ele tivesse levado à sua cabeça a ideia de virar ou se o vento

---

65 N.T.: elefante fictício criado por Rudyard Kipling

tivesse mudado, o meu número teria subido. Ele poderia ter pisado o seu caminho para e sobre mim sem esforço, enquanto eu não podia forçar o meu caminho até ele em cinco minutos. Ele saiu em silêncio e eu nunca tive a oportunidade para um tiro.

Um elefante, cuja pista eu segui, tomou o acampamento de um Francês durante o seu passeio matinal. A esposa do homem tinha-o levado para o Ceilão para mantê-lo afastado do álcool, mas a proibição esqueceu o provérbio: "Out of the frying-pan into the fire"[66]. O elefante apanhou-o antes que eu apanhasse o elefante.

Um dos nossos acampamentos mais bonitos era uma espécie de dak-bangaló perto das margens de um lago soberbo. Aberto no seu arco principal, a margem mais distante fundia-se em brejos. Nas rasas águas do limite cresciam magníficas árvores cujos ramos estavam enfeitados com legiões de raposas voadoras[67], como eles chamam a espécie de morcego cujo peito é guarnecido com maravilhoso vermelho e branco. Eu pensei em matar algumas dúzias e fazer um toque para a minha esposa e um colete para mim. Nós saímos num barco não muito diferente de uma variedade tosca de punt[68] para apanhá-los durante o sono deles. Eles não mantêm vigilância; mas ao primeiro tiro eles acordam e o ar literalmente se torna escuro com a multitude deles. Apenas se tem de atirar para o magote. Um dos morcegos, ferido, caiu em cima da minha esposa e assustou-a. Pode ter sido trinta segundos antes que eu pudesse separá-la das garras dele. Nada pensei sobre o assunto; mas é possível que a condição dela tenha agravado a impressão. As nossas camas no bangaló estavam providas com quatro postes robustos e uma armação para cortinas mosquiteiras. Suponho que num distrito tão remoto elas eram feitas de hastes excepcionalmente fortes. Eu fui acordado na calada da noite pelo guincho de um morcego moribundo.

Lembro-me de debater se estava de facto acordado ou não, se o barulho, que era terrivelmente persistente, não poderia ser parte de um sonho evocado pelos acontecimentos do dia. Eu até apelei a Rose para resolver as minhas dúvidas. Ela não respondeu. Eu acendi a vela. Ela não estava lá. O meu alarme completou o meu despertar. O morcego guinchava horrivelmente. Eu olhei para cima. Não consegui ver qualquer morcego. Mas lá estava Rose, completamente nua, pendurada na armação com braços e pernas, insanamente gritando. Foi um trabalho e tanto para puxá-la para baixo. Ela agarrou-se à armação desesperadamente, ainda gritando. Ela recusou-se totalmente a responder aos acentos da voz humana. Quando eu finalmente a desci, ela rasgou e arranhou e mordeu e cuspiu e gritou, exactamente como o morcego moribundo tinha feito a ela. Demorou muito tempo até que eu a trouxesse para a sua consciência humana.

Foi o melhor caso de obsessão que eu já tive a sorte de observar. É claro que é fácil explicar que, na condição de hipersensibilidade dela, o incidente do dia reproduziu-se num sonho. Ela identificou-se com o seu agressor e imitou o seu comportamento. Mas certamente, se houver alguma coisa na lei da parcimónia de Sir William Hamilton, é muito mais simples dizer que o espírito do morcego havia entrado nela.

(Enquanto eu reviso estas páginas para o prelo, eu vejo-me constantemente irritado por ter de tentar encontrar longas e circulantes explicações "racionais" para todas as maravilhas que tenho visto e ouvido. É ridículo, também, agora que estamos finalmente esclarecendo a obsessão do presunçoso materialismo Vitoriano—a ciência disfarçada como gorda hausfrau[69]!)

---

66 N.T.: "Fora da frigideira para dentro do fogo"; "Ir de mal a pior"
67 N.T.: megabats—morcegos frugívoros
68 N.T.: pequeno barco de fundo chato, empurrado à vara
69 N.T.: dona de casa

~ 48 ~

A VIDA NA selva tem muitos incidentes de um tipo mais frequente e menos divertido. Certa noite, também num bangaló, levantei-me para buscar o remédio de Rose. Eu tinha deixado a vela na mesa a alguma distância das camas, o que era insensato. Ao acendê-la, eu descobri sem entusiasmo que, entre mim e a cama, havia uma krait[70] de umas dezoito polegadas de comprimento—e eu andara descalço por cima dela! Uma krait pode matar em poucos minutos, embora não sem produzir sintomas de grande interesse para qualquer estudante sério da natureza. Eu estava totalmente desamparado; eu estava reduzido ao ignominioso expediente de subir para a mesa e chamar os criados para trazerem uma lamparina, precaução e *force majoure*[71].

Os animais não são o único perigo deste distrito. Existem muitas doenças perigosas, especialmente o tétano. Enquanto eu estava em Calcutá, um conhecido meu, voltando para casa a partir do teatro, escorregou e resguardou-se colocando as mãos no chão. Ele arranhou-se ligeiramente e morreu em três dias.

Há também espinhos terríveis. O meu rastreador principal veio ter comigo um dia com um no seu pé. A extremidade estava saliente e eu imaginei que não teria dificuldade em tirá-lo com uma pinça. Mas o espinho era macio como medula. Eu tive que cortar a sola do homem ao longo de todo o comprimento do espinho, sete polegadas e três quartos de polegada de comprimento. A pele dele era dura como couro cru, a epiderme de um quarto de polegada de espessura. O espinho não atingiu a derme. Parecia miraculoso que isto tivesse penetrado numa pele que chegava perto de virar a borda da minha faca cirúrgica.

A mais pesada arma e o mais verdadeiro olho e mão podem, às vezes, deixar de levar em conta a menor das criaturas de Deus. Eu não conseguia compreender por que razão a minha Paradox de calibre 10 parecia tão ineficaz contra os pequenos pássaros. Um dia deparei-me com uma cobra-rato, dezanove pés de comprimento, e disse: "Desta vez vou ferir a tua cabeça e aposto que tu não feres o meu calcanhar." Eu estava a poucas jardas dela e atirei várias vezes. Ela afastou-se com vagaroso desgosto; ela não podia imaginar o que poderia ser o meu jogo. Por que tinha eu perturbado o sono dela? Eu segui, protestando com mais tiroteio contínuo. Ela moveu-se preguiçosamente para lá do alcance do bombardeio. Eu sou um homem paciente; mas a conduta desta cobra insultou-me e humilhou-me. Um dos meus, o seu indubitável espírito oriental sensível observando a minha aflição, avançou e bateu na cabeça dela com um pau. Teoricamente, ela deveria ter ficado tão cheia de buracos quanto um fichu de renda; mas não havia uma marca nela. Despontou lentamente na minha mente de que devia haver algo errado com os meus cartuchos. Quando chegámos ao acampamento, eu coloquei a tampa de uma caixa velha e disparei a dez metros para testar a penetração do tiro. Os péletes não marcaram a tábua; eles ricochetearam e bateram-me na cara. Eu reservei as minhas observações a partir do meu retorno para Colombo.

Este evento aconteceu no dia 16 de Janeiro. O meu régulo burlou-me escandalosamente; mas não havia remédio. Não há remédio para nada no Ceilão. Toda a ilha é uma infâmia. É impossível conseguir que doze Cingaleses concordem sobre qualquer assunto, então uma decisão de maioria determina o veredicto de um júri de sete! Justiça é usualmente feita, porque é realmente o caso de que o homem com mais dinheiro está frequentemente menos errado do que o seu oponente.

---

70 N.T.: cobra venenosa
71 N.T.: força maior

Um episódio muito curioso gruda na minha memória. O general Sir Hector MacDonald nasceu num croft[72] na encosta voltada para Boleskine, do outro lado do Loch Ness. Eu consequentemente tomei, não solicitado, um quase paternal interesse na carreira dele.

Certo dia entrei no Hotel Regina em Paris para almoçar. Na mesa ao lado, também sozinho, estava Sir Hector MacDonald. Ele reconheceu-me e convidou-me para me juntar a ele. Ele parecia anormalmente aliviado; mas a sua conversa mostrou que ele estava a sofrer de agudo distúrbio mental. Ele disse-me que estava a caminho do leste. É claro que evitei admitir que conhecia o seu objectivo, que era defender-se de acusações de irregularidade sexual conduzidas contra ele no Ceilão.

Na manhã seguinte eu fiquei atónito ao ler, no *New York Herald,* um escandalosamente franco relato do caso[73]. Nos calcanhares disto veio a notícia de que MacDonald tinha-se matado no Regina (hotel em Paris). Ele era um grande homem de coração de leão com o espírito de uma criança; com toda a sua experiência no Exército, ele ainda levava a sério a palavra honra, e o aberto escândalo da acusação derrubara o seu padrão.

Um detalhe incrível deve ser contado. O hotel comunicou imediatamente com a Embaixada Britânica, e o adido, que desceu para ver o corpo, disse a Gerald Kelly que os bolsos de MacDonald estavam atulhados de fotografias obscenas! A investigação mostrou que ele havia saído e comprado as fotografias naquela mesma manhã, aparentemente sem outro propósito. A psicologia é espantosamente obscura. Seria o motivo dele transmitir algum subtilmente ofensivo insulto aos puritanos cuja lascívia o destruíra?

Muito é em parte boato e conjectura. O que se segue é inteiramente verdade. Eu estava sentado ao almoço no Grand Oriental Hotel em Colombo quando um desfile encheu a sala. Eu nunca tinha visto algo semelhante. Isto era completamente fora de cogitação. Era composto de genuínas antiguidades abanando a cabeça, inclinando os ombros, babando as mandíbulas das quais pendiam longas brancas barbas caprinas, e turvos olhos vermelhos que piscavam mesmo no crepúsculo do almoço como se a própria ideia de luz solar fosse um terror infernal.

Eu chamei o khansamah[74] para me dizer se eu estava a sofrer de *delirium tremens*. Ele disse-me que não; o que eu via estava realmente ali, e era uma espécie de comité da Escócia, e isso era tudo o que ele sabia. Após o almoço eu descobri que o Grande Coração da Escócia recusava-se a admitir que qualquer membro da Kirk[75] pudesse ter aquiescido nas amenidades do clero Anglicano. Os anciãos consequentemente tinham enviado uma comissão para reivindicar a inocência de MacDonald. Em cortesia eu não podia menos do que fazê-los sentirem-se mais à vontade no Ceilão revelando-me como um laird de Inverness. Eles abriram os seus corações para mim; eles já estavam desanimados. Disseram-me que a acusação tinha depoimentos de nada menos do que setenta e sete testemunhas nativas. "Ah, bem," disse eu. "Vocês não conhecem muito sobre o Ceilão. Se lá estivessem sete vezes setenta e sete, eu não teria espaço para balançar um gato a respeito dos moribundos juramentos deles. Quanto mais unânimes eles são, mais é certo que eles foram subornados para mentir." Fico realmente contente em pensar que eu alentei os velhos rapazes; e espero que eles consigam estabelecer o seu herói com uma auréola, embora eu nunca ouvi o que aconteceu.

---

72 N.T.: pequena propriedade agrícola murada
73 As pessoas diziam: a vingança de um Big Bug (N.T.: pessoa importante, de consequência) no Ceilão, o qual MacDonald havia mandado sair do campo, num jamboree (N.T.: encontro de escuteiros), quando ele aparecera em traje civil.
74 N.T.: servo nativo
75 N.T.: Igreja da Escócia

Eu sempre detestei Colombo. O meu diário diz "Enfado. Dentista." "Mais enfado e mais dentista." "Garganta XOP." "Médico." "Oh sabbé, pi dukkham". "Colombo mais e mais repugnante. Subi para Kandy."

Kandy curou os meus sintomas instantaneamente. A coisa mais chocante acerca de Colombo foi que duas senhoras Inglesas tinham irrompido no Galle Face Hotel. Elas teriam parecido extravagantes em Monte Carlo; no Ceilão, os rostos fortemente pintados, os falsos cabelos excessivamente tingidos, os berrantes vestidos espalhafatosos, a barulhenta e inclemente tagarelice insana, o insolente olhar cobiçoso eram um ultraje. A filha usava um broche que podia ser de diamantes. Isto tinha cerca de cinco polegadas de diâmetro, e o aspecto era o de uma coroa e o nome Mabel. Eu nunca tinha visto algo de tal abominável gosto, e de qualquer forma eu não chamaria Mabel a uma pulga treinada, se eu a respeitasse.

A intensidade da minha repulsa faz-me suspeitar de que eu queria fazer amor com ela e de que estava irritado por eu já estar apaixonado. Os evangelhos não nos dizem se o homem que possuía a pérola de grande valor teve alguma vez momentos de pesar por ter desistido da joalharia de imitação. Sempre se conecta subconscientemente as mulheres notoriamente vis, que ostentam a sua insensível e assexual sedução, com a possibilidade de algum supremamente perverso prazer na impudicícia. Todavia, a minha reacção superficial foi sacudir o pó de Colombo dos meus pés e passar os meus dois dias em Kandy escrevendo *Why Jesus Wept*.

O título é uma alusão directa às senhoras em questão. Eu prefaciei a peça com cinco dedicatórias para (1) Cristo, (2) Lady Scott, (3) meus amigos (Jinawaravasa, que eu encontrara mais uma vez em Galle, e eu mesmo), (4) meu nascituro e (5) Sr. G. K. Chesterton. (Ele tinha escrito um longa crítica congratulatória do meu *The Soul of Osiris*.) A ideia da peça é mostrar um romancismo de rapaz e rapariga emboscados e arruinados por vampiros masculinos e femininos. É uma alegoria da corruptora influência da sociedade, e a moral é dada na passagem final:

> I much prefer—that is, mere I—
> Solitude to society.
> And that is why I sit and spoil
> So much clean paper with such toil
> By Kandy Lake in far Ceylon.
> I have my old pyjamas on:
> I shake my soles from Britain's dust;
> I shall not go there till I must;
> And when I must!—I hold my nose.
> Farewell, you filthy-minded people!
> I know a stable from a steeple.
> Farewell, my decent-minded friends!
> I know arc lights from candle-ends.
> Farewell, a poet begs your alms,
> Will walk awhile among the palms,
> An honest love, a loyal kiss,
> Can show him better worlds than this;
> Nor will he come again to yours
> While he knows champak-stars from sewers.

(Esta peça tem sido analisada em tal detalhe pelo Capitão J. F. C. Fuller em *The Star in the West*, que seria impertinente da minha parte debatê-la mais.)

Rose sentia-se agora bastante certa de que estava grávida. Mas não foi só isso que nos levou a virar os nossos rostos para o Ocidente. Nós ainda pretendíamos ir a Rangoon e aparentemente não havia absolutamente nada para nos impedir. Mas nós não podíamos ir, algo mais do que se tivesse sido a lua. Ao longo da minha vida tenho descoberto repetidamente que o destino é um governante absolutamente definitivo e inexorável. Capacidade física e determinação moral não valem nada. É impossível realizar o acto mais simples quando os deuses dizem "não". Não tenho ideia de como eles pressionam em tais ocasiões; eu só sei que é irresistível. Pode-se estar sinceramente ávido para fazer algo que é tão fácil quanto cortar um tronco; e ainda assim isto é impossível.

Saímos de Colombo para Aden, Suez e Port Said no dia 28 de Janeiro, com a intenção de ver um pouco da temporada no Cairo, da qual tivemos as mais deliciosas lembranças, e depois navegar para a Inglaterra, lar e beleza. Eu não tinha a menor ideia de que estava à beira do único evento da minha vida pelo qual valeu a pena viver.

A viagem foi tão tranquila quanto as viagens mais similares são. O único item de interesse é que um dos nossos companheiros de viagem era o Dr. Henry Maudsley. Este homem, além de ser um dos três maiores alienistas de Inglaterra, era um profundo filósofo da escola que foi bastante mais além do que Spencer na direcção do automatismo mecânico. Ele encaixava-se exactamente. Ele era o homem que eu queria. Nós conversámos sobre o Dhyana. Eu tinha a certeza de que a obtenção deste estado, e *a fortiori* do Samadhi, significava que eles removiam as inibições que reprimem as manifestações do génio, ou (praticamente a mesma coisa por outras palavras) capacitam a pessoa a explorar a energia do universo.

Ora, Samadhi, seja o que for, é pelo menos um estado mental exactamente como são profundamente, a raiva, o sono, a intoxicação e a melancolia. Muito bem. Qualquer estado de espírito é acompanhado pelos correspondentes estados do corpo. Lesões da substância do cérebro, distúrbios do fornecimento de sangue, e assim por diante, são observados em aparentemente necessária relação a estes estados espirituais. Além disso, já sabemos que certas condições espirituais ou mentais podem ser induzidas agindo físico-quimicamente nas condições fisiológicas. Por exemplo, nós podemos tornar um homem hílare, zangado ou não, dando-lhe uísque. Podemos induzir o sono pela administração de drogas tais como veronal. Podemos até dar-lhe a intrepidez da anestesia (se quisermos que ele vá acima do topo) por meio de cocaína e assim por diante. Nós podemos produzir sonhos fantásticos através do haxixe, alucinações de cor por anhalonium Lewinii[76]; podemos até fazê-lo "ver estrelas" com o uso de um saco de areia. Por que então não seríamos capazes de conceber algum método farmacêutico, eléctrico ou cirúrgico para induzir o Samadhi; criar génio tão simplesmente como fazemos outros tipos de excitação específica? A morfina torna os homens santos e felizes de um modo negativo; por que não deveria haver alguma droga que produziria o equivalente positivo?

O místico arqueja com horror, mas nós realmente não podemos preocupar-nos com ele. É ele que está a blasfemar a natureza postulando descontinuidade nos processos dela. Admitamos que o Samadhi é *sui generis* e atrás vem toda a rejeitada farsa do sobrenatural. Eu estava de volta à velha bancada, explorando a farmacopeia pelos meios da graça, como eu fizera com Allan há muito tempo; mas eu tinha voltado ao problema munido na panóplia da positiva filosofia natural da ciência moderna. Huxley havia vindicado os alquimistas. Nada havia de impossível ou imoral acerca da Pedra do Sábio e do Elixir da Vida. Maudsley—para minha surpresa—concordou com todas estas proposições, mas não conseguiu sugerir nenhuma plausível linha de pesquisa.

Eu tenho feito questão de mencionar estas conversações, porque elas mostram que, em Fevereiro de 1904, eu era um pensador racionalista absolutamente céptico. O

---

76 N.T.: mescalina

ponto é que os eventos de Março e Abril não estavam no curso normal da vida de um consistente místico e mágico. Não houve nenhuma tendência da minha parte para aceitar a interferência "divina" nos meus assuntos. Houve, pelo contrário, a mais amarga oposição da minha parte. Eu até cheguei ao ponto de fazer ininteligíveis e falsos acréscimos ao meu diário, com a deliberada intenção de confundir o registo, e talvez até de fazer as pessoas pensarem que eu sou inconfiável nesta estupenda circunstância.

Mas os deuses derrotaram-me em tudo. Eles cuidaram para que o evento não dependesse da minha boa vontade; deveria estar além do poder da minha má vontade para impedir. Mais ainda; eles tornaram evidente que propositadamente quebraram a minha carreira como místico e Mágico na exacta hora do meu sucesso, quando o mundo estava a meus pés, a fim de que eles pudessem demonstrar mais completamente o poder deles para me usarem para os seus próprios propósitos.

Desembarcámos em Port Said na segunda-feira, 8 de Fevereiro, e fomos para o Cairo no dia seguinte. Era parte do plano dos deuses de que a minha romântica paixão e orgulho, a intoxicada fascinação da minha felicidade sexual, deveria ter-me induzido a desempenhar um pueril papel no palco do mundo. Eu chamava-me de Conde Svareff e Aleister MacGregor por razões bem definidas e legítimas; mas eu nunca tinha feito um deliberado tolo de mim próprio assumindo um pseudónimo absurdo. Eu não estive por um momento enganado pelo meu próprio pretexto de que eu queria estudar o Maometismo, e em particular o misticismo do faquir, o Dervixe e o Sufi, a partir de dentro, quando me propus passar no Egipto por um príncipe Persa com uma linda esposa Inglesa. Eu queria pavonear-me de turbante com um *aigrette*[77] de diamantes e deslizar sedosos mantos ou um casaco de tecido de ouro, com um enjoiado talwar[78] ao meu lado e dois deslumbrantes anunciadores a abrir caminho para minha carruagem pelas ruas do Cairo.

Não havia dúvida de um certo ensimesmamento do Espírito Santo de Magick sobre as calmas águas da minha alma; mas há pouca evidência do seu funcionamento. Eu nunca perdi de vista o facto de que eu era de alguma forma A Besta 666. Há uma mofadora referência a isto em "Ascension Day", linhas 98 a 111. *The Sword of Song* traz o subtítulo "chamado por Cristãos, o Livro da Besta". O invólucro da edição original tem na frente um quadrado de nove seis e o verso outro quadrado de dezasseis letras Hebraicas, sendo uma transliteração (muito desajeitada) do meu nome para que o seu valor numérico seja 666. Quando fui para a Rússia para aprender a língua para o Serviço Diplomático, a minha mãe parcialmente acreditava que eu tinha ido "ver Gog e Magog" (os quais eram supostos ser gigantes russos), a fim de organizar a data da Batalha do Armagedão.

De certo modo, a minha mãe era insana, no sentido de que todas as pessoas são, aquelas que têm compartimentos estanques no cérebro e mantêm com igual paixão ideias incompatíveis, e as mantêm separadas com medo de que a reunião delas possa destruir ambas. Pode-se dizer que somos todos insanos neste sentido; pois, em última análise, quaisquer duas ideias são incompatíveis. Mais ainda, qualquer ideia é incompatível consigo mesma, pois contém em si mesma a sua própria contradição. (A prova desta tese será dada no lugar apropriado.)

Mas a minha mãe acreditava que eu era realmente o Anticristo do Apocalipse e também o seu perdido pobre filho errante que ainda pode arrepender-se e ser redimido pelo Precioso Sangue.

Eu concluo a minha alusão a 66:

---

77 N.T.: penacho
78 N.T.: sabre

> Ho! I adopt the number. Look
> At the quaint wrapper of this book!
> I will deserve if I can;
> It is the number of a man.

Eu tinha assim destituído as minhas místicas fantasias acerca do número; aceitei isto por razões puramente morais e por fundamentos puramente racionalistas. Eu queria ser um homem no sentido em que a palavra é usada por Swinburne no seu *Hymn of Man*.

Tendo que escolher um nome Persa, eu escolhi Chioa Khan (pronunciado Hiwa Khan) sendo o hebraico para The Beast. (Khan é uma das numerosas denominações honoríficas comuns na Ásia.) Eu não tinha consciente intenção mágica em fazê-lo. (Deixa-me mencionar aqui que eu usualmente chamava Ouarda à minha esposa, uma das muitas palavras Árabes para Rose.)

Crowley com a esposa e a filha.

Quanto ao meu estudo do Islão, eu arranjei um xeique para me ensinar Arábico e as práticas de ablução, oração e outras coisas mais, para que em algum tempo futuro eu pudesse passar por um Muçulmano entre eles. Eu tinha em mente repetir a jornada de Burton para Meca mais cedo ou mais tarde. Aprendi uma série de capítulos do Alcorão de cor. Eu nunca fui a Meca, parecia um pouco *vieux jeu*[79] mas a minha habilidade para confraternizar inteiramente com os Maometanos provou-se de uso infinito em muitos aspectos.

O meu xeique era profundamente versado no misticismo e na magia do Islão, e ao descobrir que eu era um iniciado não hesitou em fornecer-me livros e manuscritos sobre a Cabala Árabe. Estes formaram a base dos meus estudos comparativos. Eu era capaz de encaixá-los em doutrinas semelhantes e noutras religiões; a correlação é dada no meu *777*.

---

79 N.T.: jogo antiquado

Deste homem aprendi também muitos dos segredos do Sidi Aissawa; como correr um estilete através da bochecha de alguém sem extrair sangue, lamber espadas incandescentes, comer escorpiões vivos, etc. (Alguns destes feitos são truques comuns de mágicos, alguns pendem sobre curiosidades científicas, mas alguns são Magick genuína; isto é, a explicação científica não é conhecida em geral. Mais disto, mais tarde.)

Eu estava bem fixado no cepticismo, como sempre tenho estado, mas também no chamado racionalismo, e prossegui estes estudos num espírito estritamente académico. Trabalhei muito neles e fiz grande progresso consequentemente; mas a minha verdadeira vida ainda era a lua-de-mel, ligeiramente diluída pelos prazeres comuns do desporto e da sociedade. Recaí no golfe depois de 14 anos de abstinência total; tive algumas lições dum profissional no Turf Club, e descobri que o meu suingue de St. Andrews e a destreza inculcada por Andrew Kirkaldy fizeram uma boa base para jogar uma partida bastante decente. Nós fomos a Helwan no dia 19 de Fevereiro; e joguei quase todos os dias, cheio de uma apaixonada ambição de me tornar campeão amador. Eu tinha adquirido a minha antiga forma tão rapidamente que imaginava-me um golfista nascido no céu. Mas o jogo desenhava a sua própria forma. Eu nunca consegui abaixo do par.

Eu fiz uma certa quantidade de tiro ao pombo em momentos peculiares. Eu tinha praticado bastante com pombos de argila em Boleskine e tornara-me realmente um atirador de primeira classe. Eu também era bastante bom em pombos selvagens; mas por alguma razão, capturar pombos estava muito além de mim. Não me atrevo a gabar-me de que sou mesmo de segunda categoria.

Um dia juntei-me a um grupo de três para caçar codorniz, coisa que eu recordo por causa de um acidente singular. Eu estava no meio da linha. Uma ave levantou e voou entre mim e o homem à minha direita; mas eu retive o meu fogo por ouvir falar sobre o seu atingimento. Nós girámos novamente; uma outra ave veio na mesma direcção e subitamente esquivou-se e passou à direita. O homem final disparou. Houve um uivo. Eu, tendo-me virado para observar a ave, vi claramente o acidente. Um nativo tinha-se levantado do chão no momento do tiro. O meu amigo jurou que não o tinha visto, e eu próprio não o tinha visto até ouvi-lo. Não havia cobertura. Parece inacreditável que o meu amigo pelo menos não o tenha visto, pois só lhe deve ter faltado andar por cima dele, estando o homem ligeiramente atrás da nossa linha quando o tiro foi disparado. E ele estava tão perto da arma que o tiro não tinha começado a espalhar-se quando o atingiu. Isto tinha cortado um claro sulco estreito no rapado escalpe do homem, sem sequer desnudar o osso.

Eu menciono este incidente, não somente por causa das suas características extraordinárias mas para compará-lo com os "horrores de Denshawai". O espírito dos nativos era inteiramente amigável. A nossa administração do Egipto era caracterizada por paterna firmeza; todos estavam certos, todos tinham respeito por si mesmos e pelos outros; ninguém reclamava. No entanto, dentro de três anos, o nosso prestígio havia sido completamente destruído pela *intelligentsia*[80] de Inglaterra—todos estavam errados, ninguém tinha respeito por si mesmo ou por qualquer outra pessoa, e todos se queixavam.

Eu tenho-me concentrado no carácter da minha vida nesta época a fim de enfatizar que o evento a ser registado na próxima secção foi um absoluto golpe inesperado.

---

80 N.T.: intelectualidade: o grupo dos intelectuais de vanguarda de um país.

PARTE III
O ADVENTO DO AEON DE HÓRUS

~ 49 ~

ESTE CAPÍTULO é o clímax deste livro. Os seus conteúdos são tão extraordinários, eles demandam tamanha amplitude e profundidade de preliminar explicação, que eu estou em desespero. Isto é tão sério para mim que a minha responsabilidade sobrecarrega-me. Toda a minha vida anterior foi apenas uma preparação para este evento, e toda a minha vida subsequente tem sido não apenas determinada por isto mas envolvida nisto.

Eu tenho feito várias tentativas para escrever a história destas poucas semanas, notavelmente, aquela secção de *The Temple of Solomon the King* que aparece em *The Equinox*, vol. I, no. VII. Não posso com justeza literária incorporar estes documentos no corpo deste livro, mas eles são apresentados num apêndice, juntamente com o texto de *O Livro da Lei*.

A maior parte dos últimos nove anos da minha vida tem sido preocupante, cada ano mais integralmente do que o último, com o problema de provar à humanidade em geral as proposições envolvidas. Para tornar os elementos da minha tese tão claros e distintos quanto possível, eu envidarei esforços para isolá-los em secções.

Ouarda e eu partimos de Helwan para o Cairo. (Data não verificada, provavelmente dia 11 ou 13 de Março.) Tínhamos ocupado um apartamento (Endereço inexistente) na quarta-feira, 16 de Março. Um dia, não tendo nada de especial para fazer, fiz a "Invocação Preliminar" acima referida. Eu não tinha nenhum propósito mais sério do que mostrar a ela as sílfides assim como eu poderia tê-la levado ao teatro. Ela não conseguia (ou recusava-se a) vê-las, porém, em vez disso, entrou num estranho estado de espírito. Eu nunca antes a tinha visto assim, de todo. Ela continuava repetindo sonhadoramente, mas intensamente: "Elas estão esperando por ti". Eu fiquei aborrecido com a conduta dela.

Dia 17 de Março. Não me lembro se repeti a minha tentativa de mostrar-lhe as sílfides, mas provavelmente fi-lo. Está no meu carácter persistir. Ela novamente entrou no mesmo estado e repetiu as suas observações, acrescentando: "É tudo acerca da criança." E "Tudo Osíris". Eu acho que devo ter ficado incomodado com a contumácia dela. Talvez por este motivo eu invoquei Thoth, o deus da sabedoria, presumivelmente pela invocação impressa em *Liber Israfel* (*The Equinox*, Vol. I, Vo. VII), a qual eu conhecia de cor. Posso também ter ficado subconscientemente a interrogar-me se não havia algo nas observações dela, e ter desejado ser iluminado. O registo diz: "Thoth, invocado com grande sucesso, habita em nós". Mas isto parece-me até certo ponto "inscrito" num espírito de complacência, se não de arrogância. Nada me lembro de qualquer resultado.

Dia 18 de Março. Possivelmente eu repeti a invocação. O registo diz: "Revelado que o esperador era Hórus, a quem eu tinha ofendido e deveria invocar".

"Esperador" soa como um escárnio. Eu achei que era pura imprudência de Ouarda oferecer comentários independentes. Eu quero que ela veja as sílfides.

Eu devo ter ficado impressionado com um ponto. Como soube Ouarda que eu tinha ofendido Hórus? Os problemas de Mathers eram devidos à excessiva devoção dele a Marte, o qual representa um lado da personalidade de Hórus, e sem dúvida eu estava inclinado a errar nas direcções opostas, a negligenciar e a não gostar de Marte como a personificação da ininteligente violência.

Mas era o alvo dela um feliz acaso? A menção dela sobre Hórus deu-me a oportunidade de interrogá-la. "Como sabes tu que é Hórus quem te está a contar tudo isto? Identifica-o." (Ouarda sabia menos Egiptologia do que noventa e nove por cento dos nossos turistas no Cairo.) As respostas dela foram esmagadoras. Sendo certo que as probabilidades contra ela eram de um em muitos milhões.

Eu permiti que ela continuasse. Ela instruiu-me como invocar Hórus. As instruções eram, do meu ponto de vista, puro lixo. Eu sugeri que as alterasse. Ela enfaticamente recusou permitir que um único detalhe fosse alterado. Ela prometeu sucesso (o que quer que isso possa significar) no sábado ou domingo. Se eu tivesse ainda alguma aspiração, seria para atingir o Samadhi (o que eu ainda não tinha feito). Ela prometeu que eu faria isso. Concordei em cumprir as instruções dela, confessadamente em ordem a mostrar-lhe que nada poderia acontecer se se quebrasse todas as regras.

Nalgum dia antes de 23 de Março, Ouarda identificou o deus específico com quem ela estava em comunicação a partir de uma estela no Museu Boulak, o qual nós nunca tínhamos visitado. Isto não é a forma comum de Hórus senão Ra-Hoor-Khuit[1]. Fiquei sem dúvida muito impressionado com a coincidência de que a exposição, uma estela bastante obscura e indistinta, continha o número de catálogo 666. Mas descartei isto como uma óbvia coincidência.

Dia 19 de Março. Escrevi o ritual e fiz a invocação com pouco sucesso. Fiquei desanimado, não somente pelo meu cepticismo e pela absurdidade do ritual, mas por ter que fazê-lo em túnica numa janela aberta, numa rua ao meio-dia. Ela permitiu-me fazer a segunda tentativa à meia-noite.

Dia 20 de Março. A invocação foi um sucesso surpreendente. Foi-me dito que "O Equinócio dos Deuses havia chegado"; isto é, que uma nova época havia começado. Eu deveria formular um elo entre a espiritual força solar e a humanidade.

Várias considerações mostraram-me que os Chefes Secretos da Terceira Ordem (isto é, da A.'. A.'. cuja Primeira e Segunda Ordens eram conhecidas como G.'. D.'. e R.R. et A.C. respectivamente) tinham enviado um mensageiro para conceder-me a posição que Mathers tinha confiscado. Eu estabeleci uma condição de que eu deveria atingir o Samadhi; isto é, que eu deveria receber um grau de iluminação, na falta do qual seria presunçoso colocar-me à frente.

Dia 21, 22, 23 de Março. Parece ter havido uma reacção após o sucesso do dia 20. Os fenómenos desvaneceram-se. Eu tentei esclarecer a minha posição pelos métodos antigos e fiz uma longa divinação do Tarô que se mostrou perfeitamente fútil.

Dia 23 de Março a 7 de Abril. Eu fiz inquéritos sobre a estela e tive as inscrições traduzidas para o Francês pelo curador assistente de Boulak. Eu fiz paráfrases poéticas delas. Ouarda disse-me para entrar na sala, onde todo este trabalho tinha sido feito, exactamente ao meio-dia de 8, 9 e 10 de Abril, e anotar o que eu ouvia, ascendendo

---

1 N.T.: Ra-Heru-Khuti-Ba-Hadit é a divindade Egípcia que governou o segundo Decanato de Carneiro, em 1904, de 1 de Abril a 10 de Abril.

exactamente à uma da tarde. Isto é feito. Nestas três horas foram escritos os três capítulos de *O Livro da Lei*.

A declaração acima é tão sucinta quanto eu a posso fazer. No dia 8 de Abril, eu tinha ficado convencido da realidade da comunicação e obedeci às instruções arbitrárias da minha esposa com certa confiança. Eu retive a minha céptica atitude, não obstante.

A ALEGAÇÃO DE *O LIVRO DA LEI* EM RELAÇÃO À RELIGIÃO.

A importância da religião para a humanidade é primordial. A razão é que todos os homens percebem mais ou menos a "Primeira Nobre Verdade"—que tudo é mágoa; e a religião afirma consolá-los através de uma oficial negação desta verdade ou prometendo compensações em outros estados de existência. Esta alegação implica a possibilidade de conhecimento derivado de outras fontes que não a desamparada investigação da natureza através dos sentidos e do intelecto. Postula, portanto, a existência de uma ou mais inteligências preter-humanas, capazes e dispostas a comunicar à humanidade, por intermédio de determinado homem eleito, uma verdade ou verdades que de outro modo não seriam conhecidas. A religião é justificada na fé exigente, já que a evidência dos sentidos e da mente não pode confirmar as suas afirmações. A evidência da profecia e do milagre só é válida na medida em que vai para o crédito do homem através do qual a comunicação é feita. Isto estabelece que ele está em posse de conhecimento e poder diferentes, não só em grau mas também em tipo, daqueles apreciados pelo restante do tipo humano.

A história da humanidade está repleta de professores religiosos. Estes podem ser divididos em três classes.

1. Homens como Moisés e Maomé relatam simplesmente que receberam uma comunicação directa de Deus. Eles reforçam a sua autoridade por diversos métodos, principalmente ameaças e promessas garantidas pela taumaturgia; eles ressentem-se da crítica da razão.

2. Homens como Blake e Boehme alegaram ter entrado em comunicação directa com a inteligência desencarnada que pode ser considerada como pessoal, criativa, omnipotente, única, idêntica a eles mesmos ou de outro modo. A sua autoridade depende da "certeza interior" do vidente.

3. Professores como Lao-Tzu, o Buda e os mais elevados Gnana-yogis[2] anunciam que alcançaram sabedoria superior, compreensão, conhecimento e poder, mas não têm pretensão de impor as suas visões sobre a humanidade. Eles permanecem essencialmente cépticos. Eles baseiam os seus preceitos na sua própria experiência pessoal, dizendo, na realidade, que descobriram que a realização de certos actos e a abstenção de outros criaram condições favoráveis à obtenção do estado que os emancipou. Quanto mais sábios são, menos dogmáticos são. Tais homens, de facto, formulam a sua transcendental concepção do cosmos mais ou menos claramente; eles podem explicar o mal como ilusão, etc., mas o cerne da sua teoria é o de que o problema da mágoa tem sido erroneamente declarado, devido aos superficiais ou incompletos dados apresentados pela normal experiência humana através dos sentidos, e que é possível para os homens, somente virtude de algum treino especial (de Asana a Magick Cerimonial), desenvolver em si mesmos uma faculdade superior à razão e imune à crítica intelectual, pelo exercício do qual o problema original do sofrimento é satisfatoriamente solucionado.

O Livro da Lei alega cumprir as condições necessárias para satisfazer todos os três tipos de inquiridor.

Em primeiro lugar, alega ser um documento não apenas verbal, mas literalmente

---
2 N.T.: Jnana Yoga

inspirado. *Muda não tanto quanto o estilo de uma letra; para contemplação! Tu, ó profeta, não deves observar todos estes mistérios aí escondidos. ... Este livro será traduzido em todas as línguas: mas sempre com o original na grafia da Besta; pois na forma casual das letras e das suas posições entre si: nestas estão mistérios que nenhuma Besta adivinhará. Que não procure ele tentar: mas vem um depois dele, de onde não digo, que descobrirá a Chave de tudo.*

O autor alega ser um mensageiro do Senhor do Universo e, por conseguinte, falar com absoluta autoridade.

Em segundo lugar, isto alega ser a afirmação de verdade transcendental e de ter superado a dificuldade de expressar tal verdade na linguagem humana pelo que realmente equivale à invenção de um novo método de comunicação do pensamento, não meramente uma nova linguagem, mas um novo tipo de linguagem; uma cifra literal e numérica envolvendo as Cabalas Grega e Hebraica, a mais alta matemática, etc. Também alega ser a elocução de uma iluminada mente coextensiva com as derradeiras ideias das quais o universo é composto.

Em terceiro lugar, isto alega oferecer um método pelo qual os homens podem chegar de modo independente à directa consciência da verdade do conteúdo do Livro; entrar em comunicação directamente por sua própria iniciativa e responsabilidade com o tipo de inteligência que informa isto, e resolver todos os seus pessoais problemas religiosos.

Na generalidade, *O Livro da Lei* alega responder a todos os possíveis problemas religiosos. Fica-se impressionado com o facto de que muitos deles são relatados e estabelecidos separadamente em tão curto espaço.

Devolver ao topo a questão geral da religião. O problema fundamental nunca foi explicitamente declarado. Sabemos que todas as religiões, sem excepção, têm quebrado ao primeiro teste. A reivindicação da religião é completar, e (incidentalmente) reverter, as conclusões da razão por meio de uma comunicação directa a partir de alguma inteligência superior, em tipo, à de qualquer ser humano incarnado. Eu pergunto a Maomé: "Como posso eu saber que o Alcorão não é a tua própria compilação?"

É impertinente responder que o Alcorão é tão sublime, tão musical, tão verdadeiro, tão cheio de profecias que o tempo tem cumprido e confirmado por tantos eventos miraculosos que Maomé não podia ele próprio tê-lo escrito.

O autor de *O Livro da Lei* previu e opôs-se a todas tais dificuldades inserindo no texto descobertas que eu simplesmente não fiz durante anos posteriormente, nem possuía sequer o mecanismo para fazer. Algumas, de facto, dependem de eventos em que eu não participei.

Pode-se dizer que, não obstante, pode ter havido alguém nalgum lugar do mundo que possuía as qualidades necessárias. Isto novamente é refutado pelo facto de que algumas das alusões são a factos só conhecidos por mim. Nós somos forçados a concluir que o autor de *O Livro da Lei* é uma inteligência alienígena e superior a mim mesmo, mas que conhece os meus segredos mais íntimos; e, o ponto mais importante de todos, que esta inteligência é desencarnada.

A existência da verdadeira religião pressupõe a de alguma inteligência desencarnada, quer a chamemos de Deus ou de qualquer outra coisa. E isto é exactamente o que nenhuma religião jamais provou cientificamente. E isto é o que *O Livro da Lei* prova por evidência interna, totalmente independente de qualquer afirmação minha. Esta prova é evidentemente o passo mais importante em ciência que poderia ser feito: pois isto abre um caminho inteiramente novo para o conhecimento. A imensa superioridade desta particular inteligência, AIWASS, a qualquer outra com a qual a humanidade tem estado ainda em consciente comunicação é mostrada não meramente pelo carácter do livro em si, mas pelo facto de, compreendendo perfeitamente a natureza da prova necessária, demonstrar a realidade da sua própria existência e as condições dessa existência. E, ademais, tendo fornecido a prova indispensável.

A ALEGAÇÃO DE *O LIVRO DA LEI* PARA TORNAR ACESSÍVEL COMUNICAÇÕES COM INTELIGÊNCIA DESENCARNADA.

Na secção acima eu tenho mostrado que o fracasso das religiões anteriores é devido não tanto à crítica hostil mas ao positivo defeito delas. Elas não fizeram bem a sua reivindicação. Foi mostrado acima que *O Livro da Lei* demonstra a posição primordial da religião da única maneira possível. O único argumento possível, por outro lado, é o de que a comunicação não pode ter sido feita por uma inteligência desencarnada, porque não existe nenhuma. Isso de facto constitui a suprema importância de *O Livro da Lei*. Mas não há razão *a priori* para duvidar da existência de tais seres. Há muito que nós temos estado familiarizados com muitas forças desencarnadas. Especialmente nos últimos anos a ciência tem estado principalmente ocupada com as reacções, não meramente de coisas que não podem ser percebidas directamente pelo senso, mas de forças que não possuem de forma alguma o ser no antigo sentido da palavra.

Contudo, o comum homem da ciência ainda nega a existência dos elementais dos Rosacruzes, os anjos do Cabalista, os Nats, Pishachas e Devas do sul da Ásia, e os Jinn do Islão, com a mesma cega misosofia[3] como nos dias Vitorianos. Aparentemente não lhe ocorreu que a sua posição em duvidar da existência da consciência, excepto em conexão com certos tipos de estrutura anatómica, é realmente idêntica à dos mais exíguos Evangélicos geocêntricos e antropocêntricos.

As nossas acções podem ser ininteligíveis para as plantas, elas podem plausivelmente argumentar que nós somos inconscientes. A nossa real razão para atribuir consciência aos nossos semelhantes é que a similaridade da nossa estrutura permite-nos comunicar por meio da linguagem, e assim que inventarmos uma linguagem na qual podemos conversar com qualquer coisa, nós começamos a encontrar evidências de consciência.

Portanto, ficou claro para mim avançar e afirmar positivamente que eu tenho aberto a comunicação com uma tal inteligência; ou melhor, que tenho sido seleccionado por ela para receber a primeira mensagem de uma nova ordem de seres.

A CONCEPÇÃO HISTÓRICA EM QUE *O LIVRO DA LEI* É BASEADO.

Assim como *O Livro da Lei* reconcilia uma interpretação impessoal e infinita do cosmos com um ponto de vista egocêntrico e prático, também faz o "espaço infinito" falar na linguagem de uma deusa e lida com os detalhes de comer e beber:

Sê bom, portanto: veste-te todo em finos trajes; come ricos alimentos e bebe vinhos doces e vinhos que espumam! Além disso, preenche-te de amor conforme a tua vontade, quando, onde e com quem tu quiseres! Mas sempre para mim.

A emancipação da humanidade de todas as limitações é um dos principais preceitos do livro.

Nada vincules! Que não haja diferença entre ti e qualquer uma coisa e qualquer outra coisa; pois desse modo vem a dor.

Isto reconcilia concepções cosmológicas que transcendem o tempo e o espaço com um convencional, histórico ponto de vista. No primeiro lugar anuncia incondicional verdade, mas no segundo é cuidadoso para relatar que a "Fórmula Mágica" (ou sistema de princípios) em que a parte prática do livro é baseada não é uma verdade absoluta de alguém em relação ao tempo terrestre da revelação. (É um ponto forte a favor do livro que não pretende impor os problemas práticos da humanidade de uma vez por todas. Isto contenta-se a indicar um estágio na evolução.)

---

3   N.T.: aversão à sabedoria

O Livro da Lei presume a existência de um corpo de iniciados empenhados em zelar pelo bem-estar da humanidade e comunicar a sua própria sabedoria pouco a pouco na medida da capacidade do homem para recebê-la.

O iniciado está bem ciente de que a sua instrução será mal interpretada pela malícia, desonestidade e estupidez: e não sendo omnipotente, ele tem de aquiescer na perversão dos preceitos dele. Isto está fora do jogo. *Liber I vel Magi* diz ao Magus (aqui definido como o iniciado encarregado do dever de comunicar uma nova verdade à humanidade) o que ele pode expectar.

Há muitos professores mágicos mas na história registada nós escassamente temos uma dúzia de Magos no sentido técnico da palavra. Eles podem ser reconhecidos pelo facto de que a sua mensagem pode ser formulada como uma única palavra, a qual deve ser aquela que anule todas as crenças e códigos existentes. Podemos tomar como instâncias a Palavra de Buddha-Anatta (ausência de um atman ou alma), a qual colocou o seu machado na raiz da cosmologia, teologia e psicologia Hindus, e incidentalmente derrubou a fundação do sistema de castas; e de facto de toda a moralidade aceite. Maomé, novamente, com a única palavra Allah, fez a mesma coisa com politeísmos, patentemente pagãos ou camuflados como Cristãos, do seu período.

Similarmente, Aiwass, proferindo a palavra Thelema (com todas as suas implicações), destrói completamente a fórmula do Deus Moribundo. Thelema implica não apenas uma nova religião, mas uma nova cosmologia, uma nova filosofia, uma nova ética. Ela coordena as desconectadas descobertas da ciência, da física à psicologia, num sistema coerente e consistente. O seu escopo é tão vasto que é impossível mesmo sugerir a universalidade da sua aplicação. Mas todo o meu trabalho, a partir do momento da sua elocução, ilustra alguma fase da sua potencialidade, e a história da minha própria vida a partir de agora não é mais do que um registo das minhas reacções a isto.

Para recapitular a base histórica de *O Livro da Lei*, deixa-me dizer que a evolução (dentro da memória humana) mostra três grandes passos: 1. o culto da Mãe, quando o universo foi concebido como simples alimento extraído directamente dela; 2. O culto do Pai, quando o universo foi imaginado como catastrófico; 3. o culto da criança, em que nós chegamos a perceber os eventos como um crescimento contínuo participando nos seus elementos de ambos os métodos.

A teologia Egípcia previu este progresso da humanidade e simbolizou isto na tríade de Ísis, Osíris e Hórus. A cerimónia neófita da Golden Dawn preparou-me para o Novo Aeon; pois, no Equinócio, o oficial que representava Hórus no Ocidente assumiu o trono de Osíris no Oriente.

O Livro da Lei tem o cuidado de indicar a natureza da fórmula implícita pela asserção de que o residente oficial do templo (a terra) é Hórus, a Coroada e Conquistadora Criança. E novamente, a Egiptologia e a psicologia ajudam-nos a compreender o que está implícito, e que efeito esperar, no mundo do pensamento e da acção.

Hórus vingou o seu pai Osíris. Sabemos que o sol (na verdade, cada elemento da natureza) não sofre a morte.

A criança não é meramente um símbolo de crescimento, mas de completa independência moral e inocência. Podemos então expectar que o Novo Aeon liberte a humanidade da sua pretensão de altruísmo, da sua obsessão pelo medo e da sua consciência do pecado. Não possuirá consciência do propósito da sua própria existência. Não será possível persuadi-la a submeter-se a padrões incompreensíveis; sofrerá de espasmos de paixão transitória; será absurdamente sensível à dor e sofrerá de terror sem sentido; será absolutamente conscienciosa, cruel, desamparada, afectuosa e ambiciosa, sem saber o porquê; será incapaz de raciocinar, mas ao mesmo tempo intuitivamente ciente da verdade. Eu poderia continuar indefinidamente enumerando os estigmas da psicologia infantil, mas o leitor pode fazê-lo igualmente por si próprio, e cada ideia que lhe vier como característica de criança parecer-lhe-á aplicável aos eventos da história desde 1904, da Grande Guerra à Proibição. E se ele possuir alguma capacidade para compreender a linguagem do simbolismo, ele ficará estupefacto pela adequação e precisão do sumário do espírito do Novo Aeon dado em *O Livro da Lei*.

Eu posso agora apontar que o reinado da Coroada e Conquistadora Criança é limitado no tempo pelo próprio *O Livro da Lei*. Nós aprendemos que Hórus será, por sua vez, sucedido por Thmaist, a Double-Wanded One[4]; ela que trará os candidatos à iniciação plena, e apesar de sabermos pouco das suas características peculiares, nós sabemos pelo menos que o nome dela é justiça.

A ÉTICA DE *O LIVRO DA LEI*.

Cada cosmografia implica algum tipo de teoria ética. O Aeon de Osíris tinha sido sucedido pelo de Hórus. A Fórmula Mágica do Aeon não sendo mais aquela do Deus Moribundo mas a da Coroada e Conquistadora Criança, a humanidade deve governar-se conformemente. Um acto "justo" pode ser definido como aquele que preenche a Fórmula Mágica existente. Os motivos que eram válidos no Aeon de Osíris são pura superstição hoje. Quais eram esses motivos e em que base repousavam eles? A velha concepção era a de que o homem nasceu para morrer; que a vida eterna tinha de ser obtida por um acto mágico, exactamente como o sol tinha de ser trazido à vida todas as manhãs pelo sacerdote.

Não há necessidade de desenvolver a ética de Thelema em detalhe, pois tudo deriva com a lógica absoluta do princípio singular: "Faze o que tu queres, será o todo da Lei". Ou, por outras palavras: "Não há lei além do Faze o que tu queres". E "não tens direito senão a fazer a tua vontade". Esta fórmula em si dimana inelutavelmente da concepção do indivíduo delineada na secção anterior. "A palavra de Pecado é Restrição." "É uma mentira, esta insensatez contra o eu." A teoria é a de que cada homem e cada mulher têm definidos atributos cuja tendência, considerada em devida relação com o ambiente, indica um curso de acção apropriado em cada caso. Seguir este curso de acção é fazer a verdadeira vontade de alguém. "Faz isso, e nenhum outro dirá não."

O paralelo físico ainda se mantém. Numa galáxia cada estrela tem a sua própria magnitude, características e direcção, e a harmonia celestial é melhor mantida pelo seu atendimento à sua própria actividade. Nada poderia ser mais subversivo dessa harmonia do que se um número de estrelas estabelecidas num uniforme padrão de conduta insistisse em que todas visassem o mesmo objectivo, andassem ao mesmo ritmo, e assim por diante. Mesmo uma única estrela, recusando-se a fazer a sua própria vontade, restringindo-se de alguma forma, imediatamente produziria desordem.

Nós temos uma sentimental ideia de auto-sacrifício, o tipo que é mais estimado pelo vulgar e é a essência do popular Cristianismo. É o sacrifício do forte para o fraco. Isto é totalmente contra os princípios da evolução. Qualquer nação que faça isto sistematicamente numa escala suficientemente grande, simplesmente se destrói. O sacrifício é em vão; os fracos nem sequer são salvos. Considere-se a acção de Zanoni em ir para o cadafalso a fim de salvar a estúpida esposa dele. O gesto foi magnífico; era a evidência da sua própria suprema coragem e força moral; porém, se todos agissem de acordo com esse princípio, a raça deteriorar-se-ia e desapareceria.

Existe aqui um conflito entre moralidade privada e pública. Não devemos proteger o fraco e o vicioso dos resultados da inferioridade deles. Ao fazer isso, nós perpetuamos os elementos de dissolução no nosso próprio corpo social. Deveríamos, antes, ajudar

---

4 N.T.: Ceptro Dual

a natureza sujeitando cada recém-chegado aos mais rigorosos testes da aptidão dele para lidar com o seu ambiente. A raça humana crescia em estatura e inteligência na medida em que as proezas individuais alcançavam segurança, de modo que as pessoas mais fortes e mais inteligentes eram capazes de reproduzir o seu tipo nas melhores condições. Mas quando a segurança tornou-se geral através da operação do altruísmo, os mais degenerados do povo eram frequentemente a descendência dos mais fortes.

O Livro da Lei considera a piedade como desprezível. A razão é parcialmente indicada no parágrafo acima. Mas além disso, apiedar-se de um outro homem é insultá-lo. Ele também é uma estrela, "una, individual e eterna." O Livro não condena a luta—"Se ele for um Rei, tu não podes magoá-lo."

Há muitas injunções éticas de carácter revolucionário no Livro, mas todas elas são casos particulares do preceito geral de alguém perceber a sua própria divindade absoluta e agir com a nobreza que brota desse conhecimento. Praticamente todos os vícios surgem da falha em fazer isso. Por exemplo: a falsidade é invariavelmente a filha do medo de uma forma ou de outra.

No que diz respeito ao que é comummente considerado crime contra a moralidade, os indesejáveis resultados frequentemente observados devem-se ao mesmo erro. Homens fortes e bem-sucedidos sempre se expressam plenamente, e quando são suficientemente fortes nenhum dano é causado a eles mesmos ou a outros. Quando isto acontece, é praticamente sempre devido à situação artificial provocada por pessoas que, não tendo assuntos próprios, se intrometem nos de outras pessoas. Pode-se mencionar os casos de Sir Charles Dilke e Charles Steward Parnell. Não importava a nenhuma pessoa, fora do insignificante pequeno círculo dos conhecidos deles, o que estes homens faziam nas suas vidas privadas, mas a Inglaterra perdeu o seu maior ministro das Relações Exteriores e a Irlanda o seu maior líder, porque foi descoberto que eles estavam a fazer exactamente o mesmo que praticamente todos os outros na classe deles.

No que diz respeito ao ciúme pessoal e à paixão mal regulada, é demais dizer que nove décimos da miséria social, não devida à pobreza, decorrem destas alucinações? *O Livro da Lei* varre-as da existência. "Não haverá propriedade em carne humana." Ninguém tem o direito de dizer o que os outros devem ou não fazer com o seu corpo. Estabelece este princípio de respeito absoluto pelos outros e todo o pesadelo do sexo é dissipado. A chantagem e a prostituição perdem automaticamente a sua razão de ser. A corruptora influência da hipocrisia rompe-se como um junco podre. A transpiração de "labor feminino barateado pela prostituição" (como diz Bernard Shaw) torna-se impossível. Eu tenho escrito extensamente nos últimos anos sobre os problemas éticos, bem como sobre os problemas cosmográficos resolvidos pela Lei de Thelema. Não preciso de entrar neles mais profundamente neste lugar. Mas os eventos subsequentes da minha vida fornecerão constante ilustração de como todas as vezes que eu violei a Lei, conforme às vezes eu fiz com, aquilo que eu era suficientemente estúpido para chamar de, os mais nobres motivos, eu meti-me numa embrulhada—e não beneficiei aqueles em nome de quem eu tinha escolhido fazer-me de otário.

~ 50 ~

FAZ PARTE do meu carácter parar de remar no exacto momento em que um surto me levaria além do posto. Começo a ser reconhecido como o único poeta de Inglaterra: "Bom," digo a mim mesmo, "eu não preciso mais de me preocupar com isso". Eu adquiro a maioria dos recordes mundiais como montanhista—isso deixa-me de fora. *Nunc est bibendum, nunc pede libero pulsanda tellus*[5]. Eu alcanço eminência em Magick; é o sinal para eu largar isto; em misticismo, eu perco o meu interesse. Agora, encarregado pelos Chefes Secretos da Terceira Ordem com uma missão de tal importância que o último evento importante na história do mundo, mesmo aproximando-se disto, foi o de Maomé, eu fico com os pés frios, levo a cabo as minhas instruções o mais perfunctoriamente possível, e até mesmo tento encontrar desculpas para adiar tal trabalho, pois eu não poderia efectivamente evitar.

Fiz um certo número de estudos de *O Livro da Lei*; pois mesmo então eu fui compelido a admitir que Aiwass demonstrara um conhecimento da Cabala imensuravelmente superior ao meu. Eu tinha o manuscrito dactilografado. Emiti uma carta circular para vários amigos meus, algo na natureza de uma proclamação do Novo Aeon, mas não tive problemas em dar seguimento. Tomei um certo número de planos abrangentes para assumir responsabilidade, mas eles permaneceram no estágio de devaneio. Larguei todo o negócio, para todos os efeitos. Abandonei completamente o meu diário. Eu até negligenciei uma oportunidade realmente de primeira linha para trazer *O Livro da Lei* a público, pois a Sra. Besant estava no navio pelo qual Ouarda e eu retornámos à Europa, e eu conversei bastante com ela sobre assuntos sagrados. Em Paris, eu escrevi uma carta formal a Mathers informando-o de que os Chefes Secretos tinham-me nomeado líder visível da Ordem, e declarado uma nova Fórmula Mágica. Eu não esperava nem recebi uma resposta. Eu declarei guerra a Mathers em conformidade, mas isto foi um *brutum fulmen*[6].

O facto da questão era que eu ressentia-me de *O Livro da Lei* com toda a minha alma. Por um lado, isto afastava o meu budismo completamente da cabeça. *Lembra-te que toda a existência é pura alegria; que todas as tristezas são como sombras; elas passam e estão feitas; mas há aquilo que permanece* .

Eu estava amargamente oposto aos princípios do livro em quase todos os pontos de moralidade. O terceiro capítulo parecia-me gratuitamente atroz. A minha alma, infinitamente triste com a mágoa universal, estava apaixonadamente ansiosa por levantar a humanidade. E eis que a Fórmula Mágica denunciava a piedade como condenável, a aclamada guerra como admirável e em quase todos os outros aspectos era totalmente repugnante às minhas ideias. Eu não compreendia os princípios fundamentais da iniciação da humanidade; e (no meu caso) eu não percebia que Aiwass não era necessariamente responsável pelo carácter da sua mensagem, não mais do que o jornal por reportar um terramoto.

Os Chefes Secretos informaram-me que um Novo Aeon implicava a destruição da civilização existente na época; obviamente mudar a Fórmula Mágica do planeta é mudar todas as sanções morais e o resultado está fadado a parecer desastroso. O Culto do Deus Moribundo introduzido por Dioniso destruiu a virtude Romana e destruiu a cultura Romana. (Possivelmente a introdução do culto de Osíris numa época anterior foi primariamente responsável pela decadência da civilização Egípcia). A natureza de Hórus sendo "Força e Fogo", o seu aeon seria marcado pelo colapso do humanitarismo. O primeiro acto do seu reinado seria, naturalmente, mergulhar o mundo na catástrofe de uma enorme e cruel guerra.

Os Chefes Secretos disseram-me que esta guerra era iminente e que eles tinham-me escolhido como o representante deles por causa do meu compreensivo conhecimento dos mistérios, do meu correcto entendimento da sua real importância e da minha habilidade literária. O principal dever que eles me impuseram foi publicar a Secreta

---

5 N.T.: Agora é hora de beber, agora é hora de fazer ressoar o chão

6 N.T.: bruto relâmpago; ameaça sem efeito

Sabedoria das Eras de tal forma que, após o naufrágio da civilização, os eruditos das gerações subsequentes pudessem restaurar as tradições. Eu deveria emitir um compêndio dos métodos pelos quais o homem pode alcançar a divindade. Eles liberaram-me da minha obrigação de sigilo.

A responsabilidade disto, além de qualquer outra coisa, era suficiente para me estupeficar. Eu tinha sido ensinado a recear o resultado de publicar a menor parte do Conhecimento Secreto: em mãos indignas a mais apavorante malvadez era muito provável de acontecer. Eu tinha sido quase absurdamente escrupuloso em relação aos segredos que me foram confiados; de facto, a minha experiência já me tinha mostrado que chocantes trapalhadas haviam sido feitas por indiscrições aparentemente triviais por parte de outros. Eu não estava sequer orgulhoso de que a escolha dos Chefes Secretos tivesse caído sobre mim; eu estava muito bem ciente da minha incapacidade e indolência.

A tarefa de reduzir os Mágicos e místicos métodos, de todos os tempos e latitudes, a uma forma coerente e inteligível assustava-me. Por um lado, eu estava relutante em tentar tal ambicioso trabalho; por outro lado, extremamente ansioso com receio de provar ser indigno do meu cargo.

Eu tenho sempre sido totalmente desdenhoso das críticas de pessoas a quem eu não respeito. Sinceramente desprezo Keats por ter ficado chateado com a revisão de "Endymion"; mas o correlativo disto é a sensibilidade excessiva em relação às pessoas que eu considero autoridades. A menor palavra de admoestação de Eckenstein acerca de escalada lançar-me-ia em agonias de autocensura. Quando Allan reprovava-me por algum erro em Yoga, eu ficava esmagado com a vergonha.

A minha posição era por isso muito difícil. Eu estava ligado aos Chefes Secretos pela mais solene das obrigações. Eu nunca sonhei em tentar minimizar a minha responsabilidade para com eles, porém, eles tinham atravessado toda a tendência da minha aspiração. A parte mágica de mim estava, numa maneira de falar, atordoada.

A minha esposa e eu passámos um curto período de tempo em Paris e renovámos laços antigos. Um incidente destaca-se na minha memória como peculiarmente desopilante. Nós convidámos Arnold Bennett para almoçar no Paillard's. Ele ficou completamente dominado pela deferência do Maître d'hôtel[7], o qual me conhecia muito bem, e o embaraço dele por ser apresentado a tais esplendores era infantilmente encantador. Ele estava, é claro, enormemente satisfeito e muito gentilmente ofereceu-se para me dar uma apresentação a H. G. Wells. Como Arnold Bennett gratificara o público com uma altamente condimentada descrição de mim em *Paris Nights*, espero que ele considere isto como um elogio se eu imitar a sua franqueza em matéria de personalidades. O sotaque e dialecto dele tornavam o seu Inglês deliciosamente difícil. Quando estávamos a sair do restaurante, ele disse-me que havia algo acerca de Wells que eu não deveria importar-me: ele falava Inglês com sotaque.

59, rue de Grenelle, Paris

14 Feby 1914
Caro Aleister Crowley,

Muito Obrigado. Estou muito feliz por ter o volume. Vou mencioná-lo em *The New Age*[8], mas não escrevo mais para *T. P's. Weekly*. Não é um retrato de ti—meu querido Crowley—na *English Review*[9]! Pois tudo o que tu querias era o colete, o título e a poesia. Todos estes retratos são compostos.

Com os melhores cumprimentos,

ARNOLD BENNETT

---
7 N.T.: Gerente
8 N.T.: magazine britânica, 1894-1938
9 N.T.: revista literária publicada em Londres de 1908 a 1937

Ai de mim! Eu não tenho habilidade literária para construir retratos compostos. O meu próprio pobre esforço é a mais crua fotografia. Além disso, eu peço-lhe para desculpar as minhas personalidades. Ele é um homem de grande coração para se ressentir de gracejos à custa do seu perecível veículo; ele próprio é uma estrela resplandecente, a mais gloriosa pela espessura dos vapores terrestres que tivera de penetrar.

Nós perambulámos para Boleskine, depois de combinar com um médico chamado Percival Bott para vir e ficar connosco e encarregar-se do parto. Pedi à minha Tia Annie para presidir a criadagem, e a um velho amigo meu e de Gerald (Kelly), Ivor Back, nesta época cirurgião no St. George, para fazer a festa em casa. Ivor Back é um dos mais divertidos companheiros possíveis, para aqueles que conseguem suportá-lo. Ele sabe muito sobre literatura e tem publicado na magazine *The Hospital* alguns dos poemas nos quais eu celebrara várias doenças. Eu dediquei-lhe o meu *In Residence*, uma colecção dos meus versos enquanto universitário, e ele colaborou comigo até certo ponto na composição de várias obras-primas do tipo mais leve. Ele e Gerald também são responsáveis por numerosas melhorias no prefácio para *Alice, An Adultery*. Ele também editou os três volumes do meu *Collected Works*, fornecendo instruídas notas a diversas passagens obscuras.

As minhas actividades como editor eram nesta altura notáveis. Eu tinha expedido *The God-Eater* e *The Star & the Garter* por meio de Charles Watts & Co., da Rationalist Press Association, mas ainda não havia essa exigência para os meus livros a ponto de indicar que eu havia tocado o grande coração do público Britânico. Eu decidi que pouparia problemas ao publicá-los eu mesmo. Decidi chamar-me Sociedade para a Propagação da Verdade Religiosa e publiquei *The Argonauts, The Sword of Song, the Book of the Goetia of Solomon the King, Why Jesus Wept, Oracles, Orpheus, Gargoyles and Collected Works*. Eu simplesmente não tinha ideia de negócio. Além disso, eu não precisava de dinheiro; a minha responsabilidade para com os deuses era escrever conforme eu estivesse inspirado; a minha responsabilidade para com a humanidade era publicar o que eu escrevia. Mas acabava aí. Contanto que o que eu escrevesse fosse tecnicamente acessível ao público através do Museu Britânico, e de tais lugares, as minhas mãos estavam limpas.

E, no entanto, eu tomei um rumo implicando um estado de espírito diametralmente oposto. Imprimi uma grande edição de *The Star & the Garter*, e publiquei isto a um xelim, com a ideia de alcançar as pessoas que poderiam ter sido incapazes de comprar os meus livros mais caros. Imprimi um folheto e enviei circulares a classes instruídas. (Eu não tenho cópia disponível.) O alimento da circular foi a oferta de cem libras para o melhor ensaio sobre o meu trabalho. A ideia de negócio era induzir as pessoas a comprar o meu *Collected Works* a fim de ter material para o ensaio. Esta oferta conduziu por fim a resultados de longo alcance; na verdade, isto determinou o curso da minha vida por vários anos. O vencedor do prémio tornou-se um íntimo amigo e colega. A sua erudição, perspicácia, entusiasmo e infatigabilidade comprovaram os mais importantes factores na execução das ordens dos Chefes Secretos.

Entrementes, nós tínhamos um tempo glorioso em Boleskine. Graças ao salmão e à carne de veado e à minha adega, bilhar e escalada de rochas, à boa companhia e ao Verão perfeito, a vida passava como um sonho extático. No Verão nas Terras Altas, o tempo parece remir. À meia-noite pode-se sentar e ler ao ar livre, mesmo na ausência da lua. A noite é "um ténue e eterno entardecer de gemas".

Uma das nossas aventuras é digna de registo. É um dos incidentes mais surpreendentes que eu já conheci em toda a minha experiência de escalada. Além do jardim Italiano, eu tinha construído um grande lago de trutas, com canoa Canadiana e sagrada fonte completa. Da margem mais distante, uma pequena ladeira leva a um penhasco íngreme que proporciona uma admirável variedade de problemas rochosos. Tendo ensinado Bott e Back os elementos do desporto, nós decidimos tentar uma escalada mais séria. Do outro lado do lago, além de Glen Moriston, está um bem marcado barranco, através do qual derrama uma torrente a partir de Mealfuarvonie. Eckenstein e eu desvalorizámos isto; mas, durante as visitas dele, isto tinha sempre sido simplesmente uma frenética queda-d`água. O longo período de tempo seco fez-me pensar que havia uma oportunidade de subir, então eu remei com Bott e Back, e comecei no nível mais baixo. Este é um amplo precipício de rocha desgastada pela água, talvez de cem a cento e cinquenta pés de altura. Uma boa quantidade de água estava a chegar, mas parecia que havia uma possibilidade. Começando do lado de fora da verdadeira esquerda do córrego, eu esperava subir pelas nuas lajes a cerca de vinte pés da borda, onde o córrego se lançava, e depois subir obliquamente para a esquerda até que eu estivesse realmente na torrente; pois o seu interrompido carácter indicava bom suporte (tanto para as mãos quanto para os pés), o qual eu confiava que seria suficiente para me permitir erguer-me apesar do peso da água.

Na melhor das hipóteses, a escalada era muito exposta e eu realmente não deveria ter tentado isto em qualquer outra companhia senão de primeira classe. Não havia alternativa ao meu percurso proposto. Onde a água não lavara a rocha, a área era um gotejante precipício gorduroso, lajes musgosas, num ângulo assustador, praticamente sem onde firmar a mão ou o pé. Tais rachaduras existentes davam clara evidência de desintegração, de modo que qualquer aparente apoio certamente deveria estar carcomido. Eu não teria tentado isto com Eckenstein, e teria recusado segui-lo tivesse ele próprio tentado!

Eu liderei o passo ascendente com Bott como segundo homem e Back como terceiro. Eu alcancei a parte mais crítica da escalada. Os meus apoios eram os mais simples atritos. Eu não poderia ter suportado um coelho. Eu meio que expectava sair; e eu sabia que Bott (embora ele próprio razoavelmente seguro, ou eu não teria continuado) nada poderia fazer para me salvar se eu caísse. Back, numa posição perfeitamente segura muito abaixo (nós tínhamos uma longa corda), viu quão inseguro eu estava. Ele perdeu completamente a coragem. Começou a proferir gritos incoerentes e a desamarrar-se da corda. O acto foi, claro, ultrajante, mas ele não era responsável. Ele não levou em conta as minhas ordens para ficar quieto e não ser um idiota. Eu não podia sequer descer com segurança nenhuma, estando Bott naturalmente perturbado pela histeria de Back, então eu apelei para Ivor ficar onde ele estava e nós voltaríamos para ele.

Nas circunstâncias, o meu melhor rumo era terminar a escalada o mais rápido que pudesse e continuar no meu melhor andamento. No rugido da água cadente que me encharcava, eu nada conseguia, naturalmente, ver e ouvir. Eu arrastei-me para cima pela queda-d`água por pura força; tinha de confiar nas minhas observações anteriores para firmar mãos e pés, pois eu tinha de manter os meus olhos fechados contra o impulso da torrente. Arrastei-me pela fenda na borda e encostei-me nas rochas que a confinavam, de cabeça primeiramente. Eu encontrei-me numa espécie de caldeirão onde eu poderia ficar com a cabeça e os ombros acima da água. Eu tinha subido o lanço. Chamei Bott para se aproximar e puxei-o para cima na corda. Foi uma escalada fantástica; uma das mais perigosas que eu já fiz.

A minha ansiedade aumentara vendo que Back, tendo-se desamarrado, não se tinha sentado calmamente conforme ordenado mas começado a trepar em direcção às completamente inescaláveis e perigosamente deceptivas lajes de musgo pingante. Bott e eu extricámo-nos do caldeirão sem mais dificuldade. E então comecei a interrogar-me se a ninfa da queda d'água não me tinha pregado uma partida! Eu estava certamente sofrendo de algum tipo de alucinação. Tinha a minha ansiedade acerca de Back criado um fantasma? Pois, nas encostas acima de nós, havia uma aparição em forma dele, gesticulando, resmungando e berrando por turnos. Mas era Back em carne e osso! Ele tinha feito o impossível: ele escalara o inescalável penhasco! Tão incrível foi a façanha que eu dei-me ao trabalho de dar a volta e olhar de novo para o local a partir de baixo. O meu julgamento não me tinha enganado—não havia qualquer tipo de caminho— no entanto o musgo despedaçado e alguns bocados quebrados de rocha carcomida provavam a passagem dele. Até hoje considero os factos como os menos credíveis de quaisquer que já tenham vindo na minha direcção.

Quando Rose e eu chegámos pela primeira vez a Boleskine, nós fizemos uma espécie de esforço esporádico para executar alguma da injunção de Aiwass. Nós tínhamos providenciado antes de deixar o Egipto para a "abstrucção" da Estela da Revelação. Eu não compreendia a palavra ou o contexto, e contentava-me em ter uma réplica feita por um dos artistas ligados ao museu. Nós procedemos a preparar o "perfume" e os "Bolos" de acordo com a receita dada no capítulo III, versículos 23-9.

Nós tínhamos retomado o trabalho Mágico, de uma maneira desconexa, ao descobrir que Mathers estava a atacar-nos. Ele conseguiu matar a maioria dos cães. (Nesta altura eu mantive um bando de cães de caça e fui à caça ao homem através das charnecas). Os criados também estavam constantemente a ficar doentes, um de um modo, e um de um outro modo. Por isso nós empregámos os apropriados talismãs de *The Book of the Sacred Magic of Abra-Melin* contra ele, evocando Belzebu e os seus quarenta e nove serviçais. Rose tinha subitamente adquirido o poder da clarividência. A sua descrição desses serviçais está impressa em *The Bagh-i-Muattar*, páginas 39, 40. (Eu posso mencionar: Nimorup, um atrofiado anão com cabeça e orelhas grandes. Os lábios dele são de esverdeado bronze e babosos. Nominon, uma grande esponjosa medusa vermelha com uma luminosa mancha esverdeada tal como uma sórdida confusão. Holastri, um enorme insecto cor-de-rosa.) Quanto a este perfume de *O Livro da Lei*, "que seja deitado ante mim, e mantido espesso com perfumes da tua oração: encher-se-á de besouros e de coisas rastejantes que me são sagradas." Um dia, para minha surpresa, tendo ido ao quarto de banho para tomar banho, eu descobri um besouro. Conforme tenho dito, eu não tenho interesse em história natural e nada sei sobre isto.

Mas este besouro atraiu a minha atenção imediatamente. Eu nunca antes tinha visto algo parecido. Este tinha cerca de uma polegada e meia de comprimento e tinha um único chifre quase tão longo quanto ele mesmo. O chifre terminava numa pequena esfera sugestiva de um olho. A partir do momento, por cerca de quinze dias, houve uma praga absoluta destes besouros. Eles não estavam apenas na casa, eles estavam nas rochas, nos jardins, pela sagrada fonte, por todo lado! Mas eu nunca vi um fora da propriedade. Enviei uma amostra para Londres mas os especialistas foram incapazes de identificar a espécie.

Aqui estava uma tangível peça de Magick. Isto deveria ter-me convencido de que *O Livro da Lei* significava negócio. Em vez disso, deixou-me absolutamente frio. Eu experienciei um certo contentamento orgulhoso, tanto como eu tive na Câmara do Rei da Grande Pirâmide, mas ali parou. Tomei as medidas necessárias para proteger Rose contra o ataque mortífero de Mathers e continuei a jogar bilhar. O ataque foi, no entanto, prolongado e mortal. Nós estávamos a colocar aquecimento central na casa e a tentar construir um pequeno campo de golfe na propriedade. (Idiota! Por que não um campo de ténis em Ennerdale Face of the Pillar?)

Ivor e eu estávamos a jogar bilhar numa manhã depois do pequeno-almoço, quando ouvimos gritos e imprecações a partir da cozinha. Peguei rapidamente num gancho de pesca de salmão como a arma mais pronta e apressámo-nos. Um dos trabalhadores tornara-se subitamente maníaco e atacara a minha esposa, a qual fazia a sua habitual inspecção dos cargos. Foi o trabalho dum momento ganchar o ofensor e empuxá-lo para cave de carvão, e transmitir para a polícia. Como eles demoraram a chegar, o animal fez várias tentativas de rastejar para fora da rampa, mas a nossa vigilância conseguiu frustrá-lo, e ele foi devidamente entregue em custódia. Mas nada sobreveio! Uma das peculiaridades da lei Escocesa é que não há processo privado a menos que a polícia decida aceitar qualquer caso concreto; tu podes ser assassinado *ad libitum*[10] sem possibilidade de compensação. Como a polícia nas Terras Altas é em grande parte recrutada a partir da classe dos assassinos—não há outra—pode-se entender por que razão a pequena nobreza mantém, em grande medida, o antigo costume de cercar-se de sequazes armados.

Assim que Belzebu entrou no trabalho, os ataques mágicos cessaram; e, privado do estímulo para efectuar Magick, o meu interesse desapareceu mais uma vez. Nós passávamos o tempo em desporto e sociedade, temperado pela gravidez, como se não houvesse vida futura. Eu usava os meus títulos oficiais e posição sem ênfase, muito como um lorde tira vantagem dos seus privilégios sociais sem nunca pensar na Câmara dos Lordes como uma instituição política.

No dia 28 de Julho, a minha esposa deu à luz uma menina chamada Nuit Ma Ahathoor Hecate Sappho Jezebel Lilith. Nuit foi dado em homenagem a nossa Senhora das Estrelas; Ma, deusa da Justiça, porque o signo de Libra estava ascendente; Ahathoor, deusa do Amor e Beleza, porque Vénus rege Libra; eu não tenho a certeza sobre o nome Hecate, mas pode ter sido um elogio aos deuses infernais; um poeta dificilmente poderia fazer menos do que comemorar a única dama que já escreveu poesia, Safo; Jezebel ainda mantinha o seu lugar como a minha personagem favorita nas Escrituras; e Lilith, claro, detém a posse indiscutível das minhas afeições no reino dos demónios.

Duncombe Jewell comentou mais tarde que ela tinha morrido de nomenclatura aguda. Reles. Nos meus ouvidos ressoou aquele terrível clamor de Macduff: "Ele não tinha filhos."

Tudo correra da melhor maneira possível, e nós éramos o mais feliz convívio caseiro das Terras Altas. Havia apenas um problema, o de manter a minha esposa divertida durante a sua convalescença. Ela era normalmente um ser intensamente activo, jubiloso, mas ela não tinha absolutamente reservas nenhumas. Ela não conseguia sequer jogar o mais simples jogo de cartas, e de toda a minha biblioteca com mais de três mil livros havia apenas meia dúzia que ela gostava de ler. Hall Caine era muito profundo para ela. Coube a mim produzir um exemplo do único tipo de literatura que ela compreendia.

Ora a objecção a esta forma de arte é a sua monotonia; a sua preocupação com detalhados incidentes inviabiliza um enredo, e o alcance das suas personagens é deploravelmente limitado. Os homens são quase sempre padres ou lordes; as mulheres condessas, mestras ou modistas. Estes livros possuem o mérito da franqueza do tipo mais envolvente; mas eles frequentemente forçam a credulidade da pessoa. Os heróis do romance medieval não são tão desumanamente desproporcionais aos factos da vida; que o autor poderia reivindicar o título de realista somente para desgosto de alguém. Eles levantavam todos os instintos do meu puritanismo com quase insana intensidade. Suponho que fiquei realmente furioso com o facto de que a esposa que eu amava tão apaixonadamente e honrava tão profundamente estivesse intelectualmente circunscrita

---

10 N.T.: à vontade

neste modo. O meu único remédio foi um *reductio ad absurdum*[11]. Resolvi escrever um romance—um deste tipo, mas deveria ser muito melhor e maior. E que se dane a despesa. Nenhum padre nem monge deveria ser o meu herói. Eu teria um arcebispo. Ele não deveria ser tão supra-humano quanto seis homens; ele deveria fazer melhor do que seiscentos. Os meus modelos tinham-me incomodado pela patética escassez do seu vocabulário. Tendo o excelente dicionário de John B. Farmer e W. E. Henley, eu estava apto para evitar repetir-me. No entanto, eu tomei a liberdade de inventar muitas novas palavras e frases para adicionar mais variedade. Então para cada detalhe, eu mostraria a imbecil ineptidão para este tipo de literatura exagerando as suas falhas em todos os pontos.

Eu batia um capítulo por dia deste romance na minha máquina de escrever e lia para a minha esposa, Gerald, Ivor e os restantes da casa, excepto a minha tia, a qual compartilhava a psicologia da minha esposa, apenas no outro lado da cerca. Rose não conseguia ver o que eu queria dizer; tal como o Coronel Gormley, qualquer coisa que virasse a mente dela para o assunto do amor produzia uma directa excitação e era agradável. O efeito era o mesmo na minha tia, excepto que ela tinha-se instruído para fingir que isto era desagradável.

Mesmo em França, a *pudibond*[12] fúria da burguesia é galopante. Parte do horror público da assim chamada irregularidade sexual deve-se ao facto de que todos se reconhecem essencialmente culpados. "Methinks the lady doth protest too much."[13] Se os homens enfrentassem os factos da vida, incluindo as suas próprias constituições como elas são, praticamente todos os abusos e perversões desapareceriam. São, na maior parte, fantasmas mórbidos de putrefacção, agravados pela tentativa de supressão. A ferida de Amfortas não se curará porque esta nunca foi devidamente aberta e tornada asséptica.

Madame Bovary foi assumida como sendo uma Phryne[14] provinciana. A história do seu adultério foi condenada como "imoral", como tendendo a incitar paixões ilícitas. Os seus críticos foram simplesmente incapazes de ler o livro. Flaubert estava na realidade a esmerilar o calcanhar no rosto néscio da mulher; ele estava a mostrar que a conduta dela não era romântica e voluptuosa, mas sórdida, estúpida, bestial e anafrodisíaca. O que poderia ser mais puritano do que *Fantasmas*? É o mais assustador indiciamento de imoralidade que já havia sido escrito. Todavia para o Anglo-Saxão é "imoral". Eles não entendem uma palavra, mas isto fá-los pensar na sua própria bestialidade; com o resultado de que eles discutem isto furtivamente, lambendo os seus lábios, e bradam no mercado que isto é uma ofensa para a pureza deles.

Eu nunca fui capaz de acatar estas convenções imundamente perversas. Eu encaro qualquer coisa com franqueza e o fantasma desvanece-se. Eu não permito que nenhum autor jogue com as minhas paixões. Eu leio um livro com a minha alma, e somente me atraem aqueles livros cujos autores falam sinceramente e sensatamente tal verdade conforme lhes tem sido dada. Eu detesto totalmente o autor que pratica sobre a psicologia popular. O sentimentalismo de Charles Dickens, o erotismo de D. H. Lawrence, a pornográfica religiosidade da Sra. Humphry Ward[15] parecem-me ser apelos ao apetite do ininteligente. Eles prostituem o seu fragmento de arte exactamente como os charlatães fazem quando tentam persuadir as pessoas de que uma dor nas costas sempre significa a doença de Bright[16]; ou que todo o sintoma trivial, desde a dor

---

11 N.T.: redução ao absurdo
12 N.T.: pudibunda
13 N.T.: "A senhora protesta demais, parece-me." William Shakespeare - "Hamlet"
14 N.T.: Friné, antiga cortesã grega—hetera. Mnesarete
15 Eu nunca li uma palavra dela. Mas de alguma forma eu não gosto da ideia.
16 N.T.: insuficiência renal crónica

de cabeça às unhas dos pés encravadas, é o resultado de um vício secreto.

A simples verdade do assunto é que as histórias de amor só servem para o consolo das pessoas na insanidade da puberdade. Nenhum saudável ser humano adulto pode realmente importar-se se fulano consegue ou não satisfazer a sua inquietação fisiológica com a ajuda de uma pessoa em particular ou não. *The Woman in White* e *The Moonstone* ilustram a situação com singular clareza. Apesar do poder surpreendente de Wilkie Collins para traçar personagens, ele não pode tornar a heroína interessante. Laura Fairlie é um pouco melhor do que um imbecil mesmo quando não sofre efectivamente de demência.

A mente subconsciente do artista joga este tipo de coisa nele como uma brincadeira. Ele fica tão indignado consigo mesmo que se vinga no fictício que o ofende. Nestes romances a reboque, os heróis são representados como sujeitos excepcionalmente bons em todos os aspectos, mas durante todos os seus feitos heróicos eles parecem bonecos frouxos e sórdidos; pela simples razão de que eles não têm qualquer objectivo na vida a não ser alcançar a posse sexual de tantas libras de carne. Nem o interesse destes livros realmente depende do amor. Grandes artistas sempre encontram temas mais sérios. O sexo é um meio de intoxicação; é por isso apropriado celebrá-lo nas letras. Mas quando a pessoa está sóbria, como quando está a ler um romance, não quer que o sexo penetre a sua garganta. A pessoa não se importa com o vinho branco no molho do peixe, e o homem que é transtornado pela presença disto é um neurótico. Quanto ao homem que quer que o seu cozinheiro faça o molho para que ele possa ficar bêbado—eu simplesmente não quero conhecê-lo. Mas é isso que o público Anglo-Saxónico faz, e é por isso que não quero conhecê-lo.

Shakespeare tem poucas histórias das quais o interesse depende do amor; quando isto acontece, o amor sempre implica ruína, como em *Romeo and Juliet*, *Anthony and Cleopatra* e *Othello*. As suas únicas histórias de amor com um final feliz, à parte desenlaces absolutamente mecânicos, são onde ele está secretamente gratificando a sua secreta perversidade, como em *Twelfth Night* e *As You Like It*. Os nossos maiores romancistas têm cumprido com convenção inserindo um interesse amoroso pré-fabricado; *Tom Jones*, *Roderick Random* e por aí afora; mas o interesse dificilmente é secundário. Todas as nossas maiores obras-primas tratam o amor na sua relação com a vida. *Jonathan Wild*, *Moll Flanders*, *Robinson Crusoe*, *Tristram Shandy*, *Gulliver's Travels*, *A Tail of a Tub*, *The Pilgrim's Progress*, *The Pickwick Papers*, *Vanity Fair*, *Armadale*, *The Shaving of Shagpat*, *The Way of all Flesh*, o épico Cabell[17]: o que têm estes a ver com o amor?

Em França é o mesmo. Isto pode ser feito uma vez. Aucassin e Nicolette. Mas mais tarde! Pensa numa bela jovem introduzida em *La Peau de Chagrin*, *La Cousine Bette*, *Le Cousin Pons*, *Le Père Goriot*, *Eugenie Grandet*, *Le Colonel Chabert*. Não há uma história em todo o Balzac onde o amor é a salvação ou até mesmo o motivo principal. Dumas—pensa em d'Artagnan apaixonado por uma bela jovem e vivendo feliz para sempre! (O interesse amoroso em *A Gentleman of France* e *Under the Red Robe* explica por que razão as imitações de Dumas feitas por Stanley Weyman são tão deploravelmente vulgares.) O que acontece ao Visconde de Bragelonne (com todas as virtudes) quando ele se apaixona? A Rússia fornece o caso extremo, pois naquele país o amor tem sempre sido compreendido como uma armadilha definitivamente diabólica.

É verdade que existe uma escola moderna fundada por Emily Brontë, de Thomas Hardy a D. H. Lawrence, cujos enredos giram na relação sexual dos personagens, mas onde quer que tais livros sejam saudáveis, o tema é o de que a exageração da importância de tais relações leva ao desastre.

---

17 N.T.: James Branch Cabell

Para retornar ao meu *jeu d'esprit*[18] e a psicologia envolvida. Eu tenho por meu solicitador um dos mais perspicazes observadores do mundo. Ele disse-me noutro dia: "Você parece nunca ser capaz de fazer nada como qualquer outra pessoa faria." Eu respondi: "Não; nem pela metade", o que foi inteligente—mas dificilmente uma refutação. O facto é que eu considero tudo *sub specie universali, sub specie aeternitatis*[19]. É natural para mim escrever um artigo sobre a eleição do conselho paroquial em Little Piddlington para os olhos dos filósofos daqui a dois séculos.

Não consigo acreditar que tudo o que está a acontecer no momento actual tem alguma existência real. É uma letra sem significado numa palavra e o seu valor depende do resto das letras. "A" e "O" são em si meras variedades de respiração, mas uma ajuda a fazer "hag"[20] e a outra "hog"[21]—uma "cot"[22] e a outra "cat"[23]. A menos que eu conheça as consoantes não consigo dizer se preciso de um "a" ou de um "o".

Ora esta percepção é óbvia para todos, mas cada um age como se soubesse exactamente qual seria o resultado de escrever "a" em vez de "o", assumindo que ele é livre para escolher o que ele fará—coisa que ele não é. Mas eu trago este princípio para a minha vida; governa-me em cada acção fora dos meus reflexos regulares. Eu estou realmente ciente de que não sei se ser-me-ia vantajoso ser enforcado. Eu tenho somente alcançado um padrão de conduta por referir todos os meus julgamentos da minha vontade, e até que soubesse qual era a minha verdadeira vontade, eu estava totalmente em alto-mar.

Para aplicar estas ideias à questão que nós estamos a discutir. Eu sabia que um poeta é incapaz de reconhecer o seu melhor trabalho, mas eu também sabia que apesar de boa técnica não significar bom trabalho, má técnica significa mau trabalho. Então eu costumava experimentar novas formas escolhendo um assunto ridículo ou obsceno, para que eu não fosse tentado a publicar um poema cuja técnica mostrasse inexperiência.

Ivor e eu, com alguma assistência de Gerald, colectámos alguns destes manuscritos que não haviam sido destruídos, e com "the Nameless Novel", nós compusemos um volume[24] para continuar a forma literária de *White Stains* e *Alice*; isto é, nós inventámos um perpetrador para as atrocidades.

Eu sei agora qual pernicioso capricho me induziu a ter o livro impresso, mas eu estava absolutamente inocente de qualquer desejo de rivalizar com a façanha de Alfred de Musset e George Sand, o *Femmes* e *Hombres* de Verlain, ou o *jeu d'esprit* de Mark Twain do qual Sir Walter Raleigh é o herói. Eu não esperava sequer que o governo Britânico me desse uma pensão de quatro mil libras por ano, como fez com John Cleland.

Esta diversão literária e os desportos regulares das Terras Altas mantinham-nos felizes; porém, quando o Verão desvaneceu, nós dispersámos. Eu não queria que Rose e o bebé tivessem de suportar um Inverno nas Terras Altas e no final de Outubro parti para St. Moritz para preparar a saída deles. Rose, no entanto, decidiu tirar férias de cuidadora e deixou a criança com os pais dela sob o comando da enfermeira, a qual era, claro, uma mulher altamente treinada. Ela juntou-se a mim em St. Moritz, em Novembro. Sempre fui entusiasta de desportos de Inverno de todos os tipos com excepção do "ski-lauffing", o qual eu aprecio como um meio de cobrir as distâncias necessárias, mas não de outra forma. Eu gosto de descer as encostas, e um salto ocasional é bastante divertido. Mas para voltar colina acima novamente! Não, obrigado!

---

18 N.T.: jogo de sagacidade
19 N.T.: sob o aspecto universal, sob a perspectiva de eternidade
20 N.T.: bruxa
21 N.T.: suíno
22 N.T.: berço
23 N.T.: gato
24 *Snowdrops from a Curate's Garden*.

A pista de Cresta era um grande júbilo e o comité dos desportos rendeu-me o maior elogio ao pedir o meu conselho sobre a sua construção. Mas isto parecia-me idealmente perfeito. As únicas sugestões que eu tinha a fazer estavam ligadas à segurança; e, de facto, vários homens têm sido mortos desde então por não terem sido tomadas as precauções propostas por mim. Eu não posso culpar ninguém; as minhas ideias talvez fossem dificilmente praticáveis. Alguma coisa deveria indubitavelmente ter sido feita acerca da passagem de nível, onde um homem indo a sessenta milhas por hora saiu da segunda posição quando embateu numa carroça. Mas isso é um raro acaso. O perigo constante é que um inábil condutor derrubado sobre as paredes do Battledore e Shuttlecock pode embater no mesmo lugar que um precedente desventurado. Neste caso ele pousará, não em neve macia mas numa massa irregular de regelado gelo. Ele com certeza cortar-se-á e pode facilmente ser morto. As paredes da pista devem ser suficientemente altas e íngremes para impossibilitar que um tobogã saia do canal; caso em que ele teria de ser muito esperto para evitar sofrer muito dano, desde que ele estivesse adequadamente vestido e não se soltasse do seu assento. A dificuldade é que os homens estão tão interessados em abrir a temporada que a pista é frequentemente construída quando não há neve suficiente.

A geada começou a quebrar e nós voltámos para Inglaterra. Proponho mencionar um incidente, apesar do seu carácter estritamente médico, como uma advertência para o mundo da completa idiotice da mulher como uma classe e da idiotice criminal de treinadas enfermeiras em particular. Elas são os animais mais perigosos da comunidade. Elas estão tão orgulhosas dos seus desconectados fragmentos de conhecimento médico que estão sempre a tentar usurpar a posição do médico. No presente caso, a minha esposa chegou a ponto de morrer num falso alarme, que duas palavras de um praticante qualificado teriam dissipado.

Desde o nascimento do bebé, ela não se tinha estabelecido no normal curso da sua vida fisiológica. Ela saltou para a conclusão de que estava grávida novamente, embora os seus sintomas, é claro, nada do género implicassem. Em vez de procurar um médico ela foi histericamente até à enfermeira, a qual procedeu a medicá-la com ergotina. Como nenhum aborto ocorreu ela redobrou os seus esforços. Eu tinha estado fora em negócios durante dois ou três dias e voltei para encontrá-la numa condição perfeitamente amedrontada. Eu forcei uma confissão e arrastei-a até à estação (nós estávamos alojados com a família dela perto de Bournemouth) e levei-a para o Savoy antes da meia-noite. Bott e Back, convocados por telegrama, esperavam por nós. Eles estavam francamente encantados, nunca tendo visto um caso tão grave de envenenamento por ergotina nas suas vidas.

Eu realmente não sei por que não processei aquela imunda enfermeira. Mesmo se o diagnóstico dela estivesse correcto, eu considero criminoso o aborto em qualquer circunstância sempre como um dos mais sórdidos tipos de assassínio. À parte de qualquer outra coisa, isto quase sempre arruína a saúde da mulher, quando não a mata.

O vigor das minhas opiniões sobre este ponto fortalece a minha atitude geral na questão da liberdade sexual.

Eu acredito que muito poucas mulheres, deixadas a si mesmas, seriam tão vis a ponto de cometer este pecado contra o Espírito Santo; frustrar os instintos mais profundos da natureza com o risco de saúde e vida, para não falar de prisão. Todavia, o criminoso aborto é um dos crimes mais comuns e geralmente tolerado por aquilo que eu devo paradoxalmente chamar de secreta opinião pública. E a razão é que o nosso sistema social torna isto vergonhoso e punível, por via de pobreza, por uma mulher fazer o que a evolução tem gasto eras na construção dela para o fazer, salvo sob condições com as quais a vasta maioria das mulheres não pode cumprir. O remédio é inteiramente da opinião pública. Que a maternidade seja reconhecida como honorável em si mesma, e mesmo a pressão da pobreza não impediria que qualquer uma, excepto umas poucas mulheres degeneradas, com apetites perversos pelo prazer, cumprisse a sua função. Em tal caso seria de facto melhor que elas e os seus filhos perecessem.

Ainda há mais um ponto. O meu casamento ensinou-me muitas lições, e esta não menos importante: quando as mulheres não são dedicadas aos filhos—algumas raras são capazes de outros interesses—elas têm um prazer mórbido em conspirar contra um marido, especialmente se ele for um pai. Elas aproveitam-se da preocupação dele com o seu trabalho no mundo para conceberem e executarem todo o tipo de abominação criminalmente ardilosa. A crença na bruxaria não era tudo superstição; as suas raízes psicológicas eram sólidas. As mulheres que são frustradas nos seus instintos naturais voltam-se inevitavelmente para todos os tipos de danos malignos, da calúnia à destruição doméstica.

Receio que as minhas aventuras me tenham feito perder a cidadania do mundo. Alastor é o meu nome, o Espírito da solidão, o Viandante na Dissipação. Eu estou em casa somente nos Campos Elísios, conversando com os poderosos homens do passado. Eu não gosto de Londres, não porque é movimentada e barulhenta e suja e escura e sórdida, e por aí afora, mas porque é tão mesquinhamente provinciana. Eu moro numa cidade além do tempo e do espaço; o quão mais além dos tiquetaqueados séculos e das prurientes polegadas de Londres! Eu acostumei-me tanto a olhar para o universo por algum tempo que as suas partes tornaram-se imperceptíveis. Quando me lembro delas, é como ser lembrado de um olho por ter uma mosca nele. É isso que eu quero dizer quando digo que Londres causa-me dor.

Fiquei muito satisfeito por estar de volta em Boleskine. Eu não tinha planos particulares; eu realmente tinha-me assentado. Se eu tinha alguma tendência, era para brincar com pequenas piadas práticas. Elas eram o resultado da minha felicidade. Eu coloquei uma tabuleta num campo do outro lado da estrada:

Por aqui para o Kooloomooloomavlock (não morde), na esperança de que o viajante pudesse divertir-me indo procurá-lo. Na verdade, este animal criou o maior terror na vizinhança, tanto mais que permaneceu invisível. Depois da minha partida em 1905, o responsável do hotel de Foyers decidiu amainar o incómodo e pegou na sua arma e tentou persegui-lo. Ele foi observado do alto da colina pelo meu assistente e flautista, Hugh Gillies, o melhor servo que eu já tive na Europa, avançando por curtas corridas e em todos os sentidos comportando-se conforme as necessidades militares exigidas da situação. "Ela pode não morder", disse Gillies, "mas estou pensando que ela tem pernas."

As minhas actividades enquanto editor eram em si mesmas uma espécie de brincadeira. Divertia-me a aturdir e a chocar as pessoas. Não levava nada a sério excepto a minha oculta vida em qualquer altura e que estava no momento mais ou menos em suspensão. Eu escrevi um ou dois poemas neste tempo, notavelmente *Rosa Inferni*, antes de Rose se juntar a mim em St. Moritz, e de uma forma ou outra eu tinha escrito o quarto livro de *Orpheus*, parte do qual é inspirada pela minha experiência no Egipto. Eu publiquei-os imediatamente. Eles nunca me satisfizeram; a forma era teoricamente impossível. Por outro lado, os versos e alguns dos diálogos dramáticos são tão bons quanto qualquer coisa no meu trabalho. Eu sentia que uma parte da minha vida estava a chegar ao fim. Fiz uma limpeza do meu caixote de lixo literário. Eu tinha o seu conteúdo cheio e despejei no público. Senti-me estar à beira de um novo nascimento e em *Gargoyles* serão encontrados os primeiros frutos dessa nova vida.

Mas neste tempo em particular eu estava demasiado feliz para criar. A criação é o efeito de insatisfação fisiológica. É por isso que surge como um alívio. A criação do universo, o amor, a naupatia, são todos da mesma ordem de fenómenos. Eu estava neste tempo como o Eterno, transbordando em calma bem-aventurança e desfrutando da sua própria perfeição. Mas a tais estados sempre chega um período em que o desconforto surge do acúmulo das secreções produzidas pelo metabolismo dos elementos da pessoa. Dentro em pouco a pessoa torna-se consciente da necessidade de espirrar ou não, e com o passar do tempo tem de espirrar.

É uma coisa muito curiosa, a propósito, que o homem comum aceite bastante calmamente as heresias do pensador comum com perfeita equanimidade. Os ataques de religião e moralidade de Bernard Shaw são tomados como uma coisa normal. Mas quando pessoas como Ibsen, Nietzsche e eu próprio dizemos as mesmas coisas, nós somos levados à execração popular.

Não havia cobra no meu Éden; o impulso que me expulsou assumiu a positiva forma de Oportunidade. De tempos a tempos, vários amigos visitavam-nos: Gerald Kelly e a sua mãe, Eckenstein, e outros mais, e uma criatura bastante insignificante chamada Tenente-Coronel Gormley, o qual estava destinado a desempenhar um papel curioso na minha vida. Ele era um soldado de assistência médica e passara incontáveis anos na Índia, na Birmânia e na África do Sul sem adquirir um único facto de interesse. Ele era incapaz de apreciar tanto quanto uma história engraçada, mesmo uma imprópria se houvesse qualquer toque de chiste nela. Mas se alguém introduzisse uma palavra obscena na conversa sob qualquer pretexto, ele balançaria com risos e continuaria a risada por um período indefinido.

Ele foi o primeiro masoquista que eu alguma vez conhecera; de facto só conheci um outro, e não cabe a mim decidir qual era o idiota mais imundo. Gormley alegava ter sido flagelado por mais de duas mil mulheres. Eu suspeito bastante de fanfarronice da parte dele: parece um número muito grande. Ele estava apaixonado pela minha esposa, principalmente porque ela tratava-o com tão grande repulsa e desprezo. Ele propusera-lhe casamento várias vezes por semana, mesmo antes do primeiro casamento dela, e ele não via razão para abandonar este hábito simplesmente por consideração a Major Skerrett e a mim. Eu não sei por que razão lho tolerava; não sei por que qualquer um lho tolerava. Talvez fosse o sentimento subconsciente de que não se pode ser indelicado com algo tão lamentável.

No dia 27 de Abril, o bom Tartarin, o qual tinha publicado um livro (em língua Suíça) sobre a nossa expedição a Chogo Ri, ilustrado com muitas fotografias admiráveis mas não distinguido pela qualidade literária ou precisão (em muitos aspectos), e preleccionado em Paris e noutras capitais sobre Chogo Ri, chegou sem avisar. Eu fiquei sinceramente contente por vê-lo. Ele era o mesmo alegre pacóvio como sempre, mas ele adquirira um pouco de egotismo e estava extremamente irritado comigo por eu não o conduzir imediatamente para perseguir o sinistro veado, para engalfinhar-se com o danoso tetraz, e para açular os meus furões no amedrontado faisão. Ele não conseguia compreender as leis do jogo. Bem, eu sou um poeta; eu decidia criar desporto desde que não existisse. Mais, este deveria ser único.

Eu abri a campanha da seguinte maneira. Tartarin conhecia a origem do búfalo selvagem da Birmânia. Quando os britânicos destruíram as aldeias, o gado deles escapou da baioneta e da fome indo para a selva, onde se tornaram praticamente uma nova espécie. Depois do ano de 45, os Ingleses haviam perseguido a mesma política de extermínio—quero dizer, pacificação—nas Terras Altas, e eu achei plausível inventar um carneiro selvagem na analogia do búfalo selvagem. E mais, a fera deveria ser já famosa. Eu descrevi a sua raridade, a sua timidez, a sua ferocidade, etc., etc.—"Você tem indubitavelmente ouvido falar disto," terminei eu; "é chamado de haggis." O meu ano de 52 em Joanesburgo completou essa parte do "chamariz". Tartarin sonhou toda a noite sobre escalar um solitário e íngreme pináculo e arrastar um senhoril haggis do seu covil. Por minha parte, tal como Judas na famosa história do Sepher Toldoth Jeschu[25], eu não sonhei de todo: eu fiz melhor!

Duas manhãs depois, Hugh Gillies, com desordenada vestimenta e olhos selvagens, entrou a correr na sala de bilhar após o pequeno-almoço. Ele explodiu esbaforidamente: "Há um haggis na colina, meu senhor!"

Nós largámos os nossos tacos de bilhar e corremos para o estojo de armas. Confiando na minha habilidade, eu contentei-me com a .577 Double Express, e dei a Tartarin a arma principal da minha bateria, uma Paradox de calibre 10, com balas de núcleo de aço. É uma arma confiável, suprimirá de repente um elefante com um mero impacto, mesmo se ele não for atingido numa parte vital. Com tal arma, o meu amigo podia avançar sem medo contra o mais formidável haggis das Terras Altas.

Não era um momento para ser perdido. Gillies, seguido pelo médico, eu e a minha esposa, na ponta dos pés, agachando-nos, saindo pela porta da frente e perseguindo a temível fera pelo jardim Italiano.

A gelada chuva resfriou-nos até ao osso antes de nós chegarmos à beira do artificial lago de trutas. Eu insisti em vadear através deste—até ao pescoço, com as armas erguidas—pela razão de que poderíamos assim despistar do haggis o nosso odor!

Nós emergimos pingando e começámos a subir a colina de gatinhas. Todas as vezes que alguém esbaforia, todos nós parávamos e permanecíamos quietos por vários minutos. Era um álgido desempenho, mas valia a pena! Tartarin logo atingiu o ponto em que todos os galhos curvados pareciam-lhe como um dos chifres do nosso haggis. Eu rastejava e pingava e sufocava o meu riso. A idiotice de toda a aventura era intensificada pelo desconforto físico e pela impossibilidade de aliviar os sentimentos. Aquele interminável rastejamento! A chuva nunca diminuía por um único segundo; e o vento vinha em rajadas mais selvagens e mais violentas a cada metro de subida. Eu expliquei a Tartarin que, se houvesse mudança de posição de alguns graus, os haggis iriam infalivelmente obter o nosso odor e afastar-se-iam. Implorei-lhe para camuflar as suas nalgas, que surgiram na frente da minha balaclava, oscilando como a bossa de um camelo moribundo. Os resultantes meneios teriam conduzido Isidora Duncan ao desespero; o pobre homem estava de facto consciente de que, anatomicamente, ele não fora construído com a ideia principal de escapar à atenção.

No entanto, depois de uma hora e meia, nós chegámos ao topo da colina, a trezentos pés acima da casa, sem ouvir aquele medonho apito estridente de alarme pelo qual (assim tinha eu sido cuidadoso a explicar) o haggis anuncia que ele detectou a presença de um inimigo alienígena.

Ofegantemente, nós rastejámos em direcção ao oco espaço de gramíneos outeiros cobertos de urze que ficavam atrás do enorme contraforte de rocha que se eleva acima do jardim e do lago, aquele espaço cuja riqueza havia seduzido o nosso distinto visitante a aproximar-se tão perto da habitação humana.

A névoa dirigia-se descontroladamente e ferozmente através da encosta na nossa direcção. Isto magnificava cada objecto para um tamanho enorme, o mais impressionantemente que a imagem de fundo foi totalmente apagada. Subitamente Gilles rolou sorrateiramente para a direita, o dedo dele apontou tremulamente para onde, entre o acinzentado desenrolar de volutas de névoa, estava...

---

25 N.T.: O Livro da História de Jesus. Paródia do evangelho cristão

Tartarin apresentou a calibre10 com infinita precisão. O haggis assomou gigantesco na neblina; isto estava apenas a cinquenta jardas de distância. Mesmo eu de alguma forma tinha-me meio hipnotizado numa espécie de excitação perversa. Eu poderia jurar que o bruto era do tamanho de um urso.

Guillarmod pressionou ambos os gatilhos. Ele não tinha cometido erro algum. Ambas as balas atingiram e expandiram; ele tinha estourado completamente toda a parte traseira do premiado carneiro do Fazendeiro McNab.

Nós corremos para frente, aclamando freneticamente. Gillies tinha que ser o primeiro na morte; o abastecimento de aveia com o qual ele induzira a nossa última compra a alimentar-se naquele local durante toda a manhã sem se mexer, poderia, se observado, ter detraído a estranha glória daquela romântica cena. Mas no dia seguinte ao jantar, quando nós comemos o haggis, a hilaridade geral passou incontestada. A atmosfera tornara-se totalmente Homérica; não havia razão para que o mais selvagem contentamento parecesse fora de lugar.

Tartarin enviou a cabeça do carneiro para ser recheada e montada[26]; uma inscrição adequada deveria ser gravada em cima de uma chapa de ouro maciço. Por que não tinha o galante Suíço confirmado a raça deles mais uma vez? Não iria a *Gazette de Lausanne* literalmente espumar pela boca com o recital de uma tão valente façanha?

E assim, o contente Tartarin desenvolveu os seus planos para renovar o ataque aos Himalaias. Eckenstein fora abordado, mas, por uma razão ou outra, recusara. Eu teria preferido isto imensamente se ele tivesse aceitado; mas eu estava ansioso para capturar o único registo do mundo que ele e eu não tínhamos, separadamente ou em conjunto; o de ter atingido um ponto mais alto nas montanhas do que qualquer outro escalador. (Este registo foi realizado por Graham em Kebru—um caso duvidoso—ou por Matthias Zurbriggen, o guia que Eckenstein havia treinado para o ofício da montanha, em Aconcágua).

Ciente, no entanto, da desventura de Tartarin em 1902, eu fiz as mais rigorosas condições antes de concordar em participar na nova expedição. Um documento foi elaborado e assinado pelo qual eu deveria ser reconhecido como líder do grupo. Eu deveria ser obedecido implicitamente em todos os assuntos relacionados à real conduta da expedição na montanha. Foi uma deliberada violação deste acordo que causou directamente o seu fracasso e o desastre que desgraçou isto.

~ 51 ~

Expedição 1905, ao Kangchenjunga.
  Acordo.
  O Dr.J.Jacot Guillarmod e os seus três amigos fornecem uma soma de quinze mil francos.
  O Senhor Aleister Crowley e um amigo fornecerão uma soma de 5.000 francos (cinco mil).
  Por esta última contribuição, o Dr. J. Jacot Guillarmod compromete-se em fornecer o abastecimento e o transporte, do momento da partida de Darjeeling até ao retorno a Darjeeling.
  A expedição será realizada nas melhores condições possíveis, dada a natureza do país a atravessar. O propósito da expedição será a ascensão do Kangchenjunga (28.150 pés).
  Tentaremos primeiro pelo glaciar de Yalung.
  Partiremos de Darjeeling na segunda quinzena de Julho; voltaremos em Outubro o mais tardar. Aleister Crowley partirá para Darjeeling o mais breve possível, a fim de fazer todos

---

26 N.T.: taxidermia

os preparativos e acordos necessários.

Respeitaremos cuidadosamente os preconceitos e as crenças indígenas e não interferiremos nos seus modos de viver.

Não compraremos nada sem o assentimento do Dr. J. Jacot G. ou de A. Crowley.

Prometemos não ter nenhuma relação directa ou indirecta com as mulheres, indígenas ou estrangeiras, que se possa evitar.

O Dr. J. Jacot G. é o único e supremo juiz dos assuntos de higiene ou de saúde da caravana.

Aleister Crowley é o único e supremo juiz dos assuntos relativos ao alpinismo e às montanhas.

As questões de rota e do pessoal das caravanas serão decididas por ele somente. Os seus camaradas se conformarão com as suas resoluções.

Ninguém será obrigado a arriscar a sua vida, por causa do frio, da falta de comida, de subida perigosa, podendo causar uma queda.

Qualquer discussão relativa sobre este acordo deve ser submetida a arbitragem; não se pode invocar qualquer lei ou julgamento por homem da lei.

As cláusulas deste acordo ligam todos os membros da expedição por sua honra.

Aleister Crowley
Dr. J. Jacot Guillarmod
Ch. Reymond
A.C.R. de Righi
Alexis A. Pache

Não havia tempo de sobra, se nós atacássemos Kanchenjunga neste Verão. Foi combinado que o médico imediatamente reuniria as provisões e equipamentos necessários na Europa, enquanto eu iria directo para Darjeeling para fazer acordos com o governo acerca de transporte e comunicações como o heliógrafo, através do qual pretendíamos sinalizar o nosso progresso a observadores em Signal Hill, acima da estação; recolher alguns dos nossos antigos shikaris de Kashmir se possível; aprender um pouco de Nepalês, e talvez recrutar no local a assistência de indivíduos empreendedores.

Parti para Londres no dia 6 de Maio e fiz tais preparações no que diz respeito ao meu equipamento pessoal, conforme parecia desejável, e no dia 12 de Maio parti de Inglaterra para o Leste, pelo P & O S.S. *Marmora*[27]. Eckenstein sustentava constantemente que a aventura era imprudente; que, pela sua própria parte, nunca consentiria em subir uma montanha com Jacot Duillarmod; e que, duma forma ou doutra, a sua vaidade, inexperiência, fatuidade e tolice eram certas em deixar-nos em desastre. Eu gostava tanto de Tartarin, pessoalmente, que inconscientemente minimizava a sua imbecilidade; e eu era ainda demasiado jovem para perceber o quanto de mal pode ser feito indirectamente pela mera presença de tal homem, apesar de todas as precauções que a prudência pode sugerir e toda a supervisão que a cautela pode recomendar. Então eu entrei nisto—e só percebi nos últimos tempos o quão sortudo eu fui ao sair de tudo isto!

Fazia parte da minha política, em relação ao treino físico, fazer toda a viagem pelo mar. Eu saciei-me e relaxei e contei histórias até ao dia 23, quando cheguei ao Cairo. A cidade é abandonada pelos turistas nesta época do ano por conta de alguma superstição acerca o clima; mas para mim o Cairo, no final de Maio, era mais agradável do que nunca. Eu entrei no P & O no dia 31. Estava certamente quente no Mar Vermelho, mas lembro-me com intenso prazer de cogitar um singular incidente. A maioria dos passageiros, inclusive eu, dormia no convés. Numa aurora antes do amanhecer, eu fui acordado por um deslumbrante raio azul, como se um holofote tivesse sido

---

27 N.T.: Britânico navio mercante armado

repentinamente virado para mim. O planeta Júpiter tinha ascendido. Suficientemente curioso, um incidente exactamente paralelo tinha acontecido quando passei pelo Mar Vermelho partindo de Chogo Ri, mas naquela ocasião foi um clarão carmesim e o planeta era Marte.

Blue Mushtari strove with red Mirrikh
Which should be the master of the night,

conforme eu escrevi poucos meses depois. A sensação era, sem fingimento, uma de alarme que se derretia em maravilha e êxtase. Muitos anos depois eu fiquei realmente assustado, por mais do que um momento de surpresa, por um fenómeno celestial bastante normal. Eu estava a caminhar por zonas pouco frequentadas de Espanha com um discípulo. Nós estávamos numa estrada solitária e a noite caíra pesada e negra. Repentinamente uma cunha de flamejante escarlate apunhalou os meus olhos. Isto aumentou rapidamente em tamanho e (talvez por isso) parecia estar a aproximar-se de nós com uma velocidade assustadora. Lembro-me a esta hora da minha sobressaltada paragem e do olhar feroz que fixei no inimigo. Lembro-me de me preparar para enfrentar a aniquilação. Mas era meramente a lua cheia, subindo através de um hiato nas montanhas.

Cheguei a Bombaim no dia 9 de Junho. Foi a minha primeira experiência do baixo território da Índia na estação quente. Eu não achei isto insuportável e voltaria e viveria um mês pelo bem de uma só manga. A manga é uma fruta muito estranhamente sensível. O perfeito sabor é a privada propriedade de uma província muito limitada, como no caso do champanhe. As mangas de Bengala são tão inferiores às de Bombaim como as marcas secundárias de "boy" às melhores colheitas de Reims. As do Ceilão são como Espumante Asti.

Saí de Bombaim no mesmo dia às onze e meia. O meu primeiro acto foi deslocar-me ao quarto de banho, com o qual os melhores comboios Indianos estão equipados, e ligar o chuveiro. Devido ao confinado espaço, eu não consegui bater o recorde mundial de combinado salto em altura e comprimento! A carruagem tinha estado estacionada numa linha de manobra, ao sol, pelo que o tanque estava cheio de água escaldante. O pior da jornada foram as fuligens do motor. Cheguei a Calcutá às quatro horas da manhã do dia 11 e tive pequeno-almoço e jantar com o meu velho amigo Thornton. No dia seguinte parti para Darjeeling. É certamente uma das experiências mais impressionantes que uma ferrovia pode proporcionar. A pessoa começa a solavancar tediosamente através das pungentes planícies de Bengala e depois em Sara Ghat encontra-se a si mesma subitamente na margem do Ganges. Eu tinha visto o rio anteriormente, do alto, e não é particularmente excitante, mas aqui fluía gigantescamente através de uma vasta desolação. A hora era o pôr-do-sol, a água turva brilhava com raiventos vermelhos e laranjas. Havia um maligno acobreado reflexo de luz na sua turbulência sem ondas. A sua largura possuía um horror próprio; era como um rio do inferno. Este longe alcança à direita e à esquerda. Não havia nada para quebrar o horizonte. Eu dei o efeito desolado do oceano, mas a falta de limites do mar aberto sugere liberdade. Este rio havia falado de esterilidade e amarga servidão. O Ganges sem vento fedia de putrefacção. Não era sequer o fedor da vegetação podre. Parecia que era a própria terra que estava a apodrecer. Uma das mais fantásticas e mais assustadoras cenas que eu tenho visto. Atravessámos este tartáreo rio num barco a vapor e a real amplidão pode ser estimada a partir do facto de que o jantar é servido a bordo. Foi um mau jantar, também; completou a infernalidade da cena.

Desembarca-se. A eterna marcha fúnebre do comboio é retomada. O calor da noite é sufocante. A lua minguante—quando indolente, ela agiganta-se acima do aro do planeta—é quase tão impotente quanto as estrelas para penetrar a abafada neblina de poeira que nos sufoca. O ponto mais fresco na travesseira da pessoa é onde a sua cabeça o esfriou. A pessoa atira-se à sorte em cego tormento. Não há a questão de se procurar alívio; a pessoa tem um instinto de que nada fará bem. Talvez se caia no sono por alguns momentos, e esses, ainda que sejam poucos, são preenchidos com éones de delirantes e demoníacos sonhos de sufocação mergulhados em desespero.

Acampamento 4. Expedição Kanchenjunga, 1905.

Então repentinamente amanhece. O lento comboio gagueja e pára. A pessoa é ainda um insecto na planície infernal, mas há um toque de frieza no ar que não é inteiramente o frio da morte. O pegajoso suor no corpo da pessoa começa a evaporar e o espírito dela a reviver. Há uma chamada para Chota Hazri[28]. Sai-se da carruagem. Bom Deus!

Não a muitas milhas de distância, em plano horizontal para leste, elevam-se encostas densamente arborizadas, um confuso emaranhamento tanto de colinas (como parece) quanto de árvores, e atrás delas novamente, cúmulos ainda mais altos de nebuloso roxo e verde. E depois—bom Deus! É uma miragem? É um fantasma de esperança criado pela coragem a partir do caos do pesadelo? Pois lá, acima das mais altas colinas, num ângulo para o qual até mesmo a experiência de Chogo Ri não me preparou, fica a massa de Kangchenjunga, ténue rosa, ténue azul, nítido branco, no amanhecer.

Ao chegar ao sopé das colinas, transfere-se para uma ferrovia de brinquedo, que sobe os seis mil pés sem igual até Darjeeling por meio de complicadas curvas e até mesmo círculos. Ascende-se rapidamente; a vista muda constantemente; começa-se a apreciar a geologia do país como um todo. Em primeiro plano, a vegetação tropical é soberbamente espessa e rica. Fica-se tão aliviado pela mudança para a fria sombra e

---

28 N.T.: refeição servida pouco depois do amanhecer

por uma sugestão de humidade que é um choque lembrar que este é o Terai, uma das regiões da mais mortal febre no mundo. Pela hora do almoço o carácter da vegetação já está marcadamente alterado. O pesado emaranhado do baixo território começa a dar lugar à vivacidade das montanhas, mas também a vista tende a desaparecer de modo geral. Entra-se na região da quase eterna brumaça. O dia é morno; e ainda

Expedição Kangchenjunga, 1905. (note-se os crampons de Eckenstein)

assim fica-se enregelado até ao osso. A pessoa fica contente em chegar a uma exposta cumeada em Ghum e descobrir que o comboio começa a descer a colina. Foi o sinal da proximidade de Darjeeling. Eu saí do comboio. Com uma satisfação não fingida, eu observei imediatamente que as circulantes lendas acerca dos incríveis poderes dos coolies eram verdadeiras. O item principal da minha bagagem era um grande baú de guarda-roupa, mas o seu conteúdo não era maioritariamente ar, conforme usual com a variedade Americana deste equipamento. Continha relativamente poucas roupas; botas, machados, espingardas, revólveres, instrumentos científicos e livros compunham o rol. Não sei o quanto pesava, porque o funcionário de bagagens em Calcutá pedira-me para suborná-lo com uma rupia para declará-lo abaixo do limite permitido; mas muito teria eu lamentado se no final tivesse de fazer mais do que levantá-lo sem ajuda. Uma rapariga coolie levou isto às costas, como eu poderia ter levado uma mochila, e carregou a um bom ritmo constante pelos íngremes caminhos estreitos para o Woodlands Hotel. Eu já não descria da história de que uma mulher tinha carregado um piano vertical de tamanho normal até Darjeeling partindo de Siliguri nas planícies.

Darjeeling é um exemplo permanente ou bastante fumegante de inépcia oficial. Sir Joseph Hooker, um dos poucos homens de inteligência que explorou estas zonas, fez uma extensa pesquisa no distrito e recomendou Chumbi como uma estação de montanha. "Oh, bem," dizem eles, "Darjeeling está quarenta milhas mais perto do que Chumbi. Será bem melhor." Então foi Darjeeling. A diferença é que Chumbi tem uma pluviosidade de cerca de quarenta polegadas por ano; Darjeeling cerca de umas inesperadas duzentas. A cidade está empoleirada num cume tão íngreme que praticamente não há rua plana em parte alguma e passa-se de uma casa para outra por escadarias tão íngremes como escadotes.

Toda a cidade cheira a mofo. O aposento da pessoa fica coberto de mofo repetidamente a cada manhã.

Sendo a Índia a última esperança do inúbil maltrapilho gentil, Darjeeling é miserável com jovens senhoras cuja única ideia de conseguir um marido é a de praticar o piano. Em tal clima, é claro que é impossível manter um piano afinado durante cinco minutos, mesmo se alguém pudesse colocá-lo nessa condição. A comida em si é tão mofada quanto as donzelas. Os hotéis extorquem preços afrontosos que eles tentam justificar descrevendo as refeições em mau Francês. Ser lembrado acerca de Paillard é adicionar insulto à injúria, pois do que é que são feitos os pratos, eu nunca descobri. Durante quase todo o tempo em que estive lá, eu sofri de dor de garganta, artrite, toda a praga relacionada à humidade crónica. Posso eu gostar de Darjeeling? Não posso!

Por outro lado, eu persigo o celestial e o comandante tão cheio de cordialidade e camaradagem como sempre. Por sorte, um novo Venerável Mestre estava a ser instalado na Loja Maçónica, então fui ao Jadugar-Khana[29] e recebi as mais fraternas boas-vindas para a cerimónia e banquete. Lá conheci Sir Andrew Fraser, o vice-governador, o comissário, o vice-comissário, o Marajá de Kuch Behar e todo o género de gente encantadora. Todos estavam muito dispostos a ajudar de todas as maneiras.

Eu queria principiar a montanha o mais cedo possível na temporada. Nós tínhamos informação confiável quanto ao que provavelmente seria o clima nos picos mais altos. Não tínhamos nenhum Zojila[30] para atravessar, nenhumas quarenta marchas para o sopé do pico senão doze ou quinze para o lado externo. Se considerássemos isto continuamente mau, poder-nos-íamos refugiar no vale e recuperar, quase como se pode fazer nos Alpes, pois o Tsetam tem apenas cerca de doze mil pés.

Eu tinha averiguado Kangchenjunga a partir de Inglaterra, graças às admiráveis fotografias de todos os lados da montanha tiradas pelo Signor Vittorio Sella, o qual acompanhava um homem chamado Freshfield numa espécie de digressão ao velho mundo ao redor da montanha. Eu também tinha um mapa do Professor Garwood, o único problema com o qual era que, não tendo subido ele próprio o glaciar Yalung, ele tivera de preencher os detalhes do que ele mesmo chama de hieróglifos ininteligíveis de um agrimensor nativo, o qual também não estivera lá.

Isto não importava; mas fiquei muito intrigado com a aparência de um pico onde nenhum pico deveria estar, de acordo com o mapa.

A organização para esta expedição era muito diferente daquela necessária para Chogo Ri, se considerarmos Darjeeling como a analogia de Srinagar, pois não há aldeias e suprimentos de homens e alimentos para se obterem algures no caminho. Eu tinha que enviar oito mil libras-massa de comida pelos coolies para um depósito tão perto do glaciar de Yalung quanto possível. O oficial de transporte do governo, Major White, muito gentilmente comprometeu-se a supervisionar esta parte do transporte e eu deixei isto inteiramente nas mãos dele. Infelizmente, as coisas não correram tão bem quanto o desejado. Os coolies desta parte da Índia comparam-se muito desfavoravelmente com os Baltis e os Kashmiris. Eles são Budistas Tibetanos com um sacerdotalismo elaborado e um sistema de expiação que persuadiu os primeiros viajantes Jesuítas de que Satanás

---

29 N.T.: feiticeiro leal e carinhoso
30 N.T.: passo de montanha

perpetrara—com antecedência!—uma blasfema paródia sobre o Cristianismo; pois eles encontravam somente distinções formais e triviais entre as religiões de Lhasa e Roma. Eles são por isso acessíveis à emoção e adquirem uma devoção sentimental às pessoas por quem eles têm simpatia. Mas eles não têm noção de respeito próprio, nem de lealdade, nem de honestidade e nem de coragem. Muitos dos homens do major White desertaram, despejando as suas cargas em qualquer parte do caminho ou roubando-as; e não havia meios de controlar as acções deles. Eu estava preparado para expectar problemas e fiquei muito contente por ter mandado buscar a Kashmir três dos nossos melhores homens de 1902—Salama, Subhana e Ramzana.

A minha garganta deu-me tantos problemas que decidi ir a Calcutá por alguns dias— de 13 a 20 de Julho. De qualquer forma eu tinha de adquirir vários abastecimentos adicionais, visto que Guillarmod havia "economizado". A organização continuou ao comando do gerente do Drum Druid Hotel, para o qual eu me tinha mudado logo após a minha chegada. Ele era um italiano chamado Righi. Ele ofereceu-se para se juntar à expedição como oficial de transportes e eu, confiando no seu conhecimento da língua e dos nativos, achei melhor aceitá-lo, embora o carácter dele fosse mesquinho e suspeito e o seu senso de inferioridade para com os homens brancos se manifestasse como uma mistura de servilismo e insolência para eles e de arrogância e intimidação para os nativos. Estas características não pareciam tão importantes em Darjeeling, mas eu devo culpar-me por não prever que o seu cérebro de alfinete cederia inteiramente logo que ele saísse do mundo dos criados de mesa.

Eu estava bastante feliz acerca da montanha. No dia 9 de Julho, apenas vinte e seis dias depois da minha chegada a Darjeeling, a chuva parou por alguns minutos e eu pude ter uma boa vista da montanha através dos meus óculos. Isto confirmou inteiramente as minhas conclusões teóricas; o pico mais alto era quase certamente fácil de alcançar a partir da colada para o oeste desta, e não podia haver dúvida de que era uma caminhada fácil até àquela colada por um tipo de ravina que chamei de Jacob's Rake (uma "portmanteau"[31] de escada de Jacob e Lord's Rake). A palavra ressalto não descreve bem isto; a palavra "rake" sim, mas não consigo definir "rake"[32]. Qualquer um que queira saber o que eu quero dizer deve ir a Cumberland.

O sopé deste rake está numa ampla bacia de neve e a única questão possível era se aquela bacia de neve era alcançável a partir do glaciar Yalung. Já contei sobre a minha capacidade de descrever com precisão partes de uma montanha que não posso ver. Eu julguei a bacia de neve acessível. A minha clarividência acabou por ser exactamente correcta.

Mas mais promissor ainda que a viabilidade do percurso era o aparecimento da montanha. Apesar do perpétuo mau tempo em Darjeeling, coisa que me fez sentir absolutamente desesperançado, não havia nenhuma neve nova na montanha. A apenas quarenta e cinco milhas de distância, as condições meteorológicas continuavam boas. Eu desci para Calcutá com um coração leve. Também recebi boas notícias de Tartarin. Ele tinha persuadido um oficial do exército Suíço, Alexis Pache, a juntar-se a nós. O outro homem do grupo chamava-se Reymond, o qual tivera uma boa quantidade de experiência sem guia nos Alpes.

No dia 15 recebi do médico um telegrama de que ele havia naufragado no Mar Vermelho. Eu devia ter sabido! Os três Suíços chegaram no dia 31 de Julho. Eu tinha tudo num estado de preparo tão avançado que pudemos começar no dia 8 de Agosto. Nada havia a ser feito senão empacotar a bagagem que o médico parecia ter trazido,

---

31 N.T.: "combinação" de palavras
32 N.T.: "relevo com licenciosa inclinação"

nas unidades que eu tinha preparado para ele. O médico parecia estar a sofrer de problemas de saúde devido a várias causas insignificantes. Ele parecia um pouco irritado e atarantado. Eu suspeito que a causa era em parte física. O seu senso da sua própria importância estava a magoá-lo. Eu gostei bastante de Reymond; um homem calado, ainda que austero, o qual parecia ter uma mente firme e bom senso. Mas Pache ganhou a minha afeição a partir do momento em que o conheci—um cavalheiro simples, desafectado e despretensioso. Ele estava perfeitamente ciente da sua própria inexperiência nas montanhas, e, portanto, em estado de adquirir informações pelo uso dos seus olhos e não dos seus ouvidos.

Expedição Kangchenjunga, 1905, após avalanche.

Tudo correu sem contratempos, excepto o caso do depósito. Nós tivemos conhecimento no dia 6 de Agosto de que os coolies haviam descarregado a comida em Chabanjong, a escassas dezoito milhas a noroeste de Darjeeling, em vez de em Jongri, trinta milhas a norte. Este facto, entre outros, levou à minha decisão de abordar Kangchenjunga por meio da cumeada que encaminha a partir de Ghum, praticamente, directamente ao topo lateral de um vale através do qual um afluente do Yalung Chu desce partindo do Kang La.

O nosso grupo consistia de cinco europeus, três kashmiris, o chefe dos coolies, seis serventes pessoais e setenta e nove coolies regulares. Saímos de Darjeeling às dez e dezasseis na terça-feira, 8 de Agosto. A expedição tinha começado.

~ 52 ~

PODE-SE CERTAMENTE alcançar a vizinhança de Khangchenjunga com um agradável conforto. Embora a montanha esteja a apenas quarenta e cinco milhas partindo de Darjeeling, conforme o Corvo voa[33], o caminho é ao redor. Os estágios a partir de Ghum são Jorpakri 8 milhas, Tongly 18 milhas, Sandakphu 33, Falut 45, Chabanjong 51. Até este ponto há um excelente percurso equestre, enquanto os primeiros quatro estágios têm dak-bangalós bem equipados.

As características desagradáveis da viagem são duas: uma, a chuva, e a outra as sanguessugas. Eu pensava que sabia um pouco acerca da chuva—eu não sabia. Em Akyab coloca-se a cabeça debaixo d'água na esperança de sair molhado; em Darjeeling, a cabeça da pessoa está debaixo d'água o tempo todo. Mas naquele cume medonho, eu encontrei uma qualidade e quantidade de mau tempo que nunca tinha sonhado nos meus pesadelos mais selvagens. O que se segue soa a exagero. Ao entrar num dak-bangaló e ficando despida defronte de um lume crepitante, a pessoa espera ficar seca. Mas não! A humidade parece ser mais metafísica do que física. A mera remoção das manifestações dos elementos da água não deixa a pessoa seca. Mas costumava-se obter uma espécie de aproximação à secura por força de chamas; e, claro, nós estávamos equipados com impermeáveis especialmente construídos para aquele clima abominável. Certa manhã eu cronometrei-me; depois de tomar todas as precauções, eram oito minutos e meio a partir da porta do bangaló antes de eu ficar encharcado. Quando digo "encharcado", eu quero dizer que a água estava a correr livremente dentro das minhas roupas. Na maior parte do mundo a chuva cai, mas nesta crista amaldiçoada ela sobe. Ela é expandida em lençóis a partir do vale. Ela espirra nas rochas, de modo a dar o efeito de cascatas de cabeça para baixo.

No dia 13, 14 e 15, houve breves períodos de pausa; de maneira diferente, do dia 8 ao dia 20, ela nunca afrouxou e fora dos dak-bangalós eu não ficava seco, nem parcialmente, por um único segundo.

As sanguessugas da região são um grupo muito peculiar. Por alguma razão, elas só podem viver dentro de um cinturão bem definido. Assim, eu nunca vi uma sanguessuga em Darjeeling, enquanto em Lebong, alguns quinhentos pés mais abaixo, elas são uma praga. O Terai é o refúgio de alguns dos mais tenazes animais, mas a sanguessuga eliminava-os completamente. Uma única sanguessuga matará um pónei. Ela sobe pela narina e o pónei simplesmente sangra até à morte. Daí o provérbio Anglo-Indiano. "Uma jok é uma jok [Hindustani para sanguessuga] mas uma jok no nariz não é jok[34]."

Eu testemunhei uma notável visão na estrada para Chabanjong, a qual era aqui uma *paka rasta* (isto é, uma estrada feita por engenheiros em oposição a *kacha rasta*, uma caminho feito por hábito ou no máximo por métodos muito primitivos) larga o suficiente para passar carros de bois. Eu tinha-me acocorado perto do meio da estrada como sendo o local disponível menos húmido e infestado de sanguessugas e consegui cachimbar mantendo o fornilho sob o meu impermeável. Eu preguiçosamente observava uma sanguessuga contorcendo-se numa lâmina de capim alto com cerca de quinze polegadas de altura e sorria superiormente com a fatuidade dela—embora quando eu penso nisto, a minha própria expedição era moralmente paralela; mas a sanguessuga não era tão tola quanto eu pensava. Chegada ao topo, esta começou a pôr o caule a balançar para lá e para cá; depois de alguns segundos ela repentinamente soltou-se e atravessou a estrada. A inteligência e a engenhosidade da criatura surpreenderam-me. (Os animais sem pernas estão praticamente indefesos em campo aberto. Podes caminhar até uma cobra-real numa estrada lisa e colocar o teu calcanhar na cabeça dela, como profetizado no Génesis, sem muito perigo de seres atacado, e embora te veja a chegar, ela é incapaz de escapar. Mas dá à mesma cobra um pequeno relvado

---

33 N.T.: em linha recta
34 N.T piada

para flagelar e o olho dificilmente conseguirá acompanhar o movimento dela. Ela vai como uma narceja.)

Regressando pela mesma cumeada, estava eu correndo rápido numa desimpedida ladeira. Pela primeira vez estava chovendo para baixo em vez de para cima, e isso apenas ligeiramente. Ouvi um pequeno ruído, como se alguma coisa tivesse caído no meu chapéu e eu não tivesse percebido. Alguns momentos depois descobri que a minha mão estava molhada com sangue, correndo rápido, e olhando para baixo vi uma sanguessuga nas costas da mão. Como ela conseguiu cair do céu eu não sei. Eu tenho visto sanguessugas até sete polegadas de comprimento; e quase parece não haver limite para a quantidade de sangue que elas podem assimilar. Ouvi falar de uma empanturrada sanguessuga pesando quase duas libras-massa e eu acredito nisto sem esforço.

Uma outra visão estranha nestas zonas é a ovelha. Tartarin, ainda orgulhoso do seu haggis, inventou teorias maravilhosas para explicar o facto de que elas são açaimadas. Todavia, elas não são *moutons enragés*[35]; o açaime é para evitar que se envenenem com acónito silvestre.

A paisagem ao longo da sua cumeada é extraordinariamente grande, até onde a névoa permite ver algo. Algumas das árvores Himalaicas são excelentes. Mas a vegetação predominante é o rododendro, uma planta que tem pouco em comum com sua prima Inglesa. Ela cresce até uma altura de quinze pés ou mais e os caules são geralmente tão grossos quanto a coxa de um homem. Ela cresce em florestas ininterruptas e o pior chaparral mexicano que eu já vi não era pior para ter que abrir caminho.

Em Chabanjong a estrada termina e eu mandei de volta o meu cavalo. Dali um trilho de pastor encaminha ao longo da cumeada. No geral foi uma caminhada muito boa.

Nós já havíamos encontrado problemas com os nossos próprios coolies. Para começar, a polícia apanhara-me em Jorpakri e prendera um deles por alguma ofensa menor—ele juntara-se a nós por mais motivos do que um. Seis dos homens desertaram na parte inicial da marcha. Eu era uma pequena percentagem e eles evidentemente nunca tiveram qualquer intenção de merecer os seus adiantamentos. Mais tarde, quando tive de continuar à frente, cinco homens abandonaram Pache, quem eu tive que deixar no comando. Eles provavelmente estavam assustados por medos supersticiosos. Pache não conseguia falar com eles e não sabia como encorajá-los.

Depois de deixar Chabanjong era impossível dizer exactamente onde se estava na cumeada. As *paros*[36] têm nomes, mas eu nunca consegui descobrir que se aplicavam a qualquer coisa; era tudo chuva e rododendros. Há um lugar chamado Nego Cave, o qual eu esperava que fosse uma caverna onde eu pudesse proteger-me da chuva por algumas horas, mas ninguém parecia saber onde era e eu nunca descobri. Eu realmente tive de descansar um dia neste lugar abominável, pois a permissão oficial para o nosso grupo entrar no Nepal não tinha chegado; mas foi assim durante o dia e no décimo oitavo veio uma longa marcha de algo como oito horas de efectivo andamento. Durante a última parte da marcha o trajecto imerge subitamente e desce-se uns três mil pés para um vale.

Bem me lembro eu deste acampamento em Gamothang! À parte da flora e da fauna, os últimos dois dias poderiam ter sido passados nas montanhas Galesas, mas a descida até Gamotang era como entrar no reino das fadas. Há certos lugares—Sonamarg em Kashmir é um deles—que possuem a qualidade do suave brilho bastante sobrenatural. Não há realmente nada para distingui-los de uma centena de outros pontos na região,

---

35 N.T.: ovelhas raivosas
36 N.T.: proximidades

mas eles destacam-se; como um génio se destaca de uma centena de outros homens em trajes nocturnos. Considero estes fenómenos tão reais quanto quaisquer outros e sinto-me impelido a procurar uma explicação.

Assumindo a existência de habitantes imperceptíveis pelos nossos sentidos mais grosseiros, o problema não apresenta dificuldade. Uma, de uma fila de casas semelhantes, é muitas vezes bem diferente das suas vizinhas, talvez por causa do amoroso cuidado e orgulho da sua castelã. Quando vejo um fenómeno análogo no cenário, eu não posso culpar-me se uma explicação semelhante vier à minha mente.

O tempo já estava visivelmente melhor do que em Darjeeling. Não começava a chover antes das oito ou dez da manhã, todos os dias.

A parcial falha da organização manteve-nos um dia em Gamotang. De qualquer forma não havia muita pressa. Eu ficava contente por cada oportunidade de adquirir a afeição dos homens. Tomava cuidado para não sobrecarregá-los. Dava um prémio aos primeiros três homens a entrar no acampamento, cada dia, e aqueles que tivessem chegado em primeiro três vezes tinham o seu pagamento permanentemente aumentado. Fazia amizade com eles, também, sentando-me com eles à volta da fogueira e trocando músicas e histórias. Por outro lado, eu deixava claro que não toleraria qualquer disparate. Eles responderam na sua maioria muito bem, eu nunca tive qualquer problema em todas as minhas andanças com nativos, servos, cães e mulheres. O segredo é que eu sou realmente inconsciente de superioridade e trato todos de modo idêntico com absoluto respeito e afeição; ao mesmo tempo mantenho as relações práticas entre mim e os outros de maneira muito estrita.

É a fábula de a barriga e os membros[37]. É absurdo para uma partícula de protoplasma insistir na sua superioridade social a outra partícula, mas igualmente absurdo para uma célula querer fazer o trabalho de outra. Há um outro ponto, admiravelmente afirmado por Wilkie Colins. O Conde Fosco diz que a maneira de controlar as mulheres é "nunca aceitar uma provocação das mãos de uma mulher. Isto mantém-se com os animais, mantém-se com as crianças e mantém-se com as mulheres, as quais nada são senão crianças crescidas. Serena resolução é a qualidade em que os animais, as crianças e todas as mulheres falham. Se então eles conseguirem agitar essa qualidade superior no seu mestre, eles tiram o melhor DELE. Se eles nunca conseguirem perturbar essa qualidade, ele obtém o melhor DELES."

Eu faço disso uma regra absoluta para ser imperturbável, para impressionar as pessoas com a ideia de que é impossível evitar fazer o que eu tenho feito. Eu nunca tento despertar entusiasmo. Eu nunca suborno, nunca ameaço, mas identifico o meu propósito com destino e administro recompensa e punição implacavelmente e impessoalmente.

Os ciikues começaram a gostar muito de mim, não somente por causa da minha boa camaradagem e da minha alegre calma e confiança, mas porque estavam subconscientemente aliviados pela minha conduta segundo os seus demónios pessoais de medo, ciúme, desejo e afins. Eles ficaram inconscientemente cientes de que eram parte de uma máquina. Enquanto cumprissem o seu dever, nada havia absolutamente com que se preocuparem. A maioria das pessoas sofre toda a sua vida de irritação subconsciente; devido ao que os Hindus chamam de Ahamkara, a faculdade de manifestação do ego. A ideia de si próprio é um tormento contínuo e no entanto eu ainda estava longe de me ter livrado desta ideia completamente. Eu estava bem livre desta, na prática, em assuntos onde a minha responsabilidade era extensa. Eu tinha começado a compreender como trabalhar "sem cobiça de resultado".

---
37 N.T.: fábula de Ésopo

Infelizmente, Tartarin e Righi estavam a desfazer a minha teia tão rápido quanto eu a tecia. Righi era um Italiano da classe baixa, o qual administrava o seu hotel intimidando os homens subalternos. Encontrando-se pela primeira vez na sua vida numa posição de real responsabilidade, e sem a base de uma autoridade externa à qual ele poderia apelar para fazer valer as suas ordens, ele estava totalmente no mar. Numa ocasião ele realmente ameaçou um cooler desobediente com a sua kukri e o seu revólver, e o homem, sabendo que ele não ousaria usá-los, riu na cara dele. Os nativos desprezavam-no como um homem fraco, o que é a pior coisa que pode acontecer a qualquer um que tenha algo a ver com eles.

Tartarin também, embora alegre e genial, tinha esquecido a lição de 1902. Ele estava agitado e indefeso. Numa ocasião ele realmente tentou subornar um homem com botas e ganchos para cumprir o seu dever comum. Contanto que eu estivesse com o corpo principal, estas coisas não importavam. Ninguém se atrevia a desobedecer ao Bara Sahib[38]. Um momento de hesitação em cumprir qualquer ordem minha e eles viam um olhar nos meus olhos que removia a inibição. Eles sabiam que eu não iria repreender ou estar com falinhas mansas, mas tinham uma forte suspeita de que eu poderia malhar um homem sem aviso; ao mesmo tempo eles sabiam que eu nunca daria uma ordem irrazoável e que a minha activa simpatia pelo menor desconforto de qualquer um deles era tão rápida quanto o meu discernimento para detectar e lidar com simulação de doença ou qualquer outra tentativa de me ludibriar.

A partir de Gamothang tem de se subir ao Chumbab La—cerca de quatro horas de marcha. Depois contorna-se as encostas do Kang La e desce-se até ao seccionado vale do Yalung Chu. Eu encontrei um grande bloco de quartzo a três horas e meia depois do passo de montanha e assentei arraial. O médico chegou atrasado—oito e meia. Ele teve alguns problemas com os coolies, mas eles estavam em segurança acampados a uma curta distância acima.

O dia seguinte estava temivelmente chuvoso. Há outro pequeno passo de montanha para atravessar, uma hora depois do bloco de quartzo; mais duas horas e meia precisei eu para descer o vale até a um acampamento perto de Tseram, o qual é um grupo de cabanas no riacho principal algumas milhas abaixo do focinho do glaciar Yalung. Evitei acampar no Tseram, no princípio geral de nada ter a fazer com nativos. O Dewan[39] do Nepal estava a enviar um oficial para supervisionar a nossa jornada. Eu deveria ter mencionado anteriormente que a Inglaterra tem um tratado especial com o Nepal, um dos seus termos para o efeito é o de que nenhum estrangeiro deve entrar nos domínios do dewan. Ele sabia que o mais inofensivo dos Europeus é o arauto do desastre para qualquer região independente. Onde o homem branco coloca o seu pé, o capim da liberdade e a flor da boa-fé são pisoteados no lodaçal do vício e do comercialismo.

Mas na presente instância a nossa rota abordava apenas este pequeno lugarejo periférico de Tseram e a permissão foi obtida sem dificuldade para que pudéssemos passar. Ao mesmo tempo, o dewan ia ter um homem no local para ver que nós não maltratávamos e corrompíamos os nativos como temos feito em todas as outras partes do globo em que os nossos impulsos de ganância e tirania têm visto uma possibilidade de satisfação.

Eu não vi razão para esperar a chegada do "guia" do dewan e, deixando um homem com uma mensagem para ele, continuei a avançar.

Eu levei apenas um grupo muito pequeno e deixei Pache no comando. Ele estava à espera até chegar o corpo principal dos coolies, enquanto eu fui ao glaciar para fazer o

---

38 N.T.: grande senhor
39 N.T.: Suserano

reconhecimento. Eu queria estabelecer o acampamento principal o mais alto possível, mas, é claro, eu não sabia se não teria que retraçar os meus passos. O fluxo glacial poderia ser intransponível. Eu certificar-me-ia de que o grupo inteiro pudesse alcançar o glaciar sem dificuldade.

Saí do acampamento às seis da manhã do dia vinte e um. Eu estava agora num território realmente montanhoso. O vale era maravilhosamente selvagem, incandescia com rica relva brilhante e grandes quantidades de maravilhosas flores. Havia um caminho admirável. O dia estava bom e eu tinha vistas de Little e de Big Kabru (21.290 e 24.015 pés respectivamente) mas o próprio Kangchenjunga estava escondido nas nuvens. Eu raramente tenho desfrutado duma caminhada na montanha tão profundamente, e o meu coração estava elevado pela excelência das nossas perspectivas.

Isto cantou dentro de mim. Eu estava já a catorze ou quinze mil pés, menos de quinze dias fora da base, em perfeitas condições físicas, nem uma onça da minha reserva de força até ao momento convocada; um curso perfeitamente claro para o pico diante de mim, a montanha a escassas 8 milhas de distância, as condições meteorológicas parecendo melhores o tempo todo, e nenhum dos extremos de temperatura que haviam sido tão assustadores em Chogo Ri. Sem sinal de que o vento fosse capaz de causar problemas. Em suma, nem uma escura mancha no horizonte.

O Acampamento 2, embora sem lugar para um campo de golfe, conforme o jogo é actualmente jogado, possui a grande vantagem de ser um perfeito Pisgah[40]. A cúpula de Kangchenjunga fica somente a três milhas de distância e eu sou capaz de ver quase todo o discutível terreno que a minha averiguação, a partir de cima de Darjeeling, me havia negado. Eu subi a uma curta distância acima do acampamento: a última dúvida desapareceu. O nivelado glaciar estendia-se a menos de uma milha de distância. Dali erguia-se um cume coberto por um glaciar íngreme, excepto na borda leste, onde havia um trecho de rocha nua com quase nenhuma interrupção de gelo. Esta rocha era cortada à sua direita por um terrífico precipício, perpendicularmente ao glaciar mais baixo, mas não havia razão para que alguém caísse. As rochas eram do carácter—lajes fáceis—daquelas do Eiger acima do pequeno Scheidegg[41], estando o precipício no lado direito em vez de no esquerdo. As lajes terminavam num nivelado espaço de neve sobressaindo para lá do glaciar acima, e por isso a salvo de qualquer possível avalanche. O lugar faria um acampamento admirável.

Dali, pode-se trabalhar um caminho para o oeste; e, evitando um terreno de seracs, subir encostas íngremes de gelo (cobertas no momento pela neve) que conduziam directamente à grande bacia de neve que repousa, como se pode dizer, no amplexo de Kangchenjunga. Estas encostas eram o ponto crítico da passagem. Pretendia-se fixar uma longa corda atada no topo, se necessário, para servir de apoio aos coolies, sendo agora certo que nós podíamos estabelecer o nosso acampamento principal no sopé de Jacob's Rake. Certo, isto é, exclui a interferência de absoluta perversidade.

O dia seguinte mostrou-me que tal perversidade era muito provável de pôr um travão na roda. O programa de acção era que eu fosse encontrar o caminho para o Acampamento 3, o qual eu já tinha sido capaz de escolher através dos meus óculos. Deixei Tartarin e Reymond no comando da maior parte dos coolies, apontando para eles o melhor caminho através do glaciar. Era mais ou menos intrincado em comparação com Piccadilly, mas certamente era menos problemático do que uma marcha média no Baltoro. O meu objectivo de ir em frente era meramente garantir que o Acampamento 3 fosse tão favorável quanto parecia à distância. Era. Havia um amplo planalto de

---

40 N.T.: Monte Nebo
41 N.T.: Kleine Sheidegg—passo de montanha

pedras soltas assinalado por um grande pedregulho, o qual chamei de pedregulho Pioneiro, por uma variedade de razões, todas referindo-se ironicamente a "Pioneer Peak". Este planalto estava talvez a cerca de setecentos a mil pés acima do glaciar.

Eu devo aqui referir que não posso simular qualquer precisão acerca de alturas ou distâncias. Tartarin estava encarregado do levantamento topográfico e eu não sei se ele tomou as devidas observações. Tudo o que posso dizer é que o mapa do Professor Garwood está seriamente errado em muitos pontos importantes. Eu pouco mais poderia fazer do que dar palpites da minha posição por navegação estimada. Eu acomodei-me confortavelmente no Acampamento 3 e mandei um homem descer para encontrar o corpo principal e dizer-lhes que estava tudo bem e que eles deveriam subir. Infelizmente, estava enevoado. Eu não pude ver o que tinha acontecido. E se eu pudesse, quase duvidaria dos meus olhos. Os coolies estavam a chegar—Oh ho! Oh ho!—numa longa rota circular em volta da cabeça do glaciar, sem motivo algum. O tempo clareou até à noite e lá estavam eles, à distância dum grito, dentro de três quartos de hora de fácil andamento para os homens mais lentos, a subir excelentes encostas em firme solo rochoso.

Para meu espanto, eu vi o médico a preparar-se para assentar arraial. Era uma imbecilidade inexplicável. Gritos não produziram qualquer efeito e nada me restava fazer senão descer. Ele tinha optado por um bivaque no simples gelo, onde quase não havia suficiente chão nivelado para montar as tendas, mas era tarde demais para fazer as malas de novo, então eu tive que fazer o melhor possível. Perguntei-lhe o motivo da sua extraordinária conduta. Ele respondeu que havia um rumor de que eu tinha partido a minha perna numa moraina. Isto era tão antecedentemente improvável quanto qualquer coisa poderia possivelmente ser; e de qualquer forma ele podia ver perfeitamente bem com os seus próprios olhos que eu não tinha feito nada do género; e em terceiro lugar, se eu tivesse feito isto, mais uma razão para vir em meu auxílio. Comecei a pensar que havia algo seriamente errado com o homem.

No topo disto, havia más notícias da retaguarda. Righi enviou mensagens amargamente conflituosas. As artimanhas dele tinham produzido todos os tipos de problema com os coolies, os quais estiveram durante um tempo em aberta revolta. Pache conseguiu colocá-los em bom humor novamente. Ele era um cavalheiro; ele compreendia a mente oriental instintivamente. Ele estava, de facto, a sair-se extremamente bem. Logo que ele viu que Righi estava meio insano com o medo que surge às pessoas da sua classe, na ausência de uma tagarelice ouvida sobre os seus colegas, e na presença da grandiosidade da natureza, assumiu a responsabilidade moral dele. As dificuldades com a retaguarda desapareceram imediatamente. Infelizmente, eu não compreendi na altura o que estava a acontecer, ou eu teria descido e mandado Righi de volta para a cozinha dele. O próprio Pache não percebeu a sua própria importância e assumiu a responsabilidade de subir. No momento em que virou as suas costas, Righi ficou louco.

Todos tinham passado uma noite muito desconfortável no absurdo bivaque. Eu decidi ir além do Acampamento 3 no dia seguinte. Tartarin ficou atónito com o facto de que os homens com quem ele estava a ter tantos problemas comportavam-se de maneira simples e natural logo que eu estivesse no local. Ele alegou que eles tinham-se recusado categoricamente a ir mais longe, mas eles pegaram nas suas cargas e caminharam alegremente pelas encostas sem sequer uma palavra de admoestação.

Não compreendendo o segredo do meu poder, embora ele tivesse visto este sendo exercido tantas vezes por Eckenstein e por mim próprio, ele imaginou que eu deveria estar aterrorizando os homens com ameaças e espancamentos. Na verdade, eu nunca bati num homem durante toda a expedição, excepto numa ocasião a ser descrita em breve.

O Acampamento 3 era extremamente agradável. Ele oferecia vistas magníficas em todas as direcções e tinha-se uma opção de sol ou sombra. Passei o dia aproveitando as amenidades da situação. Eu empenhei-me em arranjar um excelente abrigo para os homens por meio de lonas grandes, e verifiquei o conforto deles em todos os sentidos. Nós tínhamos mesmo a vantagem da música, pois o acampamento era um refúgio de pequenos pássaros. A sua altura não pode ter sido muito menor do que dezoito mil pés.

Era urgente que a marcha para o Acampamento 4 fosse iniciada no primeiro vislumbre de luz, pois embora a rota assentasse quase inteiramente sobre rocha, havia algumas curtas passagens de neve que se tornariam perigosas depois do nascer do sol, e o glaciar suspenso à nossa esquerda poderia plausivelmente descarregar um pouco da sua neve supérflua sobre um ou dois pontos da rota. Expliquei estes pontos cuidadosamente aos homens, os quais na maior parte eram bastante inteligentes o suficiente para entender. Além disso, eles já estavam cientes dos princípios gerais, tendo alguns deles já viajado, se não em glaciares, pelo menos na neve do Inverno. Eles estavam ansiosos para começar; mas Tartarin deliberadamente impediu-os. Acordei às três horas e arranquei-os do leito às seis. Não tinha sido uma noite fria, nenhum dos homens mostrou sinais de sofrimento ou fez qualquer queixa, mas o médico disse que eles deveriam aquecer-se completamente ao sol antes de começar. Ele sugeriu que a marcha deveria começar por volta das onze horas. Estas foram as palavras de pura insanidade. Mesmo em Chogo Ri, onde as noites eram realmente frias, nenhum destes disparates jamais fora sugerido.

Eu conduzi imediatamente para o glaciar. Não houve dificuldade de qualquer tipo; estando a neve em excelente estado, esta exigiu meramente um pouco de raspagem e compactação. Mas no ponto em que se torna necessário alcançar as rochas à direita para não ficar sob um pequeno trecho de séracs, o declive está na direcção do tremendo precipício descrito anteriormente. Foi lá que fiz uma exposição de glissading. Não creio que os homens tivessem ficado com medo se os berros e gesticulações de Reymond e do médico não os tivessem desmoralizado. Estes célebres alpinistas estavam eles mesmos realmente receosos pelas suas próprias peles. E isto, por favor, numa encosta que eu poderia deslizar de cabeça para baixo! Tendo os homens atravessado, nós prosseguimos a subir as encostas rochosas. Devo confessar que aqui eu havia julgado mal a dificuldade.

Eu esperava encontrar uma caminhada bastante fácil, mas havia algumas passagens onde equivalia a trepar a partir do ponto de vista de um homem carregado. Decidi providenciar uma corda fixa como medida de segurança, sendo o meu plano mandar os coolies escolhidos para cima e para baixo regularmente para trazerem suprimentos conforme fossem necessários. Entrementes, os homens comportavam-se magnificamente, rindo e brincando uns com os outros e dando uma ajuda quando necessário. Coloquei os Kashmiris e os outros serventes pessoais no *mauvais pas*[42], mas não havia indício de qualquer perigo real.

O Acampamento 4 está no topo desta encosta rochosa num nivelado cume, nivelado o suficiente, mas não tão amplo quanto eu poderia ter desejado. Havia, no entanto, uma certa quantidade de abrigo natural proporcionado pelas rochas e eu consegui construir um lugar bastante confortável para a noite. Havia um acampamento melhor, três horas mais alto; mas o tempo, depois de uma bela manhã, começara a ficar mau e a neve estava em péssimas condições. Os homens, também, embora perfeitamente felizes, estavam na sua maioria muito cansados, e alguns deles derrubados pelo que

---
42 N.T.: precipício

supunham ser a doença de montanha—sintomas de exaustão, dor de cabeça, dores no abdómen, tonturas e assim por diante. Eu sabia qual era o problema e corri para os sofredores e verti um pouco de atropina nos olhos deles. Meia hora depois todos estavam perfeitamente recuperados. Os sintomas alarmantes eram todos devido ao brilho intenso.

Dei ordem a Pache para subir ao Acampamento 3, em todos os sentidos melhor do que o Acampamento 2. Perguntei a Tartarin e a Reymond se eles tinham alguma mensagem para enviar. Eles estavam exaustos demais para responder aos seus nomes. Eu estava completamente perplexo. O dia anterior tinha sido uma simples hora, e a marcha para o Acampamento 4 perfeitamente fácil e de jeito nenhum longa ou cansativa para homens sem cargas. Eu mesmo, embora tivesse suportado o fardo e o calor do dia mais do que qualquer um, estava tão fresco quanto aquarelas e tão em forma quanto um violino. Eu nunca me sentira melhor na minha vida. Eu estava em perfeita condição em todos os aspectos. Passei a tarde a cuidar dos enfermos.

Tartarin estava recuperado na manhã seguinte suficientemente para praguejar. Eu não consegui imaginar qual era a queixa dele e não consigo imaginá-la agora. A explicação mais caridosa da conduta dele que eu posso dar é que ele estava mentalmente perturbado, em parte indubitavelmente devido ao sofrimento psíquico, e a alguma forma de insolação. Eu sempre tenho sido satanicamente feliz na mais quente luz solar, mas as encostas de Kangchenjunga num lindo dia ao meio-dia ficavam perto do meu limite. Tanto o médico quanto Reymond estavam inquestionavelmente muito doentes. Era impossível pensar em ir para o próximo acampamento naquele dia. Nós descansámos concordemente. No final do dia, para minha surpresa, Pache chegou com uma série de coolies, eu pedi-lhe para enviar o chefe e um outro homem. Eu queria dar instruções pessoais a Naga sobre a gestão dos seus homens. Não fazia parte do meu plano que qualquer um dos outros viesse além do Acampamento 3. Eu queria fazer do Acampamento 3 a base até encontrarmos um bom lugar no embasamento de neve acima. A chegada de Pache e dos seus homens sobrelotou o Acampamento 4.

A raiz do problema, à parte de qualquer mal-estar, era que nenhum dos meus companheiros (excepto Pache) compreendia que eu esperava que eles mantivessem a palavra. Eu tinha organizado um plano, levando em consideração todos os tipos de circunstâncias, a importância do que eles não compreendiam e outra do que eles nem sequer sabiam, e eles não percebiam que desviarem-se das minhas instruções de algum modo poderia ser desastroso. Tendo a desobediência deles resultado em coisas erradas, eles passaram a culpar-me. Righi recusara-se terminantemente a enviar Nanga no meu expresso comando; ele falhara em enviar suprimentos, de modo que nós estávamos absolutamente sem petróleo e com falta comida, tanto para nós como para os nossos homens.

Pache reportou que alguns dos homens tinham desertado. Nunca foi clarificado por que razão teriam eles feito isso. Mas um deles, em desobediência às ordens, saíra sozinho—eu nunca descobri exactamente onde—e caíra e morrera. Este homem, foi dito, estava carregando o saco-cama de Pache. Isto pelo menos era certo, de que o saco estava em falta.

Sendo alegado um acidente, eu mandei o médico na manhã seguinte fazer uma investigação sobre o assunto, e também para enviar suprimentos de comida e combustível que nós precisávamos com urgência. Pache disse-me que Righi estava deliberadamente retendo a nossa comida. A sua conduta era mortalmente criminosa, quando mais não fosse porque nós poderíamos ter sido impedidos pelo mau tempo de descer em último recurso.

Naquela tarde Reymond e eu fizemos uma pequena excursão pelas encostas. Descobrimos que a neve não era tão má quanto poderia ter sido expectada, e os declives eram tão fáceis e o glaciar tão livre da queda de gelo que não haveria perigo para um grupo prudentemente conduzido, mesmo quando a neve estivesse macia.

Nesta encosta de Kangchenjunga, ocasionalmente, encontra-se uma condição de neve que eu nunca vi noutro lugar. Chuva ou saraiva embate contra a face da montanha e é congelada ao toque. O resultado é produzir uma espécie de rede de gelo; visto que gota congelada serve como um núcleo a partir do qual irradiam finos filamentos de gelo em todas as direcções. É como uma teia de aranha em três dimensões. Um pé cúbico de rede seria, portanto, quase inteiramente composto de ar; o gelo, se fosse compacto, dificilmente seria maior que uma bola de ténis, talvez muito menos. Com o avanço da noite, a chuva transforma-se em neve; e de manhã pode ser que a rede esteja coberta a uma profundidade de vários centímetros. A temperatura possivelmente sobe alguns graus e a superfície torna-se húmida. Em seguida, esta congela novamente e forma uma crosta dura. Aproximando-se de um declive deste tipo, isto parece perfeitamente bom névé[43]. Golpeia-se com o machado e toda a estrutura se desintegra. Adiante está um buraco tão grande quanto uma casinha e quando o sólido declive desaparece, ouve-se o tinido da queda de gelo. É um fenómeno surpreendente e desconcertante.

Durante o tempo em que estive na montanha, eu não experienciei vento forte nem frio desagradável. Mas o calor do dia era indubitavelmente muito severo. A minha pele gradualmente acostumou-se ao sol. Eu não havia sido queimado dolorosamente em dez anos. Eu simplesmente bronzeava tranquilamente e agradavelmente. Mas em Kangchenjunga isto apanhou-me, não o bastante para causar feridas mas o suficiente para tornar a pele um pouco dolorosa e quebradiça. Aqui estava outra razão para começar cedo e chegar ao acampamento, se possível, até ao meio-dia o mais tardar.

No dia 19, tendo despachado Tartarin para a retaguarda, Reymond, Pache e eu seguimos com o nosso pequeno grupo. O médico deveria, claro, certificar-se do envio, para cima, de suprimentos e do saco de Pache. Nós chegámos ao Acampamento 5 em cerca de três horas. Estava situado numa pequena lomba de neve abaixo de um pequeno pico na cumeada. Nós pretendíamos descobrir o caminho entre este pico e o ápice principal. As encostas eram bastante íngremes em um ou dois lugares, mas sem grande perigo, ao passo que elas diminuíam a uma curta distância mais abaixo (cerca de duzentos e cinquenta pés) até a uma praticamente nivelada parte do glaciar. Eu devia, de facto, ter preferido ir directo por cima delas em vez de fazer o desvio pelas rochas à beira do grande precipício, não fora um pequeno trecho de serac pendendo sobre elas.

Nenhum saco chegou para Pache naquela noite, e nenhuma gasolina ou rações. Em conformidade, nós fomos obrigados a descansar no dia seguinte. Eu tinha dado a Pache o meu penugento saco de dormir e um dos meus cobertores. Ele estava assim bastante confortável fisicamente; mas ele estava, é claro, ansioso com as suas consequências. Todas as botas sobressalentes, roupas, etc., estavam no saco perdido, e todos os seus papéis privados.

Durante o dia chegaram algumas provisões, mas nenhumas rações para os homens e nenhuma gasolina. Mandei de volta um dos homens com ordens urgentes e vários outros para ajudar a transportar os suprimentos. (Também porque nós não podíamos alimentá-los onde estávamos). Escrevi uma segunda carta para Tartarin no mesmo dia; um homem chegou finalmente com a gasolina. Nesta carta assinada por Pache e por mim, a culpa pelo fracasso da organização foi dada inteiramente a Righi.

---

[43] N.T.: nevado

Parece-me, e a Pache também, que a escassez de comida é culpa de M. Righi que se recusou a enviar Naga quando Pache lhe disse para fazê-lo. Esta desobediência, que tem chegado tão perto de nos envolver em desastre, não deve ser repetida. Todas as cargas devem ser enviadas para o Acampamento 3, excepto aquelas que estão sob abrigo. Righi deve ser responsável por realizar isto. Por ti mesmo, tu deves juntar-te a nós assim que puderes com pelo menos dez cargas de sattu[44] e o Naga para nos ajudar. Os próximos três dias serão a crise da expedição.
Com cordial amizade, atenciosamente.

Não houve dificuldade alguma em executar estas instruções perfeitamente simples e normais.

O Acampamento 5 está na altitude de vinte a vinte e um mil pés e certamente não mais do que dois a três mil pés acima do Acampamento 3. Nós tínhamos feito a primeira ascensão com muita facilidade, tendo sido transformada numa regular trilha de neve com imensos degraus tornados sólidos por repetida regelação. Pode ser designada de duas horas de marcha fácil. O médico tinha recuperado a sua saúde e o seu bom humor, e nenhum de nós teve um momento de dúvida de que ele colocaria o temor a Deus dentro de Righi e executaria as supracitadas instruções prontamente e eficientemente.

Na quinta-feira, 31 de Agosto, eu comecei a subir as encostas com seis homens e um coração perfeitamente leve. O problema era, claro, como fazer os coolies subirem com o mínimo de problemas. Mandei Salama para a frente com um machado e pás numa corda. O trabalho deles era limpar toda a neve solta e ampliar os degraus feitos por Salama, de modo que a subida da montanha fosse literalmente uma escadaria do tipo mais fácil. O líder deles era um homem chamado Gali. Eu permanecia perto dele por toda parte, de modo que, se por acaso ele caísse, eu poderia agarrá-lo.

Eu não amarrar-me-ia, para assim poder ir ao resgate instantaneamente no caso de Salama ficar cansado ou chegar a uma passagem demasiado difícil para ele. Nós avançámos muito rapidamente. Certamente estávamos a mais de vinte e um mil e possivelmente a mais de vinte e dois mil pés. Não havia sintomas da mais ligeira deficiência de energia física por parte de qualquer um. Eu nunca vi um homem a trabalhar com um machado de gelo mais rápido do que Salama, naquele dia. Eu estava, é claro, muito atento à menor tendência de deslize por parte da neve.

Nós tínhamos chegado a um *couloir*[45] pouco profundo. Reymond e Salama tinham-se distanciado à frente dos coolies. Algumas das lascas de gelo desalojadas pelos seus recortes de degraus deslizavam na nossa direcção e começaram a carregar parte da superfície com elas. Eu fui avisado pelo gentil silvo sussurrante, mais ou menos como uma chaleira começando a sibilar, o qual indica que a neve solta está começando a mover-se. Gali viu a pequena avalanche, vindo na direcção dele, ficou assustado e caiu dos seus degraus. Eu peguei-o, coloquei-o de volta e apressadamente ancorei a corda a um machado. Mas o homem tinha completamente perdido a coragem e, pela operação daquele instinto que faz um homem erguer as mãos ao afogar-se, começou a fazer a única coisa que poderia tê-lo prejudicado—desamarrar-se da corda. Eu ordenei-lhe para desistir, mas ele estava bastante histérico, soltava gritos sem sentido e não dava atenção. Havia apenas uma coisa a fazer para salvá-lo das consequências das suas acções suicidas, e isso era para deixá-lo com mais medo de mim do que da montanha; então eu estendi a mão e dei-lhe uma pancada com o meu machado. Isto recuperou-lhe o autocontrolo imediatamente e impediu que o pânico dele se transferisse para os outros homens. As coisas então continuaram bem.

44 N.T.: farinha
45 N.T.: ravina íngreme em terreno montanhoso

Algumas das encostas eram realmente muito más; profunda neve macia sobre o gelo. Um pequeno trecho estava num ângulo de cinquenta graus. Era uma questão de fixar uma corda ou encontrar uma nova rota para a esquerda, coisa que eu não queria fazer dado que eu estava em dúvida acerca do glaciar superior. Havia alguns seracs que podiam ou não ser estáveis. Descemos ao Acampamento 5 sem mais aventuras, mas o moral dos homens ficou abalado pelo incidente da réplica de avalanche. A imaginação deles saiu do controlo. Eles começaram a falar disparates acerca dos demónios do Kangchenjunga e magnificaram a réplica de avalanche, o escorregão de Gali e a pancada, para as mais selvagens fantasias. Durante a noite alguns deles escapuliram-se e desceram para o Acampamento 3.

No dia 1 de Setembro renovámos o assalto. Reymond, Pache e Salama subiram as encostas na corda e superaram o mau trecho. Eles ficaram tão encorajados pelo seu sucesso que saíram da vista e audição, contrariamente às minhas instruções. Eu precisava deles para ajudar os três coolies com cargas sobre a parte má. Eles preferiram deixar toda a responsabilidade para mim, mas eu não podia trazer para cima três homens pesadamente carregados em tais encostas sem assistência, e nada havia a fazer senão aguardar o retorno deles. Neste ínterim, eu vi para minha surpresa que um grande grupo tinha chegado ao Acampamento 5. Quando anotei, um após outro, eu descobri que a histeria de Tartarin e a maligna estupidez de Pighi haviam criado uma outra embrulhada.

Eles tinham chegado ao acampamento, trazendo com eles alguns dezassete ou vinte coolies, e não trouxeram nenhuma das coisas de que nós tanto necessitávamos. O comportamento deles era totalmente ininteligível. O médico parecia não saber o que estava a dizer; as observações dele eram meramente confusas e exasperadas. Ele não parecia ser capaz de responder a qualquer uma das minhas perguntas ou dar qualquer explicação sobre o que tinha acontecido. A única ideia dele era efectuar um durbar[46] e ele mesmo ser eleito líder em meu lugar. Não havia provisão no nosso acordo para tal insensatez. Ele salientou que este era meramente um pedaço de papel. Quando os outros chegaram, uma animada discussão começou. Não havia sugestão de que eu tivesse agido indevidamente em qualquer sentido. Do começo ao fim era apenas o sentimento dos estrangeiros contra o facto de serem regidos por um Inglês. A mesma coisa acontecera com Pfannl em Chogo Ri.

Na presente ocasião, todavia, o Inglês estava numa minoria de um. Felizmente eu nunca ouvira falar de que um facto desse género faz alguma diferença para um Inglês. Eu fiz o meu melhor para raciocinar com eles e acalmá-los, como crianças atrevidas que eles eram. Reymond nada tinha do que reclamar e era activamente amigável.

Na verdade, eu tinha muito mais com que me preocupar do que o desatino de Tartarin e Righi. Eles tinham trazido para cima todos estes homens sem quaisquer provisões em relação a comida ou abrigo e naquele momento era o final do dia. A neve estava numa condição absolutamente insegura e, embora eu tivesse escolhido o caminho para minimizar o perigo, era absolutamente criminoso mandar os homens para baixo. Mas os amotinados eram totalmente insensíveis à voz da razão. Eu disse aos coolies que, como eles não podiam ficar no Acampamento 5, a melhor coisa que podiam fazer era abrigarem-se sob as rochas do Acampamento 4, e eles saíram e assim o fizeram. Eu avisei aos amotinados que eles certamente seriam mortos se tentassem descer naquela noite; isto era talvez mais ou menos certo para os coolies, exclusivamente para ELES—eu sabia muito bem a extensão da engenhosidade de Tartarin na produção de acidentes com o material aparentemente menos promissor. Eles bramiram ainda

---

46 N.T.: reunião cerimonial; tribunal; assembleia; audiência

mais. Eu deveria ter partido a perna do médico com um machado, mas eu era jovem demais para assumir tal responsabilidade. Teria sido difícil provar posteriormente que eu o salvara ao fazer isso.

Para meu horror, eu descobri que Pache queria descer com eles. Os canalhas não tinham tido a decência de trazer o saco dele. Implorei-lhe que esperasse até de manhã. Eu disse-lhe que ele poderia ter todo o meu *kit* de dormir. Mas nada o demoveria. Expliquei a situação, mas suponho que ele não podia acreditar que eu estava a dizer a verdade literal quando disse que Guillarmod era, nos melhores momentos, um perigoso imbecil nas montanhas, e que agora ele se transformara num perigoso maníaco. Apertei a mão dele com o coração partido, pois eu gostava muito do homem e as minhas últimas palavras foram: "Não vás: nunca mais te vou ver. Tu serás um homem morto em dez minutos." Eu tinha calculado mal mais uma vez; um quarto de hora depois ele ainda estava vivo.

Menos de meia hora depois, Reymond e eu ouvimos gritos frenéticos. Nenhuma palavra poderia ser distinguida, mas as vozes eram as de Tartarin e Righi. Reymond propôs ir ao resgate imediatamente, mas agora estava quase escuro e não havia ninguém para enviar, devido a Righi ter-nos despojado de homens. Não havia, além disso, qualquer indicação do motivo pelo qual estavam a gritar. Eles tinham estado a berrar todo o dia. Reymond ainda não tinha tirado as botas. Ele disse que iria e verificaria se podia perceber qual era o problema e chamar-me-ia se a minha ajuda fosse necessária. Ele saiu e não retornou ou chamou. Então eu fui dormir e levantei-me na manhã seguinte no início do amanhecer e fui investigar.

A tarefa foi fácil. Aproximadamente a quinze minutos abaixo do Acampamento 5, o trilho tinha sido levado ao longo de uma largura de vinte pés (sete passos curtos). O ângulo da inclinação era praticamente de vinte graus (limites de erro de vinte e cinco graus e doze graus). A avalanche tinha parado duzentos e cinquenta pés abaixo, e nesse ponto esta era de quarenta a sessenta pés de largura; isto é, era uma avalanche absolutamente trivial. Um único homem poderia tê-la mergulhado de cabeça sem o menor risco de se ferir. A largura da avalanche (e outros sinais) mostrava que seis homens numa corda de 120 pés tinham estado a andar nos calcanhares uns dos outros, sendo a corda afestoada de forma a ser pior do que inútil. Um homem debatendo-se em avalanche de neve dispersa tem uma boa hipótese de chegar ao topo, mas se for sacudido para longe pela corda ele terá a maior das sortes se não for morto. Tartarin, o qual deveria ter sido o último homem numa descida a fim de observar os outros, de ver se a corda era mantida esticada, e de verificar qualquer deslize desde o princípio, estava a liderar.

Aqui está o relato de Righi do acidente.

> Subitamente os quatro homens acima de nós começaram a deslizar; esperávamos que eles fossem capazes de se deterem, mas a encosta era muito íngreme. Eles passaram por nós como um raio. O médico e eu fizemos o melhor que podíamos para pará-los, mas em vão; pois, enquanto eles se precipitavam para baixo, eles deram início a uma avalanche (estando a neve em tal húmida condição devido ao sol da tarde, e facilmente movível). Eu fui arrancado da minha âncora, de cabeça para baixo, o médico em vão chamando-me para me segurar, visto que nós poderíamos ser capazes de parar os outros. Eu fui puxado para baixo no que parecia um redemoinho de neve. Não me lembro de nada durante a queda. O médico seguiu e caiu mais abaixo. Cheguei alguns minutos depois, ouvindo o médico a chamar-me e a dizer-me para me levantar. Eu não podia assim fazer, estando preso de um lado pela corda que entrava directamente na avalanche, e do outro lado eu estava impedindo que o médico caísse mais abaixo na encosta.

Tivesse ele sido morto pela queda, eu teria ficado desamparado e provavelmente teria ficado congelado onde eu repousava.

É digno de nota que cerca de dezassete coolies sem cordas, machados, botas, garras e Tartarin, tenham cruzado o local fatal com bastante segurança.

Eu encontrei estes homens perfeitamente felizes. Eles tinham seguido o meu conselho e passaram a noite sob as pedras no Acampamento 4. Eu desci lentamente, eles acompanhando a uma curta distância. Passado pouco tempo cheguei a um lugar onde a neve tinha deslizado do gelo do glaciar por alguma distância. O ângulo era decididamente íngreme e, embora eu conseguisse atravessar isto com bastante facilidade em minhas garras, não o faria devido aos coolies; então eu chamei-os para irem mais acima do glaciar. Mas eles estavam com medo de fazer isso. Eles disseram que queriam seguir-me, coisa que fizeram, depois de ampliar os meus degraus com um machado. Na época, eu não tinha dúvidas de que aquele lugar era o palco do acidente, se houvesse um, do qual eu não tinha certeza. De qualquer forma, eu não conseguia ver como até mesmo Tartarin podia ter fracassado num declive tão fácil e seguro como o outro. Mas ao chegar ao Acampamento 3 consegui compreender o que tinha acontecido. Graças aos meus hábitos de acurácia, eu fiz cuidadosamente as medições.

Pache e três dos meus melhores coolies foram mortos. Tartarin estava muito ferido e achou que a coluna estava danificada. O acidente trouxera-o completamente ao seu juízo. Ele percebeu que eu estivera certo durante todo o tempo, e ficou chocado com as perspectivas de voltar para a Suíça e encontrar a mãe de Pache.

Righi, por outro lado, mostrou somente o maléfico rafeiro que era. Ele não tinha de todo sido ferido gravemente, mas as suas costelas estavam ligeiramente contundidas; ele alegava que tinha "ruptura do núcleo", e passava o tempo a gemer e a berrar. Que os seus sofrimentos eram na sua maioria pura cobardia era evidente pelo facto de que ele esquecia tudo acerca deles imediatamente quando estivesse envolvido numa conversação.

Eu deveria ter ficado muito mais zangado do que fiquei, pois a conduta dos amotinados equivalia a homicídio involuntário. Ao quebrar o acordo, eles assumiam total responsabilidade. Era impossível para mim continuar com a expedição. A minha autoridade fora reduzida a zero e eu não arriscaria a vida de nenhum homem. Eckenstein tinha feito isto como primeiro ponto do montanhismo, que as medidas adequadas invariavelmente reduziam o risco de acidente a nada. Eles queriam que eu continuasse. O próprio Righi disse que os coolies acreditavam que o demónio de Kangchenjunga era propiciado pelo sacrifício dos cinco homens—um para cada pico—e continuaria no futuro sem medo. Ele tinha uma pequena imagem que um lama Tibetano lhe dera. Isto tinha salvado a sua vida. Ele nunca deu qualquer passo importante sem consultá-la, e esta agora dissera-lhe que nós poderíamos escalar a montanha sem dificuldade. Tal como a rainha Vitória numa célebre ocasião, eu não estava divertido.

De facto, os coolies ficaram muito desmoralizados pelo acidente. Pequena culpa por eles: Eu disse a Righi, como oficial de transporte, para trazer os meus pertences do Acampamento 5. Ele fez uma negociação com eles, desistiu como se não tivesse solução, e transferiu isto para mim. Eu disse ao chefe para enviar homens imediatamente para ajudar Salama e Bahadur Singh, os quais ainda estavam no Acampamento 5. Ele não suscitou dificuldade e enviou, não dois homens, mas doze. Eles trouxeram tudo. Fiz os preparativos necessários para desenterrar os cadáveres e construir-lhes um moledro comemorativo, o que foi feito. No dia seguinte, 3 de Setembro, eu parti, e cheguei a Darjeeling na sexta-feira.

Aqui deparei-me com uma circunstância extraordinária, ilustrando o facto de que, quando os homens perdem as suas cabeças nas montanhas eles perdem-nas completamente. O dinheiro da expedição era transaccionado mediante a minha assinatura ou a de Guillarmod. Ele tinha escrito ao gerente a pedir-lhe para recusar-se a reconhecer a minha assinatura! O banco achou que ele deveria estar fora de si, e aconselhou-me a sacar todo o montante para assim ter a certeza de que seria usado para pagar aos coolies as somas devidas a eles. Isto eu fiz. No dia 20 chegaram os outros. Eu tinha todos os valores na ordem correcta. Imediatamente paguei aos homens o que era devido, com uma quantia razoável de gorjeta. Em vista do comportamento extraordinário do Tartarin em relação ao dinheiro, eu estava alerta. Ele estava ansioso para não chegar a um acordo. Eu, por outro lado, não tinha mais negócios em Darjeeling, e naturalmente pedi-lhe para assinar uma liberação, o que ele fez.

Set. 20, 1905. As contas sendo definitivamente liquidadas a 20 de Setembro de 1905, nós declaramos que toda reclamação após esta data será nula. A verba das compensações devida aos parentes dos mortos será paga pela caixa da expedição.

D. J. Jacot Guillarmod

Ele tornou-se muito amigável e pediu-me para emprestar-lhe ou dar-lhe dinheiro. O meu relato do acidente tendo sido justamente franco, houve algumas questões de um inquérito público.

Eu escrevi relatos da expedição para o *Pioneer* da Índia e para o *Daily Mail* de Londres, e reeditei-os mais tarde no *Vanity Fair*. Eu usei estes artigos para atacar o English Alpine Club. Cada incidente serviu para a ocasião de algum escárnio, sarcasmo, insulto ou ironia. Eu não tinha motivo pessoal, é claro. Eu desejava resistir ao ridículo e desprezar o conjunto de velhotas que estavam a criticar o desporto no fundamental intrigando contra quaisquer escaladores que não fossem simplesmente gente polida puxada para cima dos cumes por camponeses e que se orgulhava disso. O Alpine Club tinha feito o seu melhor para ignorar as expedições aos Himalaias, como fez para abafar todas as subidas de alpinistas sem guias nos Alpes.

As lições da expedição Kangchenjunga não foram aprendidas; por isso nós ouvimos em 1922 a velha idiotez de que os coolies não devem começar até que esteja bastante quente. O grupo do Everest repetiu a fatal fatuidade do médico, colocando sete homens numa corda, e isso sem saber o uso da corda, de modo que uma queda de um homem inevitavelmente arrastaria os outros. Quando ouvi a composição do grupo do Everest e os seus planos, eu preparei um artigo para avisá-los de que estavam a violar todos os princípios do bom senso, e somente conseguiriam encontrar-se com mais falhas e desastres. Eu predisse exactamente o que aconteceria, excepto que eu sinceramente esperava que os Ingleses fossem mortos e os seus coolies escapassem por algum milagre.

Não era para ser. Eles cometeram o erro contra o qual eu os avisei; tiveram exactamente o mesmo tipo de acidente que em 1905, resultado da amotinada violação das minhas ordens; mas, assim como o médico e Righi tinham escapado com as suas imprestáveis vidas, para abordar o mundo com o homicídio involuntário dos seus companheiros nas suas consciências, também assim aconteceu em 1922.

Mas a imprensa de Londres recusou-se a publicar o meu artigo. Um editor disse-me que era uma pena "estragar" a expedição, e que as minhas advertências dariam dor às relações do grupo! Não, é melhor esperar até que o acidente aconteça, e então seria interessante mostrar por que razão isso aconteceu. Claro que esse é o ponto de vista jornalístico. Os desastres não devem ser evitados. Deus nos livre! Nós deveríamos encorajar guerra, homicídio e morte súbita. O nosso negócio é fazer a faísca. Esta psicologia é uma das minhas razões para suportar a imprensa em horror. Não acredito em restrições às empresas, mas deveria realmente ser impossível que fosse do interesse de alguém provocar uma guerra Europeia.

No dia 23 Guillarmod veio visitar-me e pedir-me para não mais dizer na imprensa pública, tanto quanto ele estivesse concernido. No dia 24 nós discutimos o assunto inteiro. Ele admitiu que estava errado e desculpou-se (com base em saúde precária e nervosismo) pelo seu comportamento. Eu pensei que o conhecia; ele era simplesmente um idiota mas incapaz de malícia ou traição. No dia 25 ele e Righi fizeram um ataque violento contra mim nas colunas de um jornal, mas "pelas suas próprias bocas"! A admissão deles provou o meu caso. Em particular, eles culparam os coolies, então eu tive de escrever para o jornal: "Eu chamaria especialmente a atenção para as repetidas queixas contra os coolies como evidência de incapacidade para gerenciá-los, e enfatizo o meu próprio testemunho da firmeza, capacidade e boa vontade deles."

Os prelúdios de Guillarmod tinham a intenção de simplesmente dar-lhes tempo para atacar. "Este animal é muito mau: quando o atacamos ele defende-se."

Eu revidei e golpeei Guillarmod publicamente no dia 26. No dia 27 recebi a seguinte carta surpreendente.

    27.IX.05
    Lord Boleskine,
    Os seus procedimentos financeiros fedem ao escroque e honram a nobreza irlandesa.
    Assino um papel pelo qual eu declaro nada mais reivindicar visto que você sabe pertinentemente que eu ao ignorar várias despesas é um acto tão honesto quanto a hospitalidade escocesa (haggis).
    Eu compreendo agora as razões que fazem você procurar lugares remotos e desabitados; você tem muito medo de se deparar com os seus joguetes, engenhoso que você é.
    Eu conservo preciosamente o recibo de 300 Rs que você acabou de enviar ao Reymond e se amanhã às 10 h. da manhã eu não receber um cheque desta soma, eu apresento uma queixa de fraude com um exemplar de Snowdrops onde você preferiria não o ver.

                                       J.J.G

Levei-a imediatamente a um advogado que o avisou de que pelo código penal Indiano ele estava a sujeitar-se a um longo período na prisão. Percebi que o homem estava simplesmente louco de remorso e não acusava formalmente. Pelo contrário, apesar do acordo do dia 20, eu concordei em pagar-lhe uma pequena quantia por certos itens que tinham sido negligenciados. Fui a Calcutá no dia 28, e uma semana depois aceitei um convite do Marajá de Moharbhanj[47] para fazer uma grande caçada na sua província.

Fiquei muito triste com a morte dos meus amigos, mas em relação à montanha eu estava de excelente humor. Eu demonstrara sem sombra de dúvida a existência de um caminho fácil para cima. Eu tinha a certeza de poder estabelecer um acampamento principal a pouca distância da cúpula, e tinha-me familiarizado com todos os caprichos do tempo e da neve. Encurtada como a expedição tinha sido, no seu primeiro avanço, a real consecução não fora insignificante. Chegámos a uma altura de aproximadamente vinte e cinco mil pés, e descobrimos que a vida naquela altitude é agradável e funciona tão facilmente quanto em qualquer outro lugar. Eu tinha escrito uma proposta detalhada a Eckenstein, sugerindo que deveríamos enfrentar a montanha em 1906— mas nenhuns estrangeiros!

---

47 N.T.: Mayurbhanj

~ 53 ~

EU ESTIVERA TÃO concentrado em Kangchenjunga que os outros factos da minha vida não haviam reluzido perceptivelmente. Eles tinham-me acompanhado, mas eu mal sabia disso. Eles estavam agora a brilhar, tendo sido rudemente removido o alqueire de Kanchenjunga.

O meu instinto contra *O Livro da Lei* tinha aparentemente tido o seu caminho. Era como se os acontecimentos de dezoito meses antes nunca tivessem ocorrido. Eu estava seguindo com Magick nas antigas linhas, sem qualquer ordem particular, mas exercitando discretamente os poderes já obtidos. Por exemplo, eu estabeleci comunicações regulares com Soror F. (Soror Fidelis—Sra. Elaine Simpson). Tivemos longas conversações, visitando-nos alternadamente. Eu era um pouco melhor do que ela, mas o seu corpo era bastante material suficientemente para impressionar todos os sentidos.

Ocorre-me que eu deva dar mais detalhes. Os nossos corpos astrais, como havíamos conseguido, eram réplicas dos nossos corpos físicos, excepto que eram um pouco maiores. O dela, por exemplo, estava com pouco mais de seis pés de altura, em vez de cinco pés e sete polegadas. O corpo era auto-iluminado e parcialmente transparente, de modo que eu podia ver o fundo atrás dela, tanto como através de uma cortina de musselina. A substância do corpo parecia homogénea. Isto geralmente estava vestido e coroado. Os materiais eram da mesma qualidade de matéria que o corpo, mas podiam ser distinguidos da carne por artifícios ópticos como cor e reflexos. Nós movíamo-nos de acordo com as leis do plano astral; isto é, sem fazer as acções físicas normais, embora pudéssemos usar os nossos membros de maneira normal. Nós comunicávamos, às vezes por fala audível, às vezes por transmissão directa de pensamento tal como ocorre todos os dias na vida quotidiana, quando se sabe o que um amigo vai dizer antes de ele dizê-lo.

Um fenómeno muito curioso deve ser registado. Nos primeiros dias nós organizámos horários especiais para as nossas conversações calculando a diferença de tempo devido à longitude. Nós, nessas circunstâncias, reuníamo-nos por meio do sino astral. Mas na comparação dos nossos registos descobrimos um facto surpreendente. Embora tenhamos concordado acerca do carácter da conversação, o assunto da conversa, etc., nós descobrimos que o tempo não correspondia necessariamente. Isto é; supõe que eu fosse vê-la à meia-noite de sexta-feira (Índia), ela não me via às quatro da manhã de sábado (Inglaterra) mas em algum outro momento posterior ou anterior. Eu poderia facilmente imaginar um atraso no meu aparecimento, mas parecia-me absurdo que eu devesse ter chegado antes de eu começar! Naquela época eu entendia pouco da natureza do tempo.

O meu dom lírico começara a endireitar-se e a prestar atenção um pouco depois do choque da realização de todas as suas aspirações. Eu tinha começado a escrever novamente. Alguns dos meus poemas neste período eram definitivamente racionalistas. Eu estava já ciente de que a posição racionalista era lenhosa e superficial. Os membros da Rationalist Press Association não eram menos sectários, pobres de espírito, do que os Evangélicos. Eles tinham o mesmo ponto de vista suburbano, a mesma pudenda exclusividade; eles ficavam chocados com qualquer facto que não se encaixasse imediatamente na estrutura deles, e negavam furiosamente a existência desse.

Eu estava voltando lentamente ao Budismo; embora ainda mais impaciente do que antes a respeito de Budistas, a sua paroquial moralidade e a sua ênfase nos males da existência. Mas eu escrevi algumas líricas acerca de amor e natureza que estão ainda entre as minhas melhores. Eu posso mencionar "The Song".

> Dance a measure
>   Of the tiniest whirls!
> Shake out your treasure
>   Of cinnamon curls!
> Tremble with pleasure
>   Oh wonder of girls!
> Rest is bliss,
>   And bliss is rest,
> Give me a kiss
>   If you love me best!
> Hold me like this
>   With my hand on your breast!

Havia também "Said", inspirado pela minha semana no Cairo: "Patchouli", um lance de rapsódia sobre temas Africanos e Asiáticos; "The Jilt", uma peça de sádica exultação sobre a crueldade da minha esposa para Howell, o qual nós ouvimos falar que fora atingido no coração pelo relâmpago do casamento dela. Depois havia "The Eyes of Pharaoh", uma fantástica apresentação do mistério do Egipto, e "Benzai", um poema em louvor do Japão, então em guerra com a Rússia. Havia uma nova nota no meu trabalho: a de humor. "The Beauty and the Bikkhu" é uma versificação duma lenda Budista. A original é inconscientemente engraçada, e eu apresentei isto preservando a sublimidade da história. Novamente "Immortality" desenvolve uma ideia no *Górgias* de Platão, a de que depois da morte continua-se a fazer muito do que se fazia anteriormente. O estilo é ao mesmo tempo apaixonado, pictórico, aterrorizante e chistoso.

Uma outra nova corda para a minha lira; eu vinha recriminando-me pela minha ignorância das doutrinas Sufistas, e pretendia atravessar a Pérsia a caminho de Inglaterra. Para este propósito eu comecei a estudar a linguagem com um munshi[48]. Comecei a imitar os poetas do Irão. "Ali and Hassan" é uma paráfrase de Alf Laylah Wa Laylah[49]. "Al Malik" é um ghazal[50]; isto é, uma série de dísticos monorrimos. As duas primeiras linhas e cada sucessivo par de linhas rimam de igual forma. Em Darjeeling (no meu retorno) eu tivera uma breve mas intensa ligação com uma rapariga Nepalesa, Tenbuft. Eu celebrei esta paixão num rondel "Tarshitering".

NEPALI LOVE SONG

> O kissable Tarshitering! The wild bird calls its mate --- and I?
> Come to my tent this night of May, and cuddle close and crown me King!
> Drink, drink or fill of love at last -- a little while and we shall die,
>   O kissable Tarshitering!
>
> Droop the long lashes; close the eyes with eyelids like beetle's wing!
> Light the slow smile, ephemeral as ever a painted butterfly,
> Certain to close into a kiss, certain to fasten on me and sting!
>
> Nay? Are you coy? Then I will catch your hips and hold you wild and shy
> Until your very struggles set your velvet buttocks all a-swing,
> Until their music lulls you to unfathomable ecstasy,
>   O kissable Tarshitering!

Eu devo explicar que a modéstia oriental não permite o poeta, que se preze, de introduzir o nome de uma mulher, justamente como na época de Shakespeare era

---

48 N.T.: intérprete nativo ou instrutor de idiomas
49 N.T.: "As Mil e Uma Noites"
50 N.T.: gazel

considerado escandaloso que uma mulher aparecesse no palco. Eu respeitei essa convenção e substituí o nome de Tenbuft por um nome masculino, o qual achei eufónico e adequado ao meu esquema de tempo e escansão.

Moharbhanj era um lugar ideal para meditação. Eu tinha lazer absoluto, estava no auge da minha forma, fisicamente e de todas as outras formas, e não podia começar nada sério até que a minha esposa e o meu filho chegassem, coisa que eles não fizeram até 29 de Outubro. Eu estava num distrito selvagem sem ninguém para conversar; isto proporcionava a máxima oportunidade para fazer um balanço da minha vida, descobrir o que significava o passado e mirar para o futuro.

O Durga Puja[51] estava em curso. Eu pude apreciar o entusiasmo do aborígene Hindu muito melhor do que eu poderia ter feito em Calcutá, onde a corrosão da civilização tem devorado a prática primitiva.

Moharbhanj, embora somente a treze horas de Calcutá, está tão longe desta moralmente quanto esta está de Londres. As pessoas estavam intactas. Pela primeira vez eu gostei de Hindus. O marajá estava ausente durante o dia. Ele tinha enviado o seu Ministro das Obras Públicas para me encontrar e me entreter até ao seu retorno. Este cavalheiro, cujo nome era Martin, havia-se graduado em Oxford e estudara ciências e engenharia muito cuidadosamente. Ninguém poderia suspeitar que ele tivesse uma avó Bengali. Mas nas primeiras vinte e quatro horas eu descobrira a verdade do aforismo "Blood will tell"[52]. Por toda a sua educação Europeia, ele acreditava nas mais primitivas superstições, desde fantasmas e bruxas a remédios misteriosos.

No dia seguinte o marajá retornou. Eu achei-o um companheiro extremamente interessante e encantador. Dificilmente se pode esperar menos do directo descendente de um pavão. Lamento dizer que ele não levava a sua ascendência a sério. Ele tinha trocado as suas ilusões por um outro conjunto muito menos fascinante, muito menos inspirador e igualmente absurdo. Ele acreditava em Herbert Spencer e John Stuart Mill. Uma das suas histórias é extremamente instrutiva. Se esta fosse gravada nos cantos dos olhos, seria um aviso para os que quisessem ser avisados! Não há princípios de política, de economia e do resto; é tudo lengalenga. Mais, é uma condenável heresia e uma perigosa ilusão aplicar as teorias do Vale do Tamisa à prática da Costa de Coromandel.

Moharbhanj é uma província no litoral de Orissa. Nas minhas andanças eu cheguei a uma faixa de colinas de incomparável fascínio. Tinha entre dez e vinte milhas de comprimento e cerca de três mil pés de altura. A maravilha disto é que isto é composto em grande parte de pirites de ferro puro, cujo desnudo afloramento forma enormes saliências arredondadas. Vi pela primeira vez estas colinas ao pôr-do-sol, e elas incandesciam com luzimento carmesim demasiado vívido para ser meramente mineral. Era como sangue na espádua dum touro à luz do sol. O marajá conhecia o valor comercial das suas montanhas, mas ele não tinha carvão; para explorar o seu tesouro, ele precisava de uma light railway[53] das montanhas até ao mar.

Quando subiu ao trono ele decidiu nobremente conferir os benefícios dos princípios liberais ao seu povo. Agora ele não era apenas o Marajá de Moharbhanj, mas o seu zamindar ou senhorio. Ele desejava criar um campesinato de prósperos e independentes proprietários. Ele compreendeu que seria fatal dar-lhes território como um presente; então ele fez uma lei pela qual qualquer homem que cultivasse o território dele continuamente por quinze anos, no final desse tempo, tornar-se-ia o dono disso. Como é geralmente conhecido, o maior orgulho do Hindu é fazer o casamento da

---

51 N.T.: festival anual Hindu que celebra a deusa suprema Durga
52 N.T.: "O sangue dirá". A hereditariedade não pode ser ocultada
53 N.T.: via férrea construída com custos e padrões mais baixos

sua filha tão esplendoroso quanto possível. Para este propósito ele endividar-se-á por gerações adiante tão imprudentemente como a mais progressista nação fará pelas suas próprias predilectas ilusões mentais de glória.

Logo que a nova lei foi proclamada, os Marwaris desceram sobre Moharbhanj como gafanhotos e adiantaram montantes para lá das mais selvagens imaginações dos camponeses. Os casamentos eram magníficos; assim eram as hipotecas. Ao fim de quinze anos a terra não pertencia ao cultivador mas ao usurário estrangeiro. O marajá não podia sequer ver que ele tinha arruinado a si mesmo e aos seus súbditos. Ele disse-me com honesto orgulho: "Eu tenho conferido grande benefício ao meu povo." Porém, ele estava num cómico estado de angústia porque os Marwaris recusaram-se a outorgar-lhe a concessão para construir a leve ferrovia para que ele pudesse derreter as montanhas dele! Entretanto as pessoas estavam mais pobres do que antes, embora a administração dos rendimentos dele pelos Britânicos tivesse aumentado a renda pessoal dele de três para dezoito lakhs[54] de rupias em menos de vinte anos.

Ele contou-me uma história apaixonante acerca do seu domínio. Uma grande parte deste é selva inexplorada e impenetrável. Na clareira estão aldeias habitadas por gente muito primitiva de uma raça diferente da maioria da população. Eu vi uma boa parte destas pessoas. Elas andam nuas em muitas circunstâncias. No máximo, elas usam uma tanga rudimentar. Têm uma linguagem própria que possui poucas afinidades com os dialectos externos. Esta possui menos de trezentas palavras, algumas duzentas e cinquenta das quais são classificadas como obscenas. Os homens estão armados com arcos e flechas, ou ocasionalmente lanças, alguns dos quais mostram grande habilidade de metalurgia e manufactura bem como um conhecimento de certos ramos da mecânica, e um marcado sentido de beleza.

As mulheres estão livres das comuns inibições Hindus, e os seus seios são os mais bonitos que eu já vi, não exceptuando os das mulheres de Tahuantepec. Eles são pequenos e bem proporcionados. Mesmo quando as mulheres são mães, elas não perdem a forma deles. Todo o peito fica firme e aponta para cima. Para o olho do artista, o peito feminino Europeu é uma terrível deformidade. Mesmo no caso da mulher mais bonita, isto quebra a linha do corpo e faz-nos pensar numa vaca. Mas estas mulheres carregam os seus seios em triunfo. Pensamos no falóforo numa procissão pagã.

Homens e mulheres semelhantemente são admiravelmente proporcionados, musculosos e activos. O hábito deles de transportar cargas na cabeça—um coolie carrega trinta libras-massa, o que, considerando o calor das planícies, equivale às cinquenta libras-massa do montanhês—dá-lhes perfeito equilíbrio e torna-os ágeis em seus pés. A pele é daquele soberbo preto aveludado com uma realmente rica púrpura profunda. Por mais primitivas que estas pessoas sejam, elas são tão capazes de estética quanto os papas e príncipes do Renascimento. Elas amam com voraz intensidade, adornadas com todas as artes de Afrodite.

Este povo é considerado "homens selvagens da floresta" pelos sofisticados Hindus da cidade. Ainda há uma terceira proporcional.

Na selva vivem pessoas conhecidas como Jewans[55], a quem eu hesito em descrever como uma tribo, porque nada se sabe sobre os seus hábitos. Até mesmo a sua aparência não tem sido satisfatoriamente descrita. Alguns dizem que nenhum homem branco jamais viu um, embora outros digam que um ou dois viram. Mesmo o povo das aldeias nos confins da selva não tem conhecimento deles, ainda que prossigam com eles um tráfico regular.

---

54 N.T.: lakh=100000
55 N.T.: Juangs

Certos lugares fora da aldeia estão marcados, geralmente por pedras brancas, e aqui eles depositam arroz e outros produtos de cultivo ao anoitecer. De manhã estes produtos encontram-se substituídos por vários produtos da selva. É dito que este comércio nunca foi degradado pela desonestidade. Tentativas têm sido feitas para capturar os Jewans no acto de fazer a troca, mas eles sempre provaram ser muito cautelosos.

O marajá não disparava, mas nomeou um oficial da floresta chamado D'Elbroux para me apresentar aos ursos e tigres. O único animal ao qual não me era permitido atirar era o elefante. Tem de se ser um vice-rei ou uma realeza viajante para indultar nesse desporto. D'Elbroux, na sua juventude, sofrera um revés com um urso. Ele tinha ficado muito maltratado e muitas das suas características foram substituídas por placas de metal. Ele disse-me que ficara prostrado na selva, ferido durante mais de dois dias antes da chegada de ajuda.

A minha única aventura de tiro digna de nota foi esta. D'Elbroux preparou um machan. Havia cerca de setecentos batedores. O primeiro animal que rompeu foi um urso, que eu resolvi com um tiro da calibre 10. O segundo cano detonou e a surpresa bateu-me nas minhas costas. A bala atingiu uma árvore tão grossa quanto um poste telegráfico, e cortou-a em dois, de modo que isto caiu sobre o machan e quase matou um dos homens.

A minha melhor lembrança de Moharbhanj não é de tigres e de pequenas aves, mas de elefantes, aos quais eu não tinha permissão para atirar. Sempre tenho sentido que a minha vida tem numerosos pontos de contacto com *Alice in Wonderland*, e agora chego ao incidente, "The Elephants did tease so!"

Eu saí uma noite para um bhul, ou depósito natural de sal, supervisionando uma árvore na qual um machan tinha sido construído para mim. Um tigre particularmente belo tinha a fama de visitar o local todas as noites. Assumi a minha vigília imediatamente depois do jantar. Uma lua em quarto minguante deveria subir por volta das oito e meia. Nós mantivemo-nos extremamente tranquilos, é claro. Eu não gosto de atirar a partir de um machan, exactamente como eu não gosto de pesca grossa. Nada se pode fazer para ajudar as coisas. Pelo contrário, tem de se evitar a menor acção.

A espera soa como se pudesse ser uma boa prática para meditação. Achei exactamente o oposto, pois o objecto da vigília é em si uma distracção, e se se estiver concentrado no desporto, isto claramente desapareceria, como já acontecera ao meu nariz e ao meu umbigo. Logo depois de escurecer eu comecei a ouvir os barulhos da selva, desde o farfalhar das folhas e da erva e de pequenos animais, que se moviam cautelosamente acerca dos seus afazeres, ao rugido distante do tigre. Uma ou duas vezes, uma forma sombria tornou mais profunda a escuridão que pairava sobre o depósito de sal, mas não fazia sentido arriscar um tiro até ao nascer da lua. Eu mal podia ver as minhas próprias mãos, muito menos a mira da minha espingarda.

Quando a lua finalmente se levantou, os poucos animais que tinham chegado desapareceram com a mesma discrição. Houve um grande silêncio na selva e os rugidos dos tigres (havia vários ao redor do campo de acção) tornaram-se menos frequentes e menos próximos.

De repente eu tomei consciência dum tremendo distúrbio. Não era exactamente um ruído—estou inclinado a pensar que pode ter sido um cheiro. Não posso dizer definitivamente mais do que isto, que eu tinha a impressão de que algo enorme estava a acontecer.

Eu estava deitado no machan, ouvindo. Levantei a minha cabeça cautelosamente. As clareiras prateadas estavam agora misteriosamente povoadas com formas gigantescas. Era uma manada de elefantes! Eu contei vinte e quatro deles. O meu shikari sussurrou que não haveria tiro naquela noite; nenhum outro animal se aventuraria na vizinhança do mestre da selva. Percebi, além disso, que a minha posição era de extremo perigo. O machan estava alto a partir do solo; mas se os elefantes tivessem detectado o meu cheiro e dado o alarme, a minha árvore ter-se-ia estalado como um galho. Mas eu não tinha tempo para pensar no perigo; eu estava emocionado com a exaltação. Sentei-me e passei a noite observando os elefantes enquanto eles cuidavam dos seus afazeres. Foi a visão mais fascinante que já havia sido condescendida a mim no plano material.

Não tive ressentimento da perda do meu desporto nocturno. Eu não estava muito interessado no tiroteio. Eu estava num estado de espírito muito curioso. Eu adorava acordar ao amanhecer, na minha cama de acampamento, e meditar e ler Kant, Berkeley e Ferdowsi. O Persa fascinava-me mais do que qualquer outro idioma e eu divertia-me com as ideias dos Sufistas. O simbolismo esotérico deles encantava-me para lá da medida. Eu coloquei na minha cabeça alcançar um desempenho melhor do que o meu anterior no modo de inventar poetas e suas produções.

Passei a maior parte do meu tempo a escrever gazéis, pretendendo ser um certo Abdullah al Haji (Haji, com um macio "h", satirista, ao contrário de Haji com um duro "h", peregrino) de Shiraz. Eu fiz com que ele florescesse por volta de 1600 d.C., mas dei à colecção dos seus gazéis o título *Bagh-i-Muattar* (*O Jardim Perfumado*), o que implica a data de 1905, o valor das letras Árabes do título somando-se ao equivalente do ano da Hégira. Eu também inventei um major Anglo-Indiano para encontrar, traduzir e anotar o manuscrito, um editor para completar o trabalho daquele galante soldado (morto na África do Sul) e um clérigo Cristão para discutir o assunto do poema a partir do peculiar ponto de vista de alto Anglicanismo.

Os próprios gazéis são apresentados às vezes no suposto monorrimo original, às vezes em prosa, e as anotações contêm uma grande quantidade de informações mais esotéricas acerca do Oriente, que eu havia granjeado de tempos a tempos. É especialmente digno de nota que, embora eu tenha acondicionado todo o tipo de conhecimento mágico e místico no volume, não há em nenhuma parte qualquer referência a *O Livro da Lei*. Eu estava a fixar toda a minha força contra os Chefes Secretos. Eu estava a tentar esquecer todo o negócio.

O livro em si é um tratado completo sobre o misticismo, expresso no simbolismo prescrito pela piedade Persa. Descreve as relações de Deus e do homem, explica como o último cai da sua essencial inocência permitindo a si mesmo ser enganado pela ilusão da matéria. A sua religião deixa de ser real e torna-se formal; ele cai em pecado e sofre a penalidade disso. Deus prepara o caminho da regeneração e leva-o através da vergonha e tristeza ao arrependimento, preparando assim a união mística que restaura o homem aos seus originais privilégios, livre arbítrio, imortalidade, percepção da verdade e por aí adiante.

Eu coloquei a última gota de mim mesmo neste livro. Os meus esforços anteriores na mesma direcção não teriam enganado ninguém, mas o *Bagh-i-Muattar*, apesar da minha inabilidade para produzir o original Persa—a minha desculpa era a de que este era raro e detinha o mais sagrado e mais secreto, mas estava sendo copiado por mim—persuadiu até estudiosos experientes de que isto era genuíno. Foi emitido pela Probsthain & Co., por subscrição privada, em 1910. Eu ouvi falar de uma cópia mudando de mãos por cinquenta guinéus.

Este surto de génio é um eloquente retrato da minha mente nesta época. Eu estava absolutamente convencido da suprema importância de dedicar a minha vida a alcançar o Samadhi, comunhão consciente com a Alma Imanente do Universo. Eu acreditava no misticismo. Eu compreendia perfeitamente a essência do seu método e a importância da sua realização, mas sentia-me compelido a expressar-me de forma satírica e (pode parecer para alguns) quase escandalosa. Testemunhei a tremenda verdade empilhando ficção sobre ficção. Eu não sabia disto. Eu não suspeitava disto, mas o *Bagh-i-Muattar* é um sintoma de supremo significado. Eu estava à beira de um desenvolvimento totalmente novo.

No domingo, 22 de Outubro, tive uma conversação astral com Soror F., coisa que me trouxe um choque.

Ela estava acompanhada por um falcão dourado, em quem mais tarde reconheci um dos Chefes Secretos da A.'. A.'. A conversa voltou-se para o assunto da Grande Obra. Foi definido como a criação de um novo universo. A conversação deixou-me espiritualmente prostrado. Eu estava perfeitamente feliz com o meu programa, fazendo um pouco de trabalho ali e um pouco acolá; Magick na segunda-feira e ensino na terça-feira, por assim dizer; aconselhando qualquer solicitante que se aproximasse de mim; editando e publicando quaisquer documentos que caíssem nas minhas mãos.

Mas os Chefes Secretos estavam determinados a não permitir que eu enganasse a mim próprio. Quando eles me escolheram para fazer o trabalho deles, eles queriam que eu me ocupasse e o fizesse, e iriam verificar que eu o fazia. Eles não insistiram em que eu assumisse o trabalho do Novo Aeon. Eles conheciam as actividades deles muito bem. Sabiam que eu não deveria estar pronto até que eu tivesse passado pela preparação adequada. Eles estavam contentes, portanto, em incitar-me a encarar o problema das minhas relações com o universo tão seriamente quanto o que Buda fizera vinte e cinco séculos antes.

Eu andei em direcção a Moharbhanj mal ciente do que me cercava. Eu estava a criticar-me com implacável severidade. Não me lembro se *O Livro da Lei* chegou a cruzar a minha mente. Se tal, eu devo tê-lo deixado de lado zangadamente. Tudo o que eu sabia era que eu não deveria ter um momento de paz novamente até ter resolvido o grande problema e não tinha ideia de como lidar com isto. Comecei a colocar as minhas ideias em ordem.

Voltei novamente para Calcutá. Certo dia fui até Kalighat e sacrifiquei uma cabra a uma deusa. Naquela noite eu estava sentado sozinho a ler. Ela apareceu para mim e inspirou-me a escrever um poema para ela. Cito as duas primeiras estrofes:

KALI
There is an idol in my house
By whom the sandal always steams.
Alone, I make a black carouse
With her to dominate my dreams.
With skulls and knives she keeps control
(O Mother Kali!) of my soul.
She is crowned with emeralds like leaves,
And rubies flame from either eye;
A rose upon her bosom heaves,
Turquois and Lapis Lazuli.
She hath a kirtle like a maid ---
Amethyst, amber, pearl, and jade!

Este poema é importante como prenúncio da minha solução final do problema de mal e mágoa, a interpretação de ilusão pelo iniciado e a sua transmutação em verdade.

Eu discernia, como de costume, uma boa parte de Thornton. Certa manhã, descendo o Maidan[56] no tum-tum[57] dele, eu disse: "Não posso formular um plano

---

56 N.T.: parque urbano em Calcutá
57 N.T.: ramerrame

de acção de qualquer tipo porque não há verdadeira continuidade nos fenómenos." Ele virou-se para mim com simplicidade e disse: "Muito bem, mas não há igualmente continuidade em ti mesmo." Isso, claro, não era novidade para mim. Era a resposta de Hume a Berkeley, por um lado. Era a essência de Sakkaya-Ditthi[58], por outro. O chão foi removido debaixo dos meus pés. No momento, a minha consciência não conseguiu captar todo o significado desta proposição, pois vi-me subitamente forçado a agir por um conjunto de circunstâncias das quais eu não tinha controlo, e as quais não tinham qualquer relação com qualquer decorrido propósito da minha vida. Mas eu acredito que elas foram arranjadas para mim pelos Chefes Secretos.

A minha esposa deveria chegar com o bebé no dia 29 e o natural seria ver um pouco da sociedade de Calcutá, especialmente porque eu era naturalmente um pouco leão, e depois passearia pela Ásia, algures, no nosso tempo livre. Os Chefes Secretos providenciavam para eu estar numa situação onde eu estivesse à mercê deles. Eles tencionavam iniciar-me quer eu gostasse ou não. E é assim que eles começavam a trabalhar.

Eu parti depois do jantar, uma noite fatídica, para tentar desviar-me para uma rua de infâmia chamada "Culinga Bazar" a partir do canto do Maidan. Era um feito digno de se tentar; pois eu tinha estado no Bazar apenas uma vez antes, em 1901; e então eu tinha sido conduzido a isto no escuro desde uma parte distante de Calcutá. A noite estava extremamente escura; as ruas eram iluminadas somente pelas chamas e fogos-de-artifício do festival nativo—o Durga-Puja—que estava em curso, e toda a aparência de honestidade ou decência abandonou as casas antes de eu ter avançado três minutos nas entranhas de Calcutá.

Ao fazê-lo, os meus instintos selvagens surgiram no meu cérebro. Eu "cheirei" a direcção quase imediatamente; e conforme entrei neste estado, eu fiquei ciente dalgum tipo de problema iminente, como os selvagens ficam. Que "sentimento estranho", sozinho numa desesperada secção de uma cidade estrangeira à noite? Nove para um é simples pavor. Mas como eu já tinha admitido, eu sou o maior cobarde vivo; e tenho-me forçado constantemente a enfrentar o meu medo. Então não, eu não estava formigando com o prazeroso senso de confrontar o desconhecido; eu tinha o definitivo senso de estar sendo arrastado. A sensação irritou-me; eu tentei atribuir isto à imaginação. Eu esqueci isto e segui o meu caminho.

Passado pouco tempo, contudo, eu desviei-me por um momento da sombria rua que estava trilhando para uma viela guardada por um arco preto. Eu não tinha ideia aonde isto poderia levar; simplesmente desejei retirar-me da observação dos meus companheiros por alguns segundos, por razões que são totalmente descritas e justificadas em *Phisiology* de Carpenter.

Eu passei pelo arco. Era tão "escuro como a cova". (Eu não sei a que cova pode ser referido.) A viela do outro lado era um pouco mais clara; o céu revelava-se cinza-azulado baço.

Eu notei vários umbrais nas paredes; também um no final da viela; eu estava num beco sem saída. E então eu vi, débeis vislumbres na obscuridade, o branco ondulante das vestes nativas. Os homens estavam a aproximar-se de mim e eu estava consciente—quase sem visão—de que eles se moviam numa ordem meio militar, em fila única. Nada havia nisto para me alarmar, é hábito dos nativos marcharem desta maneira. E, no entanto, eu estava pungentemente ciente de que algum mal estava destinado. Aconteceu que eu estava vestido com roupas escuras e o meu rosto queimado

---

58 N.T.: grilhão no caminho da iluminação. Ou seja, a incorrecta Visão de que Prazer e Valor existem no Composto formado pelos Seis Sentidos—5 + mente—juntamente com os objectos externos e a consequente Consciência

de um castanho-escuro. Eu expungi-me contra a parede.

Três dos homens passaram por mim; depois eles viraram-se. Eu estava cercado. Mãos fortes seguraram os meus braços; mãos gananciosas procuraram os meus bolsos. Eu gritei acentuadas ordens: eles não deveriam ter dúvidas de que eu era um sahib. Para toda a resposta eu vi o brilho pálido de uma faca.

Eu devo realmente interromper para dizer que sempre achei fascinante a psicologia deste incidente. Destaca-se na minha memória em *alto-relievo* .

Nunca em qualquer outra ocasião tive tanto tempo para pensar—tenho medo de expressar isto mal. Quero dizer que eu estava agudamente consciente de alguns pensamentos bem definidos, sem as usuais gradações, sub-pensamentos, conexões e assim por diante, que tornam difícil—na vida quotidiana—discriminar entre o pensamento consciente e o inconsciente.

Nesta noite eu era tão primitivo quanto um símio. Os meus pensamentos destacam-se totalmente como estrelas num fundo de absoluta escuridão. Eu tornara-me, como por um feitiço dum encantador, o primevo homem das cavernas. Talvez a longa tensão e o horror da tragédia de Kangchenjunga me tivessem preparado para este súbito afloramento de atavismo.

Seja como for, eu não me lembro de nada senão destes pensamentos claros e duros, não interferidos por habituais processos mentais. Eu senti-me um "leopardo humano"; alguma coisa em mim avisou-me que—contrariamente a todo o senso comum e evidência—eu tinha aliciado estes homens. Eu fui, por assim dizer, um Q-ship[59]! Lembro-me da resistência do meu civilizado ego a esta ideia insana; eu era um cavalheiro Inglês, atacado sem provocação por um bando de salteadores comuns.

Eu tinha dado a ordem para que eles me largassem; eles tinham desobedecido a um sahib; a minha vida estava em perigo. Sendo este o caso, eu estava certo em agir em autodefesa. Eu pressionaria o gatilho do Webley[60] no qual o meu dedo indicador repousara desde o primeiro vislumbre das vestes brancas no beco. Eu assim fiz. Houve um leve clique.

Ora, o meu Webley possui cinco cartuchos; eu invariavelmente mantenho o martelo baixado numa câmara vazia. A câmara só girará livremente quando a pistola estiver parcialmente preparada. Portanto, pensei eu, "com omnipotência ao meu comando e eternidade à minha disposição" eu devo ter estado a remexer inconscientemente com a arma, ajustei-a a meio-pau e girei a câmara até o martelo baixar, não no espaço desocupado, mas no cartucho a seguir, de modo que a pistola, erguendo o pino de disparo sob premência do gatilho, deixara cair o martelo no espaço nulo. Verdade; mas depois, para corrigir o erro, bastava somente pressionar o gatilho uma segunda vez.

Eu tenho propositadamente descrito estes pensamentos em detalhe, para enfatizar o facto de que a minha mente estava trabalhando duma maneira mais vagarosa da que eu alguma vez a reconhecera. É ainda mais surpreendente reflectir que toda a minha linha de pensamento, excepto o detalhe final, o que fazer a seguir, era totalmente imprecisa!

Eu apertei o gatilho novamente. Os meus braços estavam detidos firmemente de ambos os lados, mas mesmo assim eu estava economicamente demasiado preocupado para disparar através do meu bolso; eu consegui levantar a boca do cano acima do rebordo.

Uma violenta explosão sucedeu.

Eu tinha disparado sem pontaria, em completa negrura; eu não conseguia sequer ver as vestes brancas dos homens que me seguravam. No lampejante momento do

---
59 N.T.: navio mercante fortemente armado com oculto armamento
60 N.T.: revólver Webley

flash vi somente que as brancuras estavam caindo para trás, longe de mim, como se eu tivesse agitado uma tela por acidente.

O negrume que se seguiu ao lampejo foi Cimério. Os meus olhos são naturalmente muito lentos a acomodarem-se à mudança de iluminação—nunca encontrei um homem igualmente indefeso em caso de súbita diminuição de luz. Eu não pensei, de todo, se o meu tiro poderia ter atingido alguém. Não havia o menor som; mas o beco parecia de algum modo vazio. Não sei se passei por cima de corpos caídos ou não. (Eu estava encarando o arco quando disparei.)

Eu pensei: vou sair deste beco imediatamente. Aquelas pessoas podem estar a preparar uma emboscada no arco, especialmente porque eu não sei se há portas a abrir-se ou não. Vou manter o meu dedo indicador no gatilho e ao mesmo tempo acendo um fósforo para me certificar do arco. Quando eu sair para a plena rua, eu irei embora muito depressa e muito silenciosamente, e vou directo para a estrada de Dharamtolla e apanho um gharry[61], e dirijo-me a Edward Thornton e digo-lhe o que aconteceu.

Eu executei este programa à letra.

E agora vem uma circunstância curiosa. Os meus experimentos na Cidade do México em "tornar-me invisível" forma registados com detalhes consideráveis; e será lembrado que eu estava longe de estar satisfeito com os resultados. Eu tinha alcançado a condição "bruxuleante", mas nunca consegui "colocar-me para fora" completamente.

Mas nesta ocasião—quando o meu eu inconsciente parece ter-me mantido sob controlo do princípio ao fim—eu tornei-me invisível inegavelmente. O relato da pistola, dos gritos (tanto quanto que sei!) dos homens feridos ou amedrontados, e do alarme dado pelos fugitivos, tinha despertado todo o distrito. Um Europeu era uma ave rara naquele bairro àquela hora da noite; e nenhum nativo provavelmente teria tal arma. Sem dúvida, também, todo o assalto fora observado desde o começo; e eu devo ter sido denunciado descritivamente. Lembro-me claramente de notar um tipo de divertimento que eu devo realmente admitir ter algo "diabólico" na sua composição, que as ruas pelas quais eu passei estavam cheias de turbas descontroladamente excitadas, todas procurando por mim. "Mas ele, passando pelo meio deles, seguiu o seu caminho." Estou ciente de que isto soa como uma história exagerada. Mas, na verdade, as pessoas que viveram comigo nos últimos três anos têm notado que eu torno-me invisível com bastante frequência, e isso (aparentemente) quando eu não estou ciente de que o estou a fazer.

Existe um tipo peculiar de auto-absorção que torna impossível para as pessoas estarem cientes disso. Nestes casos recentes, o observador que podia ver-me claramente, por em simpatia comigo, também podia ver que as outras pessoas na rua—ou onde quer que fosse—não podiam ver-me de todo. A minha teoria é a de que o estado mental em questão distrai automaticamente a atenção das pessoas, como um ilusionista faz deliberadamente. Eu posso transferir esta propriedade de invisibilidade, no entanto, mesmo para objetos inanimados. Por exemplo, um polícia recentemente veio a minha casa em busca duma certa coisa que ele mencionou. Eu admiti que possuía isso; eu mostrei-lhe isso; eu insisti para que ele visse, cheirasse, saboreasse e tocasse nisso; mas ele saiu de casa e relatou que não conseguira encontrar isso. Neste caso particular eu sabia o que estava a fazer. Eu deliberadamente sobrecarreguei a mente dele com a minha sinceridade em ajudá-lo e com outros objectos de pensamento. Eu cortei o elo de ligação entre os seus sentidos e a sua mente.

Mas nós divagávamos. Eu desfrutava ociosamente do esplendor da sonolenta noite enquanto eu andava lentamente com o cachimbo aceso—nunca o tabaco soube

---

61 N.T.: táxi puxado por cavalos

melhor—no desarranjado velho gharry até à casa de Thornton.

Eu tinha boas razões para estar orgulhoso. Eu tinha sido o alvo de todo o assédio na escola, eu sofrera as agonias de me conhecer como um cobarde e um fraco. Toda a minha vida parecia às vezes um vasto e viscoso subterfúgio para enganar a morte.

Todavia, no último mês tinha havido uma dúzia de ultrages sobre os Europeus em Calcutá, alguns deles culminando no mais brutal assassinato. E eu era o único Inglês que tinha saído por cima. Eu tinha perdido quatro rupias, oito annas, é verdade; mas tinha obtido a vitória, um contra seis.

Thornton estava na cama quando eu cheguei; mas não hesitei em fazer a sua "bera" admitir-me. Eu contei-lhe a minha história e abri o meu revólver. Só depois descobri que o meu elaborado curso de raciocínio estava inteiramente errado! Eu NÃO tinha macaqueado com a arma e o martelo TINHA baixado na câmara vazia conforme era correcto. O que aconteceu foi que o primeiro cartucho não explodiu; pois havia o entalhe na tampa; mais uma vez tinha a natureza, simples e suficiente, ridicularizado a pomposidade da inteligência humana!

Naquele momento, concluí eu, não seria melhor ir à polícia e ter esses rufiões encurralados? Thornton estava meio adormecido, mas o seu olhar zombeteiro expressou uma piedade mais do que divina pela minha idiotice. "Vai para a cama", murmurou ele nos seus sonhos; "volta depois de Chota Hazri de manhã e eu levo-te ao homem certo." A minha indignação diminuiu. Eu concordei. Retirei-me. Dormi. Tomei banho. Tomei o pequeno-almoço. Fui a casa de Thornton.

Thornton levou-me a um advogado Escocês chamado MacNair. Eu expus a minha indignação, o cabelo dele bem escovado e repartido exactamente no meio. MacNair lembrou-se do que os seus antepassados (os quais, na época do Dilúvio, tinham um barco para seu próprio uso) pensavam acerca de cautela. "Vá ao Garth," foi a considerada opinião dele. Garth era um dos mais brilhantes advogados de Calcutá. Eu expus a minha indignação novamente, mas o cabelo dele ficou ligeiramente eriçado, e eu não tenho certeza, mas parecia haver uma partícula de poeira no seu colarinho. Eu protestei violentamente que queria ir à polícia.

"Bem," disse Garth, "Curzon e Fraser estão ocupados com a divisão de Bengala, por razões de conveniência puramente administrativa, e é singularmente lamentável que a medida vá quebrar o poder político do Bengali em muitos pedacinhos sujos. Os corações deles sangram por Bengala. Então, se aconteceu você ter atingido alguém na noite passada, eles ficarão muito indignados e levá-lo-ão a julgamento. Você será imediatamente absolvido, mas eles vão inventar algum esquema em relação a você ter tentado novamente, e absolvido mais uma vez, para mostrar a sinceridade do amor deles para com o Bengali, a quem eles estão prestes a esmagar."

"Então você aconselha-me," disse eu inocentemente, "a não dizer nada?" "De facto não", disse ele tempestuosamente, "como advogado juramentado, é meu dever aconselhá-lo a relatar todo o caso imediatamente à polícia." Eu tornei-me mais inocente do que nunca. "Bem, eu não vejo como possa lançar qualquer luz no assunto." (Eu ainda estava ignorante do efeito, caso existisse, do tiro.)

Ele retumbou com gargalhada. "Você pode lançar toda uma enchente de luz nisto," gritou ele. Os meus antepassados Quaker bateram na porta da minha aborrecida mente, suponho eu. "Você mesmo faria isto?" Perguntei eu humildemente. "Bem," disse ele com mais seriedade, "você seria absolvido, é claro. Um homem não vai passear depois do jantar para assassinar estranhos. Mas você ficaria pendurado em Calcutá indefinidamente; e um homem inescrupuloso, receio eu, pode ser tentado a fechar a boca dele e limpar a nossa Índia Britânica p.d.q."⁶²

Os meus antepassados Quaker disseram-me o que fazer. Eu disse com firmeza, mas com tristeza, "então suponho que é meu dever ir à polícia imediatamente. Onde está o meu gharry?" O grande advogado apertou a minha mão em silente simpatia.

Contudo tem sido um dos princípios orientadores da minha vida nunca entrar num jogo a menos que haja uma oportunidade de ganhar. É absurdo ser julgado por homicídio se não houver possibilidade de condenação. Todas as bolhas sumiram do champanhe. Então eu esperei mais dois dias, ainda sem saber se o meu tiro havia sido referido, e fui encontrar a minha esposa e o meu filho no cais.

"Como estás?" Exclamou ela dramaticamente. A minha prosaica resposta foi: "Tu chegaste aqui a tempo de me ver enforcado!"

Thornton deu um jantar em nossa homenagem naquela noite. A minha esposa estava sentada à direita dele. Eu vi que ela estava chateada com alguma coisa. Não tive oportunidade de falar a sós com Thornon antes do jantar. Ele continuava dando um gesto curioso e depois levantando dois dedos. A minha mente estúpida não podia imaginar o que ele estava a operar. Após o jantar ele levou-me, a Rose à parte, por um momento. O inimaginável tinha acontecido. O meu único tiro tinha passado directo através do abdómen do homem com a faca e alojara-se na espinha do vilão atrás dele. Eles foram levados para o hospital e fizeram uma confissão completa do crime deles.

Então, na manhã seguinte, o *Standard* deu-me a minha recompensa de publicidade. A coluna três da página principal deu a história da tentativa de assalto. Acreditava-se que o homem com a arma era um marinheiro de um dos navios no porto; a polícia ofereceu uma recompensa pela sua apreensão. A coluna cinco continha uma entrevista com o herói da expedição a Kangchenjunga. "Eles vão contornar os navios," disse Thornton, "e eles terão um tiro nos hotéis. Sai e sai rápido!"

"Querida amada louca apaixonada grande mula!" Sussurrei à minha esposa, "tu preferes atravessar a Pérsia ou atravessar a China?"

A desgraçada mulher não conhecia geografia. Tudo o que ela sabia sobre a Pérsia eram tapetes e Omar Khayyam; tudo o que ela sabia sobre a China era fumar ópio, porcelana e chá. Ela estava farta de Omar, o qual naquela época era deploravelmente o furor neste vespídeo país. "Meu próprio querido," ronronou ela, "vamos passar pela China!" Nós apressadamente contratámos uma ama nativa para o nosso bebé. Esta fêmea era medonha, mal-educada e indigna de confiança; ela alegou ser Católica Romana de modo a esconder que a sua casta não teria nada a ver com ela, mas ela era a única ama disponível, então lá fomos nós. O único ser humano honesto do grupo era o velho shikari Salama Tantra. O leal e acérrimo cão de caça! Ele nunca vacilava, ele nunca falhava; ele tinha toda a inocência de uma criança e toda a sabedoria de Pitágoras; a coragem de enfrentar o desconhecido—que os Indianos quase sempre temem até ao limite—e a gentileza que acompanha com grande força de corpo e alma. A paz esteja contigo, velho amigo, onde quer que estejas.

~ 54 ~

A VIAGEM para Rangoon foi tranquila e agradável. O tempo estava perfeito; por um assombro, as costas e o espinhaço do oeste da Birmânia estavam em exposição. Havia uma medonha fascinação naquelas belezas fatais. Eu amaldiçoei novamente o destino que me tinha levado a recuar em 1902 das sombrias encostas de Arakan. Eu preferiria

---

62 N.T.: pretty damn quick; bem rápido

ter deixado os meus ossos para Bleach sobre aqueles picos pestilentos.

Contudo a minha mente—graças aos mais altos deuses eternos!—nunca pode descansar durante mais do que um voo planado de albatroz nas encostas do passado. Hoje, escrevendo as minhas memórias, eu sinto como se estivesse a fazer uma espécie de brincadeira sobre mim mesmo. Eu estou ardente no trilho do futuro. Eu posso imaginar-me no meu leito de morte, despendido totalmente com luxúria para tocar o próximo mundo, tal como um rapaz a pedir o seu primeiro beijo de uma mulher.

Além da Birmânia repousava a misteriosa China; eu evoquei uma nuvem de divertidas fantasias. Romance e aventura. Eu sou incurável; embora eu tenha tido todas as coisas boas da vida, praticamente toda a minha vida, embora eu não mais as valorize ou as desfrute por elas mesmas, eu ainda aprecio a ideia delas. Eu abraço dificuldades e privações com extático deleite; eu quero tudo o que o mundo mantém; eu iria para a prisão ou para o cadafalso por uma questão de experiência. Nunca cresci fora da crença infantil de que o universo foi feito para eu sugar. Cresço delirante a contemplar os deliciosos horrores que são certos acontecerem-me. Esta é a nota dominante da minha vida, o desimpedido deleite em cada possibilidade de existência, potencial ou real. O medo havia sido eliminado de mim pelo facto de eu olhar para trás com o mais entusiástico interesse e prazer para os eventos que na época eram tortura desassociada.

Imagina, então, como eu me glorifiquei em baixo das sedosas águas em redor do navio, nos contornos fantasticamente imateriais das colinas de Arakan, na escuridão da graciosa frondosidade das florestas, nas curvas da costa serpentante, nas sinistras histórias de naufrágio e pirataria que assombram aquele desolado abismo pelo qual estávamos a navegar, onde, durante nove meses do ano, é raro distinguir o céu do mar, tão escuro e húmido é o ar, tão subtilmente fumegando a ondulação do mar; enquanto além, como num sonho de haxixe, surgiam as terras altas da China, províncias quase desconhecidas até para os próprios Chineses civilizados. Ali, amarelo-pálido a púrpura, estava a promessa de inimaginadas tribos de homens, estranhamente tatuados e vestidos, com horríveis costumes e misteriosos ritos, fora do alcance da imaginação e ainda brutalmente real, gente com sublimidade esculpida de simplicidade e depravação tecida da mais complexa loucura.

Eu fui em direcção à China, as minhas veias a explodir com uma colossal felicidade que eu nunca tinha experimentado. Eu fervia de amor pelo desconhecido, tanto mais que o meu cérebro estava sobrecarregado de aterradoras fantasias criadas por *Le Jardin des Supplices* de Octave Mirbeau, combinadas com férvidas realidades nascidas do sentimento que eu estava (afinal de contas) a trilhar, embora reverentemente e de longe, nos passos do herói da minha infância, Richard Francis Burton.

As aproximações a Rangoon são do tipo mais turbulento. O rio é sempre o mesmo violento dilúvio sujo e furioso. Parece estar desesperadamente irritado consigo mesmo em relação a alguma coisa, possivelmente por ter de passar por Rangoon, que é uma cidade miserável, provinciana e artificial, salva da absoluta insignificância por uma exaltante glória, o pagode de Shwe Dagon.

Os Budistas da Birmânia não podem ser induzidos a fazer algo que possa contribuir para o seu bem-estar ou o da sua religião; mas eles são ridiculamente pródigos em construir novas estupas ou redourar as antigas. Pouco antes da minha chegada, uma imensa soma de dinheiro tinha sido arrecadada para colocar uma placa de puro ouro no Htee[63] do Shwe Dagon, e enquanto esta operação estava em andamento, uma tigresa entrou indiscretamente na cidade certa noite, subiu o andaime e foi baleada por um Inglês. O ultraje à comunidade, a qual se opõe ao assassinato, mesmo acidental, de

---

63 N.T.: Topo

um insecto, estava a causar sérios problemas políticos. O seu mais sagrado santuário profanado por deliberado assassinato! Havia também considerável atrito entre as mesquinhas autoridades Inglesas e os Budistas de ascendência Europeia que tentavam estabelecer-se em Rangoon, viver a santa vida e reviver o Budismo como uma religião missionária. Os funcionários públicos Europeus numa colónia são necessariamente incómodos a si próprios; por conseguinte tentam passar isto a outra pessoa, no princípio dos valentões da escola—o protótipo da administração.

Eu pessoalmente conheci a maior cortesia e gentileza das autoridades na Birmânia, mas o país não é tão socialmente estabelecido como a Índia, e o clima é tão abominável que há toda a desculpa para a irritabilidade por parte de qualquer um que tenha a suficiente infelicidade de viver lá. É, no entanto, uma pena que a administração olhe com tal suspeita provinciana para pessoas como Allan Bennett, que eles imaginem perigos políticos quando um Europeu escolhe estudar religião nativa. Este desfavor estendia-se aos seus próprios funcionários sempre que eles possuíam inteligência suficiente para ter um simpatizante interesse nas pessoas e nos seus costumes e crenças. Fielding Hall, um juiz, encontrou-se bastante impopular nos círculos oficiais à conta do seu excelente, embora um pouco sentimental, livro *The Soul of a People*.

O Inglês em todas as colónias que eu visitei, excepto na Índia, que não é uma colónia, é infantilmente ciumento da sua suposta superioridade em relação ao nativo. Ele tem-se convencido de que representa um passo à frente na evolução e está fantasticamente com medo de "desfalecer"; então ele tem a sua navalha em quem tiver uma boa palavra a dizer ao povo.

Allan Bennett, ao tornar-se um monge Budista, era uma viva testemunha de que alguns Europeus achavam as crenças Birmanesas melhores do que as suas equivalentes europeias; e a ideia—tanto quanto uma ideia pode ser atribuída a um funcionário público—era que os agitadores nativos poderiam usar isto como um argumento de que o domínio Britânico na Birmânia era injustificado. Todo o raciocínio é uma confusão total; mas os homens não são governados pela razão, seja individualmente ou politicamente. Há, por isso, alguma desculpa para a ansiedade da administração.

Ao mesmo tempo, o exemplo da Índia deveria ter sido suficiente. O prestígio Britânico na Índia baseava-se na verdadeira superioridade moral da coragem, da veracidade, da justiça e do autocontrolo. Tem sido destruído pela tentativa de substituir esta irracional alavanca de ferro pelas ripas podres da razão. Nunca deveríamos ter mostrado a nossa fraqueza ao estudante Indiano que enche Bengala com o conto da sua conquista sexual de mulheres brancas, as nossas criadas que tomavam estes filhos de chicaneiros por príncipes. Nunca deveríamos ter enviado examinadores, animais de estimação da classe média, para governar os aristocraticamente propensos habitantes da língua da Ásia. Duxmia[64]—eu suspeito que alguma ave muito sábia—escreveu no *Vanity Fair* (13 de Outubro, 1907):

> O Império Britânico não foi construído por jovens da escola pública, pela excelente e toda suficiente razão de que, enquanto este estava realmente sendo construído, as escolas públicas não existiam. Os homens que derrotaram Napoleão e esmagaram a Rebelião Indiana eram filhos de escudeiros, educados em seminários privados, ou por tutores nas propriedades dos pais deles, muitas vezes deixados a correr livremente entre cavalariças e estrebarias, e obtendo os seus postos militares ou coloniais através de compra ou influência, certamente não através de exames. E nunca seja esquecido que a Marinha, o único serviço eficiente que possuímos, é comandada por homens que não frequentaram escolas públicas.

---

64 N.T.: capitão George Ewelyn Cowley

É a pura verdade. O nosso novo snobismo intelectual da Y.M.C.A.[65] tem sugado a nossa medula espinal.

Deixei a minha família no hotel e fui para ficar com Allan, o qual tinha sido promovido de um simples bikkhu para um sayadaw[66] em seu choung (mosteiro), a umas três milhas da cidade. A observação de Thornton sobre a descontinuidade do ego começara a consolidar-se. Eu estava ansioso para conferenciar com o meu antigo guru o mais meticulosamente possível. A visão dele nessa época era a de que, não importando quão diligente e habilmente se praticasse, não se poderia obter Samadhi e, por maioria de razão, Arhatship[67], a menos que o Kamma (Karma) da pessoa estivesse, por assim dizer, pronto a ser colhido. A teoria dele era a de que é preciso estar em conformidade com o Dhamma em todos os aspectos para se dar a si mesmo uma oportunidade, mas fazê-lo não era garantia de sucesso. Isso dependia da coincidência. A analogia dele foi esta: Supõe que tu és um ponto de uma roda e desejas tocar uma certa pedra na estrada, é obviamente necessário assumir a tua posição na orla da roda, ainda que mesmo assim tu possas estar no topo da roda no exacto momento em que a carroça passa sobre a pedra.

Eu disse: "Como difere esta doutrina daquela de Shri Parananda[68], o qual disse que o Samadhi dependia da "graça do Senhor Shiva?" Ele sorriu sombriamente e disse que a doutrina de Shri Parananda não era Budismo!

De qualquer forma, eu ressenti-me daquelas visões. Agarrei-me apaixonadamente à minha crença de que o progresso dum homem dependia das proezas pessoais. Sem dúvida que isto é filosoficamente absurdo, mas eu ainda mantenho que isto é bom senso prático. A conversação, no entanto, voltou-se para considerações sobre o que o meu Kamma tinha guardado para mim. "Isto pode ser descoberto," disse ele, "adquirindo a Memória Mágica". Isto é equivalente a Sammasati, Recordação Correcta, o sétimo passo no Nobre Caminho Óctuplo. Eu devo explicar o que isto significa.

A teoria Budista da metempsicose não envolve, como a ideia Hindu correspondente, a sobrevivência do indivíduo. Na verdade, não há ego para sobreviver. Quando um Budista diz que ele se lembra dos acontecimentos da sua infância, ele não insinua que ele é o menino em questão. Ele não é; nem é ele o homem, elefante, morcego, lebre ou sei lá o quê, da "sua" incarnação anterior. A onda que quebra na costa não é composta das mesmas partículas de água que a "mesma" onda (como nós a chamamos) um minuto antes. Incarnação são fenómenos sucessivos causalmente conectados mas não idênticos. Teria sido incorrecto para o Buda dizer "eu era aquela sagrada lebre". Ele deve expressar os factos da seguinte forma: Há uma consciência de uma tendência para perceber aquela sagrada lebre e este homem Gautama Buda, como colecção de impressões em que uma determina parcialmente a outra. Esta conexão tende a produzir a ilusão de um ego cujas experiências incluem os fenómenos associados, então com a lebre, agora com o Gautama.

Existem dois métodos principais para adquirir a Memória Mágica, conforme definido acima. Um é treinar a memória normal para trabalhar pra trás em vez de prà frente, de modo que qualquer acção passada seja apresentada à mente do jeito de um filme cinematográfico funcionando na direcção inversa. (Nunca consegui adquirir plenamente a técnica deste método). A outra é deduzir das circunstâncias actuais <u>aquelas que lhes deram origem</u>.

65 N.T.: Young Men's Christian Association
66 N.T.: abade budista birmanês
67 N.T.: estado de se ter atingido a Iluminaçao
68 N.T.: Sir Ponnambalam Ramanathan. Foi Procurador-Geral do Ceilão e tornou-se o guru Shaivita Sri Parananda após a sua reforma. Ensinou Yoga a Allan Bennett e este depois ensinou a Aleister Crowley

Tal qual, pode-se deduzir a partir do exame de uma posição num tabuleiro de xadrez qual linha de jogo ocasionou isto. Não se pode ter a certeza absoluta; as peças podem ter sido estabelecidas por um louco; mas admitindo que a posição é inteligível, as leis da probabilidade tornam-na tão certa quanto qualquer coisa pode ser para que isto tenha surgido de uma certa maneira. Ora, ao considerar a vida de alguém, a pessoa tem mais material para investigação do que uma única posição; tem uma série de posições sucessivas. O investigação inteligente deve ser capaz de deduzir não só o passado desconhecido mas também o futuro desconhecido. Não hesitamos em reconstruir a infância de Swinburne—presumindo a ausência de informação directa—a partir das suas obras. A sua poesia proclama que ele estudou os clássicos compreensivamente e profundamente, que ele foi influenciado por amigos panteístas, anticlericais e republicanos, e assim por diante.

Os astrónomos, novamente, observando uma secção infinitesimalmente curta do curso dum planeta ou estrela, pronunciam-se confiantemente sobre a posição disto no passado e no futuro, e até mesmo em alguns casos calculam a órbita completa disto. Portanto, *a priori* nada há de absurdo em tentar descobrir a própria natureza, história e perspectivas, pelo menos dentro de limites muito amplos, a partir da cuidadosa consideração do conhecido ambiente e características da pessoa. "Explora os rios da alma," diz Zoroastro, "de onde e em qual ordem tu vieste." Eu vi que se eu estivesse a ser inteligível para mim próprio, assim devo eu fazer, e esta resolução resultou nos críticos eventos que tornaram os meses de Novembro, Dezembro, Janeiro e Fevereiro o período mais importante da minha vida tanto quanto a minha atitude pessoal para comigo próprio e para com o universo estava concernida.

A sua vida como bikkhu não tinha sido muito boa para o meu guru. A abstinência de comida após o pôr-do-sol é ruim para a saúde, mas Allan descobriu que depois de três semanas ele adquiria o hábito. No entanto, era provável que ele fosse assombrado pelo fantasma do seu apetite morto. Ele tinha, ademais, entrado num estado muito chocante fisicamente por falta de adequada higiene e talvez também de adequada atenção médica, bem como da sua determinação em cumprir as rígidas regras da Ordem. Ele adquirira várias enfermidades tropicais.

Eu sentia que a minha poesia estava a passar por uma transição e eu não estava convicto da minha capacidade. Allen disse-me que ele achava que a linha mais mágica em Inglês era Coleridge: "And ice, mast high, went floating by."[69] A comparação não é com montanhas ou catedrais, embora sejam mais altos do que os mastros. A iminência do gelo é expressa pela frase escolhida e o leitor é colocado no convés de um navio. Ele torna-se, mal-grado os seus dentes, um dos companheiros do Velho Marinheiro.

Esta conversação levou-me a tentar colocar certa vivacidade de fraseologia na minha poesia. "The Eyes of Pharaoh" foi a minha primeira tentativa de dar imagens vívidas e imediatas. Eu escolhi os meus símiles para fortalecer o tema principal. No final do mês, em Mandalay, eu escrevi aproximadamente metade de "Sir Palmede the Saracen". A ideia deste livro era dar uma descrição do Caminho Místico numa série de episódios, e cada episódio deveria constituir um definido arranjo de cor e forma. Assim, a Secção I mostra o azul e o amarelo do mar e da areia, um cavaleiro em armadura de prata cavalgando ao longo da junção deles até a um ponto onde um albatroz circunda um cadáver mutilado.

Outro assunto permanecia para discussão. Eu tinha em mente colocar a pesquisa espiritual numa base científica. O primeiro passo era fazer com que a humanidade concordasse num idioma. Allan afirmava que uma terminologia perfeitamente

---

69 N.T.: "E o gelo, alto de mastro, ia flutuando."

adequada já existia no Abhidhamma, a secção metafísica do cânone Budista.

Eu não podia negar a excelência da intenção dele, mas do ponto de vista do médio estudante Ocidental, os termos são tão impressionantes que são de partir o coração. Eu disse: Nós já possuímos uma linguagem universal que não depende da gramática. Os fundamentos da matemática são a base da Sagrada Cabala. É natural e apropriado representar o cosmos, ou qualquer parte dele, ou qualquer operação dele, ou a operação de qualquer parte dele, pelos símbolos da matemática pura.

No dia 15 de Novembro começámos a subir o Irrawaddy de navio a vapor *Java* e chegámos a Mandalay no dia 21. Passei os meus dias e as minhas noites inclinando-me sobre o corrimão, observando as pequenas ondas do grande rio e os peixes-voadores. Eu tornei-me insano. Lá estava eu, magro, austero, castanho e imóvel; e havia um conjunto de fenómenos desconexos, cada um com uma razão suficiente em si, e o conjunto deles unindo-se para produzir outro fenómeno; mas não havia conexão entre um conjunto de razões e o outro. Cada pequena onda era causada por certas condições físicas e o efeito do total era retardar a revolução da Terra. Mas nem o chamado fenómeno transitório nem o chamado fenómeno permanente era, em última análise, inteligível. Além disso, o que eu chamei de "eu" era simplesmente uma máquina que registava o impacto de vários fenómenos.

Eu escrevi: "Agora eu posso contar a minha crítica especulativa da razão como não apenas provada e compreendida, mas realizada." E no dia seguinte, "a miséria disto é simplesmente repugnante; eu não posso escrever mais." A influência da jornada no rio em si tinha algo a dizer sobre isto. É uma vasta inundação implacável. As florestas emaranhadas nas margens parecem um símbolo de desordem, desolação e doença. A própria religião torna-se ofensivamente monótona. Em todos os pontos de visão panorâmica estão os pagodes—estúpidas estalagmites de estagnante piedade. Há somente uma estupa com qualquer pretensão à beleza. A excentricidade é explicada assim. Até mesmo a atrofiada ambição dos arquitectos ficara farta de perpétuo plágio. O empreiteiro foi até à rainha e perguntou como deveria ele construir isto. Ela mostrou um dos seios e disse: Toma isso por um modelo." Ele assim fez, e o resultado é um refrescante alívio da rotina da regular estupa.

Mas a impressão predominante é a de putrefacção. Atracado ao navio a vapor estavam flats[70] amontoados com peixe. O sol apodreceu-os ao ponto de se tornarem impróprios para alimento. O fedor era incomparável; isto de alguma forma encaixou-se com o estado da minha alma. Em Mandalay eu exibi este estado por este apontamento no meu diário, "Vi palácio e 450,001,293,847 pagodes." A crítica é injusta: eu não os contara. Há, no entanto, um bom pagode na cidade, o Arrakan, e há um Buddha Rupa realmente belo. Dizem que esta estátua é a única que é um retrato de Gautama segundo a sua existência. Pode ser ou não; pelo menos está livre do enjoativo convencionalismo da regular estupidez do sorriso afectado. A verdadeira glória de Mandalay consiste nas tabelas da lei. Há dez mil placas gravadas com o cânone, cada uma sob uma canópia para protegê-la do clima. Eu pensei que tinha feito muito bem em matéria de produção de livros, mas eu tinha de admitir que estava sentado com um jack high contra um *royal flush*.

Mandalay é medonha a maior parte do ano. Está praticamente debaixo de água durante todo o Verão. Pelo menos cinquenta por cento dos residentes Europeus estão na lista de doentes e uma boa parte destes morre instantaneamente. Há pouco a escolher entre a bacia do Irrawaddy e as piores partes da África Ocidental.

Todavia, os seus habitantes falavam como se estivessem num *resort* de saúde sempre

---

70 N.T.: águas rasas

que o vale de Salween era mencionado por algum espírito intrépido. Isto era encorajador, visto que o meu principal objectivo era atravessar o Salween. O mapa fascinava-me. O Salween, o Mekong e o Yangtze Kiang correm paralelos a uma distância considerável e estão tão próximos que só me levou três dias entre os dois primeiros desses rios; mas o primeiro atinge o mar em Moulmein, no Golfo de Martaban, o segundo abaixo de Bangkok no Golfo do Sião, com toda a península malaia entre eles, enquanto o terceiro vira subitamente do sul para o norte de leste[71] e alcança o Mar Amarelo. Mar a milhares de milhas de distância. As "divisórias" ou bacias hidrográficas entre estes três rios durante o seu dramático paralelismo devem evidentemente ser montanhas do tipo mais interessante. Eu queria visitar um canto da terra que apelasse vividamente à minha imaginação.

Incidentalmente houve dificuldades práticas. Eu não tinha noção de que todos eram perfeitos idiotas. Eu não conseguia compreender a psicologia paroquial do médio Inglês. Até mesmo Litton, o conselheiro Britânico em Tengyueh, escreveu: "Direi francamente que eu não tinha ideia de que a Sra. Crowley ou uma criança estaria consigo, e que embora não haja realmente razão para que eles não devam ir para Yunnanfu, na estrada principal, eu temo que sofram muito desconforto e inconveniência no caminho por parte da curiosidade e impertinência do Chinês: coisa que tentará o seu temperamento. Também recomendaria que você se vestisse em estilo Chinês, e se a sra. Crowley não objectar a uma peça de roupa ou jaqueta de senhora Chinesa, ela atrairia muito menos a atenção e estaria menos sujeita a aborrecimentos."

Eu não compreendia, de forma alguma, que o médio Inglês realmente se ressentisse de ter sido convidado a dormir num quarto que não era mobilado na Tottenham Court Road, e que não tinha instalada água quente e fria. Eu não compreendia que os medos dele invariavelmente o levavam a interpretar a curiosidade natural de aldeões, os quais nunca viram Europeus nas suas vidas, como insolência e hostilidade. Eu não compreendia que ele considerava sua incumbência instruir a população que tem sido altamente civilizada por milhares de anos nos rudimentos de polidez e moralidade, para não falar de religião. Eu sabia, como sei que dois e dois fazem quatro, que é necessário apenas comportar-se como um cavalheiro a fim de acalmar as apreensões dos aborígenes e apelar ao facto fundamental de que todos os homens são irmãos. Com isto não quero dizer nada estúpido, ensopado e sentimental; eu quero dizer que todos os homens necessitam de comida, roupas e abrigo, em primeiro lugar; e em segundo, segurança contra a agressão em relação à vida e à propriedade.

O próprio Litton compreendia e apreciava perfeitamente o carácter Chinês. Embora ele fosse apenas o conselheiro da cidade mais remota da mais remota província do império mais remoto da Terra, ele governou toda aquela província pela força da superioridade conferida pela simpatia, integridade e coragem moral. Mas a sua experiência não o levara a esperar que o carácter de qualquer outro Inglês pudesse coincidir com o seu em todos estes pontos críticos.

A irritabilidade e insularidade do Inglês, com o seu snobismo, pomposidade e hipocrisia, havia estabelecido um preconceito por parte das autoridades em não permitir que Ingleses visitassem o interior da China. Os meus compatriotas podiam ser convencidos em corromper os elementos menos promissores. Portanto, enquanto o governo da França encorajava os seus cidadãos a explorar a província, Whitehall tornava o mais difícil possível para os Britânicos. Eu obtive a minha permissão somente depois de atrasos sem sentido e abrangidos por restrições ridículas.

No dia 23 de Novembro fui a bordo do *Irrawaddy* para Bhamo, mas por uma causa

---

71 N.T.: do eixo Este para o eixo Norte no sentido contrário aos ponteiros do relógio

ou outra ela não deixou Mandalay até ao dia 29. Existem dois desfiladeiros para serem passados. O rio é construído por afloramentos de rocha de tal modo que formam rápidos tão perigosos que só podem ser navegados com extrema cautela. Cheguei a Bhamo no dia 1 de Dezembro.

O Irrawaddy é o cenário de uma das apostas comerciais mais excitantes do mundo. Na cabeceira das águas estão minas de jade, e enormes blocos do mineral bruto são enviados em jangadas a mercadores mais abaixo. Estes blocos são comprados em leilão. Quase se pode dizer que o comprador confia na sua clarividência, pois não há meios científicos para determinar o que acontecerá quando o bloco for dividido.

O comprador procede a dividi-lo e recebe a sua perda ou lucro consequentemente. O processo é então repetido quando o jade desce o rio. Quando chega a Rangoon, ele é cortado em pequenas secções e o seu valor final é aproximadamente determinado. Durante o seu trânsito, fortunas têm sido feitas ou perdidas.

Embora o rio superior passe pela região montanhosa, ele ainda sinaliza a sua sinistra mensagem de decadência e morte. Um incidente dramático havia estampado o facto na minha memória. No navio estava um velho homem, um distinto oficial que pretendera aposentar-se do serviço e receber a sua pensão um ou dois meses antes. Ele tinha sido pessoalmente solicitado pelo vice-governador para adiar o seu retorno a Inglaterra para que ele pudesse facilitar os preparativos para a visita do Príncipe de Gales. A conversa dos Europeus nestas partes da Terra é inexprimivelmente mórbida; eles parecem obcecados pela sempre presente probabilidade de morte. O oficial tentou esconder o seu pânico afirmando em voz alta uma própria teoria médica, que a peste, a cólera, a disenteria e a febre tifóide (os quatro príncipes do sangue real no palácio do Rei Morte) eram apenas variedades de febre malárica. Eu disse com desdém: "Da próxima vez que você apanhar cólera, eu espero que eles lhe dêem quinino." A piada veio três dias depois, quando ele morreu de cólera. Eu não sei se eles lhe deram quinino ou não.

Bhamo é um posto avançado encantador. Está-se fora da malárica cozedura da floresta. Mas eu odiei isto, pois queria prosseguir para a China e fiquei retido durante dezassete dias pela não chegada do meu passaporte. O atraso foi parcialmente deliberado. O vice-comissário estava ausente; e o seu assistente era Eurasiático, o qual tinha o maior deleite em irritar o homem branco. Por fim tive permissão para prosseguir por cima da sua cabeça, e tendo feito isso esfreguei esta com a seguinte carta:

    16.12.05 *Dak Bungalow, Bhamo*
    Prezado Senhor
    Em resposta à sua ponderada sugestão (transmitida a seu favor da data de ontem), eu mesmo tive a honra de presumir entrar em comunicação telegráfica com o Cônsul da H.B.M. em Tengyueh. Estará no seu conhecimento, com a sua gentil permissão, a minha intenção de deixar Bhamo amanhã em consequência da informação assim transmitida; mas abster-me-ei de o agitar com outras partes da comunicação dele.
    Estas, entretanto, suspeito eu, mais tarde ou mais cedo, serão apresentadas diante de você pelo Meritíssimo Vice-Governador da Birmânia; e eu confio que você estenderá às observações deste cavalheiro a mesma expedita cortesia e inteligente atenção que você tem, até então, estado graciosamente agradado a condescender em outorgar sobre as minhas.
    Devo sobrepujar-me em devidas expressões de gratidão pelos incessantes padecimentos a que você tanto se deu em meu nome, e confiar que os esforços tão ininterruptos não tenham tido qualquer efeito prejudicial sobre a sua constituição.
    Tenho a certeza de que você se divertiu completamente, sendo a virtude a sua própria recompensa, e tenho a certeza de que eu não posso expressar mais bem-

vindo desejo de que o destino em breve lhe envie um outro real homem branco para tratar a si como você me tratou.

Eu tenho a honra de ser, Prezado Senhor,

Saint E.A. Crowley

O Comissário Assistente, Bhamo

Eu não sou um snobe ou puritano, mas os Eurasiáticos dão-me nos nervos. Eu não acredito que a sua universalmente admitida mesquinhez é devido a uma mistura de sangue ou à presumível peculiaridade dos seus pais; mas que eles são forçados para a vileza pela atitude de ambos os seus vizinhos brancos e de cor. Um caso semelhante é apresentado pelo Judeu, o qual realmente possui muitas vezes as más qualidades das quais ele não gosta; mas elas não são apropriadas à sua raça. Ninguém pode mostrar espécimes mais refinados da humanidade. Os poetas e profetas Hebreus são sublimes. O soldado Judeu é corajoso, o rico Judeu é generoso. A raça possui imaginação, romance, lealdade, probidade e humanidade num grau excepcional.

Contudo, o Judeu foi perseguido tão implacavelmente que a sua sobrevivência dependeu do desenvolvimento das suas piores qualidades; avareza, servidão, falsidade, astúcia e o resto. Mesmo os Eurasiáticos da mais alta classe, como Ananda Koomaraswamy, sofrem com a vergonha de serem considerados párias. A irracionalidade e a injustiça dos seus vizinhos aumentam o sentimento e isto gera as mesmas abominações que a snobe desumanidade dos seus semelhantes espera deles.

Com a partida de Bhamo pode ser dito que começou uma nova fase da minha carreira. Até este ponto, eu tinha sido capaz de entrelaçar os fios das minhas três vidas; as vidas da alma, da mente e do corpo; ou, mais precisamente, na linguagem da Cabala, Neschamah, Ruach e Nephesch. Os sábios Hebreus fizeram uma classificação admiravelmente simples, significativa e precisa.

O Neshamah é aquela aspiração que na maioria dos homens não é mais do que um anseio vazio e sem voz. Este torna-se articulado apenas quando compele o Ruach a interpretá-lo. O Nephesch, ou alma animal, não é o próprio corpo; o corpo é excrementício, do Qliphoth ou concha. O Nephesch é aquele coerente bruto que o anima, dos reflexos às mais elevadas formas de actividade consciente. Estes novamente são apenas percebidos quando se traduzem para o Ruach.

O Ruach, por fim, é a máquina da mente convergindo para uma consciência central, a qual parece ser o ego. O verdadeiro ego está, no entanto, acima de Neschamah, cujas mensagens ocasionais para o Ruach alertam o ego humano da existência do seu superior. Tais comunicações talvez sejam bem-vindas ou ressentidas, encorajadas ou abafadas. Iniciação consiste em identificar o eu humano com o divino, e o homem que não se esforça constantemente para esse fim é simplesmente um bruto tornado infeliz e envergonhado pelo facto de autoconsciência.

Eu acho por experiência que esta teoria representa os factos muito de perto. Considerei necessário dar pelo menos o despido esqueleto, porque os próximos meses da nossa história compelem-me. Não mais é possível interligar as minhas três vidas. A minha habitual carreira torna-se um turbilhão de estranhas aventuras, algumas do tipo mais desconcertante; ainda que a vida espiritual seja crucial e absolutamente simples. Uma está ligada à outra apenas pelo facto de que as minhas aventuras parecem como se fossem muitos obstáculos deliberadamente colocados no caminho da minha realização da Operação da Magia Sagrada de Abramelin, o Mago. Eu lidarei primeiro com a vida dos sentidos.

~ 55 ~

É PROVAVELMENTE um incidente raro para qualquer jovem encontrar, na carne, o ideal dos sonhos da sua infância. Tal, porém, foi a minha grande boa sorte. No cônsul de Tengyueh, Sr. Litton, encontrei tudo o que eu perdera quando Richard Burton morreu. Ele possuía o espírito de aventura na sua forma mais nobre e exultante. Ele tinha o instinto de aprender línguas estrangeiras e lidar com pessoas estrangeiras; e, num aspecto, a sua história fora similar. Alguns anos antes, ele tinha sido cônsul numa outra parte da China que era o coração do movimento Boxer. Movendo-se, conforme ele fazia, entre os Chineses da maneira mais íntima, ele compreendeu o sentimento por detrás da agitação. Ele empregou o seu génio em desvendar a conspiração e conseguiu descobrir os planos dos Boxers em detalhe. Esta informação ele comunicou às autoridades em Pequim. Será lembrado que Burton fez exactamente a mesma coisa no assunto da Rebelião Indiana; e, até certo ponto, Sir William Butler fizera isso em relação aos Boers.

O resultado em cada caso foi exactamente o mesmo. As autoridades indignadas expulsaram Litton para o posto remoto e sem importância de Tengyueh, no limite da mais selvagem província da China. Mas é difícil submeter um homem bom. A influência de Litton sobre os nativos foi tão grande que ele era o verdadeiro governante da província. Ele estava apenas começando em digressão a compor algumas querelas nativas perto da fronteira, a umas trinta milhas de Tengyueh; e nós almoçávamos juntos à beira da estrada. Ele fizera milagres para suavizar o meu caminho.

Ele ficara inicialmente alarmado por eu levar a minha esposa e o meu filho comigo em tal jornada. A carta dele divertiu-me muito; esta mostrava a classe do povo Inglês com quem ele esperava lidar. Ele esperava que nós gritássemos se a água quente e a água fria não fossem colocadas em cada hospedaria Chinesa, e que deitássemos abaixo cada coolie, agricultor ou comerciante Chinês como um assassino, com um especial "abaixo" a respeito de "demónios estrangeiros". Ele pensava que nós ficaríamos muito chateados com a curiosidade natural dos nativos em ver uma mulher branca e que interpretaríamos o interesse deles como um insulto intencional. Quando ele descobriu com que bom senso prático eu viajava, ele percebeu imediatamente que não haveria problemas. Durante este almoço, ele deu-me informação acerca da China mais genuinamente valiosa do que a que eu tivera em todo o anterior curso da minha vida. Um dos provérbios dele foi este: o que quer que se ouça, por mais extraordinário que seja, é verdade num lugar ou noutro na China!

Ele também contou-me a principal diferença psicológica entre o Chinês e o Indiano quanto à prática de lidar com eles. O Chinês não respeita o homem branco como o Indiano o faz—por sua posse de altas qualidades morais. Os próprios coolies desprezam os seus mercadores mais ricos pela honestidade deles, que, a propósito, é única no comércio. Eles respeitam qualquer homem que aja como os seus próprios mandarins agem; com absoluta falta de simpatia, justiça ou quaisquer outros sentimentos humanos. Eles tratam o viajante bem na proporção em que ele é arrogante, desdenhoso e avarento.

Eu descobri, de facto, que era necessário atirar ao mar todos os meus princípios anteriores. Não se pode confraternizar com os Chineses das classes mais baixas; é preciso tratá-los com absoluto desdém e insensibilidade. Por outro lado, o cavalheiro Chinês é o mais nobre e mais cortês do mundo. O seu porte geral é o de Athos em *Os Três Mosqueteiros,* no seu melhor. As relações da pessoa com ele devem ser aquelas de absoluto respeito mútuo; e aqui novamente, intimidade de qualquer género é impossível. Cada homem reside em pináculos de isolamento. Um caso típico é a relação do Imperador com um homem como Li Hung-chang. O Filho do Céu estava tão acima mesmo do maior dos seus súbditos que não podia fazer diferença entre ele e o mais comum trabalhador. Ele escrevia para ele simplesmente como Li.

Litton forneceu-me anotações cuidadosas das etapas da minha jornada para Yunnanfu, o que achei extremamente útil. Não pude começar de Tengyueh até que o meu passaporte chegasse do consulado geral. Com extrema gentileza, Litton convidou-me para ficar no consulado até que isso chegasse. Ele próprio esperava estar de volta a Tenjyueh dentro de uma semana, de modo que eu esperava vê-lo novamente e aprender mais acerca da visão dele. Nós sentámo-nos e conversámos por um par de horas, cada um sentindo instintivamente que tinha encontrado um espírito solidário.

A marcha de Bhamo para Tengyueh foi cheia de acontecimentos. O primeiro dia foi um passeio agradável de cerca de nove milhas para Mamouk onde jantámos na messe dos oficiais. Ainda estávamos na atmosfera Birmanesa e as mentes das pessoas estavam preocupadas com assuntos Europeus e doenças. Não havia traço do singular horror com o qual eu entraria em contacto para lá da fronteira, um horror do qual não encontrei ninguém senão o próprio Litton inteiramente livre, até que eu entrei na esfera da influência Francesa. No dia seguinte cobrimos vinte e uma milhas e no terceiro, dezasseis, onde nós acampámos pela primeira vez a céu aberto. O cenário não fora particularmente impressionante; mas havia uma sensação de candura ao sair da bacia do Irrawaddy que achámos extremamente agradável.

No quarto dia cruzámos a fronteira Chinesa. Neste ponto ela é marcada por um pequeno riacho numa ravina. Não há ponte adequada; apenas um tronco de árvore de aparência insegura. Eu tinha dúvidas acerca do meu pónei e decidi atravessar. Eu estava, é claro, a cavalgar por último para evitar a dispersão, e quando cruzei a corrente o resto do grupo ficou fora de vista na esquina do caminho que se eleva abruptamente ao longo da encosta, no intuito de atravessar a montanha. Eu tinha ficado um pouco rígido com a equitação e pensei em esticar as minhas pernas; então subi a pé com o meu cavalo a encosta por alguma distância. Decidindo remontar, eu balancei a perna por cima da sela; e, antes de eu estar sentado, o bruto colocou o seu casco traseiro sobre a ravina, que era aqui precipitosa. Nós rolámos um sobre o outro duas vezes, a uma distância de trinta ou quarenta pés.

Nós não ficámos nem um pouco feridos; o meu sentimento era de puro espanto. Eu olhei para cima do penhasco. Estava bem dentro dos meus planos subir, mas não havia possibilidade de erguer o pónei. Escalei o trajecto e cuidadosamente atei o meu turbante, o qual tinha saído, antes de gritar por Alama para voltar e desembaraçar o meu cavalo. Eu senti que era essencial mostrar-me imperturbável. Os homens retornaram encontrando-me calmamente sentado e a fumar. Eles tiveram uma dificuldade considerável em encontrar um caminho de volta para o pónei. As aventuras do dia ainda não tinham terminado. Pouco antes de chegar ao acampamento fui coiceado na coxa por uma mula. Eu explicarei mais tarde a extrema importância deste dia na minha carreira.

Houve uma série de pequenos acidentes durante estes dias. Salama tinha começado caindo da sua mula. Então chegou a minha vez. No dia seguinte, Rose e o bebé caíram enquanto atravessavam uma ponte, incompreensivelmente. Foi uma sorte extraordinária que eles não tenham sofrido muito. No dia seguinte, nós passámos a noite num templo Budista após uma marcha na chuva, durante a qual a ama foi coiceada e mordida por uma mula. No dia subsequente foi novamente a minha vez de ser coiceado. Eu tinha uma boa experiência com mulas em várias partes do mundo; mas somente nesta curta secção ocorreram tais coisas.

Este dia foi novamente muito húmido. A estrada conduzia a um passo de três mil pés de altura. Eu digo "estrada", e é claro que esta é a estrada principal da Birmânia para a China, assim como a estrada que seguimos de Srinagar é a principal rodovia de Kashmir ao Turquestão. Em nenhum dos casos seria considerado bom andamento pela cabra comum. No dia em que chegámos a Tengyueh, a ama deu-nos o tropeção. Nós tínhamos acampado junto a uma fonte termal na noite anterior, na companhia de uma caravana com destino à Birmânia. Um dos muleteiros tomou a fantasia da moça e ela decidiu unir o seu destino com o dele e ir para a Birmânia. Ela tinha sido tão má criada e tinha dado tantos problemas que eu não tentei recuperá-la.

Nós nos encontrámos com uma calorosa recepção no consulado da esposa Chinesa de Litton, uma mulher extremamente bonita com maneiras perfeitas. Eles tinham cinco filhos encantadores. O preconceito contra mestiços requer análise. Não é a mistura de sangue, como regra, que torna a maioria deles tais espécimes degradados da humanidade, mas as circunstâncias que geralmente acompanham o seu nascimento. Estas circunstâncias, novamente, são devidas à grosseira imbecilidade da moralidade pública. Quando a criança é um bastardo de um Tommy[72] bêbado e de uma mulher de bazar, não há necessidade de profundas hipóteses antropológicas para explicar por que razão esta não é um Newton ou um Chesterfield. Não há dúvida, no entanto, que algumas raças fazem melhor combinações do que outras. A melhor classe de Ingleses e a melhor classe de chineses misturam-se admiravelmente, desde que (claro) as crianças sejam educadas decentemente num ambiente onde elas não sejam prejudicadas desde o início sentindo-se objectos de desagrado e desprezo. Nada é pior para as crianças do que serem humilhadas; elas devem ser educadas para perceber que são "reis e sacerdotes para Deus".

A colónia estrangeira em Tengyueh era pequena e monótona. O chefe da alfândega era Napier, filho de um velho amigo do meu pai. Ele era um aristocrata melancólico que só se guardava de enlouquecer nestes ambientes monotonamente desagradáveis por uma espécie de coragem Prometeica. Os outros Britânicos não causaram qualquer impressão na minha mente. Havia um missionário Norueguês chamado Amundsen, ainda mais incolor e melancólico do que os desmiolados Escandinavos usualmente são. O médico era um Bengali chamado Ram Lal Sircar, um negro corpulento do tipo mais repugnante. Eu não gosto muito de Bengalis e ele é o pior espécime da sua raça que eu já vi. Ele era gordo e oleoso, com olhos pequenos e traiçoeiros. Nas raras ocasiões em que ele não estava a comer, ele estava a escrever artigos anti-Britânicos para a imprensa nativa de Bengala.

Havia, no entanto, um convidado no consulado com quem eu fiz uma imediata calorosa amizade. Este era um botânico chamado George Forrest, o qual estava a recuperar de uma aventura que eu devo narrar com algum detalhe, pois inclui uma das mais impressionantes histórias de fantasmas que eu já ouvi. A sua feliz área de caça fora a divisão Mekong-Salween. Ele estivera no norte, além do paralelo 28, num país praticamente não percorrido por quaisquer brancos, entre montanhas que se elevavam a mil e novecentos mil pés. A sua sede era uma missão Jesuíta.

O distrito tinha sido perturbado por algum tempo; uma cidade comparativamente importante era o centro de uma pequena revolta contra o governo Chinês. Um exército havia sido despachado para atenuar isto. O cerco era tipicamente Chinês. Tendo sitiado a cidade, o general imperial não fez qualquer tentativa de tomá-la por

---

[72] N.T.: soldado britânico

assalto; ele simplesmente entrou em negociações com a guarnição quanto ao preço da rendição. Após intermináveis regateios, uma soma foi fixada. Tanto é inteligível, mas neste ponto entra em jogo a psicologia desconcertante dos Chineses. Os habitantes foram mortos à espadada e a cidade saqueada, exactamente como se tivesse sido tomada como resultado de mortíferos conflitos.

O enfraquecimento geral da autoridade imperial levou à eclosão de incursões por parte dos lamas Budistas que viviam em remotos caravançarais empoleirados nos inacessíveis penhascos das montanhas na fronteira com o Tibete.

Bandos destes monges saíram das suas fortalezas para se entregarem a orgias de rapina, estupro, assassinato e canibalismo. (As descrições oficiais dos vários infernos no cânone Budista são evidentemente reais imagens dos factos; as torturas dos condenados são apenas ligeiros exageros daqueles realmente infligidos pelos Budistas aos seus inimigos. Em particular, era costume destes lamas devorar os corações e fígados dos seus inimigos a fim de adquirir a vitalidade e coragem deles. Como já expliquei, eu não considero isto supersticioso; eu acho que isto é prático senso comum.)

Forrest estava na missão Jesuíta quando chegou a notícia do norte de que os lamas estavam no caminho da guerra. Foi decidido fugir e toda a missão se apressou. O seu mais velho membro, Padre Bernard, era um homem com mais de oitenta anos. Decidiu separar-se para maior segurança; mas Forrest achou muito difícil deixar o velho, por quem ele havia adquirido extremo respeito e afeição. Mas isto era a única coisa a fazer, e Forrest mergulhou sozinho num obscuro vale lateral na esperança de alcançar a comparativa segurança da estrada principal de Tengyueh para Yunnanfu por meio de um desvio.

O anoitecer do segundo dia mostrou-lhe as fogueiras do acampamento dos lamas nas colinas ao sul e ele reconheceu que estava retido. Na luz das fogueiras, ele podia ver as gigantescas silhuetas dos cães de caça deles. Subitamente ele percebeu que as suas botas Europeias tornavam fácil o rastreamento dele, então ele descartou-as. Durante o dia o menor movimento poderia facilmente ser observado, ou os cães poderiam estar no seu rastro, então ele passou o dia sob uma rocha que pendia sobre o rio, até ao pescoço na água gelada. Quando a noite caiu, ele arrastou-se para fora e tentou obter algum calor para o seu corpo. (A comida dele logo faltou-lhe. Durante esta aventura ele viveu oito dias com nada mesmo e pelos vinte e um seguintes com tsampa, farinha Tibetana, que tem a propriedade de produzir diarreia violenta no Europeu médio.)

A noite ficou completamente preta e Forrest repentinamente ficou ciente duma figura luminosa ao lado dele. Ele reconheceu imediatamente como a do Padre Bernard. Ele pensou consigo mesmo: "Eles apanharam-no e mataram-no!" (Isto foi posteriormente verificado. O velho encontrou o seu fim mais cedo naquele dia.) O fantasma não falava, mas o seu braço direito estava estendido como que para forçar Forrest a buscar refúgio naquela direcção. Forrest riu para si mesmo, apesar das circunstâncias atrozes, do absurdo; a direcção indicada era a de todos os outros, o que certamente era a mais fatal de se tomar. Depois de alguns minutos, a figura desapareceu. O amanhecer rompeu e mostrou-lhe a situação inalterada. Ele passou um segundo dia na água sob a rocha.

Na segunda noite o espectro reapareceu. Novamente ele apontou na mesma direcção e desta vez o gesto foi imperioso. O instinto de autopreservação de Forrest tinha sido praticamente esgotado pelas dificuldades. "Oh bem," disse ele para si mesmo, "uma morte rápida é melhor do que isto", e lá foi ele na direcção designada. Ele não tinha ido muito longe antes de se encontrar com um camponês que se ofereceu para ajudá-lo a fugir, e o conduziu, descalço como ele estava, através de um desfiladeiro coberto de neve a mais de quinze mil pés de altura. Não encontrou lamas e finalmente chegou à estrada principal, onde Forrest juntou-se a uma caravana de mercadores viajando para Tengyueh, os quais o trataram bem e o levaram para o consulado, onde eu o cacei, ainda fraco da sua aventura e ainda abalado. Ele contou a sua história com a máxima modéstia e equanimidade; e eu não podia duvidar que a aparição do Padre Bernard era um facto. Que ao ter apontado o caminho da salvação na direcção mais improvável, certamente indicava um conhecimento excepcional.

A atmosfera em Tengyueh era intensamente opressiva. A conversa invariavelmente girava em torno de batalha, assassinato e morte súbita, bordada com uma riqueza fantástica de doença e tortura. Era um pesadelo absoluto. Eu realmente tenho muito crédito por ter passado vinte e cinco dias nesta comunidade sem perder a coragem ou ficar obcecado. Todos pareciam estar preocupados com a ideia de que a qualquer momento os Chineses pudessem irromper e colocar-nos na morte mais cruel.

Devo admitir que houve um número bastante incomum de incidentes realmente aterrorizantes; até mesmo ocorrências insignificantes pareciam demasiado aptas a assumir um significado sinistro. Por exemplo, dois dos cavalos de Litton morreram repentinamente. Eu diagnostiquei antraz e quis tomar as medidas óbvias; mas nada havia a ser feito. Os servos do consulado tinham levado as carcaças para o mercado e passaram os três dias seguintes em suspensão. Suspender é regatear; mas o regateador mais inveterado é comparativamente um mercador de preço fixo. Era certamente o limite pensar nos animais sendo vendidos para alimento humano! É preciso ser-se resoluto para evitar que a mente se demore em tais assuntos; é preciso tomar-se precauções tanto quanto possível sem pensar acerca da pressagiada calamidade.

Um outro incidente inquietante foi o seguinte. Era suposto Tengyueh estar em directa comunicação telegráfica com Pequim. Uma das mais absurdamente características disposições era a de que o observatório de Pequim telegrafáva-nos diariamente o tempo correcto. Ora, em Yunchang[73], havia um revezamento e, na maioria das vezes, os telegrafistas estariam empenhados em fumar ópio durante três ou quatro dias de cada vez. Consequentemente um monte de telegramas chegariam tardios à noite dizendo-nos que era meio-dia em Pequim.

Não se estava, portanto, muito certo de receber as novidades. E justamente desta vez chegou uma mensagem contando-nos sobre os tumultos em Xangai e que dezassete pessoas tinham sido mortas. Nós não poderíamos dizer quão sério isto poderia ser; se era uma eclosão local ou se fazia parte de uma sublevação geral de sentimento anti-estrangeiro. Eu ouvi mais tarde os detalhes. A colónia Europeia tinha ficado muito assustada e fortificou-se no clube privado; mas o motim fracassou. Era, não obstante, alarmante conseguir um item isolado de notícias deste tipo. Pensando nisto hoje, eu pasmo que nunca me ocorresse voltar para a Birmânia. Não me senti corajoso ou alarmado acerca disto. Há em mim uma qualidade de estoicismo quase imbecil. Eu simplesmente não posso ser perturbado em me preocupar acerca de perigo ou adversidade de qualquer tipo, excepto quando há vigor no meu aviso imediato.

Eu não posso explicar esta imperturbabilidade peculiar. Parece inteiramente em guerra com a minha extrema sensibilidade. E, no entanto, pode de facto ser a protecção Freudiana contra isto; pode ser que os meus instintos me avisem de que, se eu me permitir pensar em certos assuntos, a dor será insuportável. Seja como for, não há dúvida de que possuo uma solidez peculiar; tendo decidido fazer qualquer coisa, eu vou para o meu curso, não importa que novos factos surjam. Eu não darei um passo fora do meu caminho para evitar o mais óbvio desagrado. E certamente nunca tenho

---

73 N.T.: Yunnan

sido capaz de decidir se esta qualidade é uma vantagem a longo prazo ou não.

O episódio final da minha história em Tengyueh[74] poderia, de facto, ter levado a maioria dos homens a mudar o seu plano. É, em muitos aspectos, a aventura mais dramática da minha vida e deixou uma impressão inerradicável na minha mente. Eu desespero-me em descrever a sua intensidade ou a selvajaria do cenário. A atmosfera opressivamente eléctrica das três semanas anteriores, a apreensão indescritível que pairava sobre a colónia, subitamente descarregou-se num raio.

Às oito da noite do dia 10 de Janeiro nós estávamos sentados ao jantar, no consulado, quando ouvimos gritos confusos e passos velozes no pátio. As portas foram subitamente escancaradas e um gigantesco mensageiro pingando de suor esbarrou no quarto, escarrapachando as pernas e os braços esqueléticos na extravagância dos seus gestos. Por um momento nós acreditámos que um ataque estava iminente mas Forrest logo eliciou uma história um tanto vaga no sentido de que Litton estava doente e precisava dos serviços de um médico. Foi dito que ele estava acampado à distância de cerca de dois dias de marcha na direcção de Bhamo; mas nós resolvemos cobrir a distância no decorrer da noite. Forrest sendo o meu superior, e conhecendo a língua, foi evidentemente assinalado como chefe da expedição. Eu coloquei-me sem reservas às ordens dele.

A primeira coisa era obter os cavalos, o que foi fácil; a segunda, expulsar o Bengali, o que era uma proposição inteiramente diferente. Já passava das nove horas antes de ele se juntar a nós nos arredores da cidade. A palavra avante foi dada, e Forrest e eu galopámos furiosamente na escuridão. Mantivemos um ritmo tremendo até ao sopé das colinas. Foi uma bravia e ventosa noite; rasgadas nuvens atravessavam intermitentemente uma nebulosa lua. Alguma chuva tinha caído e as largas pedras lisas da estrada estavam tão escorregadias quanto vidro. Era impossível andar nos declives; o tatu tropeçava a cada passo.

As minhas botas de montanha com os seus pregos de ferro forjado provaram ser igualmente desajeitadas. Fui obrigado a marchar apoiando-me com uma das mãos no pescoço do pónei e instando-o com o meu chicote com a outra. Nós compelimos ansiosamente através da noite; e por fim nós chegámos à crista da cordilheira e começámos a descer pelo outro lado do caminho em direcção às fontes termais. Havia apenas luz suficiente no leste para revelar a paisagem no momento em que chegámos perto do sopé da colina. Então eu vi uma liteira aproximando-se lentamente. Forrest deu um grito e correu entusiasticamente para frente; mas eu silenciosamente virei o meu cavalo, pois vi que as pernas do cônsul estavam amarradas.

A situação, à parte do seu trágico presente, estava cheia de ansiedade pelo futuro. Como Litton morrera! Uma olhadela para o corpo não foi reconfortante. Havia sintomas que sugeriam veneno e a alternativa menos sinistra era alguma infecção mortal. Eu queria uma opinião médica; mas o médico evitou a vizinhança da liteira, dizendo que o exame poderia ser feito em Tengyueh. Eu não percebi totalmente o que estava por detrás disto e aquiesci. Ele correu de volta muito mais rápido do que tinha vindo. Pelo que eu sabia, ele tinha em mente fazer vários preparativos.

Por volta das quatro horas chegámos a uma aldeola miserável onde alguns coolies tinham acendido uma fogueira na rua. Os portadores da liteira, totalmente esmaecidos, deitaram-se junto ao fogo. Havia um pouco de palha solta e Forrest e eu seguimos o exemplo deles. Tentámos aprender as circunstâncias da morte de Litton; mas os homens deram relatos vagos e aparentemente contraditórios do que tinha acontecido. Foi estranho; alguns deles poderiam ter estado em conspiração; e nós não tínhamos meios de dizer o seu teor ou extensão. Agarrei alguns instantes daquele inquieto sono

---

[74] N.T.: Tengchong

que sobrevém à exaustão e angústia, e entorpece enquanto não descansa os nervos.

Começámos de novo por volta das seis e meia e chegámos a Tengyueh por volta das dez da noite. Nós tínhamos permitido que a liteira nos precedesse, pensando que o médico estaria à espera, tendo tomado todas as providências, mas descobrimos que nada do género tinha sido feito. Os coolies simplesmente tinham despejado o corpo no pátio externo do consulado. Nós levámo-lo para uma sala vazia do lado oposto àquela em que as pessoas viviam e enviámos mensagem para o médico. Ele replicou uma resposta evasiva.

Após diversas mensagens adicionais, Forrest perdeu a paciência e pediu-me para dar um giro e trazê-lo de volta à força se necessário. Não deve ser suposto que Forrest fosse de algum modo histérico. Era imediatamente urgente averiguar a causa da morte de Litton. A segurança da comunidade Europeia podia depender disto. Se ele tivesse morrido por violência, a nossa única chance seria as tropas serem apressadas em prol da nossa protecção; se por doença, tomar medidas de quarentena.

Eu encontrei o Bengali sentado à sua mesa diante dum prato de arroz como nunca vi na minha vida. Certamente havia o suficiente para seis pessoas comuns. Fiquei alguns momentos a observar o processo de deglutição. Valeu a pena ver; e dos restos na mesa, ficou claro que isto era meramente uma pequena sobremesa leve. Eu não perdi a minha têmpera; mas devo confessar ter ficado muito irritado. Pedi-lhe para voltar e ele então começou a tentar sair disto completamente. Logo vi que ele tinha decidido que o cônsul morrera de alguma doença perigosamente infecciosa e estava unicamente preocupado em manter-se fora de perigo.

Persuasão e reprovação falhando em alcançá-lo, eu recorri ao uso do meu chicote de barbatana de baleia. Ele não fez nenhuma tentativa de repelir os golpes, menos ainda de me atacar; ele simplesmente encolheu-se e uivou. Eu parava em intervalos para impressionar na mente dele que eu pretendia continuar até que ele viesse comigo para fazer o seu dever. Ele finalmente cedeu e eu levei-o pela rua até ao consulado. Mas uma vez na câmara da morte, ainda era impossível conseguir que ele fizesse um exame apropriado. Ele não se aproximaria do corpo. Forrest e eu cortámos as roupas.

Havia algumas curiosas feridas causadas, em meu julgamento, pelas tentativas de alguns dos coolies em aliviar os sintomas. Eles não eram de modo algum sérios em si mesmos. O principal sintoma visível eram grandes manchas de sangue extravasado. O médico recusou-se a fazer um *post mortem* e disse que daria o seu certificado de que a morte era devido a erisipela. Ele depois fechou. O seu próximo acto foi lembrar que a erisipela era uma doença infecciosa de notificação obrigatória e que por isso o seu melhor procedimento era encontrar a minha esposa e filho, e tentar comunicar isto se possível. Felizmente ela tinha o bom senso de se manter a si mesma e ao bebé fora do caminho dele.

Apenas uma coisa era necessária para colocar a tampa. Quando Forrest e eu tínhamos feito o que era necessário, nós procedemos a desinfectar-nos antes de nos juntarmos ao resto. O missionário Amundsen correu para nós com grande entusiasmo e chamou a nossa atenção para um jornal ilustrado que acabara de receber. "Olhai," gritou ele, "lá está a família real Norueguesa!"

Nós enterrámos Litton no dia seguinte.

A próxima actividade era sair. A minha permissão tinha chegado, mas disseram-me que eu deveria contratar um intérprete. Eu deveria ter ficado muito feliz em ter um; mas eu poderia muito bem ter procurado uma bola de neve no inferno. Eventualmente eles desenterraram uma pessoa chamada Johnny White. Ele foi o primeiro Chinês com quem eu havia estado em directa conexão permanente; e eu fiquei altamente divertido ao descobrir que o nome Chinês dele era Ah Sin. Ele tinha sido criado desde a infância na Missão Wesleyana em Mandalay. Como servo, ele tinha o defeito de estar constantemente bêbado de araca e ópio. Como intérprete, um, ele não falava Chinês; dois, ele não falava Inglês. Foi com a maior dor que consegui comunicar com ele. Eu interroguei-o, claro, muito severamente, quanto à sua religião. Demorou muito tempo para ele compreender a minha acepção; mas finalmente ele tranquilizou-me quanto ao seu credo, que era este: "John Wesley tudo o mesmo Deus." Ele estava tão ensandecido com bebida e drogas que as suas qualidades humanas, se ele alguma vez possuiu alguma, estavam completamente em suspenso. O seu nome foi logo corrompido em "Janwar"—que é Hindustani para "animal selvagem".

A viagem para Yunnanfu foi única na minha vida num aspecto importante. Tornei-me mais rico ao longo do caminho—pelo simples processo de gastar o meu dinheiro! Era impossível obter uma troca de prata, excepto em um ou dois pontos. Eu tranportava a maior parte do meu dinheiro em numerário de cobre. (Todos conhecem as moedas com os buracos quadrados.) Estas forneciam cargas para dois homens. Eu devo explicar a situação financeira desta parte do mundo. O dinheiro de prata não tinha denominação, mas era valorizado em peso, e a "cunhagem" consistia em nódulos de prata, cuja pureza era garantida pela sua forma. O tipo mais volumoso era algo como uma casa flutuante, cerca de três polegadas de comprimento e entre uma e duas nas outras dimensões. O outro tipo não era diferente de uma tartaruga e a sua superfície tinha uma estriação peculiar. Deste modo havia estes nódulos de prata identificados como os produtos da casa da moeda imperial.

Ora, havia uma relação variável (taxa de câmbio) entre um certo peso desta prata e uma série de dinheiro. Um barbante consistia nominalmente de um cento em numerário; mas estes eram o que se chamava caixa de mercado. Um certo número de dinheiro contava como cem para todos os fins comerciais e este número variava com o distrito. Ora, como aconteceu, este número foi constantemente reduzido até Yunnanfu, de modo que, se eu quisesse comprar algo em Tengyuen por um cento de numerário, eu teria que entregar um barbante contendo oitenta e nove moedas, enquanto uma transacção semelhante em Talifu requeria apenas setenta avulsos, e perto de Yunnansen quarenta e seis, se bem me lembro. Eu estava consequentemente sempre a ter que tirar moedas dos barbantes originais. O número dos meus barbantes, portanto, aumentava à medida que eu avançava, embora eu estivesse gastando livremente. Desta forma, tornava-me cada vez mais rico.

Para concluir a questão financeira. Este sistema desfez-se repentina e completamente na chegada a Yunnansen. Aqui os Franceses estavam tentando estender a sua influência a partir de Tonkin em prosseguimento de qual objecto eles tinham inundado a cidade com agentes que estavam a tentar forçar o dólar Francês a circular. Opostos a eles estavam os dois sistemas antigos; valorizando a prata por peso, e o tael; e o dólar Mexicano, que até então tinha sido a moeda universal do litoral. (O dólar Mexicano era em si garantido por ser estampado pela marca ou iniciais de alguma responsável firma de mercadores.) Pequim acabara de começar a cunhar um dólar próprio com o dragão imperial. Esta é uma das moedas mais bonitas que eu já vi.

O resultado da contenção das moedas correntes foi o de que em Yunnansen podia-se comprar coisas a um preço absurdamente baixo, desde que se pagasse com os dólares que o mercador estava a ser subsidiado para aceitar. "Quando os ladrões brigam, homens honestos mantêm o que lhes pertence." É certamente desopilante vê-los a cortar as suas próprias gargantas para mais tarde cortarem as nossas mais eficientemente. Eu somente desejaria que nós pudéssemos parar a segunda parte do processo.

Chegámos a Yunchangfu no quinto dia a partir de Tengyueh. A nossa primeira marcha levou-nos até ao vale do Shweli, o qual atravessámos numa flutuante ponte de bambu. A estrada dali para Pingho sobe por cerca de cinco mil pés. A estrada não era realmente ruim, mas nalguns sítios tão íngreme que cavalgar era difícil. O terceiro dia levou-nos a Lu Chiang Chiao, no vale do Salween. O desfiladeiro é indescritivelmente sublime. Este é vigiado por magníficas colinas de formas esplêndidas e sedutoras. O ar estava ameno mas fresco. Nenhuma ameaça de frio, ainda sem mácula de opressão. A estrada não era íngreme como do outro lado da bacia hidrográfica e a descida proporcionava uma série de vistas soberbas.

O Salween tem a reputação de ser o rio mais mortífero do mundo. Os seus únicos rivais estão na Nova Guiné e, numa data anterior, na Amazónia, no Níger e no Congo. É suposto ter uma forma de malária especialmente fatal que mata a maioria das pessoas de forma definitiva e a partir da qual ninguém se recupera totalmente. Sem dúvida, alguns dos trechos inferiores são extremamente pestilentos; mas nesta secção pode-se estabelecer um sanatório ideal. O curso do Salween não tinha sido completamente explorado naquele tempo. Não há somente febre mas massacre naquela romântica ravina. Parte desta é habitada pelos Lolos (eles não são artistas de vaudeville[75] mas tribos) relatados como extremamente primitivos e viciados em decepar cabeças, acossar rins, pescar falos e prender testículos, de modo que os seus cozinheiros são famosos por baço estufado, pudins de pâncreas e apêndice em tosta.

Eu conheci vários destes homens da tribo; eles faziam lembrar-me muito de alguns dos povos errantes da Ásia Central e de várias populações do baixo território do México; e eu fazia lembrar-lhes, por sua vez, de muitos dos nómadas do Sáara. Eles eram muito diferentes do Chinês, no traje, maneira e aparência. Em carácter, eu achává-os encantadoramente infantis. É claro que era fácil imaginar que um inábil viajante poderia alarmá-los de todas as maneiras, sem a intenção de fazê-lo, e que eles reagiriam tão naturalmente e inocentemente quanto quaisquer outras criaturas da natureza poderiam reagir. Mas eles estavam totalmente livres da inveja maligna, do pânico nascido do preconceito e das perversas paixões produzidas por hipocritamente fingir suprimir instintos naturais, o que se associa com comerciantes no West End de Londres e ministros de religião.

A ideia de Litton sobre um feriado tinha sido a de explorar os trechos superiores deste rio. Ele queria de facto chegar àquele ponto que eu mesmo escolhera para o meu objetivo, onde o Salween, o Mekong e o Yangtze Kiang correm paralelamente dentro dum espaço de quarenta milhas, enquanto nas fozes deles a distância entre cada um é de duas mil milhas em vez de vinte. Em cada aldeia, Litton foi recebido com a máxima cortesia e boa vontade; mas quando ele revelou a sua intenção de prosseguir para o norte, isto criou pânico. Disseram-lhe que ao norte não havia homens mas apenas demónios; amaldiçoadas raças da cova cujos únicos métodos de comunicar ideias eram setas envenenadas, armadilhas e a venenosa felpa do bambu que age mais sutilmente do que vidro moído.

Eu achei esta história extraordinariamente típica do pensamento humano em geral. Todos admitem que nós temos alcançado o auge da sabedoria, escalado os mais altos pináculos da moralidade, colocado a coroa da perfeição em cima do crânio do progresso, e todos sabem perfeitamente como este notável resultado tem sido realizado. Mas ao primeiro indício de que alguém se propõe a dar um passo adiante nesta estrada, ele é universalmente considerado um lunático do tipo mais perigoso. No entanto, os mais selvagens Lolos estão contentes com esse diagnóstico, ao passo que o mais

---

75 N.T.: entretenimento de variedades

iluminado Inglês acrescenta que o pioneiro não é somente um lunático mas um pervertido, degenerado, anarquista e o resto disto—quaisquer termos de abuso que calhem estar na moda. A abolição da escravatura, tratamento humanitário do insano, a restrição da pena de morte a ofensas graves, e de flagelação indiscriminada, a admissão de Judeus, Católicos, Dissidentes e mulheres como cidadãos, a introdução do uso de clorofórmio e anti-sépticos, a aplicação de vapor para viajar, e de princípios mecânicos a tais artes como a fiação e a impressão, o estudo sistemático da natureza, a extensão do termo poesia a medidas de verso além do heróico, o reconhecimento da pintura como arte além das voluptuosas fotografias coloridas, e da música como arte além da melodia clássica—estas e um milhar de inovações similares têm sido todas denunciadas como quiméricas, blasfemas, obscenas, sediciosas, anti-sociais e outras coisas mais.

Nós cruzámos o Salween por meio de uma ponte ornamentada com sacrários e com uma encantadora e romanticamente bela casa para o cobrador de pedágio. César, quando cruzou o Rubicão, tinha menos atracções estéticas e menos despesas. Não o invejei, e quanto à ponte, esta não parecia ciente das suas responsabilidades, o que talvez seja o melhor estado mental em que uma ponte pode estar.

A estrada estava em condições inesperadamente boas desde o Salween até Pu Pa'o, uma longa etapa tornada desagradável até ao final pela chuva ameaçadora, a qual levava a cabo os seus desígnios no decorrer da noite. Pela primeira vez experimentámos a curiosidade nativa na forma indiscriminada. Nós tínhamos sido recomendados para evitar esta por secretismo. Esta estranha besta selvagem, uma mulher branca, deveria estar camuflada em trajes chineses e sair da vista o mais depressa possível.

Eu adoptei exactamente tácticas opostas. Eu disse ao povo: "Vinde e vede, ampliai as vossas mentes, aumentai a vossa experiência, aproveitai ao máximo esta oportunidade." Eles estavam tão acostumados à convencional cobardia Europeia que a princípio eles estavam inclinados a ser indisciplinados e até mesmo desconfiados. Pode isto ser uma armadilha? Mas em poucos minutos eles convenceram-se da minha absoluta sinceridade e amizade, de modo que todos ficaram bem-humorados e francos. O instinto e as boas maneiras deles, que quase todos os homens fora da civilização possuem, logo lhes disseram qual conduta era realmente irritante e ofensiva; e eles abstiveram-se imediatamente.

Os Europeus muitas vezes decidem ressentir-se de certas acções que são realmente inofensivas e naturais. Eles persuadem-se de que tudo o que as suas avós não fariam na Escola Dominical deve ser ressentido com o máximo rigor. Esta atitude é a raiz de pelo menos nove décimos do problema sobre "demónios estrangeiros". O único dissabor entre nativos locais e alegados brancos que chegou ao meu conhecimento durante esta jornada foi quando algum missionário viajante, em vez de cuidar dos seus próprios assuntos, se encarregou de insultar (em Chinês miseravelmente e comicamente iletrado) alguns aldeões que por acaso estavam carregando um ídolo em procissão como parte das festividades do Dia de Ano Novo (25 de Janeiro). Ele poderia muito bem ter estragado uma festa infantil alegando que os contos de fadas que os divertiam não eram estritamente verdadeiros.

A acção era moralmente indistinguível de contendas na igreja. Eu posso não acreditar na liquefacção do sangue de São Januário, mas não vejo razão para infligir a minha incredulidade no povo de Nápoles. Os aldeões naturalmente ressentiam-se dos maus modos deste cretino desmiolado e diziam-lhe para se calar. Ele imediatamente começava a gritar que estava a ser martirizado por amor a Cristo. Disse-lhe que se eu pudesse obrigar-me a tocar-lhe, eu o teria danificado quase a ponto de morrer. Ele não entendeu a minha atitude; mas eu suponho que não haja muito neste mundo engraçado que ele tenha entendido.

No dia 23 chegámos a Yuncangfu. A estrada durante esta marcha estava em excelente estado de conservação. Esta fazia fronteira com um lindo lago, o qual me interessou extremamente por não ter nenhuma saída óbvia a não ser que através de uma curiosa caverna rochosa; mas eu não podia ter a certeza disso, não sendo visível qualquer tipo de corrente.

Ao chegar à cidade fui saudado pelo Tao Tai[76], o qual enviou uma delegação de servos brilhantemente vestidos e altamente dignos com presentes. Estes, claro, eu devolvi com a excepção de uma ou duas ninharias que retive em ordem a evitar descortesia, e da minha parte presenteei com bens de fabricação Europeia.

O acto seguinte foi uma conversação com o mandarim no seu salão de estado, onde nos sentámos lado a lado, abaixados, deixando o lugar de honra para o Filho do Céu e seus imediatos satélites. Tendo trocado polidas generalidades sobre filosofia e virtude (ele parecia pensar que eu não era uma insignificante autoridade em relação ao último tema) nós lidámos ligeiramente com tópicos mais mundanos e começámos a desembaraçar-nos da presença um do outro de acordo com a mais elaborada etiqueta. Ele concluiu convidando-me a compartilhar com ele as vísceras que tinham sido rejeitadas pelos cães e papagaios e eu expressei o meu humilde arroubo ao ser autorizado a participar do celestial banquete que a sua celeste hospitalidade preparara para os mais insignificantes e bolorentos da humanidade.

O mandarim era um dos homens mais bonitos que eu já vi. Eu uso a palavra—bonito—no seu sentido estritamente estético. Ele tinha, julgo eu, entre trinta e cinco e quarenta anos; as suas feições eram surpreendentemente perfeitas e a expressão delas cheia de nobre inteligência e altiva benevolência, harmonizada por uma placidez devido a uma consciência da superioridade dele tão ininterrupta e inquestionável que fora absorvida pelo subconsciente. Ele era um milagre de arte e daquela arte perfeitamente oculta. A sua tez tinha mais do que a macieza dos mais requintados tipos do sul da Europa; no entanto, toda esta impecabilidade de excelência não estava danificada, como acontece com demasiada frequência na escultura Grega, mas carecia daquele toque do bizarro que Goethe postula como essencial para a suprema beleza. Ele possuía aquela paz que, creio eu, destina-se a caracterizar imagens do Buda, mas que quase sempre aparece como uma mera falta de qualquer paixão positiva. O mandarim de Yunchang irradiava realeza.

Foi fácil ler a história dele; que ele tinha sido exilado para uma tão remota e bárbara cidade dava testemunho à odiosidade do crime que havia incorrido em tão severa sentença. Em subsequente inquérito foi-me dito que ele tinha sido acusado de "falhar no respeito para com os cisnes imperiais". O meu informante não disse em que consistia o seu erro de ritual. (Um outro rumor, tão absurdo a ponto de ser credível, é que ele não era de todo criminoso mas insano; que ele tinha a ilusão de que ele era um Membro do St. John's College, fosse Cambridge ou Oxford, eu não apreendi; e de todos os pontos de vista isto pouca diferença faz.) O soberbo epicurismo da sua expressão era igualmente indicativo da sua superioridade espiritual até mesmo para tal explosivo desastre como a ira do imperador e da sua mãe divina.

O banquete era digno do homem. Começando ao meio-dia, só terminou quando Khepra, o Besouro, passou pelo pilone da meia-noite; e durante as doze horas não houve intervalo na chegada de novos pratos e entretenimentos. A opulência de Trimálquio estava oculta sob o refinamento de Lucullus e da cultura de Horácio.

Nos últimos anos a culinária Chinesa tem-se tornado popular, embora não tão

---

[76] N.T.: Governador local da China imperial

popular quanto merece, em Nova Iorque, Paris e Londres. Em Nova Iorque é a melhor comida; em Amurrka, nos arredores de Nova Iorque, é a única comida (bar marisco) própria para consumo humano, salvo o Indian Grill Room em Los Angeles, Chez Antoine em Nova Orleães, e um ou dois outros remotos oásis na vastidão de abominações enlatadas. Em Londres, a vulgaridade da ideia de uma refeição quadrangular destruiu a delicadeza oriental; em Paris, o refinamento do epicurismo Francês combina com o charme da China.

Mas em nenhum lugar da Europa ou da América é o cozinheiro Chinês capaz de transmitir a essência da sua excelência. Não se pode mais compreender um prato Chinês na Europa do que se pode apreciar um cigarro Egípcio. Tal como atravessar a água corrente destrói o encantamento das bruxas, ou cruzar os negros mares destrói a casta do Brâmane, de tal modo o sabor da comida Chinesa é delimitado pela Grande Muralha. Compreendo bem por que o exilado Mongol sente que não pode descansar em paz senão no solo sagrado. As iguarias que também se obtêm no Beem Nom Low's ou no Taverne Pascal não são aqueles esotéricos—devemos nós dizer Eleusinos? - êxtases que interpretam a alma do País Encantado das Flores.

Eu posso mencionar um condimento composto exclusivamente de pétalas de rosa a partir do qual, por um processo subtil, todos os elementos capazes de nutrir o corpo humano têm sido abstraídos. Mas, para a maior parte, não ouso descrever algumas das iguarias que fazem de Yunchang, até hoje, uma memória fragrante na minha mente. Fazer isso seria traçar um paralelo culinário com *Le Jardin des Supplices*. Não que o livro seja a verdadeira China; é mais propriamente um desejo fantasma sobre a China por delírio de um degenerado.

Yunchang é conhecida pelos seus templos. Num deles está uma soberba delineação de alguns dos infernos Budistas, onde as penalidades para vários vícios são retratadas com o que é às vezes um realismo muito surpreendente. Lamentei não ter podido ficar mais tempo neste perfumado paraíso de beleza e prazer, onde todos os elementos da arte e da natureza foram harmoniosamente entrelaçados, como se quisessem ecoar a melodia da personalidade do mandarim.

O dia seguinte levou-nos ao longo de colinas soberbamente inchadas sobre cujo seio dormitava um lago. Aqui mais uma vez fiquei perplexo quanto à sua saída. No final de um dia delicioso nós dormimos num templo. Era o primeiro dia do ano e todos, excepto o missionário, se regozijavam. Bolachas agrupadas em longas varas de bambu e gaios ornamentos de papel colorido eram as principais oferendas para o olho, enquanto o ouvido era deleitado com todos os tipos de música instrumental e vocal. Estranhos bolos delicados e frutas cristalizadas provocavam a língua, enquanto leves perfumes agitavam as narinas. A brisa era doce com abrasante sândalo e subtil com o suor de delicadas dançarinas. Até mesmo o sentido do tacto vibrava com viril júbilo como se os nervos tremessem sob a beatitude de pessoas inocentes que pululavam em todos os lados.

Eu anotei sobre a marcha deste dia: "Estradas boas em todos os lugares." "Boas" é um termo relativo. Os Chineses têm um provérbio de que uma estrada é boa por dez anos e má por dez mil; a maior parte da estrada, em particular, eu estimei em não menos do que oito mil. Eu efectivamente propus trazer para casa um pouco disto; se o peso não fosse proibitivo, isto teria valido a pena. Era uma laje de granito com cerca de quatro metros e meio de comprimento, três de largura e três de espessura, e os buracos tinham sido completamente perfurados pelos cascos dos animais de carga, de modo que a lama era visível através da pedra.

~ 56 ~

NO DIA SEGUINTE ao Ano Novo cruzámos o Mekong. O rio corre por um soberbo desfiladeiro com margens extremamente íngremes. Inscrições de todos os tipos foram esculpidas nas despidas arribas. Eu estava ciente de uma sensação muito curiosa em atravessar este rio e o Salween. Eu só posso descrever isto dizendo que parecia estar ciente do *genius loci*.[77] À noite, a beleza selvagem da paisagem foi ainda mais reforçada. Uma casa nos campos adjacentes, com vários hectares de extensão, pegou fogo. Aquele brilho cálido no meio da fria vastidão do planalto e das estrelas era muito estranho; e as silhuetas dos camponeses excitados que tentavam impedir a propagação do fogo pareciam dançar diante das bruxuleantes chamas gigantescamente. Era uma espécie de sonho de ópio do inferno.

Falando em ópio, eu comprei o necessário utensílio e comecei a aprender a fumar. Já descrevi o fiasco do láudano em Kandy, e algures na Birmânia eu tinha feito uma experimentação igualmente fútil com ópio potencializado, tomando trinta grãos ou mais sem maior proveito do que me tornar subitamente e indolormente doente. Eu achei igualmente ineficaz fumar a droga. Fumei vinte e cinco cachimbos em cinco horas sem qualquer resultado. Parece agora que eu não estava inalando adequadamente; mas (por tudo isso) eu deveria ter conseguido algo de vinte e cinco cachimbos! O facto é que eu tenho uma idiossincrasia em relação a esta droga. Às vezes pergunto-me se não esgotei todas as minhas capacidades a esse respeito numa incarnação anterior; possivelmente eu fui Ko Hs'uen[78].

A leste do Mekong, o caminho torna-se muito menos satisfatório, em parte devido às diferenças geológicas. O território inteiro entre Sha Yang e Chu Tung é através de uma ampla extensão íngreme. Existem inúmeros barrancos, com os quais o México me tinha tornado familiar. A atmosfera da China tinha por esta altura começado a imergir na minha alma. A arte Chinesa explicava-se como inspirada pela natureza Chinesa. Há uma vasta, livre, pálida, delicada expansão de cor e forma, cujas linhas são visivelmente determinadas pela própria estrutura do globo em si. Há uma infinita harmonia e facilidade numa tal jornada como a que eu estava executando.

A geografia física é ainda mais vasta à sua maneira do que a dos Himalaias; e o território parece de alguma forma menos definido, menos especializado ainda que igualmente inelutável! Pequenas manchas vívidas de cor associam-se mais às obras do homem do que as da natureza, e se eu me esforçasse para dar um nome à quintessência poética da província de Yunnan eu deveria contentar-me com uma palavra—espaço. O próprio Deserto do Sáara e o mar não excedem este distrito a este respeito, pois eles obtêm os seus efeitos pelo que eu chamo de método brutal de grande magnitude. Aqui o país é tão diversificado quanto Cumberland ou Suíça; o efeito da imensidade, da imensidade quase sem forma, é obtido aumentando ligeiramente a escala dos tipos bastante normais de colina, floresta, lago e rio, de modo que o homem e os seus formigueiros aparecem absurdamente diminutos por meio de sátiras delicadas em vez de demonstrações drásticas.

O carácter da jornada muda constantemente. A íngreme e desolada extensão cicatrizada por barrancos dava lugar numa única marcha às mais adoráveis colinas arborizadas, no entanto a ligeira magnificação de tudo produzia uma sensação de tédio. Para desfrutar plenamente da China, é preciso permitir-se que a alma se expanda à

---

77 N.T.: "espírito do lugar"
78 N.T.: Ge Xuan; taoista chinês que escreveu o tratado místico "O Clássico da Pureza".

escala do cenário e isto não pode ser feito pelo ardor, como pode entre os grandes glaciares. Isto deve ser uma adaptação gentilmente beatífica e filosófica de alguém ao seu meio ambiente. Durante este mês, o meu génio poético estava a embalar-se por meio dum inefavelmente bonito esquema de ritmo e rima. Em toda esta jornada eu compus somente dois poemas, e pela primeira vez na minha vida eu não os anotei, por assim dizer, automaticamente; eu compus os versos na minha cabeça e só peguei na caneta quando eles estavam completos. O segundo dos poemas, "The King Ghost", é mais peculiar psicologicamente. É como se eu tivesse sido despelado da minha infinita mentalidade. Isto refere-se ao território sul de Yunnanfu, onde o Vento Norte, ou melhor, Correnteza Norte, era o demónio dominante do deserto.

Estes sensuais planaltos, embora selvagens, transmitiam uma peculiar exaltação espiritual, como eu em nenhum outro lugar experimentei, e transcrevi-os em "The Opium Smoker". Em todos estes meses eu consegui apenas completar duas secções, e as outras seis foram inventadas e escritas mais tarde.

O meu diário de Mekong para Talifu é muito escasso. A nota mais interessante é esta: "Vi criança salva da missionação (um olho perdido) mostrando marcas de goivadura. "Eu não me lembro a esta distância de tempo qual incidente era. Não era nada incomum. Os médicos missionários em distritos remotos tendem a tornar-se tristemente insanos do tédio das suas vidas. Sendo acéfalos, eles são incapazes de suportá-lo; e aproveitam-se das suas circunstâncias para vivissectar os pobres com muito mais liberdade do que se faz nos hospitais de Londres.

Quase todos os dias o viajante é abençoado com algumas encantadoras surpresas geográficas. Eu recordo, por exemplo, arrastando-me penosamente por uma passagem de carácter decididamente acidentado. Era natural expectar que o outro lado da passagem não fosse muito dissimilar. Cheguei ao topo—e fiquei estupefacto. Em vez de baixar o olhar para um vale, eu vi o chão a estender-se para longe de mim perfeitamente nivelado, um retângulo raso com uma borda de montes gramados. Era uma terra altamente cultivada, campos de arroz e plantações de papoila branca flamantes à luz do sol, com canais estreitos e rectos de água de puro verde pálido e azul pálido, delimitando uma campina de uma outra. Surpresas similares constantemente a surgir inesperadamente. A imprevisibilidade delas sugere a atmosfera de *Alice in Wonderland*, enquanto a beleza formal delas lembra uma das visões características da "planta alquímica". Uma analogia menos precisa, mas talvez mais inteligível, é a das paisagens curiosamente luminosas, requintadas e irracionais que foram usadas como pano de fundo por pintores como Mantegna, Memling e Leonardo da Vinci.

No dia 1 de Fevereiro entrámos num magnífico desfiladeiro. O êxtase culminante é a aproximação a Hsia-Kuan mas por meio de uma natural ponte de rocha entre paredes rochosas. É como se alguém tivesse subitamente aparecido na "torre negra" de Childe Roland, uma fortaleza construída por gnomos titânicos quando o planeta era um fluxo semilíquido de lava.

A estrada para Talifu, a segunda maior cidade da província e a mais pitorescamente situada e historicamente importante, afasta-se da principal estrada através da China e corre bruscamente para o norte por oito milhas através de desoladas charnecas selvagens. Cada ponto fraco nas defesas do território selvagem tem sido aproveitado pelo engenho dos Chineses e transformado num brilhante trecho de solo cultivado. A aproximação a Tali em si inspira o forasteiro com um certo assombro, pois a vida é vista a lutar com a morte num supremo espasmo. Os pululantes templos e torres da cidade parecem literalmente tremer entre as podres e inquietas ruínas com as quais eles são intercalados. E assim paira um conto.

Durante dezoito anos a província de Yunnan foi o palco da guerra civil. Tali era a maior fortaleza dos Maometanos, sendo os adversários deles (mais ou menos) os Budistas Mahayana. Não havia realmente, imagino eu, muito a escolher entre eles. O exterior e visível sinal do Islão nestas partes é que a porta dum Muçulmano é protegida dos demónios malignos por um cartaz inscrito com caracteres sagrados em vez de um génio de aparência feroz. Também ele se opõe à carne de porco. A causa da guerra foi, na verdade, devido aos Maometanos invadirem os açougueiros ou devido à Pork Trust desejar estender o seu mercado à força. Não me lembro quantos milhões de homens foram mortos no curso destas batalhas, mas algo como dois terços de toda a área de Talifu (algumas estimativas deram três quartos) foram aniquilados no assalto final do reduto.

O Dr. Clark, o missionário médico de Talifu, recebeu-nos com grande cortesia e hospitalidade. Eu achei-o um homem sincero e diligente; mais, até mesmo um homem iluminado, tanto quanto é possível para um missionário ser assim; mas isso não está muito longe. Achei-o totalmente ignorante tanto do Budismo canónico quanto das crenças locais. Eu tentei salientar-lhe que ele dificilmente poderia manter-se na expectativa de mostrar aos nativos os erros do modo de pensar deles, a menos que ele soubesse o que isso era. Mas ele recusou-se a ver o ponto. Ele estava tão convencido de que a sua própria seita do Cristianismo mantinha a verdade em total pureza e integridade que ele não podia imaginar que os Chineses tinham algum modo de pensar. Ele considerava a recusa deles em segui-lo como uma mistura de puro embotamento e pura maldade.

Eu esqueço os números em relação aos convertidos em Talifu. Em Yunnanfu, o pessoal de seis missões reivindicou quatro convertidos em quatro anos e eu imagino que estes quatro eram Cristãos arrozeiros. A verdade parece ser a de que existem dois tipos principais de religião não-Cristã. O primeiro pode ser descrito como filosófico. Nesta categoria eu coloco as classes mais inteligentes de Budista, Hindu e Maometano. Para converter estas pessoas seria obviamente necessário mostrar-lhes que o Cristianismo oferece-lhes uma explicação mais satisfatória do universo do que a deles; e não somente nunca encontrei um missionário que fosse capaz de fazer isto, mas nem mesmo um que admitisse a desejabilidade disto ou tentasse fazê-lo.

O outro tipo é o supersticioso ao qual pertencem as variedades fetichistas de adoração do Budista, Hindu e pagão (África Equatorial e Polinésia) com sua parafernália de milagres, sacrifícios, artimanhas sacerdotais, penitência, expiações vicárias e coisas semelhantes. Cabe ao missionário mostrar que a forma Cristã de tais coisas é superior à variedade local e a dificuldade geralmente é insuperável. O nativo pode produzir milagres muito maiores e mais improváveis, uma demonologia muito mais aterrorizante, um panteão muito mais fascinante, com um ritual mais sedutor (e, por assim dizer, actual) do que até mesmo o papista. O nativo talvez pareça ter pouco bom senso por não aceitar o Cristianismo, mas certamente nenhum teria ele por descartar as suas próprias crenças que lhe parecem mais vívidas e mais verdadeiras, melhor adaptadas e melhor atestadas do que as novas. Na verdade, é apenas entre a classe mais baixa de selvagens supersticiosos que o Cristianismo faz algum progresso. Onde as missões Cristãs e Muçulmanas estão em rivalidade directa, o Islamismo recolhe as mais altas e o Cristianismo as mais baixas secções da sociedade.

Desapontado acerca de aprender ideias Chinesas em primeira mão nesta região remota, eu esperava pelo menos obter informação disponível acerca dos efeitos de fumar ópio. O Dr. Clark informou-me que estes efeitos eram apavorantes—a usual história alarmista. Ele disse que isto era a maldição do país e que a clínica dele estava cheia de vítimas; "Centenas e centenas e centenas," lamentava ele, "destroços físicos e morais do hábito." "Eu gostaria de ver um," repliquei eu com o apropriado suspiro e estremecimento. "Bem, você só tem que ir à minha clínica numa qualquer manhã," retorquiu ele: "há centenas e centenas e centenas." Lamentou ele novamente. Bem, eu fui até à clínica dele e ele continuou a lamentar que havia centenas e centenas e centenas, e eu continuei a suspirar que gostaria de ver um.

Durante toda a minha jornada, nunca vi um homem a quem eu pudesse definitivamente chamar do piorio em relação ao ópio. Os coolies do catre da minha esposa eram casos em questão. Eles tinham fumado a partir dos doze anos de idade ou aproximadamente; e quando digo fumado, eu quero dizer defumado. Cada noite ao chegar à hospedaria, templo ou acampamento, conforme fosse o caso, eles cozinhavam o seu arroz e começavam a fumar imediatamente após o terem comido, continuando até irem dormir. De manhã novamente eles fumavam antes da partida. O catre (com Rose e o bebé, e os livros que eu gosto de ter à mão para ler em momentos estranhos sem desarranjar a minha valise) pesava mais de cento e sessenta libras-massa.

Cada homem tinha, portanto, de carregar quarenta libras-massa. Não muito, mas uma carga deste tipo é muito diferente de peso morto. Cada homem tinha de se manter em sintonia com os restantes e abanar o catre o mínimo possível; e isto através de acidentados caminhos montanhosos, muitas vezes escorregadios com lama; talvez contra um vento contrário, caso em que a mobília do catre oferecia uma grande superfície. Um desses coolies, o mais pesado e o mais inveterado fumador do quarteto, não poderia ter menos de sessenta anos. Eu cronometrei os homens sob as piores condições; uma estrada predominantemente ascendente, avançando pelo granizo—meio vendaval—sempre em frente, percorrendo as escorregadias pedras da calçada, e eles fizeram oito milhas sem descanso em duas horas implacáveis. Se aqueles homens fossem "destroços físicos do abuso de ópio", eu gostaria de ver o animal no seu estado intacto!

Há, é claro, homens que têm prejudicado a sua saúde através do ópio; e pode-se ver isso no litoral, onde o assunto é complicado com álcool e vícios Europeus. Mas, no geral, a busca por um espírito maligno do ópio na China está em sintonia com a busca pelo homem com ambliopia tabágica na Inglaterra. Os relatórios consulares e a opinião médica independente são unânimes em que fumar ópio faz pouco ou nenhum dano aos Chineses. Dr. Thomas Stevenson, no seu artigo especial no *Dictionary of Medicine* de Quain, é neutral do seguinte modo: "Existem grandes diferenças de opinião quanto aos efeitos perniciosos ou outros efeitos de fumar ópio. Alguns querem que acreditemos que a prática é perniciosa, para não dizer mortal; mas a depreciação é frequente. As imagens desenhadas quanto aos seus efeitos são evidentemente coloridas pelo viés do observador. Por outro lado, alguns persuadiriam-nos de que a prática é inofensiva, para não dizer benéfica. Indubitavelmente nenhuma das visões é absolutamente correcta, e conquanto fumar ópio seja pernicioso, os males têm sido muito exagerados." Estas observações parecem-me, de modo geral, justas.

Eu mesmo tenho feito estudos extensos e elaborados dos efeitos de indulgência em estimulantes e narcóticos. (Ver o meu *The Psycology of Hashish, Cocaine, The Green Goddess, The Diary of a Drug Fiend*, etc.) Eu tenho uma vasta quantidade de dados não publicados. Estou convencido de que a idiossincrasia pessoal conta mais nesta questão do que todos os outros factores juntos. O filosófico temperamento fleumático dos Chineses considera o ópio simpático. Mas o efeito do ópio num Francês vivaz, nervoso, mesquinho e cobarde, num Inglês com a sua congénita consciência culpada ou num Americano com a sua paixão por levar tudo a extremos é muito diferente; é quase certo que a droga produza um desastre.

Similarmente, o haxixe, que excita certos tipos de Árabe, Indiano, Malaio ou

Mexicano para o assassinato indiscriminado, cujo motivo é muitas vezes a insanidade religiosa, não tem esse efeito em pessoas discretamente dispostas, refinadas e filosóficas, especialmente se elas possuem a faculdade de auto-análise. Em resumo, a generalização sobre tais problemas excepcionalmente subtis é uma armadilha.

Num ponto, no entanto, eu devo admitir que penso e me sinto de certo modo forte. O Dr. Clark disse-me que os missionários tratavam o hábito do ópio com injecções de morfina; e noutras partes da China eu aprendi que eles tinham ensinado os Chineses, com a mesma louvável intenção, a cheirar cocaína.

O governo Britânico tem agido com incrível insensatez. A prosperidade económica da Índia está em grande parte ligada à exportação de ópio. Enquanto eu estava na China uma petição contra "o maldito tráfico" tinha sido apresentada. Esta foi assinada por muitos dos homens mais eminentes e iluminados da China, para não falar da cunhada (acho que era) do imperador a quem eles tinham convencido a declarar-se ela própria uma Cristã para assim ter um pé no acampamento do inimigo. O facto era que a maioria dos peticionários eram eles próprios produtores de ópio cujos negócios foram prejudicados pela concorrência do produto Indiano. Da mesma forma, é claro, muitos dos missionários foram empregados pelos fabricantes de morfina e cocaína para introduzir estas drogas em vez do praticamente inofensivo e até mesmo benéfico YEN.

A China tem sido o país mais civilizado do mundo; desde a época de Lao Tzu e Confúcio, a orla da sua cultura tem sido rasgada pelas garras do comércio mas sobreviverá ao colapso da Europa. E em Yunnan a contaminação do demónio estrangeiro não tem ido muito longe; de facto, isto ainda não tinha alcançado a assímptota da sua própria curva. Todavia, a limpeza do terreno tinha sido completa há muito tempo. Não há praticamente animais selvagens na província. Eu nem sequer vi um daqueles famosos faisões que eu estava ansioso para caçar. Até aqui eu não tinha ensacado nada além de pombos ocasionais para a panela.

Em Talifu, não obstante, há um grande desporto a ser feito. Dos grandes desertos para o norte, através das poderosas montanhas, migram muitas aves magníficas, especialmente grous e gansos. Eu saí da cidade em direcção ao norte, pois estas aves migram nesta época do ano partindo das terríveis terras altas da Ásia Central para os vales e planícies quentes do baixo território. Eu costumava deitar-me atrás dum talude, o qual talvez tenha sido parte das fortificações da cidade, e disparava quando elas chegavam. Era um desporto muito difícil. As aves voavam muito alto e a um andamento tremendo. Alguma ideia pode ser obtida com o facto de que uma perdiz atingida com um tiro certeiro na cabeça cairia a mais de um quarto de milha do talude. Os gansos são uma admirável comida, mas a carne do grou é muito áspera e píscea.

Falando em caça, eu posso resumir o assunto dizendo que a parte da China pela qual eu viajei oferece um desporto muito pobre em geral; há usualmente a oportunidade de um pombo para a panela, mas isso é tudo o que se pode obter sem precisar de dar às gâmbias. Eu tinha ouvido falar tanto da deslumbrante beleza do faisão Chinês e ansiava por ensacar alguns, mas nem sequer vi um durante toda a marcha. Quanto aos quadrúpedes, eu nunca pus os olhos numa lebre ou numa marmota, muito menos num cervo. Raposas abundam; mas elas não vieram na minha direcção. A civilização Chinesa é tão sistemática que os animais selvagens têm sido abolidos por princípio. Essa é pelo menos a única explicação que se sugere para mim.

Disseram-nos que deveríamos encontrar muitos suprimentos de comida fresca de todos os tipos em todos os lugares. Nada poderia estar mais longe da verdade. Nós não poderíamos obter nenhum leite fresco, os Chineses consideram obsceno extraí-lo; mas estranhamente o suficiente, mesmo nas aldeias mais pequenas, nós fomos capazes de comprar uma excelente marca de creme de leite evaporado que algum caixeiro-viajante empreendedor conseguiu descarregar ao longo do trajecto. Não havia carneiro para ser trapaceado; e era raro conseguirmos comprar uma cabra ou cabrito. Aves e ovos eram bastante abundantes na maioria dos lugares; arroz de qualidade inferior e o tipo mais suspeito de carne de porco eram o principal alimento do povo. A farinha raramente estava disponível e, claro, não havia manteiga.

Salama estava em grande aflição com a diferença entre o arroz local e a variedade Indiana a que estava acostumado, enquanto como muçulmano ele abominava carne de porco. Eu também não o comeria, valorizando o respeito que ele me guardava, como um sahib que não compartilhava das abominações da minha raça. Felizmente, desconfiando do meu informador, eu tinha-me fornecido duma reserva considerável de provisões enlatadas antes de partir, e eu aumentei isto em Tengyueh, comprando alguns dos suprimentos de Litton à sua viúva. Mesmo assim, nós estávamos com muito pouco alimento antes de chegarmos a Yunnanfu.

A esta hora, dezassete anos depois, eu recordo, quase mais vividamente do que qualquer outro incidente da viagem, uma pequena tragédia absurda nesta ligação. Nós tínhamos algumas latas de café e leite, e chegáramos à última porção da última lata. Nós conservámos isto cuidadosamente durante dias, ansiosos para apreciá-lo nalguma grande ocasião como jamais um epicurista ansiou por uma garrafa de vinho raro. O momento chegou, nós preparámos a grande bebida com um cuidado quase reverencial. E justamente quando íamos bebê-la, a minha esposa mudou de posição e derramou-a. Seria inútil tentar expressar a amargura da nossa decepção. As pessoas que permanecem em casa não têm a menor ideia da força da obsessão que as ninharias impõem. Conrad em "An Outpost of Progress" fala de um assassinato e suicídio que começou numa briga entre dois amigos íntimos, negociantes rio acima, sobre alguns pedaços de açúcar.

Durante a nossa curta estadia em Talifu, nós vimos o maior cortejo com o qual os chineses acolhem a Primavera. Eu não sabia Chinês suficientemente para entender os detalhes da cerimónia; e os missionários consideravam o empreendimento como uma blasfema orgia pagã da qual todos os justos deviam desviar o olhar. Eu pude ver claramente, no entanto, que a figura central era um boi. Ele era evidentemente o herói da ocasião porque ele iria ajudá-los na lavoura. Era uma exultação despreocupada, espontânea e inofensiva; ver idolatria nisto é simples preconceito mórbido.

Nós deixámos Tali no dia 6 de Fevereiro e voltámos para a estrada principal. O dia seguinte foi sem interesse, mas no dia 8, a parte final da marcha conduziu por um deleitoso vale da mais surpreendente beleza. Era completamente um novo tipo de cenário. A China está cheia destas deliciosas revelações. Tem sempre algum novo delicado esplendor para mostrar ao viajante. A variedade é infinita, não como diferem os picos Alpinos ou as eclusas Escocesas, meramente em detalhe; na China, está-se sempre a descobrir um reino de fadas totalmente estranho. O espírito de um homem renasce com toda aquela visão. Não é sequer possível comparar e contrastar estes encantos; cada um é inteiramente individual, senhor da sua própria atmosfera; os pontos de similaridade com outros lugares tais como formações geológicas, a flora, as aldeias e as pessoas parecem possuir importância infinitesimal.

No dia 9 houve uma novidade de outro tipo. A dignidade de Johnny White como intérprete dava-lhe o direito de andar a cavalo; mas naturalmente ele tinha de se contentar com uma triste pileca, enquanto o meu próprio pónei era um animal bastante decente. Ele cogitou o momento ideal para me tentar forçar a "perder a face": isto é, começar a ser um objecto de ridicularização para os coolies. Se ele tivesse conseguido, eu mal preciso de salientar, haveria um fim de toda a disciplina e provavelmente teríamos sido roubados e assassinados em pouco tempo. A ideia dele era começar à nossa frente no meu pónei. Eu não descobri o que tinha acontecido durante algum tempo.

Quando descobri, eu saí a pé na máxima velocidade atrás dele. Em duas ou três horas eu encontrei o culpado. Por sorte, ele estava a atravessar uma encosta íngreme; abaixo do caminho havia gigantescos arbustos espinhosos. Subi silenciosamente e despercebido, coloquei a minha mão esquerda sob o pé direito dele e com um destro empurrão lancei-o da sela para dentro dum arbusto espinhoso. Era quase impossível para ele desprender-se, sendo o arbusto muito grande e elástico, os espinhos longos e persuasivos. Então eu esperei, fumando pacificamente, até que os coolies começaram a chegar, aquando eu levantei-me e dei-lhe uma pancada com o meu chicote de barbatana de baleia à medida que cada homem passava. Quando todos passaram, eu montei o meu pónei e segui. Johnny White foi resgatado por uma caravana subsequente e apareceu durante a pausa para a merenda. Não fui eu que "perdi a face" com os coolies! E eu não tive mais problemas de qualquer tipo pelo resto da jornada para Yunnanfu.

Esta marcha foi muito longa e enfadonha, a sua monotonia aliviada apenas por uma bela vista de lagos e colinas. Mas os seis dias seguintes foram totalmente desinteressantes. Só aquando do dia 16 o inexpressivo planalto deu lugar aos grandiosos desfiladeiros arborizados que acariciam Tatz'assa Tang. A aldeia não tem nenhuma hospedaria boa, então nós prosseguimos para uma adorável clareira que proporcionou um lugar encantador e romântico para um acampamento. Eu fiquei doente, não sei de quê, durante os três dias seguintes. Qualquer cenário que possa ter existido, estava eu muito doente para observar.

Chegámos a Yunnanfu no dia 20. O Sr. Wilkinson, o cônsul-geral, escreveu que estava muito triste por não poder oferecer hospitalidade, mas o guardião Bengali de Tengyueh tinha feito beicinho numa queixa de que eu o havia atacado, de modo que as relações dele comigo deviam ser estritamente oficiais até que o assunto estivesse resolvido. Encontrámos alojamento na *dépendance* do Hospital Francês; um lugar admirável dirigido por um Dr. Barbezieux e um enfermeiro-chefe Parisiense, ambos realmente demasiado talentosos e encantadores para serem desperdiçados numa tal fossa como esta cidade. Eu chamei Wilkinson e contei-lhe o meu lado da história da morte de Litton. Foram dados para pressionar o médico; mas como o meu ataque não foi negado, o cônsul-geral teve de considerá-lo como uma ofensa técnica, a qual foi devidamente purgada pelo pagamento de uma pequena multa.

A abordagem a Yunnanfu é digna de nota. A cidade está situada no centro duma planície rodeada de colinas. A sugestão é quase de uma cratera, como a Cidade do México. Não há drenagem adequada para a pluviosidade. A própria cidade parece, de uma distância, ficar empoleirada num enorme monte de uns cinquenta a cem pés de altura. Mas na investigação descobre-se que este monte é composto do lixo da cidade; o acúmulo de séculos de indescritível imundície. Tendeu-se a aceitar a teoria de que a peste bubónica apareceu pela primeira vez aqui e se espalhou por todo o mundo.

No dia 23 eu fiz a inevitável visita ao inevitável missionário. Este espécime era mais fanático e menos inteligente do que qualquer outro que eu já havia conhecido. Eu não tinha considerado este possível. Seis missionários em quatro anos a trabalhar nesta cidade populosa arrogaram-se mesmo de terem feito quatro convertidos. Eles atribuíram o seu fracasso, é claro, à actividade pessoal do diabo. Nunca lhes ocorreu que poderia haver algo errado com os métodos deles. *Grosso modo*, qualquer homem com energia e entusiasmo deve ser capaz de trazer pelo menos uma dúzia de outros para a sua opinião ao longo de um ano, não importando quão absurda essa opinião possa ser. Nós vemos todos os dias na política, nos negócios, na vida social, grandes massas de pessoas trazidas para abraçar as ideias mais revolucionárias, às vezes dentro de poucos dias. É tudo uma questão de apossar-se delas no modo certo e trabalhar nos seus pontos fracos.

Eu desfrutei os meus dez dias em Yunnanfu imensamente. Adquiri bastantes gravuras antigas a preços tão baixos que eu mal conseguia acreditar nos meus ouvidos. A cidade nunca fora esquadrinhada por perseguidores de bricabraque.

Tendo resolvido o meu pequeno caso oficial com o cônsul-geral, nós estávamos livres para nos tornarmos excelentes amigos. Ele era um homem distinto e encantador, embora eu pudesse bem entender que Litton tinha sido um espinho no lado dele. Ele queria tudo feito de forma elegante e correcta, enquanto Litton nada se importava pela rotina. Ele estava sempre a impor o seu indómito génio pessoal na província, com o resultado de que ele estava sempre a obter inesperados sucessos quando Wilkinson esperava que ele estivesse a preencher formulários e relatórios de registos.

Por várias razões, eu decidi abandonar o meu projecto original para descer o Yangtze; por um lado, os atrasos em Bhamo e Tengyueh roubaram-me tempo. Eu estava ansioso para chegar à Europa a tempo de preparar uma nova expedição para Kangchenjunga em 1907. Eu tinha a montanha, por assim dizer, no meu bolso. Uma parte de média força poderia dar a certeza de caminhar até ao topo como se isto fosse o Strand. Decidi, portanto, virar para o sul e seguir para Tonkin.

No dia 2 de Março, depois do pequeno-almoço e do lanche com o cônsul-geral, o qual infelizmente estava com poucas reservas e só podia dispensar-nos algumas latas de manteiga, nós começámos ao longo do caminho calcetado, vívido com flores de cerejeira. A caminhada logo ficou muito difícil; os percursos eram acidentados, húmidos e escorregadios. No dia 4 chegámos a uma passagem nas montanhas guardadas a sul por belas falésias. Ao anoitecer chegámos a um lago ao lado do qual acampámos. O tempo durante os primeiros cinco dias desta jornada foi muito frio. O vento, deslocando-se do sudeste para o sudoeste, literalmente arrancava a pele dos nossos rostos, até os meus, os quais eu achava acostumados a toda a possível diabolização da natureza.

Mais tarde, este vento abrandou e foi substituído por um aparato muito mais mortal; uma contínua corrente de ar do norte era infernalmente gelada como quando começava o seu curso nos abomináveis desertos da Sibéria. Isto tinha a mesma qualidade que o vento norte que nós tivemos em Chogo Ri; isto não levava em conta qualquer poshtin (casacos forrados com pele de carneiro), camisolas, camisas de flanela e coletes. Sentia-se como se estivesse absolutamente nu. Não havia refúgio para isto. Poder-se-ia agachar-se atrás de uma parede ou de uma casa, mas embora isso evitasse que o vento nos atingisse, isso não impedia que a corrente de ar nos apanhasse. O efeito era tão mau; simplesmente esgotava corporalmente e mentalmente; sugava toda a vitalidade e coragem.

No dia 6 aparecemos inesperadamente na borda dum planalto com uma descida de uns três mil pés à nossa frente, através de um belo desfiladeiro. Mas eu não estava com vontade de apreciar a natureza. Durante três dias praticamente não tivemos nada para comer, a não ser sopa e Worcester Sauce[79]. Quando rogávamos por ovos, nós criávamos algo não muito longe de um escândalo. Até o arroz era escasso. As aldeias nesta rota são poucas, distantes e indigentes.

De uma coisa nós tivemos muito—chá. Eu tinha ouvido histórias maravilhosas dos assim chamados "tijolos de chá" que emanam destas regiões; e colocados num grande *stock* de várias variedades para serem levados para Inglaterra. Os tijolos geralmente têm a forma de um cone achatado, um pouco oco por baixo. Isto lembra um dos chapéus de palha dos coolies Japoneses. O diâmetro é de oito polegadas a um pé e as espessuras de duas a quatro polegadas. O sabor é excelente, muito subtil e aromático; mas possui

---
79 N.T.: Molho Inglês

uma propriedade usualmente não associada ao chá, cuja desejabilidade depende da condição fisiológica do bebedor, pois isto age como um poderoso laxante e um purgativo quando fortemente infundido e consumido em excesso. Quando cheguei a casa e pude compará-lo com os melhores chás de caravana[80], o seu sabor pareceu menos admirável, no entanto manteve a sua distinção e sempre valeu o seu lugar na caixinha do chá como uma curiosidade. Para mim, também, isto era um potente feitiço para evocar as mais vívidas memórias desta jornada estranhamente fascinante.

Retornando à marcha para Mengtsz. Há pouco para ver que seja impressionante. A minha única lembrança é de um grande pagode empoleirado no cume de uma montanha que parecia como se tivesse sido rachado em dois por um bruxo. Eu estava sinceramente feliz no dia 10 quando Mengtsz surgiu; um posto avançado Francês com toda a civilização, cultura e culinária que o coração do homem pode desejar. O inspector da alfândega, Sr. Brewitt Taylor, pediu-nos muito gentilmente que ficássemos em casa dele, embora à primeira vista ele mal pudesse acreditar que eu era um Inglês. A jornada reduzira-me a trapos; eu não tive oportunidade de lavar ou aparar a minha barba; a pele do meu rosto estava rasgada pelo vento. Eu devo ter parecido simplesmente assustador. (Eu ainda pareço.)

Nós só ficamos três dias em Mengtsz, apesar das atracções da pequena colónia Francesa. Todos nos convidavam em todos os lugares, incluindo uma festa de jardim onde eu joguei ténis pela primeira vez em dez anos.

Eu jogarei uma vez mais—quando eu retornar.

Há um conto medonho para ser contado. Os Franceses pretendiam dirigir uma ferrovia até Yunnan para estender a sua esfera de influência. Eles examinaram a rota satisfatoriamente e passaram a importar oito mil coolies. Com inacreditável estupidez, eles conseguiram-nos da Manchúria. Naturalmente o suficiente, os homens não suportavam o clima, especialmente porque não havia acomodações adequadas para abrigá-los. Em seis meses restavam apenas quinhentos.

No dia 14 de Março partimos de Mengtsz para Manhao no Rio Vermelho, três dias de viagem fácil. Na primeira noite, um incidente desagradável ocorreu. Wilkinson tinha-me feito prometer não atacar, em hipótese alguma, qualquer um dos homens mas confiar nele para punir qualquer má conduta quando eles retornassem a Yunnanfu. Isto parecia como se eles soubessem deste pacto e o Grande Deus Wilkinson lhes parecesse muito distante. Eu podia sentir instintivamente que o respeito, semelhante ao devoto temor, que eu já havia inspirado, era menos poderoso como inibição.

Dormimos no dia 14 num caravançarai, sujo e totalmente sem conforto. Paguei ao anfitrião mais do que munificentemente; mas ele era insolente e eu não tinha meios de diminuir o incómodo. Isto encorajou os meus próprios coolies a amotinarem-se; e, no decorrer duma querela com a minha esposa (estando eu à frente, fora de vista), um deles atingiu o bebé. Eu cerrei os meus dentes; mas resolvi manter o meu temperamento e a minha promessa ao cônsul.

O dia 15 foi uma longa marcha sobre lamacentas calçadas cheias de buracos onde o meu cavalo constantemente tropeçava e escorregava. Choveu, relampejou e trovejou durante todo o dia. Chegámos a uma aldeia com um suposto hotel Europeu; o "Sino-France", um hotel abarrotado, indescritivelmente sujo; o pior lugar que eu já havia atingido em toda a Ásia.

Manhao é uma bonita aldeia situada nas margens do Rio Vermelho—uma torrente que compete com o Salween pela sua preeminência em letalidade, tanto de doenças como de demónios. Os Chineses recusam-se a dormir uma única noite no vale; mas

---

80 N.T.: Chá da Caravana Russa, antiga rota comercial sino-russa

eu não vi caquécticos na aldeia, não mais do que eu havia visto vítimas de ópio em outros lugares.

O Rio Vermelho neste ponto atravessa um desfiladeiro profundo e estreito. Nós achámos isto sufocadoramente quente, depois da longa exposição aos ventos frios do planalto. Eu tinha alugado uma piroga para nos levar pelos rápidos até Hokow, e eu vi a minha oportunidade de conseguir mesmo com os coolies. Tendo tudo a bordo, eu procedi a pagar ao chefe a quantia exacta que lhe devia—menos certas multas. Então a banda tocou. Eles começaram a ameaçar a tripulação e impediram que se soltassem as cordas. Eles incitaram as pessoas presentes a fazerem a sua parte; e presentemente tínhamos trinta ou quarenta estridentes maníacos preparando-se para nos apedrejar. Eu peguei na minha .400 Cordite Express e disse a Salama que desembarcasse e desamarrasse as cordas. Mas como todos os Kashmiris, impensadamente corajosos diante dos perigos dos elementos, ele era um absoluto cobarde quando em oposição aos homens. Disse-lhe que se não fosse obedecido imediatamente eu começaria a atirar nele. Ele percebeu que eu faria isso e cumpriu o seu dever; entretanto eu dominava a multidão com a minha espingarda. Nenhuma pedra foi atirada; três minutos depois a corrente feroz tinha-nos afastado dos desordeiros.

O perigo real começava agora. Esta foi a única parte da jornada em que encontrámos um sério risco de desastre. O Rio Vermelho, embora largo e profundo, tem todas as características das mais selvagens torrentes de montanha. Ele desce numa sucessão de perigosos rápidos, ainda mais arriscado devido às súbitas curvas acentuadas do canal. Em quase todos os recantos vimos um ou mais destroços, um espectáculo longe de ser tranquilizador. Foi-me dado a entender, no entanto, que o desastre raramente apanhava os barcos que iam a descer. É quando eles estão a ser rebocados pelos rápidos acima, por insuficiente poder, que eles saem do controlo e são arremessados para cima das rochas. Por tudo isso, nós chocámos em dois obstáculos desagradáveis ao longo do dia; um deles abriu um buraco a meio da nossa embarcação; mas os homens conseguiram, com extraordinária velocidade e eficiência, parar o rombo com lona fixada no local por curtas tábuas. Eles estavam evidentemente bem acostumados a trabalhos semelhantes.

Chegámos a Hokow no dia 18 e surpreendemos um desamparado Inglês que nos deu almoço e jantou connosco. Todos nós ficámos gloriosamente bêbados celebrando o sucesso duma jornada que na opinião de todas as pessoas sensatas era uma louca escapada, sentenciada desde o início ao desastre. Outra bolha tinha estourado! A inspiradora aventura provou ser tão segura quanto uma viagem de autocarro de Bank para Battersea.

~ 57 ~

EU TENHO TIDO pouca ocasião para mencionar a minha esposa e o meu filho. É um caso de "feliz a nação que não tem história". Rose provara ser uma companheira idealmente perfeita. Desde a fuga da enfermeira, ela não tivera ninguém para ajudá-la com o bebé. Havia também muito para ela fazer no acampamento. Muitas vezes viajávamos mais de doze horas por dia em condições realmente difíceis; nós enfrentávamos mais do que uma pequena agrura, tal como fadiga, frio, falta de comida e desconforto geral; ela nunca desistia, nunca reclamava, nunca deixava de fazer mais do que a sua parte do trabalho e nunca cometia um erro. Ela estava numa classe própria como um camarada[81]. Até mesmo Eckenstein não era tão polivalente nem tão uniformemente exultante.

---

81 N.T.: como no exército

Nós tínhamos estado mais de quatro meses longe da civilização; e ela tinha não somente suportado isto mas florescera excessivamente. Quando nós começámos, ela estava bastante frívola e de cabeça vazia; enquanto fisicamente, embora saudável, ela não poderia ser chamada de atleta. No final ela tinha adquirido o tipo de alma que é evocado pelo contacto íntimo com a desnuda natureza. A figura dela era recta e flexível, desprezando espartilhos. Os seus membros eram ágeis; os seus olhos brilhantes e ávidos; o seu rosto em chamas com o júbilo do perfeito bem-estar físico e o seu coração exultante com a expectativa de produzir um novo símbolo da nossa ternura antes do final do ano.

Nestes quatro meses eu tinha estado ligeiramente indisposto com indigestão durante dois dias. Rose tivera um ligeiro toque de febre, e o bebé um resfriado que durou três dias, e alguns pequenos problemas digestivos durante a nossa estadia em Yunnanfu. Não são muitas as famílias vivendo nas mais higiénicas condições em Inglaterra que possam mostrar um atestado de saúde mais limpo. Tínhamos bom motivo para nos regozijar e podermos ser desculpados por nos sentirmos decididamente orgulhosos.

No dia seguinte fomos para Lao Cai, onde há um bom hotel e mais mosquitos do que tinha eu visto durante muitos meses. Nós apressámos-nos de comboio para Yen Bai, um buraco imundo sem aspectos positivos. Toda a região e o seu povo são monotonamente castanho-avermelhados; pele, roupas, comida, telhados—tudo menos a erva e as árvores, as quais são todas do mesmo tom de verde opaco. O todo forma uma imagem curiosamente harmoniosa, de tom muito baixo e inegavelmente deprimente. O céu em si era uniformemente pesado, embora eu suponha que isto fosse uma questão da época do ano. Existem alguns aspectos no cenário; um calor húmido aflora no embotamento geral.

No dia 20 chegámos a Hanói, a capital, mas só ficamos para o almoço. Nada há particularmente interessante acerca da cidade para pessoas que têm sido ininterruptamente intoxicadas durante meses na beleza e grandeza de um dos mais selvagens e nobres países da terra. Nós apanhámos o comboio do meio-dia para Haifongue, o porto marítimo de Tonkin, e ficámos no Hotel du Commerce. Haifongue é muito parecido com qualquer outro porto Oriental. Há a habitual atmosfera colonial e a variedade de raças tal como muito jetsam[82] arremessado nas costas da ilha do oficialismo.

Um incidente deliciosamente colonial deve ser relatado. Isto dá a própria atmosfera de *Les Civilisés* de Claude Farrère. Um grande prédio de gaveto na rua principal tinha sido condenado e tinha de ser explodido. O chefe do bando encarregue foi procurar instruções ao engenheiro da cidade. Ele encontrou-o, após busca prolongada, numa combinação de bar e casa de má fama. Ele estava até ao pescoço em absinto, o que não é realmente uma bebida saudável naquele clima; no entanto ele foi capaz de falar e prontamente concordou em calcular a carga de dinamite necessária para a demolição da casa. Ele pegou num toco de lápis e resolveu isto na laje de mármore da sua mesa. Por mais estranho que pareça, ele mudou um ponto decimal em dois lugares para a direita sem desculpa adequada—a menos que aceitemos o absinto como um pedido de desculpas. O chefe saiu com os números dele e colocou uma carga apenas uma centena de vezes maior. O quarteirão inteiro ficou completamente em escombros; e eles ainda estavam a limpar a rua quando nós chegámos.

Tivemos a sorte de encontrar uma embarcação no dia 22 para Hong Kong, após o qual ela foi nomeada. O barco era uma banheira suja; o seu capitão era um Italiano bêbado que vivia em pijamas de flanela que não tinham visto uma lavagem durante meses e passava todo o tempo na sala de fumaça, a jogar e a beber. Uma vez ele veio de viés à minha sirga, recusando-se a ouvir a queixa de Salama acerca da maneira como ele

---

82 N.T.: carga intencionalmente descartada de uma embarcação em perigo de ser afundada

era tratado no tombadilho. Eu disse-lhe que o atiraria para fora do seu próprio navio, a menos que ele fizesse o que eu dissesse p.d.q.[83] Ele encolheu-se e obedeceu.

Como este navio alguma vez fez uma viagem é um mistério. O chefe de máquinas, um desgastado Escocês melancólico, ficou tão perplexo quanto eu. Ele disse que os seus motores estavam "tão podres quanto as tripas do capitão". Eles moviam-se como um homem de uma só perna com Dança de São Vito[84] e soavam como bandejas de chá sendo batidas, correntes sendo sacudidas e ferros de fogo sendo lançados de um lado para o outro, tudo de uma só vez.

Nós não poderíamos sequer livrar-nos das nossas amarras sem arrancar o companheiro de porto. Vinte e quatro horas depois nós parámos. O capitão admitiu livremente que perdera o cálculo, não sabia onde estava, não sabia como descobrir e não via por que razão deveria preocupar-se com isso. Ele voltou para as suas cartas, deixando um oficial subalterno a enredar-se com o sextante e o cronómetro. Se ele obteve algum resultado nunca será conhecido, pois durante o dia nós flutuámos à vista de Hoiho. Por alguma coincidência estranha, este foi o nosso primeiro porto de escala. Não havendo porto, nós ficámos a meia milha no mar, bambaleando e resistindo enjoadamente enquanto os barcos vinham da costa trazendo a nossa carga; porcos em caixas de vime empilhadas por todo o navio em três camadas; e grandes cestas de aves. Tornou-se quase impossível deslocar-se no convés principal, e mesmo no convés superior havia uma considerável aglomeração. O fedor criado por estes animais, alguns dos quais morreram na viagem, era o limite.

À tarde apareceu uma magnífica Fata Morgana que se estendia do oeste para o sul. Havia uma imagem dupla perfeitamente clara no céu a uma elevação de dez a vinte graus. A imagem inferior da expedição estava na vertical e depois bem próximo acima desta estava a imagem invertida.

O mar agitado e a total incompetência de todos os envolvidos combinaram-se para nos manter pendurados ao longo de quatro dias nas ilhas. Nós fugimos no dia 27 e fizemos o nosso caminho através de um mar agitado, num clima horrivelmente frio e húmido, para Hong Kong.

Nós estávamos agora no meio do conforto e poderíamos estabelecer os nossos planos para o futuro. Decidimos que Rose deveria voltar para Inglaterra pela Índia, de modo a pegar a bagagem que havíamos deixado em Calcutá; enquanto eu iria via Nova Iorque na esperança de lá encontrar pessoas interessantes tendo em vista a expedição para Kangchenjunga. Eu conseguintemente parti para Xangai através do meu velho amigo *Nippon Maru* em 3 de Abril. O interesse adicional da minha jornada está relacionado principalmente com a minha carreira Mágica que é descrita num outro capítulo. Há, no entanto, um ou dois contos para serem contados.

O nosso mais ilustre passageiro era um venerável missionário em retorno à América depois de muitos anos a trabalhar na vinha do Senhor. Ele tinha acabado de se tornar célebre, tendo ocorrido um tumulto em que a sua missão foi destruída. A sua esposa e filhos, os seus professores nativos e os seus convertidos foram, na sua maioria, assassinados. Ele próprio, porém, fora preservado para o serviço do Senhor pela directa interposição do Todo-Poderoso que o avisara, ao primeiro rumor de problemas, para deixar a sua família e bloquear o destino dela, e fugir para uma caverna conveniente onde ele pudesse esconder-se, apenas com a cabeça acima da água—ele podia submergir quando os estranhos olhassem—até que a ordem fosse restaurada. Ele estava absolutamente cheio de vento sobre isto. Nunca lhe ocorreu por um momento

---
83 N.T.: pretty damn quick—bem rápido
84 N.T.: distúrbio caracterizado por movimentos bruscos e descoordenados

que a sua conduta estava aberta a críticas, embora, por minha parte, eu mal pudesse acreditar nos meus ouvidos; que qualquer homem contaria tal história de si mesmo e se gabaria disso estava além da minha experiência.

Em Xangai levei a cabo um teste muito notável do valor do Tarot na adivinhação. O Germânico chefe do correio, ligando para a minha anfitriã, ficou muito chateado com a perda de um pacote que continha oitenta mil rublos em notas enviadas por um banco em Pequim para sua sede em Xangai. Eu ofereci-me para investigar o assunto pelo Tarot. Descrevi acuradamente os dois escriturários principais que, sozinhos, tinham acesso ao cofre em que o chefe do correio tinha colocado o pacote imediatamente à sua chegada e de onde este havia desaparecido menos de uma hora depois. Aquele Tarot disse-me que o escriturário sénior era um consciencioso homem estável, poupando uma soma fixa do seu salário, dedicado ao seu trabalho, livre de vícios e sem constrangimento financeiro. O seu subalterno era um jovem descuidado, metido com mulheres e conhecido por apostar pesadamente nas corridas. O chefe do correio confirmou esta estimativa dos caracteres deles.

Eu inquiri mais e descobri que o escriturário subalterno era responsável pelo desaparecimento do pacote; o que parecia bastante razoável. Mas então as cartas aparentemente ficaram doidas. Elas disseram que este escriturário não deveria sofrer pelo seu acto. O chefe do correio admitiu que, na verdade, seria difícil levar o roubo para casa; mas tanto pior, já que ele próprio seria responsabilizado pela perda. Eu inquiri mais e fui confrontado com um outro facto que completou o círculo de impossibilidades. Elas disseram que o chefe do correio não sofreria na reputação. A situação tornou-se inexplicável. Eu estava francamente irritado por, depois de um começo tão preciso, a adivinhação ter acabado a insultar a nossa razão. Eu só poderia pedir desculpas, encolher os ombros e dizer: "Bem, elas insistem que está tudo bem em relação a si".

Alguns dias depois, o mistério foi esclarecido. O correio de retorno partiu para Pequim meia hora depois da sua chegada, e o escriturário júnior, na sua pressa, tinha acidentalmente colocado o pacote na mala de correspondência, de modo que isto foi em segurança para o banco em Pequim. O Tarot tinha-se justificado da maneira mais notável. O escriturário júnior era responsável pelo desaparecimento, porém, ele não sofreu em consequência nem o chefe do correio.

Eu estava com alguma dúvida quanto a ir para a América via Honolulu ou pela rota do norte do Pacífico para Vancouver. Eu ansiava por ver Oahu de novo, e ainda assim sentia uma espécie de dever em cobrir novos territórios. Enquanto eu hesitava, o destino decidia. A última vaga para São Francisco através das Ilhas Sandwich foi vendida sem o meu conhecimento. Ai!—tivesse eu apenas sabido! Um quarto de hora de atraso fez-me perder o que poderia ter sido o momento mais dramático da minha vida. O navio em que eu teria zarpado à esquerda de Honolulu em devido tempo e teria alcançado quatro dias depois a parte externa de Golden Gate—para encontrar em San Francisco uma furiosa flor de fogo.

Eu naveguei a 21 de Abril pelo *The Empress of India*, dei uma esvoaçante olhadela no Japão e fiz-me ao Pacífico.

>   A savage sea without a sail,
>   Grey gulphs and green aglittering.

Nós nunca avistámos a mais leve sugestão de vida até Vancouver, doze dias de friorento tédio, embora houvesse uma certa impressividade na própria tristeza e desolação. Havia um indício do curioso horror que a vacuidade sempre evoca, seja um espaço de noite sem estrelas ou um desolado e árido desperdício de terra. A única excepção é o deserto do Sáara, onde, por alguma razão que eu não consigo nomear, a sugestão não é nem um pouco de vacuidade e esterilidade, mas sim de alguma subtil e secreta primavera da vida.

Vancouver não apresenta nenhum interesse para o visitante casual. É severamente Escocesa. As suas belezas residem nos seus arredores.

Eu fiquei muito desapontado com as Montanhas Rochosas, sobre as quais eu tinha ouvido tão eloquentes encómios. Elas são singularmente disformes; e as suas proporções são inestéticas. Há muita base incolor e brutal; muito pouco cume nevado bem modelado. Quanto à medonha monotonia do selvagem território depois delas, passando por Calgary e Winnipeg até Toronto... as palavras felizmente falham. Os modos das pessoas são grosseiros e ofensivos. Parecem ressentir-se da existência de homens civilizados; e mostram-no por insolência gratuita, a qual confundem com uma marca de independência masculina. Todo o território e seu povo são, de alguma forma, frios e deselegantes. O carácter das montanhas pareceu-me significativo. Constraste-se com os Alpes, onde cada pico é circundado por donairosos lugarejos, calorosos e hospitaleiros, e toda a disponível abordagem é um prado florido, um pasto repleto de pacíficos rebanhos e manadas, ou um centro de cultivo. Nas Montanhas Rochosas, as planícies áridas e sem árvores são repentinamente bloqueadas por feias paredes de rocha. Nada menos convidativo pode ser imaginado. Contraste-se novamente com os Himalaias. Lá não encontramos verdes Alpes, nem aglomeração de chalés; mas a sua estupenda sublimidade afasta a mente de qualquer expectativa ou desejo de pensamentos conectados à humanidade. As Montanhas Rochosas não têm majestade; elas não elevam a mente à contemplação do Deus Todo-Poderoso, apenas aquecem o coração parecendo sentinelas a vigiar as habitações dos seus companheiros.

Toronto como cidade concretiza a ideia do Canadá como país. É um crime calculado contra as aspirações da alma e contra as afeições do coração. Eu tinha sido alimentado vilmente no comboio. Pensei que eu entregar-me-ia a um jantar realmente de primeira classe. Mas tudo o que eu consegui foi tomar um chá—eles nunca tinham ouvido o nome de vinho! De todas as terras sem amor e sem vida que se contorcem sob a ira de Deus, recomendem-me o Canadá! (Eu entendo que as cidades do leste, tendo conhecido a cultura Francesa, são comparativamente habitáveis. Não tendo estado lá eu não posso dizer.)

Eu fui até Buffalo para ver o Niágara. Aqui eu primeiramente atingi a Americana reportagem de jornal em plena floração, em seus refúgios nativos. Meia hora antes de eu ter entrado no meu hotel fui abordado por meia dúzia de escribas entusiásticos. Eu naturalmente supus que eles tinham, de alguma forma, ouvido falar sobre as minhas aventuras Himalaicas ou Chinesas, e conversei em conformidade. Pouco a pouco dei-me conta de que, de certo modo, eu não estava conseguindo satisfazer os requisitos; e dentro em pouco descobri que eles haviam-me confundido com algum tenente Inglês, o qual era suposto ter cruzado o Canadá e de quem eles queriam informações sobre alguma tolice local.

Eu dei uma boa olhada no Niágara. É absurdo gritar com a causa da desconsagração por se construir algumas casas na proximidade. Pareceu-me que elas ajudaram, em vez de perturbar, a nossa apreciação. Elas forneceram um padrão de comparação. Tudo o que tem sido dito sobre as cataratas é, como os locutores admitem, ridiculamente abaixo da realidade. Em seu modo elas reclamam comparação com as montanhas da Ásia. Elas têm o mesmo ar de estar fora de toda a proporção com o observador. Pertencem a uma escala diferente; e elas impressionam com a mesma ideia de total indiferença pela natureza. Elas fascinam, como todas as coisas vastas para lá do cômputo invariavelmente fazem. Senti que se eu vivesse com elas, mesmo por um curto período de tempo, elas obcecar-me-iam completamente e possivelmente seduzir-me-iam para terminar a minha vida com a eternidade delas. Eu senti o mesmo a respeito das montanhas da Índia, da extensão da China, da solidão do Sáara. Sinto como se a melhor parte de mim pertencesse a elas, como se o meu mais querido destino fosse viver e morrer com elas.

Fui a Nova Iorque no dia 15 de Maio e passei dez dias bastante agitados experimentando os restaurantes e os teatros. Mas no tocante a pessoas interessantes nos Himalaias, eu poderia muito bem ter aderido à Missão Para o Interior da China. Ninguém em Nova Iorque tinha sequer ouvido falar deles, a não ser como itens sem sentido nas suas odiadas lições de geografia. Ninguém conseguia ver de todo qualquer desporto no montanhismo, ou qualquer objecto científico a ser obtido por alcançar grandes alturas. Após os primeiros dias eu não consegui sequer encontrar um ouvinte. A cidade tinha ficado completamente louca; primeiramente sobre *The Jungle* de Upton Sinclair, que transformara a comida enlatada em droga no mercado, embora não houvesse praticamente mais nada para comer; e em segundo lugar pelo baleamento de Stanford White, que liberou toda a reprimida histeria sexual da população total.

De nada mais falariam eles. Todos gritavam em público e em particular acerca de sátiros e filhos de anjos, e de vampiros, e da lei consuetudinária, e de homens mais elevados, e de erradicar a impureza. Pela primeira vez na minha vida eu entrei em contacto com a loucura da multidão. A moralidade e as maneiras modernas suprimem todos os instintos naturais, mantêm as pessoas ignorantes dos factos da natureza e fazem-nas lutar embriagadas em histórias do bicho-papão. Consequentemente aproveitam cada incidente desse tipo para desabafar. De nada sabendo e tudo temendo, reclamam, deliram e revoltam-se como muitos maníacos. O assunto não importa. Qualquer ideia que lhes dê um pretexto de empolgamento servirá. Procuram por uma vítima para provocar, vociferam para a enfraquecer, e finalmente lincham-na numa tempestade de frenesim sexual que eles honestamente imaginam ser indignação moral, paixão patriótica ou alguma emoção igualmente aceitável. Pode ser um Negro inocente, um Judeu como Leo Frank, um Alemão ingénuo e inofensivo; um idealista Cristão do tipo Debs, um reformista entusiasta como Emma Goldman ou até mesmo um médico cujas opiniões desagradam a Medical Trust.

Eu naveguei para Inglaterra no *Campania* a 26 de Maio, chegando a Liverpool no dia 2 de Junho após uma viagem agradável, durante a última parte da qual eu escrevi a maioria de *Rosa Coeli*, para encontrar cartas à minha espera para me contarem da tragédia sobre a qual eu tenho dado consideração noutro lugar.

A partir do momento do desembarque eu fiz uma sequência de choques físicos. Enquanto me esforçava para ficar de pé após o raio explosivo do meu luto, eu encontrei-me com uma glândula infectada na virilha que exigia excisão. No primeiro dia em que saí da casa de repouso, eu senti um calafrio no olho direito que obstruía um duto nasal e exigia toda uma série de cirurgias extremamente dolorosas que não tiveram sucesso. No decorrer destas, eu ganhei neuralgia; isto continuou dia e noite durante meses, tão violentamente que me senti a enlouquecer. Após meses de relativa saúde adquiri uma garganta ulcerada que me derrubou completamente até ao final do ano.

No topo de tudo isto veio a descoberta de que a minha esposa era uma dipsomaníaca hereditária. Quando o nosso bebé nasceu, este ficou quase sem vida por mais de três dias e às três semanas quase morreu de bronquite. Eu tive o bom senso de mandar trazer oxigénio antes do médico chegar e esta precaução provavelmente salvou a vida da criança. Eu lutei como um demónio contra a morte. O médico deu as ordens mais estritas a fim de que não deveria estar mais do que uma pessoa na enfermaria ao mesmo tempo. A minha sogra recusou-se a obedecer. Pensava eu que tinha sofrido o suficiente. Era a hipocrisia dela que tinha procurado justificar a sua entrega à bebida dando aos filhos uma parte do champanhe e deste modo implantou em Rose o impulso infernal que arruinara a vida e o amor dela, e o meu. Eu não hesitei; peguei a bruxa pelos ombros e expulsei-a do apartamento, ajudando-a a descer as escadas com a minha bota para que ela não interpretasse mal a minha acepção.

Então Lola Zaza vive hoje. Que a vida dela prove ser merecedora das dores que eu tenho em preservá-la.

Durante a minha doença em Bournemouth, eu escrevi de memória a maior parte do *Liber 777*, a tabela de correspondências mostrando os equivalentes das ideias e símbolos religiosos de vários povos. É claro que este rascunho precisava de revisões e adições consideráveis. De facto foram dois anos no prelo. Mas hoje é o livro padrão de referência sobre o assunto. Devo admitir estar completamente insatisfeito com isto. É meu ansioso desejo emitir uma edição revisada com um comentário adequado e uma chave para o seu uso prático. Recuso-me a sentir qualquer satisfação em saber que, publicado a dez xelins, isto é agora cotado a três libras e quinze xelins no mínimo. (Então o porquê de mencioná-lo! Oh, cala a boca.)

Em Outubro deste ano iniciei *Clouds without Water*, totalmente descrito algures. Mas, à parte destes dois livros e de alguns poemas antigos, o ano foi estéril em relação à literatura. Eu estava muito intensamente concentrado no desempenho da Operação da Magia Sagrada de Abramelin, o Mago; talvez profundamente abalado pela minha experiência do Abismo; e certamente muito ocupado com as realidades da vida para ter o lazer ou mesmo sentir o impulso para destilar da vida aquela quintessência, a límpida verdade, opalescente com a lírica luz, que constitui a poesia. Não até a doença e a tristeza terem acalmado o meu espírito, uma vez mais eu encontrava-me livre para extrair o elixir do êxtase da experiência e cumprir as minhas faculdades expressando-me em ritmo.

Eu fecho este capítulo com um suspiro. Por dez anos a minha vida tinha sido uma delirante dança para uma enlouquecedora música com incarnada paixão pela minha parceira, e a ilimitada planície do possível vibrando com o fervor dos meus pés. Eu tinha passado por mil crises até ao clímax da minha carreira. Eu tinha atingido todas as minhas ambições, provado a mim mesmo em cada ponto, ousado todo o perigo, desfrutando cada êxtase que a terra tem para oferecer; o restante da minha vida regride do romance naquela pueril ideia do que o romance deva ser. A partir deste momento, apesar de muita coisa estar reservada para eu realizar, o ápice pairando além do cume do sucesso espiritual, gigante alinhado atrás de gigante para eu desafiar, agora eu aprendia a encarar a vida com olhos iluminados. Eu procurara e encontrara. Eu devo agora procurar aqueles que procuram para que eles possam também encontrar. Devo aspirar, agir e alcançar, não só para mim mesmo, aperfeiçoar a minha personalidade, mas para os meus semelhantes em quem eu unicamente poderia satisfazer-me desde que finalmente me conheci, não para ser Aleister Crowley, um indivíduo independente da comunhão de consciência cósmica, mas meramente uma manifestação da Mente Universal cujo pensamento deve ser estéril, a menos que seja semeado para florescer e frutificar em cada acre da vinha de Deus.

PARTE IV
TRABALHOS MÁGICOS

~ 58 ~

18 DE NOVEMBRO de 1905 foi o meu sétimo aniversário na Ordem, eu escrevi: "Até agora eu posso considerar a minha Especulativa Crítica da Razão como não somente provada e compreendida, mas realizada." E no dia 19: "A miséria disto é simplesmente repugnante—eu não posso escrever mais".

Eu devo explicar. Todos estes sete anos, especialmente no Oriente, eu havia discutido religião e filosofia com homens de todos os tipos e condições. Além disso, eu havia estudado os livros sagrados de todas as religiões da antiguidade. Todas as minhas experiências tendiam à conclusão uniforme de que se poderia ir ao redor do círculo em qualquer discussão. Os filósofos Cristãos têm-se apegado a este facto para exortar que a nossa única esperança de chegar à verdade é pela fé; mas é a falência de fé que originalmente nos levou a testar isto pela razão. Eu vi que a verdadeira solução era, pelo contrário, a do místico. Na linguagem Cabalística e científica, nós possuímos uma faculdade de apreensão independente da razão, a qual nos informa directamente da verdade. Eu escrevi no meu Diário Mágico em 19 de Novembro de 1905:

> Eu percebo em mim mesmo a perfeita impossibilidade da razão; sofrendo grande miséria. Eu sou como alguém que ter-se-ia emplumado durante anos com a velocidade e a força de um cavalo favorito, apenas para descobrir não somente que a sua velocidade e força eram ilusórias, mas que este não era de todo um cavalo real, senão um cavalete de roupas. Não havendo maneira—nenhuma maneira concebível—de sair deste terrível problema dá aquele desespero hediondo que é somente tolerável porque no passado isto sempre foi a Escuridão do Limiar. Mas este é muito pior do que antes; eu desejo ir de A para B; e eu não sou apenas um coxo, mas não existe tal coisa como espaço. Eu tenho de manter um compromisso à meia-noite; e não é só o meu relógio parado, mas não existe tal coisa como tempo... Mas certamente não sou um homem morto aos trinta!

A partir desta data até à primeira semana de Fevereiro, eu estava intelectualmente insano. O efectivo ordálio é descrito com intensa simplicidade e paixão em "Aha!" Eu chamo isto de "a Ordem do Véu, o Segundo Véu" e o "Véu do Abismo". A completa destruição da razão deixou-me sem outros meios de apreensão a não ser Neshamah.

Eu tenho já explicado brevemente o que significam Neshamah, Ruach e Nephesch. Eu devo agora ir um pouco mais fundo nas doutrinas da Cabala. A consciência humana é representada como o centro de um hexágono cujos pontos são as várias faculdades da mente; mas o ponto mais alto, o qual deve ligar a consciência humana com o divino, está faltando. O seu nome é Daath, Conhecimento. A lenda Babilónica da "queda" é uma parábola da exclusão do homem do Paraíso pela destruição deste Daath e o estabelecimento deste Abismo. Regeneração, redenção, expiação e termos semelhantes significam, igualmente, a reunião do humano com a consciência divina. Chegada ao mais alto ponto possível de realização humana por passos regulares, a pessoa encontra-se à beira do Abismo, e para o atravessar a pessoa deve abandonar totalmente e para sempre tudo o que ela tem e é. (No misticismo não-científico, o acto é representado sentimentalmente como a rendição completa do eu a Deus.) No Inglês não-sectário, o acto implica, antes de tudo, o silenciamento do intelecto humano para que se ouça a voz do Neshamah.

Podemos agora considerar mais detalhadamente o que significa Neshamah. É a faculdade humana correspondente à ideia Binah. Compreensão; que é aquele aspecto da consciência divina que corresponde à Ideia Feminina. Ela recebe, formula e transmite a pura consciência divina, que é representada por um triângulo (em relação a Trindade) cujo ápice é a essência do verdadeiro eu (correspondente a Brahman, Atman, Allah etc.—não a Jehovah, que é o Demiurgo) e cujo outro ângulo é Chiah, o aspecto Masculino do eu, que cria. (Chiah corresponde a Chokmah: Sabedoria, a Palavra.) Esta consciência divina é triúno. Na sua essência, é absoluta e, portanto, contém todas as coisas em si mesma, mas não tem meios de discriminar entre elas. Isto apreende-se formulando-se através da postulação de si mesmo como masculino e feminino, activo e passivo, positivo e negativo, etc.

A ideia de separação, de imperfeição, de tristeza, é realizada por isto como uma ilusão criada por si mesmo para o propósito de auto-expressão. O método é precisamente o do pintor que joga uma cor contra uma outra para representar alguma ideia particular de si mesmo que lhe agrada. Ele sabe perfeitamente que cada cor é imperfeita em si mesma, uma apresentação parcial da ideia geral de luz.

A "Realização de Unidade" seria, teoricamente, misturar todas as tintas e produzir uma superfície sem cor, forma ou significado; no entanto, aqueles filósofos que insistem em simbolizar Deus pela Unidade reduzem-No a uma não-entidade. O mais lógico destes, de facto, leva as teses deles um pouco mais além e descreve a Deidade como "sem quantidade ou qualidade". Até mesmo o Livro de Oração descreve-O como "sem corpo, partes ou paixão", embora este continue animadoramente descrevendo as partes Dele e as paixões Dele em detalhe. Os Hindus realmente percebem que o seu Parabrahman assim definido, negando todas as proposições acerca dele, não é de todo um ser em qualquer inteligível sentido da palavra. A aspiração deles para ser absorvida na sua essência depende da tese de que "Tudo é Mágoa".

O Buda deu o último passo lógico, rejeitou Brahman como uma mera fábula metafísica e substituiu a ideia de união com ele por aquela de absorção em Nirvana, um puro e simples estado de cessação. Este é certamente um passo em frente; mas ainda não lança luz sobre o assunto de como as coisas chegaram a ser tais que apenas a cessação pode aliviar a sua intolerável mágoa; embora seja claro o suficiente que a natureza de qualquer separada existência deve ser imperfeição. O Buda impudentemente postula "Mara" como o fazedor de toda a ilusão, sem tentar atribuir um motivo para a malícia dele ou um meio pelo qual ele pudesse gratificar esta. Incidentalmente, a sua "existência em si" é o todo do maléfico Mara, o qual é justamente um postulado tão impertinente quanto qualquer um dos incriados criadores e causas não-causadas de outras religiões. O Budismo não destrói o dilema filosófico. A afirmação de Buda, de que o erro fundamental é a ignorância, é tão arbitrária, afinal, como a de Milton, de que era o orgulho. Qualquer qualidade implica uma série de outras, todas igualmente inconcebíveis como surgindo num homogéneo estado de êxtase ou não-entidade.

Em oitenta dias dei a volta ao mundo do pensamento e, como Phineas Fogg e Omar Khayyam, saí pela mesma porta em que entrei. A solução deve ser prática, não teórica; real, não racional. Tyndall diz algures que é evidentemente possível para os homens adquirirem a qualquer momento o uso de uma nova faculdade que revelaria um novo universo, tão completamente quanto o desenvolvimento da visão tem feito, ou quanto a invenção do espectroscópio, do eletroscópio, etc., tem feito, e nos tem mostrado insuspeitos universos materiais. É para ser cuidadosamente observado de que nós, sem hesitação, classificamos como "material" todos os tipos de ideias que não são directamente apreciáveis por qualquer um dos nossos sentidos. Eu não estava de forma alguma a apostatar o meu agnosticismo ao procurar um universo de seres dotados de tais qualidades que observadores anteriores, com poucos factos e menos métodos de investigação e crítica à disposição deles, chamavam de "deuses", "arcanjos", "espíritos" e análogos.

Comecei a relembrar que eu era um iniciado, que a Grande Ordem dera-me a Cabala como minha hipótese de trabalho. Nestas circunstâncias descobri que esta doutrina satisfaz perfeitamente o meu ramo de conhecimentos, o meu cepticismo e a minha alma. Isto não pretendia estabelecer a lei sobre o universo. Pelo contrário, isto declarava positivamente a conclusão agnóstica de Huxley. Declarava a razão incompetente para criar uma ciência a partir do nada e restringia-a à sua evidente função de criticar factos, na medida em que esses factos fossem compreensíveis por ela.

Mas a Cabala não me deixou em desespero; esta afirmava a existência de uma faculdade como a sugerida por Tyndall, pela qual eu poderia apreciar directamente a verdade. Posso aqui referir-me à alegação histórica dos místicos de que a verdade deles é incompreensível à razão humana e inexprimível na linguagem humana. A arrogância da proposição era menos repugnante para mim do que a sua confissão de incompetência e a sua negação da continuidade da natureza. Eu dediquei incontáveis dias e noites forçando-me a formular as intuições do transe em ideias inteligíveis, e a transmitir essas ideias por meio de símbolos e termos bem definidos. No período que estou a descrever, tal esforço teria sido "fazer tijolos sem palha"[1]. As minhas experiências verdadeiramente místicas foram extremamente poucas. Eu tenho subsequentemente desenvolvido um sistema completo, baseado na Cabala, pelo qual qualquer expressão pode ser traduzida através da linguagem do intelecto, exactamente como os matemáticos têm feito: exactamente, também, como eles têm sido obrigados a reconhecer a existência de uma nova lógica. Eu achei isto necessário para criar um novo código das leis do pensamento.

Um exemplo pertinente a este período ilustrará a estranheza do mundo revelada pelo desenvolvimento de Neshamah. A consciência humana é primariamente distinguível do divino pelo facto de depender da dualidade. A consciência divina distingue um pêssego de uma pêra, mas está ciente o tempo todo de que a diferença está sendo feita por sua própria conveniência. O humano aceita a diferença como real. Também falha ao aceitar o facto de nada conhecer do objecto conforme este é em si mesmo. Está confinado a uma consciencialização de que a sua consciência tem sido modificada pela sua tendência de perceber as suas sensações, o que se refere à sua existência. É preciso ser especialista em Pratyahara para apreender intuitivamente os dados do idealismo Berkeleyano. Por outras palavras, a condição da consciência humana é o senso de separação; ou seja, de imperfeição; ou seja, de mágoa.

Ora então, para nossa ilustração. Eu aspiro ao bom, o belo e o verdadeiro. Eu defino o meu Santo Anjo da Guarda como um ser que possui estas qualidades em perfeição e aspiro ao Seu Conhecimento e Conversação. Proponho, portanto, realizar a Magia

---

1 N.T.: fazer uma tarefa sem os recursos adequados

Sagrada de Abramelin, o Mago. Mas de que maneira é o meu primeiro postulado! Que lá existe uma diferença real entre aquelas qualidades e os seus opostos, entre Ele e eu. É verdade que eu viso a identificação de mim mesmo com Ele, mas eu já O tenho definido como imperfeito, não obstante a minha donairosa fraseologia, admitindo que Ele é separado de mim. Eu defino a verdade como imperfeita distinguindo-a da inverdade. (Quando alguém cruza o Abismo, estas considerações—fantásticas ao ponto de comicidade à medida que aparecem na superfície—tornam-se os inimigos mais formidáveis na vida prática. Por exemplo, é preciso resolver a antítese entre acção e inacção, e remove-se o motivo com uma cirurgia hábil destruindo a divisibilidade da alegria e da tristeza. A minha aspiração em si mesma afirma a própria ideia de que negar isto é o seu único objectivo.

Assim, então, toda a Magick é baseada na ilusão inerente à própria razão. Já que todas as coisas estão separadas; já que a separação delas é o elemento essencial da existência delas; e como todas são igualmente ilusões, por que aspirar ao Santo Anjo da Guarda? Por que não ao Morador do Limiar? Para o homem que não tem passado inteiramente pelo Abismo, pensamentos deste tipo são positivamente assustadores. Não há resposta racional possível, a partir da natureza do caso; e eu fui atormentado indescritivelmente por estes pensamentos, milhares e milhares, cada um deles sendo um tremendo raio abrindo caminho através do meu cérebro durante estes meses assustadores. É claro que *o Livro da Lei* faz picadinho de todos esses dragões, mas eu estou convencido de que os deuses deliberadamente impediram-me de buscar a solução nas suas páginas, embora eu fosse o escolhido confidente deles. Eles estavam determinados a fim de que eu drenasse as últimas gotas do vitríolo. (*Visita Interiora Terrae Rectificado Invenies Occultum Lapidem.*)²

Era essencial que eu aprendesse a técnica de atravessar o Abismo com absoluta perfeição, pois eles tinham em mente confiar-me a tarefa de ensinar aos outros exactamente como fazê-lo. Assim, embora eu tenha atravessado o abismo neste período, submetido a uma fase particular do ordálio, fiquei restrito àquela experiência particular que era suficiente para o imediato propósito deles em relação a mim. Eu tive que resolver os problemas de muitas outras maneiras, em muitas outras ocasiões, como irá aparecer na sequência. *O Livro da Lei* estava na minha mão, mas os próprios deuses tinham endurecido o meu coração contra este. Eu endurecera o meu próprio coração; eu tentara contornar o Boyg. Eles responderam: "Tu tens dito."

Agora eu sei a partir da experiência de outros que *O Livro da Lei* é verdadeiramente um ramo de Ouro. É a única coisa que alguém pode levar através do Hades e é um passaporte absoluto. De facto, não se pode passar pelo Hades; não há "um" para ir. Mas a própria Lei transpõe o Abismo, pois "Amor é a lei, amor sob vontade." A vontade de cruzar é desintegrar todas as coisas em desalmado pó, o amor é a única força que pode uni-las numa ponte coerente. Lá, onde dilacerados pensamentos afundaram no espaço sem estrelas, doloridos e impotentes, no que não era sequer inexistência, cada qual vivo para sempre reduzido aos seus derradeiros átomos, de modo que não havia possibilidade de mudança, nenhuma esperança de qualquer alívio da sua angústia, cada qual extremamente consciente de que o seu capitão se matara em desespero; homens podem hoje passar em paz. De maneira que, com *O Livro da Lei* para guiá-los, e a minha experiência para avisá-los, eles podem preparar-se para a passagem; e é culpa deles se o processo de auto-aniquilação envolver sofrimento.

Eu não posso sequer dizer que cruzei o Abismo deliberadamente. Fui lançado pelo ímpeto das forças que eu convocara. Durante três anos, salvo por incidentes

---
2 N.T.: lema alquímico para V.I.T.R.I.O.L. Processo de purificação interna.

espasmódicos e sem entusiasmo, e pelo grande momento no Cairo que se opôs directamente aos unidos esforços do meu cepticismo, do meu cinismo, do meu desgosto com tudo, da minha ociosidade e dos meus preconceitos, eu tinha estado a lutar contra o meu destino. Eu estava a construir uma grande represa. O meu ocasional retorno à Magick tinha sido mais na natureza de ocasionais farras do que qualquer outra coisa, como um homem consumido por uma subjugante paixão em relação a uma mulher, e determinado a pisoteá-la, poderia buscar alívio em namoricos ocasionais.

Um juramento mágico é a mais irresistível de todas as forças morais. É uma afirmação da verdadeira vontade; quer dizer, é um elo entre a consciente natureza humana e a inconsciente natureza divina do homem que o toma. Um juramento mágico que não expressa a verdadeira vontade coloca estas forças em oposição e consequentemente enfraquece o homem o mais gravemente tanto quanto o juramento é mais seriamente tencionado e tomado. Mas dado que o juramento é uma verdadeira expressão da verdadeira vontade, o seu efeito é afirmar essa mesma união entre a força insignificante do ser consciente e o irresistível poder daquilo que é "único, eterno e individual", aquilo que é inexpugnavelmente imune a todas as forças; que quando realizado o constitui supremo.

A minha posição foi esta. Em 1897 eu tinha inconscientemente descoberto a minha verdadeira vontade e dediquei-me a encontrar os meios de a levar a cabo. Em 1898 encontrei os meios e eu tinha concentrado todos os meus recursos, de qualquer tipo, ao ter deixado de lado todo o proveito disto. O obstáculo, interior e anos; a represa, o meu exterior. A reacção de 1902 tinha durado apenas três mentes carnais, tinha começado a vazar; um momento depois, isto foi varrido pelas marés vingadoras; elas varreram o último remanescente da minha razão.

Há um débil estardalhaço das espingardas da retaguarda, alguma ineficaz tolice acerca de disciplina entre 19 e 25 de Novembro, depois absoluto silêncio até ao dia 8 de Fevereiro, quando eu escrevo, "Acerca desta consciência de lua cheia começou a romper Ruach em Neschamah. Tenciono ater-me a Augoeides."

Eu encontrei-me num estado verdadeiramente surpreendente.

> As I trod the trackless way
> Through sunless gorges of Cathay,
> I became a little child,
> By nameless rivers, swirling through
> Chasms, a fantastic blue,
> Mounth by mounth, on barren hills,
> In burning heat, in bitter chills,
> Tropic forest, Tartar snow,
> Smaragdine archipelago,
> See me---led by some wise hand
> That I did not understand.
> Morn and noone and eve and night
> I, the forlorn eremite,
> Called on Him with mild devotion,
> As the dewdrop woos the ocean.

Eu tive toda a inocência e desamparo, na circunstância de uma criança no período em que tacteia instintivamente por alguém para amá-la, alguém que esta conhece e em quem confia, quem é infinitamente forte, infinitamente sábio e infinitamente gentil.

Não sei bem por que escolhi a palavra "Augoeides" para representar o meu pensamento. Pode muito bem ser porque isto não foi deteriorado para mim por qualquer associação pessoal com o passado. Eu tenho sido levado pela necessidade de simplificar (até ao limite da minha habilidade) a história da minha passagem pelo Abismo. Devo agora explicar o porquê de eu ter saído disto com esta particular ideia de Augoeides em vez de uma outra, pois cada ideia na minha mente tinha sido quebrada em fragmentos e triturada num almofariz, reduzida a pó impalpável e espalhada aos quatro ventos do céu. Sir Isaac Newton para o resgate! A sua primeira lei do movimento é suficiente para deixar claro o ponto.

> Um corpo ou mantém o seu curso (ou então permanece em repouso)
> A menos que por alguma força externa o seu movimento seja imprimido.

O efeito do meu ordálio tinha sido remover todas as forças que haviam colidido na minha normal direcção. A minha estrela tinha sido desviada da sua adequada órbita e fora retida pela atracção de outros corpos celestes. A sua influência havia sido removida. Pela primeira vez na minha vida eu estava realmente livre. Eu não tinha mais personalidade. Para tomar um caso concreto: Eu encontrava-me no meio da China com uma esposa e um filho. Eu não era mais influenciado pelo amor por eles, não estava mais interessado em protegê-los como eu estivera; mas havia um homem, Aleister Crowley, marido e pai, de uma certa casta, de certa experiência, a viajar em remotas partes do mundo; e era actividade *dele* dar-lhes o seu indiviso amor, cuidado e protecção. Ele podia fazer isto muito mais eficientemente do que antes, quando eu estava ciente do que ele estava fazendo, e consequentemente inclinado a enfatizar a parte.

Mas no que diz respeito ao meu mágico futuro—por que "tenciono eu ater-me a Augoeides"? A razão fica clara se nós considerarmos a natureza da meditação—Sammasati—que tinha constituído a essência do meu sucesso ao passar pelo ordálio.

Eu decidi sobre isto por sugestão de Allan, e um dos meus principais objectivos em ficar com ele no *choung* era fazê-lo. Pensei que isto poderia ser feito em três dias! Deve haver muitos jovens idiotas batendo pelo mundo, mas eu acho que posso dar à maioria deles um par de tacadas.

O método da meditação é descrito (1911) em *Liber Thisharb*, e eu tenho-o delineado num capítulo anterior. Eu cito a partir de *The Temple of Solomon the King* (*The Equinox*, vol. I, nº VIII):

> ...ele encontrou o seu antigo companheiro, I.A, agora um membro da Sangha Budista, sob o nome de Bhikku Ananda Metteya.
>
> Foi dele que recebeu as instruções que o ajudariam a alcançar o grande e terrível pináculo da mente, de onde o adepto deve mergulhar no Abismo, para emergir nu, um bebé—o Bebé do Abismo.
>
> "Explora o Rio da Alma", disse Ananda Metteya, "De onde e em que ordem tu vieste."
>
> Durante três dias—o período mais longo permitido pela lei Budista—ele permaneceu no *choung*, meditando sobre este assunto; mas nada parece ter surgido disto. Ele cerrou os dentes e dedicou-se obstinadamente a esta consideração do eterno porquê. Aqui está um ser em Rangoon. Por quê? Porque ele queria ver Bhikku A.M. Por quê? Porque—e assim por diante até ao passado meio esquecido, mares escuros que fosforesciam conforme a límpida quilha do seu pensamento os dividia.

Eu havia eliminado um vasto número de possíveis respostas à questão de Zoroastro citada acima por Allan. Eu poderia até mesmo ter descoberto a minha verdadeira vontade, como de facto a meditação deveria permitir-me, se não tivesse sido interferida pela questão maior com o seu esmagador cepticismo académico. A questão colocada pela meditação pressupõe uma conexão casual entre os eventos e até mesmo, até certo ponto, uma conexão proposital. Ora no Abismo estas são as duas ideias que são arrancadas debaixo da ponte da continuidade, a qual elas deveriam apoiar.

O ponto prático era que eu não tinha provas de que houvesse qualquer propósito na minha vida passada ou que pudesse haver no meu futuro. Mais uma vez cito a partir de "The Temple of Solomon the King":

> Perplexo de novo e de novo, a queda com o seu cavalo forneceu o único factor que faltava nos seus cálculos. Ele havia repetidamente escapado da morte em modos quase milagrosos. "Então eu sou de alguma utilidade afinal!" foi a sua conclusão. "Eu sou realmente ENVIADO para fazer alguma coisa." Para quem? Para o universo; nenhum bem parcial podia possivelmente satisfazer a sua equação. Eu sou, então, o "Sacerdote Escolhido e Apóstolo do Espaço Infinito". Muito bom: e qual é a mensagem? O que devo eu ensinar aos homens? E tal como relâmpago do céu, caiu sobre ele estas palavras: "O CONHECIMENTO E A CONVERSAÇÃO DO SANTO ANJO DA GUARDA."

Então novamente lemos (no diário) em 11 de Fevereiro: "Fiz muitas resoluções de um G. R. (Grande Retiro). Em sonho, voou para mim um anjo, carregando um ankh,[3] para me confortar."

Podemos agora transcrever o diário. Encontramos a grande mente, o homem complexo, purificado por completo através do pensamento, despojado de todas as coisas humanas e divinas, centrado numa única aspiração, tão simples quanto o amor de uma criança pelo seu pai.

Tal como relâmpago do céu? Sem evitar que rapidamente lampejasse a pergunta óbvia do homem prático, como?

A resposta foi imediata: "INVOCANDO FREQUENTEMENTE". Eu não precisava de ter perguntado. De facto eram as palavras de Zoroastro, mas elas também eram minhas. Eu usara-as na minha paráfrase sobre Zoroastro no cântico Tannhäuser. E afinal de contas, nada há especialmente mágico acerca delas excepto que elas estão no bom senso comum da psicologia. Huxley disse que a ciência era senso comum organizado, e Frazer disse que a ciência era Magia bem-sucedida. O silogismo não apresenta dificuldades.

Apenas um ponto permaneceu para consideração. Eu tinha dito o quão quase insanamente ansioso eu sempre estivera acerca de economizar tempo. A minha mente é, talvez, a mais infernalmente activa no globo. Eu não posso suportar comer uma refeição excepto como uma deliberada devassidão. Gosto de jogar xadrez e de ler um livro "enquanto fortificando o meu corpo por esse meio" e estabelecendo conversação com os outros convidados. Eu estava constantemente inventando esquivas para aproveitar ao máximo cada momento. Odeio fechar uma porta atrás de mim, com base de que eu tenha que abri-la novamente. Detesto trocar de roupa. Mantenho a minha cabeça rapada se houver algum risco de ser chamado para escovar o meu cabelo. Por outro lado, gosto de me barbear porque, como muitos homens sabem, a operação tende a produzir fertilidade de ideias.

Tendo decidido invocar o Augoeides, como faria eu isto sem demora desnecessária? Eu tinha tudo pronto em Boleskine, mas Chen Nan Chan está a sessenta li[4] de Pa Shih Pai, e estava a muitos dias a partir de Inglaterra, lar e beleza, indo o mais rápido possível. A operação deveria começar na Páscoa. Isto não poderia ser feito naquele ano por meios comuns. Mas o meu Sammasati veio para o resgate. Eu sabia que cada evento na minha vida tinha sido organizado pelos deuses para me ser útil na realização

---

3 N.T.: cruz ansata
4 N.T.: unidade de distância chinesa, equivalente a cerca de 600 metros

da Grande Obra. Eu não precisava de um aeroplano: eu tinha um tapete mágico. Eu poderia viajar no meu corpo astral até ao meu templo e realizar a Operação, talvez até mais convenientemente do que na carne. *Per contra*, eu poderia construir o meu próprio templo sobre mim e realizar a Operação no meu corpo físico. Por várias razões, eu preferia o último método.

Eu ainda estava totalmente "desligado" de *O Livro da Lei*. Tinha comigo a minha única cópia em velino de *The Goetia* e propus usar a Invocação Preliminar. Eu deveria começar por executar isto duas vezes diariamente para trabalhar uma corrente, para adquirir concentração, para invocar frequentemente.

No dia 11 de Fevereiro tinha passado os cinquenta li da viagem, P`u P`eng para Ying Wa Kuan, fazendo resoluções para empreender o Grande Retiro Mágico. Naquela noite eu tive um sonho, no qual um anjo voou até mim "para me confortar". Ele estava segurando um ankh na mão. Se eu tivesse sabido nessa ocasião, como sei agora, que o ankh não é fundamentalmente uma *crux ansata* mas uma alça de sandália, o símbolo do poder de ir, teria compreendido que eu deveria fazer o Retiro na jornada. É obviamente fraqueza confiar no ambiente material da pessoa, e eu já estava suficientemente habituado a realizar meditações nas mais insatisfatórias condições para não ter hesitado. Eu tinha escolhido montar o meu primeiro templo num dos cantos mais movimentados de Londres, com o deliberado objectivo de me treinar para não ser desencorajado pelo barulho.

O plano não era mau. Eu sou completamente inacessível a perturbação excepto de um tipo. A vizinhança de qualquer pessoa a quem eu tenha concedido o direito de falar comigo é uma causa de distracção. Em prática eu instruo tais pessoas cuidadosamente para não me abordarem quando estou a trabalhar—aye! Em qualquer momento—sem especial justificação. Fiz uma experiência posterior em Outubro de 1908 (ver "John St. John") ao executar uma completa Operação Mágica do tipo mais importante enquanto levava a vida do normal homem cosmopolita no bairro de Montparnasse. Fiz isto para demonstrar às pessoas, as quais reclamavam que não tinham tempo ou conveniência para a Magick, que elas podiam fazer isto sem abandonar as suas actividades comuns ou a sua vida social.

Embora eu não compreendesse totalmente a implicação do sonho, consegui agir como se o tivesse assim compreendido. Eu devo ter tido algumas suspeições de que os meus velhos amigos, os demónios de Abramelin, iriam no caminho da guerra; pelo menos eu agi de acordo a partir do dia 14. Encontrando-me com as glândulas da minha garganta muito inchadas, e a minha mente distraída por se preocupar com elas, eu pedi a Augoeides para remover o meu medo. Isto é perigosamente parecido a prece, à superfície; mas pelo menos não pedi para ser curado. O pedido foi imediatamente concedido. Eu fiquei doente por vários dias, mas consegui continuar as minhas invocações.

O meu plano era transportar a forma astral do meu templo em Boleskine para onde eu estava, de modo a realizar a invocação nela. Não era necessário que eu permanecesse num local durante a cerimónia; eu frequentemente executo isto caminhando ou conduzindo. Conforme o trabalho se tornava familiar para mim, isto tornava-se mais fácil. Consegui retirar a minha atenção dos reais gestos e palavras e concentrei-me na intenção. Na teoria de Sammasati, qualquer faculdade deve ser usada na Grande Obra. À superfície, parece haver pouca relação entre Magick e xadrez, mas a minha capacidade de jogar três jogos simultaneamente de olhos vendados era agora muito útil. Eu não tinha dificuldade em visualizar o templo astral através de um esforço de vontade, e é claro que eu era perfeitamente capaz de observar os resultados das invocações com os meus olhos astrais. Durante estas semanas eu desenvolvi a técnica embora não em toda a extensão descrita em *Liber Samekh*. Uma descrição do método, tanto quanto eu o tinha tomado no momento, é dada em *The Equinox*, vol. I, Nº VIII.

O preâmbulo: ele faz uma concentração geral de todas as suas forças mágicas e uma declaração da sua vontade.

A secção Ar Thiao. Ele viaja para o infinito Oriente entre as hostes de anjos convocados pelas palavras. Uma espécie de "Rising on the Planes", mas na direcção horizontal.

As mesmas observações aplicam-se às três secções seguintes nos outros quadrantes.

Na grande invocação seguinte ele estende o Shivalingam a uma altura infinita, cada letra de cada palavra representando uma exaltação disto por progressão geométrica. Tendo visto isto satisfatoriamente, ele prostra-se em adoração.

Quando a consciência começa a retornar, ele usa a fórmula final para elevar essa consciência no Shivalingam, pondo-se de pé no momento de unir-se a ela, e por fim proferindo aquele supremo cântico do iniciado começando: "Eu sou Ele, o Espírito Sem-Nascimento, tendo visão nos pés, forte, e o Fogo Imortal!"

(Assim executada, a invocação significa cerca de meia hora do mais intenso trabalho mágico imaginável—um minuto dela representaria o equivalente a cerca de doze horas de Asana).

Apesar da influência distractiva das variadas aventuras descritas no último capítulo, eu permaneci firme na minha prática. Ao sair de Hong Kong, no entanto, sendo mais uma vez um solitário Viandante da Dissipação, eu senti-me mais livre para me analisar. Pensei na necessidade de definir as palavras que eu usei mais intimamente. Há uma indicação disto no meu registo do dia 4 de Abril:

Eu tolamente e perversamente adio A.˙. ; trabalho todo o dia; agora é uma da manhã do dia 5. Por tolo, eu quero dizer contrário ao meu interesse e esperança em A.˙..

Por perverso, eu quero dizer contrário à minha vontade.

A.˙. razoavelmente bom; longo e devaneador. No entanto o meu coração está bem. Eu falei isto audivelmente.

Antes desta época eu tinha sido assombrado pela primeira das duas terríveis dúvidas que descrevi subsequentemente nas secções 36 e 38 de *Sir Palamedes*, mas durante a abominável "corrente de vento" da primeira semana de Março eu tinha feito uma imagem parcial desta dúvida no "King-Ghost". Eu não compreendi a essência da dúvida e é difícil explicá-la em prosa, mesmo agora. Parece à primeira vista ser uma reflexão da abrangente dúvida do Abismo. Isto concentrou-se na questão inteiramente prática: afinal de contas há um Augoeides? Existe um Caminho do Sábio? Estou eu simplesmente a enganar-me? E no "King-Ghost" a minha única resposta é apelar para o próprio poder cuja existência está em disputa. A extrema beleza das linhas, a sua mágica melancolia e a sua adequação às circunstâncias da minha jornada incentivam-me a citar o poema, coisa que eu faço:

> The King-Ghost is abroad. His Spectre legions
>   Sweep from their icy lakes and bleak ravines
> Unto these weary and untrodden regions
>   Where man lies penned among his Might-have-beens.
>   Keep us in safety, Lord,
>   What time the King-Ghost is abroad!
>
> The King-Ghost from his grey malefic slumbers

> Awakes the malice of his bloodless brain.
> He marshals the innumerable numbers
>   Of shrieking shapes on the sepulchral plan.
>   Keep us, for Jesu›s sake,
>   What time the King-Ghost is abroad!
>
> The King-Ghost wears a crown pf hopes forgotten:
>   Dead loves are in his ghastly robe;
> Bewildered wills and faiths grown old and rotten
>   And deeds undared his ceptre, sword and globe.
>   Keep us, O Mary maid,
>   What time the King-Ghost goes arrayed!
>
> The Hell-Wind whistles through his plumless pinions;
>   Clanks all that melancholy host of bones;
> Fate›s principalities and Death›s dominions
>   Echo the drear discord, the tuneless tones.
>   Keep us, dear God, from ill,
>   What time the Hell-Wind whistles shrill.
>
> The King-Ghost hath no music but their rattling;
>   No scent but death›s grown faint and fugitive;
> No fight but this their leprous pallor battling
>   Weakly with night. Lord, shall these dry bones live?
>   O keep us in the hour
>   Wherein the King-Ghost hath his power!
>
> The King-Ghost girds me with his gibbering creatures,
>   My dreams of old that never saw the sun.
> He shows me, in a mocking glass, their features,
>   The twin fiends "Might-have-been" and "Should-have-done".
>   Keep us, by Jesu›s ruth,
>   What time the King-Ghost grins the thruth!
>
> The King-Ghost boasts eternal usurpature;
>   For in this pool of tears his fingers fret
> I had imagined, by enduring nature,
>   The twin gods "Thus-wil-I" and "May-be-yet".
>   God, keep us most from ill,
>   What time the King-Ghost grips the will!
>
> Silver and rose and gold what flame resurges?
>   What living light pours forth in emerald waves?
> What inmost Music drowns the clamorous dirges?
> Shrieking they fly, the King-Ghost and his slaves.
> Lord, let Thy Ghost indwell,
> And keep us the power from hell!
>
> Amen.

A resposta triunfante é simplesmente a afirmação da certeza interior do místico. Sem dúvida que isto expressa a minha atitude na época: eu ainda era uma criancinha. Mas conforme eu cresci, também cresceu a dúvida. Vi que a resposta dada no "King-Ghost" era insuficiente. Percebi subconscientemente qual é a coisa mais difícil de todas para qualquer um de nós perceber; que somos todos "um, eterno e individual", que não há ninguém em quem devamos confiar, que tais dúvidas devem ser destruídas, nem pelo método racional de refutá-las nem tampouco tomando refúgio com poder externo—é preciso realizar um acto arbitrário de masculinidade.

> Nay! I deliberate deep and long,
> Yet find no answer fit to make
> To thee. The weak beats down the strong.

Eu tinha estado em comunicação astral bastante regular com Soror F., mas eu queria vê-la em carne e osso e por isso liguei para ela em Xangai. Nos dias 6 e 7 de Abril eu expliquei-lhe a posição, e fui morar com ela no dia 9. Nos doze dias seguintes nós estávamos constantemente a trabalhar juntos. Os resultados deste trabalho são tão importantes que eu devo entrar neles plenamente. É significativo da minha eterna reacção subconsciente contra *O Livro da Lei* de que, mesmo ao editar os meus diários para o Capitão J. F. C. Fuller para "The Temple of Solomon the King", eu deliberadamente deixei de lhes prestar qualquer atenção. A referência é escassa e vangloriosa, e a promessa de lidar com eles alhures nunca tem sido cumprida. É evidentemente uma evasiva para evitar a responsabilidade.

> A∴ na presença da minha Soror F.
> (Os resultados desta e da próxima invocação foram mais brilhantes e importantes. Eles revelaram o Irmão de A∴A∴ que se comunicou no Egipto como o Controlador de todo este trabalho.)

O primeiro resultado do meu trabalho com Soror F. foi que imediatamente eu contei-lhe sobre o trabalho no Cairo, ela disse audaciosamente e finalmente que acreditava na genuinidade da comunicação. Eu estava enfurecido. Acredito que o meu objectivo principal em vê-la tinha sido para obter encorajamento na minha revolta. Eu tinha cuidadosamente evitado contar-lhe algo acerca disto durante todo o curso das nossas conversas astrais; mas ela insistia que deveríamos estudar *Liber Legis* juntos. Eu tinha a minha cópia comigo. (É muito notável que os deuses conseguiram cuidar de mim para que nunca me faltasse nada do que eu preciso para o desempenho de qualquer trabalho em particular. O meu deliberado descuido, as minhas tentativas para destruir coisas, são sempre inúteis. Os deuses sempre realizam o milagre necessário para que eu tenha à mão tudo o que possa ser necessário no momento.

Assim o meu diário regista no dia 18 de Abril:

> Estudando Liber Legis. Decido pedir a F. para invocar Aiwass e conversar com Ele quando invocado, e deste modo decidir sobre a qualidade dessa Magick.

No dia 20, portanto, nós entrámos no templo dela:

> Aiwass invocado aparece, de azul brilhante como quando ela o viu como guardião do meu sono. Ele sempre me tem seguido, desejando que eu siga o seu culto. Quando P. pegou a varinha, ele cresce brilhante e dispersa-se numa luz sem forma; ainda assim ela o sente como um inimigo. Ele parece enredado numa malha de luz e parece estar tentando escapar. Eu aviso-o que se ele for embora, ele não pode retornar. (F. em si mesma é hostil) "Retorna para o Egipto, com diferentes ambientes. (Este mal-entendido: ele disse de modo idêntico.) Lá eu dar-te-ei sinais. Vai com S. W. (Ouarda), isto é essencial: assim terás real poder, o de Deus, o único que vale a pena. A iluminação virá por meio do poder, pari passu.[5] (Evidentemente a minha própria transcrição das palavras dela.) Vive no Egipto como viveste anteriormente. Não faças um G. R. Vai de uma só vez para o Egipto; problemas com dinheiro serão resolvidos mais facilmente do que pensas tu agora. Eu não te darei garantia da minha verdade." Ele então ficou preto azulado. "Eu estou relutante em me separar de ti. Não tomes F. Eu não gosto das relações entre vós; rompe-as! Se não, tu deves seguir outros deuses. No entanto gostaria

---

5 N.T.: lado a lado

que tu amasses fisicamente, para aperfeiçoar o círculo da tua união. F. não fará isso, portanto, ela é inútil. Se ela o fizesse, ela tornar-se-ia útil. Tu tens errado ao mostrar-lhe a verdadeira relação entre vós nos planos espirituais. Tendo estourado isso, ela permanecerá pelo seu senso de poder sobre ti. (Isto pode significar que o gozo dela do seu poder sobre mim a induziria a continuar trabalhando.) Ela é espiritualmente mais forte do que tu. Deverias tê-la dominado pela tua superior força noutros planos. Ela vai dar-te muito trabalho, embora eventualmente ela possa tornar-se uma grande ajuda. Mas o teu caminho mais curto está no Egipto e em S. W. (Ouarda), embora ela não seja espiritualmente teu igual. S. W. tem sido tua inimiga; mas tu tens conquistado, ela é obrigada a ajudar-te conforme a tua vontade. Ela tem sido tua inimiga e de F. mas tu devolveste o ódio dela, consequentemente o aparente poder dela sobre ti no presente. (Qy. isto ouvindo.) (Qy. era F. ouvindo correctamente) Eu dar-te-ei um sinal quando sozinho e longe do presente médium. Tu deves reconhecer o sinal por tua própria intuição. Não te apartes de S. W. Usa-a! (Aqui S. W aparece, com um olhar maligno. Ela reluz, como uma serpente cheia de jóias.) Estranhas faixas de luz cintilam entre ela e Aiwass. A. pega agora novamente a varinha; ainda sente inimizade nos planos espirituais. Aiwass banido; S. W desapareceu.

A. tenta agora falar com A∴.. Ele quer G. R.; não importa se S. W. está comigo ou não; mas eu deveria usar Brahmacharya (? se com ela, ou de qualquer modo), eu serei guiado conforme as coisas aparecerem, quanto à verdade ou falsidade de Aiwass, o qual não deve ser inteiramente suspeitado. (Eu acho que a oposição é a limitação de Aiwass como servo.) A∴. dar-nos-á um sinal: a liberdade de F. (Eu replico que se isto acontecer de uma maneira milagrosa, tanto melhor.) (Nota: O marido dela morreu inesperadamente não muito tempo depois.)

21 de Abril. Sol entra em Touro.

Aberto T∴. com A∴ I∴.. (Possivelmente...[6] estragou isto tudo) pedindo ajuda especial em—o que se segue. F. acha o anel Nuit bom; daí, provavelmente, a hostilidade dela, ontem, foi devido ao eu inferior.

I∴. de R. H. K. dá gloriosos flashes de luz, akasic (i.e. ultravioleta) e lilás. O deus, contemplado, não falará. Pedido um mensageiro, Aiwass aparece. F., suspeitando dele, coloca um pentagrama nele; ele obscurece e fica sujo e descorado. F. pega a varinha; mas isto dissipa-o. O nome real dele, ela diz, é 270 = INRI. F. usa o pentagrama e encolhe-o até uma massa preta carbonizada. Peço para ela invocar algo genuíno; uma figura branca sem rosto e com pequena forma monta o trono. Tem uma brilhante coroa de raios. Diz: (para aqui F. usa o tom normal; daí o tom do oráculo) "Eu sou o Deus da Vingança. Eu sou o teu Anjo da Guarda. Eu gostaria que tu procurasses a tua própria alma em silêncio e sozinho. Não leves ajuda contigo; não leves nenhuma alma mortal mas retira-te e afasta-te da humanidade." O pentagrama torna-o mais brilhante: ele cresce mais firme. Repetido, a forma desaparece e apenas o brilho permanece. Pedido um sinal do nome dele...é escrito no trono. "Nenhum outro sinal darei: tu deves aprender a confiar na tua própria intuição."

A intuição de F. diz-lhe que ele é genuíno. Quanto às nossas relações, ele deseja que trabalhemos juntos (Uma contradição v. supra :) "Eu não desejo que tu vás muito longe no trabalho com S. W. Ela deslumbrar-te-á e estará apta a desviar-te. Tu deves sempre permanecer armado quando trabalhas com ela, como um homem em completa armadura. Eu gostaria que tu fortalecesses o vínculo entre ti e F. em todos os planos. Vós sois muito necessários um ao outro e só podeis realizar G. W. juntos." (Isto claramente é lixo) Eu pego a varinha e amaldiçoo-o por Aquele que ele tem blasfemado. Invocando, no entanto A∴.,

---

6 Eu omito a referência a um certo assunto privado.

a luz fica mais brilhante. A voz continua: "Tu deves ir e fazer um G. R. após o qual receberás um sinal." (Claramente devido a F. conhecer o meu desejo; mas ele é desajeitado. Qualquer coisa convencerá agora F.? Eu estava a tentar, como é meu costume, "vasculhar" o meu clarividente.) Eu tomo medidas sérias para banir todos excepto A.`.. Voz silenciada: e ela duvida se a voz é de brilhância. F. sente-me absolutamente necessário para ela. Eu não. (A voz é dela, então não pode ser banida e continua:) "Haverá um curto período de trabalho (? não ?) feito em real uníssono; após o qual os vossos poderes se juntam irrevogavelmente. Não há como escapar disso; vós sois obrigados a trabalhar juntos; e o tempo e hora apropriados para isto virão simultaneamente para vós os dois. Não haverá dúvida em qualquer uma das vossas mentes: então não haverá obstáculo para esta união... Tu deves olhar para este tempo e para uma luz de farol. Nunca percas de vista isso! Tu Elaine (o nome terrestre de F) encontrarás a tentação subtil deste objeto—promessas de grande poder e iluminação; mas não lhes dês atenção. Aleister é o teu verdadeiro ajudante de quem tu tens o direito de procurar e pedir ajuda. Tu nunca deves deixar de exigir essa ajuda e, por tua demanda, fortalecer e ajudar o teu camarada. Eu, teu Anjo da Guarda, digo-te isto." (A falsidade de tudo isto é patente mais naquele momento do que agora—eu previ o que se segue.) Eu peço prova de que ele é G. A. É claro que a voz e a brilhância são distintas (ou seja, a partir de duas fontes separadas). F. no entanto sente que esta ladainha é verdadeira. Daí discutimos as nossas relações e a Grande Invocação degenera. Nós começámos a fazer amor um com o outro. Isto, todavia, é verificado pela minha vontade e pelo próprio sentimento dela de que nós temos feito o suficiente por honra. Eu não estou exausto depois de tudo isto, conforme eu estava ontem. É isto uma prova de que tudo é Right Magick, ou de que pouca força foi despendida? Onde estou eu, de facto? Ó Santo Sublimado, iluminai a minha mente!

~ 59 ~

EU SAÍ DE XANGAI no dia 21 de Abril. No dia 22 fiquei doente e permaneci na cama o dia inteiro. Não fiz nenhuma invocação regular, mas pensei sobre a recente crise. Descartei a experiência de Xangai como um sonho mórbido. Ao ler o registo acima a esta distância de tempo, depois de evitar deliberadamente fazê-lo por tanto tempo, eu sinto-me muito incerto acerca disto; sinto que houve muita comunicação genuína com as pessoas certas e que o Oráculo é confuso, contraditório e desigual, por causa da interferência das nossas personalidades.

Havia a questão do nosso caso de amor. Eu estava absolutamente apaixonado por Rose no sentido comum do termo. O meu amor por Fidelis excluía o material quase inteiramente. Eu estava muito orgulhoso do meu amor por Rose e muito feliz com isso. A única coisa de que tenho certeza é esta: que nós tivemos uma excelente oportunidade de assumir a Grande Obra juntos e que falhámos por causa da nossa determinação em ver as coisas com os nossos próprios olhos. Estávamos, sem dúvida, prontos para colocar a Grande Obra em primeiro, em último e em todo o momento; mas fomos freados de fazê-lo pela nossa estabelecida convicção quanto ao que a Grande Obra poderia implicar. Pela minha parte, pelo menos, eu sei que sempre estive argumentando que tal e tal curso não poderia estar correcto em princípios gerais, conforme eu tinha feito quando a própria Rose me dissera como invocar Hórus; e eu não tinha aprendido a lição de que a minha ideia de "Princípios gerais" não era confiável.

O registo de 24 de Abril mostra como admiravelmente os deuses organizam os assuntos de alguém. Pode-se ter uma ideia perfeitamente correcta mas, contanto que alguém se apegue a isto, eles esforçar-se-ão para estragar os planos: abandonar a ideia, e eles imediatamente devolvem-na com um elogio encantador. Esta é a lição do Livro de Jó.

Cito o registo na íntegra, ocultando apenas o nome da Ordem.

>Em Kobe. A∴ apenas justo; todavia, eu invoquei todos estes meus poderes. Depois ainda, através de um forte esforço de vontade, eu bani a dor de garganta e o meu entorno e subi no meu Corpo de Luz. Alcancei uma sala na qual uma mesa cruciforme estava expandida, estando um homem nu pregado nela. Muitos homens veneráveis sentados ao redor, banqueteando-se com a carne viva dele e bebendo o seu sangue quente. Estes (foi-me dito) eram os adeptos, a quem eu poderia um dia juntar-me. Isto entendi que significava que eu deveria ter o poder de tomar apenas nutrimento espiritual—mas provavelmente significa muito mais do que isso.
>
>De seguida entrei num salão aparentemente vazio, de branco marfim filigranado. Um estreito altar quadrado estava no meio, fui questionado sobre o que eu sacrificaria naquele altar. Eu ofereci tudo excepto a minha vontade de conhecer A∴., coisa que eu mudaria apenas em prol da sua própria realização. Nestas circunstâncias tornei-me consciente das formas divinas do plenário do Egipto, tão grandes que eu só conseguia ver os joelhos delas. "Não bastaria o conhecimento dos deuses?" "Não!" disse eu. Foi então apontado para mim que eu estava sendo crítico, até mesmo racionalista, e demonstrar que A∴. não estava necessariamente moldado na minha imagem. Pedi perdão pela minha cegueira e ajoelhei-me no altar, colocando as minhas mãos em cima disto, direita sobre esquerda. Depois, um, humano, branco, reluzente (a minha ideia afinal!) veio e colocou as mãos dele sobre as minhas, dizendo: "Eu recebo-te na Ordem de—."

Eu voltei à terra num berço de chamas.

Eu estava assim formalmente recebido entre os Chefes Secretos da Terceira Ordem no plano astral. Isto era a sequência natural da passagem do Abismo. Tomei cuidado para não presumir numa mera visão. Por mais sublime que fosse a experiência, eu não permitiria que ela me virasse a cabeça. Sou quase morbidamente sensível acerca da minha responsabilidade em tais assuntos. Não mais podem ser cometidos erros fatais depois de agarrar um posto. A consecução é um perigo aterrador se alguém não estiver perfeitamente preparado para isso em todos os pontos. Deve-se procurar a si mesmo imoderadamente por pontos fracos; o menor arranhão é suficiente para admitir um germe de doença e alguém pode perecer completamente por um momento de descuido. É imperdoavelmente imprudente arriscar em assuntos de tão séria importância.

Eu levei a visão a peito como uma lição.

O registo do dia seguinte deixa isto claro.

>A visão de ontem é uma real iluminação, já que isto mostrou-me um erro óbvio que eu não tinha conseguido ver totalmente. A palavra no meu trabalho de Kamma (na Birmânia) era *Augoeides*, (um registo subsequente implica que a palavra foi-me "dada" directamente do mundo invisível) e o método *Invocando Frequentemente*. Por isso um Auto-Resplandecente, independentemente da minha consciência aprovar ou não, independentemente dos meus desejos se ajustarem ou não, é para ser o meu guia. Eu devo *invocar frequentemente*, não criticar. Estou eu a perder o meu grau de Bebé do Abismo? Não posso falhar, pois eu sou o escolhido; esse é o próprio postulado de todo o trabalho. Este barco carrega César e a fortuna dele.

Há aqui uma implicação, talvez, de que eu tenho sido compelido a aceitar o trabalho do Cairo. Isto é confirmado pelo registo de 30 de Abril:

> (Tem-me atingido—em conexão com a leitura de Blake—que Aiwass, etc., "Força e Fogo" é a única coisa que me falta. A minha "consciência" é realmente um obstáculo e uma ilusão, sendo um sobrevivente de hereditariedade e educação. Certamente confiar nisto como um princípio permanente em si mesmo é errado. A única coisa realmente importante é a hipótese fundamental: Eu sou o Escolhido. Todos os métodos funcionarão, sempre que eu *invocar frequentemente* e ater-me a isso.)

Ressenti-me intensamente sendo dito que eu era "O Escolhido". É uma armadilha tão óbvia; é a ilusão mais comum do maníaco e, de uma forma ou de outra, a essência de todas as ilusões. Afortunadamente, há uma resposta para isto. O que pode ser realmente mais arrogante do que supor que alguém tem sido destacado por "forte delusão"? Eu tinha recebido algumas evidências muito notáveis, em lugares bastante inesperados, de que eu estava destacado para realizar a Grande Obra de emancipação da humanidade.

Uma destas é tão intensamente interessante por conta própria que não devo omiti-la, além da sua influência na questão do meu destino. Certa manhã sentei-me para descansar e fumar um cachimbo no alto de um pequeno desfiladeiro em clima quente e enevoado. Salama veio e sentou-se ao meu lado. Eu olhei para ele com espanto. Foi uma surpreendente transgressão de etiqueta. Muitas vezes me tenho perguntado se ele fez isso deliberadamente, como se dissesse: "Eu não sou o teu chefete. Eu sou um mensageiro dos deuses." Ele começou, contudo, de uma maneira muito envergonhada, acanhada, obviamente embaraçado. Era como se ele tivesse sido empurrado de surpresa para a posição de um embaixador.

"Sahib," disse ele, "ontem à noite eu tive um *tamasha*." Eu repreendi-o rindo. *Tamasha* significa entretenimento de qualquer tipo e, no Oriente, frequentemente implica uma certa dose de vivacidade, possivelmente uma indulgência em proibidos licores e flartes; mas ele meramente quis dizer um sonho. As palavras usuais para o sonho são *khwab, roya, wahm*. Evidentemente ele quis sugerir que o seu sonho não era um comum, que era uma visão genuína. (Eu esqueci de lhe perguntar se ele estava acordado ou a dormir.)

Ele prosseguiu da seguinte maneira:

> Eu estava na margem de um pequeno lago. Era um país selvagem e o lago estava cercado por altos juncos, alguns deles crescendo na água. A lua cheia estava alta no céu, mas havia nuvens e neblina. Você estava em frente a mim, sahib; completamente imóvel, perdido em pensamentos, como você sempre está, mas você parecia estar à espera de alguém. Nesse instante havia uma farfalhada nos juncos, e deles veio um barco remado por duas belas mulheres de longos cabelos loiros, e na frente do barco havia outra mulher, ainda mais alta e mais loira do que as suas irmãs. O barco veio lentamente até si; e então eu vi que a mulher segurava nas mãos dela uma grande espada, comprida e recta, com um punho com guarda cruzada, o qual estava carregado de rubis, esmeraldas e safiras. Ela colocou esta espada nas suas mãos e você segurou-a, mas nada foi dito. Elas foram embora tal como tinham chegado, pela margem de juncos do outro lado do lago. E isso foi tudo o que eu vi.

Eu permaneci incapaz de responder. Nesta altura eu era o último homem do mundo a levar seriamente qualquer coisa deste tipo; de mais a mais eu estava decidido a não fazê-lo, mesmo ao custo de restringir a teoria da alucinação sensorial. O que me impressionou foi ouvir um velho shikari contar a história de Excalibur em linguagem tão próxima da de Malory que não fazia diferença. Poderia um dos seus sahibs ter-lhe contado a história há muito tempo, de modo que ela sobreviesse nesta estranha forma junto a mim como ouvinte? Eu não tinha dúvidas da sinceridade e veracidade do homem e ele não tinha motivos para inventar nada do género.

Eu não posso acreditar que seja uma coincidência; realmente interroguei-me se a hipótese mais razoável não seria que Aiwass, querendo relembrar-me que eu fui escolhido para fazer a Grande Obra, escolheu, por um lado, Salama como o mais improvável profeta imaginável; por outro lado, o conto como um que eu não poderia descartar como trivial. De facto, embora eu não consiga lembrar-me de ter feito um registo do incidente, e deveras provavelmente padeci para evitar fazê-lo como uma repreensão à auto-importância, isto permanece tão vívido e distinto quanto quase qualquer outra coisa na minha vida. Posso ver o desfiladeiro, quase posso sentir o sabor do tabaco: consigo ver o seu tímido e honesto rosto velho castigado pelo tempo e ouvir as suas acanhadas expressões leais. Em segundo plano, os coolies, cantando e conversando, passam pelas encostas enevoadas; ainda não consigo lembrar-me onde era o lugar ou mesmo se isto aconteceu na primeira ou na segunda expedição dos Himalaias[7].

Continuei a Invocação do Augoeides, com ocasionais adições e progressiva intensificação, semana após semana. Eu evitava qualquer outro trabalho mágico, no princípio de concentrar cada partícula da minha energia na rotina diária. Eu até me abstinha, como regra, de usar os meus olhos astrais durante a Invocação em si. Eu poderia facilmente ter sido atraído para fora do Caminho por me interessar por algumas das hostes de formas angélicas que habitualmente apareciam.

No dia 4 de Maio há um registo que indica a minha atitude em relação ao trabalho em si. Parece muito simples fazer uma invocação; mas quando se chega ao trabalho, pasme-se! uma multitude de pontos, cada um dos quais tem de ser resolvido com extremo cuidado. Este registo lida com um desses:

A∴ muito energético na minha parte, intensamente, talvez melhor do que nunca.

No entanto (ou talvez porque) havia pouca visão.

De facto, este trabalho de A∴ requer que o adepto assuma a parte da mulher; ansiar pelo noivo, talvez, e estar sempre pronta para receber o beijo dele; mas não perseguir abertamente e usar força.

Porém, "o Reino dos Céus sofre violência, e os violentos o tomam pela força." Não pode ser, entretanto, que tal violência deva ser usada contra si mesmo para atingir esse estado passivo? É, claro, para excluir todos os rivais? Ajuda-me, Santo, mesmo nisto; porque toda a minha força é fraca como a água, e eu sou apenas um cão. Ajuda-me. Ó auto-resplandecente!

Aproxima-te de mim no sono e no despertar, e deixa-me ser como uma virgem sábia e esperar a tua vinda com uma lâmpada de óleo de santidade e beleza! Salve, lindo e forte! Eu desejo os teus beijos mais do que vida ou morte.

A partir disto parece que eu ainda era espiritualmente adolescente como Santo Agostinho ou Santa Teresa. Parece necessário para as almas juvenis representarem a experiência mística por meio de símbolos antropomórficos. A prática segue naturalmente as linhas estabelecidas pela teoria. Por esta razão as primeiras aventuras são acompanhadas por fenómenos românticos e estigmas. A psicologia Budista reconhece isto. Por exemplo, o primeiro Jhana[8] é acompanhado por Ananda, beatitude; mas no segundo esta qualidade desaparece. Penso que é deplorável que o progresso místico <u>deva ser expresso</u> por meio de hieróglifos como "a Recepção da Noiva"; ou seja, pelo

---

7 Tenho quase a certeza, reflectindo, que foi no regresso de Kangchenjunga.
8 N.T.: tipo de meditação equivalente a Dhyana, em sânscrito

menos, se qualquer peculiar atribuição de carácter sexual estiver implícita.

É claro que, mesmo acima do Abismo, Chokmah e Binah, Chiah e Neshamah são habitualmente chamados de Pai e Mãe; considerando quão propensa a humanidade é ao antropomorfismo, isto parece lamentável. Mas não podemos negar a justiça do simbolismo, e a maneira de eliminar as desvantagens e os perigos da situação é estender a conexão da palavra "amor" para incluir todos os fenómenos da união dos opostos, como é feito em *O Livro da Lei*. Dificilmente qualquer coisa é mais importante para o aspirante do que se livrar da tendência de fazer Deus à sua própria imagem. Deve-se aprender a considerar a fórmula de Yod, Hé, Vau como universal, não como generalizada a partir do processo reprodutivo dos mamíferos, mas *vice versa*. Esse processo deve ser considerado como um caso particular da Lei, e esse caso não é de modo algum importante.

Devemos estar constantemente em guarda contra as implicações egocêntricas; elas nem sequer exaltam o ego como fingem fazer, elas o limitam. Nós tornamo-nos grandes apenas na medida em que somos capazes de nos libertar da constrição da nossa normal concepção de que somos género humano. Quando alguém tem cruzado o Abismo, em especial, deve estar totalmente livre do preconceito de que o corpo e a mente de alguém são mais do que inconvenientes instrumentos através dos quais percebemos o universo. Para aumentar a nossa compreensão do cosmos, nós devemos constantemente empenhar-nos em neutralizar as limitações que o nosso instrumento enquanto ser humano procura impor sobre nós.

J.F.C. Fuller, National Portrait Gallery, Londres, Reino Unido.

Não desejo, no entanto, representar a Operação de Abramelin, a qual eu estava a executar como uma retrogressão; mas eu tive de tomar isto a meu cargo para cumprir completamente as formulações do adepto. Era necessário completar o trabalho da Segunda Ordem antes que eu pudesse assumir adequadamente o meu trabalho na Terceira. Mais uma vez, a missão, para realizar o que eu havia incarnado, era uma missão para a humanidade; e isto deve explicar por que razão, *pari passu*[9] com o meu progresso pessoal, eu caminhava continuamente no caminho do mundo. A minha própria vida <u>espiritual era nestas</u> circunstâncias, portanto, definitivamente dupla, e este facto deve ser

---

9 N.T.: simultaneamente

mantido em mente se as minhas subsequentes acções forem devidamente entendidas.

Chegando a Inglaterra no dia 2 de Junho, eu fiquei aturdido pela notícia do meu luto. Fiz questão de desanexar a minha mente. No comboio de Liverpool para Londres continuei a conversar com os meus companheiros como se nada tivesse acontecido. Tendo ido para cama eu soltei o prisioneiro. Havia apenas uma coisa a ser feita: "Eu reafirmei solenemente o juramento da minha obrigação de executar a Operação, oferecendo sob estas terríveis circunstâncias tudo o que ainda restava."

Estou convencido, a propósito, que os incessantes golpes do infortúnio, dos quais este luto foi o primeiro, eram causados pela malícia dos demónios de Abramelin, mas nenhum deles teria chegado a mim se eu tivesse obedecido e compreendido os Chefes Secretos e as forças por detrás deles no trabalho em Xangai.

Foi realmente curioso o modo como uma forma de doença ligeira, uma após outra, me atacou. A minha esposa passou a fazer alguns comentários nesse sentido para a empregada doméstica, um real produto antigo de Sussex. Ela acenou com a sua cabeça sabiamente. "Ele nunca estará melhor," disse ela num tom oracular, "até que o bebé nasça." Eu descobri em inquérito que isto é uma generalizada superstição em Sussex de que por vezes, especialmente quando o marido é invulgarmente dedicado à sua esposa, ela escapa à frequente inconveniência da gravidez, enquanto ele está constantemente doente. A ideia é a de simpática transferência.

Eu fiquei seriamente doente. Do princípio ao fim, cirurgia e tudo, eu continuei o trabalho diário. No dia 26 de Julho fui residir com Cecil Jones, o qual era então um Adepto Isento. (As iniciais do seu lema são D.D.S.) Eu conferenciei com ele acerca da minha operação. Os principais pontos são os seguintes: (cito o relato do Capitão J.F.C. Fuller.)

Julho
27 Aqui temos um registo extraordinário, que precisa de explicação e ilustração.
Fra. P. foi crucificado por Fra. D.D.S. e naquela cruz repetiu este juramento: "Eu, P ------, um membro do Corpo de Cristo, por este meio solenemente me obrigo, etc., a levar uma vida pura e altruísta, e inteiramente devotar-me-ei para assim me elevar, etc., ao conhecimento do meu superior e Génio Divino que eu O devo ser.
"Em testemunho do qual eu invoco o grande Anjo Hua para me dar uma prova da existência dele."
P. transcreve isto, e continua: "Completa e perfeita visualização de..." aqui estão hieróglifos que podem significar "Cristo como P—na cruz." Ele prossegue: "A baixa colina escura, a tempestade, a estrela." Mas o Pilão do Camelo (i.e. o caminho de Gimel) aberto, e um raio aí: ao mesmo tempo uma certa visão de A.˙. recordada somente como uma glória agora atingível.

28 Vigésima quinta semana de A.˙. começa.

29 (A.˙. continuou evidentemente, pois P. escreve)
Aperfeiçoe o pára-raios e o clarão virá.

Agosto
4 Acerca de tentar o experimento de diária Aspiração no Sinal de Osíris Morto.
Fiz isto vinte e dois minutos, com invocação como antigamente.
Corte cruzado no peito e círculo na cabeça.
(*Scire*) O voto de Pobreza é para nada estimar excepto A.˙..
(*Audere*) O voto de Castidade é para usar a Força Mágica apenas para invocar A.˙..
(*Velle*) O voto de Obediência é para sozinho concentrar a vontade em A.˙..
(*Tacere*) O voto de Silêncio: para assim regular todo o organismo a fim de que um milagre tão vasto quanto a conclusão da Grande Obra não excite qualquer comoção.
N.B. Olhar sempre com expectativa, como se Ele aparecesse instantaneamente.

Eu renovei a Obrigação, cortando a cruz e o círculo no meu corpo toda a semana. No dia 9 de Agosto eu escrevi a Invocação do Anel; isto é, do simbólico anel episcopal de ametista, o qual eu usei enquanto Adepto Isento.

> ADONAI! Thou inmost Fire,
> > Self-glittering image of my soul,
>
> Strong lover to thy Bride's desire,
> > Call me and claim me and control!
>
> I pray Thee keep the holy tryst.
> Within this ring of Amethyst.
>
> For on mine eyes the golden Sun
> > Hath downed; my vigil slew the Night.
>
> I saw the image of the One:
> > I came from darkness into light.
>
> I pray Thee keep the holy tryst
> Within this ring of Amethyst.
>
> I.N.R.I.—me crucified,
> > Me slain, interred, arisen, inspire!
>
> T.A.R.O—me glorified,
> > Anointed, fill with frenzied Fire!
>
> I pray Thee keep the holy tryst
> Within this ring of Amethyst.
>
> I eat my flesh: I drink my blood:
> > I gird my loins: I journey far:
>
> For Thou hast shown the Rose, the Rood,
> > The Eye, the Sword, the Silver Star.
>
> I pray Thee keep the holy tryst
> Within this ring of Amethyst.
>
> Prostrate I wait upon thy will,
> > Mine Angel, for this grace of union.
>
> O let this Sacrament distil
> > Thy conversation and communion.
>
> I pray Thee keep the holy tryst
> Within this ring of Amethyst.

Eu pretendia usar esta Invocação na prática. A ametista deveria ser, por assim dizer, a lente através da qual o Santo Anjo da Guarda se manifestaria. No dia 17 de Setembro fui para Ashdown Park Hotel, Coulsdon, Surrey e recuperei a minha saúde repentinamente e completamente. No dia 21 completei trinta e duas semanas da Operação e trinta e uma semanas de real invocação diária. No dia seguinte, o D.D.S. veio ver-me: nós celebrámos o Equinócio de Outono e reconstruímos o antigo Ritual Neófito de G∴ D∴, eliminando todos os aspectos desnecessários e quintessenciando as formulações mágicas.

No dia nove, tendo preparado uma invocação e um ritual completos, eu executei isto. Não esperava, penso eu, alcançar qualquer sucesso especial; mas surgiu. Eu tinha realizado a Operação da Magia Sagrada de Abramelin, o Mago.

É ilícito falar do supremo sacramento. Foi tal, como mostra o registo seguinte, que achei difícil acreditar que eu tivesse tido permissão para participar nisto. Vou limitar-me à descrição de alguns dos fenómenos complementares.

Outubro 9   Testado novo ritual e eis que foi muito bom! Agradecido aos deuses e sacrificado por—na "acção de graças e sacrifícios por..." eu *livrei-mei* de tudo excepto d'O Santo Sublimado, e devo de O ter abraçado por um minuto ou dois. Eu fiz. Tenho a certeza que fiz.

Esse é o relato fragmentário[10] do que era então o maior evento da carreira de Fra. P. No entanto este é um relato dos transes mais elevados—do próprio Shivadarshana, conforme sabemos de outras fontes. A "visão" (usar ainda o nome torna-se totalmente inadequado) parece ter tido três pontos principais no seu estágio Atmadarshana—

1. O Pavão Universal.

2. O Universo como Ego. "Eu que sou tudo e fiz tudo, acato o seu separado senhor", i.e. o universo torna-se um ser simples e único, sem quantidade, qualidade ou condições. Neste, o "Eu" é imanente, todavia, o "Eu" fez isto, e o "Eu" é totalmente separado disto. (Esta é a doutrina Cristã da Trindade, ou algo muito parecido.)

3. Esta Trindade é transcendida por uma Unidade impessoal. Isto é então aniquilado pela Abertura do Olho de Shiva. É absolutamente fútil discutir isto; tem sido tentado e falhado repetidamente. Mesmo aqueles com experiência da parte inicial da "visão" na sua plenitude devem achar totalmente impossível de imaginar algo tão subversivo de toda a base, não apenas do ego mas do absoluto por detrás do ego.

No dia seguinte, o inimigo atingiu o lar abaixo da cintura, conforme descrito no capítulo anterior. O golpe não conseguiu abalar a minha alma. Por mais de três semanas suportei os estigmas da minha operação fisicamente. Eu visivelmente irradiava luz. As pessoas costumavam virar-se na rua para olhar pra mim; eles não sabiam o que era, contudo a impressão deve ter sido irresistível.

Mal tinha isto passado, o inimigo atacou novamente a minha saúde. Fui obrigado a colocar-me mais uma vez nas mãos do médico e ir para Bournemouth. Estava agora completamente preparado para assumir o meu Trabalho de iniciar a humanidade, mas eu ainda estava determinado a fazê-lo nas antigas linhas.

Eu não tinha livros de referência em Bournemouth, e ocorreu-me que seria muito conveniente se eu possuísse um volume dando todas as correspondências da Cabala numa forma compacta. Passei uma semana a escrever isto de memória e o resultado é *Liber 777*. (Deve-se notar que não há em qualquer parte deste livro referência ao Cairo Working.)

No mês de Dezembro, os Chefes Secretos convidaram-me formalmente, acurado G.R. Frater D.D.S., para tomar o meu lugar oficialmente na Terceira Ordem. Eu ainda sentia que não era digno. Só três anos depois aceitei o grau, e somente depois de ter passado cerimonialmente pelo Abismo no procedimento mais completo possível.

~ 60 ~

OS ANOS 1907 e 1908 podem ser descritos como anos de cumprimento. Nenhuma nova corrente surgiu para agitar a minha vida; mas as sementes que haviam sido semeadas no passado surgiram, muitas delas, para safra. Eu tinha chegado à minha plena estatura enquanto poeta. A minha técnica era perfeita; ela havia sacudido das suas sandálias a última poeira que estas haviam adquirido ao andar nos caminhos dos mestres anteriores. Produzi poesia lírica e dramática que mostra um domínio espantoso do ritmo e da rima, um variado poder de expressão que não tem igual na história da linguagem, e uma intensidade de ideia que devora na alma do leitor como vitríolo.

Eu deveria ter sido designado publicamente o meu apropriado lugar entre os meus pares do passado sem dificuldade, não tivesse isto sido um facto fatal. O meu ponto de vista é tão original, os meus pensamentos tão profundos, e as minhas alusões tão

---
10 Do Capitão Fuller.

recônditas, que os leitores superficiais, arrebatados pela pura música das palavras, encontravam-se, por assim dizer, intoxicados e incapazes de penetrar no âmago. As pessoas não percebiam que os meus símiles sonoros possuíam um sentido subtil, inteligível apenas para aqueles cujas mentes estavam familiarizadas com o assunto. É, de facto, necessário estudar quase qualquer poema meu como um palimpsesto. A mínima frase é essencial; cada uma deve ser interpretada individualmente, e o poema lido novamente até que a sua personalidade se apresente. Pessoas que gostam da minha poesia, excluindo aquelas que são simplesmente agradadas pelo som ou pelo que elas imaginam ser o sentido, concordam que esta as corrompe em relação a qualquer outra poesia.

Por exemplo, se eu mencionar um besouro eu espero que o leitor entenda uma alusão para o sol à meia-noite no seu sentido moral de Luz-na-Escuridão; se um pelicano, para a lenda de que ela perfura o seu próprio seio para alimentar a sua cria no sangramento do coração dela; se uma cabra, para todo o simbolismo de Capricórnio, o deus Pan, Satanás ou Jesus (Jesus sendo nascido no solstício de Inverno, quando o sol entra em Capricórnio); se uma pérola, para as correspondências dessa pedra como uma preciosa e brilhante secreção da ostra, com o que eu quero dizer aquela invertebrada vida animal do homem, o Nephesch.

Não se deve supor que sou obscuro de propósito. Eu tenho pensado na linguagem das correspondências continuamente, e nunca me ocorre que outras pessoas não tenham ao alcance das pontas dos seus dedos todo o rosário de símbolos.

Durante estes dois anos a minha tragédia doméstica estava a tornar-se constantemente mais aguda. Rose dizia-me que estava a cumprir a sua palavra, mas tornara-se impossível fazer qualquer trabalho onde ela estivesse. Ela estava num estado de irritação contínua. Fui obrigado a ir para a Jermyn Street para ter um momento para mim próprio. No Outono de 1907, ao retornar de Tânger, eu descobri que ela tinha obtido sozinha, em cinco meses, cento e cinquenta garrafas de uísque de uma mercearia. Confrontada com o facto, ela quebrou e concordou em fazer uma cura durante dois meses num estabelecimento em Leicester. No final desse período levei-a a escalar durante uma quinzena e ela voltou a Londres com excelente saúde; mas dez dias depois a doença recrudesceu com redobrada violência. Eu fiz tudo o que era humanamente possível; mas isto era um jogo perdido.

Finalmente, no início de 1909, o médico atirou a toalha ao chão. Ele disse-lhe que ela devia concordar em ser isolada por dois anos. Ela recusou: eu insisti num divórcio. Eu amava-a tão apaixonadamente como sempre—mais do que nunca, talvez, já que era a paixão do desespero extremo. Insisti num divórcio. Não seria responsável por ela. Eu não ficaria parado e a vê-la cometer suicídio. Concordou-se que eu deveria ser réu como uma questão de cavalheirismo, e as provas necessárias foram fabricadas. Continuei, no entanto, a cuidar dela como antes; até ficávamos juntos tanto quanto nos atrevíamos, e eu via-a quase todos os dias, em nossa casa ou nos meus aposentos. Directamente o divórcio foi pronunciado quando retornei da Argélia, para onde eu tinha ido para estar fora do caminho durante o julgamento, e fomos fotografados juntos, com o bebé, nos estúdios da Dover Street.

Eu tinha escrito a agonia da minha alma em *Rosa Decidua,* que dediquei a lord Salvesen (não Salvarsan), o juiz que presidiu o julgamento. Este poema foi impresso em particular e uma cópia com a melhor das fotografias foi enviada para o juiz, com uma carta cortês de agradecimento. (É reimpresso em *The Winged Beetle,* pp. 130-149.) Este poema é, talvez, o meu ponto alto no realismo. Revela o meu humano ser como eu nunca havia tentado fazer. Eu traço a minha agonia através de cada contorção. Sinto-me obrigado a citar algumas linhas:

> This is no tragedy of little tears.
> My brain is hard and cold; there is no beat
> Of its blood; there is no heat
> Of sacred fire upon my lips to sing.
> My heart is dead; I say that name thrice over;
> Rose!—Rose! — Rose! —
> Even as lover should cal to lover;
> There is no quickening,
> No flood, no fount that flows;
> No water wells from the dead spring.
> My thoughts come singly, dry, contemptuous,
> Too cold for hate; I all can is that they come
> From some dead sphere without me;
> Singly they come, beats of a senseless drum
> Jarred by a fool, harsh, unharmonious.

Mas mesmo o meu máximo realismo não ousou enfrentar o supremo horror. Allan Bennett tinha-me escrito a implorar-me para terminar as relações sexuais com Rose. Ele sabia como eu não sabia, que qualquer filho dela devia estar sob maldição; pois, enquanto o bebé estava a morrer no hospital, a sua mãe estava a tentar afogar a angústia dela na bebida, e isto era lentamente suportado por mim de modo que a febre era devida ao facto de que, no momento em que eu virava costas, Rose tinha quebrado, tinha negligenciado a limpeza da tetina da mamadeira e assim expunha a criança aos germes da febre tifóide. A catástrofe que atingira o pai no coração era a irmã daquilo que estava a prestar o mesmo serviço no marido.

Este poema tem sido reconhecido por toda parte como esmagador. E.S.P. Haynes disse-me que era o mais poderoso que ele já havia lido, e Frank Harris escreveu a partir do que ele pensava ser o seu leito de morte: "Em *Rosa Decidua* há mais" ("scil"[11]) do que em qualquer outro poema dos quais ele tem escrito) "uma visão desesperada da vida—'batimentos de um tambor sem sentido—tudo é imundície'. A 'Minha língua é paralisada ... agonia requintada.' Espantoso realismo elevado a arte pela perfeita mestria perfeita."

Nós continuámos a morar juntos, mais ou menos; mas a condição dela piorou rapidamente e no Outono de 1911 ela teve de ser internada num hospício, sofrendo de demência alcoólica.

Uma outra semente do passado começou a dar frutos nesta altura. Eu nunca tentei transmitir o meu conhecimento oculto enquanto tal. Nunca tinha tentado escrever prosa, enquanto tal, além de curtos relatos das minhas escaladas, com a excepção do prefácio para *White Stains* (*Collected Works*, vol. II, pp. 195-8). *Berashith* foi a minha primeira tentativa séria num ensaio. Isso e "Science and Buddhism" foram seguidos por um *jeu d'esprit*[12] em Shakespeare (*Collected Works*, vol. II, pp. 185-90); "Pansil" (vol. II, pp. 192-4); "After Agnosticism" (vol. II, pp. 206-8); "Ambrosii Magi Hortus Rosarum" (vol. II, pp. 212-24); "The Three Characteristics" (vol. II, pp. 225-32; "The Excluded Middle (vol. II, pp.262-6); "Time" (vol. II, pp.267-82); "The Initiated Interpretation of Cerimonial Magic" (vol. II, pp. 203-4); "Qabalistic Dogma" (vol. I, pp. 265-6); a introdução para *Alice, An Adultery* (vol. II, pp. 58-61). Alguns dos gazéis do *Bagh-i-Muattar* estão em prosa, assim como a matéria preliminar; e há *Eleusis* (vol. III, pp. 219-30).

11 N.T.: "a saber"; "isto é"
12 N.T.: jogo do espírito; jogo de palavras; chiste

A maioria destes foi escrita a partir de um ponto de vista muito curioso. Não era exactamente o que eu tinha como jocosidade, no entanto tive um prazer curioso em expressar opiniões sérias numa forma fantástica. Eu tive um sentimento instintivo contra a prosa; eu não tinha apreciado as suas possibilidades. A sua aparente falta de forma parecia-me marcá-la como um meio de expressão essencialmente inferior. Escrevi, portanto, num espírito bastante envergonhado. Deliberadamente introduzi más piadas para mostrar que não me levei a sério; considerando que a verdade era que eu estava simplesmente nervoso acerca da minha concretização, tal como um homem com medo de se desgraçar, como um boxeador pode fingir que o combate não foi a sério. A minha prosa é consequentemente marcada por blasfémias absolutamente estúpidas contra si mesma.

Nestas circunstâncias comecei a ver que isto era uma timidez de menino de escola, e a sentir a minha responsabilidade enquanto expoente do conhecimento oculto, a tratar a minha prosa tão reverentemente quanto o meu verso e (consequentemente) a produzir obras-primas de aprendizagem e perspicácia. "Dedication and Counter-Dedication" de *Knox Om Pax* é totalmente admirável e ascende a um delicioso clímax satírico de quatro estrofes sobre os "Atenienses de cabeça-oca". "The Wake World" é uma sublime descrição do Caminho do Sábio, tornada pitoresca pelo uso dos símbolos do Tarot, e encantadora pela sua personificação da alma como uma donzela. " O meu nome é Lola, porque eu sou a Chave dos Deleites, e as outras crianças no meu sonho chamam-me de Lola Entressonho."

"Ali Sloper; ou Forty Liars" mostra vestígios da minha antiga vulgaridade. *Dramatis personae* contém muitos trocadilhos e escárnios pessoais, mas o diálogo mostra decididos melhoramentos; e o "Essay on Truth" é ao mesmo tempo penetrante e jocoso, com poucas imperfeições. "Thien Tao" dá a minha solução dos principais problemas éticos e filosóficos da humanidade com uma descrição do método geral de se emancipar da obsessão das próprias ideias, enquanto há passagens de notável eloquência.

O último ensaio de *Knonx Om Pax*, "A Pedra dos Filósofos que está escondida em Abiegnus, a Rosacrucianista Montanha da Iniciação", está realmente além do louvor. A sua génese é interessante. Eu tinha escrito em momentos ímpares, mas principalmente durante as minhas viagens com o Conde de Tankerville, uma série de líricas sem igual. Surgiu-me a ideia de que eu poderia realçar o valor delas colocando-as em prosa. Escrevi, portanto, um simpósio de um poeta, um viajante, um *globe-trotter* filosófico, um adepto, um erudito clássico e um médico. Eles são feitos para conversar sobre a calamidade crónica da sociedade, e os poemas (ostensivamente escritos por um ou outro dos homens) levam em frente o pensamento. O resultado é, na realidade, uma nova forma de arte; e eu indubitavelmente assessorei as líricas dando-lhes trampolins apropriados.

Em 1903, também, eu escrevi *The Soldier and the Hunchback* e *The Psychology of Hashish*. Um vai para as raízes do cepticismo e do misticismo, e representa-os como ânimos alternativos, nem um nem outro valorizado em si mesmo, embora cada um como uma resposta completa ao seu predecessor. Eu mostro que pela perseverança em transcender cada um por sua vez, a original crua distinção entre afirmação e negação tende a desaparecer; a dúvida suprema é mais positiva do que a mais limitada afirmação.

The Psychology of Hashish agrada-me mais cada vez que eu o leio. Contém uma tal riqueza de conhecimento, mostra tal profundidade de pensamento, que eu vejo-me hoje ainda a perguntar-me como escrevi isto. Eu encontro nisto ideias que mal estou ciente de possuir hoje; de que modo pude ter pensado assim neste elementar estágio da minha carreira, e ter anotado tudo num único dia, é desconcertante. É completamente livre de quaisquer imperfeições do tipo antigo. A sublimidade do meu assunto possuiu-me.

Uma outra semente havia caído em terreno fértil. "A oportunidade do período geológico" foi tomada pelo Capitão John Charles Frederick Fuller, da First Oxfordshire Light Infantry[13]. Tinha chegado ao caminho dele através da Rationalist Press Association, cujas publicações ele assinava. Ele não havia escrito nada sério até então; o seu máximo tinha sido alguns artigos e poemas insignificantes, os quais ele contribuía para o *Agnostic Journal*. Ele estava a lutar valentemente contra o Cristianismo ao lado de "Saladino", William Ross Stewart, que era o líder de um dos principais ramos do agnosticismo militante. O exército de Satanás, infelizmente, não conseguiu manter a disciplina diante do inimigo. Os anti-Cristãos eram, na verdade, propensos a dividir-se em seitas como os próprios não-conformistas. A personalidade de Bradlaugh era grande o suficiente para permitir que ele mantivesse quaisquer diferenças que pudesse ter tido com Huxley no cenário, mas os sucessores desses paladinos eram degenerados. A Sra. Besant tinha-se afastado completamente do ateísmo; a histeria dela passava-a de uma forte influência para uma outra conforme isto apelava à sua imaginação. G. W. Foote, com a medalha do martírio dele brilhando no seu peito viril, marchava monotonamente contra a turba do Cristianismo. Ele tinha sofrido pela causa e estava consumido pelo orgulho pessoal por conta disso. Ross Stewart tinha mais inclinações literárias e, consequentemente, era exclusivo. Bernard Shaw estava envolvido em exibições públicas de esgrima; a sua subtileza fazia os seus colegas duvidarem da sinceridade dele; e sem questionar, os ataques dele ao Cristianismo perderam o aguilhão por causa do muito azedume do seu desprezo pela convenção.

A Rationalist Press Association, com Grant Allen, Charles Watts, Edward Clodd, Joseph McCabe, Bertrand Russell, E. S. P. Haynes (o advogado, a propósito, que tinha tão elegantemente e habilmente organizado os detalhes do meu divórcio) e numerosas outras pessoas proeminentes, estava, acima de tudo, ansiosa para ser respeitável. Parecia ser o mais importante ponto de política não dar ocasião ao inimigo de blasfemar. Os desvios domésticos de Shelley chocavam-lhes; eles queriam provar que a moralidade convencional não sofreria pela abolição do Cristianismo. Um dos conferencistas da Associação, Harry Boulter, foi processado pela blasfémia de dizer em Hyde Park o que mil outros, de Voltaire a Tyndall, haviam dito durante séculos, e esta recusou defendê-lo porque as observações dele tinham chocado os polícias. A atitude pareceu-me totalmente ignóbil. Não tenho nenhuma simpatia particular por Boulter, mas eu reconheci que ao destruir as ilusões do vulgar deve-se usar o tipo de dinamite que eles compreendem.

Ao mesmo tempo, eu acho que a Rationalist Press Association deveria ter aceitado a batalha e ter lutado contra as leis da blasfémia até ao fim. Perdeu prestígio abandonando um camarada. As pessoas disseram, como disseram de Shaw, que isto era "demasiado orgulhoso para lutar". Havia ainda outras seitas de satanistas, até o Reverendo Guy A. Alfred, o qual misturava revolta religiosa e política como os bolcheviques. Em certo sentido a atitude é lógica e é certamente corajosa.

Fuller conhecia o animal e combinou com ele uma edição barata de *The Star in the West* com um prefácio do seu próprio "Alfred's", através da Bakunin Press. Ele pensou que deveríamos começar a reconstrução da civilização bem no fundo. Alfred era certamente o nosso homem! Quando li *O Agente Secreto* de Conrad eu imediatamente reconheci-o no Camarada Ossipon. Eu nunca tinha conhecido um tipo tão repulsivo. Todavia, a criatura tinha uma espécie de conhecimento, entusiástica coragem e integridade intelectual. Digo "integridade intelectual" porque eu não lhe teria confiado nem uma

---
13 N.T.: 1º Batalhão da Infantaria Leve de Oxfordshire

moeda. De facto, ele burlou-nos numa quantia considerável, embora nós tenhamos entrado no negócio com os olhos abertos. No que diz respeito à lógica da visão dele, de que o Cristianismo e o sistema social permaneciam ou caíam juntos, eu oponho-me. Isso é enfaticamente a visão Cristã. Catão, o Velho, não era um anarquista, nem Júlio César era um discípulo de Karl Marx. Eu concordo inteiramente com Nietzsche de que o Cristianismo é a fórmula do estado servil; verdadeira aristocracia e verdadeira democracia são igualmente seus inimigos. No meu estado ideal, cada um é respeitado pelo que ele é. Sempre haverá escravos, e o escravo deve ser definido como aquele que aquiesce em ser um escravo.

Tal era a situação quando Fuller, de licença da Índia, veio ver-me e disse-me que estava a competir pelo prémio do ensaio sobre o meu trabalho. Ele estava inteiramente comigo no ponto da minha atitude em relação ao Cristianismo. Nós o consideramos historicamente falso, moralmente infame, politicamente desprezível e socialmente pestilento. Concordamos com Shelley, Keats, Byron, Swinburne e James Thomson até aonde eles foram. Concordamos com Voltaire, Gibbon, Strauss, Huxley, Herbert Spencer, Tyndall, J. G. Frazer, Ibsen e Nietzsche até aonde *eles* foram. Mas nós éramos absolutamente opostos a qualquer ideia de revolução social. Deplorávamos o facto de que os nossos militantes ateus não eram aristocratas como Bolingbroke. Não tínhamos a menor utilidade para os sórdidos escritores *slum*[14] e para os *ranters*[15] do Hyde Park que tinham substituído o aristocrático infiel do passado. Nós sentíamo-nos como líderes; mas as únicas tropas à nossa disposição eram mercenários ou turbas. Como o príncipe da Fronda, nós encontrávamo-nos a lutar ao lado de um parlamento venal e ignorante, um grupo de bandidos desordenados, um bando de burgueses e uma horda de pedintes.

A posição era ainda mais irritante porque sabíamos perfeitamente bem que a grande maioria da aristocracia, tanto de sangue como de cérebro, estava de todo o coração do nosso lado ou profundamente indiferente e distante. Mas todos eles estavam com medo de surgir às claras e varrer a religião; ou então sentiam-se pessoalmente seguros de qualquer aborrecimento e desse modo inclinados a deixar em paz os cães que dormem. Por exemplo, era sabido que dois terços dos deões do Trinity College, em Cambridge, eram abertamente ateístas e, de acordo com o princípio da universidade, teriam sido *ipso facto*[16] privados das suas colegiadas, no entanto eles estavam perfeitamente seguros na sela, desde que se abstivessem de qualquer acto notório do qual as autoridades não pudessem ignorar. Nós achávamos que esta hipocrisia não era a inofensiva brincadeira prática que parece ser à primeira vista. Nós próprios não podíamos ter aquiescido conscientemente em tal evasão, e não entendíamos como as pessoas de tal superioridade intelectual poderiam concordar em manter as suas posições em tais termos humilhantes.

É (incidentalmente) dificilmente menos humilhante para o próprio Cristianismo que isto seja tão impotente, apesar da sua ostensiva inexpugnabilidade. Isto não podia fornecer o complemento necessário de homens de intelecto a partir das suas próprias fileiras, e o colégio era compelido a suportar o desprezo dos seus próprios membros. Não podia funcionar sem eles; não se atrevia a prescrevê-los; não se atrevia a prescrevê-los; tinha de ser cuidadoso para evitar tanto quanto questioná-los sobre os pontos essenciais dos quais o mandato deles era suposto depender. Não se atrevia nem mesmo a fazer qualquer esforço para alterar a situação. Não se atrevia sequer a lamentar os dias maus em que caíra. Tinha de fingir que tudo estava bem: negar turbulentamente um facto que era notório.

---

14 N.T.: romancistas cujo tema literário baseava-se na vida das classes urbanas mais baixas
15 N.T.: panteístas antinomistas
16 N.T.: pelo próprio facto

Na realidade, o Cristianismo está em toda parte mais ou menos na mesma posição, considerada a estimativa mais liberal da proporção da população que frequenta qualquer lugar de culto dificilmente chega a um e meio por cento. A Igreja alega—quando não está a lamentar o efeito oposto—que toda a população é activamente Cristã. A imprensa não pode acreditar nos seus ouvidos quando transparece que algum professor de geologia não acredita em Génesis. Há de facto algo lamentavelmente heróico acerca da enormidade da crença. Se não fosse que esta minoria infinitesimal seja capaz de exercer um efeito tão asfixiante sobre o pensamento popular, e um tal aperto assassino sobre as morais populares, para torturar e deformar a mente das crianças, para fazer da hipocrisia o preço da felicidade, poder-se-ia até simpatizar com essa rã em suas tentativas de persuadir a si mesma e aos seus vizinhos de que ela é um boi. Num ponto somente estava Fuller e eu em desacordo. O ódio dele pelo Cristianismo estendia-se à ideia de religião em geral. Ele tinha, é claro, uma simpatia no seu coração pelo Islão; a masculinidade do Maometano torna impossível desprezar a sua crença em Alá. O Islão é livre da doutrina degradante da expiação e da glorificação das virtudes dos escravos. A atitude do Muçulmano para Alá só erra na medida em que envolve a ideia infantil de personificar os poderes do universo. É certo que devemos reverenciar a majestade da natureza e obedecer às leis dela; mas ele lutou comigo, de perto, semana após semana, sobre a questão de Magick. Ele tinha originalmente pretendido concluir o seu ensaio com o sexto capítulo, e ele tinha escrupulosamente evitado qualquer referência ao lado mágico e místico do meu trabalho; mais ainda, até mesmo ao lado filosófico, no que estava concernido ao transcendentalismo. Mas eu mostrei-lhe que o estudo devia estar incompleto, a menos que ele acrescentasse um capítulo expondo as minhas perspectivas sobre estes assuntos. Por conseguinte, o capítulo sete veio a ser escrito.

É uma exposição muito completa e justa dos meus pontos de vista, e é especialmente para ser notado que dentro das cento e trinta e três páginas não há referência a *O Livro da Lei*. (Na altura da publicação, portanto, eu ainda estava a guardar a orla do meu traje escrupulosamente longe do trabalho do Cairo.) Pela altura em que ele havia escrito este capítulo, eu levara-o a ver que o materialismo, em qualquer sentido comum da palavra, era completamente insatisfatório enquanto explicação do universo; mas ele não estava nem um pouco inclinado a aceitar quaisquer teorias que pudessem envolver qualquer tipo de crença numa hierarquia espiritual. No curso da nossa argumentação, eu sentira-me desconfortável com um sentimento subconsciente de que, à prova d'água, como o meu sistema era em si, certas inferências legítimas poderiam ser tiradas daquilo que eu não estava a desenhar.

O Livro da Lei incomodou-me; eu ainda estava obcecado pela ideia de que o sigilo era necessário para um documento mágico, essa publicação destruiria a sua importância. Decidi, de um modo que só posso descrever como um ataque de mau humor, publicar *O Livro da Lei* e depois livrar-me dele para sempre.

Eu também estava aborrecido com o modo como Fuller fixava as suas armas sobre a hierarquia mágica em geral. Num espírito de picardia enviei-lhe um texto dactilografado de *O Livro da Lei* e pedi-lhe que me dissesse o que ele achava disto. Eu queria que ele se enojasse comigo mesmo; eu queria que ele me classificasse finalmente como um incorrigível excêntrico. A resposta dele veio no decorrer de dois ou três dias: eu não pude acreditar nos meus olhos. Isto, escreveu ele, é a expressão de um Mestre. O que ele sabia acerca de Mestres, confundiu-o! Era como se eu tivesse enviado uma cópia da *Tit-Bits*[17] para o Arcebispo de Canterbury, e ele havia reverentemente

---

17 N.T.: Revista semanal britânica

pronunciado que isto era a autêntica Logia[18] de "nosso Senhor".

Mas não havia como superar o facto. Ali estava o livro que eu odiava e temia, o livro do qual eu tentava desesperadamente escapar, e ali estava um homem que odiava qualquer coisa do género sem temer nem um pouco, um homem a que nada tinha de escapar; e isto foi imediatamente aceite por ele pelo seu valor nominal. Não adianta argumentar se uma coisa é um martelo ou não, quando tudo o que tu sabes acerca disto é que isto tem um hábito de te derrubar.

Era inútil lutar mais. Tão tarde quanto Outubro de 1908, eu estava a executar um Retiro (ver "John St. John"), e a invocar o meu Santo Anjo da Guarda, sem qualquer referência a *O Livro da Lei*. Fuller e eu tínhamos ido trabalhar para editar os meus diários mágicos e apresentar ao mundo a história da minha carreira mágica em "The Temple of Solomon the King", como se o trabalho do Cairo fosse um mero episódio daquela carreira. Nós estávamos cumprindo as ordens dos Chefes Secretos expondo a G∴ D∴ e publicando o seu Ritual, mas eu estava a proteger-me de *O Livro da Lei* tirando vantagem de uma frase no texto que insiste: "Tudo isto e um livro para dizer como vieste tu aqui e uma reprodução desta tinta e papel para sempre—pois nisto está a palavra secreta e não apenas no Inglês..." E o manuscrito tinha sido perdido!

Como a sequência mostrará, os deuses sabiam quando colocar as mãos sobre isto. Eu rendi-me à discrição, reobriguei-me e em Setembro de 1909 escrevi o meu maior poema mágico "Aha!" em que o trabalho do Cairo é restabelecido ao seu devido lugar na minha vida. Eu tenho feito muitas insurreições desde então; mas elas têm sempre sido reprimidas em muito pouco tempo e punidas conforme mereciam.

Este longo preâmbulo permitirá ao leitor encaixar nos seus devidos lugares os eventos ostensivamente incoerentes de 1907 e 1908. A minha própria doença contínua, o nascimento de Lola Zaza e a tragédia de Rose combinaram-se para complicar os meus afazeres comuns, tornando impossível para mim pensar em fazer novos planos para exploração. Os meus negócios na Escócia tinham caído em grande confusão pela extravagância e desonestidade do meu administrador. Enquanto o gato estava longe, os ratos tinham estado extremamente ocupados.

Fuller e eu tínhamos claramente percebido a iminência da catástrofe mundial. Nós não sabíamos exactamente onde a civilização começaria a rachar, ou quando; nós ficávamos contentes em deixar tais especulações para o Profeta Baxter, o Rev. Booth Clibborn e semelhantes pequenos cervídeos. Mas nós víamos claramente o Neozelandês sentado no arruinado arco da London Bridge.

Podíamos também ver o Professor de Arqueologia da Universidade de Lhasa escavando as ruínas do Museu Britânico. Ele descobriu um vasto número de volumes do nosso período propondo lidar com as ciências ocultas, mas eram poucos os que não se tinham transformado em pó. Dos que restavam, a grande maioria era evidentemente frívola. Ele regozijou-se excessivamente ao descobrir uma série de volumes, cuja dignidade de aparência, a permanência do seu papel, a excelência da sua impressão e o cuidado evidente que haviam conferido à sua produção, mostraram-lhe, à primeira vista, que os responsáveis da sua produção tinham estado em infinitas dores para fazer estes volumes testemunharem contra a tirania do tempo. Ele tinha-os levado para o acampamento dele com o maior cuidado. Embora ele não pudesse ler uma palavra da impressão tipográfica, as ilustrações estavam na linguagem universal, o que ele podia ler à vista. A primeira obra padrão de referência—a chave para a sabedoria do passado enterrado.

Com esta visão diante de nós, decidimos tornar o nosso registo, das mais altas

---
18 N.T.: comunicações de origem divina

concretizações dos espíritos humanos da nossa geração, tão digno quanto possível do seu assunto. Incomodava-nos não podermos cinzelar o nosso conhecimento em dez mil placas como aquelas em Mandalay, mas resolvemos fazer o nosso melhor. Decidimos por um tipo de letra, um tamanho de página e uma qualidade de papel que não deixassem de impressionar os professores da posteridade, e determinámos que a nossa prosa fosse tão simples, tão digna e tão sublime que se destacasse do desleixado jornalismo do período, tal como Alhambra acima dos casebres dos vermes que a cercam. O esquema exigia capital, e embora eu já estivesse um pouco embaraçado pelo hábito de comprar um ovo preto sem regatear, eu não hesitei em colocar a mão no meu bolso.

Fuller estava nesta altura em graves dificuldades, *à la d'Artagnan,* mas dava o seu tempo e a sua labuta com magnífica generosidade. A sua composição, dentro de certos limites, era milagrosamente fina. Certos assuntos estavam completamente fora do alcance dele; ele não podia retratar a figura humana. O seu "Adonai-Ha-Aretz" é lamentável, mas o seu desenho simbólico mostra as mais altas qualidades de imaginação e execução, e o seu trabalho geométrico é quase inconcebivelmente perfeito. As suas quatro Watchtowers[19] (*The Equinox*, vol. I, nº VII) e similares ilustrações são soberbas, e o seu ornamental alfabeto está completamente além de mim para ser apreciado. Infelizmente, a sua prosa era enfeitada e confusa, e ele sofria agudamente daquilo que eu chamo de "comma bacillus".[20] Ele adorava tanto uma frase que não conseguia persuadir-se a terminá-la, mas as suas imagens são mais vívidas e viris do que as de qualquer escritor que eu já conheci.

O estilo de *The Star in the West* é incisivo e pitoresco. A sua única falha é uma tendência para sobrecarregar. Eu poderia ter desejado um estudo mais crítico e menos adorativo do meu trabalho; mas o entusiasmo dele era genuíno, e garantiu as nossas relações pessoais de tal forma que a minha amizade com ele é uma das mais queridas lembranças da minha vida. Eu dediquei *The Winged Beetle* a ele.

Lamentavelmente, eu não levei em conta a corruptora influência das mulheres. Ele resistiu por um longo tempo contra a insidiosa pressão da sua esposa. Foi talvez apenas através da perfídia dum outro homem que a maldade foi finalmente feita entre nós. Mas nada pode destruir o passado, e os longos anos da nossa íntima amizade foram realmente férteis. Nós víamo-nos quase todos os dias e trabalhávamos juntos em perfeita harmonia.

Em "The Temple of Solomon the King", o estilo de Fuller já estava muito melhorado, ainda que a história da minha vida pudesse ter sido apresentada de maneira mais simples. Embora a tendência dele de irromper em extáticas rapsódias resultasse em desordenar as proporções das suas ocorrências, em geral a tarefa dele era admiravelmente realizada, e há passagens de espantosa sublimidade, não só na questão da linguagem mas também na do pensamento. O seu ponto de vista era de facto mais subtil e profundo do que ele próprio percebia. Tenho a certeza de que muitas passagens deste livro estarão entre os maiores monumentos da extante prosa Inglesa.

Mas ele alcançou o seu ponto alto com "The Treasure House of Images". Formalmente, esta é a mais notável prosa que já foi escrita. Cada capítulo da parte principal do livro contém trinta secções, e cada secção tem o mesmo número de sílabas. Cada um destes capítulos louva com cânticos o signo do Zodíaco e em cada secção esse signo é modificado por um outro signo. É a conquista mais impressionante no simbolismo.

Mas isto não é tudo. Há um capítulo contendo cento e sessenta e nove clamores

---

19 N.T.: Torres de Vigia
20 N.T.: "bacilo da vírgula"

de Adoração, que é, por assim dizer, uma multiplicação dos capítulos anteriores e uma quintessenciação deles. Até hoje nós salmeamos estas Adorações ao som do tambor e dançamos ao som da música, e o efeito é levar o executante para dentro do mais sublime êxtase. Possui toda a Magick dos ritos religiosos orientais, como aqueles do Sidi Aissawa, mas o arrebatamento é puramente religioso. Não é confundido com erotismo, mesmo que muitos dos símbolos sejam por si próprios violentamente eróticos.

> O Thou dew-lit nymph of the Dawn, that swoonest in
> the satyr arms of the Sun! I adore Thee, Evoe!
> I adore Thee, IAO!
> O Thou mad abode of kisses, that art lit by the fat
> of murdered fiends! I adore Thee, Evoe!
> I adore Thee, IAO!

Infelizmente, quando a nossa amizade foi interrompida, a sua carreira literária também o foi. Eu tinha-o ensinado a escrever prosa, mas ele não tem sido capaz de empregar os seus talentos para nenhum propósito melhor do que ganhar prémios em competições organizadas pelo Conselho do Exército.

The Star in the West foi publicado em 1907 e foi amplamente revisado; na maior parte, favoravelmente. Em particular, Soror S. S. D. D. (Mrs. Emery ou "Florence Far", como ela era conhecida) escreveu uma crítica muito completa sobre isto na *New Age*[21]. Algo disto é tão profético que deve ser citado aqui:

> É um monstro com cabeça de hidra, esta London Opinion, mas não devemos surpreender-nos ao ver um evento quase inigualável, a saber, todos aqueles hidra-cabeças movendo-se com um único propósito, e que é a denúncia de Sr. Aleister Crowley e todas as suas obras.
> Ora isto seria uma conquista notável para um jovem cavalheiro que só saiu de Cambridge há alguns anos. Isto requer uma certa quantidade de sério propósito para agitar a Public Opinion[22] em activa oposição, e a única questão é, tem o Sr. Crowley um propósito sério? ...
> Assim são algumas das sensações descritas por Aleister Crowley na sua indagação pela descoberta da sua Relação com o Absoluto. O seu poder de expressão é extraordinário; o seu papagaio voa, mas ele nunca deixa de o devolver à terra com algum toque de escárnio ou páthos, o que torna isto ainda uma questão em aberto se ele vai excitar a estimulante animosidade por parte da Public Opinion que, como nós temos deixado entrever, é concedida apenas aos pensadores mais perigosos.

Fiquei enormemente encorajado por este artigo. Eu sabia o quão sério o meu propósito era. Ela tranquilizou-me no ponto em que a minha fé vacilava. Tinha-me acostumado a colunas de eloquentes elogios das pessoas mais importantes no mundo das letras, as quais não tinham vendido uma dúzia de cópias; a longa crítica controversa a partir de homens como G. K. Chesterton, a qual caíra absolutamente em descrédito. As pessoas ratificaram em mim como o único poeta vivo de qualquer magnitude. (Havia muitos poetas mais conhecidos e mais conceituados—Francis Thompson, W. B. Yeats, Rudyard Kipling e, mais tarde, John Masefield, Rupert Brooke e outro peixe miúdo, cuja realização, na melhor das hipóteses, era limitada pela estreiteza das suas ambições. Eu pelo menos estava aspirando ao mais alto.)

Contudo, dificilmente alguém tinha lido algo do meu trabalho e as intrigas dos meus inimigos tornaram impossível que eu me fizesse ouvir. Nunca deixo de ficar pasmado

---

21   N.T.: revista literária britânica
22   N.T.: revista britânica

na persistência de maligna hostilidade por parte de pessoas que nunca me conheceram ou leram uma linha dos meus escritos. Não consigo ver por que deveriam as pessoas perseguir-me com uma secreta calúnia, muitas vezes de um género que carrega a sua própria refutação com ela. Para dar um exemplo: Foi dito que era minha prática atrair homens para os Himalaias para *fins-de-semana* ... Eu sempre voltava sozinho!

Parecia não haver limite para as mentiras que circulavam acerca de mim. Quanto ao motivo, eu só posso imaginar que isto fosse parcialmente a vingança dos revoltosos G.˙. D.˙. que eu esmagara, e, subsequentemente, Mathers e o seu gangue quando se tornou meu dever parar com a burla e chantagem deles; parcialmente sobre a minha *intransigência* acerca de outras formas de charlatanismo. Eu não tinha poupado o English Alpine Club ou os pretendentes à eminência literária. Mantive-me distante das panelinhas e simplesmente recusei-me a admitir a existência das pessoas que estavam a brincar em ser poetas, romancistas e filósofos.

Mas eu havia aprendido a intolerância de todo o fingimento e embuste segundo Eckenstein, o qual tinha em mim de certo modo a influência que Athos exercia sobre d`Artagnan. Sempre que eu estava tentado a derrogar de alguma forma os mais altos padrões de honra, sempre me ocorria o pensamento de que eu não poderia encarar Eckenstein se eu falhasse. A minha família, a minha corporação e o meu amigo têm sempre sido os meus mentores; mas, acima de tudo, o meu amigo! A severidade dele foi fortalecida pela sua clara visão; nenhum subterfúgio era possível com ele. Ele ensinou-me a julgar a minha conduta pelos padrões mais austeros de rectidão e nobreza. Não é demais dizer que ele criou o meu carácter moral. Eu tinha uma tendência fatal para encontrar desculpas para mim mesmo. Ele obrigava-me sempre a encarar os factos e a manter vigília incessante sobre a jóia de honra.

~ 61 ~

O MEU PONTO de encontro preferido era uma pequena farmácia na Stafford Street, gerenciada por um homem chamado E. P. Whineray, um dos homens mais notáveis e fascinantes que eu já conheci. Ele era um jovem de Lancashire e não se envergonhava disso. A sua aparência pessoal estava em si mesma apreendendo. De tamanho médio e bem proporcionado, o seu corpo parecia intencionalmente inconspícuo. Era o servo perfeito da sua cabeça. Ele estava quase completamente careca, com espessas sobrancelhas de cinza-escuro. A cúpula do seu crânio era perfeitamente esférica e sugeria a mais profunda capacidade para reflexão. Os seus olhos eram intensamente vívidos e penetrantes; eles brilhavam com riso eterno, não menos bem-humorado porque supremamente cínico. Ele entendia a fragilidade humana em cada detalhe e não apenas perdoava isto, mas amava os homens pelas suas fraquezas. Ele fazia lembrar uma coruja; a semelhança era realmente impressionante.

Ele conhecia todos os segredos de Londres. Pessoas de todas as posições, do cortesão e do ministro de gabinete, ao cocheiro e à cortesã, fizeram dele o seu padre confessor. Conquanto ele nunca traísse uma confidência, ele tinha um fundo de histórias que nunca malogrou. As suas mais leves observações vibravam com sabedoria. Quando alguém falava para ele, era como soprar o fole de uma forja de ferreiro; uma chuveirada de faíscas cintilantes vinha crepitando do sombrio coração do fogo da alma dele. Como Eckenstein, ele via através de cada um num relance. Eu costumava visitar a sua loja e aprendia com ele acerca de Londres. Ele já havia aparecido na literatura. Robert

Hichens tem estabelecido um dos incidentes mais subtis de *Felix* na sua pequena loja. Outra razão para eu o visitar frequentemente era que ele compreendia-me, e uma das minhas fraquezas é a minha amarga necessidade de tais pessoas.

Ele era (incidentalmente) um dos homens mais instruídos no seu ramo. Ele tinha-me fornecido ingredientes para algumas das minhas mágicas preparações, tais como kyphi, o misterioso incenso dos antigos Egípcios; o perfume e óleo de Abramelin, o unguento Sabbati, e similares. Em particular, uma vez ele foi capaz de fornecer ónica.

Há um incenso sagrado para Tetragrammaton. Depois dos bolos de luz e do incenso de Abramelin, este é o mais poderoso de todos os perfumes conhecidos. De facto, este é em certo sentido mais poderoso do que os outros, pois estes são definitivamente consagrados a propósitos específicos, ao passo que este é inteiramente sem consciência. Consiste em gálbano por ar, ónica por água, estoraque de terra e olíbano por fogo. Representa a força cega dos quatro elementos e através do seu uso pode-se trazê-los à manifestação. Não sendo em si nem bom nem mau, isto é extraordinariamente perigoso.

Eu posso considerar, a propósito, que o que nós chamamos de "bom" e "mau" são ambos extremamente limitados. Os maiores desastres surgem do que chamamos de indiferença. Uma vez examinei os horóscopos de vários assassinos a fim de descobrir quais disposições planetárias eram responsáveis pelo temperamento. Para meu espanto, não era a secreta e explosiva energia de Heschel, não o sinistro e maligno egoísmo de Saturno, não a desgovernada fúria de Marte, os quais formavam a base para o crime, mas o insensível intelectualismo de Mercúrio.

Então surge a mais extraordinária descoberta. Os horóscopos dos assassinados são quase idênticos aos dos assassinos. Eles pediram por isto!

Incidentalmente, a história corrobora esta visão. Os maiores horrores da história da humanidade não se devem à ambição dos Napoleões ou à vingança dos Agamémnons, mas aos filósofos doutrinários.

As teorias do sentimentalista Rousseau inspiraram a integridade do desapaixonado Robespierre. Os cálculos a sangue-frio de Karl Marx levaram às operações judiciais e eficientes da Cheka. A paixão humana no seu pior tem possibilidades generosas, e misericórdia com a Cruz Vermelha—teoricamente, pelo menos—está logo atrás da fúria nas trincheiras; mas a razão é inexorável e desumana. Não é o coração do homem que é "enganador acima de todas as coisas e desesperadamente perverso", mas sim o seu cérebro.

Certa noite, Whineray disse-me que um cavalheiro, a quem chamarei Conde de Coke e Crankum, desejava conhecer-me, tendo necessidade da minha ajuda mágica. Eu concordei. Naquele momento o próprio homem entrou. Ele levou-me para os seus aposentos; e, para minha estupefacção, deixou escapar a mais extraordinária história. Eu dificilmente podia acreditar nos meus ouvidos. O homem contou-me os seus mais íntimos segredos de família e os mais atrozes, como se eu o conhecesse há vinte anos. Ele disse que foi enfeitiçado pela sua mãe e uma amiga. À superfície, essas pessoas eram devotos Evangélicos. A ideia de que elas estavam a tentar assassiná-lo por bruxaria era um pouco surpreendente, não menos do que o motivo alegado. Lorde Coke tinha sido o segundo filho. Ele alegou que seu irmão mais velho tinha realmente sido o filho de algum baronete; que a sua mãe odiava o marido e se desesperara quando o herdeiro aparente fora morto em batalha. A sua mãe decidira matar o remanescente filho dela.

O próprio Coke tinha-se casado com uma mulher Americana do pior carácter. Ela tocava a campaínha para ter o prazer de ouvir os criados chamando-a de "minha senhora", Coke via bruxaria em cada frivolidade. Quando a condessa espirrava, ele deduziria que a sua mãe estava na tarefa. Ele tinha contado os seus problemas a muitas pessoas e, a princípio, confiara nelas de modo bastante cego, e então sem uma palavra de alerta concluía, a partir de alguma palavra ou acto inofensivo, que elas se haviam juntado a conspirar contra ele.

Claro, era um caso perfeitamente simples de mania de perseguição, acentuada pelo seu velho hábito de beber conhaque e pelo seu recentemente adquirido hábito de snifar uma solução de cocaína. Além da sua obsessão, não havia nada de errado com o homem. Ele desfrutava de magnífica saúde; era um dos homens mais bem preservados de cinquenta a cinquenta e cinco que eu já tinha visto. Ele era profundamente religioso, com mais do que um toque de misticismo, e uma profunda percepção da Cabala, a qual ele entendia apesar de pouco ou nada conhecer acerca disto. Eu pensei que poderia curá-lo e assumi a tarefa.

O meu plano em tais casos não é desenganar o paciente. Eu propus tratar a história dele como literalmente verdadeira em todos os sentidos e combater fogo com fogo. Eu disse-lhe: "O que tu deves fazer é desenvolver os teus próprios poderes mágicos para derrotar a tua mãe no próprio jogo dela."

Ele tinha uma capacidade considerável para a Magick e entendeu o objecto das medidas que eu propus. Começámos por fretar um iate, o qual ancorámos num rio pouco frequentado na costa sul. Obriguei-o e comecei a ensiná-lo a desenvolver o seu corpo astral. Ele rapidamente adquiriu a técnica e ganhou muita confiança quando descobriu que, pelos meus métodos, ele podia verificar os resultados da sua clarividência.

Eu dar-lhe-ia, por exemplo, um talismã que ele nunca tinha visto antes, e pedir-lhe-ia para descobrir a natureza deste. Nós então compararíamos o resultado da investigação dele com o livro a partir do qual eu escolhera o talismã, e ele acharia que tinha julgado correctamente. (Por exemplo, eu dar-lhe-ia um quadrado contendo trinta e seis caracteres em Enoquiano, o qual ele não sabia ler. Ele passava no seu corpo astral por uma porta imaginária na qual esse quadrado estava inscrito e dizia que ele havia chegado a uma varanda com vista para o mar, onde uma tempestade violenta estava furiosa. Eu então referiria para *The Book of the Sacred Magic of Abra-Melin* identificar o quadrado e anotar que a virtude disto era despertar uma tempestade. Não havia, portanto, espaço para o auto-engano, como quando alguém recebe uma mensagem do seu Tio Ferdinand, em que ele está muito feliz a colher violetas, e diz a Eliza para não se preocupar.)

Logo descobri, todavia, que a presença da condessa, embora ela fosse inteiramente simpática e encantadora, era um entrave; ela ocupava muito do tempo e pensamento dele. Um dos problemas com o homem era que ele era chocantemente sentimental; era o género pior de Dickens. Por esta e outras razões, nós decidimos fazer um Grande Retiro num país distante; o nosso paradeiro deveria ser dissimulado; isto por si só tenderia a confundir e a alarmar a sua mãe e a bruxa companheira dela. Nós cruzámos para Paris e perambulámos por Marselha e Gibraltar até Tânger.

Eu estava, é claro, no paraíso por estar mais uma vez entre os Maometanos, com a masculinidade deles, franqueza, subtileza e auto-estima! Havia outro ponto a favor da nossa jornada. Eu queria que o meu pupilo adquirisse o hábito da vida ao ar livre, de modo a quebrá-lo mais facilmente do hábito da cocaína. O consumo de cocaína é quase inteiramente moral, excepto em casos incomuns.

Há pouco ou nenhum sofrimento físico envolvido na paralisação súbita, como no caso do ópio e seus derivados. Eu queria afastá-lo da droga, tirando a mente dele da sua mãe e das maquinações dela, da sua esposa e do maravilhamento dela, dos seus filhos e do encanto deles; eu queria encher a sua consciência com visões e sons desconhecidos, com aventuras reais e com a preocupação física da marcha do dia.

Infelizmente, nós chegámos a Tânger num momento de crise política. O sultão acabara de quebrar e a jornada até Fez não era segura. Não que nos devêssemos ter importado: Coke era tão corajoso quanto um leão acerca de tudo o que era externo à sua parideira e aos artifícios dela; mas as autoridades não ouviriam falar da nossa saída da cidade—até os arredores eram assolados por bandidos. Foi um grande incómodo, especialmente porque eu tinha-me preparado para o deserto rapando a minha cabeça e colocando as minhas roupas Orientais. Contudo, eu consolava-me fazendo excursões depois do anoitecer para os subúrbios e solicitando todas as aventuras que poderiam surgir no meu caminho. Eu tive de facto um tempo perfeitamente deslumbrante.

Mas o pobre Coke não entraria no espírito do Oriente—no qual nós humoristicamente incluímos um país cujo nome (Marrocos, AlMaghrabi) significa oeste e cujo ponto está mais a leste, na longitude de Oxford. Ele estava com saudades da monótona uniformidade da vida familiar. Isto é, creio eu, o coração do horror da Inglaterra. Frank Harris tem descrito os vícios Ingleses como "Adultério com conforto doméstico". O Inglês médio gosta de tomar chá num par de chinelos macios previamente aquecidos, com um pedaço sorridente de carne presidindo a embebida torrada, e ininteligentes pirralhos jogando halma em segundo plano. "O Oriente" significa para ele apenas insolação, febre e outras doenças, cada uma mais terrível que as demais; pessoas cujas visões não o interessam—elas são ininteligíveis e imorais; desconforto e tédio. Ele não tem ideia da beleza abstracta e tem terrivelmente medo de encontrar uma ideia que possa agitar a sua estagnada estupidez.

Para mim, cada nova cena, cada novo ponto de vista, é bem-vindo. Eu quero ser ensinado. Eu quero ampliar a minha mente. *Nihil humani a me alienum puto*[23]. Mesmo assim, *humani* é uma palavra em demasia. Como escrevi em *The Book of Lies*.

> Os Chineses não podem deixar de pensar que a oitava tem cinco tons.
> Quanto mais necessário algo me parecer, mais certo eu assevero que isto é apenas uma limitação.

É natural que a minha atitude seja totalmente abominável para os meus compatriotas. Mas eles estão completamente errados ao pensar que as minhas ideias são anti-Anglo-Saxónicas. Elas são anti-qualquer coisa que se imagine a si própria ter o monopólio da verdade ou propriedade.

Não consegui convencer Coke a interessar-se nas pessoas, nos seus costumes, nas suas ideias e na sua arte. A luz do sol no mar cintilante, a infinita variedade de cor e forma, a mistura de raças e religiões nada significavam para ele. Beleza era literalmente espirrada sobre a vida como um balde de água fria sobre um atleta. Em vez de o estimular, ele estremecia e lamentava. Ele continuou a gemer como um animal ferido: Eu quero a minha esposa! Eu quero os meus filhos! Claro, o que ele realmente queria era cocaína, e isso era exactamente o que eu não queria que ele tivesse.

Eu tinha conseguido livrar-me da sua mania de perseguição por enquanto. Sempre que ele notasse a sua mãe a voar pela lua na vassoura dela, ele executaria um ritual de banimento, e navegaria no corpo astral dele para a palavra e cortaria a vassoura tal como Siegfried com a lança de Wotan, e ela cairia no Estreito de Gibraltar, chape, chape. Ele também não sofria seriamente com a privação de cocaína. O seu único problema era que a sua mente estava tão encharcada de sentimentalismo que nenhuma quantidade de luz solar poderia restaurar a sua leveza e elasticidade. Se eu tivesse sido

---

23 N.T.: "Sou homem: nada do que é humano me é estranho." Frase de Públio Terêncio Afro

capaz de levá-lo para o deserto durante alguns meses, ele teria de viver através do purgatório envolvido na ausência do snobismo mal-encarado e do servilismo furtivo.

Graças a Muly Hafid, nada havia a fazer senão deixá-lo recair no lodo do marasmo e sufocar no fétido limo da sociedade civilizada. Eu implorei-lhe que voltasse para casa desde Gibraltar, mas isto apenas dava às velhas ilusões uma desculpa para renovar a aderência delas. Ele tinha-me classificado como se eu fizesse parte da conspiração dos mágicos negros contra ele, desde a sua mãe e seus vizinhos até ao professor do seu filho (que havia sido persuadido pelo diabo a infligir cem linhas das *Geórgicas* ao infeliz rapaz!) e o advogado da sua família—o qual tinha sido persuadido por Belial a não lhe emprestar dez mil libras sem segurança.

Eu nunca senti tanto por qualquer homem na minha vida. Nunca conheci alguém mais genuinamente nobre, generoso e bondoso. Ele era o companheiro mais divertido, espirituoso e instruído. E todas estas magníficas qualidades foram completamente prejudicadas por uma única fraqueza pueril. Mais uma vez tive de admitir que a superstição e a hiperestesia sexual, as quais chegam à Inglaterra pelos nomes de religião e amor, haviam emasculado um homem. Anglo-Saxonismo é tísica psicológica.

Na acessão do novo sultão, os seus súbditos aproveitaram a oportunidade de se divertirem, regozijando-se em países onde as *spirochaetas pallida*[24] da civilização não tornam luético o amor, atáxica a liberdade e coreica a vida. As pessoas são espontâneas em relação aos divertimentos. Para mim, nada é mais aborrecido do que as policiadas procissões de nobres nulidades, famosos fantoches e beldades cuja dieta é creme cosmético, cujo desporto é massagem facial e cujo ar fresco é cocaína. Na Inglaterra o prazer tem sido reduzido à formalidade. A estudada solenidade do golfe é típica. A cada poucos buracos, o parceiro dá uma pequena palestra sobre a salubridade do jogo, a sua virtude de revelar as melhores qualidades do jogador, e assim por diante *ad nauseam*[25]. A consciência Anglo-Saxónica do pecado fá-lo sentir de que ele precisa duma desculpa para se entregar aos prazeres mais inocentes. O resultado é que eles deixam de ser prazeres absolutamente.

A vivacidade tornou-se inteiramente desconhecida; a abordagem mais próxima a isto é avinhada vulgaridade.

Os jubilosos homens de Marrocos estavam a entregar-se de todo o coração ao contentamento. Os seus exercícios e desportos têm sido descritos com tanta frequência que seria absurdo percorrer o mesmo terreno mais uma vez. Mas um divertimento é menos conhecido. Os Europeus não são encorajados a assistir.

Numa das minhas solitárias caminhadas de aventura, eu encontrei uma multidão de cerca de duzentas pessoas num local isolado. Elas estavam protegidas da intrusão por sentinelas inoficiais, passeando (aparentemente sem objectivo) entre as árvores num círculo de cerca de duzentas jardas de diâmetro. Eu sabia mais ou menos o que esperar, e antes de ser observado eu olhei sobre mim mesmo para ver que cada peça do meu traje estava correcta. Comecei então a recitar o que eu havia aprendido com o meu xeique no Egipto—a "Grande Palavra para enlouquecer e andar nu".

Subhana Allahu walhamdu lilahi walailaha illa allahu wallahu akbar wala baala wala quata illa billahialaliu ala`zhim .

Glória a Deus e graças a Deus, e há somente um Deus, e Deus é o maior, e não há força senão Nele, o Exaltado, o Grande.

Não preciso de muito tempo para me exercitar por meio de um mantra, mesmo deste tipo extenso, num estado de êxtase, e prosseguir, se desejado, desse estado para

---

24 N.T.: treponema pallidum—espécie de bactérias do grupo das espiroquetas que causam doenças como a sífilis
25 N.T.: até à náusea

o real Dhyana, concentrando-me em qualquer chacra apropriado. Por êxtase, eu não quero dizer qualquer coisa caracterizada por extravagante acção. É meramente aquilo em que eu pareço estar a flutuar no ar ou pelo menos a pesar cerca de um quarto do que realmente peso; aquilo que me torna completamente abstraído do meu entorno e de toda a interferência interna. Eu deveria assim ser invisível para os sentinelas, ou, se observado por eles, reconhecido como um homem santo cujos exercícios religiosos seria um ultraje perturbar. Escusado será dizer que a coisa deve ser feita apropriadamente. Tentar falsear qualquer coisa desse tipo seria um erro fatal. A sensibilidade psíquica do Árabe detectaria imediatamente; ele suspeitaria de um mau motivo, derrubaria alguém como um blasfemador e o cortaria com uma resoluta alegria. E serve um direito!

Neste modo eu passei pelas sentinelas e misturei-me com a multidão. Era uma tribo selvagem de Seul. As mulheres estavam presentes, embora elas não participassem activamente, e apenas ajudavam a manter o anel. O círculo tinha cerca de trinta pés de diâmetro. Acocorando-se na sua orla estavam os músicos habituais, tocando como de costume pela querida vida, enquanto dançando e gritando estavam vários homens, armados com pequenos machados leves de peculiar feitura. Evidentemente não eram as ferramentas comuns usadas na vida quotidiana, mas fabricadas para o propósito da cerimónia.

Com estas armas, os homens cortavam-se na cabeça (muito raramente noutro lugar) até que o sangue escorria dos seus escalpes por todos os lados. Eles estavam, é claro, completamente inconscientes de qualquer dor, e aqueles que estavam realmente cegos pelo sangue ainda podiam ver.

A excitação da multidão era tão grande quanto a dos próprios celebrantes, mas era rigorosamente reprimida. Não posso dizer que o anel mantinha silêncio absoluto; duvido se eu estava suficientemente calmo para fazer quaisquer observações fidedignas, e eu certamente estava além do estágio de curiosidade intelectual. Mas a impressão era de que os circunstantes se abstinham deliberadamente de qualquer discurso ou gesto. Eu governei-me em conformidade. Mas eu estava em dificuldade para me abster de arremessar o meu turbante, pular no círculo com um uivo de "*Allahu akbar!*", segurando um machado e juntando-me à festividade geral.

Isto literalmente tirava a respiração. A única maneira que eu posso expressar isto é que respira-se com o coração em vez de com os pulmões. Eu tinha entrado em estados não dissimilares enquanto fazia Pranayama, mas aqueles tinham sido passivos, e este era um... —não, activo é uma palavra lamentavelmente inadequada—eu sentia-me a vibrar com a energia do universo. Era como se eu me tivesse tornado consciente da energia atómica ou da força da gravitação, compreendida positivamente e não meramente como a inibição de se elevar do solo. Eu não sei por quanto tempo fiquei a segurar-me, mas julgando segundo cálculos subsequentes deve ter durado mais de uma hora: o senso de tempo desaparecera por completo. Mas fiquei subitamente ciente de uma reação terrível; eu senti que tinha perdido a minha oportunidade por não me deixar ir e talvez ter sido morto pelas minhas dores. Ao mesmo tempo eu fui tomado por uma súbita sensação de alarme. Senti-me fora do círculo espiritual. Eu tinha a certeza de que alguém descobrir-me-ia e um rápido estremecimento passou por mim no momento em que eu compreendi o meu perigo. Felizmente, eu tive suficiente presença de espírito para retomar o meu mantra e afastar-me da multidão tão silenciosamente quanto eu havia descido sobre ela.

Esta pequena aventura sempre se destacou como uma das mais emocionantes (de certa forma) da minha vida, ou seja, de aventuras meramente materiais; e isto tem-me dado furiosamente para pensar acerca das fórmulas gerais de "Energized Enthusiasm". As práticas da Sidi Aissawa, dos dervixes, de alguns devotos Asiáticos e de muitos camponeses Russos que eu tenho visto conscienciosamente e cientificamente exaltando a sua consciência, trazendo métodos fisiológicos para a ajuda da aspiração espiritual, têm sido muito individuais para comparar com estes Mouros. Nesta cerimónia, todo o corpo de assistentes estava conscientemente e colectivamente induzindo um estado espiritual que eu reconhecia como completamente diferente do êxtase individual. A alma que eles invocavam não era nem a sublimação (ou simplificação) do eu pessoal de cada homem, nem era o universal e imanente Espírito. Era uma consciência colectiva.

A psicologia é semelhante à de qualquer multidão que se entusiasma por alguma mal definida ideia religiosa ou política; mas estes Mouros estavam a invocar o que eu devo chamar de deus tribal deles, por falta de um termo melhor. Eles estavam a criá-lo despejando o seu entusiasmo pessoal no pote, por assim dizer. Eu não tinha dúvida de que a divindade individual assim inventada (não consigo encontrar um termo melhor) poderia existir organicamente, digamos, e comecei a entender como os profetas antigos haviam conseguido inventar os seus deuses, nem pessoais nem universais, mas representando a ideia Platónica, correspondendo à soma dos atributos tribais e, uma vez inventada, gozando de uma vida independente, exercendo iniciativa, e assim por diante, assim como um ser humano, sustentada pela vontade unida dos seus devotos, e deste modo virando as tábuas sobre eles e compelindo aqueles que o fizeram à sua imagem para se conformarem com a semelhança dele.

Eu tive um bom número de outras pequenas aventuras durante a minha curta estadia em Marrocos. O carácter do povo corresponde muito de perto ao meu nos seus aspectos mais salientes. Eu gostei deles muito mais do que dos Egípcios, os quais me parecem sofrer de muita história, muita civilização, muito comércio, muita mistura de sangue; e acima de tudo, muito cosmopolitismo. O Egípcio tem pouco carácter nacional, ele foi pauperizado pelo influxo de Europeus e corrompido pelas "más comunicações" dos Gregos, dos Arménios e do objectável tipo de Judeu. O Judeu em Marrocos é, em geral, um sujeito muito bom. Ele tem uma religião e um ponto de honra, para não falar do seu orgulho de raça. Já foi dito que cada nação tem o governo que merece. Eu adicionaria o tipo de Judeu que ele merece. A sua imaginação e sensibilidade fazem dele a pedra de toque dos seus arredores.

Há um ditado no norte da África de que o Mouro é um leão, o Argelino é um cervo e o Tunisino é uma lebre.

Quando as subsequentes viagens ao norte de África me permitiram fazer a comparação, eu achei-a notavelmente verdadeira. Os Mouros foram chamados de Irlandeses do Islão, assim como os Birmaneses de Irlandeses da Ásia. A antiga metáfora é admirável. Há uma independência, um orgulho, um cuidado dos diabos e uma bonomia que lembra fortemente o mais turbulento tipo de Irlandês. Os Birmaneses assemelham-se ao tipo religioso e silencioso. O pântano está sempre à procura de uma cotovia. Eu encontrei-me envolvido em todos os tipos de escapadas estudantis, onde duros golpes e práticas piadas Rabelaisianas deram origem a enormes e calorosas gargalhadas. Inimizades mortais e agressões assassinas não interfeririam pelo menos com a jovial amizade do antagonista.

Fiquei muito triste quando tivemos de voltar para Inglaterra. Nós tomámos Granada no nosso caminho. Achei Alhambra inteiramente familiar, embora eu nunca tivesse estado lá antes. Não foi um caso do *sens du déjà vu*[26], que é uma percepção passageira. Eu ia de um paço para outro como se tivesse morado lá antes; eu sabia o

---

26 N.T.: significado do já visto

que ia aparecer com tanta precisão que dificilmente podia duvidar de que eu realmente vivera lá uma ou outra vez. De nada recordei das circunstâncias; excepto que deve ter sido meu hábito ir até à torre ocidental e observar o vale, a cidade sonolenta no sopé da colina, e a serra distante, enquanto o sol se punha soberbamente triste entre as nuvens, as quais pareciam ter emprestado a sua suavidade e brilho de flanela.

Coke e eu combinámos para ver a dança dos ciganos que viviam nas cavernas fora da cidade, e eu fiz um estudo um pouco elaborado do assunto. As principais danças são o tango, que é bem diferente daquele com o qual nós estamos familiarizados; o fandango, a civilla gitana; o soleario gitana, a cachusa gitana, o morongo, sirrillas, o baile de la flor, o baile de la bosca e o baile de la bona.

É um erro dizer, brutalmente, como a ciência está inclinada a fazer, que qualquer dança é paixão simbolizada. Estou sempre incomodado com pesquisas que param a meio do caminho. Esse é o grande erro de Freud. Quando ele diz, muito correctamente, que os sonhos são fantasmas do desejo sexual suprimido, permanece a questão: de que desejo sexual é o fantasma? Para mim, parece não mais do que uma das maneiras de expressar a fórmula da criação. Eu considero a acção química como idêntica. Um homem e uma mulher unem-se; e o resultado é uma criança, a qual é totalmente diferente deles, embora formada por elementos deles. Precisamente a combinação de hidrogénio e cloro produz ácido clorídrico. Eles são gases; à temperatura normal é um líquido. Nenhuma das suas reações químicas e físicas é idêntica àquelas dos seus elementos. Os fenómenos são análogos de muitas maneiras, mas a essência da similaridade deles está na fórmula cabalística *Yod, Hé, Vau*.

Eu tenho eliminado com sucesso o perigo da obsessão por ideias sexuais neste modo: eu recuso a admitir que essa é a verdade fundamental. A ciência ao não me seguir até agora tem destruído a ideia de religião e a reivindicação da humanidade de ser essencialmente diferente de outros mamíferos. A demonstração de antropólogos de que todos os ritos religiosos são celebrações da energia reprodutiva da natureza é irrefutável; mas eu, aceitando isto, ainda posso sustentar que estes ritos são totalmente espirituais. A sua forma é apenas sexual porque os fenómenos da reprodução são os mais universalmente compreendidos e pungentemente apreciados de todos. Acredito que quando esta posição for geralmente aceite, a humanidade será capaz de voltar com uma boa consciência ao culto cerimonial. Eu mesmo tenho construído numerosas cerimónias onde é francamente admitido que o entusiasmo religioso é primeiramente de carácter sexual.

Eu tenho meramente recusado parar aí. Tenho insistido que a excitação sexual é apenas uma forma degradada de êxtase divino. Eu tenho assim atrelado os cavalos selvagens da paixão humana à carruagem do Sol Espiritual. Tenho dado asas a estes cavalos para que a humanidade possa não mais viajar penosamente sobre a terra, abalada por toda a irregularidade da superfície, mas percorrer um grande caminho através do ilimitado éter. Isto não é meramente uma questão de cerimónias reais; eu insisto que na vida privada os homens não devem admitir que as suas paixões sejam um fim, cedendo-lhes e assim degradando-se ao nível dos outros animais, ou suprimindo-as e criando neuroses. Insisto que qualquer pensamento, palavra e acção devam ser conscientemente dedicados ao serviço da grande obra. "Seja o que for que tu faças, quer comas, quer bebas, faz tudo para a glória de Deus."

Certa noite em Granada, eu conheci uma destas ciganas. O cenário era supremamente romântico. O fardo da sua vida caiu dos ombros do poeta. Eu experimentei aquele golpe espontâneo e irresistível de amor que só existe quando a beleza da forma humana e a beleza do resto da natureza são harmonizadas automaticamente. Foi uma daquelas experiências que chegam até aos poetas mais românticos, e para eles apenas poucas vezes numa década. Fuller sempre sustentou que a lírica em que celebrei aquela noite foi a maior que já havia sido escrita deste género. O mínimo que posso fazer é pedir a opinião pública para examinar o julgamento dele.

> O seu cabelo estava cheio de rosas na queda de orvalho enquanto dançávamos,
> A feiticeira encantadora e o paladino extasiado,
> À luz das estrelas enquanto nos entrelaçávamos numa teia de seda e aço
> Imemorial como o mármore nos corredores de Boabdil,
> No prazeroso jardineto das rosas com as fontes e os teixos
> Onde a nevada Sierra nos acalmava com a brisa e o orvalho!
> Na luz das estrelas enquanto tremulávamos de uma risada para uma carícia,
> E o Deus veio caloroso sobre nós na nossa pagã alegria.
> Era o Baile del la bona demasiado sedutor? Sentiste
> Através do silêncio e da suavidade toda a tensão do aço?
> Pois o teu cabelo estava cheio de rosas, e a minha carne estava cheia de espinhos
> E a meia-noite veio sobre nós no valor de um milhão de loucos gemidos.
> Ah! Minha Cigana, minha Gitana, minha Saliya! Estavas tu preparada
> Para a dança se tornar séria?—Oh! A ensolarada terra de Espanha!
> Minha Gitana, minha Saliya! Mais deliciosa do que uma pomba!
> Com o teu cabelo em chamas com rosas e os teus lábios acesos com amor!
> Posso eu ver-te, devo eu beijar-te uma vez mais? Eu vagueio longe
> Da ensolarada terra de verão para a gelada Estrela Polar.
> Eu devo encontrar-te, minha Gitana, minha Saliya! Desde a antiguidade
> Com o teu cabelo em chamas com rosas e o teu corpo divertido com ouro.
> Eu devo encontrar-te, eu devo ter-te, no verão e no sul
> Com a nossa paixão no teu corpo e o nosso amor na tua boca—
> Com a nossa admiração e a nossa adoração, seja o mundo em chamas de novo!
> Minha Gitana, minha Saliya! Eu estou voltando para ti![27]

Este ano foi de facto o meu *annus mirabilis*[28] na poesia. Começou com *Clouds Without Water*, para o qual já tenho chamado a atenção em matéria de técnica. A questão da sua inspiração não é menos interessante. Em Coulsdon, no exacto momento em que a minha tempestade conjugal estava iminente, eu conheci uma das jovens mais requintadamente belas, pelos padrões Ingleses, que alguma vez respiraram e coraram. Ela não me atraiu apenas enquanto homem; ela era a incarnação dos meus sonhos como poeta. O seu nome era Vera; mas ela se denominava "Lola". Eu dediquei-lhe *Gargoyles* com um pequeno poema em prosa, e a quadra (no espírito de Catulo) "Ajoelhe-se, minha querida donzela". Foi depois dela que a minha esposa denominou o novo bebé!

Lola foi a inspiração das primeiras quatro secções de *Clouds Without Water*. De alguma forma eu perdi-a de vista, e na quinta secção ela misturou-se com uma outra jovem que inspirou inteiramente as secções seis e sete. Mas o poema ainda estava incompleto. Eu queria um clímax dramático, e para isso eu tinha de procurar um terceiro modelo. O número dois era uma velha amiga. Eu conhecera-a em Paris em 1902. Era uma das pessoas íntimas da minha noiva. Ela estava a estudar escultura conforme Rodin e era inquestionavelmente a sua melhor aluna. Ela era estranhamente sedutora. A sua brilhante beleza e saudável excentricidade das Terras Altas eram complicadas com uma sinistra perversidade. Ela tinha prazer em fugir com homens casados, e similares. O

---
27 Crowley fez uma gravação de som deste poema. É amplamente existente.
28 N.T.: ano miraculoso

amor não tinha sabor para ela, a menos que estivesse causando ruína ou infelicidade aos outros. Eu era bastante ignorante das suas intenções quando ela me pediu para me sentar com ela, mas uma vez no seu estúdio ela não perdeu tempo, e "The Black Mass", "The Adepts" e "The Vampires" descrevem com implacável acuidade as nossas relações. Ela iniciou-me nos torturantes prazeres de algolagnia no plano espiritual. Ela mostrou-me como intensificar a paixão pelo autocontrolo. A fórmula é inteiramente análoga à fórmula física dos Árabes. Ela fez-me pensar, de facto, se o segredo do puritanismo não era aumentar a intensidade do amor colocando obstáculos no seu caminho.

Considero a ideia totalmente mórbida e censurável. Impedimentos artificiais à natureza são necessariamente tão desastrosos quanto os naturais. A essência da minha objecção às ideias Inglesas de moralidade é exactamente esta: que as relações sexuais são enfatizadas demais e assumem um valor totalmente desproporcional. A fórmula do romance médio é manter o leitor em suspense sobre os casos de amor dos personagens. Confesso francamente que não consigo ler essas coisas com paciência.

Não me importo com um histórico de amor devidamente subordinado ao verdadeiro interesse da vida; mas eu não conheço um único livro, no qual este seja o tema principal, que não me enoje.

Estou eu a recriminar-me, então, por ter escrito como escrevi sobre o assunto? A minha defesa é dúplice. Em primeiro lugar, eu não tenho objecções ao amor lírico. "Eu ressuscito dos sonhos sobre ti" e "Ó amante, eu estou aqui só" são legítimos. É o sacramento pelo qual o homem entra em comunhão com Deus.

Restam os meus livros narrativos e dramáticos sobre amor. *The Tale of Archais* é simplesmente naife; peço desculpas e passo adiante. *The Mother's Tragedy*, "The Fatal Force", *Jezebel, Tannhäuser*, todos tratam o amor não como um objecto em si mas, pelo contrário, como um dragão pronto para devorar qualquer um menor que São Jorge. *Alice* é parcialmente desculpável, porque é realmente uma lírica, quando tudo está dito e feito. Em qualquer caso, eu não valorizo muito o livro. É ridículo fazer qualquer coisa importante depender do apetite de uma matrona Americana. O mesmo pode ser dito de *The Star and the Garter, Why Jesus Wept* exibe o amor como o caminho para a ruína. É o ponto de vista sentimental acerca disto, o qual é a catástrofe da carreira de Sir Percy. Em *Orpheus*, o amor é verdadeiro, inspira o poeta a grandes feitos, mas termina em decepção e leva-o à morte.

Mas voltando para a minha escultora! Eu dediquei-lhe *Rodin in Rime* e o próprio *Clouds Without Water*—não abertamente; o nosso caso de amor não é da conta de outras pessoas, e em todo o caso é muito gengibre para "hoi" "polloi"[29], mas de maneiras que se teriam recomendado a Edgar Allan Poe.

Resta uma história trágica e abominável a ser contada. Ela repentinamente decidiu que era melhor casar-se; não sendo capaz de casar comigo, ela fez a seguinte melhor coisa, encontrou um outro explorador e arrastou-o para o altar. Este homem partiu logo depois numa expedição que envolveu o seu ser muitos meses para lá do alcance da comunicação. Ele tinha um irmão rival, um oficial, que de alguma forma descobriu um dos criptogramas. (Na verdade, era simples, ele tinha apenas que tomar uma regra e traçar uma linha recta para fazer o nome e o sobrenome da jovem destacarem-se *en toute lettres*.[30] Pode parecer que tal homem não saberia como traçar uma linha em qualquer lugar, mas ele traçou esta linha—e providenciou que uma cópia do livro assim marcado fosse entregue ao marido por um outro membro do seu grupo após ele ter cortado a sua comunicação com o mundo, talvez por anos. Na realidade, isto provou ser para sempre.

---

29 N.T.: os muitos, a maioria, a plebe
30 N.T.: em quaisquer letras

Agora quanto à secção oito de *Clouds Without Water*, "The Iniciation", dificilmente sei por que deveria eu ter sentido isto necessário para concluir em tal apavorante acorde. Os poderes da vida e da morte combinam nas suas formas mais terríveis para compelir os amantes a buscar refúgio no suicídio, coisa que eles, no entanto, consideram como vitória. "O veneno leva-nos: Chi alpha iota rho epsilon tau epsilon nu iota chi omega mu epsilon nu." A resposta é que o final feliz teria sido banal. A tragédia de Eros é que ele é perseguido por Anteros. É o mais terrível de todos os anticlímaces ter que retornar à vida insignificante que é limitada pelo espaço e pelo tempo. Eu tinha a opção de descer à terra ou alistar a morte no meu serviço. Eu escolhi o último rumo.

O meu modelo era uma mulher muito distinta e muito conhecida na sociedade de Londres. Ela já havia figurado como a heroína de *Felix*. Ela tinha sido uma das melhores e mais leais amigas de Oscar Wilde. Era uma escritora de subtileza e distinção, mas enchia-me de fascínio e horror. Ela dava-me a ideia de um devorador de cadáveres humanos, estando ela mesma já morta. Uma paixão feroz e grotesca surgiu nos poucos dias necessários para me dar a exigida inspiração para o meu clímax. Eu só poderia aumentar a intoxicação do amor estimulando-o à insanidade.

Esta, de facto, é uma crítica final do amor em si enquanto tal, e justifica tudo o que tem sido dito sobre ele pelo Buda—e até mesmo pela Igreja. Isto justifica a minha própria atitude de que o amor deve ser resolutamente despedaçado do trono no coração humano que ele tem usurpado. Não se deve estabelecer afeições nas coisas abaixo; é preciso encontrar uma resposta para a velhice e morte. "Somente são felizes aqueles que têm desejado o inatingível." Amor sendo a sublimação do ego humano, segue-se que o próprio ego deve ser renunciado. As limitações da vida na terra são intoleráveis. A consciência é insuportável para todos aqueles que têm começado a entender o universo. O homem é tão infinitesimamente inepto, mas sente-se capaz de tal colossal obtenção.

Os meus 12 meses de surto criativo atingiram o clímax em Fevereiro de 1908, quando escrevi os cinco livros de *The World's Tragedy* em cinco dias consecutivos em Eastbourne. Isto está além de qualquer dúvida sobre o ponto alto da minha imaginação, da minha fluência métrica, da minha riqueza de expressão e do meu poder de reunir as ideias mais incongruentes para enriquecer ao máximo a minha matéria. Ao mesmo tempo, eu consegui alcançar o maior nível de entusiasmo espiritual, indignação humana, e sátira demoníaca. Eu faço soar a gama de todas as possibilidades de emoção a partir de inocente fé e entusiasmo para experimentado cinismo.

~ 62 ~

ALÉM DE TODAS estas actividades por minha conta, eu entrei num novo mundo. A minha Operação da Sagrada Magick não era estéril. Depois de voltar de Marrocos, o espírito aproximou-se de mim e eu escrevi vários livros de uma maneira que eu mal sei descrever. Eles não foram escritos por ditado como *O Livro da Lei* nem eram eles a minha própria composição. Eu não posso sequer chamá-los de escrita automática. Só posso dizer que eu não estava totalmente consciente no momento em que estava a escrever e sentia que não tinha o direito de "mudar" tanto quanto o estilo de uma carta. Eles foram escritos com a máxima rapidez sem fazer uma pausa para pensar por um único momento, e eu não pretendo revisá-los. Talvez "Plenária inspiração" seja a única frase adequada, e esta tornou-se tão desacreditada que as pessoas não admitem a possibilidade de tal coisa.

A prosa destes livros, dos quais o principal é *Liber Cordis Cincti Serpente, The Book of the Heart girt with the Serpent*, e *Libri vel Lapidis Lazuli*, é totalmente diferente de tudo o que eu mesmo tenho escrito. É caracterizada por uma contínua sublimidade da qual eu sou totalmente incapaz e ultrapassa todas as objecções intelectuais que eu mesmo deveria ter levantado. Não admite a necessidade de se explicar para qualquer pessoa, até para mim. Não posso duvidar que estes livros são obra de uma inteligência independente da minha. O primeiro descreve a relação do adepto com o seu Santo Anjo da Guarda; o último é "A voluntária emancipação de um certo adepto a partir da sua proficiência...as palavras de nascimento de um Mestre do Templo."

Mesmo isto não esgotou a minha energia criativa. Como no Cairo em 1902 eu tinha começado o "Lover's Alphabet", com base no facto de que o tipo mais primitivo de líricas ou odes era de alguma forma o mais atraente e imortal, então eu decidi escrever uma série de hinos para a Abençoada Virgem Maria no estilo mais simples possível. Não devo ser considerado exactamente insincero, embora eu certamente não tivesse sombra de crença em qualquer um dos dogmas Cristãos, muito menos nesta adaptação e conglomeração de Ísis, Sémele, Astarte, Cibele, Freya e tantas outras; eu simplesmente tentei ver o mundo através dos olhos de um devoto Católico, muito como eu havia feito com o decadente poeta de *White Stains*, o místico Persa do *Bagh-i-Muattar*, e assim por diante. Eu estava, de facto, adoptando um outro pseudónimo—no sentido mais amplo da palavra.

Não entendi por que deveria eu estar confinado a uma vida. Como pode alguém esperar entender o mundo se persistir em considerá-lo a partir da torre de comando da própria personalidade? Pode-se incrementar o conhecimento e a natureza viajando e lendo; mas isso não diz como as coisas se afiguram para outras pessoas. É muito bom visitar São Pedro e o Vaticano, mas o que seria realmente interessante seria saber como eles se afiguram para o papa. A grandeza de um poeta consiste, em grande medida, na sua capacidade de ver o mundo através dos olhos de um outro homem; e o meu treino em ciências está sempre a sugerir que eu deveria inventar uma técnica para fazer qualquer coisa que eu queira fazer. A minha técnica para pedir emprestado os óculos de outras pessoas era colocar-me no lugar por completo, fosse efectivamente adoptando um apelido adequado ou escrevendo um livro em seus nomes. É um comum e legítimo artifício literário.

Aquando na Holanda em 1897, eu havia escrito um hino de Natal no qual a Natividade era tratada de maneira realista. Descobri agora que a piedade Cristã havia tirado toda a beleza poética de Belém declarando que a Virgem não sofreu dor. (É realmente espantoso como estes idiotas conseguiram remover qualquer toque de sublimidade desta estúpida história!) Portanto, eu tive de mudar "a sua amarga angústia foi suficiente" para "o seu rejubilante ardor foi suficiente", caso contrário, degrada o meu poema para blasfema imbecilidade, a fim de cumprir com as convenções da Igreja. À parte disso, o que eu tinha escrito em espírito não muito distante da devassidão era considerado totalmente satisfatório.

Eu tinha escrito, em 1899, enquanto estava com Mathers em Paris, um hino a Ísis para ser usado nas cerimónias de culto a Ísis, o qual ele estava propondo naquele momento para reviver em Paris. Eu mudei a palavra "Sistro" para "címbalo" e a palavra "Ísis" para "Maria". O hino não exigiu alteração adicional. Acho isso bastante significativo.

Mais uma vez, eu fiz uma tradução da Al-Fatiha, o capítulo mais sagrado do Corão, substituí o nome de Deus pelo de Maria e mais uma vez encontrei a abonação do Vaticano.

Cito algumas estrofes isoladas:

> The red sun scorches up our veins;
> The white moon make us mad;
> Pitiless stars insult our pains
> With clamour glad.
>
> At the foot of the Cross is the Mother of God,
> And her tears are like rain to enliven the sod,
> While the Blood of the Lord from his Body that runs
> Is the heat of the summer, the fire of its suns.
>
> See where the cherubim pallid and plumed
> Swing with their thuribles praises perfumed!
> Jesus is raisen and Mary assumed:
> Ave Maria!
>
> O sorrow of pure eyes beneath
> The heavy-fringed estatic lids,
> Seeing for maiden song and wreath
> Sphinxs and pagan pyramids!
>
> O Mary, like a puré perfume
> Do thou receive this failing breath,
> And with Thy starry lamp illume
> The darkling corridors of death!

Havia além de tal trabalho criativo e do trabalho editorial, que Fuller e eu tínhamos empreendido em nome da Ordem, a tarefa de reconstituí-lo na sua pureza original. Sob Mathers, os Graus tinham-se tornado sem sentido; ser um adepto significava não mais do que ser um par do reino nos tempos modernos. Era para eu varrer todo este disparate, para restabelecer os ordálios, em espírito e em verdade. Eu era no começo suficientemente ignorante sobre Magick para imaginar que isto poderia ser feito pelo simples processo de substituir formalidades falsas por reais. Propus, por exemplo, testar a coragem das pessoas colocando-as em contacto real com os quatro elementos, e assim por diante, como aparentemente era feito no antigo Egipto; mas a experiência logo me ensinou que uma provação, por mais severa que seja, não é muito útil na iniciação genuína. Um homem pode sempre mais ou menos preparar-se para enfrentar uma situação quando sabe que está em julgamento. Um homem pode ter um certificado de habilidade para nadar meia milha; e ainda ser completamente incapaz, por uma dúzia de razões diferentes, de salvar um amigo do afogamento quando surgisse a necessidade.

É claro que parece totalmente impossível administrar provações do tipo real requerido, mas descobri por experiência que eu não precisava sequer de pensar um pouco sobre o assunto. O meu mágico ego assumiu o comando completo da actividade sem perder tempo ou me perturbar. Pode ser por algum acto meu, pode ser inteiramente sem a minha intenção, que os aspirantes à Ordem se encontrem em circunstâncias em que eles são testados nas qualidades necessárias ao seu estágio de iniciação. Não há, portanto, possibilidade de fugir das intenções da Ordem. Isto não é conduzido conscientemente por quem quer seja, mas por forças misteriosas automaticamente colocadas em movimento pela força das próprias obrigações.

Por exemplo; o juramento de um noviço aparentemente não envolve dificuldades de qualquer tipo; nenhuma penalidade é declarada ou implícita; o aspirante meramente se compromete a "realizar a Grande Obra, a qual é obter o conhecimento da natureza e poderes do meu próprio ser". Ele não necessita de alcançar qualquer estágio particular de conhecimento até ao final do seu noviciado; ele é livre de escolher tais práticas conforme lhe apelam; e, desde que o registo dele mostre que ele tem devotado uma razoável proporção do seu tempo livre para a Obra, ele é, sem hesitação, passado para o grau de neófito. Isto soa como se fosse impossível alguém falhar. No entanto, efectivamente apenas oito por cento conseguem completar o ano de noviciado. A razão é a de que, logo que um homem decide entrar no Caminho do Sábio, ele desperta automaticamente a suprema hostilidade de qualquer força, interna ou externa, na esfera dele.

Eu ainda restaurei a original regra da Ordem de que os seus membros não deveriam conhecer-se uns aos outros oficialmente e ter pouco a fazer uns com os outros tanto quanto possível. Teoricamente, um membro deve conhecer apenas o seu introdutor e aqueles que ele próprio introduz. Nas condições actuais da sociedade, é praticamente impossível manter esta regra com rigor absoluto, mas eu mantenho o mais próximo possível do ideal. Eu relaxei a regra, até certo ponto, em 1910—foi o maior erro que eu já tinha cometido, e o dano feito naquele momento nunca foi totalmente consertado. Cada mês que vivo, eu fico mais maravilhado com a preter-humana sabedoria e previdência da Ordem. Eu nunca tive conhecimento de que um erro tivesse sido cometido; visto que os meus conscientes enigmas estão constantemente em falta. Se eu não tivesse outra evidência da autoridade das pessoas a quem eu estou comprometido, isto seria suprido pela sabedoria deles.

Aconteceu que no funeral de Saladino, Fuller conheceu um jovem chamado Neuburg, Victor Benjamin, que estava no Trinity College, em Cambridge, e conhecia o meu trabalho. Um dia, tendo de ir a Cambridge num ou noutro negócio, eu pensei em procurar o rapaz. Eu não tinha certeza do nome, e havia vários "burgs" semelhantes no registo da universidade, mas tendo esticado a corda, a primeira flecha atingiu o rei de Israel no meio da armadura ao primeiro disparo. Eu uso as palavras "Rei de Israel" com prudência, pois Neuburg era certamente um dos mais distintos espécimes daquela raça. Ele era uma massa de excitação nervosa, tendo atingido a idade de vinte e cinco anos sem aprender como administrar os seus afazeres. Ele tinha sido impedido de o fazer, de facto, excepto todos os tipos de superstição acerca do terrível perigo de levar uma normal vida saudável. As neuroses assim criadas expressaram-se num débil gotejamento de poesia e numa muito veemente rajada de modismos.

Ele era um agnóstico, um vegetariano, um místico, um Tolstoiano e várias outras coisas ao mesmo tempo. Ele esforçava-se por expressar o seu estado espiritual usando a verde estrela do Esperanto[31], embora não pudesse falar a língua; recusando-se a usar um chapéu, mesmo em Londres, a lavar, e a usar calças. Sempre que abordado, ele contorcia-se convulsivamente, e os lábios dele, que eram três vezes grandes demais para ele, e que tinham sido colocados apressadamente como uma reflexão tardia, emitiam a risada mais extraordinária que já havia ocorrido no meu caminho; a estas vantagens ele unia aquelas do ser extraordinariamente instruído, tranbordando com requintado humor subtil, e sendo uma das pessoas de melhor índole que já pisou este planeta.

Mas desde o primeiro momento em que o vi, eu vi muito mais do que isto; eu decifrei uma total capacidade extraordinária para Magick. Logo começámos a conversar acerca do assunto e eu descobri que ele já era bastante experimentado de espiritualismo e clarividência. O passado era a sua perdição. O hábito de tornar-se espiritualmente passivo e convidar todo o mundo espiritual para atormentá-lo acabou sendo fatal para ele. Apesar de tudo o que poderíamos fazer para proteger a aura dele, nós achámos impossível impedir completamente o vazamento, de modo que, a qualquer momento, ele era passível de tornar-se possuidor do diabo. Ele rapidamente aprendeu como <u>proteger-se logo</u> que reconhecia que estava a ser atacado; mas os espíritos tornaram-se

---

31 N.T.: Verda Stelo

muito astutos e esforçaram-se para persuadi-lo a não tomar as medidas apropriadas de protecção. Acredito que, apesar de tudo isto, ele teria conseguido eventualmente consertar a sua aura, mas no principal ordálio do neófito ele estava tão seriamente danificado que nunca mais foi o mesmo homem. Durante os próximos anos vi que muito dele e das suas aventuras espirituais serviriam como um desvio e um alerta em muitas páginas a advir.

Reconhecendo as possibilidades de Neuburg, eu decidi utilizá-las para o benefício da Ordem e dele mesmo. A primeira tarefa foi livrar-se, tanto quanto possível, dos defeitos físicos dele, os quais revelaram ser muito sérios. Um dia, durante a nossa caminhada por Espanha, nós chegámos a uma cascata e, estando o tempo opressivamente quente, decidimos dar um mergulho. Desta forma descobri que ele estava a sofrer muito de varicocele e assim que chegámos a Inglaterra eu enviei-o ao meu médico, o qual aconselhou uma operação que foi devidamente realizada. Ele também tinha tanta piorréia que o meu dentista disse que, se ele tivesse adiado a visita por três semanas, não teria sobrado um dente na sua cabeça. A atenção a estes pontos, e à causa física da sua neurose, fez dele um homem saudável. Um defeito permaneceu; e isso era incurável, sendo uma ligeira curvatura da coluna vertebral. A mudança nele foi extraordinária. Ele perdeu todo o seu nervosismo; tornou-se capaz de suportar grande fadiga física, de se concentrar mentalmente, e de dispensar os velhos modismos que o tinham obcecado. Incidentalmente, removendo as inibições dele, eu liberei a Primavera do seu génio, e nos anos poucos seguintes ele produziu algumas das melhores poesias das quais a língua Inglesa se pode orgulhar. Ele tinha uma extraordinária delicadeza de ritmo, um senso incomparável de percepção, uma pureza e intensidade de paixão inigualável, e um notável comando da língua Inglesa.

> But the other voice was silent, and the noise of waters swept me
> Back into the world, and I lay asleep on a hillside
> Bearing for evermore the heart of a goddess,
> And the brain of a man, and the wings of the morning
> Clipped by the shears of the silence; so must I wander lonely,
> Nor know of the light till I enter into the darkness.[32]

Ele possuía o dom mágico de transmitir uma ideia de tremenda vivacidade e importância por meio de palavras que são ininteligíveis para o intelecto.

> I go as Thunder that come but as a bird.

(And then the girl came as a bird, and he went as a worm—but I anticipate.)[33]

Neuburg foi o espírito movente duma daquelas sociedades que estão sempre a surgir nas universidades. Elas nunca criam raízes; porque a morte chega a todas ao final de três anos, por assim dizer. As pessoas que ficam acordadas pelo quarto ano são Velhos Marinheiros, mas não têm o poder de conter o convidado de casamento. Claro que as pessoas se sobrepõem; mas as gerações seguem umas às outras tão rapidamente, e o espírito da juventude é tão impotente para se carimbar a si próprio na história, que é uma rara sorte quando qualquer um destes clubes ou sociedades vive além de sete anos no lado de fora. A sociedade de Neuburg, a sociedade Pan, deixou a sua

---

32 N.T.: Trad.: Mas a outra voz ficou silente, e o barulho das águas levou-me
De volta ao mundo, e eu adormeci numa encosta
Transportando para todo o sempre o coração de uma deusa,
E o cérebro de um homem, e as asas da manhã
Cortados pelas tesouras do silêncio; então devo eu vaguear sozinho,
Nem sei da luz até eu entrar na escuridão.
33 N.T.: Trad.: Eu vou como Trovão que vem, mas como um pássaro.
(E então a rapariga veio como um pássaro, e ele foi como uma minhoca—mas eu antecipo.)

marca na universidade; mas isso não foi culpa sua. Foi simplesmente para que ele encontrasse pessoas otárias o suficiente para a tornar invulnerável contra as flechas do esquecimento mergulhando-a no Estige por causa de perseguição. Nada poderia ter sido mais útil do que a atitude do Deão de Trinity, um idiota e inepto. Tenho notado que as pessoas que não gostam de mim são invariavelmente tornadas tão cegas pela malícia que se extraditam a si próprias e se tornam ridículas.

Existe uma instituição em Cambridge chamada "Ciccu", Cambridge Inter-Collegiate Christian Union. É uma coisa bestial, compacta de hipocrisia e vício secreto. Ora a minha conexão com a Pan Society era mínima. Eu era apenas convidado para ler papéis, acho que três vezes no total, sobre misticismo ou assuntos afins. Nada mais inofensivo pode ser imaginado, mas a Ciccu perdeu a cabeça. Sinto-me compelido a comentar, neste ponto, que uma das características mais vergonhosas da controvérsia em Inglaterra é a de que os defensores da religião e da moralidade, que frequentemente não são questionados, em vez de disputar com os seus oponentes, atacam-lhes com as armas da secreta calúnia. "Este homem," dizem eles, "quer tirar um centavo do imposto de renda. É certo que ele habitualmente quebra o Sétimo Mandamento." Neste caso, a Ciccu não sabia ou não se importava com o que eu tinha lido para a sociedade Pan. Eles simplesmente afirmavam que eu hipnotizava toda a assembleia e tirava vantagem deles. Não importava para eles que o que era suposto eu ter feito é impossível na natureza, pelo menos para qualquer um dos meus muito medíocres poderes.

Contudo, o Deão Sénior da Trinity, o Rev. R. St. J. Parry, começou a causar problemas. Fui vê-lo e perguntei-lhe quais acusações ele tinha a fazer contra mim. Ele simplesmente ficou confuso, tentou vociferar, não se comprometia, e finalmente disse que tinha dado ordens para que eu não fosse admitido no recinto da universidade. Na manhã seguinte esperei, no Great Court, que ele saísse da capela e chamei-lhe de mentiroso na cara dele à frente de todos. Então começou a perceber que ele não tinha o poder de me excluir de Trinity, sendo eu membro vitalício da universidade. Ele convocou o presidente, o secretário e o tesoureiro da sociedade, e ameaçou bani-los. Mas na prática nenhum deles pertencia à Trinity e ele não tinha mais poder sobre eles do que sobre a Rainha de Madagáscar. Ele deve ter sido um bobo realmente excepcional, até mesmo para um don[34], para não ter descoberto tais factos essenciais antes de entrar na sua campanha. Ele derradeiramente recorreu ao pior curso de acção possível. Ele não se atreveu a atacar Neuburg, cujas relações eram com Judeus ricos e poderia ser invocado para causar qualquer tipo de problema se interferisse com a esperança de Israel; mas ele ameaçou um homem chamado Norman Mudd, cujos pais eram pobres e sem influência, com a perda da sua bolsa de estudos de matemática. Infelizmente mais uma vez, Mudd era o esteio da esperança da universidade para o próximo Tripos[35], e o próprio Mudd tinha o coração de um leão. Ele desafiou o reitor a fazer o seu melhor na linguagem mais intransigente. Mais uma vez a desventurada criatura teve que controlar os seus chifres. Somente depois de eu ter deixado o campo de batalha para buscar outras vitórias, conseguiu ele intimidar Mudd em renúncia à sociedade assustando o pai dele. Mudd deu a sua promessa de não ter mais nada a ver com isso—e prontamente quebrou. A sociedade Pan ganhou ao longo de toda a linha.

A vitória era ainda mais um sinal de que uma sociedade de imitação denominada Heretics, que estivera a tentar fugir com a lebre e a caçar com os cães de caça como a Rationalist Press Association, tinha dissipado no mais fino tipo de névoa à primeira intimação das autoridades de que o seu excessivamente brando programa de infidelidade

---

34 N.T.: professor universitário, especialmente em Oxford ou Cambridge
35 N.T.: um dos exames de graduação

meio cozida era displicente para as competências conferidas. Todo o incidente foi trivial em seu caminho, mas ensinou-me uma importante lição de directriz. Quanto mais vertical e intransigente se é, mais protegido se está do ataque. Os inimigos recorrerão aos subterfúgios mais desprezíveis, mas eles não terão a coragem de entrar em campo e, de um modo ou de outro, cairão na cova que eles cavam. É verdade que alguém pode aparentemente ser prejudicado por secreta calúnia, quando o inimigo se torna temerário por aberta deturpação, mas se alguém estiver a trabalhar no eterno pode ter a certeza de que eles não prejudicarão ninguém senão a si próprios. Supondo, por exemplo, que eu ataque Lloyd George dizendo que ele estivera submetido a sete anos de trabalho forçado a título de sanção penal por roubo, e supondo que Lloyd George me trate com o desprezo que eu mereço. Bem, no momento em que pode haver algumas pessoas tolas o suficiente para acreditarem em tal absurdo, e pensarem que o facto de ele permitir que a declaração não seja contestada torna provável que haja alguma verdade nisto. Mas considerar o que os biógrafos dirão? Eles descobrirão que o tempo de Lloyd George foi totalmente contabilizado sem o penal trabalho forçado, e eles simplesmente se perguntarão que espírito de insanidade me possuiu para fazer uma tão ridícula inexactidão. Eles não terão dificuldade em compreender que ele, preocupado com assuntos de Estado, não poderia ser incomodado a deixar o seu trabalho para me castigar.

Uma outra consideração surge a este respeito. É sempre difícil descobrir quem realmente disse o quê acerca de alguém, e, mesmo que se consiga, nem sempre é a melhor directiva refutar as falsidades. Se as pessoas atacassem alguém meramente falsificando ou exagerando os incidentes reais, a defesa seria possível; mas quando as pessoas estão delimitadas meramente pelos limites das suas vis imaginações, não é fácil acompanhar o passo delas. Qual é o uso de Lloyd George provando que ele não esteve submetido a servidão penal por roubo se eu puder retorquir: "Talvez não, mas tu foste enforcado por roubo de ovelhas!" Defender-se das acusações dum patife é buscar justiça a partir do veredicto de tolos. Se o trabalho e a reputação de alguém dependem da opinião das pessoas no momento, é claro que é necessário enfrentá-las no seu próprio território. Em cada eleição as mais ridículas falsidades acerca dos candidatos são diligentemente circuladas no último momento; se possível, tarde demais para dar tempo de refutação. A eleição pode indubitavelmente depender de tais actividades infectadas.

Mas quando alguém está a trabalhar no olho de Deus, quando não se importa com a opinião dos homens, seja no momento ou em qualquer outra altura; quando se tem submetido incessantemente aos interesses pessoais de alguém e se perde no seu trabalho, é mero desperdício de tempo e depreciativo para a dignidade de uma pessoa prestar atenção às irrelevantes interrupções acerca dos assuntos individuais de alguém. Mantém-se a pólvora e dispara-se para pessoas que atacam o próprio trabalho de alguém. E até isso geralmente é inútil. O Buda disse aos seus discípulos para não combater o erro. Se isto tivesse apenas sete cabeças como a Hidra de Lerna, poderia ser possível esterilizar os pescoços após cada operação suficientemente longa para terminar o trabalho antes que eles crescessem novamente. Mas as hidras modernas não têm esta deplorável penúria de máquinas falantes. Dificilmente passa um mês em que eu não ouça um novo e perfeitamente fantástico conto sobre mim, às vezes lisonjeiro, às vezes o contrário, mas quase sempre totalmente sem fundamento e, na maioria das vezes, apresentando interna evidência da sua absurdidade. Eu tenho estado suficientemente divertido para desejar fazer uma colecção destas lendas, mas eu acho que a minha memória recusa-se a registar entulho deste tipo. Insiste em ter um cabide onde pendurar as suas roupas velhas.

Não tenho a certeza se foi Henry Maudsley, quem mostra que a mente se desenvolve não por acreção mas por coordenação. Parece que há um certo número de escaninhos, se puder usar a metáfora, no qual os factos isolados podem ser armazenados, e que este número é estritamente limitado. A eficiência da disposição pode, sem dúvida, ser aumentada pela prática e pelo uso de mnemónica, todavia, mais cedo ou mais tarde chega-se ao fim. Um homem de quarenta anos que dedicou todos os momentos do seu tempo à aquisição de conhecimento descobre quase com certeza que não tem mais escaninhos disponíveis e que, portanto, não pode adquirir qualquer novo conhecimento a não ser esquecendo alguns dos antigos.

Isto, a propósito, mostra a tremenda importância do estudo selectivo. Um dos poucos vislumbres de inteligência mostrados nas obras de Conan Doyle está onde Sherlock Holmes ignora que a terra gira em torno do sol e, ao ser informado, diz que ele tentará imediatamente esquecer isto. O caso escolhido mostra o escolhedor como imbecil, pois a elementar astronomia é certamente importante para o detective. Mas a ideia geral é sólida.

Hoje em dia é implicitamente admitido por todos avançados pensadores em qualquer ciência de que a razão não é mais do que um instrumento excessivamente imperfeito cujos métodos são inteiramente empíricos, cujos termos carecem de precisão e cujas teses se anulam mutuamente. Eu poderia reivindicar uma boa dose de crédito por ter escrito, já em 1902, uma demonstração razoavelmente completa desta conclusão, cujas premissas não foram declaradas pelos oficiais líderes do pensamento até muito tempo depois. Ainda a teoria da iniciação na qual os adeptos Europeus baseiam os seus sistemas (derivados, possivelmente, a partir dos Egípcios e Caldeus por meio dos gnósticos, Pitágoras e os neoplatónicos), o de Lao Tzu na China, e o dos Vedantistas na Índia, semelhantemente implicam algo do género. A minha reivindicação de originalidade está confinada à natureza da minha prova, a qual eu extrai de factos duma ordem similar àquelas que têm finalmente conduzido a moderna ciência e matemática à actual posição delas; enquanto os antigos, tanto quanto sabemos, baseavam a tese deles numa intuitiva percepção da incompetência de razão e na experiência deles dos resultados de iluminação.

Eu dediquei muito tempo a vários ensaios demonstrativos da verdade geral acima apresentada[36] e a este problema prático. Tomei todas as práticas místicas e mágicas de todas as religiões de todo o mundo, e as dos secretos professores e associações aos quais eu tinha acesso. Tenho pouca hesitação em dizer que não omiti qualquer prática de importância. Eu despojei estes métodos de toda a sua dogmática matéria pesada, todas as suas limitações raciais e climáticas, e todas as complicações que haviam sido introduzidas no decorrer do tempo ou pelas idiossincrasias dos seus inventores. Eu ainda os libertei do peso das prometidas recompensas que deveriam resultar na execução deles. Anotei o resultado na mais simples e mais digna prosa ao meu comando, esclarecendo as instruções separando-as em secções.

Eu guiei-me pelo princípio de que o objectivo de qualquer prática útil deve necessariamente ser para se livrar de alguma limitação. Portanto, o objectivo real de Asana é evidentemente liberar o corpo da dor que é a sua característica normal; o de Mantra Yoga é suavizar o mar agitado do pensamento induzindo o seu movimento a assumir a forma de ondulações rítmicas. Neste modo eu expus o iniciado ensinamento de todas as épocas e de todas as artes num uniforme e consistente corpo de escrita, sendo cuidadoso em nenhum lugar insinuar qualquer teoria, de qualquer forma.

---

36 *The Soldier and the Hunchback! and ?* exprime isto mais claramente.

Neste livro fala-se das Sephiroth e dos Caminhos; de Espíritos e Conjurações; de deuses, Esferas, Planos e muitas outras coisas que podem ou não existir.
- *Liber O*

Pode ser.
Não foi possível construir este livro numa base de puro cepticismo. Isto importa menos, pois a prática leva ao cepticismo, e pode ser através deste.
- *Liber Thisharb*

Este trabalho estendeu-se por vários anos, mas os princípios fundamentais foram estabelecidos neste momento. É apenas para dizer que a publicação destas instruções revolucionou completamente o treino do ocultismo. Pode não parecer muito importante à superfície ter aderido ao ponto de vista sem alterar a prática, mas na realidade a diferença é vital. Por exemplo, há um livro, "Liber Jugorum", no qual o aluno faz um juramento de excluir um determinado pensamento, palavra ou acto, por um determinado período, e, em cada ocasião de esquecimento, de cortar-se no pulso com uma navalha.

~ 63 ~

EM 1908 COMECEI a ficar um pouco inquieto. Os Himalaias tinham-me curado do hábito de ir aos Alpes. Eu não podia mais brincar com bonecas depois de cortejar garotas crescidas como Chogo Ri e Kangchenjunga. Eu tentei estabelecer-me no Latin Quartier, encontrando um verdadeiro lar no 50, rue Vavin, junto com M. e Madame Bourcier, pessoas nas quais o espírito dos primeiros tempos de D'Artagnan ainda estava vivo. Existe uma relação peculiar entre o melhor burguês deste tipo e o errante *gentilhomme*,[37] o qual busca a sua fortuna duma forma ou doutra e requer um *pied à terre*[38]. É aquela que implica um grande respeito mútuo e afeição, e, infelizmente, as qualidades que tornam tais relações possíveis estão a tornar-se muito raras no mundo. Apesar de todas as suas desvantagens, nunca houve um sistema social melhor do que o feudal, na medida em que derivou do patriarcal. Ao livrarmo-nos dos seus abusos, também nos livrámos das mais nobres fontes de acção e do mais congenial código de boas maneiras. A guerra destruiu esta relação completamente. Os Bourciers acabaram sendo tão repugnantes quanto quaisquer outras pessoas Francesas.

Em Abril vagueei de Paris para Deal e joguei golfe entusiasticamente. Rose estava indo de mal a pior. Eu tinha começado a aprender a detectar o cheiro de álcool, mas a astúcia dela era tão extraordinária que eu nunca consegui apanhá-la no acto de beber. Durante todo o período, na verdade, eu só consegui duas vezes. A segunda ocasião faz uma história interessante. Mostra até que ponto o obcecado demónio pode dissimular a sua presença.

Foi uma noite em nossa casa em 21 Warwick Road. Rose e eu estávamos sentados na minha biblioteca no andar térreo, na frente da casa. A sala de jantar e a cozinha ficavam na cave, estando o uísque guardado no guarda-louça. Rose disse que ela iria trancar a casa, e desceu as escadas. Eu tirei os meus chinelos e segui furtivamente. A escada estava parcialmente iluminada, sendo uma sombra projectada diagonalmente sobre esta. Ouvi a porta da sala de jantar a abrir e comecei a descer. Rose voltou rapidamente e olhou para a escada; mas afortunadamente eu estava na sombra e ela não me viu. Ela então voltou rapidamente para a sala de jantar, deixando a porta aberta, e eu desci a

---
37 N.T.: cavalheiro
38 N.T.: apartamento ou pequena segunda habitação em que se vive ocasionalmente

escada o mais rápido possível na esperança de apanhá-la no acto. Quando cheguei à base, de onde podia ver a sala de jantar, eu ouvi o barulho duma porta a ser fechada. Rose estava perto do guarda-louça; mas não havia evidência do acto dela excepto um vazio copo humedecido. Durante os poucos segundos que me tinha levado a descer as escadas, ela abriu o guarda-louça, desarrolhou a garrafa, verteu e bebeu o uísque, e restabeleceu tudo à sua condição normal. Foi um acto de prestidigitação e nada mais.

Eu estava com os nervos à flor da pele. Ela não estava melhor do que antes de ir para Leicester. Pensei em tentar a pressão moral e tomei o conselho de Fuller, Eckenstein e Gerald Kelly, assim como do médico dela. Eles não estavam muito esperançosos, mas concordaram que poderia ser bom deixá-la e recusar o regresso até que fossem dadas garantias de que ela tinha parado de beber. Realmente parecia haver alguma esperança; o poder do amor pode operar o milagre, e certamente o meu amor por Rose estava mais forte do que nunca, embora completamente removido do seu suporte físico. Eu sempre tenho sido peculiarmente sensível a ninharias nos meus relacionamentos com mulheres; a coisa mais trivial pode afastar-me completamente. (Alexander Harvey tem uma história soberba, "The Mustache", na qual esta psicologia é admiravelmente apresentada). Eu podia ter suportado a morte dela mais filosoficamente. Eu era constantemente torturado pela "memória das horas Vermelho-Púrpura". Eu não tinha permissão para esquecer. Havia a possibilidade do paraíso ao alcance da mão e nada havia lá senão o fedor do inferno.

> I reel back beneath the blow of her breath
> As she comes smiling to me, that disgust
> Changes her drunken lust
> Into a shriek of hate—half conscious still
> (Beneath the obsession of her will)
> Of all she was—before her death, her death!

Eu odiei ir embora; no meu diário, 26 de Abril, eu descobri: "Gerald, aos 21 anos. Pasmo por não ter fincado o pé há um ano. Mas a ternura de Rose é tal, e eu amo-a tão ternamente." Todavia, eu parti no dia 28 para Paris.

No final de 1908 escolhi um livro. O título atraiu-me fortemente, *The Magician*. O autor, abençoe a minha alma! Não é outro senão o meu velho e valioso amigo. William Somerset Maugham, o meu agradável jovem médico, quem eu recordo tão bem dos queridos velhos tempos do Chat Blanc. Então ele tinha realmente escrito um livro— quem teria acreditado! Eu levei isto para o Scott's. Na minha excitação, eu realmente paguei por isto.

Acho que comi duas dúzias de ostras e um faisão, e tomei uma garrafa de No. III, um dos mais ditosos champanhes no famoso—pode-se dizer "fornecedor"? Sim:—Eu quero dizer adega do fornecedor. Sim, eu orgulhei-me, pois o Mago, Oliver Haddo, era Aleister Crowley; a sua casa "Skene" era Boleskine. As espirituosas observações do herói eram, muitas delas, minhas. Ele, como Arnold Bennett, não tinha poupado o punho da camisa.

Mas eu havia saltado precipitadamente para conclusões quando disse: "Maugham escreveu um livro." Eu achei frase após frase, parágrafo após parágrafo, página após página, desconcertantemente familiar; e então lembrei-me que nos meus primeiros dias da G∴ D∴ eu tinha apresentado Gerald Kelly para a Ordem e reflectido que Maugham se tornara um grande amigo de Kelly, e ficou com ele em Camberwell Vicarage. Maugham tinha aproveitado alguns dos incidentes mais particulares e pessoais da minha vida, o meu casamento, as minhas explorações, as minhas aventuras com caça grossa, as minhas opiniões mágicas, ambições e façanhas, e assim por diante. Ele tinha acrescentado várias das muitas lendas absurdas das quais eu era a figura central. Ele remendara todas estas juntamente com inumeráveis tiras de papel recortadas dos livros que eu dissera a Gerald para comprar. Eu nunca suposera que o plágio pudesse ter sido tão variado, extenso e desavergonhado. *As Memórias de um Médico*,[39] *A Ilha do Doutor Moreau*[40], *A Floração e o Fruto*[41] e inúmeras outras obras de ficção mais ou menos ocultas forneceram o enredo, e muitas delas os incidentes. *The Kabbalah Unveiled*,[42] *The Life of Paracelsus*[43], *The Ritual and Dogma of Transcendental Magic*[44] e outras foram transcritas, páginas inteiras de cada vez, com pequenas mudanças como "falhou" por "resultou em falha", e ocasionais adições ou omissões.

Eu gosto muito de Maugham pessoalmente, embora muitas pessoas se ressintam de um truque curioso que ele tem de dizer coisas rancorosas acerca de cada um. Eu sempre sinto que ele, tal como eu, faz tais observações sem malícia, por uma questão de esperteza deles. Não fiquei nem um pouco ofendido com as tentativas do livro de me representar como, de muitas formas, o salafrário mais atroz, visto que ele fizera mais do que justiça às qualidades das quais eu me orgulhava; e a despeito dele mesmo, ele foi compelido, tal como Balaão, a profetizar a meu respeito. Ele atribuía-me certas características que ele pretendia representar como abomináveis, mas eram realmente soberbas.

Ele representava-me como tendo tratado a minha esposa como Dumas faz Cagliostro tratar, com o objectivo de produzir homúnculos, os seus seres humanos artificiais—"Foi por estas vis monstruosidades que Margot foi sacrificada em todo o seu encanto?" Bem, encantamento é barato afinal de contas. Para descobrir o segredo da vida, quem não lançaria dois terços da nossa "maudite race"[45] no interminável poço do oblívio, para o qual, de qualquer forma, eles estão sujeitos?

The Magician foi, de facto, uma apreciação do meu talento tal como eu nunca sonhara em inspirar. Mostrou-me quão sublimes eram as minhas ambições e tranquilizou-me num ponto que às vezes me preocupava—se o meu trabalho valeria a pena num sentido terrestre. Às vezes eu temia que, soberbamente como a minha ciência satisfizera a minha própria alma, isto poderia ainda perder a marca de tornar a humanidade mestre do seu destino.

Bem, Maugham tivera a diversão dele comigo; eu teria a minha com ele. Escrevi um artigo para a *Vanity Fair* (30 de Dezembro de 1908) em que divulguei o método pelo qual o livro fora fabricado e dei passagens paralelas. Frank Harris não acreditava que eu estivesse a falar a sério. Jurou que eu devia estar a inventar. Ele não podia acreditar que homem algum teria a impudência de publicar tais cordelinhos de plágio. Eu tive de trazer uma pequena biblioteca para o escritório para provar a minha asserção, e Harris sentou-se e olhou espantado, e ofegou como um peixe a cada novo ultraje.

Ele reduziu o artigo para duas páginas e meia, mas mesmo assim foi a exposição mais condenatória de um crime literário que já havia sido conhecida. Nenhum autor mesmo de reputação medíocre jamais havia arriscado a sua reputação por tão flagrante *stuprá*[46].

Maugham tomou a minha riposta em boa parte. Nós encontrámo-nos por acaso

---

39 N.T.: de Alexandre Dumas, Pai
40 N.T.: de H. G. Wells
41 N.T.: de Mabell Collins
42 N.T.: de S.L. MacGregor Mathers
43 N.T.: de Franz Hartmann
44 N.T.: de Eliphas Lévi
45 N.T.: maldita raça
46 N.T.: violações

algumas semanas depois, e ele meramente observou que havia muitos roubos além daqueles que eu tinha apontado. Eu disse-lhe que Harris tinha reduzido o meu artigo em dois terços por falta de espaço. "Eu quase desejei," disse eu, "que tu fosses um importante escritor".

Eu tinha começado, não me lembro como, a tentar a minha sorte nos contos. Mesmo hoje tendo escrito mais de setenta, eu não entendo muito bem por que deveria esta forma de arte atrair-me. Apanho achaques disto. Ando durante um mês sem pensar no assunto em absoluto, e então de repente eu encontro-me com ideias e escrevo-as. Concordo inteiramente que o conto é uma das mais delicadas e poderosas formas de expressão. Forma um elo com a poesia porque pode-se chegar ao êxtase de um tipo ou de outro numa maneira mais lírica do que é possível num romance; a emoção evocada é indubitavelmente mais limitada, mas pode ser, por esta mesma razão, melhor definida. O êxtase de *Wuthering Heights*[47], *The House with the Green Shutters*[48] e *Tess D`Urbervilles*[49] está completamente numa escala maior. É construído de material cada vez mais variado e é evidentemente possível obter um grande efeito geral. Por outro lado, o romance perde em pungência. Tais incidentes como a mão na janela em *Wuthering Heights* e a exclamação da Sra. Gourlay na obra-prima de Douglas estão quase fora do plano geral.

Em Paris escrevi "The Soul Hunter", o diário de um médico insano que tinha drogado o seu inimigo, certificado a morte dele, obtido posse do cadáver, embutido-o em gesso de Paris, e vivissecta o cérebro para descobrir o assento da alma—uma boa ideia Natalícia.

Paris enojou-me. Eu tentei encontrar paz em Moret, mas encontrei apenas fastio, e fui para Veneza com uma má garganta que me deu a ideia da história "Cancer". Nesta, um distinto pintor imagina-se ter cancro da garganta—e em qualquer outro lugar do qual ele seja lembrado por alguma irritação trivial. (Eugène Carrière é, sem dúvida, responsável em parte pelo tema). Ele próprio trabalha dentro de todos os tipos de febre mental, mas afortunadamente vai a um médico—elaborado a partir do meu próprio médico, Edmund L. Gros, o famoso médico Americano de Paris—que o prenuncia neurasténico mas, tirando isso, saudável, e prescreve um passeio automobilístico, enviando o seu próprio irmão para tomar conta do paciente. Eles atingem os Pirenéus. Ele está tão radiante que não consegue pensar em nada melhor do que cortar a sua garganta. Uma outra ideia Natalícia.

Veneza aborreceu-me tanto quanto Moret. Isso era, de facto, a essência das minhas histórias: de que eu estava incuravelmente triste com Rose. Então voltei para Paris e esqueci as minhas mágoas na amabilidade de Nina Olivier e vários amigos. Eu escrevi "The Dream Circean". Esta é uma história maior e melhor do que qualquer uma das outras. Um jovem homem cheio de ideias românticas de honra e pureza tem uma aventura em que ele resgata uma rapariga da malícia da mãe dela. Isto envolve uma luta com o servo. Mas depois de ter vencido, ele não consegue encontrar a casa. Ele procura em vão e torna-se monomaníaco. Então ele conhece Eliphas Lévi, o qual promete curá-lo, contanto que ele jure nunca entrar na rua, onde ele imaginou a casa estar, durante o período que ele possa viver. Ele é, de facto, curado; mas um dia após a morte de Lévi, ele encontra-se na vizinhança da rua e decide percorrê-la meramente para celebrar o facto de que ele está curado, e que esta não significa mais para ele do que qualquer outra rua. Instantaneamente a antiga obsessão apossa-se dele, e pelo resto da sua vida

---

47 N.T.: de Emily Brontë
48 N.T.: de George Douglas Brown
49 N.T.: de Thomas Hardy

ele procura por Paris a rapariga com cabelo dourado, embora ele saiba muito bem que mesmo se ele a encontrasse ela seria uma mulher velha.

A família de Rose e os meus amigos tinham colocado pressão nela, e o pai dela escreveu-me que eu podia voltar, coisa que fiz; mas descobri que ela simplesmente se tornara mais astuta do que nunca.

Era realmente inacreditável. Tinha sido difícil convencer-me de que ela estava nas garras desta doença. Eu tinha sido informado sobre isto em termos mais ou menos claros por um bom número de pessoas, e simplesmente ficara zangado com elas. Ora, quando eu próprio soube, eu encontrei outras pessoas igualmente incrédulas. Haynes disse-me que simplesmente não podia acreditar nos factos, embora ele soubesse tudo acerca dela nos dois meses em Leicester, e o resto. O médico dela disse-me que ela iria até ele e lhe imploraria, com lágrimas nos olhos e tons de desesperada sinceridade, para curá-la; e durante todo o tempo ela estaria a beber debaixo do lenço. Eu levei-a para Sandwich por uma quinzena em Junho e Julho, mas nada havia a ser feito. Não se podia sequer vê-la. Ela saía nas primeiras horas da manhã e aparecia na mesa do pequeno-almoço mal capaz de falar.

Eu regressei a Paris no dia 8 de Julho. Trabalhei em *Clouds Without Water*, *Sir Palamedes*, *The World's Tragedy* e "Mr. Todd". Em particular, eu escrevi o prefácio autobiográfico para *The World's Tragedy*, algumas dez mil palavras, de seguida; e certas líricas, maioritariamente acerca de Dorothy, a maior parte das quais num momento. "Mr. Todd", como o nome implica, é uma personificação da morte e a ideia da peça é apresentá-lo como *deus ex machina*, ajudando as personagens uma a uma nos seus vários problemas. A ideia parece boa, mas além de valer-me das minhas oportunidades de *double entendre*[50] ("Foi-me dito outro dia que ele possuía muitas terras em Londres e tem mais inquilinos do que o duque de Westminster!"), eu não podia fazer muito disto. A repetição da ideia estava fadada a ser bastante ridícula. É o meu único fracasso neste período.

A verdade, sem dúvida, é que eu tinha esgotado a energia acumulada nas minhas andanças, e transcrevera a mim mesmo: i.e., no que dizia respeito a qualquer coisa grande. Eu estava em excelente forma com as líricas e escrevia diversas tão boas quanto qualquer outra coisa que já tinha feito. Em particular, "After Judgment", para a honra e glória de Dorothy, permanecerá na literatura Inglesa como um dos poemas mais apaixonados da língua.

Era certamente tempo de eu dar um passeio pelo país. Paris não é um estimulante para um poeta do meu calibre; eu preciso de estar cara a cara com Deus e vê-Lo, e viver. Pois quando é dito que nenhum homem pode olhar para o rosto Dele e viver, a ênfase deve estar na palavra "homem". É o privilégio do poeta que a sua vida seja alimentada pela directa comunicação com a natureza, como uma criança no ventre da sua mãe. O homem que é separado da natureza, e é nutrido pela grosseira comida das suas impressões conscientes, produz apenas coisas de segunda categoria. Eu sinto a necessidade de estar absolutamente desligado do universo externo—"A minha vida está oculta com Cristo em Deus", para tomar emprestada a fraseologia do místico Cristão. Eu recebi a minha inspiração directamente, sem sequer precisar de uma cavilha intelectual para pendurá-la. O meu trabalho conscientemente concebido é sempre inferior; só existe porque quando eu chego ao ponto de efectiva escrita, a minha caneta foge comigo.

Então eu queria voltar para a alta floresta, mas não sabia para onde ir. O meu curso foi determinado pelas necessidades da iniciação de Neuburg. Ele juntou-se a mim em Paris e eu continuei instruindo-o sem perder um momento. Ele havia obtido um

---

50 N.T.: duplo sentido

diploma de honra em línguas medievais e modernas, e ele não podia encomendar o seu jantar. Lembro-me dele pedindo "red cabbage"[51] pelo nome de "rouge ko-bazhe"—que é o mais próximo que eu consigo chegar a isto foneticamente.

Ele tinha sido advertido contra o consumo de absinto e nós dizíamos-lhe que era bastante certo, mas (nós acrescentávamos) muitas outras bebidas em Paris são terrivelmente perigosas, especialmente para um jovem homem simpático como tu; há apenas uma bebida realmente segura, suave e inofensiva, e tu podes beber o quanto quiseres sem correr o menor risco, e o que tu dizes quando queres é: "Garçon! Un Pernod."[52] Eu deixo de comentar sobre o resultado, além de mencionar que levei Nina e uma senhora a quem chamarei Dorothy, conforme ela figura sob esse nome em várias líricas, para o Bal Bullier[53]. Ele tomara dois absintos duplos e estes tornaram-no ousado. (Uma das minhas observações mais espirituosas foi feita numa Boat Race Night no Empire quando abordado por duas damas encantadoras. Exclamei ao meu amigo: "Aquilo que as tornou ousadas deixou-me embriagado.")

Neuburg desejava adquirir o afecto de uma das minhas duas raparigas, mas ele não conseguia distingui-las, e ele cortejava-as alternadamente da maneira mais extravagante. Graças às suas várias fobias, ele nunca tinha feito amor satisfatoriamente com nenhuma mulher na sua vida. Ele não sabia o que dizer ou fazer. Ele fez todos os tipos de avanços desajeitados, coisa que as raparigas reprimiram cruelmente. Dorothy repreendeu-o lamentavelmente:

"Certamente, Sr. Neuburg, você não diria tais coisas para as esposas dos nobres em Cambridge!"

Desconcertado nesta direcção, ele fez um apelo supremo a Nina oferecendo-lhe dois francos e vinte e cinco centavos.

Nós fomos então para nossos respectivos hotéis, para a cama e a reacção começou. Ele esteve na cama o inteiro dia seguinte, e quando o chamei na manhã do dia a seguir não encontrei nada que tivesse sido feito para lançar um véu sobre os naturais resultados da indiscrição dele. Mas isso era Neuburg inteiramente. Ele era fisicamente o animal mais imundo que eu já conheci. Os seus dons eram sobrenaturais. Lembro-me de dar-lhe um pires para limpar: tinha uma pequena de pinta de óleo amarelo, que sobrou da pintura de algum talismã. Ele esteve um longo tempo ausente e nós fomos para o quarto para ver como ele se estava a sair. O pires parecia tão cheio de óleo como antes, como a bilha da viúva: mais ainda, ele repetira o milagre dos pães e dos peixes, pois havia coberto toda a sua vestimenta e a sua pessoa com esta tinta. Isto estava por todo o lavatório, por todas as paredes e chão, e até certo ponto no tecto. Isto não é uma piada. Eu não ofereço nenhuma explicação; duvido que haja uma. Eu simplesmente declaro os factos e deixo o mundo admirar.

Dorothy teria sido uma *grande passion,* não tivesse o meu instinto me avisado de que ela era incapaz de amor verdadeiro. Ela era incomparavelmente linda. Agustus John tem-na pintado de novo e de novo, e nenhuma mais requintada beleza tem jamais adornado qualquer tela. Ela era capaz de estimular as maiores extravagâncias da paixão. De facto, os arrebatamentos eram genuínos o suficiente; mas eles eram cuidadosamente isolados do resto da vida, de modo que ela não era de forma alguma comprometida por eles. Naquela época eu ressenti-me disto; eu estava inclinado a chamá-la de superficial e até sentir-me um pouco insultado; mas agora vejo que ela estava realmente agindo como uma adepta, mantendo os planos bem separados. Ela era uma amiga extremamente boa,

---

51 N.T.: repolho roxo
52 Na época, uma marca particularmente boa de absinto.
53 N.T.: salão de baile em Paris

embora nunca permitisse que a sua amizade interferisse nos interesses dela. Ou seja, ela era uma jovem meticulosamente sensível e extremamente charmosa.

Ela era, além do mais, uma das melhores companheiras que um homem podia possivelmente ter. Sem pretensão de ser uma sabichona, ela poderia manter-se em qualquer conversa sobre arte, literatura ou música. Ela era a própria alma do gáudio e uma comediante incomparável. Uma das minhas mais deliciosas lembranças é a correspondência dos nossos chistes. Era um arroubo competir com ela no que chamávamos de "leg-pulling", o que pode ser definido como induzir alguém a fazer-se de bobo. Nós executávamos isto com toda a devida consideração pela honra e bom sentimento; nunca fazíamos mal a ninguém e costumávamos fazer muito bem às pessoas.

Neuburg nasceu, por assim dizer, para nosso benefício, e isto é o que nós fizemos. Nós começámos assim: Eu disse a Neuburg com a maior delicadeza que Dorothy havia sido ferida no coração pela rude maneira dele de cortejar, não só por causa da quase mórbida modéstia dela mas também porque ela se apaixonara por ele à primeira vista. Exortei-lhe a fazer as pazes prestando uma respeitosa corte a ela, coisa que ele passou a fazer, enfatizando ela isto com sublime fantasia, mas fingindo a maior relutância em admitir que estava apaixonada por ele. Pouco a pouco ela cedeu e eles ficaram noivos. (Ela tinha um marido ao virar da esquina, mas ignora-se esse flim-flam[54] em Montparnasse.)

Enquanto isso, eu fui na outra orientação e pedi a Neuburg que tomasse as medidas óbvias para se livrar da causa da sua neurose, e finalmente persuadi-o a descer à rua dos Quatre Vents e pedir a uma velha amiga minha chamada Marcelle para encarregar-se da cura dele. Assim que ele fez isso, eu fingi descobrir o seu noivado com Dorothy e trouxe-lhe uma ideia do grave erro que ele tinha cometido pela sua infidelidade. Convenci-o de que o único comportamento varonil e honrado era dizer a ela francamente o que ele tinha feito. Então organizámos um jantar em que ele deveria fazer isso. Ela insistiu em que ele entrasse em todos os detalhes possíveis da sua contravenção. Considerando que ele era o vivo homem mais tímido com as mulheres e que, além disso, ele supunha que ela fosse ainda mais delicada em repressão, o jantar foi excruciantemente engraçado. Eu admiti com sombrio remorso a minha parte em persuadi-lo a desgraçar-se a si próprio e Dorothy teve a mais severa visão da minha conduta. Eu como o homem mais velho, eu encarregado da consciência dele, eu responsável para os pais dele, etc. etc. Ela disse que nunca mais falaria comigo e voltou para casa pela avenida acima com Neuburg, comigo suspenso nas imediações, implorando e gesticulando para ser perdoado, e sempre recebendo as mais severas repulsas. Ao mesmo tempo ela também não podia perdoar Neuburg. Ele levou isto absolutamente a sério; ele nunca seria capaz de superar tendo insultado a mais bela e mais querida e mais pura das criaturas de Deus. É claro que ele nunca mais falaria comigo novamente.

Deixei-o sofrer durante dois ou três dias, depois numa tarde fui até ao hotel dele e disse-lhe que este disparate tinha durado o suficiente; e era tempo de ele aprender alguma coisa da vida; eu contei-lhe os factos. Ele considerou-os como mentiras ultrajantes. Eu assinalei um cento de indícios de que eles eram verdadeiros, mas ele estava absolutamente convencido da pureza dela e da minha infâmia. Percebi que eu estava a desperdiçar o meu fôlego.

"Atravessa a estrada," disse eu cansado, "e vê com os teus próprios olhos."

Eu quase fui obrigado a usar força efectiva, mas ele veio; e lá estava Dorothy, sem adornos, fumando um cigarro na minha cama. O rapaz ficou absolutamente aturdido. Mesmo com a evidência na frente dos seus olhos, ele estava relutante em admitir a verdade. A sua mulher ideal estava despedaçada completamente e para sempre.

---
54 N.T.: conto do vigário

O rapaz tinha sofrido assustadoramente, mas isso não foi culpa minha. Foi culpa do seu próprio idealismo romântico; e se eu não tivesse destruído isto neste modo drástico, ele teria sido a presa de uma vampira após outra enquanto ele vivesse. Sendo como foi, a saúde física dele tornou-se soberba, os seus nervos pararam de lhe pregar partidas, ele livrou-se de todos os seus caprichos acerca de comida, vestuário e conduta, o seu génio pairou livre de todas as ridículas inibições, os seus poderes mágicos desenvolveram-se sem impedimento dos delírios criados por insistir que a natureza é o que se pensa que deveria ser, e as relações dele com a humanidade tornaram-se razoáveis.

Paz sendo feita, e Neuburg treinado, na medida em que Paris oferecia um teatro adequado, eu decidi colocá-lo contra a realidade de um outro tipo. Ele sempre estivera acostumado a ter tudo vindo para ele; ele tinha sido autorizado a assumir que o mundo era constituído em prol da sua conveniência e conforto. Ele nunca conhecera pessoas de verdade. Ele admitia, por assim dizer, a existência de um padeiro, mas ele realmente não entendia que o pão era feito com farinha e que a farinha era feita de milho por um moleiro (o qual até então ele considerava meramente como o pai de uma filha de moleiro num poema), e que o milho era cultivado por reais seres humanos. Então eu propus-lhe percorrer as partes mais selvagens de Espanha. Nós concordámos em começar de Bayonne com menos de cinco libras entre nós, e conseguimos fazer o nosso caminho para Madrid a pé, evitando tanto quanto possível a linha do caminho-de-ferro.

Nós saímos de Paris para Bordéus no último dia de Julho, fomos para Bayonne na manhã seguinte e começámos à tarde para a fronteira, chegando a Ustaritz à noite. Três dias de caminhada levaram-nos através dos Pirenéus até Pamplona. As pessoas das aldeias de montanha pareciam não ter experiência com estranhos, especialmente com estranhos a pé. É claro que nós não éramos objectos muito bonitos para o olho não iniciado. Eu estava com as minhas roupas de escalada, salvo que eu substituí *tweed* por bermudas de camurça, o mesmo par conforme estou a usar hoje. Quanto a Neuburg, eu não posso dizer o que ele parecia, pois quando Deus o fez ele quebrou o molde.

Assim, as pessoas em quase todos os lugares fora das maiores cidades supunham que nós fôssemos mendigos. Demorei algum tempo para descobrir por que razão as minhas solicitações por comida e abrigo eram recebidas com tal desfavor. Falei muito bem Espanhol assim que captei as minhas memórias Mexicanas; mas naturalmente as pessoas não me disseram na minha cara qual era o problema; e tendo sido acostumado a ser tratado em toda a parte como um grande lorde, nunca entrou na minha cabeça por um momento que eles pudessem supor qualquer outra coisa. Quando eu descobri, disse a mim mesmo: Bem, isto é bastante fácil: vou mostrar-lhes algum dinheiro. Contudo, eles ainda nos fitavam com grande suspeição. Deram-nos o que queríamos, mas não pareciam nem um pouco felizes acerca disto. Aprofundada investigação, no entanto, finalmente revelou que, tendo dinheiro, eles achavam que nós devíamos ser salteadores. Nós deixámos pra lá.

Todavia, os mal-entendidos ainda não tinham terminado. Três vezes no caminho fomos nós presos como anarquistas. Os soldados não conseguiam compreender por que desejava alguém ir a Madrid a não ser matar Alphonso, e suponho que há algo realmente a ser dito para este ponto de vista. Eles não nos deram verdadeiro aborrecimento, sendo os nossos passaportes tão impressionantes quanto ininteligíveis. É claro que eles não pensavam realmente que nós éramos anarquistas, e eles não se importariam se nós fôssemos; mas a maioria destes homens infelizes era abandonada por períodos indefinidos em abomináveis distritos, onde não havia absolutamente entretenimento de qualquer tipo. Prender-nos era uma boa desculpa para ter alguém com quem conversar. Esse, incidentalmente, é mais ou menos o caso com desocupados funcionários em todo lado, mas em países como Inglaterra e Estados Unidos eles têm de fingir levar a sério as suas ridículas formalidades, e então o que originalmente não era mais do que *désoeuvrement*[55] torna-se deliberado aborrecimento. As mentes mais mesquinhas conseguem desfrutar do exercício desta autoridade tuppenny-ha'penny[56], e os regulamentos que foram talvez instituídos numa emergência sobrevivem à sua utilidade, como o apêndice vermiforme, e tornam-se a mais entediante e irritante tirania.

As Pirenaicas fronteiras de Espanha neste ponto são deliciosamente pitorescas, apesar das montanhas serem tudo menos imponentes. (Malditos aqueles Himalaias; eles têm-me estragado devido à paisagem.) Algumas das aldeias de montanha são mais imundas e mais selvagens do que qualquer coisa, mesmo na Suíça Germânica. As pessoas não são nem educadas nem pitorescas—elas rosnam e fedem.

Nós tivemos um longo dia em Pamplona, quarenta e dois quilómetros, e conseguimos a primeira refeição decente desde que saímos de Bayonne. A pobreza do país é realmente lamentável. Como George Borrow relata, a Igreja suga o sangue vital do povo. Pode-se entender muito bem a moralização de viajantes Protestantes. A prosperidade varia inversamente com a piedade. A Itália está somente florescendo hoje naqueles distritos onde o sistema digestivo tem sido desobstruído da ténia do Cristianismo. A única cidade de Espanha que se mantém com o resto do mundo actualmente é Barcelona, um notório viveiro de infidelidade e maçonaria. É lamentável até ao último grau que estas coisas estejam conectadas nas mentes dos impensantes com anarquia e outros cultos implicando desordem social. Lorde Morley era um ateu, Huxley um agnóstico, e Edward VII um maçom; mas seria difícil escolher três homens mais genuinamente esclarecidos ou mais verdadeiramente conservadores.

A partir de Pamplona são três dias de fácil caminhada até Logronho. Saímos do hotel após o jantar e caminhamos no frescor da noite, cerca de dez quilómetros, para um lugar que baptizámos de "Bats' Culvert"[57] em homenagem ao nosso abrigo. Era grande o suficiente para ser chamado de túnel. Deliciosamente quente e seco, eu não culpo os morcegos pela sua escolha de habitação.

A estrada para Logronho é muito variada e pitoresca. Em particular, há um belo pico de rocha que me fez recordar Tryfan. Encontrámos os dias terrivelmente quentes e empoeirados. Para testar a nossa resistência ao ponto mais alto, nós conversámos um com o outro acerca dos sorvetes da cozinha do Trinity College, que são os melhores do mundo, com os do Rumpelmayer em Paris em segundo lugar, e o resto absolutamente em lugar nenhum. A caminhada fez-me todo o bem imaginável mas a dieta foi um pouco de mais para o meu jovem amigo, o qual desenvolveu uma indigestão crónica.

As pessoas vivem nas mais indigentes circunstâncias; elas não podem sequer entender que possa haver outras diferentemente situadas. Disseram-nos no hotel que no local nada nos poderiam dar para comer. O pátio era uma corrida selvagem com aves domésticas, e eu disse à mulher que matasse um par de aves e as assasse. Devo ter levado um bom quarto de hora para colocar na mente dela que esta era uma ordem séria, e quando a refeição foi servida toda a aldeia reuniu-se para ver os milionários excêntricos que gastavam uma libra e quatro *pence* em comida de uma assentada.

Logronho sempre viverá na minha memória. A situação da cidade é muito impressionante, com o seu grande rio preguiçoso, quase seco naquela estação do ano, proporcionando uma mensura da paisagem. As pessoas eram, se tal for possível, ainda

---

55 N.T.: ociosidade
56 N.T.: muito barata
57 N.T.: "Bueiro dos Morcegos"

mais preguiçosas. Toda a população parecia estar refastelada nos pátios dos cafés, bebendo o vinho da região, um tipo de Borgonha que tem mais do que um pequeno mérito. É um vinho forte, rude, agressivo; mas o sabor do solo é tão aparente quanto o da turfa no uísque Irlandês, e tem a vantagem de ser absolutamente genuíno.

O espírito de Logronho era tão amplo e ocioso que era muito difícil arrastar-nos para longe dele, mas nós conseguimos, de alguma forma, e caminhámos no frescor do anoitecer de 9 de Agosto para um lugar que chamámos de "Jack Straw's Castle", na abertura de uma magnífica ravina através de poderosos penhascos de terra.

No dia seguinte, a estrada conduzia a uma passagem alta, um árido local de bizarra beleza. Foi quase ao cair da noite que chegámos a uma desgraçada aldeola, tão pobre que não havia realmente nenhum alimento para se comer. Não havia sequer uma pretensa pousada, e foi apenas por longa negociação e exibição de riqueza para lá dos sonhos da avareza, na forma de um dólar de prata, que persuadimos os habitantes a deixarem-nos ter uma xícara de leite de cabra cada um, um pequeno pedaço de pão seco e uma cama na palha num celeiro horrivelmente sujo. Foi uma gloriosa refeição e um deleite de repouso. No terceiro dia completámos os cento e cinquenta quilómetros na estrada de Logronho para Soria. As últimas horas da caminhada foram esplêndidas pela tempestade que eu já descrevi.

Eu teria gostado de ficar em Soria por um tempo ilimitado. A cidade é uma estupenda relíquia da acidentada grandeza do passado. As pessoas eram, além de todos os elogios, simpáticas, e eu não consigo sequer começar a descrever a minha apreciação do cozinheiro no nosso hotel. Pode ter sido que ele fosse beneficiado pelo provérbio "Fome é o melhor molho", mas eu não posso evitar isso.

Nós agora encontrávamo-nos em risco de atingir a estrada principal, então afastámo-nos da linha directa para Madrid e cortámos por Burgo de Osma. A nossa primeira noite foi passada num lugar que chamámos de "Witches' Kitchen Village". Conseguimos alojamento numa casa cujo aspecto sinistro só era superado pelo dos seus habitantes. Nós estávamos tão duvidosos acerca das suas intenções que nos barricávamos durante a noite no quarto principal. Houve consideráveis rebates e correrias; mas quando descobriram que nós estávamos a falar seriamente, eles decidiram deixar-nos sozinhos e de manhã todos estavam sorridentes. Tínhamos quarenta e quatro quilómetros para percorrer, a maior parte do caminho sobre esfoliativo deserto sem uma gota de água ou um indício de abrigo. Isto foi extraordinariamente fastidioso e plangente.

Burgo de Osma é uma adorável cidadezinha escondida num regaço do manto de lugar nenhum. Nós tínhamos chegado ao momento psicológico. Era sobre comemorar os seus dois dias de festival anual.

As cidades menores de Espanha têm preservado as suas distintas características, o seu *amour propre*[58]. Elas não são inteiramente servis subúrbios de Madrid. Elas não se drenam do seu melhor sangue para abastecer a corte com sicofantas. É por esta razão que, embora a Espanha tenha sido dilacerada por guerras civis e dinásticas, mantém uma certa resistência robusta às forças da autocracia, por um lado, e à revolução, por outro.

Burgo de Osma era um excelente exemplo da célula em cujo bem-estar e cuja diferenciação de células irmãs, a integridade do organismo depende. O orgulho do carácter Espanhol é o factor mais valioso na sua preservação. A Espanha, quase isolada dos países Europeus, não exala uma horda de emigrantes em cima da América. O orgulho do indivíduo é pessoal, familiar e local, bem como nacional. Ele prefere a altiva pobreza à servil prosperidade, e esta qualidade pode ainda restaurá-lo à sua ex-grandeza, quando a maré da economia flui uma vez mais na direcção dele, depois que a

---

58 N.T.: amor-próprio

Europa tem sido arruinada pelos expedientes que actualmente suportam o seu artificial sistema de centralização e estandardização.

No momento, a Espanha estava profundamente ocupada com a questão da moedagem. Parece que um certo ministro do governo tinha um irmão no México que supria uma precária subsistência ao exportar estruturas metálicas de cama. O calibre das barras era tal que os pesos[59] de prata podiam ser perfeitamente acondicionados ali, e a influência do ministro impedia que a alfândega se surpreendesse com a pesagem. Estes pesos de prata eram da mesma qualidade que os da cunhagem do governo; e pelo preço da prata, havia mais de cem por cento de lucro em cada moeda colocada em circulação. Era completamente impossível distinguir o bom dinheiro do mau, excepto que os moedeiros irreflectidamente tinham cunhado um dólar de Amadeo II, o qual viveu há tanto tempo que as moedas dele teriam sido mais desgastadas do que estavam estas.

Ao aproximarmo-nos de Madrid encontrámos as pessoas cada vez mais desconfiadas e pouco dispostas a aceitar os nossos pesos, e nos últimos cem quilómetros foi extremamente difícil de levá-las a aceitar o nosso dinheiro e, por consequência, de obter comida ou abrigo. Mas quando chegamos à cidade em si, em vez do transtorno atingir um clímax, nós descobrimos que desapareceu completamente. Os madrilenos não iriam preocupar-se se o dinheiro era bom ou mau. Não importa, argumentavam eles, desde que nós concordemos em aceitá-lo, e todos os desesperados esforços do governo para invocar a má cunhagem não deram certo.

Perdoai a divagação! Nós estávamos no Burgo de Osma e a festa estava a todo o vapor. Eu aproveitei cada minuto com entusiasmo. Pela primeira vez eu pude ver uma tourada sem as acreções de snobismo quando o famoso matador deu um passo à frente para exibir a sua habilidade na presença da realeza, e o jogo não é um jogo mas uma desculpa para servilismo e intriga. Era toda a diferença entre o futebol de diversão numa escola pública e uma final da Taça. Eu consegui compreender o apelo directo que o desporto faz às primitivas paixões.

Não havia excitação nem repulsa por minha parte. Eu havia alcançado um estágio espiritual em que Sanna—a percepção pura—havia removido o Vedana—a sensação—eu havia aprendido a olhar o mundo sem ser afectado por acontecimentos. Eu era capaz de observar o que acontecia como poucas pessoas, pois os sentidos do homem comum são enganados pelas suas emoções. Ele deixa as coisas fora de proporção e as exagera mesmo quando consegue apreciá-las. Decidi que isto deveria ser uma parte essencial do meu sistema de iniciação para forçar os meus alunos a familiarizarem-se com as coisas que os excitam ou perturbam, até que eles tenham adquirido o poder de percebê-las com precisão, sem interferência das emoções. É tudo um ramo da arte de concentração, sem dúvida; mas é um que tem sido muito negligenciado, e é de suprema importância quando o aspirante chega aos níveis superiores, onde é uma questão de "não fazer diferença entre uma coisa e qualquer outra coisa", e unir-se com toda e cada ideia possível. Enquanto qualquer coisa, seja o que for, escapar da assimilação, aí permanece a separação e a dualidade, ou a potencialidade de tal coisa. O mal só pode ser destruído pelo "amor sob vontade"; e enquanto for temido e odiado, enquanto insistirmos em atribuir-lhe uma existência real e irreconciliável, tanto tempo permanecerá mal para nós. O mesmo se aplica ao que chamamos de "bom". O bom é em si mau, na medida em que é separado de outras ideias.

Através deste curso de iniciação, eu fui levado a uma grande felicidade. Consegui perceber um facto que eu nunca tinha suposto: o sangue na espádua de um touro à luz solar do Verão Espanhol é a cor mais bonita que existe. Em todas as minhas lembranças

---

[59] N.T.: unidade monetária

eu tinha apenas um facto a ser colocado contra isto; o verde de um certo lagarto que atravessou correndo o meu caminho numa ladeira no México. É, na verdade, muito raro ver cores puras na natureza; elas estão quase sempre misturadas ou atenuadas. Mas quando elas aparecem elas são esmagadoras.

~ 64 ~

DURANTE ESTA caminhada por Espanha, eu tive muito tempo livre para meditação. Eu estava comprometido a fazer o meu trabalho no mundo, e isso significava que eu tornar-me-ia uma personagem pública e com certeza despertaria controvérsia. Pensei no meu plano de campanha durante esta caminhada. Decidi, em primeiro lugar, que o ponto mais importante era nunca esquecer de que eu era um cavalheiro e de manter a minha honra o mais irrepreensível, de modo que eu estava assumindo uma posição cujos professores eram raramente bem-nascidos, mais raramente bem-criados, quase nunca sinceros, e ainda menos frequentemente honestos mesmo no sentido mais comum da palavra.

Pareceu-me que o meu primeiro dever era provar ao mundo de que eu não estava a ensinar Magick por dinheiro. Prometi a mim mesmo sempre publicar os meus livros sobre uma perda real do custo de produção—nunca aceitar um centavo por qualquer forma de instrução, dando conselho, ou qualquer outro serviço cujo desempenho dependesse das minhas mágicas concretizações. Eu considerei-me como tendo sacrificado a minha carreira e a minha fortuna pela iniciação, e que a recompensa era tão estupenda que fazia o preço significar miseravelmente, salvo que, como o óbolo da viúva, isto era tudo o que eu tinha. Eu era, portanto, o homem mais rico do mundo, e o mínimo que eu podia fazer era conceder o inestimável tesouro aos meus indigentes semelhantes.

Também fiz questão de absoluta honra nunca me comprometer com qualquer declaração que não pudesse provar no mesmo sentido que um químico pode provar a lei das proporções recíprocas. Não só teria cuidado para evitar enganar as pessoas mas também faria tudo ao meu alcance para evitar que elas se enganassem a si próprias. Isto significava declarar guerra aos espiritualistas e até aos teosofistas, embora concordasse com muitos dos ensinamentos de Blavatsky, tão intransigentemente quanto eu fizera com o Cristianismo.

Resolvi ainda defender a dignidade da Magick pressionando na sua prestante ciência e filosofia, assim como o mais nobre Inglês que eu pudesse comandar, e apresentá-la de uma forma que por si só exigiria respeito e atenção. Eu não faria nada inferior: nada de segunda classe me contentaria.

Também achei que era um ponto de honestidade não fingir ser "melhor" do que eu era. Eu evitaria esconder as minhas falhas e fraquezas. Não teria ninguém a aceitar-me em falsas aparências. Não me comprometeria com o convencionalismo; mesmo nos casos onde, como um homem comum do mundo, teria sido natural fazê-lo. Nesta conexão havia também o ponto de que eu estava ansioso para provar que o progresso espiritual não dependia de códigos religiosos ou morais, mas era como qualquer outra ciência. A Magick entregaria os seus segredos ao infiel e ao libertino, assim como não é preciso ser um curador de igreja para descobrir um novo tipo de orquídea. Há, é claro, certas virtudes necessárias ao Mágico; mas elas são da mesma ordem que aquelas que fazem um bem-sucedido químico. Ociosidade, incúria, embriaguez; o similar interfere com sucesso em qualquer actividade séria, mas sadia teologia e aderência ao código de

Hampstead assim como contra o de Hyderabad são somente importantes se o corpo do homem puder sofrer, supondo que os seus pontos de vista são erróneos ou se a sua consciência é confiável.

A conclusão das minhas meditações foi que eu deveria fazer um Retiro Mágico assim que a caminhada terminasse. Eu devia a mim mesmo e à humanidade provar formalmente que as fórmulas de iniciação funcionariam à vontade. Não podia pedir às pessoas que experimentassem os meus métodos até eu me ter assegurado de que eles eram suficientes. Quando olhei para a minha carreira, eu achei difícil estimar a importância do papel desempenhado por tais circunstâncias como a solidão e a comunicação constante com a natureza. Resolvi ver se pela aplicação dos meus métodos, purgada de todos os aspectos não essenciais e compreendida à luz da fisiologia, psicologia e antropologia do senso comum, eu poderia alcançar num lugar como Paris, dentro do período do feriado anual do homem comum, o que veio como o clímax de tantos anos de aventura. Eu também senti isto adequado para me ajustar à tarefa que eu tinha assumido na publicação de *The Equinox,* fortificando-me com tanta força mágica quanto eu poderia invocar. O resultado desta resolução aparecerá no seu apropriado lugar.

O nosso curto período de descanso em Burgo de Osma bastou-me para recolher na minha mente as inúmeras conclusões das muito variadas linhas de pensamento que tinham ocupado a minha mente durante a nossa longa caminhada de quinze dias. Elas formaram-se num consciente propósito. Eu sabia que estava prestes a retomar o meu trabalho criativo de uma maneira que eu ainda não tinha feito. Até agora eu tinha escrito o que me era dado pelo Espírito Santo. Tudo o que fiz foi *sui generis*[60] e não tinha conexão consciente com qualquer outra explosão do meu génio; mas entendi que a partir de então eu ver-me-ia escrevendo com senso de responsabilidade, que o meu trabalho seria coerente, cada item (por mais completo que fosse) uma parte essencial de uma pirâmide, um monumento cuja orientação e proporções deveriam proclamar o meu propósito. Eu nada faria no futuro que não fosse definitivamente dirigido à execução da minha verdadeira vontade, pois cada passo por Espanha era tomado com o objectivo de alcançar Madrid; e eu reflecti que muitos de tais passos devem parecer desperdiçados, muitos afastando-se do caminho mais curto, de modo que eu não conhecia a estrada e não tinha ideia do que como seria Madrid quando chegasse lá. Tudo o que eu pude fazer foi dar cada passo firmemente, destemidamente, decididamente e determinadamente, confiando na escassa informação a ser colhida de postes indicadores e de estranhos, para continuar mais ou menos no caminho certo, e aproveitar a minha oportunidade de ficar satisfeito com a cidade desconhecida que eu havia escolhido como a minha meta sem razão alguma além da minha veneta pessoal.

Isto fez a nossa marcha simbolizar a vida. Houve outras analogias. Nós tivemos de suportar todo tipo de dificuldade calorosamente e de aproveitar o nosso lazer onde o encontrávamos sem sermos gulosos. Aprendemos a desfrutar de todos os incidentes, a encontrar algo para amar em todos os rostos estranhos, a admirar até o mais enfadonho ermo de mato tostado pelo sol. Sabíamos que nada realmente importava, desde que chegássemos a Madrid. O mundo corria muito bem sem nós e as suas fortunas não eram da nossa conta. A única coisa que poderia irritar-nos era a interferência com a nossa intenção de chegar a Madrid, embora não quiséssemos ir até lá a não ser na medida em que nós tínhamos colocado nas nossas cabeças a ideia de fixar os nossos rostos nessa direcção.

Todas estas lições seriam valiosas quando eu chegasse a Londres. Eu pretendia

---
60 N.T.: singular; distinto

dizer à humanidade para aspirar a um novo estado acerca do qual pouco ou nada eu lhes poderia contar, ensiná-los a trilhar um longo e solitário caminho que poderia ou não levar até lá, propor-lhes que ousassem a defrontar todos os desconhecidos perigos possíveis da natureza, para abandonarem todos os seus estabelecidos modos de viver e separarem-se do seu passado e do seu ambiente, e para tentarem uma aventura quixotesca sem recursos além das suas nativas força e sagacidade. Eu mesmo fizera isto e descobri não só que a pérola de grande valor valia muito mais do que eu fruía mas também que as próprias venturas e privações da Demanda eram, elas próprias, as minhas mais queridas memórias. Pelo menos eu tinha a certeza disto: que nada no mundo valeria a pena fazer excepto isto. Nós virámos os nossos passos a partir de Burgo de Osma. Teria sido agradável parar, mas nada havia para nos manter. Nós estávamos gratos a descansar e gratos a continuar. A marcha para Madrid era a única coisa que importava. Assim deveria ser com a minha vida. O sucesso não deve deter os meus passos. O que quer que eu tenha alcançado restaura as minhas energias e estimula-me a largos passos mais estrénuos.

Blavatsky na altura em que escreveu "Isis Unveiled"

Nós continuámos a marchar até Aranda de Duero, Milagros, e muitos outros vilarejos, o que (para si próprio o centro do mundo) era para mim, mesmo então, somente um marco miliário, e agora não é mais do que um esquecido nome que eu exumo do meu diário. As únicas impressões desta parte da marcha para Madrid são "Big Stone Bivouac"[61] onde tentámos abrigar-nos dum vento amargo, dormindo até o frio nos acordar, e depois tentando aquecer-nos com o exercício até que a fadiga nos mandasse mais uma vez dormir. Uma alternância de desconfortos, a qual foi repetida meia dúzia de vezes durante a noite. A memória é deliciosa. Todos os incidentes desagradáveis do período têm passado para o esquecimento.

A cerca de cinquenta quilómetros de Madrid passámos por um magnífico conjunto de fragas. O sorridente vale fértil não conta; é a acidentada nua aspiração do sinistro granito que deixa as suas marcas na mente. Era para os camponeses pensarem nos seus campos e nada verem do universo senão os seus cultivos e as moedas que eles acumulavam na colheita, somente para passar para dentro da bolsa do padre e pagar por uma parcela de terra na qual eles podem esconder as suas carcaças do olho do abutre.

No segundo de Agosto, nós encontrámo-nos em Madrid e entrámos cansadamente no primeiro hotel a que chegámos na Puerta del Sol. Neuburg era por esta altura um homem muito doente. Ele não suportava a rude comida e a fadiga e a exposição, embora ele se apegasse a isto com a máxima claudicância. Ele tinha a passiva coragem <u>paciente do Judeu</u> em seu pleno desenvolvimento. Todavia, não havia necessidade de

---

61 N.T. "Bivaque na Grande Rocha"

qualquer adicional demonstração desta virtude e eu coloquei-o na cama e disse-lhe para ficar lá e consertar os seus assolados intestinos na delicada comida até que ficassem fortes o suficiente para apoiá-lo no próximo ordálio. Quanto a mim, eu estava tão em forma quanto eu jamais estivera em toda a minha vida, e apreciar a extrema barbárie do território selvagem era a melhor preparação possível para balançar para o outro extremo e alimentar a minha alma com os refinamentos da arte.

Como um crítico de arte eu tenho curiosas qualificações. O meu início de vida deixou-me ignorante da existência de algo do género além de "Dignity and Impudence" de Landseer. Suponho que eu deveria ter deduzido a existência de arte a partir disto, tivesse eu sido somente um lógico ideal. Tais horrores implicam os seus opostos. Contudo, mesmo na minha emancipação eu nunca descobri arte como fiz literatura. Nunca me ocorreu que pudesse haver uma linguagem plástica, além de falada e escrita. Eu não tinha concepção de que ideias podiam ser transmitidas por este intermédio. Para mim, quanto à multitude, a arte significava nada mais que literatura.

O primeiro quadro que me despertou foi a maravilha "Olympia" de Manet, entusiasticamente demonstrada por Gerald Kelly para ser a melhor imagem alguma vez pintada. Eu nada conseguia ver senão mau desenho e mau gosto; e no entanto algo me dizia que eu estava a cometer um erro. Quando acedi a Rodin pouco tempo depois, eu entendi-o imediatamente porque a escultura e a arquitectura do Oriente tinham-me preparado. Eu sabia que elas eram a expressão de certos entusiasmos religiosos, e era fácil para mim fazer a conexão e dizer: "A escultura de Rodin dá a impressão de elementar energia". Embora isto fosse subconsciente. Nos meus poemas tenho tratado Rodin a partir de um prisma puramente literário.

Com o passar do tempo o meu interesse pelas artes aumentou. Eu ainda tinha o cuidado de evitar a literatura contemporânea para que não influenciasse o meu pensamento ou estilo. Mas não via dano algum em fazer amizades com pintores e aprender a ver o mundo através dos olhos deles. Tendo já o visto através dos meus próprios no decorrer das minhas andanças, eu era mais capaz de observar claramente e julgar imparcialmente. Talvez esta circunstância em si me tivesse enviesado. Pelo menos é o caso de eu não ter utilidade para artistas que perderam o contacto com a tradição e vêem a natureza em segunda mão. Eu acho que tenho mantido a minha cabeça bem recta nos meus ombros na turbulência das recentes revoluções. Encontro-me capaz de distinguir entre o artista cujas excentricidades e heresias traduzem as suas peculiaridades individuais e o autopromovido charlatão que tenta ser original excedendo o mais ultrajante heresiarca do momento.

Nas galerias do Prado não há motivo para se preocupar com tais assuntos. O lugar enche a pessoa com a maior paz; a pessoa vai lá para adorar Velasquez e Goya, não para discutir. Talvez eu ainda fosse ingénuo para apreciar Goya ao máximo. Por outro lado, pode haver algo na minha impressão de que ele está mal representado em Madrid. Muito do seu trabalho assaltou-me como mecânicas obras-primas do astuto pintor da corte. Possivelmente, além disso, não havia espaço para ele no meu espírito, seduzido, como era, pela vívida variedade de Velasquez. "Las Meninas" é adorado numa sala consagrada unicamente a si, e eu passei a maioria das minhas manhãs naquela sala e deixei-me absorver. Decidi então, e poderia concordar ainda não tivesse eu aprendido o absurdo de tentar atribuir uma ordem para coisas que são únicas e absolutas, que "Las Meninas" é a maior imagem do mundo. Certamente ensinou-me a conhecer o que me interessa aprender sobre a pintura: que o tema de um quadro é meramente uma desculpa para organizar formas e cores de modo a expressar o eu mais íntimo do artista.

Eu tinha feito várias experiências com haxixe desde o meu regresso da China, sempre com excessiva precaução. Algumas delas tinham sido um tanto inesperadamente bem-sucedidas. Descobri que o meu hábito de analisar e controlar a minha mente permitiu-me modificar o efeito da droga para a melhor consideração. Em vez de ficar intoxicado, eu tornei-me bastante anormalmente capaz de levar a introspecção ao limite. O resultado destes experimentos tinha sido lentamente resolvido e interpretado ao longo dos meses. Encontrei uma analogia impressionante entre esta tóxica excitação e os mais legítimos métodos de desenvolvimento mental, mas cada um lançava luz sobre o outro. Eu fiquei acordado toda uma noite materializando a essência do meu conhecimento num ensaio, "The Psychology of Hashish", do qual eu já tenho dado alguma descrição.

Neuburg estava bem o suficiente para viajar após dois ou três dias na cama, mas era claro que ele não estava em condições de enfrentar novas dificuldades. Nós deixámos a ideia de caminhar até Gibraltar e no dia 28 de Agosto partimos de Madrid para Granada. Eu tinha mantido a promessa de "La Gitana" e a cidade manteve a sua promessa para mim. Mas não é seguro ficar muito tempo no cume da felicidade. Dois dias depois continuámos para Ronda, acerca da qual, quase a única coisa interessante é a sua geografia física[62], coisa que em vinte e quatro horas se absorve facilmente. Nós continuámos no dia seguinte para Gibraltar. Não demorou muito para descobrir que havíamos deixado a liberdade para trás. Estava quente; o Levanter[63] estava a soprar e a tirar toda a medula dos ossos. Eu estava completamente cansado: sentei-me. Eu fui detectado por um escorpião de rocha (como eles chamam os nativos da fortaleza, uma raça detestável e desprezível, a qual lembra bastante irrazoavelmente a Eurasiática) que viu a oportunidade de picar alguém. Ele começou por intimidar-me e acabou prendendo-me. Quando chegámos à esquadra, o sargento descobriu que tínhamos estadia no melhor hotel da cidade, inspeccionou os nossos documentos e nós recebemos as devidas desculpas; mas não esqueci que, se eu não fosse uma pessoa privilegiada, poderia ter sido mandado para a prisão por estar sentado no tempo em que estive cansado e doente. Isto é parte do preço que nós pagamos pelo privilégio de pagar impostos exorbitantes para suportar um enxame de inúteis burocratas.

É claro que eu posso estar a olhar para este incidente numa luz totalmente errada. O policial pode ter interpretado mal o meu acto como simbólico de um desejo de permanecer em Gibraltar e deduziu que eu deva ser perigosamente insano. Ao lado de Avon, isto é provavelmente o lugar mais medonho do mundo. Numa precedente incarnação eu insultei um Buda, ou feri um universal Rei Sagrado, ou matei o meu pai e a minha mãe—pelo menos não posso sugerir nenhuma hipótese melhor que explique por que tenho eu sido retido às vezes quatro dias de cada vez esperando por um navio a vapor. A única maneira de evitar a delirante melancolia aguda é saciar-se furiosamente nos dois únicos artigos compráveis no local, os quais até prometem aliviar as dores. Pode-se comprar edições baratas de assustadora e maravilhosa ficção e pacotes do melhor caramelo. Exibindo estas duas drogas continuamente, uma pessoa pode produzir em si mesma um tipo de coma que a leva através do tédio.

Nós atravessámos para Tânger sem demora e eu estroinei mais uma vez e exultei ao sentir-me de volta entre o único povo na terra com quem eu já senti alguma afinidade humana. O meu eu espiritual está em casa na China, mas o meu coração e a minha mão estão comprometidos com o Árabe.

Eu tinha começado a treinar Neuburg seriamente em Magick e misticismo. O primeiro ponto era, claro, livrar-se de quaisquer preconceitos e superstições. Isto não

---

62 N.T.: fisiografia
63 N.T.: Viento de Levante

foi muito difícil, sendo ele um declarado agnóstico. Mas o segundo ponto era treiná-lo na técnica. Isto estava bem o suficiente no que dizia respeito à Magick, pois ele naturalmente possuía os instintos poéticos e dramáticos, o senso da aptidão do gesto, e outras coisas mais: e, mais importante do que tudo, era natural para ele despertar em si próprio o tipo certo de entusiástica energia no modo certo.

Além do mais, ele possuía uma peculiar faculdade que eu somente encontrei algo parecido no mesmo grau num outro homem na minha vida. Ele era um médium materializador no sentido mais estrito; ou seja, ele podia condensar ideias em formas sensíveis. Ele não podia fazê-lo sozinho porque não tinha o poder de colectar num ponto todo o material disponível do tipo requerido, como pode ser feito por concentrada vontade, e desse modo criar um tal estado de tensão na atmosfera que as forças evocadas devem aliviá-la, se elas puderem, através duma mudança de estado. Justamente assim o dióxido de carbono, se forçado para dentro de um cilindro fechado abaixo da temperatura crítica, alivia a intolerável pressão por liquefacção. Aqui o dióxido de carbono corresponde às invisíveis forças na mágica atmosfera, separado dos seus outros componentes, colectado num lugar, confinado e dirigido pelo Mago. A temperatura crítica corresponde às tais mágicas condições como quietude e inviolabilidade; o cilindro ao confinamento imposto pelo Mago para impedir a dissipação das suas invocadas ideias.

Tal é, de facto, um esboço da teoria de suscitar espíritos para a aparência visível (por "visível" nós sempre tencionamos audível—também perigosamente tangível, e também desagradavelmente amiúde capaz de produzir impressões dos nervos olfactivos). Na prática, contudo, há algo em falta para o sucesso.

Neuburg fornecia o elo perdido, já que eu poderia ter agilizado a partir da sua semelhança pessoal para aquele desiderato Darwinista. Havia alguma substância nele que estava na fronteira entre o manifesto mundo da matéria e o astral mundo da sensação. Na presença dele eu achava muito fácil produzir fenomenais fantasmas de quase qualquer ideia, de deuses a demónios, coisa que aconteceu de eu precisar no momento. Eu tinha, é claro, uma experiência muito ampla das chamadas manifestações materiais; mas, na maioria das vezes, elas eram independentes da minha vontade e muitas vezes contrárias a ela. Já tenho mencionado vários de tais fenómenos em conexão com a Operação Abramelin. Eu tinha conseguido suprimi-los impedindo que a minha mágica força fugisse. Um milagre incomodou-me como incomoda um electricista descobrir que a sua corrente está a escapar, talvez dando choques a pessoas que se têm extraviado no seu trajecto. O primeiro pensamento dele é detectar e corrigir a imperfeição da sua insulação. Anos tinham passado sem que a minha mágica energia se desprendesse: eu tinha-a persuadido a trabalhar através dos canais apropriados.

O descuido mostrou-se mais uma vez em Xangai. Eu estava a invocar certas forças com Soror F. no círculo dela. Depois de as ter coagido a vir, eu comecei a fazer uma circum-ambulação com o objectivo de lhes dar a direcção desejada, e quando cheguei ao oeste do círculo, eu percebi que Soror F. tinha profanamente deixado os chinelos dentro deste. Estes, não sendo objectos consagrados, não tinham afazeres lá; então eu empurrei-os suavemente sobre a fronteira com o meu pé. Eles foram agarrados e atirados furiosamente no tecto com tanta força que quebraram um pouco do gesso. Não havia possibilidade de que o meu pé tivesse fornecido a força motriz, mesmo se eu os tivesse chutado de raiva em vez de os ter empurrado o mais silenciosamente que pude—o que eu naturalmente fiz, para diminuir a perturbação. Houve vários outros incidentes menores do mesmo género em subsequentes ocasiões; mas tomei medidas, como antes, para suprimi-los.

As manifestações que Neuburg ajudou a produzir eram de um carácter inteiramente diferente; elas ocorriam em conformidade com a minha vontade. Eu era capaz de trabalhar mais pela visão e menos pela fé do que jamais eu tinha feito antes. Mesmo o uso das bases materiais apropriadas para a manifestação, como o incenso de Abramelin, Dittany de Creta[64] e sangue, raramente tinha resultado em mais do que "rostos meio formados", apresentações parciais e hesitantes do desejado fantasma cuja substância parecia pairar na fronteira dos mundos (um pouco como o gato de Cheshire!). As nuvens de incenso costumavam ficar mais densas em tal modo a sugerir mais uma forma do que a mostrar uma. Eu nunca poderia ter a certeza, mesmo quando os meus olhos físicos me diziam que uma forma estava presente, se a minha imaginação e o meu desejo não estavam a brincar com o meu aparelho visual. Tais configurações quase sempre desapareciam quando eu fixava o meu olhar sobre elas, e não havia meios de dizer se esse acto, liberando-as da coacção da minha vontade, permitira-lhes escapar, ou se a inteligente inspecção simplesmente não dissipara uma ilusão.

Com Neuburg, pelo contrário, não haveria dúvida quanto ao carácter físico dos seres que evocávamos. Numa ocasião o deus veio até nós em forma humana (estávamos a trabalhar num templo trancado) e permaneceu connosco, perfeitamente perceptível a todos os nossos sentidos, durante a melhor parte de uma hora, apenas desaparecendo quando estávamos fisicamente exaustos pelo êxtase de íntimo contacto com a sua divina pessoa. Nós submergimos numa espécie de sublime pasmo; quando voltámos a nós mesmos, ele se fora.

Mais uma vez, na Victoria Street, vários de nós dançavam ao redor do altar com as mãos unidas e os rostos virados para o exterior. O templo estava vagamente iluminado e denso com incenso. De alguma forma o círculo quebrou e nós continuámos a dançar, cada um por si. Então tornámo-nos conscientes da presença de um estranho. Alguns de nós contaram os homens presentes e descobriram que havia um a mais. Um dos irmãos mais fracos ficou com medo, ou um dos irmãos mais fortes lembrou-se do seu dever para com a ciência—não sei qual—e ligou a luz. Nenhum estranho estava para ser visto. Nós perguntámos ao Irmão Lúcifer—conforme eu o posso chamar!—por que razão quebrara ele o feitiço, e cada um de nós independentemente confirmou a sua história. Todos nós concordámos acerca da aparência do visitante. Todos nós tínhamos ficado impressionados com o mesmo sentimento de que ele não pertencia à espécie humana.

Eu mencionei apenas duas das muitas experiências do mesmo tipo, escolhendo aquelas que parecem mais convincentes e completas. Mais frequentemente mantínhamos a manifestação a uma decorosa distância. Existe, é claro, extremo perigo em entrar em contacto com um demónio de natureza maligna ou ininteligente. Deveria, no entanto, ser dito que tais demónios existem apenas para Mágicos imperfeitamente iniciados. O adepto deve ser capaz de se identificar absolutamente com todos os seres. As invocações devem sempre insistir na identificação. Se isto for devidamente feito, nenhum dano pode resultar, tal como um relâmpago não pode ferir relâmpagos.

Devo confessar orgulho e prazer nestes desempenhos. Eu tinha praticamente abandonado a tentativa de obter manifestações materiais. Isto era difícil de fazer, perigoso ao fazer, e dúbio quando feito. Eu tinha aprendido a compelir um espírito para executar as minhas ordens ou para instruir-me sobre qualquer assunto que eu ignorasse, sem me esforçar para demonstrar a sua presença aos meus sentidos, tal como eu telégrafo instruções para o meu procurador ou escrevo para algum estudioso para <u>obter informação</u>, com plena fé de que os resultados serão tão confiáveis como se eu

---

64 N.T.: Dictamo, *Origanum Dictamnus*

me tivesse dado ao trabalho de organizar uma entrevista pessoal. Estou inclinado a pensar que o meu trabalho com Neuburg foi um retrocesso. Isto fez-me ansiar por fenómenos, seduziu-me a desconfiar dos modos mais subtis de realização.

Depois de ele me ter deixado, eu senti-me um pouco perdido por um tempo e tive de aprender novamente a lição de que as formas mais subtis de manifestação são não menos mas mais reais do que as grosseiras; que as intangíveis ideias e inefáveis inteligências dos mais etéreos impérios do empíreo são mais fortes e mais sólidas quanto menos palpáveis elas são para os inferiores modos de apreensão. É difícil de explicar, e mais difícil de aprender, que a verdade permanece no mais íntimo santuário da alma e não pode ser contada, seja pela fala ou pelo silêncio; no entanto, todas as tentativas de interpretá-la distorcem-na progressivamente à medida que se adaptam às percepções da mente e se tornam caricaturas quando são traduzidas em termos de sensação corporal. Ora a realidade das coisas depende da verdade delas, e assim é que isto não é um paradoxo filosófico mas uma questão de experiência, que a busca da verdade ensina-nos a desconfiar das aparências exactamente na proporção em que elas são positivas. Os factos físicos traem a natureza alucinatória deles pela consistente recusa deles em cumprir com as exigências da razão, e o pensamento admite a sua transparente falsidade violando as suas próprias leis a cada passo.

Os materialistas declaram que os sentidos são a única fonte de conhecimento. Boa! Então a mais absurda e impossível ideia de um louco ou de um metafísico deve ser derivada de impressões sensoriais não menos do que um tijolo. Habitualmente usamos as nossas faculdades mentais para criticar e corrigir as nossas impressões sensoriais. Em que ponto, então, deixa de ser confiável o nosso julgamento! O que é mais real; o tijolo, os factos indirectamente aprendidos a partir do tijolo, tais como as suas propriedades químicas e elétricas, as leis da natureza que deduzo a partir da soma de tais factos, ou o místico luar que a meditação em tudo isto evoca?

Na minha grande iniciação no Sáara, foi-me dito numa visão: "Acima do Abismo" (ou seja, para aquela inteligível intuição entre a qual e o intelecto há um grande golfo fixo), "uma coisa é somente verdadeira na medida em que contém a sua própria contradição em si mesma." O iniciado deve aprender a usar esta faculdade. A primeira vantagem disto é libertá-lo do dilema acima apresentado. Não mais precisamos de duvidar que branco é branco, porque essa proposição implicitamente assevera que branco é preto. O nosso novo instrumento assegura-nos que a brancura do branco depende do facto da sua negrura. Esta afirmação soa mais do que absurda; é uma asserção sem sentido. Mas nós já temos visto que os axiomas do intelecto envolvem absurdidade. Eles somente nos impelem no início porque acontece de eles serem nossa propriedade pessoal. As intuições do Neshamah são garantidas pela interior certeza, e então não podem ser criticadas pela simples razão de que elas mesmas têm completado o trabalho de crítica do tipo mais destrutivo antes de se apresentarem em absoluto. A psicologia Budista tem analisado muitas destas características de superconsciência e até as tem organizado numa ordem correspondente ao desenvolvimento espiritual.

Eu posso dizer que tenho labutado por muitos anos para expressar ideias desta ordem em termos inteligíveis à consciência normal e susceptíveis de apreensão pelo intelecto normal. O sucesso tem escassamente sido completo; somente em raras ocasiões o *flash*[65] se fixou na película quando a lente estava em foco e a exposição estava correcta. Estou agudamente ciente de que muitas das minhas mais árduas e ardentes tentativas de interpretar a experiência mística têm resultado em imagens desfocadas, às vezes talvez grandiosas e sugestivas—mas isso não é compensação pela obscuridade

---
65 N.T.: lampejo

e imprecisão. Posso eu apresentar um esforço, o qual eu mesmo sou capaz de manter mais ou menos claramente na minha normal consciência?

Os Budistas descrevem a mais chegada aproximação da verdadeira observação de qualquer coisa dizendo que isto é visto no quádruplo estado sem forma, o qual eles definem nos seguintes termos: Qualquer proposição acerca de um objecto é simultaneamente percebida como sendo tanto verdadeira quanto falsa, mas também nem verdadeira nem falsa. Perceber um objecto desta maneira implica que o observador tem atingido o último grau possível de desenvolvimento espiritual, o qual permite qualquer ponto de vista positivo. Tal homem está apenas a um passo do liminar de Arahatship[66]. Ele tem apenas de destruir esta concepção das coisas, conforme é feito neste quádruplo estado sem forma, para alcançar o êxtase Nirodha-Samapatti[67], no qual todo ser e forma são absolutamente aniquilados, tanto que o êxtase só é distinguível do Nibbana[68] através do facto de alguém emergir disto.

Foi no dia 2 de Outubro de 1919 que eu alcancei pela primeira vez a visão Pisgah[69] da terra prometida, Pari-Nibbana[70]. Eu estava passando a noite nos Banhos Turcos de Fleischmann, em Nova Iorque. Era meu costume, em tais lugares, praticar a décima cláusula do meu juramento como Mestre do Templo: "Interpretar cada fenómeno como uma particular negociação de Deus com a minha alma", forçando reclamos e outros anúncios públicos a gerar algum valor espiritual. Eu também aplicaria a Cabala às palavras e manipularia os números de modo a alcançar um estado de espírito no qual alguma verdade pudesse repentinamente brotar no silêncio, ou jogaria com as palavras como se fossem oráculos, ou então forçaria as imundas falsidades de fraudulentos dervixes do dólar a transfigurarem-se ao toque do meu talismã em misteriosas mensagens dos Mestres.

Eu tinha acordado ao amanhecer e meditado um pouco sobre este quádruplo estado sem forma. Eu estava apenas a tentar decifrar o que podia possivelmente ser entendido por empilhar contradição sobre contradição como a definição fazia. Eu não entendia isto nem um pouco, e não tinha a menor intenção de tentar alcançar a compreensão disto. Naquela época toda a semelhante meditação estava inteiramente fora da minha linha, mas acidentes aconteceriam mesmo nos mais bem regulados círculos mágicos e a seguinte extraordinária experiência bateu-me de lado.

Eu cito literalmente o meu Registo Mágico:

> Eu estava a colocar o meu roupão de banho após pesagem, e a virar a manga do avesso, quando o meu massagista, um santo homem positivamente tremulando à beira do Arahatship, gritou para mim que ambos os lados estavam do lado de dentro, e ambos do lado de fora. Eu respondi humildemente que eu estava a procurar por um lado que nem interno nem externo—e então como um *flash* vi que eu o tinha! Oh Glória Inefável de Realização! (Oh Pensamento Certo!) Pois um e outro lado é igualmente dentro e fora porque eu posso usar isto como tal, e isto não é nem dentro nem fora no que diz respeito à discriminação que pode ser feita por um não iniciado entre qualquer uma coisa e qualquer outra coisa.

Ora esta qualidade não está no roupão, o qual tem dois lados facilmente distinguíveis por bainhas, usinagem, etc., para não falar de orientação em espaço, mas em mim, e surge da minha positiva determinação de não reparar se o meu dorso regista "Roubado dos Banhos Fleischmann" ou não. Ora eu não sou indiferente ao conforto. Eu noto se

---

66 N.T.: condição ou estado de santidade
67 N.T.: cessação de ideação e sentimentos
68 N.T.: Nirvana. Libertação do ciclo de renascimento e morte
69 N.T.: Monte Nebo, primeiro local onde Moisés viu a terra prometida
70 N.T.: Parinirvana. Nirvana pós-morte

o roupão é grosso ou fino; as suas qualidades observadas dependem de uma fraqueza em mim. Todas as qualidades do roupão devem por isso desaparecer assim que eu for forte o suficiente para ignorá-las; e assim qualquer auto-suficiência ou "conseguimento" destrói a minha consciência de qualquer separada existência.

Eu sinceramente acredito que tenho adequadamente descrito um estado de espírito, em si mesmo totalmente incompatível com a comum apreensão intelectual, no relato acima, e tenho correctamente observado e inteligivelmente expressado as suas características de tal modo a dar pelo menos alguma ideia rudimentar de um tipo de intuição com cujas leis as da razão não têm nada em comum.

Eu não desejo pressionar o ponto. Nestes "solitários últimos dias" há pessoas no mundo que podem escassamente definir a diferença entre os cortes de Dedekind e os de Cantor, e cujas noites não são perturbadas pela ansiedade acerca da verdade do último teorema de Fermat. *A fortiori*, é melhor precipitarmo-nos para o Estreito de Gibraltar e contar uma história de Tânger. (Eu limitar-me-ei a mencionar que recebi uma carta encantadora da minha requintada Dorothy, à qual respondi pelo poema "Telepathy" em *The Winged Beetle*.)

Na realidade, nós podemos não estar muito melhor mesmo aqui. A maioria dos contos verdadeiros que valem a pena serem contados são incríveis, impróprios ou ambos. Uma das reformas que introduzi na A∴A∴ foi a abolição de todas as obrigações de sigilo. Elas nunca foram úteis excepto como tentações para as pessoas quebrarem-nas. O conhecimento secreto tem carcereiros bastante adequados. Eu aprendi que tenho apenas de dizer a verdade acerca de quase qualquer coisa para ser estabelecido de uma só vez como um mentiroso. É muito melhor atirar poeira nos olhos dos animais cujos rostos estão virados para o chão, por casual franqueza. Se tu tens um segredo, é sempre perigoso deixar as pessoas suspeitarem que tu tens algo a esconder.

Tanto para as capacidades de Neuburg em Magick. No misticismo ele era fatalmente prejudicado pela sua congénita aversão sobre disciplina, ordem, pontualidade e toda a qualidade moral que acompanha a ciência. Eu iniciei-o no Yoga por esta altura. Um incidente é instrutivo. A hora diária dele para praticar Asana chegou um dia quando estávamos a atravessar para a Europa no vapor. Ele recusava-se fazer o seu trabalho; ele não podia suportar atrair a atenção das outras pessoas a bordo e parecer ridículo. (Neuburg! Ridículo! Ó todos os deuses e peixinhos!) Eu, sendo responsável por ele como seu santo guru, executei a prática em substituição dele. Ele experienciou remorso e vergonha, o que lhe fez bem; mas vários outros incidentes determinaram-me a impor-lhe um Juramento de Santa Obediência.

Eu devo salientar a virtude desta prática. Tecnicamente é idêntica à que está em voga na Companhia de Jesus. O aluno deve obedecer ao seu professor, *perinde ac cadaver*[71]. Mas a implicação moral é totalmente antagónica. O Jesuíta é ensinado de que a obediência ao seu superior e humildade diante dele são virtudes em si mesmas agradáveis a Deus. Na A∴A∴ o superior é, por assim dizer, o parceiro de treino do aluno. A sua função é descobrir os preconceitos, medos e outras manifestações de tendência que limitam o aluno, observando as reacções instintivas que podem seguir qualquer ordem. O aluno descobre as suas próprias fraquezas, as quais ele então destrói analisando-as, algo como Freud tem recentemente sugerido—a ciência está sempre a descobrir fragmentos estranhos de mágica sabedoria e a fazer um tremendo espalhafato da sua perspicácia!—bem como a dominá-las ignorando habitualmente a inibição delas. Se o superior é qualquer coisa de psicólogo, ele deveria ser capaz de ensinar o, <u>habitualmente débil</u>, relativamente perfeito autocontrolo em três meses no exterior.

---
71 N.T.: como um cadáver

Neuburg melhorou enormemente em consequência da prática, e o seu colapso final foi devido a uma deformação de congénita cobardia racial demasiado profundamente arraigada para erradicação. Pelo menos ele lucrou isto: que ele foi confrontado cara a cara com esta fundamental deficiência moral no seu carácter. Para o resto da sua vida ele deve expiar a sua enfermidade, para que o seu sofrimento possa ensinar-lhe a necessidade de enfrentá-la desde o início na próxima incarnação dele.

Era tempo de eu voltar para Inglaterra. Neuburg juntar-se-ia às suas relações em San Sebastian, e assim que ele se foi, eu escrevi *The Soldier and the Hunchback! And ?* no dia 13 de Dezembro. Dois dias depois eu deixei Plymouth pelo *Marlborough*.

~ 65 ~

EM LONDRES bati o pé de uma só vez levando a minha filha até que Rose concordasse em seguir as instruções do médico e se livrasse da dipsomania dela de uma vez por todas. Ela capitulou-se e as medidas necessárias foram tomadas. Isto deixou-me livre para o meu proposto Retiro, o qual eu decidi empreender em Paris, em vez de Londres. Os detalhes de cada minuto da minha vida durante a quinzena seguinte são registados com precisão em "John St. John". Aqui preciso apenas de dizer que o trabalho foi bem-sucedido para lá de todas as expectativas. Eu não só alcancei o meu declarado objectivo mas também obtive acesso a uma reserva de energia que me carregou durante anos, executando hercúleos labores sem cônscio esforço. Na verdade, o meu tempo foi totalmente ocupado com a preparação de *The Equinox*. Eu tinha de estar constantemente a ver Fuller, o qual estava a editar os meus Registos Mágicos e a vasta massa de material conectado com a G∴ D∴, além de que eu tinha o meu próprio trabalho a fazer preparando os livros de instrução numa base especial e científica.

Além disto, eu estava a escrever uma boa dose de poesia. Alguns dos meus trabalhos mais importantes pertencem a este período. "The Wizard Way", "The Garden of Janus", "After Judgment" e "Bathyllus" são especialmente notáveis. Eu estava a verificar uma boa parte de Frank Harris, o qual estava a publicar muito do meu melhor trabalho na *Vanity Fair*. Isto foi o primeiro encorajamento que eu alguma vez havia tido, e de certa forma chegou tarde demais, desde que eu ficara totalmente desiludido em relação à fama. A aprovação de Frank Harris era um outro assunto; era algo, e algo muito importante, saber que o meu trabalho granjeou o respeito dos poucos homens do planeta que conheciam a diferença entre Keats e Lewis Morris. Eu tinha sido reconhecido como um poeta da primeira categoria pelos meus pares e o aplauso da turba deixar-me-ia tão frio quanto a sua negligência ou hostilidade faz no presente.

Eu continuei a trabalhar duro em Londres até depois da publicação do primeiro número de *The Equinox*. Havia, além disso, muito trabalho a ser feito na reorganização da ordem, para a qual muitas pessoas estavam ansiosas de obter admissão. A minha tragédia doméstica estava a chegar a uma crise. A doença parecia incurável. O médico disse que a única esperança era que Rose renunciasse à liberdade dela durante dois anos, e como ela se recusou a fazer isto nada havia a fazer para mim senão obter um divórcio. Não havia sentido em eu ser demandante, embora eu tivesse muito fundamento. Para mim parecia uma violação do compromisso de proteger a esposa, que é o primeiro ponto da honra dum marido. Consequentemente foi acordado que Rose deveria ser demandante e as provas necessárias foram fabricadas no modo usual.

O meu ano foi muito arrombado pelas vicissitudes deste deplorável assunto. Rose estava sempre a implorar para ser levada de volta e era muito difícil para mim ser firme. Eu fiz as coisas o mais fácil possível para ela passando o máximo de tempo possível com ela. Tendo o casamento ocorrido na Escócia, não havia King's Proctor[72] que fizesse tremer os joelhos, e era improvável que algum espião descobrisse que estávamos a viver juntos, para todos os efeitos, durante todo o tempo em que o divórcio estava pendente.

Além de curtas viagens a Paris, eu estive em Inglaterra até ao Outono, quando achei melhor ficar bem fora do caminho durante o tempo real do julgamento. Eu levei Neuburg para ser meu discípulo e saímos de Londres no dia 10 de Novembro. No entretanto, eu estava fazendo comparativamente pouco trabalho mágico pessoal e as minhas líricas eram de menor importância. O facto da questão era que eu tinha chegado ao fim da minha corda. Os deuses tinham feito finca-pé—até aqui e não mais! Senti que a minha vida se tinha dividido numa sucessão de insignificantes aventuras. Mas eu não sabia o porquê. A razão era a de que não se pode trabalhar além de um certo ponto num Novo Aeon sobre uma fórmula do Antigo, e eu tinha selado a minha teimosa recusa em fazer *O Livro da Lei* a base do meu trabalho aproveitando a desculpa técnica de que eu nada poderia fazer na ausência do manuscrito. E que estava perdido há anos.

Fazia parte do meu plano, em relação a *The Equinox*, preparar uma edição final do trabalho de Dr. Dee e de Sir Edward Kelly. Eu tinha muitos dados e prometi a mim mesmo completá-los estudando os manuscritos da Biblioteca Bodleiana em Oxford—coisa que, incidentalmente, eu fiz no Outono—mas ocorreu-me que seria útil conseguir as minhas grandes pinturas das quatro Elementares Torres de Vigia que eu havia feito no México. Eu pensei que estas estavam provavelmente em Boleskine. Decidi subir lá durante quinze dias mais ou menos. Incidentalmente, eu tive as conveniências para conferir a Neuburg o grau de neófito, tendo ele passado brilhantemente durante o seu ano enquanto noviço.

Eu consequentemente pedi-lhe, e a um homem Emmanuel[73] chamado Kenneth Ward, para vir e ficar comigo. Eu tinha conhecido Ward em Wastdale Head pouco antes, tendo ido lá para renovar os meus antigos amores com os credos dos barrancos. Aconteceu que Ward estava muito interessado em esquiar. Eu tinha vários pares de reserva e disponibilizei-me para lhe dar algum. Esta circunstância casual provou ser uma parte essencial da corrente pela qual eu fui derradeiramente arrastado atrás da carruagem dos Chefes Secretos. Pelo menos eu pensava que era uma corrente. Eu não sabia que aço de tal primorosa têmpera poderia ser forjado em apropriada espada para a mão de um homem livre.

Para meu aborrecimento eu não consegui encontrar as Elementares Torres de Vigia em parte alguma da casa. Atrevo-me a dizer que desisti de procurar com bastante facilidade. Eu tinha entrado num estado de aborrecida indiferença acerca destas coisas. Rose poderia tê-las destruído num ataque de embriaguez, assim como ela poderia tê-las penhorado se elas possuíssem qualquer valor comercial. Eu encolhi os meus ombros conformemente e desisti da busca. Os esquis que eu tinha prometido a Ward não seriam encontrados tal como as Torres de Vigia. Depois de colocar Neuburg através desta iniciação[74], nós dirigimo-nos para Londres. Eu deixara a casa e o meu inquilino entraria no dia 1 de Julho. Nós tínhamos quatro dias para nos divertirmos; e deixámo-nos ir por um apurado bom período. Assim, como um relâmpago, surge o incidente de 28 de Junho, assim descrito no meu diário:

---

72 N.T.: Oficial de justiça na Inglaterra que pode intervir em acções de divórcio principalmente para evitar procedimentos colusórios
73 N.T.: "Deus está connosco"
74 A preparação para isto era, de certa forma, experimentar o candidato. Por exemplo, ele tinha de dormir nu durante sete noites numa liteira de tojo.

Glória a Nuit, Hadit, Ra-Hoor-Khuit nas alturas! Um pouco antes do meio-dia fui impelido misteriosamente (embora exausto de jogar fives,[75] bilhar, etc, até quase às seis horas da manhã) a fazer uma busca final pelas Tabuletas Elementares. E eis! Quando eu tinha finalmente abandonado a busca, lancei os meus olhos num buraco no sótão onde estavam os esquis, etc., e ali, Ó Santo, Santo, Santo!, não estava apenas tudo o que eu procurava mas também o manuscrito de Liber Legis!

O chão foi completamente eliminado debaixo dos meus pés. Permaneci por dois dias inteiros meditando sobre a situação—ao executar, de facto, uma espécie de Sammasati suplementar à de 1905. Tendo a aptidão disto, eu cheguei a uma conclusão muito clara sem muita dificuldade. A essência da situação era que os Chefes Secretos pretendiam manter-me sob a minha obrigação. Eu compreendi que o desastre e miséria dos últimos três anos foram devidos à minha tentativa de fugir do meu dever. Eu rendi-me incondicionalmente, como aparece no apontamento do dia 1 de Julho.

Eu mais uma vez solenemente renunciei a tudo o que tenho ou sou. Na partida (à meia-noite a partir do ponto mais alto da colina que coroa a minha propriedade) brilhou instantaneamente a lua, dois dias antes da plenitude dela, sobre as colinas entre as nuvens.

Este registo é redigido em termos muito gerais, mas isto pretendia cobrir o ponto prático da minha retomada da tarefa que me foi estabelecida no Cairo exactamente como eu poderia ser dirigido a fazer pelos meus superiores.

Instantaneamente o meu fardo caiu das minhas costas. A longa crucificação da vida doméstica chegou imediatamente a uma crise no meu regresso a Londres. Ao mesmo tempo todas as outras inibições foram automaticamente removidas. Pela primeira vez desde a Primavera de 1904 senti-me livre para fazer a minha vontade. Isso, claro, foi porque eu finalmente entendi qual era a minha vontade. A minha aspiração para ser o meio de emancipar a humanidade foi perfeitamente cumprida. Eu tive apenas de estabelecer no mundo a Lei que me tinha sido dada para proclamar: "… tu não tens o direito senão de fazer a tua vontade." Tivesse eu desviado as minhas energias desde o início para proclamar a Lei de Thelema, eu certamente não teria encontrado nenhum obstáculo no meu caminho. Aqueles que naturalmente surgem no curso de qualquer trabalho teriam sido silenciosamente removidos pelos Chefes Secretos. Mas eu tinha escolhido lutar contra mim mesmo durante cinco anos e "Se Satanás deve ser dividido contra Satanás, como permanecerá o reino dele?" Quanto mais eu me empenhava, mais eu encorajava um conflito interno e me estultificava. Tive permissão para concluir a minha iniciação, pela razão de que ao fazê-lo eu estava a preparar-me para a luta; mas todos os meus outros esforços encontraram um derisório desastre. Mais, não se apaga um brilho de loucura através de um momento de sanidade. Eu estou a sofrer até hoje com os efeitos de ter desperdiçado alguns dos melhores anos da minha vida na estúpida e teimosa luta para estabelecer o meu eu consciente contra o seu silente soberano, a minha verdadeira alma. "Teve Zimri paz, aquele que matou o seu mestre?"

O superficial leitor pode sorrir à minha superstição. Por que deveria eu estar tão certo de que o acidente de encontrar um portfólio antigo num sótão não era acidente, mas um *coup de maître*[76] golpeado por pessoas, pois tudo qualquer um pode provar, que não têm existência excepto na minha imaginação doentia? Eu poderia responder à crítica reunindo as evidências, mas eu prefiro deixar que isso seja estudado num

---

75 N.T.: desporto inglês conhecido como "ténis de mão"; parecido ao squash mas usando a mão como se fosse uma raqueta.
76 N.T.: golpe de mestre

outro lugar quando os factos tiverem sido organizados tão formidavelmente que seja impossível para qualquer ser razoável não concluir que uma agência preter-humana estava em acção na minha vida. Eu apenas indicarei que na ciência moderna o teste de verdade é menos o grau da probabilidade de qualquer facto do que o que está implícito no texto "A sabedoria é justificada pelos filhos dela". Os factos são julgados pela fertilidade deles. Quando uma descoberta permanece estéril, a evidência da sua verdade é enfraquecida. A indicação é que isto não é uma pedra no templo da verdade; isto não se encaixa com toda a estrutura do conhecimento. Um novo facto prova-se pela sua adequação; isolado, é repugnante para a continuidade da natureza. Quando é visto para explicar dificuldades cognatas, para completar concepções imperfeitas; quando conduz a vidas de pesquisa que dão frutos, cerca de sessenta vezes, cerca de oitenta vezes e cerca de cem vezes, então torna-se inexpugnável. A minha convicção na realidade das minhas mágicas experiências não depende de qualquer evento único. É porque tantos incidentes, cada um mais ou menos incrível e inexplicável quando considerado isoladamente, tornam-se inevitáveis quando considerados na sua totalidade e, em vez de exigirem ser explicados, são os meios de lançar luz sobre todos os cantos obscuros do cosmos.

A mera potência do incidente de 28 de Junho prova que as suas implicações estavam enormemente além de si próprio. Eu estava acostumado a milagres de todos os tipos e não mais lhes permitia influenciar a minha acção, de tal modo que o Professor Ray Lankester é guiado nas suas pesquisas pelo *Napoleon's Dream Book*.[77] A descoberta do manuscrito não foi sequer um milagre; isto aconteceu no curso normal da natureza. Nada havia tão maravilhosamente notável acerca do carácter disto. É este mesmo facto que nos faz perguntar como é que uma circunstância tão comum deveria ter sido o poder de quebrar a resoluta resistência de um Mágico cuja vontade tinha sido desenvolvida ao máximo por todo tipo de treino desde a evocação até à exploração?

A resposta só pode ser que, exactamente como Coriolano, insensível a todos os outros apelos, foi tocado pelas lágrimas da sua mãe, então eu, cuja determinação desafiara toda forma de pressão, directa e indirecta, estava somente esperando para ouvir a inconfundível voz do meu Mestre, e que este insignificante incidente forneceu a certeza intuitiva: que nenhum outro que não ele estava por detrás disto. As mentes mais refinadas entre os homens podem opor crítica intelectual à demonstração intelectual; para as subtis garantias de intuições, as quais são talvez imperceptíveis de articulada expressão, eles não encontram resposta.

Eu sabia em mim próprio desde o início que a revelação no Cairo era a coisa real. Eu tenho provado com infinitas dores que este era o caso; todavia, a prova não tem fortalecido a minha fé, e a refutação nada abalaria isto. Eu sabia em mim próprio que os Chefes Secretos haviam combinado que o manuscrito de *O Livro da Lei* deveria ter sido escondido sob as Torres de Vigia e as Torres de Vigia sob os esquis; que eles tinham-me conduzido a efectuar a chave para a minha posição pela ausência do manuscrito; que eles tinham dirigido as acções de Kenneth Ward durante anos para que ele pudesse ser o meio da descoberta, e organizaram cada detalhe do incidente de tal forma que eu compreendesse isto conforme eu fiz.

Sim; isto envolve uma teoria dos poderes dos Chefes Secretos tão romântica e desarrazoada que parece dificilmente merecer um sorriso de desprezo. Como acontece, um fenómeno quase paralelo ocorreu dez anos depois. Proponho citá-lo aqui para mostrar que os eventos mais comuns, aparentemente desconectados, são na verdade somente inteligíveis solicitando algumas de tais pessoas como os Chefes Secretos da

---

77 Tal, pelo menos, é uma hipótese sustentável. Não tenho nenhuma evidência directa de que ele não faça isso!

A∴A∴ em posse de alguma tal presciência e poder conforme eu lhes atribuo. Quando voltei para Inglaterra, no Natal de 1919, todos os meus planos haviam-se despedaçado devido à desonestidade e traição dum gangue que estava intimidando até à insanidade o meu editor em Detroit. Eu estava comprometido em honra para cuidar de uma certa pessoa; porém, eu estava praticamente sem tusto. Não conseguia ver qualquer possível modo de continuar o meu trabalho. (Será relatado a seu tempo como sucedeu esta condição das coisas e por que razão foi necessário que eu me submetesse a isto.)

Eu encontrei-me em Moret, no limite da Floresta de Fountainebleau, sem nada para fazer senão esperar. Não atirei a toalha ao chão em apaixonado desespero como havia feito uma vez antes, para minha vergonha,—eu tinha sido repreendido nos dedos com força suficiente para me curar disto—mas eu disse aos deuses: "Observai, eu tenho feito o meu máximo e aqui estou eu num ponto morto. Eu não continuarei a improvisar: Exijo um sinal definitivo de vós de que eu ainda sou vosso profeta escolhido." Portanto, eu anoto no meu diário, no dia 12 de Janeiro de 1920, o seguinte:

> Eu inclino-me a fazer o meu Silêncio incluir todas as formas de trabalho pessoal, e isto é muito difícil de abandonar, quando mais não seja porque ainda tenho medo do "fracasso", o que é um absurdo. Devo evidentemente ser desapegado mesmo para evitar o Padecimento-Correspondente-Sobre-Recusando-A-Maldição-Do-Meu-Grau, se me perdoarem a expressão.
>
> E por que deveria eu deixar a minha Tartaruga Eficaz[78] e olhar as pessoas até que a minha mandíbula pendesse? Devo eu ver o que diz o *Yi*? Iá. Questão: Devo abandonar todo o trabalho mágico até ao aparecimento de um manifesto sinal? Resposta:

 Nenhum símbolo poderia ser mais definido e desambíguo.

Eu invoquei Aiwaz para manipular os *Sticks*; e, desejando perguntar, "Qual será o Sinal?", obtive instantaneamente a referência em CCXX à Nossa Senhora Babalon: "... a omnipresença do meu corpo." Mas isto não está bem claro; eu tomei isto mentalmente como referente à esperada chegada da Nossa Senhora, mas isto pode significar um transe, ou quase qualquer coisa. Então eu perguntarei ao *Yi,* como meu último acto mágico por enquanto.

Eu acho que isto significa a chegada de nossa Senhora. Tenho sérias dúvidas se o hexagrama não deveria ter sido:

o qual certamente teria significado isso. Que eu deveria duvidar de qualquer coisa é absurdo: eu saberei o Sinal, sem falhar. E com isto eu fecho o Registo e aguardo esse Sinal.

O próximo apontamento é datado de Domingo, 1 de Fevereiro.
Gentilmente leia-se sobre o apontamento de 12 de Janeiro com extremo cuidado.

---
78 N.T.: Tartaruga Numinosa associada à adivinhação; I Ching: hexagrama 27

Ora então: Na sexta-feira, 30 de Janeiro, eu fui a Paris comprar pincéis, Mandarin, uma Paleta, Napoleon Brandy, telas e outros acessórios do sombrio comércio do artista. Tive a oportunidade de recorrer a uma velha amante minha, Jane Chéron, a respeito da qual veja-se *The Equinox,* vol. I, nº VI, "Three Poems". Ela nunca tivera o menor interesse em assuntos ocultos e nunca fizera qualquer trabalho na sua vida, nem mesmo da ordem do bordado. Eu tinha-a visto anteriormente uma vez desde a minha fuga da América; ela disse que tinha algo para me mostrar mas eu não dei especial atenção e ela não insistiu. O meu objectivo ao invocar esta segunda ocasião era múltiplo. Eu queria ver o homem com quem ela estava a viver, o qual ainda não tinha retornado da Rússia; eu queria fazer amor com ela, queria fumar alguns cachimbos de ópio com ela, sendo ela uma devota daquele grande e terrível deus.

Considere-se agora: O Trabalho por meio do qual eu sou um Mago começou no Cairo (1904) com a descoberta da estela de Ankh-f-n-Khonsu, na qual o objecto principal é o corpo da nossa Senhora Nuith. É reproduzido a cores em *The Equinox,* vol. I, nº VII. Jane Chéron tem uma cópia deste livro. Na sexta-feira à tarde, então, estava eu no apartamento dela. Eu não tinha atingido nenhum dos meus objectivos ao invocá-la e estava prestes a partir. Ela deteve-me para me mostrar esse "algo". Ela foi e pegou um pano dobrado de uma gaveta. "Fecha os teus olhos," disse ela.

Quando eu os abri, eles viram um pano de quatro pés ou mais de comprimento, no qual estava uma magnífica cópia, maioritariamente em aplicações de seda, da estela. Ela então disse-me que em Fevereiro de 1879, ela e o seu jovem homem tinham ido ao sul de França para se curarem do hábito do ópio. Em tais casos a insónia é frequente. Uma noite, no entanto, ele tinha ido dormir e ao acordar de manhã descobriu que ela, vigilante, tinha desenhado uma cópia da estela numa grande folha de papel.

É muito notável que uma folha de papel tão grande tenha estado à disposição; também que eles tenham pegado aquele livro especial em tal jornada; mas ainda mais que ela tenha escolhido aquela imagem, não, que ela, a qual nunca tinha feito nada do tipo anteriormente, tenha feito isto em absoluto. Mais ainda, que ela tenha passado três meses fazendo disto uma coisa permanente. Acima de tudo, que ela tenha mostrado para mim no exacto momento em que eu estava esperando um sinal "inconfundível".

Para observar, até que ponto as palavras do meu apontamento de 12 de Janeiro descrevem o Sinal, "... a omnipresença do meu corpo." E lá estava Ela—no último lugar no mundo onde alguém a teria procurado.

Notar também, a exactidão do símbolo "Yi King" é, claro, o símbolo de nossa Senhora, e o Deus abaixo Dela na estela é o sol.

Tudo isto é uma prova clara do indizível poder e sabedoria daqueles que me têm mandado proclamar a Lei.

Eu observo, depois de uma conversa com M. Jules Courtier ontem, que todo o trabalho deles, na S.P.R.[79], é prova de forças extra-humanas. Nós sabíamos acerca

---
[79] N.T.: Society for Psychical Research

delas desde o começo; o universo está cheio de obscuras e subtis manifestações de energia, nós estamos constantemente a avançar no nosso conhecimento e controlo delas. Telecinesia é da mesma ordem de natureza como os raios Hertz ou as emanações de rádio. Mas o que ninguém antes de mim tem feito é provar a existência da inteligência extra-humana, e o meu Registo Mágico faz isto. Eu errei na interpretação, é claro; mas é impossível duvidar que exista um alguém lá, um alguém capaz de combinar eventos como um Napoleão forma os seus planos de campanha, e possuidor de poderes inconcebivelmente vastos.

Se estes eventos forem de facto o resultado de cálculo e controlo por parte dos Chefes Secretos, parece à primeira vista que as pessoas envolvidas tinham sido preparadas para desempenhar as suas partes desde o início. As nossas relações anteriores, o vício da jovem ao ópio, a minha amizade com o amado dela, e o interesse dele no meu trabalho; omita-se qualquer item e todo o plano falha. Mas esta suposição é desnecessária. A real preparação não precisa de voltar atrás mais do que três anos, quando a estela foi bordada. Podemos permitir a considerável opção dos Chefes Secretos, tal como um jogador de xadrez não está confinado a uma especial combinação para o seu ataque. Podemos supor que, se estas pessoas não estivessem disponíveis, o sinal que eu exigi poder-me-ia ter sido dado de algum outro modo igualmente impressionante. Nós não somos obrigados a fazer suposições extravagantes a fim de sustentar que a evidência do propósito é irresistivelmente forte.

Descartar esta intrincada concatenação de circunstâncias, culminando como elas fazem na exibição do exacto sinal que eu tinha exigido, é simplesmente forçar a teoria das probabilidades além do ponto de ruptura. Aqui, então, estão dois complicados episódios que vão provar que eu estou andando, não por fé mas por sinal, nas minhas relações com os Chefes Secretos; e estes são apenas dois elos numa corrente muito longa. Este relato da minha carreira descreverá muitos outros igualmente impressionantes. Eu poderia, talvez, negar ao meu mais íntimo instinto o direito de testemunhar qualquer caso deste tipo em questão; mas quando, ano após ano, o mesmo género de coisa continua acontecendo e quando, além disso, me acho capaz de vaticinar, como a experiência me ensinou a fazer nos últimos três anos, que eles vão acontecer, e até mesmo como as peças vão encaixar no *puzzle*, eu justifico-me em assumir uma causal conexão.

Como qualquer jogador de bilhar sabe, ao passo que dez tacadas podem ser obtidas ao acaso por um novato, ou mesmo que ele possa embolsar rapidamente vinte ou trinta de vez em quando, uma consistente sequência de bolas embolsadas, em média de vinte e cinco durante uma série de meses, não pode possivelmente acontecer por acaso; isto prova incontestavelmente que certo manejo do taco de bilhar combinado com juízo deve resultar em certos movimentos das bolas, e que a habilidade e não a sorte determina o sucesso do jogador. Novamente, na roleta, uma série de uma centena de vezes seguidas no vermelho poderia acontecer uma vez em mil anos por puro acaso; mas se isto ocorresse uma dúzia de vezes por noite durante uma semana, isto provaria que a mesa estava equipada com um dispositivo mecânico pelo qual o crupiê podia controlar a queda da bola.

A partir deste momento eu aceitei a Lei na íntegra; ou seja, eu admiti a sua autoridade absoluta. Eu não estava, no entanto, no final das minhas dificuldades. Grande parte do livro era ininteligível, e muitas passagens, especialmente no Capítulo III, são totalmente repugnantes. Eu contentei-me em deixar estes pontos para serem esclarecidos pelos próprios deuses no seu devido tempo. Eles haviam provado que eu podia confiar neles para lidar com o que era afinal de contas o próprio caso deles e não o meu. Abstive-me de impulsionar as minhas críticas. Tomei o sentido geral do Livro, tanto quanto o entendi, imediatamente como o ponto de partida e o ápice da minha Magick.

Esta mudança de atitude foi tremenda. Eu sempre estivera com a língua presa na questão de expressar o meu eu espiritual na poesia e as minhas líricas tinham sido comparativamente desimportantes. O tratado somente com certos aspectos do assunto. Eu não podia apontar para nada que realmente representasse a minha personalidade como um todo ou trouxesse os eventos da minha carreira para uma relação inteligível. Quanto mais eu aprendia a estudar e a amar *O Livro da Lei,* melhor podia eu integrar-me.

Sir Palamedes foi a tentativa mais ambiciosa de descrever o Caminho do Sábio como eu o conhecia. Está quase completo, mas não há tentativa de mostrar a necessária sequência dos ordálios descritos em cada secção. A última secção, na qual Sir Palamedes, após realizar todas as tarefas possíveis e descobrir que todas as suas realizações não o levaram ao fim da sua Demanda, abandona o séquito da Besta Ladradora; ele retorna, desconcertado, para a Távola Redonda, somente para descobrir que, tendo-se rendido, a Besta Ladradora vem a ele por vontade própria.

Eu não podia fingir que isto era mais do que um *tour de force,* uma evasão do assunto. Sei agora que a verdadeira solução é esta: não há meta a ser alcançada, conforme eu tinha chegado a Madrid; a recompensa está na própria marcha. Assim que cheguei a Madrid as minhas aventuras terminaram. Se tivesse que permanecer lá eu teria ficado entediado até à morte, mesmo que fosse a cidade de Deus. A alegria da vida consiste no exercício das energias, no crescimento contínuo, na mudança constante, no gozo de qualquer nova experiência. Parar significa simplesmente morrer.

O eterno erro da humanidade é estabelecer um ideal atingível. Sir Palamedes expressou-se plenamente ao seguir a Besta Ladradora. O sucesso dele (como descrito no poema) na realidade o deixaria sem nada para viver. A minha própria vida tem sido indescritivelmente extática, porque mesmo quando eu pensava que havia uma recompensa e um descanso no final, a minha imaginação representava-os tão remotos que eu não corria o risco de conseguir o que queria. Agora sou sábio o suficiente para entender que cada batimento do meu pulso marca um momento de extraordinário êxtase na consciência de que a curva da minha carreira é infinita, que a cada respiração eu subo cada vez mais perto do limite, mas nunca consigo alcançá-lo. Eu estou sempre aspirando, sempre atingindo; nada me pode parar, nem mesmo o sucesso. Eu tinha alguma percepção disto nestes anos da minha vida em Londres, pois escrevi em *The Book of Lies* : "Somente são felizes aqueles que têm desejado o inatingível."

"The Equinox" deveria ter sido, em seus méritos, uma ventura de muito sucesso. Frank Harris tinha-me generosamente dado uma das melhores histórias que ele escreveu, "The Magic Glasses". Fuller contribuíra com um gigantesco prefácio para *The Temple of Solomon the King* (o título da história da minha carreira mágica), uma série de rapsódias subliminarmente eloquentes, descritivas das várias atitudes possíveis em relação à existência. Havia três instruções importantes em Magick; o melhor poema do seu tipo que eu tinha escrito até ao momento, "The Wizard Way"; "At the Fork of the Roads", uma história verdadeira e fascinante de uma das minhas primeiras experiências mágicas; The Soldier and the Hunchback! And? que eu ainda acho uma das análises mais subtis alguma vez escrita escrita sobre ontologia, com a sua conclusão: que a extática afirmação e a céptica negação não são válidas em si mesmas mas são termos alternativos numa série infinita, uma progressão que é em si mesma um sublime e delicioso caminho para prosseguir. O desapontamento surge do medo de que toda alegria seja passageira. Se aceitarmos isto como tal e nos deliciarmos em destruir os nossos próprios ideais na fé de que o próprio acto de destruição nos encorajará a reconstruir um templo mais nobre e superior a partir dos escombros do antigo, cada fase do nosso progresso será cada vez mais agradável; "*pi alfa mu phi gama alfa epsilon pi gama alfa gama epsilon nu epsilon tau omega rho*", "Todo-devorador, todo-criador", é o louvor de Pan.

Em nós, a vontade de viver e a vontade de morrer devem ser igualmente fortes e livres, devem ser reconhecidas como complementos uma da outra, nem uma nem outra completa em si mesma; e a antítese entre elas deve ser um dispositivo inventado para nossa própria diversão. Toda a energia implica vibração. O homem é miserável em última análise porque ele imagina que quando aquilo que lhe dá prazer é destruído, como ele sabe que deve ser mais tarde ou mais cedo, a perda é irreparável; então ele escora as suas ruinosas paredes em vez de construir uma casa melhor. Todos nós nos apegamos a costumes desgastados de qualquer tipo e mentimos a nós mesmos acerca do amor quando sabemos em nossos corações de que não há mais óleo na lamparina, e que a melhor coisa que podemos fazer é procurar por um novo. Nós temos medo de perder o que temos. Não temos o bom senso de ver que, seja o que for, isto está sujeito a ir-se mais tarde ou mais cedo, que quando isto acontecer, o seu lugar será preenchido por algo igualmente bom, e nada é mais estúpido do que tentar retardar o sol sobre o relógio de sol de Ahaz[80].

Assim que aprendemos que tudo é apenas metade, que implica o seu oposto, nós podemos deixar-nos levar com um coração leve, encontrando tanto divertimento nas folhas vermelhas do Outono quanto nas folhas verdes da Primavera. O que é interessante é o ciclo completo. A própria vida seria deploravelmente mesquinha se não fosse consagrada pelo facto da sua incompreensibilidade e dignificada pela certeza de que, por mais insignificante, fútil, barroca e desprezível possa ser a sua carreira, deve encerrar no sublime sacramento da morte[81]. Conforme está escrito em *O Livro da Lei*, "a morte é a coroa de todos."

O suplemento ao primeiro número de *The Equinox* é uma clara reimpressão do meu Registo Mágico em Paris, mencionado acima. Eu não tenho omitido nenhum detalhe dos meus feitos. Os meus jantares, os meus casos amorosos e as minhas outras diversões são descritos tão minuciosamente quanto a minha Magick, os meus mantras e as minhas meditações. Nada do género já havia sido publicado anteriormente. É uma demonstração completa da possibilidade de alcançar os resultados mais colossais em condições que até então eram consideradas um obstáculo absoluto para a realização de trabalhos elementares. Isto prova a minha proposição de que a eficácia das práticas tradicionais é independente de considerações dogmáticas e éticas; e, além disso, que as minhas fórmulas cépticas baseadas num ponto de vista puramente agnóstico e nos factos da fisiologia e psicologia, como entendidas por modernos materialistas, eram inteiramente eficazes.

Em suma, deixa-me acrescentar que *The Equinox* foi a primeira tentativa séria de colocar diante do público os factos da ciência oculta, assim chamada, desde a descoberta da salgalhada não-académica de factos e fábulas de Blavatsky, *Isis Unveiled*. Foi a primeira tentativa na história para tratar o assunto com sapiência e a partir do ponto de vista da ciência. Nenhum livro anterior deste tipo se lhe pode comparar pela

---
80 N.T.: história de um sinal divino com o rei Ezequias, filho do rei Acaz, no Antigo Testamento—II Reis.
81 N.T. extrema-unção

perfeição da sua poesia e prosa; a dignidade e a sublimidade do seu estilo, e a rigidez da sua regra de nunca fazer qualquer afirmação que não pudesse ser provada com tanta exactidão quanto o matemático exige. Confesso estar completamente orgulhoso de ter inaugurado uma época. Desde o momento da sua aparição, impôs os seus padrões de sinceridade, erudição, seriedade científica e aristocracia de todos os tipos, desde a excelência do seu Inglês até à perfeição da sua impressão, sobre todos com ambição de entrar neste campo de literatura.

Não comandou um grande público, mas a sua influência foi enorme. É reconhecido como a publicação padrão do seu género, como enciclopédia sem "igual, filho ou companheiro". Foi citado, copiado e imitado em todos os lugares. Inumeráveis cultos têm sido fundados na sua informação por charlatães. A sua influência mudou toda a corrente de pensamento dos estudantes em todo o mundo. Os seus inimigos inveterados não apenas são incapazes de ignorá-lo mas também submetem-se à sua soberania.

Crowley, Ritos de Elêusis, Caxton Hall, Westminster, circa 1910.

Foi assim totalmente bem-sucedido do meu ponto de vista pessoal. Eu tinha colocado uma pérola de grande valor numa montra, cujas outras peças eram simulados diamantes e pedaços de vidro colorido na maior parte, e na melhor das hipóteses, pedras preciosas do tipo mais barato e plebeu. Desde o momento da sua aparição, todos tinham de admitir—na maioria das vezes com ódio e inveja nos seus corações—que o sol aparecera no pardieiro e envergonhara as lâmpadas de querosene que o iluminavam até então. Já não era possível continuar com o clandestino charlatanismo como antigamente.

Imprimi somente mil e cinquenta cópias, estando as ímpares cinquenta vinculadas a cópias de subscrição a um guinéu e o resto em tabuleiros a cinco xelins. Se eu tivesse vendido uma edição completa sem qualquer desconto o meu retorno teria sido de trezentas libras. O custo de produção estava próximo de quatrocentas. Valores semelhantes aplicam-se aos outros nove números. Desta forma eu convenci-me de que ninguém poderia censurar-me de tentar ganhar dinheiro com a Magick. Como aliás, foi totalmente a contracorrente de obter dinheiro. Quando alguém demonstrava interesse na minha poesia ou nos meus escritos mágicos, a atitude encantava-me tanto que eu sentia vergonha de ter qualquer tipo de transacção comercial com um indivíduo tão nobre, e eu costumava, muitas vezes, implorar-lhe que aceitasse o livro como um presente.

O meu sentimento acerca de aceitar dinheiro é ainda mais geral do que isto; raspa cada nervo delicado. Eu sinto que o mundo me deve um considerável rendimento e não tenho vergonha alguma em aceitá-lo, desde que seja uma espécie de tributo. A fortuna que eu tinha herdado era perfeitamente aceitável e nunca me ocorreu investigar as suas fontes. *Widowers' Houses*[82] chocou sem me convencer. Pensando sobre isto, eu suponho que fraude e roubo *sejam* as únicas fontes de riqueza, excepto casos excepcionais; e suponho que, afinal de contas, a maneira mais honesta e honorável de obter dinheiro é vender os escritos de alguém.

Todavia, eu ainda sinto que há algo muito errado acerca disto. Bom trabalho é impagável e mau trabalho é imprestável. Além disso, mesmo os melhores escritores são tentados a fazer o seu pior trabalho pelo facto de que os editores, como uma classe, estão persuadidos de que o público prefere entulho. O facto é que dificilmente há hoje meia dúzia de escritores em Inglaterra que não se tenha vendido ao inimigo. Mesmo quando o bom trabalho deles tem sido um sucesso, Mamon agarra-os e sussurra: "Mais dinheiro por mais trabalho." Deveriam ter um rendimento independente ou uma outra profissão. Dificilmente há um escritor de primeira linha no século passado que não tenha passado fome, que não tenha sido perseguido, caluniado, intimidado, exilado, aprisionado ou impulsionado a beber ou a afogar-se.

Para retornar ao *The Equinox,* não havia como vender nem mesmo aquela pequena edição, mesmo com aquele lastimável preço. Eu nunca tive uma ideia de como fazer negócios. Eu posso fazer planos, tanto consistentes quanto brilhantes; mas não consigo forçar-me a tomar os necessários passos para colocá-los em prática. A minha maior fraqueza é que, logo que tenho a certeza de que posso alcançar qualquer objecto determinado, desde escalar uma montanha até explorar um ponto de beleza, perco o interesse. As únicas coisas que eu concluo são aquelas (como por exemplo, poesia e Magick) das quais não sou o verdadeiro autor mas um instrumento impulsionado por um misterioso poder que me move, suave e rapidamente, com um entusiasmo sem esforço que não deixa espaço para a minha preguiça, cinismo e similares inibidoras qualidades interferirem.

Eu tentei obter algumas livrarias para colocar à venda *The Equinox* mas imediatamente encontrei-me contra uma parede em branco do que eu devo chamar de convencionalismo Chinês. Lembro-me de ouvir falar de um engenheiro no Oriente que queria construir uma casa para si e contratou um empreiteiro Chinês. Ele salientou que o trabalho seria muito mais fácil usando tijolos de tamanho diferente daquele que o homem estava a efectuar. Este obedeceu, mas um dia depois voltou à velha maneira. O engenheiro protestou, mas o homem explicou que os seus tijolos eram de um tamanho "providenciado pelos céus"[83].

Assim eu descobri que o formato de *The Equinox* chocou o livreiro; pior ainda, não era um livro, sendo emitido periodicamente, nem uma revista, sendo grande e bem

---

82   N.T.: peça de teatro de George Bernard Shaw
83   Possivelmente um mal-entendido. A China tem padrões de pesos, materiais e dinheiro há muito tempo. Esses padrões foram estabelecidos por decreto imperial e, quando originalmente propagados, tinham penalidades por violação e inclusive a morte por tortura. Em palavras simples, quando o Engenheiro exigiu uma mudança do padrão oficial, ele coagiu uma violação da lei. O empreiteiro tentou explicar dizendo que o tamanho dos tijolos era uma questão da antiga lei imperial = "do Imperador de Jade, ou espírito dos Imperadores do passado, nos Céus".

produzido! Eu disse: "O que importa? Tudo o que lhe peço para fazer é mostrá-lo e vendê-lo." Bastante inútil[84].

EU passava o meu tempo livre no Verão, na maior parte do tempo, com frívolos amigos no vale do Tamisa. Eu intensamente precisava muito deste género de relaxamento. A minha alma estava gravemente abatida pela ruína do meu romance, mas eu divertia-me bastante. Pelo menos, um dos meus amigos era a pessoa mais divertida no seu jeito peculiar que eu já conheci. Devo dizer que um incidente, muito instrutivo, mostra os estragos que podem ser causados pela forte sexualidade numa mente desequilibrada que, por um lado, não pode controlar isto e, por outro, teme isto e acha que deve ser suprimido.

O meu amigo, chamá-lo-emos "Gnaggs", tinha acabado de se divorciar de uma enfermeira formada, sendo a mulher neste caso um rechonchudo e bonito pedaço cor-de-rosa do tipo garçonete, com quem ele se casou. "Gnaggs" pensou que o seu primeiro dever era salvaguardar a moral da mulher que tinha acabado de se divorciar dele! Ela morava num bloco de apartamentos perto de Hyde Park. Alguém estava enviando para ele cartas anónimas acerca dela. Uma noite ele juntou-se à nossa festa—a sua esposa e alguns outros—quando nós chegámos do rio para jantar no Ray Mead Hotel. Ele acabara de receber outra carta, que dizia claramente que algum homem estaria no apartamento da primeira esposa naquela noite. Ele acelerou para Londres.

Quando não clamando por castidade em linguagem que teria parecido violenta e extrema a Savonarola, Gnaggs exortava a esposa a divertir-se com qualquer homem que ela desejasse. Neuburg estava envolvido num furioso flarte com ela, e ele e eu voltámos para a casa de Gnaggs com a Sra. G. e a minha própria enamorada. Neuburg queria passar a noite; e a sua anfitriã, que estava muito bêbada, estava ávida como ele. Mas eu fui avisado por uma visão celestial. Senti na medula dos meus ossos que uma tempestade estava a formar-se. Eu bati o pé; e embora eu quase tivesse de usar a principal força para levar Neuburg para casa, eu fiz à minha maneira. Eu ainda estava a conversar com o meu amigo às duas e meia, quando ouvi o clique do portão do jardim e passos no caminho. A porta da casa abriu e fechou com sinistra suavidade. Lá havia silêncio absoluto.

Alguns minutos depois houve um amedrontado grito da Sra. Gnaggs. Eu vesti um roupão e saí. Ela estava de quimono no patamar com uma vela, em histerismo, inclinando-se sobre a balaustrada e chamando para saber quem lá estava.

Eu disse: "É apenas algum animalesco assaltante," peguei na vela e desci. Ninguém no corredor. Na sala de jantar, em escuridão total, Gnaggs estava, tremendo, branco como a barriga de um peixe. Iluminei, anunciei para o andar de cima que tudo estava bem, e disse-lhe que ele não tinha obrigação de assustar a sua esposa. Ele parecia incapaz de falar. Dei-lhe uma bebida e ele gradualmente recompôs-se. Começámos a fumar e ele contou-me a sua história.

Ele deixara a bicicleta no lancil a cerca de cinquenta jardas da entrada da casa onde morava a sua primeira esposa e aguardara na sombra para que o amante dela saísse. O homem apareceu por volta da uma. Gnaggs instantaneamente caiu sobre ele, deixou-o inanimado no passeio, sprintou para a sua máquina e correu para casa. Congratulei-o a respeito da sua desenvoltura em tornar a vida interessante e convenci-o a ir para a cama. Ele estava muito assustado com a polícia, no caso de ele ter matado o homem. Nós observávamos os jornais ansiosamente.

---

84 Talvez pelas mesmas razões conforme o tijolo Chinês da nota anterior. A maioria dos países (China em particular) tem leis muito diferentes que regem as vendas e distribuição de periódicos em relação a livros.

No dia seguinte apareceu um parágrafo.

Misterioso assalto à meia-noite perto de Hyde Park. Dr. Herpes-Zoster[85], um proeminente médico de Clyster Street, foi brutalmente atacado e agredido por um bandido à porta do 606 Mercury Mansions, Iodine Street, Hyde Park, perto da uma hora da manhã. Ele foi descoberto inconsciente pelos polícias na ronda e levado para o Knocks Hospital, onde ele se encontrava sofrendo de numerosas contusões e de graves lesões internas. Ele não havia sido roubado e não pode atribuir nenhum motivo para o ataque, já que ele não está ciente de que tem inimigos. Ele estava a passar uma noite tranquila com alguns velhos amigos. Professor e Sra. Phthisis.

Mais uma vez eu congratulei Gnaggs e desta vez com bastante sinceridade. Certamente era bastante improvável que a polícia seguisse o rasto dele, pois a sua vítima era um absoluto estranho, tanto para a sua primeira esposa quanto para si mesmo!

Eu achei que este tipo de coisa adicionava um tempero à vida. Gnaggs poderia ser invocado para sair da rotina a cada poucos minutos. Algumas semanas depois fui passar o fim-de-semana com ele. Eu estava exausto de preocupação e trabalho e tinha apanhado um calafrio. Ele estava fora quando cheguei a casa. A Sra. Gnaggs viu que eu estava realmente doente e fez-me deitar no sofá da combinação de sala de fumadores com marquise, e foi buscar mantas para me cobrir. Quando ela se curvou sobre mim para acomodá-las, a porta abriu e Gnaggs entrou com a sua eterna bicicleta. Ele tirou a falsa conclusão de que ela estava a beijar-me—(Deus me livre!)—e começou uma discussão. Eu estava muito doente para fazer mais do que olhar preguiçosamente, com divertido desprezo; mas depois de meia hora de recriminações, Gnaggs saiu para telegrafar ao pai dela, ao advogado dele e a vários possíveis aliados. Ela seguiu-o. Dois minutos depois eu ouvi-a a gritar por socorro. Corri e descobri que ele a tinha pegado pela garganta. Ao ver-me, ele soltou-a; ela correu a gritar para dentro da casa. Ele foi atrás dela, jurando matá-la. Eu fiz um caminho mais curto pela sala de estar, mas a sala estava tão cheia de imitativos ornamentos que não havia espaço para rodar. Então nós engalfinhámo-nos. Lutámos no nosso caminho para o corredor. Por fim eu derrubei-o na escadaria. Ele pontapeou a balaustrada para estilhaçar; mas eu manti-me firme. Felizmente, o cabelo dele era muito comprido, de modo que eu podia bater com a cabeça dele na borda de um degrau sempre que ele tentava escapar. Eu implorei à Sra. Gnaggs e aos criados que pedissem ajuda, mas eles estavam muito interessados em assistir à contenda. Eu tive de segurá-lo por uma hora e meia quando um outro convidado apareceu e a paz foi restaurada.

Nós sentámo-nos para jantar perfeitamente bons amigos. Pensando melhor, ele percebeu que as suas suspeitas tinham sido absurdas. Mas a esposa dele ficou furiosa enquanto ele ficou calmo. Durante a refeição ela tentou matá-lo, primeiro atirando a terrina de sopa e alguns pratos para ele do outro lado da mesa, e secundariamente com a faca de trinchar. Foi um dos mais deliciosos jantares que eu já comi.

A história não tem sequela.

Eles brigaram e desfizeram-se e arranharam-se por alguns anos, e depois foram, primeiro para o Canadá, depois para a Califórnia, e brigaram e arranharam-se um pouco mais. Eles agora estão de volta à Inglaterra, separados na maior parte do tempo e só se encontrando quando sentem que gostariam de brigar, de desfazer-se e de

---

85 N.T.: Um outro nome artificial, desta vez com base naquele medo mas em grande parte uma trivial inflamação eruptiva. Os restantes nomes são sugestivos também: "Clyster" = enema. Mercury e Iodine eram então usados para tratar doenças sexuais e da pele. "Hyde" pode ser tomado como um trocadilho para *hiding* = uma sova, ou para pele. "Knocks" = golpes. "Phthisis" = uma doença devastadora. "Gnaggs", claro, é um trocadilho para "nags". (N.T.: "azucrinante")

arranhar-se um pouco mais. Ele está mais louco do que nunca, e ela transformou-se num grande pedaço de bolo. Ela tem pegado na reclamação dele, e divide o tempo dela entre bêbadas orgias, com qualquer lambareiro solto que ela possa encontrar, e apaixonados protestos de que ela é totalmente pura.

Eu realmente acredito que ela se convence de que a outra metade da sua vida não existe. Para mim, os dois extremos parecem igualmente os debochés de um emocionalismo desequilibrado e descontrolado. Esta visão é confirmada pelo facto de que, à medida que ela avançava em flacidez, a gordura e os quarentas, ela achava mais difícil atrair homens e levou a espasmos de espiritismo. Ela elogia os seus "Guias" e explica os mais naturais eventos da vida como partes de vários planos portentosos preparados por pessoas "do outro lado".

No dia 22 de Agosto, o espírito de repente surgiu na minha alma como uma serpente e pediu-me que testemunhasse a verdade que estava dentro de mim em poesia. Eu sabia que Londres sufocar-me-ia e corri para Maidenhead. Passei três dias numa canoa, principalmente na extensão abaixo da represa de Boulter's Lock.

> Choose tenderly
> A place for thine Academy.
> Let there be an holy wood
> Of embowered solitude
> By the still, the rainless river,
> Underneath the tangled roots
> Of magestic trees that quiver
> In the quiet airs; where shoots
> Of kindly grass are green,
> Moss and ferns asleep between,
> Lilies in the water lapped,
> Sunbeams in the branches trapped
> —Windless and eternal even!
> Silenced all the birds of heaven
> By the low insistent call
> Of the constant water fall.
> There, to such a setting be
> The carven gem of deity,
> A central flawlees fire, enthralled
> Like Truth within an emerald!
> Thou shalt have a birchen bark
> On the river in the dark;
> And at the midnight thou shalt go
> To the mid-stream's smoothest flow,
> And strike upon a golden bell
> The spirit's call; then say the spell:
> "Angel, mine angel, thraw thee nigh!"
> Making the Sign of Magistry
> With the wand of lapis lazuli
> Then, it may be, through the blind dumb
> Night thou shalt see thine angel come,
> Hear the faint whisper of his wings,
> Behold the starry breast begemmed
> With twelve stones of the twelve kings!
> His forehead shall be diademmed
> With the faint light of stars, wherein

The Eyegleams dominant and keen,
Thereat thou soonest; and thy love
Shall catch the subtle voice thereof...

Foi-me dado, durante estes dias, a experimentar inteiramente mais uma vez cada incidente na minha iniciação, para que eu pudesse descrevê-los enquanto ainda estivesse ao rubro com o assombro deles. É isto que me assegura de que este poema é único do seu género. O seu único rival é o *Bhagavad-Gita*[86], o qual, apesar da sua prolixidade, limita o seu ardor a Vishvarupa-darshana.[87] Além disso, trata do dogma e da ética Hindu. Na melhor das hipóteses, é uma obra sectária. "Aha!" cobre toda a experiência religiosa, não assevera axiomas, não advoga códigos unívocos. Em algumas mil e cem linhas eu tenho descrito todos os principais êxtases, segundo os três tipos de Dhyana (Sol, Lua, Agni[88]) e os quatro elementos (por exemplo, o Disco "como um diamante preto sem limites zunindo com milhões de asas"), para os seres espirituais que habitam o universo invisível, e os Êxtases Samádicos, Atmadarshana[89] e Shivadarshana[90].

Eu também tenho descrito os fenómenos morais e intelectuais da iniciação e tenho indicado os principais princípios sobre os quais o aspirante deveria basear o seu trabalho. O Conhecimento e Conversação do Santo Anjo da Guarda vem como o clímax para estes triunfos. É significativo que eu proceda a partir deste ponto instantaneamente para declarar a Lei de Thelema, e dê um ditirâmbico epítome dos três capítulos do Livro. Eu digo distintamente que esta mensagem para a humanidade é para ser identificada com a Palavra do meu Santo Anjo da Guarda. É somente quando escrevo isto que eu fico ciente de que o poeta em mim percebeu que Aiwaz e o meu Anjo eram um. Até este momento eu acreditei que tinha chegado a esta conclusão após muitos meses de meditação nos últimos três anos e tinha-a aceitado provisoriamente com a maior hesitação.

Este paradoxo psicológico, a propósito, é muito frequente. Repetidamente tenho feito descobertas importantes com fastidiosa labuta somente para lembrar, na hora de triunfo, que as tinha anotado anos antes. Parece que não sei o que estou a escrever, ou nem sequer compreendo o que tenho escrito.

O poema termina com "Consagração e adoração à Besta, o profeta da Estrela Encantadora". Doravante, eu devo ser não mais um aspirante, não mais um adepto, nada mais que possa eu pensar sobre mim próprio. Eu fui o profeta escolhido pelos Mestres, o instrumento adequado para interpretar a ideia deles e trabalhar a vontade deles. Eu não posso dizer se fiquei ciente desta identificação de mim mesmo com o mensageiro dos Mestres, esta resolução da minha complexa equação numa simples expressão, na qual o x da minha individualidade foi eliminado, tornou possível aos Chefes Secretos iniciarem-me completamente como Mestre do Templo, três anos desde a minha prudente recusa em aceitá-lo.

~ 66 ~

EU NÃO TINHA nenhum especial objectivo mágico em ir para Argel, à qual cheguei no dia 17 de Novembro. Como meu aprendiz, eu levei Frater Omnia Vincam, um

---

86 N.T.: texto religioso hindu, incluso no épico Mahabharata
87 N.T.: Mahavishnu
88 N.T.: "fogo" em sânscrito; divindade hindu
89 N.T.: "visão de Atman"
90 N.T.: "visão de Shiva"

neófito da A∴A∴ disfarçado como Victor Neuburg. Nós apenas queríamos viver um pouco rudimentarmente num novo e interessante canto do planeta, do qual éramos parasitas. Comprámos apressadamente algumas provisões, apanhámos a carruagem para Arba e depois do almoço partimos para o sul, sem nenhum objectivo específico além de encher os nossos pulmões de ar puro e renovar o austero arroubo de dormir no chão e observar as estrelas, serenamente silenciosas acima de nós, até à face do sono, beijando os nossos olhos, as esconder de nós em seu pesado e sagrado cabelo. No dia 21 chegámos a Aumale, após duas noites a céu aberto e outra num casebre que parecia tão estafado por conta da sua luta sisifiana de pretender ser um hotel.

Não consigo imaginar por que razão ou como a ideia me ocorreu. Talvez por acaso eu tivesse na minha mochila um dos meus mais antigos cadernos mágicos, onde eu tinha copiado com infinita paciência os Dezanove Apelos ou Chaves obtidos por Sir Edward Kelly, a partir de certos anjos, e escrito, a partir do seu ditado, pelo astrólogo da Rainha Elizabeth com quem ele estava a trabalhar. O sexto livro dos seus trabalhos mágicos foi traduzido por Casaubon e é uma das poucas obras genuínas e interessantes de Magia de qualquer período. Grande parte do seu trabalho ainda desafia a explicação, embora eu e Frater Semper Paratus, um Adeptus Major da A∴A∴, tenhamos dispendido muito tempo e pesquisa sobre isto e tenhamos esclarecido muitos pontos obscuros.

O facto que caracteriza este trabalho como sincero é o seguinte: mais de cem quadrados cheios de letras foram obtidos—de uma maneira que ninguém entendeu bem. Dee teria uma ou mais destas tabelas (como regra, 49x49), algumas completas, outras com letras apenas em quadrados alternados, diante dele numa escrivaninha. Kelly sentar-se-ia no que eles chamavam de Mesa Consagrada e olharia para uma "shew-stone"[91], a qual, com alguns dos talismãs sobre a mesa, pode ser vista no museu Britânico. Kelly veria um anjo na "shew-stone", o qual apontaria com um ceptro para as letras num destes gráficos em sucessão. Kelly relataria: "Ele aponta para a coluna 6, fila 31" e assim por diante, aparentemente sem mencionar a palavra, a qual Dee encontrava e anotava a partir da "mesa" antes dele. Isto parece implicar que Kelly não sabia que palavras seriam formadas. Se ele fez, devemos supor que ele sabia a posição de cada uma das 2.401 letras em cada uma das tabelas, o que parece uma realização um pouco surpreendente. Quando o anjo tinha terminado, a mensagem era reescrita de trás para frente. (Isto tinha sido ditado em sentido inverso como sendo perigoso demais para se comunicar frontalmente—cada palavra sendo tão poderosa na sua natureza que a sua comunicação directa teria evocado forças que não eram desejadas naquele momento.)

Sendo estas Chaves ou Apelos reescritos de trás para a frente, apareceram conjurações num idioma que eles chamavam de "Enochian" ou Angélico. Não é um jargão; tem uma gramática e sintaxe próprias. É muito mais sonoro, imponente e impressionante do que o Grego ou o Sânscrito, e a tradução para o Inglês, embora em pontos difíceis de entender, contém trechos de uma sustentada sublimidade que Shakespeare, Milton e a Bíblia não superam. Condenar Kelly como um fraudulento charlatão—a visão aceite—é simplesmente estúpido. Se ele inventou o Enoquiano e compôs esta soberba prosa, ele era na pior das hipóteses um Chatterton com cinquenta vezes aquela engenhosidade do poeta e quinhentas vezes o seu génio poético.

> Podem as Asas do Vento entender as tuas vozes de Portento? Oh! o segundo do Primeiro! O qual as chamas ardentes têm emoldurado na profundidade dos meus Tubarões! O qual eu tenho preparado como copos para um casamento, ou como flores em sua beleza para a câmara de Rectidão! Mais fortes são os teus pés

---

91 N.T.: "bola de cristal"; "pedra obsidiana"; "objecto reflectivo"; "espelho de observação"

do que a pedra estéril; e mais poderosas são as tuas vozes do que os múltiplos ventos! Pois tu vens a ser um edifício tal como não o é, salvo na Mente do Todo-Poderoso.
(Segunda chave)

Eu prefiro julgar Kelly a partir disto, e não do escândalo de pessoas a quem qualquer Mágico, assim sendo, cheirava a enxofre. Se, por outro lado, Kelly não escreveu isto, ele pode, naturalmente, ter sido um comum salafrário ignorante, cuja anormalidade era uma faculdade para ver e ouvir sublimidades, tal como um ladrão ou um homem de negócios poderia descrever a St Paul's Cathedral muito melhor do que o deão.

Há dezanove destas Chaves: as duas primeiras conjurando o elemento chamado Espírito; as dezasseis seguintes invocam os quatro Elementos, cada uma subdividida em quatro; a décima nona, mudando dois nomes, pode ser usada para invocar qualquer um dos que são chamados de os trinta "Aethyrs" ou "Aires". O que são estes é difícil de dizer. Num sítio, é-nos dito que eles são "Domínio estendendo-se em círculos cada vez mais amplos sem e além das Torres de Vigia do Universo", estas Torres de Vigia compondo um cubo de magnitude infinita. Noutros sítios, nós descobrimos que os nomes dos anjos que os governam estão contidos nas próprias Torres de Vigia; mas (desencantamento mais desconcertante!) eles são identificados com vários países do globo, Estíria, Ilíria, etc., como se *aire* simplesmente significasse *clime*[92]. Eu sempre mantive a primeira definição. Suspeito que Kelly achasse Dee insuportável às vezes, com a sua piedade, pedantismo, credulidade, respeitabilidade e falta de humor. Eu poderia entender que ele irrompesse e zombasse do velho jorrando absurdos.

A genuinidade destas Chaves, completamente à parte de qualquer observação crítica, é garantida pelo facto de que qualquer um com a menor capacidade para Magick descobre que elas funcionam. Provar "The Cenci"[93] ter sido maquinado por Hogg e concluir que Hogg era por isso um pernicioso, bem; mas não se tente argumentar que, Hogg não sendo um poeta, *The Cenci* deva ser disparate. Eu tinha usado muito estas Chaves e sempre com excelente efeito. No México pensei que descobriria por mim mesmo o que os Aethyrs realmente eram, invocando-os, por sua vez, por meio da décima nona Chave e, perscrutando na visão espiritual, julgando a natureza deles pelo que vi e ouvi. Eu investiguei as duas primeiras Chaves nos dias 14 e 17 de Novembro de 1900. "The Vision and the Voice" era de carácter misterioso e fantástico. O que eu vi não estava além da minha experiência anterior, mas o que ouvi foi tão ininteligível para mim quanto Blake para um Baptista. Fiquei encorajado pela evidente importância destes resultados, mas descobri que não podia mais forçar-me a ir para o vigésimo oitavo Aethyr, caso contrário ter-me-ia atirado de um penhasco. Eu aceitei a rejeição; mas, enquanto descartava o assunto da minha mente, consegui preservar o registo durante as minhas andanças. Eu não pensara em continuar este trabalho durante quase nove anos; mas em Aumale, subitamente, uma mão bateu forte o seu clarão no meu coração, e eu soube que agora, naquele mesmo dia, eu deveria retomar "The Vision and the Voice" a partir do ponto em que eu o estabelecera.

Nós adequadamente comprámos vários cadernos e, depois do jantar, eu invoquei o vigésimo oitavo Aethyr por meio da décima nona Chave. Quando chegámos a compará-lo com os do vigésimo nono e trigésimo Aethyrs, nós descobrimos que isto exibia as mesmas peculiaridades de assunto e estilo. Isto é verdadeiro também sobre o vigésimo sétimo Aethyr, e de tal modo para o vigésimo quarto, há ainda um avanço contínuo em direcção à coerência, tanto em cada próprio Aethyr quanto em relação

---

92 N.T.: região
93 N.T.: peça de teatro escrita por Percy Bysshe Shelley

ao seu vizinho. O assunto mostra progressiva solenidade e sublimidade, bem como tendência para se encaixar com as concepções do cosmos, aquelas leis místicas da natureza, e aquelas ideias de verdade transcendental que já tinham sido prefiguradas em *O Livro da Lei* e o mais exaltado dos meus êxtases.

A dedução não é a de que a minha individualidade estivesse a influenciar o carácter da visão cada vez mais à medida que eu andava, por assim dizer, a passos largos, pois a interpretação da minha Obra Argelina deixava claro o significado dos oráculos absolutamente obscuros obtidos no México. Tornou-se evidente, de facto, que o que me deteve em 1900 foi simplesmente que o meu Grau não me dava o direito de ir além do vigésimo nono. Foi-me dito, de facto, que apenas um Mestre do Templo pode penetrar além de um certo ponto. É claro que qualquer um poderia usar a Chave para qualquer Aethyr que escolhesse, mas ele não teria nenhuma visão ou expor-se-ia à decepção, e essa provavelmente do tipo mortalmente perigoso.

> Deus nunca se afastou tanto do homem, e nem mesmo lhe envia novos caminhos, como quando ele faz ascensão a especulações divinas ou trabalha de maneira confusa ou desordenada, e como tal acrescenta, com lábios profanos, ou pés não lavados. Para aqueles que são assim negligentes, o progresso é imperfeito, os impulsos são vãos, e os caminhos são escuros. (*Zoroastro*)

Eu solenemente aviso ao mundo que, embora a coragem seja a primeira virtude do Mágico, a precipitação presunçosa e imprudente não tem mais conexão com isto do que uma caricatura do ex-Kaiser com Júlio César. É composta parcialmente de falso orgulho motivado por amor-próprio e insegurança; parcialmente pelo insano impulso que a extremidade do medo excita. Há muitos *V.C.'s* [94] que ganharam a cruz, não "for valour"[95] mas por falta de autocontrolo sobre a sua crise de cobardia. A disciplina automaticamente tornou impossível fugir; a única saída era precipitarem-se e fazerem o que os inatos instintos deles sugerissem. Conheço dois *V.C's* que não têm memória do acto que lhes rendeu a cruz.

Similar psicologia frequentemente faz jovens Mágicos esquecerem que *ousar* deve ser apoiado por *ter vontade* e *saber,* sendo todos os três governados por *manter silêncio.* Cujo último significa muitas coisas, mas acima de tudo para se controlar a si próprio de que cada acto é feito silenciosamente; qualquer perturbação significa falta de jeito ou irreflexão. O soldado pode não ser atingido quando ele carrega o seu companheiro ferido através do fogo de barragem, mas não há sorte em Magick. Nós trabalhamos num mundo fluido, onde cada momento é compensado de uma só vez. Luz, som e electricidade podem ser desligados, e de tal modo os efeitos do pensamento humano, fala e acção podem desviar ou retardar a acção deles, mas a Magick, tal como a gravitação, não conhece obstáculos. É verdade que se pode levantar uma flor caída do chão e mantê-la sobre uma mesa; mas as forças estão em trabalho o tempo todo, e a acção tem sido completamente compensada pela redistribuição das tensões em cada objecto material em todo o universo, pela mudança do centro de gravidade do cosmos, enquanto os meus músculos oscilam de um estado de equilíbrio para outro, e a flor exerce as suas energias a partir do mogno em vez da carpete.

Presunção em Magick é, portanto, certamente punida—com rapidez e justiça. O erro é um dos piores porque atrai todas estas forças que, sendo elas mesmas fracas, tornam-se malignas pela dor e encontram o seu principal refrigério ao extrair isto de qualquer um que sintam que podem intimidar. Pior ainda, a histérica expansão do ego significa a mais profunda possível traição à verdade. Isto convida a obsessão de cada

---

94 N.T.: Cruz Vitória
95 N.T.: "por bravura"

demónio enganador. Eles ensoberbecem ainda mais o orgulho do tolo; eles bajulam cada ponto fraco, exortam-no a actos do tipo mais ridículo, induzem-no a falar a mais delirante ridicularia e ensinam-lhe a considerar-se o maior homem do mundo—ná, não um homem, mas um deus. Ele classifica cada fiasco como um sucesso, toma cada ninharia como um sinal da sacrossanta soberania dele ou da malícia do inferno cujos cães de caça têm sido reunidos para martirizá-lo. A megalomania dele oscila da exaltação maníaca à melancolia, com delírios de perseguição.

Eu tenho visto vários casos exactamente deste tipo causados por um erro aparentemente tão trivial como o descuido em consagrar o Círculo para uma evocação de um espírito inferior; reivindicar um Grau na Ordem sem ter a certeza de ter passado todos os testes perfeitamente em todos os pontos; presumindo instruir um noviço no seu trabalho antes de se tornar um neófito; omitindo pontos essenciais do ritual como incómodas formalidades; ou até mesmo dando desculpas para erro do tipo pelo qual um homem se convence de que as suas faltas são realmente devidas ao excesso dos seus méritos.

Eu lembro-me dum homem que atribuía a sua incapacidade de executar Asana apropriadamente à sua excepcional energia física. O seu corpo, dizia ele, era dotado com tanta força que ele deveria ser destinado a movê-lo—estava tudo muito bem para os homens comuns tentarem ficar parados, mas para ele era claramente uma noção desnatural. Cinco anos depois, ele disse-me que se tornara o homem mais forte do planeta e implorou-me para esvaziar o meu revólver no seu peito se eu não me importasse que as balas ricocheteassem e quebrassem as minhas janelas. Eu poupei as minhas janelas; além disso, detesto limpar o meu revólver. Ele então ofereceu-se para me levar para baixo e vê-lo a carregar um motor de carro e a descer a estrada com isto. Eu disse-lhe que sabia que ele poderia fazer isto e não o insultaria pedindo provas. Ele foi embora, cabriolando e ronronando. No dia seguinte eu tinha um cartão postal dele e adivinhei, a partir das instáveis convulsões dele, qual era o tema. Condizia com a conversa dele. Um mês se passou, então ouvi dizer que ele tinha sido diagnosticado como sofrendo de paralisia geral do demente. O homem que fora escolhido do rebanho por esplendor de força não conseguia mover um músculo; ele rolava de um lado para o outro com ritmo regular. O homem que se vangloriava não mais podia falar; ele proferia um longo uivo monótono, dificilmente variando por uma nota, hora após hora.

São estes casos que me mantêm constantemente alerta contra ser "orgulhoso demais para lutar"—ou para varrer o chão, se chegar a esse ponto. O meu Grau como um mago da A∴A∴, o meu ofício como o Logos do Aeon, o Profeta escolhido para proclamar a Lei que determinará os destinos deste planeta por uma época, isola-me em certo sentido, coloca-me numa classe que contém apenas outros sete nomes em toda a história humana. Nenhuma possível consecução pessoal poderia ter feito isto. Existem incontáveis iniciados, especialmente na Ásia, que têm escalado o próprio cume no alcance do sucesso espiritual. Eu deveria inquestionavelmente ter ficado louco de satisfação com o cumprimento das minhas maiores aspirações tendo sido concedido para mim tão superlativamente além da imaginação concebida, mas por (como eu disse anteriormente) "meu senso de humor e meu bom senso".

Eu nunca me deixei esquecer das rochas que me têm desconcertado: a Coolin Crack em Beachy Head (maldição!), o caminho directo até ao Deep Ghyll Pillar (esconjuro!), a face leste do Dent Blanche (praga!). Eu raramente me emplumo na minha poesia, a não ser que eu esteja muito deprimido. Eu prefiro debruçar-me sobre a minha ignorância de vários assuntos—uma lista bastante inexaurível; e sobre a superficialidade do meu conhecimento de alguns dos quais eu sei pouco. Eu medito sobre os meus erros ao lidar com a humanidade, a minha inocência das mais óbvias características deles. A minha simplicidade é tal que muitas vezes me pergunto se não sou ingénuo. Em praticamente todos os assuntos em que homens que mal conseguem ler, e certamente nunca leram um livro que valha a pena ler, entendem com cada parte das suas mentes melhor do que eu entendo com qualquer parte da minha mente, mesmo no que eu tenho estudado com transpiração, à custa de vista, sono e digestão.

Esta digressão tem sido permissível por causa da sua pertinência para a minha iniciação Argelina. Eu posso agora retomar a narrativa.

O meu método de obter "A Visão e a Voz" era o seguinte: eu tinha comigo um grande topázio dourado (colocado numa cruz do Calvário de seis quadrados, feitos de madeira, pintada de vermelhão), gravado com uma cruz Grega de cinco quadrados carregados com a rosa de quarenta e nove pétalas. Eu seguro isto na minha mão como regra. Depois de escolher um lugar onde eu provavelmente não seria perturbado, eu pegaria nesta pedra e recitaria a chave Enoquiana, e, depois de me certificar de que as forças invocadas estavam realmente presentes, faria o topázio desempenhar um papel não muito diferente daquele do espelho no caso de *Alice*.

Eu aprendera a não me incomodar em viajar no corpo astral para qualquer lugar desejado. Percebi que o espaço não era uma coisa em si, meramente uma categoria conveniente (uma entre muitas outras) por referência à qual podemos distinguir os objectos uns dos outros. Quando digo que estava em qualquer Aethyr, quero dizer simplesmente no estado característico e peculiar da sua natureza. Os meus sentidos receberiam, assim, as impressões subtis que eu os treinara para registar, tornando-me assim cognoscente dos fenómenos daqueles mundos como os homens comuns deste. Eu descreveria o que via e repetiria o que ouvia e o Frater O.V. anotaria as minhas palavras e incidentalmente observaria qualquer fenómeno que lhe parecesse peculiar. (Por exemplo: às vezes eu passava num transe profundo de modo que muitos minutos poderiam decorrer entre duas sucessivas sentenças.)

Tais observações podem ser desdenhosamente descartadas como imaginárias; mas tendo já mostrado que todo o conhecimento é igualmente uma ilusão, o pensamento não é inibição. No entanto, existem diferentes graus de falsidade e métodos críticos que são válidos dentro da sua capacidade. Por conseguinte, nós confiamos na nossa experiência de perspectiva para corrigir a crua declaração da nossa visão de que a casa mais distante numa rua suburbana é menor de várias maneiras. Eles também podem verificar as nossas visões de várias maneiras. Eles devem ser coerentes e consistentes consigo mesmos; eles não devem contradizer as conclusões de outras experiências cujos fundamentos são idênticos; e antes de admitirmos que eles possuem algum valor, eles devem aumentar o nosso conhecimento de maneira a convencer-nos na vida quotidiana de que o nosso interlocutor era um indivíduo diferente de nós mesmos, e a informação dele verificável tal como não poderíamos ter obtido de outra forma. Pode parecer que tais condições nunca poderiam ser cumpridas, mas é muito fácil formulá-las, e tais visões como estas em discussão estão cheias de evidências internas da sua autenticidade.

Deixa-me dar um exemplo. O Anjo do vigésimo sétimo Aethyr disse: "A palavra do Aeon é MAKHASHANAH." Eu imediatamente desacreditei-o; porque eu sabia que a palavra do Aeon era, pelo contrário, ABRAHADABRA. A averiguação pela Santa Cabala mostrou-me então que as duas palavras tinham o mesmo valor numérico, 418. O aparente equívoco era, portanto, uma prova absoluta de que o Anjo estava certo. Se ele me tivesse dito que a palavra era ABRAHADABRA, eu nada disto teria pensado, argumentando que a minha imaginação pudesse ter colocado as palavras na boca dele.

Deixa-me ilustrar a força de tal prova pela analogia material. Supõe que eu receba um telegrama, assinado por Jobson (meu advogado): "Sua casa foi incendiada." Se eu já sei disto segundo o caseiro, Jobson está meramente confirmando um facto conhecido do qual ele e muitos outros podem estar cientes. O telegrama pode ter sido forjado. Igualmente, se eu não ouvi de outras fontes, ou se eu ouvi, ao contrário, que tudo está bem, o telegrama não comporta convicção; estabelece um caso *prima facie*[96] para investigação: não mais. Mas se tal averiguação confirma o telegrama, torna-se provável que Jobson realmente o tenha despachado, embora não com completa certeza; com escassez de o ver pessoalmente, a genuinidade da mensagem é somente uma presunção.

Supõe, no entanto, que eu leia "Londres foi incendiada. Jobson." A afirmação é incrível tal como está. Jobson e eu, todavia, temos um entendimento secreto, conhecido por mais ninguém, que qualquer nome próprio nas nossas comunicações deve representar algo mais, detectável tomando a=1, b=2, e assim por diante, dando assim um número cujo significado é estar vinculado num código, em que cada item da minha propriedade representa um número. Ele nunca antes usara a palavra "Londres". Eu somo, consulto o código e aprendo que Londres deve significar a minha casa. Agora, se eu já ouvi as notícias ou não, e mesmo se a investigação provar que a informação é falsa, posso pelo menos ter certeza de que o próprio Jobson, e mais ninguém, foi o autor, se, em complemento, tal se revelar verdadeiro, eu posso ter a certeza de que, neste ponto, o conhecimento dele excede o meu. Supõe, então, que o telegrama prossiga para me informar de uma série de outros temas que não tenho meios imediatos de verificação. Eu entretanto serei justificado ao assumir a sua autenticidade e ao agir de acordo com o aviso, justamente na medida em que confio na integridade e capacidade de Jobson.

Tal é um dos métodos mais simples de crítica dos dados proporcionados por visões. Um caso isolado não precisa de convencer ninguém completamente, e seria ridículo argumentar a partir de um único teste, embora impressionante, que todas as comunicações alegando vir da mesma fonte devem ser genuínas e autoritárias. É o efeito cumulativo de repetidos testes durante um período de anos que dá confiança. Aliás, adquire-se por experiência a faculdade de saber por instinto se qualquer dada visão ou som é genuíno; tal como se aprende a reconhecer o estilo de um escritor ou pintor, de modo que as mais plausíveis imitações deixam de enganar, por mais difícil que seja dizer em tantas palavras o que parece suspeito.

Ora, *O Livro da Lei* assegura-se por uma tão intimamente entrelaçada teia de evidências internas de todo tipo, a partir de provas Cabalísticas e matemáticas, e daquelas que dependem de eventos futuros e factos similares, inegavelmente além do poder humano de predizer ou de produzir, isso é único. Estando os trinta Aethyrs, contudo, somente em segunda importância, embora muito distantes, para aquele Livro, os Senhores da Visão esforçaram-se para fornecer evidência interna, mais do que amplamente suficiente para que as revelações ali contidas possam ser consideradas confiáveis. Sem dúvida, a prova parece mais forte para mim do que para qualquer outra pessoa, porque só eu sei exactamente o que aconteceu; também porque muitas passagens referem-se a assuntos pessoais para mim, de modo que só eu posso apreciar plenamente os encaixamentos. Igualmente, um homem nunca pode provar a um outro a grandeza de Shelley tão plenamente quanto ele próprio a sente, já que a sua certeza depende em parte das relações secretas e incomunicáveis do poeta com as próprias idiossincrasias

---

96 N.T.: à primeira vista; aparentemente correcto até prova em contrário

individuais dele.

Admito que as minhas visões nunca podem significar para outros homens tanto quanto elas significam para mim. Eu não me arrependo disto. Tudo o que eu peço é que os meus resultados convençam os buscadores da verdade de que existe, sem dúvida, algo que vale a pena buscar, exequível por métodos mais ou menos parecidos com os meus. Eu não quero ser padre de um rebanho, não quero ser um fetiche de tolos e fanáticos, ou o fundador de uma fé cujos seguidores se contentam em ecoar as minhas opiniões. Eu quero que cada homem faça o seu próprio caminho através da selva.

Nós caminhámos firmemente até Bou Saâda, invocando os Aethyrs um a um, em horários e locais convenientes, ou quando o espírito me movia. Como regra, nós fizemos um Aethyr em cada dia. Chegámos a Bou Saâda no dia 30 de Novembro; no dia 8 de Dezembro começámos através do deserto para Biskra, à qual chegámos no dia 16 de Dezembro, completando o trabalho no décimo nono dia. As nossas aventuras serão contadas mais tarde.

Quando alcancei Bou Saâda e cheguei ao vigésimo Aethyr, eu comecei a entender que estas visões eram, por assim dizer, cosmopolitas. Elas colocavam todos os sistemas de doutrina mágica numa relação harmoniosa. O simbolismo dos cultos Asiáticos; as ideias dos Cabalistas, Judeus e Gregos; os arcanos dos gnósticos; o panteão pagão, desde Mitra a Marte; os mistérios do antigo Egipto; as iniciações de Elêusis; Saga escandinava; Ritual Céltico e Druídico; Tradições Mexicanas e Polinésicas; o misticismo de Molinos[97] não menos do que o do islão, caíam nos seus lugares apropriados sem a menor tendência para altercar. Todo o passado Aeon aparecia em perspectiva e cada elemento disso entregava a sua soberania a Hórus, a Coroada e Conquistadora Criança, o Senhor do Aeon anunciado em *O Livro da Lei*.

Estas visões, portanto, cristalizaram em forma dramática a conclusão teórica que os meus estudos de comparativa religião me tinham conduzido a adumbrar. A complexidade de todo o vasto assunto resolveu-se em brilhante simplicidade, eu vi com os meus próprios olhos e ouvi com os meus próprios ouvidos a verdade em termos de Tempo. Eu compreendi directamente que a fórmula de Osíris necessariamente assumia todos os tipos de formas aparentemente incompatíveis, uma vez que era aplicada a diferentes condições de raça, clima e condições similares. Vi também que Hórus poderia reconciliar todas as religiões, sendo possível agora que todos os países concordassem com alguns princípios fundamentais. A ciência praticamente tinha conduzido o preconceito para o escuro. Fé era pouco mais do que um dito que não mais influenciava opinião ou acção. Eu vi a minha maneira de combinar alguns simples princípios científicos incontroversos numa Lei que permitiria as mais elevadas aspirações buscarem satisfação nas esferas espirituais, os instintos religiosos realizarem a sua sublimidade através do ritual, e auxiliar a mente científica a ver que mesmo o conceito mais materialista do cosmos era, em última instância, místico, embora a mente pudesse ser meramente uma função da matéria, ainda que a matéria pudesse igualmente ser representada como uma manifestação da mente. A sequência mostrará como eu me saí nesta ambiciosa aventura.

Além disso, eu fiquei subtilmente ciente de que esta Obra era mais do que a impessoal exploração que eu tinha pretendido fazer, senti que uma mão estava segurando o meu coração, que um sopro sussurrava palavras numa língua estranha cujos acentos ainda eram horríveis em si mesmos e como que encantamentos abrangendo a minha essência com uma energia poderosa a trabalhar na minha vontade em algum inescrutável modo. Comecei a sentir-me—bem, não exactamente assustado; era a subtil tremura

---
97 N.T.: Quietismo

de uma donzela diante do noivo. O meu ardor aumentava com cada visão e cada visão se tornava mais intensa e mais íntima. Eu fortifiquei-me por práticas mágicas. Por duas ou três vezes eu achara difícil entrar no Aethyr; havia obstáculos que eu entendi que não deveriam serem passados pelo profano. A progressiva sublimidade e solenidade fez-me tremer, com receio de que eu não fosse digno de contemplar os mistérios que assentam no futuro.

Então eu consagrei-me recitando este capítulo[98] do Alcorão:
> Qul: huwa Allahu ahad; Allahu alssamad; lam yalid walam yulad; walam yakun lahu kufwan ahad[99]

Dizia mil e uma vezes por dia durante a marcha, prostrando-me depois de cada repetição. O esforço físico deste exercício sob o sol escaldante enquanto eu marchava, milha após milha, através dos empoeirados, pedregosos e ofuscantes trechos da estéril solidão, era muito severo; mas a exaustão do meu corpo e a dor da minha amotinada mente, enquanto eu subjugava isto à submissão com o chicote do mantra, prepararam-me para o momento de invocar o Aethyr. A minha parte espiritual nada tinha a temer da garrulice da mente, a qual eu tinha empenhado em estúpido dever.

No décimo nono Aethyr apareceu um Anjo que se revelou como nomeado para me conduzir pessoalmente através da iniciação designada. Na época, eu mal entendia isto. Eu não podia imaginar que o meu progresso pessoal pudesse ter qualquer conexão com o que eu ainda supunha ser fenómenos puramente objectivos; mas no décimo oitavo Aethyr o Anjo preparou-me cerimoniosamente para a cerimónia. No décimo sétimo, o completo significado mágico do equilíbrio foi esclarecido para mim. "Movimento sobre um ponto é iniquidade", "Fôlego é iniquidade" e "Torção é iniquidade". Eu entendi que qualquer perturbação (que torna a manifestação possível) implica deviação da perfeição. É por esta razão que a minha individualidade (que me distingue de todos os outros seres) envolve a ideia de injustiça. Portanto, para penetrar além do Abismo, onde a iniquidade não pode existir, a minha individualidade pessoal deve ser aniquilada. O décimo sexto Aethyr mostrou-me como isto poderia ser feito. O meu ser deve ser dissolvido naquele do infinito. Isto foi simbolizado pela destruição do Demiurgo, sendo ele o criador da diversidade. Sendo ele destruído, foi-me mostrada uma imagem do meu verdadeiro eu; e esse eu desapareceu, absorvido numa virgem. Isto disse-me que o clímax do meu amor pelo infinito era identificação ali.

No décimo quinto Aethyr, a visão definitivamente tomou forma como uma cerimónia de iniciação. Fui examinado por uma assembleia de adeptos e o meu direito aos Graus da Segunda Ordem foi admitido. Foi-me então permitido ter direito ao Grau de Bebé do Abismo e de Mestre do Templo. Eles continuaram o exame e recusaram-se a aceitar-me como Mago. Eles então instruíram-me em vários assuntos e fizeram-me efectuar certas preparações para a visão seguinte.

Na tarde do dia 3 de Dezembro invoquei o décimo quarto Aethyr. Aqui estava um véu tão preto e espesso que eu não conseguia atravessar. Eu arranquei camada após camada com desesperado esforço, enquanto nos meus ouvidos badalava uma voz solene. Falava de mim como morto.

> E eu ainda continuo, lutando com a escuridão. Agora há um terremoto. O véu é rasgado em milhares de pedaços que vão voando num vento giratório. E há um Anjo todo-glorioso diante de mim, permanecendo no sinal de Apófis e Tifão. Na testa dele está uma estrela, mas tudo acerca dele é escuridão, e o pranto de bestas. E há lâmpadas movendo-se na escuridão.

---

98 N.T.: surata
99 N.T.: Dize: Ele é Alá, o Único; Alá, o absoluto; jamais gerou ou foi gerado; e ninguém é comparável a Ele

E o Anjo diz: Sai! Pois tu deves evocar-me somente na escuridão. Lá aparecerei e revelar-te-ei o mistério de UTI. Porque o Mistério disso é grande e terrível. E não deve ser falado à vista do sol.

Eu devo explicar que nós tínhamos escalado Da'leh Addin, uma montanha no deserto, conforme ordenado pelo Anjo na noite anterior. Eu no momento retirei-me do Aethyr e preparei-me para voltar à cidade. De repente veio o comando para realizar uma cerimónia mágica no cume. Por conseguinte, nós apanhámos pedras soltas e construímos um grande círculo, inscrito com as palavras de poder; e no meio erigimos um altar e ali me sacrifiquei. O fogo do sol que tudo vê desabou sobre o altar, consumindo totalmente todas as partículas da minha personalidade. Sou obrigado a escrever em hieróglifo sobre este assunto, porque diz respeito a coisas de que é ilegal falar abertamente sob pena do mais terrível castigo; mas posso dizer que a essência da questão era a de que eu até então tinha-me apegado a certas concepções de conduta que, embora perfeitamente apropriadas do ponto de vista da minha natureza humana, eram impertinentes para a iniciação. Eu não podia atravessar o Abismo até que as arrancasse do meu coração.

Não me lembro de nada do meu retorno a Bou Saâda. Havia um animal no território selvagem, mas não era eu. Todas as coisas tornaram-se semelhantes; todas as impressões eram indistinguíveis. Só me lembro de me ter encontrado na cama, como se tivesse saído de alguma catástrofe que apagara, em toda a escuridão, todos os vestígios de memória. Quando vim a mim, vi-me mudado. Eu sabia quem eu era e todos os eventos da minha vida; mas eu não mais me tornei o centro da esfera deles ou do seu padrão pelo qual eu media o universo. Foi uma repetição da minha experiência de 1905, mas muito mais real. Não admiti meramente que eu não existia, e que todas as minhas ideias eram ilusórias, vazias e insanas. Eu senti estes factos como factos. Era a diferença entre o conhecimento e a experiência do livro. Parecia incrível que eu alguma vez tivesse imaginado que eu ou qualquer outra coisa tivesse alguma relevância um no outro. Todas as coisas eram parecidas como sombras atravessando a superfície imóvel de um lago—as imagens delas não tinham significado para a água, nenhum poder para agitar o seu silêncio.

Às dez menos dez voltei para o Aethyr. Eu fui instantaneamente obscurecido na escuridão. O meu Anjo sussurrou as palavras secretas por meio das quais se participa nos Mistérios dos Mestres do Templo. Logo os meus olhos viram (o que primeiramente pareciam formas de rochas) os Mestres, velados em imóvel magnificência, envoltos em silêncio. Cada um era exactamente igual como o outro. Então o Anjo fez-me entender aonde a minha aspiração me levava: todos os poderes, todos os êxtases terminavam nisto—entendi eu. Ele então disse-me que no momento o meu nome era Nemo, sentado entre as outras formas silentes na Cidade das Pirâmides sob a Noite de Pan; aquelas outras partes de mim que eu tinha deixado para sempre abaixo do Abismo devem servir como um veículo para as energias que foram criadas pelo meu acto. A minha mente e o meu corpo, privados do ego a que até então haviam obedecido, estavam agora livres para se manifestarem de acordo com a sua natureza no mundo, para se dedicarem a ajudar a humanidade na sua evolução. No meu caso, eu era para ser lançado na Esfera de Júpiter. A minha parte mortal era para ajudar a humanidade pelo trabalho Jupiteriano, governando, ensinando, criando, exortando os homens a aspirar a tornarem-se mais nobres, santos, dignos, superiores, mais gentis e mais generosos.

Finalmente, "Cinquenta são os portões da compreensão e cento e seis são as estações disso, e o nome de cada um deles é Morte". Eu entendo isto como significando que

Aleister Crowley morreria no final deste período. O evento tem mostrado que isto referia-se à minha obtenção do Grau de Mago, pois isto aconteceu no exacto momento aqui predito.

O décimo terceiro Aethyr explica o trabalho que um mestre do templo deve fazer. Ele está escondido debaixo da terra e cuida do seu jardim. Estes jardins são de muitos tipos, mas em todos os casos ele trata as raízes das flores de várias maneiras. Cada flor dá à luz uma donzela, salvo uma, da qual vem um varão que será Nemo posteriormente. Nemo não deve procurar saber que flor é esta. Ele deve cuidar do seu jardim com absoluta imparcialidade.

O décimo segundo Aethyr descreve a Cidade das Pirâmides, cuja rainha é chamada BABALON, a Mulher Escarlate, em cuja mão está uma taça cheia do sangue dos santos. O êxtase dela é alimentado pelos desejos que os Mestres do Templo derramam dos seus corações por ela. Neste simbolismo existem muitos mistérios dissimulados. Um é o de que, se uma única gota de sangue for retida da taça dela, isto apodrece o ser abaixo do Abismo e vicia todo o curso da carreira do adepto.

No décimo primeiro Aethyr é mostrada a fortaleza na fronteira do Abismo, com os seus guardiões guerreiros. Eu pensara que o meu ordálio terminara. Mas não! Eu inopinadamente fui confrontado com o facto de que tinha de atravessar o Abismo conscientemente, compreendendo a sua natureza; porque quando o atravessei não havia em mim nenhum poder para perceber. Eu não sabia mais do que isto—uma ideia negativa—que o seu poder era dissipar-me totalmente em pó. Ora sendo convidado a atravessá-lo conscientemente, eu perguntei ao Anjo: "Não há um designado como guardião?" Eu queria dizer o meu Santo Anjo da Guarda, por cujo Conhecimento e Conversação eu havia abandonado tudo. A resposta: "*Eloi, Eloi, lamma sabacthani*"[100]. Eu sabia que até mesmo o meu mais sagrado, o meu mais íntimo ser, poderia não me proteger das funestas abominações do Abismo.

Nós, por conseguinte, mudámos o nosso procedimento mágico. Fomos para longe da cidade, para uma cavidade entre as dunas. Ali fizemos um círculo para proteger o escriba e um triângulo onde o Abismo poderia manifestar-se razoavelmente. Matámos três pombos, um em cada Ângulo, para que o sangue deles pudesse ser uma base onde as forças do mal pudessem construir os seus próprios corpos.

O nome do Morador do Abismo é Choronzon, mas ele não é realmente um indivíduo. O Abismo é vazio de ente; está preenchido com todas as formas possíveis, cada uma igualmente inane, cada uma delas, portanto, maligna no único sentido verdadeiro da palavra—isto é, sem sentido, mas maligna, na medida em que anseia por se tornar real. Estas formas torvelinham insensatamente em aleatórios montões, como diabos de poeira, e cada tal oportunidade de agregação afirma-se como um indivíduo e grita, "Eu sou eu!", embora ciente o tempo todo de que os seus elementos não têm verdadeiro vínculo; de modo que o menor distúrbio dissipa a ilusão, justamente como um cavaleiro, encontrando um diabo de poeira, trá-lo em chuveiradas de areia para a terra.

Choronzon apareceu em muitas formas físicas para Omnia Vincam[101], enquanto eu morava distante no meu manto mágico com o capuz puxado sobre o meu rosto. Ele tomou a forma de mim mesmo, de uma mulher que Neuburg amou, de uma serpente com uma cabeça humana, etc. Ele não podia pronunciar a palavra do Abismo, porque não há palavra; a sua voz é o insano balbucio de uma multitude de desatinadas ejaculações[102]; no entanto, cada forma falava e agia como se arremedasse o seu

---

100 N.T.: Deus meu, Deus meu, por que me abandonaste?"
101 N.T.: lema mágico ou apelido mágico de Neuburg—"Eu conquistarei tudo"
102 N.T.: ejaculações discursivas

modelo. O principal objectivo dele era induzir O.V. a sair do círculo, ou invadir este; de modo a obcecá-lo, para viver na vida dele. O.V. tinha muitas estreitas escapatórias, e uma vez Choronzon fez um longo discurso a um grande ritmo para manter O.V. tão ocupado a anotar isto que ele não notaria que a areia estava a ser lançada do Triângulo a fim de obliterar o Círculo. A torrente de obscena blasfémia estava além do poder dele para continuar, sendo impossível a concentração. Tornou-se uma incoerente série de gritos; então subitamente, talvez captando a ideia da mente de O.V., o demónio começou a recitar "Tom o' Bedlam".[103]

Havia agora uma brecha no Círculo; e Choronzon, na forma de um selvagem nu, irrompeu e atacou O.V. Ele lançou-o na terra e tentou arrancar a garganta dele com os colmilhos cobertos de baba. O.V. invocou os nomes de Deus e atacou Choronzon com a Adaga Mágica. O demónio ficou intimidado por esta corajosa conduta e retorceu-se de volta para dentro do Triângulo. O.V. então consertou o Círculo; Choronzon retomou os seus desvarios, mas não pôde continuar. Ele mudou mais uma vez para a forma da mulher que O.V. amava, e aplicou toda a sedução. O.V. manteve as suas armas e o diálogo tomou outras formas. Ele tentou abalar a fé de O.V. em si mesmo, o seu respeito por mim, a sua crença na realidade da Magick, e assim por diante. Por fim, toda a energia latente no sangue dos pombos foi esgotada pelos sucessivos fantasmas, de modo que isto já não era capaz de dar forma às forças evocadas. O Triângulo estava vazio.

Durante todo este tempo eu tinha-me identificado astralmente com Choronzon, de modo que experienciei cada angústia, cada raiva, cada desespero, cada insano acometimento. O meu ordálio terminou quando a última forma desapareceu; então, sabendo que tudo estava acabado, eu escrevi o santo nome de BABALON na areia com o meu anel mágico e surgi do meu transe. Acendemos um grande fogo para purificar o lugar e destruímos o Círculo e o Triângulo. O trabalho tinha durado mais de duas horas e ambos estávamos exaustos, fisicamente e de qualquer outra maneira. Mal sei como voltámos a Bou Saâda.

Não, até à noite do dia seguinte, me senti eu forte o suficiente para invocar o nono Aethyr. Uma surpresa estava esperando por mim. A décima nona Chave contém o texto da maldição original sobre a criação. Cada frase formula alguma calamidade. Eu sempre tinha estremecido ao seu horror quando recitava isto. Mas no momento, sendo o Abismo atravessado e todo o seu horror enfrentado e dominado, as palavras da Chave subitamente emocionaram com um significado que eu nunca tinha suspeitado. Cada maldição escondia uma bênção. Eu entendi que a mágoa não tinha substância; que somente a minha ignorância e falta de inteligência me tinham feito imaginar a existência do mal. Assim que eu destruíra a minha personalidade, assim que eu expulsara o meu ego, o universo que para ele era deveras uma força assustadora e fatal, repleto com todas as formas de medo, era tão-só em relação a esta ideia "eu"; contanto que "eu sou eu", tudo o mais deve parecer hostil. Agora que não havia mais qualquer "eu" para sofrer, todas estas ideias que tinham infligido sofrimento tornaram-se inocentes. Eu poderia louvar a perfeição de cada parte; eu poderia admirar e adorar o todo. Esta concretização alterou absolutamente a minha perspectiva. É claro que não entrei imediatamente em plena fruição. O hábito de compreender mal tudo tinha de ser quebrado, pouco a pouco. Eu tive de explorar cada possibilidade e transmutar cada metal comum em ouro. Isto foi anos antes de eu ter adquirido o hábito de me apaixonar à primeira vista com tudo o que vinha na minha direcção.

O nono Aethyr mostra esta transformação simbolicamente. O universo é

---

103 N.T.: poema anónimo escrito na voz de um sem-tecto lunático

representado como uma donzela, toda ela inocência, adornada com toda a perfeição.

Os Aethyrs restantes completam em parte a experiência própria do Grau que eu havia atingido, e parcialmente adumbram, em formas estranhamente obscuras e formidáveis, os mistérios dos Graus superiores, ou melhor, os vigilantes para eles. À medida que avanço, tornou-se cada vez mais difícil obter a visão. No segundo Aethyr, por exemplo, iniciado na manhã do dia 18 de Dezembro, o trabalho teve de ser interrompido e a invocação repetida. Mais uma vez achei a tensão insuportável, tive de cessar e ir para os banhos quentes de Hamman Salahin[104]; e eu continuei, imerso até ao pescoço na quente fonte sulfurosa. A água de alguma forma acalmou os meus nervos, permitindo-me experenciar o Aethyr sem colapso físico. Mesmo assim, eu não consegui chegar ao fim e só o fiz depois de mais de dois dias de concentrada consagração de mim mesmo.

~ 67 ~

PODEMOS AGORA voltar-nos para esta jornada sem o telescópio transcendental. Não houve nada a bradar como original, difícil ou perigoso, mas certamente foi uma das mais agradáveis marchas que já fiz. Muito poucos Europeus têm alguma ideia de regiões estrangeiras. Eles sempre usam grossos véus de preconceito, e até impedem a possibilidade de desfrutar de experiências realmente novas pelo mero hábito de vida deles. Eles aderem à ferrovia e vêem meros pedaços do país ou viajam em motores que desfocam os detalhes do dia.

Quando se caminha, a pessoa é posta em contacto primeiramente com as relações essenciais entre os poderes físicos e o carácter do país; a pessoa é obrigada a vê-lo conforme os seus nativos o vêem. Então cada homem com quem se trava conhecimento é um indivíduo. A pessoa não mais é considerada por toda a população como um animal inacessível e desinteressante para ser enganado e roubado. Faz-se contacto em cada ponto com cada estranho.

Claro, as classes mais civilizadas, mesmo na Argélia, são artificiais. Nada aprendemos com os comandantes Franceses e outros oficiais que conhecemos, porque a principal preocupação deles era mostrar quão perfeitos cavalheiros eram eles. Nós fraternizámos com eles como quando se vai para um novo campo de golfe. A atitude é cordialidade mantida a certa distância. E estas pessoas eram tão ignorantes acerca do país no qual viviam que unanimemente advertiram-nos que certamente nós deveríamos ser assassinados por salteadores. Para nós isto foi uma piada gigantesca. Deitávamo-nos num pedaço de relva a céu aberto, ou num declive de areia macia, e dormíamos sentindo-nos tão seguros como se estivéssemos no Savoy.

Os Árabes também tinham os seus próprios medos pela nossa segurança. Eles têm uma superstição inextirpável de que alguém está sujeito a ser afogado no deserto. Isto soa supremamente absurdo, a água é o elemento mais escasso do Sáara. A raiz da crença é a de que, às vezes, repentinas chuvas intensas ocorrem e arrasam os acampamentos que, por acaso, têm sido lançados em barrancos ou depressões; mas o mais ordinário senso comum conta como se proteger contra qualquer acidente deste tipo. Eles estão com medo de salteadores e também de numerosas variedades de demónios.

Eu achei cortês impressioná-los com a minha magnificência enquanto Mágico. Com este objectivo segui a dica de Burton de que uma estrela de safira era universalmente venerada pelos Muçulmanos, e tendo comprado um muito grande e fino espécime

---

104 N.T.: Hammam Essalihine

desta pedra no Ceilão e transformado em anel com uma faixa em ouro de duas serpentes entrelaçadas, eu descobri que Burton estava certo. Eu tinha apenas de exibir este anel para comandar o maior respeito possível. Numa ocasião, de facto, uma briga num café tendo-se desenvolvido numa espécie de pequeno tumulto, e sendo puxadas as facas, eu entrei na escaramuça e desenhei sigilos no ar com o anel enquanto entoava um capítulo do Alcorão. O alvoroço parou instantaneamente, e alguns minutos depois os iniciais grupos da disputa vieram até mim e imploraram-me para eu deliberar entre eles, pois viram que eu era um santo.

Eu habitualmente cumpria as cinco orações prescritas pelo ortodoxo Maometano e aumentei a minha reputação de devoção recitando constantemente o Alcorão enquanto caminhava e executando várias outras práticas próprias da mais alta classe de dervixe.

Logo vi que Neuburg com o seu modo de andar cambaleante e os seus gestos erráticos, a sua expressão abatida e a sua risada lunática, prejudicar-me-ia no apreço dos nativos. Então eu transformei o passivo num activo rapando a cabeça dele excepto dois tufos nas têmporas, os quais eu torci em forma de cornos. Eu era assim capaz de o transpor como um demónio que eu havia domesticado e treinado para me servir como um espírito familiar. Isto abrilhantou grandemente a minha eminência. Quanto mais excêntrico e horrível Neuburg parecia, mais insanamente e grotescamente ele se comportava, mais ele inspirava os habitantes a terem respeito pelo Mágico que dominara tão fantástico e assustador génio[105].

Poucos turistas conhecem até mesmo os factos mais elementares acerca de assuntos tão simples como o clima. Eu próprio fiquei espantado ao descobrir quantas das ideias que eu tinha obtido da minha leitura estavam totalmente incorrectas. Uma vez, por exemplo, nós chegámos a uma estalagem tardiamente de noite. Estava fechada. Tínhamos ouvido que quando o coche chegasse eles abririam, assim nós decidimos esperar durante meia hora mais ou menos, visto que precisávamos de comida e de dormida. Foi uma noite fria e aborrecida. Para passar o tempo fizemos um passeio pela areia, tencionando subir uma pequena colina e obter um panorama ao luar a partir do topo. Enquanto caminhávamos, eu despertei para o facto de que os meus pés estavam congelados. Eu não conseguia compreender isto de todo—o resto do meu corpo estava confortavelmente cálido. Eu estava a usar grossas meias de lã com grevas e as botas alpinas que provaram ser adequadas nos Himalaias. Como Keats,

> I stood in my shoes and I wondered; I wondered;
> I stood in my shoes and I wondered.

Imaginando não os torna mais quentes. Finalmente pensei em colocar a minha mão na areia. Eu retirei-a de volta como se tivesse tocado num prato incandescente. A superfície estava mais fria do que qualquer gelo que eu já conhecera. Naquele momento ouvimos o coche e regressámos. Eu corri para dentro, tirei as minhas botas e passei o quarto de hora seguinte friccionando para restituir a vida aos meus dedos dos pés. Tanto em prol da superstição de que o Sáara é uma fornalha sufocante. Em noites claras, a radiação é tão rápida naquele ar seco que a temperatura do solo cai abaixo do ponto de congelamento, mesmo quando o ar a seis pés acima não parece tão especialmente frio.

Bou Saâda é um dos sítios mais bonitos do mundo. É frequentado por pintores Franceses mais do que qualquer outro lugar em África. O seu isolamento no deserto, que é visto da crista de uma onda da região selvagem, confere um carácter quase sagrado à sua galáxia de casas de paredes brancas. Em baixo, um rio deambula através dum barranco, sombreado por palmeiras e cercado por jardins e pomares cujas flores e frutas são guardadas por sebes de cactos. Entre estes despreocupados verdes

---

105 N.T.: "Djinn"

contentamentos, resplandecendo com flores que flamejam ao pé das lânguidas folhas das frutíferas árvores, radiante com flores ou sobrecarregado com generosidade, um labirinto de caminhos convida os ociosos a vaguearem conforme os seus caprichos possam sussurrar, a partir de uma deliciosa perspectiva para uma outra, certo de que, onde quer que se vá, há sempre alguma nova beleza para deleitar o olho, algum novo testemunho de verdade para o ouvido; a cada sinuosidade do caminho, algum novo perfume faz contrair com prazer a narina de alguém. E ainda as variações são tão subtis que logo se compreende que a infinita diversidade de impressões depende menos dos objectos externos do que das modulações dos humores de uma pessoa.

A solidão e o silêncio destes sombrios arvoredos acalmam os sentidos e o pensamento, de modo que a alma torna-se consciente de cada modulação da sua melodia.

A poucas milhas além de Bou Saâda não há estrada. A última ligação com a civilização está interrompida. Não é mais possível fingir que o mundo é um mero estágio onde nós podemos desfilar e gritar sem encarar os factos. Cada homem deve igualar-se, sozinho como na hora da morte, com cada facto inexorável que a natureza lança na cara dele—salteadores, insolação, fome, sede, doença, acidente: nenhum destes a ser evitado ou explicado, e nenhum a ser propiciado, ou a partir do qual nos podemos refugiar apelando a outros.

O viajante deve treinar os seus sentidos ao melhor ponto possível. A sua vida pode depender de ele ver uma sombra a perpassar por algum distante declive de uma duna de areia e, assim, adivinhar uma emboscada. Os círculos do abutre devem possibilitar-lhe calcular o rumo dele. Nada demasiado trivial para ser o seu instrutor, demasiado insignificante para ser de importância infinita! Quando alguém se familiariza com o território selvagem, a própria natureza revela a realidade num sentido que nunca se tinha suspeitado. A complexidade da experiência nos países civilizados impede que se examine exaustivamente qualquer coisa. As impressões amontoam-se fora da mente. Nunca se consegue mais do que um vislumbre da natureza de qualquer coisa em si, mas apenas da sua relação com o resto.

No deserto, cada impressão é pulsada no cérebro de alguém com o que a princípio parece enlouquecedora monotonia. A pessoa sente-se faminta; há tão poucos factos com que se alimentar. É preciso passar por um abismo de tédio. Por fim chega uma crise. Subitamente o sudário é arrancado da alma e entra-se num inteiramente novo tipo de vida, no qual não mais se lamenta a titilação dos pensamentos que tombam uns sobre os outros num civilizado ambiente, cada um impedindo que a pessoa se submeta à provação envolvida quando se torna necessário penetrar abaixo do espectáculo de sombras para o santuário secreto da alma. Eu expliquei estas coisas com alguns detalhes em dois ensaios, "The Soul of the Desert" e "The Camel", que as minhas andanças no Sáara inspiraram.

Parte do efeito de cruzar o Abismo é que isto leva um tempo solitário a conectar o Mestre com o que fica debaixo do Abismo. Privados do seu ego, a mente e o corpo do homem estão um tanto ou quanto no mar até que, como se pode dizer, o "wireless control"[106] seja estabelecido. No ano de 1910, Aleister Crowley era como uma ovelha que não tinha pastor; os motivos e o elemento controlador haviam sido removidos e ele estava mais ou menos afastado do passado. Uma coisa parecia tão boa quanto uma outra. Ele agiu irresponsavelmente. Ele continuou com o seu trabalho mais pela força do hábito do que por qualquer outra coisa, e os eventos da sua vida foram, por assim dizer, mais reacções químicas entre o seu carácter e as suas circunstâncias.

Na primavera, alguns dias antes da publicação do número três de *The Equinox*, o

---

106 N.T. "controlo sem fio"

qual continha o Ritual do 5° = 6° grau da antiga Ordem, Mathers entregou-o com uma liminar restringindo a publicação. Não lhe interessava particularmente. Ele instruiu os seus advogados e não se incomodou em ir ao tribunal. O Sr. Justice Bucknill, que ouvira o argumento, era um eminente maçom e, apesar de não ter ideia do motivo da confusão, parecia-lhe, em princípios gerais, que ninguém deveria poder publicar algo que alguém pudesse desejar manter no escuro. Por conseguinte, ele confirmou a liminar. Eu recorri.

Desta vez fomos ao tribunal armados com os factos do caso. Os juízes eram Vaughan, Williams, Fletcher, Moulton e Farwell. Eles admitiram a dificuldade de manter uma expressão séria e reverteram as decisões de Bucknill, com custos. O argumento tinha sido ridiculamente engraçado e todos os jornais tinham até três colunas sobre o caso. No mesmo dia da publicação, pela primeira vez, eu encontrei-me famoso e o vi o meu trabalho em demanda.

Como uma questão secundária, tendo Mathers reivindicado em tribunal para ser o Chefe da Ordem Rosacruz, eu fui invadido por uma inumerável junção das mais esquisitas pessoas que se pode imaginar, cada uma das quais independentemente afirmava que ele próprio, e somente ele, era aquele Chefe. Tendo as minhas próprias informações sobre o assunto, apesar de a mais ninguém comunicar, eu livrei-me destas pragas o mais rápido possível. Um dos meus interlocutores, no entanto, mostrou algum método na sua loucura; um homem chamado Theodor Reuss—de quem narrarei mais tarde. Aqui eu devo simplesmente mencionar que ele era Grão-Mestre da Alemanha dos combinados Ritos da Maçonaria—Scottish, Memphis e Mizraim. Lembrei-me de que eu havia sido um Soberano Grande Inspector Geral do 33º e último grau do Rito Escocês no México dez anos antes, mas eu nunca havia incomodado a minha cabeça acerca disto, sendo evidente que toda a maçonaria era vã pretensão, palhaçada, uma desculpa para embriagada desordem, ou uma sinistra associação para intrigas políticas e piratas comerciais. Reuss contou-me uma boa parte da história dos vários ritos, que é tão confusa e criminosa quanto qualquer outro ramo de história; mas ele persuadiu-me de que havia alguns homens que levavam o assunto a sério e acreditavam que o tolo formalismo escondia mágicos segredos realmente importantes.

Esta perspectiva foi confirmada quando *The Arcane Schools* de John Yarker chegou a mim para revisão. Eu escrevi para o autor, o qual reconheceu o meu título para o 33° e conferiu-me os graus de 95° Memphis e 90° Mizraim. Parecia como se eu tivesse de alguma forma aberto uma torneira. A partir de então eu vivi numa perfeita chuveirada de diplomas, de Bucareste a Salt Lake City. Possuo mais exaltados títulos do que alguma vez fui capaz de contar. Eu deveria saber mais sinais secretos, símbolos, senhas, palavras grandiloquentes, afectações, e outras coisas mais, do que eu realmente poderia aprender numa dúzia de vidas. Um elefante quebraria sob a insígnia que eu tenho o direito de usar. A consequência natural disto foi que, tal como Alice quando ela encontrou os reis e rainhas e o resto chovendo sobre ela como um baralho de cartas, eu acordei.

Fui a Veneza em Maio, interrompendo a viagem de regresso em Pallanza, onde escrevi *Household Gods,* um poético esboço dramático. É uma espécie de mágica alegoria, cheia de subtis ironias e mistificações; quase a única coisa do tipo que eu já tinha feito—o que talvez seja responsável por eu ter um carinho por isto.

Eu tinha feito muitos amigos em Londres e a reconstruída Ordem estava atraindo aspirantes de todas as classes de pessoas, alguns tolos preguiçosos procurando por uma nova sensação, mas a maior parte sincera e sensata. A minha inexperiência levou-me para o laxismo ao lidar com estas pessoas. Falhei em impor a estrita regra da Ordem:

que os noviços deveriam ser mantidos separados. Eu permiti que eles se encontrassem no meu estúdio e até que praticassem formas de Magick congregacionalmente.

Na Primavera, no dia 9 de Maio, uma evocação de Bartzabel, o espírito de Marte, foi feita com tanto sucesso que exige descrição. Os meus assistentes eram o Comandante Marston, R.N., um dos mais altos oficiais do Almirantado, e Leila Waddell, uma violinista Australiana que eu acabara de conhecer e que atraía a minha imaginação.

Comecei imediatamente a usá-la como figura principal no meu trabalho. Na primeira semana da nossa intimidade eu escrevi duas histórias acerca dela: "The Vixen" e "The Violinist". "The Vixen" é sobre uma rapariga, uma herdeira num condado de caça à raposa, que tortura e usa uma namorada por magia negra. Ela tem um amante, Lord Eyre, a quem ela despreza. Ela tem algumas relações íntimas com uma raposa fantasma, que (para colocar isto com brevidade) a obceca. Ela rende-se a Eyre, o qual sobe ao quarto dela à noite e descobre que ela não é uma mulher, mas sim uma raposa. O efeito é de transformá-lo num cão de caça e ele prende os seus dentes na garganta dela. Cão e raposa são encontrados mortos e nada mais é ouvido de Eyre ou da sua amante. "The Violinist" é sobre uma rapariga que invoca, por meio da sua música, um demónio pertencente a uma das Elementares Torres de Vigia. Ela torna-se a amante dele.

Um dia o marido dela regressa a casa. Ele beija-a e cai morto. O demónio conferiu este poder aos lábios dela.

Desculpai a divagação: de volta a Bartzabel! No Triângulo estava Frater Omnia Vincam, para servir como uma base material através da qual o espírito poderia manifestar-se. Aqui estava uma surpreendente inovação na tradição. Eu escrevi, além do mais, um ritual sobre princípios inteiramente novos. Mantive as fórmulas e nomes Cabalísticos, mas escrevi a maior parte da invocação em poesia. A ideia era desenvolver o mágico entusiasmo através da exaltação induzida pela música.

Eu obtive uma grande quantidade de valioso conhecimento a partir do espírito, mas

o item mais interessante é o seguinte: Marston, recordando o seu dever oficial, perguntou "Nação levantar-se-á contra nação?", seguido por mais detalhadas averiguações sobre receber uma resposta afirmativa. Deste modo aprendemos que dentro de cinco anos a partir dessa data haveria duas guerras; o centro da tormenta da primeira seria a Turquia, e o da segunda seria a Alemanha, e o resultado seria a destruição destas duas nações. Eu só recordei isto depois de chegar a Nova Iorque no final de 1914. Felizmente eu tinha anotado na altura o ritual com pergunta e resposta, e um relato destas predições, precisamente cumprido, apareceu no *New York World*. Posso observar aqui que sempre tenho sido capaz de predizer o futuro por vários métodos de adivinhação. Alguns dão resultados mais satisfatórios do que outros, alguns são mais adequados para uma classe de consulta, alguns para uma outra. Em todos os casos, a prática constante, a verificação constante dos resultados, o estudo crítico das condições, a eliminação do preconceito pessoal, e assim por diante, aumentam a precisão de cada pessoa. Eu estou sempre a experimentar e tenho ensinado a mim próprio a obter resultados absolutamente confiáveis a partir de vários métodos, especialmente o *Yi King*. Incidentalmente, eu tenho interpretado e corrigido os próprios métodos tradicionais, excluindo assim as fontes de erro que no passado desanimaram os estudantes; mas há algum tipo de maldição em mim como havia em Cassandra. Eu posso prever a questão de qualquer situação dada, e sentir a maior confiança na exactidão da minha conclusão, mas embora eu possa realmente agir sobre estas indicações, quando elas dizem respeito à minha própria conduta, eu não posso usar o meu poder para me beneficiar em qualquer dos modos óbvios. Ou seja, eu não posso deixar o meu trabalho nem por um par de dias para fazer fortuna em acções. Para dar uma ideia da detalhada precisão das minhas adivinhações, deixai-me citar um caso recente.

Eu perguntei ao *Yi King*, em Maio de 1922, o que aconteceria comigo em Inglaterra, para onde eu fui compelido. Eu obtenho o 21º Hexagrama, que significa a aberta manifestação do propósito da pessoa. Eu fui, de facto, capaz de reentrar na vida pública após anos de reclusão. Significa "union by gnawing", o que eu entendi como anunciando-me para expectar gastar o meu tempo em perseverantes esforços para estabelecer relações com várias pessoas que poderiam ser úteis para mim, mas não para expectar cair no sucesso ou para encontrar os obstáculos insuperáveis. Isto, também, tornou-se realidade. A anotação no *Yi King* promete progresso bem-sucedido e aconselha recurso à lei. O meu progresso foi além das minhas maiores esperanças e encontrei-me forçado a iniciar várias acções judiciais. A anotação adicional descreve as sucessivas fases do caso. A primeira fase mostra o seu assunto entravado e sem recurso. Durante o meu primeiro mês em Inglaterra, eu estava sem dinheiro, sem roupas adequadas para vestir, e obrigado a caminhar milhas para economizar o custo de um telefonema ou de uma diligência. Na segunda fase, a pessoa subitamente encontra tudo facilitado. Todos os planos de uma pessoa são bem-sucedidos. Isto, também, ocorreu. A terceira fase mostra um homem começando a lidar com os problemas reais; ele encontra algumas rejeições, tem alguns desapontamentos, mas não comete erros. O terceiro estágio da minha campanha não poderia ser melhor descrito. Na fase quatro, a pessoa começa a trabalhar na tarefa, auxiliada por adiantamentos financeiros e contratos para realizar o trabalho do tipo que se quer. Isto foi cumprido pelo meu ser encarregado de escrever *The Diary of a Drug Fiend* e o presente livro, bem como várias coisas para a *English Review*. A quinta fase mostra o homem a ter sucesso com o seu trabalho e a obter renome e lucro desse modo, mas adverte o consultante de que a sua posição é arriscada e ordena que ele esteja em guarda enquanto não se desviar do seu curso. A partir disto, eu compreendi que a publicação do meu romance provocaria um tumulto, como aconteceu. A sexta e última fase mostra o sujeito reduzido à impotência e separado das suas comunicações. Isto foi cumprido pelos ataques contra mim na imprensa que se seguiram à publicação do romance.

Noviciados ajoelham-se perante o Mestre do Templo no terceiro acto do "Rito de Saturno".

Eu não podia antever a forma exacta que estas várias forças se manifestariam, mas compreendi o tipo de coisa que poderia expectar. Decidi fazer a viagem em vez de esperar por um tempo em que um símbolo mais encorajador poderia ser dado. Senti que, nas circunstâncias, eu não tinha o direito de expectar algo melhor. O símbolo prometia sucesso. Não devo reclamar de pagar o seu preço.

Tanto pelo que eu posso fazer. Agora, pelo que eu não posso. Eu costumava testar os meus métodos prevendo o curso de eventos políticos e económicos. Eles confirmaram os meus cálculos. Teoricamente, eu deveria ter sido capaz de suportar a minha opinião e fazer uma fortuna em poucos dias sobre a taxa de câmbio e similares especulações; mas embora eu não duvidasse nem por um segundo de que o sucesso fosse certo, eu encontrei-me constitucionalmente incapaz de fixar a minha atenção em assuntos que os meus instintos dizem-me não ser da minha conta, não importa quão enfaticamente a minha mente consciente insta a necessidade e justeza de assim fazer. Esta aparente impotência é realmente, eu não duvido, resultado de anos de implacável repressão de todo o impulso que não está integrado absolutamente com a minha verdadeira vontade. Julgado por padrões óbvios, este austero puritanismo impede-me; mas, considerado mais profundamente, eu sinto que a minha concentração é intensificada, o meu potencial é aumentado, por tais métodos, e que, quando o curso de tempo me permite ver a minha carreira em perspectiva, ficará evidente que as minhas falhas temporárias foram pedras na pirâmide do meu eterno sucesso.

Agora vejo os eventos de 1910 nesta luz. Não me arrependo da minha futilidade nem dos meus erros. A consecução do Grau de Magister Templi tinha de ser paga, e eu poderia felicitar a mim mesmo de que o caixa aceitou tal papel-moeda sem valor como os erros e infortúnios de um homem.

Os meus novos métodos de magia foram tão bem-sucedidos que nós nos tornámos mais ambiciosos a cada dia. Eu escrevi um ritual para invocar a lua. O clímax da cerimónia foi o seguinte: Leila Waddell seria entronizada como representante da deusa e da influência lunar invocada nela pelas apropriadas líricas. (Eu escrevi "The Interpreter" e "Pan to Artemis".) A violinista deveria responder expressando a natureza divina através da sua arte. Ela era uma executante rude e mal treinada, e o seu tosco desempenho, cru, sem toque de subtileza para interpretar ou paixão para exaltar a sequência do som. Os mais cínicos críticos presentes ficaram simplesmente perplexos ao ouvir esta execução de rabequista de quinta categoria com um génio cuja força e sublimidade a nada era semelhante na experiência deles. E cito a partir de um meio artigo na Sketch[107] de 24 de Agosto. O escritor é um jornalista financeiro que acha que a Magick é uma bolha mais frágil do que o mais absurdo esquema *wild-cat*[108] alguma vez lançado.

> Crowley então fez suplicamento à deusa num belo e inédito poema. Um silêncio mortal seguiu-se. Depois de uma longa pausa, a figura entronizada pegou num violino e tocou—tocou com paixão e sentimento, como um mestre. Nós ficámos emocionados até aos nossos próprios ossos. De novo a figura pegou no violino e tocou uma Abendlied[109] tão lindamente, tão graciosamente e com tal intenso sentimento que, deveras, a maioria de nós experienciou o êxtase que Crowley tão sinceramente procura obter. De seguida veio um prolongado e intenso silêncio, após o qual o Mestre das Cerimónias nos dispensou nestas palavras: "Pelo poder em mim investido, eu declaro o Templo fechado."
>
> Assim terminou uma cerimónia realmente bonita—lindamente concebida e lindamente realizada. Se existe alguma forma mais alta de expressão artística do que o grande verso e a boa música, eu ainda tenho que aprendê-la. Eu não pretendo compreender o ritual que corre como um fio de magia através destes

---

107 N.T.: magazine ilustrada britânica, publicada de 1893 a 1954
108 N.T.: empreendimento arriscado
109 N.T.: canção da noite. "Abendlied"—moteto de Josef Rheinberger

encontros da A∴A∴. Eu nem sei o que a A∴A∴ é. Mas eu sei que toda a cerimónia foi impressiva, artística e produziu naqueles presentes um tal sentimento como Crowley deve ter tido quando ele escreveu:

So shalt thou conquer space, and lastly climb,
    The walls of time:
And by the golden path the great have trod
    Reach up to God!

Eu chamo especial atenção para isto como evidência de que a Magick, devidamente compreendida, executada e aplicada, é capaz de produzir resultados de tipos bastante práticos. Mais ainda, estes resultados não envolvem teorias improváveis. Podemos explicá-los em termos de leis da natureza bem conhecidas. Eu sempre fui capaz de desprender o génio que habita no mais íntimo ser, mesmo do mais imperfeito artista, tomando as medidas apropriadas para evitar a interferência das suas conscientes características.

O próprio Neuburg fornece um exemplo notável disto. Quando o conheci, ele estava a escrever débeis versos de pouco mais do que mérito universitário. Sob o meu treino, ele produziu algumas das mais apaixonadas, intensas, musicais e elevadas líricas no idioma. Ele deixou-me; o cão retornou ao seu vómito novamente, e a porca que estava lavada retornou à sua chafurdice na lama. O último trabalho dele é tão inânime e mole como era antes de eu ter assumido controlo.

O sucesso desta forma de invocação levou-me a desenvolver o método. Um grande número de rituais maçónicos estava à minha disposição, e o estudo deles mostrou que os antigos estavam acostumados a invocar os deuses por meio de uma dramática apresentação ou comemoração das suas lendas. Decidi actualizar este método, enquanto introduzindo incidentalmente em tais rituais, passagens cuja sublimidade ajudaria a despertar o necessário entusiasmo em virtude da sua própria excelência. Com estas ideias em mente, eu construí sete rituais para os planetas.

Em dois destes fui assistido por um homem chamado George Rafflovitch, cujo pai era um banqueiro Judeu de Odessa, e cuja mãe era uma condessa descendente de um dos ministros das finanças em sujeição a Napoleão. Nascido em Cannes, ele tinha sido levado para o exército muito contra a sua vontade. O resultado foi um vulgado processo para determinar o estatuto dele.

Chegado à maioridade, ele havia esbanjado os seus milhões. Nenhuma extravagância era demasiadamente imbecil. Uma vez ele comprou um circo itinerante com uma *menagerie*[110] e uma colecção de aberrações. Ele deveria certamente ter sido a atracção principal. Ele tinha chegado quase ao último franco quando foi desarraigado por um *conseil de famille*. Eles salvaram alguns milhares em prol do tolo e mantiveram-no em escassas rações para lhe ensinar o senso. Ele rosnara e tornara-se um socialista. Eu conheci-o no Gargotte ao largo de Holborn, sendo o único homem lá que parecia um cavalheiro. Prestei-lhe especial atenção. Isto convinha-lhe. Ele viu uma oportunidade para cravanço.

Ele concordava comigo acerca do socialismo. Parecia que o motivo dele para frequentar aquele ambiente era idêntico ao meu. Ele asseria profundo interesse em Magick, da qual ele possuía um conhecimento ligeiramente diletante. Ganhou a minha simpatia na controvérsia dele com a sua família. Eu prometi ajudá-lo. Apresentei-o a pessoas influentes em altos cargos oficiais que poderiam ajudá-lo a naturalizar-se. (Como um Inglês ele tinha uma melhor chance de se libertar do controlo do *conseil de famille*.)

---

110 N.T.: animais selvagens em cativeiro

Eu também tomei a meu cargo a publicação de alguns dos livros dele. O seu talento era considerável. A sua imperfeita familiaridade com o Inglês resultou nos seus criativos princípios de fraseologia curiosamente fascinantes. Ele tinha uma imaginação notável e uma habilidade brilhante para usar o bizarro. Fez de mim o herói de vários contos sob o nome de Elphenor Pistouillat de la Ratis-boisière e introduziu vários dos meus discípulos. Estas histórias descrevem em imagens fantásticas, exageradas e distorcidas, o círculo do qual eu era o centro. Os curiosos podem consultar *The Equinox,* vol. I, Nos. II, III e IV, também o próprio livro dele *The Deuce and All.*

Além disso, eu emprestei-lhe quantias consideráveis de dinheiro (claro que sem juros) em vários momentos, estendendo-se por mais de três anos, altura em que ele obteve a posse do resgate do seu património. Ele também tinha aprendido o valor do dinheiro. Pagou o que eu lhe tinha emprestado e depois propôs investir uma parte do seu capital numa sociedade anónima, coisa que eu estava na época ponderando para gerir *The Equinox* em adequadas linhas de negócio. As negociações estavam ainda em andamento quando saí de Londres no final de 1909 para a Argélia.

Qual não foi o meu espanto no meu regresso ao descobrir que ele tinha persuadido as pessoas encarregadas de que ele tinha autoridade de agir por mim. Elas explicaram que ele tinha chegado e argumentado que seria ele o director da proposta sociedade e, portanto, tinha poder para conduzir os negócios. A juventude indubitavelmente possuía a virtude de não fazer nada pela metade. Ele falsificou o meu nome para endossar cheques pagáveis a mim, descontou-os e aproveitou os proventos. Eu suspirei. Eu gostava do homem e não tinha desavença com ele, mas não conseguia fingir que não notava incidentes deste tipo. Confrontei-o acerca disto. Ele fez o papel de inocente e realmente ele era fundamentalmente uma criatura meio apalermada que eu não poderia ficar com raiva. Infelizmente, houve algo pior—um assunto que tocou a minha honra. Ele tinha publicitado *Liber 777* e declarado como um induzimento aos adquirentes de que menos de cem cópias permaneciam à venda. Isto era uma mentira e eu não podia tolerar a associação do meu nome com a sombra de uma falsa pretensão. Mas a maldade estava feita. A única saída era fazer a declaração verdadeira, o que foi feito com a compra do número de cópias necessárias para reduzir o meu *stock* para noventa.

Ele recusou-se a compreender as minhas objecções ao seu passatempo de testar a inteligência dos funcionários do banco em relação a julgar se a imitação dele do meu endosso seria aprovada. Ele indignadamente retirou-se da proposta sociedade e eu não mais o vi.

Não muito tempo depois eu descobri que todo este tempo, enquanto ele estava vivendo da minha generosidade, ele tinha infatigavelmente tecido intrigas contra mim. Por insidiosa astúcia ele era insuperável. Ele tinha insinuado mil malignas falsidades sobre mim, aos ouvidos dos meus amigos mais íntimos sem estes sequer suspeitarem da intenção dele em me prejudicar. Desta forma, ele alienara vários dos meus mais próximos e caríssimos colegas e o seu culminante triunfo foi que ele conseguiu levar Fuller pelo nariz através de um tortuoso canal de escuros artifícios até ao abismo de uma completa ruptura.

Fuller começou a comportar-se de uma maneira totalmente ininteligível. Foi tudo tão subtil que não consegui identificar um único incidente. Era um mero instinto de que algo estava errado. O clímax veio depois de Jones vs *The Looking Glass*. Fuller pediu-me para agir sozinho. Quando o veredicto justificou o meu julgamento. Fuller sugeriu que ele não poderia dar-se ao luxo de ser abertamente associado com *The Equinox*. Ele também tentou interferir com a minha orientação da revista e fez disto uma condição para a continuação dele com *The Temple of Solomon the King*, a fim de que eu deveria renunciar ao meu controlo. Eu vi que ele tinha uma cabeça inchada e decidi mostrar-lhe que ele não era indispensável. Eu silenciosamente deixei cair o assunto e escrevi eu próprio a secção no número cinco. Esperando que esta manifestação tivesse reduzido a inflamação, eu retomei a discussão e tínhamos praticamente chegado a um acordo quando, para meu esbaforido espanto, ele disparou à queima-roupa na minha cabeça um documento no qual ele concordava em continuar a sua cooperação na condição de eu não mencionar o nome dele em público ou em privado, sob pena de lhe pagar cem libras por cada ofensa. Eu sentei-me e verti um violento ataque verbal de muito perto.

"Meu caro homem," disse eu com efeito, "recupera o teu senso de proporção, para não falar do teu senso de humor. A tua contribuição, deveras, posso eu fazer em dois dias o que tu levas seis meses, e a minha real razão para nunca imprimir o teu trabalho é a minha amizade por ti. Eu queria dar-te uma mãozinha na escada literária. Eu tenho levado infindável dor para ensinar-te os primeiros princípios da escrita. Quando te conheci, tu não eras nem um jornalista de quinta categoria, e agora tu podes escrever uma prosa bastante boa sem que o meu lápis azul altere dois em cada três adjectivos, e cinco em cada seis vírgulas. Outros três anos comigo e eu farei de ti um mestre, mas por favor não penses que eu ou a Obra dependemos de ti, da mesma forma que J.P. Morgan não depende do seu funcionário favorito."

Para retornar, no entanto, aos rituais. Estes sete eram realmente sete actos de uma peça, pois a ordem deles era necessária. O enredo, sintetizado com brevidade, é o seguinte:

O homem, incapaz de resolver o Enigma da Existência, toma o conselho de Saturno, extrema velhice. A resposta que ele pode obter é a palavra "Desespero".

Há mais esperança na dignidade e sabedoria de Júpiter? Não; para o nobre idoso falta o vigor de Marte, o guerreiro. O conselho é em vão sem determinação para realizá-lo.

Marte, invocado, é na verdade capaz de vitória: mas ele tem já perdido a controlada sabedoria da idade; num momento de conquista ele desperdiça os frutos disto, nos braços da luxúria.

É através desta fraqueza que o homem aperfeiçoado, o Sol, é de natureza dual, e o seu gémeo malvado mata-o em sua glória. Assim o triunfante Senhor do Céu, o amado de Apolo e das Musas é reduzido a pó, e quem deve chorá-lo senão a sua Mãe Natureza, Vénus, a dama do amor e mágoa? Bem é isto se ela carrega dentro de si o Segredo da Ressurreição!

Mas até mesmo Vénus deve todo o seu encanto ao rápido mensageiro dos deuses, Mercúrio, o rapaz jubiloso e ambíguo cujos truques primeiramente escandalizam e depois deleitam o Olimpo.

Mas Mercúrio, também, é encontrado em falta. Ora só nele está a secreta cura para toda a desgraça da raça humana. Rápido como sempre, ele passa e dá lugar ao mais jovem dos deuses, à Lua Virginal.

Contemplai-a, qual Madonna, entronizada e coroada, velada, silente, aguardando a promessa do Futuro.

Ela é Isis e Maria, Istar e Bhavani, Artemisa e Diana.

Mas Artemisa ainda é estéril de esperança até que o espírito do Todo Infinito, grande Pan, rasgue o véu e mostre a esperança da humanidade, a Coroada Criança do Futuro.

Eu próprio não lanço buquês acerca destes Ritos de Elêusis. Eu deveria ter dado mais semanas para a preparação deles do que os minutos que dei. Diminuí a importância dos elementos dramáticos; o diálogo e a acção eram pouco mais que um cenário para os solistas. Estes eram principalmente três; eu próprio, recitando líricas apropriadas—isto envolveu, a propósito, a minha aprendizagem de cor das muitas centenas de versos a cada semana—Leila Waddell, violinista, e Neuburg, dançarino. Eu às vezes suspeito que ele era o melhor dos três. Ele possuía poderes extraordinários. Ele dava a impressão de que não tocava o chão, e conseguia girar num ritmo tão grande que constantemente se expectava que ele fosse disparado tangencialmente. Na ausência de acuradas medições, alguém não gosta de sugerir que houvesse alguma força desconhecida em funcionamento, e todavia tenho visto tantos inegáveis fenómenos mágicos acontecerem na presença dele que eu tenho a certeza na minha mente de que ele estava a gerar energias de um tipo muito curioso. A ideia de sua dança era, em regra, esgotá-lo completamente. O clímax era o seu estatelamento no chão sem sentidos. Às vezes ele não conseguia perder-se, e neste caso, é claro, nada acontecia; mas quando ele conseguia, o efeito era soberbo. Era espantoso ver o corpo dele subitamente colapsar e ser atirado pelo polido chão como uma pedra de *curling*.

Os ritos de Saturno e Júpiter, repetidos e revisados constantemente no estúdio entre nós mesmos, eram admiráveis. Nada de Maeterlinck jamais produziu uma opressão tão poderosa como esta invocação do sombrio espírito do Tempo. Quanto mais se conhecia isto, mais eficaz isto era. A familiaridade não gerava desprezo. Até mesmo o céptico fica impressionado quando os responsáveis circunvolvem no templo e o público é escolhido aleatoriamente, um por um, para se juntar à procissão, o último a fazê-lo sendo assim lembrado: "Tu também deves morrer!"

Mas o que era extremamente eficaz quando realizado em privado perdia a maior parte do seu poder de impressionar quando transferido para ambientes inadequados. Eu não tinha dinheiro disponível, nenhum conhecimento dos truques de encenação, nenhum meio de fornecer a atmosfera apropriada. Eu não condescenderia com o teatralismo. Fui muito apressado na preparação dos últimos ritos e eles não foram totalmente ensaiados. Pode parecer impossível que qualquer criatura possuidora de um grão de bom senso não tenha conseguido prever o fracasso; mas o meu incorrigível optimismo persuadiu-me de que o público era dotado de reverência, inteligência e imaginação; e o dom de interpretar o mais obscuro simbolismo.

O primeiro rito foi, contudo, um sucesso total. A maior parte da cerimónia ocorre na semi-obscuridade, de modo que o público não se preocupou com o desagradável ambiente do salão de Caxton; a atenção deles estava voltada para os pontos de interesse por causa da iluminação que os rodeava, e a incompetência histriónica dos responsáveis foi misericordiosamente escondida deles pela obscuridade, de modo que a sublime linguagem do rito deixou a sua completa impressão. A acção de novo deu imaginação a cada oportunidade, porque as suas minúcias eram indistintas, como era apropriado ao seu carácter. Por exemplo, quando um traidor é descoberto e morto no local, isso seria cómico em plena luz, mas havia apenas o súbito alarme que interrompeu a cerimónia, a rápida inspecção, a pressa, os gestos do vingador, o grito e depois silêncio, seguido pelo arrastar da carniça através da escuridão. A ilusão foi perfeita.

A cerimónia prossegue e nenhuma indicação é dada da sua natureza. Os presságios são inquietantes, mas ninguém sabe a sua importância. Cada pergunta é respondida em termos que implicam inelutável condenação, cada esperança é instantaneamente esmagada na terra pelo desespero contra o qual nenhum apelo pode ter sucesso. Toda aspiração, toda ambição termina igualmente na morte. A ajuda é procurada por detrás do véu onde, como se supõe, é um santuário em cujo altar habita o deus desconhecido. Mas o véu está rasgado, tudo está vazio e o chefe oficial declara: "Ai, não há deus!"

Uma invocação é feita para que deus possa aparecer e o véu seja rasgado por dentro. Uma figura está de pé no altar e ele recita a paráfrase de um dos sermões de Bradlaugh feita por James Thomson em *The City of Dreadful Night* "O melancholy brothers, dark, dark, dark." Esta soberba endecha termina:

> *But if you would not this poor life fulfil,*
> *Lo, you are free to end it when you will,*
> *Without the fear of waking after death.*

A escuridão cai, completa e repentina; uma dança selvagem ao tambor termina no colapso do corpo do dançarino ao pé do altar. Silêncio. Um tiro. O ominoso tremeluzir do incandescente vapor de sódio então ilumina o véu. Os oficiais são vistos com toda a cor das suas vestes, e os rostos transformados em verde lívido. O véu é puxado de lado mais uma vez e lá está o próprio Mestre, auto-assassinado em cima do altar, com a principal mulher oficial curvada sobre ele como Ísis lamentando por Osíris. A luz apaga-se mais uma vez e, na escuridão, a lamentação final do total desamparo

Leila Waddel numa invocação de Ártemis

geme no violino. O silêncio novamente é bem-sucedido. Dois oficiais, rapidamente e brutalmente, declaram que o rito foi concluído e a cerimónia termina com uma surpreendente subitaneidade.

Foi certamente uma ideia estupenda, realizada na que, afinal, era uma simples, digna, sublime e impressionante maneira. Poderia ter sido muito melhor. Experiência dramática e comando de acessórios teria tornado isto nada menos do que tremendo. Conforme foi, a melhor classe de jornais e revistas escreveu simpáticas e laudatórias críticas do tipo mais encorajador. Se eu tivesse tido o mais comum bom senso, eu teria conseguido um empresário apropriado para apresentar isto em adequado ambiente por funcionários treinados na necessária técnica. Tivesse eu assim feito, eu poderia ter efectuado uma época no drama, restaurando-o à sua importância histórica como um meio de despertar o mais alto entusiasmo religioso.

Havia, no entanto, um outro lado da vida de Londres que, até àquela época, eu mal suspeitara: coisa com que certos jornais baseiam a sua receita mediante chantagem. E eles julgaram-me uma vítima adequada. Em particular Horatio Bottomley, em *John Bull*[111], publicou uma página das mais infectas falsidades. Há uma grande classe de pessoas em Inglaterra que argumentam, a partir da sua própria experiência pessoal, que sempre que ocorre os seres humanos estarem juntos numa difusa luz, eles não podem ter ideia nenhuma em suas mentes senão a do indecente ataque.

Bottomley acalmou imediatamente ao descobrir que eu provavelmente não pagaria e pareceria ameno; mas havia naquele tempo um periódico, *The Looking Glass,* editado por um animal chamado De Wend Fenton. Ele imprimiu um calunioso ataque sobre a cerimónia e concluiu por uma ameaça de continuar a expor as minhas más acções. Ele então telefonou para um amigo em comum e disse que esperava que eu não me sentisse ofendido e que gostaria de me encontrar no jantar para conversar sobre as coisas. O meu amigo ligou-me. Eu simplesmente disse: "Eu entendo que tu não queres que eu seja chantageado por cima do teu café."

Fenton procedeu então a publicar artigo após artigo, repleto das mais estúpidas falsidades acerca de mim; alguns deles deliberam distorções de facto em quinta mão; alguns, simples invenção. Para minha surpresa, muitos dos meus amigos ficaram com medo e incentivaram-me a entrar com uma acção por difamação. Fuller, em particular, para minha grande surpresa, era quase ditatorial sobre o meu dever. Ele provavelmente havia sido persuadido pelo seu irmão, o qual era sócio minoritário na firma de advogados que me representara na questão de Mathers. Eu não me importei de um jeito ou de outro com o que eu fiz, mas eu aconselhei-me com dois homens cujo conhecimento do mundo dos homens era indiscutivelmente grande; um, um noviço, o Hon. Everard Fielding, o outro, Raymond Radclyffe, que, apesar de totalmente indiferente a Magick, gostava apaixonadamente de poesia e achava que eu era de primeira classe e inigualável na minha geração. Ele editou um semanário financeiro de alta classe e foi justamente reputado como o mais incorruptível, altamente consciencioso e arguto crítico da cidade. A opinião deles era idêntica e enfática: "Se tu tocares no breu, tu ficarás conspurcado"[112], disse um. "Fenton foi advertido e o editor da cidade dele acabou de sair da prisão", disse o outro. Nada havia a ganhar. *The Looking Glass* estava falido, vivendo precariamente em cima de *hush money*[113]. O seu público era composto de púberes cavalariços, assistentes de loja que se imaginavam desportistas, e pessoas cuja única recreação literária consistia em ler histórias e piadas denegridoras, ou em lamber os seus lábios sobre os detalhes dos mais sórdidos divórcios, e em regozijar-se geralmente com a iniquidade da aristocracia. À parte disto, o meu rumo tinha sido esclarecido pelos meus próprios Chefes. Era quase como se eles tivessem previsto as circunstâncias. O caso foi refutado praticamente pela última cláusula de "The Vision and the Voice":

> Poderoso, poderoso, poderoso, poderoso; sim, três vezes e quatro vezes poderoso és tu. Aquele que se ergue contra ti será derrubado, embora tu não levantes tanto quanto o teu dedo mindinho contra ele. E o que fala mal contra ti, ficará envergonhado, ainda que os teus lábios não profiram a mais pequena sílaba contra ele. E aquele que pensa mal a respeito de ti será confundido no pensamento dele, conquanto em tua mente não surja o menor pensamento dele.
> E eles serão trazidos em subjugação a ti, e para te servirem, ainda que não o

---
111 N.T.: magazine semanal de Londres
112 N.T.: "Quem se deita com cães, acorda com pulgas"
113 N.T.: dinheiro pago para evitar que algo seja divulgado; dinheiro de chantagem

deseje.

Não vi nenhuma objecção em afirmar a minha posição em favor de pessoas sinceras e dignas que poderiam, por ignorância dos factos, serem afastadas da verdade. Consequentemente, eu vali-me do editor dum semanário ilustrado de alta classe, o *Bystander*, e escrevi dois artigos explicando o que eram os Ritos de Elêusis; como as pessoas podem cultivar as suas mais elevadas faculdades estudando-os. Também publiquei o texto dos ritos como suplemento do número seis de *The Equinox*. Eu não poderia condescender em responder a abuso pessoal. Deus ignorou o desafio de Bradlaugh[114] de o atingir mortalmente dentro dos cinco minutos seguintes, e o rei não aprisiona todos os socialistas de rua que o atacam. Somente quando circulam rumores, como o do seu casamento secreto com a Miss. Beauchamp, entre pessoas suficientemente importantes para fazer isto importar, se digna ele a processar. O Director de Eton não protestara quando Bottomley o acusou de defender o amor Platónico. Eu estava contente em aguardar a absolvição da história.

Novamente, como Neemias disse: "Eu estou a fazer uma grande obra e não posso descer," Eu estava até ao pescoço em todo tipo de actividade, desde a edição de *The Equinox* até à superintendência da Ordem, para além dos

Crowley, executando o Sinal de Pan.

meus próprios labores literários. Eu não tinha tempo para processos judiciais. Além disso, a preocupação com tais questões significa ansiedade e não serve para uma tranquila concentração na minha real actividade. Também era, em certo sentido, um ponto de honra para comigo não interferir com os Mestres. O que tem o tempo a dizer? Nós sabemos o que aconteceu com Horatio Bottomley. Fico feliz em relembrar que, quando eu soube da sua prisão, escrevi para lhe dizer que eu não tinha malícia e que esperava que ele pudesse provar a sua inocência. Lamento sinceramente que um homem com tão grandes qualidades as tivesse desviado para um tão pobre propósito. Qual é o resumo de tudo isto? Tantos tolos confirmados na sua tolice, tantas ordinárias e vis paixões alcovitadas; tanta gente simplória enganada por causa das suas poupanças.

[114] N.T.: Charles Bradlaugh, 1883-1891, político inglês e ateu

E, do lado oposto, tantos anos consumidos em reles prazeres, azedados por constantes temores de serem descobertos, e coroados por total ruína pior do que a morte às mãos de um trivial salafrário. Mesmo pelos padrões da mais extrema desconsideração do sucesso moral e espiritual, isto é a extrema estupidez a ser desonesta.

O fadário de Fenton é menos notório, mas não é um testemunho menos impressionante para a vigilância e poder dos Mestres. Uma das amantes de Fenton tinha um admirador, um par do reino, prodigiosamente rico e extremamente idoso. Ela combinou com Fenton casar com o velho; ele morreria no curso da natureza sem demasiada espera entediante e os encantos da dama poderiam encurtar isto. Mas o par ainda adorna o pariato! É Fenton que dorme com os pais dele! Não conheço nenhum homem ou mulher que tenha atacado, traído, caluniado ou se tenha oposto ao meu Trabalho, que não tenha encontrado uma desgraça. Alguns estão mortos, alguns estão insanos, alguns estão na prisão. As únicas excepções são aquelas a quem eu tenho protegido da retribuição pegando em armas a meu favor e desse modo induzindo os Mestres a colocarem-se à margem e a verem jogo limpo.

Há outro lado da medalha. Fenton, vendo que eu não seria arrastado para a sujeira dele, introduziu nos seus imundos artigos os nomes de Allan Bennett e George Cecil Jones. Bennett foi descrito como um "monge Budista desavergonhadamente impostor" e foi sugerido que (em comum com todos os outros que eu conhecia!) as minhas relações com ele eram moralmente repreensíveis. Não era provável que isto preocupasse Allan, meditando no seu mosteiro sobre os males da existência e praticando os preceitos do Buda; mas Jones estava situado de outra maneira. Ele estava casado no âmbito de quatro filhos. A vida familiar e a contaminação da química comercial haviam-no insensivelmente tirado do caminho recto.

Então ele vestiu a armadura de Saul, e Golias fez picadinho dele. Ele foi a um inofensivo solicitador, um brando místico adicto a alquimia; sem dúvida uma companhia agradável para uma conversa num clube com um copo de limonada, conforme se poderia ter encontrado entre Swiss Cottage e Streatham Common, mas o último homem do mundo a lutar com um rufião que não tinha ideia de lutas justas. Ele deu informação a um advogado que apenas recentemente havia sido autorizado, tendo sido anteriormente um solicitador. Este homem teve que enfrentar alguns dos talentos mais formidáveis da barra do tribunal.

O caso ocupou dois dias. Eu sentei-me no tribunal dificilmente capaz de conter o meu riso. A farsesca loucura do processo eclipsou *Trial by Jury* de Gilbert[115]. O Sr. Schiller, um advogado admiravelmente hábil e agressivo do tipo intransigente e arrogante, tinha tudo à sua maneira. Ele realmente conseguiu que o juiz admitisse a evidência de uma suposta conversa que ocorrera dez anos antes e não tinha qualquer referência a Jones. O juiz, Scrutton, ficou evidentemente perplexo com o carácter *outré*[116] do caso. Ele até comentou que era como o julgamento de *Alice in Wonderland*.

O Sr. Schiller constantemente referia-se a mim como "aquela repugnante e abominável criatura", embora eu não estivesse representado no caso. A evidência contra mim foi, em primeiro lugar, a minha alegada anotação na Primavera de 1910, a qual, mesmo se eu tivesse feito, poderia ter significado qualquer coisa ou nada na ausência de qualquer contexto; e, em segundo lugar, que as iniciais de quatro "finger-posts"[117] Latinos, dentre várias centenas, num dos meus livros faziam reles palavras, como as encontradas em Sir Thomas Malory, John Keats, Robert Browning, Shakespeare, Urquhart, Motteux e uma série de outros infames pornógrafos. Teria sido igualmente

---

115 N.T.: Sir W. S. Gilbert, 1836-1911, dramaturgo, libretista, poeta e ilustrador inglês
116 N.T.: "exagerado"
117 N.T.: postes de guia, ou de sinalização e direcção

justo reorganizar as letras do sobrenome do juiz para fazer uma sentença descrevendo um deplorável facto em patologia, e acusar a Sua Senhoria de ultrajante atributo cada vez que ele assinava um cheque.

O juiz fez uma brincadeira bastante maliciosa de ambos os lados. A cada poucos minutos algum facto misterioso surgiria, coisa que eu poderia explicar melhor do que qualquer outra pessoa. "Mas certamente," murmuraria o juiz, "a pessoa certa para contar ao tribunal acerca disto é o Sr. Crowley. Por que não chamam vocês o Sr. Crowley?" E ambos os lados deplorariam a impossibilidade de descobrir onde estava o Sr. Crowley, embora eu estivesse sentado no tribunal *lippis et tonsoribus notus*[118] graças às minhas peculiaridades inconfundíveis—não direi a majestade e a beleza da minha presença; tendo sido familiarizado com todos na Inglaterra por inúmeras fotografias como explorador, poeta, Mágico, editor, reformador religioso, dramaturgo, produtor teatral, recitador e publicitário.

The Looking Glass, é claro, não podia chamar-me, porque eu teria revelado imediatamente que o libelo sobre Jones era apenas um incidente numa elaborada tentativa de chantagem, e Jones não me chamaria porque ele estava com medo de que o meu desprezo por convenções, o meu desdém pela discrição como um mero eufemismo para o engano, e a minha confiança no poder da verdade e na integridade e inteligência dos homens em geral, me levasse a fazer alguma confissão prejudicial.

Ele estava mal aconselhado. A intensidade do meu entusiasmo, a minha franqueza e a minha singela personalidade teriam dominado o tribunal. Eles teriam sido obrigados a entender que mesmo as minhas loucuras e falhas testificavam a minha boa-fé, honra e entono. Nenhum homem com um oculto motivo pessoal teria feito coisas tão francas, destemidas e imprudentes. Eu nunca fui conciliador; eu nunca fui adulador ou oportunista. O próprio Brand não era mais desrespeitador do compromisso. Tal homem pode ser mal orientado, mal-educado, fazedor de malícias, mas ele deve ser sincero. Teria sido visto imediatamente que as crenças e preconceitos dos homens nada significavam para mim, que os meus olhos estavam fixos no eterno, a minha mente consciente somente de Deus e o meu coração totalmente preenchido com o amor da Luz.

Contudo, ele temia. Ele havia esquecido as primeiras palavras da sua iniciação: "O medo é o fracasso e o precursor do fracasso." Por isso ele falhou.

A única alegação contra ele era a de que ele era meu amigo e colega e interpretou nisto a sugestão de que as nossas relações eram criminosas. Os réus negaram que alguma vez tivessem pretendido fazer tal sugestão. O juiz disse na conclusão dele que, por mais obscuro que seja o caso, uma coisa ficou clara: o Sr. Jones tinha jurado enfaticamente que ele era inocente da ofensa em questão, os réus tinham jurado que nunca em tempo algum, e nem agora, tinham pretendido sugerir que ele era culpado de qualquer conduta semelhante.

O júri retirou-se. Aparentemente eles viram algo sinistro na unanimidade da parte queixosa, da parte acusada e do juiz. Eles *respiraram juntos,* por assim dizer, e o Latim para aquilo foi *conspiração.* Se ninguém tinha sugerido esta atrocidade, era hora de alguém o fazer! Eles regressaram tão radiantes como se haviam retirado angustiados. Declararam que os acusados tinham perjurado ao negarem que haviam acusado o Sr. Jones: que o Sr. Jones tinha perjurado ao negar a sua culpa; que o juiz tinha caído no ridículo direccionando-os a acreditar nas provas de ambos os lados; que *The Looking Glass* tinha pretendido acusar o Sr. Jones de criminoso por felonia; e, finalmente, que criminoso ele era.

O meu contacto com a civilização tem-me ensinado pouco e esse pouco dificilmente

---

118 N.T.: "reconhecido por míopes e barbeiros", alusão a uma expressão de Horácio em "Sátiras"

vale a pena aprender. Vê-se apenas os aspectos superficiais das coisas e aqueles que, o mais das vezes, são falazes. A compreensão de uma pessoa é confusa e incoerente; as suas conclusões anulam-se mutuamente. Mas os meus dois dias no tribunal realmente contribuíram para o meu conhecimento prático do *homo sapiens*. Jones havia jurado tão simplesmente, sinceramente, solenemente, seriamente e enfaticamente; Fuller tinha falado com soldadesca frontalidade. Contra estes foram conjugadas as quase insanas pomposidades de Mathers, um notório patife, as bombásticas vociferações de Berridge, um médico de má reputação nas fronteiras da charlatanice, o qual tinha empalidecido e gaguejado à primeira palavra do contra-interrogatório; as manhosas evasivas de Cran, um solicitador cujo matreiro relance de olhos era por si só suficiente para alertar o mais estreante em fisiognomia, para não acreditar numa palavra que ele dissesse; e os doze homens bons e verdadeiros tinham trazido um veredicto contra a evidência, contra a direcção do juiz, contra a psicologia das testemunhas. E o único fundamento para o veredicto deles era o de que a existência de suspeita, inteiramente não fundamentada, de um crime tão horrível provava que devia ser justificada.

Era a psicologia da Idade Média. Um homem poderia, ou não, ser culpado de assassinato, mas feitiçaria era uma abominação tão inimaginável que era impensável que alguém pudesse acusar as pessoas disto, a não ser que fosse verdade. Lembrei-me do caso de Eckenstein. Ele havia cometido um crime demasiado assustador para colocar em palavras e por conseguinte ele deve ser culpável. Eu tinha achado isto bastante semelhante comigo mesmo. Ninguém parecia importar-se se eu tinha ou não tinha feito várias coisas que não seria expectável que alguém fizesse, mas ninguém parecia manter uma dúvida de eu ter feito coisas impossíveis na natureza. Ninguém se preocupava em descobrir os factos acerca dos mais simples assuntos. As pessoas imprimiam falsidades sobre a minha família, a minha fortuna, os eventos mais conhecidos da minha vida. Não havia tentativa de ser consistente ou provável. Editar um jornal durante uma situação de servidão penal parecia não atingir ninguém, tão além da minha habilidade, e assim por diante *ad nauseam*[119]. Ainda mais absurdamente, ninharias que são verídicas de centenas de milhares de pessoas tornavam-se carregadas do mais sinistro significado quando aplicadas a mim próprio. Eu tenho sido acusado de viver numa casa de campo, como se apenas os assassinos até à data se esquecessem de si mesmos. Se eu reduzi a luz, isto deve ser para esconder os meus crimes. Se eu a aumentar, isto prova a minha falta de vergonha. Se eu for para Londres, eu devo estar a fugir da polícia em Paris; se para Paris, da polícia em Londres.

O resultado do caso de Jones não me surpreendeu nem me chocou. Isto simplesmente confirmou-me na minha determinação de fazer o meu trabalho e nada além do meu trabalho. Não era da minha conta se o que eu fazia era popular. *The Pilgrim's Progress* não teria sido melhor se o seu autor tivesse sido um respeitável guardião da igreja em vez de um prisioneiro, e não teria sido pior se ele tivesse sido um salteador em vez de um *tinker*[120]. Não se pode sequer ajudar a si próprio a tornar-se famoso por nenhum dos métodos dados. Pode-se, de facto, empurrar a si mesmo para dentro da sociedade onde não se pertence no momento. Compare-se as carreiras de Swinburne e Alfred Austin. O último tornou-se Laureado, graças aos seus sólidos princípios Conservadores e respeitabilidade, mas isto não tem feito diferença nenhuma, mesmo vinte anos depois, excepto para dar um exemplo da completa absurdidade, mesmo a partir do ponto de vista mais prático, de desperdiçar um momento em qualquer coisa que não a fazer o trabalho o mais perfeito possível.

---

119 N.T.: "até à náusea"
120 N.T.: consertador de utensílios domésticos

Aqui está um outro paradoxo. Há muitas pessoas no mundo literário que sabem tudo acerca disto, todavia continuam na expectativa que indivíduos inteligentes façam todas estas coisas estúpidas, as quais eles têm precisamente provado serem totalmente inúteis, como se a sua eficácia nunca tivesse sido posta em dúvida. Lembro-me de uma noite em que alguém apareceu para me dizer que eu estava a ser prejudicado por um qualquer escândalo ridículo. Fiquei pálido e comecei a respirar rapidamente, examinei a minha estante de livros e abri um volume dos meus. Dei um grande suspiro de alívio e voltei, o meu rosto inundou de alegria. "Caro amigo," disse eu apontando para a página, "o teu medo é bastante mal fundamentado." Por um momento pensei que um ponto e vírgula pudesse ter sido transformado numa vírgula.

Quanto ao outro ponto, eu às vezes pergunto-me se não tenho sido afectado por um incidente da primeira infância. O meu pai costumava ir a pé evangelizar as aldeias. Eu iria com ele. Às vezes ele daria folhetos a pessoas e de maneira diferente lidaria directamente, mas às vezes ele fazia uma coisa muito cruel. Ele observaria alguém envolvido animadamente nalguma tarefa e questionaria simpaticamente a sua finalidade. A vítima expandir-se-ia e diria que esperava por tal e tal resultado. Ela estava agora numa armadilha. O meu pai diria: "E então?" Repetindo esta pergunta, ele detectaria a ambição da sua presa de ser prefeito da sua cidade ou que não, e ainda surgiria o inexorável, "E então?", até que o desventurado indivíduo pensasse em encurtar isto, dizendo o menos incomodamente possível: "Bem, por essa altura eu estarei pronto para morrer." Mais solenemente do que nunca vinha a questão: "E *então*?" Neste modo o meu pai quebraria toda a cadeia de causas e levaria o seu interlocutor a perceber toda a vaidade do esforço humano. A moral era, naturalmente, "Alinha-te com Deus".

Nessa época as consciências dos homens estavam muito exercitadas, conforme os nossos pais colocam isto, em relação ao monumento que Jacob Epstein tinha feito para o túmulo de Oscar Wilde em Père-Lachaise. Este monumento tinha estado em exibição no seu estúdio em Londres por alguns meses e os diletantes mais delicados não detectaram nada de desagradável nisto. Assim que fora colocado no cemitério, o guardião objectou isto como indecente. O Prefeito do Sena apoiou-o. Eu fui ver isto. Não admirei isto grandemente; achei o aspecto geral pesado e desproporcionado, mas a modelação da esfinge alada, ou o que quer que fosse, parecia admiravelmente simples e subtil. O ponto estético, contudo, não estava em jogo. A atitude das autoridades foi um insulto e ultraje à liberdade da arte. Toda a inocência da estátua tornou a acção daquelas menos defensável, apesar de pessoalmente eu não acreditar em nenhuma restrição baseada no preconceito. A grande arte é sempre franca e o seu efeito nas pessoas depende apenas das mentes destas. Temos agora descoberto, de facto, que os mais inofensivos fenómenos dos sonhos representam realmente as ideias mais indecentes e abomináveis. Se nós escolhermos encontrar um significado censurável em *Alice in wonderland*, ou decidirmos a persuadir-nos de que as patentes obscenidades orientais da Bíblia são indecentes, ninguém nos pode impedir. A humanidade só pode elevar-se acima do seu carácter inferior encarando os factos e dominando os seus instintos.

Fiquei indignado com o insulto a Epstein e à arte na pessoa dele. Por conseguinte resolvi fazer um gesto em nome das prerrogativas do génio criativo. Imprimi um manifesto:

> EM NOME DA LIBERDADE DA ARTE
> O Artista tem o direito de criar o que ele quer!
> O belo monumento de Oscar Wilde no Père-Lachaise, obra-prima do escultor Jacob Epstein, embora já mutilado e degradado por ordem do Prefeito do Sena, permanece sempre velado.

Ao meio-dia, próxima quarta-feira, 5 de Novembro, M. Aleister Crowley, o poeta Irlandês, vai desvelá-lo. Vinde emprestar-lhe a vossa simpatia e a vossa ajuda, vinde protestar contra a tirania pudibunda e pornófila dos burgueses, vinde afirmar o direito do Artista de criar o que ele quer.

Rendez-vous, Cemitério de Père-Lachaise, perto do monumento de Oscar Wilde, ao meio-dia, quarta-feira, 5 de Novembro.

Eu tinha isto distribuído amplamente por Paris. O meu amigo e senhorio, sr. Bourcier, balançou a sua cabeça muito tristemente. Eles mandariam soldados, disse ele, "com canhão e baioneta" para formar um cordão ao redor do monumento e impedir-me de remover o encerado. Oh, irão eles? Disse eu. Então eu abri a minha mente para um entusiástico jovem Americano, o qual concordou em ajudar-me. Comprámos uma bobine de fio de aço extremamente fino e forte, o qual seria praticamente invisível na baça penumbra de Novembro. Esperámos até os portões serem fechados e depois prendemos o arame ao encerado, para que, a partir do refúgio duma árvore a algumas centenas de metros de distância, um suave puxão fosse suficiente para retirá-lo, tendo eu cortado as cordas que o mantinham no lugar, de tal modo que elas seguravam-no apenas por uma fibra, aparentemente intactas. Eu fui, não para tentar impelir as forças militares da República, mas para fazer um discurso nas imediações. Quando eu lancei o meu braço para apostrofar o empíreo, ele foi puxar os fios a partir do seu esconderijo. Completados estes arranjos, nós saímos explicando ao porteiro que havíamos perdido o nosso caminho.

No dia seguinte, à hora marcada, fui ao cemitério com um ou dois desesperados aderentes. Um distinto concurso de entusiastas estava aguardando o Prezado do Destino, o Guardião da Honorabilidade de Wilde, o Emancipador da Ebulição de Epstein. Nós marchámos em solene procissão para o túmulo. Eu diverti-me ao observar que as patrulhas, logo que nos viram, fugiram como coelhos. Eu supus, a princípio, que tinham ido dar uma advertência, e expectava ser preso antes da conclusão do entretenimento, mas quando chegámos ao túmulo eu não encontrei cerradas fileiras de soldados gritando: "*Ils ne passeront pas!*" Não havia uma alma à vista!

Entendi então que as ordens foram dadas para não interferir com o louco poeta Irlandês, de maneira nenhuma. Isto tirou o vento das minhas velas. Eu fiz o meu discurso e desvendei o empenho de Epstein no baço clima borriceiro. Foi um sucesso desalentador. O caso, no entanto, fez um grande barulho nos jornais, tanto em França quanto em Inglaterra, e a coisa mais engraçada acerca disto foi a de que o próprio Epstein, a única pessoa que deveria ter ficado satisfeita acima de todas as outras, ter-se-ia suposto, levou parcialmente a mal a minha acção.

Eu sempre achei a psicologia de Epstein muito intrigante. Ele é um Judeu Alemão, nascido no Lower East Side de Nova Iorque, e o génio dele, como o de Rodin, é puramente natural. As suas conscientes ideias estão em desacordo com isto e destroem isto sempre que ele lhes permite interferir. Assim, numa vez, ele entrou no pior conjunto de pretensiosos embusteiros em Londres, aqueles insignificantes que proclamam incansavelmente no topo das suas vozes quão grandes eles são e como os seus pedantescos princípios são a verdade, toda a verdade e nada além da verdade. Eles teorizam tediosamente em obscuros cafés e produzem monstruosidades desprovidas de sentido ou absolutamente nada.

Cubismo, vorticismo, dadaísmo, e tais asnices sectárias vêm todas para a mesma coisa; são manias intelectuais embalsamadas, inventadas a fim de provar que a imbecilidade dos seus aderentes é sublime. Conscientes da sua incapacidade eles tentam provar a sua perfeição, tal como uma mulher que sendo vesga pode tentar convencer-se de que os olhos cruzados constituem um charme especial. A falácia repousa nisto: uma obra de arte justifica-se pelo seu directo efeito mágico no observador. É pueril "provar" que Pope é um poeta melhor do que Shakespeare por causa do seu classicismo ser mais meritório do que o "infeliz barbarismo" (como diz Hume) do Elizabetiano. Críticas regras derivadas da análise após o evento são sempre impertinentes. Não se pode melhorar Swinburne usando os méritos dele mais acuradamente do que ele próprio.

Mas Epstein deixou-se influenciar pela pomposa convicção de homens que não estavam aptos para acartar o barro dele, e durante algum tempo tentou trabalhar nos seus princípios, em vez de permitir que o seu génio se expressasse conforme deveria, com resultados desastrosos. Eu próprio tenho sido um jumento de vez em quando, tentando construir conscientemente de acordo com as minhas convicções. Mas pelo menos eu nunca me deixei influenciar pelas modas de uma panelinha.

Lembro-me de uma circunstância interessante que ocorreu em 1912. Epstein tinha feito um Deus-Sol. Ao ouvir isto, eu corri para o estúdio dele. Achei isto um sinal de que as ideias que me moviam estavam independentemente penetrando outras mentes. "Alô", disse eu, quando entrei no estúdio; "tu tens estado a fazer o Homem de Vitrúvio, tens?" "Homem de quê?" Disse Epstein. "Vitrúvio, tu conheces—o microcosmo?" Eu poderia ter estado a falar Choctaw. Eu não podia acreditar que Epstein não soubesse acerca disto. Mas ele não sabia sequer de qual das estátuas dele estava eu a falar. Eu apontei. "Disparate", disse ele, "esse é o meu Deus-Sol. O que tem Vesúvio a ver com isso?" Eu fiquei mudo.

Vitrúvio foi (é claro, mas suponho que eu tive de explicar melhor!) o grande arquitecto Augustano, cujo tratado sobre o assunto é supremo clássico do seu género. Ele tinha descoberto a base lógica da beleza e de similares ideias morais. Ele demonstrou a necessidade de aderir a certas proporções. Aconteceu que eu tinha no bolso uma prova de uma das ilustrações do meu *Book Four*, Parte II. Puxei-a e coloquei-a debaixo do nariz dele. Em todos os aspectos essenciais, era idêntica à ideia de Epstein do Deus-Sol. A coisa espantosa não é esta mera similaridade, mas o facto de que Epstein a chamara por este nome; pois o Homem de Vitrúvio é realmente o Deus-Sol. É o símbolo que unifica o centro do nosso sistema com a verdadeira natureza do homem.

O génio de Epstein havia expressado através dele um facto místico de suprema importância, sem o auxílio de nenhum processo intelectual. Foi mais um exemplo da minha teoria de que a directa intuição é capaz de discernir *a priori* verdades tão adequadamente quanto o método indutivo do intelecto as revela *a posteriori*. Os seus resultados são igualmente confiáveis, ou mais, quando o veículo transmissor deles é o génio, e este, por sua vez, é a sua própria testemunha totalmente suficiente em virtude do seu poder de se expressar em beleza. "Beleza é verdade; verdade, beleza" tem, portanto, um significado lógico preciso; não é meramente uma fantasia poética.

A nossa apreciação de um soneto e de um silogismo é despertada por idênticas qualidades na nossa natureza. O mesmo princípio aplicado a cada impressão produz reacções cuja inter-relação é necessária. Não é meramente uma questão de gosto preferir Rembrandt a Dana Gibson. Implica uma correspondente percepção de problemas científicos e filosóficos. Quando os homens que concordam acerca de Goya discordam acerca de geologia, pode-se deduzir confiantemente que existe algures uma falha de autocompreensão sobre um assunto ou o outro, pois todas as nossas opiniões são expressões parciais da nossa essencial estrutura espiritual. Este facto pode ser usado para detectar as fontes de erro na nossa mente. Eu tenho amiúde sido capaz de corrigir os meus pontos de vista acerca dalgum problema em matemática ou física reportandoos para algum padrão artístico. Tendo detectado onde está a incompatibilidade, fica claro onde procurar o mal-entendido.

O monumento a Oscar Wilde estava fadado a fornecer ainda mais diversão. Com incomparável insolência, as autoridades decidiram mutilar o trabalho de Epstein. Eles empregaram um escultor, o qual deve, a propósito, ter estado completamente perdido para todo o senso de vergonha, para fixar uma borboleta de bronze sobre a "censurável" característica do monumento. Esta característica tinha sido bastante imperceptível para qualquer um excepto o observador mais lascivo. A borboleta, sendo de material e mão-de-obra diferente, chamava a atenção para exactamente aquilo que pretendia fazer as pessoas esquecerem.

Isto incidentalmente é uma característica da psicologia puritana. Ninguém notaria esse lado da natureza ao qual aquelas pessoas, cuja bondade se ressente de Deus, atribuem um "perverso" significado, se elas não enfatizassem persistentemente na sua existência. O mau gosto deste ultraje foi ainda mais longe. A borboleta era notoriamente o emblema de Whistler, cujas controvérsias com Wilde eram tão selvagemmente espirituosas. Colocar isto no próprio símbolo do génio criativo de Wilde era o insulto mais obsceno que poderia ter sido imaginado. Martial nunca compôs um epigrama tão indecentemente zombador.

Eu não sabia que este ultraje tinha sido perpetrado. Eu tinha ido ao cemitério simplesmente para ver se a lona havia sido substituída. Confesso que apreciei totalmente o sabor desta piada. Foi ainda mais pungente porque inadvertida. (A ideia tinha sido simplesmente fazer uma modificação discreta, inconspícua. É realmente estranho como a delicada virtude particular está sempre a tropeçar em galhofas Rabelaisianas. Eu lembro-me, por exemplo, de escrever num artigo para a *Vanity Fair* de Nova Iorque, "Ciência oferece a sua virgem cabeça para o afago de Magick." O editor achou a palavra "virgem" um pouco arriscada e mudou-a para "virginal"!)

Recuperando do primeiro espasmo de cínica apreciação, eu vi que havia apenas uma coisa a ser feita no interesse da decência comum e do respeito por Epstein. Desprendi a borboleta e coloquei-a debaixo do colete. O porteiro não percebeu quão corpulento eu me tornara. Quando cheguei a Londres, eu coloquei o vestido de noite e afixei a borboleta na minha própria personagem da mesma forma que estava na estátua anteriormente, no interesse da modéstia, e então marchei para o Café Royal, para o deleite da reunida multitude. O próprio Epstein estava lá e foi uma noite gloriosa. Por esta altura ele entendera os meus motivos; que eu estava honestamente indignado com o ultrage a ele feito e determinado a defender os privilégios do artista.

~ 68 ~

TERMINADOS os rituais e aprendida a lição, eu senti-me à vontade para voltar ao meu amado Sáara. Como anteriormente, eu levei Neuburg comigo e desci de Alger para Bou Saâda para economizar tempo. Propusemos fazer um itinerário mais extenso. Havia certas partes pouco conhecidas dentro do deserto comparativamente de fácil alcance. Fazia parte do programa obter visões dos dezasseis Sub-Elementos, como uma espécie de pingente para os Aethyrs, mas ainda não era a hora. Nós começámos, mas os resultados foram tão insatisfatórios que parámos. É claro que eu não tenho dúvidas de que o sucesso depende inteiramente de trabalhar para isso, porém, em última análise, é tão impossível executar uma determinada Operação em Magick por ordem quanto escrever um poema por ordem, ainda que a habilidade técnica de alguém pareça prometer sucesso.

Experiências deste tipo, no fim de contas, ensinaram-me que a vontade que está por detrás de todo o trabalho mágico não é a vontade consciente, mas sim a vontade verdadeira. O sucesso depende assim, primeiramente, de assegurar que os poderes de uma pessoa sejam equivalentes a qualquer demanda requerida; mas, secundariamente, depois de aprender o tipo de trabalho para o qual eles são realmente desejados. É um excelente treino, sem dúvida, para seguir em frente perseverantemente nas mais desencorajantes condições. De facto, o profissional é melhor do que o amador principalmente porque tem tido que lutar dia após dia; mas esta é uma questão de treino primordial. Quando alguém tem chegado ao auge dos poderes, esse alguém ainda tem os seus "dias de folga".

Esta segunda jornada no Sáara levou-nos muito mais profundamente à desolação. Nós tínhamos dois camelos e um homem a conduzi-los e um rapaz para cuidar dos camelos. Apanhávamos ocasionais viandantes à medida que íamos e largávamo-los de novo, da maneira mais encantadoramente casual. Na nossa primeira paragem, nós desfrutámos da hospitalidade de um famoso xeique que havia estabelecido uma espécie de universidade mística naquele obscuro canto do mundo. Nós achámo-lo um anfitrião cortês e um erudito muito esclarecido. Uma das vantagens do desenvolvimento espiritual é a confirmação dos resultados que obtemos a partir de pessoas que encontramos com similar disposição. Existe uma real maçonaria entre tais homens, a qual não depende de fórmula e dogma. A instintiva simpatia prova que se tem feito o certo para ir além das conscientes conclusões. No reino do espírito está a liberdade.

O nosso rumo levou-nos através de uma cadeia de montanhas. Era uma linda manhã, com apenas um toque do vento noroeste. Nós sentíamo-nos muito em forma; eu tinha esquecido tudo acerca de Inglaterra e começámos a congratular-nos numa outra agradável jornada. Suponho que o vento do noroeste estivesse a escutar.

Nós tivemos alguma comida num inesperado e degradado casebre por volta do meio-dia; pois o vento tinha-se levantado o suficiente para tornar isto demasiado frio para se estar sentado. Uma hora depois atingimos as montanhas. Foi um passo de montanha realmente bom; a descida, um esplêndido desfiladeiro, alcantilado precipício. O condutor de camelos quis montar acampamento por volta das três horas e nós tivemos problemas com ele.

Os condutores de camelos não têm senso algum; em Inglaterra eles teriam o Embankment ou o Home Office. Este imbecil tinha estado toda a sua vida no deserto e ainda não tinha aprendido que ele e o seu camelo precisavam de comida. Ele nunca levava nenhuma com ele, e tendo chegado a um indicado ponto a trinta milhas do mais próximo rebento de erva, queixou-se de fome.

Eu tinha esperado que ele tivesse encontrado alguns cardos.

Isto por parênteses. Nós perambulámos e passado pouco tempo, emergindo do desfiladeiro, surge um árabe que falou de um acampamento Beduíno a jusante.

Isto encontrámos nós alguns minutos depois do anoitecer. O vento era inacreditavelmente violento e inclemente, mas nenhuma chuva caiu. "A chuva nunca cai ao sul de Sidi Aissa."

Então alimentámo-nos e deitámo-nos. A nossa tenda era um abrigo Árabe, um simples cobertor apoiado em paus, alguns necessários para o seu apoio, outros destinados a interferir no conforto das pessoas que estavam lá dentro.

O meu discípulo, fatigado pela marcha do dia, adormeceu.

Conforme aconteceu—pura sorte, pois ele não tinha mais senso do que o condutor de camelos; discípulos nunca têm! - ele tinha escolhido o único ponto possível. Quanto a mim, eu acordei passado cerca de meia hora para sentir o mais diabólico aguaceiro. Foi tão mau quanto Darjeeling e a encumeada que conduz a Kangchenjunga. Nós tínhamos montado a tenda num sítio razoavelmente protegido sob as paredes do rio; mas a chuva escorria pelos suportes da tenda, e através da própria tenda, e encharcava-nos.

De manhã, depois duma noite naquela condição, quando a pessoa está meio adormecida de exaustão e meio acordada da miséria, a tempestade ainda soprava.

Nós esperámos até quase às nove. Os Beduínos disseram-nos que a quatro milhas havia uma vila. Nós pensámos em café e metemos os pés ao caminho. Então lá fomos para o ensopado deserto e chegámos à "vila" em uma hora. Havia palmeiras e jardins—e um casebre desabitado, sem porta. O telhado, feito de galhos retidos com grandes pedras e apertados com lama, estava meio quebrado. Uma pedra gigante pendia iminente, meio caída. Durante todo o dia esperámos que a chuva parasse de cair no lugar "onde esta nunca caía".

A noite chegou e a nevasca redobrou a sua violência; mas o abrigo permitiu-nos dormir um pouco até que a lama se dissolveu e o telhado tornou-se um crivo. O resto da noite foi um banho de chuveiro.

De manhã não houve grande sinal de melhoria. Eu tive de pôr o condutor de camelo em acção e de perseguir os camelos com os meus próprios pés leais. Ele tinha um milhão de desculpas para não continuar, todas em pé de igualdade. "Os camelos apanhariam frio."—O bom do homem que os tinha deixado à chuva toda a noite! "Eles escorregariam." "Eles morreriam." "Eles estavam com muita fome."—Do homem que não tinha trazido comida para eles! "Eles estavam cansados"—e assim por diante. Mas eu finalmente terminei a festa e cheguei num par de horas a um túmulo com um caixão dentro. Lá eles assentaram-se e recusaram-se a mexer. Eu simplesmente não fiz caso. O meu discípulo agarrou um camelo e eu agarrei o outro, e saímos. Deixámo-los no túmulo, resmungando.

Seguindo o rumo por mapa e bússola, eu ajuizei uma boa passagem através da próxima cadeia de montanhas e executei-a. O plano deserto estava permanecendo em água; e os regos eram difíceis para os camelos que detestam a água tanto quanto os discípulos.

Foi melhor na vertente da montanha. Perto do topo do passo de montanha apercebemo-nos dos nossos homens seguindo, como o menor de dois males. Eu estava arrependido, de certa forma; teria sido uma fina aventura inquietar-me em direcção a Sidi Khaaled com estes dois brutos e um imbecil Davie!

Foi exactamente quando o topo foi alcançado que eu disse, sem qualquer razão aparente: "A tempestade acabou." O meu discípulo fez o seu acto de Tomé[121]. Não houve abertura no furioso céu cinzento; o vento enfureceu-se e a chuva caiu. Mas eu ative-me a isto; tinha sentido a primeira contenção do vento do sul numa momentânea trégua. Eu estava certo.

A descida do passo de montanha estava longe de ser fácil. A "estrada" cruza e recruza o leito do rio com a maior frequência possível; às vezes até segue o curso.

E este córrego era uma furiosa torrente, escorregadia e perigosa para homens, intransponível para os membros do Alpine Club, e quase intransponível para camelos. Era quase noite, antes de sairmos do desfiladeiro e uma árida planície nos confrontar.

Era inútil lutar muito mais. A chuva ainda caía; o deserto permanecia a seis

---

121 N.T.: "Ver para crer, como São Tomé"

polegadas de profundidade na água. As colinas eram uma massa de neve.

(Nós ouvimos mais tarde de que muitas casas tinham sido arastadas em Ouled Djellal nesta tempestade sem precedentes. O tráfego foi interrompido pela neve na Ferrovia da Argélia Oriental, e o *Maréchal Bugeaud*[122] estava 40 horas atrasado em Marselha, tendo que debater-se sob o sotavento da costa Espanhola por abrigo.)

Então eu escolhi uma boa árvore perto do córrego e montámos acampamento.

Nós tínhamos pouca esperança de acender um fogo; mas existe no deserto uma certa erva impermeável, e usando isto como um iniciador nós conseguimos. Assim que a labareda surgiu, enchendo a noite de dourados chuviscos de faíscas, as estrelas invejosas decidiram rivalizar com a exibição. Cada nuvem desapareceu como por magia. Mas o fogo continuou a ser o predilecto popular!

Toda a noite labutei para secar as minhas roupas e a mim próprio, refrescando o velho Adão com café, faisão e biscoitos Garibaldi em intervalos não infrequentes.

A manhã estava em êxtase. A luz recobria a areia, vaga após vaga de radiância. O deserto estava seco. Não havia água no córrego, salvo em raras poças. Nós removemos o acampamento sem demora.

Olhámos para o caminho que nós tínhamos viajado; os serros ainda brilhavam com inabitual neve; de noroeste o vento ainda batalhava entremeadamente para afirmar o seu domínio, mas nós, com júbilo e louvor em nossos corações, virámos os nossos contentes rostos, cantando para o assurgente sol.

A povoação mais interessante do nosso percurso foi Ouled Djellal. Era um lugar minúsculo, mas há um casebre que se auto-intitula um hotel Europeu, mantido por um extraviado Francês. A vila exibe um celeiro aonde se pode ir todas as noites e onde se pode ver dançarinas. Não preciso de descrever os feitos delas, mas posso dizer que essa é a única forma de divertimento que eu tenho encontrado e da qual nunca me canso. Gosto de chegar bem cedo e ficar ali sentado a noite inteira, fumando tabaco, ou *Kif*[123], e bebendo café, xícara após xícara.

O monótono ritmo do som e movimento embota a orla da actividade intelectual da pessoa da mesma maneira que um mantra. Os melhores concertos e óperas, ou espetáculos como o *ballet* Russo, aliviam a dor da existência colocando um prazer positivo de trabalhar contra a pálida dor persistente; mas, como o Buda tem demonstrado, o remédio aumenta a doença. Eu tenho, desde há muito, chegado ao ponto de poder dizer que tenho desfrutado todas as possíveis formas de deleite ao máximo possível. Eu não sou *blasé*[124]; eu posso ainda desfrutar de tudo tão bem como sempre pude. Mais: eu sei como extrair o infinito arroubo a partir dos mais insignificantes incidentes, mas esta faculdade depende da recusa em aceitar tal moeda em sua própria valoração. Isto sendo assim, é no geral mais fácil obter prazer a partir daquelas coisas que acalmam em vez daquelas que excitam.

Tem-me suscitado que estas observações podem parecer muito perversas. As pessoas comuns associam danças Árabes com excitamento animal. Tal atitude possibilita-me diagnosticar o caso delas. Elas são, na maior parte, incapazes de verdadeira paixão, mas as suas emoções são tão desordenadas e descontroladas que ao menor toque elas dão um pulo e um guincho. O puritanismo no sentido convencional da palavra é, de facto, uma neurose. Deve-se possuir os poderes físicos na maior medida, mas eles devem ser colectados e controlados de tal maneira que não possam ser excitados por inadequada estimulação.

---

122 N.T.: navio
123 N.T.: haxixe
124 N.T.: indiferente em relação àquilo que o rodeia

O puritano está sempre a tentar tornar impossível a existência daquelas coisas que o amedrontam. Ele não entende que a sensibilidade não é para ser curada protegendo-a dos estímulos óbvios. O tecido doente começará meramente a reagir a todos os tipos de contactos que tenham uma relação meramente simbólica com os perigos originais. Este facto psicológico está na base de tais fenómenos como o fetichismo. O santo apressa-se para Tebaida[125] para evitar o perigo de Thais[126], somente para descobrir que as próprias pedras se erguem e tomam o lugar dela. Neuburg tinha um amigo, o qual tinha um amigo que era anarquista. Ele não beberia cacau "porque isto excitava as paixões carnais dele".

Conforme o pouco que tenho visto do Sáara, eu tenho reconstruído a sua história em linhas gerais para minha própria satisfação. Estou convencido de que a terra está lentamente a perder a sua água e isto explica o que se vê na Bacia do Mediterrâneo, sem assumir catastróficas mudanças na crosta terrestre. Sabemos que os glaciares estão de um modo geral a recuar. Sabemos que no tempo de Horácio a neve caía pesadamente e assentava longamente no Inverno Romano.

Na Tunísia, o caminho-de-ferro de Sousse a Sfax, o qual atravessa o deserto como uma corda cujo arco é a saliência da costa entre estas cidades, passa por uma povoação chamada El Djem. Este é um ponto isolado; não há qualquer região fértil perto dele. Consiste de um conjunto de choupanas Árabes na abertura de um coliseu. Esta estrutura foi em certa época o quartel-general de um formidável gangue de salteadores e a abertura foi feita pela artilharia enviada para enxotá-los.

O ponto é que este coliseu é um tremendo caso. A velha cidade deve ter abrigado pelo menos cinco mil pessoas, provavelmente quatro vezes mais. Como viviam estas pessoas? É-se obrigado a assumir que naqueles dias a região era fértil. Na ausência de rios, isto significa chuvas regulares e abundantes. Mais uma vez, os distritos do norte do Sáara estão cheios de grandes *chotts*[127] ou lagos, muitos dos quais estão abaixo do presente nível do mar. Um engenheiro Francês, de facto, propôs cavar um canal perto de Sfax de modo a reabastecer uma sucessão de *chotts* que se estende para o interior por cerca de duzentas e cinquenta milhas. Ele pensava, e eu concordo, que a existência destes vastos reservatórios rasos mudaria automaticamente o clima, visto que a irrigação do Egipto pelas empresas Inglesas tem feito uma diferença perceptível naquele do Cairo no prazo de uma década. O problema é como impedi-los de assoreamento.

O resultado final de tudo isto é que muitos dos contos de viagens de pessoas como Plínio, Estrabão e Platão não precisam mais de ser vistos como fantásticos. Pelo menos não vejo motivo para duvidar da existência de extensas civilizações no Norte de África nos últimos cinco mil anos. A sua decadência e total desaparecimento são explicados com bastante facilidade pelo fracasso gradual do suprimento de água. Aos olhos de um deus, a humanidade deve afigurar-se como uma espécie de bactéria que se multiplica e torna-se progressivamente virulenta sempre que se encontra numa cultura congenial, e cuja actividade diminui até desaparecer completamente logo que as medidas apropriadas são tomadas para esterilização.

"Para o Oeste a Estrela do Império segue o seu caminho" soa esplendidamente, mas isto é realmente muito apalermado. Desde que compreendi que sou o Espírito de Solidão, Alastor, eu aprendi a olhar para a vida a partir de um ponto de vista além dela. Os assuntos dos parasitas do planeta, incluindo Aleister Crowley, afiguram-se abjectos e absurdos. Eu não posso fingir levá-los a sério. O único objectivo para um

---

125 N.T.: região no Antigo Egipto
126 N.T.: "cortesã" -personagem do romance de Anatole France—Thaïs
127 N.T.: lagos salinos

indivíduo em atribuir valor a si próprio é ter um padrão adequado para a representação simbólica de certos fenómenos que possam interessar a alguém, embora eles não possam possivelmente possuir qualquer importância para alguém, e a única razão para a própria pessoa se interessar pelo bem-estar de qualquer indivíduo é aumentar a eficiência do instrumento de percepção. Isto, então, explica por que razão o único inteligente curso de acção para um homem é obter iniciação. Até isto é inútil em si mesmo. A mais alta conquista é insensata, excepto em referência à conveniência de uma inteligência que não esteja, de forma alguma, envolvida na individualidade do seu instrumento.

O deserto é uma casa do tesouro. Brevemente se obtém por detrás da superficial monotonia. Cada dia está cheio de requintados incidentes para o homem que entende como extrair a quintessência. É impossível descrever tal jornada como a nossa. Os eventos de um único dia preencheriam um gordo fólio. As aventuras mais óbvias são realmente as menos memoráveis, embora estas sejam as únicas coisas passíveis de descrição. Às vezes éramos obrigados, por exemplo, a avançar em grande velocidade para chegar a um lugar onde pudéssemos renovar o nosso suprimento de água. Numa ocasião, nós cobrimos cem milhas em dois dias e meio. A última etapa foi muito má. Ensinou-me uma útil lição acerca de resistência física.

A maioria dos homens que têm praticado atletismo, mesmo que moderadamente, conhecem o significado da expressão "segundo fôlego". O original entusiasmo da pessoa estando esgotado, a pessoa continua calmamente e firmemente, quase insusceptível à fadiga. Uma noite de repouso restaura completamente a pessoa; e esta, dada a comida adequada, pode ir dia após dia por um indefinido período antes de ficar sem viço.

Mas poucos homens, felizmente para eles próprios, sabem que existe algo como "terceiro" fôlego. O segundo fôlego da pessoa desaparece e esta é vencida por uma fadiga tão intensa que não pode lutar contra isto. Parece-lhe que é preciso descansar ou quebra inteiramente, como fez no final do seu primeiro fôlego, só que muito mais ferozmente. Se, no entanto, quando o segundo fôlego falha, a pessoa sabe que a vida depende de continuar, o terceiro fôlego entra em acção. Neste estado a pessoa está quase anestesiada. Torna-se uma absoluta máquina, incapaz de sentir ou pensar; as suas acções são automáticas. A mente é apenas capaz de fazer conexões com tais circunstâncias como suportar o problema físico, embora os homens de fraca vontade, e aqueles nos quais o hábito de autocontrolo não está estabelecido inexpugnavelmente, estejam às vezes sujeitos a alucinações. A famosa miragem é às vezes vista além da alucinação óptica. O delírio ocorre frequentemente.

Parece não haver razão para que a pessoa deva parar uma vez que tenha atingido este terceiro fôlego. Eu acho que a pessoa faz tão exactamente quanto as paragens de um motor a vapor; quando as condições físicas a constrangem.

Uma vez que se obtenha o terceiro fôlego, uma única noite de repouso já não é adequado; parece como que se alguém tivesse indignado a natureza. Tenho descoberto que, quer eu caminhasse no terceiro fôlego uma hora, ou trinta e seis, a reacção era praticamente a mesma. Nesta ocasião tivemos de nos deitar durante dois dias antes de nós podermos continuar.

A psicologia desta etapa era interessante. Enquanto caminhávamos por um deserto totalmente descaracterizado, nós estávamos simplesmente inconscientes, totalmente inacessíveis a qualquer impressão; mas a visão de um oásis, despertando a esperança, despertou-nos para uma consciência da nossa agonia física. A última milha foi uma atrocidade interminável. Quando chegámos às palmeiras, a sombra não nos deu qualquer alívio; as melhoradas condições físicas simplesmente intensificaram os nossos sofrimentos, pois não pudemos descansar antes de chegar às casas.

Um dos efeitos deste tipo de viagem, em oposição à regular expedição, com o seu definido objectivo e o seu consequente isolamento da corrente da vida comum, é que qualquer incidente adquire um intenso e absoluto valor de si próprio. A pessoa pode, por exemplo, amar como se isto fosse totalmente impossível fazer em quaisquer outras condições. Cada momento da vida da pessoa torna-se carregado de inimaginável intensidade, já que nada há a interfir na sua absorção. A multiplicidade de incidentes na vida civilizada faz com que até mesmo a mais sagrada lua-de-mel seja uma miscelânea; o prazer é entorpecido pela distracção.

O segredo da vida é a concentração, e eu tenho alcançado este poder apesar de todas as originais desvantagens, não tanto em virtude da minha persistência nas práticas que tendem a melhorar a técnica, mas pela minha determinação em organizar os meus afazeres em larga escala, assim como para minimizar as possibilidades de distracção. A decisão de não ler jornais, de ver o menor número possível de pessoas, de ler ou de escrever durante as refeições, de viver para que os pequenos problemas de cada dia sejam tão poucos e facilmente despachados quanto possível—todas estas medidas têm-me feito menos um homem do que o Espírito de Solidão. Cada impressão que eu recebo é interpretada da forma mais analítica e produz uma integração mais intensa do que mil destas para a maioria doutros homens. A minha vida tem sido calma, simples, livre de incidentes incomuns ou excitantes, e contudo sinto frequentemente que tenho vivido mais plenamente do que muitos homens de negócios.

Um outro resultado tem naturalmente sido o de que tenho aprendido a avaliar experiências duma escala totalmente diferente da de outras pessoas. Alguns pontos de vista nunca me impressionam. Por exemplo, uma editora escreveu-me uma vez: "Não podemos publicar tal e tal livro até que"—várias coisas aconteceram, o que não teve nada a ver com o conteúdo do livro como tal. Eu estava literalmente horrorizado. Para mim, um livro é uma mensagem dos deuses para a humanidade; ou, se não, nunca deve ser publicado. Então, que importa quem o escreve, quais podem ser as circunstâncias, comercialmente, socialmente ou doutro modo? Uma mensagem dos deuses deve ser entregue de uma só vez. É odiosamente blasfemo falar acerca da época outonal e assim por diante. Como se atreve o autor ou editora a exigir um preço por fazer o seu dever, o mais alto e mais honroso ao qual um homem pode ser chamado? O único argumento para cercar a publicação com quaisquer condições é o de que a mensagem pode ser melhor compreendida em algumas circunstâncias do que em outras. Posso imaginar uma série de silogismos em que se pode basear um pedido de desculpas por muitos dos princípios reais da publicação. O ponto, todavia, é que (como suponho) o autor é o hierofante ou oráculo de algum deus, e o editor o seu arauto.

Eu deixei Neuburg em Biskra a recuperar e voltei para Inglaterra sozinho. Mal me tinha acomodado no meu compartimento, fui tomado por um irresistível impulso de escrever uma peça lidando com os Templários e as Cruzadas. Eu tivera comigo no deserto os rituais da maçonaria, aqueles dos Ritos Scottish, Memphis e Mizraim. Um plano havia já sido proposto para eu reconstruir a maçonaria, como será descrito mais adiante. O ritual do 30° tomara conta da minha imaginação. A ideia da minha peça proposta, *The Scorpion,* brotou completamente armada.

Eu sempre tenho achado que, a menos que eu salte em tal inspiração como um tigre, eu nunca sou capaz de "recapturar o primeiro descuidado arrebatamento". Eu conformemente saltei para fora do comboio em El Kantara e escrevi a peça naquela noite e no dia seguinte. Eu tinha feito pouco trabalho criativo durante a caminhada. Os meus Retiros, em regra, especialmente quando eles envolvem dificuldades físicas, mantêm-me em íntima comunhão com o universo e raramente me dispõem para escrever o resultado. Eu descanso em pousio e a expressão de êxtase segue o meu retorno ao conforto físico e ao lazer.

O meu último trabalho importante havia sido feito em Marselha à saída, onde nós tivemos de esperar dois dias para que um barco nos levasse para Argel. Passei o tempo a escrever o ensaio sobre a Cabala que aparece em *The Equinox* Vol. I, Nº. V. Eu não tinha livros de referência à mão e por conseguinte anotei somente o que estava na minha memória. Este é um bom plano. Isto impede que se sobrecarregue o assunto com detalhes sem importância. Na biblioteca de uma pessoa, esta é obcecada pelo sentimento de que se deve buscar a perfeição e isto é um erro grave. A pessoa quer incluir apenas aqueles elementos que têm provado a vitalidade deles deixando uma clara e permanente impressão na mente.

Eu não tenho a certeza e não encontro registo da escrita de "The Blind Prophet", mas pode bem ter sido durante esta maravilhosa semana. Isto é uma tentativa de uma nova forma de arte, uma combinação de *ballet* e Grand ópera. As vogais predominantes em qualquer passagem indicam uma paixão apropriada. Assim, "i" vai com estridência e violino; "o" e "u" com arrulho, como flautas. O Profeta Cego representa o profundo e amplo *a*; a Rainha dos Dançarinos, o fluente *e*. Com este esquema de som, vai um esquema de cores.

O Profeta é o sumo sacerdote dum templo, e entende-se que se ele proferir certa palavra, o edifício será destruído. Ele corteja a Rainha dos Dançarinos; ela zomba e esquiva-se dele. Ele profere a palavra; os pilares caem e esmagam-no, mas mais ninguém é ferido. O refrão surge novamente na idêntica melodia da sua dança original.

A ideia da peça é esta: que as insensatas forças da natureza são indestrutíveis e não obedecem a nenhum mestre. O esquema do ritmo e rima é extremamente complexo e a execução é extraordinariamente fluente. Em prol de pura música verbal foi uma das melhores coisas que eu tinha feito. Eu encontrei-me capaz de introduzir rimas internas em intervalos muito curtos, sem interferir de maneira alguma com o ritmo ou o sentido. Não há distorção da gramática, nenhuma dificuldade na leitura.

>   Hush! Hush! The young feet flush,
>   The marble's ablush,
>   The music moves trilling,
>   Like wolves at the killing,
>   Moaning and shrilling
>   And clear as the throab in the throat
>   of a thrush.

Durante a jornada eu escrevi "The Pilgrim" "Return" e "On the Edge of the Desert", líricas inspiradas pela ideia de voltar para a minha apaixonada em Londres.

Em Paris eu escrevi "The Ordeal of Ida Pendragon". O herói, Edgar Rolles, conhece uma rapariga na Taverne Panthéon (onde eu escrevi a história) e leva-a para uma luta entre um homem branco e um Negro, o último sugerido por Joe Jeannette, o qual eu tinha acabado de ver e admirado muito pela sua beleza física. Ele leva-a para o seu estúdio e reconhece-a como um membro da ordem. Ele propõe que ela supere o ordálio de atravessar o Abismo. Ela falha e eles partem. Ida conhece o Negro, o qual a ama. Rolles e Ninon (Nina Olivier já mencionada) almoçam com eles, Ida sente prazer em torturar o Negro e implora para que ele "respeite a modéstia dela"—coisa que ela não tem. O Negro subitamente entende que ela é insensível e afunda os seus dentes na garganta dela. Rolles mata-o com um pontapé. Depois consulta um dos Chefes Secretos, que o aconselha a levar Ida para longe. Ele diz a Rolles que ela passou pelo Abismo depois de tudo. A fórmula é que o perfeito amor é o perfeito entendimento. Ele casa-se com ela e um ano depois ela morre ao dar à luz, dizendo que ela deu-se três vezes, uma vez ao bruto, uma vez ao homem e agora a Deus. O seu fracasso anterior tinha sido render-se a si própria. Ela queria obter tudo e nada oferecer.

Esta história marca um estágio no meu próprio entendimento da fórmula de iniciação. Comecei a ver que alguém poderia tornar-se um Mestre do Templo sem necessariamente conhecer qualquer técnica de Magick ou misticismo. É meramente uma questão de conveniência poder representar qualquer expressão como $x + Y = 0$. A equação pode ser resolvida sem palavras. Muitas pessoas podem passar pelos ordálios e atingir os graus da A∴A∴ sem nunca ouvir que tal Ordem existe. O universo está, de facto, ocupado com nada mais, pois a relação da Ordem com isto é a do homem da ciência com o assunto dele. Ele escreve $CaCl2 + H2SO4 = CaSO4 + 2HCl$ por sua própria conveniência e a de outros, mas a operação esteve sempre em progresso de forma independente.

Chegado a Inglaterra, o meu Pegasus continuou o seu indómito impulso. Um após o outro, eu escrevi "The Electric Silence", um resumo de contos de fadas da minha mágica carreira; "The Earth", um curto ensaio sobre ela, tanto como planeta como elemento, no qual expresso a minha filial e conjugal relação com ela. É um extático ditirambo.

Finalmente eu escrevi "Snowstorm". Esta é uma peça em três actos, mas mais uma vez tentei introduzir uma nova forma artística.

Leila Waddell fazia o papel da heroína, mas como ela era incapaz de falar no palco, eu tive de escrever a parte dela como uma série de solos de violino.

A corrente de êxtase criativo parou tão repentinamente quanto começara e eu fui de Eastbourne para Londres. Encontrei tudo em confusão. Eu não percebi que o *esprit de corps*[128], que é a essência de livros como *Os Três Mosqueteiros*, estava tão morto quanto o duelo. Os homens que se tinham agrupado em torno de mim entusiasticamente, quando eu parecia ser bem-sucedido, tinham-se dispersado como os discípulos quando descobriram que o Fariseu significava negócio. Todos sabiam perfeitamente que os ataques contra mim eram um malicioso disparate, que o fiasco de Jones era um mero acidente devido ao excesso de confiança; mas eles eram todos, com pouquíssimas excepções, cobardes até ao tutano. Não tinham medo de nada tal como muitos bebés no escuro, expectando ver o bicho-papão a descer pela chaminé.

Suponho que a coisa certa seria ter "reagrupado os meus desesperados seguidores", mas o facto é que eu sou congenitamente incapaz de bater o grande tambor. A maioria dos líderes induz os seus seguidores a lutarem com pressa e a deixá-los arrependerem-se no lazer. Eu sempre sinto que este tipo de coisa é de alguma forma injusta e, a longo prazo, inútil. Estou satisfeito em esperar até que as pessoas me apoiem de todo o coração sem a cambada da imprensa ou a revivalista reunião. Eu continuei imperturbavelmente, exactamente como se nada tivesse acontecido. A minha maior condescendência foi imprimir "X-Rays on Ex-Probationers", três curtos epigramas pejorativos.

ERROS DE MÍSTICOS

I. Uma vez que a verdade é supra-racional, ela é incomunicável na linguagem da razão.

II. Consequentemente todos os místicos têm escrito disparates, e o sentido com que eles têm escrito até agora é inverídico.

---

128 N.T.: espírito de corpo; espírito de equipa; espírito de grupo

III. No entanto, como um imóvel lago produz um mais verdadeiro reflexo do sol do que uma torrente, aquele cuja mente é mais equilibrada, se ele se tornar um místico, tornar-se-á o melhor místico.

Quando um amigo meu, ou um inimigo, entra em apuros, eu vou ou escrevo para ele imediatamente e coloco-me inteiramente à sua disposição. Eu não pergunto sequer se ele está certo ou não, a menos que esse conhecimento seja necessário para eficiente auxílio. Mal posso explicar por que ajo eu desta forma extraordinária, mas acho que a teoria é um pouco a seguinte: Estando eu em conexão com o homem, ele é uma parte da minha individualidade, e o meu dever comigo mesmo é ver que ele está a florescer. Se eu torcer o tornozelo, eu preciso de usar todos os meus recursos para consertá-lo, e mesmo que o meu tornozelo me tenha causado dano no curso do acidente, permitindo que eu caia e bata com a cabeça, os meus interesses estão, não obstante, vinculados a ele. Não faço tenção de magnanimidade; é puro interesse próprio que determina a minha acção. Sou até bastante simples para expectar que todos os outros sejam igualmente egoístas, mas tenho descoberto que mesmo os meus melhores amigos, com poucas excepções, fogem ou esfriam sempre que preciso da ajuda deles.

Eu também acho que não sou entendido. Recordo um incidente na América. Um homem que pretendia ser um professor de ocultismo, e era na realidade um ignorante charlatão, tinha sido o objecto da minha investida. Ele tinha todos os motivos para me considerar como o seu pior inimigo. Com o passar do tempo, ele foi descoberto e preso. Fui imediatamente ao tribunal policial. Apenas um dos seus muito dedicados seguidores—e eles eram extravagantemente devotados, achavam que ele era nada menos que Jesus Cristo vindo à Terra, e permitiam-lhe que ele os zombasse, intimidasse e enganasse até ao limite sem perder a fé nele—tinha ficado com ele em sua desgraça. Fui até ele e afirmei a minha crença na sua inocência (ele havia sido "emoldurado" numa falsa acusação) e ofereci-me para pagar a fiança por ele e ajudá-lo de todas as maneiras possíveis. Ele foi absolvido e nós retomámos a nossa inimizade.

Fico feliz em dizer que, algum tempo depois, quando alguns aspirantes mágicos enviaram espiões pelo país para obter informações sobre mim a partir de pessoas que não me conheciam, ele falou em meu nome. Isto dificilmente poderia ter acontecido em Inglaterra, onde a cobardia moral está na medula dos ossos de cada homem. Por mais vis e venais que possam ser os acusadores de um homem, e por mais absurdas que possam ser as acusações contra ele, os próprios homens que se têm vangloriado da sua amizade pelo grande homem submergem na obscuridade—no melhor dos casos; mais frequentemente, eles juntam-se no cambiante e choram na esperança de escapar da suspeição de terem estado em conluio com o ofensor. Na Inglaterra de hoje, uma clara negação como a de Pedro deve contar como extravagante lealdade! Para mim, a psicologia é de partir o coração, não que isso me possa afectar directamente mas porque eu odeio pensar tão mal dos homens. Os padrões de *Os Três Mosqueteiros* são meus, e a mais negra mancha no livro é o parcial fracasso de Aramis. É muito pior do que a conduta de Milady na sua vileza.

Eu acreditei então, e acredito agora, que ao noviço da A∴A∴ é quase sempre oferecida a oportunidade de trair a Ordem, tal como o neófito é quase sempre tentado por uma mulher. Nós lemos em *O Livro da Lei,* cap. I, versículo 34:

... os ordálios eu não redigirei:...
... ele (a Besta) pode tornar severos os ordálios. (V.38)

Há uma palavra a dizer acerca da tarefa Hierofântica. Olhai! há três ordálios em um, e isto pode ser dado de três maneiras. O grosso deve passar através do fogo; que o fino seja tentado no intelecto, e o sublime escolhido nas alturas. ... (V.50)

    Os ordálios deves tu supervisionar a ti mesmo, salvo somente os encobertos. Não recuses ninguém, mas deves conhecer e destruir os traidores. Eu sou Ra-Hoor-Khuit; e sou poderoso para proteger o meu servo. ... (cap. III, v.42)

Estes "encobertos" ordálios presumivelmente referem-se a testes de aptidão como os que temos estado a contar. Nos antigos mistérios era possível nomear ordálios formais. Um jovem entraria no Templo para ser iniciado e ele saberia perfeitamente que a sua vida poderia depender de ele se mostrar digno. Hoje em dia, o candidato sabe que os seus iniciadores não o matarão, e qualquer ordálio proposto por eles obviamente parece uma pura formalidade. No Freemasons´ Hall ele pode jurar alegremente manter o silêncio sob a penalidade de ter a sua garganta cortada, a sua língua arrancada e todo o resto; o juramento torna-se uma farsa.

Na A∴A∴, a qual é genuinamente uma Ordem Mágica, não há juramentos extravagantes. O candidato compromete-se simplesmente a si mesmo somente, e a sua obrigação vincula-o meramente "a obter o conhecimento científico da natureza e dos poderes do meu próprio ser". Não há penalidade anexada ao incumprimento desta resolução; no entanto, assim como esta resolução está em contraste com os juramentos de outras ordens em relação à simplicidade e naturalidade, também no que diz respeito às penalidades. Romper com a A∴A∴ envolve realmente os mais assustadores perigos da vida, liberdade e razão. O menor erro é visitado com a mais inexorável justiça.

O que realmente acontece é isto. Quando um homem afirma cerimonialmente a sua conexão com a A∴A∴ ele adquire os plenos poderes de toda a Ordem. Ele está habilitado a partir daquele momento para fazer ao máximo a sua verdadeira vontade sem interferência. Ele entra numa esfera na qual cada perturbação é directamente e instantaneamente compensada. Ele colhe a recompensa de cada acção no local. Isto é porque ele tem entrado no que eu posso chamar de um mundo fluido, onde cada *stress* é ajustado automaticamente e ao mesmo tempo.

Assim, normalmente, supondo que um homem como Sir Robert Chiltern (em *An Ideal Husband*)[129] actua venalmente. O pecado dele é visitado sobre ele, não directamente, mas depois de muitos anos e de uma maneira que não tem conexão lógica evidente com a ofensa dele. Se Chiltern tivesse sido um noviço da A∴A∴ a sua acção teria sido equilibrada de uma só vez. Ele tinha vendido um segredo oficial por dinheiro. Ele teria descoberto em poucos dias que um dos seus segredos havia sido revelado, com desastrosa consequência para ele próprio. Mas, além do mais, tendo ligado uma corrente de deslealdade, por assim dizer, ele teria encontrado a deslealdade a prejudicar-lhe de novo e de novo, até que ele conseguisse destruir em si mesmo a possibilidade de voltar a ser desleal. Seria superficial considerar esta aparentemente exagerada penalidade como injusta. Não é suficiente pagar olho por olho. Se tu perdeste a tua visão, tu não tropeças em algo uma vez; tu continuas a tropeçar, de novo e de novo, até recuperares a tua visão.

As penalidades da transgressão não são aplicadas pelo deliberado acto dos Chefes da ordem; elas ocorrem no curso natural dos acontecimentos. Eu não deveria sequer importar-me em dizer que estes eventos foram organizados pelos Chefes Secretos. O método, se eu compreendi isto correctamente, talvez possa ser ilustrado por uma analogia. Suponham que eu tivesse sido advertido sempre por Eckenstein para testar a firmeza de uma rocha antes de confiar o meu peso a ela. Eu negligencio esta instrução. É completamente desnecessário para Eckenstein viajar por todo o mundo e colocar rochas não confiáveis no meu caminho—elas estão lá; e eu deparar-me-ei com elas

---

129 N.T.: peça de teatro de Oscar Wilde

quase sempre que for escalar, e fico mais ou menos preocupado sempre que as encontro. Da mesma forma, se eu omitir alguma precaução mágica, ou fizer algum erro mágico, a minha própria fraqueza punir-me-á sempre que as circunstâncias determinarem a apropriada questão.

Pode ser dito que esta doutrina não é uma matéria de Magick pelo senso comum. É verdade, mas Magick "é" senso comum. Qual, então, é a diferença entre o Mágico e o homem comum? Esta, que o Mágico tem exigido que a natureza seja para ele um modo fenomenal de expressar a realidade espiritual dele. As circunstâncias, portanto, da sua vida são uniformemente adaptadas ao seu trabalho.

Para tomar uma outra analogia. O mundo afigura-se ao advogado de modo diferente do que se afigura ao carpinteiro, e o mesmo evento ocorrendo aos dois homens sugerirá duas linhas de pensamento bem diferentes e levará a dois resultados bem diferentes.

Os meus próprios erros de julgamento, devido à aniquilação do meu ego e à consequente falta de liderança sentida pelo meu corpo e mente, produziram o seu próprio efeito imediato. Eu ainda não compreendi a extensão da minha falha, ou até mesmo a sua real causa e carácter, mas senti-me forçado a voltar para a minha apropriada órbita. Eu era o Espírito de solidão, o Viandante no Ermo. Nenhum negócio tinha eu para tomar parte nos afazeres dos homens pelo contacto pessoal com eles nos seus currais, prostíbulos e pocilgas. O meu único vínculo com eles era orientar os que se aventuravam pelo deserto. Eu fui expulso do abismo para "o céu de Júpiter como uma estrela matutina ou como uma estrela vespertina. E dali a luz brilha mesmo até à terra e traz esperança e auxílio aos que habitam as trevas do pensamento e bebem o veneno da vida." Era, portanto, para atender-me estritamente à Grande Obra que havia sido designada para mim pelos Chefes Secretos, para morar em comunhão com o meu Santo Anjo da Guarda e para anotar as instruções seguindo os homens que pudessem chegar "ao Summum Bonum[130], Verdadeira Sabedoria e Perfeita Felicidade".

---

130 N.T.: "ao bem maior"

Aleister Crowley como Baphomet X° O.T.O Grão-Mestre da Irlanda, Iona, e todas as Bretanhas. Foto de Arnold Genthe.

PARTE V
O MAGO

~ 69 ~

EU ASSISTI à produção do número cinco de *The Equinox*, mas pouco depois (o meu diário de 1911 está em falta—se, de facto, alguma vez foi guardado—por isso não tenho a certeza das minhas datas) entrei em Retiro, passando o meu tempo alternadamente entre Paris e Montigny-sur-Loing no extremo sul da Floresta de Fontainebleau. Foi imediatamente evidente que eu estava no caminho certo. Eu tinha colocado o meu corpo e mente inteiramente ao serviço do Mestre do Templo, o qual tinha preenchido o vácuo do universo causado pela aniquilação de Aleister Crowley. Eu mantinha o meu corpo em perfeitas condições, caminhando quase todos os dias para Fontainebleau e voltando, sempre escolhendo um novo caminho pela floresta, de modo que, no final do Verão, eu reconhecia cada árvore pelo nome, como sói dizer-se. Eu tinha adquirido um amor sem limites por aquela incomparável região arborizada, cuja gloriosa beleza é ainda mais santificada pelo romance que espreita em cada clareira. Era realmente mansa em comparação com outras centenas de selvas que eu conhecera, mas, apesar de tudo, possui um charme individual que me agrada além de quaisquer palavras minhas a expressar. A natureza, ela mesmo, nenhum obstáculo contrapunha ao meu galanteio. O Verão de 1911 foi intensamente quente e agradável. Eu sempre tenho achado que o ar seco é essencial para o bem-estar do meu corpo ou do meu génio. O ar húmido parece interferir no meu isolamento; o meu génio escapa-se e deixa-me vazio e deprimido.

Este ano realmente foi um outro *annus mirabilis*[1] para mim. Houve um quase contínuo derramamento do Espírito Santo através da minha mente. A fonte da poesia disparou cristalina a partir da escondida fornalha do meu ser para o puro e brilhante ar, e caiu e fertilizou a terra sobre a sagrada colina. Mil anos a partir de agora os homens ainda se reunirão em admiração e adoração para contemplar o deslumbrante concurso de flores que brilham sobre a reluzente relva e regalar-se-ão com os frutos maduros que sobrecarregam as duas grandes árvores que se erguem como pilares enquanto portal para o meu jardim—a árvore do conhecimento de Bem e Mal e a Árvore da Vida.

Deixa-me primeiro enumerar as comparativamente profanas realizações destes poucos meses. Primeiramente, "Across the Gulf". Esta é uma história em prosa com cerca de vinte mil palavras. O tema é a minha própria vida na 26ª Dinastia, quando eu era Ankh-f-n-khonsu e trouxe o Aeon de Osíris para substituir o de Ísis. A história não deve ser tomada como verdadeira no sentido comum da palavra, mas como alegórica.

Eu escrevi muitas líricas, mas especialmente "The Sevenfold Sacrament". Este poema subsequentemente apareceu na *English Review* e tem sido reimpresso

---

[1] N.T.: ano miraculoso

frequentemente. Isto é, pode-se dizer, um pingente para *Aha!* É uma das minhas melhores realizações do ponto de vista técnico e descreve a experiência real de uma noite que passei em Montigny. Eu estava hospedado numa pousada chamada Vanne Rouge, na margem do Loing, com vista para uma represa. (A pousada desde então tem-se tornado moda e insuportável; naquela época era adorável em todos os sentidos.)

> In eddies of obsidian,
> At my feet the river ran,
> Between me and the poppy-pranky
> Isle, with tangled roots embanked,
> Where seven sister poplars stood
> Like the seven Spirits of God.
>
> Soft as silence in mine ear,
> The drone and rustle of the weir
> Told in bass the treble tale
> Of the embowered nightingale.
> Higher, on the patient river,
> Velvet lights without a quiver
> Echoed through their hushed rimes
> The garden's glow beneath the limes.
>
> Then the sombre village, crowned
> By the castellated ground,
> Where in cerements of sable,
> One square tower and one great gable
> Stood, the melancholy wraith
> Of a false and fallen faith.
> Over all, supine, enthralling,
> The young moon, her faint edge falling
> To the dead verge of her setting,
> Saintly swam, her silver fretting
> All the leaves with light. Afar
> Towards the Zenith stood a star,
> As of all worthiness and fitness
> The luminous eternal witness.

Eu descrevi como o silêncio me despojou de mim mesmo; como eu vim uma vez mais para o Abismo e fui atraído dali para o mais secreto Templo do Altíssimo, e lá recebi o séptuplo sacramento.

> Nor is it given to any son of man
> To hymn that sacrament, the One in Seven,
> Where God and priester and worshipper,
> Deacon, Asperger, thurifer, chorister,
> Are one as they were one ere time began,
> Are one on earth as they are one in heaven;
> Where the soul is given a new name,
> Confirming with an oath the same,
> And with celestial wine and bread
> Is most delicately fed,
> Yet suffereth in itself the curse
> Of the infinite universe,
> Having made its own confession
> Of the mystery of transgression;
> Where it is wedded solemnly

> With the ring of space and eternity;
> And where the oil, the Holiest Breath,
> With its first whisper dedicateth
> Its new life to a further death.

Esta experiência durou toda a noite, e eu descrevo o amanhecer, o despertar do mundo e de mim mesmo para o que os homens chamam de realidade.

> The trout leap in the shingly shallows.
> Soared skyward the great sun, that hallows
> The pagan shrines of labour and light
> As the moon consecrates the night.
> Labour is corn and love is wine,
> And both are blessed in the shrine;
> Nor is he for priest designated.
> Who partakes only in one kind.

Eu adaptei a acção à palavra.

Havia também o poema "A Birthday", escrito no dia 10 de Agosto para Leila Waddell, a qual tinha então vinte e seis anos. Ela tinha ido a Inglaterra para cumprir um compromisso como líder da Ladies'Orchestra em *The Waltz Dream*[2]. O poema descreve a história da nossa ligação.

Eu escrevi também dois contos. O herói de "The Woodcutter" é um habitante da floresta que "corta para viver e vive para cortar". Um apalermado Francês e a sua amante estão deambulando pela floresta. Ele fantasticamente exorta o lenhador a fazer uma arte do seu trabalho, enquanto a rapariga se diverte tentando excitar as paixões do velho homem. Naquela noite há uma trovoada; e uma rapariga Inglesa, que se perde, refugia-se na cabana dele. Ele combina o elemento do seu pensamento durante o sono, corta-a em pedaços, empilha os membros dela esmeradamente na cabana e parte para o seu trabalho regular. Um grupo de resgate descobre-o. A história termina: "Eles contaram-lhe sobre uma viúva de Paris que poderia vencê-lo no próprio jogo dele."

Fico apaixonadamente indignado com o facto de que a persistente bestialidade da mente mediana insiste em que o lenhador violou a rapariga. Tal sugestão arruína completamente o ponto da história, que é o de que a mente dele não tinha qualquer tipo de ideia a não ser cortamento.

"His Secret Sin" foi escrito sobre uma ideia que me foi dada por Neuburg. Eu ouvi mais tarde que já tinha sido usada por *Punch*. Admite-se, é claro, que este tipo de plágio é admissível.

Um próspero merceeiro Inglês está em Paris para negócios. Ele quer desesperadamente ser "perverso", mas tem vergonha de inquirir como estas coisas são feitas. No último dia da sua estadia ele é instigado à loucura ao ver a estátua de Joana d'Arc montada num cavalo. Ele decide comprar uma indecente fotografia, pelo menos, e imerge numa loja, onde ele pergunta por algo "tray sho". O lojista desdenhosamente apresenta álbuns de reproduções segundo o Louvre. Quando atinge a Vénus de Milo, ele segrega-a, paga aterrorizado meio soberano e escapule-se da loja. Ele guarda a fotografia no seu cofre e expõe-na à noite e regozija-se.

A filha dele está frequentando aulas de arte; pois um coronel e a sua esposa tiveram pena dela e tentaram desembaraçá-la do ambiente dela. Um dia ela mostra-lhe alguns esboços, um dos quais é a Vénus de Milo. O seu pai injuria-a furiosamente. Ela é "tão má quanto a Prima Jenny". Ela agarra no desenho, dizendo-lhe para não tocar em coisas sagradas. O secreto pecado dele tem sido visitado na sua filha. Ela é perfeitamente

---

[2] N.T.: opereta de Oscar Straus

desavergonhada na iniquidade dela! E então parece-lhe que nenhuma decente aula de arte usaria tal modelo. Ele deixa escapar: "Como conseguiste tu a chave do meu pequeno cofre?" Ela compreende a coisa toda e sai de casa enojada, para nunca mais voltar. Ele, esmagado pelo julgamento de Deus, determina cometer suicídio, depois de queimar a maldita fotografia. Mas ele não consegue convocar coragem e atira a engatilhada pistola para a lareira. Isto explode; a bala destrói um olho e uma bochecha. Mas ele recupera-se. Os rapazes da rua começam a chamá-lo de "Velha Vénus" e a sua pesada consciência persuade-o de que, de alguma forma, eles ouviram a história.

Este conto é uma das verdades mais amargas que eu tenho escrito. Fico contente em dizer que é quase a única evidência do que eu senti em relação à atitude da burguesia Inglesa relativamente à arte e ao sexo; e, mesmo assim, a minha imagem da geração mais nova presta testemunho à minha fé inabalável na emancipação do meu povo. De facto, não tenho laborado em vão. Os jovens homens e mulheres de hoje, de um modo geral, são tão livres de superstições e de vergonha sexual quanto eu teria sido. É apenas mais uma prova disto que a "velha guarda" está mais desesperadamente tacanha e fanática do que nunca. Eles estão tentando parar o hábito de beber, fumar, dançar e ler, por lei. Intolerância é evidência de impotência.

Eu levei a cabo um espantoso duplo evento em Paris, provavelmente em Agosto. Eu estava na rue Vavin, 50, e a ideia de um poema dramático ou alegoria para ser chamado de "Adonis" veio à minha mente. Saí para um *citron pressé*[3] no Café do Dôme de Montparnasse, preliminarmente para me estabelecer a escrever. O argumento estava quase completo na minha mente e o ritmo estava começando a fluir através de mim. Mas no Dôme estavam sentados a minha velha amante, Nina Olivier, e a sua mais recente conquista, um desagradável e cadavérico hipócrita chamado Hener-Skene, o qual eu conhecia ligeiramente de 1902, quando ele estava posando como um sincero Nietzschiano. Com eles estava sentada uma charmosa rapariga chamada (ou chamando a si própria) Fenella Lovell, uma tísica criatura em espalhafatosos e fantásticos andrajos de cores brilhantes, que ganhava a sua vida em parte como modelo, em parte como uma "cigana" rabeca e dançarina.

Skene e Nina tinham-se aproveitado da doença e pobreza dela para se divertirem chicoteando-a e diferentemente maltratando-a. Não era honesto sadismo da parte de Skene; era uma pose. Ele achava muito glorioso ser um aspecto em Krafft-Ebing. Eles convidaram-me para beber e apresentaram-me a Fenella. A sua tocante beleza subitamente incendiou-me com uma ideia para torná-la a heroína de uma pequena peça. A minha mente foi varrida de "Adonis". Então minutos depois eu estava de volta ao meu quarto, furiosamente no trabalho em "The Ghouls".

> The Ghouls *é possivelmente a mais horripilante dança macabra na literatura Inglesa. Se Oscar Wilde tivesse escrito isto (mas ele não poderia) todos conheceriam. É o próprio miolo e tutano do terror. Cínico pode isto ser, mas desafio o senhor dos sonhos a enviar um qualquer pesadelo mais plutónico para assombrar o nosso mortal sono.*

Esta crítica (da *Poetry Review*) enche-me de orgulho honesto.

Eu terminei a peça durante a noite e instantaneamente captei a ideia de "Adonis", a qual por um sem paralelo *tour de force*[4] eu mantive intacta no fundo da minha mente. Eu terminei esta peça também sem demora. O ponto mais notável deste mais notável feito é o de que as duas peças não poderiam ter sido mais dissimilares, seja em tema ou estilo. "The Ghouls" é prosa, excepto por um curto canto, e varia da mais alta sublimidade ao dialecto e à gíria. "Adonis" é poesia, mística, sensual e cómica por sua

---

3 N.T.: limonada
4 N.T.: excepcional esforço

vez; muito disto foi escrito no elaborado e requintado método de rimas intimamente entrelaçadas que eu próprio inventei.

Mais tarde, no Verão, comecei a trabalhar numa ideia realmente ampla, uma peça da Velha Veneza em cinco actos. Eu mantive os meus dois principais princípios de composição; o uso de cor e forma para distinguir os meus personagens e compor uma visível sinfonia.

MORTADELLO

The Doge tem cabelo branco, e tem setenta anos de idade.

Mortadello tem cabelo tingido de ruivo escuro, e tem quarenta anos de idade. Ele é entroncado, alto e pomposo.

Alessandro tem cabelo áspero de vermelho flamejante, e tem trinta anos de idade.

Lorenzo tem escasso cabelo cinzento, e tem vinte e oito anos de idade.

Gabriele é um anão corcunda, muito fortemente construído, com uma grande e intelectual cabeça. Ele é careca, e tem cinquenta anos de idade.

Orlando é de uma estatura gigantesca, um completo Negro. Ele tem quarenta anos de idade.

The Legate é um velho e venerável homem do tipo ascético e nobre.

Magdalena é uma alta, robusta e rechonchuda mulher de trinta e cinco anos de idade. O seu cabelo é preto, mas a sua pele é pálida.

Lucrezia é uma alta, robusta e rechonchuda mulher de trinta e cinco anos de idade. O seu cabelo é de fino ouro, os seus olhos de azul pálido e a sua pele é clara e rosada.

Zelina é pequena e roliça. O seu cabelo é castanho, a sua idade é de nove e vinte anos, embora ela pareça mais velha.

Monica é de estatura mediana, muito magra e serpentina, o seu cabelo é preto e crespo; suas feições como as de Madonna. Os seus olhos são extraordinariamente pretos, ávidos e penetrantes. A sua idade é de vinte anos. As suas mãos e pés são muito pequenos e brancos, sua tez como fina porcelana.

The Abess é uma gigantesca e corpulenta mulher de cinquenta anos de idade.

O meu outro princípio, de rimas internas, fiz eu para mim próprio mais difícil do que nunca, aderindo inteiramente ao Alexandrino. Nenhum escritor Inglês tentou anteriormente usar este magnífico verso, sem dúvida, em parte, devido ao perigo de monotonia. Isto evitei eu introduzindo a minha rima interna em todas as partes da linha.

Eu cito a partir da minha própria explanação.

    1. *O Clássico*:
Ay, to this end, indeed was marriage or*dained*,
And to this end today is by the Church sus*tained*.

    2. *Idem, marcado por uma rima*:
Listen; in all good "faith", I gadly grant you *much*,
Not prone to scoff, and *scathe* the scutcheon with a *smuch*.

    3. *Após o segundo pé*:[5]
Oh! But you`re *hurt*!
              Young man! She shall be tended,
                                   Well.
No! Take my *shirt*! Staunch the dear beast.
                                   A mira*cle*.

    4. *Após o quarto pé*:

---

5 N.T.: pé métrico; unidade rítmica no poema

Serene, august, untroubled, *cold*, her prayers are *worth*
More than our steel, more than our *gold*, that bind the *earth*.

5. *Após o primeiro pé*:
Bow *down* to the Cross! His love purge thee! His Passion *save thee*!
Christ *crown* the work! Here is the blessing that He *gave thee*.

6. *Após o segundo e quarto pés*:
Come, let me *hold* my crystal *cross* up to the *moon*!
A guess of *gold* were at a *loss* to tell its *tune*.

7. *Após o primeiro e quinto pés*:
No *news*! No word of Mortadello's *fate*! No *hope*
To bruise the head of the old snake, the *State*. No *scope*.

8. *Após o primeiro meio pé e o segundo pé*:
Come, save me, *save* Thy Maiden! Strike each barbed *dart*
Home to the *grave* convent and cloister of my *heart*.

9. *Após o quinto pé*:
Last, to the lords who by their atti*tude applaud*
This day of burial to faction, *feud* and *fraud*.

10. Após o segundo e quarto pés, mas cada linha rimada em si mesma:
Of for the *blind* kiss of the *wind*, the desert *air*
Thrilling the *blue* and shrilling *through* my soul's desp*air*.
("Thrilling" e "Shrilling" são aqui lançados sem carga extra. Este artifício frequentemente se repete.)

Pode haver uma ou duas outras complicações que eu tenha descurado.

Eu tenho feito uso das usuais liberdades na matéria de usar anapestos e troqueus para iambos. No que diz respeito às rimas duplas, às vezes tenho-as tratado como rimas simples, quando ocorrem no meio de uma linha; por vezes tenho feito a linha de treze sílabas para se lhes adequar.

Eu até tenho usado, uma ou duas vezes, o reverso método de chamar meio pé a uma pausa. "Stare, murderer, stare" conta como seis sílabas.

Tudo isto tem sido feito de alto propósito; há alguma inflexão ou ênfase a ser obtida, ou algum tom a ser dado ao discurso pela irregularidade.

O argumento da peça é simples. Monica pretende tornar-se autocrata de Veneza e consegue. Em cada cena há uma definida acção do mais alto valor pictórico, bem como dramático, que eu poderia imaginar. A peça é cheia de violentas cenas de amor e assassinato. Creio ter usado três ideias inteiramente novas no drama.

1. Monica tem instigado o seu amado Negro a assassinar a filha do Doge, até então patroa dele. Ela ordena-lhe que recupere o cadáver do canal, onde ele o tinha lançado. O crime é ocultado e a mulher morta é dissimulada como a convidada de Monica. Ela veste elegantemente o cadáver e casa-se com Mortadello em St. Mark's.

2. Monica, encurralada numa cripta, está rezando apaixonadamente enquanto o seu amado Negro é morto pelos seus inimigos. A histeria dela produz os estigmas; e esta aparente prova da sua santidade supera os atacantes, cujo líder ela toca com a ponta de um envenenado crucifixo. Ele morre no local; os seguidores deste desejam cair aos pés dela, mas ela insiste em ser presa.

3. Tendo forçado Mortadello a casar-se com ela, disfarça-se de dançarina Saariana e droga-o com haxixe. Ela então revela a sua identidade; e ele, na loucura da droga, ataca o legado Papal. Ela segue e, defendendo o velho homem, mata o seu marido. Esta

última cena, a propósito, cumpre a minha ideia de verdadeira comédia; disfarçar um homem como rei ou deus, e induzi-lo a presidir a uma caçada da qual ele é na realidade a presa. Eu tenho mostrado no meu ensaio "Good Hunting!" (*The International,*[6] março de 1918) que esta ideia central é universal em toda a melhor comédia e tragédia desde as "Bacantes" de Eurípides, a história de Ester, a Crucificação e o assassinato de Hiram Abiff, até às peças de Shakespeare, Ibsen e muitos outros.

Eu agora volto para os meus escritos mágicos durante este impressionante Verão.

No meu tempo livre comecei a fazer uma lista de palavras Gregas relacionadas com Magick e assuntos similares, organizando-as pela sua ordem numérica. A ideia era construir um dicionário da Cabala Grega similar ao da Cabala Hebraica em que eu tinha estado a trabalhar desde 1899 e por fim publicado em *The Equinox,* vol. I, Nº VIII. Mas a Cabala Grega apresenta dificuldades que não surgem no caso da Hebraica. Primeiro, nós não temos texto sagrado em Grego, salvo uns poucos documentos gnósticos imperfeitos e insatisfatórios, o irremediavelmente truncado Apocalipse e umas poucas peculiaridades como a Tábua Esmeraldina de Hermes, o Divino Poimandres e os Versos de Ouro de Pitágoras. Em segundo lugar, os vários dialectos do Grego afectam os cálculos e não há forma de escolher entre eles. Em terceiro lugar, as terminações alteram os valores. É até difícil decidir se se deve ou não considerar o item. Em quarto lugar, os reais exemplos de Cabala existentes são vergonhosamente inconscienciosos, como pode ser visto por referência à brochura dos Srs. Lea e Bond. As palavras e frases são equiparadas muito arbitrariamente. Se lhes convier contar o item, eles contam-no.

Contudo, é certo que esta Cabala existe. As correspondências no Apocalipse em conexão com as séries 111 a 999 são inegavelmente intencionais. Nem pode isto ser um acidente, que Mithras (360) foi alterado para Meithras (365) para se adequar à correcção do calendário. O assunto é de extrema importância; porque Aiwass ao ditar *O Livro da lei* faz uso repetidamente de correspondências em Grego, tais como Thelema, Will[7], 93—Agape, Love[8], 93. 718 = Stele 666, e assim por diante. Ele também equipara palavras Gregas e Hebraicas. Assim, o seu próprio nome escrito em Hebraico tem o valor de 93, mas em Grego o de 418, relacionando assim a Palavra da Lei do Aeon com a Fórmula Mágica da Grande Obra. Os meus estudos preliminares, no entanto, tendiam a desencorajar-me, pela quádrupla razão acima mencionada; e o dicionário proposto permanece incompleto até este dia.

Durante este Verão escrevi nada menos que dezanove livros de instrução mágica e mística. Cada um é caracterizado pela mais simples, mais sublime e mais concentrada prosa da qual eu era mestre. A atitude céptica é rigorosamente preservada; e, com as instruções já emitidas e alguns assuntos menores aos quais eu atendi mais tarde, eles comportam um guia prático absolutamente abrangente para cada ramo da técnica de realização espiritual. Os métodos de cada região, credo e clima, despojados dos seus dogmas e preconceitos, são aqui apresentados de maneira científica e simples. Além destes, podem ser encontrados certos métodos prescritos em *O Livro da Lei* ou inventados por mim próprio. Vou dar uma pequena sinopse destas dezanove instruções.

LIBER I. O Livro do Mago. Esta é uma escrita inspirada. Descreve as condições desse exaltado Grau. Eu não tinha, nesta altura, ideia nenhuma de que alguma vez eu conseguiria alcançá-lo; de facto, eu achava isto totalmente fora de alcance. Este livro foi dado a mim para que eu pudesse evitar erros quando chegasse a hora de eu

---
6 N.T.: revista literária e artística publicada em Nova Iorque entre a Primeira e a Segunda Guerra Mundial
7 N.T.: Vontade
8 N.T.: Amor

me tornar um mago. É impossível dar qualquer ideia do pavor e da sublimidade deste livro, enquanto a precisão das suas previsões e das suas descrições do estado de ser, naquele momento totalmente além da minha imaginação para concebê-lo, torna-o um documento muito surpreendente.

LIBER X. Este livro é chamado de "O Portão de Luz". Explica como aqueles que alcançaram a iniciação, tendo pena da escuridão e da minúcia da terra, enviam um mensageiro aos homens. A mensagem segue. É um apelo para aqueles que, estando desenvolvidos além da média dos seus companheiros, consideram adequado realizar a Grande Obra. Esta Obra é então descrita em termos gerais com algumas dicas das suas condições.

LIBER XI é uma paráfrase das instruções dadas em *O Livro da Lei* para invocar Nuit.

LIBER XVI, chamado de "A Torre; ou a Casa de Deus", descreve uma série de práticas de meditação, sendo o método geral para destruir cada pensamento que tende a surgir na mente por um acto de vontade. O pensamento deve ser cortado pela raiz antes que atinja a consciência. Além disso, as causas que tendem a produzir tal pensamento devem ser descobertas e aniquiladas. Finalmente, este processo deve ser alargado para incluir a causa original por detrás dessas causas.

LIBER LXIV dá instrução num método de convocar pessoas adequadas para empreender a Grande Obra. Inclui uma poderosa invocação do deus da Verdade, Sabedoria e Magick.

LIBER LXVI. O Livro da Estrela Rubi descreve um ritual extremamente poderoso de Magick prática; como despertar a Mágica Força dentro do operador e como usá-lo para criar o que for necessário.

LIBER XC. O Livro do Anzol Hermético convoca a humanidade a empreender a Grande Obra. Descreve as condições de iniciação e os seus resultados em linguagem de grande poder poético.

LIBER CLVI. A Muralha de Abiegnus (a Montanha Sagrada dos Rosacruzes) dá a fórmula de realização por devoção a nossa Lady Babalon[9]. Instrui o aspirante a dissolver a sua personalidade na Vida Universal.

LIBER CLXXV. Astarte, O Livro da Pedra Berilo, dá a fórmula completa de Bhakti-Yoga; como alguém pode unir-se a qualquer divindade em particular por devoção. Ambos os métodos mágicos e místicos são totalmente descritos.

LIBER CC. O Livro do Sol. Aqui são dadas as quatro Adorações ao sol, para ser dito diariamente ao amanhecer, ao meio-dia, ao pôr-do-sol e à meia-noite. O objectivo desta prática é primeiramente para lembrar o aspirante em intervalos regulares da Grande Obra; em segundo lugar, para trazê-lo para uma consciente relação pessoal com o centro do nosso sistema; e em terceiro lugar, enquanto estudantes avançados, para fazer efectivo contacto mágico com a energia espiritual do sol e deste modo extrair efectiva força dele.

LIBER CCVI. O Livro da Respiração descreve várias práticas de controlo da respiração, como assegurar o sucesso, a que resultados se deve esforçar e como usá-los para a Grande Obra.

LIBER CCXXXI é um tratado técnico sobre o Tarot. A sequência dos 22 Trunfos é explanada como uma fórmula de iniciação.

LIBER CCCLXX, O Livro da Criação ou do Bode do Espírito, analisa a natureza da criativa força mágica no homem, explica como despertá-la, como usá-la e indica os objectivos gerais, bem como os particulares, a serem obtidos desse modo.

---

9 N.T.: Mãe das Abominações

LIBER CD analisa o alfabeto Hebraico em sete tríades, cada uma das quais forma uma Trindade de congeniais ideias relacionando respectivamente às três ordens integradas na A∴A∴. É realmente uma tentativa de encontrar uma Lei Periódica no sistema.

LIBER CDLXXIV. O Livro da Boca do Abismo ou do Conhecimento. Um programa de estudo em filosofia é prescrito como preliminar. Tendo o aspirante assimilado todos os sistemas existentes, ele é instruído como analisar a natureza da própria razão e, assim, como atravessar o Abismo no Plano Intelectual. Tendo purificado e renovado as suas faculdades mentais neste caminho, ele retoma a sua aspiração ao Conhecimento e Conversação do Seu Santo Anjo da Guarda, com cujo reaparecimento ele aperfeiçoa os seus poderes mágicos para que esteja pronto a empreender a Obra de aniquilar o universo, o que, sendo feito, ele torna-se um completo Mestre do Templo.

LIBER DLV. Isto é uma paráfrase das instruções dadas em *O Livro da Lei* para alcançar Hadit.

LIBER DCCCXXXI, O Livro de Vesta. Este livro descreve três métodos principais de reduzir a multiplicidade de pensamentos a um. (O método mágico é banir cerimonialmente as 32 partes do universo, por sua vez. Um método místico é negar em consciência que qualquer parte do corpo ou da mente é real. Um outro é estimular os sentidos, por sua vez, com tal concentração, para colocá-los fora de marcha.)

LIBER DCCCLXVIII. Isto é uma análise das 22 cartas. A cada uma é atribuída uma prática mágica ou mística de dificuldade progressiva até que a realização seja completa.

LIBER CMXIII. O Livro da Memória do Caminho. Aqui são dados dois métodos de adquirir a Memória Mágica de modo a permitir ao aspirante calcular a sua Verdadeira Órbita na eternidade. O primeiro método é aprender a pensar para trás até que ele adquira o poder de recordar os eventos da sua vida em ordem cronológica inversa. A ideia é voltar além do nascimento até à morte anterior, e assim por muitas vidas. Deveria então ser fácil entender o objectivo geral da própria existência. O segundo método (mais fácil e seguro) é considerar todos os eventos do passado, determinar a influência que cada um tem tido na vida de alguém e, ao sintetizar estas forças, calcular os seus resultados; isso é determinar a direcção geral de modo a ser-se capaz de concentrar as energias no cumprimento da função para a qual se é adequado. Carácter, conduta e circunstâncias devem ser considerados como termos de uma complexa equação dinâmica. Este método é de extremo valor para todos. Deve ser aplicado até mesmo à educação das crianças, de modo a não forçá-las a desenvolvimentos desnaturais.

Estes dezanove livros foram publicados nos números seis e sete de *The Equinox*. Durante este Verão, eu também preparei o relato extremamente importante das circunstâncias em que a estela foi descoberta e *O Livro da Lei* escrito, para o número sete. Desta maneira publiquei um fac-símile do manuscrito daquele Livro e o meu Comentário sobre ele. Este último é vergonhosamente escasso e incompleto. A verdade é que, apesar de tudo, eu ainda sentia uma repugnância indescritível. Eu sabia bem o quão indigno era o Comentário, mas não pude forçar-me a trabalhar nisto, em parte, sem dúvida, porque eu senti, como realmente sinto agora, que nada que eu possa escrever pode ser digno ou adequado ao texto; mas em parte também, a partir de um instintivo medo e desagrado do assunto.

E assim morreu este soberbo Verão. O Outono tinha uma nova experiência na loja para mim. A corrente da minha vida foi mais uma vez transformada de repente; e como sempre, esta mudança crítica surgiu como resultado de uma série de oportunidades casuais. Eu fui apanhado numa teia, cujos fios já haviam sido tecidos em 1902. Eu devo lidar com este novo desenvolvimento num novo capítulo.

~ 70 ~

AQUELA FÉRTIL passagem por Paris no meu regresso de Chogo Ri, que já havia dado tanto fruto na minha vida, ainda tinha alguma semente—que agora vinha colher. Mencionei Nina Olivier, a quem eu amei tão bem e cantei tão apaixonadamente. Na minha luz solar ela tinha florescido em *La Dame de Montparno*, a Rainha do Bairro. Mas eu não tenho mencionado um obscuro pedante a quem chamarei de Monet-Knott, o qual eu tinha conhecido através da minha noiva, a "Star" para a "Garter" de Nina[10]. Esta juventude acéfala e presumida tornara-se acompanhadora da maior dançarina da sua geração. Deixa-me chamá-la de Lavinia King[11]. Ela, em primeiro e nunca igualada, havia entendido e demonstrado a arte da dança como uma completa linguagem das afeições da mente e do coração. Knott e Nina, conforme já registado, tinham contraído uma ligação. Eu conheci Knott pela segunda vez quando fui apresentado a Fenella Lovell e escrevi "The Ghouls", como anteriormente relatado. Eu vi-o uma boa quantidade de vezes nas semanas seguintes; de modo que, encontrando-me com ele em Londres no dia 11 de Outubro, ele levou-me depois da ceia ao Savoy para conhecer a Miss King[12].

Um turbulento grupo estava em andamento. A amiga de toda a vida da dançarina, a quem chamarei pelo nome que ela adoptou posteriormente, Soror Virakam, estava comemorando o seu aniversário. Esta senhora, um magnífico espécime de misturado sangue Irlandês e Italiano, possuía uma personalidade muito poderosa e um terrífico magnetismo que instantaneamente atraía o meu próprio. Eu esqueci tudo. Sentei-me no chão como um deus Chinês, trocando electricidade com ela.

Após algumas semanas de escaramuças preliminares, nós juntámo-nos à batalha ao longo de toda a frente; isto é, eu atravessei para Paris, onde ela tinha um apartamento, e levei-a para a Suíça para passar o inverno a patinar. Chegados a Interlaken, nós descobrimos que Mürren não estava aberta, então fomos para St. Moritz, interrompendo a viagem em Zurique. Esta cidade é tão hedionda e deprimente que sentimos que a nossa única chance de viver a noite era ficar soberbamente bêbado, o que fizemos...

(Deixa-me enfatizar que esta aventura selvagem não tinha a mais remota conexão com Magick. Virakam era totalmente ignorante sobre o assunto. Ela não tinha sequer um punhado de conhecimento da Ciência Cristã. Ela nunca tinha assistido a uma sessão ou jogo de Planchette.)[13]

... *Lassati sed non satiati*[14] à meia-noite, eu expectava dormir; mas fui despertado por Virakam sendo aparentemente tomada por um violento ataque de histeria, no qual ela derramou uma frenética torrente de alucinação sem sentido.

Eu fiquei irritado e tentei acalmá-la. Mas ela insistiu que a sua experiência era real; que ela carregava uma mensagem importante para mim de algum indivíduo invisível. Tal disparate aumentou a minha irritação. Todavia, depois de cerca de uma hora, o

---

10 N.T.: "Estrela" era a Eileen Grey; "Liga" era a Sybil Meugens, a Kathleen Turner e a Nina Olivier. Círculo pessoal feminino de Crowley na época
11 N.T.: Isadora Duncan
12 Este incidente e a sua sequência são descritos em "The Net", capítulo um. [Mais tarde Crowley mudou o título de The Net para Moonchild .
13 N.T.: Plancheta—pequeno dispositivo, geralmente de madeira, usado para facilitar a psicografia ou escrita automática
14 N.T.: cansado mas não saciado

meu queixo caiu de espanto. Tornei-me repentinamente consciente duma coerência nos delírios dela e, além disso, eles estavam expressos na minha própria linguagem de símbolos. Sendo assim despertada a minha atenção, eu escutei o que ela estava a dizer. Alguns minutos convenceram-me de que ela estava realmente em comunicação com alguma inteligência que tinha uma mensagem para mim.

Deixa-me explicar brevemente os fundamentos desta crença. Já estabeleci, em conexão com a operação do Cairo, algumas das salvaguardas que habitualmente utilizo. A visão de Virakam continha elementos perfeitamente familiares para mim. Esta era uma prova clara de que o homem na visão dela, a quem ela chamava de Ab-ul-Diz, estava familiarizado com o meu sistema de hieróglifos, literal e numérico, e também com alguns incidentes na minha carreira mágica. A própria Virakam certamente não sabia nada destes. Ab-ul-Diz disse-nos para ligar para ele uma semana depois, quando ele daria mais informações. Nós chegámos a St Moritz e ocupámos uma suíte no Palace Hotel.

A minha primeira surpresa foi descobrir que eu havia trazido comigo exactamente aquelas Armas Mágicas que eram adequadas para o trabalho proposto e não outras. Mas uma circunstância ainda mais surpreendente estava por vir. Para os propósitos da operação do Cairo, Ouarda e eu tínhamos trazido duas abaias; uma, escarlate, para mim; uma, azul, para ela. Eu tinha trazido a minha para St. Moritz; a outra estava, claro, na posse de Ouarda. Imagina o meu assombro quando Virakam tirou do baú uma abaia azul tão parecida com a de Ouarda que as únicas diferenças eram minúsculos detalhes de bordados dourados! A sugestão era que os Chefes Secretos, tendo escolhido Ouarda como sua mensageira, não poderiam usar qualquer outra pessoa até que ela se tornasse irrevogavelmente desqualificada pela insanidade. Nem até agora poderia o lugar dela ser tomado por uma outra; e que Virakam deveria possuir uma duplicata do seu Manto Mágico parecia um forte argumento de que ela tinha sido consagrada por eles para tomar o lugar da infeliz predecessora dela.

Ela era muito insatisfatória como clarividente; ela ressentia-se destas precauções. Ela era uma mulher de temperamento rápido e impulsivo, sempre ansiosa para agir com entusiasmo imprudente. O meu frio cepticismo, sem dúvida, impediu-a de fazer o melhor possível. O próprio Ab-ul-Diz constantemente exigia que eu mostrasse "fé" e avisou-me que eu estava a destruir as minhas chances pela minha atitude. Eu prevaleci sobre ele, contudo, para dar adequada prova da sua existência e da sua pretensão de falar com autoridade. O principal objectivo da mensagem dele era instruir-me a escrever um livro sobre o meu sistema de misticismo e Magick, a ser chamado *Book Four*, e disse-me que, por meio deste livro, eu deveria prevalecer contra a negligência pública. Não via objecção a escrever um tal livro; em motivos bastante racionais, isto era um apropriado curso de acção, portanto, eu concordei em fazer isso. Mas Ab-ul-Diz estava determinado a ditar as condições em que o livro deveria ser escrito; e isto foi um assunto difícil. Ele queria que viajássemos para um lugar apropriado. Neste ponto, não fiquei totalmente satisfeito com o resultado do meu contra-interrogatório. Sei agora que eu tive toda a culpa. Não fui honesto nem com ele nem com Virakam. Eu permiti que considerações materiais me influenciassem, e agarrei-me—oh, triplo tolo!—às minhas obrigações sentimentais em relação a Laylah.

Finalmente decidimos fazer o que ele pediu, embora parte da minha objecção se baseasse na recusa dele em dar-nos instruções absolutamente definidas. No entanto, nós cruzámos os passos de montanha num trenó para Chiavenna, donde apanhámos o comboio para Milão. Nesta cidade tivemos uma conversa final com Ab-ul-Diz. Eu tinha esgotado a paciência dele, como ele a minha, e ele disse-nos que não mais nos visitaria. Deu-nos as suas instruções finais. Nós devíamos ir a Roma e além de Roma, embora ele se recusasse a nomear o local exacto. Nós devíamos ocupar uma *villa*[15] e lá escrever o *Book Four*. Perguntei-lhe como poderíamos reconhecer a *villa* certa. Eu esqueci qual resposta deu ele através dela, mas pela primeira vez ele lampejou uma mensagem directamente para a minha própria consciência. "Tu reconhecerás isso fora da possibilidade de dúvida ou erro", disse-me ele. Com isto, surgiu na minha mente uma imagem de uma encosta na qual havia uma casa e um jardim marcados por duas altas *nuts* Persas.[16]

No dia seguinte fomos para Roma. Devido à minha própria tentativa, semelhante à de Ananias[17], de "reter parte da quantia", as minhas relações com Virakam tornaram-se tensas. Nós chegámos a Nápoles depois de dois ou três dias conflituosos em Roma e começámos à caça de casa. Eu imaginei que deveríamos encontrar dezenas de locais adequados para escolher, mas passamos dia após dia vasculhando a cidade e os subúrbios num automóvel sem encontrar um único lugar que correspondesse no menor grau às nossas ideias.

O pirralho de Virakam—um dos mais malcriados enjeitados de Deus—era para se juntar a nós durante as férias de Natal, e no dia em que ele deveria chegar nós viajámos de automóvel, como uma esperança perdida, para Posilippo antes de encontrá-lo na estação às quatro horas ou aproximadamente. Mas na noite anterior Virakam teve um sonho em que viu a desejada *villa* com absoluta clareza. (Eu tinha tido o cuidado de nada lhe dizer acerca das *nuts* Persas, de modo a ter uma arma contra ela, caso ela insistisse que tal e tal local era o pretendido.)

Depois de uma busca infrutífera virámos o nosso automóvel em direcção a Nápoles, ao longo da crista de Posilippo. Num ponto há uma pequena ruela lateral escassamente transitável por motor, e dificilmente perceptível, pois ramifica-se a partir da estrada principal formando um "Y" em ângulo agudo com o pé em direcção a Nápoles. Mas Virakam levantou-se animadamente e disse ao motorista para conduzir para baixo. Fiquei espantado, estando ela histericamente ansiosa para encontrar o comboio e sendo já o nosso tempo quase curto demais. Mas ela jurou apaixonadamente que a *villa* estava naquela estrada. A estrada tornou-se constantemente mais difícil e mais estreita.

Depois de algum tempo, a rua surge na encosta aberta; um baixo parapeito de pedra à esquerda protegendo-a. Mais uma vez ela levantou-se. "Ali", gritou ela, apontando com o seu dedo, "é a *villa* que eu vi no meu sonho!" Eu olhei. Nenhuma *villa* era visível. Eu assim disse. Ela tinha de concordar; ainda presa ao seu ponto, que ela viu a *villa*. Subsequentemente retornei àquele local e descobri que uma pequena secção de parede, talvez quinze pés de estreita beirada de alvenaria, é apenas perceptível por uma lacuna na vegetação. Nós seguimos em frente; chegámos a uma pequena praça, de um lado da qual estava uma igreja. "Esta é a praça e a igreja", exclamou ela, "que vi no meu sonho!"

Nós seguimos em frente. A ruela tornou-se mais estreita, mais dura e mais íngreme. Pouco mais de cem jardas à frente estava esta completamente "para cima", bloqueada por montões de pedras partidas. O motorista protestou de que ele não seria capaz de virar o carro nem de fazer marcha-atrás para a praça. Virakam, com violenta raiva, insistiu em prosseguir. Eu encolhi os meus ombros. Estava acostumado a estes tufões.

Nós seguimos em frente algumas jardas. Então o motorista decidiu revoltar-se e parou o carro. À esquerda havia um portão aberto por onde podíamos ver um bando de operários envolvidos em fingir restaurar uma arruinada *villa*. Virakam chamou o encarregado da obra e perguntou, em macarrónico Italiano, se o lugar era para arrendar.

---

15 N.T.: casa de campo
16 N.T.: nogueiras
17 N.T.: Ananias de Damasco

Ele disse que não; estava em restauro. Com doida confiança ela arrastou-o para dentro e obrigou-o a mostrar-lhe a casa. Eu sentei-me em resignado desgosto, não me dignando a acompanhar. Então os meus olhos subitamente viram, na parte inferior do jardim, duas árvores próximas. Eu inclinei-me. Os seus topos surgiram. Elas eram *nuts* Persas! A estúpida coincidência irritou-me, e ainda assim algum irresistível instinto compeliu-me a tirar o meu caderno e lápis e a tomar nota do nome escrito sobre o portão—Villa Caldarazzo. Indolentemente, eu somei as letras 6 + 10 + 30 + 30 + 1 e 20 + 1 + 30 + 4 + 1 + 200 + 1 + 7 + 7 + 70. A soma delas atingiu-me como uma bala no meu cérebro. Era 418, o número da Fórmula Mágica do Aeon, um hieróglifo numérico da Grande Obra! Ab-ul-Diz não cometeu erro nenhum. O meu reconhecimento do lugar certo não dependia de uma mera questão de árvores, as quais podem ser encontradas em quase qualquer lugar. Reconhecimento fora de toda a possibilidade de dúvida foi o que ele prometeu. Ele tinha sido tão bom quanto a sua palavra.

Artigo sobre Crowley, na edição de Junho da Vanity Fair, 1915.

Eu estava inteiramente impressionado. Saltei para fora do carro e corri até à casa. Encontrei Virakam na sala principal. No instante em que entrei, eu compreendi que isto era inteiramente adequado para um templo. As paredes estavam decoradas com crus afrescos que, de alguma forma, sugeriam a exacta atmosfera apropriada para a Obra. A própria forma da sala parecia de certo modo significativa. Além disso, parecia que estava cheia de uma emanação peculiar. Esta impressão não deve ser descartada como pura fantasia. Poucos homens são suficientemente sensíveis para distinguir a aura espiritual de certos edifícios. É impossível não sentir reverência em certos templos e catedrais. As mais comuns moradias frequentemente possuem uma atmosfera própria; algumas deprimem, algumas alegram; algumas repugnam, outras gelam o coração.

Virakam, claro, estava inteiramente certa de que aquela era a *villa* para nós. Contra isto estava a declaração positiva das pessoas responsáveis de que isto não era para ser arrendado. Nós recusámo-nos a aceitar esta asserção. Ficámos com o nome e endereço do dono, escavámo-lo e encontrámo-lo disposto a dar-nos a posse imediata por uma pequena renda. Entrámos no dia seguinte e estabelecemo-nos quase imediatamente para consagrar o Templo e começar o livro.

A ideia era a seguinte. Eu deveria ditar; Virakam deveria transcrever, e se em qualquer momento aparecesse a menor obscuridade—obscuridade a partir do ponto de vista do leitor inteiramente ignorante e não particularmente inteligente; numa palavra, o anónimo homem comum de classe baixa—eu deveria remodelar os meus pensamentos em linguagem mais clara. Por este meio esperávamos escrever um livro bem dentro do compasso da compreensão até mesmo do mais simplório buscador após iluminação espiritual.

Parte Um de *Book Four* expõe os princípios e a prática do misticismo em simples termos científicos despojados de toda a sectária acreção, supersticiosos entusiasmos ou outras extrínsecas matérias. Isto foi completamente bem-sucedido neste sentido.

Parte Dois lida com os princípios e práticas de Magick. Eu expliquei o verdadeiro significado e *modus operandi*[18] de todo o apresto e técnica de Magick. Aqui, contudo, eu falhei parcialmente. Eu fui estúpido o suficiente ao assumir que os meus leitores já estavam familiarizados com os principais clássicos de Magick. Consequentemente descrevi cada Arma, expliquei isto e dei instruções para o seu uso, sem deixar claro por que deveria isto ser absolutamente necessário. Parte Dois é, portanto, um tratado inteiramente admirável apenas para alguém que já dominou as bases e adquiriu alguma experiência da prática do ofício.

Sendo o número 4 a fórmula do livro, este consistia, obviamente, de quatro partes. Realizei esta ideia expressando a natureza do Tetrad, não apenas pelo nome e plano do livro, mas emitindo-o na forma de um quadrado de 4 polegadas por 4, e precificando cada parte como uma função de 4 partes. Parte Um foi publicada a 4 groats[19], Parte Dois a 4 tanners[20], Parte Três custaria 3 "groats Lloyd George" (nesta altura o demagogo estava oferecendo ao operário "ninepence for fourpence"[21], por meio de uma fraude de seguros destinada a escravizar o tabalhador mais completamente do que nunca). Parte Quatro, 4 xelins. A Parte Três lidaria com a prática de Magick, e a Parte Quatro sobre *O Livro da Lei* com a sua história e o Comentário; o volume, de facto indicado no próprio livro, capítulo III, versículo 39.

O programa foi encurtado. A secreta disputa entre a vontade de Virakam e a minha transformou-se em aberta hostilidade. Uma séria desavença levou-a a fugir para Paris. Ela arrependeu-se quase antes de chegar e telegrafou-me para novamente me juntar a ela, coisa que fiz, e fomos juntos para Londres. Lá, no entanto, uma intriga resultou no apressado casamento dela com um aventureiro Turco que começou por espancá-la e, um pouco mais tarde, acabou por abandoná-la. A histeria dela tornou-se crónica e incontrolável; levou-a a furiosas crises de bebida que culminaram em *delirium tremens*.

O parcial fracasso da nossa parceria foi, até certo ponto, sem dúvida, culpa minha. Eu não fui sincero e recusei viver pela fé em vez de viver pela vista. Eu não posso censurar-me por isto; por isso, eu não tenho desculpa. Posso, no entanto, expressar uma dúvida sobre se o sucesso total era, em qualquer caso, possível. As suas próprias desgovernadas paixões dificilmente poderiam ter-lhe permitido passar incólume pelas provações que são sempre impostas aos que empreendem tarefas desta importância.

O resultado foi que, embora eu tenha ditado a Parte Três para Laylah na Primavera de 1912, eu senti que isto não era suficientemente perfeito para ser publicado. De vez em quando eu revisava isto; mas permanecia insatisfatório até que, em 1921,

---

18 N.T.: modo de executar
19 N.T.: "groat"—antiga moeda de prata
20 N.T.: "tanner"—meio xelim
21 N.T.: "nove centavos por quatro centavos"—slogan de campanha de David Lloyd George para o seguro nacional obrigatório introduzido no National Insurance Act 1911

eu levei isto a sério, praticamente reescrevi e expandi isto num vasto volume, um tratado realmente completo em todos os ramos de Magick. A Parte Quatro ainda está incompleta. Sinto que não posso publicar o Comentário sobre *O Livro da Lei* até que eu esteja absolutamente satisfeito com isto, e ainda há muito trabalho a ser feito.

A minha perambulação em pleno Inverno foi tão inteiramente ocupada com Virakam que não houve aventura de interesse para narrar, com uma excepção. Em Nápoles tivemos uma sessão com a famosa Eusapia Palladino.

A sua reivindicação de extraordinários poderes repousa inteiramente no famoso relatório dos Srs. Feilding, Baggalay e Carrington. Feilding, eu conhecia pessoalmente muito bem. Tinha-o interrogado repetidamente acerca dela sem abalar o testemunho dele. Encontrei Baggalay uma ou duas vezes e a sua evidência corroborou a de Feilding. Quando cheguei a conhecer Carrington mais tarde, eu encontrei-me impossibilitado de dar sério crédito a qualquer coisa que ele dissesse, e certamente parecia suspeito que ele tivesse agido como empresário para Eusapia pouco tempo depois e tirasse partido dela nos Estados Unidos.

Além disto, eu tinha analisado cuidadosamente os impressos relatos das sessões. Eu não encontrei nenhuma lacuna; até que um dia a minha preciosa memória veio para o resgate. Disse-me o que não é de forma alguma aparente numa leitura linear, que numa das sessões espíritas, acho que a do número seis, nenhum fenómeno ocorreu no gabinete. Noutra parte do livro, bastante incoerentemente, descobrimos que durante esta sessão espírita não havia mesa no gabinete. "Aha!" disse eu, "então, quando as trombetas e tamborins e outros estão realmente fora do alcance dela (não importa se os braços dela estão sob controlo ou não!), ela não pode repercuti-los." Pode parecer arbitrário e injusto; mas para mim esse facto derrubou os adereços de toda a estrutura. Eu tive sessões com muitos médiuns célebres e nunca vi quaisquer fenómenos que me impressionassem, no mínimo, como sendo causados por forças ocultas. (Deve ser lembrado que eu tenho visto tantos fenómenos de autenticidade absolutamente indubitável no percurso do meu trabalho mágico que estou predisposto a expectar que tais coisas aconteçam.)

Em sessão com Eusapia, os meus principais objectivos eram primeiramente ter uma ideia da atmosfera, de modo a visualizar mais claramente os eventos registados no famoso relato, e secundariamente criticar a minha própria evidência. A pergunta sugerira-se: "Feilding e o resto são inteligentes, cautelosos, experientes e críticos, mas, mesmo assim, posso eu ter a certeza de que, quando descrevem o que ocorre, são eles testemunhas confiáveis?" Ditosamente, a minha única sessão espírita lançou uma ofuscante luz neste ponto.

Eusápia estava sentada no fim duma mesa, de costas para o armário. Virakam estava à direita dela, eu à esquerda. Era da minha conta certificar-me que ela não espernease, e segurar o pulso esquerdo dela. Após um curto período de tempo, a diversão começou na costumeira maneira por intermédio da cortina do gabinete bojando e finalmente caindo sobre o braço esquerdo de Eusapia e o meu direito. Eu podia assim ver para dentro do armário, isto é, no canto da sala, virando a cabeça. Agora, era suposto Eusapia ter um terceiro braço, um braço astral, com o qual ela poderia realizar os seus actos fatais. A minha atenção foi atraída para o gabinete vendo um braço sombrio movendo-se sobre ele. As minhas faculdades intelectuais estavam completamente alertas. Eu raciocinei do seguinte modo: "O braço que vejo é um braço esquerdo, não um braço direito. Não pode, portanto, ser o braço esquerdo de Eusápia, porque eu estou a segurar o pulso esquerdo com a mão direita." Quase antes de eu completar este silogismo, o braço desapareceu do armário; no mesmo instante senti Eusapia a repor o pulso esquerdo na minha mão, o qual não me tinha informado de que ela o tinha removido.

É uma pequena premissa sobre a qual fundar uma proposta universal e, no entanto, faço isso sem séria hesitação. Não me atrevo nem por um momento a comparar-me com tais peritos investigadores como Feilding e o resto. Todavia, eu tenho alguma experiência. Eu não sou totalmente um burro e certamente sei muito sobre psicologia, por um lado, e sobre a falta de confiabilidade das impressões sensoriais, por outro lado. *Ex pede Herculem*.[22] Se eu, como eu sou, não posso confiar em dizer se estou ou não estou a segurar o pulso de uma mulher, não é possível que mesmo especialistas, admitidamente excitados pela rapidez com que um impressionante fenómeno sucede a um outro, possam enganar-se quanto às condições do controlo? Parece-me extremamente significativo que Feilding nunca tenha obtido um fenómeno de gabinete com qualquer médium quando ele tem interposto rede entre o homem e a cortina.

Feilding convidou-me para algumas das sessões espíritas do então famoso médium Carancini, o qual tinha estado a virar Roma de cabeça para baixo, virando mesas de cabeça para baixo, ensinando aos pianos de cauda o *turkey-trot*[23] e materializando *mutton chops*[24]. Eu estava inclinado, a princípio, a acreditar que havia algum ligeiro elemento de genuinidade no homem pela simples razão de que ele não conseguiu levar a cabo coisa alguma na minha presença. Os elementares pechisbeques, que se divertem à custa do tipo espiritista de imbecis, mantêm-se muito afastados dos Mágicos. (Os leitores de Eliphas Lévi recordarão que o D.D. Home estava em pânico na abordagem do perito.) Após duas horas de espera vigilante, Feilding sugeriu que se tentasse um fenómeno de gabinete. O gabinete era, como de costume, um canto da sala com um pano fixado transversalmente, estando atrás disto uma mesa provida com trombetas, tamborins e similares. Na sugestão, Carancini saltou do seu assento e estendeu as mãos para a parte superior da cortina. Não exigi mais informações. Nada havia de suspeito no acto dele mas a psicologia era conclusiva. Havia uma associação na mente dele entre fenómenos de gabinete e manipulação física.

Aproveito esta oportunidade para salientar que nenhum fenómeno de gabinete, de qualquer género, jamais tem ocorrido quando a rede é colocada entre a cortina e o médium. Dificilmente podemos conceber qualquer tipo de força capaz de tocar trombetas, imprimir cera, etc., o que seria interceptado pela rede, excepto o normal para a humanidade.

Permitam-me ainda observar que, na nossa geração, nenhum médium profissional jamais tem produzido fenómenos comprovantes, de qualquer tipo, com a excepção de Eusapia Palladino, Mrs. Piper[25], Eva C. (se ela pode ser classificada como profissional)[26] e Bert Reese. Eu já lidei com Eusapia. Nunca conheci Mrs. Piper, mas o seu registo de alguma forma não me impressiona como notável. Eva C. está ainda *sub judice*[27] e eu agora vou lidar com Bert Reese, depois de eu me permitir a única observação de que os espíritas que falam acerca do valor cumulativo das suas evidências têm apenas quatro duvidosos números inteiros para acrescentar a uma interminável sequência de zeros.

Eu conheci Bert Reece em Londres pouco antes da guerra de 1914. A sua reivindicação à fama foi baseada em dois itens. Primeiro, se tu colocares a mão na cabeça dele, às vezes podes sentir um latejo, o que evidencia, sem sombra de dúvida, a imortalidade da alma. Nesta avaliação tenho adoptado o padrão oficial Americano de prova. Segundo, ele foi capaz de ler e responder questões que haviam sido previamente

---

22 N.T.: determinar o tamanho de Hércules a partir da medida do seu pé; inferir o todo a partir de uma parte
23 N.T.: dança do início do século XX
24 N.T.: um tipo de estilo ou corte dos pêlos faciais
25 N.T.: Leonora Piper, 1857-1950
26 N.T.: Marthe Beráud, 1886-1943
27 N.T.: em julgamento; aguardando um decisão

escritas em pedaços de papel na sua ausência (presumida), dobradas e distribuídas em vários bolsos. Tendo respondido à primeira questão, um papel foi-lhe entregue; ele então respondeu à segunda e assim por diante.

Este *modus operandi* sugere que ele confia no sucesso em alguma variação do truque conhecido como "o depois de", embora eu pessoalmente acredite que ele muda os seus métodos o máximo que pode. Parece perfeitamente óbvio em qualquer caso que um truque de algum género está sendo trabalhado.

O verdadeiro ponto de interesse é que Hereward Carrington, que se gaba de ter explicado cada uma das "leituras de envelope fechado" de que tem conhecimento, admite fracasso em explicar este caso, e ele assegurou-me pessoalmente de que está completamente perplexo e inclinado a acreditar que algum poder oculto está em acção.

Bert Reese é um Americanizado Alemão ou Judeu Polaco de Posen. Ele estava, suponho eu, nessa altura com cerca de sessenta anos de idade. Ele exigia enormes honorários por consultas. Muitos dos maiores homens de negócios nos Estados Unidos agiam habitualmente seguindo o conselho dele. O meu próprio interesse estava limitado à curiosidade despertada pela declaração de Carrington.

Fui vê-lo ao Hotel Savoy em Londres. A sua personalidade é deliciosa e ele recebeu-me com uma cortesia encantadora. Ele então pediu-me para escrever cinco perguntas em cinco pedaços de papel, como de costume, dobrá-los e colocá-los em bolsos separados. Eu disse que não poderia pensar em incomodá-lo a esse ponto. Eu deveria ficar bem convencido se ele lesse uma palavra de três letras já no meu bolso. (Eu tinha colocado a palavra TIN dentro da parte de trás do meu relógio.) Ele, claro, recusou o teste e eu sabia onde eu estava. No entanto, para lhe fazer a vontade, e incidentalmente para observar o método dele, fiz conforme ele pediu. Algumas das minhas perguntas eram tais que ele dificilmente saberia a resposta. Outras concernidas à Cabala. Num dos casos, eu próprio não sabia a resposta; mas se ele estivesse realmente em contacto com uma alta inteligência ele poderia descobrir e eu poderia verificar a exactidão dele pelo método explicado noutro lugar.

Ele leu as minhas perguntas correctamente, mas não conseguiu responder a nenhuma delas. Antes de responder pela primeira vez, ele fez uma série de movimentos suspeitos que me levaram a pensar que ele trata de escolher o bolso do primeiro deslize, após o qual, é claro, o método "o depois de" prossegue alegremente.

Eu contactei-o em Nova Iorque, no começo de 1915, com a ideia de testá-lo, oferecendo-lhe uma parte dos proventos da persuasão de um dos meus amigos para investir num determinado esquema financeiro. (Escusado será dizer que o meu amigo era uma parte do plano.) Reese concordou sem hesitação. Eu simplesmente disse-lhe para responder às questões de forma a persuadir o inquiridor sobre certos factos. Por acaso, o teste foi ainda mais conclusivo do que eu havia providenciado. Numa das questões, o nome dum certo homem ocorreu. De acordo com a minha combinação com Reese, ele deveria ter respondido que esse homem não era confiável. O nome comporta uma marcante semelhança com o meu próprio. Ele saltou para a conclusão de que eu estava destinado e elogiou o homem até aos céus.

Ainda havia mais uma sessão. Ele deveria fazer o máximo para persuadir o seu consultor a adoptar um certo curso de acção. Ele tentou todos os truques durante a maior parte de uma hora, sem produzir o menor resultado.

A atmosfera era de fria aversão, misturada com uma certa desdenhosa piedade. Ao mesmo tempo, não se podia senão compreender que, dada a original *sine qua non*[28], ele poderia conduzir o seu cliente pelo nariz para as acções mais absurdas. Esta *prima*

---
28 N.T.: condição essencial, indispensável

materia[29] do trabalho não precisa de ser o puro ouro da confiança. Isto é bastante suficiente se o cliente é moralmente e mentalmente instável segundo o medo, a credulidade, a ansiedade, o desejo ou até mesmo a incerteza natural—sendo esta última, evidentemente, uma condição evidente de qualquer consulta séria, seja qual for. Dá-lhe algo para trabalhar e pouco a pouco a pessoa é obrigada a cair na linha de pensamento dele, após o que, transformar cada incidente em vantagem, é brincadeira de criança. O cliente sairá da consulta convencido dos poderes sobrenaturais do charlatão.

Desde o início da minha investigação da assim chamada pesquisa psíquica, eu tive a certeza, a partir da mera consideração das condições do problema, de que a adesão de tantos proeminentes homens da ciência ao espiritismo deve ser explicada por factos psicológicos. Isto poupou-me muito tempo. A primeira chave que eu tentei encaixar na fechadura.

Eu observei imediatamente que os homens científicos envolvidos eram, em alguns casos, embora não em todos, indiscutivelmente confiáveis como observadores. Eles eram capazes de detectar fraude e de idear métodos para excluí-la. Fui confrontado com a alternativa de aceitar a hipótese do espiritismo, coisa que revolta o meu espírito científico e é repudiada, pelo meu instinto enquanto um iniciado, por imunda blasfémia e profanação, ou eu devo encontrar alguma razão para supor que um certo número de homens, reputados observadores fidedignos, se tornam, por alguma razão, subitamente incompetentes.

Eu tenho dito uma série de proeminentes homens da ciência, mas na realidade poucos deles têm qualquer tipo de pretensão de se classificar na primeira revoada. No entanto, tal como são, é curioso que a sua primeira inclinação ao espiritismo se manifeste ao atingirem uma idade em que o poder sexual começa a declinar.

Eu submeto a seguinte explanação do processo psicológico de conversão nestes casos.

1. O fracasso da energia sexual volta a sua atenção para a morte.

2. O inexpugnável medo da morte exige o recurso a algum soporífero espiritual.

3. A sua formação científica torna impossível para eles de se refugiarem em qualquer religião supersticiosa.

3a. Eles provavelmente não têm a coragem pagã para aceitar a situação filosoficamente, tendo a sua integridade moral sido lesada na infância pela sua educação cristã.

4. Eles buscam consolo em alguma teoria da imortalidade que promete verificar as suas teses por evidências científicas tal como eles estão acostumados a aceitar.

5. Eles abordam as suas primeiras sessões espíritas com uma subconsciente vontade-de-acreditar de grande intensidade.

6. Eles estão suficientemente cientes desta atitude para fazer questão de exagerarem o seu cepticismo sobre eles mesmos; isto é, eles afirmam o seu cepticismo com uma ênfase, a mais apaixonada, na proporção em que eles têm esperança, no fundo dos seus corações, de encontrar evidências suficientes para abalar isto.

7. Eles satisfazem as suas consciências fazendo uma grande demonstração da sua agilidade na detecção de fraudes, reais ou possíveis, e assim desculpam-se por acrescentar, como que por reflexão tardia, "obviamente há alguns pontos menores cuja explicação não é imediatamente óbvia."

8. Eles concentram a sua atenção nestes inexplicáveis pontos até preencherem todo o ponto de vista.

9. O que junto com desmesurada atenção, esquecimento Freudiano e as ilusões do desejo, eles acalmam as suas consciências suficientemente para asseverar a genuinidade de alguns dos poucos fenómenos, preferencialmente aqueles que são, por assim dizer, a

---

29 N.T.: matéria primordial, fundamental

ponta do aicebergue e são explicáveis em hipóteses não fundamentalmente repugnantes ao corpo principal da verdade científica.

10. A atitude crítica dos seus colegas excita a reacção usual e desperta-os para defenderem vigorosamente proposições originalmente apresentadas tentativamente sob todas as reservas.

11. Sentindo o seu castelo de areia a desmoronar com cada onda de purificadora água salgada do criticismo, eles movem areia fresca para o suporte do edifício ameaçado. Na sua pressa e ânsia, eles abandonam toda a pretensão de examinar a qualidade do material e não mais distinguem entre as qualidades de evidência.

12. Agora é muito fácil para os médiuns persuadi-los de que eles são os escolhidos capitães duma cruzada. Mesmo quando eles continuam os seus originais métodos de testar a genuinidade dos fenómenos, os médiuns têm-se familiarizado com os métodos deles e têm descoberto como contorná-los. Nas palavras de Browning: "So off we push."[30]

Tanto para o denominado contingente científico. *Mr Sludge, "The Medium"* de Browning, é para mim o mais profundo e completo estudo psicológico já escrito. Eu apenas gostaria que isto pudesse ser acompanhado por uma paralela exposição das perversidades e truques meio ocultos da mente científica.

~ 71 ~

A PRIMAVERA de 1912 encontrou-me uma vez mais pairando entre Londres e Paris. Escrevi algumas líricas de primeira categoria, alguns ensaios mais ou menos importantes, como "Energized Enthusiasm", mas no geral, a virtude tinha saído de mim no que dizia respeito a grandes concepções e elaboradas execuções. A campanha de 1911 havia esgotado a minha pesada munição por enquanto.

Não obstante, eu poderia apontar para uma realização sólida em grande escala, como devo considerá-la, embora seja composta de elementos mais ou menos desconectados. Eu refiro-me ao *The Book of Lies*. Neste há noventa e três capítulos: nós contamos enquanto capítulo as duas páginas preenchidas respectivamente com uma nota de interrogação e uma marca de exclamação. Os outros capítulos contêm às vezes uma única palavra, mais frequentemente de meia dúzia a vinte frases, ocasionalmente qualquer coisa até uma dúzia de parágrafos. O assunto de cada capítulo é determinado mais ou menos definitivamente pela importância Cabalística do seu número. Assim, o Capítulo 25 apresenta um revisado ritual do Pentagrama; 72 é um rondel com o refrão "Shemhamphorash", o nome Divino de 72 letras; 77 Laylah, cujo nome acrescenta a esse número; e 80, o número da letra Pê, refere-se a Marte, um panegírico sobre a guerra.

Às vezes o texto é sério e directo, às vezes os seus obscuros oráculos exigem profundo conhecimento da Cabala para interpretação; outros contêm obscuras alusões, jogo de palavras, segredos expressos em criptograma, significados duplos a triplos que devem ser combinados para que se possa apreciar todo o sabor; outros novamente são subtilmente irónicos ou cínicos. À primeira vista, o livro é uma confusão de tolices destinadas a insultar o leitor. Requer infinito estudo, simpatia, intuição e iniciação. Diante disto, não hesito em afirmar que em nenhum outro dos meus escritos tenho dado uma exposição tão profunda e abrangente da minha filosofia em todos os planos. Eu lido com os impulsos mais íntimos da alma e através de todo o curso da consciência

---

30 N.T.: "Então lá empurramos nós"

até às reacções dos estados mentais mais superficiais.

Considero este livro tão importante como um compêndio dos conteúdos da minha consciência que eu peço licença para ilustrar os pontos acima.

"Mente é um transtorno de sémen" assevera uma teoria das relações entre o consciente e subconsciente, cuja tese principal é a de que o verdadeiro ego espreita em silêncio na quintessência de forma física, considerando que o eu consciente não é mais do que o murmúrio dos seus humores sempre que a sua supremacia é desafiada pelo ambiente. No Capítulo 37, o pensamento é mensurado da escuridão de um êxtase lunar e espiritual até à de um eclipse solar. Ambas as sombras são acidentes raros num universo de luz. Novamente, "no Vento da mente surge a turbulência chamada Eu. Isto quebra; deita por terra os pensamentos estéreis. Toda a vida é sufocada." Algures, a profunda sabedoria espiritual é evocada por chá no Rumpelmayer's[31], jantar no Lapérouse[32], pequeno-almoço no Smoking Dog, um passeio na floresta, ou pelas convivências do Mestre com os seus discípulos.

Deixa-me gabar ainda mais de que até mesmo as almas indoutas encontraram iluminação e êxtase nestes misteriosos murmúrios.

Um brilhante rapaz escreveu em *Poetry and Drama*[33] o seguinte:

> A criação e destruição de deuses tem sido durante séculos a mania religiosa e o exercício filosófico favoritos da humanidade. The Book of Lies é uma espirituosa, instrutiva e totalmente admirável colecção de paradoxos, em si contraditórios, resumindo e ilustrando vários experimentos em conceber deuses. Frater Perdurabo, no entanto, não tem escrito um tratado filosófico ou místico; pelo contrário, o seu livro deixa a pessoa com uma sensação de intensa euforia e lucidez. O livro não pode ser julgado pela simples leitura de excertos; nem pode ser lido sucessivamente. De facto, se alguém deseja realmente apreciar as suas subtilezas, isto não deve ser tentado antes do meio-dia. Para ser levado e discutido em lazer, para incomodar, repelir, estimular, intrincar e interessar, são evidentemente algumas das suas funções. Estupendamente absurdo e assombrosamente acutilante, isto é ao mesmo tempo a quintessência do paradoxo e da simplicidade em si; no entanto, quando tudo isto é dito, ainda se está longe do âmago, pois justamente quando se pensa tê-lo descoberto, descobre-se que muitas óbvias belezas de pensamento e expressão têm sido negligenciadas, outras, mal interpretadas. Às vezes é até mesmo duvidoso que o próprio autor pudesse traduzir em termos definidos o significado exacto dos seus aforismos e paradoxos sem detrair o valor do livro como expressão artística da sua personalidade. Esta é, contudo, uma apreciação individual. *The Book of Lies*, portanto, será interpretado de maneira diferente por cada leitor e julgado conformemente.

O melhor conto, como alguns pensam, que eu tenha já escrito pertence a 1912, "The Testament of Magdalen Blair". A ideia foi baseada numa sugestão de Allan Bennett, feita em 1899, e alqueivada na minha mente desde então. Era isto. Uma vez que os pensamentos são os acompanhamentos das modificações do tecido cerebral, quais pensamentos devem ser concomitantes da sua putrefacção? "É certamente uma ideia tão horripilante quanto poderia qualquer homem desejar numa bela manhã de Verão. Pensei em usá-la para deixar arrepiado o corpo das pessoas. A minha dificuldade era como familiarizar outras pessoas com os pensamentos dum homem morto. Então eu fiz dele um homem de ciência e forneci-lhe uma esposa, uma estudante em Newnham, dotada de extraordinária sensibilidade que ela desenvolve em leitura de pensamento. Ela e o marido fazem uma série de experimentos e assim desenvolvem a

---

31 N.T.: estabelecimento do confeiteiro Anton Rumpelmayer
32 N.T.: restaurante em Paris
33 N.T.: de T.S. Eliot

faculdade dela para a perfeição. Ele fica com a doença de Bright e morre, enquanto ela regista o que ele pensa durante o delírio, o coma e finalmente a morte.

Eu consegui fazer a história soar razoavelmente plausível e deixei-me ir magnificamente na matéria do horror. Li isto em voz alta para uma festa em casa na véspera de Natal; de manhã, todos pareciam não se terem recuperado de uma longa e perigosa doença. Encontrei-me extremamente malquisto!

Encorajado por isto, eu decidi oferecer a história para a *English Review*; mas (por várias razões) enviei isto a partir de uma outra mão. Eu tive um amigo para anexar isto com uma carta a dizer que foi o trabalho da sua filha em Cambridge. (A história termina, a propósito, com a viúva, incapaz de suportar o horror de saber o que estava reservado para ela e para o resto da humanidade, exortando todos a estourar os seus cérebros com dinamite como o método mais prático de minimizar a agonia. Ela é então colocada num asilo, onde ela demonstra a autenticidade da sua afirmação ao relatar com precisão o que as pessoas estão a pensar mas não impressiona o médico Inglês, implorado pelo mais eminente professor Alemão daquele departamento de ciências para permitir que ela trabalhe com ele.) O editor escreveu ao meu amigo que gostaria de publicar a história, mas exigiu prova da sua literal verdade.

Não posso comentar sobre tais incidentes. Eu nunca fui capaz de compreender a psicologia de tão crassa estupidez como a que tenho encontrado, quase universal, no meio de editores e publicadores. Posso compreender qualquer homem considerando qualquer peça de literatura sem valor, ou considerando-a uma suprema obra-prima. As observações de Hume sobre o "infeliz barbarismo" de Shakespeare, e a ilusão de Shelley de que Leigh Hunt era um poeta, são perfeitamente inteligíveis para mim; mas estou completamente perplexo com operações mentais como aqui indicadas. Outro exemplo será encontrado em conexão com a minha história "The Stratagem" numa página subsequente.

Um terceiro sintoma da doença do mesmo indivíduo é trazido para fora no meu poema, "To A New Born Child". O editor protestou que era uma má sorte para uma criança prever tais infortúnios. Noutras palavras, ele não tinha a menor ideia do que era o poema. Considerando-se que este editor em particular é justamente considerado como o melhor homem de Inglaterra em matéria de apreciar o trabalho de primeira classe, é perfeitamente incompreensível para mim que ele seja um chefe tão arrogante.

A maior parte do meu tempo em 1912 foi ocupada pela O.T.O. A Ordem foi um grande sucesso e as cerimónias de iniciação foram de ocorrência quase diária. Eu também estava muito ocupado ajudando Laylah na carreira dela. O problema não foi fácil. Logo descobri que não era para ela, submeter-se à desapiedada enfadonha labuta exigida pela ambição à plataforma do concerto clássico. Impressionante também como tinha sido o sucesso dela nos Ritos de Elêusis, logo se tornou claro que a fonte disto foi o impulso da minha personalidade. Eu poderia invocar os deuses para ela; eu não poderia ensiná-la a invocá-los por si própria.

A verdade da questão era que a sua arte era uma consideração secundária com ela. Secretamente, ela própria estava provavelmente inconsciente disto. Ela estava obcecada pelo medo de pobreza, o Edipiano desejo por um "futuro seguro", ambição snobe de melhorar a sua posição social. Assim que ela passou da idade de trinta anos e entrou em contacto com a atmosfera da América, os aspectos espirituais e até românticos do seu carácter foram desperdiçados. Ela corria desesperadamente de um prospecto de prosperidade para um outro, apenas para se ver desprezada e mangada pelos homens que ela estava tentando enganar. Por fim, ela caiu na profundidade do desespero e, nos seus esforços para não afogar, perdeu o seu último vínculo com a vida e o amor. Ela tornou-se uma traidora e uma ladra; e fugiu com os seus despojos para se esconder, como Fafnir, do próprio olho do céu.

Eu não consegui adivinhar a essencial desesperança para ajudá-la. Eu idealizei-a; paramentei-a nas vestes reais do romance. O poder e a paixão do jogo dela inspiraram-me. A sua beleza, física e moral, enfeitiçou-me. Não percebi até que ponto estas qualidades dependem das circunstâncias; porém, no início de 1912, ficou claro que ela nunca conseguiria muito mais do que liderar a Ladies' Band em *The Waltz Dream,* como vinha fazendo. A melhor esperança era encontrar algo igualmente dentro dos seus poderes que ainda lhe desse a oportunidade de causar uma impressão individual. Por isso, eu sugeri que ela deveria combinar o violino com a dança. A minha ideia era, claro, encontrar uma nova forma de arte. Mas disto ela não foi capaz. Ela não conseguiu compreender a minha ideia.

Eu aquiesci. Mudei os meus pensamentos para fazer um sucesso popular para ela. Nós angariámos seis violinistas assistentes, juntámos uma mistura de *jingles*[34] e colocámo-los numa insurgência de movimento; vestimos o septeto em andrajos coloridos, denominámo-los de "The Ragged Ragtime Girls" e tomámos Londres de assalto. Isto era um negócio doentio.

Laylah tinha passado algumas semanas em Nova Iorque com *Two Little Brides.* Eu dera-lhe apresentações a vários correspondentes meus na cidade; pessoas interessadas no meu trabalho. Uma destas requer atenção, por ela mesma ser uma das personagens mais notáveis que eu já conheci bem como pela influência da sua intervenção nos meus assuntos.

O seu nome era Vittoria Cremers. Ela afirmava ser bastarda de um rico Judeu Inglês e de se ter casado com um pernicioso barão Austríaco. Ela era uma amiga íntima de Mabel Collins, autora de *The Blossom and the Fruit,* o romance que deixou uma marca tão profunda nas minhas primeiras ideias sobre Magick. Em 1912 estava ela nos seus cinquentas. O seu rosto era austero e quadrado, com olhos terrivelmente intensos, dos quais resplandecia uma expressão de indescritível dor e de irremediável horror. O seu cabelo era branco-sujo e cortado no estilo *bob cut*, a sua vestimenta era severamente masculina salvo a única concessão de uma curta saia recta. A figura dela era forte e o seu modo de andar determinado, embora desajeitado. Laylah encontrou-a num miserável quarto na 176th Street ou lá por perto. Lastimavelmente pobre, ela não tinha conseguido comprar o *Liber 777* e por isso trabalhou semana após semana copiando na Astor Library[35]. Ela impressionou Laylah como uma sincera buscadora e uma prática mulher de negócios. Declarou a máxima devoção a mim e propôs vir para Inglaterra e colocar o trabalho da Ordem numa base sólida. Achei que a ideia era excelente, paguei a passagem dela para Inglaterra e estabeleci-a como administradora.

Tecnicamente, eu divago; mas não posso abster-me de contar a história favorita dela. Ela gabava-se da sua virgindade e da intimidade das suas relações com Mabel Collins, com quem viveu muito tempo. Mabel, no entanto, dividia os seus favores com um homem muito estranho cuja carreira tinha sido extraordinária. Ele fora um oficial de um regimento de cavalaria, um médico, e não sei quantas outras coisas no tempo dele. Ele estava agora em desesperada pobreza e dependia inteiramente de Mabel Collins para o seu pão diário. Este homem afirmava ser um Mágico avançado, gabando-se de muitos poderes misteriosos e até mesmo ocasionalmente demonstrando os mesmos.

Naquela época, Londres estava impaciente com as façanhas de Jack, o Estripador. Uma teoria do motivo do assassino era a de que ele estava a realizar uma Operação para

---

34 N.T.: breves temas musicais
35 N.T.: Biblioteca Pública de Nova Iorque

obter o Supremo Poder da Magia Negra. As sete mulheres tinham de ser mortas para que os seus sete corpos formassem uma "Cruz do calvário de sete pontos" com a cabeça voltada para o oeste. A teoria era a de que depois de matar a terceira ou a quarta, eu esqueci qual, o homicida adquiria o poder da invisibilidade, e isto foi confirmado pelo facto de que, num caso, um polícia ouviu os gritos da moribunda mulher e alcançou-a antes que a vida fosse extinta, ainda assim ela estava num *cul-de-sac*[36], sem saída possível salvo para a rua; e o polícia não viu sinais do assassino, embora estivesse a patrulhar no exterior, expressamente na vigilância.

O amigo da senhorita Collins ficou muito interessado nestes assassinatos. Ele discutiu-os com ela e Cremers em várias ocasiões. Ele deu-lhes imitações de como o homicida poderia ter efectuado a sua tarefa sem levantar a suspeição das suas vítimas até ao último momento. Cremers objectou que a fuga dele deve ter sido um assunto arriscado, por causa do seu hábito de devorar certas porções das mulheres antes de deixá-las. E quanto ao sangue na sua gola e camisa? O palestrante demonstrou que qualquer cavalheiro em traje nocturno tinha meramente de levantar a gola dum leve sobretudo para dissimular quaisquer vestígios da sua ceia.

Tempo passado! Mabel cansou-se do amigo dela, mas não se atreveu a livrar-se dele porque ele tinha um pacote de cartas comprometedoras escritas por ela. Cremers ofereceu-se para roubar estas dele. No quarto do homem havia um uniforme estojo de lata que ele guardava debaixo da cama, à qual ele prendia isto por cordéis. Nenhuma das mulheres vira alguma vez isto aberto e Cremers suspeitou que ele guardava estas cartas lá. Ela tirou-o do caminho por um dia através de um telegrama forjado, entrou no quarto, desamarrou os cordéis e puxou a caixa de debaixo da cama. Para surpresa dela estava esta muito leve, como se vazia. Ela procedeu, apesar disso, a pegar na fechadura e a abrir isto. Não havia cartas; não havia nada na caixa, a não ser sete gravatas brancas de vestuário nocturno, todas hirtas e negras com sangue coagulado!

A sua outra história favorita é mais para o ponto. No momento crítico da missão dela, a Madame Blavatsky tinha sido muito maltratada por Mabel Collins com a ajuda, de acordo com os estratagemas e a instigação de Cremers, a qual não somente justificava, mas alardeava a conduta dela.

Pode ser motivo de surpresa que eu não tenha sido avisado do carácter da mulher por esta confissão. Mas eu tenho uma regra invariável ao lidar com aqueles que vêm a mim para treino e que é: não prestar atenção nas relações deles comigo mesmo, mas aconselhá-los de acordo com os princípios da A∴A∴, como se vivêssemos em diferentes planetas. Por exemplo, se um homem me conta que ele é um ladrão, eu recuso em princípio a trancar as minhas colheres; eu uso a informação unicamente como uma chave para o carácter dele, e digo-lhe que, ao roubar os outros, ele está realmente a roubar a si próprio violando o princípio que o protege de roubo. Eu confiava absolutamente em Cremers, embora eu soubesse disto—e até mesmo que ela tinha, certa vez, sido a espia remunerada de alguma sociedade de vigilância que chantageava nos Estados Unidos, a qual, sob o signo da indignação moral, forjava falsa evidência contra candidatos convenientes, implicando-os no tráfico de escravos brancos, extraindo dinheiro, ou processando quando a vítima não valia a pena ou se recusava a pagar, e às vezes pelo modo de "fazendo um exemplo", a fim de amedrontar a próxima fornada cujo sangue eles propunham sugar.

Eu deixei um livro de cheques assinados ao cargo dela; permiti o acesso dela aos meus papéis privados. Nenhum sinal dei de que eu via como ela estava a corromper a lealdade de Laylah e a fazer dano por todo o lado. Passado pouco tempo, no final

---

36 N.T.: beco sem saída

de 1913, ela contraiu gripe. Eu fui visitá-la imprevistamente; lá, na mesa ao lado da cama dela, havia um memorando mostrando inequivocamente que ela tinha desviado grandes somas de dinheiro pela fraudulenta manipulação dos supracitados cheques. Não consegui esconder dela que eu tinha visto e entendido, mas continuei a agir em relação a ela com invariável gentileza e continuei a confiar nela absolutamente. Isto foi demasiado para ela! Ela odiara-me desde o início, como ela tinha odiado Blavatsky, e jurou arruinar-me como tinha arruinado o meu grande predecessor; e agora, quando ela me tinha roubado e traído a cada instante, eu não tinha mexido uma palha. A consciência de que o seu ódio era impotente, era demasiado para ela aguentar. Ela desenvolveu um ataque de meningite e ficou violentamente insana durante um período de seis semanas, no final do qual ela desapareceu para esconder a sua vergonha no País de Gales, onde ela supunha, sensatamente o suficiente, que encontraria solidária sociedade em ladrões e traidores, segundo o próprio coração dela. Eu compreendo, de facto, que ela ainda esteja lá.

Durante todo o período até à eclosão da guerra, o meu trabalho aumentou gradualmente e consolidou-se. Devo mencionar a visita do meu representante na África do Sul, Frater Semper Paratus. Este irmão possuía as mais notáveis faculdades mágicas, dentro de um certo limitado escopo. Era natural para ele pôr em acção aquelas forças que colidem directamente com o mundo material. Por exemplo, a sua capacidade de realizar adivinhação por meio da geomancia (que pressupõe a acção de inteligências de um tipo grosseiro) não tem paralelo na minha experiência. Deixa-me ilustrar o que quero dizer.

De profissão, Frater Semper Paratus era revisor oficial de contas. Ele seria chamado para auditar as finanças de alguma empresa. Ele encontrar-se-ia confrontado por uma esmagadora massa de documentos. "Isto significa três semanas de trabalho," ele dizia para si próprio, "para descobrir a localização do erro." Em vez de explorar a massa de material ao acaso, ele configuraria uma série de figuras geomânticas e, depois de menos de uma hora de trabalho, assumiria o volume indicado geometricamente e colocaria o seu dedo, de uma só vez, sobre a origem da confusão.

Noutra ocasião, ele caiu em si de que, vivendo como vivia em Joanesburgo, rodeado de ouro e diamantes, poderia também usar a geomancia para descobrir uma jazida para seu próprio benefício. Indiferente quanto a encontrar ouro ou diamantes, ele pensou em incluir ambos ao enquadrar a sua questão de abarcar "riqueza mineral". Ele foi orientado a sair da cidade por um determinado rumo de bússola. Ele assim fez. Não encontrou nenhuma indicação do que pretendia. Ele tinha perdido a esperança e resolvido regressar quando viu diante dele uma série de colinas de baixa altitude. Decidiu avançar e ver se alguma coisa era visível a partir do cume delas. Não, a planície estendia-se sem promessa, um pantanoso plaino pontilhado, aqui e ali, com charcos de água estagnada. Em seu momento de completo desapontamento, ele notou que o seu pónei estava com sede. Ele, portanto, andou até ao charco mais próximo para deixá-lo beber. O animal recusou a água, então ele desmontou para descobrir o motivo. O sabor disse-lhe imediatamente que ele tinha descoberto uma imensamente rica jazida de álcali. A sua geomancia não o havia enganado; ele tinha encontrado riqueza mineral. Procedeu a explorar a sua descoberta e tornar-se-ia um milionário em pouco tempo se não tivesse encontrado a oposição de Brunner, Mond & Co.

Por outro lado, a sua clarividência era irremediavelmente má, de modo que ele não poderia passar no exame para o Grau de Zelator da A∴A∴, embora noutros pontos tenha direito a um grau muito mais alto. Um dos seus objectivos práticos em visitar Inglaterra foi pedir-me pessoalmente para lhe superar o obstáculo.

Eu assim fiz. No primeiríssimo trilho, eu permiti que ele usasse a sua visão astral. O nosso conjunto trabalho desenvolveu-se e resolvemos fazer uma série de investigações sobre "As Torres de Vigia dos Elementos", começando com a do Fogo. A questão surgiu: "Por que nos diz a instrução para subir verticalmente no corpo astral durante uma grande distância antes de penetrar no símbolo em exame?" Eu disse: "Parece-me uma mera superstição ligada à ideia de que o céu está em cima e o inferno em baixo de alguém. Para esclarecer este ponto, nós decidimos entrar na Torre de Vigia directamente, sem subir. As nossas visões, ocupando três dias sucessivos, não mostraram características anormais. Mas—e aqui não se pode deixar de sentir que a faculdade de Semper Paratus, de fazer conexão com as forças em estreito contacto com o plano material, é envolvida—nada menos do que cinco fogos ocorreram no estúdio durante este período. Na terceira noite, Semper Paratus decidiu voltar para o lar, para a casa dos amigos com quem ele estava alojado em Hampstead. Eram altas horas da noite quando ele se aproximou; mas a atenção dele foi imediatamente atraída pela fumaça que saía da casa. Ele deu o alarme e o fogo foi rapidamente iniciado. O ponto misterioso e significativo sobre o incidente é que o fogo tinha começado no único lugar numa casa onde não há explicação racional para uma eclosão—na cave de carvão!

Mais uma ilustração das qualidades peculiares deste Irmão. Eu aconselhara-o a evocar as forças do Fogo e do Ar ao retornar à África do Sul, sendo naturalmente abundantes naquela parte do mundo. Ele começou com a parte impetuosa do fogo, que inclui relâmpago. Quando ele começou a sua cerimónia, não havia indicação de perturbação eléctrica; mas em poucos minutos uma tempestade coligiu-se e o templo dele foi atingido.

Um outro Irmão similarmente evocando as forças da Água, a cisterna da casa dele estourou durante a cerimónia e inundou-a.

Incidentes similares ocorrem constantemente àqueles Mágicos cujas forças tendem a manifestar-se em concreta expressão. Mas tais homens são raros. No meu próprio caso, embora muitos fenómenos semelhantes tenham ocorrido, como já registado, eu considero-os como decorrentes de defeitos de isolamento. Eles avisam-me para me esforçar em aperfeiçoar o meu círculo.

A arte de produzir fenómenos à vontade é uma questão totalmente diferente. O método mais simples, mais racional e mais directo era-me conhecido desde o Verão de 1911; mas por alguma razão, eu nunca o tinha praticado sistematicamente ou registado os meus resultados metodicamente. Acredito que isto tenha sido devido a uma relutância instintiva em relação à natureza do método. Não foi até 1 de Janeiro de 1914 que eu fiz disto o meu principal motor.

~ 72 ~

EU ACHO QUE é apropriado dedicar um capítulo inteiro ao assunto das minhas relações com a maçonaria. Tenho mencionado que eu obtivera o 33º na Cidade do México. Isto não acrescentou muita importância ao meu conhecimento dos mistérios; mas ouvi dizer que a maçonaria era uma fraternidade universal e eu esperava ser bem-vindo em todo o mundo por todos os irmãos.

Fui despertado com um choque considerável nos poucos meses seguintes, quando, tentando discutir o assunto com algum alquebrado apostador ou angariador da casa de apostas—esqueci de modo exacto—eu descobri que ele não me "reconheceria"! Havia alguma diferença trivial num dos apertos ou alguma outra formalidade totalmente sem sentido. Um imensurável menosprezo por toda a pantomima enrolou o meu lábio. Eu esquadrei o assunto (como já relatado) por eu próprio ter sido iniciado na Loja Número 343 "Anglo-Saxon" em Paris. O que a isso levou tenho eu recontado noutro lugar e agora cito:

    Por acaso, eu sabia que o capelão da Embaixada Britânica em Z era Past Grand Organist de uma certa província Inglesa. Ele alvitrou-me, encontrou um segundo, e eu fui devidamente iniciado, aprovado e erguido. Fui calorosamente acolhido por numerosos visitadores Ingleses e Americanos na nossa Loja; pois Z é uma cidade muito grande.

    Voltei para Inglaterra algum tempo depois, após "passar a cadeira" na minha Loja, e desejando juntar-me ao Arco Real, convocado pelo seu venerável Secretário.

    Eu apresentei as minhas credenciais. "Ó Vós, Grande Arquitecto do Universo", o velho soluçou de raiva, "por que não murchais Vós este insolente impostor com o Vosso fogo do céu? Sir, desaparece! Tu não és um Maçom! Como todo o mundo sabe, as pessoas em Z são ateus e gozam a vida com as esposas de outros homens."

Achei isto um pouco difícil para o meu Reverendo Padre em Deus, meu proponente; e notei que, é claro, cada singular visitador Inglês ou Americano da nossa Loja em Z estava em perigo de imediata e irrevogável expulsão conforme detecção. Então eu nada disse, mas caminhei para uma outra sala no Freemasons' Hall acima da cabeça dele, e tomei o meu lugar como Past Master numa das mais antigas e eminentes Lojas em Londres!

Gentilmente note-se, ademais, que quando cada um destes malvados visitadores retornou às suas Lojas após o crime deles, eles automaticamente excomungaram a totalidade daquilo; e como a visitação é muito comum, bem pode ser duvidado se, pelas demonstrações deles, existe um único "justo, legítimo e regular maçom" deixado na terra!

No final de 1910, graças às minhas relações com o Grande Hierofante 97° do Rito de Memphis (um cargo mantido após a sua morte pelo Dr. Gerard Encausee, Theodor Reuss, e eu próprio), eu era agora uma espécie de universal inspector-geral dos vários ritos, encarregado da missão secreta de reportar sobre a possibilidade de reconstruir todo o edifício, o qual era universalmente reconhecido por todos os seus mais inteligentes membros como estando ameaçado com o mais grave perigo.

Eu devo explicar brevemente as circunstâncias.

(a) Há uma grande multiplicidade de ritos.

(b) Há uma grande multiplicidade de jurisdições.

(c) Mesmo onde rito e jurisdição são idênticos, há certos ciúmes nacionais e outras causas de divergência.

(d) O Progresso do feminismo tem ameaçado o Ofício. (O significado do 3° tendo sido totalmente perdido, os maçons ortodoxos são incapazes de explicar o porquê das mulheres não poderem tornar-se Mestres Maçons. Eles não podem. Eu, o mais feroz sobre feministas, assim digo.) A Co-Maçonaria, sob Mrs. Besant, cuja vaidade histérica compele-a a reivindicar qualquer título altissonante que ela passe a ouvir, *Le Droit Humain* (Ordem Internacional da Maçonaria para Homens e Mulheres) em França, e movimentos semelhantes em quase toda a parte, estavam a vilipendiar a maçonaria por pura tolice deles. Eles eram, obviamente, exactamente tão bons quanto verdadeiros maçons.

(e) A história da maçonaria tem-se tornado mais obscura à medida que a luz da pesquisa tem caído sobre o assunto. O significado da maçonaria tem sido completamente esquecido ou nunca tem existido de todo, excepto se qualquer rito em particular puder ser um capote para intrigas políticas ou ainda piores.

(f) Tem-se tornado impossível para as pessoas que vivem em condições modernas dedicar tempo adequado, mesmo para aprender as mais simples formalidades.

(g) A completa falta de compreensão que hoje é praticamente universal tem feito com que os homens indaguem por que deveriam eles, em nome de Deus, acalentar tão pretensiosas pedantices?

Algumas anedotas ilustrarão a situação para o comum não-maçom.

1. Um certo rito em Inglaterra deriva a sua autoridade a partir de um documento que é tão notoriamente uma falsificação quanto Pigott alguma vez redigiu. Os chefes deste gangue desejavam quebrar, da maneira mais desavergonhada e calhorda, um acordo feito alguns anos antes com John Yarker. Yarker assinalou que a única real autoridade deles era derivada do acordo deles com ele, uma vez que ele, trabalhando sob um genuíno estatuto, havia "sanado" a brecha deles com a antiguidade reconhecendo-os. Eles responderam que contavam com o documento falsificado. Ele disse que tirar-lhes-ia o tapete de debaixo dos pés deles, publicando as provas de que a escritura deles era inútil. Então eles disseram que sabiam tão bem quanto ele que o documento era forjado; mas eles não se importavam, porque eles haviam induzido o Príncipe de Gales a juntar-se-lhes!

2. Vários dos principais ritos da maçonaria Inglesa não são reconhecidos entre si, e alguns deles não são tolerados (isto é, se um membro de A se junta a B, ou mesmo se discute a maçonaria com um membro de B, ele torna-se passível de expulsão imediata); mas um certo duque real era na verdade o chefe de dois ritos incompatíveis.

3. Não há uniformidade em relação à tolerância. Assim, A e B às vezes reconhecem-se entre si, mas, enquanto A reconhece C, B não reconhece, de modo que um membro de B e um membro de C podem encontrar-se numa Loja de A, e desse modo automaticamente excomungarem entre si.

4. Os maçons Ingleses da Loja Azul não permitem que motivos políticos, comerciais ou religiosos entrem na maçonaria, ainda assim estão em oficial relacionamento com certos corpos maçónicos cuja única *raison d'être*[37] é o anticlericalismo, a intriga política ou o benefício comercial mútuo.

5. O Rito Escocês, os graus de Cavaleiro do Templo, Cavaleiro de Malta e outros em Inglaterra são definitivamente Cristãos, e.g., o ponto de um grau é a identificação de profeta, sacerdote e rei, três em um, a Trindade do Arco Real, com Cristo; e no grau de Rose Croix, Cristo é reconhecido como a "pedra angular" do simbolismo inicial. Mas na América, os elementos Cristãos têm sido removidos para que os Judeus ricos possam alcançar o cume da maçonaria.

6. Certa vez, eu assisti a uma Loja cujo Mestre era um dos dois banqueiros locais. Ele usou a sua influência para obter negócios para o seu banco. O outro banqueiro prontamente obteve uma escritura de alguma entidade "clandestina" e iniciou uma oposição. Neste distrito, as Lojas clandestinas superavam significativamente em número as ortodoxas.

7. Visitei as Craft Lodges[38] e os Capítulos do Arco Real em Acordo Fraternal em Inglaterra, onde a "criação" e "exaltação" eram realizadas em mangas de camisa, enquanto eram fumados charutos e as pernas convenientemente dispostas noutras cadeiras, e usadas apenas para pontapear o candidato conforme ele circulava.

8. Numa cerimónia na América, os oficiais sendo maçons de 33°, reconhecidos pelo ortodoxo Rito Escocês em Inglaterra, havia dois candidatos, ambos Judeus. Eles foram enganados e introduzidos em extremidades opostas de um tubo através do qual foram instruídos a seguir o caminho deles. No meio do tubo estava uma porca viva.

---

37 N.T.: razão de ser

38 N.T.: Lojas Azuis—onde se lida com os três primeiros graus maçónicos

9. Em Detroit, um membro do 32º estava ameaçado por certos membros do 33º com a expulsão, a menos que se sujeitasse às observações deles quanto à vida doméstica dele. A questão era uma com a qual eles não tinham o direito de se intrometer em qualquer concebível teoria das relações humanas.

10. Nalgumas partes da América, a pressão financeira e social é colocada sobre as pessoas para as *compelir* a tomar o 32º! É comum boicotar homens do comércio ou negócios por se recusarem a dar desleais vantagens aos seus colegas maçons.

11. Um maçom de 33º, de há muitos anos, mantendo alto cargo no Conselho Supremo, que se havia afiliado para obter o tradicional conhecimento secreto, disse-me que nunca aprendera nada com nenhum dos graus. A única peculiaridade neste caso é que ele nada do género deveria ter expectado—ou pretendido!

12. Dificilmente com uma excepção, os "segredos" da maçonaria são estritamente arbitrários. Deixa-me explicar o que eu quero dizer. Se eu recebo a combinação de um cofre, eu espero ser capaz de abri-lo pelo uso da palavra. Se eu consigo assim fazer, isto prova que essa é a palavra correcta. Os segredos da maçonaria não revelam mistérios; eles não fazem o que eles preconizam fazer; são convenções sem sentido.

13. Com as mais raras excepções, os maçons não fazem qualquer tentativa de cumprirem as suas obrigações no que diz respeito aos princípios morais inculcados. Por exemplo, o Mestre Maçom está ajuramentado a respeitar a castidade da esposa, irmã e filha do seu Irmão. Aqueles que assim fazem provavelmente respeitam a castidade de qualquer mulher independentemente das conexões masculinas dela.

14. Os maçons, geralmente, mas especialmente na Inglaterra e na América, ressentem-se de qualquer tentativa de levar a maçonaria seriamente. Posso citar um ensaio de um Past Grand Master. Ele apareceu na *English Review* durante o Agosto de 1922. Isto estabelece a iniciada visão. A questão é: por que se torna um homem um maçom?

> Nós devemos riscar os motivos humanos mais mesquinhos primeiramente, amor de vaidade, de mistério, de exibição, de faz-de-conta; mas o homem comum em Inglaterra torna-se um maçom por uma razão tão séria quanto a de se tornar um membro da Igreja ou um teosofista; e o homem comum é usualmente mais abominavelmente desiludido.
>
> Ele pode juntar-se ao Ofício com alguma ideia de companheirismo, porque é uma tradição da sua família fazê-lo, ou porque espera encontrar no Segredo dos Mistérios algo que não encontra em nenhuma das exotéricas formas de religião.
>
> Como é que a mesma Ordem satisfaz—mais ou menos—aspirações tão diversas?
>
> Por fim, nós somos confrontados com o problema fundamental do historiador maçónico—a origem de todo o negócio.
>
> Sem qualquer hesitação de todo, pode-se confessar que, nesta questão crítica, nada é certamente conhecido. É verdade, de facto, que as Craft Lodges em Inglaterra eram originalmente clubes Hanoverianos, como as Scottish Lodges eram clubes Jacobitas, e as Egypcian Lodges de Cagliostro eram clubes revolucionários.
>
> Mas isso não explica a origem da maçonaria mais do que o facto "muitos espanhóis são Católicos Romanos" explica o porquê do padre dizer e fazer certas coisas, em vez de outras, na Missa.
>
> Agora aqui está a tremenda questão: nós podemos admitir todas as contenções do Sr. Yarker, e mais, quanto à conexão de ritos maçónicos e quase-maçónicos com os velhos costumes de iniciar pessoas nas guildas de ofício; mas por que deveria tal assunto ser espartilhado por uma tão severa administração, e por que deveria o Sacramento da Eucaristia participar de um carácter tão hórrido e tão

extraterreno?

Como a maçonaria tem sido "exposta" a cada poucos minutos durante o último século ou aproximadamente, e como qualquer leigo pode entrar numa loja maçónica e comprar os Rituais completos por alguns centavos, as únicas omissões sendo sem importância para o nosso presente ponto, seria imbecil fingir que a natureza das cerimónias da maçonaria Craft é, em qualquer sentido, um "mistério".

Não há, portanto, nenhuma razão para se abster da afirmação clara de que, para qualquer um que entenda os rudimentos do simbolismo, o grau de Mestre é idêntico com a Missa. Esta é de facto a verdadeira razão para o anátema papal; pois a maçonaria afirma que cada homem é ele mesmo o Cristo vivo, morto e ressuscitado em sua própria pessoa.

É verdade que nem um maçom em dez mil, em Inglaterra, está ciente deste facto; mas ele tem somente de recordar o seu "levantamento" para perceber a verdade fundamental da afirmação.

Bem podem o Católico e o maçom, de modo idêntico, ficar horrorizados com a estupenda blasfémia que está implícita, como ignorantemente eles acham, não se reconhecendo eles mesmos do material e substância do Ser Supremo, cada um por si mesmo identicamente, nada menos que Muito Deus de Muito Deus![39]

Mas suponha-se que a sublimidade desta concepção seja aceite, a identidade admitida; Qual súbita e esmagadora vaga do passado explode a beatitude deles? Qual senão as palavras com que Freud conclui *Totem e Tabu*: No começo era o acto!

Pois o "sacrifício do Inocente" celebrado semelhantemente na Loja e na catedral é este idêntico assassinato do Mestre dos Companheiros de Ofício, que é o do Pai pelos seus filhos, quando o sistema símio do "Fatherhorde"[40] foi substituído pelo sistema tribal que se desenvolveu para o "clã militar"!

Estas declarações são inegáveis, ainda assim pode-se duvidar se há quinhentos maçons de todos os ritos juntos que concordariam com eles, ou mesmo abster-se de se lhes opor tão amargamente quanto o homem comum nos tempos Vitorianos não gostava de ser informado do seu parentesco com os outros primatas, e como os seus filhos e netos ficam irritados quando a ciência demonstra que as religiões deles são sobreviventes de superstições selvagens e os sonhos deles determinados pelos instintos bestiais.

15. O W.M.[41] de uma exclusiva Loja Inglesa disse-me que ele tinha aprendido a sua parte falando sobre isto com a sua esposa na cama, justificando-se por esta aparente violação da sua obrigação, comentando, com uma risada, que os segredos estavam perdidos e que por esse motivo ele não poderia traí-los por mais que quisesse.

Confrontado com estas e similares dificuldades, eu aceitei de bom grado a tarefa que me foi confiada pelos maçons mais inteligentes do mundo, unidos como eram pela sua sinceridade, compreensão e boa vontade, embora divididos por disputas sectárias sobre jurisdição.

O meu primeiro objectivo foi responder à pergunta: "O que é maçonaria?" Eu cotejei os rituais e os seus segredos, tanto quanto eu havia feito com as religiões do mundo, com as suas bases mágicas e místicas. Como nesse caso, eu decidi negligenciar o que muitas vezes realmente era. Seria absurdo julgar o Protestantismo pelos actos políticos de Henrique VIII. Do mesmo modo, eu não podia julgar a maçonaria pelo facto de ter denunciado a Concordata. Eu propus definir a maçonaria como um sistema de comunicação da verdade—religiosa, filosófica, mágica e mística; e indicando os

---

39 N.T.: assim como o Pai é Deus verdadeiro, o Filho também é Deus verdadeiro
40 N.T.: "horda do pai"
41 N.T.: Worshipful Master—Mestre Venerável

meios apropriados de desenvolver a faculdade humana por meio duma linguagem peculiar cujo alfabeto é o simbolismo do ritual. A fraternidade universal e os maiores princípios morais, independentes de preconceitos pessoais, raciais, climáticos e outros, naturalmente formavam um fundo que asseguraria segurança individual e estabilidade social para cada um e todos.

Surgiu então a questão: "Que verdades devem ser comunicadas e por que meios promulgadas?" O meu primeiro objectivo era eliminar, das centenas de rituais à minha disposição, todos os elementos exotéricos. Muitos graus contêm declarações (geralmente imprecisas) de matérias bem conhecidas pelos alunos modernos, embora possam ter sido importantes quando os rituais foram escritos. Eu posso mencionar um grau em que o candidato é portentosamente informado que existem outras religiões no mundo além do Cristianismo e que há alguma verdade em todas elas. Os seus ensinamentos são explicados, em muitos casos, com egrégio erro. A descrição de Buda como um deus é típico. Eu não via sentido em sobrecarregar o sistema com informação supérflua.

Outro ponto essencial foi reduzir a massa de material pesado para um sistema compacto e coerente. Eu pensava que tudo o que valesse a pena preservar poderia e deveria ser apresentado em não mais do que uma dúzia de cerimónias, e que deveria ser trazido para dentro da capacidade de qualquer oficial em aprender a sua parte durante o tempo de lazer à sua disposição, um mês no máximo.

Os Rosacruzes do século XVIII, assim chamados na Áustria, já se haviam esforçado para unir vários ramos da maçonaria Continental e as suas superestruturas; no século XIX, principalmente devido à energia e habilidade de um rico metalúrgico chamado Carl Kellner, uma reconstrução e consolidação da verdade tradicional tinha sido tentada. Um corpo foi formado sob o nome O.T.O (Ordo Templi Orientis) que pretendia alcançar este resultado. Pretendia comunicar os segredos, não apenas da maçonaria (com os Ritos de 3°, 7°, 33°, 90°, 97°, etc.,) mas também da Igreja Católica Gnóstica, dos Martinistas, da Sat Bhai[42], dos Rosacruzes, dos Cavaleiros do Espírito Santo e por aí afora, em nove graus, com um dízimo de carácter honorário para distinguir o "Supremo e Santo Rei" da Ordem em cada país onde isto fosse estabelecido. Chefe destes reis é o O.H.O (Chefe Externo da Ordem, ou Frater Superior), que é um absoluto autocrata. Esta posição era ocupada nesta altura por Theodor Reuss, o Supremo e Santo Rei da Alemanha, que renunciou ao cargo em 1922 a meu favor.

O O.H.O colocou os rituais desta Ordem à minha disposição. Eu achei-os do maior valor quanto ao segredo central, mas o resto muito inferior. Eles eram dramaticamente inúteis, mas a prosa era desigual, eles não tinham unidade filosófica, a informação deles era incompleta e assistemática. A ideia geral deles era, no entanto, do tipo certo; e eu pude tomá-los como modelo.

Os principais objectivos da instrução eram dois. Em primeiro lugar, era necessário explicar o universo e as relações da vida humana com ele. Em segundo lugar, instruir cada homem sobre a melhor forma de adaptar a sua vida ao cosmos e desenvolver as suas faculdades com o máximo proveito. Eu em conformidade construí uma série de rituais, Minerval, Homem, Mágico, Mestre-Mágico, Mágico Perfeito e Iniciado Perfeito, que ilustrariam o curso da vida humana no seu maior aspecto filosófico. Começo por mostrar o objectivo da alma pura, "Indivisível, individual e eterna", na determinação de formular-se conscientemente, ou, como posso dizer, de compreender a si mesma.

Ela escolhe entrar em relações com o sistema solar. Ela incarna. Eu explico o significado do nascimento e as condições estabelecidas pelo processo. Mostro em seguida como ela melhor pode levar a cabo o seu objectivo na eucaristia da vida. Ela participa, por assim

---

42 N.T.: confraria maçónica anglo-indiana

dizer, da sua própria divindade em cada acção, mas especialmente através do típico sacramento do matrimónio, entendido como a voluntária união de si mesma com cada elemento do seu ambiente. Eu então prossigo para o clímax da sua carreira na morte e mostro como este sacramento consagra (ou, melhor, fixa o seu selo) o procedimento anterior e dá um significado a isso, tal como a auditoria da conta permite ao comerciante ver as suas transações do ano em perspectiva.

Na cerimónia seguinte mostro como o indivíduo, libertado pela morte da obsessão de personalidade, retoma as relações com a verdade do universo. A realidade rebenta em cima dele numa labareda de adorável luz; ele é capaz de apreciar este esplendor como não podia ele anteriormente apreciar, já que a sua incarnação tem-lhe permitido estabelecer relações particulares entre os elementos da eternidade.

Finalmente, o ciclo é fechado pela reabsorção de toda a individualidade na infinidade. Isto termina em absoluta aniquilação que, como tem sido mostrado algures neste livro, pode na realidade ser considerada como um exacto equivalente para todos os outros termos, ou (postulando a categoria do tempo) como formando o ponto de partida para uma nova aventura do mesmo tipo.

Crowley, circa 1915

Ficará claro a partir do susudito que a perfeição filosófica deste sistema de iniciação nada deixa a desejar. Nós podemos escrever Q.E.D.[43] O problema prático permanece. Temos já decidido incarnar, e as nossas certidões de nascimento estão com os nossos banqueiros. Não temos de nos preocupar com estes assuntos, e não podemos alterá-los se quiséssemos; a morte e o que se segue à morte são igualmente certos, e igualmente capazes de cuidar de si mesmos. A nossa única preocupação é como fazer o melhor uso das nossas vidas.

Ora a O.T.O está em posse de um segredo supremo. Todo o seu sistema no momento em que eu me tornei um iniciado do Santuário da Gnose (IX°) foi

---

43 N.T.: Quod erat demonstrandum; na versão em português C.Q.D—"como se queria demonstrar"; abreviatura que aparece usualmente no final de uma demonstração matemática

direccionado para comunicar aos seus membros, por dicas progressivamente simples, esta importantíssima instrução. Eu pessoalmente acredito que se este segredo, que é um segredo científico, fosse perfeitamente compreendido, visto que não está, nem eu após mais de doze anos de estudos e experimentos quase constantes, não haveria nada que a imaginação humana possa conceber que não pudesse ser realizado na prática.

Com isto quero dizer coisas tais como esta: que se fosse desejado ter um elemento de peso atómico seis vezes maior do que o urânio, esse elemento poderia ser produzido. Se fosse desejado criar um instrumento pelo qual as estrelas mais distantes ou os electrões pudessem ser colocados dentro do alcance de cada um dos nossos sentidos, esse instrumento poderia ser inventado. Ou que, se nós desejássemos desenvolver sentidos através dos quais pudéssemos apreciar todas as qualidades da matéria que actualmente observamos indirectamente por meio de aparelhos, a necessária estrutura nervosa apareceria. Faz estas observações com absoluta confiança, pois até as insignificantes abordagens que eu tenho sido capaz de fazer relativamente aos santuários deste segredo têm-me mostrado que as relações entre os fenómenos são infinitamente mais complexas do que os mais arrojados filósofos jamais imaginaram, e que o velho provérbio "Onde há uma vontade há um caminho" não precisa de nenhuma ressalva.

Não posso deixar de citar o professor A. S. Eddington, professor de Astronomia e Filosofia Experimental em Cambridge:

> Aqui está um paradoxo além da imaginação de Dean Swift. Gulliver considerava os Liliputianos como uma raça de anões; e os Liliputianos consideravam Gulliver como um gigante. Isso é natural. Se os Liliputianos tivessem aparecido como anões a Gulliver, e Gulliver tivesse aparecido como um anão aos Liliputianos—mas não! isso é absurdo demais para a ficção, e é uma ideia somente a ser encontrada nas sóbrias páginas da ciência.

As injunções dos sábios, de Pitágoras, Zoroastro e Lao Tzu, ao Judeu Cabalista que escreveu o Ritual do Arco Real e o snobe sentimental que compôs os dos graus da Craft, são ou direccionadas para indicar as melhores condições para a aplicação deste segredo, ou são mero desperdício de palavras. Percebendo isto, era comparativamente simples para mim editar ética e esoterismo maçónicos. Eu tinha simplesmente de referir tudo a este único padrão sublime. Por conseguinte, eu respondi à pergunta "Como deve um homem remediar o seu caminho?" numa série de rituais em que o candidato é instruído no valor da discrição, lealdade, independência, veracidade, coragem, autocontrolo, indiferença às circunstâncias, imparcialidade, cepticismo e outras virtudes, e ao mesmo tempo é auxiliado a descobrir por si mesmo a natureza deste segredo, o apropriado objectivo da sua aplicação e os melhores meios para garantir o sucesso no seu uso. O primeiro destes graus é o Vº, no qual o segredo é apresentado num quadro vivo; enquanto ele também é instruído nos elementos essenciais da história do mundo, considerado a partir do ponto de vista do presente estado de evolução dele e na própria relação dele com a sociedade em geral com referência à mesma.

Segue-se o grau de Cavaleiro Hermético Filósofo, no qual a sua atitude intelectual e moral é mais definida. No VIº, a posição dele tendo sido assim feita com precisão, é-lhe mostrado como se consagrar à particular Grande Obra que ele veio à Terra para executar. No VIIº, que é tripartido, é-lhe primeiramente ensinado o princípio do equilíbrio como estendido a todas as ideias morais possíveis; em segundo lugar, a todas as ideias intelectuais possíveis; e, por último, é-lhe mostrado como, baseando todas as suas acções sobre esta pedra inexpugnável da justiça, ele pode então dirigir a sua vida e empreender a sua Grande Obra com a mais plena responsabilidade e em absoluta liberdade de toda a possibilidade de interferências.

No VIII°, o segredo é-lhe mais uma vez manifestado, mais claramente do que antes; e ele é instruído em como treinar-se a usá-lo por certas práticas preliminares envolvendo familiaridade com algumas daquelas energias mais subtis que até agora, na sua maior parte, iludiram a observação e controlo da ciência profana.

No IX°, que nunca é conferido a alguém que ainda não tenha adivinhado, a partir de indicações anteriores, a natureza do segredo, isto é-lhe explicado completamente. As conclusões de experimentos anteriores são colocadas ao serviço dele. A ideia é que cada novo iniciado deva continuar o trabalho do seu predecessor, para que eventualmente os recursos inesgotáveis do segredo possam estar ao alcance do mais jovem iniciado; por ora, nós somos compelidos a admitir que a reverência supersticiosa que tem englobado isto em eras passadas, e a complexidade das condições que modificam o seu uso, coloca-nos na mesma posição que os electricistas de uma geração atrás em relação à Ciência deles. Temos a certeza da imensidão da força à nossa disposição;

Percebemos a extensão do império que isto nos oferece, mas não compreendemos completamente nem mesmo os nossos sucessos e não temos a certeza sobre como proceder para gerar a energia de maneira mais eficiente ou aplicá-la com maior precisão aos nossos propósitos.

O X°, como no antigo sistema, é meramente honorário, mas pesquisas recentes sobre os mistérios do IX° obrigaram-me a acrescentar um XI°, para ilustrar uma ideia científica que foi desenvolvida pelos resultados de experimentos recentes.

Na O.T.O reconstituída há, portanto, seis graus nos quais é transmitida uma concepção abrangente do cosmos e a nossa relação com ele, e um número similar para lidar com o nosso dever para connosco e com os nossos semelhantes, o desenvolvimento das nossas próprias faculdades de cada ordem, e geral avanço e vantagem da humanidade.

Onde quer que a maçonaria e os sistemas aliados contribuam para estes temas, as suas informações foram incorporadas de modo a não infringir os privilégios, pueris como costumam parecer, que até agora estavam associados à iniciação. Onde eles meramente perpetuam trivialidades, superstições e preconceitos, eles têm sido negligenciados.

Eu reivindico para o meu sistema que satisfaz todas as exigências possíveis da verdadeira maçonaria. Oferece uma base racional para a fraternidade universal e para a religião universal. Apresenta uma afirmação científica que é um resumo de tudo o que se conhece actualmente sobre o universo por meio de um simbolismo simples, mas sublime, artisticamente arranjado. Isto também permite a cada homem descobrir por si mesmo o seu destino pessoal, indica as qualidades morais e intelectuais que ele requer a fim de satisfazer isto livremente, e finalmente coloca nas suas mãos uma arma inimaginavelmente poderosa que ele pode usar para desenvolver em si cada faculdade que ele pode precisar no seu trabalho.

O meu rascunho inicial destes rituais tem requerido modificação em inúmeros detalhes conforme a pesquisa tem tornado mais clara, mais profunda e mais ampla a verdade que eles têm abrangido; e também, como a experiência tem mostrado, as possibilidades de mal-entendidos, por um lado, e de melhorada apresentação, por outro. Grande progresso prático foi feito até que o trabalho foi suspenso pela eclosão da guerra em 1914.

Uma das minhas dificuldades iniciais foi restaurar os rituais existentes à sua perfeição. Houve inumeráveis corrupções devido à ignorância de Hebraico e similares por parte dos indignos sucessores dos fundadores. Para dar um exemplo grosseiro.

A palavra *Jeheshua*, escrita em hebraico no 18° do Rito Escocês, era habitualmente soletrada com um Resh em vez de um Vau. Um erro tão brutal é uma prova conclusiva de que os modernos Soberanos Príncipes Rose-Croix não atribuem qualquer significado ao nome de Jesus—que eles professam adorar mais inteligentemente do que a multidão porque representa a descida do Espírito Santo no meio daquele tremendo nome de Deus que só ocorre no ritual deles por causa do seu poder de aniquilar o universo se pronunciado correctamente[44].

A inteligência do comum maçom pode ser medida pela seguinte citação do grau de R.A.M[45]. O vigésimo século! - e tal material é solenemente oferecido como instrução a homens maduros!

> Alguns têm duvidado se a Arca foi capaz de conter dois de cada tipo de criatura, com provisões necessárias para o seu sustento durante um ano inteiro; por tanto tempo e mais deteve-se Noé naquela Arca. Mas numa investigação cuidadosa descobriu-se que apenas cerca de cem diferentes tipos de bestas, e não duzentas aves, são conhecidos, a maior parte destes não tem massa, e muitos excessivamente pequenos, e tem sido dito que todas as criaturas na Arca não ocupariam o espaço de quinhentos cavalos. Após quatro mil anos, a engenhosidade humana não pode agora maquinar quaisquer proporções melhor adaptadas do que as da Arca para o propósito a que isto se destinava. Um mercador Holandês, duzentos anos atrás, construiu um navio atendendo nas suas respectivas dimensões às da Arca; sendo o seu comprimento de cento e vinte pés, largura de vinte pés, profundidade de doze pés; durante a construção esta embarcação foi ridicularizada, mas posteriormente foi descoberto que ela armazenava um terço a mais e navegava melhor do que qualquer outra embarcação mercante da época.
>
> Deste modo temos uma prova colateral, de modo nenhum negligenciável, de que o Espírito de Deus, de quem vem todo o entendimento, dirigiu Noé daquela maneira.

Novamente, o segredo central de um Mestre Maçom está numa Palavra que está perdida. Este facto tem induzido várias e engenhosas pessoas a inventar cerimónias nas quais ela é encontrada (de alguma maneira mais ou menos notável) no meio de aclamações da congregada população, e proclamada com pompa à admiradora multidão. O único inconveniente é que estas Palavras não funcionam. Aparentemente nunca ocorreu a estes ingénuos artesãos testar isto. É inútil rotular um tijolo "Esta é a pedra angular do Arco Real", a menos que o arco esteja de pé quando isto é colocado no lugar.

Muito da maçonaria está relacionado com a Cabala Hebraica. O meu conhecimento desta ciência permitiu-me analisar as Palavras Secretas dos vários graus. Logo me vi capaz de corrigir muitas das corrupções que se haviam infiltrado, e não havia dúvida de que as minhas conclusões não eram meras conjecturas, visto que faziam coerente bom senso fora de desconexo senso. (Eu sou naturalmente incapaz de publicar qualquer uma destas descobertas; mas estou sempre pronto para comunicá-las aos Irmãos indagadores. Quando eu assim tenho feito, os meus argumentos têm sido considerados cogentes e convincentes.)

Eu supus-me ter atingido o cume do sucesso quando restaurei a Palavra Secreta do Arco Real. Neste caso, a tradição tinha preservado a Palavra quase intacta. Isto requeria apenas uma trivial mudança para a revelar em toda a sua radiante realeza. E, no entanto, o meu sucesso somente me deixou com uma sensação do mais profundo aborrecimento diante do meu completo fracasso em lidar com o abjecto anticlímax do III°, com as suas lamentáveis desculpas por ter feito do candidato um bobo, as suas pretensiosas promessas e o seu lamentável desempenho.

Enquanto eu ficava uma noite sem dormir, em meditação, amargurado e ansioso,

---

44 A ignorância dos maçons é bastante ilimitada. Na Cruz Vermelha de Roma e no Grau de Constantino, por exemplo, nós lemos: "Lord God of Sabbath". Ninguém sabe a diferença entre HB:Taw HB:Bet HB:Shin e HB:Taw HB:Aleph HB:Bet HB:Tzaddi!
45 N.T.: Royal Arch Mason

sobre este mistério fui repentinamente apunhalado até à alma por uma sugestão tão simples, mas tão estupenda, que fui assaltado por um trémulo silêncio por não saber por quanto tempo, antes que eu me recobrasse para ligar a luz elétrica e agarrar o meu caderno. No primeiro julgamento, a solução brotou como a luz do sol no meu espírito. Permaneci toda aquela noite num êxtase de reverência e adoração. Eu tinha descoberto a Palavra perdida!

A linha óbvia de criticismo é esta: como podes tu ter a certeza de que a Palavra que tens descoberto é realmente a Palavra perdida afinal de contas?

Isto pode ser esclarecido por uma ilustração. No avental do 18º eu encontro HB: Heh HB: Resh HB: Shin HB: Heh HB: Yod em caracteres Hebraicos. Eu acho que esta palavra nada significa; o contexto sugere que pode ser um erro para HB: Heh HB: Vau HB: Shin HB: Heh HB: Yod, Yeheshuah ou Jesus; mas como sei eu que esta palavra, e não outra, tem poder para tornar o homem triunfante sobre a matéria, para harmonizar e santificar as forças cegas do universo? Assim: eu sei que HB: Heh HB: Vau HB: Heh HB: Yod representa os quatro elementos; esse 4 é um número que simboliza a limitação. É o quadrado de 2, o único número que não pode ser formado harmoniosamente um "Quadrado Mágico". (Dois representa a Díade, o Erro original.) Eu também sei que a letra Shin representa uma essência trina, o fogo do Espírito, e em particular Ruach Elohim, o Espírito dos Deuses, porque estas duas palavras têm o valor numérico de 300, que é também o do próprio Shin.

Assim, interpreto a palavra Yeheshuah como a descida do Espírito Santo nas forças equilibradas da matéria, e o nome Yeheshuah é, portanto, aquele de um homem tornado divino pela descida do Espírito Santo para dentro do coração dele, exactamente como o nome George significa agricultor. Este método exegético não é uma invenção moderna. Quando Jehovah escolheu uma família para ser o pai de Israel, ele mudou o nome HB: Mem-final HB: Resh HB: Bet HB: Aleph (243 = Abram) Pai de Elevação para HB: Mem-final HB: Heh HB: Resh HB: Bet HB: Aleph (248 = Abraham) Pai de uma multidão; e por meio de compensação modificou HB: Yod HB: Resh HB: Shin (510 = Sari) Nobreza para HB: Heh HB: Resh HB: Shin (505 = Sarah) Princesa. Existem várias outras histórias semelhantes na Bíblia. Uma mudança de nome é considerada para indicar uma mudança de natureza. Além disso, cada nome não é arbitrário; é uma descrição definida da natureza do objecto ao qual está ligado. Por um processo similar, eu estou certo dos meus resultados no caso da Palavra Perdida, pois a Palavra Encontrada preenche as condições da situação; e, além disso, lança luz sobre o simbolismo obscuro de todo o ritual.

Estou, portanto, em posição de fazer pelas seitas contendoras da maçonaria o que os Alexandrinos fizeram pelas do paganismo. Infelizmente, os homens que me pediram para realizar esta tarefa estão mortos ou muito velhos para tomar medidas activas e até agora não há ninguém para substituí-los. Pior, o geral embrutecimento de modos, o qual sempre acompanha uma grande guerra, tem amargurado as jurisdições rivais e tem privado completamente a maçonaria daqueles elementos de elevado entusiasmo em relação aos grandes problemas da sociedade que ainda agitavam até mesmo as suas mais degeneradas secções meio século atrás, quando Hargrave Jennings, Godfrey Higgins, Gerald Massey, Kenneth Mackenzie, John Yarker, Theodor Reuss, Wynn Westcott e outros ainda estavam buscando a verdade nas suas tradições e tentando erigir um templo de Concórdia no qual homens de todos os credos e raças pudessem adorar em amistosidade.

Eu tentei fazer o apelo do novo sistema universal combinando-o com um sistema prático de relacionamento fraterno e benefício mútuo. Formulei um esquema de seguro contra todos os acidentes de vida; os detalhes são fornecidos nas Instruções Oficiais e Ensaios publicados em *The Equinox,* vol. III nº I; e para dar o exemplo transferi toda a minha propriedade para os curadores da Ordem. A ideia geral é esta; que cada homem desfrute das suas posses e dos frutos completos dos seus labores exactamente como ele faz sob o seu original sistema individualista, mas o agrupamento de tais posses por economia de administração, etc., deixa um excedente que pode ser usado para os propósitos gerais da Ordem. Eu gostaria de apresentar os benefícios da cooperação sem interferir com a individual inteireza dos elementos da combinação.

O plano prometia excelentemente. As despesas de trabalho da Ordem eram quase insignificantemente pequenas. Nós, por conseguinte, podíamos permitir que os membros emprestassem, em caso de necessidade, até ao valor total das suas quotas e subscrições; dar-lhes um mês de férias por menos de uma semana teria custado um não-maçon; poupar-lhes todas as despesas médicas, legais e similares; solver o problema do aluguer, e assim por diante. Nós oferecíamos todas as fabuladas vantagens do socialismo, sem interferir de maneira alguma na individual dignidade e independência.

Eu dificilmente posso ser culpado pela catástrofe que tem suspendido temporariamente o trabalho. Durante a guerra o Grande Tesoureiro ficou insano. O seu carácter mudou completamente. Ele desenvolveu uma forma de mania de perseguição, na qual os seus mais velhos e melhores amigos pareciam-lhe estar a conspirar contra ele. Instigado por um advogado desonesto, ele alienou toda a propriedade da Ordem com extraordinária meticulosidade. Ele realmente destruiu uma grande parte da biblioteca; ele falsificou as cifras; e depois opondo todos os tipos de adiamentos à solicitação pela sua conta, ele efectivamente fugiu com a minha roupa mais íntima. Os meus únicos recursos remanescentes eram cerca de vinte mil libras em livros que ele não podia tocar sem pagar a soma de trezentas e cinquenta libras ou mais, o que era devido às pessoas com quem eles estavam guardados. Eu paguei esta quantia em 1921 e os armazenistas recusaram-se a entregar os livros ou a pagar-me o saldo a mim devido na própria declaração deles. Eles tinham fé em poder roubá-los, tendo ouvido que eu não conseguia encontrar o dinheiro necessário para os processar judicialmente.

Portanto, eu encontrei-me depois da guerra inteiramente sem dinheiro e sem roupas, com excepção de alguns dos meus trajes das Terras Altas que tinham sido enviados para reparação de um alfaiate pouco antes do início das hostilidades e que permaneceram guardados em segurança. Não me arrependo destes acontecimentos, excepto pelo facto de eu lamentar a calamidade para o meu irmão. Acredito que tenha sido parte do plano dos deuses que eu fosse obrigado a encarar o mundo inteiramente sem outros senão os recursos morais. Tal é certamente um teste supremo da essencial força de qualquer proposta económica.

O sistema tem-se justificado surpreendentemente mesmo nestas inauditas dificuldades; eu tenho conseguido estabelecer um ramo da Ordem com todo o lazer para trabalhar em alta pressão nos seus próprios objectivos, sem atrito interno ou colapso económico, embora o rendimento seja derivado exclusivamente de ocasionais ganhos inesperados. Se pudéssemos realizar todos os princípios do sistema, já deveríamos ser tão prósperos a ponto de nos dedicarmos exclusivamente a estender as vantagens do esquema para o mundo em geral.

No que diz respeito aos propósitos originais da Ordem, não pode haver dúvida de que a redução da pesada massa de assuntos maçónicos e similares para um sistema simples, inteligível e funcional, permite que as pessoas desfrutem de todas as vantagens de iniciações que, antigamente, eram demasiado múltiplos para serem conferidos até mesmo àqueles que dedicavam uma quantidade desproporcional das suas vidas ao assunto. O segredo central da maçonaria que foi perdido, e é encontrado, é usado diariamente pelos iniciados da nossa Ordem. Factos científicos estão a acumular-se rapidamente; e é certo que dentro de pouco tempo poderemos dispor duma força mais poderosa do que a electricidade e capaz duma aplicação mais extensa, com a mesma certeza. Os nossos resultados qualitativos são inquestionáveis. A falta de métodos quantitativos, que por tantos séculos impediu a aplicação sistemática do nosso conhecimento, em breve será suprida.

Posso dizer que o segredo da O.T.O, além do que tem sido mencionado acima, tem provado, para todos os efeitos, a simplificação e concentração de todo o meu conhecimento mágico. Todos os meus antigos métodos têm sido unificados neste novo método. Isto não os substitui exactamente, mas interpreta-os. Isto também me tem capacitado para construir um uniforme tipo de mecanismo para realizar qualquer coisa que eu deseje.

A minha associação com a maçonaria estava, deste modo, destinada a ser mais fértil do que quase qualquer outro estudo, e isso de certa forma sem querer. Uma palavra deve ser pertinente em relação à questão do sigilo. Tem-se tornado difícil para mim levar este assunto muito a sério.

Sabendo o que o segredo realmente é, eu não posso dar muita importância a mistérios artificiais. É verdade que alguns dos, assim chamados, segredos são significativos, mas por via de regra são tão-somente para aqueles que já sabem o que o segredo é. Novamente, embora o segredo em si seja de tão tremenda importância, e embora seja tão simples que eu possa divulgar isto e as principais regras para transformá-lo no melhor benefício num curto parágrafo, eu devo fazê-lo sem causar muito dano. Pois não pode ser usado indiscriminadamente.

Muito gozo tem sido feito com os alquimistas por insistirem que a Grande Obra, um processo ostensivamente químico, só pode ser realizada por adeptos que temem e amam a Deus, e que praticam a castidade e numerosas outras virtudes. Mas há mais senso comum em tais declarações do que aparenta. Um bêbado debochado não pode executar delicadas manipulações em química ou física; e a força com que o segredo está concernido, enquanto tão material quanto as emanações Becquerel, é mais subtil do que qualquer outra até ao momento conhecida. Jogar golfe ou bilhar, observar delicadas reacções, ou conduzir recônditas pesquisas matemáticas, exige mais que superioridades físicas. Até mesmo os teológicos requisitos da alquimia tinham significado naqueles dias. Um Elisabetano que não estivesse "em paz com Deus" provavelmente seria revoluto e por isso inapto para o trabalho que exige liberdade para fora da distracção emocional. Eu tenho descoberto na prática que o segredo da O.T.O não pode ser usado indignamente.

É interessante neste contexto relembrar como isto chegou à minha posse. Ocorrera-me ao escrever um livro, *The Book of Lies*, o qual é também falsamente chamado de *Breaks,* as errâncias ou falsificações da única cogitação de *Frater Perdurabo* cujo pensamento é em si falso.

Cada um dos seus noventa e três capítulos era para expor um profundo dogma mágico numa forma epigramática e às vezes humorística. O valor Cabalístico do número de cada capítulo era para determinar o seu assunto. Eu escrevia um ou mais diariamente ao almoço ou jantar com a ajuda do deus Dioniso. Um destes capítulos incomodou-me. Eu não o conseguia escrever. Eu invoquei Dioniso com peculiar fervor, mas ainda assim sem sucesso. Saí em desespero para "mudar a minha sorte", fazendo algo inteiramente contrário às minhas inclinações. No meio do meu desgosto, o espírito veio sobre mim e eu rabisquei o capítulo à luz de uma vela. Quando o li fiquei tão descontente como antes, mas enfiei no livro uma espécie de raiva de mim mesmo como um acto deliberado de despeito para com os meus leitores.

Logo após a publicação, o O.H.O[46] veio até mim. (Naquela época eu não sabia que havia algo na O.T.O além de um conveniente compêndio das mais importantes verdades da maçonaria.) Ele disse que, dado eu estar familiarizado com o supremo segredo da Ordem, eu devo ser admitido ao IX° e obrigado em relação a isto. Eu protestei que não conhecia tal segredo. Ele disse: "Mas tu tem-lo impresso na linguagem mais simples". Eu disse que não poderia ter feito isso porque não sabia. Ele foi às estantes de livros e, tirando uma cópia de *The Book of Lies*, apontou para uma passagem no desprezado capítulo. Isto instantaneamente passou por mim. Todo o simbolismo, não somente da maçonaria mas de muitas outras tradições, incendiou a minha visão espiritual. A partir desse momento a O.T.O assumiu a sua adequada importância na minha mente. Eu entendi que tinha nas minhas mãos a chave para o futuro progresso da humanidade. Eu apliquei-me imediatamente para aprender tudo o que ele podia ensinar-me, descobrindo para minha extrema surpresa que isto era pouco. Ele compreendeu plenamente a importância da matéria e ele era um homem de consideráveis conquistas científicas em muitos aspectos; todavia, ele nunca fizera um estudo sistemático do assunto e nem mesmo aplicara o seu conhecimento aos seus propósitos, excepto em raras emergências. Assim que me foi assegurado pela experiência que a nova força era de facto capaz de concretizar os resultados teoricamente previsíveis, eu dediquei praticamente todo o meu tempo livre a um curso de experimentos.

Posso concluir este capítulo com a observação geral de que acredito que as minhas propostas para a reconstituição da maçonaria nas linhas acima estabelecidas devem ser extremamente importantes. A civilização está a desmoronar-se sob os nossos olhos e eu acredito que a melhor oportunidade de salvar o pouco que vale a pena salvar, e reconstruindo o Templo do Espírito Santo em planos, e com material e mão-de-obra, os quais estarão livres dos erros do precedente, está nas mãos da O.T.O

~ 73 ~

NA PARTE INICIAL de 1913, o meu trabalho aparentemente tinha-se estabelecido numa rotina regular. Tudo corria muito bem mas nada de impressionante ocorria. No dia 3 de Março, as "Ragged Ragtime Girls" abriram no Old Tivoli. Foi um sucesso imediato e aliviou a minha mente de todas as preocupações com assuntos mundanos. A maior parte do meu tempo era dedicada ao desenvolvimento do trabalho da O.T.O. Em Maio fiz umas curtas férias em França e nas Ilhas Anglo-Normandas. Apenas um incidente é digno de registo. Eu tinha ido para a minha amada Floresta de Fontainebleau para uma caminhada. Certa manhã, subindo o Rocher d'Avon, vi uma serpente cruzar o meu caminho. Um pouco mais acima aconteceu a mesma coisa. Desta vez fui impelido a matar o réptil, coisa que eu fiz.

Meti na minha cabeça de que os Mestres haviam enviado esta como um aviso de que a traição estava a ocorrer em Londres. Voltei e descobri que Cremers estava intrigando contra mim; e que, em particular, ela havia corrompido o coração de Leila Waddell. O O.H.O, além disso, descobrira que o Grande Hierofante do Antigo e Primitivo Rito da Maçonaria, John Yarker, havia morrido alguns meses antes e que a sua morte havia sido ocultada dos seus colegas pelas maquinações dum tipo de homem chamado Wedgwood, no interesse de Annie Besant que queria obter o controlo do Rito. O ultraje era barroco, sendo a primeira condição de afiliação que o candidato

---

46 N.T.: Outer Head of the Order; Chefe Externo da Ordem, Frater Superior, ou "Califa"

deveria ser um maçom em boa situação sob a jurisdição da Grande Loja de Inglaterra. Contudo, os conspiradores haviam convocado ilegalmente um conselho secreto em Manchester para eleger um sucessor para Yarker. Eu fui designado para comparecer e transmitir os protestos dos vários Grandes Mestres no continente. Eu assim fiz. Desafiei a legalidade do conselho. Mostrei que Wedgwood não era maçom de todo. Expus toda a intriga. No final do meu discurso (impresso em *The Equinox,* vol. I, nº X) a reunião foi adiada *sine die*[47]. Um conselho foi então legalmente convocado; e um homem designado pelo próprio Yarker, na qualidade de sucessor dele, numa das suas últimas cartas para mim, foi eleito Grão-Mestre para a Grã-Bretanha, comigo mesmo como seu principal oficial. O escritório de Yarker como Grande Hierofante foi preenchido pelo Dr. Encausse (Papus), o Grão-Mestre de França.

Tendo concretizado estes deveres, eu estava livre para acompanhar as "Ragged Ragtime Girls" até Moscovo, onde elas foram contratadas durante o Verão, no Aquarium. Elas precisavam muito de protecção. Leila Waddell era a única com uma cabeça nos ombros. Das outras seis, três eram dipsomaníacas, quatro ninfomaníacas, duas histericamente pudorosas e todas indelevelmente convencidas de que fora de Inglaterra todos eram ladrões, violadores e assassinos. Todas carregavam revólveres, os quais elas não sabiam usar; embora preparadas para o fazer na primeira pessoa que falasse para elas.

Na fronteira Russa mergulhámos, a partir da civilização e ordem, de cabeça na confusão e anarquia. Ninguém no comboio podia falar uma palavra sequer de Alemão. Fomos expulsos de Varsóvia para uma desolação que dificilmente poderia ter sido excedida se tivéssemos caído na lua. Por fim encontrámos um vagabundo que falava um pouco de Alemão, mas ninguém sabia ou se importava acerca dos comboios para Moscovo. Nós derradeiramente dirigimo-nos para outra estação. Um comboio deveria partir, mas eles não nos arranjariam acomodação. Nós dirigimo-nos mais uma vez através da incoerente cidade e desta vez encontrámos lugar num comboio que se esperava ir para Moscovo a uma marcha média de cerca de dez milhas por hora. O compartimento continha prateleiras cobertas com palha suja e solta em que os passageiros indiscriminadamente bebiam, jogavam, querelavam e faziam amor. Não havia disciplina, nem ordem, nem conveniência. A princípio eu culpei-me, a minha ignorância da língua e por aí fora, pela confusão em Varsóvia; mas o conde Britânico contou-me que ele próprio havia sido retido lá por má administração ferroviária numa ocasião durante quarenta e oito horas. Quando nós chegámos a Moscovo não havia ninguém na estação que pudesse encarregar-se da nossa parte. Encontrámos um hotel para nós mesmos, e quartos para as raparigas, mais por boa sorte do que por desígnio. Por volta da uma da manhã, elas mandaram chamar Leila para as resgatar. Ela encontrou-as de pé em cima de raquíticas mesas, gritando de medo. O quarto tinha sido atacado por percevejos. Afortunadamente eu tinha avisado Leila de que na Rússia o percevejo é tão inseparável da cama quanto o caracol da concha dele.

Empós um dia ou dois, as coisas acalmaram-se. Então, de repente, veio sobre mim um período de estupendo impulso espiritual—ainda mais concentrado do que o de 1911. Num café, eu conheci uma jovem Húngara chamada Anny Ringler; alta, retesa, magra como um leopardo faminto, com insaciáveis olhos selvagens e uma longa boca fina e recta, uma cicatriz escarlate que parecia padecer com a angústia de fome por alguma satisfação fora da capacidade do planeta em suprir. Nós unimo-nos com irresistível magnetismo. Não podíamos conversar em linguagem humana. Eu tinha esquecido quase todo o meu Russo; e o Alemão dela estava confinado a uns poucos quebrantados clamores. Mas nós não tínhamos necessidade da fala. O amor entre nós

---

47 N.T.: sem dia designado

era inefavelmente intenso. Isto ainda inflama o meu mais íntimo espírito. Ela tinha passado para além da região onde o prazer tinha significado para ela. Ela somente podia sentir através da dor, e os meus próprios meios de fazê-la feliz era infligir crueldades físicas enquanto ela dava instruções. Este tipo de relação era, de modo geral, novo para mim; e talvez tenha sido por causa disto, intensificado como foi pelo ambiente da autotorturante alma da Rússia, que me inspirei para criar nas seis semanas seguintes.

Quão estúpido é isto, a propósito, que se seja obrigado a usar palavras em sentidos inapropriados para, e por vezes incompatíveis com, o significado que se deseja transmitir! Portanto, a ideia de crueldade está vinculada à da falta de vontade do paciente, de modo que no caso do masoquismo o uso da palavra é ridículo. Nós falhamos ao ver directamente tais pontos sempre que eles dizem respeito a complexos emocionais como o amor. Amor, ou seja, como o estabanado Anglo-Saxão o define. Nós não consideramos cruel oferecer um charuto a um homem, embora um rapazinho possa sofrer intensamente ao fumar um. Uma enorme quantidade de pensamento errôneo brota da preguiça mental que nos permite aquiescer numa padronizada relação entre duas coisas, a qual depende, de facto, de ocasionais condições.

Isto constantemente conduz à mais grosseira injustiça e estupidez. Palavras como "celerado", "ateu" e similares termos de abuso, em matérias que estimulam as emoções do vulgo, são constantemente aplicadas como rótulos a pessoas a quem elas de maneira nenhuma se ajustam. Por exemplo, Huxley foi marcado como um materialista, Thomas Paine como um ateu, quando eles não eram nada desse género. Foi particularmente irritante durante a guerra observar a indiscriminada rebocadura de pessoas com tal lama como "pró-Alemão", "pacifista", "Bolchevique", etc., sem a menor referência às suas reais opiniões. A prova do pudim está no comer; as minhas relações com Anny devem ser julgadas pelos seus frutos; felicidade, inspiração, espiritualidade e romântico idealismo.

Eu via Anny quase todos os dias durante uma hora aproximadamente. O resto do meu tempo eu passava (na maioria das vezes) nos jardins do Hermitage ou do Aquarium, escrevendo pela prezada vida. Em Moscovo, nos meses de Verão, o dia esvai-se gradualmente para a noite, a noite desassombra-se para o dia com imperceptível subtileza. Há uma espiritual clareza no próprio ar que é indescritível. De tempos a tempos os sinos reforçam o silêncio com uma música sobrenatural que nunca agita ou cansa. As horas fluem tão inebriantemente que a ideia do tempo em si desaparece da consciência.

Em tudo o que escrevi naquelas seis semanas, eu duvido que exista uma única palavra sobre Anny. Ela era a alma da minha expressão, e tão além da possibilidade de discurso; mas ela elevou-me a alturas de êxtase que eu nunca antes conscientemente havia alcançado e revelou-me segredos mais profundos do que eu jamais imaginara. Escrevi coisas que eu não conhecia e nenhum erro cometi. O meu trabalho era infinitamente variado, ainda que uniformemente diferenciado. Eu expressei a alma de Moscovo num poema "The City of God", publicado alguns meses depois na *English Review*. É um "sonho de haxixe tornado realidade". Cada objecto dos sentidos, desde a desolação das estepes e a pura arquitectura da cidade até à arte, à atitude e aos entretenimentos do povo, punge a pessoa na alma, cada qual um essencial elemento de um supremo sacramento. Ao mesmo tempo, a realidade de todas estas coisas, usando a palavra no seu sentido mais grosseiro, leva a cabo o casamento das originais antinomias que existem na mente da pessoa entre o ideal e o real.

Uma prosa que pende para este poema é o meu ensaio "The Heart of Holy Russia", que muitos russos, competentes para julgar, asseguraram-me ter atingido mais a alma da Rússia do que qualquer coisa de Dostoiévski. O testemunho deles enche-me de mais satisfação, quanto ao valor do meu trabalho, do que qualquer outra coisa que já fiz.

Um outro poema, "Morphia", não tem nenhuma referência ostensiva à Rússia, mas a percepção da psicologia do "adicto" foi indubitavelmente conferida pela minha iluminação. Eu não tinha experiência, mesmo em segunda mão, dos efeitos da droga; não obstante, eu fui assegurado por um distinto homem de letras que tinha ele próprio sofrido da malícia dela, de que eu tinha expressado ao máximo a terrível verdade. Ele mal podia acreditar a princípio que eu escrevera isto sem conhecimento real.

Durante este período a interpretação completa do mistério central da maçonaria tornou-se clara na consciência, e eu expressei-a na forma dramática em "The Ship". O clímax lírico é, em alguns aspectos, a minha suprema conquista em invocação; de facto, o coro começando:

> Vós que sois eu, além de tudo o que sou...

Parecia-me digno de ser introduzido como hino no Ritual da Igreja Católica Gnóstica que, no final do ano, eu preparei para o uso da O.T.O, a cerimónia central da sua celebração pública e privada, correspondente à Missa da Igreja Católica Romana.

Ao lidar com este assunto eu posso também delinear completamente o seu escopo. A natureza humana exige (no caso da maioria das pessoas) a satisfação do instinto religioso, e, para muitos, isto melhor pode ser feito por meios cerimoniais. Eu desejava, portanto, construir um ritual através do qual as pessoas pudessem entrar em êxtase, como sempre tinham feito sob a influência de um ritual apropriado. Nos últimos anos, tem havido um crescente fracasso em alcançar este objectivo, porque os cultos estabelecidos chocam as convicções intelectuais das pessoas e ultrajam o senso comum delas. Por conseguinte, as suas mentes criticam os seus entusiasmos; as pessoas são incapazes de consumar a união das suas almas individuais com a alma universal, assim como seria um noivo ao consumar o seu casamento se o amor dele fosse constantemente lembrado de que as suas suposições eram intelectualmente absurdas.

Decidi que o meu ritual deveria celebrar a sublimidade da operação das forças universais sem introduzir disputáveis teorias metafísicas. Eu não faria nem insinuaria qualquer declaração sobre a natureza que não fosse endossada pelo mais materialista homem de ciência. À superfície isto pode parecer difícil; porém, na prática, eu achei perfeitamente simples combinar as mais rigidamente racionais concepções de fenómenos com a mais exaltada e entusiástica celebração da sublimidade deles. (Este ritual foi publicado em *The International,* Nova York, em Março de 1918, e em *The Equinox,* vol. III, nº 1.)

Numerosos outros poemas, ensaios e contos foram escritos durante este Verão. Em particular há uma espécie de romance, *The Lost Continent,* que pretende dar uma descrição da civilização da Atlântida. Eu às vezes sinto que isto carece de unidade artística. Por vezes isto é uma fantástica rapsódia descrevendo os meus ideais de sociedade Utópica; mas algumas passagens são uma sátira sobre as condições da nossa civilização existente, enquanto outras transmitem indícios de certos profundos segredos mágicos, ou antecipações de descobertas na ciência.

Da minha breve descrição das condições de viagem na Rússia, o inteligente deveria ser capaz de deduzir o que eu pensava do imediato futuro político do país. Voltei para Inglaterra com a firme convicção de que, no caso de uma guerra séria (a querela com o Japão era realmente um assunto de postos avançados, como a nossa própria Guerra Boer), o gigante atáxico colapsaria dentro de alguns meses. O tradicional medo de Inglaterra da agressão Eslava pareceu-me ridículo; e a fé da França no seu aliado, patética. O evento mais do que justificou a minha visão. Eu não tenho qualquer conhecimento detalhado de política; mas, tal como o meu ensaio, "The Heart of Holy Russia", disse a mais íntima verdade mesmo sem o superficial conhecimento dos factos, quais eram os seus sintomas, de tal modo possuo uma intuição imediata do estado de um país sem conhecimento das estatísticas. Eu estou, portanto, na posição de Cassandra, prevendo e predizendo o destino, conquanto totalmente incapaz de forçar convicção.

Não posso deixar o assunto da Rússia sem resgatar do oblívio algumas das histórias significativas que eu obtive do excelente cônsul Britânico, Mr. Groves. O mais deliciosamente fantástico é aquilo a que eu posso chamar de couraçado fantasma. Esta embarcação custava bem mais de dois milhões esterlinos. Ela seria a última palavra em construção naval. Foi lançada em Odessa na presença de um grande ajuntamento de notáveis e a cena prodigamente fotografada e descrita nos jornais. Ai! Na sua viagem inaugural, ela foi *spurlos versenkt*[48]. O facto da matéria era que ela nunca existira! O seu custo tinha ido directamente para os bolsos dos vários funcionários, as fotografias eram simplesmente falsas e as descrições imaginárias.

Aqui está um outro raio de holofote na podridão Russa. Uma crise havia surgido entre a Inglaterra e a França. Um forte elemento Chauvinista instava o governo a lançar um desafio a St James`. O Ministro da Marinha foi solicitado a informar sobre a prontidão da marinha Francesa. Ele respondeu em termos de absoluta confiança; mas dentro de uma hora após fazê-lo, um dos seus oficiais aproximou-se dele em agitação e implorou-lhe que fizesse uma inspecção pessoal do arsenal em Toulon. Ele apressou-se para sul num expresso engenho e descobriu que a fortaleza estava totalmente despojada de munições. Elas tinham sido discretamente vendidas por um gangue de oficiais desonestos e os relatórios sistematicamente falsificados.

Nesta descoberta, ele aconselhou o Presidente a concordar com Inglaterra rapidamente enquanto ele estivesse no caminho com ela, o que foi feito. O embaixador Russo tomou conhecimento deste caso; subitamente percebeu que Sebastopol poderia estar na mesma via conforme Toulon; ele correu para São Petersburgo e colocou o assunto pessoalmente diante do Czar. A investigação provou os seus bem fundamentados medos. O Czar foi instigado a morder. Todos os oficiais acima de um certo posto ficaram num quarto com um revólver. Eles tinham a escolha entre o suicídio e a vergonhosa execução. Naturalmente, todos eles escolheram o primeiro e todo o caso foi abafado por divulgação do falecimento deles por doença, acidente, e outras coisas mais, durante as semanas seguintes.

Em Vladivostok, a corrupção era tão universal e aberta que, no dia de pagamento, um agente do contratador sentava-se na mesa ao lado do tesoureiro naval e entregava a cada homem a sua parcela dos proveitos do organizado sistema de fraudar o governo.

Uma última anedota luminosa. O representante duma fábrica de munições de Birmingham chamou o nosso cônsul a respeito de uma outra licença, e contou-lhe a seguinte história. O agente naval Russo em Inglaterra aceitara a proposta da sua empresa para fornecer um imenso número de projécteis. "Acerca do preço, agora," disse ele ao director-geral, "é claro que lhe pagamos cento e cinquenta mil libras," (ou o que quer que fosse) "mas entenda que bastante disso deve ir para o Almirante A., bastante para o Conselheiro B., bastante para o Grão-Duque C."—uma longa lista seguia. "Meu caro senhor," clamou o Inglês, estarrecido, "com certeza tenho deixado claro que o nosso preço é o mais baixo. Não teremos um centavo de lucro. Nós apenas colocamos uma proposta tão baixa porque o negócio está tão mau e nós não queremos encerrar." O Russo estendeu as mãos pesarosamente. "Ora, que se danem!" Exclamou o fabricante. "Se consentíssemos a todos vocês essas comissões, nós teríamos que fazer os projécteis de folha de estanho e carregá-los com serradura." O Russo iluminou-se instantaneamente. "Mas exactamente" disse ele; "como eu admiro o seu Inglês prático! Eu sabia que você

---

48 N.T.: afundada sem deixar rastos

encontraria uma saída." E foi assim que eles resolveram o negócio, e esses foram os projécteis com os quais Rodjiestvenski[49] foi enviado ao redor do mundo para encontrar a marinha do Japão.

A nossa própria burocracia era responsável por uma estupidez realmente Gilbertiana em questões consulares. Tinha sido decidido elevar um consulado em Moscovo para um consulado-geral. Groves estivera por muitos anos em Moscovo e praticamente não falava Polaco. O nosso cônsul em Varsóvia estivera nessa cidade também por muitos anos e praticamente não falava Russo. Mas ele esteve no serviço em posição superior a Groves durante mais ou menos um ano. Era, portanto, impossível continuar Groves em Moscovo sobre a cabeça do homem em Varsóvia, e eles foram, por conseguinte, ordenados a mudar de posição,

Crowley aos 37 anos

cada um sendo ejectado da cidade cuja língua ele falava, e cujos assuntos ele sabia de cor, para uma onde as condições eram totalmente desconhecidas e a linguagem ininteligível.

Desde precoce vida de menino a minha imaginação fora animada pelos relatos da Grande Feira de Níjni Novgorod. Encontrando "o tempo, o lugar e o ente querido todos juntos", à custa de um pequeno esforço, eu decidi trotar e ver "The Fun of the Fair", título que eu dei ao poema em que descrevo a minha excursão. O modo em que escrevi isto é, imagino eu, único na literatura. Eu registei em dísticos heróicos cada incidente da aventura exactamente como ocorreu e quando ocorreu. A única variação é que ocasionalmente eu permito-me exagerar os factos (como na enumeração das raças de homens que eu conheci) quando o espírito de humor assume o comando.

Este poema deveria ter aparecido na *English Review* no Outono de 1914. Foi lançado para abrir caminho para o meu "Appeal to the American Republic", reimpresso a partir dos dias felizes da vida de menino, com tais politicamente necessárias revisões como "o traidor Prussiano" em vez de "o traidor Russo". Deste modo, isto nunca tem visto a luz ainda.

---

49 N.T.: Zinovy Rohzestvensky, 1848-1909, almirante da Marinha imperial da Rússia

~ 74 ~

UM DIA, no momento em que eu estava sentado na hora do almoço no Hermitage, começando um ritual lírico destinado ao uso de um indivíduo no seu trabalho particular, eu encontrei-me, no meio de uma frase, emperrado para a próxima palavra. Eu tenho já explicado como celeremente e espontaneamente o meu espírito paira de estança a estança sem necessidade de prévia reflexão ou subsequente revisão. Em todas estas semanas, a minha pena tinha balançado como uma patinadora sobre o papel. Agora repentinamente parou; uma águia em pleno voo atingida por uma seta. Aquela frase nunca fora completada. A inspiração estava arredada de mim. A minha luz apagara-se como uma luz de arco eléctrico quando o cabo é cortado. Isto foi muito antes de eu escrever novamente.

Três dias depois, o contrato no Aquarium estava prestes a expirar; e aqueles dias provaram-me como a minha existência dependia perfeitamente da inspiração. A cidade, de um estrondeante coro de música mágica, uma récita de apaixonado prazer, tornou-se um frio caos de inanidade. Os sinos não mais cantavam; o sol e a lua estavam estagnados, espectros sem alma num céu sem sentido—como um fantasma nas rajadas da ventania. Eu fui da miraculosa Moscovo para um mundo de inarticuladas impressões. São Petersburgo não conseguiu reacender a admiração e adoração que havia despertado em mim outrora. A Nevski Prospekt[50] parecia mais estreita, mediana; uma mera rua. St Isaacs[51] não mais me enfeitiçava. Eu podia comparar o Neva com o Nilo, o Ganges, o Rio Rangoon, e mesmo o Reno, tão friamente e criticamente quanto Baedeker[52]. O meu espírito precisa de infinito repouso depois do seu incomparável esforço, e este repouso foi-lhe concedido pela viagem a Estocolmo.

Há vias entre as Ilhas Ocidentais da Escócia, através dos fiordes Noruegueses e, às vezes, nos mares tropicais, que falam à alma numa linguagem desconhecida para quaisquer outros panoramas. Há uma solenidade e uma serenidade no contínuo silêncio delas que não parecem deste mundo. Mas a viagem de Verão através do Báltico, entre o arquipélago, é soberana acima de qualquer uma delas. Não há uma única ondulação no mar, nem agitação no ar; a noite é indistinguível do dia, pois nem sofre interrupção; o navio a vapor esfola a superfície do mar tão ágil e silente quanto uma andorinha. Não se pode sequer ouvir os motores, tão absolutamente o ritmo deles interpenetra a totalidade da experiência. Há uma sensação de flutuar no país das fadas. Esquece-se a terra de onde se veio; não se tem visão da costa para a qual se está acelerando. Parece impossível que a jornada tenha começado, menos ainda, que o seu fim esteja designado.

A pessoa parece esvoaçar entre inumeráveis ilhas, algumas coroadas com folhagem, algumas meros desnudos outeiros acinzentados, espiando furtivamente e escassamente a partir do espelho de água. Há um senso de infinita complexidade de intenção quando o navio a vapor se insinua para um curvo canal após um outro, ou quando sai repentinamente de um labirinto de ilhas líricas para um silêncio sem margens. A mente da pessoa é completamente suspensa, não apenas dos pensamentos terrestres, mas de todas as ideias definidas, sejam lá quais forem. É impossível aceitar o que nós comumente chamamos de realidade como tendo qualquer existência real. Ninguém dorme nem acorda a partir do momento em que Kronstadt se esmaece para um pálido

---

50 N.T.: principal avenida de São Petersburgo
51 N.T.: catedral ortodoxa de São Petersburgo
52 N.T.: Karl Baedeker, 1801-1859, fundador do Guia de Viagem Baedeker

purpúreo fantasma do passado até que Estocolmo brota do mar, como se o langor Leteu[53] de uma morte sem sonhos, uma mera serenidade deliciosamente indefinida, estivesse sendo gentilmente despertada para compreender que a sua inadivinhável finalidade estava finalmente à vista. O negativo êxtase da perfeita libertação da pressão da existência desenvolveu-se para o seu positivo equivalente quando a alma, acalmada e fortalecida, pelo seu desmaio em inoxidável silêncio, estava pronta para saltar, sublimemente auto-suficiente, ao cume da sua estrelada estatura, para agarrar e atracar com a manifesta majestade do Altíssimo...

Em vão me tenho eu esforçado para compelir a linguagem a transmitir o significado daquela miraculosa viagem. É indiferente, tão pura e perfeita em si mesma que nada pode ofuscar a sua beleza. Permanece na minha memória não contaminada pela sórdida estupidez de Estocolmo, o tédio da desconfortável monotonia do retorno a Londres.

Eu encontrei o meu trabalho precisamente onde eu o havia deixado. O décimo e último número de *The Equinox* foi publicado no devido procedimento. Havia um certo orgulho em ter triunfado sobre tal oposição, em ter "persistido" apesar da negligência, do mal-entendido e da traição; em ter realizado tantas tarefas formidáveis. Também havia infinita satisfação em tantos sinais de sucesso. Eu não podia duvidar que tinha feito claramente o caminho da iniciação. Era indubitável que qualquer homem de energia, integridade e inteligência comuns poderia agora atingir em poucos meses o que, até agora, significara anos de desesperada devoção. Eu tinha destruído a superstição de que o sucesso espiritual dependia do dogma. Assim, eu fui capaz, até certo ponto, de ir destemidamente à presença dos Chefes Secretos que me tinham escolhido para levar a cabo os seus planos para o bem-estar da humanidade, e dizer com a cabeça erguida que eu não tinha provado ser inteiramente indigno da confiança deles. Ainda assim, havia uma certa tristeza tal como, suponho eu, cada homem sente quando chega ao fim de um definido estágio na sua carreira. Todavia, eu sabia que aqueles que até então me tinham usado não me deixariam agora de lado; que um mais elevado e mais sagrado serviço seria encontrado para mim.

Durante o Outono e até ao solstício continuei com o meu regular trabalho como de costume, mas com uma subconsciente consciencialização de que o meu futuro assenta noutros domínios; alguma coisa com certeza aconteceria para mudar toda a corrente da minha vida. Com bastante subtileza, essa mudança surgiu desviando-me da acção pública para a qual eu tinha há muito tempo sido limitado pela absoluta necessidade de produzir *The Equinox* em datas definidas. Comecei a prestar mais atenção ao meu próprio progresso pessoal.

Deve ser explicado aqui que o meu inato retraimento impediu-me de aspirar ao Grau de Mago em qualquer plena acepção. Tais seres aparecem somente a cada dois mil anos ou aproximadamente. Eu conhecia muito bem as minhas próprias limitações. É verdade que eu havia sido usado como Mago no trabalho do Cairo; ou seja, eu fora escolhido para proferir a Palavra de um Novo Aeon. Mas eu não considero isto como sendo a *minha* Palavra. Eu sentia-me ridiculamente indigno da posição que me foi atribuída em *O Livro da Lei*. Portanto, quando me propus dedicar às minhas próprias iniciações, nada mais queria dizer do que isto: que eu tentaria aperfeiçoar-me na compreensão e nos poderes próprios de um Mestre do Templo. No final de 1913, eu encontrei-me em Paris com um Zelator da Ordem, Frater L. T. Eu tinha estado a trabalhar na teoria do método mágico da O.T.O; e nós decidimos testar as minhas conclusões com uma série de invocações.

---

53 N.T.: relativo a Lete, um dos rios do Hades. Aqueles que bebessem da sua água experimentariam o completo esquecimento

Nós começámos a trabalhar no primeiro dia do ano e continuámos sem interrupção durante seis semanas. Invocámos os deuses Mercúrio e Júpiter; e obtivemos muitos resultados surpreendentes de muitos tipos, variando de iluminação espiritual a fenómenos físicos. É impossível transcrever todo o registo, e excertos apenas transmitiria uma muito imperfeita e enganadora ideia do resultado. Como um exemplo de real iluminação intelectual, sem embargo, eu posso citar a identificação muito impressiva do Cristo dos evangelhos com Mercúrio. Este veio como uma completa surpresa, tendo nós até então considerado-o como um símbolo inteiramente solar conectado especialmente com Dioniso, Mitra e Osíris.

No princípio era o Verbo, o Logos, que é Mercúrio, e por isso deve ser identificado com Cristo. Ambos são mensageiros; os mistérios do nascimento deles são semelhantes; as brincadeiras de infância deles são semelhantes. Na Visão do Mercúrio Universal, Hermes é visto descendo sobre o mar, o qual se refere a Maria. A Crucificação representa o caduceu; os dois ladrões, as duas serpentes; a falésia na Visão do Mercúrio Universal é o Gólgota; Maria é simplesmente Maia com o R solar em seu ventre.

A controvérsia acerca de Cristo, entre os sinópticos e João, foi realmente uma disputa entre os sacerdotes de Baco, Sol e Osíris, também, talvez, de Adónis e Átis, num lado, e os de Hermes no outro lado, naquele período em que a iniciação em todo o mundo achava isto necessário, devido ao crescimento do império Romano e à abertura de modos de comunicação, para substituir os politeísmos conflituantes por uma fé sintética. (Isto é absolutamente novo para mim, esta concepção de Cristo como Mercúrio.) Alguma dificuldade acerca de... (Esta frase é agora bastante ininteligível).

Para continuar a identificação, compare-se a descida de Cristo ao inferno com a função de Hermes como guia do morto. Também Hermes conduzindo Eurídice, e Cristo levantando a filha de Jairo. Diz-se que Cristo ressuscitou ao terceiro dia, porque leva três dias para o planeta Mercúrio se tornar visível depois de se separar do orbe do sol. (Pode ser notado aqui que Mercúrio e Vénus são os planetas entre nós e o sol, como se a Mãe e o Filho fossem mediadores entre nós e o Pai.)

Note-se Cristo como o Curandeiro, e também a sua própria expressão: "O filho do homem vem como um ladrão na noite"; e também esta escritura (Mateus XXIV, 27), "Porque, assim como o relâmpago sai do oriente e se mostra até ao ocidente, assim será também a vinda do Filho do Homem."

Note-se também as relações de Cristo com os vendilhões, as suas frequentes parábolas e o facto de que o seu primeiro discípulo era um publicano.

Note-se também Mercúrio como o libertador de Prometeu.

Metade do símbolo do peixe também é comum a Cristo como a Mercúrio; os peixes são sagrados para Mercúrio (devido presumivelmente à sua qualidade de movimento). (Isto eu não sabia anteriormente.) Muitos dos discípulos de Cristo eram pescadores e ele sempre fazia milagres em conexão com peixes.

Note-se também Cristo como o mediador: "Ninguém vem ao Pai senão por mim", e Mercúrio como Chokmah, através de quem somente podemos aproximar-nos de Kether.

O caduceu contém um completo símbolo da Gnose; o alado sol ou falo representa a alegria da vida em todos os planos, do mais baixo ao mais alto. As Serpentes, além de serem activas e passivas, Hórus e Osíris, e todas as suas outras atribuições bem conhecidas são aquelas qualidades de Águia e Leão, respectivamente, das quais sabemos mas não falamos. É o símbolo que une o microcosmo e o macrocosmo, o símbolo da Operação Mágica que realiza isto. O caduceu é o solvente universal. É muito fácil transformar mercúrio em ouro no plano físico, e isso será feito em breve. Nova vida fluirá pelo mundo, em consequência. O deus agora coloca o seu caduceu em meus lábios em prol do silêncio; anunciando-me somente que na noite seguinte ele virá numa outra forma.

O templo foi então fechado.

Os nossos ocasionais insucessos produziram resultados tão incisivos e instrutivos quanto os nossos sucessos. Por exemplo, tendo cometido um erro ao invocar Mercúrio, e desse modo criando uma corrente de força contrária à sua natureza, nós observámos que os eventos de carácter Mercurial, por mais normais que fossem, não ocorriam. Por uma razão, todas as comunicações com o mundo exterior foram completamente interrompidas por algum tempo. Tinha sido combinado que eu deveria receber um relatório diário a partir de Londres da minha secretária. Nenhum chegou durante cinco dias; e ainda que nada tivesse dado errado em Londres. Nenhuma explicação decorreu. Este é um dos muitos incidentes que levam a conclusões semelhantes, todos explicáveis apenas na teoria de que a energia natural, a qual normalmente está presente e é necessária à ocorrência de certos tipos de eventos, tinha de alguma forma sido inibida.

Os fenómenos Jupiterianos eram especialmente notáveis. Nós executámos em todas as dezasseis operações para invocar esta força. Parecia a princípio como se o nosso trabalho realmente aumentasse a inércia normal. Os fenómenos Jupiterianos, os quais nós tínhamos todo o direito de expectar, simplesmente não aconteceram. Mesmo em matéria de banquetes, os quais nós deveríamos fazer prodigamente em sua homenagem, a oposição tornou-se avassaladora. Por mais esfomeados que estivéssemos, nós parecíamos incapazes de nos forçar a comer mesmo uma refeição leve. Quase de repente, a barreira invisível desintegrou-se e os fenómenos Jupiterianos do tipo mais inesperado simplesmente choveram em nós. Para mencionar apenas um incidente; um Irmão, que sempre fora desesperadamente pobre, subitamente entrou num quinhão e insistiu em contribuir com quinhentas libras para o uso da Ordem.

Devo mencionar um incidente do trabalho de Paris como sendo de interesse geral, fora da Magick técnica. Durante a operação eu tive um violento ataque de gripe, a qual se radicou em bronquite muito severa. Certa noite fui visitado por uma velha amiga minha e o seu jovem acompanhante, o qual muito gentilmente e sensatamente sugeriu que eu encontraria alívio se eu fumasse alguns cachimbos de ópio. Eles em conformidade trouxeram o utensílio do seu apartamento e nós começámos. (O ópio, a propósito, é sagrado para Júpiter e para Chesed, Misericórdia, como sendo soberano contra a dor, e também como permitindo que a alma se liberte do seu grosso tegumento e realize a sua magnificência.) A minha bronquite desapareceu; eu adormeci; os meus convidados retiraram-se sem me acordar. No meu sono eu sonhei; e quando acordei, o sonho permaneceu absolutamente perfeito na minha consciência, até aos ínfimos detalhes. Era uma história, uma subtil exposição da estupidez Inglesa, emoldurada pelo mais louco e fantasticamente deslumbrante acabamento. Doente como eu estava, eu pulei da cama e anotei a história improvisadamente. Eu denominei-a "The Strategem". Sem dúvida que isto foi inspirado por Júpiter, pois era o primeiro conto que eu alguma vez escrevera e que fora aceite de imediato. Mais: foi-me dito—nada na minha vida me fez mais orgulhoso—que Joseph Conrad dissera que isto era o melhor conto que ele tinha lido em dez anos.

Nós mesmos nos tornámos identificados com Júpiter, mas em diferentes aspectos. Frater L. T. foi durante alguns meses seguintes a personificação da generosidade, através de si mesmo com os mais escassos recursos. Todos os tipos de estranhos se plantaram nele e ele os entreteve. No meu próprio caso, eu tornei-me aquele tipo de Júpiter a que nos conectamos com a ideia de prosperidade, autoridade e amatividade. Recebi numerosas dignidades ocultas; eu parecia ter muito dinheiro sem saber muito bem como isso acontecia; e eu vi-me exercendo uma quase assombrosa atracção sobre cada mulher que entrava no meu círculo de conhecimento.

Para mim, no entanto, como estudante da natureza, o único resultado importante deste trabalho foi a prova da eficácia do método mágico empregue. Dali em diante, tornei isto o meu principal estudo, mantive um registo detalhado das minhas pesquisas e comecei a descobrir a explicação racional da sua operação e as condições de sucesso.

Mais importante ainda, no sentido mais profundo, foi uma característica do resultado que não consegui observar na época e nem mesmo por alguns anos depois. Em linguagem velada são dicas, inequívocas logo que detectadas, de que eu estava mesmo então, por meio do trabalho em si, sendo preparado para a iniciação a isso. A real cerimónia (usando a palavra no seu sentido mais amplo e profundo) estendeu-se por alguns anos e é de facto a única chave para os eventos daquele período. Um contorno, portanto, deve consequentemente formar um capítulo separado, pois sem a luz assim lançada sobre os factos da minha carreira, eles devem parecer incoerentes, inconsequentes e ininteligíveis. Eu estava destinado a ser submetido a uma série de experiências que aparentemente contradizem toda a tendência do passado. As minhas acções parecem incompatíveis com o meu carácter; o meu ambiente parece incompreensivelmente desnatural; em suma, o efeito da narrativa é sugerir que, por algum malabarismo, a vida de um indivíduo totalmente diferente se tem entremetido na minha própria.

Agora, anos depois, ainda me parece que durante todo o período da iniciação eu havia sido transportado para um mundo pouco familiar; a sua história é uma história mágica no sentido mais comicamente completo. Os seus eventos não são nem reais nem racionais—salvo apenas em relação à condição de um experimento, exactamente como um candidato na maçonaria vê, ouve, fala e age com os seus sentidos normais, mas de um modo que não tem relação com as suas anteriores experiências. O impassível velho cavalheiro em traje nocturno é realmente Rei Salomão. Ele ouve uma ladainha falsa e sem sentido em si mesma, a qual ele deve entender como transmitindo algo inteiramente diferente do que isto aparentemente denota. As suas palavras são colocadas na boca dele e produzem um efeito não expectado, não desejado, nem compreendido. Ele executa uma série de gestos não compreensíveis em si mesmos, nem mesmo (até onde ele pode ver) calculados para auxiliar o propósito dele. E mesmo quando, no final, ele descobre que tem cumprido as condições prescritas e alcançou o seu objectivo, ele é incapaz de trazer o que tem acontecido para dentro da racional relação com a sua vida quotidiana. A situação é somente a mais desconcertante que, do primeiro ao último, cada incidente em si é perfeitamente um lugar-comum.

Tal é o meu ponto de vista em relação às minhas aventuras na América. Todas elas são perfeitamente prováveis em si mesmas, perfeitamente inteligíveis como detalhes de um ritual; mas elas contradizem todas as probabilidades da vida humana conforme comummente entendida. A corrente da minha carreira estala repentinamente; no entanto, isto continua como se nunca tivesse sido quebrado a partir do momento em que a minha iniciação acabou. O efeito é convencer-me de que este período da minha vida está na natureza de um sonho. Eu encontro monstros estranhos; um fantasma sucede um outro sem uma sombra de coerência. Mesmo aqueles incidentes que me ajudam a reconhecer que eu sou a figura central do sonho completam a minha convicção da sua irrealidade.

~ 75 ~

É UMA DAS regulares piadas na Índia de que as pessoas na força da temporada em Calcutá escrevem um livro acerca da península, mas até mesmo o turista de génio, como Charles Dickens, é muito mais presunçoso quando enfrenta os Estados Unidos. A Índia é realmente enorme e variada, para lá da esperança de compreensão humana, mas a América, embora a sua população seja apenas um terço da do Hindustão, é composta de elementos infinitamente mais variegados, além de que a Índia é estática e permite que se olhe, enquanto os Estados Unidos sujeitam-se a uma revolucionária mudança continuamente. Eu passei pelo país em 1900. Em 1906 eu achei-o irreconhecível. A minha terceira visita em 1914 deu-me uma outra surpresa, e durante os cinco anos seguintes quando eu era realmente residente, o panorama mudava com uma rapidez caleidoscópica.

Eu tenho agora aprendido o suficiente para perceber que qualquer tentativa de descrição deve inevitavelmente ser fútil e que qualquer opinião não pode ser senão presunçosa e enganadora. Todavia, o assunto é de longe o mais importante em todos os aspectos que eu já tenho tido de considerar e não posso possivelmente oferecer a minha auto-hagiografia ao impaciente público sem fazer o meu melhor para estabelecer o que eu penso.

As generalizações intelectuais devem ser descartadas como insulto à minha própria inteligência tanto quanto à do leitor. Existe apenas um procedimento possível; declarar audaciosamente vários factos marcantes que ficaram sob a minha directa observação, deixando a significância e a importância deles a lutar pelos seus próprios fins, mas também invocar o único testemunho da responsabilização igualmente assegurada, a minha intuição espiritual.

Eu admito francamente que toda a minha opinião intelectual e praticamente todo o meu preconceito pessoal combinam-se para condenar os Estados Unidos generalizadamente com absoluto desprezo e repúdio, e esta atitude indubitavelmente manifestar-se-á sempre que o assunto surgir subitamente no curso destas reminiscências, pois o meu normal ente consciente é, geralmente falando, como o escritor destas páginas. Contra isto, a minha intuição subconsciente, cujo julgamento é absolutamente confiável, é totalmente oposta. Eu proponho, portanto, expor primeiramente aquilo que o Espírito Santo dentro de mim incita a exprimir, e posteriormente registar os factos observados que influenciam a minha consciência humana a ser tão antagónica a quase todos os aspectos da vida e do pensamento como eu os encontrei.

Eu definitivamente apelo aos meus leitores Americanos para que se apartem da sua natural gratificação, no primeiro caso, e da sua natural indignação, no segundo, destas secções do meu trabalho, e compreendam que a minha apreensão espiritual da verdade representa o meu verdadeiro eu, enquanto as minhas percepções intelectuais são necessariamente coloridas pela minha nacionalidade, casta, educação e predilecção pessoal. Eu não estou a tentar esquivar-me da responsabilidade pelos severos julgamentos que promulgo. Eu deveria preferir ficar em silêncio. Eu falo somente na esperança de que os Americanos possam aprender o quão chocante é a moral e a conduta deles para o educado Europeu, e insisto na intensidade do meu maior amor por eles e na fé no futuro deles, a fim de que eles possam discriminar entre as minhas críticas e as de tais pessoas como Mrs. Asquith, as quais são incapazes de ir mais fundo do que os factos e acalentam uma absoluta animosidade.

Deixa-me então começar por uma análise da minha mais profunda simpatia espiritual pelo povo dos Estados Unidos. Antes de tudo, deixa-me explicar acerca da Europa. A guerra de 1914, e a sua sequela de revolução e catástrofe económica, é aos meus olhos a culminação dos seus muitos séculos de corrupção pelo Cristianismo. A lesão inicial foi devida à decadência da virtude republicana Romana. O efeito imediato da ascensão do Cristianismo foi o rompimento da ordem social, a supressão da filosofia e erudição pelo fanatismo e o gradual engolimento da iluminação na Idade das Trevas. Uma parcial ressurreição foi provocada pelo Renascimento e a partir desse momento começou a longa luta entre ciência e liberdade de um lado, e dogmatismo e tirania do outro. Durante o século XIX, o triunfo do primeiro parecia seguro e quase completo. As forças do obscurantismo e da reacção foram empurradas para cantos escuros mas a natural astúcia delas, desenvolvida por séculos de experiência, inspirou-as a um esforço final para recuperar o seu prestígio e poder perdidos. Elas adoptaram uma nova política. Deixaram de se opor abertamente ao avanço da ciência e aos princípios éticos e políticos associados que a ciência indicava. Elas cortaram as garras do Leão do Iluminismo estabelecendo uma tácita convenção para o efeito de que era uma má forma insistir em aplicar as novas ideias à prática política. A Igreja de Inglaterra deveria manter o seu estatuto oficial apesar da sua morte espiritual. A dissidência e o agnosticismo deveriam ser tolerados, de facto, quando não ignorados. O sistema de snobismo social deveria continuar simultaneamente com a ostentação do triunfo dos princípios democráticos. Em cada assunto que pudesse dar azo a controvérsia havia um acordo tácito de não contar a verdade. As pessoas que perseguiam Byron, Shelley, Darwin, Bradlaugh e Foote sorriam amavelmente para as muito mais explíctas blasfémias de Bernard Shaw. A vacuidade do Cristianismo e do feudalismo tornou-se desavergonhada. Ninguém se atrevia a defender as suas convicções, se é que as possuía. Houve uma conspiração universal para se esquivar diante dos factos da vida, com o resultado de que a mais completa escuridão moral encobria as causas e a condução da guerra. Nós mantemos a nossa estúpida vergonha com desesperadas determinações. Uma paz simulada sucedeu à guerra simulada e as únicas realidades foram as revoluções que reduziram a civilização ao caos. Tais reacções como as do Fascismo são manifestamente fantasmagóricas e não posso senão concluir que, pelo menos por um longo período, a anarquia triunfará na Europa. Eu volto-me, portanto, para a América, a partir de um expirante sistema solar para uma massa nebulosa que eu espero desenvolver para uma organizada galáxia.

Os elementos dos Estados Unidos são heterogéneos de certa maneira sem precedente na história. Todas as raças, idiomas e credos da Europa estão representados. Existe, de mais a mais, um estabelecido contingente de Africanos, uma nova infiltração de Asiáticos, de quem os Judeus são um factor criticamente importante nos problemas sociais e económicos da época, ao passo que mesmo o Extremo Oriente, apesar da oposição fanática, procura obter um ponto de apoio. Que tantos elementos inimigos devam concordar, até mesmo numa aparência de fraternidade, indica algum impulso espiritual comum suficientemente forte para dominar preconceitos menores. Eu encontro esta unidade na aspiração de escapar das restrições das cristalizadas convenções. Alemães que se ressentiam do serviço militar, Judeus que achavam insuportável a pressão da perseguição e do ostracismo, Arménios obcecados pelo medo do massacre, Italianos para quem a mesquinhez, a pobreza e o sacerdócio do seu país eram paralisantes, Irlandeses insultados e feridos pela opressão Inglesa, todos de igual modo me mostram a América como um paraíso de margem de manobra, liberdade e prosperidade.

Um aspecto desta aspiração tem uma relevância mais geral. Todos os Americanos estão ansiosos pelo poder, de uma forma ou de outra. Eles, por conseguinte, perseguem com apaixonado ardor cada caminho que promete conhecimento bem como aqueles que levam directamente ao domínio do meio ambiente. Tão poderoso e tão irreprimível é este entusiasmo que os mais grotescos desencantamentos deixam de desagradá-los, e nenhum charlatanismo é tão grosseiro, nenhum pretensiosismo é tão pueril, nenhum embuste é tão ultrajante a ponto de impedi-los de concorrer à próxima nova religião. A sua destemida inocência convence-me de que, assim que eles adquirirem a faculdade crítica, eles progredirão espiritualmente mais rapidamente e sensatamente do que jamais tem sido conhecido.

Actualmente dois entraves os paralisam. Primeiramente, as desesperadas lutas de morte do dogmatismo, e, em segundo lugar, a praticamente universal ignorância dos elementos da ciência espiritual. Eles insistem em ideais impossíveis e enganam-se acerca da sua santidade a um extremo que a hipocrisia Inglesa no seu zénite nunca se aproxima, e a sua credulidade é tão crassa que os seguidores de Joanna Southcott, os Agapemonitas e o povo peculiar parecem, por comparação, filósofos e sábios. No entanto, toda esta extravagância é apenas como a espuma na crista de uma irresistível onda forte. Até mesmo a crueldade puritana, a selvajaria social, a extravagante devassidão racial e a monomaníaca debandada para adquirir dólares testificam mais para a energia e o entusiasmo do povo do que para as suas casuais concomitâncias de ignorância, ilusão e fatuidade que impressionam o observador comum. Eles são astutos; nada mais astuto, faltando apenas os dados para direccionar a astúcia. Eles logo descobrirão como distinguir entre genuínos professores e charlatões, bem como o facto de que o poder do dinheiro é limitado e não pode comprar comida nem para o espírito nem para a alma. Eles então seguirão o caminho da evolução em linhas sãs e científicas, evitando métodos inconsistentes e intuitos insatisfatórios.

O meu instinto sempre me tem assegurado disto e tem estimulado a minha ânsia de educar e iniciar todos os que eu tenho conhecido. Eu sentia que fundamentalmente nós éramos irmãos, e acredito que esta intensa simpatia foi exactamente o que aprofundou o meu desgosto e obscureceu o meu desespero com a impossibilidade de alcançá-los. Moralmente, socialmente, intelectualmente, o golfo não era para ser tranposto. Não havia um terreno comum de compreensão. Quando eu insistia em métodos científicos, eu tinha receio de que os fundamentos das fermenças deles fossem abalados e cada um deles chegasse a algum credo maluco, pomposo, pretensioso e pueril. Quando tentei mostrar-lhes que os convencionais cânones de conduta eram filhos de circunstância, crença em cujo absoluto valor ético meramente mascarava a face da verdade e os impedia de perceber a natureza, eles ficaram simplesmente chocados. Eles nunca tinham indagado por que deveria ser válida qualquer virtude dada. O mesmo é, claro, aplicado à questão do credo. Mesmo aqueles que vagavam de professor para professor estavam fanaticamente convencidos de que o seu culto momentâneo era perfeito em todos os pontos. Eu não conseguia persuadi-los de que a admitida inconstância deles era a evidência de que o seu presente credo reflectia uma mera disposição de ânimo.

O meu real temor pela América é o de que quando esta encontrar alguns axiomas nos quais uma maioria activa possa concordar, alguns dogmas aos quais se possa reunir, haverá um esforço imediato para esmagar todas as ideias incompatíveis, e até para atrofiar as suas próprias possibilidades de desenvolvimento adicional extirpando qualquer crescimento de génio dentro das suas próprias fileiras, exactamente como foi feito por Roma. Neste evento a tirania seria infinitamente pior do que qualquer outra coisa na história do Cristianismo, pois o pior dos defeitos morais dos Americanos é a crueldade a sangue-frio—a sua luta contra a natureza e as corruptoras influências de tais vícios como a embriaguez e a imoralidade sexual permitiu-lhes valorizar as mais árduas virtudes à custa do mais humano.

Os últimos, de facto, são considerados como vícios até por aqueles que os acalentam em segredo. Assim, apesar da extraordinária diversidade de credos, cultos, códigos, modas e ideais, lá reside o instinto de compelir conformidade. Toda a história do país tem martelado nas cabeças deles a evidente verdade de que a união faz a força. O seu próprio lema afirma isto - *E Pluribus Unum.* A sua própria história testemunha isto. O que foi a Guerra Civil senão uma luta assassina contra a secessão? Métodos Prussianos foram usados para coagir a maioria pacifista na luta contra a Alemanha, e o proibicionismo foi colocado por todos os inescrupulosos truques contra a vontade do povo. Hoje, vemos o Ku Klux Klan tentando impor, por métodos de sociedade secreta de ameaça anónima apoiada por boicote, fogo posto e assassinato, os ideais de uma panelinha; e quase tão nocivos são os intuitos arrogantes e as tácticas brutais dos Católicos e maçons.

À sua própria maneira o capital e o trabalho são influenciados pela mesma ideia, a de impor uma regra rígida e uniforme a toda a comunidade independentemente das condições locais ou de quaisquer outras considerações que possam contribuir para a diversidade. Eu quase não preciso de salientar que este princípio está em clara contradição com a Declaração de Independência na constituição. Receio que a raiz do mal resida no facto psicológico de que os homens proclamam os princípios da liberdade somente quando estão sofrendo de opressão. Assim que se tornam livres e prósperos, eles começam a perceber os deveres da disciplina.

Já é chocantemente manifesto que as correspondências morais desta tendência estejam em operação. Como Fabre D`Olivet aponta no seu exame de *Os Versos de Ouro de Pitágoras,* iniciação, que seja progresso, requer que em cada ponto o candidato seja confrontado com a livre escolha entre acções dependentes das três virtudes principais: coragem, temperança e prudência. O propósito do estadismo Americano é, pelo contrário, atrofiar estas virtudes tornando-as desnecessárias e, de facto, limitando a plena escolha a matérias sem importância. Um terceiro perigo espiritual surge do idealismo dogmático que determina as condições sociais e económicas. Tão multiforme é o erro predominante que o único rumo é opor a isto a verdadeira doutrina da seguinte maneira:

O crescimento de uma nação depende da sua capacidade de extrair o maior nutrimento da maior área do solo em oposição à pressão de plantas rivais. Isto depende, *ceteris paribus*[54], dos números. Ora os números dependem da boa vontade e capacidade das mulheres em engravidarem e criarem o principal desígnio da vida, e dos homens protegê-las e apoiá-las nas suas tarefas. O excesso de riqueza pode, todavia, ser investido de outro modo, calculado para incrementar eficiência e potencial; ou seja, no apoio de uma classe que não é directamente produtora de riqueza como tal, a classe dos eruditos. Esta classe deve ser abundantemente abastecida com o lazer e o equipamento para pesquisa e libertada de toda a ansiedade ou similares distracções. Deveria realmente ser tratada como uma guilda ou fraternidade espiritual. A existência de qualquer outra classe que não puxe o seu próprio peso no barco é evidência de pletora.

Os princípios referidos são extremamente simples e evidentes, mas na América eles foram empurrados para fora de vista por proposições doutrinárias baseadas *a priori* em considerações de coisas conforme deveriam estar na mente do dogmatista.

Eu ainda tenho esperança que a experiência eliminará estes erros, e nessa esperança dirijo-me primeiramente à república Americana.

Tendo assim afirmado a instintiva atitude em relação ao povo Americano, deixa-me virar para o outro extremo e registar um número de observações que parecem especialmente significativas, cujas deduções parecem ser iremediavelmente condenatórias, mas a antinomia com o meu espiritual ponto de vista é para ser superada

---
54 N.T.: todas as outras coisas sendo iguais

pela interpretação destas flagrantes e atrozes falhas como sintomáticas somente de infantil e adolescente aberração, com a excepção de muito poucos indivíduos realmente, e esses, quase invariavelmente, ambos de *pedigree stock*[55] ou educados pela experiência da Europa.

Um Americano adulto é uma *rara avis*[56]. As condições reais que confrontam a inteligência em desenvolvimento são tão incoerentes e ininteligíveis que a unidade de fundo, a qual os europeus herdam e imaginam ser propriedade comum da humanidade, está ausente.

Deixa-me ilustrar a minha acepção. Na Europa nós tomamos, como garantido, os primeiros princípios como os limites da possibilidade de desenvolvimento de qualquer tipo de energia dado. Nós assumimos, por exemplo, que a eficiência do areoplano depende da relação potência / peso em primeiro lugar, sendo o aumento da primeira limitado pelo teórico potencial das fontes de energia à nossa disposição. Nós também reflectimos que o aumento de tamanho, potência e velocidade envolve a superação de obstáculos que se tornam mais formidáveis em progressão geométrica. Novamente, em certos pontos do avanço, considerações inteiramente novas começam a aplicar-se, tais como a resistência do nosso material à pressão do ar, e a potencialidade fisiológica do aviador. Para nós este nexo parece um elemento integral de necessidade.

O Americano comum argumenta em completa ignorância de uma tal restrição. Para ele, dobrar a potência é dobrar o andamento e assim por diante. Toda a sua experiência inflamada pelo seu nativo entusiasmo fá-lo recordar que durante o século passado inumeráveis invenções, as quais as maiores autoridades declararam serem teoricamente impossíveis, estão agora em uso diário.

Considere-se a descoberta do rádio; como isto revelou a existência de uma forma de energia enormemente maior em qualidade do que qualquer coisa previamente conhecida. Mais, nós podemos agora calcular que a energia atómica—pudéssemos nós somente agarrá-la—permaneceria em rádio como rádio em vapor, ou mais. Ele está, portanto, perfeitamente certo ao recusar-se a desacreditar, no terreno do senso comum, o relato de que um canhão tem sido construído para lançar um projéctil através do Atlântico, ou uma máquina voadora para ir à lua; um instrumento capaz de detectar qualquer facto concebível acerca de um homem a partir de uma gota do seu sangue; de penetrar no passado ou predizer o futuro. Não há, de facto, nenhum limite teórico para a consecução humana, pela simples razão de que a natureza é conhecida por conter todas as concebíveis e inconcebíveis formas de energia e potencialidade perceptiva. Concentrado nesta convicção, ele constantemente torna-se ridículo, através da ignorância dos detalhes do paciente progresso da ciência. Tal como outras variedades de fé, esta coloca os seus partidários abertos às loucuras mais fantásticas.

Eu tenho mostrado noutro lugar as considerações psicológicas que fazem os Americanos aceitar esta responsabilização pelo erro como um mal menor do que o do cepticismo hipócrita. A condição é, claro, um pouco similar àquela produzida pela administração de cocaína e a analogia é confirmada pelo facto de que os nervos Americanos são irregulares e crus. As realidades da vida soçobram a vítima delas. No caso de um colapso geral da civilização sob *stress* económico, tal como parece efectivamente iminente actualmente, é para ser temido que o choque à auto-suficiência espiritual deles os encontrará incapazes de resistir a reacções. A América, ressentindo a arrogância da Europa, recusa iradamente admitir a extensão do seu endividamento, mas no caso da anarquia Europeia, a principal fonte de energia seria retirada. Poucos

---

55 N.T.: reserva de linhagem
56 N.T.: ave rara

Americanos percebem que a atitude moral, económica e egoísta em relação ao sexo significa desastre final. A emancipação das mulheres, a sua ambição de competir com os homens em actividades comerciais e intelectuais é, no fundo, uma recusa em ter filhos, e isto evidentemente implica o excessivo aumento de uma classe parasitária que a comunidade será incapaz de suportar.

É notório que a taxa de natalidade é mantida pelos imigrantes. Depois de muito poucos anos de vida nos Estados a esterilidade instala-se. Isto, mais uma vez, é um sintoma do insensato idealismo da psicologia Americana. Percepcionando que o progresso depende de transcender a animalidade, e recusando-se a perceber a limitação teórica de tal aspiração, eles mergulham na perdição. É como se um homem, admirando a beleza e o perfume da ninfeia e repugnando a lamarenta escuridão do leito do lago, cortasse a flor da sua raiz. Esta fatuidade é mostrada directamente pela atitude deles em relação ao sexo e indirectamente pela tentativa de suprimir tudo o que sugere auto-indulgência. A política é desastrosa.

Nós deveríamos fundar a sociedade numa casta de "homens da terra", filhos do solo, robustos, sensuais, teimosos e estúpidos, sem serem castrados pela educação ética ou intelectual, mas guiados na sua evolução pelas inteligentes classes governantes em direcção a um ideal de pura perfeição animal. Em tal substrato a variação produzirá esporádicos indivíduos de um tipo superior. A história proporciona inumeráveis exemplos da alterosa inteligência e dos mais nobres personagens que sobem vertiginosamente a partir da mais grosseira cepa. Keats, Burns, Sixtus V, Lincoln, Boehme, Faraday, Joseph Smith, Whitman, Renan, Arkwright, Watts, Carlyle, Rodin e inumeráveis outros homens do mais alto génio vieram de ascendência camponesa. Poucas pessoas de primeira categoria nasceram de famílias intelectualmente desenvolvidas.

As condições do génio não são acuradamente conhecidas. Mas nós podemos dividir a classe em dois grandes grupos; aqueles em quem o desenvolvimento é um sistema de degeneração, e aqueles que, embora às vezes exibindo a mais requintada fruição, não conseguem atingir o pleno desenvolvimento e realizam o trabalho de que devem ser capazes através da sua fragilidade. Os homens cuja realização é uniforme são sempre constitucionalmente robustos; apesar de todas as dificuldades, eles atingem uma grande idade e produzem continuamente. Rodin, Browning, Carlyle, Pasteur, Lister, Kelvin, Gladstone, Whitman foram todos grandiosos velhotes. (Que Carlyle fosse um inválido meramente enfatiza esta figura essencial.)

Para assegurar o suprimento, nós precisamos apenas de plantar um próspero e prolífico campesinato, observar as crianças em busca de indicações de génio, e escolher quaisquer espécimes promissores por treino especial nas linhas que as suas tendências indicarem. A pior coisa que podem fazer é o que é feito na América, desencantar o homem da terra com o destino dele; enchê-lo com os factos e fantasias que encantam idealistas estiolados e degenerados, e incapacitá-lo para o evidente propósito dele, o de prover a sociedade com super-homens. Não é apenas impossível tentar fazer uma bolsa de seda da orelha de uma porca. É uma imbecilidade idealística. A demanda por bolsas de seda é extremamente limitada, ao passo que as orelhas de porcas sempre estão à mão.

A América está fervilhando de anarquia em todos os planos, por causa das condições económicas em constante mudança, do conflito entre credos, castas, códigos, culturas e raças. A sociedade nunca tem tido a oportunidade de sossegar. A expansão para o oeste, a descoberta de ouro, carvão, ferro e petróleo, a questão da escravidão, a questão da secessão, o constante fluxo causado pelo desenvolvimento da ciência técnica, a instabilidade religiosa e moral, o conflito entre a centralização federal e a soberania estatal, o congestionamento das cidades, a exploração do agricultor pelo financista, o deslocamento do centro de gravidade económico, estas e outras mil condições decorrentes do desenvolvimento sem precedentes do país combinam-se para tornar impossível mesmo imaginar a estabilidade em qualquer plano de vida. Há, portanto, uma distinção radical entre a Europa e a sua filha. Nós sabemos mais ou menos o que expectar em qualquer conjunto de circunstâncias. Heterogéneos como nós somos, há uma base comum de pensamento e acção. Somos até capazes de tirar conclusões razoáveis acerca da Ásia e da África. Londres e Tóquio são suficientemente semelhantes no essencial para tornar as nossas relações inteligíveis, mas, apesar da comunidade de línguas, costumes, convenções comerciais e assim por diante, entre Londres e Nova Iorque, a diferença entre nós é realmente mais radical.

Existem muitos factores incalculáveis em qualquer fórmula que conecte os Estados Unidos com a Europa.

Deixa-me dar algumas ilustrações óbvias. Quase todos os Europeus supõem que os arranha-céus são monstruosidades da vaidade. Eles são, na verdade, consequências necessárias das condições da cidade de Nova Iorque, bem como os nevoeiros do clima e situação de Londres e as propriedades físicas do combustível disponível. Nova Iorque expandiu-se conforme tinha em conta, primeiro, a vastidão do seu porto e, segundo, a sua situação no Hudson, e conforme a mais conveniente saída para os produtos do interior.

A Ilha de Manhattan, sendo tão longa e estreita, apresentava peculiares problemas de transporte. Para isso é necessário o sistema de elevadas e subterrâneas ferrovias. A largura da água que a separa de Long Island, New York State e Nova Jersey limitou a sua expansão nessas direcções. Mesmo com pontes e metro, o transporte era tedioso e congestionado. A consequência evidente foi a de que o valor da terra em Manhattan tornou-se proibitivo. O determinante final é o facto de que a ilha consiste de um escasso depósito de solo sobre uma fundação de granito capaz de suportar qualquer possível deformação. Era, assim, uma possibilidade arquitectónica e uma vantagem económica aumentar a altura dos edifícios, e esta altura era, por sua vez, limitada por considerações económicas.

Os primeiros arquitectos foram alegremente adiante. Eles não viam razão para supor que precisariam alguma vez de parar, mas passado pouco tempo o cálculo actuarial mostrou que trinta e seis andares representavam o máximo de eficiência económica. Acima dessa altura o desproporcional aumento do custo de construção e a dificuldade de alugar as suítes mais altas, por conta do medo de incêndio, tornaram não lucrativos os prédios mais altos. É de peculiar interesse, a propósito, observar que os artistas estavam tão impregnados com o Budístico ideal de impermanência que mesmo nos edifícios mais caros eles calculavam a vida do encanamento como durando não mais do que vinte anos; isto é, eles esperavam, duma causa ou doutra, que o prédio seria suplantado dentro daquele período.

A situação real, a propósito, é crítica. Existem, aproximadamente, dois milhões e meio, dos sete milhões e meio, de pessoas da Grande Nova Iorque que colocam grave inconveniência pelo congestionamento e todos estão embaraçados com o rácio entre o aluguer e o rendimento. Na Europa nós consideramos que o aluguer não deve absorver mais do que um décimo ou no máximo um oitavo do salário. Em Nova Iorque, esta proporção raramente é inferior a um quarto e às vezes mais do que um terço. Novamente, apesar de todos os esforços para estabelecer um satisfatório sistema de transporte, as condições são apavorantes. Nas horas de ponta, as pessoas são esmagadas como milho num moinho. Vêem-se aglomerados de cidadãos pendurados nos degraus de um eléctrico como um enxame de abelhas. O tráfego de superfície está praticamente paralisado. Eu tenho sabido que leva cinquenta minutos para um autocarro ir da 34th para a 58th Street, facilmente caminhável em menos de vinte minutos. Excepto os poucos plutocratas com os seus próprios automóveis, ou os residentes dentro duma distância razoável dos seus locais de trabalho, o cidadão comum tem algo de cinquenta minutos a duas horas a viajar neste abarrotado e pestilento transporte duas vezes por dia. O desperdício de energia, a tensão nervosa, o cansaço físico e o aborrecimento contam tudo sobre a saúde e o espírito dele. Não é de admirar que a indigestão e a neurastenia o tornem velho aos trinta e cinco anos.

Mas o pior ainda está para vir. Cada ano o congestionamento aumenta. A percentagem de tempo e de força e de dinheiro desperdiçado e de esforço contranatural torna-se mais opressiva e exaustiva. Todo o desesperado dispositivo imaginável está a ser tentado, mas o problema cresce mais rápido do que os paliativos e a pessoa realmente questiona o que acontecerá quando as coisas chegarem a um impasse, quando ninguém puder pagar o seu aluguer ou chegar à sua actividade; quando, em suma, se tornar impossível continuar, o que se seguirá ao colapso. Qualquer diminuição na população significaria que as taxas e os impostos teriam de ser ainda mais aumentados e assim conduzida cada vez mais para longe da cidade. A questão lógica parece ser deserção e decadência; isto obviamente envolvendo o colapso da maquinaria de exportação, e assim a ruína do produtor no interior.

No passado, se as minhas suspeitas forem sólidas, cidades como Nínive pereciam em tal modo. A sua prosperidade levava-as a viver além dos seus meios. Elas compensavam o défice sangrando constantemente as províncias, matando eventualmente deste modo a galinha dos ovos de ouro. Para mim, a presente prosperidade dos Estados Unidos, tal como a de Inglaterra sob a Rainha Vitória, é devido à coincidência de várias condições favoráveis mas temporárias. Na Inglaterra, a invenção da máquina hidráulica de fiação, a máquina a vapor e similares formas automáticas de produzir riqueza, a abertura de novos mercados, a expansão do comércio e o sucesso colonial enriqueceram-nos facciosamente. Processos semelhantes ainda estão em trabalho nos *States*.

A vasta riqueza em quase todas as mercadorias tornou-se fácil de explorar através da introdução de métodos científicos e de maquinaria economizadora da labuta. O fornecimento de mão-de-obra barata a partir da exaurida Europa, a remoção de todas as restrições à expansão pela extensão do espaço de manobra e a superação de obstáculos naturais; todas estas condições têm feito da América a patroa comercial do planeta.

Ela nem sequer tem sido perturbada e impedida por qualquer séria luta interna ou externa desde 1865. A Guerra Espanhola foi um feriado e a A.E.F.[57] pouco mais do que um organizado prolongamento da normal maré de turistas. Ela nunca tem tido que lutar pela sua vida; ela nunca tem tido uma doença séria, mas agora esta curva está a aproximar-se, se é que ainda não alcançou, do seu ápice. A colonização está completa. As pessoas estão começando a empurrar-se umas às outras. A Europa não pode mais pagar pelos produtos dela. A ausência de unidade moral está criando conflito de classes. Os problemas da política são demasiado vastos e variados para até mesmo o génio compreender; o aparelho da ordem, tanto moral quanto física, está mostrando sinais de um colapso iminente. Os interesses das cinco principais secções do país tornam-se mais obviamente incompatíveis. Qualquer grave revés pode causar desastre numa dúzia de diferentes direcções.

Eles falam do caldeirão. A metáfora não é má. Durante os últimos sessenta anos eles têm lançado neste indiscriminadamente tudo o que tem chegado. Eles protestam apaixonadamente que o produto deve ser aquele ouro perfeito, o "cem por cento

---

57 N.T.: Força Expedicionária Americana; conjunto das Forças Armadas dos Estados Unidos enviado à Europa durante a Primeira Grande Guerra

Americano", que pode ser definido como os fantasmas do desejo de um superintendente da Escola Dominical, uma *flapper*[58] romântica, um usurário inescrupuloso, e um médium piegas, desencadeado num único pesadelo delirante. O mais provável é que a interacção de todas estas formidáveis forças resultará numa explosão. A minha fé no futuro dos *States* está fixada em alguma racional reconstrução após revolução. A presente tentativa de amalgamar este fortuito hotch-potch[59], não calculando probabilidades nem observando realidades, mas asseverando um postulado amistoso como se fosse axiomático, nasce de uma ilusão inventada pelo desespero de agir com inteligência; e quando chega o momento do despertar, a desilusão pode abalá-los, de início, para a insanidade. É provável que nada menos do que isto lhes mostre que a natureza humana é uma obstinada realidade que nenhuma quantidade de humor, engano e intimidação irá alterar.

Estas preliminares especulações apresentadas, tentarei eu agora justificar a diagnose exibindo o saliente sintoma. Por conveniência tenho classificado as minhas observações sob alguns tópicos principais. Eu mostrarei como a América difere da Europa na sua atitude perante a lei e a ordem. Darei exemplos da insondável ignorância que prevalece mesmo entre as pessoas mais altamente instruídas, não meramente de factos bem estabelecidos sobre o que na Europa é chamado de conhecimento comum, mas também dos princípios mais elementares da natureza, ou seja, dos factos que os Europeus bastante iletrados saberiam instintivamente sem ter de aprendê-los. Darei exemplos da impotência do extravagante idealismo deles para preservá-los da ultrajante convenção Europeia sobre honra e boas maneiras. Por último, eu ilustrarei a calosidade e a crueldade que caracterizam as pessoas como resultado da fanática fé delas em absolutos padrões de rectidão e definição do dever para com o próximo como a espionagem e a tirania. Pedirei ao leitor que analise cada incidente a fim de descobrir o simples e radical motivo subjacente à manifesta acção. Espero assim deixar claro que mesmo as mais absurdas e atrozes abominações são, por assim dizer, acidentes causados pelo impacto de factos com os quais o Americano está incapacitado para lidar, devido à sua infantil ignorância, inexperiência e falta de todo o senso de proporção; de modo que para cada crise ele somente pode trazer a intensa e impulsiva energia do instinto.

EM 1912 considerei escrever três ensaios sobre arte e literatura Americana, passada, presente e futura. Eu somente completei o primeiro, o qual está publicado na *English Review*. Isto provocou um furacão do outro lado do Atlântico e, difícil como é acreditar, os ecos ainda não se dissiparam.

Nos últimos doze meses isto foi violentamente atacado por um dos melhores poetas da América, Robert Haven Schauffler. Eu faço questão de mencionar o facto. Ele acusou-me de preconceito e deslealdade, ignorando, é claro, que o meu ensaio era apenas um de três e que o meu plano tinha sido o de expressar a mais amigável fé no futuro. Tal como está, o meu julgamento é sem dúvida severo mas eu vejo pouco para modificar.

Poe e Whitman são ainda, na minha opinião, os únicos escritores de primeira linha até aos últimos anos. Eu ainda acho Longfellow, Bryant, Whittier, Emerson, Bret Harte, Mark Twain e o resto desprovidos de qualquer título para enfileirarem entre os geniais. Eu posso admitir que eles possuíam grandes talentos, mas isso é externo à questão. Eu tinha sido impedido de escrever os outros dois ensaios em parte porque o editor, seguindo a sua regra invariável, quebrou a sua palavra dada a mim, e em parte porque o meu coração estava partido pela cuidadosa leitura dos livros que eu pedira a Leila Waddell para trazer de volta da América a fim de me fornecer material. Eles

---

58 N.T.: uma jovem petulante, volúvel
59 N.T.: mistifório, mistura

deixaram-me sem um vislumbre de esperança. A mais lixenta baboseira de Inglaterra era Swinburne e Stevenson em comparação. A moralidade dos autores Americanos era medonha demais para contemplar. A unidade artística de toda a produção consistia na sua rudeza comum, por detrás da qual estava a fixa determinação de ir aos dólares. Não havia ambição nem consciência em parte alguma. A minha opinião, já a zero, caiu abaixo da marca de ar líquido.

O meu primeiro contacto pessoal com as condições reais do presente tempo não melhorou perceptivelmente as questões. O meu primeiro lampejo de esperança foi fornecido pela "vela e a chama" de George Sylvester Viereck. Aqui, pelo menos, estava um homem com uma mente própria, uma digna aspiração e uma excelente técnica, mesmo que a real realização não fosse nada de deixar por casa. A prosa dele era melhor. As *Confissões de um Bárbaro* que pretendem descrever a Europa são excelentes. A Europa é o cavalo de disfarce por detrás do qual ele dispara o seu chiste. Cada disparo conta, e todos são destinados à América. Nenhum melhor estudo dos Estados Unidos foi alguma vez escrito.

Através de Viereck conheci o seu amigo Alexander Harvey, o qual afirmou admirar o meu trabalho e ofereceu-me a oportunidade de reciprocar. A princípio eu falhei. De certo modo eu tinha a fina ideia de que ele não tinha virilidade e seriedade, e que o trabalho dele era um espetáculo de sombras. Eu não tinha compreendido o autor. Somente após ler *Shelley's Elopement* e o seu livro sobre Howells[60] alcançei um pleno discernimento da sua mente e conduta. Porém, tendo assim feito, uma grande luz despontou em mim. Eu tive de o reconhecer como um mestre. Na série de ensaios em que estou a trabalhar actualmente, eu tenho um consagrado a ele. Só preciso observar ali que Alexander Harvey, mais subtil e etéreo do que o próprio Poe, possui uma delicadeza e um senso de humor tão requintado, traquina, elusivo como nenhum homem alguma vez escreveu. A ironia dele é incomparavelmente afiada. Que eu deveria ter perdido o ponto ensinou-me uma lição muito necessária.

Pegar num livro, persuadido que nada de bom pode vir à tona de Nazaré, torna a apreciação impossível.

Harvey apresentou-me a Edwin Markham, cujo *The Man with the Hoe, and other poems* é seguramente de primeira linha do seu género. O seu trabalho é desnivelado e seria absurdo afirmar que ele é de proeminente excelência. Ele não tem a estatura da sagrada legião, mas pelo menos ele provou-me a existência do que eu tinha até então duvidado; um poeta fiel a si mesmo e sem medo da opinião; capaz de altas metas, consciencioso em persegui-las e corajoso em proclamá-las. Eu olhei ao meu redor naquele momento por um segundo poeta, mas aqui a infatigável pesquisa revelou-se infrutífera. Poetas e poetisas com estilo próprio são tão comuns na América quanto os comuns bacilos num cólon irritável. Eles nadam e guincham e ralham e fedem inacreditavelmente.

A principal poetisa presente era E. W. Wilcox, parecendo exactamente como uma escanhoada porca emplastrada com brilhantes unguentos num vestido Grego e com uma coroa de flores na sua peruca. Era de vomitar! Na Europa, fora as negligenciáveis panelinhas no Soho zumbindo em torno de pessoas como Ezra Pound e até menores fragmentos de pretensão em Paris, os poetas têm algum senso de dignidade. Eles tentam escrever e falam o mínimo possível sobre isso. Na América, a poesia é um ramo do negócio de patentes de medicina. O remédio não importa; o que conta é o rótulo, o bafejo e o depoimento falso.

Pouquíssimos conseguem, de uma forma ou de outra, produzir estrofes ocasionais,

---

60 N.T.: William Dean Howells, 1830-1920, autor e crítico literário americano

com algum tipo de ideia nelas fluentemente e mesmo poderosamente, mas, com a excepção de Markham e Schauffler, não há praticamente ninguém que compreenda sequer o que a poesia significa. O único intuito é a autopropaganda.

Em matéria de prosa, a situação é completamente diferente. Como observado noutra parte, a primeira necessidade urgente do país é um crítico cujas palavras transportem peso, quem distinga o bom do mau e não possa ser intimidado ou subornado. Estas foram encontradas em William Marion Reedy, Michael Monahan e H. L. Mencken. Os dois primeiros não foram plenamente eficientes. Eles eram demasiado refinados para tirarem as suas camisas e mergulharem de cabeça na zaragata, mas Mencken compreendeu a psicologia do gado que ele estava disposto a matar e alabardou-os devidamente. Tendo assim assegurado os serviços de um editor combativo, o resto da equipa sentiu-se livre para fazer o seu trabalho como queria e o resultado foi o súbito aparecimento dum regular exército de autores e até de dramaturgos que realmente têm importância. Sendo as condições como são, todos os revolucionários vermelhos são necessariamente satiristas selvagens; eles não ousam perder tempo em cortejar a beleza até que a guerra seja vencida. Encontramos, por conseguinte, Theodore Dreiser, Lewis Sinclair (em oposição ao seu homónimo histérico, embora bem-intencionado, Upton) e outros da escola deles, os quais parecem considerar-se uma comissão designada para reportar sobre a devastação da respeitabilidade. Romance após romance descrevem inflexivelmente as realidades da vida na América nos seus vários departamentos.

Upton Sinclair e a sua escola falham por exagero. A indignação sentimental deles é tão falsa quanto a oficina no outro lado da rua. Howells, Chambers[61] e todos aqueles pululantes promotores do sangue quente, vida limpa a cem por cento. O jovem Gibson e a sua companheira rivalizam com eles em invertebrado idealismo. Mas a nova escola do realismo faz questão de ser justa. Os personagens vivem; eles não são meras desculpas para empilhar epítetos. Ainda sob os pés dos actores está o palco e por detrás deles um fundo.

Este palco está podre. A fundação é igualmente injustiça social e falsidade moral. O fundo é igualmente mau. A cena está estabelecida para uma farsa obscena. O trabalho desta escola está finalmente começando a contar. Uma constantemente crescente percentagem de Americanos está começando a compreender que o vago horror que os assombra é o miasma da imoralidade fabricada. Eles vêem que a deliberada tentativa de padronizar as condições sociais, de espezinhar a originalidade, de ostracizar o génio, de disciplinar a vida em todos os detalhes, está a transformar a terra dos livres num convicto assentamento e modelamento da civilização em cima do da formiga.

Alexander Harvey fica do lado de fora deste corpo de Guerreiros. O espírito dele está menos em contacto com as brutalidades da vida quotidiana. A sua estirpe é imaculada e ele começou a sua carreira na diplomacia. Ele foi, portanto, capaz de desenvolver a sua fina e intrincada paixão por pura beleza sem ser constantemente encontroado pelos apressados demónios do comércio. Ele é capaz de tratar a sociedade Americana como uma brincadeira. Os personagens dele são, na sua maior parte, elevados acima do rebuliço da azáfama. A América fere-o somente nos seus nervos espirituais. O mais hediondo dos demónios que o assombra é o que ele chama de nativo Americano de origem Anglo-Saxónica e o seu marfim visa as atrocidades menos óbvias do seu ambiente.

Uma outra figura se destaca, olímpico e titânico num só. Conforme eu tenho tentado mostrar no meu ensaio (*The Reviewer*, Julho de 1923), James Branch Cabell é um génio mundial de dominante estatura. Ele vem de famosa cepa e ocupa uma excelente posição social, estando isolado na sua própria propriedade na Virgínia. O

---
61 N.T.: Robert W. Chambers, 1865-1933

tumulto da Main Street e os barulhos de animais da selva nascem para ele como ecos à distância. As realidades da moderna América consequentemente ocupam apenas uma saliência da sua frente de batalha, que se estende desde o assento do próprio Jove[62] até ao mais profundo Tártaro. Todos os períodos da história contribuem para as páginas dele e os seus personagens incluem personificações de princípios eternos, demónios lendários e monstros de todos os tipos; heróis de fábulas e romance homónimo, e os indivíduos quotidianos do mundo moderno. Entre estas ordens infinitamente diversas de ser, ele não faz diferença. Todos são igualmente reais e misturam-se livremente uns com os outros. A sua epopeia inclui Mother Cerida, um dos sete poderes do destino, a função dela é cancelar tudo. Helen of Troy, Merlin, o tirano Dionysys e o President Roosevelt caem cada um no lugar apropriado. A tese dele abrange todo o campo da filosofia, mas a sua conclusão final—até hoje—parece ser quase idêntica à de Main Street: que toda a aspiração é fútil, a realização impossível na natureza das coisas.

Tal como James Thomson, não obstante, conforme eu tenho demonstrado no meu ensaio a respeito dele, ele tem ampliado tanto o escopo do seu argumento a ponto de não permitir uma fuga possível por meio da retirada para algum plano mais elevado. No entanto, a sua aquiescência intelectual na ineluctável futilidade da vida, o seu sangue gentil e o seu génio divino compele-o a fazer uma irracional excepção desta lei de uma maneira bastante inexplicável, e o heroísmo vence inteiramente. Mesmo assim, eu considero Cabell como o maior génio do seu género que até ao momento tem aparecido neste planeta. Antes dele, ninguém jamais concebeu um tema tão abrangente. Contudo, eu ainda estou insatisfeito! Exijo que ele seja desenvolvido para a solução do seu problema, e perceber que a tese contraditória é igualmente verdadeira: que os eventos mais triviais, vãos e fátuos, se correctamente compreendidos, são sublimes; que o lamaçal do desânimo não passa duma ilusão de óptica criada pela sombra dos, puros como a neve, cumes de sucesso.

Eu tenho sido acusado de exagerado entusiasmo para com Cabell. O mais estúpido e mesquinho tem até explicado o meu ardor pela minha apreciação do elogio que o Sr. Cabell me prestou usando a minha Missa Gnóstica como material para o Capítulo XXII do seu *Jurgen*. A sugestão é disparate total; embora, ao mesmo tempo, eu admita cordialmente que nenhuma outra forma de apreciação do meu trabalho me teria agradado tão bem.

Eu considero a sua epopeia de suprema importância para a humanidade como uma exposição da natureza do universo, de modo que eu não apenas lhe enviei uma cópia de *O Livro da Lei,* na esperança de que ele pudesse encontrar nisto a saída da Budística demonstração dele de que "tudo é mágoa", mas também acompanhando isto por carta após carta insistindo para que ele a usasse, pois o trabalho dele não pode atingir a perfeição sem que culmine numa positiva conclusão.

Por muitos anos ele labutou na sua tarefa quase que negligenciado. Não é agradável reflectir que ele somente ficou famoso quando a sociedade *smut-smeller*[63] teve sucesso na supressão de "Jurgen" como obsceno. Devo admitir, sem embargo, que quando *Beyond Life* me foi enviado para revisão (a primeira vez que eu ouvi falar dele), conquanto percebendo imediatamente a sua excelência, eu não tinha ideia da importância disto. Deixou-se o assunto a descansar lá. Então *Jurgen* chegou até mim e eu vi imediatamente que não só o livro era uma obra-prima suprema mas também ampliava a minha compreensão da sua estável companhia. Eu prossegui a arrebatar os livros dele o máximo que pude. Cada volume abriu um novo mundo para a minha

---

62 N.T.: Júpiter
63 N.T.: farejadora de obscenidade

visão. Não era claro por que razão ele não tinha impressionado mesmo os melhores críticos como ele merecia. Ninguém tinha visto que cada volume, aparentemente auto-suficiente, era na realidade um capítulo, uma única vasta epopeia. Quanto mais eu leio e releio, mais plenamente eu percebo a extensão do império dele.

Eu tenho-me dedicado a isto com algum pormenor com vista a primeiramente enfatizar a importância do trabalho, e prevenir qualquer leitor de supor que um qualquer livro dará uma ideia adequada do génio dele.

~ 76 ~

DESDE DEZEMBRO de 1914, eu tenho pensado, constantemente, em como melhor divulgar as minhas acções políticas na América e os motivos que determinaram a minha política. Eu deveria ter estabelecido qualquer outra questão espontaneamente, mas já estou sensível acerca da minha lealdade à Inglaterra. Apresso-me a explicar que, por lealdade, não quero dizer admiração, aprovação ou qualquer coisa amável de qualquer tipo. Eu reservo-me o direito de falar tão severamente quanto Milton, Wordsworth, Byron, Shelley e Swinburne. Tudo isso não toca no ponto. Eu sou Inglês, e isso num sentido muito especial, como sendo o profeta e poeta apontado pelos deuses para a servir. Nós não acusamos Isaías de ser antipatriótico porque ele troveja contra Israel. O motivo de Isaías é meu. Não existe uma essência que constitua a Inglaterra, incorrupta e incorruptível por quaisquer possíveis factos fenomenais. Eu sinto-me como um elemento integrante desta Inglaterra; o que eu faço, eu faço para bem dela. Eu posso ter de esfregar o rosto dela com sabão amarelo, abrir um abcesso, ou extirpar um cancro. Trabalhando como eu trabalho num mundo de causas espirituais inteiramente além da compreensão de pessoas comuns, eu sou passível de ser mal interpretado.

A essência da minha aventura na América pode ser resumida em poucas palavras. De Agosto a Outubro de 1914, eu tentara todos os meios para que o governo me usasse—sem sucesso.

Na América, a oportunidade mostrou-me um caminho, para o qual eu estava particularmente bem adaptado, pelo qual eu poderia concebivelmente desempenhar um papel tão importante na guerra quanto qualquer homem vivo. O preço do sucesso foi a coragem moral até ao limite teatral. Eu tenho de mendigar por fundos, amigos e honra por enquanto. Duvido que tenha considerado isto claramente de antemão; poderia ter-me divertido se tivesse. Eu não quero reivindicar indevido crédito por coragem. Eu fiz o que fiz porque assentava na minha guerra fazê-lo. O meu primeiro passo foi a reacção natural à oportunidade. Mas isto pelo menos eu reivindico, que quando descobri o quão era abominável o meu trabalho, quais humilhações e privações envolvia, eu fixei os meus dentes e aferrei-me ao trabalho.

Ora então, quanto à forma do meu relatório. De tempos a tempos eu esboçava várias declarações destinadas a vários leitores. Tenho escolhido aquela que escrevi num momento de desgosto, quando, depois do meu trabalho ter sido coroado de êxito, eu descobri que os meus dois mais antigos amigos compreendiam-me tão pouco que achavam que era dever deles instar-me a justificar ao mundo a minha conduta intentando uma acção contra a mais indecente chantagem hebdomadária em Londres. Eu era o mais irritado porque no momento eu estava praticamente sem um tostão, e porque esperava, submetendo-me em silêncio um pouco mais à calúnia, tornar-me novamente útil a Inglaterra numa similar capacidade se certas eventualidades, que eu então não achava impossíveis, se materializassem.

Ultrajado no meu ponto mais sensível, eu fui ao Cadran Bleu em Fontainebleau, almocei, e comecei a minha resposta a Horatio Bottomley. Eu encontrava-me demasiado indignado para escrever, então voltei para a casa, na rue de Neuve, que eu alugara e peguei no "Ape of Thoth" para retirar o tornado a partir do ditado. Quando ela murchava, a sua estável companheira, a Irmã Cypris[64], assumia o seu lugar; e assim alternadamente até que eu ficasse apaziguado, umas vinte e quatro horas depois.

Uma circunstância conspirava com uma outra para atrasar a publicação, mas cerca de dois anos depois, com a intenção de ir para Inglaterra, eu revisei-a, com a ideia de publicá-la imediatamente na minha chegada como um desafio aos meus críticos. O destino mais uma vez interferiu. O longo contrato de Bottomley estava prestes a expirar. O agente policial que ele tinha deixado para trás estava a morder-lhe os calcanhares. O chantagista, tentando resistir a ser chantageado, estava começando a ver uma das virtudes mágicas do silêncio. Eu não podia publicar um ataque a um homem no banco das testemunhas que evidentemente era uma acomodação temporária a caminho do cais. Então mantive a minha paz e escrevi a Bottomley para lhe contar que eu não tinha contínha malícia e esperava que ele se livrasse. Espero que isto o tenha confortado na servidão penal para recordar que um, pelo menos, dos homens, a quem ele injustificadamente prejudicou, lhe desejou felicidades. Não lhe desejo menos felicidade hoje, mas, infelizmente, ele não pode ser ferido pelas duras palavras que me ocorre dizer. Qualquer alteração do meu panfleto destruiria todo o espírito do espasmo, a peçonhenta virulência da minha vituperação é o ensaio. Eu mostrei o manuscrito ao pobre Tommy Earp, o qual poderia ter sido poeta se ele não tivesse sido um plutocrata. Ele disse que "The Last Straw" foi o limite em sua linha e o meu julgamento salta com o dele. Qualquer considerada declaração, qualquer documentada alegação, careceria da nota de intensidade e genuinidade que a minha descuidada espontaneidade e impulsiva indignação me ensinaram. Por isso vou imprimir o escorpião conforme o escrevi. O seu diabo deve escusar o seu indecoro. O selvagem desprezo de Swift compunha uma acusação de natureza humana que excedia em muito a mais extrema ordenada combinação, e os meus "golpes esmagadores" aos meus próprios melhores amigos, por meio de Bottomley, obscuros funcionários em particular, e o burocrático bloqueio, podem, espero eu, pela sua carência de proporção filosófica ou por direccionada animosidade, demonstrar em que cega raiva o meu espírito, normalmente imperturbável, fica turbilhonado quando qualquer homem, em quem eu considero que vale a pena desperdiçar uma palavra, sugere que a minha lealdade à Inglaterra poderia ser posta em dúvida por qualquer agregação de protoplasma cujo nível intelectual seja acima do de um Woodrow Wilson.

A ÚLTIMA GOTA

É um facto vergonhoso que em Julho de 1914 houvesse um Inglês tão sordidamente degenerado—eu cito o Patriota Bottomley—que ele estava envolvido em escaladas solitárias entre os Altos Alpes, desafiando o nativo e o estrangeiro, o profissional e o amador, a segui-lo. Ele não fazia isto para irritar qualquer um; ele já muitas vezes expusera a cobardia do endinheirado "Herren"[65] do English Alpine Club; mas ele queria encorajar a geração mais jovem a escalar sozinha, e manter-se ele próprio em bom treino para a sua terceira expedição às Montanhas Himalaicas, coisa que ele pretendia fazer em 1915.

O sórdido degenerado, a quem eu doravante designarei pelo pronome de primeira

---

64 N.T.: Cypris—Afrodite; nome mágico de Ninette Fraux Shumway
65 N.T.: Senhores

pessoa do singular, tinha a ideia de que a guerra era um assunto sério. Ele achava que tinha ideias e virilidade, e que o seu país precisava dele.

O evento indica a fatuidade dele. Descendo o Jungfrau pelo Rothsthal com uma unha machucada, para o que não é totalmente justo culpar os Srs. Dowie e Marshall, Fabricantes de Calçado, West Strand, Londres, W. C., que ainda são os melhores, e podem estar a uma ou duas libras do lado errado no livro fiscal, coisa que este anúncio deve enquadrar, o nosso degenerado, quero dizer eu, foi a Berna e perguntou ao Ministro Britânico como chegar a casa. O M. B. (que não significa Maldito Burro) não sabia; ele disse que era impossível—poderia haver um comboio em seis semanas. Escreveria o Sr. Crowley o nome dele num livro para reservar um lugar naquele comboio fantasmagórico? O Sr. Crowley escreveu-o; o M. B. poderia ficar teso um dia e obter uma refeição—ou uma anuidade—vendendo o meu autógrafo.

Mas ele não esperou pelo comboio. O "Comité Britânico"—liderado por dois senhores que pareciam uma combinação de Vaudeville[66], o Sr. Whitehead e o Sr. Waggett—perguntaram ao Sr. Crowley o que faria ele. Crowley iria para Londres; se houvesse um comboio, excelente; se não, ele poderia caminhar e nadar.

A sorte—não, bom senso!—favoreceu-o; enquanto vinte mil Ingleses, e trinta mil americanos, milionários, ficaram presos na contaminada Suíça durante meses, porque não tinham o bom senso de apanhar um comboio para Paris, incapazes de descontar as suas provisões, e a viver na caridade de ladrões calculadores. Eu refiro-me aos hoteleiros Suíços—ele caminhou até à estação e apanhou o comboio para Paris, conforme supradito.

Eu passei uma semana em Paris. Fiquei espantado com o sangue-frio das pessoas. Elas viravam da paz para a guerra tão simplesmente quanto um homem se vira no seu sono. Cheguei a Londres e descobri que Bernard Shaw havia contado a verdade. Vinte anos de jornais de pouca valia tinham transformado o Britânico, desde a mais estólida à mais histérica nação na Europa. Segundo eles, o Alemão era um monstro como um bicho-papão num pesadelo, e era inútil lutar contra ele. Ao mesmo tempo, ele era um cobarde que não se atrevia a avançar, a não ser por detrás duma tela de freiras Belgas. Ele não tinha disciplina, nem moral, nada senão um talento para estupro, tortura e pequenos roubos. As suas tropas de primeira linha haviam sido aniquiladas por *braves Belges*[67], quem nós tínhamos até aqui considerado apenas como pessoas que cortavam as mãos e os pés dos inocentes nativos da bacia do Congo.

Eu estava mais do que nunca convencido de que eu era necessário para o meu país, que é a Inglaterra, e todos prò inferno. No meu excitamento, eu tive a alucinação de que a Inglaterra precisava de homens. Descobri, pelo contrário, que as estrelas orientadoras de Inglaterra precisavam de "continuar como até aqui".

Fui interrompido nas minhas fúteis tentativas de lutar pelo meu país como eu tinha sido interrompido nas minhas tentativas de escalar os Alpes, desta vez por um ataque de flebite. Fiquei deitado seis semanas na cama, avisado de que o menor movimento poderia resultar em morte súbita, e informado de que com toda a probabilidade eu nunca mais conseguiria escalar uma montanha novamente. O período da minha doença cobriu Setembro e a maior parte de Outubro de 1914.

Naquela época, qualquer homem que sugerisse a conveniência do recrutamento era considerado um traidor.

Conscrição era exactamente o que estávamos a combater. Austin Harrison disse que nós estávamos a lutar pelo nosso golfe e os nossos fins-de-semana, Raymond Radclyffe

---

66 N.T.: teatro de revista
67 N.T.: valentes belgas

dizia com, ao que me pareceu, um pouco mais de plausibilidade que se derrotássemos os Alemães, isto mostraria que o amador era melhor do que o profissional.

A partir da minha cama de enfermo, eu ditei um artigo chamado "Thorough", em alusão ao plano do Conde de Strafford no tempo de Charles I. Eu disse: "requisitar todo o homem e toda a munição no país." Eu disse: "Isto não é uma querela continental—isto é vida e morte por Inglaterra. Não queremos debates na Câmara dos Comuns, nem mesmo no asilo de Earlswood. Nós queremos um ditador." Nenhum editor iria publicá-lo.

Todos queriam "continuar como até aqui", enquanto a Europa era infestada por malucos, disparados por ambições comerciais, como havia sido cem anos antes, disparados pela ambição militar dum homem maior do que Bloody Bill[68]. Napoleão, pelo menos, representou a humanidade e a civilização. Ele deu à França um código de leis melhor do que qualquer outro desde aquele que Manu deu à Índia. Wilhelm não ofereceu nada a não ser o *Kultur* do Herr Professor com cérebro de ferro-gusa, e a concepção de mulher como *Kuh*[69] de *Küche, Kirche und Kinder*[70]. Isso era o que nós estávamos a combater—não pelo nosso golfe e pelos nossos fins-de-semana. Não tem havido golfe desde a introdução da bola de Haskell[71]—e se os nossos fins-de-semana nada significarem senão "adultério com confortos caseiros" (na excelente frase de Frank Harris), eu acho que o domingo é uma lastimável superstição.

Eu cansei-me da defesa heróica de Liège. Olhei para o mapa e não pude conciliá-lo com os redis da nossa esfarrapada linha de desatentos mendigos. Eu não gostei da maneira como os jornalistas justificaram o nosso "desprezível pequeno exército" por fugir devido à traição dos generais Franceses, os quais estavam sempre a ser baleados ao nascer do sol, e sempre subsequentemente a escrever para os jornais a dizer o quanto eles gostavam da guerra. A minha flebite afectou meramente a minha perna esquerda e o facto de que eu era um atirador especial e um velho artilheiro não interessava ao Departamento de Guerra. Eu não poderia usar a minha perna—poderia eu usar o meu cérebro?

Eu estava a jantar com um velho amigo, o Honorável A. B., o irmão do Conde de C. Mencionou que ele estava no escritório do licenciante. Eu disse: "E quanto a mim? Eu tenho alguma reputação de homem de letras—como crítico—eu sou especialista em cifras—eu leio e escrevo Francês tão bem como escrevo Inglês (e o mundo sabe o quão bem)—eu tenho um justo conhecimento numa dúzia de outras línguas, incluindo Hindustani—manter-me-á a minha perna fora da guerra tão eficazmente quanto o Sr. Woodrow Wilson manterá a América—não há nada que eu possa fazer para servir a minha pátria conforme parece que tu estás a servi-la?"

Ele disse: "Temo que tu não possas fazer nada—tu vês que eu comecei na Marinha—eu tive um ano ou dois num navio de treino antes de me tornar um advogado—eu tenho um locus standi[72]—tu nem sequer recebeste honras em Cambridge, como o Patriot Bottomley suporá, um dia, que tu tenhas recebido—tu nem sequer tiraste o diploma comum. Tu usas uma curta batina azul e um capelo extremamente danificado. Tu tens uma personalidade extraordinária—uma reputação de ter cometido todos os crimes desde assassinato, fraude e fogo posto até ao *quaternio terminorum*[73]. Tu tens a mais

---

68 N.T.: William T. Anderson, 1840-1864
69 N.T.: vaca
70 N.T.: "cozinha, igreja e filhos"—lema alemão que deveria guiar a vida de uma boa mulher, segundo o imperador alemão Guilherme II
71 N.T.: Coburn Haskell, 1868-1928
72 N.T.: legitimidade activa para intentar uma acção judicial; capacidade para litigar, pleitear
73 N.T.: A falácia dos quatro termos—tipo de erro de raciocínio ou falácia silogística, onde existem quatro ou mais termos em vez de três termos—proposições

subtil mente, o mais profundo conhecimento da psicologia e o mais incomum modo de escovar o teu cabelo em Inglaterra. Eu não posso ter quaisquer esperanças de que seja encontrada alguma forma pela qual tu possas servir o teu país."

Ele bebeu oito xícaras de café; tragou quinze copos de brandy 1911. Mas ele não podia tornar-me um tenente naval, o qual tinha esquecido a diferença entre um *powder monkey*[74] e um *taffrail*.[75]

"Tu não podes servir o teu país."

Eu disse: "Lord Kitchener tem pedido por cem mil voluntários. Maldita seja esta perna, mas não poderia eu escrever ou falar?

Ele disse: "Lord Kitchener está somente a fazer *bluff*. Nós não queremos homens; Liège está a resistir. (Isto foi cerca de um mês após ter desabado.) Um milhão e meio de Russos da marca do rolo compressor passaram por Inglaterra ontem à noite numa carruagem de primeira classe a caminho da Flandres. Eles viajaram de São Petersburgo para Arcangel por um ferrovia que tem uma única linha e cuja frota de comboios consiste de três motores, um amarrado com arame de ferro realmente prestável, e os outros com pedaços de excelente e eficiente corda—e quatro camiões que não são assim tão maus, eu honestamente acredito. E por que razão eles desembarcaram todos aqueles homens na Escócia e os enviaram através de Inglaterra numa carruagem de primeira classe com as persianas fechadas, em vez de enviá-los directamente para Dunquerque, eu não sei."

A minha perna e o meu registo da Escola Dominical conspirando para me manter fora das trincheiras, e a minha deplorável falta de estupidez desqualificando-me para o Departamento de Inteligência, eu aceitei um convite para ir a Nova Iorque. Parecia como se houvesse quinze ou vinte milhões de dólares nisto, e eu tinha a sensação de que o meu país, o mais rico do mundo, estaria em breve, de chapéu na mão, a pedinchar aos selvagens por caurins. Eu fui para a América via *Lusitania*[76] em 24 de outubro de 1914, esperando permanecer uma quinzena e retornar com os tendões da guerra.[77] Não demorei quarenta e oito horas para descobrir que o meu ovo estava estragado.

Eu levara comigo o equivalente a cerca de cinquenta libras em cunhagem americana. Por sorte, uma das primeiras pessoas que conheci em Nova Iorque, Mr. D, que eu conhecia como coleccionador de livros raros, pinturas e esculturas, incluindo algumas das minhas próprias *introuvable*[78] publicações, mostrou interesse na compra de algumas das minhas edições e manuscritos únicos. Eu combinei ficar em Nova Iorque até que estes pudessem ser enviados para aprovação dele. (Na verdade, eu tinha-o entendido como oferecendo-se para comprá-los todos de imediato. O dinheiro era nesta altura de considerável significância para mim. No final, ele comprou entre setecentos e oitocentos dólares das minhas mercadorias, em vez de entre três e quatro mil dólares, como eu esperava, e este desapontamento deixou-me em grandes dificuldades financeiras, visto que naquela época eu não tinha recursos imediatamente disponíveis em Inglaterra.

O Patriota Bottomley está em erro, eu rezo para que ele possa perdoar-me se eu referir isto. É a sua gentileza para comigo que procura lisonjear-me indevidamente quando ele diz que eu recebi honras de Cambridge. A posteridade entenderá, pelo contrário, que Cambridge tem recebido revigorantes honras a partir de mim. Mais que isso, Patriota ainda que sejas, Horatio, é humano errar. Homero e Júpiter têm sido conhecidos por anuir. O Patriota Bottomley faz um digno terceiro junto a estes. Apresento que eu

---

74 N.T.: rapaz recrutado para levar pólvora às armas num navio de guerra
75 N.T.: corrimão do tombadilho; parte superior do painel da popa
76 N.T.: RMS Lusitania, navio de passageiros britânico
77 N.T.: "sinews of war"—dinheiro necessário para uma guerra
78 N.T.: inencontráveis

nem sequer obtive o diploma ordinário em Cambridge. Eu sou um universitário de Trinity College. Mas eu sou um membro vitalício dessa universidade; tanto assim que, quando o reitor tentou impedir-me de exercer o meu direito de entrar nos pátios desta, eu confrontei-o à porta da capela e chamei-o de cobarde e mentiroso na cara dele. Repreender as autoridades da universidade é um dever desagradável; o mesmo, demasiadas vezes, imposto ao moderno universitário. Mas há em mim virtude Romana e eu nunca me encolho de uma obrigação moral.

Eu encontrava-me, então em Nova Iorque, aguardando a chegada dos meus livros e manuscritos, um acontecimento, desafortunadamente como eu então pensava, muito retardado. Assim reconsiderei se eu não poderia, irracionalmente, imoralmente, não filosoficamente, com uma penosa perna mas com todo o meu coração e cérebro, servir a Inglaterra.

Eu fiquei furioso com a estupidez da propaganda Britânica. Era pior na América do que tinha sido na Inglaterra. Na melhor das hipóteses, era uma exageração e pura falsidade, tão transparente que o próprio Woodrow Wilson, para não falar de uma legião de graxistas Italianos, via através dela.

Quanto à propaganda Alemã, quase não era perceptível. Será que eles não entendiam a importância da América na Wilhelmstrasse?[79] Será que eles tinham o bom senso de confiar na estupidez dos apologistas Ingleses para derrotar as suas intenções?

Eu tinha uma considerável opinião sobre a inteligência dos Alemães, datando da época da minha juventude quando Helmholtz era o grande nome em física, Haeckel em biologia, Mommsen em história, Goethe em poesia, Bach, Beethoven e Wagner em música; a época em que se pode dizer que toda a química orgânica tinha sido desenvolvida na Alemanha. Eu tinha ainda de lembrar que o sistema social Alemão era considerado por quase todos os Ingleses pensantes como um modelo sublime. O pensamento e acção Germânicos foram imortalizados por Carlyle. A economia social Germânica fora servilmente adoptada por Lloyd George na Lei de Seguros. Grandes advogados como Lord Haldane e talentosos moços de recados como H. G. Wells misturavam as suas vozes (é claro, no último caso, com um sotaque um pouco londrino) para exaltar a grandeza da Alemanha e sustentá-la como um padrão para todos os bons Ingleses. Eu reflecti que Bismarck não era exactamente um tolo na política, que von Moltke dificilmente tinha sido um amador na arte da guerra. Eu havia lido von Bernhardi com admiração, tanto pela sua capacidade intelectual quanto pela sua simplicidade moral. Eu não discutia se ele vinha ou não de cepa Italiana. Nietzsche era para mim quase um avatar de Thoth, o deus da sabedoria; e, quer ele fosse ou não um Polaco Judeu, a Alemanha havia possuído inteligência suficiente para lucrar com as bordoadas que ele lhe dava. Sim, eu estava quase convencido de que a directoria Alemã havia decidido permitir que a hipocrisia e a estupidez Britânicas ganhassem as suas batalhas por eles, tornando-se elas próprias absurdas e obscenas aos olhos de todas as pessoas sensatas.

Um dia, acho que no início de 1915. Eu estava sentado no topo do que os puristas Americanos chamam de plataforma, e nós de autocarro. Este veículo estava prosseguindo (ou tentando prosseguir) até à Quinta Avenida, que é uma espécie de vala repleta com diamantes e estenógrafos, tudo a um preço totalmente desproporcional ao valor do artigo. Eu não estava interessado nestes objectos de mercancia; eu estava ocupado pela minha própria vaidade. Alguém em Inglaterra enviara-me recortes de imprensa que me descreviam como o maior poeta, filósofo, vilão, montanhista, mágico, degenerado e santo de todos os tempos; e eu estava pensando que, como no caso da rainha de Sabá,

---

[79] N.T.: nome de rua usado como metonímia para se referir à administração governamental alemã

quando ela visitou o rei Salomão, a metade não tinha sido contada.

Eu fui despertado deste humor de misturada gratificação e desapontamento por um toque no ombro. Uma voz pediu-me para desculpar a sua intrusão. O seu dono explicou que, vendo-me a ler recortes com a inscrição de uma firma de Londres, ele supôs que eu fosse pelo menos um falante de língua Inglesa, numa cidade onde o Iídiche era a língua do romance. Se tal, era eu a favor de um acordo quadrado para a Alemanha e a Áustria? Eu respondi que sim. Tenho pensado muitas vezes o quão mais agradável seria se Alemães e Austríacos fossem cortados em pequenos quadrados e transformados em sopa.

Não revelei ao meu interlocutor esta interpretação da minha resposta, pois na minha iniciação eu aprendi a ser cauteloso. Ele, com a franca bonomia do Irlandês, disse-me que o nome dele era O'Brien, que tinha de sair na 37th Street, mas que se eu pudesse aceitar o seu cartão, ele ficaria feliz em continuar a conversa comigo no escritório dele. Como Jurgen na obra-prima de James Branch Cabell, eu estou disposto a provar qualquer bebida uma vez, e posso incidentalmente lembrar os meus admiradores de que, se a bebida for Courvoisier com mais de cinquenta anos, eu continuarei até que algo quebre e faça um bom trabalho o tempo todo. Então fui ver o sr. O'Brien.

O Sr. O'Brien não estava. Eu acho que nunca mais o vi novamente. Mas descobri que o escritório dele era o escritório de um jornal chamado *The Fatherland,* aparecendo semanalmente. Para minha surpresa, os internos pareciam saber tudo acerca de mim; e, na ausência do sr. O'Brien, eles produziram o mais extraordinário amniota—meio rato, meio coelho, se eu fosse um qualquer zoólogo—cujo nome é Joseph Bernard Rethy. Eu olhei para este espécime da criação do Criador com sentimentos um pouco confusos, gradualmente cedendo em direcção a um ateísmo pessimista, especialmente quando eu aprendi que, tal como qualquer um em Nova Iorque que consiga encadear uma dúzia de palavras sem som ou sentido, ele era uma brilhante luz da Poetry Society. (Mas ele é um rapaz muito agradável.)

Devo admitir que eu não sabia como falar com ele. Com toda a rapidez da sua apreensão Judaica, ele decidiu que eu era carne para o mestre dele, para quem ele enviou por meio dos complicados gestos manuais que formam a verdadeira língua dos Judeus, e, *pace*[80] Professor Garner, dos outros antropóides. Para minha surpresa, este seu mestre reconheceu-me e avançou com as mãos estendidas, os olhos esbugalhados e o tipo de boca que parece ter sido uma infeliz reflexão tardia. O nome desta pessoa era George Sylvester Viereck.

Eu tenho uma espécie de decidida admiração por este indivíduo. Ele tem a extraordinária faculdade de despertar uma instrutiva repulsão na maioria das pessoas, semelhante àquela que muitos sentem em relação a um sapo. Ele é mesquinho e cobarde a um ponto psicologicamente quase insondável; mas a sua cobardia é tão protegida pela astúcia que ele é capaz de executar um propósito desesperado. Eu posso provocar uma tempestade de excreção por dizer tal, mas acredito que ele seja fundamentalmente um dos mais bravos dos bravos homens. Ele foge o tempo todo, mas ele nunca se esquece de "lutar um outro dia". Uma vez ele gabou-se de ser neto do primeiro Imperador Alemão junto a uma actriz, Adele Viereck. A declaração feriu a América nos seus dois piores sítios. Afirmava a superioridade e desafiava a propriedade. Viereck tem tentado livrar-se da sua ostentação; mas eu acredito que, no fundo do seu coração, ele fortalece-se em qualquer crise dizendo secretamente: "Eu não sou da escória como os Americanos." As suas maneiras são agradáveis, demais para serem de um cavalheiro. Ele é homossexual de coração—embora eu não acredite assim na prática—e consciente

---

80 N.T.: com o devido respeito a Professor Garner (R. L. Garner, 1848-1920; primatólogo)

desta inferioridade, o que o torna tímido. Isto é acentuado por um temperamento nervoso. Ele tem um dom notável para frases epigramáticas, um forte senso de ritmo e uma grande habilidade crítica, coisa que é mascarada pelo oportunismo dele. O seu *Confissões de um Bárbaro* é provavelmente o livro mais inteligente alguma vez escrito por um Americano acerca da Europa. Alguns dos seus poemas são tão simples e directos que, se eles perdem a sublimidade, o que pode ou não ser o caso, a culpa deve ser atribuída ao desastroso traço Judaico de consciente esperteza, a qual chegou tão perto de naufragar a grandeza de Heine[81].

Ele lembrou-se das minhas lembranças dizendo que me conhecera no escritório do Sr. Austin Harrison, o editor da *English Review*. Tem sido uma regra minha ao longo da vida não dar atenção aos meus contemporâneos. Os meus companheiros são os grandes homens da antiguidade e os meus filhos os da posteridade. Não me lembrava dele; mas como tem sido uma outra regra minha ao longo da vida, a de ser educado, até para os poetas, eu fingi o reconhecimento e o entusiasmo que julguei apropriados.

Viereck é um homem de considerável talento para conversação. Ele conhece bem o mundo. Ele não se deixa enganar pela treta dos homens públicos e pelas prostitutas artimanhas da imprensa. Ele é capaz de ver ambos os lados de qualquer questão. O seu ponto de vista possui a sanidade que vem da percepção de secundário avaliador da necessidade de compromisso. Pude falar com ele como eu poderia ter feito com um Inglês de educação similar.

Mas a inteligência dele não era suficientemente subtil para compreender o paradoxo moral em mim mesmo. Eu louvava a Alemanha—eu simpatizava com a Alemanha—eu justificava a Alemanha—e ele erroneamente deduzia, como o médio Inglês poderia ter feito, que eu era pró-Alemão. Ele não entendia a atitude que eu mantinha. Dificilmente posso culpá-lo, pois isto intrincar-me-ia se eu permitisse a mim próprio preocupar-me com isso. Eu posso ser ou não ser um arrombador; mas mesmo que seja, eu vou fazer um rombo no proprietário que me interrompe no exercício da minha profissão. Esta é a minha posição. Mas Viereck não podia adivinhar. Eu posso ser um cosmopolita de grande alma, como Romain Rolland; posso ser um fanático Irlandês, como Roger Casement; posso ser um traidor sórdido, como Mata Hari. Mas ele não conseguia entender que eu era sincero ao pensar como Bernard Shaw pensaria se ele pudesse pensar, e igualmente assim ao agir como Sir Edward Grey agiria se ele pudesse agir.

Durante a conversação, despontou na minha baça mente que aqui estava a sede da propaganda Alemã. Viereck era um homem de suaves e insinuantes maneiras e trato, um homem de considerável experiência política e imensa capacidade intelectual, fortificado pela astúcia de quem tem estudado longamente na dura escola impiedosa que o mundo abre aos homossexuais. Pobre tolo, a sua inocência traíra-o em indiscrição! O homossexual é comicamente inocente, e não consegue compreender a repugnância com que o homem comum observa aquilo que para ele é um impulso natural.

Mais, não é meramente justiça moral mas exaltação moral acima do que ele considera o instinto animal do homem normal. Assim ele arrancara as violetas da sepultura de Oscar Wilde e enquadrou-as com uma cópia autografada de um dos sonetos escritos por Lord Alfred Douglas à sombra do mais distinto dos "Messieurs"[82] de Sua Senhoria. É imaginável que alguém deveria supor que ele pode anunciar a si mesmo e às suas peculiaridades sexuais num póster tão cru sem obter o tipo de publicidade que o prejudicará mais com homens de preconceitos sexuais mais crus? Mas Viereck aprendera a sua lição. Ele aprendera a negar tudo. Mesmo a mim, conhecendo a minha reputação, totalmente imerecida

---

81 N.T.: Heinrich Heine, 1797-1856
82 N.T.: "Senhores"

como acontece ser, por semelhantes anormalidades, ele não admitiria nada. Esta é uma circunstância notável, pois a perseguição associada a esta paixão tem criado uma franco-maçonaria entre os seus devotos que os torna francos ao ponto de indiscrição quando eles acham que reconhecem a simpatia num conhecido. Amarga deve ter sido a iniciação de Viereck que deveria tê-lo ensinado a ser tão extravagantemente cauteloso; mas isto capacitou-o para lidar com a propaganda Alemã.

Eu reivindico este crédito, que desde o início eu reconheci-o como um mestre do ofício, um oposto bem digno a cada truque de barreira. Eu ainda sou incapaz de concordar com o Capitão (agora Contra-Almirante) Gaunt (Director da Inteligência Britânica por algum tempo, inclusive desta vez, em Nova Iorque) em classificá-lo "como um dos menores chacais ao redor de Von Papen", conforme ele me escreveu durante a nossa correspondência sobre o assunto. Eu reivindico mais crédito por perceber as limitações de Viereck. Por mais brilhante que ele fosse, ele não tinha idade suficiente, não era suficientemente sólido ou altruísta e de mente elevada o bastante para ser bastantemente confiável para manejar uma propaganda envolvendo o destino de um povo.

Eu procurei por aquilo que os Americanos chamam de "man higher up"[83]. Não procurei na direcção do honesto, bem-intencionado e sentimental von Bernstorff com toda a sua capacidade para rotina, a sua nobre credulidade, o seu desejo genuíno de organizar tudo de maneira amigável e o seu banalizado treino no serviço diplomático com as suas tensões de etiqueta e o seu xadrez de formalidade. Não olhei na direcção de von Papen, com a sua convicção de que ele era muito mais inteligente do que qualquer outra pessoa; menos ainda na direcção de Boy-Ed, que era um arejado burro naval com os instintos, inextirpáveis no Turco, de um cavalheiro. Von Mack era um competente indivíduo de mente profissional, adequado para reunir e apresentar estatísticas, e obcecado com a universal avidez do universitário Alemão para provar tudo cinco vezes mesmo após todos os outros deixarem de ter o menor interesse na questão. Havia muita arraia-miúda, boa para posições subordinadas. Mas não haveria alguém autenticamente ungido para o trabalho, alguém que tivesse feito durante anos um estudo especial da psicologia dos Americanos, que tivesse escrito livros acerca deles? Não haveria homem de mente mestra, experiência sazonada, sabedoria equilibrada?

Eu encontrei tal candidato para o secreto director da propaganda Alemã no Professor Hugo Münsterberg. Aconteceu que o professor era um velho inimigo meu. Nós tínhamos discutido sobre filosofia e física. A mente dele era intensamente positiva, brutalmente prosaica, mas capaz de apreciar a subtileza e muito mais aberta a novos factos e teorias do que a maioria dos oponentes dele supunha. A sua arrogância era, em grande medida, a protecção Freudiana contra a sua própria incerteza. Ele conhecia psicologia, ele conhecia homens; ele entendia de negócios; e na sua capacidade de instrutor em Harvard, ele adquirira o hábito de formar e dirigir mentes. Bastante eu sabia, e imaginava o meu duelo com ele em românticos termos de Sherlock Holmes e Moriarty.

Mas os factos eram menos fascinantes. O professor tinha o grande dom Alemão de Estar Sempre Certo. A minha tarefa foi simplificada; eu tinha meramente de continuar a dizer-lhe o quão ele estava certo. Ele logo cessou de bitolar o temperamento da comunidade correctamente, começou a estabelecer a lei em vez de argumentar com moderação e bom senso, ficou endurecido em arrogância por oposição, e tornou-se tão violento e estúpido no seu lado quanto os nossos próprios escolhidos propagandistas estavam no nosso. Minha carne!

Mas eu estou a transbordar-me. O meu problema imediato foi confirmar Viereck na sua convicção de que eu era pró-Alemão. Havia um empecilho muito sério na *English*

---

[83] N.T.: "homem mais alto"

Review durante o Novembro de 1914. Existia um poema chamado "Um apelo à República Americana" convidando uma aliança Anglo-Americana. Este poema fora escrito em 1898, eu tive de alterar "o traidor Russo" para "o traidor Prussiano", para adequar o caleidoscópio político. Felizmente não tive dificuldade em persuadir Viereck de que esta acção tinha a natureza de camuflagem, destinada a explorar a estupidez do público Britânico em geral e de Austin Harrison em particular. O seu conhecimento de Sr. Austin Harrison tornou isto mais fácil.

Mas pessoalmente eu era tão terrivelmente Inglês! O meu sotaque traiu-me como fizera o de Pedro. As minhas roupas eram obviamente Savile Row[84]. Eu nem sequer tomava a precaução de ser suficientemente não-Inglês no tocante a pagar por elas. Eu recorri à palha do meu nome. Dos mitos da antiguidade assoma um fantasma Crowley algures perto de Kilkenny donde os gatos vêm, e embora os meus Crowleys em particular tenham sido misericordiosamente bem comportados na Inglaterra, desde o bispo daquele nome que publicou os seus impertinentes epigramas na época da Rainha Elizabeth, são muitos Crowleys na América que vêm directamente da Irlanda.

Eu achava Viereck muito compreensivo com a independência da Irlanda e anunciei-me como o único e original Sinn Feiner. O meu problema era que eu não sabia nada acerca da questão Irlandesa e nada fruía pela nebulosa ideia comum à maioria dos Ingleses, incluindo aqueles que tinham estudado a Irlanda mais profundamente, que era uma confusão e um incómodo dos diabos. No entanto, Viereck queria acreditar; e ele acreditou, tal como um Católico que tem medo de dormir no escuro.

Tendo assim estabelecido a mim próprio como um rebelde Irlandês e um pró-Alemão, eu fui embora e considerei o que eu poderia fazer acerca disto. Eu lia o *The Fatherland*; achava o caso Alemão apresentado com aprendizagem, com lógica e com moderação. Os motivos eram conhecimento, estatísticas e sobriedade de estadista. Pareceu-me que, no temperamento peculiar dos Estados Unidos, cujo povo, por mais ignorante e desonesto que seja, sempre curiosamente ansioso por conhecer a verdade e fazer justiça, esta propaganda era infernalmente perigosa para os interesses Britânicos. Eu conversava com os meus amigos sobre isto. Tudo o que eles podiam dizer era que Viereck era pessoalmente desprezível. Alguns, como o Capitão Gaunt, afectados por ignorarem a importância de *The Fatherland*. Outros, ainda mais desesperados do meu ponto de vista, pareciam pensar que poderiam suprimir "A pátria" continuando a vitalícia política deles de não convidar Viereck para jantares, os quais lhe teriam entediado e dado indigestão.

Decidi um curso de acção, que me pareceu o único possível numa situação que considerava imensamente séria. Eu escreveria para o *The Fatherland*. Ao fazer isto, eu deveria desligar-me temporariamente de todos os meus amigos, de todas as fontes de renda, eu deveria aparentemente desonrar um nome que eu considerasse ser meu destino torná-lo imortal, e eu deveria ter que associar em termos de amizade com pessoas cuja aparência física chegasse perto de reproduzir em mim os resultados possivelmente benéficos de atravessar o Canal com um mar agitado.

Mas a propaganda Alemã estava sendo feita tão bem quanto a propaganda Britânica estava doente. Com um pouco de ascendência moral em relação a Viereck, eu poderia estragar o jogo dele completamente fazendo tantas diabruras à Alemanha como o Patriota Bottomley e as outras raucitroantes esposas de pescadores de Fleet Street estavam fazendo à Inglaterra. Eu cumpri com mais sucesso do que tinha esperado.

Münsterberg não era Argus. Além disso, eu acho que a loucura é contagiante. Ele mal conseguia manter os seus jovens na mão, especialmente quando a aparente vitória

---

[84] N.T.: rua em Londres conhecida pela sua alfaiataria personalizada

virava a cabeça deles. Eu achava alguns deles incrivelmente apalermados. Eu sempre reconhecera Paul Carus como um burro desde que ele publicou *The Gospel of Buddha*, mas eu não tinha ideia de que ele era tão burro! Em *The Open Court* ele publicou um extravagante retrato do meu estilo literário de Bloody Bill como Parsifal! Pobre e sincero velho Christian Endeavour Wilhelm, com a sua megalomania e a sua teatralidade e o seu hebetante Luterano *Gott*[85] e a sua mirrada mão e a sua galáxia de uniformes, com imagem de estrela em movimento, na qualidade de actualizado Messias! Que modelo para "Rei Artur vem de novo", para proporcionar ao pagão o *Schrecklichkeit*[86]!

Eu devo ter estado lindamente bêbado para escrever isso. Não me lembro de nada acerca disto—mas devo ter estado muito mais bêbado quando mandei isto para Paul Carus. Suponho que me tinha aclimatizado à ideia de que todas as pessoas sérias e eminentes são perfeitamente desmioladas. Ele engoliu isto, anzol, linha e chumbada; e um pobre pequeno livreiro em Londres que havia sido agente do jornal durante anos, e que nunca lera uma linha disto, ficou três meses na prisão! A verdade é que os Britânicos perderam todo o senso de humor quando a guerra eclodiu. Eu pergunto-me quantos milhões, em sangue e tesouro, isto nos custou a "jowk" com tal "deeficulty"!

Eu trabalhei com Viereck gradualmente desde um relativamente razoável ataque na Inglaterra às extravagâncias que alcançavam o meu objectivo de revoltar cada ser humano comparativamente saudável na Terra. Eu provei que o *Lusitania* era um *man-of-war*.[87] Eu desenterrei todas as atrocidades do rei Leopoldo da Bélgica, desde negros mutilados no Congo a Cléo de Mérode e Anna Robinson. Traduzi atrocidades, não meramente em necessidade militar, mas em elevação moral. Coloquei halos na estátua de von Hindenburg com a sua cabeça de madeira e a sua vestimenta de tachas de estanho. Mas (no todo) eu tive poucas chances de deixar os Alemães perceberem a minha língua joco-séria.

Um dia, porém, fiquei genuinamente bêbado, não com álcool, mas com indignação. Foi o dia do assassinato de Edith Cavell. Sentei-me e escrevi um artigo— uma janela de vitral representando von Bissing como Jesus Cristo, "aquele confiante e ingénuo Alemão de grande coração". Ele estende a mão para ela; e diz, com lágrimas nos olhos: "Senhorita Cavell, eu confio em si!" Depois ela representa a parte de Judas; e concluo com uma exibição de fogos-de-artifício, em que ela é acolhida no inferno por Lucrezia Borgia e a Marquesa de Brinvilliers e vários outros vampiros, cujos nomes eu tenho esquecido, tendo outros mais à mão.

Faz-me chorar pela Alemanha quando penso que o Viereck publicou tão hedionda e transparente ironia impavidamente! Os americanos não compreendem a ironia de todo. Mas Viereck devia ter assim feito, considerando a Judaica hetaira e o ladino velho barão salteador em sua avoenga. Mas são as lágrimas salgadas o suficiente para chorar pela Inglaterra quando penso que nenhum dos meus conterrâneos poderia ler a minha amargura e raiva entre as linhas daquela cómica paródia de blasfémia?

Eu devo explicar aqui que eu tinha mais do que uma corda no meu arco. Era realmente uma pequena parte do meu programa destruir a propaganda Alemã na prova de *reductio ad absurdum*[88]. Eu esperava obter toda a confiança dos conspiradores que eu havia identificado e lidar com eles como alguém, cujo nome eu olvido, lidou com Cataline; e Lord Mount Eagle ou quem quer que fosse, com Guy Faux. Mas ninguém na Inteligência Britânica tinha o suficiente daquela qualidade para me reconhecer.

Eu sempre tenho sido indevidamente optimista acerca da Inglaterra. Eu conheço

---
85 N.T.: Deus
86 N.T.: Horror
87 N.T.: "homem de guerra"—designa um navio de guerra de grande poder militar
88 N.T.: "redução ao absurdo"; argumento lógico valendo-se do princípio da não-contradição

muitas pessoas que estão longe de serem tolas. Mas a guerra parece esmorecer a percepção. Homens que em tempos normais são bastante perspicazes tornam-se prontos a assumir que qualquer um que esteja acenando com uma Union Jack[89] e cantando "Britannia Rules the Waves" deve ser um Almirante da Armada. Todos assumiram que o irritante disparate que eu escrevi para *The Fatherland* deve ser a rígida traição de que os alemães eram estúpidos o suficiente para pensar que era.

Uma pessoa na minha posição é passível de ver Sherlock Homes no mais obsoleto polícia. Eu não sentia que estava a avançar na confiança dos Alemães. Não tenho nenhum segredo que valha a pena relatar a Londres, e não tinha a certeza se a parte das minhas roupas não superava a eloquência da minha conversa. Eu pensei em fazer algo mais público. Escrevi uma longa paródia sobre a Declaração da Independência e apliquei-a à Irlanda.

Convidei uma jovem violinista que tem um pouco de sangue Irlandês nela, por detrás dos mais evidentes estigmas do ornitorrinco e do vombate. Adicionando ao nosso número cerca de quatro outras debochadas pessoas à beira do *delirium tremens*, nós saímos num barco a motor antes do amanhecer no dia 3 de Julho para a rejeitada estátua do Comércio pelo Canal de Suez, a qual os americanos ternamente supõem ser a Liberdade Iluminando O Mundo.

Lá eu li a minha Declaração de Independência. Eu atirei um velho envelope para a baía, fingindo que era o meu passaporte Britânico. Nós içámos a bandeira Irlandesa. A violinista tocou "The Wearing of the Green". As tripulações dos aprisionados navios Alemães animaram-nos todo o percurso até ao Hudson, provavelmente porque estimaram o grau da nossa intoxicação com precisão científica. Finalmente, nós fomos ao Jack's para pequeno-almoço, e casa para sono reparador. O *New York Times* deu-nos três colunas e Viereck foi distintamente amigável.

Em Inglaterra, houve consternação. Não consigo imaginar o que aconteceu com o senso de humor deles. Fingir levar isto a sério era suficientemente natural em Nova Iorque, onde todos têm medo do Irlandês, não sabendo o que eles pudessem fazer em seguida. Mas Londres estava tendo bombas lançadas nela. Havia, no entanto, uma pessoa em Inglaterra que me conhecia—também uma piada quando ele viu isto: o Honorável A. B., meu velho amigo supracitado. Devido à confusão inevitavelmente ligada à lama com a qual nós sempre começamos a atrapalhar-nos, este cavalheiro tinha sido inadvertidamente designado para o Departamento de Inteligência.

Quando ele viu o relatório no *New York Times*, ele escreveu-me sobre isto. Eu sabia que ele não falaria. Eu sabia que ele não iria errar. Escrevi de volta explicando a minha posição, coisa que ele imediatamente compreendeu e aprovou. Mas inteligência como a dele é um raro acidente num Departamento de Inteligência. Ele não podia autorizar-me a prosseguir sem apelar para os seus superiores. Ele colocou o caso diante deles. Eles eram completamente incapazes de entender que eu estava meramente em posição de entrar na total confiança dos Alemães se eu tivesse o tipo certo de assistência. Eles idiotamente presumiram que eu já possuía um conhecimento dos segredos do inimigo e enviaram-me uma questão de teste sobre um assunto sem importância—sabia eu quem, se alguém, estava passando sob o nome de fulano de tal? Eu não iria arriscar a minha precária posição fazendo perguntas. A ideia oficial Inglesa de um agente secreto parecia ser a de que ele deveria agir como um repórter de jornal. O resultado foi que as negociações chegaram a muito pouco, embora eu entregasse relatórios de tempos a tempos.

Havia um Cavalheiro Temporário[90] chamado H...d na Missão Militar Britânica

---

89 N.T.: bandeira do Reino Unido
90 N.T.: homem recrutado temporariamente para oficial do exército britânico durante uma guerra

com quem eu tinha certas relações conforme é possível com o imbecil. Ele achava que detectava hostilidade na minha atitude em relação a ele, já que isto era apenas a "University Manner"[91]. Foi esta coisinha que o nosso serviço secreto enviou para me entrevistar. Disse-lhe que eu podia descobrir exactamente o que os Alemães estavam a fazer na América. Também lhe disse que eu tinha a absoluta confiança, há anos, de um homem importante do serviço secreto Alemão—que eu podia ir à Alemanha com o carácter de um patriota Irlandês e relatar as condições do país. (Havia uma desesperada necessidade de acurada informação acerca dos recursos da Alemanha nesse período.) Ele disse, com o ar de alguém detectado em acto de adultério por dezasseis separados malsins, para não dizer que estava sendo fadado pela Mão Negra[92]: "Mas como sei eu que você não irá directo para Viereck e lhe diz que eu me tenho encontrado consigo?!!!" Eu sou relutante em registar sotaques do discurso humano tão eloquente de subdesenvolvimento mental. Eu disse-lhe: "Que mal faria isso? Como isso salvaria Bloody Bill da sua predestinada desgraça?" Ele não sabia a resposta para isso. Mas então, ele não sabia a resposta para qualquer outra coisa.

Devo agora voltar ao assunto principal deste relato. Parcialmente perplexo com o fracasso do Britânico em aplicar o bom senso às minhas propostas, eu fui compelido a continuar jogando sem apoio. Era necessário persuadir os Alemães de que arrogância e violência era sólida política, que má-fé era a mais inteligente diplomacia, que insulto era o verdadeiro significado de amizade conquistadora, e directa injúria a apropriada conjuração para convocar gratidão. Eu não poderia ter conseguido se eles não tivessem sido endurecidos pelo sucesso temporário, ludibriados pela rigidez da sua própria lógica, e tornados arrogantes pela convicção da sua própria rectidão.

Mas isto foi bem-sucedido. A superficialidade de von Bernstorff não podia estimar a América. Ele era demasiado cavalheiro. Ele sabia de facto a infeliz verdade de que Wilson havia sido eleito porque ele tinha mantido os Estados Unidos fora da guerra. Eu tamborilei isto em ambas as suas orelhas de burro. Mas ele estava iludido pelo embuste de "o mundo tornado seguro para a democracia". O povo decidiu—o povo votou contra a guerra. Quase se pode invejar-lhe o seu simples credo. Tal homem poderia confiar na sua esposa e viver feliz para sempre.

Ele não via que "as pessoas" nos Estados Unidos são escravos que nada valem na mente dos seus mestres. Mas os Estados Unidos tinham emprestado fabulosas quantias aos Aliados, e nada receberiam se a Alemanha vencesse a guerra senão os pontapés que tanta pusilanimidade e egoísmo mereciam. Ele não via que os Estados Unidos queriam um pretexto para chamar a conduta da Alemanha de intolerável. O sarnento velho camelo, quase pronto para começar a sua viagem pela secidez, estava olhando melancolicamente para a última gota.

Por algum tempo eu estivera contemplando a situação militar em seu sentido mais amplo. Eu estivera pensando em água, ar e terra como unidades. Eu estivera com algumas dores a estudar a questão das necessárias limitações dos três braços da guerra. Eu conhecia a história de Napoleão mirando macambuziamente através do Canal, depois da triunfante vitória dele na Europa. Eu tinha escrito um artigo em *The Fatherland* chamado "O Futuro do Submarino". Salientei que dificilmente alguém acreditara no valor naval destas embarcações até três cruzadores Britânicos serem afundados em quinze minutos. Indiquei que esta demonstração convenceria as tesourarias. Cada nação mobilizaria todos os cérebros e todo o ouro e toda a influência para encontrar um meio de abrir a ferida. Profetizei um desenvolvimento do submarino

---

91 Modo ou geito universitário.
92 N.T.: método de extorsão

tão surpreendente quanto o das ferrovias e dos automóveis—os quais datavam a partir da hora em que se provaram praticáveis e úteis.

No dia 3 de Janeiro de 1917, eu retornei à carga com um artigo que era ostensivamente uma crítica ao *Vampire* do Conde von Reventlow, mas na realidade o meu próprio sermão sobre esse texto. O Patriota Bottomley tem citado uma das minhas melhores passagens, aquela em que eu propus reduzir a Inglaterra ao estatuto de uma colónia Alemã. (Os Alemães imprimiram isto sem um sorriso!) Fiquei muito orgulhoso desse artigo. Isto provava que todas as estirpes da ilha eram primeiramente de pescadores, que viviam apanhando peixe e deveriam, por conseguinte, tornar-se piratas. O argumento é bem ao estilo de um verdadeiro professor Alemão. Defendi a "Irrestrita Campanha Submarina". Secretamente calculei, acertadamente como os deuses o teriam feito, que uma tão ultrajante violação de toda a lei seria a gota d'água e forçaria a América a livrar-se do fardo da neutralidade.

Os meus amigos Alemães foram estrondosos em suas congratulações. Foi confidentemente sussurrado entre os *cognoscenti*[93] que o julgamento de von Bernstorff balançou o seu impacto. Ele retirou as suas objecções àquela brutalidade, àquela selvajaria insana, que levou os Estados Unidos à guerra.

Mas há um carrapato em cada saco-cama. Os meus compatriotas ficaram comigo até ao fim! Em que alto contentamento não mantive eu o meu secreto encontro com um amigo de um certo consulado Britânico, acenando com o meu artigo, e gritando: "Os malditos idiotas têm isto imprimido—e vai dar cabo do truque!" Ele leu-o; o rosto dele caiu; ele virou-se enojadamente e rosnou: "Eu não sabia que tu eras Alemão."

As pessoas do serviço secreto, enquanto consideravam o meu pedido de emprego, pediram a um amigo meu que explicasse a minha atitude. "Nós não o compreendemos", lamentaram-se eles piedosamente; "nós não o compreendemos de todo." "Alentai-vos," disse o meu amigo; "vós não sois as primeiras pessoas a falhar em compreender o Sr. Aleister Crowley!"

É um tanto irrelevante; mas é certamente muito desopilante e muito característico, o seguinte incidente da minha campanha. Eu tinha pedido ao Honorável A. B. para me ajudar a consolidar a minha posição com os Alemães aquecendo os ferretes da infâmia por mim no fogo da publicidade. Atribuí isto, portanto, à ingenuidade dele quando soube que a polícia havia invadido o escritório de um conhecido meu na Regent Street. Eles não sabiam o que eu planeava, pegaram os meus artigos pelo seu valor nominal, e pensaram em irritar, talvez para me intimidar pela rusga.

A pessoa que eles prenderam era uma maternal velha tola que estivera profetizando com folhas de chá durante cerca de vinte anos na mesma situação, com o pleno conhecimento da polícia. O ordinário curso de processar uma adivinhadeira é feito por um bem-educado jovem que entrega, com deferência e desculpas à sua potencial vítima, uma intimação para comparecer perante um magistrado. Mas a acusação contra esta mulher era factícia. Eles queriam chegar até mim, até mim a pouco mais do que três mil milhas de distância, e confiantemente suposto estarem sentados numa luxuosa suíte no Ritz-Carlton, haurindo taça após taça de champanhe à saúde do Kaiser, enquanto eu conspirava com os fanáticos cervejeiros de Milwaukee.

Alguém poderia realmente ter achado que a educação moderna teria ensinado à polícia que os melhores zoólogos concordam unanimemente que é difícil agradar uma tartaruga acariciando a sua carapaça. E um comparativamente breve curso de lógica poderia facilmente ter enriquecido este teorema (por um silogismo contendo a premissa menor de que as tartarugas não são tão simpáticas e altruístas como, digamos,

---

93 N.T.: cognoscentes

polícias) com um corolário que é ainda mais difícil agradar uma tartaruga acariciando a carapaça de uma outra tartaruga a muitas milhas de distância. Claro, não há prova rígida disto. As premissas podem ser disputadas pelo céptico.

Mas pelo menos a polícia deveria ter ouvido falar de Sir Henry Hawkins, um ser, afinal de contas, zoologicamente mais parecido comigo do que qualquer tartaruga. Quando ele estava presidindo no julgamento de alguns agitadores Fenianos, alguns dos amigos deles plantaram uma bomba no degrau da porta do Honorável Reginald Brett. Brett sugeriu que esta gente convicta cometera um daqueles erros de juízo que parecem inseparáveis da convicção, e que a bomba fora realmente planeada para Sir Henry. O juiz replicou: "Acham eles realmente que podem intimidar-me colocando uma bomba na tua porta?"

Então, na hora zero, indiferente ao perigo, um devoto bando de detectives, com revólveres em punho, passou por cima, aclamando descontroladamente, até ao terceiro andar da 93 Regent Street, arrombando a porta, a qual eu acho que estava destrancada, e encontraram uma dúzia de brandos idosos tentando pastar na exuberante relva da minha poesia.

A polícia nem sequer calculou a possibilidade da minha vingança. Eles imprudentemente confiaram a conduta do ataque ao inspector Currie, embora eles pudessem saber que eu era perfeitamente capaz de fazer uma piada estúpida acerca dele ser assunto picante. O advogado da Coroa, também, o qual conduziu a acusação, foi assim mencionado de que eu poderia ter dito: "A artilharia deles é composta de um velho Mosquete enferrujado." Mas eu adequei a minha fortitude pela minha magnanimidade e refreamento.

No entanto, fiz o melhor possível. Quando eu tinha acabado de rir, fiz uma cena maravilhosa de indignação no escritório do *The Fatherland*, o que me ajudou um pouco no meu modo fatigado. Mas devo admitir que fiquei desanimado. Como poderíamos nós esperar vencer a guerra se Londres tinha ficado tão histérica quanto isso? Eu olhei para os Alemães e tomei coragem.

No desfecho, por fim eu consegui dinheiro suficiente para resolver os meus afazeres em Nova Iorque, onde eu estivera a esquivar-me da inanição durante cinco anos. Aquela lenda da minha engorda em ouro Alemão! Não perdi tempo em voltar para casa em Inglaterra. Mas eu não estava à vontade. Estava farto de seres humanos. Resolvi desaparecer no deserto e entregar-me inteiramente à vida religiosa. Eu sabia que os meus amigos pessoais em Inglaterra compreenderiam o que eu havia feito nos Estados Unidos: talvez ficassem orgulhosos de mim. Até aqui, tudo bem.

Mas eu supus, a partir da conversação de alguns genuinamente inteligentes Ingleses em altos cargos oficiais que viajavam comigo através do Atlântico, que a Inglaterra tinha recuperarado o sangue-frio e se estabelecera para a reconstrução e a fruição dos frutos da vitória. Eu erroneamente julguei que a autoridade administraria uma severa repreensão a quaisquer maníacos que visassem a perpetuação do mau pressentimento. Na verdade, eu vi pouco em Londres para me lembrar que alguma vez houvera uma guerra.

Havia um homem que achava que ainda poderia pagar para trabalhar nas paixões mais baixas da turba? Assim parecia: era Natal; havia um homem que fez um respingo de duas páginas sobre a abolição do malvado Pai Natal Alemão![94] Não! Eu estava novamente errado. Eu devo ter interpretado mal os motivos. O homem era aquela grande alma, o Patriota Bottomley!

Tal homem seria sem dúvida tão difícil de entender quanto outros me haviam constatado. Ele deve ter tido alguma nobre razão para os seus aparentemente desprezíveis

---

[94] *John Bull*, número de Natal, 1919.

e infundados ataques a bispos, juízes e ministros da Coroa, para não falar de firmas como Waring e Gillow. Eu não podia concordar com a opinião predominante de que ele era tanto um chantagista quanto De Wend Fenton. Eu podia apreciar a eloquência e o conhecimento da lei que, para o divertido espanto de Londres, o salvaram três vezes da servidão penal nas mãos de um júri Britânico. Eu não podia prever que eu iria viver horrorizado com os insultos daquele Superficial, Sir Chartres Biron: "Eu não posso acreditar no Sr. Bottomley em seu juramento."[95]

Eu não achava que alguém levasse o seu *John Bull*[96] mais seriamente do que nós costumávamos fazer com "Ally Sloper's Half-Holiday", que tinha—não muito vantajosamente—tomado o lugar nas afeições do povo. Devo confessar que fiquei um pouco aborrecido quando os meus próprios advogados me enviaram meia página de desvarios sobre mim e pediram a explicação dos meus crimes. Eles devem ter sabido que dificilmente havia uma declaração que fosse de facto verdadeira. O artigo estava cheio de descuidados erros estúpidos acerca de matérias dentro do conhecimento deles. Mas isso não era o que me preocupava. Eu continuei a dizer para mim mesmo: "Por que razão somente meia página?" O Director de Eton tivera uma página inteira sobre a sua defesa dos Platónicos prazeres por rapazes. O meu próprio sogro, um velho charmoso cavalheiro, sem reputação nacional e sem um inimigo no mundo, excepto um inútil curador que ele tinha dispensado, tivera uma página inteira (inspirada pelo citado curador) sobre o modo em que ele roubou as poupanças das suas criadas. Eu sabia que, se o grande Patriota parecia não estar a dar-me o que me era devido, era por falta de papel ou cãibra de escritor, não por falta de bondade de coração.

Eu tinha, de facto, ampla evidência de que riqueza de magnanimidade estava abotoada sob aquele patriótico colete. Um renomado jornalista, que nunca escrevera um livro sobre os Copos Musicais, uma biografia de Lord Henry Somerset, de Canon Aitken ou de F. E. Smith[97], um qualquer romance sobre os dinamitadores Fenianos, ou um qualquer conto sobre matadores Portugueses, tinha escrito vários artigos para o Patriota Bottomley; e não lhe havia sido pago. Ora aconteceu que, na plenitude do tempo, o Patriota sentiu o seu doloroso dever público de fazer semanalmente ataques à firma de Waring e Gillow. Poucos dias antes destes ataques cessarem, coisa que aconteceu repentinamente, o jornalista passou por acaso pelos escritórios de *John Bull* num táxi e viu o Sr. Sam Waring—o director principal de Waring e Gillow—descendo os degraus. Rápido como pensava, ele pagou ao motorista, subiu as escadas para o escritório particular do grande Patriota e disse firmemente, embora gentilmente: "Eu vim pelas minhas trezentas libras."

"Como sabia você?" foi a única questão do Patriota.

"Não importa. Eu sei."

E Horatio entregou trezentas libras em notas. Isto foi de facto bondade de coração. Eu não podia duvidar que, se ele parecia estar negligenciando a minha publicidade, isto era inadvertência. Contudo, o Patriota Bottomley indubitavelmente sentiu que me tinha ofendido, pois fez emendas publicando um outro artigo para refrescar o entusiasmo do público acerca dos meus crimes, um mês depois. Eu não tenho visto isto, mas espero que ele tenha pichado isto forte e feio.

A minha consciência estava clara. Eu tinha sido fiel a Inglaterra. Eu tinha sofrido por causa dela tanto quanto qualquer homem; eu tinha "lutado a boa luta, desprezando a vergonha", inanição e soledade de alma e corpo: Eu estava contente.

---

95 Escrevi isto em Janeiro de 1922, quando o Sr. Bottomley estava processando o Sr. Bigland por libelo difamatório, e o magistrado fez esta observação.
96 N.T.: periódico semanal publicado em Londres
97 N.T.: Frederick Edwin Smith—Lord Birkenhead, 1872-1930; amigo pessoal e político de Sir Winston Churchill

Porém, como numa tragédia Grega, justamente quando eu me considerava mais seguro, a última gota foi gentilmente senão que firmemente colocada nas minhas costas por dois dos meus mais antigos amigos. O primeiro deles é denominado George Cecil Jones. Eu conhecia-o intimamente desde o Outono de 1898. Fomos colegas de trabalho na mais árdua tarefa conhecida pela humanidade: aquela que Bergson—tão longe quanto a ignorância dele permite—descreveu como "criando em si mesmo um Deus". Mas ele tinha enfraquecido nos últimos anos. Ele tinha casado. A vida para os seus olhos optimistas parecia um verde campo com um bebedouro. A morte na mente dele tornou-se inseparavelmente conectada com a ideia de costeletas de carneiro.

Quando De Wend Fenton tentava chantagear-me em 1910, ele achava, para sua decepção, que eu nem sequer o encontraria no jantar, para que ele pudesse propor um "arranjo amigável", durante o café e os charutos, pelo qual eu deveria pagar em dinheiro por crédito, libras esterlinas por silêncio. Enfraquecido pelo meu desprezo, ele procurou em torno dele por uma ave menos cautelosa. Se ele conseguisse que um dos meus amigos o processasse por difamação, ele seria capaz de se desenvencilhar de alguma forma. Então, pense-se em toda a publicidade gratuita! Mesmo se ele perdesse o caso, isso não importava, pois o jornal dele estava falido de qualquer maneira. Assim ele colocou num parágrafo tão habilmente escrito que qualquer pessoa com uma mente menos clara do que a do advogado que o leu, *ad hoc*[98], poderia ter considerado que o Sr. Jones era um sodomita.

O Sr. Jones deveria ter sabido melhor do que desperdiçar o seu tempo a ler artigos desta classe. Ele deveria ter sabido muito melhor do que tomar qualquer nota de tal lixo. Ele deveria ter sabido muito melhor do que expor a queixa dele num tribunal. O seu filho mais novo deveria saber melhor do que contratar um amigo pessoal sem experiência em tais casos para actuar como seu advogado. E alguém teria pensado que até mesmo um tal advogado teria sabido melhor do que informar um jurista do tipo que "verá todo o trabalho do princípio ao fim por uma nota de dez libras".

Quando o caso foi a julgamento, os réus alegaram que não haviam sugerido que o sr. Jones fosse sodomita. Eles não tinham, e nunca tiveram, qualquer intenção de sugerir que o Sr. Jones era um sodomita. O Sr. Jones explicou elaboradamente e animadamente que ele não era sodomita. O juiz, resumindo, disse que, por mais duvidoso que o caso pudesse ser em alguns pontos, pelo menos uma coisa destacou-se claramente, que o Sr. Jones não era sodomita. Também era evidente que as expressões que haviam ofendido o queixoso eram inofensivas; que ninguém jamais sugerira que o Sr. Jones fosse sodomita.

O júri então retirou-se. Eles estavam atordoados pela reprimida excitação sexual. As imaginações deles projectavam fascinantes ainda que temíveis fantasmas. Quando este delírio psicológico se tornou articulado, cada homem ficou aterrorizado com medo de deixar escapar alguma frase que pudesse levantar suspeitas de simpatia com irregularidades sexuais contra o falante. O instinto clamava que fosse encontrada uma vítima para na qual concentrar o frenesim da multidão. Assim, ofuscados pelo pânico, eles balbuciavam comentários confusos e incoerentes sobre o caso.

Eles achavam que havia algo curioso sobre a evidência. Todas as partes *respiraram conjuntamente* que o Sr. Jones não era sodomita. O latim para *respirar conjuntamente* é conspirar. Isso é o que foi—uma conspiração! Então eles alegaram no veredicto de que o artigo era um libelo e que isto estava justificado!!! Tal veredicto evidentemente insinuava que os réus tinham perjurado a si próprios, que o juiz era um otário e que o sr. Jones era um sodomita afinal de contas!

---

98 N.T.: "para isto"; "para este fim específico"

Eu supostamente pensei que a farsa tinha acabado, que o clímax era perfeito, que nunca poderia haver algo mais engraçado do que isto. Mas o Senhor guarda insuspeitas bênçãos para aqueles que o amam, e o meu cálice transbordou quando este mesmo Sr. Jones me escreveu, no tom de um ditador, que eu deveria ir à lei para limpar o meu carácter das aspersões lançadas sobre este pelo Patriota Bottomley! Se não, não mais me deixa comunicar com o meu de verdade, G. Cecil Jones!

Mas neste dichote da pomposa imbecilidade do sr. Jones havia algo triste. Ele induziu o meu velho amigo Eckenstein a assinar aquela carta estúpida. Eckenstein é um grande homem e o meu mais querido amigo. Mas ele é um homem velho e (eu temo) um moribundo.[99] O juízo dele pode não ser o que costumava ser; mas se a memória dele não lhe tem falhado, eu lembrar-lhe-ei de certos acontecimentos na nossa longa amizade.

Eu conheci-o em Wastdale Head durante a semana da Páscoa de 1898. Logo nos tornámos companheiros de escalada, uma relação que durou tanto quanto ele foi fisicamente capaz de escalar. Nós estivemos juntos nas montanhas Inglesas, Galesas e Escocesas; nos Alpes, no México; e derradeiramente nos Himalaias. Entre nós, temos todos menos um ou dois recordes mundiais de vários feitos de montanhismo, tanto amadores quanto profissionais. Em 1898, eu era pouco mais do que um rapaz, lastimavelmente inocente e ridiculamente ambicioso. (Em certo sentido, eu ainda sou assim!)

Os meus outros amigos de escalada, com quase uma excepção, vieram até mim e alertaram-me para "não ter nada a ver com aquele ribaldeiro Eckenstein". "Quem é ele afinal? Um sujo Judeu do East End." (Eu cito o Sr. Morley Roberts, o remendão de novelitas desprezíveis, que disse isto a meu respeito em Zermatt.) Além disso, Eckenstein tinha feito algo na Índia *tão mau que ninguém poderia sequer imaginar o que era* ! Mas essa Infâmia Indizível era a verdadeira razão de ele ter abandonado a expedição Conway em 1892, e geralmente supunha-se que o assassinato de vários nativos, a sangue-frio, era um dos menos indizíveis ingredientes.

Isso foi um duro teste de camaradagem, penso eu. Mas eu conhecia o meu Eckenstein e desdenhava fazer investigações. Continuei a subir com ele como se os pomposos embustes do English Alpine Club nunca tivessem falado. Pagando a guias para rebocar uma pessoa por cima de pedras como bagagem, a pessoa pode obter uma reputação—em Inglaterra—como um ousado montanhista. As invejosas rosnadelas de tais impostores cobardes não me perturbavam.

Porém, havia algo nisto, demasiado! Havia o suficiente para eckenstein ser preso na Índia por uma "pessoa superior" cujos nomes Cristãos eram George Nathaniel. Eu nunca soube a verdade do assunto; e Eckenstein sempre protestou que ele não próprio não sabia disto. Não importava muito então; não importa de jeito nenhum agora. Mas quero relembrar a Eckenstein que permaneci firme! Eu não lhe pedi que se justificasse. Eu não faço parte de um júri de chacais para julgar um leão. Eu não acredito que Eckenstein estivesse em plena posse dos seus sentidos quando ele assinou aquela carta estúpida.

POSTSCRIPTUM: Ano Novo, 1922; dois anos menos dois meses desde que escrevi este artigo. Eu "tirei do meu peito"; no dia seguinte eu tinha recidivado na minha normal indiferença à imbecilidade humana. Eu nunca me preocupei em revisar isto até ontem. Então eu resgatei-o do seu poeirento buraco simplesmente porque ouvi do

---

99   Este artigo foi redigido pela primeira vez em Março de 1920 e.c. (N.T.: *Era Vulgaris*; Era Comum), eu revisei-o finalmente em Janeiro de 1922 e.c. no intervalo em que Eckenstein morreu. Eu prefiro deixar as passagens que dizem respeito a ele conforme estão. A sua morte acrescenta pesar aos meus pensamentos sobre ele; nada pode acrescentar ao amor que sempre tive por ele, ou à honra que sempre lhe tenho guardado.

meu representante em Londres que o meu suposto pró-Germanismo era um obstáculo para o reconhecimento do meu trabalho em Inglaterra.

Eu não me importo com a opinião pública. Não me preocupo com fama ou sucesso. Eu estou perfeitamente feliz no meu retiro. O completo lazer a trabalhar, a liberdade de toda a interrupção, a ausência de tentações para a distração: Cefalù[100] realiza a minha ideia de céu.

Mas estou comprometido a dar a minha vida ao estabelecimento da Lei de Thelema: "Faze o que tu queres, será o todo da Lei." Então, se as operações em nome dessa Lei estão sendo adulteradas pela crença insensata que eu sempre fui, sou, ou poderia ser, desleal ao meu país, que eu amo com uma paixão irracional, completamente além da interferência das minhas opiniões intelectuais, eu estou disposto a fazer esta declaração pública sobre o que fiz na guerra, e por que é que fiz isto.

A minha atitude é inalterada pelo tempo. Ainda acho que a panela Inglesa é tão preta quanto a chaleira Alemã, e ainda estou disposto a morrer em defesa da panela. Minha é a lealdade do cão de Bill Sikes; não podem fazer-me acreditar que o meu mestre é um ferido inocente; e o facto de que ele me faz passar fome e me bate não altera o facto de eu ser seu cão, e eu amo-o.

Deixem a publicação deste documento deixar clara a minha integridade! Que o público Britânico venha honrar-me pela minha obstinada resistência ao vergonhoso martírio, ainda cruel e ainda querido.

~ 77 ~

EU PROPONHO resumir brevemente as minhas aventuras na América. Este capítulo deve formar uma estrutura na qual podem ser montados os relatos especiais da minha actividade. O meu pior encontro foi com o *New York World* que se distinguiu imprimindo o lixo de Harry Kemp sobre as minhas façanhas mágicas. O editor, um genial Irlandês—notável precisamente por ser meio educado nem mais nem menos acertado a oito casas decimais—observando que as declarações de Kemp envolviam numerosas impossibilidades físicas, levou-o a um notário e fê-lo jurar a verdade delas. Eu tenho contado noutro lugar como isto veio a ser escrito. Ouvindo sobre a minha chegada, Kemp correu para me implorar para não entregá-lo. Eu desdenhosamente concordei em salvar a face dele. Claro, eu não podia admitir a verdade de tal asinina truanice, então disse que pelo poder mágico eu fiz com que ele visse o que não era, tal como em certo sentido eu havia feito.

Cosgrave enviou uma jornalista sentimentalista para me entrevistar na minha chegada. Ela incomodou-me com uma série de perguntas disparatadas, como "Qual é a sua opinião sobre a América?" Eu fui insultado. Por quem me tomou ela para que eu pronunciasse julgamento num continente após vinte e quatro horas? Eu respondi, ainda assim: "Eu considero a América como a esperança do planeta—a branca esperança." Nesta época Jack Johnson[101] estava *hors concours*[102]. A branca esperança tornara-se uma expressão de gíria para um desafiante sem oportunidade. Claro que ela não viu a piada. Fiquei tão cansado da estupidez da mulher que ela foi obrigada a fazer uma desesperançada confusão do que eu havia dito. Eu disse-lhe para tentar algo mais fácil. Relatando uma luta de cães teria sido perto da marca dela. Ela bazou num ataque

---

100 N.T.: cidade na Sicília
101 N.T.: John Arthur Johnson, 1878-1946, pugilista americano; o primeiro negro a ser campeão mundial de pesos-pesados, entre 1909 e 1915
102 N.T.: de fora do concurso

de raiva, um flácido, disforme pudim de sebo. Ele então enviou Henry Hall, o qual tinha casado com uma esposa Francesa e aprendera a cortesia. Ele tinha lido uma boa quantidade de coisas boas e possuía inteligência natural. Eu achei-o encantador. Ele confirmou o meu diagnóstico de W. T. Stead[103] a quem ele entrevistou. Ao caminhar pela rua, Stead interrompia a cada minuto ou dois para se entregar a uma luxuriosa descrição de alguma petulante transeunte e babar-se com a maneira como ele gostaria de a flagelar. Hall escreveu um inteligente e acurado artigo sobre a evocação de Bartzabel.[104]

Numa noite eu jantei em casa de Cosgrave. Ele pedira a Evangeline Adams[105] para se encontrar comigo como sendo um famoso astrólogo. A reunião conduziu a uma longa associação. Ela queria que eu escrevesse um livro sobre astrologia para ela. O plano falhou pelos persistentes esforços dela para me privar dos lucros, e a sua obstinada ignorância dos elementares factos da natureza combinada com um inconquistável antagonismo aos princípios da aplicação do senso comum à ciência.

Eu aprendi muito, mesmo assim. O trabalho mantinha-me concentrado no assunto. Naquela época, era minha invariável prática julgar, a partir da aparência pessoal de cada estranho que eu encontrasse, o signo ascendente no seu nascimento. Tendo eu decidido, eu pedir-lhe-ia que me contasse a hora ou o dia do seu nascimento. Eu podia então calcular o dia faltante da seguinte forma: Supõe que eu julgo o meu homem ter Libra[106] em ascenção e que ele me diz que o seu aniversário é no dia 1 de Outubro. Quando o sol está em 5º ou 6º de Libra, eu posso dizer-lhe que ele nasceu ao amanhecer, dentro de um limite de erro de cerca de duas horas. Alternativamente, disse ele: "Eu nasci à meia-noite", eu posso dar o seu aniversário dentro de uma quinzena, ou aproximadamente, do Natal. Tabelei os meus resultados durante um período considerável e descobri que eu estava certo em pouco mais de dois casos em três. Onde eu estava errado, eu descobria que o signo que eu tinha escolhido para ascendente dele era aquele ocupado pelo seu sol, o que em algumas pessoas determina a aparência pessoal mais eficazmente do que o ascendente, ou então, ao erigir o horóscopo dele, eu encontrava o signo ascendente ocupado por planetas cuja natureza modificava o signo de modo que poderia ser confundido com o que eu havia escolhido.

(Por exemplo, uma pessoa com ascendente em Áries[107], com a lua e Júpiter confluídos na cúspide. As agressivas características marciais do signo seriam atenuadas pela impulsiva influência deles. Eu poderia, portanto, declarar o ascendente dele como Sagitário ou até mesmo Peixes.)

Havia, é claro, alguns casos em que eu chegava a um grande entrave, mas a causa disto era quase sempre uma instintiva antipatia pessoal para com o indivíduo, o que confundia o meu julgamento. Pelos mais severos padrões, eu posso reivindicar de forma justa que estavam correctos em não menos de oitenta por cento dos casos, e considerando a possibilidade de acertar ao acaso, eu considero demonstrado indisputavelmente de que existe uma relação real entre a aparência pessoal e o signo ascendente no nascimento.

Com receio de que o leitor procure emular estes esforços e se depare com desapontamento, deixa-me adverti-lo sobre dois factores comuns de fracasso:

1. Pessoas de raças desconhecidas manifestam a aparência astrológica do seu ramo etnológico e isto mascara aquilo devido à sua natividade. A experiência capacita a

---

103 N.T.: William Thomas Stead, 1849-1912, jornalista e editor de jornal britânico; pioneiro do jornalismo investigativo; morreu no naufrágio do Titanic
104 N.T.: velho génio ou espírito de Marte; tem o poder de criar tempestades
105 N.T.: astróloga americana
106 N.T.: signo Balança
107 N.T.: signo Carneiro

pessoa a penetrar na superficial indicação.

2. A habilidade necessária para julgar este assunto desenvolve-se com uma velocidade surpreendente, logo que um certo ponto tenha sido atingido. É melhor proceder sistematicamente perguntando-se, em primeiro lugar, a que elemento o examinando pertence. É então simples discriminar entre os três signos possíveis. Pode-se confundir Touro e Escorpião, Gémeos e Sagitário, mas os três signos de qualquer dado elemento são sempre distinguíveis tão facilmente quanto uma criança, um adulto e um velho.

Alguns signos são quase inconfundíveis desde o início. Mas outros são tão fracos no carácter que a influência deles raramente é encontrada inalterada por considerações planetárias. Deve-se ainda observar que cada signo governa dois tipos—o activo e o passivo. Assim Áries: as sobrancelhas altas, o rosto comprido, o nariz aquilino, a figura magra e alta, mostram as qualidades marciais e ardentes do signo. Mas há uma má e avessa contraparte correspondente à natureza ovina. Temos o probóscide grosso, adunco e pendente; os lábios espessos, flácidos e húmidos; os olhos estúpidos e pacientes, e o tímido e assopeado modo de andar do mau tipo de Judeu.

Graças à resoluta recusa do instruído astrólogo em adoptar científicos métodos de estudo, a sua desdenhosa indiferença à atitude das reconhecidas ciências em relação a eles, e a sua adesão à tradição, na correcta interpretação da qual eles procuram obter autoridade, ao invés de nas indicações de experiência criticamente analisada, a geral ignorância do assunto é maior do que nunca.

Eu proponho demonstrar de uma vez por todas a verdade da proposição, que o aspecto dos céus no momento do nascimento está conectado com as observadas características do nativo através da colecta de um grande número de fotografias, completo rosto e perfil para cada sujeito, e classificando-as de acordo com o horóscopo. Eu terei assim doze conjuntos, um para cada signo ascendente, doze mostrando as possíveis posições do sol. Devo também examinar a asserção de que pessoas com Marte no ascendente têm alguma cicatriz ou outra anormalidade no rosto, colectando as fotografias de tais pessoas. Novamente, Saturno no ascendente é dito dar um tom melancólico ao semblante.

Se se afigurasse, então, que uma centena de homens de Áries mostravam uma marcante e característica diferença de uma centena de homens de Touro, e assim por diante através do zodíaco, os fisicistas dificilmente negariam algum nexo. O *apparatus criticus*[108] deveria, claro, ser muito perfeito. Complicações do ascendente pela presença de planetas devem ser consideradas separadamente. A sua falha em manifestar a característica aparência do signo não deve ser considerada fatal para a teoria.

Onde a história do assunto estiver disponível, isto fornecerá material para muito mais pesquisas. Nós descobriríamos, por exemplo, se a presença de Saturno na sétima casa coincidiria invariavelmente com o infortúnio matrimonial, ou na décima com o rápido aumento de fortunas seguido por um súbito colapso como no caso de Napoleão, Oscar Wilde, Woodrow Wilson, Lord Northcliffe e vários casos particulares na minha própria colecção. O labor requerido para esta pesquisa seria enorme, mas a maior parte seria feita por funcionários comuns. E quanto à dificuldade preliminar de colectar material, qualquer grande jornal poderia executar o esquema com bastante facilidade. É claro que seria necessário publicar uma explicação da proposta com um questionário cobrindo os pontos principais, e pedindo boas fotografias para serem enviadas com o formulário preenchido.

Uma observação final. Eu encontrava-me capaz, à medida que a minha experiência aumentava, de adivinhar não somente o signo ascendente e a posição do sol, mas

---

108 N.T.: "aparato crítico"—informação suplementar adicionada ao texto, como variantes textuais, notações, abreviaturas, símbolos, para fornecer material útil no estudo e na crítica textual

ambos os pontos juntos. Conformemente, em várias ocasiões, eu conseguia dizer a um homem, o qual eu nunca tinha visto antes, tanto a casa quanto o dia do seu nascimento. Eu podia também julgar, de vez em quando, tais matérias como a distância angular entre o Sol e a Lua, ou os aspectos e a posição zodiacal de outros planetas.

As reacções psicológicas a estas manifestações eram muito interessantes. Alguns não eram afectados pelos mais brilhantes sucessos. Alguns estavam meio assustados dos seus juízos, tais como eles tinham. Outros novamente caíam prostrados em estarrecida admiração e saltavam a partir dos factos para a fantasia de que eu deveria ser um Mahatma[109] capaz de fazer prestidigitação com as estrelas em seus cursos se o vento me levasse. Apenas uma pequena percentagem mostrava inteligente interesse. Eu causei uma óptima impressão em Frank Crowninshield, editor da *Vanity Fair*. Eu estava em forma naquela noite e disse a cada um exactamente certo. Ele percebeu que isto não poderia ser adivinhação. As probabilidades contra mim chegavam a biliões.

Eu pairei Nova Iorque durante todo o inverno tentando obter um ponto de apoio. O meu esforço para contraminar a intriga Alemã foi o meu pior óbice, no caso das melhores pessoas. Mas quanto à minha carreira literária, eu não era floco de neve no inferno. Ninguém sabia o meu nome, à parte os instruídos *rari nantes in gurgite vasto*[110]. Ninguém olharia para o meu trabalho, seja numa forma periódica ou num volume.

Mais tarde falarei do meu grotesco fracasso em ser bom como Mestre de Magick. As pessoas que eu conheci não sabiam nada e pensavam que sabiam tudo, e quaisquer que fossem as aparas de informação que elas tivessem, elas tinham tudo errado.

Eu tirei uma semana de folga em Março para ir a Filadélfia, onde o grande Billy Sunday estava conduzindo um reavivamento. A imensa notoriedade do homem, e a incompatibilidade dos relatos que as minhas indagações suscitavam, determinou-me, como o homem no evangelho, a ouvir e a ver por mim mesmo. Eu persegui a raposa até à toca num vasto tabernáculo de madeira; eu esqueço o que ganhei por uma margem estreita em pontos; e quando ele veio para Nova Iorque, onde tinham construído um celeiro maior do que o Albert Hall para o propósito, ele nem sequer conseguiu uma audiência. Belzebu teve o melhor de cada assalto. Astuto até ao final, ele retirou-se do ringue e deixou Lúcifer com os louros. Ele divertira-se muito e fizera o seu acúmulo. Suponho que, a esta hora, ele está sentado sob a sua própria videira e figueira, meditando com cínica alegria o aforismo Shakespeariano: "Senhor, que idiotas estes mortais são!" E aos domingos aquele sublime provérbio do Salvador— quem o tinha salvado se ele nunca tivesse salvado outra pessoa qualquer—"Vós sois de mais valor do que muitos pardais."

Todo este tempo, eu estivera a entrar em águas mais profundas financeiramente. Eu pretendera, quando deixei Inglaterra, concluir a minha especial actividade em Nova Iorque dentro de quinze dias, fazer um pequeno ruído de qualquer forma, e chegar a casa dentro de um mês. O que me manteve foi que na primeira semana eu vendi mais de cem libras de primeiras edições a um proeminente coleccionador. Ele então expressou o desejo de possuir um conjunto completo das minhas obras e também de duzentos ou trezentos manuscritos. Isto devia ter significado pelo menos cinco mil dólares. Soou bem para mim; desde a guerra, ninguém em Inglaterra recordava a existência de algo como poesia. Então eu enviei telegrama por causa do material e fiquei à espera, com o resultado de que a minha oportunidade política surgiu. Quando os livros chegaram de Inglaterra, o coleccionador mudou de ideia e comprou apenas uma pequena parte da remessa. Isto deixou-me liso, e além disso, eu estava a dar passos

---

109 N.T.: grande espírito ou alma
110 N.T.: "raros nadadores no vasto redemoinho"—verso de Virgílio em "Eneida"

largos em contraminar Mönnsberg. Assim eu estagnei em Nova Iorque, ficando mais baixo na água a cada dia.

Eu estava quase fracassado, quando obtive uma apresentação ao editor da *Vanity Fair*, um homem perfeitamente encantador que nem um pouco me lembrou de Austin Harrison[111]. Ele era, contudo, extremamente inteligente e compreendia o seu negócio amplamente. Num par de anos ele levantou o periódico a partir do nada para um quarto de milhão. Ele tratou-me, através de algum inexplicável mal-entendido, como um ser humano e pediu-me para escrever para ele.

Comecei com um relato de um jogo de beisebol como se visto por um professor da Universidade de Pequim. Isto foi seguido por uma série de Hokku[112]. Esta é uma forma de composição poética Japonesa. Ela contém três linhas, totalizando dezassete sílabas. Modifiquei isto introduzindo a regular medida de verso, a primeira linha dáctilo-espondeu, a segunda linha espondeu-dáctilo-espondeu e a terceira dáctilo-espondeu. Um Hokku deve conter finamente cinzelada uma bem definida ideia, ou melhor, cadeia de ideias. Tal é a estrita regra, mas é permitido um certo grau de latitude.

A primeira linha anuncia o assunto da meditação; a segunda, a reflexão moral sugerida desse modo, e a terceira, algum comentário epigramático. Por exemplo:

BUDDHISM
I am a petal
Darkling, lost on the river
Being—Ilusion.

Analisamos isto da seguinte maneira: Ao dizer "eu sou", insinua-se que se é apenas um derrelicto desanexo na escuridão da ignorância, cuja qualidade essencial é a ilusão da existência.

Eu escrevi um duplo Hokku no próprio Hokku. Aqui está:

THE HOKKU
Catch me, caress me,
Crush me! Gather a dewdrop—
Star to a system!

God in an atom!
Comets reveal around it—
That is a Hokku.

Eu tornei-me um colaborador frequente da *Vanity Fair*. Posso nunca ser suficientemente grato a Frank Crowinshield pela sua gentileza e paciência. A minha associação com ele é a uniformemente aprazível experiência de lidar com editores que eu posso referir. Ele sempre se esforçou para aproveitar ao máximo o seu material. Se uma contribuição não lhe convinha, ele não a rejeitava sem uma palavra de explicação. Ele falava sobre isso e sugeria modificações. Assim, eu descobri como se adequar ao gosto dele sem prejudicar o meu auto-respeito. A maioria dos editores afasta os seus melhores colaboradores tratando-os como mendigos de rua e deixando-os perplexos com a rejeição. Outros, novamente, regateiam as condições e, as mais das vezes, atrasam ou evitam o pagamento. Depois questionam-se por que não conseguem eles atingir o gosto do público. Logo acontece que obter um cheque de fulano-de-tal é como pescar tubarões com uma cana para trutas. O editor é tacitamente boicotado.

Este e o meu trabalho com Evangeline Adams mantiveram-me durante o Verão. Eu

---

111 N.T.: redactor da English Review
112 N.T.: haiku ou haicai; breve forma de poesia, de origem japonesa, geralmente composta por três versos de 5, 7, e 5 sílabas ou moras

tive um tempo glorioso, com amor e banhos de mar. Escrevi uma boa dose de poesia; em particular "The Golden Rose", e um conjunto de líricas, maioritariamente sonetos a Hilarion, a qual aparece mais tarde, em "The Urn", como " The Cat Officer". Esta mulher possuía uma atmosfera única. Só posso descrever isto como "prolongada dulcidão". Isto traduzia-se em termos de ritmo. Eu cito um típico soneto:

IN THE RED ROOM OF ROSE CROIX
The bleeding gate of God unveils its rose;
The cavernous West swallows the dragon Sun:
Earth›s darkness broods on dissolution,
A mother-vulture, nested on Repose.
Ah then, what grace within our girdle glows,
To garb thy glee-gilt heart, Hilarion,
An Alpenbluehn on our star-crested snows.
O scarlet flower, smear honey on the thigh
Of this shy bee, that sucks thy sweetness dry,
O bower of sunset, bring me to thy sleep
Wherein move dreams stained purple with perfumes,
Whose birds of paradise, on Punic plumes,
Declare dooms undecipherably deep.

Compare-se este com qualquer anterior soneto meu e note-se a melifluidade das linhas.

Eu também escrevi uma peça de um acto, *The Saviour*. A ideia principal disto estivera na minha mente durante um longo tempo como uma apresentação de ironia. A assembleia de uma cidade na extremidade do desespero invoca um salvador há muito esperado. Ele aparece para o extasiante alívio deles mas acaba por ser o inimigo que eles temiam na sua forma mais assustadora. Eu elaborei este tema introduzindo episódios onde eles têm a oportunidade de escapar. Eles lançam isso fora por causa do salvador. A pungência é aumentada por várias vicissitudes. A assembleia é guiada por um tolo que eles ignoram, sendo o único personagem com um grão de bom senso, e por um profeta cujo propósito insano é levar a cidade à destruição. Pelo inspirado conselho dele, a assembleia é atraída para uma desastrosa insensatez após uma outra, e quando a catástrofe ocorre, o profeta atira fora a máscara e incha sobre a ruína que ele tem forjado.

Esta peça foi aceite por Morris Brown, mas por má sorte, as condições de guerra obrigaram-no a fechar o seu teatro antes de poder ser produzida. Publiquei-a no *The International* em Março de 1918, mas somente depois de uma luta com o meu advogado, o qual ficou seriamente alarmado com receio de que Washington pensasse que a carapuça servia e suprimisse o número. A peça foi escrita três anos antes, e não havendo analogia ou a menor alusão aos eventos actuais, o protesto dele mostrou o quão terrível um reinado de terror havia sido estabelecido pelo megalomaníaco na Casa Branca e o seu brutal e bronco bravo, Burleson.

No dia 6 de Outubro, eu saí de Nova Iorque para uma viagem pela costa. Eu queria ver a exposição de San Francisco, e queria ter em primeira mão factos sobre a atitude das pessoas, fora da máquina de Wall Street, a respeito da guerra. Com isto combinei uma lua-de-mel com Hilarion; embora o céu estivesse nublado e ventoso, ela estalava dentro e fora o tempo todo, tendo decidido apimentar o romance e a aventura levando o marido dela a reboque.

A minha primeira paragem foi em Detroit, onde Parke Davis[113] estava charmosa e me mostrou os seus maravilhosos trabalhos químicos. Eles tinham instalado inúmeros engenhosos dispositivos para condução dos processos envolvidos na manufactura

---

113 N.T.: empresa farmacêutica fundada em 1866

através de maquinaria. Muitos destes produziam efeitos de extraordinária beleza de uma terra até então sonhada na minha filosofia. Uma grande massa de comprimidos num altamente polido e rapidamente giratório receptor era infinitamente fascinante de se observar. As esferas tombavam umas sobre as outras com uma rítmica subida e descida, num ritmo que cantava para a alma.

Eles eram suficientemente gentis para se interessarem pelas minhas pesquisas em Anhalonium Lewinii e fizeram-me algumas especiais preparações nas linhas indicadas pela minha experiência, o que se provou muito superior às prévias preparações.

Em Chicago, eu encontrei-me com Paul Carus, o qual me recebeu regiamente e me mostrou a cidade. O homem sempre me interessou como sendo amplamente instruído, ainda que compreendendo tão pouco. Depois do encontro, eu decidi que gostava dele por isto. Ele era uma criatura de grande coração, de mente simples, com uma certa visão infantil, à luz da qual ele julgava o mundo externo, um pouco como o Cavaleiro Branco em *Alice*!

Confesso que não gosto de Chicago. Assemelha-se a Nova Iorque mais do que os seus cidadãos gostariam de admitir, mas carece totalmente da cosmopolita e orbívaga atmosfera de Gotham. Isto dá a impressão de ser uma pura máquina. O seu lado artístico e culto compartilha a mortandade do resto. Compara-se com Nova Iorque bastante como Manchester com Londres.

Eu contactei Narnet Munroe, descrita na folha de encargos como uma poetisa. Ela edita um periódico chamado *Poetry*. Eu ainda não tenho a certeza se ela conhecia o meu nome e o meu trabalho, mas ela não demonstrou interesse nenhum! Ela estava carregada até à amurada com uma carga de presunção. Ela era o padrão de perfeição pelo qual Milton e Keats podiam ser medidos em termos da inferioridade deles para com ela. Incidentalmente estes dois eram entre chavetas representavam zero. O primeiro artigo da fé dela foi o de que o ritmo e a rima eram incompatíveis com a poesia. O credo dela continha muitos dogmas semelhantes, todos fixados com fanática intolerância. Eu livrei-me desta dessecada solteirona, e do seu monótono zumbido, com alacridade.

Eu continuei para o oeste.

> As I came through the desert, thus it was.
> As I came through the desert...

Chicago é o desesperançado posto avançado do homem civilizado. Cada milha além marca um degrau mais baixo na escada da evolução. St. Paul e Minneapolis são meramente magnificados mercados sempre abertos. Não há vida de qualquer tipo fora dos negócios. Eu suponho que as pobres almas amaldiçoadas estão suando tudo o que sabem para saírem de alguma forma, algures.

A oeste das cidades gémeas, até as urbes se tornam mais raras e cada uma é mais transiente e inumana do que a anterior. A vastidão da natureza e o estupendo vigor das suas forças elementais têm clamado em vão. Elas não movem homem algum ao espanto ou admiração. Ele aborda o seu trabalho de formiga com um apressado intento, incapaz de ver ou ouvir qualquer coisa que não esteja directamente relacionada aos problemas que o preocupam. Ninguém lê, ninguém pensa. Quando alguém o faz, eles debelam-no rapidamente. Até que se atravesse as Montanhas Rochosas não há uma aparência de ressurreição. A costa, em contacto com o arquipélago do Pacífico e a Ásia, tem captado um pouco da cultura destes.

Fui calorosamente recebido em Vancouver pelo meu "Son", o qual havia estabelecido uma ampla e crescente Loja da O.T.O. Eles tinham feito com as suas próprias mãos móveis e ornamentos admiravelmente eficazes, e eles tinham sido esplendidamente exercitados nos Rituais. Eu lamentei a necessidade de prosseguir tão brevemente.

Viajei por mar via Victoria para Seattle. A minha principal observação é a de que os habitantes da costa do Pacífico têm quase tudo em comum; as originais diferenças raciais parecem importar pouco; eu suponho porque a grande distância a partir da base fá-los sentir que eles têm queimado os seus barcos. Seria completamente impossível distinguir um Colombiano Britânico de um Californiano, enquanto, por outro lado, o povo da costa difere muito consideravelmente de qualquer um a leste das Montanhas Rochosas. O ponto é importante. A psicologia comum e os interesses comuns do litoral tendem a uni-los contra as tribos transmontanas. A divergência de objectivos económicos alarga anualmente. Parece certo que chegará o tempo em que os antagonismos dos seus vizinhos atingirão o clímax. Poucos Ingleses, mesmo aqueles que viajaram pelos Estados Unidos, têm uma noção real da geografia. A oeste de St. Paul, apenas Denver e Salt Lake City possuem mais de cem mil habitantes em todo aquele exaurido deserto. Pensa-se em Chicago como a capital do Centro-Oeste, como se estivesse na metade do caminho. Na verdade, a distância das duas costas é algo como quatro para um. A ligação política que une a costa com o Centro-Oeste é muito longa para ser natural; teria quebrado há muito tempo, não fosse pelas idealísticas fantasias sobre a unidade. Eles terão que ceder à persistente martelagem do facto. A secessão é certa, mais cedo ou mais tarde, mas as condições são tão peculiares que prognosticar a sua forma seria uma insolência ao destino.

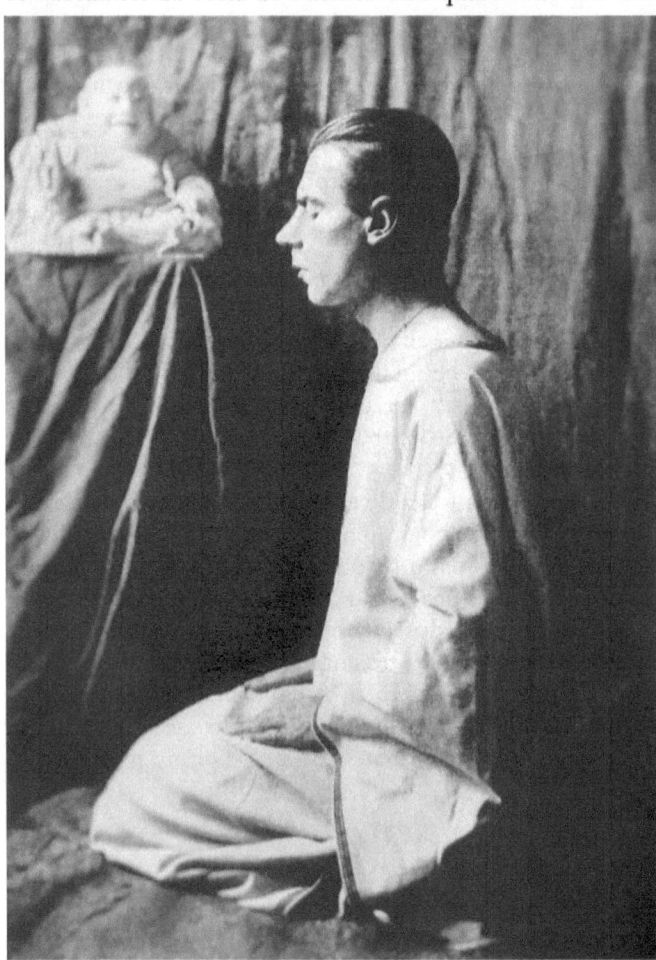

Frater O.I.V. Charles Stansfeld Jones

O Centro-Oeste é predominantemente Teutónico e Escandinavo. Eu encontrei pouca manifesta simpatia com a Alemanha por tudo isso. Menos ainda, qualquer impulso de demonstrar activa simpatia. Mas quanto a entrar na luta do nosso lado, a sugestão ofendeu o elementar senso comum. Um importante jornal do Kansas teve um longo editorial, recusando com raiva a simpatia pelas ideias de "aqueles palonços na Costa Leste" e expressando a esperança de que um raide aéreo em Nova Iorque lhes ensinaria uma lição muito necessária. Argumentou-se com a máxima veemência que Centro-Oeste era independente do Leste. Eles recusaram-se a admitir por um momento que a prosperidade deles como produtores poderia ser ameaçada pelas calamidades dos seus agentes de transporte e clientes.

Na costa, este duro egoísmo de sangue-frio era temperado pelo clima. Eu conheci muita superficial simpatia com ambos os lados. Porém, havia um acordo universal para se recusar julgar os erros e acertos da guerra. Isto era assunto da Europa e de mais ninguém. Seria um crime, uma grave asneira e crua traição à constituição a respeito da América dar uma mão.

Desde a minha última visita, San Francisco tinha sido reconstruída. O velho charme desaparecera completamente. Tornou-se um companheiro regular. O terramoto engoliu o romance e o fogo queimou a alma da cidade em cinzas. A fénix havia perecido e das cinzas havia surgido um urubu.

Eu corri para o sul, parando em Santa Cruz, para ver as famosas grandes árvores. Tomei uma refeição na cidade e saí no crepúsculo. A minha querida estava esperando por mim ao entardecer logo depois dos limites da cidade. "Que bom que tu vieste", sussurrou ela. "Vamos caminhar juntos para o bosque. Tu deves dormir no meu peito a noite toda, sob a sombra do gigante sentinela cujas pontas de lança saúdam as estrelas." A minha querida trançou-se sobre mim, um ambiente inebriante. Bêbado de prazer, passei pelo silêncio. Deve ter sido pura sorte encontrar o bosque, pois não se pode enxergá-lo à distância, pelo menos numa noite escura. Mas eu caminhei directo para a moita e estendi-me no chão, qual cão cansado e feliz, para lá de toda a algazarra. Eu olhei por algum tempo através do emaranhado de galhos até às estrelas. Eles fecharam. Eu adormeci.

Ao amanhecer, acordei revigorado, tomei o pequeno-almoço numa cabana e vagueei de volta para o caminho-de-ferro. Eu tivera um perfeito feriado segundo o Espírito da América! O ar fresco da manhã tornou-se articulado e sussurrou um som no meu ouvido. Aqui está:

AT BIG TREES, SANTA CRUZ

Night fell. I travelled through the cloven chasm
  To where the redwood›s cloistered giant grove
  Sprung gothic and priapic; wonder wove
God's glory, gathered in the Titan spasm
Nature›s parturient anguish. Murk phantasm
  Moving I seemed! I found the treasurer trove
  Of fire, and consecrated all to love,
Smiting my soul within the protoplasm.

Within that temple of the midnight sun
I cried all night upon Hilarion!
  All night I willed, I loved, I wrought the spell
That Merlin muttered low in Broceliaunde,
Till over Santa Cruz the day star downed.
  God should have heard me, had I cried from Hell!

Eu deambulei para Los Angeles, e, tendo sido alertado contra a cocainómana multidão do cinema, lunáticos sexuais, e a pululação de larvas quase-ocultistas, eu cheguei incólume. Encontrei uma série de colinas ao norte da cidade e tive um dia maravilhoso acelerando de crista para crista. Eu estava tão empolgado que caminhar não serviria o meu ensejo. Eu tinha que correr! Enquanto eu corria, este soneto moldou-se no meu espírito?

> I ran upon the ridges of the Hill
> > That from the North-guard watch Los Angeles.
> > Now I life up my priestly hands to bless
> The sun, from whose emblazoned cup God spills
> The wine to comfort all earth›s infinite ills;
> > The cordial of man›s heart, whose dour distress
> > Heals only in inmaculate silence
> According as he knows, and love, and wills.
>
> Ay! Thought is grown a geyser-gush of flame
> Since those two hours this morning when you came,
> > When, like a comet swirling to its sun,
> You strangled me in your Astarte›s tress,
> And wove me into serpent silences.
> > Upon your body›s loom, Hilarion!

A minha viagem de ida terminou em San Diego. Perto da cidade fica Point Loma onde vivia Katherine Tingley, a qual, com William Q. Judge, se separou da Sociedade Teosófica quando Annie Besant rebatou as rédeas. Eu não sabia nada da mulher, mas a recusa dela em aceitar a inescrupulosa usurpação estava a seu favor, e uma casual olhadela no seu órgão oficial não me impressionou de maneira desfavorável. Eu decidi vê-la e discutir a possibilidade de uma aliança. Para minha surpresa, ela recusou-se a receber-me quando eu solicitei para o acordo. A partir do momento em que entrei no recinto, eu fiquei ciente da mais nauseante atmosfera que eu alguma vez encontrara magicamente. A sugestão era de uma carne em putrefacção e totalmente sem sangue, como se um canibal tivesse sugado a sua vida até à última gota e a lançado fora. Os discípulos dela correspondiam. Eles moviam-se frouxos e indiferentes, cadavéricos e pálidos, com os olhos de peixes mortos. Eu saí da fossa sem perder tempo, mas mesmo assim tive que pagar pela minha imprudência.

San Diego possuía uma característica mais atraente. Está dentro de um curto passeio motorizado a partir da fronteira do México. Chega-se a uma cidade, Tijuana, que viceja em refugiados da rectidão. É composta exclusivamente de bordéis, tabernas e jogos de azar. Eu não ligo para este tipo de coisa, mas era pelo menos muito melhor do que qualquer coisa ao norte da fronteira.

Indo para leste, parei para ver o Grand Canyon. É soberbo, claro, a melhor coisa em todo o país; mas, na verdade, não é da mesma classe que o cenário Himalaico. Os efeitos do pôr-do-sol são certamente esplêndidos, mas para mim os muitos interesses repousam no problema geológico.

O desfiladeiro é uma fenda em ziguezague talhada profundamente através de um planalto praticamente nivelado. A parte superior da brecha parece mostrar que os riachos laterais alimentaram o rio principal em algum momento, e esta explicação é usualmente oferecida. A minha objecção é que o nível é cortado em esquadria. A pessoa na borda baixa o olhar para uma perpendicular fundura de algumas centenas de pés antes da pura rocha amenizar para rampas. A planeza do planalto torna impossível que este jamais tenha sido atravessado por riachos e eu dificilmente podia acreditar que afluentes tão numerosos e tão curtos, surgindo de nenhum lugar em particular, pudessem ter goivado os desfiladeiros. Eu prefiro suspeitar que o evento original foi um terremoto, o qual abriu uma longa rachadura, e que o rio aproveitou este canal natural.

Desci o Rio Colorado por Angel Trail. Eu queria certificar-me de que eu não tinha perdido a minha antiga velocidade e firmeza. O recorde anterior, da borda do penhasco até ao rio, era de alguns minutos acima de duas horas. Fiz isto numa hora e vinte minutos menos um segundo! Paguei o preço; as unhas dos meus polegares dos pés estavam tão seriamente feridas que se soltaram completamente. Descansei à beira do rio e escrevi este soneto:

> I lie beneath the cliff of the canyon.
> > Down the long trail I fitted like a swallow,
> > Daring the very elements to follow,
> Nor paused to mark the crags I leapt upon.
> Now, lying in the sun, my soul›s a swan,
> > Soars through the boundless blue to greet Apollo:
> > I call my love by name. Remote and hollow
> The rocks re-echo me: "Hilarion!"
> How pure and beautiful the body is
> Lapped in fatigue›s caressing ecstasies!
> > For then the soul is free to leap above it,
> To soar, to dive, to seek and find his mate
> In the dominion of the uncreate,
> > And lastly—to return to it, and love it!

Esta foi a minha última aventura. Retornei a Nova Iorque por curtas etapas e retomei o desancorado lance. A única característica nova foi o meu caso com Stuart X.

O próximo acto foi o aparecimento de Ananda K. Koomaraswamy, o Eurasiano crítico de religião e arte, com a sua esposa, Ratan Devi, uma executante musical de Yorkshire, a qual se tinha apaixonado por ele e o surripiou da primeira esposa dele. Ele logo ficou cansado dela e refugiou-se na Índia, mas achando que era um chatice contínua ter de enviar os suprimentos dela, escreveu para ela se lhe juntar. Tinha sido sugerido, com a secreta esperança de que o clima o livraria do seu íncubo. Ela fez a viagem a cargo do melhor amigo dele, um rico Punjabi, a quem ela prontamente seduziu.

Após uma série de violentas cenas em Bombaim, o mestiço aceitou a situação e todos os três viajaram juntos por algum tempo nas colinas. Ratan Devi possuía uma estranha beleza sedutora e charme, mas acima de tudo um ouvido tão apurado e uma voz tão perfeitamente treinada que ela era capaz de cantar música Indiana, a qual é caracterizada por meios-tons e quartos de tom imperceptíveis para a maioria dos ouvidos Europeus. A ideia dele era trazê-la para Nova Iorque. Ele apresentou-se a mim, conhecendo a minha reputação em religiões Asiáticas e Magick. Eu convidei-os para jantarem e passarem a noite no meu apartamento, para que ela pudesse cantar ao alaúde o seu reportório Kashmiri e outras canções Indianas. Fiquei encantado e prometi fazer tudo o que pudesse para torná-la um sucesso.

Eu apresentei-os a várias pessoas influentes e escrevi um poema em prosa, acerca do canto dela, para a *Vanity Fair*.

Ela e eu não perdemos tempo em nos apaixonarmos. Isto servia perfeitamente ao marido dela. O alto custo de vida era mau o suficiente sem ter de pagar pelo jantar da esposa de alguém. Tudo o que ele pediu foi que eu deveria apresentá-lo a uma jovem que seria amante dele enquanto não lhe custasse nada. Eu fiquei apenas demasiado feliz em ser favorável, visto que eu conhecia uma jovem com uma fantasia por aventuras estranhas.

Ele estava ansioso para se livrar de responsabilidades teóricas e, por conseguinte, propôs um divórcio. Eu concordei com um bocejo. Detalhes nunca me interessam. Entrementes, ela fizera a sua estreia e obteve um sucesso extraordinário. Isto nunca ocorrera ao seu marido, o qual, sendo incapaz de apreciar a suprema arte dela, dificilmente a levava a cantar seriamente. De facto, o sucesso dela foi em grande parte devido à minha assistência. Eu ensinei-a a deixar o seu génio solto no momento crítico. No entanto, para o marido, apenas uma coisa importava. Poderia haver dinheiro nela. Reviravolta! Ele esquivou-se do divórcio com vários pretextos pueris e depois retirou as coisas patéticas, e implorou-lhe que voltasse para ele. Ela era a única mulher que ele alguma vez amara, etc., *ad nauseam*.

Estas manobras foram realizadas no topo das suas vozes. Foi uma série de encontros repreensivos e encaixes epilépticos. Eu tive um tempo deslumbrante! O que os incomodava a ambos mais do que qualquer outra coisa era a minha absoluta indiferença em relação ao caso todo. A minha posição era que se ela escolhesse morar comigo, ela poderia. Quando ela quisesse sair, a porta estaria aberta. Mas eu não levantaria um dedo por nenhum propósito, qualquer que fosse.

A situação ficou complicada por ela engravidar. Isto mudou a minha atitude. Eu ainda recusava interferir com a vontade dela, mas agora eu estava preparado para fazer qualquer sacrifício necessário para assegurar o bem-estar dela e o do nosso filho.

Ela estava ganhando bastante dinheiro, por enquanto, então ele importunava-a dia e noite, sempre que ele podia dispensar um momento da prostituta Alemã com quem ele estava a viver agora, tendo sido expulso pela minha excêntrica amiga. Ele tinha ideias esquisitas, tinha o eminente mestiço. O custo de um quarto duplo sendo ligeiramente menor do que o custo de dois quartos individuais, ele efectuou uma economia prudente colocando esta jovem na mesma cama com a esposa dele quando ele estivesse fora da cidade.

Durante este período eu estive muitas vezes longe, em Washington, perdendo assim boa parte da diversão. Em Junho, eu regressei propondo passar o Verão numa casinha perto de Lake Pasquaney. Ratan Devi era uma daquelas mulheres cujo principal prazer é mostrar o seu poder sobre os homens. Ela tentou isto em mim, mas um tijolo de banho teria feito muito também. Convencida, após muitos desesperados esforços, de que eu não iria correr atrás dela ou até mesmo andar no seu caminho, ela começou a entender o verdadeiro amor, a reconhecer-me como seu mestre e a deixar de fazer o papel de idiota. Ela não adivinhou que a minha Gibraltar firmeza era uma política calculada. Eu realmente amava-a e sabia que a única esperança de a fazer amar-me era matar a vaidade que a impedia de ser verdadeira consigo própria, e dando-lhe todo o coração.

Antes de eu partir para New Hampshire, nós tivemos um encontro de despedida. Ela estava agora muito adiantada em gestação para aparecer em público, então o marido dela convencera-a a ir a Inglaterra para o confinamento, e também a tomar várias providências necessárias em relação ao futuro. Ele agora fingia astutamente ceder ao divórcio, admitindo o meu direito ao meu filho e à mãe. O real motivo dele era muito diferente. Ela era uma navegante particularmente má. Durante uma gravidez anterior, ela fora obrigada a interromper a jornada para salvar a sua vida. Ela estava de facto à beira da morte quando a levaram para terra firme, e ficou deitada durante semanas tão doente que uma lufada de vento a poderia ter levado. Não era, pelo menos, uma má aposta de que a viagem Atlântica terminaria da mesma maneira ou até mais afortunada.

Eu ainda me recusava a pressioná-la. Eu disse: "Aqui está o meu endereço. Tu és bem-vinda sempre que quiseres vir, e eu amo-te e servir-te-ei com toda a minha força."

Eu fui embora. Em poucos dias ela juntou-se a mim. A paz, a beleza e a solidão renovaram o arrebatamento do nosso amor. Eu tinha dado a minha palavra em nada fazer para a conter e após alguns dias ela decidiu ir para Inglaterra; os seus filhos precisavam dela. Era sua peculiar perversidade ser num dado momento o artista absoluto; num outro, a mãe e nada mais, e o problema era que sempre que o senso comum queria que ela fosse o artista, ela invariavelmente assumia a personalidade de mãe. Ora então, só porque eu representava arte, música e amor, o trole dela puxava-a para ser maternal.

Ela foi embora. Os cálculos do Eurasiano não estavam muito errados. A viagem causou um aborto espontâneo e ela ficou entre a vida e a morte por mais de seis semanas. Escusado será dizer que, no momento em que o mal foi feito, ela arrependeu-se amargamente. Quando ela retornou para a América, eu estava em Nova Orleães. Ela implorou-me para voltar para ela. Ela escrevia uma vez, e frequentemente duas vezes, por dia, cada uma com uma média de uma dúzia de páginas. Havia também telegramas. Eu replicava com firmeza imóvel. "Tu insististe em ir embora, com o resultado de matar o nosso bebé. Eu amo-te e retomar-te-ei, mas nesta condição; que tu faças uma clara ruptura com o passado."

O seu infeliz temperamento manteve-a em guerra consigo mesma. Ela queria ter o seu bolo e comê-lo também. Ela não queimaria as suas pontes. Eu mantive firme correcção e tudo deu em nada. O meu coração ainda não está totalmente curado, mas aliviei-me de parte da minha dor usando toda a história, exacta em cada detalhe, como fundo do meu implausível conto Simon Iff "Not good enough" (*The International*, Janeiro de 1918). Eu fiz uma mudança. Koomaraswamy, Haranzada Swami; Haranzada sendo a palavra Hindustani para "Bastardo". A publicação deste conto veio como um leve choque para a autocomplacência do canalha.

Eu não devo omitir um incidente característico. Ele passou a ser momentaneamente duro e concebeu a ideia realmente brilhante de inventar uma fábula de que a sua jovem Alemã era uma nova Safo. Ele fê-la copiar vários poemas do meu *Collected Works* e encaminhou-a aos Putnam's para persuadi-los a publicarem o trabalho realmente notável desta jovem romântica bela rosa Americana. A rapariga disse à esposa dele na cama certa noite, tendo elas encontrado um vínculo de simpatia comum no seu desprezo e repugnância por "The Worm", conforme nós o tínhamos familiarmente denominado. Ela contou-me de uma vez só, e tenho todos os motivos para acreditar que a carta que escrevi para Putnam's é apreciada nos arquivos da firma como a última palavra em contempto selvagem.

Assim terminadas as minhas aventuras com estas fascinantes aberrações, eu devo agora correr de volta para Nova Orleães.

~ 78 ~

NOVA ORLEÃES e San Antonio são ditas como sendo as únicas cidades dos Estados Unidos que possuem almas próprias. A de Nova Orleães estava já sendo expulsa sob os meus olhos, e ouso dizer que, por esta altura, o trabalho de destruição está completo. Provavelmente San Antonio tem compartilhado o seu destino. A característica mais deprimente do país é a uniformidade das cidades. Por mais singular que seja a situação geográfica e as suas peculiaridades topográficas, as possibilidades de beleza têm sido nulificadas pela determinação do povo em fazer tudo certo, de acordo com a medida em voga. Onde quer que seja, mais cedo ou mais tarde, a pessoa cansa-se do ambiente. Na Europa, a cura é fácil. A pessoa cambaleia para o próximo lugar certa de encontrar alguma novidade. Nos Estados Unidos, por mais longe que se vá, a mesma hedionda homogeneidade decepciona a pessoa. O alívio conferido pelo antigo bairro de Nova Orleães lançou-me instantaneamente num êxtase de energia criativa. Eu escrevia dia e noite continuamente—poemas, ensaios e contos. A minha principal invenção foi o detective "Simon Iff", cujo método de descobrir a solução de um problema era o cálculo das mentais e morais energias das pessoas envolvidas.

Eu escrevi uma série de seis histórias sobre as suas façanhas e dei seguimento por *The Butterfly Net* ou *the Net*, um romance em que ele é uma personagem secundária. Neste romance, eu tenho dado uma descrição elaborada de modernas teorias e práticas mágicas. A maioria das personagens são pessoas reais que eu tenho conhecido e muitos dos incidentes tirados a partir da experiência.

Durante este tempo, eu também recebi o que os místicos descrevem como "a visão beatífica", que é a mais característica daquelas atribuídas a Tiphereth, a ideia arquetípica de beleza e harmonia. Nesta visão, nós retemos a consciência normal, porém, cada impressão da vida diária é tão encantadora e requintada quanto uma ode de Keats. Os incidentes da vida tornam-se uma unidade harmoniosa; está-se perdido num róseo sonho de romântica felicidade. Pode-se comparar isto ao efeito produzido pelo vinho em algumas pessoas. Não há, no entanto, irrealidade na visão. Não se está cego para os factos da existência. É simplesmente que a normal incoerência e discrepância entre eles foram harmonizadas.

Enquanto neste assunto, deixa-me mencionar que Tiphereth corresponde ao grau de iniciação no Limiar da Ordem da R.R. et A.C.,[114] e ao Conhecimento e Conversação do Santo Anjo da Guarda. Isto, portanto, marca um estágio criticamente importante na iniciação. Apenas um outro é igualmente cardinal: o grau de Mestre do Templo, que é o Limiar da Ordem da A∴A∴. Eu tenho chamado a visão correspondente a isto de "Visão de Maravilha" que permeia a vida quotidiana num modo similar. A diferença é que, penetrando além das percepções sensoriais, a pessoa está ciente do mecanismo dos eventos, da cadeia subtil de causas que os conectam. Percebe-se detalhadamente como cada impressão necessariamente sucede o seu precursor. O efeito é que a pessoa fica perdida em pasmo com a ingenuidade do universo, para usar uma palavra muito inadequada, como sendo a única disponível. Sente-se a intensa reverente admiração que as maiores obras-primas de Kant, Beethoven, Shakespeare, Rembrandt, Riemann, Kelvin, e outras que tais inspiraram, com esta diferença: que todas as impressões são igualmente pujantes para produzir isto.

O meu melhor ensaio foi "The Green Goddess", escrito no antigo Absinthe House,[115] e adornando o seu tema principal, as reflexões filosóficas, sugerido pelo absinto com descrições da pousada, seus convivas, e da cidade.

Partindo de Nova Orleães eu fui morar com o meu primo Lawrence Bishop na sua plantação de laranja e toranja na Flórida. Eu descreverei num outro lugar o abismo espiritual em que estas perdidas almas foram mergulhadas. Não consigo pensar sobre a Flórida, mas nos meus ouvidos soa o grito excessivamente amargo da pobre pequena Alma de dezasseis anos: "Eu tenho descoberto que não vale a pena dizer a verdade."

Esta visita abriu uma extensa e profunda mágoa que eu tinha achado impossível. O primo Lawrence viu como eu estava doente. A família alimentava-se de miudezas que eu não teria atirado a um porco decente. Ele tinha ficado connosco em Inglaterra e percebeu que não se podia esperar que eu comesse tal lixo, então ele perguntou-me gentilmente o que é que eu gostaria de comer para desenvolver a minha força. Eu disse: "Não te preocupes com isso. Tudo que eu preciso é de muita fruta e leite." Parece muito podre para ser verdade mas a esposa dele fez questão de me afastar do leite tanto quanto ela ousou, e esforçou-se ao máximo para esconder o suprimento, bem como ludibriar-me do copo de leite que eu deveria ter antes de ir para a cama. (Eu sempre ficava acordado até tarde a trabalhar.)

---

114 N.T.: Rúbea Rosa e Áurea Cruz
115 N.T.: famoso bar em Nova Orleães

A mesquinha malícia da bruxa dele é medonha demais para contemplar, ainda que todas as coisas sirvam ao ensejo do poeta. Ela deu-me a ideia de uma das minhas melhores histórias de *Simon Iff in America*, "Suffer the Little Children".

Vamos apressar-nos de volta a Nova Iorque. Eu cheguei lá na Primavera ainda doente de algum padecimento que produziu depressão e fraqueza e levou o espírito para fora de mim sem mostrar quaisquer sintomas óbvios. Descobri mais uma vez que eu era um estranho. Eu não tinha nada definido para fazer, nenhuns planos plausíveis. Perambulei exaustivamente durante semanas totalmente impotente para me concentrar em qualquer coisa, para me interessar por qualquer coisa: eu simplesmente sofri. As coisas foram de mal a pior. Os meus recursos chegaram a um fim.

Um dos meus antigos discípulos, Leon Engars Kennedy, pintor de retratos, tinha chegado da Europa. Nós renovámos a nossa amizade. Na verdade ele precisava da minha ajuda bastante seriamente. O seu tom moral, nunca alto, havia sido quase destruído pela guerra. O problema com ele era que ele nunca crescera; ele recebia uma ampla mesada da sua família, mas isto sempre se ia antes de chegar, e ele arrastava-se de mês para mês pedindo emprestado, um dólar aqui e um dólar ali, de todos os que encontrava.

Eu recordo uma cena quase humilhante demais para contar. O zelante do seu ateliê era um rapaz aleijado, com uma família numerosa—uma criatura meio morta de fome com os comoventes olhos de um cervo ferido. Foi horrível ouvir Kennedy, o filho adoptivo de um multimilionário, implorando quase de joelhos com eloquentes apelos por piedade, misturado com os astutos argumentos de um homem confiante, para um empréstimo de dois dólares. Fico feliz em pensar que ajudei o rapaz, quer espiritualmente, quer praticamente. Eu azucrinei-o para trabalhar regularmente na sua arte, organizei uma exposição para ele, despertei a atenção para ele de várias pessoas influentes, persuadi outras a ajudá-lo, elogiei-o no *The International*, e de um outro modo recuperei-o. Eu falhei, no entanto, em mantê-lo fora das garras de uma ruiva dactilógrafa Irlandesa muito bonita, histérica segundo a repressão sexual. Ela finalmente persuadiu-o a casar com ela, e temo que a sua última oportunidade duma carreira esteja entre os documentos empoeirados nos arquivos do departamento de casamentos da Câmara Municipal. Pelo menos, eu não mais tenho ouvido notícias dele desde o seu retorno à Holanda.

Ele, por sua vez, mostrou-me grande gentileza. Quando chegou ao ponto em que eu não podia pagar por uma cama, ele deixava-me dormir no sofá do seu estúdio. Este era um sótão de uma velha casa meio decadente na 5th Avenue, sem sequer um abastecimento de água. Mas para mim era um paraíso. A sua pobreza e desconforto eram transformados em luxo pelo pensamento sobre a bondade de Kennedy. Eu dormi aqui durante muito tempo. A minha saúde foi aumentando gradualmente e, como resultado de uma Operação Mágica no dia 27 de Maio, tornou-se repentinamente perfeita. Eu pude assim, nos dias 28 e 30 de Maio, executar duas importantes Operações Mágicas completadas por uma terceira poucos dias depois, com o objectivo de dar efeito à minha vontade de estabelecer a Lei de Thelema. O resultado foi que eu assegurei o controlo de *The International* e tornei-me editor colaborador (implicando praticamente exclusiva responsabilidade pelo conteúdo) em Agosto.

Este periódico era originalmente o órgão de pura literatura, o único nos Estados Unidos de quaisquer autoridades. Infelizmente, o editor—e para todos os efeitos o proprietário—era o Sr. George Sylvester Viereck. Na eclosão da guerra, ele transformou o carácter de *The International*, introduziu propaganda pró-Alemã e assim arruinou a reputação disto. Isto estava agora na lista negra do Canadá e era recusada a admissão pelas autoridades postais da colónia. Os seus melhores amigos haviam retirado o apoio; a sua circulação reduzira quase a zero, e isto cambaleava mecanicamente de mês para mês sem coração ou esperança. Em oito meses eu levantei isto com tanto sucesso que se tornou vendável. Foi comprado pelo Professor Keasbey, o qual emitiu um número tão aborrecido, ininteligível e fútil que isto morreu no local.

Keasbey tinha sido professor de história institucional na Universidade de Austin, Texas. Ele era um homem charmoso e culto, mas cheio de noções erráticas acerca do socialismo, que ele mantinha com arrogante obstinação. O seu estilo literário, no qual ele se orgulhava, como teria sido ridículo em Ruskin ou Walter Pater, era túrgido, convoluto, incoerente, sobrecarregado, redundante e fora do alcance da sagacidade do leitor mais sério e especializado para compreender. Ele não estava muito atrás de William Howell Williams, num outro lugar mencionado, no seu poder para desconcertar inquéritos. Frank Harris concordou com este ponto, não menos do que todas as outras pessoas a quem eu coloquei isto. Ele disse-me com espanto que tinha sido importunado para imprimir um artigo de meia página em "Pearson's"[116] de Keasbey, do qual ele era então tesoureiro, capaz, por conseguinte, de pressionar o editor. Este número ficou sob a censura de Burleson. Ele tinha ido a Washington para se justificar. Burleson mostrara-lhe a cópia que havia sido submetida aos censores. O artigo de Keasbey foi marcado como censurável por todos os três lápis. Harris explodiu. "Tu não podes entender", ele enfureceu-se. "Eu não consigo entender isto. Eu não acredito que exista algum homem vivo que possa fazer julgamento por causa de uma única sentença. Como pode isto causar algum dano?"

As opiniões sociais de Keasbey custaram-lhe a sua cadeira em Austin. Ele tinha lido e admirado alguns dos meus trabalhos e procurou-me na minha casinha perto de Lake Pasquaney. Nós passámos três dias deliciosos sem sequer parar de falar, à parte singulares breves períodos de sono. Em conversação, ele era encantador, fresco e instrutivo. A nossa familiarização amadureceu em algo como amizade. Ele comportava-se muito estranhamente nesta questão de *The International*. Ele professava a mais calorosa amizade para mim, passava algum tempo, quase todos os dias, no meu escritório a conversar; almoçávamos e jantávamos juntos com bastante frequência, mas ele nunca deu uma palavra da sua intenção de comprar *The International*, e quando a transacção se tornou pública, ele foi ainda melhor. Ele pediu-me para continuar as minhas colaborações e até sugeriu que eu trabalhasse em conjunto com ele, porém, o tempo todo, a sua ideia era destituir-me completamente. Ele recusou-se a imprimir uma única linha da minha pena, e essa, embora ele estivesse em desespero acerca do preenchimento do número. Ele também deve ter sabido que o sucesso do periódico era inteiramente devido à minha personalidade; ele sabia que eu mesmo tinha escrito quase tudo sozinho, e que os únicos outros elementos importantes haviam sido dados a mim pelos seus autores puramente como um sinal da sua admiração pessoal e amizade por mim. Eu suponho que ele estivesse completamente cego pela sua presunção, a qual ele possuía a um grau que eu não me lembro de nenhum paralelo. Seja como for, o resultado foi que o número de Maio era um monumento de lixo incompreensível, imprestável e ilegível, e que ele encontrou-se nos seus novos e portentosos escritórios, monarca de todos os que ele inspeccionava, com o cadáver do seu infante coberto a seus pés. O episódio é excelentemente regozijante.

Eu descreverei em seu devido lugar o curso da minha amizade com Maitland Ambrose Payne. Um dia, ele contou-me sobre um ajuntamento Cingalês na 8th Avenue onde eles faziam um verdadeiro caril. Comecei a frequentá-lo e assim conheci a senhora que aparece, em "The Urn", como "Dog-headed Hermes or Anubis". Ela era uma

---

116 N.T.: magazine mensal

jovem Holandesa de Pensilvânia, o único membro da família dela efectivamente não insano. Nós juntámos forças e ocupámos um apartamento mobilado num prédio de gaveto em Central Park West, perto do limite norte da 110th Street. A partir da janela, de sacada curva, da sala de visitas, somente árvores eram vistas. Elas descansavam e alegravam o meu espírito. Eu podia esquecer Nova Iorque, ainda que dentro de meia hora a partir do meu escritório.

O meu salário era de vinte dólares por semana; dois dólares a mais do que o da minha dactilógrafa. A vida ensinara-me a apreciar ultrajes deste tipo. Dava-me prazer contrastar a minha própria generosidade com a mesquinhez do rico e orgulhar-me da minha habilidade em aceitar sorridentemente tais insultos e privações. Durante este Outono, como plenamente detalhado num outro lugar, a paixão de me expressar através da arte nasceu em mim. Os meses passaram num desfile de prazer.

A minha ligação com Dog chegou subitamente ao fim. Exactamente como no caso da minha esposa, a semi-suprimida tensão de loucura no sangue dela veio à tona. Ela levou isto a orgias de solitária bebedice. Isto não era novidade; de facto, quando eu a conheci, elas eram de ocorrência quase diária. Eu conseguia recuperá-la conjuntamente por um tempo, mas ela recaía. Quando eu descobria isto, eu contava-lhe a história da minha esposa e batia o pé. Eu dava-lhe a entender que, se acontecesse de novo, eu acabaria. Ela conhecia-me por um homem de minha palavra e desistiu, mas alguns dias depois isto ficou tão mau como sempre. Eu dei-lhe mais uma oportunidade, mas é claro que em vão.

No início de Outubro, eu terminei a relação e transferi o meu quartel-general para um estúdio na West 9th Street, o qual eu dividi com uma amiga de Dog, doravante descrita como Camel.

O nome dela era Roddie Minor, uma mulher casada que vivia separada do marido, uma quase artista de procedência Alemã. Ela era fisicamente um animal magnífico, com um cérebro de homem bem abastecido com conhecimento geral e uma compreensão especial de química e farmácia. Ela estava nesta altura empregada no laboratório de patologia de um famoso médico, mas depois tornou-se gestora química para uma proeminente firma de produtos de perfumaria.

Eu tenho dito que ela tinha um cérebro de homem, mas apesar de todo esforço, havia ainda um canto escuro em que a sua feminilidade se tinha refugiado e desafiei-a a expelir isto. De tempos a tempos, a guarnição fazia uma desesperada incursão. Em tais momentos o seu carácter feminino vingava-se selvaticamente na ambição dela. Ela era mais freneticamente feminina do que qualquer expressa mulher podia possivelmente ser. Ela era impiedosamente irracional. Tais ataques eram felizmente tão curtos quanto severos, mas infelizmente, com muita frequência, causavam danos irreparáveis.

No desfecho, esta característica levou à nossa separação. Eu tratei-a como alguém igual em todos os aspectos, e durante alguns meses tudo correu tão calmamente como se ela fosse realmente um homem. Mas aquela sitiada secção do seu cérebro enviou espiões sob o manto da noite e sussurrou para as sitiantes sugestões sinistras, para abalar a confiança dela em si mesma. A ideia nasceu e cresceu de que ela era essencialmente minha inferior. Ela começou a sentir a minha personalidade como uma obsessão. Começou a temer ser dominada, embora perfeitamente consciente de que eu nada menos desejava, de que a sua liberdade era necessária para o meu próprio prazer. Mas ela não conseguiu livrar-se desta alucinação, e quando eu decidi fazer um Grande Retiro Mágico no Hudson, numa canoa, no Verão de 1918, nós concordámos em nos separar. Não houve altercação. A nossa amizade e até a nossa intimidade continuaram. A minha última noite em Nova Iorque antes de partir para a Europa foi passada nos braços dela.

Os fins-de-semana que ela podia controlar eram passados no meu acampamento em Oesopus Island[117]. A primeira visita dela foi uma aventura e tanto. Ela tinha trazido suprimentos de conservas de Nova Iorque para Staatsburg, onde a encontrei com a canoa. Ela entendera pela minha carta que a ilha era próxima a esta cidade, e tolamente não consultara um mapa. Estava cansada com o trabalho da semana e a longa jornada; o comboio foi tardio, a noite estava caindo, o vento estava levantando-se, e a chuva começando a escaramuçar. A canoa foi carregada dentro do limite a uma polegada da borda. O vento soprava implacavelmente nos nossos dentes. O rio começava a tornar-se áspero e a chuva caía mais firmemente. O nosso progresso foi tediosamente lento e a jornada não sem perigo. A determinada altura, o fluxo espalha-se de modo que, por algo como uma milha, fica-se fora do alcance da terra. O menor acidente teria sido crítico. Nós dificilmente ousámos remar com a nossa força total. Levámos cerca de cinco horas para chegar à ilha usando o nosso esforço máximo. Já passava das onze horas quando encalhámos a canoa. Por esta altura a pobre rapariga estava encharcada até à pele, completamente exausta e quase a morrer de fome. A sua feminilidade aproveitou o cansaço do exército sitiante para acometer a partir do portão principal. Ela queria amaldiçoar a Deus e morrer, e, presumivelmente, para entrar em treino, amaldiçoou-me. Eu não conseguia consolá-la. Ela lançou-se no meu sofá e desmoronou. Cobri-a com tapetes e fiquei ao lado dela a noite toda. Revigorada pelo sono, era ela mesma de novo quando o sol atingiu a crista rochosa que cercava a maviosa angra que o meu acampamento supervisionava. O céu tinha clareado, a chuva secara nas rochas. Nós trouxemos as provisões através da entrada sul e fizemos o pequeno-almoço. Afagámos as nossas barrigas, contemplámos a vida e eis que era muito bom.

~ 79 ~

O MEU VERÃO foi tranquilo. Tais aventuras, como eu tinha, eram variações agradáveis da rotina. Preciso contar um conto a partir do seu interesse para amadores de coincidências e filósofos cujo favorito assunto de meditação é: "Em que pequeno mundo nós vivemos!"

Subir o Hudson numa canoa à vela não é tão simples quanto parece. Nenhum grande esforço é requerido para chegar ao desgosto. Levou-me tudo o que eu sabia para contornar uma certa curva rectangular contra um vento tempestuoso de temperamento incerto. O rio estava branco de espuma, e com as correntes cruzadas e rajadas repentinas, eu perguntara-me mais do que uma vez como acabariam as coisas. Em caso de capotanço, poderia não ter sido brincadeira escalar os penhascos perpendiculares que cercavam o rio em muitos lugares. Uma ou duas vezes, enquanto tentava usar a minha vela, eu tinha acabado de me arrepiar. Uma vez passada a flexão, a brisa havia estabilizado, e eu podia acomodar-me luxuosamente na popa e observar as margens a passarem. A única questão era onde dormir. As horas passaram e nenhum sinal de habitação humana. Por fim submeti-me ao destino e passei a noite ao relento numa encosta pedregosa.

No dia seguinte, depois de almoçar gloriosamente numa conveniente ilhota, cheguei a Newborough Bay, onde o rio se alarga para algo como três vezes a sua média. Há uma cidade numa margem qualquer ligada por um barco a vapor. Eu estava alegremente velejando, quando uma borrasca atingiu a canoa sem aviso. Encontrei-me a correr <u>imprudentemente</u> pela água, com o jacto, a partir debaixo das minhas proas, projectando

---
[117] N.T.: Ilha Esopus, Nova Iorque

alto no espaço. Eu fiquei então ciente de que estava sendo impotente entre os dois barcos a vapor. A minha vela recusava-se a descer. Em infinito risco, eu rastejei para a frente e removi o mastro, conseguindo assim parar antes de chegar ao ponto de perigo.

Eu olhei para o sul. O tempo ameaçava piorar. Podia ser desagradável. Eu estava a mais de uma milha da costa. A minha melhor chance era alcançar a segurança antes que a tempestade atingisse todos os seus poderes. Por isso, coloquei o equipamento em ordem, reposicionei o mastro e içei a vela pela metade, pronta para baixar novamente se as coisas piorassem. Eu voei rio acima num andamento fantástico durante mais de uma hora. A pressagiada tempestade passou claramente para o sul. Estava agora escuro e mais uma vez eu reflecti sobre um bivaque. Exausto pela minha luta, eu remei fatigadamente, tendo o vento cessado inteiramente, passando por um cais. Não tendo dinheiro para desperdiçar numa cama—os meus dois dólares, vinte e cinco do capital original não tendo perceptível aumento—eu abanei a cabeça e bradei uma genial recusa a um rapaz que me chamou do molhe e sugeriu que eu dormisse na vila. Porém, um homem mais velho aproximou-se e ofereceu-se para me deixar dormir num estaleiro. Eu estava realmente por tudo e decidi aceitar.

Ele saudou alguns barqueiros que carregavam a minha canoa em terra, enquanto eu caminhava com o gentil velho capitão para o clube náutico. Nós tínhamos decidido onde eu deveria dormir, quando entrou um homem, obviamente um cavalheiro e obviamente Inglês. Ele fez a mesma observação acerca de mim, a despeito da minha polegada de barba, queimadura solar profunda e ar geral de banditismo. Eu apresentava um aspecto raramente encontrado no Royal Enclosure em Ascot. Ele insistiu em levar-me a sua casa para jantar e preparar-me para a noite. Eu aceitei com gratidão. Cinco minutos depois, nós descobrimos que ele havia sido mestre na King Henry VIII School em Coventry e que conhecera a minha Tia Annie e a família dela, os quais honraram aquela cidade com a sua residência desde a infância deles. Na manhã seguinte, depois do pequeno-almoço, eu retomei a minha jornada. Ele levou-me na sua lancha com a canoa a reboque até Poughkeepsie, onde nos separámos.

Prometi escrever e dizer-lhe onde ficavam os meus permanentes acampamentos, na esperança de que ele me permitisse compartilhar a sua hospitalidade trazendo a sua família para almoçar. A sequela tem mais uma coincidência divertida. Não havia, é claro, modo algum pelo qual ele pudesse advertir-me da sua visita. Certa manhã, chegou a mim um desejo bastante irracional. Eu encontrei-me pensando: "Como eu gostaria de ter camarões para o almoço!" O pensamento ocorria repetidamente apesar das indignadas tentativas de bani-lo. Cerca de uma hora depois, eu ouvi gritar o meu nome. Pulei e nenhum traço encontrei do gritador. Eu sabia que a voz devia vir a partir dum barco, e subi e desci furiosamente a ilha. Ainda nada à vista. Deve ter sido meia hora antes de nos encontrarmos, embora procurando por toda parte, e a ilha sendo bem pequena. Whitehead trouxera a sua esposa e a sua irmã com vários luxos para atenuar a austeridade da tarifa tradicionalmente apropriada aos eremitas, e um deles era... camarões!

No dia 19 de Agosto, eu fui obrigado a ir a Nova Iorque por dois dias em assuntos da O.T.O. O resultado foi desopilante. Eu chamei o meu velho amigo Tony Sarg, o artista, e dei-lhe uma entusiástica descrição das minhas férias. "Há apenas uma mosca," disse eu, "no unguento do boticário. Tal como Adão no Éden, eu não tenho Eva." Ele riu. "Não te preocupes! Eu conheço uma rapariga disposta a qualquer aventura. Ela tem cabelo maravilhoso—cachos vermelhos-alaranjados, calculados para produzir *delirium tremens* a qualquer momento. Aqui está o nome e endereço dela." Naquele momento uma pequena multidão convocou e durante a meia hora seguinte nós rimos abertamente com a estontante imitação que Tony deu de mim cortejando uma mulher. Deixei um bilhete para a jovem—Madeleine era o nome dela—no hotel dela, pedindo que ela aparecesse para almoçar em qualquer dia que ela sentisse vontade. Eu não expectava que ela viesse e mais uma vez eu estava errado.

Eu voltei a Oesopus no dia seguinte, abastecido com várias latas grandes de tinta vermelha. Ambas as costas, leste e oeste, da ilha são largas falésias íngremes de rocha lisa, obviamente providenciado pela Providência para minha conveniência em proclamar a Lei. Dediquei alguns dias a pintar "Do what thou wilt"[118] em ambas as margens para o benefício dos transientes barcos a vapor. A pouca tinta que sobrou foi dedicada a Madeleine. Eu descasquei uma árvore em frente da minha tenda para o nome da amada, e novamente numa conveniente rocha dura. Assim que isto foi feito, um homem saiu do continente num barco com um telegrama de Madeleine para encontrá-la na estação de Hyde Park, a poucas milhas na parte baixa da ilha. Eu desci. Enquanto eu caminhava pela plataforma, notei um homem alto, distinto e de aparência militar, que parecia estar a olhar-me estranhamente. Ele finalmente decidiu falar. "Você é o Sr. Crowley?" Disse ele. Na minha surpresa, quase me esqueci de dizer: "Faze o que tu queres será o todo da Lei." Então nós entrámos em conversação.

Parecia que ele estava encarregado da "Inteligência" de Dutchess County, Nova Iorque; perante isto, eu confidenciei-lhe que o Departamento de Justiça tinha-me instruído a manter os meus olhos abertos para quaisquer incidentes suspeitos. Ele requestou-me para relatar qualquer coisa do género também para ele, ao que, claro, eu de bom grado concordei. Ele então confidenciou que o meu próprio comportamento tinha virado o país de cabeça para baixo. O misterioso estranho, o facto de eu não ter companhia, levantara suspeitas, bem como o meu hábito de ficar sentado durante horas numa postura aparentemente desconfortável e absolutamente imóvel. Relatórios foram feitos para ele. Ele tinha colocado questionamentos em andamento. O mistério somente ficou mais profundo. Ninguém parecia saber algo definido. Ele tivera toda a Staatsburg "na grelha". Ele achara impossível identificar-me, até que finalmente uma das jovens na agência do correio, evidentemente numa classe por si só em matéria de inteligência, forneceu uma pista. Ela conhecia-me pelas borlas escarlates das minhas meias de golfe. Ele havia-me observado e, é claro, nada encontrou de errado, mas ao perguntar a Nova Iorque se eles poderiam suplementar a informação, ele descobriu para seu intenso espanto que eu próprio estava a trabalhar para o Departamento de Justiça. Ele contou-me vários sinistros rumores acerca de espiões. "Tem-te-lá", disse eu, "o que poderia um espião possivelmente fazer numa secção como esta?" "Bem," disse ele, "há rumores de lampejos de luz na costa oeste à noite que sugerem sinalização. Isto pode significar sério dano. Nós estamos a enviar as tropas para Nova Iorque por comboio nocturno. Um espião pode facilmente estimar os nossos números, enviar as notícias para leste por uma corrente de sinais lampejados e ter isto transferido para Berlim!"

Eu prometi vigiar, e em seguida chegou o comboio. Não houve dificuldade em reconhecer Madeleine naquele fundo de barbarismo. Ela destacava-se como um morango dentre um amontoado de bagas e espinhos; uma curta e robusta figura asseadamente sob medida, com um rosto redondo e sorridente, e uma ebúrnea tez enquadrada naquela pirotécnica exibição de cabelo. A eloquência de Sarg falhara em fazer justiça a ela. Ela tinha trazido um enorme baú. A minha face caiu. O que diria a canoa? Conseguimos colocá-lo a bordo e iniciámos rio acima, alcançando o acampamento sem incidente excepto uma estreita escapadela de ser inundado pela passagem de um barco a vapor. Nós tivemos um grande almoço com borgonha, absinto e aguardente velha que eu tinha trazido de Nova Iorque.

---

118 N.T.: "Faze a tua Vontade"

Mas algumas pessoas nunca estão satisfeitas. Ela aparentemente expectava encontrar um jovem palácio com lacaios de libré à dúzia, então ela explicou que tinha meramente aparecido para o almoço, conforme convite, a caminho de visitar o seu irmão, o encarregado da paróquia de Staatsburg. Ela deu tantos detalhes tão engenhosamente que eu poderia ter acreditado nela se por acaso não soubesse que as amenidades de Staatsburg não incluíam tal pessoa como ela descreveu. Eu educadamente professei dar-lhe crédito e prometi levá-la para terra firme a tempo de o alcançar no jantar. Para passar a tarde saímos padejando à volta da ilha. Perto do ponto norte notei que os meus pés estavam molhados. Eu sabia que a canoa tinha uma pequena brecha e esqueci-a. Mais ou menos cem jardas adiante, eu encontrei os meus tornozelos imersos. Ficou evidente no minuto seguinte que a brecha era grave. Nós estávamos em frente aos penhascos, o desembarque era impossível. A água ganhou. Nada restava senão embalar e remar pela querida vida e chegar à entrada sul antes de afundar. Ela achou a oportunidade inigualável para uma demonstração de histeria. Mas eu falei tão bruscamente e severamente que ela postergou a exibição e começou a embalar. Nós somente o fizemos e à justa, graças à ajuda de dois rapazes que tinham vindo acampar perto do local de desembarque alguns dias antes.

Eles acorreram, com água até à cintura, e puxaram-nos para a costa. Por aquela altura a alagada carcaça dificilmente respondia ao remo. Nós arrastámos a canoa até à praia. A água escorria da popa através de uma fenda de seis polegadas de diâmetro.

Nós sentámo-nos, fumámos e trocámos histórias, enquanto Madeleine tinha a sua histeria. Quando ela se cansou de não ser observada, eu levei-a de volta para a tenda e fiz chá. "E essa," comentei eu, "é uma boa noite para a visita ao vicariato. Supondo que nós podemos consertar aquele feixe de lenha, o que duvido, nós não podemos sequer começar até termos materiais de Staatsburg, o que significa amanhã de manhã!" "Mas eu preciso de chegar ao meu irmão!" Persistiu ela petulantemente.

Dei uma curta mas instrutiva prelecção sobre a geografia física das ilhas, especialmente insistindo na definição como um pedaço de terra totalmente cercado por água. Ela começou a uivar como uma hiena. (Eu sabia, é claro, que ela não tinha a menor intenção de ir, tivesse o próprio Neptuno chegado para a conduzir.) "Mas eu devo ir!" Lamuriou-se ela, e depois erigiu um grande logro sobre a sua virtude e a sua reputação. Eu disse que pediria aos rapazes que a vogassem a terra no barco deles. Eles naturalmente concordaram, mas quando eu voltei com as boas notícias, ela tinha reflectido em si própria sobre o privilégio do seu sexo, e declarou que aqui estava ela e aqui ela ficaria. Mais uma vez eu aquiesci.

Ela passou algum tempo tentando arquitectar alguma desculpa para um novo espalhafato, mas o melhor que ela pôde fazer foi dizer que precisava de tomar um banho. "Tranquiliza a tua mente," disse eu, e citei estatísticas acerca da área do rio Hudson. Demorou bastante tempo para ela se convencer de que eu era realmente um daqueles inumanos monstros que não podem ser desalojados da fortaleza da paciente e sorridente polidez e da imperturbável boa índole. Porém, depois do jantar ela desistiu com um suspiro.

"Bem," pensou ela, "se eu não posso ter o meu mais sagrado júbilo de manter um homem no abalo, eu suponho que posso muito bem mudar com a próxima melhor coisa, a minha famosa imitação de uma grande paixão." Ela adequou a acção ao pensamento e desfaleceu no meu abraço.

Tendo consertado a canoa tão bem quanto podia—estava velha e podre além da permanente reparação—eu levei-a ao Central Park na terça-feira.

Entrementes, a estadia dela tinha sido emocionante. Eu passava as minhas noites observando os sinais na margem oeste, e efectivamente, de vez em quando, a massa escura dos bosques era iluminada, ora aqui, ora ali, por raios de momentâneo brilho em intervalos irregulares. Eu anotava o tempo exacto de cada um e comparava-os. Eles mostravam uma função periódica. Uma análise mais aprofundada convenceu-me da causa. Sempre que um comboio passava, a luz da chaminé tornava-se visível sempre que as árvores se diluíam. Eu explorei os bosques e descobri que as aberturas correspondiam a estes cálculos. Aquele fantasma estava determinado. Eu podia ver apenas uma estreita secção do rio perto da costa. Às 10:07 da segunda noite, esta secção foi atravessada por um barco a remos tripulado por dois homens e um disforme amontoado na popa, coisa que poderia ter sido um terceiro homem ou uma carga— estava demasiado escuro para ter a certeza. Eles remavam em silêncio mortal com remos abafados. Eles estavam claramente em alguma actividade secreta.

Na manhã seguinte, procurando por algo debaixo dos meus travesseiros, eu descobri que o meu revólver estava em falta. Eu não gostei disto. Na noite anterior, ambos os rapazes e eu considerámos ter visto um homem estranho na ilha logo depois de escurecer. Nós demos perseguição e vimo-lo escorregando através das árvores, mas não conseguimos reportá-lo.

Decidi chamar o meu amigo coronel e relatar. Ele ficou muito satisfeito com a minha solução do mistério dos alegados sinais e concordou que o incidente do barco parecia mau. Da sua parte, ele tinha uma nova narrativa. Um velho barqueiro, tão firme e sóbrio quanto se poderia desejar, jurou ter visto um objecto do tamanho e da forma de uma bola de futebol encimando um pau a cerca de meio metro da água e movendo-se contra a corrente a uma velocidade regular. A palavra "submarino" foi sussurrada pelos pálidos lábios dos patriotas. Todos os dias o novo tipo de caçador de submarino podia ser visto fumegando rio abaixo, para ser equipado com o seu armamento, cinco ou seis por dia. Ninguém conhecia os limites do génio Alemão. A *Deutschland* tinha atravessado em segurança com os seus abastecimentos de 606[119], a necessidade mais urgente da América. Era perfeitamente possível que eles tivessem construído um novo tipo de submarino capaz de criar o inferno no Hudson.

Quando voltei para a ilha, um dos rapazes trouxe-me a minha arma. Madeleine, esperando que eu trouxesse de volta um esquadrão de homens do serviço secreto, confessara que ela tinha encontrado a arma nos meus travesseiros, assustou-se e atirou isto para o mato.

O clímax da piada veio após o meu retorno a Nova Iorque. O serviço secreto, desconhecedor da minha relação com o coronel, ficou sabendo dos rumores acerca do misterioso eremita e enviou dois homens para investigar. Eles acharam a ilha desolada e as iluminativas pistas ao crime não mais do que as palavras "Madeleine" e "Do what thou wilt" nas rochas.

---

119 N.T.: arsfenamina

PARTE VI
NA ABADIA DE THELEMA

~ 80 ~

VOLTEI A NOVA Iorque no dia 9 de Setembro e comecei imediatamente a tomar providências para publicar o volume III de *The Equinox*. (Devo explicar que o volume II consiste em dez números de silêncio para equilibrar os de discurso.) Encontrei um estúdio em 1 University Place, na esquina de Washington Square. Tendo apenas uma divisão eu pensei em camuflar a cama e teria uma tela grande com três secções feitas para mim. Cobri as telas com um tríptico, a minha primeira tentativa de pintar em óleo. O desenho simbolizava os três princípios, Sol, Lua e Agni (fogo), dos Hindus. Sendo a cama ainda visível a partir de algumas partes da sala, eu obtive uma segunda tela do mesmo padrão, a qual me trouxe à fama. Por alguns dias isto ficou pacientemente suplicando para ser pintado, mas eu não conseguia pensar sobre um tema.

No início de Janeiro, eu recebi uma visita da senhora doravante chamada de "Ape of Thoth" e da sua irmã mais velha. A cadeia de circunstâncias antecedentes é estranhamente tênue.

Eu tinha trazido uma carta de apresentação, desde Inglaterra, para Hereward Carrington do meu amigo, o Hon. Everard Feilding. Por intermédio de Carrington, aconteceu que foi-me pedido para dar uma palestra sob os auspícios de um particularmente transparente charlatão denominado Christiansen, o qual elaborou o embuste da carta selada com uma crueza que prestava um muito pobre cumprimento ao público dele. Dentre os meus ouvintes havia apenas um apresentando uma remota semelhança com a espécie humana, uma velha senhora pintada para se assemelhar à capa de uma revista popular. Eu fui conversar com ela depois da palestra e descobri que ela era uma amiga íntima do querido Hereward. Não mais a vi, excepto por acidente durante alguns minutos de cavaqueio em duas ou três ocasiões.

Certa noite, na Primavera de 1918, fiquei surpreso pela ligação dela com a sua irmã mais nova. Eu não pude convidá-las para o estúdio, estando comprometido numa importante conferência com uma antiquada mas alegre senhora Alemã que se gabava de ter introduzido cabarés na América, e abandonara os prazeres mundanos pelos júbilos espirituais. Ela tinha sido enredada nos laços de um dos charlatães que trabalhavam na balbúrdia Rosacruciana, animadamente desdenhosa da crítica baseada nos erros elementares dele, em latim, e a total ignorância dele sobre a história da Ordem que ele alegava governar. A velha senhora era simplória, sincera e séria. Eu não me esquivei do trabalho de tentar fazer com que ela usasse o senso comum, mas como quase invariável nos Estados Unidos, e desoladoramente comum até na Europa, a tarefa estava além dos meus poderes.

Tal como a fome extrema faz um homem engolir qualquer coisa que se pareça com comida, assim a dor da alma por verdade faz deglutir tudo o que promete. A pobre mulher estava tão pateticamente ansiosa para encontrar um Mestre que ela não baniria o fantasma. Eu provei numa dúzia de diferentes modos que o homem era um nauseabundo embusteiro. Isto foi bastante fácil. As alegações dele eram grotescamente absurdas. Por exemplo, ele disse que eu não sei quantos cavaleiros de Inglaterra e França—as pessoas mais improváveis—eram Rosacrucianos. Ele disse que a Ordem foi fundada por um dos primeiros reis Egípcios e professou ter evidência documental de uma ininterrupta hierarquia de iniciados desde então. Ele denominou a Ordem Rosae Crucis e traduziu para Rosy Cross. Ele disse que em Toulouse a Ordem possuía um vasto templo com magníficas nomeações fabulosas, uma asserção refutável meramente consultando Baedeker. Ele disse que Rockefeller lhe dera novecentos mil dólares e ao mesmo tempo "enviava o chapéu", pedia donativos, com um eloquente rogo pelas mais pequenas contribuições. Ele professou ser um instruído Egiptólogo e clássico erudito em termos de intimidade com as mais exaltadas personagens. No entanto, como no caso de Pedro, o discurso dele traiu-o. No fundo ele era um bom sujeito, um genuíno amante da verdade, de modo geral, não totalmente ignorante de Magick, e um grande idiota ao levantar todo este logro em vez de confiar nas suas qualidades realmente boas. Mas a fé dela nele foi construída sobre a rocha do desejo dela de que o absurdo dele fosse verdadeiro, e porque ele estava entre ela e o desprovido desespero.

Retornando, eu saí pedindo desculpa aos meus visitantes. A "irmãzinha" lembrava-me a amiga de Salomão, pois ela não tinha seios. Ela era alta e estranhamente magra, com olhos luminosos, um rosto em forma de cunha, uma pungente tristeza e uma sublime simplicidade. Ela irradiava uma doçura indefinível. Sem perder tempo com palavras, eu comecei a beijá-la. Foi puro instinto. Ela compartilhou e igualou o meu ardor. Nós continuámos com ocasionais interrupções, tal como gentileza requerida, para responder à irmã dela nos raros intervalos em que ela ficava sem fôlego.

Elas foram embora depois de um tempo e eu não mais as vi até este igualmente inesperado chamamento em Janeiro. Elas queriam o meu conselho acerca de encontrar um apartamento na vila (uma secção geograficamente indefinida nesta parte de Nova Iorque é chamada de "Greenwich Village"). Ela queria estar perto da Universidade de Nova Iorque, tendo começado um curso de palestras sobre direito, estando cansada do seu trabalho como professora na Escola Pública N ° 40, o Bronx, o que significava contar mentiras para uma amorfa turba de adolescentes Hebraicos enrouquecidos, a única consolação sendo a certeza de que ninguém notaria o absurdo que ela era obrigada, pela cidade, a moer.

Enquanto nós conversámos, eu tirei-lhe a roupa e pedi-lhe viesse posar para mim quando se sentisse inclinada. Eu propus, em jeito de brincadeira, resolver o problema dela tomando-a como uma inquilina. Elas saíram e eu nunca expectei ouvir mais sobre o assunto. Mas no dia 11 de Janeiro ela subitamente explodiu. (Ela jura que eu telefonei para a convidar e talvez eu o fizesse. Eu tenho os meus momentos de impulso imbecil. Eu despi-a novamente, mas desta vez não com impunidade.)

Para apaziguar a consciência eu procedi a fazer um esboço, um indelicado rude rabisco. Eu nunca tinha desenhado a partir de modelo nu anteriormente. A essencial simplicidade do corpo humano por debaixo das suas desconcertantes complexidades era a própria Esfinge. Eu larguei o meu lápis em desgosto e desespero. Mas após ela ter ido eu não consegui dormir. Deitei-me no escuro e encontrei os meus pensamentos atraídos por um invisível filamento para o desenho. Eu captei isto e fiquei subitamente ciente de que olhava para uma figura vertical em vez de horizontal, isto significava alguma coisa. Fui tomado por um espasmo de energia criativa e durante toda a noite espargi a tela central com tinta. Quando ela fez a pose, perguntei-lhe: "Como devo

chamar a foto? Como devo pintar-te?" Ela dissera: "Pinta-me como uma alma morta."
A minha tela é chamada Dead Souls.

Leah Hirsig, a "Macaca de Thoth", Alostrael, a Mulher Escarlate.

Ela ficou no centro, a sua cabeça—a pedra angular do arco de monstros. O rosto dela é horrivelmente verde. O seu descarnado corpo, sem brilho, branco e cinza-azulado abaixo das costelas. No painel da esquerda está uma Negra ajoelhada, bestialmente grossa, o seu olhar fixado adoravelmente na Rainha das Almas Mortas. Empoleirado no ombro dela, um papagaio de brilhante plumagem, multicolorida, sonda a cena com insolente indiferença. Na tela oposta está uma mulher ajoelhada, encostada como se em agonia, uma cascata de cabelo sem brilho tombando para as ancas dela.

Ao longo de toda a base há filas de cabeças deformadas; toda a angústia, toda a perversidade, todo o banimento a partir do mundo de coisas razoáveis é retratado em variedade quase interminável. A tela é grotesca, mas é inegavelmente uma obra de génio. Possui uma unidade. As almas mortas têm composto uma alma viva. Todos os que viram isto foram embora horrorizados ou no espírito de Shimei. Mas de nada mais falavam todos eles. Bob Chandler veio várias vezes para fitar e regozijar-se. Ele trouxe todos os que conhecia para olharem para isto. E até artistas famosos, pelo refinamento clássico deles, tiveram de admitir o seu aterrador poder. Em resumo, as almas mortas conquistaram a cidade e a Rainha delas, a criadora delas. Ela chegava tal como Balchis[1] a Salomão, trazendo presentes, uma interminável caravana de fascinações. Inumeráveis elefantes barrindo sob o tesouro de virtudes, enquanto nas suas próprias mãos de delgados dedos, ela trazia o seu coração. Antes da chegada dela as concubinas cobriam as suas caras e fugiam. Nós encontrámos quase de imediato um esplêndido estúdio no lado sul de Washington Square, uma sala comprida e alta com três grandes janelas, com vistas sobre o topo das árvores até à abertura da 5ª Avenida.

1 N.T.: Balkis ou Rainha de Sabá

A partir deste ponto de vista, os meses seguintes pareciam toleráveis. Eu estava ocupado em derrotar as desonestas intrigas das pessoas em Detroit que tinham enviado emissários para se aproximarem de mim no Inverno. Fui persuadido a colocar a publicação de *The Equinox,* vol. III, n º 1 nas mãos destes últimos, e eles imediatamente começaram a tentar evitar o cumprimento dos termos do contrato. Passei o Verão numa tenda para lá de Montauk na extremidade de Long Island.

O Retiro Mágico deixou claro que a corrente estava esgotada. Eu tinha terminado o meu trabalho na América e comecei a preparar a minha fuga.

No Outono aceitei um convite para visitar os meus amigos William e Kate Seabrook na sua fazenda na Geórgia, para a qual eles se haviam aposentado. Ele tinha ocupado uma posição importante nos jornais de Hearst, e a sua sanidade e decência tinham-se revoltado contra um emprego tão vilmente repugnante. Ele sabia que ele era um génio e o efeito de me conhecer foi deixá-lo envergonhado de si mesmo. Infelizmente, não muito depois da minha influência ter sido removida, ele tornou-se um reincidente. Ele fez esporádicas tentativas de escapar do seu ambiente, mas a carícia deste mundo e a embustice das riquezas sufocam a palavra do artista e isto torna-se inverídico.

Passei umas deleitosas seis semanas no sul. As condições políticas e sociais eram de grande interesse. A padronizada superfície tem grassado pelo sul, mas não tem abafado completamente a antiga violência de paixão e preconceito. O ódio do Ianque e o seu medo do Negro são maiores do que nunca. No último caso tem aumentado. O recente reavivamento e a disseminação em todo o país do Ku-Klux-Klan é um dos sintomas mais sinistros dos últimos anos.

De Atlanta fui para Detroit e depois visitei as Mammoth Caves de Kentucky. Eu não preciso de as descrever. Contento-me com a observação que eles fazem de uma terceira maravilha do mundo que vale a pena ver, do Niagara ao Grand Canyon. Com excepção do Parque de Yellowstone, que eu ainda não vi, nada mais nos Estados Unidos vale a pena ser visto em primeiro ou por último, sendo claro acerca disto.

Uma inspecção final do manicómio em Detroit deixou-me livre para voltar à Europa. Eu cheguei a Londres alguns dias antes do Natal de 1919.

~ 81 ~

EM *THE VISION and the Voice*, a obtenção do grau de Mestre do Templo foi simbolizada pelo adepto derramando cada gota do seu sangue, que é toda a sua vida individual, na Taça da Mulher Escarlate, a qual representa a Impessoal Vida Universal. Resta, portanto, (para perseguir a imagem) do adepto "nada senão uma pequena pilha de poeira". Numa visão subsequente, o Grau de Mago é prefigurado; e a figura é de que esta poeira é incinerada em "uma cinza branca", cuja cinza é preservada numa Urna. É difícil transmitir a adequabilidade deste simbolismo, mas a ideia geral é que a parte terrena ou receptiva do Mestre é destruída. Aquilo que permanece passou pelo fogo; e é, portanto, em certo sentido, da natureza do fogo. A Urna é cinzelada com uma palavra ou símbolo expressivo da natureza do ser cuja cinza está nele. O Mago não é por conseguinte, claramente, uma pessoa em qualquer sentido comum; ele representa uma certa natureza ou ideia. Colocando isto de outro modo, nós podemos dizer, o Mago é uma palavra. Ele é o Logos do Aeon que ele traz para passar[2].

O em cima é obscuro. Eu percebi e deploro o facto. A ideia pode ser mais inteligível, examinada à luz da história. Gautama Buda era um mago. A sua palavra era Anatta; isto

---

2 Cf. Rabelais: o segredo final está na garrafa registado TRINC.

é, todo o seu sistema, que revolucionou o pensamento da Ásia, pode ser considerado como baseado e consagrado naquela única palavra, que é a sua negação da existência do Atman ou "alma" da filosofia Hindu.

Mais tarde, Maomé também anulou parcialmente uma época expressando a sua palavra, Alá. Mas para nós, praticamente, o caso mais importante do tipo é aquele relacionado com "deuses" como Dioniso, Osíris, Baldur, Marsias, Adónis, Jesus e outras deificações do desconhecido Mago em questão. O antigo culto pagão da ideia de Mãe foi suplantada pela palavra IAO ou seus equivalentes, que afirmavam a fórmula do Deus Moribundo, e tornavam o Homem, morrendo para si mesmo no acto do amor, o engenheiro da continuada vida da raça. Esta revolução cortou a raiz de todo o costume anterior. O matriarcado desapareceu; O auto-sacrifício tornou-se a virtude cardeal, e assim através de infinitas ramificações.

Esta ideia de realizar a Grande Obra por meio de uma morte voluntária estava ligada à crença de que o sol morria e renascia com as horas e as estações. Tendo a astronomia explodido esta ficção, a humanidade estava pronta para obter uma compreensão adicional do seu próprio caso paralelo.

A minha própria palavra, Thelema, fornece uma base nova e cientificamente sólida para ética. Auto-sacrifício é uma loucura romântica; a morte não acaba com a vida; é uma fase temporária da vida conforme noite e Inverno são da actividade terrestre. Muitas outras concepções estão implícitas nesta palavra, Thelema. Em particular, cada indivíduo é concebido como o centro de seu próprio universo, a sua natureza essencial determinando as suas relações com seres semelhantes e o seu apropriado curso de acção. É óbvio que estas ideias são revolucionárias. No entanto, opor-se a elas é blasfemar a ciência. Já, de mil maneiras, os princípios envolvidos tem substituído os do Deus Moribundo. Pouco resta senão aceitar Thelema conscientemente como uma declaração de direito, de modo que qualquer problema determinado possa ser resolvido aplicando isto a cada caso.

O homem Crowley tinha sido escolhido para enunciar esta Lei, isto é, para exercer a função essencial de um Mago. Mas ele tinha ainda de a compreender, uma tarefa que envolvia a travessia do Abismo, já descrita; e mais, identificar a sua vontade com a Lei, para que a sua personalidade possa actuar como o foco da sua energia. Antes que ele pudesse ser aquela pura vontade cujo nome é aquela palavra, ele teve de ser expurgado pelo fogo de todas as concorrenciais volições; e isto foi feito por aqueles que o tinham escolhido durante esta parte da vida dele, a qual eu estou prestes a registar.

De facto, ele tinha-se livrado do seu senso de eu pessoal, porém, a sua força estava a descarregar-se dispersamente através de todos os tipos de canais apropriados aos vários elementos na natureza dele. Era necessário restringir cada partícula da energia dele para se mover numa única direcção. (A analogia física, de um gás cujos electrões são polarizados e um não tão organizado, não é assim tão má.)

Agora deve ser explicado como foi ele capaz de compreender o que lhe estava a acontecer nesta iniciação—a vida dele de 1914 a 1919. O Grau de Mago está tradicionalmente ligado à ideia do número 2; energia masculina criativa, sabedoria e a expressão de uma única ideia em termos de dualidade. Isto transmite a ideia da divina unidade à sua contraparte feminina, o entendimento, tanto ou quanto como um homem transmite a essência do seu carácter racial à sua esposa de modo que ele percebe a sua mais íntima natureza, ela própria ininteligível para ele directamente, observando o florescimento daquela essência no seu filho. O título Hebraico da ideia que incorpora estas características é Chokmah, cujo valor numérico é 73. Este facto parece arbitrário e irrelevante; mas isto faz parte da linguagem simbólica em que as inteligências preterhumanas que controlam o iniciado comunicam com ele. Assim, as minhas aventuras na América pareciam uma série de estupidezes durante um longo tempo. Nada do que eu fazia produzia os resultados esperados. Eu encontrei-me subitamente mudando de um episódio para um outro tão irracionalmente que comecei a sentir que de alguma forma eu tinha entrado num mundo onde a causalidade não se obtinha. O mistério só ficou claro quando a análise revelou que os eventos que me lançaram desta maneira ocorreram em intervalos quase exactos de 73 dias, ou de alguns múltiplos ou submúltiplos disso. Compreendi a partir disto que 73 dias terreais constituíam um único dia de iniciação.

Assim que eu tinha agarrado este facto singular, eu era capaz de interpretar cada um destes períodos considerando como os seus eventos influenciavam o meu desenvolvimento espiritual. Nisto fui eu tão bem-sucedidamente que, no final, conseguia prever o tipo de coisa que aconteceria comigo de antemão, o que me ajudou a conhecer as circunstâncias inteligentemente e a fazer o mais completo e adequado uso delas.

Um ponto adicional em relação a esta iniciação deve ser mencionado, embora isto soe tão fantástico até a mim próprio que eu mal consigo reprimir um sorriso. Nas cerimónias antigas dos Egípcios, o candidato era confrontado ou guiado na sua jornada por sacerdotes usando as máscaras de vários animais, o tradicional carácter de cada um deles servindo para indicar a função do seu portador. Pitoresco conforme isto parece, eu encontrei-me descobrindo uma quase estupefactiva semelhança física com diversos animais simbólicos naqueles indivíduos cuja influência em mim, durante o período que lhes fora designado, era de suma importância.

A partir destas e doutras indicações, eu tenho sido capaz de construir uma imagem intelectual da iniciação; e se estas observações preliminares forem completamente compreendidas, deve ser fácil seguir o curso do meu progresso até ao Grau de Mago.

O primeiro período da minha estadia nos Estados Unidos foi consagrado à minha preparação para uma instrução mais activa por meio de isolamento e escuridão. Eu tinha chegado com uma reputação não negligenciável, tanto como homem de letras quanto como Mágico. Tive numerosas ligações com pessoas proeminentes em ambos os campos e fui provido com excelentes apresentações. Fiquei positivamente estupefacto ao descobrir, pelas mais desconcertantes experiências, que por nenhum destes meios conseguiria eu fazer o meu caminho na vida pública. Eu palestrei com aparente sucesso; ainda que literalmente nada viesse disto. Fui recebido por editores e publicadores, estimado e entretido com surpreendente entusiasmo; no entanto, não consegui vender um único poema, história, ensaio ou mesmo artigo (excepto no caso especial de escrito político num jornal sem crédito) e ninguém ouviria sobre a publicação de um livro. Ocasionalmente, um homem prometia grandes coisas; mas os acordos sempre fracassavam repentinamente e irracionalmente. Eu tinha uma série de amigos na cidade, porém, dias e semanas passariam sem que eu visse uma alma, excepto da maneira mais casual.

Eu fui incapaz de praticar a minha Magick pessoal. Uma paralisia inescrutável possuiu-me pela espinha. Depois de muitos dias, eu disse a mim mesmo que precisava de quebrar estas condições forçosamente; eu iria cortejar, quer a minha mãe me deixasse ou não. Afiei os meus dentes e comecei o meu ritual. Mas eu era agora confrontado por um novo obstáculo. Eu não podia fazer as operações propostas, urgentemente necessárias como eram. Encontrei-me forçado a uma invocação diária de Mercúrio (o deus correspondente ao Grau de Mago) com quem eu não desejava conscientemente ter quaisquer relações. Por três vezes, três e setenta dias, eu permaneci assim cego e impotente, oprimido e dominado pelo senso do meu total fracasso e futilidade, embora à superfície todas as condições estivessem a meu favor, e não havia em lugar algum um único obstáculo visível. Eu conhecia dezenas de pessoas interessantes e importantes; ainda assim, em nenhuma delas a minha personalidade parecia produzir o menor efeito, conquanto (igualmente) ninguém tivesse qualquer mensagem para mim. A surpresa da situação só pode ser entendida se for lembrado que, durante toda a minha vida, eu nunca deixei de atrair a atenção para onde quer que eu fosse, para levar a cabo o que quer que eu planeasse e para me sentir de todas as formas um centro de energia eléctrica.

A minha paralisia estendeu-se a todas as relações da vida. Eu nunca soube o que era carecer de amor humano; e nestas circunstâncias, eu não encontrava um único amigo, não obstante quando Laylah veio da Inglaterra para se juntar a mim, eu reconheci instantaneamente que ela era uma estranha.

Os três dias de Chokmah (deixa-me assim chamar estes períodos de 73 dias) terminaram no dia 9 de Junho de 1915. No dia 10, a opressão e a obscuridade acabaram. Fui convidado para jantar por um amigo jornalístico. Ele tinha convidado duas mulheres para me conhecerem; uma, proeminente enquanto poetisa; a outra, enquanto actriz. Eu chamarei uma de Gata, a outra de Serpente; Pasht e Apophis. A Gata era idealmente bonita para lá do meu mais querido sonho e o seu discurso era estrelado com espiritualidade. A Serpente resplandecia com a graciosidade da luxúria; mas ela estava desgastada e cansada com o desapontamento do insaciável desejo. O intelecto dela era brilhante, mas cínico. Ela havia perdido a fé no universo. O seu discurso era como uma espada, para desbastar os mais subtis sofismas pelos quais nós tão lamentavelmente nos persuadimos de que a perfeição que buscamos é possível.

Uma corrente magnética foi instantaneamente estabelecida entre nós os três. Na Gata, eu vi o meu ideal incarnado, e mesmo durante aquele primeiro jantar nós entregámo-nos um ao outro por aquela linguagem de membros cuja eloquência escapa à curiosidade dos outros convidados. Isto foi o mais enfático porque nós os dois estávamos cientes de que a Serpente se dispusera a cercar-me com as espirais da sua maligna inteligência.

A sequela foi tão estranhamente significativa do carácter simbólico da provação conforme o seu início. Tomei chá com a Gata no seu clube na tarde seguinte. Nós não perdemos tempo. Ela contou-me—uma série de mentiras—sobre o seu casamento sem amor com um velho sátiro que a tinha arrebatado quase desde o berço. Ela estava prestes a divorciar-se dele; e tendo-me amado à primeira vista, não sensualmente, mas como minha irmã espiritual, nós poderíamos casar-nos muito em breve. Nós selámos o sacramento com um beijo; e não havia razão para que, no curso normal dos acontecimentos, não tivéssemos procedido a uma ligação imediata. Mas os deuses desejavam testar-me. Eu realmente acreditava na espiritualidade dela. Eu realmente amava-a com um amor mais exaltado do que qualquer coisa em toda a minha experiência. No entanto, na minha alma eu sabia, contra toda a razão, que ela era uma fraude; as suas aspirações, afectações; a sua pureza, uma pose; uma falsa, insensível, desmiolada e perversa imitação do meu ideal. Eu combati a intuição; eu jurei com todo o apaixonado poder do poeta que ela era o que ela parecia. Eu apostei a minha felicidade na verdade dela e fiz um juramento para ser totalmente digno do seu amor.

Eles testaram-me enviando-a para fora da cidade durante quase um mês. Suportei a tortura da ausência, da dúvida, do desespero, com toda a força da minha masculinidade. Para me certificar cerimonialmente neste curso de combate, eu via a sua rival ocasionalmente, de modo a afirmar a minha devoção absoluta ao meu ideal. Para repelir os demónios do realismo, eu pus o meu pé no pescoço da Serpente que se esforçou para abalar a minha fé na existência da perfeição.

No dia 8 de Julho, a Gata retornou a Nova Iorque. O amor tinha conquistado. Nós nos consagrámos nessa mesma noite ao seu serviço. Mas embora a Gata se tenha entregado assim de maneira simples e directa, ela apreciava o exercício do seu poder sobre mim atormentando-me com dúvidas sobre a verdade dela. Ela fingia estar enojada pelo lado sexual do amor e de mil maneiras me mantinha em situação espinhosa. Não muitos dias decorreram antes de ela repentinamente deixar a cidade sem deixar palavra para mim. Ela tinha-me levado a tal desespero que eu quase perdi o controlo de mim mesmo quando eu soube que ela tinha ido embora.

Convocando o meu veterano chefe de gabinete, General Gynoniastix, eu estava prontamente convencido de que este era um caso de empregar a estratégia familiar a todos os homens que tinham decidido preservar a sua independência, mesmo à custa de um coração partido. Eu telefonei imediatamente para a Serpente e convidei-a para o almoço, após o qual nós fomos para o meu apartamento. Eu não fui movido por amor; eu simplesmente queria torturar a mulher que eu odiava conforme a mulher que eu amava estava a torturar-me. Não fiz avanços; eu fui brutalmente rude; e para encerrar o assunto, eu infligi dor física.

Eu tinha incomummente dentes caninos pontiagudos. Eu defino uma dobra de carne entre os dois pontos; e então, tempo de batida com uma mão, subitamente estala, assim deixando duas impecáveis mossas na carne em questão. Muitas vezes fiz isto como demonstração; muitas vezes como uma brincadeira ou um experimento psicológico, às vezes como uma insinuação de afecto, mas nunca até então como um insulto cruel e insensível. Provavelmente eu julguei mal os meus próprios motivos. De alguma forma, a autenticidade e integridade desta alma perdida começaram a atrair-me. Comecei a contrastar a amarga e cínica descrença dela com a suave e melada garantia superficial da sua rival: antes de eu saber o que estava eu a fazer, o nosso duelo transformara-se numa luta de morte na qual o meu ódio e desesperança se esforçavam para se inundarem numa onda de amoroso frenesim.

O espasmo varreu-me. Não mais me lembro de como saímos e jantámos, ou de como chegámos a casa dela. Cada nervo na minha alma estava gritando com implacável dor. Através de tudo isto ative-me às minhas armas; eu nunca esqueci que amava a outra mulher e tudo o que ela representava. Mas quando finalmente a exaustão terminou a orgia, doze horas ou mais de intoxicação indescritivelmente insana, eu mergulhei num sono mais profundo do que a morte—e acordei de madrugada para me ver inescrutavelmente expurgado de iniquidade. Eu conhecia-me *inocente* num sentido mais sublime do que qualquer imaginação pode conceber, e a partir deste estado eu entrei misteriosamente num transe de um tipo que nunca havia experienciado. A sua ocorrência marca um definido estágio na minha carreira espiritual.

Isto é tão importante para a compreensão da minha vida que deve ser citado verbatim a partir do registo que eu fiz imediatamente no meu retorno ao meu apartamento— onde eu recebi uma prova adicional de que eu chegara com sucesso através da provação na forma de um telegrama de Pasht explicando o porquê de ela ter deixado a cidade, e de como fora impedida de me avisar. (Uma outra série de mentiras!)

> Resultado: Esta é uma das maiores experiências da minha vida. Curioso que o sucesso de 1906 também veio através de uma mágica acção de graças sob *stress* de paixão. Eu fui dormir quase de imediato. De manhã acordei cedo, antes das sete, e numa absolutamente renovada condição física. Eu tinha uma clara sensação de frescor de saudável juventude, e estava alerta e activo como um

gatinho—*post talem mortem!*[3] Mentalmente, eu acordei no *Puro Amor*. Isto foi simbolizado como um cubo[4] de luz azul esbranquiçada como um diamante da melhor qualidade. Isto era dilúcido, transluzente, auto-iluminado e ainda assim não irradiando adiante. Eu suponho porque nada mais havia no cosmos. Este amor verbal é intransitivo; o amor não tem objecto. A minha mente grosseira desapareceu; quando, mais tarde, imagens de memória de Hilarion[5] surgiram, elas foram rejeitadas automaticamente. Todo o desejo—qualidade, o apego, o medo, não existiam mais; era Puro Amor sem objecto ou fixação. Não consigo descrever a qualidade da emancipação dada por esta experiência maravilhosa. Aum

Pode à primeira vista não ser aparente o porquê de esta meio tonta e corriqueira intriga merecer a atenção que eu lhe prestei. A razão é esta; tal como o Mestre do Templo jurou interpretar cada fenómeno como um particular procedimento de Deus com a sua alma, também o Mago faz de cada acto seu uma expressão da sua fórmula mágica. Estando em curso de iniciação à época, eu não percebi o que se estava a passar. É somente em reflexão que eu tenho chegado a compreender que as minhas relações com estas duas mulheres constituíam uma provação; um teste da minha aptidão para o Grau. Está escrito "como em baixo, assim em cima"; e a minha reacção a estas mulheres forneceu uma indicação segura de como eu deveria agir nas maiores circunstâncias. Por ter conseguido harmonizar completamente as várias energias do meu ser, não havia mais nenhum perigo de que eu regulasse as minhas acções por padrões conflitantes. Quando então eu rejeitei a Serpente e escolhi a Gata, eu estava a afirmar magicamente que eu insistiria em realizar o meu ideal (a maioria das pessoas idealiza o real—o qual elas não ousam encarar) muito embora eu soubesse que isto não existe e estivesse com o coração partido pelo contínuo escárnio da logração.

A palavra de um mago é sempre uma falsidade. Pois é uma palavra criativa; não haveria objectivo em proferi-la se ela meramente declarasse um facto existente na natureza. A tarefa de um mago é fazer a sua palavra, a expressão da sua vontade, tornar-se realidade. É o labor mais formidável que a mente pode conceber.

Tendo tomado esta decisão, a minha próxima tarefa foi fazer com que a minha palavra se tornasse carne. A manhã do quinto dia de Chokmah foi dedicada à geração de um filho. Eu queria cumprir o amor que eu tinha encontrado. Como antes, eu não compreendia nada disto; eu simplesmente queria ter um filho através da Gata, e executar uma série de Operações Mágicas com este objectivo. Eu não sabia que estava a tentar uma impossibilidade física.

(Devo divagar para explicar que cada causa deve produzir o seu efeito apropriado; de modo que, neste caso, o filho que eu desejei gerar veio a nascer num outro plano que não o material.) Devo ter ficado muito cego, na verdade, para não reconhecer a minha verdadeira situação, se por nenhuma outra razão que não a seguinte. A celebração do equinócio outonal coincidiu com uma Operação com o objectivo acima declarado. Foi a última desta série de Operações, embora eu não tivesse qualquer motivo para parar, e só descobri o facto, para minha surpresa, muito depois. Ora, a palavra deste equinócio era "Nebulae"[6], que evidentemente aponta para as condições que resultam no nascimento de uma estrela. O que eu realmente fizera foi, portanto, gerar um Filho Mágico. Assim, precisamente nove meses depois, ou seja, no solstício de Verão de

---

3 N.T.: depois de tal morte
4 Eu digo "um cubo"; no entanto, a sua propriedade mais saliente era a de que não possuía fronteiras. A experiência de transes semelhantes é necessária para a compreensão desta afirmação, que é uma expressão perfeitamente apropriada de um facto perfeitamente observado, apesar da sua intelectual autocontradição.
5 Este foi o "nome místico" escolhido pela Gata para ela própria. Ela tinha um superficial conhecimento de teosofia e recordou isto como sendo o nome de algum "Mahatma".
6 N.T.: "Nebulosas"

1916, Frater O.I.V (o lema de C. Stansfeld Jones enquanto estagiário) inteiramente sem o meu conhecimento tornou-se um Bebé do Abismo.

Eu falhei completamente em compreender os telegramas nos quais ele anunciava o facto. A acção dele foi sem precedentes em toda a história da Magick. Foi totalmente além da minha imaginação conceber tal ocorrência. Ele, por outro lado, enquanto ignorante da minha Operação no Outono, compreendia perfeitamente à época o que estava ele a fazer; que estava ele a nascer como "A Criança", predito em *O Livro da Lei*. Esta interpretação não repousa sobre quaisquer ideias arbitrárias, quer da parte dele ou da minha. *O Livro da Lei* fala desta "Criança" como "Um", como se com absoluta indefinição. Mas o lema que Frater O.I.V. tinha tomado ao tornar-se um neófito foi "Achad", que é a palavra Hebraica para "Um". É ainda predito que esta "Criança" descobrirá a Chave da interpretação do próprio Livro, e isto eu tenho sido incapaz de fazer. (O Livro assevera que eu não deveria ter sucesso nisto, por mais surpreendente que possa parecer, conforme eu tinha 93 bem na minha mente, também 31 como o valor de AL e LA, cuja importância no Livro eu compreendi perfeitamente. O texto literalmente está repleto com dicas, porém, eu nunca pensei em 31 como a Chave. Tal cegueira é um milagre mais surpreendente do que qualquer quantidade de perspicácia.) E, na verdade, ele descobriu a Chave, dois anos e meio depois.

Aqueles que não estão familiarizados com os nossos métodos podem pedir a base da garantia de que a chave em questão realmente se encaixava na fechadura. A resposta é que, no momento em que me foi comunicado, apliquei isto a várias passagens obscuras do Livro e descobri que isto dilucidava-as completamente. Incidentalmente, eu recebia uma outra prova muito marcante da genuinidade da descoberta. A cada seis meses, nos equinócios, torna-se dever meu obter uma palavra dos deuses, cujo significado simbólico indica os eventos de importância para a Ordem que ocorrerão no curso do equinócio seguinte.

(Por exemplo, no Outono de 1918, a palavra era "Eleven". Além dos seus especiais significados técnicos, havia isto: que o Armistício fosse assinado às 11 horas do 11º dia do 11º mês do ano.) Ora, a palavra do equinócio em que esta Chave foi descoberta era SAC. Fiquei muito confuso ao interpretar esta palavra e isto não ficou claro à luz dos eventos do período conforme usualmente acontece. Só agora, quando estou a escrever este relato, cerca de quatro anos depois, me tem ocorrido subitamente de que o valor numérico da palavra é idêntico ao da Chave![7] Existem numerosas outras confirmações; mas o susodito deve ser suficiente para o mais céptico de que o autor de *O Livro da Lei* possuía um acurado conhecimento de futuros eventos.

O próximo estágio importante na minha iniciação foi a proclamação formal da minha concretização. Como Mestre do Templo, eu usava um anel de sinete; o lápis-lazúli, gravado com a minha cifra, estava coberto por uma tampa de platina cravejada com pirâmides para representar a Cidade em que os Mestres do Templo habitam. No dia 12 de Outubro, no comboio de Chicago para Vancouver, enquanto comprometido com a minha anual meditação Sammasati no meu Caminho desde o aniversário anterior, eu fui subitamente impelido a arrancar esta tampa. Um pouco depois deixei o comboio; e ao chegar ao hotel descobri que o lápis-lazúli havia abandonado o seu

---

[7] SAC = Shin, Aleph, Chet, HB:Chet HB:Aleph HB:Shin, 300 + 1 + 8 = 309. (Trunfos do Tarot correspondentes a estas letras.) XX + XI + 0 = 31. A composta letra Grega (ατ) em especial referência a esta combinação de Trunfos do Tarot é a terceira das palavras de valor 31 (AL e LA) que completam 93. Um volume pode ser (e foi) escrito sobre a adequação de todo este simbolismo. SAC = Tzaddi, Aleph, Kaph, HB:Koph HB:Aleph HB:Tzaddi, 90 + 1 + 20 = 111 = HB:Peh HB:Lamed HB:Aleph = Aleph. 1 = HB:Dalet HB:Chet HB:Aleph = "One". (Frater OIV e a predita descobridor da Chave.) Ambas as grafias são válidas para revelar a palavra e o seu descobridor! Tal complexidade de dispositivo é uma das provas mais evidentes da inteligência preterhumana do autor de *O Livro da Lei*.

engaste. De manhã procurei e encontrei-o na plataforma da estação, dividido em sete pedaços. Peguei neles e guardei-os com o maior cuidado no meu cofre de viagem, com a intenção de distribuí-los na minha morte para os meus representantes mais próximos. Pouco mais de um ano depois, olhando através dos meus pertences, o pacote estava em falta. (Eu tenho notado que sempre que recebo uma iniciação importante, algum estimado artigo misteriosamente desaparece. Pode ser um cachimbo, uma pena, ou algo assim: mas é sempre um objecto que está impregnado com a minha personalidade por constante uso e especial veneração. Eu não consigo recordar uma única ocasião em que isto não tem acontecido. A teoria é a de que os elementais ou espíritos familiares em comparecimento ao Mágico exigem, por assim dizer, uma gorjeta em todas as importantes ocasiões de regozijo.) A minha ideia em arrancar a tampa foi proclamar cerimoniosamente que eu sairia da escuridão da Cidade das Pirâmides. (O exacto período entre estas duas iniciações foi predito durante a primeira; é claro, em linguagem simbólica, cujo significado apareceu somente na concretização.

Aceitando assim o Grau de Mago eu havia incorrido em certas responsabilidades. Anteriormente, eu tinha tomado a atitude de que, conquanto *O Livro da Lei* tivesse sido dado ao mundo através de mim, e embora eu estivesse inelutavelmente ligado desse modo, eu podia ficar distante até certo ponto. Eu podia considerar-me um Mago comprometido com a Lei, aceitando-a e trabalhando pela sua fórmula: mas não identificado com sua promulgação para a exclusão de todos os outros propósitos.

A minha formal consecução do Grau envolvia a minha identificação com a palavra Thelema. A minha personalidade deve estar completamente fundida nisto. Ao perceber isto apercebi também com que cuidado eu evitava comprometer-me a este respeito. Eu nunca tinha proclamado abertamente a Lei na primeira pessoa, como se pode dizer, fosse na fala ou na escrita.

Conformemente, quando (na chegada a São Francisco) me encontrei convidado a discursar numa reunião semipública, eu comecei o meu discurso com as palavras: "Faze o que tu queres, será o todo da Lei", e procedi o melhor que pude para explicar a sua significância.

Mais uma vez, no último dia do ano, cuja meia-noite habitualmente dedico a uma meditação sobre o passado, culminando numa formulação da minha futura carreira, eu fui movido a escrever o que foi logo depois publicado primeiramente como um panfleto em Inglaterra, em segundo lugar como um artigo em *The International,* Nova Iorque, em terceiro lugar em *The Equinox,* vol. III nº.1, e em quarto lugar como um panfleto na Austrália por Frater Ahah.[8] Neste sumarizei concisamente os eventos que tinham conduzido a minha obtenção do Grau, e expliquei que estava assim comprometido com uma irrevogável e absoluta identificação de mim mesmo com o meu ofício como o Logos do Aeon de Hórus. Para o futuro, toda a minha essência deve ser contérmina com a da palavra, e a minha dinâmica fórmula com a da sua elocução.

Eu continuei expondo a significância e propósito dessa palavra. Anunciei que desde que "Cada homem e cada mulher é uma estrela", cada um de nós é definido e determinado por um conjunto de coordenadas, tem uma verdadeira vontade própria e

---

8 G.H. Frater AHAH 6°= 5☐ R.R. et A.C. é o mais simples e humilde dos Irmãos da Ordem. Ele tem trabalhado com as suas mãos desde os nove anos de idade e compreende e ama a Lei e o seu Logos como uma criança ama sua mãe e pai. Ele tem o meu respeito e afeição como nenhum outro dos meus Irmãos: pois ele representa para mim a humanidade incarnada nos seus mais débeis (e por conseguinte mais fortes) e nobres (e por conseguinte mais "comuns"). Ele é, numa palavra, aquele "Homem" de quem eu sou, sendo 666 (o número de um homem) e a quem eu amo e sirvo. Um iluminante incidente: ele não pode pressagiar, mas sob inspiração escreve como ninguém jamais tem feito, excepto um—John Bunyan!

necessária, a dinâmica expressão dessa natureza. A conclusão a partir destas premissas é a de que o único e completo dever de cada um de nós é, tendo descoberto o propósito para o qual ela ou ele está preparado, dedicar toda a energia à sua realização.

Escusado será dizer que a teoria da ética assim delineada envolve a consideração de muitos problemas difíceis e importantes. Eu não compreendi naquele momento a extensão da implicação e tenho dedicado imenso labor nos últimos anos à solução dos teoremas que são o corolário da proposição fundamental. Deve bastar para o presente registar a escrita desta mensagem. O acto foi o gesto cerimonial significativo da minha realização: digamos, o discurso do Rei na abertura do Parlamento do Novo Aeon.

~ 82 ~

O SEXTO DIA de Chokmah foi dedicado a uma terrível provação. Eu tinha por esta altura sido iluminado quanto à falsidade da Gata; portanto, tornou-se meu dever chaciná-la. Eu havia criado verdade por meio de um material não fidedigno e, por conseguinte, não devo mais apegar-me à imagem do ideal. Devo destruir isto, sabendo bem que nunca mais seria possível para mim iludir-me com títeres poéticos. Eu devo encarar a realidade permanentemente.

A desolação no meu coração era indescritivelmente terrível e o sétimo dia de Chokmah encontrou-me na mesma solidão e silêncio como os três primeiros; com esta diferença: que um ministro foi designado para me confortar e consolar. Exactamente como antes, cada singular relação que eu tinha estabelecido estourou repentinamente. Eu tinha muitos amigos; mas nenhum deles significava coisa alguma. Todavia, a minha consolação foi suprema. Por um lado, o desesperante cinismo da sapiente e realista Serpente, por outro, a insensível vaidade da insensata e idealista Gata, tinham-me deixado sem esperança em relação à humanidade.

Nesta extremidade, eu conheci um animal muito raro. Uma mulher! Ela era uma regular prostituta de rua. Estivera familiarizada com dificuldades, insensibilidade, obsessão, vergonha e pobreza desde o seu berço; mas ela possuía todas as nobres qualidades ao máximo. Dela era o verdadeiro orgulho, generosidade, pureza e paixão, para o que a Gata tão basicamente fingia; e dela também a discernente inteligência, a vasta experiência e a profunda introspecção da Serpente. No entanto, ela tinha confrontado e conquistado os seus inimigos, em vez de aquiescer em desespero.

Eu não sou um daqueles traficantes sentimentais que estão sempre a encontrar anjos na lama. No geral, a minha experiência de mulher marginal não tem provocado qualquer excesso de simpatia. Eu pensava que na maioria dos casos os seus próprios defeitos eram responsáveis pelos seus infortúnios. De facto, eu não consegui perceber conscientemente a sublimidade desta rapariga até muito tempo depois. Mas hoje vejo claramente a natureza de missão dela; que terminou tão estranhamente quanto começou, no final do dia de Chokmah. Ela desapareceu na *Ewigkeit*[9] sem uma palavra e todos os meus esforços para a rastrear foram infrutíferos.

Este dia de repouso e recompensa tinha-me preparado para a minha próxima provação. No início do oitavo dia apareceu uma Macaca e uma Coruja. Mais uma vez fui confrontado com a necessidade de escolher entre duas ideias. A Macaca tinha toda a insensata paixão, volubilidade e vaidade dos primatas menos desenvolvidos. Ela era uma grande artista e uma grande amante; contudo, em cada uma dessas funções, <u>ela exibia a máxima</u> inanidade de presunção. A coruja, por outro lado, era incapaz

9 N.T.: Eternidade

de sublimidade e ao mesmo tempo livre de afectação. Ela era tão aprazível e sensível quanto a Macaca era excruciante e absurda.

A natureza da minha provação foi dupla. Na primeira crise, coube-me fazer a coisa certa sem permitir qualquer interferência da pessoal inclinação ou consideração das derradeiras consequências da minha linha de acção. O teste foi aplicado a uma conferência das partes essencialmente envolvidas. O marido da Macaca queria que eu a tirasse das mãos dele. Um divórcio deveria ser arranjado e um casamento a seguir.

Solicitado a dar os meus pontos de vista, eu comecei "não tenho nenhum sentimento pessoal na matéria." As palavras foram uma bomba. Tanto o marido quanto a esposa perceberam, para espantado horror deles, que não tinham nenhum meio de influenciar a minha conduta. Encontrei-me completamente mestre da situação. É necessário apenas destruir em si mesmo as raízes daqueles motivos que determinam o curso de um homem, a fim de desfrutar da omnipotência e da imunidade de um deus.

O segundo ponto do ordálio dizia respeito à escolha entre as mulheres. A Coruja oferecia todas as delícias da despreocupada facilidade e do plácido prazer; mas nada havia a ganhar. A Macaca representava uma vida de tumulto e ansiedade, com poucos momentos magníficos entre as horas de mau humor; mas o progresso foi possível. Era como se os Chefes Secretos me tivessem perguntado: "Estás tu contente em aproveitar o fruto da tua realização e viver em paz com o mundo, cercado de afeição, respeito e conforto, ou dedicar-te-ás a dominar e a fertilizar a humanidade, apesar da perspectiva de contínua inquietação e quase certo desapontamento?" Eu escolhi a Macaca. Eu estava perfeitamente disposto a fazer o melhor da Coruja, no meu tempo livre, por assim dizer; mas eu aceitei, sem reservas, a responsabilidade apensada à sua rival.

Um único dia foi suficiente para esta parte da iniciação. No alvorecer do nono dia tudo havia sido arranjado. A Macaca foi para Inglaterra para encerrar alguns dos seus assuntos e a Coruja não tinha rédeas em mim. Consegui assim realizar uma Grande Retiro Mágico em Junho. Para este propósito fui viver numa cabana nas margens de Lake Pasquaney, em New Hampshire. A minha iniciação agora assumia um carácter mais estritamente mágico. Eu podia entrar em directa comunicação com as realidades da existência em vez de conduzi-las por meio de gestos simbólicos.

A minha primeira experiência foi o anúncio do nascimento do meu "filho", como mencionado acima. Eu não compreendia a matéria naquela luz, mas nesta: que por meio do meu sistema de treino, um homem havia atravessado o Abismo e se tornado um Mestre do Templo num período muito mais curto do que jamais fora conhecido. O meu próprio caso fora extraordinário. Onze anos foram-me suficientes para realizar uma tarefa que, na experiência humana, nunca exigira menos do que o triplo do tempo. Além disso, as condições tinham sido quase unicamente favoráveis para mim. Eu possuía todas as qualidades, todos os recursos necessários.

No caso de O.I.V., o período foi mais curto ainda, e por muito; conquanto para ele as condições tenham sido totalmente adversas. Ele foi obrigado a ganhar a vida de uma maneira desagradável e esgotante. As suas circunstâncias domésticas eram atrozes. Ele não tinha os meios de viajar ou mesmo de pesquisa académica. Eu somente pude concluir que o sucesso dele foi quase inteiramente devido à excelência do sistema que eu tinha dado ao mundo. Em suma, foi a justificação de toda a minha vida, a única e suprema recompensa das minhas imensuráveis labutas.

Fortificado e regozijado com estas boas novas, eu comecei imediatamente a dedicar-me à pesquisa no sentido estrito da palavra.

E então a diversão começou! Eu encontrei-me incapaz de fazer qualquer coisa do género. Não sei bem como as circunstâncias responsáveis por isto se encaixam na minha situação geral, mas elas são bem dignas de registo para seu próprio bem.

Tenho mencionado alhures que no seio do Santuário da Gnose da O.T.O. é acalentado uma fórmula mágica, extremamente simples e prática, para alcançar qualquer objecto desejado. É, contudo, peculiarmente apropriado às principais operações da alquimia, sobretudo a preparação do Elixir da Vida e a Medicina Universal. No começo eu usava este método casualmente. Foi somente quando várias, inesperadamente e surpreendentemente, bem-sucedidas operações chamaram a minha atenção, que eu me dediquei sistematicamente e cientificamente ao sério estudo e prática disto. Durante dois anos e meio eu conduzira uma cuidadosa e estrénua pesquisa sobre as condições de sucesso. A experiência tinha-me mostrado que às vezes isto era completo, mas noutras vezes, parcial ou até mesmo insignificante, embora não infrequentemente o trabalho resultasse em fracasso, quiçá quase chegando ao desastre.

Pouco antes de sair de Nova Iorque, eu tinha preparado, por este método, um elixir cuja virtude deveria ser restaurar a juventude, e deste eu havia tomado sete doses. Nada de particular aconteceu a princípio; e nunca me ocorreu que fosse imprudente continuar.

Eu estava errado. Mal tinha eu chegado ao meu eremitério antes de ser repentinamente apresado por um ataque de juventude na sua forma mais aguda. Toda a actividade mental tornou-se desagradável. Eu transformei-me num mero veículo de energia física. Eu mal conseguia ler um livro mesmo do tipo mais leve. Eu não podia satisfazer os meus instintos padejando a canoa que eu havia importado. Passava cerca de uma hora todos os dias em tarefas domésticas e cozinhando; as quinze horas restantes de vida acordada eram preenchidas balançando apaixonadamente um machado sem interrupção. Eu dificilmente conseguia parar de fumar um cachimbo.

Não havia auto-ilusão acerca disto, pois eu podia ter-me convencido a acreditar na ausência de evidência externa. Mas isto era fornecido por um monumento irrefutável. Eu queria construir um desembarcadouro para a minha canoa. Com este objectivo, eu cortei uma árvore e aparei um tronco de vinte e dois pés. A sua circunferência na menor extremidade era demasiado grande para que os meus braços a rodeassem. O meu único instrumento para mover isto foi um poste de madeira. A árvore tinha caído a cerca de cem jardas da margem; e embora isto fosse ladeira abaixo todo o trajecto até ao lago, o terreno era muito irregular e o caminho tão estreito que era impossível rolar o tronco em absoluto. Todavia, movi-o para o lago, onde fixei-o cravando estacas. Os transeuntes espalharam a história do eremita com força sobre-humana, e as pessoas vinham de todas as partes para contemplar o milagre. Eu devo mencionar que normalmente a minha força física está muito abaixo da média, especialmente para trabalhos deste tipo. É um grande esforço para mim deslocar uma carga de 60 libras-massa mesmo por poucos pés.

Tanto para a suficientemente notável verdade. É claro que a imaginação melhorou a história. Eu recebi uma revoltante carta de Nova Iorque da senhora que me emprestara a cabana, repreendendo-me por ter construído uma represa bem em frente ao lago, em detrimento da navegação!

Este espasmo de energia continuou sem abatimento por cerca de três semanas, após o que eu gradualmente recuperei o equilíbrio das minhas faculdades normais. O efeito das minhas operações era agora aumentar a energia de cada uma delas, mas em proporção razoável. Eu era agora capaz de começar a minha proposta pesquisa mágica.

Em ordem a erigir o templo do Novo Aeon, parecia necessário fazer uma completa remoção do lixo dos seus arruinados predecessores. Por conseguinte, eu planeei e executei uma Operação Mágica para banir o "Deus Moribundo". Eu tinha escrito em "The Wizard Way":

> He had crucified a toad
> In the Basilisk abode

Ora assim fiz. A teoria da Operação era identificar o sapo com o "Deus Moribundo" e chaciná-lo. Ao mesmo tempo, eu obriguei o espírito elemental do assassinado réptil a servir-me.

O resultado foi imediatamente aparente. Uma rapariga da vila, a três milhas de distância, pediu-me para a empregar como minha secretária. Eu não tivera intenção de fazer qualquer trabalho literário; mas assim que pus os olhos nela reconheci que ela tinha sido enviada por um propósito, pois ela assemelhava-se exactamente ao sobredito sapo. Portanto, eu contratei-a para sair todas as manhãs e anotar ditado. Eu tinha comigo uma cópia de *Androcles and the Lion* de Bernard Shaw e reflecti que eu iria criticar o prefácio. O quase inigualável conhecimento do texto da Bíblia que eu adquirira na meninice foi abalado pela selecção ultrajantemente arbitrária de Shaw dos textos que sustentavam o argumento dele. A ignorância dele sobre a vida e pensamento Asiático conduzira-o aos equívocos mais grotescos. Eu propus-me a criticar o ensaio dele, secção por secção; mas o trabalho cresceu sob a minha mão, e em três semanas aproximadamente, eu havia produzido um formidável tratado de cerca de quarenta e cinco mil palavras. Eu pretendera confinar-me ao destrutivo criticismo do meu autor; porém, conforme eu prosseguia, a minha análise do texto dos evangelhos revelava o mistério da composição deles. Ficou claro que aqueles que acreditam na historicidade de "Jesus" e os seus oponentes estavam em falta. Eu não podia duvidar que incidentes reais e ditos genuínos na vida de um homem real formavam parte da estrutura. A verdade era que pedaços de vários homens assim, distintos e incompatíveis uns com os outros, tinham sido juntamente bifurcados e rotulados com um único nome. Foi exactamente o caso dos estudantes que reuniram várias partes de vários insectos e perguntaram ao professor: "Que tipo de *bug* é este?" "Cavalheiros," respondeu ele, "este é um *humbug*."

Ao escrever este livro, eu fui muito auxiliado pelo *Golden Bough* de Frazer e, em menor grau, pelo *Psychology of the Unconscious* de Jung. Mas os meus principais activos eram o meu íntimo conhecimento do texto dos evangelhos, das condições de vida e pensamento no Oriente, dos detalhes do trabalho mágico e místico, e das convenções literárias que antigos escritores empregavam para transmitir as suas ideias.

Eu posso mencionar a absurdidade de Shaw encontrando dificuldade no facto de que a visita dos três "Reis" não é mencionada na história profana. Shaw não percebeu que um "Rei" pode ser o equivalente a um chefe muito menor nas Terras Altas.

Uma vez mais, as injunções para abandonar os laços familiares e os cuidados mundanos não envolvem teorias sociais. Elas são endereçadas somente a pretensos discípulos, e assim têm sido dadas—desde o despontar da história até aos dias de hoje—por cada professor Oriental que jamais se equilibrou em cima de um polegar, usou um semicúpio em vez de um prato de sopa, ou montou a Roda do Samsara em preferência a uma bicicleta.

Mais uma vez, os incidentes irracionais da vida de Cristo tornam-se inteiramente normais quando compreendidos como a rubrica de um ritual de iniciação.

Eu reivindico que o meu livro estabelece o esboço de uma inteiramente final teoria da construção do Cristianismo. O assunto é muito vasto e complexo para ser adequadamente discutido nesta auto-hagiografia. Mas eu não hesito em encaminhar o estudante ao meu ensaio para a solução de toda e qualquer dificuldade que ele possa ter encontrado na consideração desta matéria.

Tendo concluído este tratado, eu encontrei-me inspirado a escrever uma série de contos baseados em *The Golden Bough*. Eles são "The Hearth", "The God of Ibreez", "The Burning of Melcarth", "The Old Man of the Peepul Tree", "The Mass of St Secaire", "The King of the Wood", "The Oracle of Cocytus" e "The Stone of Cybele".

Agora em relação ao meu trabalho mágico, estritamente falando, o seu carácter foi presumivelmente determinado pelo meu Grau. O Mago corresponde à Sephira Chokmah, cuja manifestação no universo é Masloth, a Esfera das Estrelas Fixas. Foi conformemente apropriado que eu deveria receber uma revelação do universo neste aspecto. Comecei a minha meditação sem nenhum objectivo especial em vista. Quase imediatamente (em vez de após um longo esforço contínuo, como havia sido o caso, geralmente falando, no passado), obtive um Samadhi do qual a minha consciente lembrança trouxe de volta o relato "Nothingness and twinkles", acrescentando subsequentemente "but what twinkles!" Este Samadhi desenvolveu-se no decorrer do tempo, conforme eu o repetia, em tamanha importância que me sinto quase justificado em chamá-lo de raiz de toda a minha perspectiva filosófica. Eu tenho-o descrito, dando detalhes históricos, no meu Comentário sobre *O Livro da Lei*, ch. I, v. 59. Parece conveniente citar isto neste lugar, como lançando luz sobre o progresso de minha mais íntima apreensão do universo a partir deste momento em diante.

A VISÃO "ESTRELA-ESPONJA"

Há uma visão de um carácter peculiar que tem sido de importância fundamental na minha vida interior e à qual constante referência é feita nos meus diários mágicos. Tanto quanto eu sei, não há descrição existente desta visão em lugar nenhum, e fiquei surpreendido, ao olhar através dos meus registos, de descobrir que eu não tinha dado um relato claro de mim mesmo.

A visão desenvolveu-se gradualmente. Foi repetida em tantas ocasiões que eu não sou capaz de dizer em que período pode esta ser considerada completa.

Eu estive num retiro numa casinha com vista para o Lago Pasquaney em New Hampshire. Eu perdi a consciência de tudo, excepto um espaço universal em que havia inumeráveis pontos brilhantes, e percebi isso como uma representação física do universo, no que eu posso chamar de estrutura essencial. Eu exclamei: "Nothingness with twinkles!" Concentrei-me nesta visão, com o resultado de que o espaço vazio que havia sido o principal elemento dela diminuiu em importância; o espaço parecia estar em chamas, mas os pontos radiantes não eram confusos, e então terminei a minha frase com a exclamação: "But what twinkles!"

O próximo estágio desta visão conduziu a uma identificação dos pontos brilhantes com as estrelas do firmamento, com ideias, almas, etc. Percebi também que cada estrela estava conectada por um raio de luz com cada outra estrela. No mundo das ideias, cada pensamento possuía uma relação necessária com cada outro pensamento; cada tal relação é, claramente, um pensamento em si; cada tal raio é em si uma estrela. É aqui que a dificuldade lógica se apresenta primeiro. O vidente tem uma directa percepção de séries infinitas. Logicamente, portanto, isto pareceria como se todo o espaço devesse ser preenchido com uma homogénea labareda de luz. Isto, no entanto, não é o caso. O espaço está completamente cheio e ainda assim as mónadas que o preenchem são perfeitamente distintas. O leitor comum pode exclamar que tais declarações exibem sintomas de confusão mental.

Um posterior desenvolvimento da visão trouxe à consciência que a estrutura do universo era altamente organizada, que certas estrelas eram de maior magnitude e brilho do que as restantes.

Enquanto em Montauk, eu pus o meu saco de dormir a secar ao sol. Quando fui recolhê-lo, eu comentei, rindo: "A tua hora de dormir, Mestre Saco," como se isto fosse um rapazinho e eu a sua enfermeira. Isto foi inteiramente frívolo; mas o pensamento surgiu na minha mente que, afinal, o saco era, em certo sentido, uma parte de mim mesmo.

As duas ideias vieram juntas com um estalido, e eu compreendi o mecanismo da ilusão de um homem de que ele é um bule de chá.

A partir disto cheguei a uma outra descoberta: percebi por que é que as platitudes eram estúpidas. A razão era que elas representavam a súmula das linhas de pensamento, cada uma das quais era soberba em todos os detalhes ao mesmo tempo. Uma platitude era como uma esposa depois de alguns anos; ela não tem perdido nenhum dos seus encantos, e mesmo assim alguém prefere uma mulher perfeitamente sem valor.

Seria bastante impraticável entrar totalmente no assunto desta visão da Estrela-Esponja. Deve ser suficiente reiterar que isto tem sido a base da maioria do meu trabalho nos últimos cinco anos, e para lembrar ao leitor que a forma essencial disto é "Nothingness with twinkles".[10]

~ 83 ~

É UM FACTO notável que fenómenos físicos de um carácter apropriado frequentemente acompanhem um evento espiritual. Não consigo ver qualquer significação especial, do ponto de vista mágico, na experiência agora a ser relatada; mas isto é altamente interessante em si mesmo, e há inquestionavelmente uma marcante correlação entre isto e a visão que acabei de descrever.

Certa manhã tinha eu iniciado, antes do amanhecer, para os alcances superiores do lago. O dia estava esbaforidamente intenso, a calma era de certo modo mais positiva do que negativa, e parecia esconder alguma enorme ameaça. Era como se o coração do mundo tivesse parado. Eu senti uma indescritível admiração, esmagadora em sua solenidade. O acto de padejar parecia quase uma blasfémia. Todavia, eu fiz uma fogueira numa ilhota rochosa e cozinhei e comi o meu almoço, retornando para a casinha num estado curiosamente exausto. Foi um daqueles dias em que as condições eléctricas parecem abstrair cada partícula de energia dos nervos da pessoa. A condição é familiar o suficiente para mim, e eu compreendi que isto pressagiava uma tempestade que se aproximava; de facto, uma hora depois, enquanto eu me esparramava preguiçosamente na varanda, vi a iminência da tempestade. Eu percebi que, atracadouro ou nenhum atracadouro, a minha canoa não poderia possivelmente viver através do que estava por vir. Corri até à beira da água no exacto momento em que a primeira gota de chuva caiu, e embora a distância fosse de apenas cento e cinquenta jardas ao todo, peguei na canoa e coloquei-a debaixo do braço como um guarda-chuva. Eu estava encharcado e pingando antes de voltar para o abrigo. Neste momento, um docar, ocupado por um homem, uma mulher e uma criança, foi retirado apressadamente da rua, e eles pediram permissão para se refugiarem até a chuva parar. Indiquei-lhes a sala principal, ficando eu próprio do lado de fora para observar a maravilha da tempestade. A luz do dia desaparecera com a maior subitaneidade. Um pálio de roxo-escuro percorria o vale a uma altura de escassos cem pés acima da água, e este pálio estava jaspeado com uma rede de incessantes relâmpagos.

Debaixo disto, o ar parecia preternaturalmente límpido. Foi a *performance* mais espectacular que eu já tinha visto. À frente da tempestade, o vasto céu azul permanecia sem mancha acima do alhanado brilho do lago. Depois a guarda avançada da tempestade, o granizo e a chuva caíram em gigantescas gotas como balas. Então veio o

10 N.T.: "O nada com fulgências"

vermelho-púrpura da nuvem, e debaixo disto o vento açoitou o lago numa tempestuosa espuma tão ferozmente que nenhuma água permaneceu visível.

A tempestade atingiu um frio mortal: e, tendo sido lembrado recentemente da malária à espreita no meu sangue, eu decidi vestir roupas secas.

Eu devo dar uma breve descrição da construção da casinha. Era de madeira, construída em volta de uma chaminé e lareira de tijolos. A sala principal ficava de frente para o lago; e do outro lado da chaminé havia um quarto, que eu não usava, e a cozinha. A sala principal, onde eu dormia, sendo ocupada pelos meus convidados, tive eu que levar as minhas roupas secas para o quarto de dormir. Este quarto tinha duas pequenas janelas. Eu olvido se estavam ambas fechadas; mas se abertas, a frincha não tinha mais do que duas ou três polegadas de largura. Havia uma porta, também fechada, levando à cozinha. A outra porta que conduzia à sala principal pode possivelmente ter ficado um pouco entreaberta. Para enfiar as minhas meias, eu sentei-me numa cadeira perto da alvenaria da chaminé. Ao abaixar-me, eu reparei, com o que posso somente descrever como calmo assombro, que um deslumbrante globo de fogo eléctrico, aparentemente entre seis e doze polegadas de diâmetro, estava estacionário a cerca de seis polegadas abaixo e à direita do meu joelho direito. Quando olhei, isto explodiu com um agudo rumor bastante impossível de confundir com o contínuo tumulto do relâmpago, trovão e granizo, ou o da açoitada água e esmagada madeira que estava criando um pandemónio fora da cabana. Eu senti um leve choque no meio da minha mão direita, a qual estava mais perto do globo do que qualquer outra parte do meu corpo. Devo enfatizar que não estava nem um pouco alarmado ou mentalmente perturbado. Será lembrado que eu tinha sido atingido por um raio na Pillar Mountain muitos anos antes. Sempre senti extrema opressão enquanto uma tempestade eléctrica se acumula e uma alegria correspondente no momento em que ela se rompe. Eu tenho um poderoso sentimento instintivo de que sou eu mesmo um fenómeno totalmente eléctrico, e quanto mais selvagem a tempestade, o mais completamente eu me sinto no meu elemento. Sou impelido ao entusiasmo físico expresso em mágicos gestos deliciosamente triunfantes e surtos de encantamentos em êxtase religioso. Estou emocionado até à medula com o mero título completo da Carta de Tarot denominada Cavaleiro de Paus, "O Senhor da Chama e do Raio, o Rei dos Espíritos do Fogo!" Eu quero bradar em voz alta a soberba invocação Enoquiana dessa força. Algo dessa exaltação pode ser adivinhado a partir do ritmo e balanço da lírica em que eu tenho introduzido este título:

> By the Brood of the Bysses of Brightening, whose
> > God was my sire;
> By the Lord of the Flame and the Lightning, the King
> > of the Spirits of Fire ...

Esta intensidade espiritualmente sublime não interfere de modo algum com a minha actividade intelectual. Pelo contrário, eu fico mais alerta do que em quase todas as outras condições. É como se a iluminação do lampejo compenetrasse o meu espírito, como se as minhas faculdades mentais desfrutassem do seu ideal nutrimento e simulação por esse meio.

Eu estava consequentemente na melhor condição possível para observar. O meu interesse perfeitamente impessoal e, claro, o meu treino científico mativeram-me em excelente posição. O meu senso de tempo foi marcadamente alterado, tanto quanto eu tenho descrito no relato do ataque contra mim em Calcutá. Eu estava assim capacitado para observar os eventos do que provavelmente não durou mais do que cinco segundos, como se isto tivesse durado muitos minutos.

Eu achei o fenómeno de suficiente interesse para registar; e escrevi uma breve descrição para o *New York Times*. O resultado foi surpreendente. Encontrei-me inundado com cartas de inquérito de tantos estudantes de electricidade que por fim eu tive de ter uma consideração mimeografada para enviar.

Eu tinha suposto que a electricidade globular era um fenómeno bem conhecido e indubitado, embora raro, e fiquei impressionado ao saber que até então isto nunca havia sido visto por nenhum observador confiável e competente. Eu tinha uma correspondência bastante elaborada com o Professor Elihu Thompson, uma das maiores vivas autoridades sobre electricidade, acerca disto. Parecia que relatos anteriores eram as declarações de marinheiros comuns. Eles deixaram considerável espaço para duvidar da existência de electricidade globular. Esta dúvida foi fortalecida pela extrema dificuldade de enquadrar qualquer hipótese satisfatória para explicar a ocorrência. A minha observação acabou, por conseguinte, por ser (em seu caminho) uma questão de primeira importância. Eu aventurei-me a sugerir uma explicação minha; mas o Professor Thompson sentiu que, embora esta cobrisse os factos do caso e até mesmo os de observações anteriores, isto envolvia uma concepção de electricidade que não era fácil de conciliar com as implicações de outros determinados fenómenos.

No decurso da nossa correspondência, o professor Thompson comunicou diversas ideias extremamente subtis e estimulantes quanto à natureza da matéria, electricidade e realmente da natureza em geral. Elas porventura ajudaram-me a vislumbrar conscientemente, pela primeira vez, uma identificação estritamente formal dos resultados de racional intelecção com os de imediata intuição. Eu tinha sentido, não sem severos escrúpulos, que os dados de Neshamah poderiam estar em irreconciliável antagonismo com os de Ruach. Eu não fui de forma alguma abalado na minha opinião de que a coroa de Ruach (Daäth, Conhecimento) não tinha um verdadeiro lugar na Árvore da Vida, que isto era essencialmente ilusório e autocontraditório. Tinha sido minha constante preocupação encontrar um meio de expressão para a verdade de espiritual iluminação em termos de racional compreensão, e, além disso, justificar a primeira sem negar a validade da segunda. As observações do professor Thompson encheram-me de esperança. Deve ser lembrado que no período em que estudei ciências mais exclusivamente, a reacção contra o misticismo estava em pleno andamento. A perseguição de Darwin era como uma cicatriz não curada; a sua contemplação gerava ressentimento contra a própria raiz de qualquer interpretação religiosa do universo. Eu tinha sido forçado a ficar na posição embaraçosa de ter que estar pronto para ir prà fogueira com Maudsley, Ray Lankester e Haeckel, em contraste com a religião supersticiosa, e ainda atacar as conclusões deles com a máxima veemência no interesse da inexpugnável posição espiritual que eu construíra sobre a rocha da minha própria experiência real. Por fim, tornara-se concebível que esta antinomia pudesse ser superada, e da melhor maneira, da maneira indicada pelo simbolismo da própria Cabala; ou seja, os olhos da ciência estavam a abrir-se gradualmente para a percepção de que os resultados de observação e experimento exigiam uma interpretação tão repugnante ao senso comum (conforme entendido pelo homem na rua e pela Rationalist Press Association) quanto as maiores concepções de Pitágoras, Paracelso e daquela Grande Ordem da qual eu era um iniciado. As minhas subsequentes pesquisas têm sido quase exclusivamente determinadas por considerações deste tipo. Enquanto eu tenho feito o meu melhor para avançar directamente para a verdade pelos tradicionais métodos mágicos e místicos que *O Livro da Lei* tinha aperfeiçoado, eu tenho constantemente procurado *pari passu*[11] correlacionar os meus resultados com os do

---
11 N.T.: a par e passo; simultaneamente

progresso intelectual moderno; na verdade, para demonstrar que os pensadores mais profundos estão involuntariamente aproximando-se da apreensão de ideias iniciadas, e estão de facto, a despeito de si mesmos, sendo compelidos a estender a definição deles de Ruach para incluir concepções próprias de Neshamah, de modo que eles estão, noutras palavras, tornando-se iniciados, no nosso sentido da palavra, sem suspeitar que estão a cometer alta traição contra a majestade do materialismo.

Os restantes dias de Chokmah da iniciação propriamente dita pareciam ser dedicados principalmente a mostrar ao candidato o material no qual ele deveria trabalhar. Espero que não soará muito estranho se eu disser que até este momento da minha vida eu tinha estado, até certo ponto, a viver no paraíso dos tolos. De um modo ou de outro, ambos por real refúgio, por protecção de recursos sociais e financeiros, por meus próprios poéticos espectáculos cor-de-rosa, ou por escolha singularmente feliz que eu tinha feito das pessoas entre quem me alongo, eu não tinha visto, em toda a sua desnuda sordidez, o mundo da humanidade. Eu já tinha visto muito de crueldade, estupidez e insensibilidade; eu percebia quão ignóbil eram as vidas do homem e da mulher comuns, mas houvera praticamente sempre uma razoável quantidade de compensação. É necessário viver nos Estados Unidos e conhecer bem as pessoas para ter uma visão realmente clara do inferno sem a tampa. Eu tinha já passado algum tempo no país, mas a verdade acerca de Nova Iorque tinha ficado camuflada. Eu, sendo quem era, tinha entrado em contacto com a própria nata da cidade, e nas minhas viagens pela União, eu tinha visto pouco mais do que a superficial vida das pessoas como aparece ao viandante cuja tenda é um vagão-cama, um jactante hotel ou a morada de algum amigo, o qual, por esse mesmo facto, não é verdadeiramente representativo da sua comunidade. Eu prontamente seria levado para relações íntimas com uma sociedade tão primitiva que esta não tinha como saber quem eu era ou reconhecer a classe que eu representava; experienciar o que o Francês bastante habilmente chamava "le-struggle-for-lifeism"[12]; e isso com a absoluta certeza moral de ser completamente espancado pela própria natureza das coisas. Num país onde o mais fraco e ignorante, o menos inteligente e versátil, acha suficientemente fácil, no geral, granjear uma vida razoavelmente decente, e onde a menor capacidade de quase qualquer tipo torna isto uma aposta segura, de modo que dez anos colocarão o seu possuidor na Easy Street, eu devia achar-me um candidato para a completa penúria. Por muitos meses, pela primeira vez na vida, eu estava constantemente preocupado com o problema de me manter vivo, e assim o fiz somente através das operações de inesperados ganhos periódicos. Repetidas vezes o meu coracle afundou debaixo de mim e, por cada vez, os responsáveis pela conduta da minha iniciação entregaram algo para continuar com, a partir de alguma fonte totalmente inesperada, em ordem a manter-me naquele psicológico fio da navalha de onde se pode sempre ver o abismo como não mais se pode fazer quando se está neste. Desta forma, eu vi todas as classes e todas as raças, mas não mais a partir do ponto de vista privilegiado, com o resultado de que eu era capaz de compreender completamente como elas eram para consigo mesmas e para com as outras. O horror e a repugnância dessas condições deixaram uma marca permanente no meu carácter. Isto foi muito longe ao destruir a minha capacidade para a expressão lírica, ou quiçá bastante para tornar impossível o ponto de vista necessário para esse tipo de impulso criativo. O próprio amor deveria aparecer de uma forma totalmente nova. Eu nunca havia entendido as suas raízes na fraqueza moral e na incompetência física da nossa espécie de macacos. Eu tinha ficado suficientemente familiarizado com a sua implicação romântica e espiritual, com as complicações sociais e económicas que degradam o seu ideal, e até com as brutalidades e blasfémias que a cobiça e a ganância impõem em cima

---

12 N.T.: a-luta-pela-vida"

disto. Eu nunca o havia entendido como a expressão da amarga necessidade de desespero que é afinal de contas a sua verdadeira natureza na medida em que todos, excepto uns muito poucos indivíduos *rari nantes in gurgite vasto*[13], estão concernidos.

Seria impossível para mim tentar mesmo o mais simples esboço da abominação da desolação sobre a qual os Chefes me forçaram a fitar durante estes longos e sombrios dias terríveis. Não era que eu visse somente os elementos mais vis e básicos da sociedade; pelo contrário, eu ficava profundamente impressionado com a virtude essencial que faz parte de cada ser humano, e o veneno na ponta da seta da minha experiência era o facto de que a ignorância, a inabilidade, a fraqueza moral e similares tornavam o desamparo e a desesperança da virtude totalmente completos. Em toda a parte eu via indescritivelmente asquerosos e inumanos vícios triunfando com uma escassa amostra de resistência; o comércio, nas suas formas mais imundas, tinha atrelado moralidade, religião e até mesmo ciência à sua carruagem Jagannath. Cada instinto decente, seja do indivíduo ou da comunidade, era a presa deste *ghoul*[14]. Num outro capítulo darei exemplos do tipo de coisa que não era totalmente dominante, porém, praticamente universal. Eu tenho dito o suficiente para transmitir uma ideia geral da natureza da provação através da qual passei neste período. Eu preciso somente de registar alguns dos reais resultados mágicos.

A miséria que sofri nesta altura tinha feito muito para nublar a minha memória. Não me lembro claramente, por exemplo, das minhas razões para ir a Nova Orleães quase imediatamente depois de voltar de Lake Pasquaney. Foi o meu último vislumbre de beleza durante um longo tempo. O antigo quarteirão Franco-Espanhol da cidade é o único decente bairro habitável que descobri nos Estados Unidos. Da arquitectura às maneiras das pessoas, suas roupas, seus costumes e culinária, tudo era delicioso. Era como estar de volta à Europa novamente com o adicionado charme de certa selvajaria e romance; era uma civilização *sui generis*, com o seu próprio adorno peculiar no caminho da história. Permitiu-me perceber o espírito da Idade Média, mesmo que as cidades mais remotas e respeitadas pelo tempo raramente o façam. Tomei um quarto convenientemente perto da Old Absinthe House, onde se podia obter um real absinto preparado em fontes cujo mármore foi desgastado por contínuo gotejamento de noventa anos. O resultado foi que eu fui apreendido por um outro dos meus espasmos de criação literária, e desta vez, o definido estímulo sexual que eu tinha imaginado como parcialmente responsável por tais ataques era, se não ausente, pelo menos relacionado a uma atmosfera e não a uma pessoa.

Durou, se bem me lembro, uns dezassete dias. Perdi completamente a noção das propriedades de tempo e lugar. Numa ocasião, eu fui até à Casa do Absinto em camisa de manga curta sem estar nem um pouco ciente do facto. O meu melhor trabalho foi um ensaio "The Green Goddess", descritivo da própria Old Absinthe House em particular, e da atmosfera do bairro em geral. Pode ser considerado como o único rival de "The Heart of Holy Russia" pela excelência literária e percepção psicológica. Eu escrevi também *The Scrutinies of Simon Iff*, uma série de seis, mais ou menos, histórias de detective; dois ou três ensaios menos importantes; alguns contos, dos quais eu posso mencionar "Every Precaution" pela sua cor local; e todos excepto os últimos dois ou três capítulos da minha primeira tentativa séria de um longo romance, *The Net*. Eu também comecei, a partir das profundezas da minha miséria espiritual, um livro muito estranho de um género inteiramente novo; tanto que eu descrevo isto como "A Novelissim". O seu título é *Not the Life and Adventure of Sir Roger Bloxam*. Permanece inacabado

---

13 N.T.: raros nadando em águas profundas
14 N.T.: espírito maligno que se alimenta de cadáveres

até hoje; na verdade, teoricamente, é dificilmente possível terminá-lo, estritamente falando. De facto, eu tenho sérias hesitações quanto a não ter ultrapassado os limites da verdade ao dizer que eu comecei isto. Por segurança, eu devo contentar-me em dizer que escrevi uma boa parte disto.

A faculdade lírica permaneceu quase inteiramente dormente, sem dúvida devido ao facto de que num quarteirão onde quase todas as mulheres me atraíam intensamente, eu era incapaz de fixar o meu afecto num único espécime. Talvez também fosse inibido pelo ferro que estava entrando em minha alma palmo a palmo e sendo retorcido em meu coração pelo impiedoso amor dos Chefes Secretos da Ordem.

Foi isto, sem dúvida, que lançou uma chave inglesa na minha criativa maquinaria e a sua energia destrutiva pode ser medida pela tremenda circunstância que deve ser registada em seguida.

A cidade de Nova Orleães é dividida em duas secções principais por uma ampla via. De um lado está o quarteirão Espanhol, nas imediações do qual havia uma grande e pitoresca secção de luz vermelha[15]; um dos lugares mais interessantes do género que eu já tenho visto. De facto, se nós exceptuássemos o Cairo, este teria sido difícil de bater. Do outro lado da rua principal ficava a moderna secção comercial Americanizada, onde quase não havia um tijolo mas gritava uma obscena blasfémia contra tudo o que pudesse encantar um poeta, despertar entusiasmo num amante, ou abster-se de revoltar os instintos de um cavalheiro. Antes de eu ter ficado muito tempo na cidade, tornara-se óbvio que este cancro estava corroendo o seio da bela cidade, e a convicção estava estampada na minha alma por uma bem definida marca de casco da moralidade da mula.

Um milionário com um interesse muito grande na pista de corridas em Havana reflectiu que seria um bom negócio acabar com a competição de Nova Orleães nessa forma de desporto. Ele, portanto, passou a organizar o que é chamado de "limpeza" da cidade. Ele subornou proeminentes pregadores para despertar as consciências de sinceros puritanos, endireitar os políticos e os jornais, trouxe chantagem para suportar quaisquer pessoas honestas que parecesse estar no caminho dele e, em todos os outros aspectos, preencheu as condições necessárias para saquear a cidade e perseguir os pobres, em nome da justiça, de acordo com os métodos mais aprovados. O sucesso dele mais espectacular foi calar a zona de prostituição, no que diz respeito às classes mais pobres. O efeito deste processo foi trazido para casa por um incidente que, acontecendo nos Estados Unidos, me pareceu imensamente cómico. Eu tinha ido à biblioteca em Lee Circle para obter um livro e ao descer os degraus fui abordado por uma mulher com um pedido de caridade. Eu reconheci-a como um dos habitantes das barracas de madeira da zona da luz vermelha. A minha simpatia foi despertada pela vergonhosa crueldade a que ela tinha sido submetida pelas manobras hipócritas e desonestas do milionário e seus mirmidões. O caso dela era peculiarmente patético, visto que ela estava sofrendo de uma forma activa e contagiosa de doença. O senso comum e a decência mais elementares teriam vindo em seu resgate muito antes, no interesse dos clientes dela, não menos do que no dela. Perguntei-lhe o que faria ela agora que o seu posto tinha sido fechado. Para minha surpresa, ela estava perfeitamente alegre. O alívio que ela procurava era somente temporário, pois ela tinha obtido uma boa posição como ama, numa família de três crianças pequenas, para a semana seguinte!

Tal era um dos inúmeros sintomas similares da imunda doença que está a devastar os Estados Unidos, e tem já destruído quase todos os vestígios de liberdade política, religiosa e individual que era a própria essência da original ideia Americana. O meu espírito afundou sob a contemplação da irremediável calamidade que ameaça

---

15 N.T.: zona de meretrício

submergir toda a humanidade, já que agora é um princípio aceite de negócio esforçar-se para fazer tirania internacional, suprimir todos os costumes de interesse histórico e, na verdade, tudo o que empresta variedade ou distracção à sociedade humana no interesse de fazer um mercado para produtos padronizados. A desculpa moral para estas atividades é miseravelmente escassa, pois o elemento que é mais importante suprimir é a originalidade enquanto tal, mesmo quando a questão diz respeito à própria ideia de perícia em si mesma. A ideia por detrás do puritanismo é a redução da massa da humanidade a um grau de escravidão que nunca antes foi contemplado pelos tiranos mais malignos da história; pois visa completar o desamparo do operário, minimizando a capacidade dele. Ele não mais deve ter permissão para exercitar a criativa habilidade envolvida em fazer um par de botas; ele deve ser tornado incapaz de fazer mais do que repetir mecanicamente, ano após ano, um item sem sentido na manufactura, para que quando a aperto chegar seja impossível de todo alguém ter botas, excepto através da complexa conspiração industrial dos interesses corporativos. Esta ideia, conscientemente ou subconscientemente, está debaixo de todas as tentativas de estender a "civilização". O progresso desta pestilência é visível em todo o mundo. Hotéis padronizados e mercadorias padronizadas têm invadido os distritos mais remotos, e estes seriam economicamente impossíveis a menos que apoiados pela forçosa supressão da concorrência local. Portanto, quando nós achamos os jornais indignados com a moralidade Maometana, nós podemos suspeitar que o verdadeiro problema é o de que os chapeleiros Americanos não vêem nenhuma esperança de alienar o seu *stock* excedente, contanto que o perverso Oriental grude no seu turbante ou tarbuche. As roupas requintadas, dignas e confortáveis de povos remotos, da Sicília ao Japão, devem dar lugar aos produtos de má qualidade das fábricas estrangeiras, e o motivo é fornecido por uma campanha mundial em nome do snobismo social. As pessoas são persuadidas de que devem tentar aparentar como um duque desportivo ou como um presidente bancário. Tais planos dependem obviamente da destruição de tudo o que cria originalidade, respeito próprio, o amor à beleza ou a reverência pela história.

Levei um longo tempo antes de poder formular conscientemente esta ideia, tão multiformes são os seus disfarces e tão subtilmente sinistros os seus estratagemas. Mas eu tenho sempre possuído o instinto, tenho sempre reagido automaticamente contra este princípio sempre que o encontrei. Deveria ser óbvio que "Faze o que tu queres" corta diametralmente esta civilização moderna para destruir as distinções que constituem a única esperança da humanidade para fazer real progresso pela selecção e variação que são os meios da evolução. Pode ser dito que o meu próprio trabalho é da natureza do empreendimento missionário; e que isto é, de facto, exactamente aquilo a que me oponho, já que a sua ideia é persuadir as pessoas a abandonarem os seus estabelecidos costumes e crenças. Esta crítica é inválida. Eu faço, como uma questão de facto, objecção ao empreendimento missionário enquanto tal, se isto toma a forma de impor o culto de Osíris aos adoradores de Adónis, de persuadir os Chineses a comerem com facas e garfos, ou de tornar as mulheres Orientais obscenamente ridículas, trocando as suas soberbas e adequadas vestes por vestidos que fingem ter sido feitos em Paris. Mas a minha mensagem difere fundamentalmente de tudo anteriormente promulgado precisamente até este momento. Os meus predecessores têm invariavelmente dito: "A minha crença é certa e a tua é errada; os meus costumes são dignos, os teus são ignóbeis; o meu vestuário é decente, o teu não é; pensa como eu penso, fala como eu falo, faz como eu faço ou tu serás miserável, pobre, doente, desgraçado e condenado, além do que, eu cortarei a tua cabeça, queimar-te-ei vivo, dar-te-ei fome, aprisionar-te-ei, ostracizar-te-ei e farei com que tu te arrependas se não concordares em ser um bom menino." A essência de cada mensagem missionária tem sido assimilar o ensinado ao professor; e isto sempre tem sido acompanhado de subornos e ameaças. A minha mensagem é exactamente contra isto. Eu digo a cada homem e mulher: "Tu és único e soberano, o centro de um universo. Por mais certo que eu possa estar no pensamento, tu podes estar igualmente certo em pensar o contrário. Tu só podes realizar o teu objectivo na vida pelo completo desprezo das opiniões de outras pessoas. Tu não deves nem mesmo considerar os sinais externos de sucesso como indicações de que o curso de acção que os produziu serviria a tua vez. Por um lado, a minha coroa pode não se adequar à tua compleição, a não ser dar-te uma dor de cabeça; por outro, as medidas que eu tomei para obter essa coroa talvez não tenham sucesso no teu caso."

A minha missão é, em suma, conduzir cada um à realização e usufruto da sua realeza, e a minha aparente interferência com ele não passa de um conselho para ele não sofrer interferência. Pode parecer a partir disto que eu era oposto à acção conjunta dirigida à obtenção de um propósito comum. Mas, claro, este não é o caso. As vantagens, não meramente de cooperação mas de união disciplinada, são as mesmas que eram com as anteriores teorias da vida. No entanto, há uma certa diferença prática que, a propósito, é curiosamente ilustrada pelo paralelo da disciplina militar. Na guerra primitiva, o nexo entre os camaradas é praticamente limitado a um acordo para esquecer as suas brigas individuais em face do inimigo comum. O treino de um soldado estimulava assim a sua destreza pessoal. Era visto gradualmente que algum tipo de plano de acção combinada resultava em vitória, de modo que um líder ou chefe deveria ser detalhado para cumprir um dever definido. Logo ficou claro que a acção isolada era perigosa para todo o exército; e a consequente tendência foi desenvolvida até ao ponto em que o sargento Prussiano era inestimável. O intuito era reduzir o soldado a uma massa de músculos sem cérebro, para ser manipulado tão mecanicamente quanto uma peça de xadrez, exercitando as suas inerentes energias sem o menor desejo ou poder de pensar ou agir por si mesmo. (Este estágio corresponde àquele que rapidamente estamos a aproximar-nos na indústria.) Agora, pelo menos, nós temos chegado a um estágio adicional. A complexidade de uma batalha e a sua mera extensão no espaço tem tornado impossível para um único homem manobrar as suas tropas, como fizeram Marlborough e Napoleão, e por isso tem-se tornado mais uma vez necessário para o oficial subordinado, e mesmo, até certo ponto, o soldado raso, compreender a sua responsabilidade, exercer a iniciativa dentro dos limites e também treinar-se para ser capaz de realizar uma variedade de operações exigindo conhecimento e habilidade muito variados, em vez de, como antes, ser confinado a uma tarefa altamente especializada exigindo obediência cega e a supressão de toda a inteligência. A Carga da Brigada Ligeira de facto tem-se tornado impossível. Nós estamos inteligentemente a mover-nos de volta na direcção de Sir Lancelot e Crillon. As necessidades da guerra são as mais verdadeiramente instrutivas, na medida em que o tipo de mente militar é tão desprezível. O comandante-chefe é sempre irremediavelmente incompetente para conceber ou para perceber correctamente os próprios elementos da sua actividade. O progresso da ciência militar é imposto estupidamente pelos factos; e proporciona-nos, portanto, a melhor ilustração possível do funcionamento cego da evolução. É por isso que a indústria, cujos chefes são apenas um grau menos desmiolados do que os Kitcheners e Frenches[16], está de facto por detrás da guerra na sua adaptação biológica ao meio ambiente. As crises industriais não são tão imediatamente fatais como as das tácticas. A necessidade não tem uma mão tão livre com a vergasta de vidoeiro; e assim, as condições alteram-se mais lentamente, e o seu significado é menos fácil de interpretar.

---

16 N.T.: Horatio Herbert Kitchener; John French

~ 84 ~

CONSIDERAÇÕES DESTE tipo estavam constantemente presentes na minha mente neste período. Diante dos meus olhos estava o doentio espectáculo da humanidade afundando cada vez mais no lodo pegajoso da escravidão. A tragédia de Nova Orleães ilustrou uma fase da calamidade. Quanto ao indivíduo, a sua posição poderia ser avaliada pelo caso do meu primo na Flórida, o qual acreditava seriamente que Deus tinha afundado o *Titanic* para repreender a presunção dos construtores, da lamentavelmente adoração cómica do fracamente megalomaníaco na Casa Branca, e do nível moral e mental de tais pessoas como as que eu conheci nas lojas maçónicas cujas cabriolices eu tenho descrito num capítulo anterior.

A esperança morreu no meu coração. Não havia um vislumbre de luz no horizonte em lugar algum. Parecia-me uma obscena zombaria ser chamado de Mago. Eu devo ter sido afligido pela "luxúria do resultado"; pelo menos chegou a este ponto, que eu senti que não poderia continuar o meu trabalho. De todos os lados, as encarquilhadas bruxas da religião e da moralidade estavam estrídulas em celebrações do seu obsceno sabat. Senti que tinha não somente falhado, mas que era um pouco de loucura imaginar que eu poderia causar a menor impressão na monstruosa massa de miséria que estava encharcando a própria espinha da humanidade. A minha fé falhou-me; eu fiz um gesto de desespero; eu cometi suicídio espiritual, eu encerrei o meu Registo Mágico e recusei escrever. "Se os Mestres querem que eu faça a Obra deles," disse eu, "eles que avançem e me chamem."

Esta acção é a única da minha vida da qual eu estou realmente envergonhado. Eu não deveria ter-me rendido enquanto havia respiração no meu corpo. Bem, talvez não tenha sido uma rendição total; mas era pelo menos um desesperado apelo de angústia.

A penalidade do meu momentâneo lapso foi assustadora. Os seus efeitos são ainda observáveis hoje. O assunto é realmente demasiado doloroso para discutir extensivamente. Não preciso de dizer mais do que isto: que a minha falta de confiança nos Chefes Secretos escoicinhou em mim mesmo. (Em Magick, claro, a punição sempre se encaixa no crime.) Ao mesmo tempo, os próprios Chefes Secretos não cometeram erros. Eles sabiam perfeitamente bem qual era a minha tensão de ruptura e deliberadamente empurraram-me para além do meu limite por várias excelentes razões. Eles queriam que eu soubesse a extensão da minha capacidade de aguentar; e por esse meio, é claro, incrementar essa capacidade no futuro mostrando-me que mesmo quando eu pensava que tinha quebrado a corrente, esta mantinha invisíveis ligações tão firmemente como sempre e era, de facto, inquebrável; pois é um elemento essencial do meu ser estar empenhado no desempenho da Grande Obra. Eles também me ensinaram por este meio as consequências de tal erro; e isto tem sido muito útil para mim ao lidar com aqueles que possam estar em perigo de cometer um erro semelhante. A penalidade em si também era o meio de organizar eventos de tal maneira que me servissem em subsequente iniciação.

Eu não sei se pensei que o mundo chegaria a um fim, pois eu escolhi tornar-me desagradável—mas eu estava certamente muito aborrecido para descobrir isso, como no caso do grande Lord Cardinal, quando ele terminara amaldiçoando "nobody seemed one penny the worse"[17]. Os Chefes Secretos pareciam totalmente despreocupados com o que eu fizera. Tal como o meu próprio Profeta Cego, eu havia derrubado os pilares nos quais supunha que o templo estivesse apoiado, mas ele pelo menos conseguiu esmagar-se, e eu nem sequer isso fizera!

---
17 N.T.: "parece que ninguém perdeu um centavo sequer"

O que aconteceu foi de facto extremamente curioso. Stevenson observa que quando um Mago é cassado, ele não cai para ser um deão rural ou trabalha para esse efeito. Eu encontrei-me, tal como Otelo, com a minha ocupação desaparecida. Eu poderia não ser capaz de realizar a tarefa de um mago, mas certamente não havia mais nada para eu fazer. Eu não tinha remorso, nem tanto como um escrúpulo de consciência. Os Chefes Secretos ficaram em silêncio. E descobri que, depois de quinze dias ou aproximadamente, eu simplesmente não aguentava mais. Eu senti-me mais do que um pouco como um cão travesso, mas nada havia a ser feito a não ser rastejar de volta com o meu rabo entre as pernas, e eu recordo com diversão um tanto envergonhada, de tal modo que eu tinha uma espécie de esperança de que eu tivesse escapado à atenção.

A situação não mudara de maneira alguma; quando reabri o meu Registo Mágico, eu assim fiz inteiramente sem qualquer tipo de esperança; de facto, talvez a melhor maneira de expressar a situação é que a minha contravenção servira para me expurgar da "luxúria do resultado". Mas quanto a ter escapado à atenção, se eu realmente tivesse albergado quaisquer ilusões nesse ponto, a minha mente ficou completamente desiludida nos primeiros onze segundos.

Eu disse a mim mesmo que o primeiro passo óbvio era invocar Mercúrio. Eu instantaneamente encontrei-me, com uma pequena risada interna fervilhando no meu plexo solar, dizendo: "Mas eu sou Mercúrio." A reprimida risadinha foi encurtada repentinamente por aquele sentimento aparentado ao alarme que um homem frequentemente sente quando está acordado pela noite dentro desfrutando de um livro, e é subitamente lembrado, talvez por algum leve ruído, de algum assunto sério; pode isto ser um visitante inesperado do lado de fora da sua porta? Pois eu estava ciente de que havia algo mais no que eu estava dizendo a mim mesmo do que a sua clara implicação, e ocorreu-me por algum inescrutável instinto exprimir a ideia de outra forma. "*Mercurius sum*",[18] murmurei eu, e agora a inaudita voz, não tão alta quanto um sussurro, porém, mais premente do que um estouro de trovão, dizia-me sem o uso da linguagem: "Não, isso não o é, di-lo em Grego." "Epsilon rho mu eta sigma epsilon iota mu iota" afirmei eu solenemente, e soube imediatamente que eu tinha feito o que era exigido de mim, ainda perguntando-me quase desdenhosamente qual era o objecto da tradução, e então, muito mais rapidamente do que eu poderia ter descoberto por cálculo consciente, eu soube que "Epsilon rho mu eta sigma epsilon iota mu iota" tinha o valor numérico de 418, a Fórmula Mágica do Aeon. No primeiro momento de retomar a comunicação com a minha alma, os Chefes Secretos deram-me um sinal indubitável da sua existência, da sua tutela vigilante, comunicando a senha deles, por assim dizer, nesta cifra. O meu espírito pulou de alegria para ser reassegurado mais uma vez por este meio soberbamente simples, esta linguagem requintadamente esmerada e convincente; ainda assim, a vergonha atacou-me ferozmente. Como poderia mesmo uma tal mula de uma mente como a minha ter sido tão obstinada a resistir a um controlo tão perfeito? Como poderia eu ter sido tão cobarde a ponto de perder a coragem, mesmo que por um momento, vendo que ano após ano os Chefes Secretos nunca me tinham falhado? Eu nunca me desprezara tão profundamente. Mas a própria nitidez do meu desdém tinha também o seu uso. Isto garantia-me para sempre contra a repetição de tal colapso. Eu não pedi mais nenhum sinal; eu nem sequer formei resoluções, nem tão pouco pedi instruções. Eu simplesmente ganhei vida para o facto de que eu era um mago, com toda a implicação possível, e que deveria realizar infalivelmente todas as tarefas que me fossem dadas. Eu até comecei a entender que a ausência real de qualquer tarefa era evidência de que as minhas condições presentes eram essenciais para a Grande Obra;

---

18 N.T.: "Mercúrio eu sou"

que a minha aparente impotência fazia parte do plano dos Chefes Secretos. Eu tinha sido infantilmente petulante em querer tomar banho em "Abana e Pharphar, rios de Damasco", e sentindo-me insultado por ser dito que o pequeno riacho da Jordânia, um riacho que nem sequer levava ao oceano, seria suficiente para sanear os meus membros da lepra. De uma forma ou outra, a situação horrível em que me encontrava, a estagnação da minha carreira e a paralisia dos meus poderes eram essenciais para o meu adequado progresso. Eu parei de me preocupar com o futuro, assim como protestar contra o presente. Eu aceitava tudo conforme vinha quase sem comentário, confiante de que no momento certo eu deveria encontrar-me na posição certa para fazer o que era correcto.

Tendo testemunhado a importunidade de Nova Orleães, eu fui enviado a Titusville, na Flórida, para completar a minha contemplação da indizível degradação da humanidade que está constantemente sendo forjada pelo Cristianismo e pelo comércio. Vi o meu primo Lawrence, um rapagão tão decente quanto se poderia desejar ver, espiritualmente definhado e corrompido em todos os aspectos pela selvagem superstição; a sua esposa, quase nos trinta anos, uma enrugada bruxa de sessenta anos, com nenhuma ideia de vida para além do medo persistente pela vida futura e os horríveis prazeres de desabafar o seu rancor nos seus vizinhos e entravar e perseguir os filhos dela; o filho dele, privado de todo o divertimento juvenil, conduzido à secreta indulgência nos vícios mais miseráveis, e as irmãs dele (uma delas com uma voz que a teria tornado uma rainha em qualquer capital civilizada) frustraram todas as inocentes aspirações, e os arregalados olhos delas para o pavoroso entendimento de que elas nunca poderiam ser nada senão mulas de carga vendidas na pior escravidão de casamento aos dezoito anos, e velhas mulheres arruinadas, mortas para todas as possibilidades, aos vinte e cinco anos. A constante lamentação delas era "eu não quero crescer para ser como a Mãe!" As mínimas acções delas eram espiadas, todas as tentativas delas de se encaixarem pela educação para sairem do medonho pântano onde elas suavam a sua juventude em condições que tornavam a febre e a fome, com o que elas estavam familiarizadas, mais suportáveis do que a maligna tirania das pessoas a quem os próprios crocodilos poderiam ter servido como um reproche e uma inspiração.

A partir deste inferno de ignorância e vida familiar, eu fui removido para um local de punição muito diferente. Eu deveria ter uma visão de Nova Iorque como esta deve parecer para o estrangeiro comum, para todos os seus habitantes (estes devem constituir uma percentagem considerável) que não estabeleceram conexões comerciais e sociais. É impressionante a evidência da capacidade dos Chefes Secretos para organizar as condições de uma iniciação que tal experiência fosse possível para mim; pois, nessa época, eu era bem conhecido na cidade em configurações muito variadas, e como aconteceu, eu tinha em minhas mãos um bom meio de me tornar não só próspero mas também popular, como qualquer homem poderia possivelmente desejar.

Durante o meu retiro por Lake Pasquaney eu tinha, de acordo com o meu costume quando em solidão e em necessidade de relaxamento, passado o tempo lidando com as mãos em jogos como *skat*, *piquet* e *bridge*[19]. Fui levado a inventar um novo jogo, uma variação de *auction bridge*, que depois chamamos de "pirate bridge". Este pareceu-me um tal melhoramento no jogo comum que eu pensei em apresentá-lo ao público. Convenci o editor da *Vanity Fair* dos seus méritos e sugeri que R. F. Foster fosse chamado para colocar as regras em forma definitiva.

Isto deu-me um sentimento muito curioso, a propósito, de estar em tais relações com um homem que, vinte anos antes, tinha sido a inacessível divindade do universo dos jogos de cartas em meu entusiasmo universitário! Na verdade, ele entendeu mal

---

19 N.T.: jogos de cartas

uma das minhas regras; e eu acho que o jogo foi estragado em consequência. Todavia, mesmo assim, a *Vanity Fair* estava a dedicar um longo artigo cada mês ao assunto, e eu só tinha de entrar nos círculos apropriados para me tornar o predilecto da comunidade. Mas os Chefes Secretos tinham em mente que, longe de fazer algo do género, eu deveria passar meses de solidão absolutamente doentia, pobreza extrema e impotência para tomar qualquer acção, para que eu pudesse perceber como o mundo padece a respeito da grande maioria dos habitantes das suas secções civilizadas, a respeito das pessoas sem recursos, perspectivas, amigos ou aptidões exploráveis. Eu também deveria estar preparado para assumir uma carreira pública pela primeira vez na minha vida; as minhas manifestações anteriores tinham sido dum tipo semiprivado ou amador.

Este período foi inexprimivelmente angustioso; para além de outras coisas desagradáveis, a minha saúde deteriorou-se de uma maneira silenciosa e inexplicável. Não havia diagnóstico satisfatório; os sintomas limitavam-se a um mal-estar espiritual e físico que me privava de ambição e energia. (Tenho boas razões para suspeitar que isto se deveu em parte à reacção a partir do meu experimento em reavivar a juventude.) E houve outras provações. Uma vez eu estava tão pobre que tive que me deitar no sofá de um amigo no sótão, o qual ele chamava de seu estúdio, para ter um lugar onde dormir, e não me lembro bem o que fiz acerca da alimentação. Eu suponho que devo ter ganho alguns dólares de vez em quando de uma forma ou de outra.

O dia de Chokmah começando em Junho viu o rompimento destas condições. Um novo oficial apareceu. A iniciação entrou agora numa fase completamente diferente. A função dos oficiais não era mais administrar provações (eu tinha passado nos testes); eles foram enviados como guias para me conduzir numa jornada pelo deserto até à designada "Casa do Malabarista", na qual um Mago simbolicamente vive.

A primeira parte da iniciação ocupou treze dias de Chokmah contando a partir de 3 de Novembro de 1914 a 9 de Junho de 1917. Consegui reconhecer o meu guia. Nos últimos dias eu tinha feito muito trabalho na análise e interpretação dos misteriosos acontecimentos que tinham caracterizarado a minha permanência temporária na América. A partir desse momento o meu progresso foi muito menos inteligível do que até então tinha sido o caso. Portanto, eu não fiquei surpreendido quando um oficial apareceu na data prevista, e a sua aparência física disse-me imediatamente aonde eu tinha chegado na minha jornada; pois o deus cujo lugar está no Limiar do Templo, cuja função é guardar o portal do santuário e apresentar candidatos aprovados às divindades reunidas, é Anúbis. Este deus é sempre representado com a cabeça de um chacal. (Este tem às vezes sido interpretado como um cão; daí o Hermes—cabeça de cão, na mitologia que os Gregos tomaram emprestado do Egipto.)

Ora este guia assemelhava-se exactamente a um cão; não somente fisicamente mas moralmente. Ela tinha todas as qualidades caninas, as melhores e as piores, em perfeição, e ela certamente servia para me iniciar na minha nova jornada. A iminente secção da minha iniciação foi fácil de compreender. Na anterior eu tinha sido impedido de estabelecer quaisquer relações regulares, como professor ou profeta, com a humanidade. Eu tinha sido preparado na solidão para me tornar tal. Eu estava agora, pouco a pouco, a entrar na minha vida como o Profeta da Lei de Thelema.

Em Julho tornei-me o editor de *The International*, uma publicação mensal que teve a distinção de ser a única publicação nos Estados Unidos com uma reivindicação genuína de representar a melhor tradição literária. O editor tinha cometido o erro fatal de prostituir as suas colunas para propaganda política. O periódico estava, portanto, em condição precária. Os seus méritos literários tinham sido inteiramente esquecidos no saliente facto das suas tendências pró-Alemãs. Eu expliquei alhures como cheguei a ser conectado aos sentimentos anti-Ingleses, e parte do meu plano ao assumir o periódico era restaurar isto à propriedade política, desconhecido pelos seus defensores, e também manter vigilância atenta sobre as actividades deles, em nome do Departamento de Justiça. Mas o meu objectivo principal era, claro, obter um meio para a proclamação da Lei.

Para todos os efeitos práticos, eu estava no controlo completo da política do periódico; mas no que dizia respeito a impulsioná-lo, eu fui obrigado a confiar na cana rachada do mérito, pois isto era conduzido financeiramente com mesquinhez míope. Eu não tinha ideia de que a sovinice podia ser reduzida a uma arte tão refinada. O meu próprio salário era de vinte dólares por semana, o que era, naquela época, pouco mais do que o ordenado de um estenógrafo não especializado, e era uma tarefa de Titã extrair tanto como dez dólares, ou o preço de um almoço, por um longo artigo ou história de um escritor conhecido. Eles esperavam que eu conseguisse um *design* de capa dum artista de primeira categoria por cinco dólares e que tentasse trapaceá-lo. Eu estava horrivelmente envergonhado de ter que cravar contribuições desta maneira, mas muito orgulhoso de lembrar que muitas pessoas brilhantes pareciam muito contentes em dar o trabalho delas. Elas sentiam uma honra em apoiar uma revista com padrões tão elevados conforme eu apresentei. Um pequeno facto ilustra a posição com lúrida luz. Tendo conseguido o meu artigo livre, o mínimo que eu poderia fazer era ter meia dúzia de cópias do número em que aparecesse enviado aos autores. O proprietário revogaria tais instruções pelas minhas costas, não por causa do custo do papel, pois sempre havia amplos "retornos", mas para poupar os portes.

O resultado de tudo isto foi que eu próprio escrevi a maior parte do periódico, camuflando o facto pelo uso de pseudónimos. Depois de oito meses eu tinha melhorado tanto a reputação do periódico que este se tornara uma propriedade valiosa, e foi conformemente vendido a um homem que era tão estúpido como não saber que o seu único activo era eu mesmo, e tão estulto que ele pensava que poderia fazer funcionar isto sozinho. Ele nem sequer aceitaria uma contribuição minha, embora eu lhe oferecesse uma por pura gentileza. Ele fingia ser um grande amigo meu e eu não tinha percebido a sujidade das intrigas contra mim. Bem, ele teve o seu caminho e apenas saiu um número. Logo que as pessoas encontrassem o meu nome ausente não o comprariam. A sua súbita destruição foi o maior elogio que já recebi.

Durante os três dias de Chokmah do meu controlo do periódico, eu dediquei toda a energia para proclamar a Lei de Thelema nas suas páginas directamente e indirectamente.

O meu primeiro passo importante nesta direcção, a ponta fina da cunha, foi um artigo "The Revival of Magick", que decorreu em série, terminando em Novembro. O último parágrafo, um mero enfatuado floreio, embora escrito com a ideia bastante séria de indicar a uma pessoa de adequada inteligência a direcção na qual procurar por um Mestre, forneceu um elemento num incidente da máxima complexidade. Proponho relatá-lo detalhadamente, porque isto dá uma ideia da extraordinária força e subtileza da prova de que estou em comunicação com alguma inteligência que possui conhecimento e poder completamente superiores a qualquer coisa que possamos razoavelmente atribuir a qualquer ser humano.

Este parágrafo corre da seguinte maneira:

> Aqui contido está sabedoria; aquele que tem entendimento considera o número de A Besta; pois é o número de um homem; e o seu número é seiscentos e sessenta e seis.

Devo agora retornar ao aspecto da minha iniciação: pois as outras condições do incidente em questão estão relacionadas com isso.

Após apenas um dia de Chokmah, eu fui obrigado a livrar-me do meu fiel Anúbis. Ela tinha sido uma óptima amiga, mas as maneiras dela eram tais que eu não podia realmente tê-la perto do acampamento. Além disto, uma jornada como a que eu estava prestes a empreender exigia um animal de maior força e tamanho do que o cão. Para me levar ao oásis eu precisava dum camelo; e no começo do próximo dia de Chokmah encontrei um admirável Mehari[20] à porta da minha tenda. É de ser notado que nesta parte da iniciação eu não estava em perplexidade. Eu compreeendi a apropriada função do oficial encarregado do meu progresso e não perdi tempo em discutir relações correctas.

Em Janeiro de 1918, eu publiquei uma versão revisada da "Message of the Master Therion" e também da "Law of Liberty", um panfleto em que eu proferi um panegírico sobre a Lei como a chave para a liberdade e o deleite. (Para se livrar do assunto, é melhor mencionar aqui os outros ensaios mágicos que apareceram em *The International* : "Cocaine", "The Ouija Board", "Concerning Death", "Pax", "Hominibus Bonae Voluntatis", "Geomancy", "Absinto", "De Thaumaturgia", "Ecclesiae Gnosticae Canon Missae". Destes, *Liber XV*, seu escopo e propósito, tenho já descrito amplamente.) O ponto que eu desejo destacar é que, apesar da restrição imposta sobre mim pelas exigências do gosto do público, eu consegui proclamar a Lei para uma ampla audiência de leitores seleccionados, explicando os seus principais princípios e a importância geral em linguagem simples, e também colocando uma grande parte do que estava na superfície da literatura bastante comum, mas implicando a Lei de Thelema como base do correcto pensamento e conduta. Desta forma consegui insinuar a minha mensagem talvez com mais eficácia do que poderia ter sido feito por qualquer quantidade de visível argumento e persuasão. *The Scrutinies of Simon Iff* são histórias de detective perfeitamente boas, todavia, elas não apenas mostram um mestre da Lei como competente para resolver os problemas mais subtis por considerações baseadas na Lei mas também a maneira pela qual o crime e a infelicidade de todos os géneros podem ser atribuídos a uma violação da Lei. Eu mostro que o fracasso em cumpri-la envolve um conflito interno. (Observe que o princípio fundamental da psicanálise é o de que a neurose é causada pela incapacidade de harmonizar os elementos de carácter.) A essência da Lei é o estabelecimento de relações correctas entre duas coisas que entram em contacto: a essência dessas relações é "amor sob vontade". A única maneira de evitar problemas é compreender e, portanto, amar cada impressão da qual se torna consciente.

Mesmo nos meus artigos políticos, eu faço da Lei de Thelema a única base dos meus artigos. Eu aplico-a, em resumo, a cada circunstância da vida, assegurando deste modo um ponto de vista completamente coerente. A maioria dos homens e praticamente todos os Anglo-Saxões têm um elaborado sistema de estanques compartimentos mentais. Um dos elementos mais importantes do incontrolável medo da verdade em todas as formas, a desconfiança de qualquer homem que pareça propenso a investigar as coisas seriamente, é devido à consciência de que mesmo uma análise superficial revelará um estado de guerra civil espiritual cujo problema é impossível prever. Todos eles fingem ser Cristãos, mas a injunção "Ama os teus inimigos", que por sinal é realmente o primeiro corolário da Lei de Thelema, é universalmente considerada como infinitamente questionável. Eu sou eu mesmo em todo o tipo de confusão simplesmente porque insisto em colocar isto em prática. Recuso-me a considerar os meus inimigos como irreconciliáveis; eu esforço-me ao máximo para compreender e amá-los. Por este meio eu invariavelmente tenho sucesso, mais cedo ou mais tarde, em destruí-los, ou seja, em incorporá-los à minha própria ideia de mim mesmo. (Eu sou capaz de expressar esta operação dizendo

---

20 N.T.: camelo

que tendo matado o meu inimigo em emboscada, eu devoro cruamente o seu coração e fígado para me fortalecer com a sua coragem, energia e outras qualidades, e então eu fico muito triste quando sou actualmente referido como um canibal. Metáfora pitoresca não é sempre apreciada.) Eu não posso fazer o público compreender que tratar um homem como um inimigo no sentido comum da palavra, prejudicá-lo de todas as formas possíveis, e de outro modo desintegrá-lo, é simplesmente cortar o nariz de alguém para irritar o rosto de alguém. Não há nada no universo que não seja indissoluvelmente uma com cada outra coisa; e o maior homem é aquele que não faz diferença entre uma qualquer coisa e qualquer outra coisa. Ele torna-se o "chefe de todos", conforme declarado em *O Livro da Lei*.

~ 85 ~

PODEMOS AGORA voltar ao assunto da iniciação em si. Além do meu trabalho de proclamar a Lei ao profano e expô-la ao aspirante, eu estabeleci a tarefa de analisá-la de modo a iluminar o mais avançado. Durante a maior parte do inverno dediquei a maior parte do meu tempo livre à criação de literatura que correspondia nobremente com este tríplice trabalho. Eu escrevi as doze histórias de *Simon Iff in América*. Estas eram uma continuação do anterior *The Scrutinies of Simon Iff*, mas construídas na sua maior parte em meros princípios mecânicos. Posso até compará-las a problemas de xadrez. O método geral era pensar numa situação tão inexplicável quanto possível, depois tapar todas as fissuras com betume, e tendo-me convencido de que nenhuma explicação era possível, fazer um esforço adicional e encontrar uma. Acho difícil considerar este tipo de coisa como literatura séria, e ainda assim tão inerradicável é o instinto artístico em mim que o Velho Adão espreita com bastante frequência para remover estas histórias da categoria de *jeux d'esprit* [21]. Em particular, a história "Suffer the Little Children", cujo cenário é na Flórida conforme eu conhecia, arde tão ferozmente com a paixão excitada em mim pelas condições que encontrei lá, uma paixão que não posso fielmente descrever como piedade, desdém, nojo, indignação, ou mesmo qualquer combinação destes, que eu acredito que este conto pode ficar como a estátua quebrada de Ozymandias, aos olhos de uma nova civilização, como uma testemunha da tirania e abominação que os Cristãos nos ensinaram a associar com o nome de Cristo. É pelo menos um estudo extremamente preciso da vida na Flórida; a precisão é garantida pela agudeza do sofrimento do observador. Não se vê crianças vivisseccionadas diante dos olhos sem receber uma impressão, e a emoção que em casos comuns poderia ofuscar e enganar o espectador foi, no meu caso, transformada num ideal estimulante de clarividência. Senti intensamente que tinha de ter todo o meu juízo sobre mim para expor a atrocidade das abominações que fui obrigado a testemunhar. O brilho da história é impressionante evidência da ferocidade da minha reacção contra as condições da vida do sertão dos Estados Unidos. Uma das principais razões para a inexprimível intensidade do meu sentimento é, sem dúvida, que as torturas sem nome que vi infligidas como mera rotina a mulheres e crianças romperam o sepulcro no qual enterrei os meus próprios sofrimentos há muito tempo às mãos do Evangelismo e liberaram estes espectros fétidos, nocivos e malignos mais uma vez para atacar a minha mente.

Tanto para o profano. Para o aspirante escrevi o livro chamado *De Lege Libellum*, de outro modo chamado *The Sandal*, no qual eu analisei a Lei como fonte de luz, vida, amor e liberdade e pronunciei um panegírico sobre ela em cada um destes aspectos

---

21 N.T.: jogos mentais; entretenimento espirituoso

sucessivamente. Por sustentada sublimidade de prosa, este livro talvez esteja ao lado daqueles em que a minha pena foi definitivamente e autenticamente inspirada. (O critério de tal inspiração, a propósito, é que no caso de um livro inspirado, tal como *Liber VII* ou *Liber LXV*, eu não me atrevo a "mudar tanto quanto o estilo de uma carta". Mostro, de facto, precisamente essa reverência pelo autor que deve ser sempre observada pelo mero editor, e neste caso, tendo não apenas o manuscrito mas também a minha memória para me auxiliar no caso de surgir alguma dúvida quanto ao texto, em consequência do que o meu primeiro tutor teria sem dúvida considerado imperfeições de caligrafia, felizmente não há motivo para ansiedade quanto à perfeição da crítica textual.)

As observações acima podem parecer estranhas como uma preliminar para a afirmação de que eu considerava e ainda considero este livro *The Sandal* como essencialmente um exercício de técnica empreendido a fim de me tornar apto para escrever *Liber Aleph, The Book of Wisdom or Folly*, que é inquestionavelmente uma consumada obra-prima em sua esfera particular na literatura. Tem sido sempre meu costume praticar com um florete muito meticulosamente antes de disputar um duelo. Se ocasionalmente estes amigáveis ataques têm resultado em algumas mortes—quanto mais, melhor!

Liber Aleph, The Book of Wisdom or Folly pretendia expressar o coração da minha doutrina nas mais profundas e delicadas dimensões. (Antes de usar a palavra dimensões, muitas considerações me ocorreram. É surpreendente; essa qualidade em si não é repugnante ao seu uso numa tal conexão. O seu uso foi seguido por uma discussão entre eu mesmo e a minha cinocéfala, a qual ficou impressionada com a singularidade da palavra, tanto assim que eu tive de avisá-la para não soletrar isto com dois d's, e as minhas explicações, consideradas insatisfatórias, determinaram-me a inserir esta nota no texto da minha auto-hagiografia.)[22]

Liber Aleph é o livro mais tenso e intenso que já compus. O pensamento é tão concentrado e, se eu posso usar a palavra, nervoso, que escrever então, e ler agora, envolvia e envolve uma tensão quase intolerável. Eu recordo como costumava sentar-me na minha escrivaninha noite após noite—foi o inverno mais amargo que havia sido conhecido em Nova Iorque durante muitos anos—mas mesmo se o aquecimento central tivesse sido as chamas do próprio inferno, eu duvido se teria eu ficado quente. Noite após noite sentava-me, totalmente, rígido como um cadáver, e mais gelado; toda a minha vida concentrada em dois pontos; a pequena parte do cérebro que estava ocupada no trabalho, e o meu pulso e dedos direitos. Eu recordo com absoluta clareza que a minha consciência parecia começar a partir de um antebraço perfeitamente morto.

O livro está escrito em prosa, porém, há uma circunscrição formal mais iminente do que qualquer coisa que teria sido possível na poesia. Limitei-me a fazer questão de lidar completamente com um determinado assunto numa única página. Foi uma aguda agonia, similar à de Asana, escrever, e o esforço afastou-me tanto da normal consciência humana que havia algo indizivelmente medonho na sua falta de naturalidade quando eu me deitava em plena luz do dia na esperança de adquirir uma partícula de calor do complacente Camelo.

Eu posso agora lidar completamente com o complexo e surpreendente incidente que prometi descrever acima. O Camelo era uma doutora de farmácia, empregada em análises patológicas, e mais tarde em produção de perfumaria. Ela nunca teve qualquer

---

22 O conteúdo da passagem acima, devidamente analisado, deve servir como uma indicação imensamente valiosa dos métodos empregados pela minha mente. Note-se, em particular, a minha confiança na alusão obscura. A observação sobre ortografia espera que o leitor seja instantaneamente lembrado da história do "Something... Marquis of Queensberry", o qual, recebendo as simpáticas condolências de um amigo por ter sido misturado com o julgamento de Oscar Wilde, respondeu que ele se arrependeu apenas de uma coisa acerca de todo o caso; coisa essa que estava no cartão difamatório, entregue por ele ao porteiro do clube, para ser dado a Oscar Wilde; ele havia grafado a palavra *sodomite* com dois "d's".

interesse em Magick ou em qualquer estudo similar, e eu não tentara despertar isso. Certo fim-de-semana, estava ela deitada num colchão no chão fumando ópio, tendo o aparelho sido emprestado por um famoso quiroprático que o havia comprado durante uma viagem a Cuba, por curiosidade. Estando eu sentado na minha escrivaninha, trabalhando. Para minha surpresa, o Camelo de repente começou a ter visões. Eu desliguei a minha audição do modo que eu aprendera a fazer; mas depois de uns cinco minutos balbuciando, ela perfurou as minhas defesas com alguma observação a respeito de um ovo debaixo de uma palmeira. Isto despertou-me instantaneamente, pois a última instrução dada a mim e a Soror Virakam era ir ao deserto e procurar justamente isso. Eu vi então uma espécie de continuidade entre aquelas visões e estas. Era como se a inteligência comunicante estivesse assumindo a história no momento em que esta fora descartada. Claro, pode ter sido uma mera coincidência. Mas esse ponto poderia ser facilmente resolvido por interrogatório. Eu comecei a fazer perguntas. O Camelo disse que alguém, a quem ela chamava de "o Feiticeiro", desejava comunicar comigo. Eu não sou um espiritualista que aceita qualquer mensagem como se de origem divina. Eu insisto em saber com quem estou a falar, e em que me mostrem tais qualidades mentais que a comunicação me beneficiará.

Ora, como aconteceu, eu tinha uma questão de teste na minha mão. Eu tomara o nome Baphomet como meu lema na O.T.O. Durante seis anos e mais, eu tentei descobrir a maneira correcta de soletrar este nome. Eu sabia que isto devia ter oito letras, e também que as correspondências numéricas e literais deviam ser de modo a expressar o significado do nome de maneira a confirmar o que o conhecimento académico descobrira acerca disto, e também para aclarar aqueles problemas que os arqueólogos até agora não conseguiram resolver. Aqui, então, era um teste ideal da integridade e capacidade do Feiticeiro do Camelo. Eu lancei a questão na cara dele. "Se tu possuis o conhecimento superior que alegas, tu podes dizer-me como soletrar Baphomet!" O Camelo sabia pouco de Grego e nada de Hebraico. Ela não tinha ideia de que existia um sistema convencional pelo qual se podia verificar a precisão de qualquer ortografia. O Feiticeiro dela respondeu à minha pergunta sem hesitação. "Errado," disse eu, "deve haver oito letras". "Verdadeiro," respondeu ele, "há um R no final." A resposta atingiu-me no diafragma. Uma teoria do nome é a de que isto representa as palavras *beta alfa phi eta mu eta tau epsilon omicron sigma*, o baptismo de sabedoria; uma outra, que isto é uma corrupção de um título que significa "Father Mithras". Escusado será dizer que o sufixo R apoiou a última teoria. Eu adicionei a palavra conforme soletrada pelo Feiticeiro. Totalizou 729. Este número nunca tinha aparecido no meu trabalho Cabalístico e, por conseguinte, nada significava para mim. No entanto, isto justificou-se como sendo o cubo de nove. A palavra *chi eta phi alpha sigma*,[23] o título místico dado por Cristo a Pedro como a pedra angular da Igreja, tem este mesmo valor. Até agora, o Feiticeiro tinha mostrado grandes qualidades! Ele tinha clarificado o problema etimológico e mostrou por que deveriam os Templários ter dado o nome Baphomet ao assim chamado ídolo deles. Baphomet era Father Mithras, a pedra cúbica que era o canto do templo.

Portanto, eu senti-me justificado em concluir que o Feiticeiro realmente possuía inteligência suficiente para valer a pena ouvi-lo. Eu rapidamente registei o diálogo até esse ponto. A minha próxima questão inquiriu o nome dele. Ele respondeu "Amalantrah". Eu adicionei isto. Desta vez o resultado foi conclusivo. O seu valor é 729. Ele já me tinha mostrado que eu, no meu ofício como Baphomet, era a rocha

---

23 N.T.: Com uma mistura complexa de substituições Gregas e Hebraicas, incluindo o uso de letras cognatas. Na gematria Grega simples, o total é muito diferente.

sobre a qual o Novo Templo deveria ser construído, e agora ele identificava-se comigo através do seu próprio nome sendo de valor equivalente. Até ao momento, porém, não havia nenhum elo entre a Ordem à qual ele pertencia e a Grande Ordem; 729 não é um número significativo na Cabala de Thelema. Mas quando lhe pedi para atribuir um nome místico ao Camelo, ele respondeu "Ahitha", que acrescenta a 555, um óbvio correlativo com o meu próprio número na Grande Ordem, 666. Isto definiu, por assim dizer, a função do Camelo nessa Ordem.

Por mais impressionantes que fossem estes resultados, eu mantive o meu método céptico e continuei a aplicar teste após teste. O Feiticeiro nunca cometeu o menor erro. Tomando as suas respostas como um todo, ele fez isto matematicamente, provavelmente a um grau de certeza tão próximo quanto as equações físicas mais exactas que ele falou com conhecimento consciente.

Nós começámos uma série de entrevistas com ele. Havia o que eu posso chamar de fundo permanente para a visão. Ele morava num lugar tão definido quanto um endereço em Nova Iorque, e nesse lugar havia várias imagens simbólicas representando eu próprio e vários outros adeptos associados comigo no meu trabalho. O carácter da visão serviu de guia para as minhas relações com estas pessoas. Mais especialmente havia três mulheres, simbolizadas como três escorpiões do simbólico deserto que eu estava atravessando na minha jornada mística. Ainda não está claro se eu lidei com estas mulheres como deveria ter feito. Uma era Eva Tanguay, a artista suprema, a quem eu cantei no *International* de Abril ; uma, uma mulher casada, uma aristocrata Russa no exílio, e uma, uma donzela, a quem o Feiticeiro deu o nome místico de Wesrun. Este nome pode ser grafado de duas maneiras: uma adicionando a 333, o número de Choronzon, Dispersão, Impotência e Morte; a outra a 888, o número da Redenção. Parecia que era minha tarefa salvá-la conforme Parsifal salvou Kundry. Mas como eu digo, não estou claro se não falhei completamente nas minhas relações com as três mulheres. Duvido se confiei no Feiticeiro conforme deveria ter feito. Pode ser que eu tenha cometido "uma grande falha", cujo resultado foi arruinar o meu trabalho temporariamente.

Além desta visita regular ao lugar onde mora o Feiticeiro, era meu costume pedir a ajuda dele na solução de qualquer problema que ocorresse no decorrer do meu trabalho regular. Na noite do dia 24 de Fevereiro, aconteceu eu querer saber se poderia usar o meu nome na Grande Ordem, T*au Omicron Mu Epsilon Gama Alfa Teta Eta Rho Iota Omicron Nu*, (MEGA THPION), em conjunto com letras Hebraicas. O Feiticeiro respondeu: "Sim". Eu perguntei: "Devo usar o nome inteiro ou Theta Eta Rho Iota Omicron Nu só? Ele respondeu: "*Teta Eta Rho Iota Omicron Nu* só." Eu então passei algumas horas tentando transliterar *Teta Eta Rho Iota Omicron Nu* em Hebraico de modo a dar um número que significaria algo no meu esquema Cabalístico geral, eu falhei completamente! Isto é muito notável em si mesmo, tendo eu tido vinte anos de experiência da arte, e as possíveis grafias sendo muito numerosas. A engenhosidade pode quase sempre encontrar uma ortografia mais ou menos satisfatória para qualquer combinação de letras. Contudo, eu fiquei completamente desconcertado. Eu desisti disto como um mau emprego, amaldiçoando Amalantrah de todo o coração por me ter feito perder o meu tempo.

Na manhã de segunda-feira fui ao escritório do *The International*. Era uma "segunda-feira sem trabalho", e Garwood ordenou que nenhum prédio de escritórios fosse aquecido na segunda-feira durante cinco semanas, por causa da escassez de carvão. Fiquei apenas alguns minutos para examinar a minha correspondência. Na terça-feira voltei ao escritório e encontrei na minha escrivaninha uma carta endereçada a Viereck e transferida por ele para ser respondida. Esta carta, portanto, chegara no dia anterior e fora escrita em Bridgeport, Connecticut, no sábado à noite, na mesma hora em que Amalantrah me dissera que eu poderia usar uma grafia hebraica de Theta Eta Rho Iota Omicron Nu no meu trabalho. O escritor da carta foi um Samuel A. Jacob, um *designer* de Syrise e de similares fontes tipográficas. Ele era um completo estranho para qualquer pessoa no escritório, como para mim. A sua carta concluía: "Por favor informe os seus leitores que eu, Shmuel bar Aiwaz bie Yackou de Sherabad, tenho considerado o número da Besta; e é o número de um homem: Th = 400, R = 200, I = 10, V = 6, N = 50", dando a grafia HB:Nun HB:Vau HB:Yod HB:Resh HB:Taw = 666. No exacto tempo, portanto, quando o Feiticeiro me tinha dito que isto poderia ser feito, um estranho numa cidade distante estava realmente a escrever a solução que me desconcertou. Observe-se que a preparação disto foi o problema no meu artigo "The Revival of Magick" publicado três meses antes!

Este incidente em si é suficientemente surpreendente. Na teoria de que Amalantrah é o que ele afirma ser, isto é bastante natural e simples. Qualquer outra teoria, tal como coincidência ou telepatia, ultraja a razão. Mas isto não era tudo.

Além da sua assinatura Americanizada "Samuel A. Jacob", ele deu o seu verdadeiro nome: "SHMUEL Bar AIWAZ bie YACKOU de SHERABAD". Eu mal podia acreditar nos meus olhos. Até àquele momento eu não tinha ideia de que Aiwass era qualquer coisa além de um nome artificial, como Ahitha. Eu tentara encontrar uma grafia para isto, nunca o tendo visto escrito excepto em Inglês em *O Livro da Lei*, mas somente o tendo ouvido. Eu tinha decidido sobre AIVAS = 78, o número de Mezla, a influência da mais alta unidade, e por conseguinte, adequado o suficiente como o título de um mensageiro Dele. Escrevi ao Sr. Jacob pela grafia Hebraica que ele deu como OIVZ, cujo valor é 93. A importância desta descoberta foi terrífica; 93 é o valor de Theta Epsilon Lambda Eta Mu Alfa, a Palavra da Lei proclamada por Aiwass, e de Alfa Gama Alpha Pi Eta, Amor, parte da interpretação da Theta Epsilon Lambda Eta Mu Alfa. Foi também o da Palavra Perdida da Maçonaria, que eu redescobri, ligando assim os mistérios da O.T.O. com os da A∴A∴.. 93 é também o número da Palavra Secreta do Neófito de A∴A∴, uma palavra indicando simbolicamente todo o curso da existência. É de facto uma conclusão das ideias contidas na Palavra Sagrada dos Hindus, AUM. Descobriu-se mais tarde que a Chave Secreta de *O Livro da Lei* é o número 31, 1/3 de 93. Existem três palavras, cada uma do valor de 31 que representam perfeitamente todo o mistério da existência. Que Aiwaz deveria ter, por assim dizer, assinado a si mesmo com a Sua Lei, era uma prova irrefutável da sua existência.

Devo acrescentar uma prova cumulativa que veio à luz apenas em 1923. *O Livro da Lei* afirma expressar suas ideias não só pelo seu significado literário mas também pelas reais letras do manuscrito. Isto tinha-me incomodado—após a demonstração acima— que no manuscrito o nome foi grafado AIWASS, que não adiciona a 93. Mas este ano, reflectindo que "O Livro da Lei" está mais ligado com a Cabala Grega do que com a Hebraica, eu transliterava o AIWASS para o Grego. O seu valor é 418! E este é o número da Fórmula Mágica do Aeon. Representa a prática do livro como 93 faz a teoria. Agora é evidente com que inconcebível engenhosidade AIWAZ tem organizado a sua expressão. Ele não se contenta em dar uma grafia do seu nome, por mais potente que seja; ele dá duas que tomadas juntas não são meramente duas vezes mais significativas do que uma só, mas mais ainda, num grau que está para além de mim calcular.

Este incidente com as suas muitas ramificações é talvez a coisa mais notável que já aconteceu com alguém. Não apenas me foi mostrado o conhecimento e a engenhosidade necessários para escolher um nome para si mesmo, que resumiria a minha vida e o meu pensamento tanto no passado como no futuro, bem como também para incluir explicações de mistérios históricos; mas ele parece capaz de providenciar a pessoas de quem eu nunca ouvi falar para exercerem uma influência íntima sobre a minha vida no exacto momento em que o efeito dará a demonstração do seu mais alto possível valor dramático. Supondo, por exemplo, que Jacob me tivesse enviado a solução dele dentro de um mês após a publicação do problema. Teria sido não mais do que uma interessante contribuição para a Cabala. É necessário obter uma ideia abrangente dos factos da relação entre ele e eu próprio como um todo a fim de captar a subtileza e força do seu plano e da sua execução.

Qualquer homem que estude as circunstâncias com inteligência será forçado à hipótese quanto à natureza de AIWAZ que eu mesmo cogito. É verdade que esta hipótese envolve dificuldades próprias; implica uma teoria mágica do universo totalmente incompatível com o materialismo. Alguém pode chamar isto de Teoria das Mil e Uma Noites. Mas é preciso descartar o preconceito desde o começo. Esta teoria, ainda que antecedentemente absurda, está constantemente a dar frutos de novos factos e novas descobertas. Isto afinal é o que a ciência exige. Eu já tenho dado várias outras instâncias em que novos factos confirmam os antigos. Para mim, em particular, o derradeiro facto é que tenho sido capaz de governar a minha vida bastante satisfatoriamente ano após ano na base desta teoria. A minha vida, interpretada por isto, é inteligível, e quando guiada por isto, bem-sucedida. Sempre que faço qualquer coisa razoável surge-me um grande entrave, e se eu tentasse explicar os acontecimentos da minha carreira de qualquer outra forma, eu seria confrontado por um amontoado caos de absurdidades absolutamente ininteligíveis.

A venda de *The International* deixou-me encalhado. A histeria da guerra havia atingido o seu auge. Os Britânicos não me empregariam, falhando em compreender ou confiar. O Departamento de Justiça, embora calorosamente apreciativo do meu trabalho, não se ofereceu para me pagar por isso, nem eu lhes pedi para o fazer. A minha estúpida realeza ainda permanecia no meu caminho. Eu ter-me-ia sentido desonrado ao aceitar pagamento pelo meu serviço patriótico. Todas as fontes de rendimento secaram completamente. Eu, por conseguinte, pedi emprestado uma canoa, barraca e equipamento de acampamento, de um amigo e iniciei pelo Hudson para um Grande Retiro Mágico com dois dólares e vinte e cinco cêntimos como meu capital total, nenhuma perspectiva de obter mais quando esse estivesse esgotado, e plena confiança que os Chefes Secretos proveriam as minhas necessidades físicas. Era da minha conta fazer o trabalho deles, e da deles cuidar do seu servo.

Este Retiro Mágico provou ser de importância crítica. Uma semana a padejar colocou-me em perfeita condição física e mental. Eu encontrei uma solidão ideal em Oesopus Island. O Camelo passou o primeiro fim-de-semana comigo, trazendo-me um abastecimento de provisões enlatadas. Comecei imediatamente a trabalhar numa nova tradução, com Comentário, do *Tao Teh King*. Este livro, um dos mais antigos existentes, é certamente um dos mais sábios. Mas todas as traduções anteriores, embora académicas, haviam falhado completamente em transmitir o significado de Lao Tzu. Um tradutor não iniciado é sujeito a encontrar-se constantemente com passagens aparentemente sem sentido. É preciso saber o que o autor provavelmente quer dizer com qualquer frase dada, e isto só pode ser feito por um homem que tenha íntima experiência dos estados espirituais e dos princípios mágicos anunciados. Caso contrário, o tradutor está na posição de um erudito ignorante de futebol, o qual deveria tentar traduzir alguma descrição, usando calão, de um *cup tie* [24]. Ele pensará que "wing" tem

---

24 N.T.: jogo eliminatório; mata-mata

algo a ver com uma ave e ficará intrigado sobre como esta entrou no jogo; um "hot shot" colocá-lo-á a pensar sobre o cerco de Gibraltar, e o resultado dos seus labores será um emaranhado de desacertos. Alternativamente, percebendo o carácter geral do texto, ele vai arrancar todas as passagens de acordo com as suas próprias ideias sobre o assunto. Ninguém entendeu o que Lao Tzu quis dizer com Tao ou Teh. Eu, possuindo as chaves da Cabala Universal, e também a experiência dos estados espirituais que Lao Tzu está a discutir, fui capaz de produzir uma versão lúcida e coerente do clássico. Aqueles que viram o meu manuscrito, depois de amargas decepções com traduções anteriores, reconheceram instantaneamente a sublimidade e sabedoria do Mestre Chinês.

~ 86 ~

DESCOBRI QUE a minha longa abstinência de práticas mágicas tinha prejudicado os meus poderes. Eu retomei o elementar treino militar e logo voltei à minha antiga forma. Desde logo, a minha protecção contra mosquitos tinha-se esgotado. Passei uma noite sem me mexer, oferecendo-lhes o meu corpo e concentrando-me no pensamento de que eles eram igualmente divinos comigo mesmo. Forcei-me a amá-los, para que, em união com eles, as aparentes diferenças entre nós pudessem desaparecer em êxtase. Compeli o meu corpo a aceitar, a acolher e até mesmo a desejar veementemente as mordidas deles, como sendo actos de amor através dos quais eu nutria as suas vidas. De manhã, embora seriamente mordido por toda a parte, não havia inflamação alguma; e a partir desse momento eles nunca me morderam.

Logo recuperei os poderes de Pratyahara e Dharana. A minha mente ficou calma; o impacto das impressões deixou de me obcecar, tornei-me livre da ilusão da realidade das coisas materiais. Todos os eventos tornaram-se igualmente indiferentes, frases requintadas numa eterna sinfonia. (Imagine-se ouvindo Beethoven com a predisposição de que C é uma boa nota e F uma má; no entanto, este é exactamente o ponto de vista a partir do qual todos os não-iniciados contemplam o universo. Obviamente, eles sentem falta da música.)

Logo comecei a adquirir a Memória Mágica para lembrar as minhas incarnações passadas. Eu recuso-me a asseverar qualquer teoria do que isto realmente significa. Toda a memória é um redespertar de impressões antigas. O que eu estava realmente a fazer era penetrar nas camadas mais profundas do meu eu inconsciente. Portanto, quando eu recordo a minha vida enquanto Cagliostro ou Papa Alexandre VI, eu estou bastante disposto a interpretar a experiência como uma imaginação devaneadora, uma dramatização de certos elementos mais profundos no meu carácter. Posso, no entanto, argumentar por outro lado, que a minha vida presente é, quase igualmente, uma representação artística da minha natureza. Há também alguns argumentos bastante fortes para a actualidade de tais memórias. Eventos no passado às vezes lançam luz sobre o presente. Por exemplo, quando eu cheguei a recordar o que me tinha acontecido em Roma, Nápoles e Paris, eu compreendi certos obscuros sentimentos instintivos acerca daquelas cidades que sempre tinham sido ininteligíveis,[25] e estavam em conflito directo com as minhas ideias conscientes acerca delas. Vou resumir da seguinte forma:

Pouco antes da época de Maomé, eu estava presente num Conselho de Mestres. A

---

[25] Revisando este capítulo, em Túnis, o meu Macaco fez-me lembrar de quanto destas vidas passadas foi passado na Sicília e no norte da África; e que, quando a minha vida vigente chegou ao fim (de um género; tendo sido desenvolvidas todas as forças que até então tinham agido sobre mim), eu flutuava à deriva para aquela parte do mundo, como se a minha inconsciência, efectuados os seus labores, tivesse automaticamente virado o rosto em direcção a casa!

crítica questão era a política a ser adoptada para ajudar a humanidade. Uma pequena minoria, incluindo eu, estava ardente por positiva acção; definidos movimentos deviam ser feitos; em particular, os mistérios deviam ser revelados. A maioria, especialmente os Mestres Asiáticos, recusou-se mesmo a discutir a proposta. Eles desdenhosamente abstiveram-se de votar, como se dissessem: "Que os jovens aprendam a sua lição". O meu grupo, por conseguinte, carregou o dia e vários Mestres foram designados para empreender diferentes aventuras. Maomé, Lutero, Adam Weishaupt, o homem que conhecíamos como Christian Rosenkreuz, e muitos servos da ciência, foram assim escolhidos. Alguns destes movimentos tiveram mais ou menos sucesso; alguns falharam completamente. Na minha presente incarnação eu tenho encontrado vários de tais Mestres que, tendo falhado, agora estão a acumular novamente as suas forças despedaçadas. A minha tarefa era trazer a sabedoria oriental para a Europa e restaurar o paganismo de uma forma mais pura. Eu estava envolvido na catástrofe que atingiu a ordem do Templo e, como Alexandre VI, falhei na minha tarefa de coroar a Renascença, por não ser totalmente purificada no meu carácter pessoal. (Um erro espiritual apropriadamente trivial pode exteriorizar-se como os crimes mais apavorantes.)

Antes deste Conselho, há uma longa lacuna de completa amnésia. Apenas lembro que eu era Ko Hsuen, um discípulo de Lao Tzu, o autor do "King Khang King", o clássico de Vernaculidade; o qual, a propósito, eu traduzi para verso Inglês durante este Retiro. Tudo o que sei é que de uma forma ou de outra eu cometi uma "grande falta", confiscaram o meu Magistério, e tive que subir a escada novamente a partir de baixo. É a vergonha e a agonia disto que me têm impedido de encarar a memória—até agora.

Quase todos os dias encontrava-me em algum novo transe, cada um naturalmente perfeito à sua própria maneira, e cada um duma profundidade e sublimidade que torna a descrição impossível de tentar; ainda assim, todo o tempo parecia-me que cada transe não era mais do que a letra de uma palavra, como se alguma verdade estivesse sendo revelada, a qual poderia somente ser expressa pouco a pouco. A coroa destes transes era uma visão angélica como eu nunca antes havia desfrutado. A comunicação era perfeita em todos os planos do ser; e essa completude conferia um senso de realidade completamente além da experiência anterior. Era a diferença entre encontrar um amigo cara a cara e tentar reconstruir a sua personalidade a partir de cartas, fotografias, registos de gramofone, lembranças e estimadas flores.

Pode ser que esta visão me fosse concedida em ordem a fortalecer-me para o clímax do meu retiro. No dia 5 de Setembro, o meu registo contém a seguinte entrada.

Eu sinto que estou mais capaz de transmitir alguma sugestão do carácter colossal desta revelação se eu simplesmente citar as estupeficantes palavras sem nexo em que eu anotei isto na altura. Como será visto, eu não ousei escrever o que realmente era, mas eu lembro-me que nesta altura tive de invocar o profundamente arraigado hábito de anos para obter coragem de me arrastar para o meu diário. Eu sentia-me como um soldado ferido até à morte, rabiscando no seu próprio sangue a informação horrivelmente desastrosa em que ele tem perdido a sua vida em busca.

> 5:00 p.m. A meditação desta tarde resultou numa iniciação tão estupenda que não me atrevo a sugerir a sua Palavra. É o supremo segredo de um mago, e é tão horrível que eu tremo mesmo agora—duas horas depois e mais—2:20 p.m. da noite foi a hora—enquanto escrevo a respeito disto. Num único instante eu tive a chave para toda a sabedoria Chinesa. Na luz—como um vislumbre momentâneo—dessa verdade, todos os sistemas de religião e filosofia tornaram-se absolutamente pueris. Mesmo a lei não parece mais do que um incidente curioso. Eu permaneço absolutamente perplexo, cego, sabendo qual explosiva imagem repousa neste santuário. Isto deixa-me perplexo ao

compreender como meu irmão Magi, sabendo disto, jamais seguiu em frente.

Eu tive apenas uma prefiguração desta Visão de Júpiter—pois assim a posso chamar!—e que foi um Samadhi que momentaneamente interrompeu a minha concentração de Sammasati. Isto pode somente ser descrito vagamente dizendo que obtive uma reconciliação de dois contrários, dos quais "Existe uma discriminação entre o bem e o mal" é um.

Esta experiência tem-me abalado absolutamente; tem sido uma luta terrível para me forçar a este registo. O segredo vem ao longo do Caminho de Aleph para Chokmah. Eu poderia escrevê-lo claramente em poucas palavras de uma sílaba, e a maioria das pessoas nem sequer prestaria atenção.[26] Mas ele pode arremessar cada Mestre do Templo para o Abismo e lançar todos os adeptos da Rosa Cruz para o Qliphoth[27]. Não é de admirar que alguém dissesse que o Book T estava em cinzas na Urna de um Mago! Eu não consigo ver como isto me afectará presentemente. Até o Caminho do Tao parece idiota—mas então, claro, isso é o que é! Assim eu suponho que é isso, tudo bem. E a sua liberdade, num senso absolutamente fascinante e apavorante, está além da minha mais feroz concepção.

Uma experiência desta intensidade exige um período de repouso, não menos que uma corrida de barco ou qualquer outra forma de esforço intenso. Os adeptos têm sempre insistido na devida preparação para qualquer iniciação. Como *O Livro da Lei* diz, "... A sabedoria diz: sê forte! Então podes tu comportar mais alegria..." Em conformidade terminei o meu acampamento após uns poucos dias de férias do trabalho mágico, e retornei a Nova Iorque.

O próximo período é estranhamente confuso. Era como se eu fosse deixado no deserto com nenhuma ideia de direcção e cercado por uma série de miragens. Inúmeras pessoas entravam na minha vida e desapareciam novamente, sem deixarem vestígios.

O facto era que nenhuma das pessoas indicadas por Amalantrah para várias tarefas estava disposta a realizá-las. Pode bem ser que isso fosse devido a uma falta de fé real da minha parte. As comunicações a partir do Feiticeiro tinham-se tornado confusas e até contraditórias. Eu tinha falhado em compreender o plano dele e em aquiescer sem reservas neste. Esta minha fraqueza naturalmente reagiu sobre as outras pessoas relacionadas.

Apenas um claro dever estava diante de mim. Os cinco anos de silêncio que se seguiriam à publicação do número 10 de *The Equinox* estavam no fim. Por conseguinte, eu dediquei-me ao planeamento de outros dez números, começando no equinócio da Primavera de 1919. Eu tinha uma quantidade imensa de material pronto para publicação. A única crítica omissão foi o comentário sobre *O Livro da Lei,* que eu constantemente me esquivara a reescrever. Eu recompus-me e fui para Atlantic City com o propósito de cumprir isto. A minha ideia era escrever isto inspiradoramente; o que é correcto. O único inconveniente era que a inspiração era forçada e fraca. Eu sei agora que a escrita deste Comento deve ser um definido milagre, paralelo ao da produção do Livro em si.

Eu tropecei através do deserto de certo modo. Ainda hoje dificilmente compreendo o objectivo das provações desta jornada. No início do próximo dia de Chokmah encontrei-me à beira do oásis em que eu deveria fazer a minha casa. Eu tinha-me identificado com o deus do meu Grau de Mago, Tahuti, o Senhor da Palavra, e fui investido de acordo com os atributos próprios dele. O último dos oficiais na minha iniciação foi o Macaco de Thoth. Esta criatura traduz em acção o seu pensamento ou, noutras palavras, é o

---

26 Eu descobri que tinha escrito isto claramente dezassete anos atrás! Mas eu não tinha noção do seu terror—é preciso ser um mago para conseguir isso!
27 N.T.: "mundo das forças do mal"

instrumento pelo qual a sua ideia assume uma forma sensível. Este Símio tornou-se o meu companheiro permanente. Neste momento, ela está ao meu lado numa casa de banhos públicos em Marsa Plage, perto de Túnis, escrevendo estas palavras.

Sendo Tahuti o Senhor do Discurso, eu publiquei o número 1 do volume III de *The Equinox* no dia 21 de Março de 1919. Providenciei para que isto contivesse algo como um programa completo da minha proposta Operação para iniciar, emancipar e aliviar a humanidade.

O primeiro item é um "Hino a Pan", o qual eu acredito ser o mais poderoso encantamento alguma vez escrito. Em seguida, depois de explicar a ideia geral do meu trabalho, eu emiti um currículo, classificando os livros cujo estudo deveria fornecer um conhecimento intelectual completo de todos os assuntos relacionados à Grande Obra.

O livro de *The Sandal* apresenta uma interpretação lírica da Lei de Thelema. Este é seguido pela primeira parcela de "The Magical Record of my Son", Frater O.I.V.V.I.O.,[28] para mostrar como na prática um homem bastante normal chegou a ser um Mestre do Templo. Cada detalhe pertinente da carreira dele desde o início está claramente estabelecido.

A segunda metade do volume é dedicada a explicar os princípios da O.T.O. mostrando como homens e mulheres podem trabalhar em grupos publicamente, e esboçando um sistema social livre dos desastrosos defeitos da nossa civilização actual. Eu republiquei o Ritual da Missa Gnóstica nesta secção. O suplemento consiste de *A Voz do Silêncio* de Blavatsky com um comentário muito completo. O meu propósito era trazer de volta os Teosofistas aos verdadeiros princípios do fundador deles; princípios que têm sido vergonhosamente abandonados pelos sucessores dela—para a ruína absoluta da sociedade, seja como um viveiro para adeptos ou como uma civilizadora influência na bárbara Cristandade.

Durante este inverno, eu fui abordado por um poderoso corpo de maçons de alto grau em Detroit. Eles sabiam muito bem que a Ordem deles estava na melhor patetice; e, de resto, sempre a descer até fraude e chantagem. Desejavam a luz que sabiam que eu possuía. Eu ofereci-me para reorganizar a maçonaria, para substituir as pomposidades e banalidades da sua manta de retalhos de rituais por um sistema simples, lúcido e coerente.

Logo vi que qualquer esforço seria uma perda de tempo. Até mesmo o compacto grupo deles foi rasgado por amargos ciúmes. O líder deles, por toda a sua fina conversa, tinha apenas um desejo real: comunicar com a sua esposa morta, uma boba e cínica figura de cera da sociedade, uma princesa *pink-tea*[29]! O segundo cordão deles era um médico, que passava noites sem dormir suando com vergonha e sentimentalidade numa agonia de ansiedade como se fosse seu dever divorciar-se em ordem a casar-se com uma solteirona de cabelo branco, meio louca com a dor do cancro, com quem ele não tinha nenhuma relação sexual, porém, ele tinha uma esmagadora obsessão de que ela era a sua alma gémea, a sua companheira mística, a sua parceira psíquica e a sua Esposa Ouija. Um terceiro, iliterato e intolerante, era um mero sucedente de ignorante argumento de que os signos do zodíaco de alguma forma tinham-se misturado, aparentemente devido a alguma confusão acerca da precedência dos doze apóstolos! O único membro do grupo que tinha até um punhado de educação, como a entendemos na Europa, era mais do que meio insano em relação ao sexo. Ele tinha colocado na sua mente de que existia um método secreto de dirigir tais matérias, cujo possuidor poderia realizar todos os tipos de milagres, desde curar a consumpção até

---

28 N.T.: Charles Stansfeld Jones, 1886-1950
29 N.T Frívola reunião social, especialmente uma frequentada em grande parte por mulheres.

mesmo a ganhar um milháo de dólares. Ele passou a vida dele caçando livros sobre Magick sexual; e, sabendo que eu estava em posse do segredo que ele procurava, passou uma noite inteira arrepiando-se no corredor com o seu ouvido na fechadura do meu quarto, na esperança de ouvir algo que lhe desse uma dica. Ele até tentou usar a sua própria amante para me espionar: quando ela chegou do meu quarto, ele começou a intimidá-la e a ameaçá-la para dar os mínimos detalhes da aventura dela!

O melhor do grupo era um jovem médico que tinha senso suficiente para ver o quão estúpido era o resto, para desdenhar o *bluff* dos adeptos de propaganda, e para perceber que mágicos genuínos eram necessariamente cavalheiros e estudiosos. Ele sentia-se completamente perdido na escuridão de Detroit, porém, desesperado em remediar o assunto propondo buscar o Graal sem orientação. Ele era tão fixado na dúvida e na desconfiança que até mesmo a verdade, sufocada pela suspeição dele, não conseguia debelar os sussurros dos demónios da negação. Eles persistentemente persuadiram a trémula alma dele que as ervas daninhas da falsidade cresceram de tal forma que nunca uma semente de verdade poderia encontrar um espaço para se deitar. Assim, duvidando do mundo inteiro, ele aprendera a duvidar de si mesmo. A sua vontade estava encharcada de cepticismo. Ele nunca poderia decidir fazer algo definido. O homem tinha muitas qualidades grandiosas, mas os charlatóes arrebatadores de dólares que pululam na América têm-no levado a derivar e a perder tempo. Ele nem mesmo compreendia que poderia ter salvado a sua alma dedicando-se ao mais raso curandeiro de Chicago, desafiando a morte e a condenação pelo mais oco embuste que alguma vez escreveu o próprio Rosacrucianista sem saber como o soletrar. Pluck teria-o recuperado a longo prazo; conforme Blake disse: "se o tolo persistisse na sua loucura, ele tornar-se-ia sábio."

Não demorou muito para ver que o verdadeiro objectivo deste gangue era explorar-me. Eles queriam algo por nada; em vez disso, eu fui o único homem a lucrar—ganhei o conhecimento da surpreendente variedade de truques sujos que os homens podiam jogar sob a máscara de amizade e respeito.

Mas eu estava imune ao vírus. Eu possuía não apenas algo, mas tudo, e estava somente demasiado impaciente para dar isto por nada. Eu naturalmente tornei-me um objecto da mais profunda suspeição. Incapazes de compreender a honra, o altruísmo e a generosidade, a minha franca lealdade e régia generosidade confundiram os cérebros deles. Eles tinham a certeza de que isto escondia algum esquema super-subtil para enganá-los ou colocá-los em meu poder. Eles achavam que sabiam que quanto mais nobre uma acção aparentasse, mais profunda seria o engano e mais sujo o desenho abaixo dela. Eu aderi ao simples senso directo. Eu dizia a verdade sem pensar no que poderia acontecer em consequência. Era inconcebível para eles que eu, sabendo tanto, ainda fosse inocente. Eles conheciam-me pobre. Era realmente estranho que eu nunca tenha tentado ganhar dinheiro, ou mesmo aceitado quando oferecido! O resultado de tudo isto foi que eu, fazendo o meu melhor para iluminá-los, aprofundei a escuridão deles. Eu simplifiquei e enfatizei a verdade; eles meramente chafurdaram ainda mais na falsidade.

Eu tentei o meu melhor para me manifestar, explicar o meu ponto de vista, os meus métodos mentais, a minha moral, conduta, motivos e objectivos mágicos. Eu meramente tornei-me o mais misterioso. Eles nunca poderiam adivinhar como eu agiria em quaisquer circunstâncias. O meu propósito sendo singular, isto era incompreensível para a complexa confusão de desejos deles. O meu "sim" chocava-os—isto era uma maneira tão sinistra de dizer "não"; e quando eu dizia "não" eles suavam e desmaiavam com medo do que eu poderia querer dizer por tão satânica maneira de dizer "sim". Eu continuava sorrindo; eu ficava silente; eles viam-me como a Esfinge. Eles começaram a brigar entre si; escândalo, processos de divórcio, falências e todo tipo de maldade sucedeu. O meu "filho", que tinha vivido em Detroit por alguns meses, tentando ensinar-lhes os elementos de senso e decência, deixou-os a cozer na sopa fedorenta que eles tinham cozinhado e foi para Chicago. Tanto ele como eu aprendemos uma lição impagável nas nossas relações com estes demoníacos. Temos que agradecer pelo estável, tranquilo, natural sucesso da campanha dele em Chicago.

Não se pode lidar com os Americanos com base nos princípios que parecem inevitáveis na Europa. Muitas vezes se vê um letreiro nos escritórios: "Entre sem bater. Saia pelo mesmo caminho." Eles preferem não ouvir verdades desagradáveis. Quê! Disparar numa sentinela adormecida? Ná; apressa o clorofórmio, caso ele acorde! Eles têm aprendido o facto psicológico de que a confiança é um activo real. Um homem funciona melhor quando sente que tem certeza do sucesso. Um medo de fracasso paralisa todas as faculdades. A voga da Ciência Cristã, e incontáveis cultos para sacar dólares desejando que alguém os tivesse, persuadindo-se de que de uma forma ou outra eles chegarão, menosprezando cada sucesso, esquecendo cada falhanço, fechando os olhos a factos desagradáveis, e interpretando cada pedaço de boa sorte como um triunfo além do poder das trombetas para anunciar—um sinal do intenso interesse tomado pelo Todo-Poderoso em Seu filho favorito—este curso de conduta, embora os seus praticantes mais razoáveis estejam prontos para admitir que isto é discurso retórico e entulho, é perseguida como parte de uma política calculada. Eles estão prontos para se ludibriarem a si mesmos em ordem a aproveitar o estimulante efeito do optimismo.

O outro lado da medalha é este: quando qualquer homem aponta para qualquer facto que abala esta serenidade do ópio, verifica esta autoconfiança da cocaína, de que o homem arrisca uma boleia para fora da cidade. O espírito de crítica é detestado e temido. É fácil entender por que razão isto acontece. Os Estados foram conquistados a partir do sertão por um sistema que exigia coragem e clara visão dos pioneiros; mas assim que a trilha foi aberta, o resto do trabalho foi feito numa base de crédito que um banqueiro Europeu consideraria um jogo totalmente imprudente. Todos, desde o agricultor e comerciante ao fabricante e financeiro, entraram num acordo tácito para apostar que qualquer empreendimento teria sucesso. Como os recursos naturais estavam lá, enquanto a sorte decretava que a comunidade não deveria ter de enfrentar nenhum obstáculo esmagador, os apostadores têm ganho. É óbvio que qualquer homem num posto avançado sitiado pela natureza (tal como é cada novo assentamento do lado de fora de Nova Inglaterra, a costa Atlântica e os antigos assentamentos no sul) era realmente um traidor se ele dissesse, por mais sincero que fosse, qualquer coisa que pudesse desencorajar o espírito dos seus camaradas. Aqueles homens venceram por pura ignorância das probabilidades contra eles, estólida estupidez que os cegou para a sua desesperada situação e bestial insensibilidade às dificuldades reais que eles tinham de aguentar. Era criminoso insistir na existência de males para os quais não havia remédio.

Este espírito tem persistido, embora a sua utilidade tenha passado. Tem-se tornado uma fixa característica da religião do país. Foi a mais mortífera delusão que eu tive de encontrar. Obtenção espiritual, mágica; desenvolvimento, qualquer linha de trabalho cujo material seja mais subtil do que o mundo sensível, exige (como primeira condição de sucesso) o mais severo espírito de cepticismo, o mais científico sistema de pesquisa. Pois imediatamente alguém fica ciente de impressões e ideias que não estão sujeitas à crítica da percepção sensorial, elas são inevitavelmente influenciadas pelas características individuais do observador e a distorção é difícil de detectar porque, até que se esteja realmente muito avançado, não se está ciente da aberração causada pelo erro do instrumento. Mesmo no mundo dos sentidos, problemas similares ocorrem. Para um homem que é daltónico, a luz vermelha é "realmente" verde—além do poder dele de fazer qualquer correcção, porque a fonte do seu erro está no próprio instrumento da visão. Ele poderia muito bem dizer: "Mas se, como tu me contas, esta verde lâmpada for vermelha, como sei eu que isto é uma lâmpada, e não um tigre? Eu só tenho os meus olhos em que depender."

Eu achei impossível persuadir até mesmo as pessoas mais inteligentes que me procuravam para dar o primeiro passo—o de desobstruir a mente de todas as ideias preconcebidas. Ansiavam por mim para as encher até ao pescoço com qualquer entulho ridículo que lisonjeasse a vaidade delas, alimentasse a sua insensatez, dopasse o seu medo da morte e da danação, e inflasse as ociosas fantasias delas, intoxicando os seus inanes ideais. Eu simplesmente martelei com bom senso comum. Eu encharquei-as com duches de dúvida. Alfinetei as suas bexigas de bluff; puncei a sua hidrópica sentimentalidade e apliquei um clister de candura para a constipação da respeitabilidade delas. Por este simples expediente eu afastei todas essas pessoas. Eu próprio fiz inimigos em toda a parte. A multidão de charlatães estava particularmente irritada. Eles estavam ansiosos para me aclamarem como mestre deles e até mesmo para me darem a parte do leão, da caçada. Isto feriu-os horrivelmente quando eles descobriram que eu não jogaria o jogo, ou sequer me daria ao trabalho de saudá-los à porta do meu estábulo. Cada povo tem os profetas que merece; o crédulo covardemente idealista vaca-preta é melhor deixar com os iletrados illuminati, tratantes Rosa-cruzistas, pegas médiuns, papagaios espíritas, e baratas clarividentes com quem eles se sentem em casa. Não se pode iniciar imbecis.

As minhas aventuras em Detroit vieram como o clímax que confirmou as conclusões que eu já havia formado a partir de casuais conversas e correspondência com uma selecção razoavelmente grande e variada de pretensos discípulos. Somente em raros indivíduos podia eu detectar um rasto de genuína aspiração, da ambição de alcançar, fosse para o próprio bem deles ou para o dos outros, em qualquer sentido permissível. Eles queriam mais sucesso social. Ninguém parecia ter a menor ideia do que realmente significa conhecimento e poder. Alguns pareciam ansiosos para ajudar o progresso da humanidade; mas aqui novamente, o desejo era parcialmente um *puff-ball*[30] de orgulho, parcialmente um sentimento piegas como o que se encontra nas noveletas do salão dos criados.

A ignorância de todos, sem excepção, era simplesmente sem limite. Era raro encontrar um homem que soubesse tanto quanto os nomes dos clássicos mais famosos. A ignorância deles nem sequer era acessível à instrução. Era encouraçada e adornada com uma intolerante crença na mais gritante lengalenga. Eu conheci as cabeças de quatro cultos florescentes que afirmavam ser Rosacruzes. Nenhum deles tinha ouvido falar de *The Fama Fraternitatis* ou *The Chymical Marriage*. A astróloga mais famosa dos Estados Unidos, que ganha cinquenta mil dólares por ano, não sabia que o sistema solar era essencialmente um disco. Ela achava que os planetas estavam presos ao acaso no céu como tantas ameixas num pudim de sebo. Em trinta anos de uso diário da Efeméride, ela nunca tinha observado que Neptuno leva quinze anos ou mais para passar por um signo do zodíaco, e dizia aos seus clientes que Neptuno estava em tal e tal signo no nascimento deles, eles devem possuir vários poderes curiosos. Quando indiquei que isso se aplicava a todos nascidos em três lustres, ela ficou inicialmente desconcertada, depois incrédula; e, prova sendo produzida, irritada e insultante.

Estes eram a mais alta classe de mercadores de Magick. A maioria dos escritores

---
30 N.T.: fungo

sobre o assunto bale de gafe para gafe. Não conheci homem solteiro nos Estados Unidos em cinco anos que tivesse qualquer ideia do que o Yoga efectivamente é, muito menos das teorias metafísicas nas quais isto se baseia. Os seus objectos e métodos eram entendidos tão vagamente a ponto de serem uma mera variação de material das tristonhas histórias da Escola Dominical, ou distorcidos por sonhos do dólar ou pelo medo da doença; sendo as informações deles baseadas em algum livro que pretendia ser a secreta instrução de um yogi particularmente proeminente, mas na verdade o iletrado refugo de um malsucedido médico de cavalos de Idaho que dificilmente poderia encontrar a Índia no mapa—mesmo se tu lhe oferecesses um dólar para o fazer.

Esta iliteracia é distribuída indiscriminadamente; um vasto vómito venenoso! Não havendo um histórico de educação, nenhum padrão de crítica, o leitor não tem meios de distinguir entre o melhor e o pior. Ele não tem meios de formar um alicerce sobre o qual a sua mente possa construir. É impossível para o Europeu compreender o desamparo destas pessoas. Nós temos princípios definidos nas nossas mentes pelos quais, conscientemente ou inconscientemente, julgamos com justa correcção sobre coisas que podem ser, em certo sentido, inteiramente estranhas para nós.

Por exemplo, suponha-se que eu seja incapaz de ler uma única palavra de Russo. Mesmo assim sou capaz de ter uma razoável ideia geral do provável carácter do conteúdo de qualquer livro aplicando o que eu posso chamar de métodos de Sherlock Holmes. Obviamente, eu posso ser enganado. A obra-prima de Gogol pode estar mal impressa em papel podre e desfigurada com vis ilustrações a fim de me ludibriar. Uma série de tais esparrelas ensinar-me-ia a desconfiar do meu julgamento.

Ora, esta é apenas a posição em que o Americano se encontra. Ele tem vendido tantos filhotes que recua quando ouve "o latido honesto do cão de guarda". Ele tem sido informado, até os seus ouvidos quase estourarem, de todo o tipo de falsidade, mesmo uma verdade sendo exagerada até à sua natureza original dificilmente importa, em todo o concebível assunto.

Desde a mais tenra infância, cada cidadão Americano é treinado em "faz de conta". É por isso que *Huckleberry Finn* é a única obra-prima do desenho de personagens que a América tem produzido. O Americano está no âmago profundamente envergonhado dos seus defeitos. O seu ideal de perfeição é-lhe intensamente querido, e eu sou a última pessoa a culpá-lo por se recusar a admitir que a sua realização é impossível. Mas os seus nervos estão constantemente à flor da pele por perceber no seu mais íntimo cerne de que ele está, afinal de contas, carente em todos os tipos de formas.

De um modo ou de outro praticamente cada Americano é devorado por este demónio do descontentamento, o qual não é de forma alguma a espécie que nós chamamos de divina. O anelo do poeta em superar todos os outros cantadores, a sua raiva pela resistência da linguagem ao arroubo dele, têm a sua raiz na sua absoluta confiança e adoração de si mesmo.

Eu chorei, tal como Elias: Este não é um país para o poeta Aleister Crowley, ou o adepto, To Mega Therion, cuja esperança de ajudar os seus semelhantes tem esta única âncora: A verdade te libertará!

~ 87 ~

CONTUDO, AGORA que nós temos ficado suficientemente surpresos e chocados para satisfazer o nosso sentimento do que é devido a nós mesmos, nós podemos também perceber que aquilo que na Europa é cruamente chamado de falsidade é na América uma virtude sem a qual a estrutura da sociedade colapsaria. Grosseiramente falando, eles são do mesmo tamanho que nós somos; mas o meio ambiente deles é muito mais vasto e hostil que os eliminaria da existência, a menos que eles se convencessem de que eram muito maiores do que nós somos. A nossa total ignorância das condições Americanas, o nosso fracasso em compreender que aquilo que nós consideramos como verdades e virtudes fundamentais, pode ser para eles meros preconceitos, está criando um fosso entre os continentes para dentro do qual a própria civilização é muito provável que caia.

Eu era simplesmente demasiado jovem, ignorante e obstinado para causar qualquer impressão nos Estados Unidos. O trabalho real que efectuei nos meus cinco anos foi a inconsciente preparação para a minha real missão, a qual não é uma matéria de bandeiras e trombetas, mas de silente crescimento na escuridão. Esta preparação estava agora praticamente completa. Com o aparecimento do cinocéfalo, a minha jornada pelo deserto chegara ao último estágio. Eu fui em luta durante alguns meses para fazer as coisas, não compreendendo que eu estava tentando o que não era impossível mas indesejável. Mas pelo menos a minha impotência era somente demasiado evidente; e voltei para a Europa em Dezembro. Mesmo na época, eu sentia mais ou menos claramente que eu tinha chegado a um definitivo ponto de viragem na minha carreira. É ainda difícil interpretar o próximo período, quando mais não seja, por um lado, está incompleto, e por outro, perto demais para observar na perspectiva adequada. Mas, até onde eu o compreendo, isto parece como se o meu trabalho fosse construir um modelo de uma nova civilização para substituir aquela que vemos diante dos nossos olhos cambaleando em direcção à catástrofe.

Pelos três anos seguintes, então, eu deveria construir, por assim dizer, uma arca de refúgio, na qual aquilo que valesse a pena ser salvo do Aeon do Deus Moribundo poderia estar em segurança enquanto as inundações cobrissem a face da terra; e realmente não é para mim, mas para a história, registar e interpretar os eventos da minha vida após o meu retorno a Inglaterra no final de 1919. Eu apenas direi que a minha ideia principal tinha sido fundar uma comunidade sobre os princípios de *O Livro da Lei,* para formar um arquétipo de uma nova sociedade. O principal princípio ético é que cada ser humano tem o seu próprio definido objectivo na vida. Ele tem todo o direito de cumprir este propósito, e nenhum de fazer qualquer outra coisa. A actividade da comunidade é ajudar cada um dos seus membros a atingir este intuito; em consequência todas as regras devem ser feitas, e todas as questões de política decididas, pela aplicação deste princípio às circunstâncias. Nós temos assim feito uma clara varridela de todos os toscos e improvisados códigos de convenção que têm caracterizado civilizações passadas. Tais códigos, além de fazerem injustiça ao indivíduo, fracassam por se basearem em pressupostos arbitrários que não são apenas falsos, mas que insultam e prejudicam o senso moral. A autoridade deles repousava em definições do certo e errado que eram insustentáveis. Assim que Nietzsche e outros demonstraram esse facto, eles perderam a sua validade. O resultado tem sido que a nova geração, exigindo uma razão para agir com decência comum e recusando-se a ser postergada com fábulas e sofismas, tem andado à deriva na anarquia. Nada pode salvar o mundo senão a aceitação universal da Lei de Thelema como única e suficiente base de conduta. A sua verdade é auto-evidente. É tão susceptível à mais estrita demonstração matemática quanto qualquer outro teorema em biologia. Admite que cada membro da raça humana é único, soberano e responsável apenas por si mesmo. Desta forma, é o lógico clímax da ideia de democracia. Ainda ao mesmo tempo, é o clímax da aristocracia asseverando que cada indivíduo é igualmente o centro do universo. Quando, portanto, isto chega à questão das relações entre grupos, aquelas verdades cuja enunciação tem esmagado todas as teorias do governo perdem as suas qualidades destrutivas. A Lei de Thelema não requer que o indivíduo se comporte porque Deus colocou o escudeiro e o pastor para governá-lo. Ao obedecer à lei do seu país, ele está lutando por sua própria mão. A agitação social moderna é em grande parte devido à incompreensão da Lei de Thelema. O operário tem aprendido a cobiçar automóveis e portefólios, os quais ele não nasceu para ter. Quando ele os recebe, ele torna-se ainda mais infeliz—um peixe fora d'água—e arruína a comunidade na barganha. Sob a Lei de Thelema, todos os falsos ideais e incongruentes ambições serão afastados como delusões. O primeiro princípio da educação moral será a verdade biológica de que a saúde e a felicidade de uma célula dependem do cumprimento daquelas funções que lhe são naturais. A educação intelectual, que não é educação de todo, é a base da nossa actual posição crítica. Isto tem, por assim dizer, insistido em que cada célula se torne consciente. O resultado tem sido tornar a sociedade hiperestésica. Aqueles elementos que estavam satisfazendo-se e suportando o organismo total têm sido forçados a sofrer; eles têm sido tornados conscientes da sua aparente inferioridade a respeito de outros elementos. Assim, entre a angústia artificial e a falsa ambição por realizações impossíveis, eles têm-se tornado intensamente penosos para si mesmos e incapazes de desempenhar a sua apropriada função; para sua própria ruína e a do estado.

O Livro da Lei foi dado à humanidade principalmente para fornecer isto com um impecável princípio de política prática. Eu considero este mais importante para o momento do que a sua função como um guia na sua evolução em direcção à divindade consciente. É somente ao escrever este capítulo que eu vim a compreender o real significado do livro, e é evidente que os Chefes Secretos têm-me impedido de embraiar, como posso dizer, de liberar a enorme energia do Novo Aeon, até que, por um lado, eu tivesse ficado capaz de direccionar sabiamente essa energia e, por outro, até que a civilização tivesse chegado à crise em que a minha interferência salvaria a raça de se espatifar no caos.

Durante três anos laborei para construir uma Abadia de Thelema na Sicília sobre os princípios da lei, para que eu pudesse ter experiência dos problemas do governo. Esses anos ensinaram-me como lidar com todas as classes de pessoas de todas as idades e raças. Fora praticamente provado para mim que a aplicação inteligente da Lei de Thelema resolve todos os problemas sociais, e que a sua violação é imediatamente e automaticamente vingada. Eu estou agora a preparar-me para escrever o Comentário sobre *O Livro da Lei* conforme este me mandou fazer. Eu estupidamente supusera que este Comentário fosse uma douta exposição do Livro, uma elucidação das suas obscuridades e uma demonstração da sua origem praterhumana. Eu compreendo, por fim, que esta ideia é um absurdo. O Comentário deve ser uma interpretação do Livro inteligível para as mentes mais simples, e tão prática quanto os Dez Mandamentos. Pois o tempo está próximo quando a falência de todas as teorias da religião, todos os sistemas de governo, se tornará óbvia para todos. Já vemos a corrupção do czarismo colapsando no caos do comunismo. Vemos que o comunismo é totalmente incapaz de pôr os seus princípios em prática, sendo na verdade um desesperado despotismo que está fadado a quebrar-se ainda mais completamente do que o sistema que substituiu, por causa do conflito interno entre os seus princípios e as suas actuações. Nós vemos a paralisia do governo parlamentar. Na Itália, por exemplo, aquelas mesmas classes que naturalmente respeitam a lei e a constituição têm aquiescido na usurpação de poder pelo chefe de um gangue de bandidos, simplesmente na promessa dele de pôr um fim à insegurança de exercer o poder, por falta de inspiração de qualquer princípio de acção suficientemente rígido para lidar com as circunstâncias.

É evidente para todos os pensadores sérios que a única esperança de salvar a humanidade de uma catástrofe tão completa, que o próprio nome de civilização perecerá, está no aparecimento de uma nova religião.

A Lei de Thelema preenche as condições necessárias. Não é limitada por barreiras etnológicas, sociais, religiosas ou linguísticas. A sua base metafísica é estritamente científica. O seu princípio é único, simples e evidente. Não nega a natureza humana nem exige virtudes impossíveis. Oferece a cada indivíduo a mais completa satisfação das suas verdadeiras aspirações; e fornece uma justificação para todos os tipos de sistemas políticos além das críticas que têm minado todas as anteriores teorias de governo. Não há necessidade da fraude do direito divino ou da hipocrisia da democracia. O direito do governante para governar depende unicamente da prova científica da sua aptidão para assim o fazer, e esta prova é capacitada de confirmação pela evidência da experiência que as medidas dele realmente resultam em habilitar cada indivíduo na sua jurisdição para cumprir a sua própria função peculiar tão livremente quanto possível.

Em muitos aspectos, sem dúvida, a Lei de Thelema é revolucionária. Insiste na soberania absoluta do indivíduo dentro dos limites da sua adequada função. E este princípio será ressentido por todos aqueles que gostam de interferir nos assuntos de outras pessoas. A batalha será mais feroz em torno da questão do sexo. Dificilmente alguém está disposto a permitir aos outros a liberdade deles neste ponto. Às vezes isto é uma matéria pessoal; a falsa vaidade faz com que os homens tentem escravizar aqueles a quem desejam. Eles não podem compreender, "Não há vínculo que possa unir o dividido senão o amor:....", e eles ultrajam os outros em todos os sentidos a fim de obter a externa demonstração de afecto. Isto é o mais hediondo erro concebível, ainda assim quase todos os homens fazem isto, e nove décimos da miséria causada por erradas relações sexuais é devido a esta determinação de escravizar a alma de outro. Parece impossível fazer os homens verem o que para mim é óbvio; que o único amor que vale a pena ter, ou realmente digno do nome, é a espontânea simpatia de uma alma livre. As convenções sociais que algemam amor são extensões deste estúpido egoísmo, ou expressões da vergonha quase universal que resulta de falsas ideias sobre o assunto. A humanidade deve aprender que o instinto sexual é em sua verdadeira natureza enobrecedor. Os males chocantes que todos nós deploramos são principalmente devidos à perversão produzida por supressões. O sentimento de que isto é vergonhoso e o senso de pecado causam encobrimento, o qual é ignóbil, e conflito interno que cria distorção, neurose, e termina em explosão. Nós deliberadamente produzimos um abcesso, e perguntamos a nós próprios o porquê disto estar cheio de pus, o porquê de doer, o porquê de estourar em fedor e corrupção. Quando outros apetites físicos são tratados desta maneira, nós encontramos o mesmo fenómeno. Persuadi um homem de que a fome é perversa, impedi-o de a satisfazer comendo qualquer alimento que melhor lhe convier, e ele logo se tornará um bruto louco e perigoso. Assassinato, roubo, sedição e muitos crimes sórdidos vêm da supressão da corporal necessidade de nutrimento.

O Livro da Lei resolve completamente o problema sexual. Cada indivíduo tem o direito absoluto de satisfazer o seu instinto sexual conforme é fisiologicamente adequado para ele. A única injunção é tratar todos tais actos como sacramentos. Não se deve comer como os brutos, mas em ordem a possibilitar alguém a fazer a sua vontade. O mesmo se aplica ao sexo. Devemos usar cada faculdade para fomentar o único objectivo da nossa existência.

O instinto sexual assim libertado dos seus laços não mais será susceptível de assumir formas monstruosas. A perversão tornar-se-á tão rara quanto as aberrações de um museu Dime.

Eu tenho insistido nisto porque a minha experiência na Abadia de Thelema demonstrou a possibilidade de emancipar a humanidade da obsessão. No início e no caso dos recém-chegados, os problemas familiares ameaçaram a nossa harmonia. Mas aderindo à Lei, ao treinarmo-nos para tratar a nossa vida sexual como um assunto estritamente pessoal, nós abolimos o ciúme, a intriga e todos os outros males usualmente conectados com isto. Nós eliminámos brigas, maldade, calúnias e o resto.

Até agora tudo bem. Mas os deuses tinham uma surpresa na loja para mim. Eu expectara bastante de que liberando e encorajando o instinto, este assumiria maior importância nas nossas vidas. O exacto contrário foi o caso. Em pessoas saudáveis, este instinto não é particularmente predominante. A importância do assunto, a sua omnipresença, é devido à constante irritação criada pela sua supressão. Nós estamos sempre a pensar nisto, tal como um Anglo-Indiano sobre o fígado dele. Na abadia removemos as fontes de irritação, fazendo com que isto voltasse à proporção fisiológica adequada, à serenidade e ao silêncio. Nós quase esquecemos a sua existência. Começou a surpreender-nos quando os símbolos sexuais que nós tínhamos exibido na abadia, para que a familiaridade pudesse gerar esquecimento, excitava desconhecidos. Um homem que fique estimulado ou chocado por uma fotografia obscena é tão inválido quanto aquele cuja boca ensaliva ao ver um livro de culinária.

As relações económicas, novamente, foram resolvidas pela lei. Quaisquer fundos que tivéssemos—e nós experienciámos todas as condições, desde a absoluta carência das mais básicas necessidades da vida até à transbordante abundância--eram considerados meios para permitir que cada um de nós igualmente fizesse a sua vontade. Tudo o que alguém precisava no seu trabalho era fornecido sem um momento de relutância. Nenhum de nós ansiava por nada desnecessário ao nosso trabalho. Descobrimos e fixámos nas nossas mentes que todas tais posses, embora encantadoras como novos brinquedos, eram, a longo prazo, um incómodo. Tudo o que não é útil, em última análise, é uma fonte de distracção e ansiedade. Fica no caminho de alguém. É como ter que viver com alguém que não se ama. Por conseguinte, livrámo-nos daquela inveja sem sentido que amarra a vida enchendo a mente de perversos desejos de coisas nem boas nem más em si mesmas, coisas frutíferas de prazer e lucro para as pessoas a quem elas devidamente pertencem, mas uma fonte de miséria por si mesmo, porém, desejada e abraçada pelos tolos que não têm senso suficiente para ver que o que a massa de homens imagina que eles querem, na evidência de jornais e vendedores, nada lhes pode trazer senão desapontamento.

Em conformidade, nós encontrámos na abadia aquela felicidade e paz que vem do contentamento. Cada um de nós tinha tudo o que nós queríamos; e ninguém se fez desventurado por querer algo pertencente a outra pessoa meramente porque isso era em si belo ou conveniente. Deve ficar claro para o mais estúpido estadista que o problema económico pode ser resolvido nestas linhas, e que quaisquer outros princípios são perdulários, bem como irracionais. O mundo está falido hoje principalmente porque os filantropos bem-intencionados tentaram fazer as pessoas felizes carregando-as com o que eles acreditam ser benefícios porque são de tal modo para eles próprios.

"A mente é melhorada pela leitura." Portanto, nós insistimos em que todos aprendam a ler, em resultado de que as suas mentes têm estado instáveis, nebulosas, confusas e cheias de falsidade por ficção barata, despautério sensacional e propaganda deliberadamente desonesta. Nós louvamos as costureiras de Paris e os alfaiates de Londres até convencermos os pobres a negarem a si mesmos conforto em ordem a imitar os líderes da moda. O erro lógico é essencialmente esta inaptidão que viola a

Lei de Thelema.

Na abadia cada um de nós respeitava a vontade dos outros tão absolutamente quanto os outros respeitavam a de cada um. Não era da conta de ninguém inquirir qual seria a vontade do outro. E assim a energia total de cada um de nós estava perfeitamente livre para alcançar o seu próprio fim, certo de que ninguém interferiria, e que se poderia contar com o apoio moral dos demais para ajudar. O indivíduo, portanto, via então que ao dar o seu próprio apoio à abadia estava ajudando a si mesmo. Ele não precisava de ser ameaçado com o inferno nem incitado a ser altruísta. Sempre se tem pedido à sociedade para regular as suas acções, seja por motivos que todos sabem no seu coração serem absurdos ou por motivos que ninguém realmente aceita. A Lei de Thelema confessa e justifica o egoísmo; confirma a mais íntima convicção de cada um de nós de que o indivíduo é o centro do cosmos. Os profetas anteriores invariavelmente tentaram esquivar-se desta verdade como que impossibilitando todos os sistemas sociais. Agora, pela primeira vez, nós podemos construir praticamente toda a variedade de estrutura social sobre este facto. Todas as leis, costumes e esforços cooperativos podem ser construídos pela aplicação deste princípio para as condições do meio ambiente. E todas estas estruturas serão estáveis, livres da falha que foi a ruína de todos os sistemas anteriores. As teocracias da antiguidade desmoronaram assim que a sua teoria foi desafiada pela ciência. O direito divino encontrou-se com o desastre imediatamente quando a sua absurdidade se tornou aparente, de modo que a humanidade nunca repetirá o experimento; apesar do facto de que em muitos casos o absurdo axioma conduz á maior prosperidade. Sistemas sociais baseados na filosofia têm falhado ainda mais assustadoramente, pois as premissas do silogismo eram falsas. Sempre esteve implícito que o homem possuía várias virtudes que na realidade somente são encontradas nuns poucos indivíduos.

No Novo Aeon, cada homem será um rei, e a sua relação com o estado será determinada exclusivamente por considerações sobre o que é mais vantajoso para ele. O trabalhador apoiará um governo forte como sua melhor protecção contra agressão estrangeira e perturbação sediciosa, em vez de pensar que isto é tirânico. Todos, seja qual for a sua ambição, sentirão que podem confiar em toda a força do estado para os ajudar; todas as ambições serão respeitadas por todos, com a única ressalva de que elas não tenderão a restringir a igualdade de direitos das restantes. Nenhum homem terá vergonha de si mesmo e que de tal modo seja forçado a encobrimento e hipocrisia, conquanto ao mesmo tempo tenha a sua ideia distorcida em monstruosas formas de doença pela pressão da opinião pública.

Claro que (na prática) muitas pessoas, talvez a maioria, não aceitarão a lei de Thelema. Nós descobrimos que a vida na abadia, com a sua absoluta liberdade, era uma tensão demasiado severa naqueles que estavam acostumados a depender dos outros. A responsabilidade de serem verdadeiramente eles mesmos era demais para eles; mas, mais cedo ou mais tarde, sem qualquer acção da nossa parte, sem qualquer motivo de disputa ou razão ostensiva, eles encontraram-se ejectados para dentro da sua "prévia condição de servidão". *O Livro da Lei* antecipa isto: "... os escravos devem servir. ..." O grosso da humanidade, não tendo verdadeira vontade, encontrar-se-á impotente. Será para nós, governá-los sabiamente. Nós devemos assegurar a sua felicidade e treiná-los para a derradeira liberdade estabelecendo-lhes tarefas para as quais a natureza deles se encaixa nelas. No passado, o vulgo sem mente ou vontade era tratado sem senso ou escrúpulo; um erro social, económico e político, nada menos que do ponto de vista humanitário. Devemos lembrar que cada homem e mulher é uma estrela, é nosso dever manter a ordem da natureza, garantindo que a sua órbita seja correctamente calculada.

As revoluções e catástrofes com que a história está abarrotada são invariavelmente devidas aos governantes que não conseguiram encontrar adequadas funções para o povo. O óbvio resultado tem sido o descontentamento social terminando na recusa das células em realizar o seu trabalho no organismo.

A assim chamada educação (na qual incontáveis milhões são desperdiçados com o único resultado de desestabilizar e incapacitar a grande maioria das suas vítimas para o seu trabalho no mundo) torna-se barata, eficiente e lucrativa quando a Lei de Thelema dita os seus princípios. O próprio trabalho significa "guiando" de cada criança as faculdades que ela naturalmente possui. O presente sistema desencoraja deliberadamente o desenvolvimento da individualidade e deforma as mentes forçando-as a desempenhar funções para as quais elas não foram designadas. Na abadia, o nosso plano era observar as crianças para descobrir em que direcção elas queriam desenvolver-se, tendo-lhes dado a maior variedade possível de factos a serem escolhidos. Nós ajudávamo-las de todas as formas a executar a sua escolha, mas abstínhamo-nos de quaisquer esforços para persuadi-las a seguir qualquer linha de estudo, por mais necessário que isto possa parecer a nós mesmos.

Estendendo este princípio ao mundo em geral, o meu plano seria classificar crianças na infância de acordo com as subtis indicações proporcionadas pelos seus gestos e reações a vários estímulos. Qualquer criança que demonstrasse vontade de ler e escrever receberia todo o incentivo possível independentemente de considerações sociais e outras. Princípios similares aplicar-se-iam a outras actividades: desenho, construção, mecânica e o resto. Ela seria levada a compreender que o cumprimento das suas ambições dependeria da sua voluntária submissão à disciplina, a conquista da ociosidade e outras coisas mais. Porém, a menos que, e até que, uma criança demonstrasse verdadeiro descontentamento com a sua ignorância sobre qualquer assunto, não deveríamos tentar esclarecê-la. As suas lições devem ser um alívio; a satisfação de um apetite real.

Por este plano os recursos do estado disponíveis para educação seriam concentrados no desenvolvimento de todas as crianças realmente promissoras em vez de, em primeiro lugar, serem desperdiçados todos de igual modo em empalhação com um punhado de conhecimento e depois deixá-las desembrulharem-se por si próprias, provavelmente em perigo de ruína moral adquirindo o gosto pela má ficção e pela rasa sedição, e em segundo lugar, embotarem as melhores mentes confinando-as com a manada.

A Abadia de Thelema tem assim demonstrado praticamente como fazer face aos três principais problemas do nosso tempo: sexo, economia e educação. Nós lidámos com uma série de pequenas dificuldades. Mas o fenómeno mais marcante de todos foi que a maioria das mesquinhas preocupações nunca apareceu. Ficou claro que muitos de tais problemas não têm raízes reais nos factos da vida, mas são sintomas artificiais sugeridos pelas doenças fundamentais.

A minha interpretação final dos meus cinco anos na América pode ser sumarizada um tanto como se segue. Primeiramente, antes de estar apto a ocupar o meu lugar como o profeta da Lei de Thelema eu devo concluir a minha iniciação pessoal nos mistérios do Grau de Magus.

Em segundo lugar, para que eu pudesse compreender os problemas que mais tarde eu seria chamado a resolver, foi necessário levar-me a um íntimo contacto pessoal com as muito variadas condições da humanidade. Antes desta jornada, eu nem tinha começado a compreender o que a América significava. Eu ignorava-a, não gostava; a minha única ideia de lidar com isto era a de uma ignorante enfermeira a dar palmadas em decência. Dificilmente me ocorrera inquirir por que razão tal poesia como a minha e a de Keats não era o diário júbilo dos agricultores do Minnesota. Eu pensei que isto simplesmente mostrava a abjecção deles. Eu agora compreendo que os laços de fraternidade que fazem da humanidade uma unidade espiritual são idênticos em todos os lugares, embora a sua aparência varie de modo a ser irreconhecível para todos excepto alguns poucos iniciados.

Eu tenho atingido a compreensão, tenho feito o meu mágico modelo de sociedade e aguardo o momento em que aqueles que me têm escolhido para levar a cabo a sua colossal concepção me convoquem para permanecer diante do mundo e executar o propósito deles. Neste ponto, então, deixo as minhas memórias. A minha vida individual está terminada para sempre. Isto sempre foi um mero meio de trazer *O Livro da Lei* para a humanidade. Ainda não viveu homem algum em cujas aventuras pessoais valesse a pena desperdiçar uma palavra. Eu sinto uma espécie de vergonha por me intrometer deste modo no público. E, no entanto, este livro não será totalmente uma impudente inanidade se mostrar como cada aventura pode servir para suscitar alguma realização de eterna importância.

~ 88 ~

A ÚLTIMA VOLTA! Eu acelero na recta. O último salto tem sido confirmado. Nada agora entre mim e a meta.

Eu fiz um rápido resumo da minha situação. A bronquite e a asma, que eram os sintomas do enfisema exigido pelo Deus das Montanhas como o sacrifício devido de quem quer que se aproximasse dos seus altares, tornaram-se uma regular característica do Inverno. O meu óbvio rumo era esquivar-me disto migrando para a África do Norte. Não havia argumento oposto. A Inglaterra ainda estava de cabeça para baixo. Percebi a futilidade de qualquer campanha para estabelecer a Lei lá no momento.

O meu plano original tinha sido juntar-me ao Macaco de Thoth na Suíça, onde ela estava hospedada com a sua irmã aguardando a minha chegada. Mas não me sentia inclinado, por alguma obscura razão, a ir até lá. Eu queria estar a uma curta distância de Londres por enquanto, e consequentemente liguei-lhe para se juntar a mim em Paris, coisa que ela fez no dia 11 de Janeiro, o primeiro aniversário da nossa ligação. Com ela estava o seu filho de dois anos que aparece em *The Diary of a Drug Fiend* como Dioniso. Nós estávamos à espera de "colocar o nariz dele fora do conjunto" em Fevereiro ou Março.

O meu objectivo em ficar próximo de Londres era o seguinte.

Quando saí para Nova Iorque, eu tinha confiado a administração da O.T.O. ao Grande Tesoureiro, George Macnie Cowie, VIII°, Frater Fiat Pax, um Neófito da A∴A∴. Ele era um homem com mais de cinquenta anos, o editor de arte da Nelson's, os editores de Edimburgo. Ele era surdo e mudo. O seu carácter era altruísta e nobre, a sua aspiração intensa e sincera.

>Ele era um cavalheiro em quem eu edifiquei
>Uma confiança absoluta.

Durante a guerra, ele escrevia volumosamente para me manter informado sobre os assuntos da Ordem. Eu tinha apenas uma reclamação a fazer sobre a conduta dele. Pedia repetidamente pelas suas contas como tesoureiro e ele não as enviaria. Com o passar do tempo, as cartas dele tornaram-se cada vez mais violentas contra a Alemanha. Privado de uma adequada comunicação verbal com outros, ele confiava nos jornais e tomava o frenesim deles como facto. Fiquei alarmado com a atitude dele e encaminhei-o para *O Livro da Lei*.

>Cap. II, v. 60: Portanto, ataque duro e baixo, e para o inferno com eles, mestre!
>Cap. III, v. 59: Como os irmãos te combatem!

"Não odeies os Alemães," instei eu. "Ama-os. Mantém-te calmo em ordem a ajudá-los da única maneira possível; esmagando-os para ensiná-los como se comportarem." Ele somente piorava. Por fim, eu avisei-o de que tal ódio virulento acabaria neste enlouquecimento. E as minhas palavras tornaram-se realidade. O carácter dele mudou completamente; ele começou a intrigar contra mim secretamente e até mesmo a roubar-me, ou melhor, a Ordem, abertamente. Não sei dizer até onde ele foi auxiliado pelos solicitadores da Ordem, mas eles, não menos do que ele, evitavam prestar contas da propriedade da Ordem. Eu fui derradeiramente compelido a apelar para a polícia. Sob esta pressão ele enviou um balanço. O gato estava fora do saco. A Ordem tinha sido sistematicamente defraudada. Deixa-me dar apenas um item. Uma soma de quinhentas libras foi inscrita duas vezes. Foi o ultraje mais descabido da experiência. O Grande Secretário Geral tivera a mesma ideia. Uma soma de mil libras fora-lhe confiada. Ela realizou os títulos e desapareceu para o desconhecido. Quanto ao mobiliário e outros bens, praticamente todos os itens mais valiosos tinham sido retirados do armazém por Cowie e não foram encontrados. A loucura de Cowie foi a desculpa para intermináveis atrasos na resolução dos vários assuntos. Eu encontrei-me quase sem dinheiro. As minhas verbas disponíveis escassamente eram suficientes para adiar a fome por mais do que algumas poucas semanas. Era completamente impossível procurar reparação legal contra os ladrões. Eu também era tolo o suficiente para esperar que Cowie explicasse as suas acções e restaurasse a propriedade. (Eu ainda não consegui extractar a conta dos advogados.)

Eu refecti sobre Fontainebleau e levei o Macaco para Moret. Acampámos numa charmosa pousada, o Hotel de Bourgoyne, enquanto procurávamos uma casa onde o símio pudesse receber os devidos cuidados quando a sua crise chegasse.

Durante a travessia do Atlântico ela fizera amizade com uma rapariga provençal, nascida em Paris, que passara alguns anos na América como ama-seca de algumas pessoas de primeira classe; em particular um embaixador conhecido. Ela tinha casado e dado à luz um filho. Sendo o seu marido morto num acidente, ela tinha voltado ao seu antigo trabalho, mas adoeceu e cansou-se. Então ela decidira voltar para a Europa.

Ocorreu-me que a Macaca deveria ter uma mulher para cuidar dela e eu sugeri que ela escrevesse a esta rapariga para se juntar a nós. Ela trouxe o seu filho de Paris. Eles deram-me o choque da minha vida. A rapariga estava sem sangue, pendendo como uma flor sedenta, e ela arrastava o seu pirralho apaticamente, ele tão sem vida quanto ela. O rosto dele era medonho e os seus membros eram como um pano húmido. Fiquei emocionado até à medula com pena e resolvi começar a trabalhar para salvar a humanidade, trazendo estes dois de volta à vida.

A nova corrente de coragem e confiança era irresistível. Eu encontrei uma casa charmosa em 11 bis rue de Neuville, Fontainebleau. Nós ocupámos esta de Fevereiro em diante. Os meus novos pacientes, que aparecem em *The Diary of a Drug Fiend* como Irmãs Cypris e Hermes, juntaram-se a nós sem qualquer definido acordo quanto ao futuro. Hermes estava em chocante forma. Ele choramingava e gemia incessantemente como um cachorrinho sentindo dor. Ele agarrava-se à sua mãe com lamentável desamparo e ela nenhuma ideia tinha além de o estragar em todos os sentidos. A minha personalidade e fortitude moral logo produziram efeito em Cypris. Eu instiguei-a a fazer longas caminhadas pela floresta comigo, sendo a Macaca, é claro, incapaz de se esforçar além do exercício leve. Cypris recuperou a saúde e força física rapidamente, com o resultado natural de que os seus espíritos recuperaram o tom. Ela via-me como o seu salvador não menos do que o modo como a filha de Jairo deve ter visto Jesus, e a gratidão dela logo se transformou num êxtase de amor romântico. Isto levou-a além de si mesma. Ela estava quase pronta para se matar em desespero ao pensar no meu apego à Macaca.

Numa soberba tarde, ensolarada e primaveril—isto poderia ter sido em Maio—nós almoçáramos em Barbizon, o vinho subiu à nossa cabeça. Depois da nossa primeira explosão de velocidade, nós sentámo-nos numa clareira em cima dum banco de brando musgo verde e, sem um prefácio de palavras, caímos nos braços um do outro. Nós voltámos para casa no ar e os dias seguintes passaram-se como um desfile de purpural prazer e paixão.

E então ela encontrou um obstáculo. Ela tinha como certo que o meu amor por ela me faria esquecer a minha amizade, cancelar as minhas obrigações e anular o meu afecto. Ela ficou surpreendida e zangada ao descobrir que a minha atitude em relação ao Macaco não tinha sido alterada de maneira alguma pela minha ligação com ela. Ela supunha que as convencionais estupidezes, crueldades e crimes eram leis da natureza; não compreendendo a Lei de Thelema e ansiando por posse exclusiva, ela entrou num frenesim de desconfiança e ciúme. Isto piorou as coisas de tal maneira que eu sorridentemente aceitei as nhurras dela exactamente conforme um alienista com os achaques de um maníaco. Recusei-me a querelar; a minha amabilidade, ternura, afeição e indiferença eram inexpugnáveis. Ela foi de mal a pior durante os meses seguintes, mas eu mantive firme correcção e, por fim, ela desistiu de tentar arrastar-me para o seu ignóbil ideal. Nas profundezas do seu desespero surgiu um lampejo. Ela começou a compreender que o amor não era necessariamente acompanhado por mesquinhez, falsidade, insensibilidade e egoísmo. Contemplando a beleza a muita distância, ela trepidou cambaleantemente pelas pedras irregulares em direcção à luz, e no final descartou as correntes da egoística lascívia e tornou-se uma mulher livre e feliz, conforme ela é hoje.

"Ele deve ensinar; mas ele pode tornar severos os ordálios." No caso dela, ela teve de sofrer indescritivelmente a angústia para alcançar a salvação, porque a sua ignorância e apetite animal tinham usurpado o trono da alma dela e reinado tanto tempo sem contestação. No entanto, mesmo isto foi uma maravilha.

O seu domínio do Inglês era imperfeito; a sua ortografia e gramática muito defeituosa. Ela tinha lido pouco e esse pouco sem valor. Nem tinha ela qualquer ambição de aprender a escrever. Eu tinha, é claro, insistido em que ela registasse as suas experiências num Diário Mágico, e qual foi o meu espanto, ao ler a primeira secção, achar isto uma inexcedível obra-prima! Esta ignorante não treinada ama-seca analisara-se tão profundamente e acuradamente, dramatizara a sua tragédia tão poderosamente, e expressara as suas experiências em intensa e enfática linguagem, guarnecida por metáforas derivadas de directa observação, coisa que este registo é mais impiedosamente veraz do que Marie Bashkirtseff no seu melhor; a dura selvajaria, a nua crueldade das suas paixões, não é menos feroz do que qualquer outra coisa no *Monte dos Vendavais*. Ela sondara o inofensivo poço sem fundo da condenação e devastara as alturas do céu com raiva e arrebatamento.

Algumas passagens deste maravilhoso manuscrito contêm expressões que o decoro declara inadequadas para publicação. Ela não tinha habilidade em educados eufemismos e, é claro, não fazia ideia de que o seu trabalho seria sequer lido, salvo por mim. Na verdade, ela tentou destruí-lo depois do meu pedido para o ver e eu só o assegurei após luta física. Nós devemos, receio eu, curvar-nos no templo de Rimmon ao ponto de editar tais passagens, coisa que eu odeio fazer; a brutal obscenidade delas é um elemento essencial no carácter dela. Se um tigre descrevesse as suas sensações enquanto come um homem, nós perderíamos alterando o relato dele para tornar isto tão elegante quanto o de um banquete citadino. Vou publicá-lo num país com bom senso ou editá-lo de tal maneira que o leitor inteligente, pelo uso de um pouco de imaginação, consiga reconstruir o texto.

(Quão ridícula e nojenta é esta silingórnia moralidade! Nós imprimimos a estudantil obscenidade de Mark Twain[31] acerca de Sir Walter Raleigh na corte da rainha Elizabeth—isto circula *sub rosa*[32] entre as pessoas mais proeminentes da sociedade. Por que recusar uma obra-prima, sublime em virtude da sua verdade nua, e da sua espiritual intensidade e exaltação, em todos os aspectos a maior obra até ao momento alcançada por uma mulher? Eu digo, enfaticamente, em minha honra que eu não conheço nada em toda a literatura que se lhe compare por todas aquelas qualidades que são a raiz da beleza e poder, e assim dizendo, eu estou atento ao meu exagerado entusiasmo acerca das minhas próprias realizações precisamente nestas direcções.)

~ 89 ~

RETORNO NO TEMPO para Fontainebleau. O Inverno foi excelente. Raramente chovia, e o sol era tão forte que até em Fevereiro nós costumávamos piquenicar na floresta e tirar uma hora de sono na encosta da colina. Tudo prosseguia bem.

Pouco a pouco Hermes era desmamado das suas desgraças; a sua lamúria manifestava-se menos contínua; ele começava a aproveitar a vida como uma criança deveria. Eu dei a ele e a Dioniso as primeiras lições de escalada. Em dois ou três dias eles começaram a descobrir a melhor maneira de enfrentar um penhasco e de usar os seus músculos para o máximo benefício. O princípio central do meu ensino é compelir o aluno a confiar nos seus próprios recursos e, assim tendo adquirido bom julgamento e confiança, desenvolver uma iniciativa inteligente. É preciso mostrar-lhes como escolher os melhores apoios para mãos e pés, mas não deixá-los adquirir o hábito de procurar o professor para lhes dizer o que fazer. Eles devem ser forçados a descobrir por si próprios como atender qualquer possível emergência. É importante dar-lhes desde o início uma grande variedade de penhascos tanto quanto possível; lajes lisas, cristas ásperas, chaminés estreitas, ravinas pouco profundas, faces verticais, alguns com amplos apoios para que eles possam seleccionar o melhor a partir da abundância; diminutos apoios para ensiná-los a fazer o melhor uso do que escassamente é suficiente; sondar rochas para medir a sua robustez total; faces lisas para ensinar-lhes o valor da fricção, e falésias apodrecidas ou frouxas para exercitar o julgamento deles quanto à tensão que eles podem seguramente colocar num apoio e conferir um deslize quando este foge repentinamente da mão ou do pé.

Os dois rapazes demonstravam uma grande capacidade de destreza trepadora, mas as suas qualidades eram muito dissimilares e não me davam qualquer quantidade de pistas em relação aos seus caracteres morais. A alma é uma e, em qualquer forma que isto se expresse, as suas características são invariáveis. Deixa-me observar um rapaz subindo

---

31 N.T.: "1601"—conto erótico-satírico, publicado anonimamente em 1880 e finalmente reconhecido em 1906 pelo autor
32 N.T.: "sob a rosa"; em segredo

um penhasco, jogando xadrez, construindo castelos de areia, ou ouvindo música, e eu dir-te-ei como ele agirá quando crescer, quer seja um estadista, um soldado, um médico, um advogado ou um artista. Hermes olharia para a falésia que eu lhe pedisse para escalar com uma fria e cautelosa sensatez. Ele ponderava cada passo, um por um, e quando se tivesse decidido, ele executaria o seu plano em cada detalhe conforme o planeou. Quando ele tivesse cometido um erro de julgamento e se encontrasse obrigado a improvisar, ele ficava perplexo e assustado. No início ele costumava começar a chorar e a olhar em volta piedosamente para a mãe. A inesperada dificuldade tirava-o logo do seu senso de realidade. Ele perdia a cabeça e o velho instinto da infância reaparecia. Ele nunca mostrava excitamento ou afã para escalar, e após a vitória nunca exultava no normal modo das crianças, mas ele era inundado com a satisfação de ter demonstrado a sua capacidade.

Hermes nada tinha em comum com o seu companheiro. Para ele uma rocha era quase como uma coisa viva. A sua primeira reacção era um apaixonado medo, coisa que algumas bem-sucedidas escaladas transmutaram num entusiasmo igualmente ansioso. Isto sugeria o paralelo sexual da encolhida timidez de um rapaz para com as mulheres transformando-se numa quase espasmódica concupiscência para conquistá-las. Ele enfrentaria uma falésia sem considerar os detalhes, e quando chegasse a um ponto que os seus primeiros impetuosos acometimentos fracassassem, ele invocaria o seu génio para vir em socorro e superar o obstáculo tempestuosamente. Ao chegar ao topo, o triunfo dele era puro êxtase. Eu achava impossível fazer com que ele usasse inteligência para escolher os seus apoios. Ele desafiava as leis da mecânica. A projecção obviamente mais adequada não lhe atraía. Ele fazia a sua escolha no lanço de um irracional instinto.

É seguramente bom senso comum e não uma mística fantasia de predizer como estes dois rapazes agirão no futuro. Supondo que eles entrem na vida pública. Hermes nunca será um Maomé, nem Dioniso um Colbert. Hermes poderia escrever como J. S. Liliel, pintar como Verestchavin, rivalizar com Ernest Haeckel em biologia, ou jogar xadrez como Tarrasch. Dioniso preferiria desafiar a comparação com Blake, Dandin, Bolyai, ou Capablanca. Um é génio, o outro talento sem mistura. E eu meio que acredito que estes dois rapazes e nenhum outro foram dados a mim pelos deuses como puro exemplo dos dois tipos extremos, de modo que eu pudesse estudar a melhor forma de desenvolver cada um para a sua teorética optimização. Se realmente deve ser que nos primeiros anos de vida, de qualquer forma, todas as crianças devem ser treinadas da mesma forma, o problema pode ser declarado como a descoberta de um método aplicável a todos. Não devemos reprimir, desencorajar ou deformar o génio, nem devemos tentar obter do talento qualidades fora do seu escopo.

Algures eu tenho estabelecido os princípios fundamentais da educação infantil que a minha experiência com estes dois rapazes me tem levado a formular. A minha primeira dificuldade prática foi desmamá-los da autodesconfiança.

Eu tive de dispersar o complexo de Édipo. Tive de destruir a falsa e fatal ligação entre mãe e filho. Uma criança precisa duma mulher para cuidar dele, sem dúvida, mas descobrimos que a mãe dele era a pior mulher possível. Sempre que Cypris e Hermes estavam juntos, a moral dos dois sofria. Ela ficava histérica com as fantasmais ansiedades e ele colapsava numa invertebrada geléia tremendo com lamurienta agitação. Eu treinei os quatro, pouco a pouco, para se considerarem como iguais. Eu destruí a ideia de possessão. Quando uma criança precisava de atenção, eu insistia num espírito de companheirismo quase másculo em tom. Se uma ferida tivesse de ser tratada, não devia haver inclinação de simpatia. A criança não deve choramingar e abdicar da sua dignidade, nem a mãe desgraçar a dignidade da sua função enquanto curadora. No início temi que o hábito e a convenção fossem difíceis de superar. Mas fiquei surpreso com a rapidez com que todos os quatro se adaptaram. Este auto-respeito e respeito pelos outros fizeram-lhes renunciar a abjecta atitude que eles supunham natural e correcta, com este resultado inesperado: aquele de se terem livrado de tais falsas ideias de que uma criança era propriedade da sua mãe, no mesmo sentido que um membro a ser controlado e usado sem consultar a sua inclinação; e por parte da criança, a ideia de que ela não precisa encarar a realidade, mas correr para a sua mãe em busca de consolo, a psicológica raiz da desavença, apoquentação, mentira e servilismo, foi arrancada e lançada na fogueira da auto-apreensão como uma alma soberana. Os meninos nunca choravam, nunca mentiam, nunca se tornavam um incómodo e nunca desobedeciam. Nós respeitávamos os seus direitos, nós nos conformávamos com as regras da Abadia conforme ideado para a nossa protecção, e nada jamais acontecia para criar sequer cinco minutos de discórdia depois que este entendimento fora estabelecido, coisa que eu posso dizer rudemente como tendo ocorrido no final de 1920, nove meses após a fundação da abadia. Foi realmente divertido contrastar a calma certeza e inevitável tranquilidade dos cinco fundadores com o embaraço, irritabilidade e vacilação dos recém-chegados.

Retrato de família. Exterior da Abadia: Crowley, Hirsig e a filha deles - Poupée.

No final de Fevereiro, a Macaca havia passado pelo vale da sombra do nascimento, e a nossa família ficou feliz com a adição de uma minúscula menina a quem chamamos de Ann Léa em honra da grande deusa-mãe do Verão e da própria Macaca. Queríamos um nome de animal de estimação e, enquanto discutíamos várias sugestões quando voltávamos para casa da floresta, Hermes interrompeu repentinamente: "Vou chamá-la de Poupée." Isto foi deliciosamente adequado e foi adoptado no local por aclamação.

A recém-chegada cumpriu o desejo mais querido do meu coração. Como homem, apenas um presente teria parecido mais excelente e, no entanto, não me atrevi a entregar-me à alegria, pois no nascimento da criança eu havia perguntado ao *Yi King* a respeito dela. Ela foi simbolizada pelo 41º Hexagrama, chamado Sol, que significa diminuição. A minha intuição, acelerada pela meditação sobre este símbolo, advertia-me para ter cuidado com o meu amor pela minha criança, ou com a nutrição da minha esperança humana sobre ela. Como sempre, o *Yi* nenhum erro cometeu; apesar de todo o esforço, ela nunca se apegou à vida. Ela manifestava-se mais débil e mais frágil constantemente, e na segunda semana de Outubro despediu-se de nós.

Fraco tolo que eu sou! Eu não aceitaria o aviso da sabedoria do "Yi". Cerrei os meus dentes e jurei que ela deveria viver. A impotência dela só inflamava o meu amor. Eu agarrava a quebrada palha de esperança mais desesperadamente a cada dia, e quando finalmente o machado caiu, isto foi como se o meu próprio pescoço estivesse sobre o bloco. Por mais de uma semana eu não pude confiar em mim mesmo para falar. Eu combatia a minha angústia em silêncio. A agonia do meu luto anterior voltava com décuplo terror. Não consigo dizer o porquê, insano como eu estava com a mágoa, eu escapei sendo tentado a vingar-me dos deuses traindo a confiança deles e quebrando o meu juramento de lealdade. Isto foi, de facto, a minha mais excruciante dor ao reflectir que esta era parte do preço que eu pagara pelo meu sucesso em Magick. No meu juramento original eu

A Abadia de Thelema

tinha-me comprometido a seguir o caminho sem reter a mais minúscula fracção dos meus bens terrenos ou permitir que a afeição humana influenciasse as minhas acções. Com isto eu privava-me de usar o meu poder mágico, quer para obter riqueza, quer nos interesses da minha natural afeição, e deste modo eu estava impotente para salvar a vida da minha criança.

Este golpe quase mortal foi seguido instantaneamente por uma estocada ainda mais atroz, como eu contarei um pouco mais tarde.

Em Março, nós começámos a discutir o futuro imediato. Várias considerações determinaram-nos a enviar a Macaca a Inglaterra para ficar com a minha tia e para cuidar de vários detalhes de negócios. Cypris e eu e os meninos deveríamos procurar uma residência mais ou menos permanente. Nós consultámos o "Yi" com muito cuidado, perguntando sucessivamente se seria sensato estabelecer-se neste lugar ou naquele. A única sugestão favorável foi Cefalu.

Nós chegámos lá no último dia de Março. Eu não podia duvidar de que os deuses tinham guiado os nossos passos para encontrar hotel tão sórdido, sujo e repugnante, eu jurei que não passaria uma segunda noite ali. Os deuses ascenderam para a ocasião. Um homem chamado Giordano Giosus apareceu depois do pequeno-almoço e disse que tinha uma *villa* para alugar. Qualquer um que conheça a Itália apreciará a magnitude deste milagre. Obter o mais trivial negócio do princípio ao fim exige o máximo de boa sorte pelo menos um mês antes que o primeiro movimento seja feito.

Giosus levou-me até à colina e eis! uma *villa* que poderia ter sido feita por encomenda. Isto cumpria todas as minhas condições; desde possuir um poço de água deliciosa a um vasto estúdio abrindo para o norte. Os deuses não arriscaram. Eles queriam que eu morasse lá e protegiam-se contra qualquer possível perversidade da minha parte plantando duas altas nogueiras Persas perto da casa. Elas podiam ter sido as mesmas árvores que as do jardim da Villa Caldarazzo, que, conforme tenho contado, eu tinha tomado por um sinal nos dias de Ab-ul-Diz. Fiz uma barganha no local, mandei chamar a família, e os móveis com todos os nossos pertences foram instalados no mesmo dia. Contratámos um homem para comerciar, cozinhar e limpar; e lá estávamos nós em casa tanto quanto uma múmia numa pirâmide, no ponto mais adorável de todo o litoral Mediterrâneo.

Uma ou duas semanas depois, a Macaca chegou e eu comecei a ocupar-me com Magick, poesia e pintando por conta própria, e, no que tange a eles, com um sistemático treino essencial para estabelecer a Lei como base ética da nova ordem social da qual eu tencionava construir um modelo de trabalho a partir de material que os deuses pudessem fornecer.

As minhas pedras angulares representavam considerável diversidade. A Macaca era Germano-Suíça, com longa experiência na América. Cypris, Francesa; o pai do filho dela, Americano, enquanto o outro rapaz era meio Inglês. Mais diversas ainda eram as quatro personalidades. Harmonizá-las deveria ser mais instrutivo.

Eu tinha começado a colocá-los mais ou menos em forma e descobri a natureza dos essenciais obstáculos para perfeito sucesso até ao final de Junho, quando fui a Túnis travar conhecimento com um novo discípulo.

Desde 1918, eu tinha estado em correspondência com esta dama, Jane Wolfe, da cepa Holandesa da Pensilvânia, mais ou menos da minha idade, originalmente uma actriz de profissão, mas agora uma estrela do ecrã. Para testar a coragem dela, eu dissera-lhe para me encontrar no dia do solstício de Verão em Bou Saada. Ela telegrafou anuência e então o meu coração embateu-me. Era bastante rude pedir a uma mulher que tomasse aquela desconfortável viagem para um lugar que, naquela época do ano, era frequentado principalmente pelo diabo e o pelo mais favorecido dos condenados ao inferno à conta do calor. Então eu enviei telegrama e escrevi propondo Túnis como alternativa. Ela nunca recebeu esta mensagem. Fiquei quinze dias em Túnis imaginando onde poderia ela estar. Ela perspirou em Bou Saada igualmente perplexa. No final ela decidiu vir para Cefalu. A Macaca e eu encontrámo-la em Palermo e levámo-la para a abadia—e então a diversão começou!

Jane Wolfe estava cheia de ideias fixas sobre os Estados Unidos, sobre as coisas patrióticas. ("Los Angeles é a moderna Atenas"! Esta presente frase é dela.) As estrelas e listras representavam sabedoria, virtude e verdade; em prol de espiritualidade, boas maneiras, progresso, civilização—tu sabes, isto continua até alguém desmaiar. Woodrow Wilson era a reincarnação de Jesus Cristo, e os jornais Hearst o padrão de excelência literária.

A aspiração dela era absolutamente pura, altruísta e absorvente. Ela desdenhava considerar o custo ou procurar recompensa. Mas, infelizmente, na sua ânsia ela assumiu que, contanto que ela corresse, não importava muito para onde ela estava indo. Ela conformara-se com uma turba de charlatães do género mais vulgar, meras fraudes sem conhecimento de um qualquer facto sobre Magick e apenas preocupados em ludibriar. Ela alegou ter recebido mensagens de vários "Mestres do outro lado". Ela mostrou-me este material. Eu tenho lido muito entulho na minha vida, mas nada na mesma rua, cidade, condado, país ou continente representaria uma comparação de momento para absoluta asnidade. Estes "mestres" não se deram sequer ao trabalho de inventar relatos plausíveis de si mesmos; e.g., haveria um guia Persa chamado Schmidt e o mestre Chinês dela que emitia instruções que estavam no nível, e bem indistinguíveis, da exaltação da Escola Dominical. A sua persuasão de criança mimada era a de que ela deveria viajar para leste durante três anos e depois de alguma aventura com um "M. Joperal", um Inglês (o bem conhecido Shropshire ou o ramo de Essex daquela típica tribo Inglesa), ela iria para o Japão onde a sua destinada alma gémea estava esperando para se casar com ela, o clímax era o nascimento de um Messias.

No meio deste fumegante monturo de putrefacto esterco, eu detectei raros ramalhetes. Ela obtivera dois ou três símbolos, ambos inteligíveis e indicativos de iniciação.

Durante as suas poucas semanas na abadia, cada dia era uma longa batalha. Eu invadia o seu arame farpado de axiomas agressivos. Eu forçava-a a confessar a incongruência das suas afirmações. Eu fazia buracos na sua vaidade e auto-satisfação. Eu desenterrava o seu espírito crítico do seu recanto, e fazia-a limpar a ferrugem, afiar a lâmina e a ponta, e polir o aço até isto brilhar. Quando ela via isto, ela temia-o ainda mais; mas eu forçava-a a segurá-lo e a usá-lo. A cada golpe, ela dividia o crânio de uma da suas mais estimadas ilusões e gritava como se a destruição disto fosse dela mesma. Ela largava a espada sempre que o meu olho estava desligado dela, mas eu sempre a fazia pegar nesta e causar mais algum dano, até que por fim ela descobria que matar falsidades, nunca tão sorridente e tão parecida com a sua ideia de si mesma, não a feria, mas pelo contrário libertava-a, e ela também descobria que quanto mais ela golpeava na verdade mais forte esta ficava. Assim, no final, ela aprendeu o valor do espírito crítico e transformou-o numa das suas armas regulares.

Além deste problema intelectual ela sofria de padecimentos morais dum género similar. Ela sempre tomara por verdade qualquer asserção que soasse impressionante e parecesse adequar-se às suas ideias de certo e errado. Ela ficou chocada até ao limite pelos nossos princípios e conduta. Ela pasmou a vista com o queixo caído e os olhos vidrados, indagando como era que as tremendas catástrofes, as quais eram dadas como certas, não aconteciam. Era um pouco como aqueles *crofters*[33] nos salões de teatro esperando para ver a ira de Deus consumir os trabalhos em alumínio que desprezavam o dia de descanso. Estava ela sonhando? Estávamos nós realmente vivendo, amando e rindo, saudáveis e felizes, quando, por todas as regras, deveríamos estar gritando com agonia no manicómio, na cadeia ou no *lock hospital!*[34] Pior ainda, ela sentia falta de todas aquelas características familiares a serem observadas mesmo na melhor das famílias, ciúmes fúteis, repreensão, altercação, mesquinhez, tirania e o resto. Podes tu superar isto? Sendo uma mulher de bom senso, logo lhe ocorreu que devia haver alguma razão para estes fenómenos estranhos, e nós aproveitámos cada oportunidade para apontar, como em qualquer caso particular cujas circunstâncias teriam criado problemas noutras comunidades, a estrita aplicação da Lei de Thelema que fornecesse uma solução que satisfizesse todas as partes. Ela observou também no próprio caso dela que pela primeira vez na sua vida ela estava realmente livre para fazer o que quisesse. O seu único problema vinha das suas próprias tentativas de interferir connosco no interesse de alguma refrigeratória convenção, sempre que ela tentava apresentar alguma opinião ou princípio popular originalmente inventado para adequar condições medievais, e tão acalentado através dos séculos como um fetiche, apesar da sua irrelevância para a realidade.

---

33 N.T.: agricultores arrendatários, especialmente na Escócia
34 N.T.: estabelecimento especializado no tratamento de doenças venéreas

Deixa-me ilustrar isto por um caso. No quarto dela havia um esboço de um famoso conjunto no museu de Nápoles. Isto chocava-a; cegava os olhos dela. Ela não conseguia ver o que isto era, ou seja, uma sinfonia de linhas requintadamente harmonizadas. O assunto obcecava-a; enquanto nós, sendo treinados para procurar verdade e beleza em toda e qualquer impressão, víamos a implicação do esboço como uma qualidade secundária e bastante sem importância. Mais, consentindo o assunto de sugerir a expressão de uma paixão que pode ou não ser compreensiva, nós podíamos pelo menos temperar a nossa aprovação ou aversão reflectindo que qualquer coisa que nós pessoalmente pudéssemos sentir acerca disto, o seu direito à existência era absoluto, exactamente como nós aquiescemos com o cavalo, o tigre, a águia e a cobra conforme igualmente essenciais para a perfeição do universo. Mas para ela, a percepção era paralisada por emoção, e emoção estava à mercê da ideia que assaltava isto. Ela era incapaz de raciocinar acerca do esboço ou mesmo de resistir à sua influência como sendo indigna de ocupar a mente dela. O que ela achava maligno era para ela tão terrível e irresistível que ela rendia-se ao seu abominado abraço sem um esforço, ou até mesmo à fé em si própria ou em Deus para que o império disto pudesse findar.

Esta atitude é, claro, característica daquela vasta classe de cobardes morais, cujo único remédio para o mal é remover a ocasião; se é um copo de conhaque, uma blusa azul, ou um dólar abandonado. Eles sentem-se desamparados. O pecado deve seguir a tentação. A rectidão só é possível na ausência de uma alternativa. Nós de Thelema seguimos uma política exactamente contrária. Nós resistimos às tentações através da força moral e da experiência esclarecedora que advém de fazer uma série de sistemáticos experimentos com diversas iniquidades. Umas poucas tentativas logo nos ensinam que transgressão não compensa. Descobrimos também que logo que as arbitrárias penalidades de má conduta, as quais a sociedade adiciona à reacção automática, sejam removidas, e nós façamos tudo ao nosso alcance para mitigar os efeitos malignos, a picada da serpente perde o seu vírus. É um velho ditado dizendo que um pecado provoca um outro. Isto só é verdade quando o pecador, levado para um canto pelos vingadores, tenta escapar por algum desesperado acto. Assim, um rapaz rouba a caixa do dinheiro para pagar pela sua loucura em esbanjar os seus ganhos, e sendo descoberto é enlouquecido pelo pensamento de prisão, vê o vermelho do sangue, e mata o seu empregador. Nós deveríamos esterilizar o pecado.

O sentimento de vergonha é cobarde e servil. Baseia-se na ignorância de que alguém é uma estrela. "A consciência faz cobardes de todos nós." O homem que respeita a si mesmo não agirá indignamente, mas se martelarmos na sua cabeça desde a infância que a maioria dos seus impulsos naturais são maus, nós escravizaremos o seu espírito. As acções mais naturais são feitas furtivamente. Ele esconde e mente. Criado a acreditar que o seu direito está errado, ele fará o que acha errado tão facilmente quanto o que ele acha certo. Deste modo, ética enlatada gera crime.

Jane Wolfe logo descobriu que estávamos imunes aos alegados efeitos de seguir várias causas. Imagens eróticas não nos estimulavam sexualmente. Descrições e ilustrações de doenças não nos enojavam nem nos assustavam. As raparigas não se vestiam uma contra a outra. O novo chapéu de uma não despertava inveja na sua amiga. A mais cortante crítica não causava ferida. Eu diria francamente e até mesmo brutalmente o que eu achava desta ou daquela peculiaridade numa das garotas, e ela aceitaria isto no mesmo espírito de um paciente que se submete à faca do cirurgião, sabendo, primeiramente, que tudo o que eu dizia era inspirado pelo desejo de eliminar erro e, em segundo lugar, que, sob o mais cruel desprezo, havia absoluto respeito como devido a uma estrela. "Se ele é um rei, tu não o podes ferir." No instante em que

Jane percebeu que ela era uma alma soberana, única e de um esplendor igual a todos os outros, ela não mais era magoada por críticas dos complexos que blasfemavam a simplicidade dela e sobre os quais ela tinha sido tola o suficiente para supor serem funções orgânicas da essência dela.

Assim passou o Verão. Com o Outono veio calamidade. Eu tenho já contado sobre a minha grande mágoa. O segundo golpe de espada foi que a sua própria dor inconsolável prostrou a Macaca de tal modo que a nossa esperança, de recobrar da nossa grande perda, arrastava a sua âncora. O passado perecera e agora o futuro falháva-nos. Uma operação era necessária para salvar a sua própria vida. As minhas faculdades estavam absolutamente paralisadas. Fiquei petrificado no estúdio, enquanto no quarto ao lado o cirurgião retirava o morto dentre os vivos. Eu nunca me perdoarei. Eu posso somente dizer que o meu cérebro estava entorpecido. Este estava morto excepto numa parte onde lentamente revolvia uma roda de dor sem sentido. Assim, embora eu tivesse éter em casa, e eu fosse competente para administrá-lo, nunca me veio à mente sugerir ao cirurgião para usá-lo.

O que realmente me tirou do buraco foi a coragem, sabedoria, compreensão e iluminação divina da própria Macaca. Uma e outra vez, ela batia na minha alma que eu deveria compreender o modo dos deuses. Eles enviaram a nossa Poupée para os próprios fins deles, e ela, tendo cumprido a sua visita, prosseguira no caminho dela. Uma das principais conclusões a serem tiradas da ruína da nossa alegria terrena foi esta. Não devemos olhar para o passado morto ou apostar no futuro sem forma; devemos viver inteiramente no presente, totalmente absorvidos na Grande Obra: "Por pura vontade, desassossegado de intento, liberto da concupiscência do resultado,..." Somente assim poderemos ser puros e perfeitos. Mais grosseiramente, nós devemos compreender que sendo escolhidos pelos deuses para fazer o trabalho deles em prol do mundo, nós não devemos desperdiçar o nosso amor em qualquer criança. A estirpe de homem é a nossa real descendência gerada pela minha palavra Thelema sobre a sua embarcação de cumprimento disso, a saber: Amor. Devemos treinar o nosso filho no modo que é necessário, prevendo cada perigo e providenciando uma salvaguarda para isso. Através da sua encorajada interpretação heróica e inspirada, eu coloquei os meus pés em cima da minha tristeza e usei-a para firmar os meus pés. Continuei com o meu trabalho. A minha energia voltou pouco a pouco e, após algum tempo, consegui silenciar a queixa que continuamente apelava à minha consciência, mas somente na Primavera disputei eu o meu caminho para a liberdade. Eu tinha ido para Paris, e fui a Fontainebleau para ar fresco e exercício, e também para fazer um pequeno Retiro Mágico. Assim que me sentei para me examinar, eu fiquei ciente da velha ferida. Eu sabia que havia apenas um caminho. Eu devo abri-lo e limpá-lo devidamente. Saí para o norte. À minha esquerda, quando cheguei à muralha da cidade, ficava o hospital onde, pouco mais de um ano antes, a criança nasceu. Eu avancei ferozmente com os dentes cerrados. Mas ao primeiro sopro da floresta o universal pesar da natureza inundou-me e eu irrompi em fortes soluços. Recusei enganar-me em qualquer um dos modos familiares. Enfrentei isto de olhos bem abertos. Eu senti a sua mais plena força em cada nervo. Então, tendo alcançado a coragem de aceitar isto, sem resistência ou ressentimento, eu conquistei-o. Eu matei o demónio que me tinha atormentado. A partir daquela hora até esta eu não mais tenho sofrido. Quando a memória traz isto de volta, o pesar é como uma sombra—a sombra lançada por uma nuvem flutuante sobre o mar, impotente para escurecer isto, desaparecida rápida e silente como veio, não deixando nenhuma máscara, e até mesmo adicionando beleza ao iluminado esplendor do mar variando os seus apreços.

~ 90 ~

O MEU PRECISO motivo em ir para Paris ilude-me. Eu tenho a impressão de ter agido sobre princípios gerais. A minha visita revelou-se cheia de acontecimentos. Em primeiro lugar, eu conheci um homem chamado Sullivan, "um colega quase condenado com uma justa esposa" chamada Sylvia. Eles tinham-se casado há algum tempo e ela desenvolvera uma dor no velho lugar. Uma amiga dela pediu o meu conselho. Eu dei-o, não suspeitando o objectivo da solicitude dela. A situação repentinamente desenvolvida por Sylvia e eu próprio deu origem a problema.

Sullivan veio do povo. O seu cérebro brilhante levara-o à posição de "revisor matemático e científico" para o *The Times* e o *Athenaeum*, além de casuais contribuições para vários jornais. Absorvido no seu trabalho, ele não tinha qualquer gosto em comum com Sylvia, excepto música, e começara a achar que era um incómodo ter de andar atrás dela. Ele pediu-me à queima-roupa para tirá-la das mãos dele por um tempo. Como no caso de Ratan Devi, fiquei contente de fazer o favor. Ele podia tê-la de volta quando ele desejasse, assobiando por ela.

O diálogo reverteu após esta breve digressão ao assunto que nos encantava - *O Livro da Lei*. Eu surpreendi a ciência dele ao expor os factos da origem disto, e a evidência do seu conteúdo de que o autor possuía a chave para vários problemas insolúveis por qualquer intelecto até ao momento incarnado. Nós conversámos dia e noite durante uma quinzena. Da sua parte, ele mostrou-me muitos mistérios no *Livro da Lei* que eu não tinha suspeitado até então. Eu posso de facto dizer que mais de uma vez ele me fez algumas perguntas sobre um assunto do qual eu era completamente ignorante, e que ao pesquisar *O Livro da Lei* descobri uma resposta satisfatória num texto cujo significado tinha escapado através da minha ignorância do assunto em questão.

A nossa conversa era ininterrupta, excepto pela tirania do sono e por Sylvia. Ela ficou grávida, uma complicação necessitando de mais uma breve digressão. Foi acordado que ela deveria retornar a Cefalu comigo, ele juntar-se-ia a nós e trabalharia inteiramente as teorias matemáticas de *O Livro da Lei* conforme a conveniência do seu editor permitia. Após o confinamento de Sylvia, nós conferiríamos mais sobre o apropriado curso de acção. Ele então foi para Mentone para dar bom andamento à rapariga que ele realmente amava, uma escritora que estava a viver com um dos editores dele, contanto que os pulmões dela a deixassem (eles duraram até 1922). Ai dos deuses cujas asas são cortadas pelo amor e os seus pés mancados pelo hábito. Nós deveríamos encontrar Sullivan em Marselha, navegando para Palermo com ou sem ele, conforme o editor dele pudesse permitir. Os poucos dias de ausência tinham-no naufragado mentalmente e moralmente. Mal nos tínhamos sentado para almoçar, ele explodiu numa torrente de maníacas ejaculações.

Tudo isto foi esguichado por uma baleia que respondeu ao título de "Eu quero Sylvia de volta". Quando a respiração dele falhou, e ele caiu para trás ofegante como um cão louco, eu anotei entre balbuceios, "Certo! Eu terei de mudar de cabana e tirar algumas coisas da Sylvia do meu baú. Acho que não há mais nada, dado que, é claro, Sylvia deseja isto." O pobre homem ficou boquiaberto e Sylvia ficou furiosa. O meu desprezo por ele era uma coisa; a minha indiferença para com ela era uma outra bem diferente. Mas nem um nem outro correu qualquer perigo de orgulho. Eles foram reduzidos a vergonhosa tartamudez. A minha bem-disposta calma desencorajou-os. Sullivan, egoísta e estúpido, realmente propôs voltar depressa naquela noite para Paris, embora Sylvia estivesse obviamente exausta com a jornada do dia anterior, para não falar sobre ela ter decidido passar alguns dias desfrutando as belezas da Riviera—era a sua primeira fuga de Inglaterra.

Somente neste ponto tentei influenciar Sullivan. Ele viu que eu estava certo e relutantemente concordou em dar à pobre criança alguns dias de divertimento. Com esta excepção, eu concentrei toda a minha energia em impressionar Sullivan com a suprema importância para a ciência de *O Livro da Lei*. Eu ofereci-me ainda para provar a eficácia das fórmulas disto, incrementando-o dentro de três meses num homem de primeira categoria.

Eu repeti o meu invariável epítome: "Cada homem e cada mulher é uma estrela". "Tu, sendo um homem, és, portanto, uma estrela. A alma de uma estrela é o que nós chamamos de génio. Tu és um génio. Este facto é obscurecido por complexos morais que o enredam, ou por falta de mecanismos adequados para expressá-lo em termos de acção." A este teorema universal deve ser adicionado um cavaleiro adequado a qualquer caso em consideração.

A Sullivan eu expliquei: "Tu já possuis um aperfeiçoado mecanismo. O teu conhecimento está enormemente acima da média. Tu raciocinas claramente e correctamente. Tu tens um razoável domínio de Inglês. Somente te falta a ligação entre alma e senso. Tu aceitas-te como de segunda categoria e recusas-te a acreditar na possibilidade de te tornares de primeira categoria, apesar da minha demonstração teórica e do testemunho dos meus sucessos anteriores. Esse desespero é, em si, um complexo que inibe o teu génio. Hoje tu tens-me mostrado um outro. Um mero apetite animal aguçado por uns poucos dias de fome pode arruinar o teu intelecto, varre pela borda fora todos os instintos decentes e faz-te tratar a tua palavra de honra como inactiva."

Ele tinha então apenas o suficiente para me compreender; mas o imundo demónio dilacerava-o o mais terrivelmente ao menor esforço da sua sanidade e decência para se valorizar.

Eu despedi-me deles junto ao comboio, de coração muito pesado. Lamentei por Sylvia enterrada viva numa vila da costa sul sem uma alma para falar e sem passatempo agradável senão a sua música. No entanto, apesar de tudo, ela não importava muito. Ela era um de milhões em semelhante aperto. Além disso, mesmo se salvo, o lucro era principalmente pessoal. O caso do marido dela era totalmente mais sério. A abjecta rendição dele ao bruto era uma derrota que envolvia um mundo inteiro no desastre. Eu poderia ter feito dele o evangelista de Thelema; com as suas habilidades ele poderia ter sido mais importante na história do que São Paulo. Mas ele nunca poderia fazer um grande trabalho enquanto ele estivesse sujeito a ser obcecado pelo corpo, mais do que um motorista poderia quebrar o recorde de Land's End a John o`Groats se ele recuasse e saísse da estrada sempre que os seus olhos fossem capturados por uma árvore.

Eu encontrei a abadia em ordem admirável. Nós tínhamos um novo membro, um rapaz chamado Godwin[35], que eu tinha conhecido na América. Quando ele me escreveu, ele estava em Annapolis, um assistente do hospital naval. O rapaz tinha uma habilidade incrível, apoiada por excepcional energia e outras qualidades morais, conforme a Grande Obra, ou mesmo qualquer obra digna do nome, requer. Fora das suas escassas economias ele comprara um conjunto de *The Equinox* por cem dólares e vários outros itens caros. Ele hostilizava o seu tempo, tão escasso quanto o seu dinheiro. Ele aprendeu de cor um número impressionante dos nossos livros sagrados, e quando mais tarde eu lhe pedi para compilar um dicionário de raízes Sânscritas para meu uso

---

35 N.T.: O C. F. Russel

numa certa pesquisa, ele abordou isto com vontade e fê-lo bem. Conforme contra tudo isto, ele era ríspido, encanzinado e amargamente rebelde. Ele delirou contra a injustiça de ser punido por quebrar os regulamentos da marinha. Em vão mostrei-lhe que quando ele assinou, conforme ele fez de sua própria vontade, ele se comprometia a conformar-se com os regulamentos e que ao quebrá-los ele blasfemava a si mesmo.

Imprudente no seu ardor por conhecimento, ele injectou-se com quarenta grãos de cocaína. Ele nunca tinha tentado isto antes. Tudo o que ele sabia era que meio grão era conhecido por causar a morte. O registo da sua experiência faz interessante prelecção. Ele começou tentando colocar um pedaço de vidro em chamas pela força da vontade dele.

O próximo acto foi plagiado de Sansão. Ele pendurou-se num pilar enquanto os Filisteus, uma meia dúzia de jovens marujos robustos, tentavam retirá-lo. Eles finalmente conseguiram sentar-se na cabeça dele e controlar os seus frenéticos socos e pontapés. Eles depois arranjaram médicos no serviço que o recuperaram. Em alguns dias ele estava bem novamente. O experimento dele, se destinado a fugir do aviso, falhou. Levaram-no diante do Lord High-Muck-Amuck[36], que lhe disse, com os melhores cumprimentos e desejos do Tio Sam por uma próspera passagem para uma ruína eterna, que após cuidadosa consideração o Departamento da Marinha tinha unanimemente decidido que eles poderiam varrer os mares da White Ensign[37] sem se incomodarem em colocá-lo à inconveniência de cooperar. Sacudindo de sua pessoa o cachimbo de argila de Annapolis, ele deu preferência a Nova Iorque com uma volante visita, visitou-me sem avisar, e --- por favor, poderia eu encontrar um emprego para ele? Eu fiz o que pude, mas antes de eu lhe encontrar trabalho, ele conseguira Lafayette para experimentá-lo como garçom. Eu pensei que ele poderia ser útil para o meu "filho" em Detroit e escrevi pedindo-lhe para encontrar uma abertura. Ele assim fez e Godwin foi embora.

Em tudo o que ele disse e fez, uma peculiaridade se impôs—esta violenta reacção contra qualquer acto de autoridade como tal, por mais razoável que fosse, por maior que fosse para seu próprio benefício. Quando ele notava a sugestão de disciplina, ficava cego de raiva. As suas faculdades mentais estavam simplesmente cobertas de neve. Tendo cedido habitualmente a este impulso, isto tornou-se uma forma fixa da sua mente, de modo que, mesmo entre espasmos, ele cismaria incessantemente sobre os seus erros. Eu esperava que a abadia rompesse este complexo. Por um tempo ele melhorou grandemente, mas na minha ausência a Macaca, em cujas mãos eu deixara a única autoridade, estabelecera muito habilmente uma rotina, adesão à qual minimizava o tempo necessário para a prosperidade da casa, e deste modo permitia a cada mentor o teórico auge de lazer em relação ao seu próprio trabalho escolhido. Godwin rebelou-se. Em duas ocasiões ele ficou, se não literalmente insano, pelo menos tão perdido para o autocontrolo a ponto de assaltá-la barbaramente. Em ambos os casos, ela intimidou-o pela absoluta superioridade moral, visto que as bestas selvagens são susceptíveis a retroceder a partir do olho que é fixado destemidamente sobre a sua fúria. Depois do meu retorno ele melhorou. Lembro-me apenas de um surto. A minha experiência foi a mesma que a da Macaca. Confrontei-o e fiz com que ele obedecesse, e ele obedeceu.

A ocasião não é sem interesse. Frater Progradior, $1° = 10^\square$ A∴A∴, e IX° O.T.O., era esperado que chegasse de New South Wales para passar cerca de quatro meses em busca de iniciação sob a minha orientação pessoal. A idade dele era de cinquenta e três anos e a sua posição em ambas as Ordens era a de comandar o maior respeito a partir dos membros juniores. Além disto, a sua idade e o facto de ele ter chegado

---

36 N.T.: pessoa muito importante, humoristicamente.
37 N.T.: Bandeira Branca; bandeira usada pela Marinha Real Britânica

tão longe deveriam ter feito Godwin ansioso para lhe mostrar toda a consideração possível. A questão surgiu onde ele deveria dormir. A resposta foi auto-evidente. O único arranjo possível, por muitas razões, foi que Godwin abandonasse o seu quarto temporariamente. Nós demos a Godwin vários oportunidades de fazer a sugestão espontaneamente. A justeza era tão óbvia para ele quanto para qualquer outra pessoa. Ele emburrou em silêncio. Eu lamentei ter de emitir uma ordem, algo que eu não tinha feito durante muitos meses, mas tive de fazer isso. Godwin recusou terminantemente. Salientei com bastante gentileza as várias considerações que se aplicavam. Eu poderia muito bem ter conversado com um nabo, melhor de facto, pois o olho de um nabo não teria sido inflamado, nem os olhos teriam inchado de sangue quase estourando. Ele novamente recusou violentamente. Era absurdo, sendo ele nosso convidado sem qualquer reivindicação sobre nós. Eu tive de dizer: "Fora do teu quarto às seis da tarde, ou fora da abadia e tu não voltarás!" Às seis horas ele estava nos seus novos aposentos.

Ai destes homens a quem não podem ser ensinados os elementos do senso comum por meio nenhum, por assim dizer. Não muito tempo depois, algum incidente trivial tocou o mesmo ponto. Eu pensei que seria o melhor para ele, passar umas férias longe da abadia. Ele estava a trabalhar tanto que a saúde dele começava a deixar-me ansioso. Ele interpretou a minha sugestão como um banimento e em vez de ir, como propus, a Palermo colocando-se um mês a trabalhar o interesse, acerca de nós, das pessoas de lá, ele foi para o topo do Rochedo sem quaisquer provisões de qualquer tipo. Ele tinha feito um juramento de não descer antes de oito dias. Em cláusulas subsequentes apareciam tais austeridades como esta; não permitir que a água toque o rosto dele! Era uma coisa podre a fazer. Cypris gostava muito dele e ela passava por agonias observando-o a andar de um lado para o outro nas ressequidas e ensolaradas fragas como os possuídos de Godara entre os túmulos. Eu recusava-me a interferir. Ele estava lá em cima não por vontade minha. Sempre que ele optasse, ele poderia descer e comer e beber, assentado e vestido e em seu perfeito juízo. Então Cypris encheu uma mochila com comida e bebida e arrastou-se por aquelas sufocantes encostas até à arruinada cabana de pedra onde a enlouquecida criatura tinha feito o seu valhacouto. Ele recusou-se a falar com ela, mas acho que ela conseguiu que ele bebesse um pouco de água. Caso contrário, ele teria perecido de sede.

Eu gostaria de ter uma cópia do seu Registo Mágico deste Retiro. Era um incoerente gatafunho de delírios furiosos sobretudo contra o inocente Jones (Jesus Stansfield Christ era o seu favorito alvo de causticação) em Chicago. Eu não tenho ideia do que excitou tal animosidade. O seu trabalho mágico consistia principalmente em contar as pedras soltas do chão da sua cabana, e adivinhar a partir do número delas o mais errático absurdo que lhe parecesse o sublime arcano de Graus, tão exaltado que um mero Magus era em comparação uma pobre pevide duma laranja Chinesa para ser chutada por toda a indústria bancária de Lombard Street e da Cidade de Londres. Para varinha mágica, ele arranjou um pedaço de pau seco que mastigava incessantemente sob a impressão de que, ao fazê-lo, estava colocando os assuntos do planeta em forma durante tais momentos em que podia poupar-se de ajustar o sistema solar e mostrar aos deuses como dirigir o universo, sendo qualquer recalcitrante deidade implacavelmente arrebatada em arrependimento.

Cypris pediu-me para intervir, insistindo que ele era irresponsável. Ela disse que tinha certeza de que ele iria descer se eu lhe escrevesse para assim fazer. Eu consenti. Naquele dia depois do almoço, enquanto eu estava meio adormecido num sofá perto da porta principal, Godwin entrou a correr. A aparência dele realmente inquietou-me; não barbeado, não lavado, os seus movimentos violentos e bruscos e os seus olhos revolvendo descontroladamente, eu não deveria tê-lo confundido com o Príncipe de Gales. Ele lançou uma mochila no chão aos meus pés e rugiu "Aleister Crowley" numa rosnadela áspera, raivosa e irregular. Ele então saiu tão subitamente e estranhamente como tinha vindo. Quando o vi em seguida ele estava novamente em si, meramente mostrando sinais de exaustão. Ele estava cansado e penitente como uma criança travessa que tivesse encontrado perdão. Os seus últimos fogos-de-artifício foram dramaticamente admiráveis. Ele tinha ido ao barbeiro para ser barbeado. Mas logo que estava ele completamente ensaboado, lembrou-se do seu juramento de não deixar a água tocar o seu rosto. Ele saiu a correr da loja e subiu a rua, a espuma do rosto voando em todas as direcções. Ele colocou a sua cabeça para baixo e acometeu através da propriedade privada de alguém, galgou a parede ao fundo e subiu a encosta como se o diabo estivesse nos seus calcanhares em vez de meramente no seu coração.

Este foi o começo do fim. Mesmo depois de ter reganhado a sanidade mental na maioria das matérias, ele apegou-se à convicção de que a sua aventura no Rochedo o havia iniciado a um grau muito superior ao meu. Eu deveria, é claro, ter ficado muito feliz se isto tivesse acontecido. Os detritos em decomposição do meu complexo de Édipo ainda fedem, sendo que o fedor interpretado pode ser proferido em Inglês: "How I wish I had someone to go to, a man like myself, not na angel, whose humanity would understand and sympathize with my weakness and weariness, and on whose shoulders i might shift at least a little of responsability which is breaking my back!"[38]

O pobre Godwin tentou abafar a sua vergonha empilhando orgulho sobre ela. A sua megalomania cresceu nele a um ritmo espantoso. A sua consciência foi esmagada em polpa e o seu senso comum espalhado pelos ventos. Ele repentinamente desenvolveu um defeito inteiramente novo. Eu sempre o achara verdadeiro. Ele agora adoptava uma política de deliberada falsidade com a maior subtileza. Isto era perfeitamente imbecil. Ele tinha somente de dizer o que queria e eu deveria ter feito o que pudesse para ajudá-lo, o que quer que fosse. Ele, no entanto, persuadiu-se de que ele deveria manter os seus planos sombrios e a final absurdidade da coisa toda era que eu estava ciente, desde o começo, exactamente do que ele pretendia fazer. As nossas relações terminaram, excepto correspondência ocasional, no final do ano, quando ele nos deixou para ir à Austrália confessadamente para ajudar Frater Progradior a estabelecer a Lei. Contudo, ele só ficou pouco tempo em Sydney e foi para São Francisco, onde, livre de toda a orientação ou controlo, ele eclodiu numa série de espasmos dos quais eu não conheço os detalhes, e que são de pouco interesse como sendo meramente sintomas casuais de um estado mental que eu já havia estudado o suficiente. Eu interroguei-me: "Como é agora?" Tem Thelema falhado neste caso? Eu tenho pensado sobre isto implacavelmente, mas o meu julgamento final é o de que a Lei não é tocada por estes eventos. Parece-me indiscutível que qualquer concebível código de conduta pressupõe implicitamente que os homens sempre agem sobre determinados princípios fundamentais que eles executam, bem ou mal, dentro de limites amplos; sendo excedidos esses limites, o homem não é um homem "na acepção do acto" e a lei deixa de se aplicar a ele. Por exemplo, nós sentimo-nos seguros ao agir com base na suposição de que um homem não entrará numa casa em chamas, e não fazemos nenhuma lei para punir qualquer acção desse tipo. Assumimos que um homem sempre age naquilo que ele acredita ser o seu melhor interesse. A conduta de Godwin era irracional, o seu motivo não tinha ligação lógica com suas acções. Portanto, é impossível imaginar qualquer fórmula pela qual julgá-lo.

---

38 N.T.: "Como eu gostaria de ter alguém para visitar, um homem como eu, não um anjo, cuja humanidade compreenderia e simpatizaria com a minha fraqueza e fadiga, e em cujos ombros eu poderia deslocar pelo menos um pouco da responsabilidade que está quebrando as minhas costas!"

Até agora, tudo bem, mas no fim não consegui romper o complexo que o obcecava. Isso é verdade, mas eu culpo a minha inexperiência e de modo nenhum os princípios sobre os quais eu procedo. Eu não me estou a desculpar. Deixa-me dar um exemplo para ilustrar a impossibilidade de guiá-lo ou mesmo iluminar a mente dele. Ele estava ansioso para fazer certo trabalho mágico, o qual faz parte da tarefa de um Grau que ele não tinha alcançado. Em ordem a dedicar-se a isto, ele propôs negligenciar o trabalho prescrito para o Grau que ele efectivamente possuía. Eu salientei isto, e após alguma demonstração de amuos, ele concordou. Um dia depois, discutindo algum ponto de teoria mágica, ocorreu-me dizer: "Quero que tu compreendas muito bem o que isto implica." Ele retrucou violentamente: "Eu não sou um 8°=3▫! Compreender não é uma parte do trabalho do meu Grau!" A isso ele prendeu-se. Era inútil argumentar que a compreensão de um 8°=3▫ tem uma definição técnica, e que uma criança de dois anos de idade deve entender o alfabeto, se é para ser de alguma utilidade para isso. Estupidezes deste tipo estavam constantemente a surgir.

Em matérias como o xadrez, ele era tão mau quanto era acerca de Magick. Ele implorou-me para ensinar-lhe o jogo. Eu prescrevi um sistema de estudo para ser vitalizado pela prática diária comigo sobre o tabuleiro. Por alguma razão que eu nunca consegui agarrar, ele recusava-se obstinadamente a seguir o meu conselho em qualquer ponto singular. Quando jogávamos ele ficava cada vez pior e quando solicitado para explicar isso, ele assumia a posição de que nada seria ganho com a vitória. Ele era mesmo burro o suficiente para citar *O Livro da Lei* acerca da concupiscência do resultado. Ele dificilmente poderia deixar de ver que, a menos que se jogasse para vencer, não havia sentido em jogar. Nada o movia. Ele simplesmente desistia de jogar. A estupidez era realmente desanimadora. Ele tinha uma habilidade natural para julgar a posição e inventar combinações. Um pouco de conhecimento técnico das aberturas, e um estudo sistemático do final de jogo que ele poderia ter adquirido num ano, deveriam tê-lo tornado um amador de primeira categoria. A minha pior fraqueza é esta: Eu detesto ver bom material desperdiçado.

Tanto por Godwin. Em brilhante contraste permanece a figura de Frater Progradior.

O meu sucesso com ele é suficiente para erradicar uma dúzia de insucessos e mais. Ele era um homem de boa família de Lancashire que havia caído em imerecida aflição. Como resultado ele tivera de trabalhar com as mãos a partir dos nove anos de idade. Ele sempre fora ávido e diligente acerca de assuntos espirituais. Ele começara por se juntar à Sociedade Teosófica, mas depois de dezassete anos achou-se não-iluminado no mínimo. Ele então investira onze anos com a A∴A∴, mas na ausência de orientação pessoal o progresso dele tinha sido lento. Ele chegou cansado da vida, desesperado de verdade.

Eu começo o meu treino como uma regra geral prescrevendo algumas práticas preliminares, como as que são universalmente benéficas. Enquanto isso, eu quietamente presto atenção em relação aos sintomas para determinar o diagnóstico. Ele era um caso bastante difícil. Fiquei intrigado. Havia claramente algo realmente muito errado, mas eu não conseguia imaginar o quê. É claro que, no meu eu consciente, eu sou sempre estúpido, mas o Mago que me usa conhece o seu cargo.

Uma tarde, nós fomos a banhos com a Macaca. Eu tagarelava, enquanto caminhávamos, bastante vãmente e assim que chegamos à borda da falésia acima da baía eu fiz uma casual observação que provou ser um tiro vencedor. Ele parou e arquejou; os seus olhos saindo da sua cabeça. Eu sou tão estúpido, deixa-me relatar, que não notei nada de especial. Fiquei levemente surpreso de o ver descer pelo caminho como um jovem bode, de arrancar as suas roupas, e de sprintar para o mar como uma alarmada foca. Ele nunca articulou uma palavra até depois do nado e do retorno à estrada. Ele então disse com um rosto pálido e em assombradiços acentos: "Por favor, diga-me de novo o que você acabou de dizer agora." "C`os diabos, como devo eu lembrar-me?" Devolvi cortesmente. Ele balbuciantemente recordou-me o assunto e, é claro, eu consegui repetir as minhas observações, que não eram especialmente marcantes. Ele pediu-me para discutir o assunto mais integralmente, coisa que eu fiz, após a qual ele recaiu em silêncio. Directamente ele alcançou a abadia, ele entrou num estado de transe que durou três dias inteiros sem um intervalo. Ele depois veio até mim parecendo uma incarnação de puro júbilo e contou-me o que tinha acontecido. Sem o conhecimento da necessidade dele, eu inadvertidamente dera-lhe a chave para o mais íntimo tesouro da sua alma. Uma ínfima faceta de verdade revelada, a partir da matriz, pela roda da minha palavra deixara entrar a luz. Em três dias ele tinha alcançado a crítica iniciação que o confundira durante quase trinta anos. Eu prescrevi um Retiro Mágico para que ele pudesse fixar na sua consciência aquele relâmpago como uma permanente lâmpada de arco voltaico. Isto provou ser um sucesso.

O meu próprio júbilo era sem limites. Eu fui inspirado a preparar um aperfeiçoado ritual para a obtenção do Conhecimento e Conversação do Santo Anjo Guarda, e apresentei-lhe com uma cópia do manuscrito para uso na operação dele. Eu intitulei isto de *Liber Samekh*. É a mais poderosa e exaltada de todas as minhas instruções mágicas. Acho que ele foi ajudado, não pouco, não apenas pelo ritual em si, mas pela sensação de que eu tinha suficiente cuidado com ele—ele sofria de humildade—ao dedicar-me tão apaixonadamente para tornar o percurso dele claro.

Um resultado deste Retiro é surpreendente do ponto de vista do profano. O Espírito do Senhor desceu sobre ele e abriu os olhos dele para uma série de visões de uma classe muito mais exaltada, intensa e íntima do que qualquer outra coisa que ele até então experimentara. Ele foi inspirado a escrever estas durante a real ocorrência delas, e aqui está a maravilha. A educação dele fora bastante elementar. Ele não podia soletrar nem construir as suas frases correctamente, nem tinha ele o comando de qualquer extenso vocabulário. O que, então, foi o meu espanto em perceber no estilo dele uma originalidade e poder de primeira ordem. Isto, não menos do que o assunto dele, era bastante dissimilar do de John Bunyan, e ainda assim a sugestão de identidade era inegável. Era um parentesco de alma.

Paralelo com esta consecução espiritual, as suas faculdades mentais e físicas foram renovadas como as da águia. A sua depressão desapareceu e foi substituída por calma, profunda alegria, transbordante e manifesta para todos nós. Ele começou a fazer longos passeios solitários pelas colinas e percorria as suas trinta milhas por dia, como não fizera durante um quarto de século. Nós sentimos isto como um luto real, quando chegou a hora de ele voltar para Sydney.

~ 91 ~

POUCAS JÓIAS na minha colecção de aberrações são mais preciosas do que Cecil Maitland. Desde o seu nascimento, ele despertou as esperanças mais animadas entre os estudantes de entomologia; pois o seu pai, um destacado controversista Anglicano, seguiu Newman e Manning em apostasia. Os projectos dele para alcançar o papado foram, no entanto, frustrados pela inescrupulosa acção de uma dama encantadora, a qual insistiu em arrastá-lo desde o próprio pé do altar para um videirinho do sacramento rival, o qual prontamente os uniu em matrimónio às taxas regulares. Esta escapada não escapou à atenção do Vaticano. O Papa ficou surpreso com a exclamação "Tut", ou o seu equivalente em latim. Ele coçou a cabeça e murmurou: "Martinho Lutero!"

Depois de um momento de reflexão ele despachou por tintinábulo o seu camareiro, o livro e a vela; e procedeu à mágica operação contra esta ocasião feita e fornecida. Como no caso de Jackdaw of Rheims[39], o efeito da maldição foi descompor as penas do audacioso sequaz após o falso deus Hymen[40]. Um toque de reumatismo trouxe assuntos a um clímax. Ele repicou para a Harrods e pediu um fornecimento de sarapilheira e cinzas[41]. Recebendo, tal como Jó, visitas de condolência de vários amigos íntegros, ele implorou-lhes para intercederem com o Todo-Poderoso em seu nome; e como eles totalizavam poucas pessoas influentes, com cordões no Colégio dos Cardeais, o papa acabara por ser persuadido a "silenciar aquele terrível tintinábulo", a devolver o livro à prateleira e a inalar a vela cominatória. O Reverendo Maitland foi restaurado ao seio da Rameira das Sete Colinas; embora não ao sacerdócio; e na estrita condição de que, para o futuro, ele considerasse a sua esposa como tabu. As coisas assim satisfatoriamente resolvidas, ela gerou um filho varão e denominou-o Cecil James Alexander, rejeitando com contumácia a sugerida alternativa Caoutchouc. Ele cresceu em estatura e em favor de Deus e do homem, tão longe quanto a pesquisa tinha até então sido capaz de determinar. Porém, ele estava sujeito a amáveis delírios, um dos quais assumiu a sinistra forma de *Cacoethes Scribendi*[42]. Na Grande Guerra ele juntou-se ao exército e tornou-se um verdadeiro "captador". Avisados deste facto, os Alemães abstiveram-se sabiamente de entrar em Edimburgo. O próximo passo dele foi tornar-se um dipsomaníaco e perder os seus dentes. Durante este período ele sofreu de hidrofobia e não se lavou durante dezoito meses. Esta romântica situação inflamou o virgem coração de uma grande, branca e ruiva borboletice chamada Mary Butts, ou melhor, Rodker.

No espasmo anterior ela tinha apressado para o escrivão o mais nauseante colopter[43] que alguma vez esteve sob o meu microscópio. Era um Judeu de Whitechapel que se proclamava um poeta à força de umas poucas divagações agramaticais e incoerentes, encadeadas e retalhadas em linhas a intervalos irregulares. Ele costumava rondar estúdios na esperança de cravar cigarros e bebidas. Ele até chegou a entrar no meu numa ocasião, devido a um defeito na calafetagem. Felizmente, a canalização estava perfeita. Um puxão na corrente, um jorro e um guincho, e eu não mais o vi. Mas de alguma forma ele contorceu-se para fora dos esgotos e, como eu disse, obteve a posição oficial, pediculose, com Mary Butts. Ela lavou-o e vestiu-o, o que naturalmente levou ao desencantamento, e Cecil reinou no lugar dele.

Em 1922, eles estavam pagando o preço da sua indignação com a moralidade. Ambos estavam em muito má saúde e muito pressionados por dinheiro. Um dos seus divertimentos favoritos era brincar em Magick. Apáticos e mentalmente confusos, eles foram atraídos por todos os assuntos que pareciam não requerer qualquer pensamento ordenado ou trabalho estável. Nada é mais fácil do que arranjar alguns termos inspiradores e misturá-los na sopa. É a única maneira de impressionar aqueles ainda mais ignorantes. Eles, portanto, vieram a mim. Com o meu invariável optimismo, eu escolhi todos os pontos promissores e ignorei as falhas, prometi a mim mesmo que eu conseguiria corrigi-los facilmente. A miséria deles acendeu a minha piedade e convidei-os para passar o Verão na abadia de Cefalu. Eu realmente acreditava que um mês ou dois de vida simples, livre de tentações e distracções, com a serena disciplina dos nossos regulamentos, podia colocá-los no caminho certo.

Eles chegaram.

---

39 N.T.: poema de Richard Harris Barham, 1788—1845
40 N.T.: deus do enlace matrimonial, do himeneu
41 N.T.: arrependimento e penitência cobrindo-se de luto
42 N.T.: desejo incontrolável de escrever
43 N.T.: coleóptero

No dia seguinte tive o choque da minha vida. Devo mencionar primeiro de que, algum tempo antes, Maitland tivera algum tipo de emprego em mineração ou plantio no Oriente. Na sua viagem para fora, o seu navio ficou parado ao largo de Colombo aguardando decisão da inspecção de quarentena. Ele estava sentado na amurada conversando com uma rapariga. Subitamente ele caiu para trás e foi puxado para dentro de um barco por vendedores ambulantes Cingaleses que não tinham consideração pelos perfeitamente justificáveis sentimentos dos tubarões locais, ou qualquer cuidado filosófico pelo bem-estar da humanidade.

O pretexto desta história para desculpar a aversão dele à água. Era, todavia, de vital importância para a sua saúde que ele aprendesse a nadar. Nós descemos para Caldera sozinhos, tirámos as nossas roupas e começámos a contornar as rochas. Eu mostrei-lhe como proceder sem a menor necessidade de nadar, deixando a água suportar a maior parte do peso dele, e usando as suas mãos para se ater às grandes e convenientes saliências de rocha que abundam por toda a parte. Ele mostrava o mais abjecto medo, mas eu supunha que uns poucos minutos dar-lhe-iam confiança. Pelo contrário, o terror dele aumentou e eu tive um infinito problema para fazê-lo chegar a algumas centenas de jardas. Nós alcançámos o ponto de ruptura. Ele encontrou uma borda, subiu em terra e sentiu calafrios. Eu desisti e nadei de volta. Vesti-me e fumei. Nenhum sinal do Capitão Webb. Subi até ao topo da falésia, onde podia ver toda a orla. Lá estava ele como um gato escaldado, com todas as devidas desculpas à raça felina. Ele tinha escolhido tentar encontrar uma rota terrestre, completamente nu em acidentadas rochas pontiagudas—e realmente não havia um caminho. Por fim, ele chegou a uma caverna, a qual possuía uma abertura razoavelmente ampla acima da água, de modo que eu pude atirar-lhe as sandálias dele. Ele tinha meramente de voltar para casa numa ampla e lisa planura, a qual não lhe teria pedido para andar a vau mais do que à altura da cintura. Mas ele insistia na mais escorchante e perigosa corrida em viscosas penhas. Cerca de uma hora depois, ele finalmente chegou às suas roupas. O desafortunado desgraçado estava a sangrar por todo o lado. Então nós voltámos para casa e ele aproveitou a oportunidade para me agradecer pela tarde mais desagradável que já havia passado na sua vida. Mesmo nessa altura tomei a observação levianamente. Eu não podia acreditar seriamente que ele tivesse estado realmente em tortura. É uma ideia fixa na minha mente de que qualquer Inglês de bom sangue desfruta uma aventura, quanto mais dura melhor. Mas o espírito não estava nele. É claro que eu sei que a psicologia do seu pai é amplamente responsável por esta atitude abjecta. Nele, o esgotamento da cepa havia atingido o seu clímax. Eu soube mais tarde que ele já havia tentado o suicídio. Ele tentara disparar no seu coração com um revólver. Poder-se-ia imaginar que teria sido seguro apostar nele causando algum dano. Mas não! A sua pistola era espiritualmente gémea dele. A bala achou que poderia ferir-se se porventura atingisse um osso, então ela pulou agilmente em torno das costelas dele e procurou repouso das tribulações da existência num confortável coxim.

Logo descobri a raiz da podridão dele. Afinal, deve haver uma estrela algures lá por detrás daquele baixio de trémula fobia. Eu trabalhei com vontade de salvá-lo. E um dos mais patéticos incidentes na minha memória é que ele veio até mim certa manhã com lágrimas no limiar dos seus olhos, e disse num frémito teor: "Eu quero viver!" Segurou a minha mão, caiu de joelhos e desatou a soluçar. Senti que eu tinha vencido a luta. A raiz da fraqueza dele era que a vontade de viver estava ausente.

A partir desse momento ele começou a corrigir. É claro que todos os tipos de reprimidas perversidades exteriorizaram-se, e tiveram de ser analisados e destruídos. Mas eu tinha grandes esperanças sobre ele quando ele deixou a abadia. Ai! É fácil curar o mal cuja fonte é erro; o esclarecimento restaura a justiça. A mal direccionada energia retorna ao seu adequado curso. Mas a fraqueza é geralmente incurável; até mesmo os casos mais esperançosos exigem a disciplina de anos para estabelecer hábitos cuja inércia protegerá a vontade da interferência.

No caso de Maitland, no momento em que ele mostrou o desejo de se tornar independente, a vaidade de Mary Butts foi ferida e o ciúme dela inflamado. Ela poderia ter conquistado o amor de um homem de primeira linha, mas ela preferia aliviar a angústia da consciência de que ela era uma fraca, como ela admitiu, ao manter em abjecta dependência um homem em quem ela podia olhar de cima. Ela conformemente fez tudo o que pôde para empurrá-lo de volta para o lamaçal de miséria e auto-desprezo; e claro, assim que a minha influência foi removida, então ele deslizou de volta para o lodo fedorento do qual eu tentara resgatá-lo.

Menos de um ano depois, eu ouvi dizer que ele engolira uma garrafa de veneno— nem mesmo um veneno decente, tal como pode ser expectado usar por um suicida que se preze. Eu olvido os precisos ingredientes. Eu acho que era algum tipo de desinfectante, tal como o que é vendido sem restrições porque as legislaturas não conseguiram imaginar alguém asinino ou abjecto o suficiente para torná-lo uma bebida. A sorte ainda se mantinha. Não sei se isto o desinfectou, mas isto certamente deixou-o tão doente quanto um esgoto. Ele sobreviveu e eu só lamento não ser capaz de dizer, na presente edição, o que aconteceu em seguida.

Eu não posso ser sério e ainda assim fico sinceramente triste, para lá do alcance da expressão, sempre que o homem surge na minha mente. O carácter dele era encantador como poucos outros homens que eu já conheci. O seu talento para escrever, embora limitado pela sua fraqueza moral às trivialidades, possuía muitas qualidades admiráveis. A sua expressão era simples e eficaz e o seu fascínio inegável. É difícil ter de pensar nele como apto somente para lixeiro. E, no entanto, se de facto fosse possível desenvolvê-lo suficientemente para torná-lo de valor positivo, alguém teria de perguntar a si mesmo se a mais optimista estimativa de sucesso não teria de ser ponderada, face ao custo em paciência e perseverança, e considerada insuficiente.

O grande valor de tais homens como Maitland e Neuburg para mim tem sido o de fortalecer a minha convicção de que, na ausência de força de vontade, a mais completa colecção de virtudes e talentos é integralmente desprezível. Combine-se num homem a força de Hércules, a beleza de Apolo, a graça de Antinos, a sabedoria de Atena, a inteligência de Hermes e todos os outros dons de qualquer outro deus, a menos que o anatomista tenha o cuidado de fornecer uma espinha para apoiar a estrutura, ter-se-á um molusco e não um homem. Deve-se ter um fulcro, não apenas para mover o mundo mas para mover uma pluma.

Além dos nossos membros regulares nós tivemos uma breve visita das duas irmãs de Cypris, Mimi—a sua irmã gémea—e Helen, quase vinte anos mais velha.

Mimi ficou encantada. Ela ansiava intensamente por partilhar o seu destino connosco para a vida inteira e ainda assim estava inibida pelo medo subconsciente. As correntes da civilização retiniam nos seus tornozelos e pulsos. Ela ficou connosco durante quinze dias e depois voltou ao trabalho com a Cruz Vermelha nos devastados distritos em torno de Soissons. Mas os deuses tinham o seu látego na salmoura, para ela.

Devo explicar que os membros da abadia tinham certas marcas distintivas. O traje oficial para quem não tem direito às vestes especiais da A∴A∴ era um paramento de azul brilhante pendurado do pescoço até ao tornozelo com as mangas alargando-se do ombro até à cintura, de modo que ao estender os braços horizontalmente, a partir do corpo, isto sugeria a letra Tau. Estava forrado de escarlate e provido de capuz. Quando desejado, o traje era completado por uma cinta dourada. Além disso, os membros do sexo masculino rapavam a cabeça com a excepção de uma singela mecha no centro da testa. As mulheres usavam cabelo *bobbed*[44] tingido de vermelho ou amarelo com hena. Nestes costumes estavam simbolizadas certas afirmações espirituais ou mágicas. A auréola das mulheres era em honra de nosso pai, o sol, e a aprumada mecha de cabelo usada pelos homens como um sinal de adoração ao seu vice-regente no microcosmo.

Certa tarde as mulheres estavam retocando os seus cabelos com hena, e Mimi meteu na cabeça tingir as suas próprias mechas com a mesma pasta. A mudança era escassamente perceptível a qualquer olho sadio, mas no momento em que ela apareceu em Soissons as horríveis bruxas em autoridade agarraram a criança, oprimiram-na com ultrajantes insultos e expulsaram-na da casta companhia delas. Foi um abominável abuso de poder, não menos do que um obsceno frenesim e uma sádica injustiça. Escrevi parabenizando-a por ter conseguido uma demonstração tão drástica da verdade do que havíamos falado acerca de tais pessoas, e recordámos-lhe que ela seria sempre bem-vinda na abadia.

Mas agora uma estranha obsessão assaltava-a. Durante a visita dela eu tinha ficado ainda mais absorto no meu trabalho do que o habitual e dificilmente trocara uma dúzia de palavras com ela. Eu não a instara para empreender a Grande Obra. Pelo contrário, eu tinha sido especialmente cuidadoso para manter uma atitude de simples amizade. No entanto, ela sentia-se a presa de um misturado medo e fascínio. Eu estava constantemente presente na mente dela. Ela desejava apaixonadamente viver na sombra da minha personalidade, ainda que ao mesmo tempo estivesse cheia de medo do que lhe parecia uma rendição da sua alma. A obsessão crescia para insana intensidade. Ela sentia que não estava segura em França. Devia escapar para os confins da terra. Esconder-se-ia na América. A pobre criança nunca imaginou que ela estava tentando eludir a si própria. Todavia, ela foi levada pelos seus medos e deu à sola para os Estados Unidos, onde ela pagou a penalidade do seu pânico. O destino tem castigado de novo e de novo, e eu espero que o sofrimento lhe ensine o que a inteligência não conseguiu transmitir. Ficarei muito surpreso se, mais cedo ou mais tarde, ela não encontrar a sua verdadeira vontade. Pois os seus únicos inimigos são a ignorância e o medo. O seu coração é íntegro e honesto.

Com Helen o caso foi muito diferente. Eu conhecera-a em Paris no início de 1921, levara-a a almoçar no L'Avenue diversas vezes, e apresentara-a a alguns dos meus amigos. Eu vi nos primeiros minutos que a vida dela era uma longa pontada. Ela não tinha nada para recordar com prazer ou qualquer esperança para o futuro. O seu rosto contava a narrativa. A pele estava seca, enrugada e ictérica; os finos lábios estavam comprimidos com constante amargor. A sua inteligência era suficiente para lhe dizer o que estava errado. Ela nunca conhecera a liberdade. Ela havia sido furtada da sua alma para que os seus mestres pudessem ter uma máquina na qual eles poderiam confiar em não fazer nenhum truque. O rolo compressor da injustiça social tinha-a achatado. Cada gota do sangue dela tinha sido drenada pela estéril servidão à desalmada riqueza. Contudo, ela não aceitaria a escapatória que nós oferecíamos tão livremente. O sofrimento dela foi intensificado pela visão da despreocupada felicidade que ela encontrou na abadia. Na época da sua visita, aconteceu nós estarmos particularmente com escassez de fundos, e isto enfureceu-a ao ver que a pobreza era impotente para destruir a nossa felicidade ou para arrastar o amor para fora do seu trono em nossos corações. Por que não podíamos nós brigar e repreender como as pessoas a quem ela

---

44 N.T.: "chanel curto"

estava acostumada? A inveja roía no seu fígado e a negra bílis escorria dos ferimentos. Ela começou a odiar-nos com insana intensidade e o demónio engordou no facto de que a malícia dela era impotente para nos tornar indelicados com ela.

No entanto, ela conseguiu pelo menos tornar-se impossível. Ela iniciou uma campanha de peçonhentas falsidades, coisa que ela sabia assim ser. A Macaca e eu tínhamos planeado ir a Inglaterra antes que ela chegasse, mas por uma série de acidentes nós fomos obrigados a adiar a viagem. No entanto, em vista dos nossos planos, nós tínhamos desistido da segunda casa, de modo que quando ela começou a tentar corromper as crianças eu fui obrigado a interferir. Eu dei-lhe a escolha entre retratar algumas das mais malignas mentiras, nas quais eu a tinha apanhado, ou perseguir a sua carreira de crime em algum ambiente mais favorável dentro de quinze minutos.

Ela não tinha defesa. As testemunhas foram unânimes. As suas negações e evasões foram pregadas ao balcão, como moeda falsa, com uma única pancada no instante em que saíram da boca dela. Então lá foi ela embora, e nós demos um grande suspiro de alívio. Ainda assim senti pena. Mesmo tal fria malignidade como a dela somente me confirmava em compaixão. Noutras circunstâncias ela poderia ter-se desenvolvido num ser humano. A minha acção surpreendeu-a completamente. Eu parecera tão maleável e inobservante, tão uniformemente atencioso e gentil. Quando aquele grande leão preguiçoso pulou de repente do seu covil, ela sofreu o choque da sua vida. "Eu pensei que pudesse ser algo do tipo," disse ela, sobressaltada de prudência, "mas não pensei que isto surgisse por um longo tempo." Ela esperava causar danos irreparáveis antes de ser descoberta, e agora ela aprendia, como muitos antes dela e desde então, que o grande leão dorme com um olho aberto. Confusa e quebrada, a única ideia dela era vingar-se. Ela fez uma coisa incrível. Ela foi a um cônsul em Palermo e jurou a uma longa lista de mentiras. Ela achava que poderia causar problemas para nós, embora, mesmo depois de atormentar os seus miolos por calúnias, ela só pudesse pensar numa coisa que pudesse colocar-nos em conflito com a lei. Foi um acto de indizível vileza. Sucesso somente poderia significar que a sua irmã estaria completamente arruinada, arrancada de sua casa e de seus filhos, e colocada na prisão ou lançada ao mundo sem um centavo num país estrangeiro sem recursos de qualquer espécie. Tendo atirado a flecha envenenada, ela seguiu a Parta política de colocar tantos milhares de milhas quanto possível entre ela e as suas vítimas. Antes de descobrirmos o que ela tinha feito, ela deveria estar a salvo da perseguição. Não era parte do esquema dela ter de nos confrontar e ser interrogada.

Claro que a coisa toda desapareceu. No único alegado incumprimento da lei, nós fomos invadidos pela polícia de Cefalu, claro, sem aviso prévio. Eles cumpriram o dever deles, embora, é claro, bem cientes de que tinham sido enviados para procurar um ninho de égua. Eles comportaram-se com encantadora cortesia e retiraram-se com muitas desculpas pela sua acção. Nós temos ouvido falar de vez em quando sobre Helen. Ela está de volta ao árduo e monótono afã, solitária e sem amor, cansadamente e miseravelmente arrastando o seu desespero através da vida—para chamar vida a isto—até à morte. Chegassem estas palavras ao conhecimento dela, deixa-me assegurá-la que nós não temos animosidade, que ela será sempre bem-vinda quando aprender a lição dela: que o amor é o único princípio que torna a vida tolerável.

Eu de bom grado deixo este desventurado episódio. A Macaca e eu partimos de Cefalu para Paris no início de Fevereiro e ocupámos, como de costume, a nossa morada com os nossos amigos Monsieur e Madame Bourcier, 50 rue Vavin, algumas portas abaixo do Boulevard Montparnasse, perto do Rotonde. Não posso deixar passar esta ocasião para expressar o meu carinho e gratidão que esta boa gente tem ganho. O hotel deles tem sido o meu quartel-general em Paris por mais de quinze anos e desde o começo trataram-me mais como um filho do que como um estranho. Quando as pessoas falam contra os Franceses e se queixam da dificuldade em dar-se bem com eles, eu sorrio apenas um pouco à estupidez delas, e todo o resto à lembrança da amabilidade que tenho recebido dos Bourciers.

Também não é o caso único. Confesso que às vezes eu tenho encontrado Franceses sem real polidez ou real bom sentimento. Acrescentarei que as ricas e alegadas classes aristocráticas são polvilhadas muito finamente com indivíduos para quem eu tenho alguma utilidade. Eu considero-os egoístas e entediantes. A primeira é a causa da segunda, pois o segredo é que eles carecem de fé na vida; buscando a si mesmos, eles têm encontrado uma inane nulidade, e estando entediados consigo mesmos eles naturalmente aborrecem outras pessoas. Mas os artistas Franceses, as classes profissionais e os muito abusados burgueses são quase sempre encantadores. Ainda por cima, pode-se confiar neles para nos fazerem uma boa acção quando a oportunidade ocorrer. Quanto ao camponês nas províncias, eu encontro *La Terre* muito unilateral. Sem dúvida que o austerismo frequentemente torna-se avareza e mesquinhez, e o contacto com o solo é uma influência que endurece e desumaniza. Mas se tu souberes como levá-los da maneira certa, tu considerá-los-ás uma espécie muito boa.

Eu tenho uma teoria de que o povo Inglês acha o Francês antipático por uma razão fundamental. Os nossos vizinhos e aliados, do presidente ao mais primitivo trabalhador, possuem uma qualidade que eu tenho analisado amplamente algures. Eles insistem em recusar fazerem-se de tolos. Eles não vêem nenhum sentido em fingir que as coisas são bonitas quando não são. Eles acham que é estúpido doparem-se e um insulto à inteligência de outros beijar a Pedra da Eloquência. A mente Inglesa fica adequadamente chocada. É tão fixa na ideia de polidez ao ponto de recusar a realidade.

Pela primeira vez na minha vida, Paris desapontou-me. Todos os antigos encantamentos tinham de alguma forma desaparecido. Eu senti que o meu trabalho estava alhures. Londres chamou-me. Isto foi bastante irracional. Eu não tinha motivo para ir. Eu não tinha meios para ir. Inquieto e indeciso, passei os dias da melhor maneira que pude.

Decidi procurar uma solitude favorável à concentração em Hardelot, perto de Boulogne, numa deliciosa estalagem antiga onde eu havia ficado antes. O Macaco de Thoth estava em Londres. Eu telegrafei-lhe para me encontrar em Boulogne. Até ao momento não havia encrenca nos procedimentos. Ela encontrou-me no comboio.

~ 92 ~

POR ALGUM TEMPO a Cidade de Londres tinha-se divertido imaginando amenamente o que poderia ter acontecido a um querido velho amigo deles chamado Bevan. Ele era o responsável máximo de diversos interesses importantes, os quais, de facto, sentiam tal dependência da inteligente e graciosa orientação dele que dificilmente poderiam seguir em frente sem ele, especialmente porque ele tinha emalado distraidamente na sua valise todos os activos disponíveis deles. A ausência dele despertou tal ansiedade e o seu rápido retorno foi tão desejável que os seus amigos conseguiram até despertar o interesse da Scotland Yard no assunto. Solidários amigos de toda a Europa juntaram-se ao grupo de resgate e a *Daily Mail* emprestou a sua ajuda publicando uma fotografia do desaparecido milionário, todos os dias, semana após semana, e ofereceu um prémio de vinte e cinco mil francos, por informação, calculado para tranquilizar os enlutados.

Desculpem a divagação. Tanto eu como o Macaco de Thoth passeámos através da estação até ao Hotel Christol, tencionando jantar e dormir, e prosseguir para Hardelot pela manhã. Cansados pela jornada, nós deitámo-nos por uma hora e depois descemos para jantar. O restaurante abre do átrio; para alcançá-lo a partir da escadaria, a pessoa inclina-se para a direita. Fiquei um pouco surpreso ao encontrar todo o pessoal do hotel, do gerente ao porteiro, estabelecido numa linha entre mim e a entrada e o restaurante. Todos sorriram e curvaram-se obsequiosamente e desajeitadamente, como tantas outras marionetes.

O gerente deu um passo à frente, balbuciou e indicou-me uma passagem conduzindo prà esquerda. Eu supus que, sendo fora da temporada, o restaurante habitual estivesse fechado e as refeições fossem servidas noutro lugar. Ele submeteu-me numa espécie de sala de fumadores e de repente fechou a porta atrás de mim. Eu encontrei-me, sem surpresa, na presença de seis homens, vestidos de preto espalhados pelo quarto. Apenas um estava sentado; e ele pulou e perguntou o meu nome. Eu disse-lhe. Ele pediu os meus documentos. Por mero acaso eu tinha deixado o meu passaporte, que usualmente carrego comigo, no quarto. Eu disse-lhe que iria buscá-lo. Dois homens saltaram para a porta. O meu inquisitivo amigo disparou: *"Apportez-moi le bagage!"*[45] Coisa que alguns dos seus satélites começaram a fazer.

Eu estava, por esta altura, completamente desnorteado, mas ele fez-me um sinal para uma cadeira e sentou-se, fazendo várias perguntas, especialmente sobre o Macaco de Thoth. Tinha ela vindo de Londres, e o porquê, e assim por diante, o que somente serviu para aumentar o meu espanto quanto ao que tudo isto poderia ser. De vez em quando, ele consultava uma grande folha de papel fino, como se para guiá-lo nas suas dúvidas.

A luz caiu sobre isto e de repente eu vi de costas que o centro estava ocupado por uma fotografia que reconheci instantaneamente.

"Mais, Monsieur,"[46] disse eu, partindo-me a rir, *"vous n`imaginez pas que je suis pour quelque chose dans cette affaire de M. Bevan."*[47] Ele retrucou instantaneamente: *"Mais vous êtes M. Bevan!"*[48] Eu comportei-me muito mal, eu soltei uma grande gargalhada. É claro que ele não foi desencorajado por tal crua camuflagem. "Mas isto é absurdo," disse eu, " eu sou perfeitamente bem conhecido como poeta e explorador. Eu não sei a diferença entre uma sociedade anónima e uma debênture." Por esta altura, a minha bagagem tinha sido trazida. Eu encontrei o meu passaporte que estava, claro, em perfeita ordem, mas como evidência de identidade não produziu mais efeito sobre a mente dele do que as iniciais de uma camisa; nós discutimos o assunto durante quase uma hora. Um dos seus mirmidões, após um outro, permaneceu ao meu lado para ser escrutinado por comparativa altura e largura. Um homem considerou o meu nariz bem suficiente para me prender, um outro instou que a minha boca inocentava-me do crime. Porém, o chefe de polícia era tenaz. Ele tinha em mente o seu passo, a Legião de Honra e os vinte e cinco mil francos do "Daily Mail". Quase em desespero tirei o relato de Guillamod sobre a expedição de 1902 e mostrei-lhe a minha fotografia com o nome impresso na parte inferior. "Deseja você realmente," disse eu, "manter de que eu sou um director inadimplente?"

Não sei o porquê, mas este pedaço de evidência convenceu-o de que eu não era o seu homem. Ele mudou o seu tom, os seus homens saíram, ele curvou-se e pediu desculpas.

---

45 N.T.: "Trazei-me a bagagem"
46 N.T.: "Mas, Senhor,"
47 N.T.: "você não pode imaginar que eu tenha algo a ver com este caso de M. Bevan"
48 N.T.: "Mas você é M. Bevan!"

Eu não tencionava ser cruel, como sem dúvida eu fui. Disse-lhe que nenhuma desculpa era necessária. Eu não me diverti tanto em cinco anos. O que poderia um homem querer mais—recepção oficial, e o resto? Isto foi uma pastilha amarga para ele mas ainda é doce na minha boca. Uma séria reflexão somente desfigura a música. Suponha-se que eu fosse um homem desconhecido, desarmado com todas as provas possíveis, eu poderia muito bem ter ficado uma semana ou mais na cadeia antes de estabelecer a minha identidade.

Não devo deixar este assunto sem algumas observações sobre a tendência, nos últimos anos, da polícia tentar arrogar-se de uma função de autoridade completamente além de um limite teórico. Mesmo na Inglaterra, em 1922, houve vários casos em que os magistrados tiveram de repreender a polícia por intrometer-se nas funções judiciais. Nos Estados Unidos, é claro, as condições são ultrajantes. O caso extremo é o de Becker. Mas, à parte da iniquidade individual, a polícia alega que eles não podem controlar o crime a menos que tenham o poder de fazer uma inquisição sobre os assuntos privados de cada homem. Eles aproveitam todas as oportunidades, sobre exceder os seus poderes de fazer *bluff* e de importunar qualquer um que lhes pareça repreensível, em total ausência de qualquer evidência para estabelecer tanto quanto um processo *prima facie*[49] contra eles. Em Inglaterra, até agora, nós não temos atingido o estágio de regulares ardis com deliberado perjúrio, mas há suspeitosos indícios de movimento nessa direcção.

Deixa-me citar a partir da minha própria experiência. Já em 1907, eu fui avisado por um amigo, não posso dizer com que verdade, que a polícia estava a observar-me. Sendo clara a minha consciência, eu repliquei: "Bom, eu não serei assaltado." Em 1910, durante "Os Ritos de Elêusis" no Caxton Hall, para o qual nós propositadamente convidámos um representante da polícia, eles tinham outros homens à paisana do lado de fora do edifício, aparentemente esperando que algo indiciável exsudasse pela alvenaria de tijolo.

Em 1913-14, novamente, o meu estúdio perto da Onslow Square era um regular *rendez-vous* para espiões. Eu sempre os via no pátio, escondendo-se atrás das árvores enquanto eu ia e vinha do jantar. O que eles tinham esperado descobrir eu não posso imaginar.

Em Detroit, meses depois do meu retorno à Europa, eles repetidamente invadiram a pobre casa meio rachada de Ryerson em busca de alguma evidência do "Devil Worshipper's Mystic Love Cult" e, claro, nada encontraram; coisa a partir da qual eles não concluíram a minha inocência, mas que o meu pacto com o diabo continha uma cláusula garantindo-me contra a descoberta dos meus crimes. Se qualquer um desses obstinados burros possuísse inteligência suficiente para estudar uma única página dos meus escritos, ele teria visto de imediato que ridículo lixo eram as acusações feitas contra mim por trapaceiros mal-intencionados e iliteratos que eu nunca havia conhecido.

Enquanto eu estive na América, a polícia de Londres não apenas se desgraçou pelo brutal raide sobre a pobre velha Mrs. Davies, descrito em "The Law Straw", mas também se cobriu com vergonha e ridiculez enviando para a prisão um pobre pequeno livreiro que tinha vendido durante muitos anos *The Open Court,* uma bem conhecida magazine filosófica do mais alto carácter.

Mais uma vez eles mandaram um homem a Frank Hollings para amedrontá-lo por causa de vender *The Equinox,* embora nenhuma reclamação tivesse sido feita acerca disto. Até mesmo os meus amigos pessoais eram perseguidos por espiões sinistros que faziam misteriosas sindicâncias e proferiam palpites oraculares acerca das coisas assustadoras

---
49 N.T.: à primeira vista; "onde há fumo, há fogo"—indícios sem fundamentos

que poderiam acontecer se elas surgissem. Eles escreveram para os meus advogados e visitaram-nos para inquirir o meu endereço, o qual eles conheciam perfeitamente bem, e sobre a minha queixa perante eles acerca do roubo de algumas das minhas propriedades, não só recusaram abordar o assunto mas também responderam-me através da polícia local do sítio onde eu morava, dizendo que eu era "bem conhecido" na Scotland Yard. O facto é inegável, mas a insinuação cobarde e suja.

As últimas notícias da frente são que o comissário especial em Túnis, tendo-me pedido para contactar em relação a uma irregularidade na minha *permis de séjour*[50], amplificava a observação dele com a história do *cock-and-bull*[51] com a intenção de me persuadir de que eu corria o risco de assassinato por ferozes Fascistas. Pedi ao cônsul Britânico para fazer averiguações e, como em Hamlet, o resto é silêncio.

O que me interessa é a perversa psicologia neste caso. Qual pode ser o objectivo deles? Eu não estou chateado, mas divertido. Mas por que deveriam eles desperdiçar tanta energia e dinheiro público vigiando um homem, ano após ano, quando alguém teria achado que o mais elementar senso comum lhes teria dito de qualquer jeito, após os primeiros meses, que eu não era mais susceptível de infringir a lei do que o Arcebispo de Canterbury?

Eu vagamente assumo alguma conexão entre esta pueril política de irresolutas alfinetadas e o perene florescimento das fantásticas falsidades acerca de mim. Isto sugere que eu possuo alguma qualidade que atrai a atenção do néscio para que eles não possam deixar-me em paz. Eu tenho muitas vezes desejado coligir "As Mil e Uma Noites do Absurdo", das quais eu sou o herói. A série de Seabrook em 1923 é absurdamente incompleta.

A minha prisão em engano por Bevan, com quem eu me assemelho tanto e tão pouco como com qualquer outro bípede sem penas, é bastante típica dos incidentes estranhos que ajudam a manter-me jovem. Mas quando as pessoas me pedem para clarificar o meu carácter sobre as calúnias, a minha mente volta para aquela cena na sala de fumar. Eu digo a mim próprio: "Meu caro homem, se isto te levou uma hora para provar a um Francês, perfeitamente sensato, um caso tão simples e claro com todos os trunfos em teu punho, quanto tempo levaria para persuadir um preconceituoso público ignorante, congenitamente incapaz de compreender o teu ponto de vista, de que tu estás inocente de crimes, aos quais as testemunhas estão inacessíveis, e cuja própria natureza translada o tribunal para um país das maravilhas muito mais estranho do que qualquer coisa nas aventuras de Alice?"

A minha segunda estadia em Paris foi curta. Tudo apontava para a minha tentativa de sorte em Londres. Um dos mais divertidos resultados do generalizado roubo do meu dinheiro e propriedades foi o de que eu não tinha um único naipe de roupas para usar em Londres. Eu desgastara o que tinha levado comigo para a América e nunca tivera suficiente dinheiro de reserva para reabastecer o meu guarda-roupa.

Todas as roupas que eu tinha deixado em Londres tinham sido roubadas com esta excepção; no Verão de 1914 eu mandara o meu traje das Terras Altas para Scott Eadie para ser renovado. Recordei no momento este facto e escrevi para eles o enviarem para Paris. Eu tinha três *kilts*, uma túnica e colete, um casaco e camisola de *tweed* e uma verde jaleca militar. *Faute de mieux*[52], eu vesti o traje da antiga Gália, o qual, se inusual, era digno, e, juntando quase dez libras, cruzei o Canal na primeira semana de Maio.

O primeiro problema foi encontrar quartos. Eu estava a tomar chá com a minha

---

50 N.T.: permissão de residência
51 N.T.: história implausível usada como uma explicação ou desculpa
52 N.T.: à falta de melhor

velha amiga Gwendolen Otter e perguntei se alguém conhecia um lugar adequado. A vaga resposta foi a de que havia muitos em volta da King's Road, Chelsea. Eu saí, cansado de corpo e espírito. Mal conseguia arrastar um pé após o outro. Eu tinha apeado num horrível hotel na Russell Square apinhado com rufiões da classe média. O meu coração afundou com a reflexão de lá voltar. Eu queria salvar a passagem de cinco *penny* do autocarro. Cheguei à esquina da Wellington Square e subitamente fui agarrado por uma directa inspiração para tentar a minha sorte. "Tenta os números sagrados, especialmente a Chave Secreta de O Livro da Lei—31!"

Fatigado como eu estava, eu obedeci. O primeiro número conectado ao meu trabalho era este mesmo "31" e na janela havia uma papeleta "Apartments to Let"[53]. Uma carrinha parou à porta, a qual estava aberta. Entrei. A senhoria mostrou-me uma grande sala no primeiro andar, com janelas Francesas que se abriam sobre uma sacada com vista para o reconfortante oásis da praça; o pequeno rectângulo verde com suas árvores antigas. Era limpo e confortável, o aluguer razoável, e as pessoas da casa simpáticas e inteligentes. O arco puxado à sorte acertara o ideal no primeiro zunido da corda. O milagre foi o mais impressionante, de tal maneira que a papeleta não tinha estado na janela até umas poucas horas antes; de facto, eles não tinham terminado de se mudar.

Eu devo voltar a Paris por um momento para mencionar que antes de começar eu pedira ao *Yi* um símbolo geral da minha visita a Londres. Eu havia obtido o hexagrama "Shih Ho", cujas indicações eu posso resumir. Comentário Geral: Será vantajoso usar restrições legais.

Eu entendi isto como significando que o meu apropriado curso para restabelecer a minha propriedade roubada era tomar medidas legais. O comentário especial em cada uma das seis linhas indica os sucessivos eventos do período coberto pela questão. A minha campanha claramente terminaria desastrosamente através da inimizade dos outros. Resolvi não ser dissuadido por esta previsão, já que as linhas anteriores isentavam-me da culpa. Eu não deveria fazer nenhum erro "Hew to the line, let the chips fall where they may!"[54]

Num segundo hexagrama, pedindo conselho sobre como me comportar, eu recebi um enfático aviso: evitar misturar-se com pessoas indignas.

Eu agora proponho narrar os principais eventos da minha estadia em Inglaterra e mostrar exactamente como eles confirmaram o *Yi King*.

O meu primeiro objectivo era obviamente obter posse dos meus trabalhos publicados que haviam sido armazenados na Chiswick Press. Esta imprensa, sob os auspícios do Sr. Charles T. Jacobi, não tinha rival, excepto a de Constable, pela excelência da impressão. Eu tinha-lhes confiado a produção da maioria dos meus livros. Quando deixei a Inglaterra em 1914, eu devia-lhes cerca de trezentas e cinquenta libras; a segurança deles era o *stock* do valor aproximado de vinte mil libras. Em 1920 Jacobi escreveu a informar-me que a firma estava a mudar de mãos e, embora permanecesse como director da nova empresa, era essencial que eu liquidasse a conta. Enviei-lhes, portanto, trezentas e cinquenta libras. Eles tinham autoridade de minha parte para vender quaisquer cópias que pudessem ser pedidas.

Na minha chegada a Londres, a posição era a de que, depois de pagar as taxas de depósito até ao momento, eles deviam-me um pouco mais de dez libras. Eles tinham escrito várias vezes a incitar-me para remover o *stock*, alegando falta de espaço no

---
53 N.T.: "Apartamentos para Alugar"
54 N.T.: "Talha para a linha, deixa as lascas caírem onde elas puderem!"; "Quaisquer que sejam as consequências, faz o que é correcto."

armazém deles. Eu contactei e renovei a minha amigável familiaridade com Jacobi, o qual concordou em manter os livros até ao final de Maio, para me dar tempo de providenciar a sua remoção. Ele forneceu-me um conjunto completo de livros como amostras.

Eu tinha-me aproximado de Heinemann com um esquema para descartar o *stock*. Eles deveriam publicar todos os meses, durante um ano, um pequeno volume de selecções, líricas, versos religiosos, ensaios, histórias, peças, etc., com a ideia de que os leitores adquirissem o gosto e comprassem as edições originais. Em última análise, Heinemann rejeitou esta proposta—com muita relutância, e acredito que por causa da violenta oposição pessoal de um dos seus funcionários, um homem que nunca conheci. Eu encontrei um novo armazém no devido tempo e contactei para marcar um dia conveniente para remover os livros.

Para minha surpresa, um perfeito estranho entrou na área de recepção do escritório, uma estranha criatura de pesadelo, longa, desarticulada, tremendo e cambaleando de paresia, com uma cabeça grotesca e medonha, balançando em cima de estreitos ombros inclinados que pareciam encolher pelo seu peso. Este fantástico horror anunciou-se como director-geral da nova empresa. Eu especifiquei o meu negócio. Para meu assombro, ele irrompeu numa onda de insultos sem sentido. Ele recusou-se terminantemente a entregar os livros alegando que a Scotland Yard estaria em cima dele se ele o fizesse. Eu disse: "Mas isto é ridículo. O que tem a Scotland Yard a ver com o assunto? Se você realmente acha que eles estão preocupados, ligue para eles imediatamente. Pergunte-lhes!" Ele saiu dizendo que telefonaria, e retornou em poucos minutos dizendo que eles fariam averiguações e o informariam em poucos dias.

Claro que a polícia não tinha interesse no assunto, de todo. Mas este duende ainda recusava a entrega. Eu só poderia supor que ele fosse um lunático. Ele não só insultou a mim mas também ao Sr. Jacobi, o melhor dos impressores, de longe o mais eminente em Inglaterra, um homem que passara a sua vida ao serviço da arte e que fizera mais por isto do que qualquer homem singular desde Caxton.

Warner, pois assim se denominava o meu lunático, falava de Jacobi em termos que teriam sido severamente aplicados a um desonesto garoto de escritório. Eu escrevi para Jacobi pessoalmente. Ele respondeu como eu previ, mas admitiu que o controlo fora transferido de suas mãos. Warner ficou ainda mais furioso do que nunca por eu ter escrito, e ele ter respondido. Eu conhecia Jacobi desde 1898, e a nossa relação comercial, durante os vinte e cinco anos, tinha sido ininterrupta e uniformemente aprazível. Encontrei os meus amigos escassamente capazes de acreditar na história. Tal conduta como a de Warner foi incrível. Era óbvio, no entanto, até para ele de que algum acordo era necessário. Nós tivemos uma entrevista final. Ele recorreu a todos os tipos de argumentos absurdos, bastante impertinentes para o negócio em questão, e tomou uma atitude em absoluta contradição com a adoptada pela empresa. No último momento, ele repentinamente mudou de posição. Um furtivo vislumbre de astúcia surgiu nos seus olhos e ele sugeriu que tudo ficaria bem se eu levasse os livros embora sem o seu conhecimento oficial. Foi a primeira coisa sensata que ele tinha dito. Foi combinado que ele deveria consultar os directores por uma questão formal e depois marcar uma hora para a remoção, por telefone, pois poderia ser conveniente, para ele, estar fora do caminho no momento. Nós separámo-nos neste entendimento. Porém, na manhã seguinte eu recebi uma carta dizendo que tudo estava cancelado.

Eu reflecti sobre a pesquisa do *Yi*: "Será vantajoso usar restrições legais" e fui ao meu advogado. Ele avisou-me que eles não tinham caso. A única dificuldade técnica relacionada a alguns poucos volumes poderia ser facilmente evitada. Seguiu-se correspondência, e finalmente ele entrevistou os advogados da firma e chegou a um acordo satisfatório. Warner estava fora, em suas férias, mas o negócio passaria directamente quando ele voltasse. De modo nenhum! Ele voltou atrás em tudo e desafiou-me a obter posse. E aí está o assunto, tanto quanto sei. Nunca consegui reunir fundos suficientes para recuperar a minha propriedade que constitui o meu principal activo. Se Warner está mesmo parcialmente são, o motivo está além da minha inteligência para imaginar. Pode ele possivelmente esperar que eu deixe cair o assunto, e deixá-lo escapar com vinte mil libras de propriedade roubada?

Para manter uma história directa, eu tenho admitido que, por sugestão de Warner, duas formas indirectas foram tentadas. Eu deveria fazer uma venda fictícia do *stock* para outro homem, e ele, depois de tê-los levado embora, poderia transferi-los para mim. Quando ele ligou, ele foi atacado na mais intemperada linguagem e a entrega foi recusada. A segunda ideia era conseguir que o meu alfaiate obtivesse julgamento contra mim pelas poucas centenas que eu lhe devia, a serem executadas pela apreensão do *stock*. Mas o xerife recebeu o mesmo tratamento que todos os outros. Warner começou imediatamente a insultar e a desafiar os representantes da lei. O que mais me interessa em tudo isto é o problema de como um tal homem faz qualquer negócio. No meu caso, parte do meu plano original envolvia a colocação de grandes encomendas com a firma dele. Quando um estranho liga para lhe trazer ouro, ele é excluído. Isto derrota-me completamente.

O meu próximo negócio importante foi restabelecer a minha conexão com os editores. Eu apelei na *English Review*. Austin Harrison recebeu-me calorosamente como sempre, e pediu-me para escrever o artigo do centenário sobre Shelley e sobre algum trabalho menor. Assinei o ensaio sobre Shelley "Prometheus". Criei um furor na Londres literária. Eles ficaram estupefactos. Que diabo poderia ter escrito isto? Não havia três homens em Inglaterra perto desta classe. Foi o melhor impulso que a *English Review* tivera desde que Frank Harris e eu deixáramos Inglaterra. Mond retirara o seu apoio, entregando a *Review*, totalmente grátis, em sua atenção sendo chamado para o facto de que Harrison possuía uma carta de Lord Roberts denunciando Mond em tais termos que a sua publicação provavelmente teria sido seguida pela destruição da casa de Mond em Lowndes Square, e, tão provável quanto não, um linchamento. Sir George Lewis ligou para o escritório (Harrison gabava-se a mim de que Lewis nunca saía do seu covil por causa de alguém menor que um duque real) e concluiu o acordo nos termos acima declarados sobre a palavra de honra de Harrison em não divulgar a carta. Isto passou. Mas quando Harrison procurou a carta letal ele não conseguiu encontrá-la, e acredita que Mond tinha arranjado alguém para fazer uma visita não autorizada ao seu santuário e extraí-la. Esta hipótese envolve a suposição de que Mond nutria dúvidas quanto ao valor da palavra de honra de Harrison, coisa que é dolorosa demais para se pensar.

Privado de apoio financeiro, e da orientação de Frank Harris e da minha, ele foi deixado para arar o seu solitário rego, e um torto rego que era. A *English Review* perdeu o interesse pelas classes educadas cujo gosto era esta projectada para agradar. A circulação decaía a cada mês. O seu embotamento tornou-se devastador. O próprio trabalho de Harrison é sempre surpreendente e às vezes de primeira categoria. Mas outros contribuidores caíram. Eles cansaram-se de ser solicitados a escrever a taxas nominais, e com isso terem de extrair o cheque com um saca-rolhas Big Bertha. Ele pagou-me cinco libras pelo meu ensaio sobre Shelley. Artigos subsequentes foram ainda menos adequadamente remunerados. E isto não era somente uma tarefa que Jove teria levantado para receber o pagamento, mas após prolongado regateio humilhante sobre o preço, o derradeiro cheque era mais irritante do que agradável. Ele argumentaria durante uma hora que ele tinha dito libras e não guinéus. Eu aguento a peste porque isto divertiu-me. Eu mal posso explicar por que razão gosto de assistir a tais desprezíveis contorções. Suponho que seja o mesmo tipo de fascínio que faz alguém parar para assistir a uma disputa de rua entre duas prostitutas.

Uma outra desagradibilidade era que ele sempre queria mutilar o que eu escrevia removendo as passagens mais fortes ou remodelando-as para que o meu estilo se estragasse inteiramente e se diluísse com os lugares-comuns e clichês jornalísticos dele. Eu fiz o melhor de um mau trabalho. A minha resposta ao Rabino Joel Blau, "The Jewish Problem Re-Stated", por exemplo, parecia-me tão importante que qualquer sacrifício valia a pena. Eu duvido da minha sabedoria. As emendas dele reduziram uma obra-prima de raciocínio e eloquência a uma alegação comparativamente irrelevante, e isto quase caiu por terra.

O meu plano real era pressionar persistentemente Harrison. Pensei que, com o tempo, a minha superioridade moral e inteligência o converteriam para um rumo pelo qual, adoptando-se completamente e entusiasticamente, a pedra pudesse ser removida do sepulcro, e a *English Review* readquirisse a sua proeminência como o único órgão em Inglaterra com alma própria. De facto, durante o período em que permaneci em Londres, eu fiz bastante progresso. Mas no momento em que o gato foi embora, os ratos começaram a brincar. Eu corri para França por uma quinzena em Agosto, e quando voltei ele tinha quebrado a palavra dele em todos os pontos. O meu retorno restaurou a ordem, mas ao sair para a Sicília, foi a mesma história. Ele tinha prometido publicar algo meu todos os meses e enviar-me não menos do que oito libras sempre que a publicação anterior adviesse. Ele nem sequer me enviou as dez libras que prometera quando nos separámos, sabendo bem que eu contava com ele por isto encontrar-se entre mim e a real inanição.

Eu poderia ter nascido com o trato dele sobre mim mesmo, mas ele usou-me para prejudicar outros. Nas nossas primeiras conversas ele argumentara com perfeita justiça que o mercado Inglês para a *English Review* era irremediável, pelo menos durante um longo tempo, e que, portanto, a única chance de restaurar a solvência era impulsionar isto nos Estados Unidos. Era óbvio que eu podia fazer isto com sucesso. Ele concordou com o meu plano, e eu escrevi em conformidade para vários dos meus amigos, escritores de primeira classe, muito melhores do que qualquer outro na Inglaterra—à parte Conrad e Hardy—pedindo-lhes para contribuir. Todos eles escreveram encantadoramente e entusiasticamente, e enviaram várias histórias admiráveis. Eles prometeram ainda usar a sua influência—enorme em dois casos—sendo eles editores de periódicos cuja combinada circulação deve estar na casa dos milhões, para apresentar a *English Review* ao público Americano. O esquema prosperou para lá da minha maior expectativa. O próprio H. L. Mencken veio visitar-nos, e formulou um plano de acção que teria certamente sucesso e aumentou a circulação de Harrison em trinta mil, na estimativa mais baixa, em poucos meses.

Mas isto não foi tudo. Ouvindo que o meu amigo Otto Kahn, o famoso financeiro e o admiravelmente judicioso apreciador do fino trabalho criativo, estava em Inglaterra, eu pedi-lhe que almoçasse comigo para conhecer Harrison. A sua agenda estava cheia, mas ele propôs ligar para o escritório. Nós conversámos sobre o assunto por mais de duas horas, e estabelecemos os contornos de um esquema, cujo sucesso foi o de que uma crónica revista inválida chamada *Forum* deveria ser comprada e amalgamada com a *English Review*. Nós deveríamos publicar duas edições, eu seria responsável pela *English Review* em Nova Iorque. A maior parte do conteúdo deveria ser idêntica, mas uma proporção seria para cobrir questões de interesse local nos respectivos países. Otto Kahn, embora não se comprometendo definitivamente a financiar a proposta, deu-nos a entender que ele não estaria indisponível para apoiá-la.

A sequela é realmente muito estúpida. Nós discutimos os detalhes do esquema e escrevemos ao Sr. Kahn em conformidade. Mas quando Harrison mostrou-me o rascunho da sua carta eu mal podia acreditar nos meus olhos. Ele queria seis mil libras pelo periódico, o qual todos sabiam que estava sendo literalmente apregoado em Londres sobre a chance de encontrar um tolo para pagar dois terços dessa quantia e, além disso, ele queria que lhe fosse garantido duas mil libras por ano durante três anos. E no topo de tudo ele era uma vantagem na empresa. Não lhe contei que Otto Kahn não estava no mercado para comprar tijolos de ouropel e que nada o incomodaria tão completamente quanto uma tentativa tão óbvia de lhe passar a perna. Eu sabia que moderação e—bem, alto lá, honestidade comum determinaria Kahn a fazer o seu melhor por nós. Para ele doze mil libras é, naturalmente, um objecto microscópico, mas ele ressentir-se-ia de qualquer tentativa de tirar proveito desse facto tão fortemente e correctamente quanto um comensal, num botequim do Soho, objecta a erros na sua conta. Eu estava furioso com o abuso da minha apresentação, mas mantive a minha paciência, coloquei as coisas tão agradavelmente quanto pude, e roguei a Harrison para moderar a sua garra. A consciência dele condenou-o. Ele apresentou os argumentos mais débeis que eu já ouvi na minha vida acerca do grande valor da propriedade que ele constantemente declarava um fardo ingrato e uma perda financeira. Eu sabia que isto era infrutífero, e é claro que Kahn respondeu brevemente que ele tinha inquirido e descobrira que a *Forum* não estava à venda. Nós tínhamos discutido esse ponto. Isto fez pouca diferença, mas salvou Kahn de ter que dizer o que achava acerca da tentativa.

Tendo aceitado entusiasticamente o meu plano de impulsionar o periódico na América publicando o trabalho dos seus melhores homens, e uma série de ensaios meus para os apresentar aos leitores Ingleses, uma linha de ataque bastante independente da grande proposta de leitura mais difundida, ele de repente rompeu. "O que aconteceria com o mercado Inglês?" Lamentou ele. "O que se importam eles com os escritores Americanos?"

"Meu caro homem," repliquei eu, "o ponto principal do jogo é que tu tens-me dito várias vezes que o mercado Inglês é irremediável. O que quer que faças, tu não podes vencer em Inglaterra. E mesmo se a campanha Americana diminuir a tua venda de algumas centenas de cópias, o que é isso contra a esplêndida oportunidade de desenvolver uma circulação nos Estados Unidos?" Mas ele não veria isto. Ele largou a coisa toda.

Eu fiz uma outra sugestão—tentar obter leitores entre os estudantes de ocultismo. Organizei um esquema de cooperação com a *Occult Review*. Ralph Shirley estava entusiasmado e disposto a ajudar de todas as maneiras possíveis. Mas Harrison nunca gostou do esquema. A ignorância dele da importância do público oculto não era meramente completa, mas invulnerável a todas as informações. Eu dei-lhe os números. Provei que para uma pessoa que se importava com a poesia, havia pelo menos mil cuja única forma de leitura era espiritualismo, teosofia, pesquisa psíquica, Magia, Yoga, Misticismo, Ciência Cristã, e seus congéneres, maçonaria oculta, etc., etc., *ad libitum*[55]. Ele recusou-se categoricamente a admitir os factos. Implorei-lhe que experimentasse, somente perguntando a algumas dúzias de estranhos o que eles mesmos gostariam de ler. As suas próprias secretárias levantaram-se contra ele e confirmaram a minha afirmação. Foi inútil. A sua própria objecção ao oculto era tão forte que ele

---

55 N.T.: à escolha; a bel-prazer

deliberadamente fechava os olhos para os factos; mesmo a moda da demência senil de Conan Doyle não o movia. E esse é o fim disso.

Eu não tenho visto a *English Review* este ano. Só posso supor que, após o jorro do Verão passado, tenha caído de volta ao seu habitual torpor de sarjeta, se é que não tem passado completamente por esse tipo de falecimento que nada deixa para trás.

A minha terceira sequência era publicar novos livros. Sullivan tinha sugerido que eu tentasse Grant Richards, primeiramente com um plano de marketing para o stock existente, e, em segundo lugar, com uma proposta para escrever as minhas memórias. Ele prometeu dar uma boa palavra por mim, visto que conhecia bem Grant Richards e era influente por ser um homem de sólidos negócios e julgamento literário. Eu, portanto, liguei e fiz as minhas propostas. Mas depois de alguma consideração, Grant Richards não conseguiu ver o seu modo de aceitar os meus termos. Acho que ambos estávamos relutantes em participar; e uma noite eu fui inspirado a tentá-lo com um terceiro isco artificial. Eu escreveria uma história comovente sobre o assunto que atendia à histeria e à salacidade do público desvairado por sexo: a insanidade do tráfico de drogas. Isto forneceu uma muito necessária variação do "White Slave Traffic"[56]. Eu propus como título *The Diary of a Drug Fiend* e esbocei uma sinopse do seu conteúdo numa folha de papel de carta. Isto era maioritariamente *bluff*. Eu não tinha realmente qualquer ideia clara da minha história. Levei isto de volta para Grant Richards, o qual disse que isto não estava na linha dele. Pedi-lhe para sugerir uma provável firma. Ele disse Hutchinson ou Collins. Nenhum dos nomes significava algo para mim. Eu dei a Collins a primeira oportunidade simplesmente porque ele estava no meu caminho para casa.

Convidado para ter uma entrevista com o homem responsável, eu dei por mim imaginando quem era ele—eu certamente o conhecera antes. Ele compartilhou o meu sentimento e foi o primeiro a descobrir a fonte. Mais de quinze anos antes ele estivera na equipa de um periódico chamado *What's On,* pertencente ao meu velho conhecido Robert Haslam e certa vez editado pelo pobre maluco Dartnell.

Os deuses tinham certamente começado um novo drama. O acidente deste homem, J. D. Beresford é o seu nome, sendo o conselheiro literário de Collins, provavelmente fez toda a diferença para o destino do livro. A sinopse foi aceite entusiasticamente e obtive as promessas de dinheiro e adiantamentos, de acordo com a previsão do "Yi", na extensão de um adiantamento de sessenta libras e um contrato em termos muito melhores do que um novo autor poderia ter esperado.

Eu fiz um contrato para entregar o manuscrito dentro de um mês. A minha ideia era apressar o livro como adequado para uma leitura de férias. Liguei a Paris para a Macaca, a qual despachou-se. Nós sentámo-nos imediatamente para trabalhar. Ela escreve o meu ditado cursivamente, e foi, portanto, alguma "proeza" ter escrito as 121.000 palavras em 27 dias, 12 ¾ horas. A Sra. Marshall, a melhor dactilógrafa que eu alguma vez empreguei—trabalhara para mim de vez em quando desde 1898—mal podia acreditar nos seus olhos quando uma pilha de manuscritos caía sobre o topo de uma outra. Isto deu-me a oportunidade de impulsionar a Lei de Thelema. Eu pude mostrar como a aplicação dos princípios aumenta a eficiência enquanto o profano considera impossível.

Beresford ficou encantado com o manuscrito e com altas esperanças de fazer um grande sucesso. Desafortunadamente, o meu plano para publicar o livro em Agosto não foi adoptado. Por várias razões eles mantiveram-no suspenso até Novembro. Isto irritou-me grandemente. Eu espectava que a sua publicação provocasse uma tempestade no bule em torno do qual as velhas mulheres da crítica anuem e falam em escândalo. Eu

---

56 N.T.: tríler mudo alemão de 1926

queria estar no local quando a penugem começasse a voar, para dar o melhor que eu tenho. Todavia, os deuses têm suas próprias ideias.

Eu agora apresento o meu esquema para publicar as minhas memórias—a minha auto-hagiografia conforme eu ludicamente a denominei—antes de Collins. Beresford conhecia bem Sullivan, uma outra afortunada coincidência; e quando eu lhe enviei uma sinopse razoavelmente completa, eles aceitaram as minhas propostas de bom grado. Passei um pequeno feriado em Paris, principalmente para dar à Macaca um bom momento à beira-mar, e no meu retorno aquietei-me para o ditado.

~ 93 ~

UMA OUTRA LINHA está agora entrelaçada no meu destino. Antes da guerra, um dos meus melhores homens na O.T.O. era um homem chamado Hammond. Ele era um gravurista de espantosa habilidade e tinha sido muito útil na preparação de placas para os diplomas da Ordem. Ele estava entusiasmado com o seu princípio e avançou rapidamente do IVº, ao qual ele tinha sido afiliado a partir do Arco Real da antiga maçonaria, para o muito exaltado posto de Grand Inquisitor Commander. Eu gostava tanto de Hammond pessoalmente que até lhe pedi para passar uma semana comigo em Paris e descobrir a vida, a qual até então significara para ele somente o estreito e sórdido círculo do Inglês da baixa classe média em partes de Londres mal distinguíveis de bairros de lata. Ele viu os céus abertos. Transbordando de gratidão e adoração, ele adquiriu o tipo de afecto por mim que um cão tem pelo seu mestre.

Ai! Este cão tinha a rabugem! Supostamente como o resultado da vacinação na infância com uma impura preparação, ele sofria as torturas da psoríase. A irritação era perpétua. Ele tinha tentado todos os conhecidos tratamentos e recebido nada mais que alívio temporário. (Eu acho que isto lança luz no meu carácter de que, desde que o conheci, eu nunca tenho esquecido, sempre que encontrei alguém que pudesse sugerir algum novo remédio, de perguntar-lhe acerca disso.)

Hammond executara o trabalho confiado a ele pela Ordem com rapidez e excelência para lá do louvor. Eu dei-lhe um novo trabalho da maior importância. Eu tinha escrito um pequeno tratado sobre o segredo central da O.T.O. para os membros do IXº, e propus emitir isto gravado em relevo no estilo de títulos em papel timbrado e ilustrado com numerosos desenhos simbólicos. Hammond cortaria os moldes para o texto, um trabalho realmente tremendo. A recompensa era, claro, consentânea. Implicava a iniciação dele ao IXº, o que de outra forma poder-lhe-ia ter custado anos de esforço. Mas agora aparecia um defeito estranho no carácter do homem. Depois de preparar quase um terço dos moldes, ele cessou. Eu estava fora de Londres. Cartas e telegramas às vezes não eliciavam resposta; às vezes ele escrevia explicando o seu fracasso e prometendo imediatas rectificações; mas eu não conseguia mantê-lo no padrão, mesmo quando voltei; e eu não poderia ficar zangado com ele, mesmo que apenas por causa da sua doença, a qual me parecia a escusa para a conduta dele. Tampouco queria eu ferir tal afectuoso entusiasmo. Em sua devoção, ele tinha até ligado para o seu último filho depois de mim, Aleister Crowley. Deixei Londres, deixando-o para concluir o trabalho da melhor maneira que ele pudesse.

Eu escrevi várias vezes da América, mas não consegui qualquer resposta. No meu retorno tentei encontrá-lo, mas sem sucesso. Tornou-se vitalmente importante restabelecer relações, visto que Cowie afirmava que a propriedade perdida da Ordem estava sob a responsabilidade dele. Eu tentei todos os tipos de planos, mas sem resultado. Um dia, no entanto, no momento em que a Macaca e eu estávamos a usar um atalho através do Soho, ela insistiu em perguntar a um dos seus antigos endereços. Eu objectei a perder tempo num certo fracasso. Mas ela insistiu e deu a volta. Incrivelmente o suficiente, nós encontrámo-lo. Ele ficou extasiado. Tomámos chá e jantámos juntos, e depois fomos com ele para a sua casa em Highbury. Ele tinha alguns dos bens que faltavam e guardara-os fielmente com todo o cuidado possível. Fiquei enlevado ao descobrir que a minha confiança não tinha sido extraviada em pelo menos uma instância. Recompensei a lealdade dele conferindo-lhe o IX° O.T.O. O prémio deveria ter sido infinitamente precioso, pois colocou nas mãos dele uma cura quase certa para a sua aflição vitalícia. Realizámos numerosas conferências e planos concertados para restabelecer a Ordem em Londres, tendo a antiga Loja suspendido os seus trabalhos em consequência do ridículo ataque descrito em "The Last Straw". Para maior conveniência, foi decidido que a Macaca e eu deveríamos alugar o último andar da casa dele, coisa que fizemos no meu retorno do Continente.

Mas agora uma nova provação era preparada para mim. Apesar da sua qualidade, o Macaco de Thoth começou a mostrar os efeitos da sua longa tensão, ansiedade e sofrimento. Chamei um médico que suspeitou do início de tuberculose pulmonar, complicada com fraqueza nervosa tão grave que praticamente todos os seus reflexos foram abolidos. A coragem da rapariga é tão infernalmente sublime que ela realiza milagres de camuflagem para impedir que eu descubra a sua condição com receio de que a minha ansiedade me distraísse do meu trabalho. Mas finalmente o gato estava fora do saco. Era imperativo que ela voltasse imediatamente a Cefalu e recuperasse a sua saúde através de liberdade longe do trabalho e da ansiedade, ar fresco, comida fresca, exercícios fáceis e cuidados médicos. Era fácil prescrever esta cura, mas a sua execução era outra questão. Passei a semana seguinte acossando por Londres para arrecadar dinheiro suficiente para a viagem dela e para as despesas de subsistência das próximas semanas. Eu penhorava cada objecto de valor e extraía cada centavo que eu pudesse de cada pessoa que eu conhecia. Finalmente consegui e lá foi ela para a Sicília. Ela melhorou imediatamente. Um mês depois, era quase ela mesma novamente, embora, é claro, ela precisasse de um longo período de cuidados para substituir a capacidade vital que ela havia gasto ao serviço da Grande Obra.

Eu, também, estava muito longe de estar bem. A minha desesperada situação, a minha ansiedade em relação ao bem-estar daqueles por quem eu me tornara responsável, incessante excesso de trabalho e as eternas decepções estavam começando a derrubar-me. Nesse momento uma carta foi-me encaminhada de Cefalu, endereçada a mim por Betty Dartnell. O louco marido dela levara-a e à sua filha para a Colúmbia Britânica, penso que em 1913. As novas condições tinham-na transformado. Quando a vi em Victoria, em 1915, a flácida libertina, sensual e debochada, tornara-se asseada, muscular, elegante, de olhos brilhantes e autocontrolada. Implorei-lhe para romper inteiramente com o seu maníaco, o qual estava constantemente à deriva em rumos mais loucos. Ela estava muito perto de eliminar o pintor, mas não conseguia dar um passo irrevogável. Eu só tinha uma hora com ela. Se eu pudesse ter ficado uma semana em Victoria, poderia tê-la resgatado. Logo depois eles foram para Los Angeles, onde Dartnell entrou no emprego cinematográfico e começou a escrever enredos. Naquela multidão de degenerados debochados, a própria insanidade dele não era tão fatal como em ambientes mais sóbrios. Ele começou a escrever para mim voluminosas cartas delirando sobre alguma estrela de cinema ou outras que "deus projecta para alma gémea dele! E o que deveria ele fazer? Deveria ele render-se a um impulso incasto?" Página após página, ele derramava a mais violenta megalomania. Eu escrevi de volta o conselho óbvio; agir sensatamente sem imaginar que o sistema solar iria arrebentar por conta das explosões sexuais dele. Por fim, até mesmo Los Angeles achou-o um incómodo.

Lydia Yonska tivera pena dele num momento em que ele estava desesperadamente a precisar de dinheiro. Ele mostrara a sua gratidão amofinando-a com as mal acolhidas atenções dele, chegando a entrar em casa dela à noite através de uma janela aberta e assustando-a com frenéticos protestos e ameaças. Ela viu-se obrigada a proteger-se. Dartnell escreveu-me uma longa carta caluniando-a. Ele disse que ela era uma vampira e tentara seduzi-lo, e na recusa dele começara a persegui-lo. Ela havia sido incumbida pelo diabo para destruir as almas dos homens, e Deus havia-o designado para vingar as vítimas dela matando-a quando a oportunidade fosse oferecida.

Aconteceu que Madame Yonska estava em Nova Iorque quando esta carta chegou até mim. Na verdade, eu conhecera-a alguns dias antes e pintei o retrato dela, um dos meus melhores quadros, por falar nisso. Eu pensei em avisá-la e mostrei-lhe a garatuja dele. Ela contou-me, é claro, os verdadeiros factos narrados acima.

Desde aquela época, o Inverno de 1918-19, eu não mais ouvira falar dele directamente. Mas Jane Wolfe tinha-os visto bastantes vezes em Los Angeles. Eles separaram-se definitivamente. (Eles sempre faziam isso, mas sempre o louco havia de voltar e começar uma nova disputa.)

Sheila, sua filha da primeira esposa dele, agora na adolescência, mostrara a mácula da insanidade dele ao desenvolver cleptomania incurável. Tendo herdado também a esperteza e astúcia do seu pai, os roubos dela escaparam à detecção por muito tempo, com o resultado natural de que as pessoas inocentes estavam sempre sofrendo com os delitos dela. Mesmo quando descoberta, ela conseguia muitas vezes colocar os seus crimes em outras pessoas. Ninguém aceitaria a responsabilidade de cuidar dela. Ela retornara com os seus pais para Inglaterra. Betty e ela moraram numa casa grande em Cleveland Gardens. Dartnell escondera-se em Devonshire, aparecendo apenas quando algum demoníaco impulso, para fazer maldade, se apoderava dele. Desde 1920, Betty tinha escrito para Jane em busca de ajuda e conselhos. As obsessões sexuais dela tinham começado a transformar-se em canais religiosos, como tantas vezes acontece com as mulheres ao atingirem os quarenta anos. Jane implorou-lhe que viesse a Cefalu e desenvolvesse o seu eu espiritual e moral além do alcance da tentação constante de Londres de afogar a aspiração dela em bebida e devassidão. Betty sabia em seu coração que a sua única salvação estava em tal decisão. Mas a sua quase completa falta de autocontrolo impediu-a de mergulhar de cabeça.

Tais eram as condições em que ela escrevia directamente para mim, implorando-me para levá-la na mão e salvá-la da lama fedorenta em que ela se sentia lentamente sendo sugada.

Eu tomei esta carta como um sinal. Certamente era estranho que eu ainda estivesse em Londres. Os atrasos que me tinham irritado e desorientado tornaram-se compreensíveis. Eu fui até Cleveland Gardens. Betty estava fora. Sheila, a qual eu não tinha visto desde que ela era um bebé, deu-me chá. Ela fascinou-me e horrorizou-me. Eu nunca tinha visto uma rapariga tão perfeitamente malvada. Ela não tinha vestígio de coração. Tal cinismo caloso teria sido abominável numa libertina de sessenta. Uma malícia sinistra espreitava nos seus comentários mais casuais. A desonestidade dela era avassaladoramente evidente na sua aparência, não menos do que nas suas palavras. Os seus olhos brilhavam com horripilante contentamento. Isto sugeria que ela imaginava-se como uma espécie de flagelo para infligir sofrimento obsceno sobre qualquer pessoa que pudesse conhecer. Eu esperei algum tempo na esperança de que Betty retornasse.

Ela não o fez e isto foi organizado para eu vir ao chá no dia seguinte.

Eu encontrei-a num estado curioso. Ela tinha perdido a maior parte da salubridade e saúde que desfrutara quando a vi pela última vez. Ela sabia que estava indo morro abaixo e correndo o risco de tropeçar e cair sobre os penhascos no escuro. Ela apegou-se às aspirações espirituais como a sua única esperança e contou-me as suas experiências. Elas pareciam-se bastante com as de Jane, mas certos incidentes eram indubitavelmente evidentes de uma comunicação genuína com inteligências de uma ordem muito alta de iniciação. O seu problema era que ela não dispunha dos meios de discriminação entre a mais desprezível baboseira e a mais exaltada verdade.

Ela implorou-me para ficar em casa dela até eu partir para Cefalu, insistindo que eu estava doente e em necessidade de cuidados amorosos. Ela superou a minha hesitação enfatizando a sua necessidade de uma mão forte para guiá-la e ajudá-la. Finalmente eu consenti. Eu estava bem ciente de que ela era precisamente uma daquelas erradas pessoas diante da mistura com quem o "Yi" tão seriamente me tinha avisado. Fui com os meus olhos bem abertos, dizendo a mim mesmo: "Seja qual for o prejuízo que possa advir disto, não deixa de ser meu dever salvar a alma desta mulher. Guardarei o meu juramento, aconteça o que acontecer!"

No início as coisas foram bem além da minha mais alta esperança. Mostrei-lhe como invocar os deuses e banir as entidades maléficas e malignas que até então tinham-na enganado pela personificação delas. O primeiro experimento foi bem-sucedido. Ela trouxe de volta informações de grande valor. A sua verdade e a exaltada natureza do ser que a proferiu eram garantidas por evidência interna da mais estrita exactidão. Pouco depois disto o sol entrou no signo de Libra. Eu escolhi-a para me ajudar a obter a palavra do equinócio de Outono. Ela fez bem. A palavra foi dada por ela como "THIGHS", à qual ela atribuiu o número 542 e o significado "Luz, Olhos, Chama e Vontade".

Eu escrevi isto em Hebraico: *Teth* + *Ayin* + *Shin* + 93, que pode ser pronunciado Thighs. *Teth* é a letra de Leão, a Casa do Sol, e, portanto, um hieróglifo de Luz. *Ayin* significa um olho. *Shin* é a carta de fogo ou chama; enquanto 93 significa Thelema— Will. Além disso, 542 é um número que eu há muito tinha procurado interpretar como sendo a média aritmética entre 418 (a Fórmula Mágica do Novo Aeon) e 666, a minha própria cifra. Eu nunca tinha conseguido encontrar uma palavra para expressar esta ideia da unificação da minha própria natureza com a da minha estrutura dinâmica. Isto deve certamente atingir a mente mais céptica como digno de nota de que uma mulher destreinada, totalmente ignorante de fórmulas cabalísticas, obteria palavras, letras e números, tão precisamente entrelaçados, um tão completo hieróglifo de uma ideia que desafiava a minha proficiência para analisar. Como é meu costume, eu procurei nos Livros Sagrados e no *Yi King* por uma interpretação da palavra no que diz respeito aos eventos dos seis meses seguintes. Vou mencionar um ou dois bons exemplos da confiabilidade de tal adivinhação.

1. O hexagrama que definiu o escopo do trabalho da Ordem foi "Kieh" significando "Regulamentos". Nos primeiros três meses sou descrito como incapaz de organizar os assuntos da Ordem. Mas nos últimos três, uma mudança repentina acontece. Um caminho é encontrado para estabelecer o sistema adequado.

Ora, até ao solstício de inverno, o caos ficou mais confuso do que nunca. Poucos dias depois, um homem subitamente apresentou-se precisamente ajustado para tomar a seu cargo a requerida organização. Eu digo subitamente, pois ele tinha firmemente resistido aos Chefes Secretos durante anos. A alma dele foi despedaçada por um terremoto e ele rompeu com o seu passado implacavelmente, dedicando-se inteiramente à Grande Obra a partir daquela hora em diante.

O trabalho da abadia foi descrito pelo 51º hexagrama "Kan". O primeiro mês indica ansiedade misturada com alegres relações com amigos. Até à última semana de Outubro fiquei realmente preocupado, mas encontrando muitas pessoas aprazíveis e desfrutando de agradável conversação com elas.

A linha dois indica o perigo que leva alguém a abandonar a sua imediata actividade e a ir para um lugar exaltado. Os afazeres que ele abandonou serão retomados sem esforço por parte dele. Isto descreve o meu último mês em Inglaterra, que trouxe uma nova crise nos meus assuntos. Larguei-os e fui para a alta casa de Cefalu. Depois de algum tempo, a abandonada actividade foi retomada.

Linha três. Para o Natal. Eventos surpreendentes ocorrem. Isto corresponde aos ataques à abadia nos jornais de domingo e na *John Bull*.

Linha quatro. A abadia está supinamente afundando na lama. Nós não conseguíamos fazer nada para melhorar a nossa posição e a nossa actividade foi prejudicada pela doença.

Linha cinco. Todos os caminhos em perigo e assaltados por eventos surpreendentes; há um entra-e-sai, que sugere a crescente tempestade de perseguição, os constantes ataques de problemas de saúde, e a irregularidade do trabalho, ou talvez até a morte de Raoul Loveday está implícita na palavra "sai".

Linha seis. Eventos alarmantes continuam causando esbaforido desânimo e ansiosa vigilância. Nesta pode-se ler a renovação dos ataques jornalísticos à abadia e o desencorajamento e preocupação produzidos pelos acontecimentos.

A minha própria fortuna foi descrita pelo 9º hexagrama "Hsiao Khu".

A primeira linha. "Retornando e seguindo o seu próprio rumo." Cumprido por minhas palestras e novos discípulos em Londres.

Dois. "Retornando", i.e. para Cefalu.

Três. Vários símbolos de um cheque para progredir e súbita oposição. Como aconteceu na publicação de *The Drug Fiend*.

Quatro. Mostra sinceridade evitando ataques assassinos. A minha atitude pôs fim aos libelos.

Cinco. A minha sinceridade atrai simpatia e auxílio. Isto foi cumprido pela adesão de vários novos discípulos.

Seis. "A chuva tem caído e o progresso tem sido verificado". A morte de Raoul colocou uma paragem ao meu trabalho regular.

Até mesmo os símbolos dos membros subordinados da Ordem prevêem precisamente as fortunas deles. Por exemplo, Hammond tinha o 32º hexagrama, cujo simbolismo é o de um carneiro tentando mais do que ele pode fazer, tornando-se enredado com os obstáculos, e finalmente sendo paralisado.

A descrição é maravilhosamente apurada. Ele fez rápidas tentativas ferozes para alcançar os seus objectivos. Eles ficaram desconcertados. Ele precipitou-se contra uma parede, foi enredado nas intrigas dos meus inimigos e, no final, viu-se incapaz de avançar para a vitória e de se desembaraçar das circunstâncias. Ele tinha-se comprometido com os meus interesses irrevogavelmente.

~ 94 ~

NO MÊS SEGUINTE, Betty organizou duas palestras sobre a Lei de Thelema em sua casa e trouxe um número de amigos para procurar a minha ajuda.

Uma de tais apresentações provou estar prenhe de fatalidade. Um brilhante rapaz, logo depois de Oxford, onde ele se distinguira pelas suas realizações em história, há muito tempo desejava conhecer-me. Por mais de dois anos, ele estudou os meus escritos mágicos com o maior entusiasmo e inteligência. O seu carácter era extraordinário. Ele possuía todas as qualificações para se tornar um Mágico de primeira linha. Eu projectei-o desde a primeira entrevista para ser o meu herdeiro mágico. Ele possuía, claro, os defeitos destas qualidades.

A ousadia dele tornara-o imprudente e a seu discernimento menosprezava os fenómenos. Ele tinha sido notório em Oxford como o líder de estouvadas escapadelas, numa das quais, escapando dos supervisores, ele dera um salto no escuro e aterrara num espigão que transfixou a coxa dele. Ele ficou entre a vida e a morte por alguns meses e ficou ainda fraco devido aos efeitos da perda de sangue. Pior ainda, percebendo o esplendor da sua alma, ele recusou-se a ser intimidado pela sua cicatriz, o que o levou a cometer a fatal insensatez de se casar com uma rapariga que ele conhecera num sórdido e sujo antro de bebida no Soho, chamado Harlequin, o qual era frequentado por pretensos artistas e suas fêmeas parasitas. Uma destas recebeu o nome de Betty May. Nascida num bairro de lata em East End, ela tornou-se um modelo de artista do tipo mais depravado. Ela fora casada e divorciada, recasada e enviuvada pela guerra. Na sua infância, um acidente danificara o cérebro dela permanentemente, de modo que as suas funções eram descontínuas, e ela não consertara o problema levando à cocaína com a idade de cerca de vinte anos. Depois de alguns anos de vício, ela encontrou-se usando um quarto de uma onça ou mais por dia. Ela subitamente assustou-se e curou-se mudando, primeiro para injecções de morfina e depois para o álcool comum. Ela não fazia segredo disto, e eu admirava-a imensamente pela sua franqueza acerca disto e pela sua soberba coragem em se curar. Ela era uma criança encantadora, terna e simples de alma.

No entanto, com tudo isso, Raoul não deveria ter-se casado com ela. Isto significava a esterilização do génio do sucesso na vida. Os efeitos malignos já eram manifestos. A sua carreira universitária foi encerrada. Os amigos que o poderiam ter ajudado recusaram-se a socorrer um homem que deliberadamente se afastara da decência. O mero facto do casamento, tivesse a esposa dele sido uma filha de duque, desqualificara-o para a maioria das posições que, de outra forma, poderiam ter sido abertas. Os pais dele eram pobres, feitos por si mesmos e apenas na periferia das classes médias. Eles não podiam ajudar. Ele lutara muito para conseguir ímpares artigos em vários periódicos. Ele e Betty viviam num quarto imundo na rua Fitzroy, um antro pestilento, gélido e verminoso, fedendo do miasma daquela grande classe que ao longo dos anos sobrevive por meio de furtiva astúcia em ocupações duvidosas. Eles estavam a viver da mão para a boca, com o desastre eternamente assomando à frente, e o sussurro de esperança mais fraco e débil à medida que cada esforço terminava em fracasso.

Mais uma vez, eu pensava ter visto o desígnio dos deuses. Este era o homem que eu tinha necessitado durante os últimos dez anos, um homem com todos os dons que um Mago poderia precisar, e já preparado para a iniciação pelo conhecimento praticamente completo, não só dos elementos mas também da essência de Magick.

Eu não perdi tempo. Pedi-lhe que se juntasse a mim e trabalhasse comigo até que a sua iniciação estivesse completa. A minha proposta não apenas cumpria a mais santa esperança da alma dele, como também resolvia o seu problema material. Na abadia ele seria capaz de fazer carreira como escritor, visto que não podia esperar fazer isso no ambiente repugnante da vida nos bairros de lata em Londres. A saúde dele também exigia urgentemente uma mudança completa. Ele já estava doente em intervalos frequentes. Durante o mês de Outubro, a imundície da Fitzroy Street fixou as suas fétidas presas na garganta dele. Tanto ele como Betty escaparam da morte por um fio de cabelo. Isto determinou-o a aceitar a minha oferta que eu tinha renovado numa longa carta escrita a partir de Roma. Eu estava igualmente ansioso para resgatá-lo dos verminosos vagabundos, esquálidos e obscenos, que constituíam a corte da Rainha Betty. Ele levara-me ao Harlequin uma noite. Num canto estava a sua esposa, três cordas ao vento, nos joelhos de um emporcalhado vadio, apalpada por um magote de suínos obscenos, esbaforidos de voracidade. Ela entregou-se avidamente às grossas e bestiais dedilhadas deles e ficou cantando com uma voz requintada, a qual poderia tê-la colocado entre príncipes, uma canção fútil e interminável, com um coro indecente no qual todos se juntavam, roucos e rudes de bebida e doença. A beleza e o charme da rapariga, a pura música das notas dela, enfatizavam o contraste com a incarnada boldreguice que enxameava sobre ela. Eu esperava uma explosão. No lugar de Raoul, eu teria caído como um raio no suíno e conduziria-os para a rua, levaria a minha esposa directamente para casa, lavá-la-ia e censurá-la-ia, e dir-lhe-ia que se isto acontecesse de novo, eu terminaria. Mas ele, pobre rapaz inocente, tomou tudo como uma rotina.

Eu não sou puritano, como espero que este livro possa provar. Mas paixão é uma coisa e sujeira uma outra. Na minha carta, a partir de Roma, eu escrevi a nua verdade— que um homem de Oxford deveria cuidar da sua esposa e que se ele se misturasse com tais criaturas a infecção seria inevitável. Eu acho que meu directo discurso abriu-lhe os olhos. Ele colectou o dinheiro necessário e veio para a abadia. Betty fizera o seu melhor para segurá-lo em Londres. A única ideia dela sobre a vida era esta chafurdice na pocilga, acariciada pelo focinho do porco do Soho.

O sucesso de Betty Dartnell no seu trabalho espiritual aumentou o seu entusiasmo a princípio, e eu era ainda tão jovem em experiência que isto surpreendeu-me um dia, quando ela entrou no meu quarto cheia de desnecessário ramerrame alegando vir de algum anjo. "Nada tens aprendido em todo este tempo?" Disse eu. Isto não era nada bom. A verbosa pomposidade e as extravagantes promessas do falso significavam mais para ela do que a calma sabedoria do verdadeiro. Tendo caído num plano, os outros eram simpaticamente afectados. No dia seguinte ela estava irremediavelmente bêbada, quebrou o compromisso da noite para trabalhar comigo e foi para o Harlequin. Ela trouxe para casa meia dúzia de vagabundos bêbados e as amigas deles com um suprimento de uísque. Eles beberam até ao entorpecimento e dormiram em toda a parte da casa como tantos suínos. O deboche produziu a reacção usual. Betty Dartnell arrependeu-se e prometeu nunca mais fazê-lo. Mas ela não faria a única coisa que a teria salvado, cortar aquela companhia de uma vez por todas. Ela encontrava desculpas para eles. Ela convenceu-se de que era seu dever resgatá-los, o que, é claro, significava apenas que subconscientemente ela almejava pelo oblívio do lamaçal.

Escusado será dizer, eu não repeti o aviso. Concentrei-me no meu trabalho, pronto para recebê-la de volta à camaradagem sempre que ela escolhesse. Mas ela começou a ver-me como um esqueleto no banquete. Eu era um avatar da consciência dela. Ela em conformidade fez o que as pessoas que estão determinadas a seguir o caminho da prímula[57] sempre fazem com consciência. Ela evitou-me quando pôde e insultou-me quando não conseguiu, com o objectivo final de me eliminar completamente. Nisto, claro, Sheila incentivou-a ansiosamente.

Ficara entendido que Betty Dartnell iria comigo para Cefalu assim que os necessários arranjos pudessem ser feitos. A proposta era vantajosa para ela em todos os sentidos. Progresso espiritual, reconstrução moral, bem-estar físico e liberdade económica. Ela viria provisoriamente por três meses e depois consideraria planos futuros. Nestas circunstâncias, eu senti-me livre para pedir emprestado vinte libras dela. Para isto eu

---

57 N.T.: em busca de prazer, resultando em consequências desastrosas.

dei-lhe a minha anotação de dívida no final de Outubro no entendimento de que, se por alguma infelicidade eu não fosse capaz de lhe pagar, isto deveria ser considerado como um adiantamento das dívidas dela à abadia. Apenas alguns dias depois veio a relapsia dela e a partir desse momento ela fez tudo em seu poder para evitar que eu fechasse qualquer um dos meus acordos de negócios. Foi, portanto, inteiramente por culpa dela que eu não consegui atender a anotação na data em que ela se tornou devida. Eu expliquei a posição e ela teve um movimento generoso de real remorso pelo facto do seu colapso moral ter-me magoado tanto quanto a si mesma. Ela prometeu emenda e disse que viria para Cefalu o mais cedo possível, sendo as vinte libras creditadas a ela. No dia seguinte, porém, ela foi novamente atacada por histeria. Sheila aproveitou a condição meio enlouquecida dela para fazê-la passar o fim-de-semana inteiro com alguns amigos no país enquanto se livrava de mim.

Eu tinha observado esta infeliz criança com grande cuidado, na esperança de encontrar algum remédio para a sua paranóia. Senti pouca esperança. A malícia estava enraizada na essência dela. Ela roubou, a torto e a direito, a mim e aos outros na casa. Nunca foi possível provar a culpa. A evidência resumia-se meramente a isto: que ela era conhecida por ser uma ladra e somente ela tinha a oportunidade na maioria dos casos. O elemento insano era manifesto; ela roubava por roubar. Ela roubava coisas que ela não poderia ter vendido por seis pence. Eu suspeito que parte do complexo dela era que ela gostava do incómodo causado pelo roubo.

Betty uma vez fora do caminho, Sheila contou-me uma série das mentiras mais estúpidas que eu já ouvi, cada uma delas absurda e incompatível com os conhecidos factos em si, e em contradição com o resto das observações dela. Ela então começou a trancar todos os cómodos e a esconder todas as chaves com pretextos ridículos, de modo que eu não conseguia chegar a vários artigos para os embalar. Decidi, é claro, ir para outro lugar na primeira oportunidade, e só fiquei inicialmente para me convencer de que eu tinha feito tudo o que podia para salvar Betty do terrível abismo para o qual ela se dirigia e, depois dela ter partido, em ordem a estudar a psicologia da pobre Sheila. Eu vi Betty mais duas vezes antes de sair de Londres. Ela tinha começado a perceber que tola ela tinha sido e prometeu em sua honra juntar-se a nós um mês depois. Nós separámo-nos em perfeita amizade mas, sendo removida a minha influência, os planos de Sheila para destruir a sua madrasta, corpo e alma, prosseguiram alegremente. Ela deixou-a bêbada e conseguiu um homem, a partir de um dos jornais de domingo, para uma entrevista. Betty foi treinada até à indignação contra mim. Ela entortava todas as minhas palavras e acções para o mal, e aquelas que envolviam a cooperação dela eram distorcidas. A maioria das suas declarações eram descaradas falsidades e o resto falsificações de factos. Quando esta imundície foi publicada ela viu por um momento o quão vilmente ela tinha sido induzida a agir, e escreveu para mim expressando o mais amargo remorso; mas, ao mesmo tempo, alegando que eles a tinham denunciado falsamente. Eu roguei-lhe para fazer as pazes da única maneira possível; apresentando-se publicamente e testemunhando sob juramento a falsidade das alegações. Ai, pobre Betty! Isto tem sido a maldição da sua vida, de modo que ela não pode agir decisivamente.

Sheila tinha ainda mais uma oportunidade para roubar de mim e ela aceitou. Ela sabia para onde eu tinha enviado os meus bens para serem armazenados, e adivinhando que eu tinha deixado em Londres tais coisas que eram inúteis na Sicília, telefonou para o armazenista, anunciou-se como Sra. Crowley, e disse-lhes que enviassem para ela os bens que eles mantinham por minha ordem.

Não abona a favor dos regulamentos da empresa que este transparente truque tenha sido bem-sucedido. Eles tinham instruções estritas para manter os bens à minha ordem ou à de Hammond, e foi certamente um choque descobrir que eles iriam separar-se de bens, confiados à custódia deles, numa declaração sem suporte, duma pessoa desconhecida, de que ela era a minha esposa.

Betty May & Raoul Loveday

Agora preciso de retraçar os meus passos até ao Verão. Austin Harrison tem uma casa em Seaford onde ele mora com a sua esposa, uma senhora encantadora a quem ele tinha bem-sucedidamente removido a protecção do anterior marido dela. Ele trabalhou o esquema com habilidade extraordinária. Um homem da sua proeminência em Londres poderia expectar os detalhes mais completos em todos os jornais de um processo de divórcio em que ele era co-demandante. Mas ele tratou o assunto tão astuciosamente que apenas alguns dos seus amigos íntimos conseguiram ficar a par do jogo.

Aquando em Londres, ele tinha os seus aposentos na casa de um homem chamado Robinson Smith, um aposentado agente de espectáculos com uma esposa aparentemente seleccionada a fim de evitar que ele imaginasse que a vida nada é senão música. Eu conheci-o em Seaford um dia depois de jogar golfe com Harrison. Nada de mais transpirou a não ser mais tarde em Londres, ele subitamente apareceu no carácter de um irmão adepto. As suas realizações eram consideráveis, embora o seu conhecimento fosse assistemático e o seu julgamento correspondentemente desequilibrado. Mas o seu génio e o seu entusiasmo aqueceram as conchas do meu coração. A sua ideia de ajudar a humanidade era através da simplificação social e do reajuste económico, com as correspondentes rectificações noutras direcções. Ele concedia à sua inspiração demasiada liberdade. Sendo tarde na vida quando ele se dedicou exclusivamente à Grande Obra, ele não tinha aprendido que Pegasus deveria ser montado com freio quando cavalgando com amigos que montavam trotadores espaventados. Harrison constantemente insinuava que ele era louco. Isto ele não era. Mas eu achava que o amigo dele e sua esposa estavam a conspirar para colocá-lo num asilo; de facto, eu fui definitivamente avisado pelos Chefes Secretos do perigo dele, e escrevi em linguagem velada, tendo em vista a correspondência dele poder ser adulterada, para colocá-lo em vigilância.

A respeito da gentileza dele, eu devia ter sido capaz de deixar Londres de qualquer modo. Ele pagou-me um mês adiantado pela sua sugerida visita a Cefalu no Natal.

Na sua casa em Gordon Square ocorreu um incidente muito divertido, o clímax de toda uma série. Começou assim. H. L. Mencken tinha-me escrito para esperar a sua visita numa determinada data. Nós havíamo-nos correspondido muito enquanto eu estava na América. Mas ele morava em Baltimore e eu não consegui um encontro com ele. No dia aguardado, eu vi num periódico uma nota de que ele havia chegado e fui imediatamente ao escritório da *English Review* esperando que ele ligasse. Nenhuma palavra tinha chegado, então nós pensámos em ir procurá-lo e, assumindo que ele estivesse hospedado no Savoy, telefonámos. "O Sr. Mencken está no almoço. Por favor, espere!" Dentro em pouco ele veio ao telefone.

Recebi-o calorosamente depois de lhe dizer quem eu era e fiz as usuais perguntas gentis. Sim, ele tivera uma viagem agradável. Obrigado, a sua saúde estava excelente. Bem, claro que ele estava muito ocupado. Ele possivelmente não poderia jantar naquela noite, mas não iríamos nós ligar para o hotel acerca disto? Nós iríamos e nós ligámos. Ele seria desengatado em cinco minutos. Poderíamos nós esperar?

Era o dia do funeral de Northcliffe e Harrison entrou em contacto com algum amigo que tinha estado entre os enlutados. Enquanto assim comprometido, Mencken apareceu. Eu cumprimentei-o com entusiasmo, embora não um pouco surpreso com a aparência dele. Eu não esperava ver um gigante, tão robusto e caloroso, tão rubicundo. Não era de todo a ideia que eu tinha sobre o que deveria assemelhar-se com o mais afiado crítico dos Estados Unidos. Todavia, nós caminhámos para a sala de fumar. Harrison juntar-se-ia a nós em poucos minutos. A conversa tornou-se fluente e amigável. Ele pediu o melhor *brandy* e os maiores charutos. Mas, de alguma forma, eu não pude deixar de sentir que a reacção dele às minhas observações era peculiar. Poderia eu tê-lo ofendido de alguma forma? Impossível; ele era a própria afabilidade! Então o porquê de ele não conseguir pegar fogo com as minhas sugestões, ou mesmo apreciar os cordiais elogios com os quais eu intercalava as minhas observações.

Ele, por seu lado, parecia embaraçado. Mas nós tínhamos conversado praticamente dez minutos antes que ele dissesse: "Você desculpar-me-á, tenho a certeza, mas não compreendo o que você quer dizer com essa última observação." Isto foi um absurdo. Foi um comentário perfeitamente simples e directo sobre o último livro dele. Eu comecei a suspeitar que ele estava a passar-me a perna nalgum supersubtil sistema inventado desde o meu retorno à Europa. "Você tem a certeza?" Disse ele...e depois parou. "Não tenho a certeza de nada," retruquei, "é exactamente aí que um crítico com a sua habilidade entra para guiar as nossas andanças." Ele apologeticamente respondeu que nada estava mais longe da sua mente do que criticar qualquer coisa que eu dissesse. Ele concordou inteiramente; mas o que ele queria saber era—bem, para ser claro, quem era eu e por que pedira eu para vê-lo? "Mas você é Mencken!" Arquejei eu. "Sou certamente." Admitiu ele. "Bem," disse eu, "eu sou Aleister Crowley." Ele curvou-se profundamente. "Eu não duvido por um segundo, mas como eu não tenho tido o prazer de ouvir o seu nome até agora..." Eu vi uma grande luz. "O céu me ajude como a um louco." Clamei eu. "Você não pode ser o meu Mencken, de todo!" Explanações tomaram lugar. Ele era um homem de negócios da África do Sul. Neste momento, Harrison aproximou-se casualmente e todos nós apreciámos o gracejo por cima de mais *brandy* e charutos ainda maiores.

Quando o verdadeiro Mencken se mostrou, a narrativa da conversação sacudiu a mensagem—Jane Burr. Esta senhora havia recentemente chegado a Londres e criara um escândalo de *silly-season*[58] andando de um lado para o outro em *Knickerbockers*[59].

---

58 N.T.: "temporada frívola"
59 N.T.: bermudas

Nesta frágil fundação, ela erigira uma superestrutura de ética sexual que aborrecia os instruídos, estimulava os reprimidos e escandalizava os ortodoxos. Naquela noite, ela seria a leoa numa recepção em casa de Robinson Smith. Eu disse: "Que podre esta acrobática actividade de sensação. Eu trarei uma rapariga que usa *knickerbockers* pela conveniência deles ao desempenhar Thelema e ao escalar rochedos na Sicília. Esta Miss Burr parecerá um modelo dos de Madame Tussaud ao lado do original."

Eu não sabia que Jane Burr seria escoltada pelo próprio Mencken, e ele contou a ela o que eu havia dito. A Macaca em seu florido traje preto e meias, usando a estrela escarlate e prateada do templo, chegou comigo e Harrison. Alguns consideraram-na ser Jane Burr, mas todos foram espontâneos na admiração. O sucesso dela foi devido a ela ter o segredo de usar roupas, abstraída da existência delas. Ela foi aclamada a Rainha da Noite quando Jane Burr chegou. Ela percebeu que não tinha chance contra a coisa real, colocou os seus princípios em congelo e vestiu o seu melhor vestido de noite. Ela fez o seu melhor para desapossar a sua rival, mas o fracasso foi grotesco. E o pior de tudo foi que o caso chegou aos jornais. A retractação dela arruinara a sua chance de ser levada a sério.

Os incidentes da minha campanha em Londres têm-me forçado a um rumo um pouco ziguezagueante. Mas acho que este completa a conta. Eu preciso de adicionar apenas um breve epítome dos meus sucessos.

Além do *The Diary of a Drug Fiend* e da minha auto-hagiografia, eu tinha contratado com Collins para a publicação de *Simon Iff*. Por este eles comprometeram-se a pagar-me um adiantamento equivalente às vendas de subscrições do *The Drug Fiend*. Eles prometeram deixar-me ter este antes de 9 de Novembro. Eu também tinha vendido a Ralph Shirley os direitos da minha tradução de *La Clef des Grands Mystères* de Eliphas Lévi em forma de volume, e ele pagara-me o adiantamento devido. A posição era a de que, ao sair de Londres, eu tinha cerca de vinte libras em mão, depois de pagar a minha passagem, e possibilitando a mera subsistência na prometida palavra de Collins, Hammond e Austin Harrison.

Todos os três falharam comigo! Se eu tenho sobrevivido, é porque os deuses têm algum uso ulterior para mim. Os meus próprios esforços enguiçam todas as vezes, e em circunstâncias tais que a improbabilidade do feito deles é enorme. Um milagre combina com outro. Se eu fosse mesmo tentado a duvidar que a minha carreira é planeada em cada detalhe pelos meus superiores espirituais com a precisão de um jogador de xadrez cujas peças são impotentes para se mover excepto ao seu comando, incidentes deste surpreendente género trar-me-iam de volta com uma sacudidela para um senso de realidade.

~ 95 ~

EU INTERROMPI a jornada em Roma. Ao longo todo o norte da Itália nós fomos presos por bandidos Fascistas que haviam ocupado as estações ferroviárias. Foi o dia do golpe de Estado. Por algum tempo eu interessara-me pelo Fascismo, que eu considerava com inteira simpatia mesmo excluindo a sua ilegitimidade na base de que a autoridade constitucional tinha-se tornado, para todos os efeitos, uma letra-morta. Fiquei encantado com o bom senso do seu programa e fiquei especialmente satisfeito com a sua atitude em relação à Igreja. Foi proposto usar meios forçosos para impedir que o Vaticano empregasse a influência dos sacerdotes para alcançar fins políticos. Eu também estava convencido da importância do movimento e do seu sucesso quase imediato. Fiz o meu melhor para convencer Austin Harrison da solidez do meu julgamento. Ele desdenhou da coisa toda e só depois de um interminável argumento persuadi-o a deixar-me escrever um artigo sobre a situação. Ele finalmente concordou, e eu persegui em toda a Londres por um representante do Fascismo de quem eu pudesse obter material documental para o meu artigo.

(A sequela é característica de Austin Harrison. Ele publicou um artigo escrito não por mim, mas por um dos homens que eu havia descoberto, e ele nunca me pagou um centavo pelo meu trabalho, o qual me manteve ocupado a maior parte do tempo por uma semana.)

Os Fascistas que patrulhavam a ferrovia eram encantadores. Eles tinham todas as pitorescas imagens de operísticos salteadores. Estavam armados com o mais variado sortimento de armas. Eles tinham a irregular disciplina dos bandidos, coisa que claramente eles, de facto, eram.

Os meus amigos Ingleses tinham antecipado o sucesso do movimento a suceder naturalmente nas próximas eleições. Mussolini não aceitaria o poder, disseram-me eles, mesmo que fosse oferecido. Ele tinha muito senso. Eu consequentemente fiquei espantado ao ouvir falar do golpe de Estado. Roma estava louca de entusiasmo. Os Fascistas invadiram toda a cidade. Achei admirável o comportamento deles. Eles policiaram as cidades e suprimiram qualquer tentativa de violação da paz com a máxima eficiência; mas, apesar de tudo, as minhas primeiras dúvidas perturbaram o meu prazer pela vitória. Eu achei que Mussolini estava a agir precipitadamente ao derrubar as constituições. Não somente era uma reacção certa a seguir, como sempre quando o sucesso não é o florescimento final do crescimento regular, mas eu previ que Mussolini seria obrigado a fazer política tão fatalmente quanto os seus predecessores, a fim de sobreviver às primeiras poucas crises do seu governo.

A minha apreensão revelou-se muito verdadeira. Quase de imediato, ele teve de vender a sua alma ao Vaticano, em quem um verdadeiro estadista teria reconhecido o seu adversário mais perigoso. Tal como o diabo, Roma cuida de que a sua parte, por mais justo que pareça superficialmente, envolva realmente a doação de nada e a repetição de tudo. Durante o Inverno eu nada ouvi do mundo exterior, mas, quando fui a Nápoles, em abril, descobri que as minhas piores expectativas tinham sido superadas. O preço do poder provou ser exorbitante. Mussolini estava falido. Ele tinha sido compelido a comprar apoio papal, tentando restabelecer a hora mais negra da Idade das Trevas. Superstição e sacerdócio eram os verdadeiros mestres. Isto não se poderia suportar. Um país não pode eliminar a evolução de mil anos sem se tornar uma absurdidade de ópera-bufa. Eu comecei imediatamente a escrever epigramas contra Mussolini, e cada novo acto de farsesco desvario e empolada fanfarronice fornecia-me novos factos para o fogo da minha ira. A minha própria experiência pessoal deste farsesco despotismo, embora caracteristicamente ridículo, não aumentou a minha indignação ou desprezo. Não houve carência de muito melhor material.

Passei três dias em Roma, observando o curso dos acontecimentos. Tudo decorria calmamente, então eu fui até Cefalu. Os meus problemas começaram quase imediatamente devido aos três homens em quem eu confiara e que tinham faltado à palavra, acima narrado. Em todos os outros caminhos, as coisas estavam em boa forma. Eu estabeleci-me para ditar estas memórias com a minha energia habitual. A Macaca e Jane revezaram-se para anotar a minha história e dactilografá-la. No dia 26 de Novembro, mais ajuda chegou. Com grande bondade, Robinson Smith emprestara dinheiro suficiente a Raoul para fazer a viagem. Tanto ele como Betty ainda estavam a sofrer dos restos das feridas sépticas da garganta e de caquexia geral, mas num mês ambos recuperaram a saúde.

No início Betty entediou-se. Ela suspirava pela excitação de ser maltratada por avinhados vagabundos nos antros embriagantes. Mas a limpa convivência e a atmosfera de amor e felicidade gradualmente desmamaram-na desse apetite artificial. Ela tornou-se uma gaia e distraída criança, encontrando prazer em cada detalhe da vida quotidiana. Ela andava cantando. Em ocasiões cada vez mais raras, ela repentinamente recairia no seu velho eu e sentir-se-ia miserável por algumas horas. Eu expectava isto, claro, e prestava atenção aos primeiros sintomas. Era suficientemente fácil confortá-la. Infelizmente, ela não era uma pessoa totalmente sã. A lesão no cérebro dela deu origem a sintomas difíceis de controlar. A completa dissociação da sua consciência pode ser ilustrada por incidentes como os seguintes.

Uma das suas ideias fixas era a de que ela era um milagre da modéstia. Ela costumava confidenciar com um ou outro de nós de que ela nunca permitira que ninguém, nem mesmo o marido, a visse nua. Isto parecia estranho face à sua carreira como modelo, e um dia ela apresentou um gordo pacote de fotografias de si mesma nua. Mas isto não foi, em nenhum sentido, uma confissão de que ela tinha estado a contar-nos mentiras. Ela mantinha muito sinceramente, com as fotografias sob os seus olhos, de que ninguém alguma vez a tinha visto nua. Este incidente é típico dela. Quase no mesmo fôlego, ela diria que nunca conhecera a felicidade até chegar à abadia, e que ela tinha sido uniformemente infeliz desde a sua chegada. Ela vangloriar-se-ia da sua superioridade em relação ao sexo e continuaria reclamando que o seu marido, absorvido no trabalho dele, estava a matá-la à fome. Ela procederia a reivindicar grande crédito por ser fiel a ele, mas nós descobrimos que ela estava conduzindo uma série de intrigas com os jovens sangues de Cefalu.

Raoul, por sua vez, justificou amplamente a minha fé no futuro dele. Algumas semanas de trabalho permitiram-lhe preencher as lacunas no conhecimento dele sobre Magick e unificar os seus elementos. Ele mostrou uma compreensão do assunto que era quase suficiente para satisfazer os requisitos do Grau 8º = 3º. Eu admiti-o como estagiário na Ordem no dia do solstício, e ele adoptou o nome A V D. Eu aconselhei-o a reprimir quaisquer ambições de passar rapidamente para Graus superiores e a concentrar-se na meticulosidade. Com admirável bom senso, ele concordou. Como evidência do seu incrível génio para Magick, deixa-me mencionar que eu mostrei-lhe uma tese que me havia sido enviada por um membro da Ordem em apoio ao seu pedido de admissão ao Grau 7º = 4º, o mais alto da Segunda Ordem, implicando conhecimento completo de todos os assuntos mágicos, e comando de todos os poderes. Frater A V D escreveu uma crítica desta tese para a qual eu não consegui encontrar nenhum tipo de erro. Não há actualmente uma dúzia de homens vivos que possam fazer o mesmo.

Na Magick prática, ele mostrou promessa da mesma ordem, embora, claro, não tendo anteriormente tentado qualquer trabalho do género, ele tinha muito para aprender. Mesmo assim, ele progrediu com surpreendente rapidez. Em quinze dias, ele foi capaz de realizar o Ritual de Banimento do Pentagrama suficientemente bem para produzir inequívocas modulações da Luz Astral. Ele adquiriu a faculdade de visões em surpreendente perfeição desde a primeira. A usual prática preliminar em explorações sem importância era desnecessária. Em Janeiro dei-lhe um talismã simbolizando o mistério alquímico de V.I.T.R.I.O.L. Ele viajou directamente ao correspondente plano do Astral, e entrou numa relação imediatamente com uma inteligência que deu o seu nome Neral, a qual demonstrou a sua autenticidade e autoridade na maneira aprovada por meio de letras e números, mas também por directas declarações que não tinham significado para Raoul, mas que eu reconheci como correctas exposições.

~ 96 ~

VIRANDO PARA outras matérias. No final de Novembro recebi um telegrama de Hammond que eu tomei como uma espécie de piada. Ele disse:

> Imprensa Inglesa afirma que você é culpado de encaminhar raparigas nas ruas em Palermo ou Nápoles e que você cumpriu sentença de prisão na América por tom de procuração (?) ans (resposta) per imperativ pire (contactar imediatamente).
> *(Assinado) HAMMOND.*

Eu respondi "Alegações totalmente absurdas". O meu único aborrecimento era ter de pagar pelo telegrama. Presentemente chegaram cópias dos periódicos de domingo relativos ao dia 28 de Novembro. Eu leio-os com incansável entretenimento. Eu havia lido no meu tempo uma grande quantidade de absoluto disparate mas nada tão compreensivelmente ridículo. Deu-me a maior alegria notar que praticamente todos os detalhes eram falsos. Havia, por exemplo, uma descrição da abadia, sem uma única falha na deturpação dos factos. Se uma coisa era branca, eles chamavam-na de vermelha, se quadrada, circular, se pedra, tijolo; e assim para tudo.

Eu não vi razão para tomar qualquer acção. Eu estava contente em aproveitar a absurdidade e lucrar com a publicidade. Infelizmente o senso de humor é raro em Inglaterra. Os meus amigos queriam que eu processasse o periódico por difamação criminosa, o que era muito bom, excepto que eu não tinha dinheiro suficiente para chegar a Nápoles, e muito menos a Londres, para não falar dos custos de uma acção contra uma corporação apoiada por milhões e a influência do seu coroado proprietário. Cinco mil libras não me teriam dado a mínima chance de cão. Incidentalmente, havia evidência interna no artigo de que eles não tinham corrido o risco de imprimi-lo sem terem a certeza de que eu não estava numa posição de processar.

Nos capítulos anteriores, eu tenho dado as minhas opiniões a respeito das acções de difamação em geral; eu deveria recusar-me a lutar em qualquer circunstância pela simples razão de que não posso perder o meu tempo com nada do género. Eu devo manter a minha concentração no trabalho criativo. Há uma objecção adicional, envolver-se com pessoas de mentalidades alienígenas.

O único infortúnio na matéria era que os meus editores reflectiam que, fazendo um grande negócio com bíblias e similares publicações piedosas, não podiam lucrar com a publicidade conforme era o claro dever deles fazer. Eles professavam toda a simpatia pela minha posição, mas insistiam em algum tipo de justificação antes de prosseguir com os seus contratos. Eu acho a atitude deles indesculpável. Eles vivem num país que se orgulha do desportivismo e jogo limpo conforme os seus direitos autorais, mas recusam-se a aplicar os seus princípios, para não falar da elementar justiça, aos casos que envolvem a suspeita de irregularidade sexual. A acusação é suficiente. Mesmo uma defesa pública bem-sucedida não clareia o carácter da pessoa atacada. É notório que a maioria das desculpas deste tipo é o resultado de um compromisso ou pagamento de chantagem e é universalmente assumido que todos são culpados das ofensas de que se conhecem pelo menos potencialmente capazes e cuja comissão é uma função de oportunidade e coragem moral. O sentimento de pecado assegura aos Ingleses que todos os homens são inevitavelmente transgressores.

O que nos atingiu como a melhor piada em todo o artigo foi a descrição da abadia como um foco de todos os vícios possíveis. Nós éramos todos viciados em drogas dedicando-nos ininterruptamente à indulgência em todas as abominações sexuais concebíveis. A nossa moralidade comparada favoravelmente com a do mais rigoroso puritano. A única irregularidade que alguma vez ocorrera em algum momento era a relação sexual entre pessoas não casadas, que é, afinal de contas, universal na boa sociedade, e no nosso caso não era contaminada por quaisquer características objectáveis à parte da questão da formalidade. Eu não compreendo por que deveria ser considerado desculpável seduzir uma mulher e abandoná-la à sua sorte, enquanto se alguém a recebe como uma amiga permanente e cuida do seu bem-estar, muito depois da ligação ter expirado, deveria ser considerado um canalha. A ideia parece ser a de que é imoral prevenir o amor, resultando em todo tipo de má vontade e infelicidade. Ó tolos e cegos, não contentes em inventar um pecado, vós insistis nos medos e dores que assombram os pesadelos dos escravos supersticiosos.

Por este período em particular, a nossa conduta era tão moral pelos padrões mais estritos que não seria igualada por nenhuma comunidade de igual número no mundo. Estávamos todos a trabalhar tão duro, para não falar de ter tão pouco para comer, que não tínhamos nem tempo nem necessidade de pensar em sexo. A única excepção foi Betty, e as suas acções não afetaram a abadia. Ela tinha de sair por simpatia em tais afazeres.

Dois eventos de influência de longo alcance sobre o curso dos acontecimentos ocorreram por volta do Ano Novo. Eu recebi um longo telegrama do meu velho amigo Bill Seabrook, pedindo-me fotografias e outros materiais para ajudá-lo a compor uma série sobre mim, opiniões e aventuras. Ele esperava distribuir isto amplamente em toda a América por meio da publicação simultânea num grande número de periódicos de domingo. O plano prosperou. Ele foi naturalmente prejudicado por ter de considerar o seu público. O incidente mais trivial e comum deve ser preparado com todo o possível tempero do sensacionalismo. Quando os factos falham, eles devem ser preenchidos com ficção, e onde eles obstruíram a selvagem carreira dele, eles devem ser distorcidos em forma fantástica. Ele fez o seu trabalho bem no geral. Ele era tão justo quanto a sua situação permitia e, no meu julgamento, o efeito final da sua polida mistura de facto e fábula será familiarizar o público Americano com o meu nome e despertar-lhes o interesse na minha carreira o suficiente para induzir os poucos indivíduos inteligentes, os quais têm lido isto, a investigar independentemente dentro dos factos do caso. O ponto forte da minha posição é que nada há na minha vida de que eu possa ter vergonha. A investigação deve inevitavelmente resultar na limpeza do meu carácter, e qualquer pessoa cuja atitude mereça um momento de consideração deve sentir uma reacção de indignação e nojo. O fedor do esgoto da calúnia ofenderá as suas narinas e ele insistirá em restaurar o equilíbrio por meio de longas inalações revigorantes do perfume da minha personalidade.

O outro evento foi o de uma semente que há muito dormia na escuridão subitamente subiu para a luz. A minha proposta, de que Sullivan devesse dedicar as suas habilidades matemáticas demonstrando a sublimidade da origem de *O Livro da Lei*, tendo falhado, eu pensei em Norman Mudd. Desde a escaramuça em Cambridge, ele afundara abaixo do horizonte, tendo emigrado para os reinos mais bárbaros e ignorantes da perdição; de facto ele tinha-se tornado professor de matemática aplicada no Gray University College, em Bloemfontein. Todos estes anos, a sua consciência nunca deixara de acusá-lo a respeito da sua conduta em Cambridge. Ele pensava sobre isto como a "grande traição".

Pela minha parte, eu encontro todas as desculpas por ele. Ele não era mais do que um rapaz, sem recursos, amigos ou influência. Contra ele estavam dispostas as entrincheiradas forças de autoridade. O poder destas era arbitrário e estendido por todos os práticos propósitos para vida e morte! Despojado da sua bolsa de estudos e expulso da universidade no momento mais crítico da sua carreira, ele ter-se-ia encontrado quase tão desesperadamente situado quanto um mendigo com um mau histórico, expulso do trabalho para o Aterro. No entanto, tão conscientes da sua própria culpa estavam os seus opressores de modo que eles temiam enfrentar as consequências de tal acção e, portanto, atacavam-no de várias maneiras; mesmo tentando induzir o pai dele a pressioná-lo apelando aos instintos filiais dele e implorando-lhe que não destruísse a esperança da sua família.

Eu não posso culpá-lo por, fingindo ceder e procedendo como antes, desafiá-los através das acções dele. Não obstante, os Senhores da Iniciação vindicaram a penalidade da rendição. A vergonha perseguia-o durante o dia e assombrava-o à noite; em 1919, ele não aguentou mais e foi para Inglaterra para encontrar-me. Tendo ouvido que eu estava na América, ninguém sabia exactamente onde, ele cruzou o Atlântico e por fim descobriu Frater Achad, que o admitiu como estagiário da Ordem com o lema *Omnia Pro Veritate*[60]. Parece estranho que ele não tivesse conseguido encontrar-me. Mais uma vez percebi o desígnio dos deuses. O momento não era propício.

Ele escreveu-me uma carta à qual respondi imediatamente, mas eu falhei em eliciar comunicação posterior. Todavia, quando Sullivan quebrou na primeira provação, eu disse a mim mesmo: "O porquê, é claro, Norman Mudd é o homem para o trabalho." Escrevi imediatamente, pedindo-lhe para trabalhar comigo na demonstração indicada acima. Ele não respondeu. Pensando que a minha carta pudesse ter falhado em alcançá-lo, eu escrevi novamente algum tempo depois com sorte semelhante. Perto do Natal de 1922, o problema dele chegou a uma crise. A sua obstinada resistência colapsou. Ele abriu e leu as minhas cartas, as quais ele tinha deixado de lado até então, estando instintivamente ciente de que, se as lesse, ele seria incapaz de resistir ao chamamento da sua própria alma para ser fiel a si mesmo e assumir as consequências. O caminho dele ficou subitamente claro. Ele estava nesta terra com um objectivo e somente um objectivo; ele deve dedicar as suas energias exclusivamente para o bem-estar da humanidade; por outras palavras, para estabelecer a Lei de Thelema. Ele telegrafou e escreveu, colocando-se inteiramente à minha disposição. Eu aceitei e disse-lhe para vir directo para Cefalu e trabalhar comigo. Ele assim fez, chegando no dia 20 de Abril, e desde então tem estado exclusivamente ocupado em colaboração na Grande Obra.

Estes encorajamentos foram balanceados por novas tribulações. Os inimigos da humanidade, vendo que apesar de tudo o meu trabalho estava a aproximar-se de um manifesto sucesso, redobraram a sua malícia.

Tanto Raoul como eu começámos a ter ataques de enfermidade inexplicável que aumentaram em frequência e severidade, até que ambos estávamos quase continuamente enfermos. O meu problema era uma febre estranha—Febre do Mediterrâneo, por fim concluí eu. A temperatura nunca chegou a ter grande altura, mas o quinino não tinha efeito. O médico local diagnosticou isto como uma infecção do fígado e do baço, mas confessou que não tinha ideia do que poderia ter causado isto. Eu fiquei cada vez pior e ao mesmo tempo, por alguns dias, a minha condição causou algum alarme. Só no começo de Abril estava eu bem o suficiente para andar. Porém, no dia treze eu senti-me em condições de ir a Nápoles com a ideia de convalescer em circunstâncias favoráveis, e comprando algumas coisas que a iminente chegada de Frater O. P. V. tornava indispensável.

Raoul teve menos azar. Como poderiam os deuses ajudar amando-o, o qual de muitas maneiras compartilhava da pura natureza deles? No começo ele sofria principalmente duma recorrência de malária de há muitos anos. Os ataques eram difíceis de se livrar,

---

60 N.T.: "tudo pela verdade"

devido ao seu acidente em Oxford já descrito. Várias complicações se seguiram. Nós chamávamos o médico ao primeiro sinal de qualquer sintoma com o qual não estávamos familiarizados e capazes para lidar. Por algum tempo ele não ficou nem melhor nem pior, mas, sem aviso, desenvolveu aguda enterite infecciosa. O médico, convocado a toda a pressa, fez o que pôde, mas a resposta dele disse-me, de relance, que ele esperava um desenlace fatal. Eu escrevi um telegrama informando os pais dele para que eles viessem se achassem adequado. Betty ofereceu-se para levar este ao escritório mas, em vez de voltar, colapsou histericamente na rua antes de enviá-lo. Era um truque comum dela estimular a simpatia, atrair a atenção ou incomodar o marido se ele dissesse ou fizesse algo que ela não gostasse. Na sua ausência, Raoul desenvolveu paralisia do coração e morreu imediatamente sem medo ou dor. Era como se um homem, cansado de ficar em casa, saísse para passear. Na primeira aparição de sintomas que me alarmaram quanto ao assunto imediato, eu vesti-me, doente como estava, e corri para levar o médico. Alostrael, já pronta para sair, seguiu em frente. Mas, mesmo naqueles poucos minutos, as questões foram tão longe que eu tive a certeza de que ele já estava morto. Tudo estava tão quieto que certamente neste caso dificilmente seria possível. Quando voltámos com o médico e Betty, todas as dúvidas estavam no fim.

Os usuais arranjos foram feitos e no dia seguinte realizei o serviço funerário de acordo com o ritual da Ordem; improvisada e simples como a cerimónia foi, a sua dignidade e sublimidade não foram indignas do nosso irmão. Cumprido o meu dever, eu rendi-me aos meus próprios agressores corpóreos. Eu provavelmente tinha feito mal a mim mesmo, tanto indo a Cefalu como presidindo as exéquias. Até então eu tinha sido capaz de sair da cama e arrastar-me durante uma ou duas horas todos os dias. Passaram-se muitas semanas antes de eu conseguir sair da minha cama, mesmo para andar no ombro de alguém para um outro colchão e beber ao sol do início da Primavera.

Com excepção de Betty, cujas ideias de enfermagem restringiam-se a uma alternância de lamentação, abuso selvagem de um paciente, reclamações petulantes acerca do egoísmo dele em não cuidar dela em vez de ser ela a cuidar dele, e tentativas de obter restituições de direitos conjugais, Raoul tinha sido tratado com todos os cuidados possíveis. De facto, durante a ausência de Betty, devido às circunstâncias a serem descritas em breve, ele melhorou surpreendentemente e eu tenho a certeza de que se ela não tivesse voltado ele estaria vivo hoje. A Macaca e Jane Wolfe são as melhores enfermeiras que eu alguma vez encontrei. Elas fazem tudo certo. Eu nunca tive de pedir nada que eu quisesse, elas tinham previsto a necessidade e a tinham suprido com antecedência. Elas nunca mostraram o menor sinal de fadiga e ansiedade, coisa que devem ter sentido. O médico não poupou esforços para estudar a minha enfermidade, mas ele confessou francamente que isto o intrigou. Era bastante comum, disse ele, na Sicília; não se podia dizer o que causava o dano ou qual era realmente a sua natureza, e certamente não havia cura definitiva. Tudo o que se podia fazer era tratar os sintomas empiricamente. Então eu acho que ele não deveria receber mais do que dez a quinze por cento da culpa apensa à minha sobrevivência; o equilíbrio deve ser suportado da mellhor maneira possível pelas minhas enfermeiras, e, na sombra, a Irmã Cypris, invisível, mas infatigável verificando para que nada dê errado.

Devo agora explicar o incidente que permitiu a temporária ausência de Betty da abadia, desde a noite de domingo, antes da sexta-feira da morte do seu marido, até ao dia seguinte. É uma regra absoluta da abadia não atacar as pessoas pelas costas. Betty tivera uma frenética antipatia à Irmã Cypris e importunava-nos com reclamações, não de qualquer coisa definitiva que ela fizesse, mas em bases gerais. Por acaso ouvi uma explosão desse tipo e bati o pé de uma só vez. Eu disse a Betty que todos nós concordávamos com ela em muitos pontos, mas não era da nossa conta. "Se tu deves injuriar alguém, faz isso na cara da pessoa conforme tu vês todos nós a fazer todos os dias, e nenhum mal-estar vem disso."

Betty disse: "Mas ela está a quebrar as regras da abadia".

Eu respondi: "É verdade, nós estamos a ficar frouxos. Vamos começar agora mesmo a ser mais rigorosos."

O carro funerário levando Raoul Loveday da Abadia de Thelema

Agora, uma das regras mais importantes é a de que nenhum jornal é permitido, a menos que esteja directamente relacionado a algum ponto do trabalho. A razão, claro, é que, tendo uma biblioteca de livros de primeira categoria, nós não devemos estragar os nossos apetites comendo entre as refeições, especialmente a porcaria das ruas. Aconteceu que no dia seguinte um monte de entulho foi enviado para Raoul. Aqui estava a chance de ser rigoroso. Betty foi lembrada de que os jornais eram proibidos; ela voou em fúria—ela deixaria a abadia instantaneamente, a menos que tivesse permissão para lê-los. Eu concordei. Ela estava livre para ficar ou para ir, mas enquanto ela estava lá as regras eram as regras e ela era a única pessoa que se tinha oposto a que elas ficassem relaxadas. Ela ficou ainda mais furiosa. Indiferente aos apelos lamentáveis de Raoul para se controlar, ela atirou um copo à minha cabeça e atacou-me como um maníaco. Eu tentei acalmá-la e amainar a violência dela. O pobre Raoul, fraco como estava, levantou-se e abraçou-a e implorou para que ela ficasse quieta. Por fim ela acalmou-se, mas a sala estava em ruínas. Era imperativo mover Raoul para o ambiente adequado e evitar que ele fosse perturbado e negligenciado pelas birras da díscola. Nós levámo-lo para o meu próprio quarto e deixámo-lo confortável. Betty continuou a conduzir o concerto na ausência de uma audiência, então ela finalmente anunciou a sua intenção de ir. Tanto Raoul quanto Alostrael imploraram para que ela fosse sensata, mas lá foi ela embora para o hotel onde foi imediatamente consolada por uma série de admiradores. Ela escreveu uma série de mentiras para o cônsul Britânico em Palermo, mas na manhã seguinte foi até à abadia ao receber uma nota de Raoul, dizendo que esperava que ela voltasse e se comportasse decentemente, mas se não, que mandasse buscar os pertences dela e voltasse para Londres definitivamente. Eu ofereci-me para pagar a passagem dela, se necessário. Ela voltou na condição de prometer emenda, escrevendo ao cônsul para ignorar a carta dela como mera histeria e admitindo toda a falsidade do seu conteúdo. Esta carta foi assinada por Raoul. Ela também assinou uma declaração de todo o episódio elaborado por nós e assinado. Ela justificou a nossa fé na melhor natureza dela e não nos deu mais problemas enquanto permaneceu connosco.

Depois da morte de Raoul, ela veio até mim em busca de conforto e eu fico contente em pensar que a ajudei no pior. Foi providenciado o regresso dela a Inglaterra. Os pais de Raoul telegrafaram e escreveram, pedindo-nos para tomarmos várias medidas, e prometendo eles mesmos o reembolso. É difícil de acreditar que qualquer ser humano agisse como eles agiram; repudiando todas as obrigações. Eles não pagariam para ter o seu filho decentemente sepultado—não eles.

Cada dia Betty parecia tornar-se mais afeiçoada a todos nós. Nós dissemos-lhe, claro, que ela seria bem-vinda se quisesse, e parece difícil projectar uma razão para a sua decisão de partir. Mas na chegada dela em Inglaterra os problemas começaram.

Os repórteres da imprensa sensacionalista foram atrás dela, embriagaram-na e incitaram-na a dar-lhes uma história sensacional que envolvia uma longa série de falsidades. A ralé retomou o coro da calúnia. Eles perderam completamente o contacto com a razão. Cada novo artigo era mais louco que o anterior. Fui acusado dos crimes mais fantásticos, até o canibalismo. O seu principal mentiroso era o pobre Dartnell, mas ele era habilmente auxiliado por algum intérprete Holandês cujo nome eu nunca tinha ouvido falar. Ele fingia conhecer-me bem. Num artigo, ele deixou-se levar acerca da minha cínica audácia ao retornar a Londres. Ele tinha-me visto em Holborn, um decrépito navio abandonado, dificilmente capaz de andar. Isto era óptimo! A minha única dificuldade em acreditar em tudo o que ele disse era que, no momento da minha visita a Londres, eu estava malogradamente doente em Cefalu.

No devido tempo, Frater O. P. V. chegou à abadia e logo atrás dois homens de Oxford: Pinney e Bosanquet. Nós os aboletámos por três noites. Eles ficaram estupefactos ao constatar que éramos decentes pessoas perfeitamente normais. Eles eram entusiastas escaladores. Eu estava muito doente para me juntar a eles, mas arrastei-me até ao pé dos penhascos e mostrei-lhe os dois problemas, os quais eu não tentara superar sem um companheiro digno de confiança. Estes eram o caminho externo ascendente de Cavern Pitch em Deep Gill e o pilar Deep Gill. Eles conseguiram escalar ambos, para minha grande alegria. Na manhã seguinte à chegada deles, eu fui chamado à polícia que me mostrou uma ordem do Ministro do Interior expulsando-me de Itália. Nenhuma razão foi dada, nenhuma acusação foi feita. A política de ignóbil intriga e golpes sujos, sempre que eles tinham a certeza de que eu não poderia defender-me ou ripostar, ainda era a ordem do dia. O comissário da Polícia ficou desconcertado pela sorridente calma com que eu recebi esta punhalada nas costas. Eu nem sequer protestei ou perguntei a razão do ultraje. Pedi cortesmente uma semana de carência para organizar os meus afazeres, coisa que ele, com igual cortesia, concedeu. Ele tentou um truque policial sujo. Estas pessoas pareciam incapazes de ajudar a si próprios. Ele tentou persuadir-me de que a ordem incluía a comunidade inteira.

A injustiça e tirania desta ordem excitaram a mais profunda simpatia e indignação nos nossos convidados, os quais prometeram fazer tudo o que pudessem para garantir um tratamento justo. O meu comportamento nesta provação despertou a admiração deles. Tornou-se abundantemente manifesto que a minha consciência estava clara. Tal coragem tranquila, não só da minha parte mas também da dos outros, os quais eram realmente muito mais gravemente prejudicados do que eu próprio, mostrou que nós possuíamos o segredo de navegar triunfalmente acima das nuvens das circunstâncias, no ar puro da liberdade, na luz solar da felicidade.

Eu deixei O. P. V. em pleno comando da actividade da abadia. Apesar da minha fortitude global, eu estava perto de um colapso físico, e em Palermo parecia tão doente que a Macaca decidiu acompanhar-me a Túnis. Nós chegámos à nossa Cidade de Refúgio no dia 2 de Maio e eu sabia que o espírito de liberdade ainda vivia e ria sob a bandeira de França.

Durante as primeiras semanas da minha enfermidade, eu agarrei-me severamente à preparação destas memórias, mas a carne fraca havia superado o espírito voluntário desde o momento da morte de Raoul até ao final de Março. Nós agora enfrentávamos isto com renovada energia e, por uma questão de ar fresco e de quietude, saímos da cidade para La Marsa, onde ficámos em Au Souffle du Zéphyr trabalhando dia e noite, tanto quanto a minha saúde permitia, durante aproximadamente dois meses, quando O. P. V. se juntou a mim, enquanto Alostrael retornava a Cefalu para um descanso. Eu tinha mais uma vez trabalhado além das forças.

Pouco depois nós fomos acompanhados por Eddie Saayman, um antigo aluno de Frater O. P. V. em Bloemfontein, e agora um estudioso de matemática no New College, Oxford, um dos estudantes mais brilhantes da universidade. Ele ficou interessado nos teoremas matemáticos de *O Livro da Lei*, o qual ele achava, não menos do que eu e O. P. V., capaz de revolucionar ideias matemáticas e marcar uma nova época naquela ciência. Nós concordámos que demonstrar isto provaria que o autor de "O Livro da Lei" era uma inteligência além de qualquer outra até então conhecida. Ele decidiu, portanto, escrever uma tese sobre este assunto para uma bolsa de estudos do colégio dele.

No início de Agosto, eu regressei à cidade para um pequeno retiro mágico de cerca de quinze dias, na conclusão do qual Alostrael se juntou a nós em Túnis, onde eu ditei estas reais palavras.

Agora devo dar um breve resumo do meu pessoal trabalho espiritual durante os três anos da minha residência em Cefalu. A falta de esperança em conseguir qualquer coisa publicada desencorajou-me de produzir um trabalho formalmente perfeito. Eu escrevi um número considerável de poemas e contos, mas encontrei-me terrivelmente prejudicado pela esmagadora abundância de ideias criativas. Preciso duma equipa de pelo menos uma dúzia de colegas e secretários para acompanharem o meu trabalho, e em todo o tempo há a preocupação subconsciente com a possibilidade de continuar.

Desde 1909, tornou-se cada vez mais difícil manter-se à tona. Os deuses ensinaram-me a confiar neles absolutamente para me abastecerem com tudo o que eu realmente preciso para o meu trabalho, em oposição às minhas próprias ideias sobre o assunto. Apesar desta longa experiência de ser salvo do esmagamento no momento crítico, quase sempre através de algum canal que eu não tinha razão para expectar, eu não tenho conseguido afastar inteiramente a dúvida da minha mente nestas ocasiões, constantemente recorrentes, em que não havia recursos em mão e nenhuma racional expectativa de os receber. Isto é, claro, quando a corrente de energia criativa é verificada, de modo que a minha mente, temporariamente esgotada, se torna a presa da apreensão. Ainda assim encontro-me mais bem preparado, a cada ano que passa, para colocar o meu calcanhar na serpente da preocupação. Somente em momentos de completo colapso mental e espiritual, devido à sobrecarga do esforço prolongado, a minha fé vacila por algumas horas. Talvez os deuses pretendam insistir em que eu adquira o poder de triunfar, mesmo em tais momentos, sobre a adversidade. As presas da serpente fixar-se-ão no meu calcanhar se este compartilhar a vulnerabilidade do calcanhar de Aquiles. Não é suficiente mergulhar o Mago no Estige, ele deve ser lançado dentro e deixado para afundar ou nadar.

De uma maneira ou outra, por tudo isso, eu consegui uma quantidade enorme de trabalho nos três anos. Mas os meus labores mais importantes têm sido definitivamente mágicos. Eu praticamente reescrevi a terceira parte de *Book Four*. Mostrei os manuscritos a Soror Rhodon (Mary Butts) e pedi-lhe para os criticar completamente. Sou extremamente grato a ela pela sua ajuda, especialmente ao indicar um grande número de assuntos que eu não tinha debatido. Por sugestão dela, eu escrevi ensaio sobre ensaio para cobrir todas as fases do assunto. O resultado tem sido a expansão do manuscrito num vasto volume, um tratado completo sobre a teoria e prática de Magick, sem omissões. Acrescentei mais apêndices, o primeiro dando conta do sistema de iniciação da A∴A∴. Em seguida vem um currículo dos clássicos de Magick e misticismo. Em terceiro lugar, eu ilustro o texto do tratado dando um efectivo exemplo de ritual. Em quarto lugar, eu proponho reimprimir os mais importantes livros de instrução da A∴A∴ a partir de *The Equinox*; e finalmente, eu coroo o trabalho de *Liber Samekh*, a operação da Magia Sagrada do Conhecimento e Conversação do Santo Anjo da Guarda, conforme provou ser efectivo na minha própria experiência, e confirmado pela experiência de Frater Progradior para cujo benefício eu estabeleci isto por escrito.

Mais importante ainda, eu apliquei a fórmula de *O Livro da Lei* para a solução das clássicas antinomias da filosofia. Eu resolvi tais tríades como, sendo, não-sendo, e tornando-se, em uma unidade. Eu identifiquei o livre-arbítrio com o destino. Eu provei que a acção era impotente e a não-acção omnipotente. Enquanto eu prosseguia, novos problemas se apresentavam constantemente, e cada um, por sua vez, cedia à Lei de Thelema. Eu escrevi todos estes teoremas no meu Registo Mágico. Fui grandemente auxiliado em todo este trabalho pelo estudo constante do trabalho de Einstein, Whitehead, Russell, Eddington e Henri Poincar, quem Sullivan tinha recomendado para mim. Eles pareciam estar mesmo à beira de descobrirem as verdades que *O Livro da Lei* ocultava e revelava. As passagens deles direccionaram a minha atenção para *O Livro da Lei*. Obscuras passagens no texto tornaram-se claras quando interpretadas como solução para o problema da moderna matemática superior.

A partir desta enorme massa de trabalho, eu extraí a quintessência e transferi-a para o meu Novo Comentário sobre *O Livro da Lei*. Este é agora um trabalho extenso, e eu não tenho ainda conseguido fazer um estudo sistemático das Cabalísticas comprovações técnicas daquelas baseadas nos factos de experiência, os quais demonstram que Aiwass é uma inteligência de uma ordem completamente superior à do homem. A prova da sua existência é, por conseguinte, a prova do postulado de toda a religião, de que tais seres realmente existem, e que a comunicação com eles é uma possibilidade prática. Assim, além do estupendo valor de *O Livro da Lei* em si, este abre um caminho de progresso para a humanidade que deve eventualmente permitir que a raça corte os grilhões da mortalidade e transcenda as limitações do seu enredamento com a Terra.

Continuei as minhas pesquisas em muitas outras linhas de Magick, desde a preparação de uma nova edição do *Liber 777*, com uma elaborada explicação de cada coluna e uma adicional análise do *Yi King*, até tais matérias como a observação crítica do sucesso na Operação do IX° O.T.O.

Tenho escrito um comentário muito completo sobre *The Book of the Heart Girt with a Serpent*, o qual, conforme eu procedi, manifestou inumeráveis mistérios de importância transcendente que eu até então nunca suspeitara que o texto informasse.

Eu também comecei um exame de *Os Versos de Ouro de Pitágoras*. Fiquei impressionado com o facto de que era obrigação dos discípulos memorizá-los e repeti-los diariamente. A partir disto deduzi que o significado, um tanto superficial, das suas injunções ocultava o coração da doutrina iniciada. Esta especulação foi confirmada pela pesquisa. Por exemplo, a frase "Honra os deuses", a qual "não é preciso que nenhum fantasma venha da sepultura para nos dizer" é apropriada, oculta uma injunção mágica de primeira importância. "Tima"[61] honra, etimologicamente significa "Estimar" ou "calcular". A instrução, portanto, é fazer uma investigação científica das fórmulas dos vários deuses, isto é, descobrir as leis que expressam as energias deles, exactamente como na Física—honrar a gravitação não tem sentido, mas podemos incrementar o nosso controlo da natureza por meio da investigação em sua natureza e acção. Quanto mais eu estudava estes versos, mais formidável parecia a importância deles e devo eu ser bem-sucedido em completar a minha tradução e comentário, o longo e perdido segredo de Pitágoras deve ser trazido à luz e a filosofia Grega deve assumir um aspecto, até aqui oculto, o qual deve revolucionar as nossas ideias da anciana sabedoria.

O verdadeiro significado de Atus of Tahuti, ou Tarot Trumps[62], também aguarda compreensão completa. Eu convenci-me de que estas vinte e duas cartas compõem um completo sistema de hieróglifos representando as energias totais do universo. No caso de algumas cartas, eu tenho conseguido restaurar a forma original e dar uma explicação completa do seu significado. Outras, no entanto, eu compreendo imperfeitamente, e de algumas poucas eu tenho actualmente obtido não mais do que uma ideia geral.

É doloroso ter de escrever sobre esta matéria: "Tanto para fazer, tão pouco feito." Estou impressionado com a multiplicidade de trabalho urgente. Preciso da cooperação de toda uma coorte de especialistas e o meu desamparo jaz pesado no meu coração, porém, a palavra que eu pronunciei na minha primeira iniciação, "Perdurabo", ainda ecoa na eternidade. O que pode acontecer eu não sei, e tenho quase deixado de me importar. É suficiente que eu deva avançar em direcção à marca da minha alta vocação, seguro na mágica virtude do meu juramento: "Eu suportarei até ao Fim."

---

61 N.T.: "Em honra divina"
62 N.T.: Arcanos Maiores

POST SCRIPTUM (de Jane Wolfe):

Um vilipendioso relato do que aconteceu no momento da morte de Raoul Loveday, na Abadia de Thelema em Cefalu, tendo chegado ao meu conhecimento, leva-me a escrever uma breve consideração daquele infeliz acontecimento, dado que eu não só estive lá durante a breve permanência de Raoul na Abadia mas também cuidei dele no seu leito de morte.

    Ele chegou a Cefalu a partir de Londres no final de Novembro, ou início de Dezembro, 1922, pálido e anémico, e tinha acabado de se recuperar de uma garganta séptica, bastante severa.

    O clima na época era ensolarado e quente. Raoul aquecia-se ao sol, passava muito tempo ao ar livre e logo mostrava sinais de melhoria.

    Em Janeiro ele estava fazendo longas caminhadas, e numa destas ocasiões, estando sequioso, bebeu água de um riacho que estava 'poluído' e era, portanto, tabu. Ninguém por perto tocava nesta água, e Raoul tinha sido advertido acerca disto, mas esqueceu-o, sem dúvida, no momento da sua sede.

    Uma diarreia começou, a qual, após 10 ou 12 dias, tornou-se subitamente aguda no dia da morte dele, causando uma descamação das membranas mucosas dos intestinos.

    Durante este período ele estivera sob cuidados médicos, mas sem sucesso.

    Aquelas cerimónias de um carácter sensacional ou ridículo foram realizadas durante a transcorrência, é uma parte do desejo de algumas pessoas de conspurcar tudo o que elas tocam.

    De facto, nenhuma cerimónia de qualquer natureza ocorreu durante a doença dele, ou no momento da sua morte.

(assinado) Jane Wolfe

Aleister Crowley circa 1925

APÊNDICES

Crowley Post Auto-hagiografia

© National Portrait Gallery, London
Edward Alexander ('Aleister') Crowley, June 1934
by Universal Pictorial Press and Agency Ltd

Crowley circa 1929

Aleister à esquerda e Fernando Pessoa à direita jogam xadrez em Lisboa setembro 1930

Aleister Crowley como Fo Hi, o deus chinês do riso e do dinheiro.

Crowley circa 1934

Crowley 1938, cortesia Hulton-Deutsch Collection

Última foto de Crowley tirada.

Leila Waddell

AS MULHERES "ESCARLATES"[1]

Março-Outubro de 1899
SUSAN STRONG (1870 - 1946) ➤ uma soprano americana e filha de Dennis Strong, congressista americano e governador de Brooklyn. Susan forneceu a inspiração para Tannhäuser de Crowley e cantou a parte de Vénus na peça.

Abril de 1899-1900; e outra vez brevemente em 1906.
ELAINE MARY SIMPSON: (1875 -1930) neta de Sir John Hall, primeiro-ministro da Nova Zelândia de 1879 a 1882 e iniciada na Golden Dawn (Semper Fidelis, que significa 'Sempre fiel'), ela ingressou em 18 de Janeiro de 1897 e em 18 de Março de 1899 obteve 5°=6$^\square$. Ela ajudou Crowley na tentativa de derrubar a Golden Dawn.

1903-1909
◀EDITH KELLY (ROSE): (1874 - 1932) 1ª esposa de Aleister e irmã de Gerald Festus Kelly.

Rose instruiu Crowley na recepção do Liber Legis e foi através dela que ele recebeu o seu papel como precursor do Novo Aeon.

Fevereiro de 1908
ADA ESTER LEVERSON ➤ (1862 - 1936) "A Esfinge", Ada foi uma romancista inglesa da era eduardiana. Uma grande *socialite*, ela fez amizade com muitos artistas e escritores da sua geração, incluindo Oscar Wilde, o qual lhe deu o apelido de "Esfinge" depois que Ada parodiou o seu poema, "A Esfinge". A sua filha, Violet Windham, escreveu uma biografia da sua mãe, "The Sphinx and Her Circle".

---

[1] Não é possível entrar em análises astrológicas aqui, mas deve-se notar que os mapas de nascimento dessas mulheres tendem a agrupar-se em torno das casas de Libra e Leão. Observe, por exemplo, que Susan Strong nascida em 3 de agosto, Rose em 23 de julho, Leila Waddel nascida em 10 de agosto, Gerda Von Kothek em 26 de julho e Anna Katherine Miller são todas leoninas; enquanto Ada Leverson e Mary D'Este Sturges nascidas em 10 de outubro e Alice Coomaraswamy são todas de signo Libra. (Não foi possível determinar as datas de nascimento de todas as mulheres.)

Março 1910 - Outubro 1911
◀LEILA IDA NERISSA BATHURST WADDELL (1880–1932): Soror Agatha, também conhecida como Laylah, foi uma escritora, mágica e instrumentista talentosa, e membro fundador da companhia original dos Ritos de Elêusis. Foi iniciada na A∴A∴ de Crowley no 1º de Abril de 1910 como estagiária e recebeu crédito de co-autoria na obra de Aleister, Magick (Livro 4), juntamente com Mary Desti e Mary Butts. (Elas escreviam as palavras dele e pediam esclarecimentos onde era necessário.) Mais tarde, ela tornou-se 4°=7$^\square$ e Grande Secretária Geral IX° OTO em 1913.

Outubro de 1911 até ao Inverno de 1912.
MARY D'ESTE STURGES (1871-1931) ▶
Soror Virakam, Mary Dempsey, "Desti", nascida em Quebec e criada em Chicago, era proprietária da empresa de cosméticos Desti Beauty Products e de um estúdio em Nova Iorque que vendia objectos de arte, perfumes e roupas; autora de "A Vida de Isadora Duncan". Mudou-se para Paris e adoptou o hábito de usar apenas sandálias e uma túnica grega. Ela ajudou Crowley a estabelecer o vínculo mágico que o conduziu a uma das suas maiores obras, Magick, Liber ABA, Livro 4; actuou como vidente no Trabalho Ab-ul-Diz.

◀HELEN WESTLEY, (1875 - 1942)
"A Serpente", Helen Westley foi uma actriz e estreou-se em 1897 no Star Theatre, actuando em peças *vaudeville* e representando personagens populares até 1915. Ela ajudou a fundar a primeira companhia dos Washington Square Players.
Uma breve amante, ela foi apresentada a Crowley junto Jeanne Foster na noite de 10 de Junho de 1915. Crowley tornou-se amante de Helen logo depois que Jeanne o deixou.

JEANNE ROBERT FOSTER (1879- 1970) ➢
Soror Hilarion - "O Gato", Jeanne Robert Foster, nascida Julia Elizabeth Oliver, foi uma poetisa americana que trabalhou como jornalista, editora literária da *American Review of Reviews* e modelo de moda. As amizades de Jeanne incluíam muitos dos principais autores e artistas da época. Ela era particularmente próxima de Ford Madox Ford, Ezra Pound e William Butler Yeats. Jeanne fez a curadoria e preparou a colecção de cartas do seu marido (que incluiu uma extensa correspondência com Joseph Conrad), a qual acabou por se tornar a John Quinn Memorial Collection na Biblioteca Pública de Nova Iorque. Os seus próprios escritos e cartas (incluindo a sua correspondência com Ezra Pound) podem ser encontrados na Colecção Jeanne R. Foster-William M. Murphy na Biblioteca Pública de Nova Iorque e na Biblioteca Houghton da Universidade de Harvard.

12 de Abril de 1916 a Setembro de 1916.
GERDA MARIA VON KOTHEK. (1896 - 1967)
"A Coruja", nascida Gerda Schumann, em Dresden, Gerda era uma prostituta alemã com quem Crowley praticava magia sexual. Ela tinha dezanove anos quando conheceu Crowley.

ALICE ETHEL COOMARASWAMY (1889 - 1958) ➢
"O Macaco", Alice Ethel Coomaraswamy, nascida Richardson, também conhecida como Ratan Devi, era uma instrumentista conhecida pelas suas *performances* de música indiana, e a esposa inglesa do famoso historiador de arte, o indiano Ananda Coomaraswamy. Não se sabe como Coomaraswamy e Crowley se conheceram, mas eles tiveram um relacionamento substancial enquanto Crowley morou em Nova Iorque em 1916.

ANNA CATARINA MILLER (? - ?)
"O Cão", Crowley conheceu Anna em Agosto de 1917, a quem chamou de The Dog com base na sua correspondência física e mágica com Anubis, o deus egípcio dos mortos com cabeça de cão. Durante a Primeira Guerra Mundial, Crowley, com quarenta e dois anos de idade, morava em Nova Iorque com Anna. Por intermédio desta ele conheceu Roddie Minor. Na época, Crowley praticou magia sexual com ambas as mulheres. Anna acabou por sair e Crowley aprofundou o seu envolvimento com Roddie.

Outubro de 1917 até ao Verão de 1918.
◀ RODDIE MINOR (1884 - 1979)
Soror Ahitha - "O Camelo", Roddie Minor colocou Crowley em comunicação com Amalantrah. Na época do encontro ela estava empregada num laboratório de patologia, mas depois tornou-se química-gerente de uma importante empresa de perfumaria.

MARIE ROEHLING (1891 - ?) ▶
Soror Olun - "O Dragão", Marie Roehling, nascida Lavroff — Nasceu em 1891 em Odessa. Crowley envolveu-se com Marie durante a composição de Liber Aleph vel CXI.

Janeiro de 1919 a Agosto de 1924
◀ LEAH HIRSIG (1883 -1975)
Soror Alostrael - "O Macaco de Thoth", consagrada como Babalon ou "Mulher Escarlate" e tomando o nome de Alostrael, "o ventre (ou graal) de Deus" em 1919, Leah Hirsig foi uma das mais conhecidas oficiais femininas de Crowley[2]. Ela presidiu o grau ' Ipsissimus ' de Crowley e foi a sua Mulher Escarlate durante os anos da Abadia de Thelema (1920-1923), que ela ajudou a fundar em Cefalu (Palermo), Itália, a 14 de Abril de 1920. Ela deu à luz uma filha (Anne Leah Crowley) que morreu nove meses depois. Juntos, ela e Aleister entregavam-se a sessões de bebida, drogas e magia sexual.

2 Em Fevereiro de 1920 Aleister e Leah tiveram uma filha, Anne Leah Crowley (apelidada de Poupée). Eles mudaram-se pouco depois para Cefalu (Palermo), Itália, e ajudaram Aleister a fundar a Abadia de Thelema a 14 de Abril de 1920. Aleister e Leah assinaram o contrato como Sir Alastor de Kerval e Contessa Lea Harcourt. Poupée morreu nove meses depois num hospital em Palermo a 14 de Outubro de 1920. Em Junho de 1924, enquanto Hirsig - a Mulher Escarlate - permaneceu leal a Crowley durante problemas financeiros e cirurgias dolorosas devido aos seus sintomas de asma, Crowley rompeu, apresentando-se com uma nova "Mulher Escarlate" com o nome de Dorothy Olsen. Mas isso não levou Hirsig a abandonar o seu compromisso com Thelema. O seu diário desse período revela a sua contínua devoção à Grande Obra, a sua renovação dos seus juramentos mágicos, as suas contínuas invocações de Ra Hoor Khuit, e a sua consagração de si mesma como a noiva do Caos. No seu diário vê-se como ela era dedicada. "Eu teria gostado, como criatura humana, de ter morrido nos braços da Besta 666 que, será anotado no meu primeiro diário (começando em 21 de Março de 1919), foi e é meu amante, meu companheiro, meu pai, meu filho, e tudo o mais que a Mulher precisa no Homem. Mas nunca interferi na sua Obra, que era a minha Obra, a Grande Obra, excepto por ignorância." Em 1925, quando Crowley lhe pediu para servir novamente por um período como sua escrivã e secretária, ela prontamente aceitou; ela estava pronta para dar a sua ajuda quando fosse necessário para o avanço do seu trabalho mágico e para a promulgação da Lei de Thelema.

NINETTE F. SHUMWAY (1894 - 1989)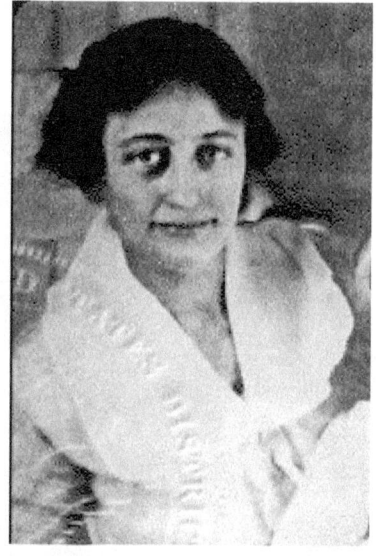

Ninette foi a segunda concubina de Crowley na Abadia de Thelema. Tanto Leah Hirsig quanto Ninette ficaram grávidas (presumivelmente de C. embora no caso de Ninette seja duvidoso, pois à época ela também estava dormindo com, pelo menos, Baron le Calce); ambas já tinham um filho cada; eles não eram de Crowley mas ele apelidou-os de Dioniso e Hermes respectivamente. Após a morte da sua filha Poupée, Leah teve um aborto espontâneo, mas Ninette deu à luz uma filha.

Agosto de 1924 até Outubro de 1926
◄ DOROTHY OLSEN (1892 - 1981)

Soror Astrid, Dorothy logo substituiu Leah Hirsig como a "Mulher Escarlate", assim que Leah renunciou ao papel. Ela deu a Crowley uma filha que morreu recém-nascida.

Dorothy Olsen estava com Crowley quando ele conheceu Gurdjieff no Prieuré.

SARAH JANE WOLFE (1875-1958) ►

Soror Estai, Sarah Jane Wolfe era uma actriz, fazendo a sua estreia no cinema em 1910, aos 35 anos. Em 1911, ela fez parte da equipa da Kalem Company em Nova Iorque, tornando-se uma das mais importantes actrizes da década, aparecendo em mais de cem filmes. Ela começou a corresponder-se com Aleister Crowley em 1918 e juntou-se-lhe na Abadia de Thelema dois anos depois. No Verão de 1921, ela foi aceite como Probacionista na A∴A∴. Diz-se que ela fez o Juramento do Abismo em Fevereiro de 1922. Jane esteve na Abadia de 1920 até ao encerramento, em 1923, e manteve um diário mágico durante todo o tempo em que lá esteve, mais tarde publicado sob o título "The Cefalu Diaries". Ela é considerada uma importante figura feminina na magia, pois, além da sua

amizade e trabalho com Crowley, ela foi fundadora e mestra da Loja Ágape da O.T.O, além de ser detentora de linhagem da A.'.A.'. como "Soror Estai".

◄ MARIA TERESA FERRARI DE MIRAMAR (1894 - 1955)
Maria Theresa Ferrari de Miramar, 2ª esposa de Crowley. Ele conheceu-a na Inglaterra em 1929. O casamento aconteceu em Leipzig, Alemanha[3]. Aleister tinha 53 anos na época. Ele chamou-a de "A Alta Sacerdotisa do Voodoo". Escreveu que sob a influência dela, ele foi capaz de iniciar importante magia com precauções rituais. Eles pareciam ser um casal estabelecido, no entanto, dentro de um ano, Crowley encontrou uma nova amante e escreveu para Maria: "Tu deverias divorciar-te – encontra um homem que defenda a tua bebida secreta e o teu comportamento escandaloso. Maria foi internada no hospital psiquiátrico Colney Hatch sofrendo da ilusão de que ela era filha do rei e da rainha.

HANNI LARISSA JAEGER (? - ?) ➤
Hanni Jaeger aka Anu era uma artista de 19 anos que Crowley conheceu através do artista Hans Steiner. Crowley apaixonou-se por Hanni no momento em que a conheceu e ela tornou-se sua amante um ano depois de ele se casar com Maria Teresa Ferrari. Dentro de pouco tempo Hanni ficou grávida. O caso durou pouco; Hanni deixou Crowley logo depois.

BERTHA 'BILLY' BUSCH (? - ?)
Apelidada de "o anjo vermelho", a alemã Frau Bertha "Billy" Busch e Crowley moraram num apartamento fornecido por Carl Gerner e sua esposa. Não está claro o que Crowley e Bertha estavam fazendo, mas eles viviam em opulência às custas dos Gerners.

---

3 Artigo no *The Times*, 19 de Agosto de 1929:
Mr. Edward Alexander (Aleister) Crowley, o escritor místico inglês, havia-se casado em Leipzig com Mlle. Maria Teresa Ferrari de Miramar, natural da Nicarágua. A cerimónia de casamento, de acordo com um anúncio, foi realizada na presença do cônsul britânico. Ao Mr. Aleister Crowley fora recentemente negado o direito de permanecer em França. Ele afirmou que a sua noiva também foi forçada a deixar a França. O Sr. Crowley nasceu em Leamington, há 53 anos, e foi educado em Malvern e Trinity College, em Cambridge. Ele atravessou a China a pé, foi recebido pelos lamas sagrados no Tibete e chegou a outros lugares remotos, como a península de Yucatán, no México. Ele ganhou destaque em Londres em 1911, quando o seu quadro foi pintado por Augustus John. Durante a guerra, ele foi para a América e participou em contra-espionagem alemã, declarando que o fez a pedido do Departamento de Inteligência Naval Britânico.

Reunido em 3 de Julho de 1933
PEARL BROOKSMITH (? - ?)
Pearl Brooksmith, nascida 'Driver', a viúva do capitão Eldred S. Brooksmith, ajudou Crowley na magia sexual e com ela como parceira, ele tornou-se ostensivamente 'clarividente'.

DEIRDRE PATRICIA MACALPINE (? - ?) ➤
Deirdre Patricia MacAlpine, nascida Doherty.
Em 1935, falido depois de perder um processo judicial no qual ele processou a artista Nina Hamnett por chamá-lo de mago negro, Crowley conhece Dierdre. Esta esteve presente no julgamento e presumivelmente interessou-se por Crowley após o desempenho dele no tribunal, no qual ele declarou numa ocasião: "Sou autor de algumas das mais nobres prosas e poesias com as quais a língua inglesa já foi enriquecida, e também não posso ter os talentos de um contabilista." Ela deu a Crowley o seu único descendente masculino, a quem ele chamou de Aleister Ataturk. Ambos estiveram presentes durante os últimos dias de Crowley.[4]

◀ LADY FRIEDA HARRIS (1877 – 1962)
Soror Tzaba, Marguerit Frieda, Lady Harris, nascida Bloxham, foi contratada por Aleister Crowley para pintar o Tarô de Thoth. Embora envolvida no ramo feminino da Maçonaria – Co-Maçonaria – o seu interesse pelo oculto não era profundo.
Quando se conheceram, em 1936, ela estudava antroposofia, os ensinamentos místicos de Rudolf Steiner, cuja escola frequentou. Os seus próprios interesses ficaram aquém do ocultismo tradicional. Embora o Livro de Thoth tenha sido publicado numa edição limitada de 200 exemplares, nem Aleister nem Frieda viveram para ver o baralho impresso.

---

4 No verão de 1947, Dierdre veio para Netherwood com seus quatro filhos, incluindo Aleister Ataturk, passou a maior parte dos meses finais com Crowley e esteve lá ao lado dele durante os seus últimos dias. De acordo com MacAlphine, a 'Besta' permaneceu de bom humor, aproveitando as idas e vindas de Aleister Ataturk e das outras crianças, que por sua vez o adoravam. Crowley, no entanto, permaneceu na cama. Um dia antes de morrer, ele conversou calma e longamente com MacAlpine. O dia seguinte foi tranquilo, mas no momento da morte de Crowley, a qual veio silenciosamente, as cortinas do seu quarto foram tomadas por uma rajada de vento, e um trovão foi ouvido. "Eram os deuses cumprimentando-o", disse MacAlpine .

Exegese Cabalística

UMA rápida exegese cabalística demonstra contiguidades e congruências que desafiam a probabilidade. Aplicando a chave inglesa[5] temos os seguintes resultados em alguns nomes neste texto através da calculadora de chave e gematria.[6]

Observe que:[7]
Elaine Mary simpsoN = 370
LeiLa waddeLL = 370
Maria theresa Ferrari de Miramar = 370
Hanni LariSSa Jaeger = 370
e que scarleT womaN = 370;

Também que:
BertHA billy Busch = 481; *e que* ScarLet woman = 481.
ANNa Catarina Miller = 397; *e que* Scarlet womaN = 397.
DEIRDRE PATRIcIA DoherTY = 424; *e que* SCarlet womaN = 424.
sarah jaNe WOLfe = 737; *e que* Scarlet WomaN = 737

Enquanto isso,
Frieda Harris = 93; Frieda HarriS = 111
Marie LavrOFF = 441
leah Hirsig = 130

EdiTh RoSe KeLLy = 418   = Ada ESter leversoN
Jeanne Robert FosTer = Mary d'Este sturges = 567   = Ada Ester Leverson
HeLen wesTLeY = 464   = Ada Ester leverson
PEARL BRooKsMITH = 456   = Ada ESter LeverSoN

Edward Alexander Crowley = Ra Hoor Khu = 666
Aleister Crowley = 418 (4 + 50 + 1 + 4 + 24 + 89 + 1 + 9) + (30 + 9 + 80 + 60 + 50 + 1 + 6)
allaN benneTT = 440; Charles henry allen bennett = 737; charLes henrY allen beNNett = 666
Frederick charleS Loveday = 440
AIwAZ = 4 + 4 + 60 + 4 + 6 = 78 (= 156/2); AIWAZ = 4 + 4 + 400 + 4 + 6 = 418 (= HAD × 22) ;
AIwASS = 4 + 4 + 60 + 4 + 42 + 42 = 156; AIWASS = 4 + 4 + 400 + 4 + 42 + 42 = 496 (= Σ31).

HORUS = 440
The Law = 220 = Horus / 2.
Thelema = 221

---

5   *The English Qabalah*, ISBN 978-1926716275, 8th House Publishing (2014)
6   https://www.englishqabala.com/index.php/tools/gematria-calculator
7   De acordo com a convenção, T, N, S maiúsculos denotam valores finais (versus suas contrapartes minúsculas); C maiúsculo é um C rígido; L maiúsculo é um L balanceado (veja o Capítulo 'The Living Key' no livro "The English Qabalah" sobre as as fases distintas das fórmulas).

UMA BREVE CRONOLOGIA[8]

1875 – Nascimento
Aleister Crowley nasce a 12 de Outubro em Leamington Spa, Warwickshire, Inglaterra, entre as 23:00 e a meia-noite GMT numa seita cristã evangélica fundamentalista, The Plymouth Brethren.

1881 – A família Crowley muda-se para The Grange, Redhill, Surrey.

1889 – 5 de Março: O seu pai, Edward Crowley, morre.

1890 – Escócia
Agosto: Escala Beinn Mheadhain (também conhecido como Ben Vane - 915m) na Escócia
Setembro: Escala Ben Cruachan (1126m), na Escócia
Outubro: Escala Ben Nevis (1344m), na Escócia

1892 – Escola
Entra na Tonbridge School para o período de Verão, muda-se para Ferox Hall.
Agosto: Escala Ben Ledi (879m), Ben A'an (461m), Ben Vorlich 985m), Ben More (Crianlarich) (966m), Ben Lawers (1214m), Ben Laiogh, Ben Oss (1029m) e Ben Dubh-Chraige (978m), na Escócia
Setembro: Escala Sgurr nan Gillian (964m), Sgurr a ' Ghreadaidh (973), Bruach n / D Forest (958m), Meall a ' Chrasgaidh (934m), Am Basteir (934m), Sgurr a'Mhadaidh (918m) e Bloody Stone, na Escócia

1893 - Mais Escalada
Abril: Escala Tryfan (915m), Glyder Fach (994m), Planador Fawr (999m), Roch (947m) e Foel Grach (976m), no País de Gales
Maio: Escala Glyder Fach (994m), Glyder Fawr (999m), Craig Yr Isfa, Carnedd Dafydd (1044m), Carnedd Llewellyn (1064m), Yr Elen (962m), Foel Grach (976m), Pen ano Helgi Du (833m), Snowdon (1085m) e Y Lliwedd (898m), no País de Gales. Também uma primeira subida do penhasco Twill Ddu de Cloqwen y Geifr (apropriadamente: o Penhasco da Cabra), em Cwm Idwal .
Junho: Escala Helvellyn (950m), Dollywagon Pike (858m), Harrison Stickle (736m), Stickle Pike (375m), Thuncar Knotts (723m), High White Stones (795m), Seargeant Man (736m), Skiddaw (931m), Lower Man (925m), Bowfell (902m), Great End (910m), Ill Crag (935m), Broad Crag (931m)), Scafell Pike (971m), Scafell (964m), Pillar (892m), Great Napes Needle (899m) e Great Gable (899m) no Lake District, noroeste de Inglaterra.
Julho: Tentativas de escalar em Beachy Head com o primo Gregor Grant.
Setembro: Climbs Pike o' Blisco (705m), Crinkle Crags (815m), Shelter Crags (815m), Bowfell (902m), Hanging Knott (862m), Rossett Crag (651m), Stickle Pike (375m), Scafell Pike (978m)), Pavey Ark (697m), Harrison Stickle (736m), Great Napes Needle (899m), Great Gable (899m), Pillar (892m) e Scafell (964m) no Lake District, noroeste de Inglaterra.

1894 – Xadrez e Montanhismo
De Janeiro a Julho, ele frequenta o Eastbourne College em East Sussex, a leste de Beachy Head. Ele "assume" o Eastbourne Chess Club e edita uma coluna semanal de xadrez

[8] Com agradecimentos à *Enciclopédia de Thelema*.

chamada Chess Notes para o Eastbourne Gazette sob o pseudónimo de Ta Dhuibh. Os seus esforços para reorganizar o clube acabam por destruí-lo.

Março: Ele leva o clube à sua primeira vitória contra Uckfield, que culmina na sua primeira quintilha humorística publicada, começando com "Havia um clube de xadrez inteligente em Eastbourne ..."

Abril: Escalada em Beachy Head, a mais alta falésia calcária na Grã-Bretanha, subindo a 162 m (530 pés) acima do nível do mar. Primeira subida do Pináculo de Etheldreda. Ele viaja de volta ao Lake District, escalando Pavey Ark (697m), Harrison Stickle (736m), Stickle Pike (375m), Pike o' Blisco (705m), Crinkle Crags (815m), Shelter Crags (815m), Bowfell (902m)), Scafell Pike (978m), Scafell Crags (964m) com Deep Ghyll, Professor's Chimney, Deep Ghyll Pillar, Broad Stand, Steep Ghyll e Pulpit Rock, Great Gable (899m) com Kern Knotts Chimney, Ravens Crag, Great Napes Ridge & Gully, Agulha Grande Napes. Durante todo o mês de Abril, ele escala dezenas de rotas diferentes em Scafell Crags (964m).

- Ele joga contra o famoso mestre inglês Joseph Blackburne, que está visitando o Eastbourne College. Blackburne propõe um empate e ele aceita ..

Junho e Julho: De volta a Beachy Head. Primeiras subidas do Pinnacle Gully de Etheldreda, Dent du Voleur, Crowley's Climb, Pollux Chimney, Aiguille du Bois e Grant's Chimney.

Agosto e Setembro: Ele deixa Eastbourne e o Chess Club arrasado para escalar os Alpes suíços, italianos e austríacos. Escala Flüela Weisshorn (3085m), Fluela Schwarzhorn (3147m), Schiahorn (2636m), (3139m), Monte Cevedale (3769m), Suldenspitze (3376), Tschenglser Hochwand (Croda di Cengles) (3375m), Königspitze (3851m), Schrötterhorn (3386m), Vertainsspitze (3545m), Angelusspitze (3521m), Eiskögele (3426m), Thurwieserspitze (3652m), Hochjoch (2770m), Monte Zebrù (3735m), Ortler (3905m), Pleisshorn (3158m).

- Procura adesão ao Clube Escocês de Montanhismo, listando todas as suas subidas até então.

Dezembro: Uma Assembleia Geral Especial do Clube de Montanhismo Escocês é realizada em Glasgow, onde Crowley é votado e eleito membro do Clube.

1895 - 1897: Trinity College, Cambridge e Escalada nos Alpes.

1895 - Matricula-se no Trinity College, Cambridge e representa a universidade, no Xadrez, em 1896 e 1897.

Maio: Um longo artigo, sobre as suas escaladas em Beachy Head, aparece no Scottish Mountaineering Club Journal, Volume 3, Número 5.

1896 – Primeira subida do Triftthorn (3728m) na Suíça. Primeira subida do Mönch, sem guia.

31 de Dezembro: Primeira experiência mística numa visita a Estocolmo.

1897 – Escala Pic Coolidge (3774m), Brèche de la Meije (3357m), Aiguille de la Za (3673m) e o Mont Collon (3637m), nos Alpes franco-italianos.

-Viaja para São Petersburgo para aprender russo prò Serviço Diplomático. Retorna via Berlim para participar do Congresso de Xadrez. Começa a ler obras alquímicas e místicas e livros sobre magia. Conhece Herbert Charles Jerome Pollitt (1872-1942).

1898 - 1899: The Golden Dawn, Poesia

1898 - O seu primeiro poema publicado, Aceldama: A Place to Bury Strangers In. Conhece Gerald Kelly. Deixa Cambridge. Publica *Manchas Brancas. O Conto de Archais*. Lê "O Livro da Magia Negra e dos Pactos" de Arthur Edward Waite e livros sobre alquimia. Escreve e publica o que mais tarde se tornaria parte dos seus *Collected Works, volume 1, 2 e 3*. Incluindo obras como "Time", "Eleusis", "Sword of Song" e "Tannhauser".

Abril: Ele lê *A Nuvem Sobre o Santuário* de Karl von Eckarthausen e conhece Oscar Eckenstein em Wastdale Head durante a semana da Páscoa (10 a 16 de Abril).

Julho: Em Zermatt, Suíça. Lê *Kabbalah Denudata; a Cabala Revelada* de Knorr von

Rosenroth, traduzido por Samuel Liddell MacGregor Mathers

Agosto: Encontra Julian Baker (Fr. DA) em Zermatt.

Outubro: Baker apresenta Crowley a George Cecil Jones (Fr. Volo Noscere). GC Jones apresenta Crowley a Mathers e é apresentado à Ordem Hermética da Golden Dawn.

Novembro: Paga 10 Shillings para ser iniciado na Ordem Hermética da Golden Dawn; 0 °=0⁰ Neófito no Mark Masons Hall em Londres; toma o lema Perdurabo.

Dezembro: 1º = 10⁰ Zelator; começa a Magia Cerimonial. Viagem astral realizada com GC Jones.

1899 – *Os Honoráveis Adúlteros - Uma Tragédia*. Publicado em privado. *Jefté e outros mistérios* (1000 exemplares) e *Canções do Espírito*.

Janeiro: 2° = 9⁰ Theoricus; conhece Allan Bennett (Fr Iehi Aour) e torna-se seu chela (estudioso; "discípulo"), dividindo quartos com ele em 67-69 Chancery Lane, Londres, da Primavera ao Outono. Adopta o nome 'Conde Vladimir Svareff' no início do ano e usa-o até à compra da Boleskine House.

Fevereiro: 3° =8⁰ Practicus.

Maio: 4° = 7⁰ Philosophus. Compra a Boleskine House com a intenção de realizar a Magia Sagrada de Abra-Melin, o Mago.

1900 – Nova Iorque e México

Janeiro: Em Paris, iniciado por Mathers 5° =6⁰ Adeptus Minor; toma o lema Christeos Luciftas.

Abril: A pedido de Mathers, AC tenta apreender o Vault of the Adepts e a propriedade de Isis-Urania que estava alojada em 36 Blythe Road. Participa da reunião da Ordem Interna da Golden Dawn.

Julho: Chega a Nova Iorque. Fica em Nova Iorque por dois ou três dias e depois viaja de comboio para a Cidade do México. Obtém o 33° e último grau da Maçonaria do Rito Escocês na Cidade do México.

Agosto: 30 e 29 Aethyrs (TEX e RII) no México.

1901 – Yoga, Allan Bennet.

Publica *a Tragédia da Mãe* numa privada edição de 500 exemplares.

Maio: Desembarca no Havai num navio japonês. Começa a praticar Dharana: principalmente no símbolo de um ovo entre dois pilares brancos, depois na forma de Deus de Harpócrates.

Agosto: Conhece Allan Bennett em Colombo pela primeira vez. AC e Bennett viajam juntos para Kandy. Allan Bennet instrui Crowley em Yoga.

Setembro: Dharana na ponta do nariz.

Outubro: Assina um acordo para se juntar a uma expedição de Oscar Eckenstein.

1902 – K2

Janeiro: Em Calcutá, febre, indigestão, depressão mental até ao dia 10, depois viaja para Rangoon ainda doente; e finalmente para Prome, [agora Pyay, Birmânia], de comboio com Thornton. Contrata um jovem tâmil de Madras por 1,8 rupias por dia e compra roupas quentes. Sente-se melhor, passa a disparar em aves: em Natha, abate um papagaio; em Leh, abate uma perdiz, uma garça e dois pombos.

Fevereiro: Mais abate de aves; a caminho de Mendon, abate um pombo e um pica-pau. Mais tarde na selva, abate auréola, pica-pau e papagaio. Thornton mata um leopardo. Crowley abate mais aves em Mondon Chong, depois um veado, muitos patos e uma cegonha. Ele adoece novamente. Escreve um poema e um rondel. Navega para Akyab a bordo do SS Camilla e depois para Sandoway onde se encontra com Allan Bennet. Crowley trabalha em Orfeu, Ahab e Tannhauser, quando não está no templo, ou pratica com Bennet. Embarca no SS Kapurthala para Calcutá.

Março: Análises do Dia da Ascensão e Pentecostes. Sai de Calcutá para Benares. Visita Sex Temple e outros em Kashmir. Segue para Agra. Escreve *Hino Nacional para a Irlanda*,

Ode ao Hades e *Rape of Persephone*. Trabalha em *Acabe*. Vai para Deli. Termina o Livro 3 de *Orfeu*, inicia o Livro 4. Escreve o *Dia de Crowleymas*. Atira em assaltante no beco. Palestras de 4 horas sobre Budismo. Vai para Rawal Pindi, Paquistão e é-lhe roubada a bagagem.

Abril: Deixa Sringar para iniciar a escalada do Chogo Ri (K2) nos Himalaias como segundo no comando da expedição. O mau tempo impede o grupo de chegar ao cume, mas bate o recorde de tempo gasto num glaciar.

Maio: Para Ghomboro. Para Askoli.

Junho: Tentativa no K2.

1903 – Casamento. Operação Abramelin interrompida.
Abril: Viagens para Londres
Maio: De volta a Boleskine
Junho: Começa a praticar Mahasatipattahana.
Julho: Ioga. Conhece Gerald Kelly em Edimburgo. Conhece Rose pela primeira vez.
Agosto: Casa-se com a irmã de Gerald Kelly, Rose Edith Kelly, em Dingwall, na Escócia.

1904 – Recepção do *Livro da Lei*.
Fevereiro: Crowley e Rose viajam para o Egipto.
Março: Crowley e Rose mudam-se para um apartamento no Cairo. Crowley regista-se sob o nome persa de Chioa Khan, sendo o hebraico para Besta. Realiza a Invocação Preliminar da Goécia para divertir Rose com os silfos. Rose recebe comunicações. Crowley invoca Thoth para tentar entendê-los. Rose diz-lhe para invocar Hórus e fornece instruções.
Abril: Rose instrui Crowley sobre o método de receber o Livro da Lei. 8-10 de Abril: Recepção do Capítulo Um do Livro da Lei no Cairo. AC e Rose encontram Arnold Bennett em Paris.
Julho: Nascimento de Nuit Ma Ahathoor Hecate Sappho Jezebel Lilith Crowley, em Boleskine. Crowley publica "The Goetia, or Lesser Key of Salomon the King".

1905 – Adeus Allan Bennett
Escreve o que mais tarde seria publicado como o "Tao Teh King" sob o pseudónimo de Ko Yuen.
Novembro: Reunião final com Allan Bennett em Rangoon, Birmânia, por 3 dias. Eles nunca mais se encontram.

1906 – Invocação Augoeides
Janeiro: 7°=4 □
Fevereiro: A consciência começa a romper Ruach em Neschamah. Considera uma aposentadoria mágica. Começa o Trabalho Augoeides enquanto caminhava pela China. Começa com as invocações diárias. Faz juramento de silêncio.
Março: Invocações diárias de A∴ em barcos, comboios, etc. Chega a Hai Phong, China. Chega a Hong Kong. Quebra juramento de silêncio.
Abril: Continua com as invocações diárias de A∴. Deixa Hong Kong no "SS Nippon Maru". Chega a Xangai. Contacta e conhece Elaine Simpson. Tornam-se amantes. Janta com o carteiro alemão. Póquer. A∴ mesmo assim muito bom." Considera renunciar a coisas ociosas. Experiências com éter. Jantar com Archibald Little. Escreve a Rose e mente sobre Elain Simpson. Invoca Aiwass com Elain. Chega a Nagasaki. Chega a Yokohama.
Maio: Continua com as invocações diárias de A∴ . Chega a Nova Iorque depois de navegar no Empress of India a partir de Xangai.
Junho: Chega a Liverpool e fica a saber da morte da sua filha. Vai para Londres. Continua com as invocações diárias de A∴ com vários lapsos: Bilhar, drogas, assiste a "Tristão e Isolda" de Wagner.
Julho: DDS e P. discutem uma nova Ordem A∴A∴ . DDS quer Autoridade.

Outubro: Atinge o Nirvikalpa Samadhi

1907 – Drogas, Yoga, Casamento e Iluminação.
  Aleister escreve e publica *Konx Om Pax*, *The Wake World* e *Ali Sloper*. Ele começa a receber o que mais tarde é chamado de Livros Sagrados ou " Thelema ". Ele publica-os e entrega-os aos aspirantes à A.˙.A.˙., na conclusão de diferentes graus.
  Janeiro: Em Bournemouth, recuperando-se de problemas na garganta. Constrói uma caixa de ébano para ser usada durante a meditação. Experiências com haxixe. Visita Rose. Retorna a Londres
  Fevereiro: O bebé adoece. Herbert Tilley queima o seu *Ida Vocari* como tratamento para os seus problemas de garganta. Janta com Lord Tankerville. Escreve *A Sinagoga de Satanás*. Envia *Tannhauser* para Lord Tankerville. Kathleen Bruce começa a esculpi-lo. Escreve um soneto, *A Majestade da Solidão*. Transcreve o seu diário até 1907. Visita Victor Neuburg em Cambridge.
  Março: Fala na casa de Ogden. Regressa a Londres. George Cecil Jones chega. Escreve *A Golfgirl*. Começa *VITRIOL*. Escreve a Jones pedindo permissão para designar um período para um Voto de Silêncio. Jones responde - 7 dias. Crowley começa o Voto de Recusar-se a Responder a Perguntas, com deslizes punidos com cortes de navalha. Sai para jogar golfe em Maidenhead: 24 deslizamentos. Toma haxixe. Toma Anhalonium Lewinii e realiza rituais mágicos. Recebe a Palavra do Equinócio de VVVVV (Vi Veri Vniversvm Vivvs Vici - "Pelo poder da verdade, eu, enquanto vivo, vencerei o universo"). Aluga aposentos no 4º andar da 60 Jermyn. Vai para Tivoli & Tribuna. Conhece Lady Tankerville. Toma Cloreto de Mercúrio. Obtém diarreia. Tem a sua úvula cortada.
  Abril: Num êxtase sub-Samadhi. Experiências com haxixe e vários produtos químicos. Visitas de Neuburg. Visitas a Tankerville. Inventa o jogo *The Awkward Squad*. Vai a Croydon para se encontrar com um Claude e vê três corcundas pelo caminho. Jones aprova a Lição de História Preliminar. Visita de Gray, um estudante avançado. Dá-lhe os desenhos de Fuller e Sword of Song. Regressa a Londres. Escreve a dedicatória de Rodin. Inventa o jogo "Tube Puzzle".
  Maio: Visita Rose, ajuda com Tankerville. Inventa o "indoor golf". Lei Preliminar e Obrigação para Tankerville. Jones e Tankerville encontram-se. Walter Scott Publishing Company aceita *Star in the West*. Parte para Cambridge. Dá palestra em Cambridge. Volta para Londres e tem um Dhyana, enquanto Rose está na sala. Faz juramento de 8°=3° na presença de Tankerville e Rose. Propõe Aposentadoria Mágica para ele e Tankerville .
  Junho: Preparativos para a aposentadoria com Lord e Lady Tankerville. Inventa o dispositivo Train Signal. Parte para Paris e depois para Marselha. Embarca no "SS Mongolia", em Marselha, para Gibraltar.
  Julho: De Gibraltar vai para Espanha. Embarca, contemplando "Jebel Musa", para Tânger. O Trabalho de Iniciação com Tankerville começa. Recebe notícias de Rose, de que ela está queimando os manuscritos dele. Escreve *A Máscara Dourada*. Escreve poema *Não há outro Deus além dele*. Trabalhar com Tankerville parece impossível. Termina *O Conde Diabólico*. Cruza para Gibraltar. Assiste a dança cigana em Espanha e visita a Alhambra em Granada. Vê uma tourada. Escreve *La Gitana*. Embarca no Reichspostdampfschiff Scharnhorst para Southampton. Comemora o aniversário de Rose com ela em Chislehurst e depois retorna a Londres.
  Agosto: Com Neuberg em Chislehurst. Com Jones em Londres.
  Setembro: Escreve o prólogo para *Konx Om Pax; O Eremita; Atenienses de Cabeça Vazia; O Convertido*. Fica a saber da compra de mais de 120 garrafas por parte de Rose em 5 meses (de somente um comerciante).
  Outubro: Revisa o trabalho do seu ano: *A Queen of the Quality, Table of Correspondences* and *Prologue for 777, Ali Sloper, Thien Tao, The Wake World, The Stone of Abiegnus, Prologue to Konx Om Pax, The Tell-Tale Heart, Epigrams from Marcial, Hinos à Bem-Aventurada Virgem Maria*. Escreve *A Regeneração de Lavinia King* (retrabalhado em *Moonchild*).

Conhece Jones. Começa e termina o seu romance *Ercildoune*. Recebe *Liber Liberi Vel Lapidis Lazuli, Adumbratio Cabala Ægyptorium Sub Figurâ VI* I por volta das 23:00-01:30. Começa a receber *Liber Cordis Cincti Serpente Sub Figura LXV*, um capítulo ou dois de cada vez.

Novembro: Completa o *Liber Cordis Cincti Serpente Sub Figura LXV*. Reescreve a *Lição Preliminar (Liber LXI)*. Recebe o *Liber Stellae Rubeae Sub Figura LXVI*

Dezembro: Termina *Rainha da Qualidade*. Recebe porções de *Liber Arcanum* & *Liber Carcerorum*. Recebe o *Liber Porta Lucis Sub Figura X*. Recebe o *Liber TAU Vel Kabbalae Trium Literarum Sub Figura CD*. Recebe o *Liber Trigrammaton Sub Figura XXVII*;

1908 - Admitido na Sala de Leitura do Museu Britânico, 23 de Março.

1909 - Divórcio, Aethyrs Enoquianos & Magister Templi
Começa a escrever e ainda neste ano publica "777" e outras obras cabalísticas. Publica "Thelema", seus Livros Sagrados. Começa a escrever "A Visão e a Voz" e a explorar o Enoquiano. Aceita o grau de Mestre do Templo.

Março: *The Equinox Vol.I No.1* é impresso.

Junho: Victor Neuburg e Kenneth Ward visitam Crowley em Boleskine. Victor Neuburg inicia uma aposentadoria mágica em Boleskine que dura até 27 de Junho.

Julho: Vai a Londres com Neuburg para preparar a publicação do próximo número de *The Equinox*. Rose Edith Kelly deixa Crowley alegando abuso físico. Ela muda-se para Warwick Road. Rose Edith Kelly divorcia-se de Crowley sem contestação, e recebe a custódia da sua filha Lola Zaza .

Setembro: *The Equinox Vol.I No.2* é publicado.

Novembro: Desembarca em Argel com Victor Neuburg. Eles começam a trabalhar nos Chamamentos Enoquianos. 23: 28º Aethyr em Aumale 20.00 - 21.00; 25: 27º Aethyr 20.00 - 21.00 em Sidi Aissa, 26º Aethyr 1310 - 1400 perto de Sidi Aissa, 25º Aethyr 20.40 - 21.40 em Ain El Hajel ; 26: 24º Aethyr em Ain -El- Hadljel 14.00 - 15.25; 28: 23º Aethyr 09.30 - 10.15, 22º Aethyr 16.00 - 18.00 em Bou-Saada ; 29: 21º Aethyr 1330-1450 no deserto perto de Bou-Saada ; 30: 20º Aethyr 09.15 - 10.50 e 19º Aethyr 22.00 - 23.45.

Dezembro: O trabalho sobre os Chamamentos Enoquianos continua:
1: 18º Aethyr 14.30 - 16.10 Bou-Saada ; 2: 17º Aethyr 00.15 - 02.00 e 16º Aethyr 16.50 - 18.50 Bou-Saada ; 3: 15º Aethyr 09.15 - 11.10 e começa o 14º Aethyr, mas foi dito para "Partir! Pois tu deves invocar-me apenas na escuridão." Da'leh Addin - uma montanha perto de Bou-Saada 14.50 - 15.15. Visão concluída 21.50 - 22.15 Bou-Saada ; 4: 13º Aethyr 14.10 - 1545 River-Bed, perto de Bou-Saada e 12º Aethyr 4-5 Dez 23.30 - 01.20 Bou-Saada; 5: 11º Aethyr 22.10 - 23.35 Bou-Saada ; 6: Choronzon ; 10º Aethyr 14 00 - 16.15 "num vale solitário de areia fina..." perto de Bou-Saada ; 7: 9º Aethyr 21.30 - 23.10 Bou-Saada; 8: 8º Aethyr 19.10 - 21.10 entre Bou-Saada e Biskra ; 9: 7º Aethyr 20.10 - 22.00 W'ain -T - Aissha; 10: 6º Aethyr 19.40 - 21.40 em Ben- S'Rour (Benishrur); 12: Começou o 5º Aethyr, mas foi dito que a Visão continuaria "no dia seguinte, na hora marcada..." 19 - 20.12; 13: 5º Aeythr concluído 20.15 - 22.10; 16: 4º Aethyr 09 00 - 10.30 em Biskra ; 17: 3º Aethyr 09.30 - 11.30 em Biskra ; 18: começou o 2º Aethyr 09.20 - 10.50 em Biskra, mas "o Aethyr deve ser deixado inacabado até à meia-lua."; 19: 1º Aethyr 13.30 - 15.30 Biskra ; 20: Terminou o 2º Aethyr na noite 20.35 - 21.35 Biskra. Escreve o seu poema *At Bordj-An-Nus* em Biskra.

1910 – Os Equinócios
Escreve os seus hinos a Deus, intitulados "O Tesouro das Imagens". "The Rites of Eleusis" é apresentado no Caxton Hall.

Março: *The Equinox Vol.I No.3* é impresso.

Abril: Escreve o poema *The Violinist*.

Maio: Evocação de Bartzabel, o espírito de Marte com Victor Neuburg dentro do Triângulo da Arte actuando como base material para a manifestação do espírito.
Setembro: *The Equinox Vol.I No. 4* é impresso.

1911 – Abuldiz, Livro 4
Recebe instruções da entidade desencarnada Abuldiz para começar um trabalho em Magick.
O Livro 4 / Liber ABA é iniciado, especificamente "Parte I: Yoga".
Março: *The Equinox Vol.I Nº 5* é impresso.
Agosto: Enquanto em Paris, concebeu a peça "Adonis". Escreveu "The Ghouls - Croquis De Croque-Mitaine" depois de ter conhecido Fenella Lovell enquanto saía para tomar uma bebida na noite anterior, no Dome. Ele escreve *Adonis*.
Setembro: *The Equinox Vol.I No.6* é impresso
Agosto: Crowley escreve *O Aniversário* para Leila Waddell.
Novembro: Mary d'Este Sturges (Soror Virakam), a sua nova Mulher Escarlate, inicia um diálogo com Ab - Ul - Diz no qual Ab - Ul - Diz diz: "Aqui está um livro para ser dado a Fra. P. O nome do livro é Aba, e o seu número IV.

1912 – OTO
Continua o seu trabalho no Livro 4 / Liber ABA, especificamente na Parte II: Magick.
Publica *Mortadello ou o Anjo de Veneza.*
Março: *The Equinox Vol I No.7* é impresso.
Junho: São comunicadas as técnicas de magia sexual e a Arte Real do 9* OTO por Theodor Reuss .
Setembro: *The Equinox Vol I No.8* é impresso.

1913 – O Livro das Mentiras
O "Livro das Mentiras" é escrito e publicado. Vende a Boleskine House.
Março: *The Equinox Vol.I Nº.9* é impresso.
Setembro: *The Equinox Vol.I No.10* é impresso.
Dezembro: O Trabalho de Paris começa com Victor Neuburg .

1914 – O Mago
Começa "O Registo Mágico da Besta 666" e "Rex de Arte Regia". Um registo que ele manterá até 1918.
Setembro: Magia sexual com prostitutas e outros. Escreve *De Arte Mágica ; De Homúnculo ; De Natura Deorum ; De Nuptiis Secretis Deorum cum Hominibus* .
Outubro: Crowley parte para os Estados Unidos a bordo do SS Lusitania saindo de Liverpool. Crowley é listado como um 'proprietário de terras' de ascendência irlandesa, com Nova Iorque como seu destino final.
Novembro: Chega a Nova Iorque aos 39 anos. (Ele fica na América até 1919.) Começa a Conquista do Mago. Vende cerca de US $ 700 a US $ 800 em livros para o advogado americano e famoso coleccionador de livros, manuscritos e arte, John Quinn.
Dezembro: Nomeia Charles Stansfeld Jones (Parzival, 1886-1950) como Soberano Grande Inspetor-Geral VIIº da OTO e representante pessoal na cidade de Vancouver.

1915-1917: EUA
Joga com a Política. Navega para Staten Island, declara a Irlanda como um estado independente. Escreve propaganda pró-alemã.
Perde quatro partidas de xadrez num jogo nocturno contra o mestre local Norman T Whitaker no National Press Club em Washington, DC.
Sede da OTO, 93 Regent Street, invadida pela polícia
Publica *The Hearth* no The International, Nova Iorque.

1918 – Liber Aleph
   Escreve *Moonchild* e *Liber Aleph* que não serão publicados até 1961.

1919 – Pós-guerra, retorno a Inglaterra
   Mora durante um tempo com a tia em Outram Road, Croydon, depois de voltar dos EUA.
   Janeiro: Leah Hirsig faz o Juramento da Mulher Escarlate composto por Crowley
   Março: O Equinócio "Azul" Vol.III Nº1 é impresso.

1920 – 1923: A Abadia de Thelema
   1920: Estabelece a Abadia de Thelema na Sicília na aldeia de Cefalu, Itália. Escreve o seu comentário ao Livro da Lei.
      Maio: Escreve o poema *Happy Dust*, um ensaio - *The Moralist*. Escreve *Hino a Astarte*.
      Julho: Votos de Santa Obediência à Mulher Escarlate (nesta altura - Leah Hirsig).
      Setembro: Completa o seu poema *Song of the Holy Ghost* (que aparecerá pela primeira vez em *Olla, An Anthology of Sixty Years of Song* sob o título *The Jolly Barber* em 1946.)
      Outubro: Poupée morre.
   1922: *Diário de um viciado em drogas*
      Escreve e publica "Diary of A Drug Fiend" na Abadia de Thelema.
   1923: Raoul Loveday
      Fevereiro: Morte de Raoul Loveday em Cefalú .
      Primavera: É expulso da Itália por Mussolini e abandona a Abadia para alguns discípulos desgarrados.
      Outono: Escreve "The Djeridensis Comment".

1924 – Ipsissimus
   'A Suprema Provação' do Grau Ipsissimus em Paris.

1925 – Renúncia de Achad
   Setembro: Frater Achad demite-se da A ∴ A∴. Crowley nomeia OPV.

1928 – Israel Regardie
   Escreve os ensaios sobre "Astrologia" que serão posteriormente publicados num livro com o mesmo nome. Casa-se com Maria de Miramar na Alemanha. Contrata Israel Regardie como seu secretário em Paris.
   Junho: Conhece Kasimira e cogita possibilidade de casamento.
   Julho: Crowley está farto de Kasimira .
   Novembro: Kasimira finalmente sai. Crowley conhece Maria de Miramar.

1929 – Casamento, Livro 4, Parte 3, Moonchild.
   A terceira parte de Crowley para o *Livro 4*, intitulada *Parte 3: "Magick in Theory and Practice"*, é publicada. Publica as duas primeiras partes da sua "autohagiography" primeiramente intitulada "O Espírito da Solidão", posteriormente reintitulada "As Confissões de Aleister Crowley". O seu romance "Moonchild" e uma colecção dos seus contos "The Strategem and other Stories" são publicados.
   Agosto: Casa-se com Maria de Miramar em Leipzig. Muda-se para 89 Park Mansions, Knightsbridge.

1930 – Falso Suicídio, As Confissões
   O livro "The Legend of Aleister Crowley" é compilado por Crowley e escrito pelo seu secretário Israel Regardie e amigo PR Stephenson para tentar exonerar o seu nome da má reputação que ele adquiriu.
   Setembro: Vai para Portugal e, com a ajuda de Fernando Pessoa, tenta fingir o seu suicídio na Boca do Inferno.

1931 – Crowley, o Artista
   Outubro-Novembro: Uma exposição de 73 pinturas de Crowley começa na Galeria Nierendorff em Berlim.

1932 – Laylah morre
   Setembro: A morte de Leila Ida Nerrissa Waddell de cancro uterino.

1934 – Falência
   Escreve e publica "O Clássico da Pureza: Rei Khang Khing ". Declara falência.
   Abril: Desesperado por dinheiro, Crowley processa Nina Hamnett por chamá-lo de "mago negro" no seu livro *Laughing Torso:* The Black Magic Libel Case in London. Crowley v Constable & Co; Crowley perde o processo, mas conhece Deirdre Patricia O'Doherty no tribunal.

1936 - Gravações de áudio
   Mora no quarto 6, 56 Welbeck Street, Londres.
   Novembro-Dezembro: Crowley grava a si mesmo em 78 rpm recitando o *Primeiro Chamamento Enoquiano, Segundo Chamamento Enoquiano*; grava o Hino *The Ship*; grava Hymn To Pan e Hino ao 4 de Julho.

1937 – Publicação do *Livro da Lei*
   Publica o Livro da Lei. É expulso do apartamento da Welbeck Street por comportamento anti-social e por falta de pagamento do aluguer. Muda-se para Hasker Street, Chelsea.

1938 – O Coração do Mestre
   Escreve e publica "The Heart of the Master" (privadamente pela OTO), e "Little Essays Toward Truth". OTO imprime privadamente a edição de 1938 de *O Livro da Lei*.
   Dezembro: Almoços com Charles Richard Cammell e sua esposa.

1939 – Oito Palestras sobre Yoga
   "Oito Lectures on Yoga" apresentado com sucesso a grandes audiências, e posteriormente publicado.
   Janeiro: Almoça com Lady Frieda Harris. Eles discutem um novo *design* para o baralho de Tarô.
   Maio: Escreve para Ian Fleming oferecendo-se para entrevistar Rudolf Hess.

1940 – Morte de Victor Neuburg
   Maio: Morte de Victor Neuburg por tuberculose.

1941 – 1944 O Livro de Thoth
   1941: Janeiro - Junho: Trabalha e corresponde-se com Frieda Harris sobre o *design* das cartas de tarô para o Livro de Thoth.
   Junho: Exposição do tarô de Thoth em Oxford cancelada pelo dono da galeria no último minuto.
   Julho: Dá procuração a Karl Germer para todos os seus negócios nos EUA.
   1942: O trabalho e a correspondência com Frieda Harris sobre o *design* das cartas de tarô para o Livro de Thoth continuam.
   Maio: Muda-se para a Hamilton House, Piccadilly.
   Outubro: Assiste à noite de abertura da produção de Peter Brook sobre "The Tragedie of Doctor Faustus" de Christopher Marlowe, no Torch Theatre, em Londres, da qual foi "conselheiro mágico".

Novembro: Muda-se para a 93 Jermyn Street, Londres

1944: O "Livro de Thoth" é publicado em edição pródiga, apesar do racionamento de papel durante a guerra.
Maio: Os primeiros 50 exemplares encadernados são vendidos antes da publicação.
Setembro: Menciona numa carta que estava gravemente doente.
Novembro: Começa a corresponder-se com Kenneth Grant. Move-se para Hastings.

1945 – Magia Sem Lágrimas
Escreve a maior parte da correspondência que mais tarde seria publicada como "Magick Without Tears".

1946 – Ciência de foguetes e Cientologia
Olla publicado pela OTO.
Março: Excomunga John Whiteside Parsons, L Ron Hubbard e Marjorie Cameron da OTO por muitas razões, não menos notáveis, pelo *Babalon Working*.

1947 – Fim
Maio: Conhece Gerald Gardner pela primeira vez
1 de Dezembro: Crowley morre em Hastings às 11h00 de degeneração miocárdica e bronquite crónica.
5 de Dezembro: Cremação e funeral no cemitério de Brighton. Entre os presentes estão Gilbert Bayley, Lady Frieda Harris e Steffi Grant, Gerald Yorke, Kenneth Grant e Louis Wilkinson que lêem *Hymn To Pan, Collects and Anthems* de *The Gnostic Mass* e passagens seleccionadas de *O Livro da Lei*.

www.ingramcontent.com/pod-product-compliance
Lightning Source LLC
Chambersburg PA
CBHW021347290426
44108CB00010B/145